»Alles ist eins«

Stefan Börnchen

»Alles ist eins«

Romantische Metaphorologie des Mediums

BRILL | WILHELM FINK

Umschlagabbildung: Carl Gustav Carus: Nebelwolken in der Sächsischen Schweiz, um 1828,
Staatsgalerie Stuttgart
(Foto: © Staatsgalerie Stuttgart)

Bibliografische Information der Deutschen Nationalbibliothek

Die Deutsche Nationalbibliothek verzeichnet diese Publikation in der Deutschen Nationalbibliografie; detaillierte bibliografische Daten sind im Internet über http://dnb.d-nb.de abrufbar.

www.fink.de

Einbandgestaltung: Evelyn Ziegler, München
Herstellung: Brill Deutschland GmbH, Paderborn

ISBN 978-3-7705-6369-2 (hardback)
ISBN 978-3-8467-6369-8 (e-book)

Die Mitte ist überall.[1]

1 Friedrich Nietzsche: Also sprach Zarathustra. Ein Buch für Alle und Keinen, in: ders.: Werke in drei Bänden, hg. von Karl Schlechta, 2. Band, München ²1960, S. 275–561, S. 463.

Inhalt

KAPITEL 1

Ausblick

> Alles war Eines, – ein ungetrenntes, ein alles in unbedingter Einheit in sich fassendes. [...] »Alles ist Eins« sagt man [...] nach der neuen Lehre [...] wieder [...]. [...] Das ist aber doch recht fatal!
>
> Kajetan von Weiller: Der Geist der allerneuesten Philosophie (1803)[2]

Was ist ein Medium? Das Medium ist, so die Grundannahme der vorliegenden Studie, eine Metapher, und zwar eine romantische poetische Metapher. ›Romantisch‹ ist die Metapher des Mediums – erstens –, weil um 1800 der Begriff ›Medium‹ in dem hier in Rede stehenden Sinne aufkommt, den das Wort auch heute noch hat. So steht bei Novalis das »Medium« für die »Vereinigung« von »Körper« und »Seele«. Damit schafft das ›Medium‹ metaphorisch, was in den 1770er Jahren die Anthropologie als neue wissenschaftliche Disziplin begrifflich beschreiben wollte: den ›ganzen Menschen‹ – einen Menschen, durch den nicht mehr der Riss zwischen *res extensa* und *res cogitans*, Körper und Geist, geht, den die Philosophie vom Cartesianismus ererbt hatte und den die Anthropologie heilen wollte. Auch dieses Dichotomien aufhebende Denken lässt sich – zweitens – ›romantisch‹ nennen: nicht im Sinne einer historischen Epoche, wohl aber als ›holistische‹ Haltung, die alles Getrennte irgendwie wieder in ›Einklang‹ bringen will. Diese Haltung gibt es seit der Antike bis heute.

Dieses Denken verfährt, wie gesagt, metaphorisch, und deshalb entsteht dabei keine streng an ›cartesischer Logizität‹, also an präziser Begrifflichkeit, orientierte Philosophie, sondern Literatur. Das ist das poetische Moment des als Metapher begriffenen Mediums. Das ›Medium‹ tritt, anders formuliert, als Metapher in eine begriffliche Leerstelle der Philosophie. Dort löst die Metapher ›Medium‹ zwar nicht das philosophische Problem, wird aber zum Kristallisationspunkt oder zum Katalysator für literarische Texte. Philosophisch ein Notbehelf, erweist sich das ›Medium‹ literarisch als hochproduktiv. So zeigt es sich etwa bei Friedrich Schiller, der zwei medizinische Dissertationen zum

2 Kajetan von Weiller: Der Geist der allerneuesten Philosophie der Herren Schelling, Hegel, und Kompagnie. Eine Uebersetzung aus der Schulsprache in die Sprache der Welt. Mit einigen leitenden Winken zur Prüfung begleitet. Zum Gebrauche für das gebildetere Publikum überhaupt. Erste Hälfte, München 1803, S. 117, 119 und 123f.

 | DOI:10.30965/9783846763698_002

Problem von Körper und Geist, dem *commercium mentis et corporis*, schreibt. Mit einer fällt er durch, auch die andere löst nicht das philosophische Problem. Jahre später, als er schon die »philosophische Bude [geschlossen]« und die Hoffnung auf eine philosophische Lösung aufgegeben hat, greift Schiller dann noch einmal seine Dissertationen auf, um sie als Stoff – ausgerechnet – für den *Geisterseher* zu nutzen, einen Schauer- und Verschwörungsroman, in dem Geister erscheinen, der Kopf eines unbekannten Venezianers am Boden rollt und ein blutender Mönch aus dem Kamin herabgeschossen wird.

Schillers Fall macht anschaulich, wie sich das ungelöste Körper-Geist-Problem aus der wissenschaftlichen Philosophie, Medizin oder Anthropologie in die Literatur verlagert und literarische Texte generiert, die das Problem auf ihre Weise topologisch und metaphorologisch reflektieren. Das geschieht um 1800 immer wieder. Auch der Mesmerismus verwandelt sich von einer wissenschaftlich diskutierten Theorie in einen literarischen Stoff – so etwa bei Schiller, Kleist oder Hoffmann.

Dabei liegt es auf der Hand, dass die ›mediale‹ Unterscheidung von Körper und Geist – ähnlich der von Mann und Frau, Leben und Tod – nicht nur um 1800 von Interesse, sondern grundsätzlich eine der wichtigsten heuristischen Dichotomien überhaupt ist. Das gilt schon deswegen, weil sich die Körper-Geist-Dichotomie auf diejenige von Stoff und Form, *hýlē* und *eîdos*, zurückführen lässt: eine Dichotomie, die wiederum Aristoteles zufolge schon von Haus aus, sozusagen, zur Metapher tendiert. Und das gilt umso mehr, als schon Aristoteles im Kontext von *hýlē* und *eîdos* mit dem *»periéchon«*, dem *Wie-ein-Gefäß-Umfassenden* und zugleich *Wie-von-einem-Gefäß-Umfassten*, jenen Begriff in die Diskussion gebracht hat, von dem Leo Spitzer in seinem Aufsatz »Milieu and Ambiance: An Essay in Historical Semantics« begriffsgeschichtlich das ›Medium‹ herleitet. Das ist ein Text, mit dem Spitzer neben Jean-Luc Nancy und Jacques Derrida der wichtigste theoretische Gewährsmann der vorliegenden Studie ist. Insofern handelt es sich nicht um eine germanistische Studie im traditionellen Sinn, sondern um eine Fortführung von Spitzers Ideengeschichte, und zwar literarisch wie theoretisch.

Die Studie befasst sich – nicht nur, aber überwiegend – mit literarischen Texten, die sich um das ›Medium‹ im hier skizzierten Sinne drehen. Erwähnt wird das Wort ›Medium‹ dabei nur ausnahmsweise; seine dieser Studie zugrundeliegende Bedeutung bildet sich ja auch gerade erst heraus. In manchen Texten, etwa Eichendorffs *Ahnung und Gegenwart*, wird sogar nicht nur das ›Medium‹ nicht erwähnt, sondern das *commercium* mit seinem philosophischen Problemkreis kaum ausdrücklich thematisiert. Und doch, so die Annahme, dient die aus dem *commercium*-Problem hervorgegangene

Metapher des ›Mediums‹ allen hier interpretierten Texten implizit als eine Art gemeinsamer Quellcode.

Das will ich zeigen, indem ich eine Metaphorologie des Mediums entwerfe. Die Methode der vorliegenden Studie ist die der Metaphorologie oder Topologie. Dabei geht es nicht nur, ja nicht einmal in erster Linie darum, für die aus dem Metaphernkomplex ›Medium‹ entstandene Literatur konstitutive Metaphern und Topoi zu benennen und zu versammeln, sondern vor allem darum, in der Interpretation ihr poetisches Potential vor Augen zu führen, also zu zeigen, wie aus einigen wenigen immer gleichen oder doch ähnlichen, immer wiederkehrenden Elementen in wechselnden Kontexten immer neue Texte entstehen.

Dieses Verfahren dient auch dazu, der Gefahr zu begegnen, unterschiedliche Texte zu lesen und in ihnen doch immer nur das Gleiche zu finden. Nicht so sehr um Inventarisierung von Metaphern und Topoi geht es hier also, sondern vor allem um das, was aus oder zwischen ihnen literarisch entsteht: und darauf zielt die Interpretation dieser Studie.

Dennoch müssen, um überhaupt Texte und Textstellen miteinander vergleichen zu können, zunächst einmal Ähnlichkeiten zwischen ihnen – gemeinsame Begriffe, Metaphern oder Topoi – gefunden und identifiziert werden. Diese Ähnlichkeiten aber sind nicht einfach so da, sondern werden – auch – in der Lektüre hergestellt. Nicht nur *beschreiben* Metaphorologie und Topologie Ähnlichkeiten oder Gleiches, sie sind auch große Ähnlich- und Gleich*macher*, indem sie sie *erzeugen*: etwa durch das Zusammen- und Herbeizitieren von Belegstellen, und das möglicherweise über große Entfernungen hinweg. Denn nicht bloß ist – noch einmal mit Aristoteles –, wer gute oder scharfsinnige Metaphern zu bilden versteht, metaphorisch ein treffsicherer, über weite Distanzen hinweg ins Ziel treffender Bogenschütze: insofern dem schon bei Homer mit seinen Pfeilen »fernhintreffenden« Apoll vergleichbar. Tatsächlich werden auch umgekehrt die fernhinreichenden Trajektorien solcher metaphorischer Schüsse metaphorologisch nur kenntlich, wenn man sie nachvollziehend ab-, also selbst weit ausschreitet. So gelangt man von Schiller zu Freud und Lacan, von E.T.A. Hoffmann zu Platon, Aristoteles, Jean-Luc Nancy und Dan Brown, von Eichendorff zu Hesiod und Heidegger.

Metaphorische Bezüge und Verweise gibt es allerdings potentiell unendlich viele, und so auch Intertexte. Man muss also bei der metaphorologischen Interpretation Texte und Stellen auswählen. Oder, um im Bild zu bleiben: es gibt mehr Zielscheiben als Pfeile, und man muss sich für diese oder jene Zielscheibe entscheiden. Hat man das getan, kommt es nicht darauf an, ob man eine andere hätte wählen können oder müssen, sondern darauf, dass man auf der gewählten Zielscheibe ins Schwarze trifft: dass also diese »fernhin« gesuchte und gefundene Stelle auch ein treffender Beleg für die verfolgte Interpretation ist.

Ist das so, dann kann sich auch ›*fern*hin‹ eine *Nähe* der Interpretation zu ihren Texten und der Texte untereinander einstellen, die wiederum in punktuellen Ähnlichkeiten zwischen den – einander in anderen Hinsichten möglicherweise fernstehenden – Intertexten greifbar wird. Diese Berührungspunkte liefern in der vorliegenden Studie immer wieder einzelne Wörter. Über solche Wörter – von denen nicht auf den ersten Blick klar sein muss, ob sie überhaupt für dieselben Begriffe oder Metaphern stehen – konstruiere ich Ähnlichkeiten zwischen einander auf den ersten Blick fernstehenden Texten. Wohlgemerkt: Diese Ähnlichkeiten werden angenommen oder gestiftet. Die Wörter aber, die das ermöglichen, etwa »mitten« oder »Mitte«, sind im Unterschied zu den Begriffen und Metaphern, auf die sie verweisen, tatsächlich da. Ihre Bedeutung wiederum ergibt sich, metaphorologisch gesehen, nicht nur aus dem Lexikon oder *intra*textuell aus Kontext und Parallelstellen in der Nähe, sondern auch *inter*textuell aus mitunter fernliegenden Kontexten und Parallelstellen anderer Texte.

So weit manche intertextuelle Bezüge, mit denen ich in der vorliegenden Studie argumentiere, in die Ferne zielen, so weit ist auch ihr Literaturbegriff. Auch theoretische und philosophische Texte betrachte ich im Folgenden insofern *als* Literatur, als ich sie *wie* Literatur lese: vor allem mit Blick auf ihre Metaphern. Mit diesem Verfahren schließe ich, wie ich in Kapitel 4 erläutere, an Hans Blumenbergs Metaphorologie an.

Dem geht neben diesem »Ausblick« (Kapitel 1) das Kapitel 2 »Körper und Seele, metaphorisch vereint: das Medium. Gegenstand und Methode der Studie« voraus. Darin skizziere ich den Medienbegriff dieser Studie im Rückgriff auf Novalis und Hegel. Das Kapitel 3 »Eins, ganz, heil. Literarische Grundbegriffe des Mediums« widmet sich objektsprachlichen Grundbegriffen. Das bereits angeführte Kapitel 4 »Metapher, Atopon, kombinatorischer Witz. Theoretische Grundbegriffe der Metaphorologie« ist das Theorie-Kapitel, das die metasprachlichen Annahmen der vorliegenden Studie klärt.

Mit Kapitel 5 »E.T.A. Hoffmanns *Brief aus den Bergen*. Kurze Theoriegeschichte des Mediums« beginnt der literarische Interpretationsteil. Er ist nicht chronologisch aufgebaut. So ist Kapitel 6 »Henkel, Einklang, Ontosemiologie. Medien-Revenants im 20. Jahrhundert und in der Gegenwart« diachron angelegt. Auch die Ausführungen, die man als Forschungsbericht bezeichnen könnte, sind in dieses Kapitel eingerückt. Dadurch soll deutlich werden, wie auch die metasprachliche Auseinandersetzung mit dem ›Medium‹ topologisch in derjenigen Tradition und ihrer Objektsprache wurzelt, von der sie sich reflektierend mal mehr, mal weniger distanziert.

Kapitel 7 »Psyche im Farbenfluss. Schillers *Avanturen des neuen Telemachs*« interpretiert diesen bisher wenig besprochenen Schiller-Text linientheoretisch vor dem Hintergrund von Justinus Kerners klecksografischer Theorie und Praxis, die wiederum Licht auf die psychoanalytische Theorie von Linie und Farbe wirft. Kapitel 8 »Magnetischer Kasten, magisches Kästchen. Wolfgang von Kempelens Schachtürke« befasst sich mit dem ›Dispositiv‹ der *camera obscura* oder *black box*, Kapitel 9 »*Commercium* auf der Schaubühne. Schillers *Geisterseher*« mit demjenigen der Guckkastenbühne und der Laterna magica, wie sie zur Erzeugung der Phantasmagorie verwendet wurde.

Das zehnte Kapitel »Hinaus auf den Balkon, hinauf auf den Baum, hinein ins Ganze. Eichendorffs *Ahnung und Gegenwart*« schließt an die Landschaftsdiskussion des dritten Kapitels an und verknüpft zudem Eichendorffs Roman mit schon in Kapitel 6 diskutierten romantischen Theoremen, insbesondere Heideggers, und mit Interpretationsbefunden aus anderen Kapiteln.

So soll zum Ende der Studie hin noch einmal klar werden, dass es sich bei der hier entfalteten Metaphorologie des Mediums um *einen* Zusammenhang handelt, in dem sozusagen alles mit allem zu tun hat. Diese Vorstellung bringt, wie ich noch diskutiere, Probleme mit sich. Auf der technischen Ebene dieser Studie versuche ich ihnen zu begegnen, indem ich im Fußnotenteil relativ ausführlich hin und her verweise, von vorn nach hinten und von hinten nach vorn, um so Sprünge und Assoziationen möglich zu machen, die die im Fließtext sukzessive entwickelte Argumentation und Interpretation ergänzen. Grundsätzlich soll dieses Buch jedoch ohne Blick in die Fußnoten mit ihren philologischen Nachweisen, dem ergänzenden Belegmaterial und den Querverweisen verständlich sein.

Gegen Ende des zehnten Kapitels geht es um das, was ich ›romantische Gestelle‹ oder ›Dispositive‹ der Gegenwart nenne: etwa die neuerdings populären Baumwipfelpfade, Skywalks oder Highlines. Sie kommen, so meine These, unserer romantischen Sehnsucht entgegen. Was darunter zu verstehen ist und woher sie kommt, will diese Studie zeigen.

KAPITEL 2

Körper und Seele, metaphorisch vereint: das Medium. Gegenstand und Methode der Studie

Definitionen: Medium, Metapher, Romantik

Im Herbst 1779 reicht Friedrich Schiller an der Hohen Karlsschule in Stuttgart seine erste Dissertation mit dem Titel *Philosophie der Physiologie* ein. Sie befasst sich mit einem der meistdiskutierten philosophischen Probleme des ausgehenden 18. Jahrhunderts: dem Verhältnis von Körper und Geist. Gerade hatte Ernst Platner mit seiner 1772 veröffentlichten *Anthropologie für Ärzte und Weltweise* ein, wie man heute sagen würde, interdisziplinäres Forschungsfeld etabliert, um »Körper und Seele in ihren gegenseitigen Verhältnissen, Einschränkungen und Beziehungen zusammen [zu] betrachten«[3] und so mit den vereinten Kräften von Medizin und Philosophie endgültig die philosophische Frage des *commercium mentis et corporis* zu klären. Das ist Platner, Schiller und allen ihren Nachfolgern nicht gelungen: noch heute diskutiert die Philosophie, jetzt auch die Neurophysiologie, das *mind-body problem*.

Zugleich mit dieser philosophischen Diskussion geht in den 1770er Jahren aus dem *commercium*-Problem auch jener Begriff des ›Mediums‹ hervor, um den es im Folgenden geht: dasjenige »Medium« nämlich, das – mit einer Formulierung des Novalis – die »Vereinigung« von »Körper« und »Seele« herstellt.[4] Dieser Begriff des ›Mediums‹ hat sich, so meine These, im Wortsinne poetisch, also Text-erzeugend, in Theorie und Literatur entfaltet, und zwar nicht bloß begrifflich, sondern auch metaphorisch. Denn auch für das ›Medium‹ gilt Hans Blumenbergs auf die Frühromantik insgesamt gemünztes Wort, dass »[d]ie Vielzahl der Metaphern […] die Ratlosigkeit [umschreibt], wie der Grundgedanke in eine Form theoretischer Entsprechung umgesetzt werden kann«.[5] Um diese Metaphern, das heißt die metaphorischen

3 Ernst Platner: Anthropologie für Ärzte und Weltweise. Erster Teil. Mit einem Nachwort von Alexander Košenina. 2. Nachdruck der Ausgabe Leipzig 1772, Hildesheim 2000, S. XVII.

4 Novalis schreibt: »Es ist allgemein bekannt, daß man Seele und Körper unterscheidet. […] [D]ie Sinne[] [sind] ein gemeinschaftliches, ungetheiltes Eigenthum des Körpers und der Seele […]. Ihre Vereinigung findet mittelst der Sinne statt. […] Sie sind das Medium der Wechselwirkung.« Novalis: Philosophische Studien 1795/96 (Fichte-Studien), in: ders.: Werke, Tagebücher und Briefe Friedrich von Hardenbergs, Bd. 2: Das philosophisch-theoretische Werk, hg. von Hans-Joachim Mähl, München 1978, S. 7–210, S. 183.

5 Hans Blumenberg: Die Lesbarkeit der Welt, Frankfurt a. M. ²1983, S. 236.

 | DOI:10.30965/9783846763698_003

Facetten, Komplikationen und Widersprüche des Medienbegriffs, und um ihre Interpretation im je gegebenen Kontext geht es der vorliegenden metaphorologischen Studie. Dabei ist die ›Metapher‹ nicht nur ein metasprachlicher Begriff, sondern gelegentlich auch ein objektsprachlicher[6] oder ein literarischer Grundbegriff.

›Romantisch‹, wie es im Titel der vorliegenden Studie heißt, ist sie erstens, weil ihre Haupttexte die sogenannte Epoche der Romantik abdecken, und zweitens, weil der Begriff ›Medium‹ selbst ›romantisch‹ genannt werden kann. Heißt es etwa in Clemens Brentanos 1801 veröffentlichtem Roman *Godwi oder Das steinerne Bild der Mutter*, »das Romantische« sei »ein Perspectiv oder vielmehr die Farbe des Glases und die Bestimmung des Gegenstandes durch die Form des Glases«,[7] dann liegt dieser Definition des ›Romantischen‹ eben jener Begriff des »Diaphanums« wie zum Beispiel des »Glaß[es]« zugrunde, über den Johann Heinrich Zedlers *Grosses vollständiges Universal-Lexicon Aller Wissenschafften und Künste* 1732 das »Medium« definiert.[8]

Außerdem hat das ›Medium‹ *per definitionem* eine Tendenz zur Metapher, wie sie Georg Wilhelm Friedrich Hegel als charakteristisch ›romantisch‹ bestimmt hat.[9] Denn zum einen ›vereint‹ ja das ›Medium‹ nach Novalis'

---

6 Jacques Lacan hat das Problem der Unterscheidung von Objekt- und Metasprache in das Diktum *»es gibt keine Metasprache«* gefasst; Jacques Lacan: Fadenringe, in: ders.: Das Seminar von Jacques Lacan. Buch XX (1972–1973): Encore. Textherstellung durch Jacques-Alain Miller. Übersetzt von Norbert Haas, Vreni Haas und Hans-Joachim Metzger, Weinheim, Berlin ²1991, S. 127–147, S. 127. – Ähnlich Hegels Diktum »Die Philosophie bedarf […] überhaupt keiner besonderen Terminologie«, demzufolge – so Bernd Hamacher – Hegel »ausdrücklich die Identität von Objekt- und Metasprache« vertrete. Georg Wilhelm Friedrich Hegel: Wissenschaft der Logik I. Erster Teil: Die objektive Logik. Erstes Buch. Auf der Grundlage der Werke von 1832–1845 neu edierte Ausgabe Redaktion Eva Moldenhauer und Karl Markus Michel, Frankfurt a. M. 1986, S. 21 (= GW, Frankfurt a. M. 1969ff., Bd. 5; im Folgenden nachgewiesen als ›GW‹ mit Nummer des Bandes); Bernd Hamacher: Austern und Wein, Kunst und Philosophie: Die Ambivalenz des Alltäglichen in Hegels Ästhetik, in: Walter Pape (Hg.): Die alltägliche Romantik. Gewöhnliches und Phantastisches, Lebenswelt und Kunst. Unter Mitarbeit von Roswitha Burwick, Berlin, Boston 2016, S. 3–12, S. 12. – Vgl. zu Objekt- und Metasprache auch Stefan Börnchen: »Dumme Semantik« oder: Wie klug muss eine Metasprache sein? Ein Stimmungs-Bild, in: Rainer Kaus, Claudia Liebrand (Hg.): Interpretieren nach den Turns, Bielefeld 2014, S. 195–216.

7 Clemens Brentano: Godwi oder Das steinerne Bild der Mutter. Ein verwilderter Roman, hg. von Ernst Behler, Stuttgart 1995, S. 289 (Zweyter Theil, Achtes Kapitel); vgl. das Zitat im Kontext in Anm. 2121.

8 Artikel »Diaphanum, Medium« in Johann Heinrich Zedler [Verleger]: Grosses vollständiges Universal-Lexicon Aller Wissenschafften und Künste […], Halle und Leipzig 1732–1754, Bd. 7 (1734), Sp. 768f.; s. Zitat 266.

9 Dass sich »die romantische Phantasie […] gern metaphorisch ausdrückt«, stellt Hegel in seinen *Vorlesungen über die Ästhetik III* fest. Georg Wilhelm Friedrich Hegel: GW 15, S. 279f.

Definition zweierlei begrifflich miteinander Unvereinbares, nämlich »Körper« und »Seele«: ganz so, wie die Metapher zwei unterschiedliche Begriffe miteinander identifiziert oder, mit Hegel, »in eins [fügt]«.[10] Zum anderen sind die Metaphern, die die Vorstellung des ›Mediums‹ mit sich bringt, häufig spezifisch romantische Metaphern. Das gilt, wie ich zeigen werde, nicht nur für den Medien-Diskurs der Epoche ›Romantik‹, sondern auch noch für Medien-Theorien der jüngeren Zeit. Insofern ist der hier zugrundegelegte ›Romantik‹begriff diachroner beziehungsweise typologischer Art.[11]

Gewiss nicht denkbar, doch wirklich vorhanden: Mittelkraft (Schiller) …

Gleich zu Beginn seiner Dissertation verwirft Schiller zwei etablierte Erklärungen des *commercium*-Problems: den Monismus, demzufolge »der Geist selbst Materie sein« soll, und den Okkasionalismus, demzufolge die »göttliche[] Allmacht« zwischen Körper und Geist vermittelt. Die eine Position hält Schiller für töricht und böse, die andere für Wunderglauben.[12] »[E]ndlich muß eine Kraft vorhanden sein, die zwischen den Geist und die Materie tritt und beede verbindet«, fährt er fort, »eine Kraft, die einesteils geistig, andernteils materiell« wäre. »[U]nd läßt sich ein solches denken? –«, fragt er rhetorisch, markiert durch einen Gedankenstrich eine kleine dramatische Pause und antwortet: »Gewiß nicht!« Es folgt eine weitere, nun durch einen Absatz markierte Pause. Dann kommt der argumentative Paukenschlag: »Dem sei wie ihm wolle, es ist wirklich eine Kraft zwischen der Materie […] und dem Geiste vorhanden. […] Ich nenne sie *Mittelkraft*.«[13]

---

10 »[D]ie Metapher[]«, so eine Definition – eine von vielen Definitionen – Hegels, entsteht daraus, »Zwiefaches in eins zu fügen.« Georg Wilhelm Friedrich Hegel: Vorlesungen über die Ästhetik I, in: ders.: GW 13, S. 520f. Vgl. zum Kontext des Zitats auch Anm. 47.

11 Vgl. Ricarda Huchs Begriff der Romantik als »Weltanschauung« im Zitat und den »Geist der Romantik« in der Anm. 80. – Vgl. zum aus der Bibelwissenschaft stammenden Begriff ›Typologie‹, der »τύποι, ›Typen‹« als »Muster« – auch im Sinne des lateinischen »*figura*« – begreift, Stuart George Hall: Typologie, in: Theologische Realenzyklopädie, Bd. 34: Trappisten/Trappistinnen–Vernunft II, hg. von Horst Balz u. a., Berlin, New York 2002, S. 208–224, S. 208.

12 Friedrich Schiller: Philosophie der Physiologie, in: ders.: Sämtliche Werke, Band V: Erzählungen, Theoretische Schriften, hg. von Wolfgang Riedel, München 2004, S. 250–268, S. 252f.

13 Ebd., S. 253.

Schiller ist mit dieser Argumentation durchgefallen. Seine Gutachter fanden sie »unreif«,[14] »wenig überzeugend oder unklar«[15]. Erst ein Jahr später wird Schiller, nun 20 Jahre alt, mit der Arbeit *Über den Zusammenhang der tierischen Natur des Menschen mit seiner geistigen* promoviert. Doch so wenig Schillers Theorie der Mittelkraft philosophisch überzeugen mag, so anschaulich macht sie das Problem, um das es im Folgenden geht. Die »Mittelkraft« oder das, noch einmal mit Novalis, die »Vereinigung« von »Körper« und »Seele« herstellende »Medium«[16] ist anscheinend philosophisch ›undenkbar‹, soll aber dennoch irgendwo vorhanden sein – und damit auch irgendwie, wenngleich nicht philosophisch, zu denken. Aber wo? Und wie?

Die Antwort, die ich vorschlage, lautet: in der Literatur – oder mit Schillers eigenem Ausdruck: ›poetisch‹. Das ist für ihn ein Gegenbegriff zu ›philosophisch‹. Am 17. Dezember 1795 schreibt er aus Jena an Johann Wolfgang von Goethe nach Weimar:

> Wie beneide ich Sie um Ihre jetzige poetische Stimmung, die Ihnen erlaubt recht in Ihrem Roman [*Wilhelm Meisters Lehrjahre*] zu leben. Ich habe mich lange nicht so prosaisch gefühlt, als in diesen Tagen und es ist hohe Zeit, daß ich für eine Weile die philosophische Bude schließe.[17]

Schiller zufolge ist ›prosaische Philosophie‹ ein Diskurs, in dem begriffliche Präzision und Widerspruchsfreiheit herrschen, also das Ideal einer – mit einem Ausdruck Hans Blumenbergs – »cartesische[n] [...] Logizität«[18], die alles widerspruchslos auf den Begriff bringt. ›Poetische Stimmung‹ hingegen steht hier

14 Ebd., Kommentar S. 1174.

15 [Kommentar zur *Philosophie der Physiologie*], in: Friedrich Schiller: Schillers Werke. Nationalausgabe. 21. Band: Philosophische Schriften. Zweiter Teil, unter Mitwirkung von Helmut Koopmann hg. von Benno von Wiese, Weimar 1963, S. 114–120, S. 114; hier kursiv. Der gutachtende Professor »*Consbruch bestätigte, daß* diese Streit-Schrifft sehr viel guthes *enthalte, das den* philosophischen und physiologischen Kenntnissen des Verfassers *Ehre mache, bemängelte aber zugleich, daß der Eleve Schiller* gegen den verdienstvollen Haller eine gelindere Sprache *führen müsse. Außerdem spiele* an manchen Orten der Witz zu viel [!], *und* in einer Schrift, wo es auf deutliche und bestimmte Ausdrücke ankommt, *sei* eine weniger blühende Schreib-Art *angemessener.*« Das hier in den *recte*-Partien zitierte Gutachten Consbruchs vom 6. November 1779 ist veröffentlicht worden unter dem Titel: Urkunden zu Schillers Jugendgeschichte, in: Morgenblatt für gebildete Leser Nr. 71 (1847); ebd.

16 Vgl. Anm. 4.

17 Johann Wolfgang Goethe: Sämtliche Werke nach Epochen seines Schaffens. Münchner Ausgabe, Bd. 8.1: Briefwechsel zwischen Schiller und Goethe in den Jahren 1794 bis 1805, hg. von Manfred Beetz, München 1990, S. 138f., S. 138.

18 Hans Blumenberg: Paradigmen zu einer Metaphorologie, Frankfurt a. M. 1998, S. 10. Einen ausführlichen Kommentar liefert Anselm Haverkamp in: Hans Blumenberg: Paradigmen

für einen literarischen oder ästhetischen Diskurs, in dem paradoxerweise – so jedenfalls erscheint es aus Sicht der ›philosophischen Logizität‹ – auch sprachlich ›unbegreifliche‹ Phänomene nicht ausgeschlossen sein sollen.[19] In diesem ästhetisch-literarischen Diskurs wird auch über Dinge geredet, über die man im strengen Sinne philosophisch nicht reden kann. Dabei helfen ›poetische‹ Mittel wie zum Beispiel die Metapher – wobei diese selbst wiederum zu eben jenen Phänomenen gehören soll, die sich dem Begriff entziehen.[20]

Michel Montaigne, Pierre Corneille und Blaise Pascal haben solche Phänomene unter eine Formel gebracht, die in der ästhetischen Theorie zur stehenden Wendung geworden ist: das *je ne sais quoi*, ein terminologisch nicht dingfest zu machendes – so heißt es etwa bei Goethe – *»ich weiß nicht was«*,[21] das irgendwie »wirklich« (Schiller) vorhanden sein und auf uns wirken, sich aber in den Begriffen der Schulphilosophie nicht denken und – so singt es Tamino in der *Zauberflöte* – »nicht nennen«[22] lässt:[23] und darum in ihren Begriffen auch nicht benannt werden soll.

---

zu einer Metaphorologie. Kommentar von Anselm Haverkamp unter Mitarbeit von Dirke Mende und Mariele Nientied, Frankfurt a. M. 2013.

19 »Stimmung«, so David Wellbery in Hinblick auf Goethes »*Falconet*-Aufsatz« von 1776, stehe für eine »vorbegriffliche Artikuliertheit«. David E. Wellbery: Stimmung, in: Ästhetische Grundbegriffe (ÄGB). Historisches Wörterbuch in sieben Bänden, hg. von Karlheinz Barck u. a., Bd. 5: Postmoderne-Synästhesie, Stuttgart, Weimar 2003, S. 703–733, S. 705f.

20 In diesem Sinne auch Immanuel Kant über das »Talent zum Erfinden« mit »d[]em mystischen Namen« »Genie«, das so – nämlich ›mystisch‹ – »benennt« ist, »weil der, welcher dieses [Talent] hat, die Ausbrüche desselben sich nicht erklären, oder auch, wie er zu einer Kunst komme, die er nicht hat erlernen können, sich selbst nicht begreiflich machen kann.« Immanuel Kant: Anthropologie in pragmatischer Hinsicht, in: ders.: Werke in zehn Bänden, hg. von Wilhelm Weischedel, Bd. 10: Schriften zur Anthropologie. Geschichtsphilosophie. Politik und Pädagogik. Zweiter Teil, Darmstadt ²1964, S. 395–690, S. 543 und 545 (§ 54).

21 Johann Wolfgang Goethe: Wilhelm Meisters Lehrjahre. Ein Roman, in: ders.: Sämtliche Werke nach Epochen seines Schaffens. Münchner Ausgabe, Bd. 5, hg. von Hans-Jürgen Schings, München 1988, S. 341; hier recte (5. Buch, 16. Kapitel).

22 »Dies Bildnis ist bezaubernd schön, wie noch kein Auge je gesehn! Ich fühl es [...], wie dies Götterbild mein Herz mit neuer Regung füllt [...]. Dies etwas kann ich zwar nicht nennen, doch fühl ich's hier wie Feuer brennen: soll die Empfindung Liebe sein?«, singt Tamino. Die Zauberflöte. Oper in zwei Aufzügen. Text von Emanuel Schikaneder. Musik von W.A. Mozart. Klavierauszug, hg. von Kurt Soldan, Leipzig o. J., S. 30.

23 Vgl. zur Geschichte des »›τί ἐστι‹« [tí esti] (Aristoteles), »›nescio quid‹« (Cicero, Augustin), »›je ne sais quoi‹« (Montaigne, Corneille) und »ich weiß nicht was« (Goethe) Erich Köhler: »Je ne sais quoi«. Ein Kapitel aus der Begriffsgeschichte des Unbegreiflichen, in: ders.: Esprit und arkadische Freiheit. Aufsätze aus der Welt der Romania, Frankfurt a. M., Bonn 1966, S. 230–286, S. 230f., 235 und 237; vgl. außerdem Christoph Menke: Kraft. Ein Grundbegriff ästhetischer Anthropologie, Frankfurt a. M. 2008, S. 17–20.

Genau das allerdings versucht Schiller, und das ist ein philosophischer Fehler. Denn ein philosophischer Diskurs, der sprachlich – mit Blumenberg – »auf objektive Eindeutigkeit tendier[t]« und dem das »Attribut« »›ästhetisch‹« als »die letzte, [...] völlig enthemmende Lizenz für Vieldeutigkeit« gilt,[24] kann den Versuch nicht dulden, das Undenkbare und damit auch Unnennbare im schulphilosophischen Diskurs doch *irgendwie*, also ›ästhetisch‹ oder eben metaphorisch, zu benennen. Ludwig Wittgenstein hat dieses philosophische Selbstverständnis später auf die Formel gebracht, dass »sich klar sagen« lässt, »[w]as sich überhaupt sagen läßt«, und dass man »schweigen« muss über das, »wovon man nicht reden kann«.[25]

Schiller aber will nicht in der schulphilosophischen Bude sitzen und über die Dinge schweigen, die ihn interessieren. Lieber schließt er also, um sich ein Bild von ihnen zu machen, die philosophische Bude und verlegt sich auf das ›Ästhetische‹ und ›Poetische‹.

... als poetische Metapher (Hegel) ...

Die Theorie des 18. Jahrhunderts hat dieses ›poetische‹, aber aus Sicht der Philosophie begrifflich unklare *je ne sais quoi* der »Macht der Einbildungskraft«[26] oder auch »Phantasie« zugeschrieben. So sind in Johann Heinrich Zedlers *Grossem vollständigem Universal-Lexikon Universal-Lexikon Aller Wissenschafften und Künste* »Phantasie«, »Imagination« und »Einbildungskrafft« Synonyme.[27] Im Unterschied zur philosophischen »εἰκαστική [τέχνη]« [eikastikē téchnē], deren Gegenstand »Vergleichungen« sind, »die ihren Grund« haben, befasst sich die »φανταστική τέχνη« [phantastikē téchnē] Zedler zufolge »mit Erdichtungen«:[28] also ›poetischen‹ Neuschöpfungen –

24 Hans Blumenberg: Ausblick auf eine Theorie der Unbegrifflichkeit, in: Anselm Haverkamp (Hg.): Theorie der Metapher, Darmstadt ²1996, S. 438–454, S. 444.

25 Ludwig Wittgenstein: Logisch-philosophische Abhandlung. Tractatus logico-philosophicus, Frankfurt a. M. 2003, S. 7. Hans Blumenberg zitiert diesen Satz; Hans Blumenberg: Bruchstücke des »Ausblicks auf eine Theorie der Unbegrifflichkeit«, in: ders.: Theorie der Unbegrifflichkeit. Aus dem Nachlaß hg. von Anselm Haverkamp, Frankfurt a. M. 2007, S. 95–110, S. 102.

26 Menke, Kraft. Ein Grundbegriff ästhetischer Anthropologie, S. 19.

27 »Phantasie, *Phantasia*«, in: Zedler, Grosses vollständiges Universal-Lexicon Aller Wissenschafften und Künste, Bd. 27, Sp. 1741f.

28 Diese Unterscheidung bezieht sich auf Platons *Sophist*, wo »die nachbildnerische Kunst« beziehungsweise, wie Friedrich Schleiermacher denselben griechischen Ausdruck (εἰδωλοποιική τέχνη) auch übersetzt, »bildermachende Kunst« in »zwei Arten der Nachahmungskunst« (δύο καθορᾶν εἴδη τῆς μιμητικῆς) unterschieden wird: die

›ποίησις‹ [poíēsis] heißt ›Schaffen, Hervorbringen, Schöpfung‹ – wie etwa dem Roman, um dessen Schreibprojekt Schiller Goethe beneidet. »PHANTASMA« wiederum definiert Zedler unter anderem als »Würckung der Einbildungs-Krafft« beziehungsweise als »Erscheinung« –[29] und hier klingen auch »Vorstellung[en]« an wie die, »die etwa im Traum, oder in der Raserey geschähe[n]«[30], oder sogar »die Erscheinung der[] Geister«[31]: jene dunklen oder zumindest zweideutigen Konnotationen[32] also, die den Begriff der ›Phantasie‹ seit jeher begleiten und, ins Extrem gesteigert, in die Vorstellung vom *furor poeticus*[33] münden.

Im Anschluss an diese Terminologie von ›Phantasie‹ und ›Poiesis‹ ist im Folgenden, wenn es um in den Begriffen der Schulphilosophie ›Undenkbares‹ wie zum Beispiel Schillers Mittelkraft geht, manchmal von ›Phantasmen‹,

---

»ebenbildnerische Kunst« (εἰκαστικὴ τέχνη), die »ein Ebenbild« (εἰκ[ών]), und die »trugbildnerische« (φανταστικὴ) Kunst, die »ein Trugbild« (φάντασμα) hervorbringt. Platon: Σοφιστής. Der Sophist, in: ders.: Werke in acht Bänden. Griechisch und deutsch, 6. Band: Theaitetos. Der Sophist. Der Staatsmann. Bearbeitet von Peter Staudacher. […] Deutsche Übersetzung von Friedrich Schleiermacher, Darmstadt 1970, S. 219–401, S. 284–289 (235b–236c). – Platons Beispiel für das Trugbildhafte ist die perspektivische Verkürzung beziehungsweise ihr Ausgleich in der Malerei (vgl. 236b). Bei Platon geht es hier (!) also *nicht* wie später unter Rückgriff auf die platonische Terminologie bei Zedler um eine *poíēsis* im Allgemeinen oder um die dichterische *poíēsis*. – Gelegentlich verwendet Platon – wie auch Aristoteles – ›εἰκών‹ und ›φαντάσμα‹ auch synonym für ›Bild‹ im unmetaphorischen Sinne; vgl. Anm. 365 und 367.

29 »PHANTASMA«, in: Zedler, Grosses vollständiges Universal-Lexicon Aller Wissenschafften und Künste, Bd. 27, Sp. 1743.

30 »Phantasie, *Phantasia*«, in: ebd., Sp. 1741f.

31 »Erscheinung«, in: Zedler, Grosses vollständiges Universal-Lexicon Aller Wissenschafften und Künste, Bd. 8, Sp. 1757–1759, Sp. 1757.

32 Mit dem Begriff der ›Konnotation‹ folge ich Hans-Georg Gadamer: »So spricht man […] von den Konnotationen […]. Es entsteht eine eigentümliche Spannung zwischen der Sinnrichtung der Rede und der Selbstpräsentation ihrer Erscheinung. Jedes der Glieder der Rede, jedes einzelne Wort, das sich der Sinneinheit des Satzes einordnet, stellt selbst eine Art Sinneinheit dar, sofern es durch seine Bedeutung etwas Gemeintes evoziert. Sofern es dabei sich in seiner eigenen Einheit ausspielt und nicht nur als Mittel für den zu erratenden Redesinn wirkt, läßt es die Sinnvielfalt seiner eigenen Nennkraft zur Entfaltung kommen. So spricht man dann von den Konnotationen, die mitsprechen, wenn in seinem literarischen Text ein Wort in seiner Bedeutung erscheint.« Hans-Georg Gadamer: Text und Interpretation, in: Philippe Forget (Hg.): Text und Interpretation, München 1984, S. 24–55, S. 48.

33 Vgl. zu den Konnotationen von »Begeisterung«, »Schwärmerei« und »[W]ahnsinn[]« des *»furor poeticus«* und zur »Vermischung von Ekstase und Melancholie« in diesem *furor* Dietmar Till: Inspiration, in: Reallexikon der deutschen Literaturwissenschaft, hg. von Georg Braungart, Harald Fricke, Klaus Grubmüller, Jan-Dirk Müller, Friedrich Vollhardt und Klaus Weimar, Bd. 2, Berlin, New York 2007, S. 149–152, S. 150f.

meist jedoch von ›Metaphern‹ die Rede. Dabei verstehe ich unter einem ›Phantasma‹ eine nichtsprachliche, bildliche oder – mit Jacques Lacan – imaginäre[34] Vorstellung, deren sprachliche Form die Metapher ist – beziehungsweise, genauer, die in Metaphern beschrieben wird. Deshalb ist das Phantasma, wenn man es interpretieren und verstehen will, Gegenstand der Metaphorologie, verstanden als – einigermaßen – systematische Sammlung und Interpretation von Metaphern. Eine ›Vorstellung‹ wiederum kann, wie auch bei Zedler, sowohl ein nichtsprachliches Bild als auch ein Begriff oder eine Metapher sein – insofern ist die ›Vorstellung‹ der Oberbegriff von ›Begriff‹, ›Metapher‹ und ›Phantasma‹.

Unter der ›Metapher‹ verstehe ich einen sprachlichen Ausdruck, der eine Vorstellung in Begriffe einer anderen fasst: »ein Wort«, heißt es bei Zedler in Einklang mit Aristoteles' Metaphern-Definition in der *Poetik*,[35] wird »metaphorice oder verblümter Weise für das andere gesetzt«.[36] Die Metapher ist also eine Übertragung vom eigentlichen – wörtlichen – in den uneigentlichen – eben übertragenen – Kontext.[37] Nach dieser Übertragung ist sie ja auch benannt. Was einmal Metapher war, kann mit der Zeit zum Begriff werden – beziehungsweise, wie es häufig metaphorisch heißt: eine Metapher kann zum Begriff verblassen. Metaphern unterscheiden sich also nur graduell von Begriffen. So betrachtet und mit einer Formulierung Jean Pauls, ist die »Sprache« als Summe der Begriffe »ein Wörterbuch erblasseter Metaphern.«[38]

---

34 Jacques Lacan unterscheidet »le symbolique de l'imaginaire dans leur relation au réel«; Jacques Lacan: D'un syllabaire après coup, in: ders.: Écrits, Paris 1966, S. 717–724, S. 720. Friedrich Kittler spricht im Anschluss an diese Stelle vom »Spiegel des Imaginären«; Friedrich Kittler: Grammophon Film Typewriter, Berlin 1986, S. 27f., S. 28; zitiert in Anm. 614. – Lacans ›Imaginäres‹ erinnert an das, was W.J.T. Mitchell als ›Bild‹ beschreibt; s. Zitat 263.

35 »Eine Metapher [μεταφορὰ] ist die Übertragung eines Wortes (das somit in uneigentlicher Bedeutung verwendet wird) [ὀνόματος ἀλλοτρίου ἐπιφορὰ] […] nach den Regeln der Analogie [κατὰ τὸ ἀνάλογον].« Aristoteles: Poetik. Griechisch/Deutsch. Übersetzt und hg. von Manfred Fuhrmann, Stuttgart 1996, S. 66f. (1457b). – Aristoteles' Metaphernbegriff ist an dieser Stelle weiter als die hier allein zitierte Definition und umfasst außerdem noch, was heute im Allgemeinen als Synekdoche und Metonymie bezeichnet wird; vgl. Wolfram Groddeck: Reden über Rhetorik. Zu einer Stilistik des Lesens, Basel, Frankfurt a. M. 1995, S. 257.

36 »METAPHORA NON RECIPROCA«, in: Zedler: Grosses vollständiges Universal-Lexicon Aller Wissenschafften und Künste, Bd. 20, Sp. 1258.

37 Zedler definiert die Metapher als »Gleichniß-Rede […], seine Gedancken auf eine sogenannte figürliche Manier auszudrücken«. »Metaphora, *Translatio*«, in: ebd., Sp. 1257f., Sp. 1257.

38 Jean Paul: Vorschule der Ästhetik. Nach der Ausgabe von Norbert Miller hg., textkritisch durchgesehen und eingeleitet von Wolfhart Henckmann, Hamburg 1990, S. 184 (§ 50). Ähnlich Hegel: vgl. Anm. 317.

Umgekehrt können auch ursprünglich als Begriffe verwendete Worte, jedenfalls im Auge späterer Leserinnen und Leser, zu Metaphern werden. So ist es etwa mit Platons heute großenteils als ›poetisch‹ empfundener Terminologie geschehen. Begriff und Metapher, ›cartesisch‹-strikte Philosophie und ›poetische‹ Literatur unterscheiden sich nur graduell, und eines kann sich mit der Zeit ins andere verwandeln.

Grundsätzlich ergibt die Metapher eine »widersprüchliche Prädikation«.[39] Deshalb ist die Metapher der seit Platon am Ideal der Logizität orientierten Philosophie verdächtig – und das bis zum heutigen Tag. So jedenfalls legt es die Lektüre des *Historischen Wörterbuchs der Philosophie* nahe. In seinen über mehr als 300 Spalten (!) laufenden Artikeln zum Begriff »Philosophie« kommt nicht ein einziges Mal der Begriff ›Metapher‹ vor.[40] Erst unter dem Lemma »Poetik« erscheint er wieder, und das ausgerechnet in der Wendung von der »Apologie der freien Metapher«.[41]

Die Philosophie, jedenfalls die »der regulativen Idealität des puren [cartesischen] Logos«[42] verpflichtete Philosophie, meidet also die Metapher – ganz ähnlich gewissermaßen, wie man in der Antike jene unbekannten und daher grundsätzlich verdächtigen Gegenden mied, die auf den Karten der Ausdruck *Hic sunt leones* bezeichnete.[43] Es ist also vielleicht kein Zufall, dass der Löwe ein traditionelles Beispiel für die Metapher und ihre »widersprüchliche Prädikation« (Weinrich) ist. Denn tatsächlich, so das seit Aristoteles' *Rhetorik* (1406b) immer wieder zitierte Beispiel aus Homers *Ilias*, stürzt ja nicht »ein Löwe« plötzlich vor den Mauern Trojas gegen die Trojaner hervor, sondern der metaphorisch so genannte Achill.[44] Beim Worte genommen, ist diese wie jede

39 Harald Weinrich schreibt: »Ich schlage [...] als neue Grundlage einer Metaphorik den Satz vor: Die Metapher ist eine widersprüchliche Prädikation. Die kühne Metapher ist dann eine Prädikation, deren Widersprüchlichkeit nicht unbemerkt bleiben kann.« Harald Weinrich: Semantik der kühnen Metapher, in: Deutsche Vierteljahrsschrift für Literaturwissenschaft und Geistesgeschichte 37 (1963), S. 325–344, S. 337.

40 Artikel »Philosophie«, in: Joachim Ritter, Karlfried Gründer (Hg.): Historisches Wörterbuch der Philosophie, Bd. 7: P–Q, Basel 1989, Sp. 572–879.

41 Artikel »Poetik«, in: ebd., Sp. 1011–1023, Sp. 1019.

42 Blumenberg, Paradigmen zu einer Metaphorologie, S. 10.

43 Vgl. Richard Kämmerlings: Wo die wilden Zeichen wohnen. Die Schreibhand macht sich selbständig: Eine Marbacher Ausstellung mit »Randzeichnungen« auf Manuskripten zeigt, wovon Texte träumen, wenn ihr Autor nicht weiterweiß, in: Frankfurter Allgemeine Zeitung, 23.2.2010, S. 33.

44 Vgl. Aristoteles: Rhetorik, übersetzt und hg. von Gernot Krapinger, Stuttgart 1999, S. 161: »Wenn man nämlich [von Achill] sagt, ›wie ein Löwe griff er an‹, so ist das ein Gleichnis, sagt man aber ›der Löwe griff an‹, eine Metapher. Weil beide mutig sind, nennt man Achill metaphorisch einen Löwen.« – Bei Homer steht zunächst der Vergleich: »Gegen ihn [Äneias] drang der Peleide mit Ungestüm, wie ein Löwe«, darauf folgt die Metapher:

Metapher falsch, und insofern ist das einzig Eindeutige an ihr, dass sie nicht ein-, sondern mehrdeutig ist. Klar ist, dass die Metapher eine andere Deutung erfordert als die wörtliche – unklar aber, welche. Geht es, wie Aristoteles sagt,[45] bei Homers Metapher um Mut? Oder um eine bestimmte Kampftechnik? Das ist eine Frage der Interpretation.[46] Die Metapher bringt also nicht ein Ding auf den oder unter einen Begriff, sondern viele, eben dieses Ding potentiell erklärende Begriffe auf ein Ding – und ist dabei selbst dieses Ding: nämlich als metaphorisch in den neuen Kontext übertragener Begriff, der dort nun inmitten vieler ihn potentiell erklärender Begriffe zu stehen kommt, aber zur Interpretation offen lässt, welcher ihn tatsächlich erklärt.[47] In dieser Vervielfältigung oder Potenzierung von Bedeutung, vor die die Metapher ihre Interpretinnen und Interpreten stellt, liegt ihr poetisches Potential – jedenfalls aus heutiger Sicht. Dem 18. Jahrhundert, Zedler etwa, ist diese Auffassung der Metapher noch fremd. Erst die Romantiker um 1800 beschreiben und nutzen sie systematisch.

Was weitere Merkmale der Metapher angeht, herrscht Uneinigkeit. Aristoteles, »der Erfinder des theoretischen Terminus ›Metapher‹«,[48] nennt drei. Die Metapher (μεταφορά [metaphorá]) soll erstens – so heißt es schon

---

»dann gähnet er eingeschmiegt, und der Schaum von den Zähnen / Rinnt ihm herab, und es stöhnt sein edeles Herz in dem Busen; / Dann mit dem Schweif die Hüften und mächtigen Seiten des Bauches / geißelt er rechts und links, sich selbst anspornend zum Kampfe [...].« Homer: ΙΛΙΑΣ. Ilias, in: Homer: ΙΛΙΑΣ. ΟΔΥΣΣΕΙΑ. Ilias und Odyssee. Altgriechisch und Deutsch. Übersetzt von Johann Heinrich Voß, Frankfurt a. M. 2008, S. 7–807, S. 646f. (Il. 20,164–171).

45 Vgl. das Aristoteles-Zitat in der voranstehenden Anm.

46 Vgl. das Schlusskapitel »Noch einmal: Der Löwe Achilles« in: Hans Georg Coenen: Analogie und Metapher. Grundlegung einer Theorie der bildlichen Rede, Berlin, New York 2002, S. 233–239, sowie Groddeck, Reden über Rhetorik, S. 255f.

47 Hegel schreibt in seinen *Vorlesungen über die Ästhetik*, als »Sinn und Zweck der metaphorischen Diktion« seien »das Bedürfnis und die Macht des Geistes und Gemüts anzusehen, die *sich nicht mit dem Einfachen*, Gewohnten, Schlichten befriedigen, sondern sich darüberstellen, um zu Anderem fortzugehen, bei Verschiedenem zu verweilen und *Zwiefaches in eins zu fügen.*« Hegel, Vorlesungen über die Ästhetik I, S. 520f. (im Original *recte*).

48 Groddeck, Reden über Rhetorik, S. 255.

bei Platon –[49] ein Sprachbild (εἰκών [eikṓn]) sein[50] und als solches »etwas vor Augen führen«.[51] Sie soll zweitens eine in der Sache begründete Analogie (τὸ ὅμοιον oder τὸ ἀνάλογον[52] [tò hómoion/tò análogon]) – das *tertium commune* oder *tertium comparationis* – artikulieren.[53] Und die Metapher soll drittens ein

---

49 Platon verwendet ›εἰκών‹ im Sinne von ›Metapher‹ etwa in der *Politeia* oder im *Symposion*. Friedrich Schleiermacher übersetzt in beiden Fällen mit »Bild«. Platon: Πολιτεία. Der Staat, in: ders.: Werke in acht Bänden. Griechisch und deutsch, 4. Band. Bearbeitet von Dietrich Kurz. […] Deutsche Übersetzung von Friedrich Schleiermacher, Darmstadt 1971, S. 480f. (487e); ders.: Συμπόσιον. Das Gastmahl, in: ders.: Werke in acht Bänden. Griechisch und deutsch, 3. Band: Phaidon. Das Gastmahl. Kratylos. Bearbeitet von Dietrich Kurz. […] Deutsche Übersetzung von Friedrich Schleiermacher, Darmstadt 1974, S. 209–393, S. 362f. (215a).

50 »Auch die Vergleiche [εἰκόνες] sind […] gewissermaßen beliebte Metaphern [μεταφοραί].« Aristoteles, Rhetorik, S. 179 (1412b). Wenig später setzt Aristoteles diese beiden Begriffe gleich: »Daß aber Vergleiche [εἰκόνες] Metaphern [μεταφοραί] sind, ist schon wiederholt festgestellt worden.« Ebd., S. 180 (1413a).

51 Indem sie »etwas vor Augen führt [πρὸ ὀμμάτων ποιεῖ]«, zielt die Metapher auf »Anschaulichkeit [ἐνέργεια]«. Aristoteles setzt zwar nicht die Begriffe ›metaphorisch‹ und ›anschaulich‹ gleich, assoziiert sie aber miteinander: »Aision sagte, sie hätten die Stadt nach Sizilien ausgegossen, denn das ist metaphorisch und anschaulich [μεταφορὰ καὶ πρὸ ὀμμάτων]. Ebenso sagte er: ›So daß Hellas aufschrie‹, und auch das ist irgendwie eine Metapher und anschaulich [καὶ τοῦτο τρόπον τινὰ μεταφορὰ καὶ πρὸ ὀμμάτων].« Aristoteles, Rhetorik, S. 173–175 (1410b–1411a).

52 Vgl. Anm. 35.

53 »[E]s ist aber bei weitem das Wichtigste, daß man Metaphern zu finden weiß. Denn dies ist das Einzige, was man nicht von einem anderen erlernen kann, und ein Zeichen von Begabung. Denn gute Metaphern zu bilden [εὖ μεταφέρειν] bedeutet, daß man Ähnlichkeiten zu erkennen [τὸ ὅμοιον θεωρεῖν] vermag.« Aristoteles, Poetik, S. 74–77 (1459a). Ähnlich heißt es in der *Rhetorik* (1411b, S. 177): »Metaphern sollen […] aus verwandten, nicht offenkundigen Dingen gebildet werden, wie es ja auch in der Philosophie Scharfsinn verrät, Ähnliches auch in weit auseinanderliegenden Dingen zu erkennen [τὸ ὅμοιον καὶ ἐν πολὺ διέχουσι θεωρεῖν εὐστόχου].« – Die »Metapher des treffsicheren Bogenschützen (*εὔστοχος*)« (Weinrich, Semantik der kühnen Metapher, S. 330) rückt denjenigen, der ›gute‹ beziehungsweise ›scharfsinnige‹ Metaphern zu bilden versteht, also in die Nähe des mit seinem Bogen »fernhintreffenden« Apoll; Homer, Ilias, S. 13 (1,75). Auf diesen wiederum geht eine Formulierung zurück wie die Tonio Krögers vom »tödlich bezeichnende[n] [Wort], das schwirrte, traf und bebend im Schwarzen saß«. Thomas Mann: Tonio Kröger, in: ders.: Gesammelte Werke in 13 Bänden, Frankfurt a. M. ²1974 (im Folgenden nachgewiesen als ›GW‹ mit Nummer des Bandes), Bd. 8, S. 271–338, S. 289. – Auf Aristoteles' Metapher vom treffsicheren Bogenschützen, »dessen sportliche Ehre verlangt, das Ziel von möglichst weither und trotzdem genau zu treffen«, geht Weinrich zufolge die bis zum Surrealismus reichende Auffassung zurück, dass die Metapher »um so kühner« sei, »[j]e weiter Bildspender (›Bild‹) und Bildempfänger (›Sache‹) voneinander entfernt sind«, und dass, »[j]e kühner die Metapher, um so besser der Dichter« sei. Weinrich hält dieses »Metapherngesetz« für »falsch«, weil es »selber metaphorischer Natur« sei. Wohl aber folgt Weinrich Aristoteles' Auffassung, eine Metapher sei »kühn«, wenn man »das

ingeniöses[54], regelpoetisch nicht zu erlernendes Moment haben.[55] Alle diese Merkmale werden seit Jahrhunderten kontrovers diskutiert.[56] Dabei scheint es, als seien sie alle drei wie in einem Borromäischen Knoten so miteinander verflochten, dass alle Merkmale wegfallen, wenn eines hinfällig wird.

In pragmatischem Hinblick auf die Methode der vorliegenden Studie schlage ich daher eine einfache Metaphern-Definition im Anschluss an Harald Weinrich vor. Weinrich hat das poetische, ja schöpferische Moment der Metapher stark gemacht und dabei gleich auf die Analogie übertragen, die Aristoteles noch nicht wie Weinrich in der Metapher selbst, sondern in der Sache begründet sieht. Dazu schreibt Weinrich am Beispiel der Metapher vom ›Licht der Wahrheit‹:

> Zwischen Wahrheit und Licht gibt es kein *tertium*, das nicht selbst metaphorisch wäre. Seltsames *tertium*, das wir am schwierigsten finden, wo wir am geläufigsten metaphorisieren! Wenn das aber so ist, dann drängt sich uns die Gewißheit auf, daß unsere Metaphern gar nicht, wie die alte Metaphorik wahrhaben wollte, reale oder vorgedachte Gemeinsamkeiten abbilden, sondern daß sie Analogien stiften, Korrespondenzen schaffen und demiurgische Werkzeuge sind.[57]

Wenn es stimmt, dass die Metapher nichts abbildet, dann ist sie nicht wörtlich, sondern allenfalls metaphorisch ein ›Sprachbild‹. Als Metapher für die Metapher aber ist das ›Sprachbild‹ suggestiv, denn es ist tief in der Sprache verankert. Metaphern sind, wie ja schon Aristoteles sagt,[58] meist ›anschaulicher‹ als Begriffe, und überhaupt heißt ›Wissen‹ doch schon insofern ›Sehen‹, als das Wort ›Wissen‹ – wie ›Witz‹ –[59] etymologisch zu lateinisch *videre* ›sehen‹

---

tertium commune nicht sofort [bemerkt] und [...] erst erläutern lassen [muß]«; vgl. dazu Anm. 39. Weinrich, Semantik der kühnen Metapher, S. 330, 327, 331f. und 328.

54 Vgl. ebd., S. 326.

55 Vgl. das Zitat aus Aristoteles' *Poetik* in Anm. 53.

56 Vgl. für einen kurzen Überblick Harald Weinrich: Metapher, in: Joachim Ritter, Karlfried Gründer (Hg.): Historisches Wörterbuch der Philosophie, Bd. 5 (L–Mn), Basel 1980, Sp. 1179–1186; Hermann Korte: Bildlichkeit, in: Heinz L. Arnold, Heinrich Detering (Hg.): Grundzüge der Literaturwissenschaft, München 1999, S. 257–271. Ebenfalls knapp, aber erhellend Alexander Demandt: Metaphern für Geschichte. Sprachbilder und Gleichnisse im historisch-politischen Denken, München 1978, S. 1–16 (*»Was sind Metaphern für Geschichte?«*).

57 Weinrich, Semantik der kühnen Metapher, S. 338.

58 Vgl. Anm. 51.

59 »Witz [...]. Abstraktum zu *wissen*«. »Witz«, in: Friedrich Kluge: Etymologisches Wörterbuch der deutschen Sprache, Berlin, New York [23]1999, S. 895.

gehört.[60] So irreführend Etymologien sein mögen –[61] etymologisch, dem Worte nach, *ist* Wissen Sehen. Sollte man da nicht das Gefühl, dass Metaphern etwas mit Bildern zu tun haben, theoretisch ernst nehmen?

Mein Vorschlag ist, eben das zu tun, indem man die Metapher nicht nur als einfach, sondern sogar als doppelt »demiurgisch[]« beziehungsweise ›poetisch‹ im Sinne von »schaffen[d]« (Weinrich) begreift. Denn erstens schafft die Metapher für ihren Interpreten – wie schon gesagt – *innerhalb* der Sprache ein Mehr an Bedeutung. Zweitens aber schafft sie *außerhalb* der Sprache tatsächlich Bilder vor dem inneren Auge des Interpreten.

Metaphern sind, anders gesagt, sprachliche Werkzeuge, die im Geist ihrer Interpreten nicht nur sprachliche, sondern auch nichtsprachliche Vorstellungen oder, mit Zedlers Ausdruck, Phantasmen erzeugen können: geistige Bilder zum Beispiel wie den Gedankenblitz, mit dem die Metapher oft assoziiert wird. *Metaphern sind*, wie Weinrich sagt, *keine Bilder, und sie bilden nichts ab.* Wohl aber *evozieren* oder *schaffen*, man könnte auch sagen: *verursachen Metaphern* mit sprachlichen beziehungsweise ›symbolischen‹ Mitteln *Bilder* oder Phantasmen eines ›Imaginären‹ (Lacan),[62] die eben nicht sprachlicher Art sind. So lange diese Bilder nur vor dem inneren geistigen Auge stehen, sind sie flüchtige, geradezu – so Zedler – geisterhafte Erscheinungen.

---

60 »wissen […]. […] [Ind]g. **woida*, auch in ai. *véda*, gr. *oîda* […]. […] Die Grundbedeutung in gr. *eîdon* ›ich erblickte, erkannte‹, […]; durativ in l. *video* ›ich sehe‹ […]«. »wissen«, in: ebd., S. 894f. – Die Identifikation von Wissen und Sehen hängt wohl damit zusammen, dass »der Gesichtssinn der ausgeprägteste« des Menschen ist. Diese Beobachtung, darauf hat Frances A. Yates hingewiesen, spielt schon in der antiken Lehre von der Gedächtniskunst oder ›Topik‹ eine Rolle. Cicero schreibt: »Denn damit hat Simonides, oder wer es sonst entdeckt hat, eine kluge Beobachtung gemacht: Wir können uns dasjenige am deutlichsten vorstellen, was sich uns durch die Wahrnehmung unserer Sinne mitgeteilt und eingeprägt hat; der schärfste unter allen unserern Sinnen aber ist der Gesichtssinn. Deshalb kann man etwas am leichtesten behalten, wenn das, was man durch das Gehör oder durch Überlegung aufnimmt, auch noch durch die Vermittlung der Augen ins Bewußtsein dringt.« Marcus Tullius Cicero: De oratore. Über den Redner. Lateinisch/Deutsch. Übersetzt und hg. von Harald Merklin, Stuttgart 2006, S. 435 (Zweites Buch, 357). Zitiert bei Frances A. Yates: Gedächtniskunst und Erinnern. Mnemotechnik von Aristoteles bis Shakespeare, Berlin [6]2001, S. 13. Was Cicero hier beschreibt, ist ›Veranschaulichung‹; vgl. dazu auch Anm. 51.

61 Vgl. *Faust II*: »GREIF *schnarrend* Nicht Greisen! Greifen! – Niemand hört es gern / Daß man ihn Greis nennt. Jedem Worte klingt / Der Ursprung nach wo es sich her bedingt: / Grau, grämlich, griesgram, gräulich, Gräber, grimmig, / Etymologisch gleicherweise stimmig, / Verstimmen uns.« Johann Wolfgang Goethe: Faust. Der Tragödie zweiter Teil, hg. und kommentiert von Albrecht Schöne, Frankfurt a. M., Leipzig 2003, Bd. 1: Texte, S. 288 (V. 7093–7098).

62 Vgl. Anm. 34.

Dennoch lassen sie sich in eine dauerhafte Form bringen – etwa eine grafische, plastische, architektonische oder sonstwie technische Form.

Beschreiben lassen sich geistige Bilder natürlich auch. Dann kehrt sich das gerade beschriebene Verhältnis von Ursache und Wirkung um. Geistige Bilder, Phantasmen oder andere nichtsprachliche Vorstellungen und Zustände rufen jetzt im Geiste Metaphern hervor – und verursachen so eine metaphorische Ekphrasis im Geiste. Dabei liegen die Mechanismen dieses Verursachungsprozesses im Dunkeln. Wir wissen nicht, *wie*, sondern bloß *dass* Metaphern geistige Bilder erzeugen, die sich wiederum in Begriffen und Metaphern niederschlagen. Außerdem wissen wir, dass dieser Prozess wechselseitig zwischen sprachlichen und nichtsprachlichen Vorstellungen hin- und hergeht. Das mag philosophisch und kognitionspsychologisch nicht viel sein. Es ist aber alles, was man aus methodologischer Sicht für eine metaphorologische Untersuchung wissen muss.

Und wozu dann die Unterscheidung zwischen Phantasma und Metapher? In den metaphorologisch untersuchten sprachlichen Texten, hatte ich gesagt, kommen Phantasmen doch ohnehin nur in Form von Metaphern vor. Das stimmt – allerdings mit einer Einschränkung, die sich aus der Materialität des Textes ergibt. Denn sprachliche Texte enthalten ja auch nichtsprachliche textuelle und damit interpretationsfähige Elemente: die Dichterhandschrift zum Beispiel, diesen oder jenen Federstrich, vielleicht sogar eine kleine Kritzelei am Rande – also grafische beziehungsweise im wörtlichen Sinne bildliche Elemente. Schiller zum Beispiel zeichnet in seinen *Kallias-Briefen* eine Schlangenlinie[63] oder in den *Avanturen des neuen Telemachs* sich selbst, und die dabei aufs Papier gebrachten Linien sind keine Metaphern, sondern *grafische Darstellungen eines Phantasmas*, wie sie die vorliegende Studie auch in den Blick nimmt – und sie dabei insofern, als die Beschreibung solcher Phantasmen auf schon existierende Metaphern zurückgreift, in den Zuständigkeitsbereich der Metaphorologie holt.

Schließlich gibt es neben dieser grafischen Form eines Phantasmas noch jene schon erwähnten plastischen, architektonischen oder anderweitig technischen Formen, um die es im Folgenden auch gelegentlich geht. Man kann sie im Anschluss an Begriffe Michel Foucaults, Martin Heideggers und Giorgio Agambens als ›Dispositive‹ beziehungsweise ›Gestelle‹ bezeichnen.[64]

---

63 Vgl. Friedrich Schiller: [Kallias oder über die Schönheit.] Briefe an Gottfried Körner, in: ders.: Sämtliche Werke, Bd. V: Erzählungen. Theoretische Schriften, hg. von Wolfgang Riedel, München 2004, S. 394–433, S. 424. Vgl. die Ausführungen im Anschluss an Anm. 1237.

64 »Wenn Heidegger in *Die Technik und die Kehre* schreibt, daß ›Ge-stell‹ gemeinhin ›Gerät‹ bedeutet, er unter diesem Terminus jedoch ›das Versammelnde jenes Stellens, das

Ein Beispiel dafür sind die Baumwipfelpfade, auf denen man heute an vielen Orten der Welt durch den Wald spazieren kann, Skywalks oder Highlines über Abgründe. Sie alle *sind* keine Metaphern und artikulieren auch keine Metaphern, und sie *sind* auch keine Bilder – wirken aber auf unsere Einbildungskraft und erzeugen Metaphern und Bilder in unserem Geist, die sich wie beschrieben metaphorologisch interpretieren lassen. So gesehen, sind auch Baumwipfelpfad, Skywalk und Slackline ›demiurgische Werkzeuge‹ im Sinne Weinrichs. Auch sie haben ihre Poesie – und fallen, sobald diese ihre Metaphern produziert hat, mit ihnen in den Zuständigkeitsbereich der Metaphorologie.

… des Mediums (Novalis)

Als Schiller Ende 1795 den Entschluss fasst, die philosophische Bude zu schließen, tut er es nicht zum ersten Mal. Tatsächlich hatte er sie gleich nach der Karlsschulzeit schon einmal geschlossen, als er sich der Dramatik zuwandte. Danach hat er nie wieder philosophische Abhandlungen über physiologische Probleme im Sinne von Platners Anthropologie geschrieben. Das philosophische Inventar seiner anthropologischen Karlsschul-Schriften aber verwendet er noch einmal, nämlich – ausgerechnet – als literarischen Stoff

den Menschen stellt, d.h. herausfordert, das Wirkliche in der Weise des Bestellens zu entbergen‹ versteht, wird die Nähe dieses Terminus zur *dispositio* der Theologen und zu den Dispositiven von Foucault evident. […] Ich möchte nichts Geringeres vorschlagen als eine allgemeine, recht grobe Aufteilung des Vorhandenen in zwei große Gruppen oder Klassen: einerseits die Lebewesen (oder die Substanzen), andererseits die Dispositive, von denen sich jene unablässig gefangennehmen lassen. […] Ich möchte also die schon sehr umfangreiche Klasse der Foucaultschen Dispositive noch weiter verallgemeinern. Als Dispositiv bezeichne ich alles, was irgendwie dazu imstande ist, die Gesten, das Betragen, die Meinungen und die Reden der Lebewesen zu ergreifen, zu lenken, zu bestimmen, zu hemmen, zu formen, zu kontrollieren und zu sichern. Also nicht nur die Gefängnisse, die Irrenanstalten, das Panoptikum, die Schulen, die Beichte, die Fabriken, die Disziplinen, die juristischen Maßnahmen etc., deren Zusammenhang mit der Macht in gewissem Sinne offensichtlich ist, sondern auch der Federhalter, die Schrift, die Literatur, die Philosophie, die Landwirtschaft, die Zigarette, die Schiffahrt, die Computer, die Mobiltelefone und – warum nicht – die Sprache selbst, die das vielleicht älteste Dispositiv ist, von dem sich vor Abertausenden von Jahren ein Primat […] allzu leichtfertig hatte gefangennehmen lassen.« Giorgio Agamben: Was ist ein Dispositiv? Aus dem Italienischen von Andrea Hiepko, Zürich, Berlin 2008, S. 24 und 26f. – Der Topos des Gefangenseins findet sich ähnlich schon bei Ludwig Wittgenstein: »Ein *Bild* hielt uns gefangen. Und heraus konnten wir nicht, denn es lag in unserer Sprache […].« Ludwig Wittgenstein: Philosophische Untersuchungen, Frankfurt a. M. [6]2003, S. 82 (§ 115).

für seinen zwischen 1785 und 1789 entstandenen Schauerroman *Der Geisterseher* – einen Roman, der einen im Sinne Zedlers buchstäblich phantastischen Titel trägt und längst erschienen ist, als Schiller Ende 1795 den zitierten Brief an Goethe schreibt. Schiller hatte also schon lange zuvor seine eigene philosophische Jugend-Prosa in ein Genre von »poetische[r] Stimmung«[65] übertragen, und zwar nicht in irgendein poetisches Genre, sondern in ein literarisches Genre von traditionell geringem philosophischem und hohem Unterhaltungsanspruch. Schließlich wollte er mit dem Fortsetzungsroman Leserinnen und Leser für seine Zeitschrift *Thalia* gewinnen.[66]

Aber warum Philosophie im Schauerroman? Warum lässt Schiller neben einem grauenvollen Mord, einer Verschwörung zur Beseitigung des Thronfolgers, einer geheimnisvollen venezianischen Schönen und einem noch geheimnisvolleren armenischen Untoten, also genretypischen Zutaten eines Schauerromans, auch die philosophischen Erörterungen seiner anthropologischen Dissertationen in den *Geisterseher* einfließen – und zwar zunächst so ausführlich, dass er das »Philosophische Gespräch aus dem *Geisterseher*« für die Buchausgaben mehrfach kürzt?[67] Die Antwort, die sich aus dem bis hierhin Gesagten ergibt, lautet: Schiller interessiert sich immer noch für das Problem der Mittelkraft, will es aber nicht ein weiteres Mal *philosophisch* verhandeln, sondern will es nun *literarisch* auf seine phantasmatischen Hintergründe und metaphorischen Kontexte hin durchsichtig machen. Mit anderen Worten: Er will jetzt die ›poetischen‹ Phantasmen und Metaphern dieses Problems erörtern. Ja beinahe scheint es also, als hätte nun Schiller ganz im Sinne der um die letzte Jahrhundertwende diskutierten *»Poetologien des Wissens«* »in den Wissenschaften selbst« – also seiner anthropologischen Philosophie – »die Formen ›objektiverer Dichtungen‹ erkenn[en]« und diese als ›Dichtung‹ noch einmal entwerfen wollen.[68]

65 Vgl. Anm. 17.

66 »Ich schmachte nach dem Augenblick, wo ich anfangen kann, Schulden zu bezahlen, und dieses will erschrieben sein«, schreibt Schiller an Körner (12.6.1788). Dafür schreibt er auch den »verfluchten Geisterseher« (6.3.1788), »diese[] Schmiererei« (17.3.1788), weiter. Friedrich Schiller: Der Geisterseher. Aus den Memoires des Grafen von O**, in: ders.: Sämtliche Werke, Band V: Erzählungen, Theoretische Schriften, hg. von Wolfgang Riedel, München 2004, S. 48–160, Kommentar S. 1160.

67 Vgl. Friedrich Schiller: <Das philosophische Gespräch aus dem Geisterseher>, in: ders.: Sämtliche Werke, Band V: Erzählungen, Theoretische Schriften, hg. von Wolfgang Riedel, München 2004, S. 160–182, Kommentar S. 1163f.

68 Joseph Vogl: Einleitung, in: ders. (Hg.): Poetologien des Wissens um 1800, München 1999, S. 7–16, S. 13. Vogl bezieht sich auf Ludwik Flecks Begriff des ›Denkstils‹; die von Vogl zitierte Formulierung von den »objektivere[n] Dichtungen« steht im Original in doppelter Anführung: »Wem diese Dichtung, durchaus im wissenschaftlichen Stile gehalten,[] nicht

Dabei spielt es keine Rolle, ob Schiller die Absicht dazu hatte oder nicht; er hat es eben getan – oder, noch genauer: *Der Geisterseher* lässt sich so lesen.[69] Das, so zeige ich im Folgenden, ist sicher: Schillers *Geisterseher*, aber auch andere Texte wie zum Beispiel der *Schaubühnen*-Aufsatz, kreisen immer wieder um das Phantasma jener »Mittelkraft«, die dann um 1800 bei Novalis und Hegel »Medium« heißt.[70]

Dieses »Medium« entspricht dem ›Medium‹ im Titel der vorliegenden Arbeit. Es handelt sich dabei um *einen* Medienbegriff von mehreren Medienbegriffen der Zeit, der bis heute *ein* Medienbegriff von mittlerweile noch viel mehr Medienbegriffen geblieben ist. Dieser Medienbegriff bezeichnet in abstrakter Weise die »Mittelkraft« des Mediums, nicht aber eine konkrete mediale Form oder gar ein technisches Medium.

Zwar kommen technische Medien im Folgenden auch gelegentlich vor, etwa Wolfgang von Kempelens sogenannter Schachtürke, die *camera obscura* oder die Laterna magica. In erster Linie jedoch geht es um mal mehr, mal weniger abstrakte, manchmal im wörtlichen Sinne diffuse, manchmal ganz konkrete Metaphern – etwa Georg Simmels Henkel –, Phantasmen oder eben, mit Agamben, Dispositive des Medienbegriffs: zum Beispiel Baum und Turm und die durch ihre Besteigung und Höhe über der Erde eröffnete Himmelsnähe, den Rahmen als Öffnung eines Kastens, einer *camera obscura* oder einer *black box*, die Linie als Kontur, Rauch und Flüssigkeit als Fluidum, Atmosphäre oder Stimmung. Diese Vorstellungen sind, wie gesagt, relativ abstrakt, und deshalb

genügt, um das Vorkommen wissenschaftlicher Wunschtraumerfüllung zu erweisen, dem seien noch ›objektivere Dichtungen‹ in Gestalt von Abbildungen angegeben.« Ludwik Fleck: Entstehung und Entwicklung einer wissenschaftlichen Tatsache. Einführung in die Lehre vom Denkstil und Denkkollektiv. Mit einer Einleitung hg. von Lothar Schäfer und Thomas Schnelle, Frankfurt a. M. 1980, S. 47.

69 »Ich gehe von dem Postulat aus, daß man einen Text überhaupt nicht ernst genug nehmen kann, wenn man ermitteln will, was er hergibt. Diese Forderung ist keineswegs apodiktisch, sondern rein hypothetisch: Ich behaupte nicht, daß man die behandelten Texte unbedingt ernst nehmen müsse, sondern versuche nur zu zeigen, welche Folgen es hat, wenn man sie ernst nimmt. Indem ich die jeweiligen Begleitvorstellungen der Metaphern ausleuchte, versuche ich, deren Verständnismöglichkeiten zu beschreiben. Sofern der Autor nicht alle gemeint hat, sammle ich nur mögliche Mißverständnisse. Es macht aber keinen großen Unterschied, ob der Leser der suggestiven Kraft der Bilder eines Ausdrucks erliegt oder ob er bereits der Autor deren Opfer geworden ist. Man kann sich mit Metaphern selbst betrügen, man kann mit ihnen andere betrügen, indem man sie nicht ernst meint.« Demandt, Metaphern für Geschichte, München 1978, S. 16.

70 Vgl. Anm. 4 sowie Georg Wilhelm Friedrich Hegel: Phänomenologie des Geistes. Neu hg. von Hans-Friedrich Wessels und Heinrich Clairmont. Mit einer Einleitung von Wolfgang Bonsiepen. Hamburg 1988, S. 80.

gilt hier ganz besonders Hans Blumenbergs Warnung, mit diesen Phantasmen nicht auf der »Hochebene der Abstraktionen verloren«[71] zu gehen.

Relativ »allgemein[]«[72] bleiben die hier in Rede stehenden Phantasmen aber doch. Auch darin unterscheiden sie sich grundsätzlich von literarischen Motiven.[73] Es gibt Stimmungsmotive wie den Sonnenuntergang, das Gewitter, vielleicht sogar das Wetter insgesamt – aber die Stimmung selbst ist kein Motiv, sondern ein diffuses Phantasma im hier definierten Sinn, zu dem diese oder jene Metapher, dieses oder jenes Motiv gehört. Ein Phantasma ist also ein Sammelbecken für Metaphern und Motive, die topisch[74] zu ihm gehören und es konkretisieren – und genau um diese Konkretisierung geht es der vorliegenden Studie: eine Konkretisierung, die ganz im Sinne von Hegels berühmtem Satz »alles Wahre ist konkret« doch auf eine gewisse »Allgemeinheit« angewiesen bleibt.[75]

Allen genannten, ohnehin schon allgemeinen Vorstellungen liegt ein noch abstrakteres Phantasma zugrunde, nämlich die Vorstellung vom Medium als dem Ganzen, Einen oder Heilen – beziehungsweise dem Ganz-Machenden, Einenden und Heilenden. Hegel hat das in seiner 1807 erschienenen *Phänomenologie des Geistes* auf die paradoxe Formel gebracht, das »Medium«

---

71 Blumenberg, Die Lesbarkeit der Welt, S. 242.

72 Ernst Robert Curtius: Europäische Literatur und lateinisches Mittelalter, Tübingen, Basel ^{11}1993 (1947), S. 89.

73 Vgl. zur Definition des ›Motivs‹ das »Vorwort« zu Elisabeth Frenzel: Motive der Weltliteratur. Ein Lexikon dichtungsgeschichtlicher Längsschnitte, Stuttgart ^{6}2008, S. VII–XVII. »Nicht Bestandteile, Elemente, sondern komplexere Strukturen, künstlerische Gebilde, sind darstellbar und darstellenswert«, schreibt Frenzel. Durch »Zusammenfassung« und »Lösung von inhaltlichen Zufällen und auswechselbaren Einzelheiten« reduziere sich »der Motivbestand [...] schließlich auf eine übersehbare Zahl.« Dabei dürfe »diese Reduktion nicht« zu »weit führen«. »Um das Motiv vom Thema abzuheben, bedarf es eines einschränkenden und präzisierenden Zusatzes: Nicht ›Freundschaft‹, aber ›Freundschaftsbeweis‹ ist ein Motiv.« Ebd., S. IXf.

74 Ernst Robert Curtius definiert ›Topik‹ und ›*topoi*‹ so: »Im antiken Lehrgebäude der Rhetorik ist die Topik das Vorratsmagazin. Man fand dort Gedanken allgemeinster Art [...].« »Die *topoi* sind also ursprünglich Hilfsmittel für die Ausarbeitung von Reden. [...] Aber wir sahen, daß [...] auch die Poesie rhetorisiert wurde. [...] Damit gewinnen auch die *topoi* eine neue Funktion. Sie werden Klischees, die literarisch allgemein verwendbar sind« und von Curtius auch »[F]ormeln« oder »literarische[] Konstanten« genannt werden. Curtius, Europäische Literatur und lateinisches Mittelalter, S. 89, 79 und 395.

75 »[D]as Konkrete und Wahre (und alles Wahre ist konkret) ist die Allgemeinheit«; Georg Wilhelm Friedrich Hegel: Grundlinien der Philosophie des Rechts oder Naturrecht und Staatswissenschaft im Grundrisse. Mit Hegels eigenhändigen Notizen und den mündlichen Zusätzen, in: ders.: GW 7, S. 55 (§ 7).

sei »ein einfaches Zusammen von vielen«.[76] Das aber ist, genau betrachtet, nichts anderes als Hegels Definition der »Metapher[ ]«: besteht sie doch – wie Hegel in den *Vorlesungen über die Ästhetik* sagt – darin, »Zwiefaches in eins zu fügen.«[77]

Anstrengung des Begriffs, Zumutung der Metapher: romantische Selbstverständlichkeiten

Dass sich auch bei der metaphorischen Definition des »Medium[s]« als eines »einfache[n] Zusammen von vielen« Schillers Frage stellt, ob »sich ein solches« überhaupt philosophisch »denken« lässt, ist Hegel nicht entgangen. Doch während Schiller sich mit einem nonchalanten »Dem sei wie ihm wolle«[78] einfach über alle denkbaren Einwände gegen seine zentrale These hinwegsetzt – und wer als Philosoph so mit Einwänden umgeht, muss eben seine Bude schließen –, appelliert Hegel an die »Anstrengung des Begriffs«[79]. Tatsächlich sind nicht nur die begrifflichen, sondern auch die metaphorischen Strapazen enorm, die er den Leserinnen und Lesern seiner *Phänomenologie* zumutet – und manche von ihnen fühlten sich überanstrengt.

Eine vergleichbare begriffliche Zumutung aber kennzeichnet grundsätzlich nicht nur Hegels *Phänomenologie*, sondern die romantische Literatur, Theorie und Philosophie insgesamt. Dabei ist ›romantisch‹ hier nicht als Epochenbegriff, sondern – mit einem Begriff aus Ricarda Huchs *Romantik*-Buch – »Weltanschauung«[80] oder – mit Detlef Kremer – als »allgemeine[ ]«, *nicht* historisch spezifische »Haltung« zu verstehen.[81] ›Romantisch‹ sein heißt, so verstanden,

76 Hegel, Phänomenologie des Geistes, S. 80. Vgl. Jochen Hörisch: Vom Element zum Medium – Die Medien der Natur und die Natur der Medien, in: ders.: Ende der Vorstellung. Die Poesie der Medien, Frankfurt a. M. 1999, S. 133–164, S. 139–142, das Hegel-Zitat S. 141.

77 Hegel, Vorlesungen über die Ästhetik I, S. 520f. – Auch Novalis' Definition des »Medium[s]« »als Verknüpfung« erinnert an die Definition der Metapher; s. Zitat 257.

78 Vgl. Zitat 13.

79 Hegel, Phänomenologie des Geistes, S. 43.

80 Ricarda Huch: Die Romantik. Ausbreitung, Blütezeit und Verfall, Tübingen, Stuttgart 1951, S. 397. Einen historisch ähnlich weiten, geradezu diachronen Romantikbegriff hat auch Christoph Vitali (Hg.): Ernste Spiele. Der Geist der Romantik in der deutschen Kunst 1790–1990, Stuttgart 1995.

81 Vgl. zu einem Überblick über den »Begriff der Romantik« und zu einer Definition von »Romantik« als »Haltung« in »sehr allgemeinem Sinne [...] jenseits einer historischen Spezifik« Detlef Kremer: »Romantik oder Kunstperiode? Überlegungen zu Begriff und Epoche der Romantik«, in: Germanisch-Romanische Monatsschrift, Neue Folge 55 (2005), S. 13–24, S. 13; außerdem ders.: Romantik. Lehrbuch Germanistik, Stuttgart, Weimar ³2007, S. 40–43.

programmatisch die »cartesische [...] Logizität«[82] der Philosophie – und am Ende selbst den historischen Begriff ›Romantik‹ – überzustrapazieren und schließlich sogar dort auf die beschriebene Weise metaphorisch ins Phantasmatische, Imaginäre, ›Undenkbare‹ oder ›Unbegreifliche‹ vorzudringen, wo die Schulphilosophie begrifflich stehenbleibt.[83]

So gesehen, gibt es eine romantische Affinität zur Literatur als Diskurs einer, mit Schiller, »poetische[n] Stimmung«[84] – und zwar sowohl *in Abgrenzung von* der Philosophie, wie es Schiller in seinem Brief an Goethe formuliert, als auch *innerhalb der* Philosophie, wie es etwa Hegels *Phänomenologie des Geistes* zeigt. Dieser philosophische Text ist als – so Hegel in der »Vorrede« – »Geschichte der Bildung der Welt«[85] auch eine Art Bildungsroman; er setzt viel stärker auf literarische Darstellungsmittel als etwa Hegels spätere Schriften. Schiller hat mit dem Neuentwurf seiner philosophischen Abhandlung als Schauerroman-Dialog, vor allem aber durch seine Einkleidung in die schauerromantische Handlung des Romans diese romantische Tendenz demonstriert, indem er seine Karlsschulschriften sozusagen ›romantisiert‹[86] hat.

Literaturhistorisch ist Schiller sicher kein Romantiker. 1799 zieht er gerade in dem Moment von Jena nach Weimar, als in Jena die Frühromantiker ihre Sternstunden feiern. Dennoch sind die anderthalb Jahrzehnte, in denen Schiller seine Mittelkraft-Theorie entwirft und dann umschreibt, wenn nicht die Geburtsjahre der Romantik, so doch vieler Romantiker: Friedrich Schlegel wird im Jahr 1772 geboren, Novalis ebenfalls 1772, Ludwig Tieck 1773, E.T.A. Hoffmann 1776, Justinus Kerner 1786, Joseph von Eichendorff 1788, Wilhelm Hey 1789. Sie alle werden in die Hochzeit der Anthropologie hineingeboren: jener Wissenschaft, der es programmatisch um den »*ganze*[*n*] Mensch[en]« geht.[87] Und während sich zwar diese Romantiker bald vom strengen philosophischen Wissenschaftsbegriff der Anthropologie verabschieden, bleibt

82 Vgl. Anm. 18.

83 Oder aus dem man sogar ›zurückgeholt‹ werden muss; vgl. das Blumenberg-Zitat 300.

84 Vgl. Anm. 17.

85 Hegel, Phänomenologie des Geistes, S. 23.

86 »Die Welt muß romantisirt werden. So findet man den urspr[ünglichen] Sinn wieder.« Novalis: Werke, Tagebücher und Briefe Friedrich von Hardenbergs, hg. von Hans-Joachim Mähl und Richard Samuel, Darmstadt 1999, Bd. 2, S. 334.

87 Vgl. als knappen Überblick Hans-Jürgen Schings: Der anthropologische Roman. Seine Entstehung und Krise im Zeitalter der Spätaufklärung, in: Bernhard Fabian, Wilhelm Schmidt-Biggemann und Rudolf Vierhaus (Hg.): Deutschlands kulturelle Entfaltung. Die Neubestimmung des Menschen, München 1980, S. 247–275. Außerdem: Odo Marquard: Anthropologie, in: Joachim Ritter (Hg.): Historisches Wörterbuch der Philosophie, Bd. 1, Basel 1971, Sp. 362–374; Alexander Košenina: Literarische Anthropologie. Die Neuentdeckung des Menschen, Berlin 2008, S. 10.

ihnen doch der Wunsch, ›das Ganze‹ zu denken – auch, »[d]em sei wie ihm wolle«,[88] auf Kosten der philosophischen Logik, also im genannten Sinne ›poetisch‹, literarisch, phantasmatisch oder metaphorisch. Insofern lässt sich Schiller wie alle Anthropologen als Vorläufer der Romantik bezeichnen, teilt aber zugleich schon – im Unterschied zu Anthropologen wie Platner – ihre Vorliebe für »poetische« oder, wie es eben später heißt, »romantische[] Stimmung«[89].

Den Wunsch, ›das Ganze‹ zu denken, hat 1803 der schon oben im Motto zitierte Reformpädagoge und Gymnasiallehrer Kajetan von Weiller auf die Formulierung zugespitzt, die »neue[] Lehre« predige ein »›Alles ist Eins‹« – was von Weiller »fatal« findet.[90] Schulphilosophisch mag das so sein. Als Phantasma verstanden, ist das von von Weiller unter den Generalnenner ›Alles ist eins‹ gebrachte und von mir in den Titel der vorliegenden Studie übernommene Theorem jedoch hoch›poetisch‹, und das heißt: theoretisch wie literarisch hochproduktiv. Denn nicht nur treibt es die Philosophie um und zu immer neuen Entwürfen an, sondern auch die Literatur – eine Literatur, unter die ich im Folgenden neben der ›schönen Literatur‹ auch alle Theorie

88 Vgl. Zitat 13.

89 Vgl. etwa zu Ludwig Tiecks »romantische[r] Stimmung« die »Einleitung des Herausgebers« in: Ludwig Tieck: Tiecks Werke. 1. Band: Gedichte, Dramen, hg. von Gotthold Ludwig Klee, Leipzig und Wien 1892, S. 3–8, S. 4. Vgl. außerdem Steffen Martus: Romantische Aufmerksamkeit. Sinn und Unsinn der Philologie bei Ludwig Tieck, in: »lasst uns, da es uns vergönnt ist, vernünftig seyn! –« Ludwig Tieck (1773–1853), unter Mitarbeit von Heidrun Markert hg. vom Institut für deutsche Literatur der Humboldt-Universität zu Berlin, Bern 2004, S. 199–224, insbesondere S. 220–223.

90 von Weiller, Der Geist der allerneuesten Philosophie der Herren Schelling, Hegel, und Kompagnie, S. 118f. und 124; s. Zitat 2. – Die Formulierung ›Alles ist eins‹ findet sich, mal redensartlich, mal philosophisch, um 1800 häufig. »Vorsatz und Zufall: alles ist eins«, sagt etwa Marinelli in *Emilia Galotti*; Gotthold Ephraim Lessing: Emilia Galotti. Ein Trauerspiel in fünf Aufzügen, Stuttgart 1993, S. 50 (4,1). In Friedrich Schleiermachers *Reden über die Religion* heißt es, nun im philosophischen Sinne und auf der Linie von Weillers: »Die Systemsucht stößt freilich das Fremde ab, sei es auch noch so denkbar und wahr, weil es die wohlgeschlossenen Reihen des Eigenen verderben, und den schönen Zusammenhang stören könnte, in dem es seinen Platz forderte, in ihr ist der Sitz der Widersprüche, sie muß streiten und verfolgen; denn insofern das Einzelne wieder auf etwas Einzelnes und Endliches bezogen wird, kann freilich Eins das Andere zerstören durch sein Dasein; im Unendlichen aber steht alles Endliche ungestört nebeneinander, alles ist Eins und alles ist wahr.« Friedrich Daniel Ernst Schleiermacher: Über die Religion. Reden an die Gebildeten unter ihren Verächtern. Mit einer Einleitung hg. von Andreas Arndt, Hamburg 2004, S. 36. – Vgl. zum ›Alles ist eins‹ als Rückgriff auf das vorsokratische *ἓν καὶ πᾶν* bei Hölderlin: Max L. Baeumer: Hölderlin und das Hen kai pan, in: Monatshefte 59,2 (Sommer 1967), S. 131–147; vgl. zum »Eins und Alles« bei Goethe Anm. 210 und bei Friedrich Schlegel Anm. 2206.

rechne, die nicht den strikten begrifflichen Anforderungen einer ›cartesisch-logischen‹ Philosophie genügt.

Das zeige ich, indem ich eine Metaphorologie des hier in Rede stehenden Medienbegriffs entwerfe. Methodisch steht die vorliegende Studie damit nicht nur in der Literaturwissenschaft, sondern als eine spezifische Form von Mediendiskursanalyse – nämlich als Metaphorologie der Medientheorie – auch in der Medienwissenschaft.[91] Insofern eine Reihe der Texte, die ich analysiere, bisher noch nicht zum Kanon des Mediendiskurses zählen, ist ein Ziel dieser Studie die Erweiterung dieses Kanons. Diese Erweiterung ist dort, wo es um populäre, auf den ersten Blick untheoretische Texte geht, eine kulturwissenschaftliche. Spielen dabei philosophische Texte eine tragende Rolle, so verfahre ich dennoch nirgendwo philosophisch, sondern interpretiere Philosophie und Theorie grundsätzlich *als* oder auch *wie* Literatur.

Wie für jede Metaphorologie stellt sich dabei auch für die vorliegende Studie die Frage nach dem Verhältnis von Begriff und Metapher, habe ich doch gerade das ›Medium‹ im Titel der vorliegenden Studie als ›Medienbegriff‹ bezeichnet. Hätte es nicht ›Metapher des Mediums‹ heißen müssen? Und woran erkennt man überhaupt den Unterschied von Begriff und Metapher? Ist er denn zu erkennen, ja gibt es ihn überhaupt? Oder sollte man George Lakoffs und Mark Johnsons Rat folgen, den sie in ihrem Buch *Metaphors We Live By* geben: »it should be understood that *metaphor* means *metaphorical concept*«[92], und die Differenz von Begriff und Metapher ganz einziehen?

Was diese Fragen angeht, sei noch einmal eine pragmatische Lösung vorgeschlagen, gewissermaßen eine Lösung von Fall zu Fall, die mit einem gewissen Willen, ja sogar mit romantischem Mutwillen zur Interpretation[93]

91 Einen begriffsgeschichtlichen Überblick über den in den unterschiedlichen Disziplinen der »Medienforschung« unterschiedlich verstandenen »Begriff des ›Mediums‹« gibt Stefan Hoffmann: Geschichte des Medienbegriffs, Hamburg 2002 (= Archiv für Begriffsgeschichte: Sonderheft Jahrgang 2002), S. U 4.

92 George Lakoff, Mark Johnson: Metaphors We Live By, Chicago und London 1980, S. 6.

93 Romantische Stichworte sind hier ›Willkür‹, ›Zufall‹ und ›Zusammenfügen des Entfernten‹. »Die romantische Poesie ist unter den Künsten was der Witz der Philosophie, […] ihr erstes Gesetz [ist] […], daß die Willkühr des Dichters kein Gesetz über sich leide.« Friedrich Schlegel: Progressive Universalpoesie. Athenaeum-Fragment 116, in: ders.: Schriften zur Kritischen Philosophie 1795–1805. Mit einer Einleitung und Anmerkungen hg. von Andreas Arndt und Jure Zovko, Hamburg 2007, S. 69f., S. 70. »Jeder Zufall, als eine wilde Paarung ohne Priester, gefällt uns vielleicht, weil darin der Satz der Ursachlichkeit (Kausalität) selber, wie der Witz, Unähnliches zu gatten scheinend, sich halb versteckt und halb bekennt.« Jean Paul, Vorschule der Ästhetik, S. 193 (§ 52: Das Wortspiel). In der späteren Romantik wird dieser Witz dann zum nächtlichen und Traum-Phänomen, wenn man so will: zum Bestandteil der Traumarbeit im Freud'schen Sinne. Bei Eichendorff heißt es: »[S]o wunderbar ist die […] Schönheit der Nacht, die nur in Gedanken

einhergeht. Joseph von Eichendorff hat dieses methodologische Verfahren einmal in einem Gelegenheitsgedicht so beschrieben:

Es versteht sich, daß man's deute –
'S wär' doch gar zu unbequem,
Wenn man Alles wörtlich nähm',
Wie's da durcheinander blüht! –[94]

›Unbequem‹ heißt hier im Sinne des *Grimmschen Wörterbuchs »untauglich, ungeeignet, unfähig, ungeschickt«.*[95] Wer also »alles wörtlich« nimmt – wie zum Beispiel Marcel Prousts Doktor Cottard im Salon der Verdurins –[96] ist hermeneutisch allzu ungeschickt und versteht gar nichts. Selbstverständlich – »Es versteht sich« – muss man deuten, und zwar auch, was »man« überhaupt wörtlich nehmen soll und was nicht. Diese Entscheidung aber überlässt Eichendorffs Gedicht offenbar dem durch das Wort »man« vertretenen Leser oder der Leserin. Man muss sich klarmachen, was das heißt: Es ist eine Lektüreentscheidung, ob ein Ausdruck als Begriff oder als Metapher zu verstehen ist. Dabei kommt es, genau wie im später von Hans-Georg Gadamer beschriebenen hermeneutischen Zirkel, auf den gesamten Kontext an.[97] Aus ihm ›versteht es sich‹, was als Metapher und was als Begriff zu deuten ist. Und so kehrt, ganz nach der Logik der Beziehung vom Ganzen zum Teil im hermeneutischen Zirkel, das mit dem allgemeinen Menschenverstand auch den gesamten Kontext vertretende »Es« vom Beginn des ersten hier zitierten Verses nur fünf Worte später als das den zu interpretierenden Ausdruck vertretende apostrophierte »'s« wieder. Aus dem Kontext des Ganzen soll sich das

spricht und das Entfernteste im Traum zusammenfügt.« Joseph von Eichendorff: Die Entführung. Eine Novelle, in: ders.: Dichter und ihre Gesellen. Sämtliche Erzählungen II, hg. von Brigitte Schillbach und Hartwig Schulz, Frankfurt a. M. 2007 (1993), S. 467–507, S. 502.

94 Joseph von Eichendorff: Herrmanns Enkel, in: ders.: Sämtliche Gedichte. Versepen, hg. von Hartwig Schultz, Frankfurt a. M. 2006 (= Bd. 1 der Werke in sechs Bänden, Frankfurt a. M. 1987), S. 244–246, S. 244.

95 »UNBEQUEM«, in: Jacob und Wilhelm Grimm: Deutsches Wörterbuch, Bd. XI/III: Un–Uzvogel, Leipzig 1936, Sp. 319–322, Sp. 319.

96 »Doktor Cottard wußte niemals mit Sicherheit, in welchem Tone er jemandem antworten sollte, ob sein Gesprächspartner scherzte, oder ob das, was er sagte, womöglich ernst gemeint war. [...] Da ihm der kritische Sinn, den er allem gegenüber zu entfalten glaubte, völlig abging, war [...] er [...] ganz und gar verloren, insofern er alles wörtlich nahm.« Marcel Proust: In Swanns Welt. Auf der Suche nach der verlorenen Zeit. Erster Teil. Deutsch von Eva Rechtel-Mertens, Frankfurt a. M. 1981, S. 266f. – Vgl. zum Wörtlichnehmen Anm. 338.

97 Vgl. Hans-Georg Gadamer: Vom Zirkel des Verstehens, in: ders.: Kleine Schriften IV. Variationen, Tübingen 1977, S. 54–61; auch in Bd. 2 der Gesammelten Werke, Tübingen 1986, S. 57–65.

Verständnis des Details ergeben: *ex toto* – »Es« – *pars* – »'s«. Eine genauere Anleitung gibt es nicht. Entscheiden muss der Leser oder die Leserin.

Tut er das, dann gelangt er zu einem Verständnis, das der letzte hier zitierte Vers als ein ›Durcheinanderblühen‹ bezeichnet: und zwar, in Abgrenzung zu den beiden vorausgehenden Konjunktiven, im Indikativ. Im letzten Vers geht es also *nicht* um die Folge des ungeschickten Alles-wörtlich-Nehmens, die dann wie der zweite und dritte Vers im Konjunktiv irrealis formuliert sein müsste, sondern gerade um das Ergebnis einer ›bequemen‹, geschickten Lektüre. Anders gesagt vereint die hier entworfene gelingende Lektüre auf der einen Seite eine im platonischen Sinne dihairetische,[98] durch ›wörtlich‹ nehmende Auslegung und Definitionen die begriffliche Komplexität reduzierende Interpretation mit einer auf der anderen Seite komplexitätssteigernden, eben ›blühendes Durcheinander‹ stiftenden Interpretation, die nicht nur mit Zedlers Ausdruck »metaphorice« beziehungsweise »verblümter Weise«[99] liest, sondern gewissermaßen *verblümender Weise*.

›Durcheinanderblühen‹, so ergibt sich aus dem Gesagten, steht hier also nicht als negativer Begriff für ein hermeneutisches Chaos, sondern vielmehr als positiver Begriff für einen Verstehensprozess, der bestimmte Setzungen zwar einigermaßen systematisch, aber doch zugleich im Bewusstein darüber vornimmt, dass sie sich nicht zwingend begründen lassen: Dass also, anders formuliert, etwa bei der Entscheidung über die Metaphorizität eines Ausdrucks jenes ›poetische‹ *Ich weiß nicht was* mitspricht, von dem schon die Rede war. Das liegt ganz einfach daran, dass das Ganze, aus dessen Kenntnis heraus sich erst die zwingende Lesart des Details ergäbe, tatsächlich nie zu überschauen ist: Deswegen muss man sich eben für eine Lesart entscheiden, und das heißt: für eine von mehreren möglichen Lesarten.

Hans-Georg Gadamer hat in seiner Hermeneutik dieses Moment der *ich-weiß-nicht-was*haften Willkür im Verstehensprozess als den Anteil beschrieben, den »Geschmack« und »Urteilskraft« am Verstehen haben. In *Wahrheit und Methode* heißt es:

---

98 Vgl. zur Dihairese als Unterscheidung Fritz-Petzer Hager: Dihairesis, in: Joachim Ritter (Hg.): Historisches Wörterbuch der Philosophie, Bd. 2: D–F, Basel 1972, Sp. 242–244: »Dihairesis (διαίρεσις […]) ist die von PLATON erstmals in vollem Umfange und mit philosophischer Zielsetzung angewandte Methode der Begriffseinteilung, welche die Definition eines bestimmten Begriffes durch seine Einordnung unter höhere, ihn umfassende und bestimmende Begriffe ermöglichen soll. […] [N]icht willkürliche Unterscheidungen [dürfen] in die Dinge hineingetragen werden, sondern die in ihnen selbst liegenden«; ebd., S. 242.

99 Vgl. Zitat 36.

> [D]er Geschmack […] erkennt [etwas] – freilich auf eine Weise, die sich nicht von dem konkreten Anblick, an dem er sich vollzieht, ablösen, auf Regeln und Begriffe bringen läßt.
>
> Genau das ist es offenbar, was die ursprüngliche Weite des Begriffs des Geschmacks ausmacht […]. Er gehört in den Bereich dessen, was in der Weise der reflektierenden Urteilskraft am Einzelnen das Allgemeine, dem es zu subsumieren ist, erfaßt. Geschmack wie Urteilskraft sind Beurteilungen des Einzelnen im Hinblick auf ein Ganzes, ob es mit allem anderen zusammenpaßt, ob es also ›passend‹ ist[]. Man muß dafür ›Sinn‹ haben – demonstrierbar ist es nicht.[100]

Anders gesagt: Geht es – wie beim Verstehen ganz im Allgemeinen, in Eichendorffs zitierten Versen im Besonderen und im Einzelfall bei der Frage nach Begriff oder Metapher – um die »Subsumtion des Einzelnen unter ein gegebenenes Allgemeines«, dann liegt »eine ästhetische Beurteilung mit vor«[101] – und es ist daher kein Wunder, dass hier Gadamer zufolge auch »›Stil‹«- und *»Mode«*-Fragen eine Rolle spielen.[102]

Eichendorffs Verse reflektieren das von Gadamer beschriebene Verhältnis von Ganzem und Detail in den Worten »Es« und »'s«, verknüpfen es mit der Entscheidung über Begriff und Metapher und überantworten diese Entscheidung dem Leser oder der Leserin. Dass diese sie auch nach ›Stil‹- und ›Mode‹-Kriterien mal so, mal so beantworten werden, zeigt die Forschungsgeschichte. So bestehen doch philologische Innovationen manchmal darin – wie etwa in der Metaphorologie –, etwas als Metapher zu lesen, was vorher als Begriff galt, oder aber – wie zum Beispiel in dekonstruktiv orientierten Lektüren – etwas wörtlich zu nehmen, was bisher als Metapher oder Allegorie verstanden wurde.[103]

Was die oben gestellte Frage betrifft, ob und nach welchen Kriterien Begriff und Metapher unterschieden werden müssen, lautet die Antwort also: Sie müssen unterschieden werden, und zwar je nach Einzelfall, für den es eben

100 Hans-Georg Gadamer: Wahrheit und Methode. Grundzüge einer philosophischen Hermeneutik, in: ders.: Gesammelte Werke, Bd. 1: Hermeneutik I, Tübingen [6]1990, S. 43.

101 Ebd., S. 44.

102 Ebd., S. 43 und 42.

103 »Jede beim Wort genommene Metapher führt in das Paradox einer ursprünglichen Uneigentlichkeit zurück. […] Als Regressionsbewegung wirkt ein solches Verfahren fast immer komisch […]. Das Wörtlichnehmen der Metapher läßt sich als selber poetische Dekonstruktion des Poetischen begreifen:« Groddeck, Reden über Rhetorik, S. 265 und 267. Ein Beispiel für Groddecks Aussage liefert Werner Hamacher: »Kleists *Erdbeben in Chili* stellt d[a]s Erdbeben nicht dar, ohne zugleich das Beben der Darstellung zu sein.« Werner Hamacher: Das Beben der Darstellung, in: David E. Wellbery (Hg.): Positionen der Literaturwissenschaft. Acht Modellanalysen am Beispiel von Kleists *Das Erdbeben von Chili*, S. 149–173, S. 161. – Vgl. zum Wörtlichnehmen im Hinblick auf Till Eulenspiegel Anm. 338.

kein Patentrezept gibt. Die Entscheidung liegt beim Leser oder bei der Leserin. Ihre Aufgabe ist es, so Eichendorffs zitierte Verse, sich in einer ›bequemen‹ Lektüre um das ›Durcheinanderblühen‹ von Begriffen und Metaphern zu kümmern und so jene »nicht […] auf Regeln und Begriffe [zu] bringen[de]« (Gadamer)[104] »schöne Verwirrung der Fantasie«[105] blühen zu lassen, von der Friedrich Schlegel in seinem *Gespräch über die Poesie* spricht.

Ähnlich wie Eichendorff hat es schon, wiederum in hermeneutischer Blütenmetaphorik, Hegel in der *Phänomenologie* formuliert. Hier greift Hegel – wie schon gesagt – häufig zu Metaphern, die er selbst als »Blumen des Ausdrucks«[106] bezeichnet. »Die Knospe verschwindet in dem Hervorbrechen der Blüte, und man könnte sagen, daß jene von dieser widerlegt wird«, schreibt er.[107] Je nach gewissermaßen jahreszeitlichem Kontext – mit Gadamer: je nach ›Geschmack‹, ›Mode‹ oder ›Stil‹ – lässt die Deutung eines Ausdrucks seine wörtliche Bedeutung ›verschwinden‹, »verdräng[t]«, ja ›widerlegt‹ sie vielleicht sogar, indem sie zu ihm in Widerspruch steht – ganz ähnlich, wie etwa ein ironischer Ausdruck gerade als Gegenteil dessen gedeutet wird, was er wörtlich genommen sagt.

Verstehen heißt einerseits Wörtlichnehmen und begrifflich Vereinfachen, andererseits zugleich In-übertragenem-Sinne-Verstehen und metaphorisch Verkomplizieren. Die romantische Anstrengung oder Zumutung des Begriffs, könnte man sagen, treibt ihre metaphorischen Blüten durch die systematischen Fugen der philosophischen Bude. Das sieht für den einen schön aus – die Philosophie steht so ja erst gewissermaßen in voller metaphorischer Blüte –, für den anderen unsauber,[108] und am Ende mag das sogar die philosophischen Fugen sprengen. In jedem Fall aber werden sie auf diese Weise zunächst einmal kenntlich. Um diese Blüten geht es der vorliegenden metaphorologischen Studie. Ihr Gegenstand ist das ›Medium‹: mal als Metapher, mal als Begriff.

104 Vgl. Anm. 100.

105 Friedrich Schlegel: Gespräch über die Poesie, in: ders.: »Athenäums«-Fragmente und andere Schriften. Auswahl und Nachwort von Andreas Huyssen, Stuttgart 2005, S. 165–224, S. 195. Siehe den Kontext im Zitat 245.

106 Hegel, Vorlesungen über die Ästhetik I, S. 523.

107 Hegel, Phänomenologie des Geistes, S. 4.

108 Vgl. die von Blumenburg evozierte Vorstellung von der ›Pur‹ifizierung der Sprache nach dem Maßstab der »Idealität des puren Logos« in Zitat 293.

KAPITEL 3

Eins, ganz, heil. Literarische Grundbegriffe des Mediums

In allen Wipfeln, über allen Wipfeln. Eine Landschaft Eichendorffs

Von der Stadt hinauf in die Wipfel des Bayerischen Waldes und in den Himmel darüber ist es heute keine weite Reise.[109] Sie dauert von Regensburg etwa vier Tage zu Fuß, einen mit dem Fahrrad, drei Stunden mit der Bahn oder anderthalb mit dem Auto. Der von »Nationalpark«-Schildern[110] gewiesene Weg führt kurz vor der tschechischen Grenze ins Örtchen Neuschönau. Gleich drüben, einen halben Kilometer hinterm Dorfe, liegt der Parkplatz »P 1« – es gibt fünf weitere – mit dem »Einstieg« zum »Baumwipfelpfad im Nationalpark Bayerischer Wald«.[111] Der Baumwipfelpfad ist ein 1300 Meter langer, durch ein »transparente[s] Geländernetz« »vollkommen[]« gesicherter[112],[113] rollstuhl- und kinderwagengeeigneter Holzsteg, der zunächst die Nationalparkstraße überquert und dann, »behutsam in den herrlichen Bergmischwald integriert«,[114] in sanfter Steigung bis auf eine Höhe von 25 Metern hinein in die Baumwipfel führt. Laufend, schiebend oder auch geschoben schwebt man, ganz buchstäblich, erst »In allen Wipfeln«[115] und schließlich über ihnen.[116] (Abb. 1–3)[117]

---

109 Vgl. zum Gang in den Wald Erhard Schütz: »in den Wäldern selig verschollen«. Waldgänger in der deutschen Literatur seit der Romantik, Bremen 2013.

110 Zitiert nach dem 2014 vor Ort ausliegenden Flyer »Der Baumwipfelpfad im Nationalpark Bayerischer Wald«, http://www.baumwipfelpfad.by (11.3.2014; im Frühjahr 2016 nicht mehr online. Neue Adresse und Flyer: http://www.baumwipfelpfad.bayern/bayerischer-wald/infos/flyer-download/; 30.3.2016. Textteile des Flyers von 2014 finden sich noch unter unter dem Titel »Baumwipfelpfad im Nationalparkzentrum Lusen« unter http://www.nationalpark-bayerischer-wald.de/zu_gast/einrichtungen/npz_lusen/baumwipfelpfad/index.htm; 30.3.2016).

111 Flyer »Der Baumwipfelpfad im Nationalpark Bayerischer Wald«.

112 Vgl. zu dieser Erhabenheitsvoraussetzung bei Immanuel Kant Zitat 2275.

113 Flyer »Der Baumwipfelpfad im Nationalpark Bayerischer Wald«.

114 http://www.nationalpark-bayerischer-wald.de/zu_gast/einrichtungen/npz_lusen/baumwipfelpfad/index.htm (11.3.2014).

115 Johann Wolfgang Goethe: Wandrers Nachtlied, in: ders.: Sämtliche Werke nach Epochen seines Schaffens. Münchner Ausgabe, Bd. 2.1: Erstes Weimarer Jahrzehnt 1775–1786, hg. von Hartmut Reinhardt, München 1987, S. 53.

Abb. 1
Kuppel …

Abb. 2 … des Baumwipfelpfads in Neuschönau …

Abb. 3 … und Ausblick über das Meer des Waldes

Dann kommt der »44 Meter hohe Baumturm«,[118] eine »riesige Kuppel aus Holz« (Abb. 1), »luftig und durchlässig«, gleich »eine[r] Art Öko-Variante der Reichstagskuppel«[119] über »drei uralte[] und mächtige[] bis zu 38 Meter hohe[] Tannen und Buchen gebaut«[120]. Wie von einer hölzernen Thermikspirale getragen, steigt man darin – sozusagen im Schneckengang[121] – durch ein gutes halbes Dutzend immer engere Kreiswindungen zum »Höhepunkt des Pfades«[122] auf. Hier, buchstäblich »Über allen Wipfeln«[123]

> angekommen, wird man mit einem einzigartigen Blick belohnt, der Seinesgleichen sucht! Über Lusen und Rachel hinweg breitet sich das Meer[124] des Bayerischen und Böhmischen Waldes über hunderte von Kilometern aus.[125]

So (Abb. 3) schweift der Blick »über die Höhenzüge des Bayerischen Waldes, das Donautal und die Ebenen des Gäubodens«[126], wie er sich auch den Helden in Joseph von Eichendorffs *Ahnung und Gegenwart* auftut. Es ist ein, mit Richard Alewyn, »Blick von der Höhe«[127] über, mit Leo Spitzer, »unberührte[] Natur«[128]. Genau so, nämlich *wörtlich gleichlautend* bezeichnet www.nationalpark-bayerischer-wald.de die von der »Höhe« des Baumwipfelpfades eröffnete Aus-»Sicht« hinaus ins Donautal als »unberührte[] Natur«.[129]

---

116 Der »erste[] Baumwipfelpfad Deutschlands« steht in Fischbach bei Dahn im Pfälzer Wald. Seine »Idee, in schwindelnder Höhe zwischen Eichen- und Buchenkronen zu laufen, fand inzwischen viele Nachahmer«. Thomas F. Klein: Kulturraum aus Pfälzer Wald und Vogesen, in: Frankfurter Allgemeine Zeitung, 20.7.2012, S. 54.

117 http://www.baumwipfelpfad.by (11.3.2014; 2016 nicht mehr online).

118 Flyer »Der Baumwipfelpfad im Nationalpark Bayerischer Wald«.

119 Verena Mayer: Im Waldwunderland. Hier lässt man die Schneekirche im Dorf: Eine Winterreise mit Familie in den Bayerischen Wald, in: Frankfurter Allgemeine Sonntagszeitung, 26.2.2012, S. V2.

120 Flyer »Der Baumwipfelpfad im Nationalpark Bayerischer Wald«.

121 Vgl. Schillers »Schneckengang der Materie« in Zitat 177. Vgl. zur himmlisch-transzendenten Spielart des Schneckengangs, nämlich dem spiralförmigen Flug, Anm. 2491.

122 Flyer »Der Baumwipfelpfad im Nationalpark Bayerischer Wald«.

123 Goethe, Wandrers Nachtlied, S. 53: »Wipfel[]« und noch nicht »Gipfel[]« heißt es in den beiden – wenn auch nicht autorisierten – Erstdrucken; vgl. den Kommentar ebd., S. 579.

124 Vgl. zum Wald, vielleicht sogar zu diesem Wald, als »grüne[r] Kühle« das Eichendorff-Zitat 2402.

125 »Wipfel der Gefühle«, in: Panorama. Magazin des Deutschen Alpenvereins, Juni 2012, S. 116.

126 »Wipfel der Gefühle«, S. 116.

127 Richard Alewyn: Eine Landschaft Eichendorffs, in: Paul Stöcklein (Hg.): Eichendorffs heute. Stimmen der Forschung mit einer Bibliographie, München 1960, S. 19–43, S. 41.

128 Leo Spitzer: Zu einer Landschaft Eichendorffs, in: Euphorion 52 (1958), S. 142–152, S. 146.

129 »8 bis 25 Meter über dem Waldboden in unberührter Natur spazieren gehen und einzigartige Perspektiven erleben – dies ermöglicht Ihnen der neue Baumwipfelpfad

Eine ähnliche Aussicht bietet sich den Helden von Eichendorffs Roman *Ahnung und Gegenwart*, wenn sie »über das Gebirge fort[reiten]« und »tief unter [sich]« »die Donau [...] wie eine silberne Schlange durch das unendliche, blauschwüle Land gehn« sehen.[130]

Eine Landschaft Eichendorffs? Landschaft, Theorie und Heil

Aber lässt sich denn hier überhaupt von einer »Landschaft Eichendorffs« sprechen?[131] Vielleicht hat Eichendorff ja tatsächlich einmal einen Baum bei Neuschönau erklommen und von dort einen Blick ins Tal geworfen, wie er ihn dann in *Ahnung und Gegenwart* durch die Augen seiner Protagonisten beschrieben hat. Doch selbst wenn heute der Baumwipfelpfad seinen Besuchern exakt Eichendorffs Blickpunkt und -winkel böte, sähen sie eine ganz andere Landschaft als er: eine Landschaft mit Parkplätzen, Autostraßen, Mobilfunkantennen, Picknickplätzen – und mit einem Baumwipfelpfad.

Dann wiederum steht »Landschaft« – der Begriff fällt in *Ahnung und Gegenwart* fünf Mal –[132] bei Eichendorff nicht einfach für relativ ›unberührte Natur‹, wie er sie vielleicht noch in der Gegend von Neuschönau gesehen haben mag. ›Landschaft‹ steht vielmehr auch bei Eichendorff für den Raum einer ästhetischen, das heißt körperlichen und zugleich geistigen Erfahrung, wie sie Joachim Ritter in seinem epochalen Aufsatz mit dem Titel *»Landschaft«*[133] beschrieben hat. Da, so Ritter, die Philosophie in ihren Anfängen identisch sei mit der »θεωρία τοῦ κόσμου« [theoría toû kósmou], der Betrachtung der kosmischen Weltordnung als ganzer, sei auch mit »›φύσις‹« [phýsis], »›Natur‹«, »als Gegenstand der Theorie« – etwa der aristotelischen Physik – »immer [...] die ›ganze Natur‹ gemeint«. In der »Betrachtung (θεωρία) der Natur« wende

im Nationalpark Bayerischer Wald.« Flyer »Der Baumwipfelpfad im Nationalpark Bayerischer Wald«; www.nationalpark-bayerischer-wald.de/zu_gast/einrichtungen/npz_lusen/baumwipfelpfad/index.htm (30.3.2016).

130 Joseph von Eichendorff: Ahnung und Gegenwart, in: ders.: Ahnung und Gegenwart. Sämtliche Erzählungen, hg. von Wolfgang Frühwald und Brigitte Schillbach, Frankfurt a. M. 2007, S. 53–382, S. 301.

131 Vgl. Friedmar Apel: Deutscher Geist und deutsche Landschaft. Eine Topographie, München 1998, S. 15–27 (»Einleitung: Die Lesbarkeit der Landschaft«).

132 Eichendorff, Ahnung und Gegenwart, S. 65, 102, 124, 129 und 156.

133 Joachim Ritter: Landschaft. Zur Funktion des Ästhetischen in der modernen Gesellschaft, in: ders.: Subjektivität. Sechs Aufsätze. Frankfurt a. M. 1974, S. 141–163 und Anmerkungen S. 172–190. Vgl. zu den folgenden Zitaten Heideggers Sätze aus dem *Parmenides* in Anm. 2264.

sich »der Geist[134] einem alles umgreifenden ›Ganzen‹ und ›Göttlichen‹ zu[…]«. »›Theorie‹« bedeutet also in diesem Sinne ein »Anschauen, das dem Gotte zugewendet ist« – und insofern kann es auch »›theologisch‹ genannt werden«:[135] gehen doch die Worte ›Heil‹ und ›heilig‹ – jedenfalls Johann Christoph Adelung zufolge – auf das griechische ›τὸ ὅλον‹ [tò hólon], ›das Ganze‹, zurück.[136] Noch Georg Lukács – damals zwar noch nicht Materialist, aber auch nicht eben fromm – spricht in seiner 1914/15 entstandenen *Theorie des Romans* von »der Gnade[] [!] der Offenbarung [!] des Ganzen«[137].

Eine solche Vorstellung vom ›Ganzen‹ ist allgemein bekannt, so etwa aus Matthias Claudius' berühmtem *Abendlied.* Tatsächlich handelt Claudius' *Abendlied* aus dem Jahr 1778 bis in den Wortlaut hinein von jener ›theoretischen‹ ›Natur‹-Betrachtung, die Ritter zufolge als die Zuwendung zu einem alles »umgreifenden« (Ritter) oder um»[h]ülle[nden]« (Claudius) Ganzen mit dem Versprechen göttlichen Heils verbunden ist.

Abendlied

Der Mond ist aufgegangen,
Die goldnen Sternlein prangen
  Am Himmel hell und klar. […]

Wie ist die Welt so stille,
Und in der Dämmrung Hülle
  So traulich und so hold!
Als eine stille Kammer,
Wo ihr des Tages Jammer
  Verschlafen und vergessen sollt.

Seht ihr den Mond dort stehen? –
Er ist nur halb zu sehen,
  Und ist doch rund und schön! […]

---

134 Und, das ist hier der springende Punkt, gerade nicht nur der Geist, sondern auch der Körper.

135 Ritter, Landschaft, S. 144f.

136 »Heil […] eigentlich, ganz, unzertheilt, unzertrennt; in welcher Bedeutung es nur noch im Nieders. wo es heel lautet, gangbar, im Hochdeutschen aber fremd ist. Die hele oder heile Welt, die ganze Welt. […] In dieser Bedeutung lautet es schon bey dem Ottfried heil, im Engl. whole, Angels. hal, im Holländ. heel, geheel, im Dän. heel, im Schwed. hel, im Wallis. oll und olh; womit das Griech. ὅλος […] sehr genau überein stimm[t]. S. auch All, welches gleichfalls hierher gehöret.« »Heil«, in: Johann Christoph Adelung: Grammatisch-kritisches Wörterbuch der hochdeutschen Mundart, Bd. 2: F–L, Wien 1811, Sp. 1067.

137 Georg Lukács: Die Theorie des Romans. Ein geschichtsphilosophischer Versuch über die Formen der großen Epik. Mit dem Vorwort von 1962, München 1994, S. 44f.

Gott, laß uns dein Heil schauen, […]
Laß uns einfältig werden,
Und vor dir hier auf Erden
Wie Kinder fromm und fröhlich sein![138]

Nicht »halb«, sondern »rund« – also ›ganz‹ – ist der Mond, »traulich« einge»[h]üllt« sind die Welt und – gewissermaßen durch diese ›Hülle‹ und mit ihr und in ihr –[139] ihre Betrachterinnen und Betrachter. Dieses »Heil« der Natur ist Vorschein[140] jenes göttlichen Heils, das sich das sprechende Ich in Koppelung an ›*Ein*falt‹ und kindliche Frommheit erbittet.

Claudius' Abendlied ist kein Einzelfall einer Vorstellung von ›Natur‹ in diesem Sinne. Ein weiteres Beispiel ist die erste Strophe von Wilhelm Heys *Weißt du, wieviel Sternlein stehen.* Auch sie dreht sich um die Betrachtung von ›Natur‹ in ihrer kosmischen, als Versprechen von göttlichem Heil beruhigenden ›Ganzheit‹:

Weißt du, wie viel Sternlein stehen
an dem blauen Himmelszelt?
Weißt du, wie viel Wolken gehen
weithin über alle Welt?
Gott der Herr hat sie gezählet,
daß ihm auch nicht eines fehlet
|: an der ganzen großen Zahl. :|[141]

Das Anschauen eines solchen ›Ganzen‹ soll nun, so Ritter, »aus der Zuwendung zur Natur als Landschaft« hervorgehen,[142] und dabei handelt es sich nicht nur um eine Zuwendung, sondern – wie bei jeder Theorie oder Metaphysik – zugleich um eine reflexive Distanzierung. Denn wem die Natur Heimat ist, wem ihr Wald als Holz, ihre Erde als Acker und ihr Wasser als Fischgrund mit Martin Heidegger ›zuhanden‹[143] ist, der lebt *in* ihr, hat aber *von* ihr keinen

138 Matthias Claudius: Abendlied, in: ders.: Der Wandsbecker Bote. Mit einem Vorwort von Peter Suhrkamp und einem Nachwort von Hermann Hesse, Frankfurt a. M. 1975, S. 291f.

139 Vgl. zum Transsubstantiations-Charakter dieses ›Medien‹-Effekts im Sinne des *hoc est enim corpus meum* beziehungsweise des ›Hokuspokus‹ Anm. 1429.

140 Vgl. Anm. 506.

141 Wilhelm Hey: Weißt du, wieviel Sternlein stehen, in: Das große Liederbuch. 204 deutsche Volks- und Kinderlieder, gesammelt von Anne Diekmann, unter Mitwirkung von Willi Gohl […], Zürich 1975, S. 225.

142 Ritter, Landschaft, S. 144.

143 Vgl. Martin Heidegger: Sein und Zeit, Tübingen [17]1993, S. 66–72 (*»§ 15. Das Sein des in der Umwelt begegnenden Seienden«*). – Ritter, Landschaft, S. 174f., weist auf diesen Paragrafen hin, in dem Heidegger »[v]om werkenden ländlichen Dasein ausgehend […] die ihm zugehörige (vorästhetische wie vortheoretische) ›ursprüngliche‹ Gegebenheit des von Natur

theoretischen oder metaphysischen Begriff. ›Zuhandenes‹ *er*greift man, aber man *be*greift es nicht.[144] Wer hingegen die Natur als Natur begreift und sich entschließt, »hinauszugehen, um die ›freie‹ Natur als sie selbst aufzusuchen und sich ihr betrachtend hinzugeben«, so Ritter, für den oder die wird sie Landschaft:

> Landschaft wird […] Natur erst für den, der in sie »hinausgeht« (transcensus), um »draußen« an der Natur selbst als an dem »Ganzen«, das in ihr und als sie gegenwärtig ist, in freier genießender Betrachtung teilzuhaben […].[145]

Die Landschaft da draußen, das ist nicht einfach nur der Wald, der Baumwipfel, die Bergeshöhe, die Schlucht oder der Gletschergipfel. Die Landschaft da draußen ist ein Weg, und zwar der Weg hinaus aus dem physisch Zuhandenen – der »[I]mmanenz« –[146] hinein in die das Zuhandene in Begriff und Anschauung ›transzendierende‹ Metaphysik. Denn wer hinausgeht in die als Landschaft begriffene Natur, der sucht in dieser *outdoor activity* nicht nur Wald, Baumwipfel, Bergeshöhe, Schlucht und vereiste Gipfel. *Wer hinausgeht in die Landschaft, sucht ganz buchstäblich sein Heil* – ein metaphysisches ›Ganzes‹, das zwar einerseits – als begrifflich gedachtes – Meta-Physik und doch andererseits zugleich irgendwie identisch mit der Physik sein soll: ganz so wie jenes ›All‹, dessen Betrachtung als *kósmos* Ritter zufolge am Anfang der Theorie steht. So gesehen ist ›Theorie‹ die Suche nach dem verlorenen als ›Heil‹ verstandenen ›All‹. ›Theorie‹ ist, um es in Anlehnung an eine berühmte Formulierung Heinrich von Kleists zu sagen, der metaphysische Weg hinaus in »die Welt«, um zu sehen, ob das vormetaphysische ›Heil‹ »vielleicht von hinten irgendwo wieder offen« steht.[147] ›Theorie‹ ist die Flucht nach vorn auf der Suche nach dem Hintereingang des ›Heils‹.

Seienden als ›Zuhandenheit‹« bezeichnet habe. Vgl. zur Zuhandenheit im Sinne eines »Gebrauchswissens und der im Gebrauchswissen begegnenden Dinge, die« Heidegger »›Zeug‹ nennt«, Günter Figal: Martin Heidegger zur Einführung, Hamburg 1992, S. 62–65, S. 63.

144 Theodor W. Adorno hat dieses Heidegger'sche Theorem als ›Regression‹ in eine »Unmittelbarkeit« kritisiert, in der – wohlgemerkt »ohne Theologie« – »Seiendes […] sinnvoll« sein soll, an deren »Ort« tatsächlich jedoch sehr wohl »begriffliche[] Vermittlung« stattfinde. Theodor W. Adorno: Jargon der Eigentlichkeit. Zur deutsche Ideologie, Frankfurt a. M. ^{4}1969, S. 99. – Nicht ›Unmittelbarkeit‹, sondern im Gegenteil gerade das ›Medium‹ definiert Jochen Hörisch über die Vorstellung von ›Sein‹ und ›Sinn‹, die zusammenfallen; vgl. Zitat 255.

145 Ritter, Landschaft, S. 147.

146 Lukács, Die Theorie des Romans, S. 27.

147 »Doch das Paradies ist verriegelt und der Cherub hinter uns; wir müssen die Reise um die Welt machen, und sehen, ob es vielleicht von hinten irgendwo wieder offen ist.« Heinrich

Das ›Heil‹ ist also, wenn man sich davon einen Begriff macht, immer schon verloren. Oder es ist, um diese Einsicht ins Tröstliche zu wenden, zwar nicht Wirklichkeit, aber immerhin ein Versprechen. Das zeigt auch Claudius' *Abendlied*. Gerade der Anblick des halben, un-heilen Mondes lässt ja das sprechende Ich die Rundheit des Mondes als Chiffre des Heils reflektieren: Vollmond ging verloren, Heil ist geboren, könnte man diese paradoxe Logik in Anlehnung an das berühmte weihnachtliche Heilsversprechen beschreiben.[148] So verstanden, ist ›Heil‹ ein je schon, wenn man so will, nachträglicher oder sentimentalischer Reflexionsbegriff.[149] Wer es erkennt, hat es – gerade *durch* diesen Erkenntnis- als Distanzierungsakt – überhaupt erst erschaffen und zugleich schon verloren. Denn das ›Heil‹ ist *per definitionem* ein schon verlorenes Heil. Das Ganze, ›Heile‹, sieht man nur von außen, wenn man schon hinausgefallen ist – und das Ganze damit eben nicht mehr ganz ist, das Heil nicht mehr heil.

Wo aber liegt das Heil? Hat es einen Ort? Wer über das Ganze nachdenkt, sich versenkt in die *theoría toû kósmou*, hebt seinen Blick zum Himmel, ganz so, wie der Sänger eines Abendliedes hinaufschaut zum Mond oder wie Immanuel Kant zum »bestirnte[n] Himmel über [ihm]«, dem Sinnbild des die menschliche Vorstellung erhaben übersteigenden Ganzen. Denn für Kant liegt Erhabenheit im Schauer vor der unfasslichen, das heißt sinnlich unanschaulichen Größe des in der »ganzen großen Zahl« der Sterne (Hey) verkörperten

---

von Kleist: Über das Marionettentheater, in: ders.: Sämtliche Werke und Briefe. Münchner Ausgabe. Auf der Grundlage der Brandenburger Ausgabe hg. von Roland Reuß und Peter Staengle, München, Frankfurt a. M. 2010, Bd. II: Erzählungen, Kleine Prosa, Gedichte, Briefe, S. 425–433, S. 429.

148 Johannes Falk: »O du fröhliche, o du selige, / gnadenbringende Weihnachtszeit! / Welt ging verloren, Christ ist geboren: / Freue, freue dich, o Christenheit!«, in: Gotteslob. Katholisches Gebet- und Gesangbuch. Ausgabe für das Erzbistum Köln, Stuttgart 2013, S. 332 (Nr. 238).

149 Schiller zufolge sind »die alten Griechen« auf naive Weise der »Natur« verbunden, die modernen Menschen auf sentimentalische Weise: »Wenn man sich der schönen Natur erinnert, welche die alten Griechen umgab, wenn man nachdenkt, wie vertraut dieses Volk unter seinem glücklichen Himmel mit der freien Natur leben konnte, wie sehr viel näher seine Vorstellungsart, seine Empfindungsweite, seine Sitten der einfältigen Natur lagen, und welch ein treuer Abdruck derselben seine Dichterwerke sind, so muß die Bemerkung befremden, daß man so wenige Spuren von dem *sentimentalischen* Interesse, mit welchem wir Neuere an Naturszenen und an Naturcharaktere hangen können, bei demselben antrifft. […] Sehr viel anders war es mit den alten Griechen[]. Bei diesen artete die Kultur nicht so weit aus, daß die Natur darüber verlassen wurde […]; ihre Götterlehre selbst war die Eingebung eines naiven Gefühls, die Geburt einer fröhlichen Einbildungskraft, nicht der grübelnden Vernunft […].« Friedrich Schiller: Über naive und sentimentalische Dichtung, in: ders.: Sämtliche Werke, Band V: Erzählungen, Theoretische Schriften, hg. von Wolfgang Riedel, München 2004, S. 694–780, S. 709–711. Auf diese Stelle verweist Ritter, Landschaft, S. 149.

›Heils‹, das die Vernunft dennoch denken kann.[150] Das Ganze, die das physisch Zuhandene und sinnlich Fassbare transzendierende und damit zugleich einschließende ›Metaphysik‹, liegt dieser Vorstellung zufolge über uns. So betrachtet, ist der Weg *hinaus in die Landschaft* zugleich ein Weg hinauf, hinaus in eine Landschaft, die wie eine Himmelsleiter *hinauf*führt *zu Metaphysik, Transzendenz und Heil.*[151]

Georg Lukács hat diese Vorstellung im ersten Satz seiner *Theorie des Romans* in der kühnen Formulierung vom »Sternenhimmel« als »Landkarte der gangbaren [...] Wege«[152] gefasst. In einer Welt, die noch keine Philosophie kennt, in einer vortheoretischen oder vormetaphysischen Welt von, so Lukács, »transzendentale[r]« »Geschlossenheit«[153], »absolute[r] Lebensimmanenz«[154] oder auch »Totalität«[155], in einer solchen Welt *wandelt der Mensch wie auf der Erde, so auch im Himmel zwischen den Sternen.* Erst mit der »Philosophie« (Lukács) oder Theorie (Ritter) erkennt, beziehungsweise schafft, der Mensch jenen »Riss[] zwischen Innen und Außen, [...] Ich und Welt«[156], zwischen Immanenz – und zwar jetzt, im Sinne Lukács', nicht mehr

---

150 »Der bestirnte Himmel über mir«, so Kants berühmte Formulierung in der *Kritik der praktischen Vernunft*, »erfüll[t] das Gemüt mit [...] Bewunderung und Ehrfurcht«, weil er »die Verknüpfung, darin ich stehe, ins Unabsehlich-Große mit Welten über Welten und Systemen von Systemen«, einer »zahllosen Weltenmenge«, »erweitert« – und das heißt: ins Unendliche erweitert. Immanuel Kant: Kritik der praktischen Vernunft, hg. von Horst D. Brandt und Heiner F. Klemme, Hamburg 2003, S. 215 (Beschluß). – »Das Unendliche« ist Kant zufolge »schlechthin (nicht bloß komparativ) groß.« Zwar vermag »[u]nsere Einbildungskraft« nicht, das hier in Rede stehende Mathematisch-Erhabene »in ein Ganzes der Anschauung« zusammenzufassen, wohl aber die »Vernunft«, dieses Ganze zu denken: »Das Unendliche [...] als ein Ganzes [...] denken zu können, zeigt ein Vermögen des Gemüts an, welches allen Maßstab der Sinne übertrifft.« Immanuel Kant: Kritik der Urteilskraft, hg. von Karl Vorländer, Hamburg ^{7}1990, S. 99 (§ 26) und 102 (§ 27).

151 Vgl. das Heidegger-Zitat 1930 und die dazu folgenden Ausführungen.

152 Lukács, Die Theorie des Romans, S. 21.

153 Ebd., S. 25.

154 Ebd., S. 27.

155 Ebd., S. 26. »Totalität«, so Lukács' Definition, »bedeutet, daß etwas Geschlossenes vollendet sein kann«, indem »nichts auf ein höheres Außen hinweist« (ebd.); so gesehen, ist »Totalität« ein Synonym von »[I]mmanenz« (ebd., S. 27) oder auch von ›Oberflächlichkeit‹ im Sinne Goethes. Spricht Lukács nämlich davon, dass »Totalität des Seins [...] nur möglich [ist], wo [...] die Formen kein Zwang sind, sondern nur das Bewußtwerden, nur das Auf-die-Oberfläche-Treten von allem, was im Inneren des zu Formenden als unklare Sehnsucht geschlummert hat« (ebd., S. 26), dann klingt hier in Lukács' Formbegriff möglicherweise Goethes Vorstellung von den »Phänomenen« nach, »hinter den[en]« man »nichts [suchen]« soll, weil »sie selbst [...] die Lehre« sind; vgl. das Zitat 260.

156 Ebd., S. 21. – Vgl. zur Metapher des Risses bei Siegfried Kracauer und Robert Musil die Zitate 202 und 896.

›absoluter‹, sondern relativer – und Transzendenz (das ist ihr Gegenbegriff). Dieser »Riss« verbannt den Menschen aus dem »Paradies« (Kleist), »Sternenhimmel« (Lukács) oder dem ›Ganzen‹ als dem ›Heil‹ (Claudius, Hey) und lässt ihn damit zugleich das Verlorene erkennen.

Himmel und Erde sind jetzt also in Transzendenz und Immanenz auseinandergetreten. Wohl lässt sich noch von ihrem Einssein träumen – etwa, wenn der Mond aufgegangen ist. Davon handelt Eichendorffs Gedicht *Mondnacht.* Doch ähnlich, wie bei Claudius der Mond »nur halb zu sehen« und vom »Heil« nur im Modus des Wunsches beziehungsweise der Bitte die Rede ist: »Gott, laß uns dein Heil schauen«, steht Eichendorffs Mond- beziehungsweise ›Landschafts‹-Bild unter dem Vorbehalt des Irrealis:

> Mondnacht
>
> Es war, als hätt' der Himmel
> die Erde still geküßt,
> Daß sie im Blüten-Schimmer
> Von ihm nun träumen müßt'.[157]

›Hätte‹ und ›müsste‹, das ist ein doppelter Conjunctivus irrealis[158] und heißt nichts anderes als: tatsächlich *sind* Himmel und Erde auseinandergefallen, indikativisch küssen sie sich nicht. In Robert Schumanns *Mondnacht*-Vertonung Opus 39 Nr. 5 lässt sich diese traurige Einsicht mit dem Ohr nachvollziehen, wenn die Melodie sich nach dreimal wiederholtem cis" über zwei Durchgangstöne zum fis" erhebt. (Abb. 4)[159] Der erste, dis", bringt auf unbetonter Taktzeit des zugrundeliegenden 3/8-Takts die mild dissonierende große Sekunde cis" – dis". Dann aber folgt der zweite Durchgangston auf der betonten Taktzeit des dritten Achtels, und hier erklingt eine stark dissonierende übermäßige Oktave beziehungsweise kleine Sekunde zwischen dem e' der Klavierbegleitung und dem eis" der Gesangstimme.

157 Joseph von Eichendorff: Mondnacht, in: ders.: Sämtliche Gedichte. Versepen, hg. von Hartwig Schultz, Frankfurt a. M. 2006, S. 322f., S. 322.

158 Vgl. Reinhold Brinkmann: Eichendorff, Schumann und der Conjunctivus irrealis. Gedanken zur »Mondnacht«, in: ders.: Schumann und Eichendorff. Studien zum *Liederkreis* Opus 39, München 1997 (Musik-Konzepte Heft 95), S. 12–48. Vgl. auch David Ferris: Schumann's Eichendorff Liederkreis and the Genre of the Romantic Cycle, Oxford 2000; ders.: »Was will dieses Grau'n bedeuten?«: Schumann's »Zwielicht« and Daverio's »Incomprehensibility Topos«, in: The Journal of Musicology 22,1 (2005), S. 131–153.

159 Robert Schumann: Mondnacht (Frühfassung von 1841), in: ders.: Liederkreis Opus 39 nach Eichendorff. Fassungen 1842 und 1850, hg. von Kazuko Ozawa, München 2009, S. 65–67, S. 65.

Abb. 4 Robert Schumanns *Mondnacht* (Opus 39, Nr. 5, Fassung von 1841)

Schmerzlich dissonierend treten, nachdem schon der Klavierpart des Liedes mit einem Hiat von über vier Oktaven (H_1–cis^3) begonnen hat, Klavier- und Gesangstimme auseinander,[160] und zwar ausgerechnet auf dem Wort »hätt'«: jenem Wort, das die Einheit oder zumindest doch Berührung im Kuss von Himmel und Erde schon vor ihrer Nennung unter Irrealis-Vorbehalt stellt und damit, jedenfalls außerhalb des Traums, verloren gibt.

Was aber bleibt dem Menschen beim Blick in den Himmel, hinauf zu Mond, Sternen und, wie es in Eichendorffs Gedichtzyklus *Der verliebte Reisende* heißt, »ziehen[den]« »Wolken«?[161] Ihm bleibt eine ›romantische‹ ›Sehnsucht‹: die Sehnsucht, in die Ferne, »weit hinaus«, und das heißt am Ende ins kosmische ›Ganze‹ zu gelangen.

Bei Eichendorffs *»verliebte[m] Reisende[n]«* klingt das so:

> Wolken, Wälderwärts gegangen,
> Wolken, fliegend über's Haus,
> Könnt' ich an euch fest mich hangen,
> Mit euch fliegen weit hinaus![162]

Das ist eine Sehnsucht, von der auch schon Mignon in *Wilhelm Meisters Lehrjahren* singt:

> Nur wer die Sehnsucht kennt,
> Weiß was ich leide!
> Allein und abgetrennt
> Von aller Freude,
> Seh ich ans Firmament

160 Auch insofern kommt es nicht zur ›Heilung‹ jenes Hiats von mehr als vier Oktaven – H_1–cis^3 –, mit dem der Klavierpart des Liedes beginnt.

161 Joseph von Eichendorff: Der verliebte Reisende, in: ders.: Sämtliche Gedichte. Versepen, S. 125–129, S. 128.

162 Ebd. Vgl. zu den Wolken auch Zitat 2124 und die folgenden Ausführungen.

Nach jener Seite.
Ach! der mich liebt und kennt
Ist in der Weite.
Es schwindelt mir, es brennt
Mein Eingeweide.
Nur wer die Sehnsucht kennt,
Weiß was ich leide![163]

»[A]ns Firmament / Nach jener Seite« blickt Mignon, also wohl – auch – nach oben.[164] Doch die von Lukács so genannten »[s]elig[en] […] Zeiten«[165] sind vorbei, und so ist Mignon offenbar nicht nur »[v]on aller Freude«, sondern auch von Himmel und »Firmament« über ihr »abgetrennt«; als ob jene »Nabelschnur« gekappt wäre, um die sich ein anderes Goethe-Gedicht dreht:

Ich saug an meiner Nabelschnur
Nun Nahrung aus der Welt.
Und herrlich rings ist die Natur
Die mich am Busen hält.[166]

Das aber ist der Zustand, nach dem sich Mignon ›sehnt‹: jenes embryonale »[R]ings«um-Geborgensein, das Freud später als regressive[167] Phantasie beschrieben hat, ein Geborgensein im ›Kosmos‹, in der ›Natur‹ oder auch, konkreter, im Wasser. Gottfried Benn hat das »thalassale Regression« genannt.[168]

Es verwundert also nicht, wenn sich immer wieder kosmische, Natur- und Wassermetaphorik in der Beschreibung von ›Sehnsucht‹ vermischen: ist

163 Goethe, Wilhelm Meisters Lehrjahre, S. 238 (4. Buch, 11. Kapitel).

164 Vgl. zur horizontalen Dimension dieser Perspektive die Ausführungen im Anschluss an Zitat 1924.

165 Lukács, Die Theorie des Romans, S. 21.

166 Johann Wolfgang Goethe: [Den 15 Junius 1775 Donnerstags morgen aufm Zürchersee], in: ders.: Der junge Goethe 1757–1775. Bd. 2, hg. von Gerhard Sauder, München 1987 (= Sämtliche Werke nach Epochen seines Schaffens. Münchner Ausgabe, Bd. 1.2), S. 543–544, S. 543. Vgl. Anm. 2326.

167 Vgl. Sigmund Freud: Die Traumdeutung, in: ders.: Studienausgabe, hg. von Alexander Mitscherlich, Angela Richards und James Strachey, Bd. II, Frankfurt a. M. 1972, S. 510–524 (»Die Regression«). Freud schreibt: »Wir heißen es Regression, wenn sich im Traum die Vorstellung in das sinnliche Bild rückverwandelt, aus dem sie irgendeinmal hervorgegangen ist.« Dazu zählen auch »Phantasien über das Intrauterinleben, das Verweilen im Mutterleibe« – »Phantasien«, deren »Bedeutung« Freud seiner eigenen Aussage zufolge »erst spät« zu »würdigen gelernt« hat. Ebd., S. 519 und 390f.

168 Gottfried Benn: Regressiv, in: ders.: Sämtliche Werke. In Verbindung mit Ilse Benn hg. von Gerhard Schuster (Stuttgarter Ausgabe), Bd. I: Gedichte 1, Stuttgart 1986, S. 126.

›Sehnsucht‹ doch, so verstanden, nichts anderes als eine Art sentimentalischer *theoría toû kósmou* – also gewissermaßen das Nachdenken darüber, wie es gewesen sein mag, in einem ›geschlossenen‹ und doch ›vollendeten‹ Kosmos von »absolute[r] Lebensimmanenz« (Lukács)[169] geborgen zu sein.

Ein Beispiel für eine solche sentimentalische *theoría toû kósmou* findet sich in Goethes *Leiden des jungen Werthers*. Es handelt sich um den berühmten Brief vom 18. August:

am 18. Aug.

> [...] Das volle warme Gefühl meines Herzens an der lebendigen Natur, das mich mit so viel Wonne überströmte, das rings umher die Welt mir zu einem Paradiese schuf [...]. Wenn ich sonst vom Felsen über den Fluß bis zu jenen Hügeln das fruchtbare Tal überschaute, und alles um mich her keimen und quellen sah, wenn ich jene Berge, vom Fuße bis auf zum Gipfel, mit hohen, dichten Bäumen bekleidet, all jene Täler in ihren mannigfaltigen Krümmungen von den lieblichsten Wäldern beschattet sah, und der sanfte Fluß zwischen den lispelnden Rohren dahin gleitete, und die lieben Wolken abspiegelte, die der sanfte Abendwind am Himmel heruber wiegte; wenn ich denn die Vögel um mich den Wald beleben hörte, und [...] mir alles das innere glühende, heilige Leben der Natur eröffnete, wie umfaßt ich das all mit warmen Herzen, verlor mich in der unendlichen Fülle, und die herrlichen Gestalten der unendlichen Welt bewegten sich allebend in meiner Seele. Ungeheure Berge umgaben mich, Abgründe lagen vor mir, und Wetterbäche stürzten herunter, die Flüsse strömten unter mir, und Wald und Gebürg erklang. [...] Und nun über der Erde und unter dem Himmel wimmeln die Geschlechter der Geschöpfe und all, und alles, alles bevölkert sich mit tausendfachen Gestalten [...].[170]

»[A]lles um mich«: Es ist »Natur« im Sinne von ›Lanschaft‹, von der Werther hier so vollkommen »umfaßt« ist, dass er sie schließlich selbst zu umfassen glaubt, ja sich »rings umher«, über ihm und »unter« ihm, von Wasser umgeben, mit dieser »Natur« zu verwechseln scheint. So ist es am Ende Werther selbst, der »alles das« zu umfassen glaubt, um es dann noch einmal geradezu stotternd, in höchster Emphase, aber unter Strapazierung von Syntax und Semantik, zu benennen: »all, und alles, alles« ist das, wovon hier die Rede ist –[171] *theoría toû kósmou* also, Anschauung des ›Alls‹ im Wortsinne.

169 Lukács, Die Theorie des Romans, S. 26 und 27.

170 Johann Wolfgang Goethe: Die Leiden des jungen Werthers, in: ders.: Der junge Goethe 1757–1775. Bd. 2, hg. von Gerhard Sauder, München 1987 (= Sämtliche Werke nach Epochen seines Schaffens. Münchner Ausgabe, Bd. 1.2), S. 196–299, S. 238f. – Ritter, Landschaft, S. 147, verweist auch auf eine – allerdings andere – *Werther*-Stelle.

171 Vgl. zum in Formulierung wie Sache ähnlichen Vers Brünnhildes in Richard Wagners *Götterdämmerung* Stefan Börnchen: »Alles weiß ich: alles ward mir nun frei!«

So diffus die Anschauung oder, in Ermangelung ihrer, die ›Sehnsucht‹ nach diesem ›All‹ sein mag, sie ist doch mit einer konkreten Phantasie verbunden: dem Traum vom Fliegen. »Ach damals, wie oft hab ich mich mit Fittigen eines Kranichs, der über mich hinflog, zu dem Ufer des ungemessenen Meeres gesehnt«,[172] schreibt Werther im gerade zitierten Brief, den *Flug* in den Himmel als *Flucht* ins ›All‹ oder ›Heil‹ imaginierend – ganz ähnlich, wie es später Eichendorffs *Verliebter Reisender* tut.

Adlerflug im Schneckengang. Petrarca am Berg

In der Tat: Eichendorffs Helden kennen die hier in Rede stehende ›romantische‹ ›Sehnsucht‹. Und obwohl sie zwar noch keinen Baumwipfelpfad kennen, ist ihnen im Unterschied zu Werther – und wie später Georg Büchners Lenz –[173] klar, dass man sich auch mit Händen und Füßen an den Himmelsflug machen kann, wenn man nun einmal keine Flügel hat. In *Ahnung und Gegenwart* sprechen sie das aus. »[I]ch möchte wie ein Vogel von dem Baume fliegen über Berge und Wälder!«,[174] ruft Leontin seinem Freund Friedrich zu, nachdem er einen ausdrücklich als »Jakobsleiter«[175] bezeichneten Baum erklommen hat – durchaus nicht »unlustig«, sondern gerade voller Lust, »die goldenen, losen Sprossen« dieser »Himmelsleiter [...] zu besteigen«, wie es ein andermal heißt.[176] Das ist bemerkenswert, handelt es sich doch hier wie anderswo im Roman *nicht* um einen Seelenflug, in dem ein – mit Friedrich Schillers Worten durch den Mund der Brüder Moor – »hochfliegender Geist« im »Adlerflug« »den Schneckengang der *Materie*«,[177] das heißt den Körper, hinter sich lässt:

Natur-Stimmung und Welten-Erlösung in Richard Wagners *Götterdämmerung*, in: Stefan Börnchen, Georg Mein, Elisabeth Strowick (Hg.): Jenseits von Bayreuth. Richard Wagner heute: Neue kulturwissenschaftliche Lektüren, München 2014, S. 41–62.

172 Goethe, Die Leiden des jungen Werthers, S. 239. Die Stelle lautet: »Ach damals, wie oft hab ich mich mit Fittigen eines Kranichs, der über mich hinflog, zu dem Ufer des ungemessenen Meeres gesehnt, aus dem schäumenden Becher des Unendlichen, jene schwellende Lebenswonne zu trinken, und nur einen Augenblick in der eingeschränkten Kraft meines Busens einen Tropfen der Seligkeit des Wesens zu fühlen, das alles in sich und durch sich hervorbringt.« Hier überlagert sich die Flugphantasie mit der Vorstellung vom (über-)»schäumenden Becher des Unendlichen«, wie er auch am Ende von Hegels *Phänomenologie des Geistes* steht; vgl. Zitat 1815.

173 Vgl. die Zitate 2432–2435.

174 Eichendorff, Ahnung und Gegenwart, S. 119.

175 Ebd., S. 117.

176 Ebd., S. 156.

177 Friedrich Schiller: Die Räuber. Ein Schauspiel, in: ders.: Sämtliche Werke, Bd. I: Gedichte. Dramen, hg. von Albert Maier, München, Wien 2004, S. 491–618, S. 521 (II/1) und 504 (I/2).

also *nicht* um einen Flug, wie ihn wohl die letzten Verse von Eichendorffs *Mondnacht* – wenn auch katachrestisch – imaginieren:

Und meine Seele spannte
Weit ihre Flügel aus,
Flog durch die stillen Lande,
Als flöge sie nach Haus.[178]

Nein, Leontin will bei seinem Flug keineswegs den Körper hinter sich lassen, und es wird sich zeigen, dass sich sein unmetaphorisch geäußerter Wunsch am Ende sogar, wenn auch nur ein einziges Mal und für einen Augenblick, völlig unmetaphorisch erfüllt.[179]

Bemerkenswert ist das, weil es hier wie im Folgenden überhaupt *nicht* um den alten platonisch-christlichen, ›dualistisch‹ gedachten Topos eines Aufschwungs vom Körperlichen zum Geistigen geht, sondern um einen *zugleich körperlich und geistig* zu denkenden Aufschwung zu Transzendenz und Heil. Es geht hier *nicht* um den imaginierten Flug oder sonstigen Aufstieg einer Seele zu platonischer oder christlicher Transzendenz, sondern um den Aufstieg des Körpers ins Metaphysische, der die Seele dabei physisch mitnimmt – so, wie es in *Ahnung und Gegenwart* Dutzende Male geschieht, wenn Leontin und sein Freund Friedrich die Wipfel und Gipfel von Eichendorffs Landschaft besteigen.

So hat es sich schon – vielleicht überhaupt zum ersten Mal – Francesco Petrarca vorgestellt. Er ist es auch, der vermutlich als erster Mensch die Erfahrung einer Gipfelbesteigung samt Landschaftsdurchquerung im hier entfalteten Sinne gemacht hat. Jedenfalls stammt von ihm der früheste Bericht von der Besteigung eines Berges »allein vom Drang beseelt, diesen außergewöhnlich hohen Ort zu sehen« – »sola videndi insignem loci altitudinem cupiditate ductus«, wie Petrarca in seiner 1336 verfassten *Besteigung des Mont Ventoux* schreibt.[180] In weglosem Gelände an den ersten Anläufen zur Gipfelbesteigung gescheitert, lässt sich Petrarca körperlich erschöpft in einem Tal nieder. Seine Gedanken jedoch rasten nicht, und in der Allegorese seines eigenen, sich selbst etwas rätselhaften Tuns verfällt er auf den schon genannten platonisch-christlichen Topos: »Dort«, also nicht auf dem Berg, sondern an seinem Fuße, »schwang ich mich auf den Flügeln des Geistes«,

178 Eichendorff, Mondnacht, S. 323.

179 S. Zitat 2407.

180 Francesco Petrarca: Die Besteigung des Mont Ventoux. Lateinisch/Deutsch. Übersetzt und hg. von Kurt Steinmann, Stuttgart 1995, S. 4f. – Vgl. Ritter, Landschaft, insbesondere S. 141–150.

also in der Phantasie, »vom Körperlichen zum Unkörperlichen hinüber« (»Illic a corporeis ad incorporea volucri cogitatione transiliens«) – liegt doch das »selige Leben […] auf hohem Gipfel« (»vita, quam beatam dicimus, celso loco sita est«).[181]

Dann aber lässt Petrarca nicht seinen mit 31 Jahren nicht mehr ganz jungen Körper, sondern vielmehr seine alte Körper-Geist-Metaphorik hinter sich – kurioserweise einmal mehr motiviert durch eine christliche Vorstellung: dass nämlich, wer die selige Erlösung sucht, schon »zum Gipfel des seligen Lebens selber emporsteigen muss« (»ad ipsius te beate vite culmen oportet ascendere«) und nicht »in den Talkesseln [s]einer Sünden schlaff niedersinken« darf (»in convallibus peccatorum [s]uorum segnem procumbere«).[182] Diese Einsicht nimmt Petrarca nun beim Worte. Man muss, wenn einen der Gipfel lockt, selbst hinauf auf den Berg, denn wer ihn zwar im Fluge, aber dies nur metaphorisch oder in Gedanken bezwingt, ist einfach faul und richtet nichts aus in der Welt: »Ich schob […] den lästigen Aufstieg nur auf, aber durch den menschlichen Geist wird die Wirklichkeit nicht aufgehoben« (»[d]ifferebam […] ascendendi molestiam, sed ingenio humano rerum natura non tollitur«), und »ein Wesen aus Fleisch und Blut [gelangt]« nun einmal nicht anders »in die Höhe« als durch »Hinaufsteigen« (»corporeum aliquid ad alta [a]scendendo perveni[]t«).[183]

Ausgerechnet die theologische Erkenntnis, dass ohne körperliche Anstrengung der »Gipfel des seligen Lebens« nicht zu erreichen ist, führt zu der Einsicht, dass auch der reale Gipfel des Mont Ventoux nicht ohne körperliche Anstrengung zu erreichen ist. Der menschliche Geist hebt nun einmal nicht die körperliche Wirklichkeit auf.[184] Transzendenz, Metaphysik oder *theoría toû kósmou*, wie sie der Gipfel verspricht, sind nicht ohne den Körper zu haben, sondern nur mit ihm. Der Körper ist also – der platonisch-christlichen Tradition zum Trotz – kein Hemmnis auf dem Weg zu dieser Transzendenz, sondern vielmehr ihre Voraussetzung oder, genauer und unmetaphorisch gesagt: ihr Medium.

Der »hochfliegende[] Geist«, so Petrarcas Erkenntnis viereinhalb Jahrhunderte vor Schillers *Räubern* und seinen ihnen stichwortgebenden medizinischen Dissertationen über das Körper-Geist-Problem, ist sehr wohl an den »Schneckengang der *Materie* [ge]kette[t]«.[185] Denn den Weg

181 Petrarca, Die Besteigung des Mont Ventoux, S. 12f.

182 Ebd., S. 14f.

183 Ebd., S. 12f.

184 Anders sieht es Dan Browns Katherine Solomon, s. Zitat 1040.

185 Schiller, Die Räuber, S. 521 (II/1).

hinauf in Richtung Himmel bringt man nun einmal »mit des Leibes Füßen« (»corporeis pedibus«) hinter sich.[186] Genau das ist auch – knapp zweieinhalb Jahrhunderte nach Schiller – die Idee des eingangs geschilderten Baumwipfelpfades, des Dispositiv oder – buchstäblich – Gestell[187] gewordenen Einspruchs gegen die Moor'sche Klage, der metaphysische »Adlerflug« des »hochfliegende[n] Geist[s]« sei durch seine physische Verkettung mit der Materie »zum Schneckengang verdorben«.[188] Tatsächlich *ermöglicht* ja erst der hölzerne Schneckengang des Baumturms, gezimmerter Ersatz der Thermikspirale für die nicht mit Adlerschwingen Gesegneten, jenen Aufstieg in alle Wipfel hinein und über sie hinaus, den man sich seit Petrarcas *Besteigung des Mont Ventoux* nicht mehr bloß als Seelenflug denken kann. Will der Mensch nicht nur vom Himmel träumen und trägt ihn nicht die warme Luft hinauf in den Himmel, behilft er sich mit Stein, Holz, Metall oder Glas und stellt sich selbst die Himmelsleiter auf – und sei's kurz vor dem höchsten Punkt der Erde, am Hillary-Step auf dem Mount Everest.[189]

Dualität der Erscheinung (Goethe)

Dieser Gedanke – samt dem daraus konstruierten Gestell – will jenes nicht nur von den Brüdern Moor, sondern auch von Schiller selbst beklagte Problem vom Kopf auf die Füße seiner Lösung stellen, das heute in der Philosophie als »Dualismus« oder »Körper-Geist-Problem«, im ausgehenden 18. Jahrhundert als das Problem des *»commercium mentis et corporis«* bezeichnet wird. Schiller hat sich, wie gesagt, in zwei seiner insgesamt drei medizinischen Dissertationen an diesem Thema versucht; beim ersten Mal – 1779 in der *Philosophie der Physiologie* – ohne, dann – 1780 im *Versuch über den Zusammenhang der tierischen Natur des Menschen mit seiner geistigen* – mit Promotionserfolg. Dass dem ersten Versuch kein Erfolg beschieden war, liegt auch an dem philosophischen Hauruckverfahren, in dem Schiller die Lösung des Problems postuliert:

> [E]ndlich muß eine Kraft vorhanden sein, die zwischen den Geist und die Materie tritt und beede verbindet. Eine Kraft, die von der Materie verändert werden und die den Geist verändern kann. Dies wäre also eine Kraft, die einesteils geistig, andernteils materiell […] wäre, und läßt sich ein solches denken? – Gewiß nicht!

186 Petrarca, Die Besteigung des Mont Ventoux, S. 14f.
187 Vgl. Anm. 64.
188 Schiller, Die Räuber, S. 504 (I/2).
189 Vgl. Anm. 2303.

> Dem sei wie ihm wolle, es ist wirklich eine Kraft zwischen der Materie [...] und dem Geiste vorhanden. Diese Kraft ist ganz verschieden von der Welt und dem Geist. Ich entferne sie: dahin ist alle Wirkung der Welt auf ihn. [...] Ihr Verlust hat einen Riß zwischen Welt und Geist gemacht. [...] Ich nenne sie *Mittelkraft*. [...] Die Mittelkraft wohnet im Nerven.[190]

Schiller schließt hier, ohne ihn zu nennen, doppelt an René Descartes an: zum einen an den Descartes, der mit seiner heuristischen Unterscheidung von »res extensa« und »res cogitans« der Philosophiegeschichtsschreibung lange Zeit als Erfinder des Dualismus galt,[191] zum anderen an den Descartes, der mit seiner Vorstellung der »spiritus animales« als Verkörperung jener vermittelnden Instanz, die Schiller *»Mittelkraft«* nennt, den Dualismus unterläuft. Das haben mittlerweile völlig unterschiedliche philosophische Schulen gesehen und beschrieben.[192]

Dass Descartes' eigene Ausführungen denen Schillers zur ›Mittelkraft‹ an philosophischer Verbiegung nicht nachstehen, hat mit Blick auf die dieser Studie vorausgehenden Forschungs- und Theoriediskussionen wohl als erster überhaupt Jean-Luc Nancy bemerkt. Schon 1979 spricht er in seinem Buch *Ego sum* von Descartes' »incroyables contorsions théoriques auxquelles Descartes se livre pour *subtiliser* le corps dans la glande et dans les ›esprits animaux‹

190 Schiller, Philosophie der Physiologie, S. 253 und 255.

191 »[S]um [...] res cogitans, id est, mens, sive animus, sive intellectus, sive ratio«; »[ich] bin [...] ein denkendes Ding, d.h. Geist bzw. Seele bzw. Verstand bzw. Vernunft«; René Descartes: Meditationes de Prima Philosophia. Meditationen über die Erste Philosophie. Lateinisch/Deutsch. Übersetzt und hg. von Gerhart Schmidt, Stuttgart 1986, S. 82f. (Zweite Meditation, sechster Abschnitt). In der Sechsten Meditation, neunter Abschnitt, unterscheidet Descartes »res cogitans« und »res extensa«, »denkendes Ding« und »ausgedehntes Ding«; wieder setzt Descartes ›ich‹ beziehungsweise ›sich‹ und ›denkendes Ding‹ gleich: »certum est me a corpore meo revera esse distinctum, & absque posse existere.« »Somit ist sicher, daß ich wirklich vom Körper verschieden bin und ohne ihn existieren kann.« Ebd., S. 188f.

192 »Was Descartes a Cartesian Dualist? [...] Gordon Baker and Katherine J. Morris argue that, despite a textbook consensus within philosophy, Descartes did not propound Cartesian Dualism, nor was he guilty of the many crimes of which he has been accused by twentieth-century philosophers«. Gordon Baker, Katherine J. Morris: Descartes' Dualism, London 1996, S. U 4. Vgl. das Beispiel einer ›Klage‹ gegen Descartes in Anm. 616. »It is common knowledge that Descartes was a Cartesian Dualist. (Perhaps it is nothing more than common sense!) [...] Like most items of ›common knowledge‹, this one is questionable. What we will call ›the Cartesian Legend‹ is [...] the view that Descartes held and expounded this conception of a person. The Cartesian Legend should not, of course, be confused with what Ryle referred to as ›Descartes' Myth‹ (›the myth of the ghost in the machine‹), one version of the position more neutrally called ›Cartesian Dualism‹. Rather, the Cartesian Legend is a second-order myth, a myth about myths.« Ebd., S. 1.

afin de *permixter* le corps et l'esprit«[193] (den »unglaublichen theoretischen Verdrehungen, denen Descartes sich hingibt, um den Körper [...] in der Zirbeldrüse und in den ›Lebensgeistern‹ *verschwinden zu lassen* [*subtiliser*], Körper und Geist zu *vermischen* [*permixter*]«)[194]. Im Ergebnis, so argumentiert Nancy, ist »die *res cogitans* für Descartes ein Körper«,[195] und damit wiederum liegen beide auf der Linie eines der spätesten überlieferten Notate Sigmund Freuds, das Nancy seit 1978 immer wieder zitiert:[196] »Psyche ist ausgedehnt, weiss nichts davon.«[197]

Die *res cogitans* als *res extensa:* um diese ›Vermischung‹ oder ›Berührung‹ kreist auch Jacques Derridas Buch *Le Toucher, Jean-Luc Nancy* – deutsch *Berühren, Jean-Luc Nancy* –, das für die vorliegende Studie neben Nancy von grundlegender Bedeutung ist. Denn das von Schiller als »Riß zwischen Welt und Geist« bezeichnete Problem ist, wie ja schon die Zitate aus der Eröffnungsseite von Lukács' *Theorie des Romans* gezeigt haben, kein philosophisches Fachproblem, das sich nur dort stellt, wo der technische Begriff ›Dualismus‹ fällt. Offensichtlich spielt dieser »Riss[ ] zwischen Innen und Außen«, zwischen »Ich« beziehungsweise »Seele« »und Welt« – so Lukács' Formulierungen –[198] eine zentrale Rolle in der von Lukács betrachteten Literatur, dem modernen Roman: und dieser wiederum ist den anderen literarischen Gattungen seiner Zeit ideengeschichtlich, problemgeschichtlich, topologisch oder auch metaphorologisch verwandt. Es geht hier, wie gesagt, um ein *literarisches Problem*, ein Problem, das in je neuer literarischer Ausformung und doch immer als derselbe Topos erkennbar in so unterschiedlichen Kontexten auftaucht wie in Robert Musils *Mann ohne Eigenschaften*,[199] in einer Art Liebes-

193 Jean-Luc Nancy: Ego sum, Paris 1979, S. 144.

194 Übersetzung zitiert nach Jacques Derrida: Berühren, Jean-Luc Nancy, Berlin 2007 (französisch: Le Toucher, Jean-Luc Nancy, Paris 2000), S. 50.

195 Jean-Luc Nancy: Corpus, Zürich, Berlin ²2003 (Paris 2000), S. 118f.

196 Vgl. Zitat 670 und die dort anschließenden Ausführungen.

197 Sigmund Freud: Ergebnisse, Ideen, Probleme (London, Juni 1938), in: ders.: Gesammelte Werke. Chronologisch geordnet. 17. Band: Schriften aus dem Nachlass. Unter Mitwirkung von Marie Bonaparte [...] hg. von Anna Freud u. a., London 1941, S. 149–152, S. 152. Die einzige Notiz, die in dieser Ausgabe noch auf den hier zitierten Satz folgt, ist vom selben Datum und lautet: »Mystik die dunkle Selbstwahrnehmung des Reiches ausserhalb des Ichs, des Es.« Auch hier also der Gedanke einer ausgedehnten Psyche. So gesehen, lässt sich der Satz »Psyche ist ausgedehnt« doch als letzter überlieferter notierter Gedanke Freuds bezeichnen.

198 Lukács, Die Theorie des Romans, S. 21.

199 Vgl. Zitat 896.

brief Siegfried Kracauers an Theodor W. Adorno[200] oder dem Versuch zu erklären, warum junge Menschen heutzutage zerrissene Jeans tragen.[201]

Siegfried Kracauer schreibt am 5. April 1923 an Theodor W. Adorno, eine Formulierung Heinrich Heines aus den *Bädern von Lucca* aufgreifend:

> Sieh, lieber, lieber Teddie, es ist mein Ernst, wenn ich Dir sage, daß mir die Philosophie und all das Zeugs ein Dreck gilt im Vergleich mit der *Gegenwart*, wo die Einsamkeit aufgehoben ist, und die Liebe waltet und wir mit unserer Existenz »Einfachheit, Halt und Bedeutung« finden. Mir genügte unser so schwebendes Sein als Religion, ich verlangte nichts weiter als ein Wirken aus unserer Gemeinschaft heraus und ein »Gang noch zu zweien«. [...] Was soll ich anfangen im Leben? Bist Du mein Freund? Oh, ich kann weinen, Teddie, ich habe sehr oft geweint, der Riß der Welt geht auch durch mich, grade durch mich.[202]

---

200 Vgl. Zitat 202.

201 Vgl. Tilman Allert: »Der Riss der Welt geht auch durch mich«. Was sich an den Jeans mit freigelegten Knien alles über das Selbst eines Jugendlichen ablesen lässt. Der Schlitz ist nur noch der Schein einer Wunde und besonderen Verletzlichkeit, in: Frankfurter Allgemeine Zeitung, 24.3.2016, S. 7: »Es ist keineswegs abwegig, an Caravaggio zu denken, der in einem der irritierendsten Bilder der Kunstgeschichte, dem Bild, das den Finger des ungläubigen Thomas vor der Wunde Jesu zeigt, das Drama von Glauben und Zweifel ästhetisch objektiviert hat. Von den seelischen Vorgängen vergleichbar dem inneren Kampf, der sich hinter dem profanen Exposé eines jugendlichen Outfits abspielt und beeindruckend stimmig als Wunde und zugleich als gelungener Coup der Selbstdarstellung nach außen verlegt wird. Es ist zugleich eine Botschaft des Zweifels wie des überwundenen Zweifels. Der fragende Blick, etwa der Eltern, fällt auf eine Wunde, die keine ist, die Verletzung vortäuscht. So führt der Schlitz beides vor – das Gelingen, das Kleidung und Habitus nach außen kommunizieren, wird mit einem Fragezeichen versehen. Die Signatur des Schlitzes kommuniziert somit das Drama einer Krise der Adoleszenz, das Spiel mit dem Stigma beschädigter Identität. Die souveräne Geste, welche die ansonsten makellose Kleidung mit Schnitten traktiert, demonstriert zugleich das Überwinden der Schädigung. Sie wird als Andeutung getragen, und gerade in der Untrüglichkeit ihres Scheins erfüllt sie den jugendlichen Wunsch nach einem erwachsenen Auftritt perfekt. Sie ist die coole Geste schlechthin. Man ist gar nicht verwundet, das macht man anderen nur vor, es sind nur Destroyed Jeans.«

202 Theodor W. Adorno, Siegfried Kracauer: »Der Riß geht auch durch mich«. Briefwechsel 1923–1966, hg. von Wolfgang Schopf, Frankfurt a. M. 2008, S. 9–11, S. 10f. Die Formulierung vom »Riß« bezieht sich, so der Kommentar ebd., S. 13f., auf Heinrich Heines *Bäder von Lucca*, wo es heißt: »Ach, teurer Leser, wenn Du über [...] Zerrissenheit klagen willst, so beklage [...], daß die Welt selbst mitten entzwei gerissen ist. Denn da das Herz des Dichters der Mittelpunkt der Welt ist, so mußte es wohl in jetziger Zeit jämmerlich zerrissen werden. Wer von seinem Herzen rühmt, es sei ganz geblieben, der gesteht nur, daß er ein prosaisches weitabgelegenes Winkelherz hat. Durch das meinige ging aber der große Weltriß, und eben deswegen weiß ich, daß die großen Götter mich vor vielen anderen hoch begnadigt und des Dichtermärtyrtums würdig geachtet haben«, »daß die Welt selbst mitten entzwei gerissen ist.« Heinrich Heine: Reisebilder. Dritter Teil. II. Die

Was bei Schiller und Lukács, Heine und Kracauer dieser »Riß« ist und in der Philosophie der ›Dualismus‹, hat Johann Wolfgang von Goethe einmal nüchtern als »Dualität der Erscheinung« beschrieben. In seinen Notizen mit dem Titel »Physikalische Vorträge. Schematisiert« heißt es am 2. Oktober 1805:

> Dualität der Erscheinung, als Gegensatz.
> Wir und die Gegenstände
> Licht und Finsternis
> Leib und Seele
> Zwei Seelen
> Geist und Materie
> Gott und die Welt
> Gedanke und Ausdehnung
> Ideales und Reales
> Sinnlichkeit und Vernunft
> Phantasie und Verstand
> Sein und Sehnsucht
> Dualität als Auseinandergehen der Einheit
> Zwei Körper Hälften
> Rechts und Links
> Atemholen
> Physische Erfahrung
> Magnet.[203]

»Leib und Seele«, »Geist und Materie«, »Gedanke und Ausdehnung«, das sind die klassischen ›dualistischen‹ Kategorien, wie sie sich wörtlich bei Descartes finden.[204] Goethe erweitert nun dieses philosophische Dichotomien-Paradigma zum einen um Kategorien, die man in einem weiten philosophischen Sinne ›idealistisch‹ nennen könnte – »Wir und die Gegenstände«, »Ideales und Reales«, eventuell auch »Sinnlichkeit und Vernunft« –, zum anderen um poetologische oder thematisch mit der Literatur assoziierte Kategorien wie »Phantasie und Verstand«, »Licht und Finsternis« und »Sein und Sehnsucht«. Darauf folgen mit »Zwei Körper Hälften« und »Rechts und Links« zwei allgemeine Chiffren für ein – wie es in der nach rechts eingezogenen Zeile heißt – »Auseinandergehen der Einheit«. Zwei einzelne Begriffe beschließen die hier linksbündige Paradigmen-Liste, die beide semantisch ›dual‹

Bäder von Lucca, in: ders.: Sämtliche Schriften, Bd. 2, hg. von Klaus Briegleb, München [2]1976, S. 391–470, S. 405f.

203 Johann Wolfgang Goethe: Physikalische Vorträge. Schematisiert ‹1805–1806›, in: ders.: Sämtliche Werke nach Epochen seines Schaffens. Münchner Ausgabe, hg. von Karl Richter u. a., Band 6.2: Weimarer Klassik 1798–1806, München 1988, S. 834–879, S. 834.

204 Vgl. Anm. 191.

konnotiert sind: das Atemholen, das sich im Wechsel mit dem Ausatmen vollzieht, und der Magnet, der zwei Pole hat.

Der Liste folgt eine Erläuterung. Darin heißt es:

> Was in Erscheinung tritt, muß sich trennen um nur zu erscheinen. Das Getrennte sucht sich wieder und es kann sich wieder finden und vereinigen [...].[205]

Ist es Zufall, dass hier Friedrich Hölderlins – tausendfach in Todesanzeigen gedrucktes – *Hyperion*-Wort »und alles Getrennte findet sich wieder«[206] anklingt? Wohlgemerkt, es handelt sich um Notizen zu »Physikalische[n] Vorträgen«, die Goethes eigener erklärter Absicht zufolge begriffliche »Ordnung«[207] stiften sollen. Tatsächlich jedoch unterwandern sie die cartesianische Begriffsordnung, indem sie ihre Körper-Geist-Dichotomie zunächst ins Literarische, dann ins Sentenzenhaft-Allgemeine erweitern und so am Ende daraus gar eine Formel des Romantischen machen.

Denn um eine Formel des Romantischen handelt es sich: jedenfalls dann, wenn man sich klar macht, dass es sich bei dem Gedanken vom Wiederfinden des Getrennten um eine Auflösungsphantasie handelt. Goethe zufolge[208] setzt ja die »Erscheinung« die Trennung voraus, das heißt Vereinzelung, Individuation, *principium individuationis*, Partikularität. ›Ich‹ ist immer partikulär, aus dem Ganzen gefallen, un-heil. Das »[W]ieder[fi]nden« und »[V]ereinigen« des Getrennten aber, also die *Heilung* dieser Trennung, ist nur um den Preis jener Selbstauflösung zu haben, die Friedrich Nietzsche später mit dem Begriff des ›Dionysischen‹ belegt.[209] Ganzheit und Heil bringt nur der Tod – und diese Einsicht ist, vorläufig und etwas salopp gesagt,

205 Goethe, Physikalische Vorträge. Schematisiert <1805–1806>, S. 835.

206 Die letzten Sätze des *Hyperion* lauten: »Wie der Zwist der Liebenden, sind die Dissonanzen der Welt. Versöhnung ist mitten im Streit und alles Getrennte findet sich wieder. / Es scheiden und kehren im Herzen die Adern und einiges, ewiges, glühendes Leben ist Alles. / So dacht ich. Nächstens mehr.« Friedrich Hölderlin: Hyperion oder der Eremit in Griechenland, Stuttgart 1961, S. 178.

207 Goethe, Physikalische Vorträge. Schematisiert <1805–1806>, S. 834.

208 Nicht nur insofern ist er, wenn nicht »der«, so doch ein »Romantiker per excellence«; Helmut Schanze: Vorwort zur Zweiten Auflage, in: ders. (Hg.): Romantik-Handbuch, Stuttgart ^{2}2003, S. XV–XIX, S. XVII. In diesem Sinne auch Jochen Hörisch über Nicholas Boyles Biografie *Goethe. Der Dichter in seiner Zeit*; Jochen Hörisch: Der Romantiker Goethe. Anmerkungen zu Boyles monumentaler Biographie, in: Athenäum. Jahrbuch für Romantik 2000, S. 236–242.

209 Vgl. den Artikel »Apollinisch – dionysisch«, in: Ästhetische Grundbegriffe. Historisches Wörterbuch in sieben Bänden, hg. von Karlheinz Barck u. a., Band 1: Absenz–Darstellung, Stuttgart, Weimar 2000, S. 246–271.

romantisch. In diesem Sinne formuliert Goethe knapp zwei Jahrzehnte nach den »Physikalischen Vorträgen«:

> Eins und Alles
>
> Im Grenzenlosen sich zu finden,
> Wird gern der Einzelne verschwinden,
> Da löst sich aller Überdruß;
> Statt heißem Wünschen, wildem Wollen,
> Statt läst'gem Fordern, strengem Sollen,
> Sich aufzugeben ist Genuß.
>
> Weltseele komm uns zu durchdringen! [...][210]

Goethe war, wie Rolf Christian Zimmermann gezeigt hat, von Jugend an mit dem »fruchtbaren Chaos [...] der hermetischen Philosophie« vertraut.[211] Hier nun schließt er nicht bloß fernhin an den Seelenbegriff aus Platons *Phaidros* an,[212] sondern näherhin an Friedrich Wilhelm Joseph Schellings Begriff von der ›Weltseele‹ und dem ›Medium‹ als dem ›Einen‹. In seinem Buch *Von der Weltseele* schreibt Schelling:

> Es ist [...] anzunehmen, daß außer den Bestandtheilen der Atmosphäre, die wir chemisch darstellen können, in ihr ein besonderes Medium verbreitet sey, durch welches alle atmosphärische Verändrungen dem lebenden Körper fühlbar werden. – Wenn die Atmosphäre mit Elektricität überladen ist, verrathen fast alle Thiere [...] Erfahrungen, die man nicht erklären kann, ohne eine allgemeine Continuität aller Naturursachen, und ein gemeinschaftliches

210 Johann Wolfgang Goethe: Eins und Alles, in: ders.: Sämtliche Werke nach Epochen seines Schaffens. Münchner Ausgabe, Bd. 12: Zur Naturwissenschaft überhaupt, besonders zur Morphologie [...], hg. von Hans J. Becker, Gerhard H. Müller, John Neubauer und Peter Schmidt, München 1989, S. 744. – Vgl. den »Fakir Mittenzwey« in Christian Krachts Roman *Imperium*: »Es gehe im Prinzip darum, [...] jenen Stoff, der uns umgäbe, durch bestimmte Atemtechniken in uns zu speichern, quasi die Materie des Äthers in Nährstoffe zu verwandeln. [...] [M]an müsse sich durch gewisse, jahrelang erlente Meditationszustände selbst dergestalt in Trance versetzen, daß der auf den Lichtstrahlen reitende Weltgeist beginne, den Körper zu durchdringen. [...] Engelhardt hatte genug gehört, so ein Humbug war ihm lange nicht untergekommen.« Christian Kracht: Imperium. Roman, Köln 2012, S. 140f. – Vgl. zu Kracht Krachts Imperium die Ausführungen zu den Zitaten 1066.

211 Rolf Christian Zimmermann: Das Weltbild des jungen Goethe. Studien zur hermetischen Tradition des deutschen 18. Jahrhunderts. Erster Band: Elemente und Fundamente, München ²2002, S. 8.

212 »Ψυχὴ [...] πάντα τὸν κόσμον διοικεῖ«: »[die] Seele [...] waltet durch die ganze Welt«, Platon: Φαῖδρος. Phaidros, in: ders.: Werke in acht Bänden. Griechisch und deutsch, 5. Band: Phaidros. Parmenides. Briefe. Bearbeitet von Dietrich Kurz. [...] Deutsche Übersetzung von Friedrich Schleiermacher, Darmstadt 1981, S. 1–193, S. 72f. (246 b–c).

> Medium anzunehmen, durch welches allein alle Kräfte der Natur auf das sensible Wesen wirken.
>
> Da nun dieses Princip die Continuität der anorgischen und der organischen Welt unterhält, und die ganze Natur zu einem allgemeinen Organismus verknüpft, so erkennen wir aufs neue in ihm jenes Wesen, das die älteste Philosophie als die gemeinschaftliche Seele der Natur ahndend begrüßte, und das einige Physiker jener Zeit mit dem formenden und bildenden Äther (dem Antheil der edelsten Naturen) für Eines hielten.[213]

Alles ist eins …

Sigmund Freud hat – ein Menschenleben nach Goethe und eine Generation nach Nietzsches Theorie des Apollinischen und Dionysischen – die schon bei Goethe deutlich sexualisiert umschriebene Regression ins grenzenlos-undifferenzierte ›Heil‹ der reinen ›Immanenz‹ als »Trieb« beschrieben – auch darin, mit einer kuriosen Formulierung Thomas Manns, »so vollkommen auf der Linie romantisch-biologischer Träumereien«, dass Freuds Gedanke »nur zufällig bei Novalis nicht ausdrücklich vorkommt.«[214] Freud schreibt:

> Der Trieb wird ganz allgemein erfaßt als eine Art Elastizität des Lebenden, als ein Drang nach Wiederherstellen einer Situation, die einmal bestanden hatte und durch eine äußere Störung aufgehoben worden war.[215]

Das ist nun, genau besehen, mit Blick auf die literarische Tradition nichts Neues. Wo der sexuelle Trieb herrscht, sich mit dem und im anderen »aufzugeben« und als »einzelne[r]« zu »verschwinden« (Goethe), da wird nicht mehr begrifflich differenziert – und gelesen wird schon gar nicht mehr. »An diesem Tage lasen wir nicht weiter«, beschreibt Francesca da Rimini in Dante

---

213 Friedrich Wilhelm Joseph Schelling: Von der Weltseele, eine Hypothese der höheren Physik zur Erklärung des allgemeinen Organismus. Zweyte verbesserte Auflage […], Hamburg 1806, S. 304f. – Vgl. zu Hegels Assoziation vom ›Einen‹ und ›Durchdringen‹ das Zitat zu Anm. 251.

214 Thomas Mann: Die Stellung Freuds in der modernen Geistesgeschichte, in: ders.: GW 10, S. 256–280, S. 278. Thomas Mann zitiert ebd. Novalis: »›Amor ist es, der uns zusammendrückt.‹ Das ist Novalis.« – Im Allgemeinen Brouillon heißt es: »Theorie der Wollust. *Amor ist es*, der uns zusammengedrückt.« Novalis: Das allgemeine Brouillon (Materialien zur Enzyklopädistik) 1798/99, Nr. 797, in: ders.: Werke, Tagebücher und Briefe Friedrich von Hardenbergs, Bd. 2: Das philosophisch-theoretische Werk, hg. von Hans-Joachim Mähl, München 1978, S. 473–720, S. 666. – Vgl. Heinrich Fauteck: Elastizität als Terminus bei Novalis, in: Junge Geisteswissenschaft. Göttinger Semesterhefte 2, 1939, H. 1, S. 3–9.

215 Sigmund Freud: Selbstdarstellung, in: ders.: Schriften zur Geschichte der Psychoanalyse, hg. und eingeleitet von Ilse Grubrich-Simitis, Frankfurt a. M. 1973, S. 37–96, S. 85.

Alighieris *Göttlicher Komödie* den in der gemeinsamen Lektüre eines Lanzelot-Romans angebahnten Ehebruch mit Paolo Malatesta.[216] Richard Wagner lässt Tristan und Isolde in ihrem großen Liebesduett singen: »So stürben wir, / um ungetrennt – [...] / ewig einig, / ohne End' – [...] / Ohne Nennen, / ohne Trennen [...] / höchste Liebeslust!« zu erfahren.[217] In der Tat, *Nennen* heißt sprachlich *Trennen*, und wer des damit verbundenen symbolischen[218] »strengen Sollen[s]« (Goethe) überdrüssig ist – zum Beispiel des Respekts vor anderer Leute Ehe –, dem- oder derjenigen bleibt der Ausweg, die Selbst»aufg[a]be[]« mit ihrem »Genuß« (Goethe) im kleinen oder großen Tod zu suchen.

Das ›Ganze‹ oder ›Heil‹, ergibt sich aus dem Gesagten, ist sprachlos, indem es über die Sprache hinausreicht – und das gilt nicht nur für die postlinguistisch-sexuelle Variante des ›Heils‹, sondern paradoxerweise ebenso für seine philosophische. Auch die Philosophie des ›Ganzen‹ will die Sprache hinter sich, ja »verschwinden« (Goethe) lassen, wie sich im Folgenden an Georg Wilhelm Friedrich Hegels *Phänomenologie des Geistes* zeigen wird.[219]

Die bis hierhin umrissenen Vorstellungen sind schon früh benannt und kritisiert worden. 1803, vier Jahre vor der Publikation von Hegels *Phänomenologie des Geistes*, veröffentlicht der Gymnasialprofessor und Reformpädagoge Kajetan Weiller ein Buch mit dem Titel *Der Geist der allerneuesten Philosophie der Herren Schelling, Hegel, und Kompagnie. Eine Uebersetzung aus der Schulsprache in die Sprache der Welt. Mit einigen leitenden Winken zur Prüfung begleitet. Zum Gebrauche für das gebildetere Publikum überhaupt.* Häufig ähnlich umständlich und schulmeisternd wie im Titel, legt Weiller eine ernüchternde Kritik der zeitgenössischen Philosophie vor, die mit ähnlichen sprachkritischen Mitteln arbeitet, wie sie etwa im 20. Jahrhundert gegen Dekonstruktion und Poststrukturalismus ins Feld geführt worden sind.[220] Dabei hat Weiller die Formel »Alles ist Eins« verwendet, und sie dient nicht nur einem Lied der

---

216 Dante Alighieri: Die Göttliche Komödie. Übersetzt von Philalethes [Johann von Sachsen] [ ], München 1952, S. 23 (Die Hölle, Fünfter Gesang, Vers 138).

217 Richard Wagner: Tristan und Isolde. Textbuch. Einführung und Kommentar von Kurt Pahlen, Mainz ^{5}2006 (1980), S. 151 und 157f.

218 Vgl. Anm. 34.

219 Vgl. zum Traum von der *»Sprachlosigkeit des Erkennens«* Jürgen Trabant: Mithridates im Paradies. Kleine Geschichte des Sprachdenkens, München 2003, S. 25–29. »*Phainetai, o Sokrates. Sprachlosigkeit* der Erkenntnis ist das Ziel, der Traum. [...] Die Sprache ist [...] letztlich für das Erkennen entbehrlich. Sokrates sagt hier nicht, ob dem tatsächlich so ist. Aber seine Sehnsucht geht zur Sprachlosigkeit.« Ebd., S. 28.

220 Vgl. zum Beispiel Alan D. Sokal, Jean Bricmont: Fashionable Nonsense: Postmodern Intellectuals' Abuse of Science, New York 1998, deutsch: Eleganter Unsinn. Wie die Denker der Postmoderne die Wissenschaften missbrauchen. München 1999.

deutschen Band *Die Toten Hosen* als Titel,[221] sondern auch der vorliegenden Studie. Wie zum Teil eingangs schon im Motto zitiert, schreibt Weiller:

> Alles war Eines, – ein ungetrenntes, ein alles in unbedingter Einheit in sich fassendes. [...] »Alles ist Eins« sagt man [nach der neuen Lehre]. [...] Was könnt ihr also auf diese Art mehr erhalten, als etwa folgenden Sillogism:
>
> Alles ist Eins
> Nun ist aber Eins auch Alles
> Also ist Alles – Eins. –[222]

Weiller identifiziert im *»Geist der allerneuesten Philosophie«* diejenige Denkfigur eines ursprünglichen ›Ganzen‹ oder ›Heils‹, um die sich auch Claudius' *Abendlied*, Heys *Weißt du, wie viel Sternlein stehen* und, fast wörtlich, Goethes *Eins und Alles* drehen – jene, um mit Freud zu reden, »Situation, die einmal bestanden hatte« und »[w]iederher[ge]stell[t]« werden soll. Gleichzeitig kritisiert Weiller die angeblich philosophisch erstrebte Rückkehr in »ein [U]ngetrenntes, ein alles in unbedingter Einheit in sich [F]assendes« als philosophisch regressiv oder auch triebhaft *avant la lettre*. So fragt er rhetorisch:

> Nun! welche neue eigenthümliche Kraft ziehen denn die [Beweise] nach der neuen Lehre [...] aus der neuen eigenthümlichen Quelle – der unbedingten Einerleyheit?[223]

Weiller meint, dass es eine solche Kraft nicht gibt. Mag er philosophisch Recht haben – literarisch und medientheoretisch, so das hier verfolgte Argument, liegt er falsch. Denn wie unbedeutend Schillers »Mittelkraft« philosophisch auch ist, ihre literarische Wirkung ist bemerkenswert. Das zeigen sein Romanfragment *Der Geisterseher*, aber auch der *Schaubühnen*-Aufsatz.

---

221 »Alles ist eins // Es ist der Tod, der wie ein Stern / unverhofft vom Himmel fällt / und irgendwo am Horizont / lautlos im Meer versinkt. // Und wenn er kommt, hab keine Angst, / jedes Ende ist ein Neuanfang. / Um zu sterben leben wir ein Leben lang, / alles ist eins und gehört zusammen. [...] // Das Leben und der Tod sind ein Liebespaar, / was wäre der Tag ohne Nacht? / Alles ist eins und gehört zusammen, / es gibt immer wieder einen Neuanfang.« http://www.dietotenhosen.de/song/alles-ist-eins (18.3.2014).

222 von Weiller, Der Geist der allerneuesten Philosophie der Herren Schelling, Hegel, und Kompagnie S. 117f. »[T]hut zuvor einen Schluck aus dem Lethe« (ebd., S. 118), ist von Weillers ironischer Ratschlag, und damit kritisiert er, wenn man so will, den metasprachlichen Rückfall in eine eigentlich schon als Metasprache überwundene Objektsprache; vgl. zu diesem Problem Börnchen, »Dumme Semantik« oder: Wie klug muss eine Metasprache sein? Ein Stimmungs-Bild.

223 Weiller, Der Geist der allerneuesten Philosophie, S. 119.

… und einerley? Medientheorie und Unmittelbarkeit

»Alles ist eins« oder »[e]inerley[]« mag also eine, ja *die* Formel der Absage an Argument und begrifflich differenzierendes Urteil sein – in die Sinnlosigkeit aber verweist sie nicht. Im Gegenteil – Sinn, könnte man in Anlehnung an die merkwürdig fatalistischen Worte Mittlers aus Goethes *Wahlverwandtschaften* sagen, ergibt sich immer – und sei's, ganz im Sinne Jean Pauls,[224] nach dem Zufallsprinzip:

> Tut was Ihr wollt: es ist ganz einerlei! Nehmt die Freunde zu Euch, laßt sie weg: alles einerlei! Das Vernünftigste habe ich mißlingen sehen, das Abgeschmackteste gelingen. Zerbrecht Euch die Köpfe nicht, und wenn's auf eine oder die andre Weise übel abläuft, zerbrecht sie Euch auch nicht![225]

Man muss sich klarmachen, worüber Mittler hier spricht: nämlich über das Prinzip, das er selbst personifiziert beziehungsweise, poetologisch ausgedrückt, das ihn selbst schafft. So gesehen, zeigt sich auch hier die Einsicht Niklas Luhmanns, dass nicht nur komplexitätserhöhende Differenzierung, sondern auch Komplexitätsreduktion – im Sinne von ›Vermittlung als Verein(erley)-heitlichung‹ – Sinn schafft.[226] Beides gehört zusammen, und eines lässt sich nicht ohne das andere denken. Um es mit Friedrich Schlegel zu sagen: die »Gegenstände des Nachdenkens […] vervielfältigen und verwickeln« »sich […] bey genauerer Reflexion immer mehr«, während man zugleich beim Nachdenken »den entgegengesetzten Gang« verfolgt, also den der Vereinfachung, der »alle« »Gegenstände« »zu Einem Gegenstande« »werden« lassen soll.[227] Oder mit Goethe: Die ›Einheit geht auseinander‹, differenziert sich begrifflich, und das solcherart begrifflich »Getrennte sucht sich« und, jetzt mit Goethe und Hölderlin, »findet sich wieder«.

---

224 Vgl. zum »Witz« als ›zufälliger‹ »Paarung« von »Unähnliche[m]« Jean Paul, Vorschule der Ästhetik, S. 193 (§ 52: Das Wortspiel); zitiert in Anm. 93.

225 Johann Wolfgang Goethe: Die Wahlverwandtschaften, in: ders: Sämtliche Werke nach Epochen seines Schaffens. Münchner Ausgabe, Bd. 9: Epoche der Wahlverwandtschaften. 1807–1814, hg. von Christoph Siegrist u. a., München, Wien 1987, S. 283–529 und 1202–1258 (Kommentar), S. 299f (1. Teil, 2. Kapitel).

226 Vgl. zu Luhmanns Komplexitätsbegriff Niklas Luhmann: Komplexität, in: Joachim Ritter, Karlfried Gründer (Hg.): Historisches Wörterbuch der Philosophie, Bd. 4 (I-K), Basel 1976, Sp. 939–941; ders.: Die Gesellschaft der Gesellschaft. Erster Teilband, Frankfurt a. M. 1997, S. 134–144.

227 Friedrich Schlegel: Ueber die Unverständlichkeit, in: ders.: Schriften zur Kritischen Philosophie 1795–1805. Mit einer Einleitung und Anmerkungen hg. von Andreas Arndt und Jure Zovko, Hamburg 2007, S. 104–116, S. 104.

Dabei entsteht Literatur – und mag es auch in der strikten Philosophie, mit einer Formulierung Theodor W. Adornos, methodisch »verpönt« sein, »daß ein Wort im leisesten mit dem nächsten vermischt werde«.[228] Der Literatur kommt es ja gerade auf diese ›Vermischung‹ an, auf eine begriffliche Diffusion von ehemals philosophischen Kategorien also, wie sie Goethes Liste zur »Dualität der Erscheinung« programmatisch vornimmt.

Ist aber, wie sich aus dem Gesagten ergibt, die hier in Rede stehende Medientheorie ganz im aristotelischen Sinne die Betrachtung des »μεταξύ [metaxú]«[229] oder ›*Dazwischenseienden*‹,[230] das die »Dualität der Erscheinung« zusammenhält, dann ist der Ausdruck ›Medientheorie‹, genau genommen, ein Pleonasmus. Denn ›*Theorie*‹ im Sinne von *theoría toû kósmou*, das heißt als Betrachtung eines »alles umgreifenden ›Ganzen‹« (Ritter), ist *je schon Medientheorie:* Theorie der ›heilenden‹ Vermittlung des ›auseinandergegangenen‹ (Goethe) und damit verlorenen ursprünglich-›immanenten‹ ›Ganzen‹ zu neuer ›Ganzheit‹ und neuem ›Heil‹ – einem ›Heil‹, dem die Medientheorie – als hätte sie einen Sinn für Freuds »Gegensinn der Urworte« –[231] ausgerechnet den Namen ›Unmittelbarkeit‹ gegeben hat.

---

228 Adorno, Jargon der Eigentlichkeit, S. 73.

229 Aristoteles: Περὶ Ψυχῆς. Über die Seele. Griechisch/Deutsch. Übersetzt und hg. von Gernot Krapinger, Stuttgart 2011, S. 118 (423b). Im Folgenden bezeichne ich diesen Text, der Tradition entsprechend, als *De anima*.

230 Dieter Mersch schreibt zum aristotelischen *μεταξύ* und zur »Genealogie des Medienbegriffs«: »Geht man [...] von der etymologischen Wurzel aus, so findet man die verschiedenen Gebrauchsweisen des lateinischen Wortes ›medium‹ für *Mitte* oder ›medius‹ für *zwischen seiend*.[] Medium bezeichnet dann keineswegs ein ›Mittel zum Zweck‹,[] kein Instrument, sondern etwas, das sich [...] ›in der Mitte hält‹, was ›vermittelt‹ oder ›Mitteilung‹ ermöglicht. Als philosophischer Begriff wiederum bildet diese Wortbedeutung von ›Medium‹ die lateinische Übersetzung des aristotelischen ›metaxu‹, das an prominenter Stelle in der ›Aisthesislehre‹ von *De anima* auftaucht.[] Denn nach Aristoteles bedarf es hinsichtlich des Sehens eines ›Dritten‹, das dem Auge allererst erlaubt, ›etwas‹ zu sehen; dieses ›Dritte‹ schiebt sich folglich ›zwischen‹ Auge und Gegenstand und gestattet die Vermittlung beider. [...] ›metaxu‹ [...] [nannte] er mit Bezug auf ältere Wahrnehmungslehren auch das *Diaphane* oder ›Durchscheinende‹ [...]. ›Medium‹ und ›Medialität‹ entdecken sich hier *negativ*, als etwas, das eine konstitutive Funktion erfüllt, aber ohne Kontur bleibt – vergleichbar jenem ›Dritten‹, das bei Platon mit dem Ausdruck *chora* für eine ›unbestimmt bleibende Ortschaft‹ versehen wird, die weder Form noch Materie ist und infolgedessen die klassischen Bestimmungen unterläuft.« Dieter Mersch: Medientheorien zur Einführung, Hamburg 2006, S. 19f. – Zedlers *Grosses vollständiges Universal-Lexicon Aller Wissenschafften und Künste* fasst, wie in Anm. 8 zitiert, »Diaphanum, Medium« in ein Lemma.

231 Sigmund Freud: Über den Gegensinn der Urworte (1910), in: ders.: Studienausgabe, Bd. 4: Psychologische Schriften, hg. von Alexander Mitscherlich, Angela Richards und James Strachey, Frankfurt a. M. 1970, S. 227–234.

›Unmittelbarkeit‹, könnte man im doppelten Sinne des Wortes sagen, *ist das Versprechen des Mediums* – zum einen das Versprechen, dass eine gelingende Vermittlung der ›Dualität der Erscheinung‹ am Ende wieder in die primordiale ›Immanenz‹ von ›Ganzheit‹, ›Heil‹ oder eben ›Unmittelbarkeit‹ führt. ›Unmittelbarkeit‹ ist hier also der als sein ›Heil‹ erstrebte *Grenzwert des Medialen*, in dem dieses in sein Gegenteil und damit zugleich in sein ›Heil‹ umschlägt: jenes ›Heil‹, welches durch das Medium doch wieder – wenn auch mit Kleist »von hinten« – zu erreichen sein soll. Zum anderen ist ›Unmittelbarkeit‹ damit aber auch ein Versprech*en* im Sinne eines Versprech*ers*[232] des Mediums. Denn das Medium schließt ja schon deswegen *per definitionem* jede Unmittelbarkeit aus, weil es selbst mit der Unmittelbarkeit verschwände beziehungsweise, mit Hegel, darin ›aufgehoben‹ würde. ›Unmittelbarkeit‹ ist also auf paradoxe Weise zugleich maximale Steigerung wie Aufhebung der ›Mittelbarkeit‹ des Mediums: ihr – mit Freud – höchster Sinn wie ihr »Gegensinn« und als ihr eigener »Gegensinn« zugleich das die Medientheorie konstituierende wie bedrohende »regressive[]« Moment.[233]

Wie die ›Dualität der Erscheinung‹ ihrer Verwandtschaft mit dem ›Dualismus‹ zum Trotz kein ausschließlich philosophisches Problem ist, so ist ihre medientheoretische Ausprägung kein ausschließlich medientheoretisches Problem. So kommt das Wort »unmittelbar« zwanzig Mal, das Wort »Unmittelbarkeit« neunzehn Mal allein in Hegels »Vorrede« zur *Phänomenologie des Geistes* vor. Im gesamten Text treten beide Worte wohl mehrere hundert Mal auf – und das ausgerechnet in einem philosophischen Roman, in dessen philosophischem Zentrum die Vorstellung von Vermittlung steht.

Nicht so häufig, aber in vielsagendem Zusammenhang fällt der Begriff des ›Unmittelbaren‹ beziehungsweise der ›Unmittelbarkeit‹ in Eichendorffs Roman *Ahnung und Gegenwart* – so etwa im Zusammenhang mit einem der schon erwähnten Blicke hinaus in die Landschaft:

> Erwin hatte sich in ein ausgebrochenes Bogenfenster der Burg gesetzt, das unmittelbar über dem Abgrunde stand. Ohne allen Schwindel saß er dort oben, seine ganze Seele schien aus den sinnigen Augen in die wunderbare Aussicht hinauszusehen.[234]

232 »Es liegt [...] nahe anzunehmen, daß der ursprüngliche Gegensinn der Worte [...] von dem Versprechen zum Gegenteile im Dienste mannigfacher Tendenzen ausgenützt wird.« Freud, Über den Gegensinn der Urworte, S. 234.

233 Dass »ein Ding im Traume sein Gegenteil bedeuten« kann, gilt Freud als »Bestätigung« seiner »Auffassung vom regressiven, archaischen Charakter des Gedankenausdrucks im Traume«; Freud, Über den Gegensinn der Urworte, S. 229 und 234.

234 Eichendorff, Ahnung und Gegenwart, S. 246.

Ausdrücklich ist die Höhe »über dem Abgrunde« ein »[U]nmittelbar«-keitsphänomen. Ihm entspricht wiederum das in *Ahnung und Gegenwart* als *epitheton constans* an die Augen gekoppelte Prädikat »sinnig[ ]«,[235] stehen doch die Augen einerseits nach Goethes ›Dualitäts‹-Schema auf der »Leib«- oder »Sinnlichkeit[s]«-Seite der »Seele« gegenüber, fungieren hier aber andererseits und zugleich als Sehorgan von, mit Goethes Schema, »Seele«, »Gedanke« oder »Vernunft«. Dazu passt, dass im Unterschied zu den Worten ›sinnlich‹ oder ›sinnhaft‹, die nur auf je eine Seite von Goethes ›Dualitäts‹-Schema verweisen, das Wort ›sinnig‹ beide bezeichnet. ›Sinnig‹ ist, so das *Grimmsche Wörterbuch, »wer oder was* sinn *hat«,*[236] und damit ist jene Doppeldeutigkeit oder ›duale‹ Bedeutung des Wortes ›Sinn‹ bewahrt, die schon Hegel in seinen *Vorlesungen über die Ästhetik* kommentiert hat:

> »Sinn« nämlich ist dies wunderbare Wort, welches selber in zwei entgegengesetzten Bedeutungen gebraucht wird. Einmal bezeichnet es die Organe der unmittelbaren Auffassung [wie Eichendorffs ›sinniges Seelen-Auge‹, S.B.], das andere Mal aber heißen wir Sinn: die Bedeutung, den Gedanken, das Allgemeine der Sache. Und so bezieht sich der Sinn einerseits auf das unmittelbar Äußerliche der Existenz, andererseits auf das innere Wesen derselben. Eine sinnvolle Betrachtung nun *scheidet* die beiden Seiten nicht etwa, sondern in der einen Richtung enthält sie auch die entgegengesetzte und faßt im sinnlichen unmittelbaren Anschauen zugleich das Wesen und den Begriff auf. Da sie aber eben diese Bestimmungen in noch ungetrennter Einheit in sich trägt, so bringt sie den Begriff nicht als solchen ins Bewußtsein, sondern bleibt bei der Ahnung desselben stehen.[237]

Hegel verwendet hier – anders als in der »Vorrede« zur *Phänomenologie des Geistes* – das Wort ›unmittelbar‹ offenbar im Sinne des Kant'schen Wortes ›sinnlich‹. Abgesehen davon jedoch folgt Hegel Goethes ›Dualitäts‹-Schema und seiner Logik: zum einen, indem er es um die bei Goethe nicht genannten, im Folgenden noch wichtigen Kategorien von ›Äußerem‹ und ›Innerem‹ erweitert,[238] zum anderen, indem er die »ungetrennte[ ] Einheit« der »beiden Seiten« betont, die zwar wie in Goethes ›Dualitäts‹-Schema heuristisch

235 Die »sinnigen Augen« gehören in *Ahnung und Gegenwart* Mädchen beziehungsweise jungen Frauen und treten immer im Dativ auf: ebd., S. 190, 250, 346 und 367; einmal gehören die »sinnigen Augen« jedoch Friedrich; ebd., S. 234.

236 »SINNIG«, in: Jacob und Wilhelm Grimm: Deutsches Wörterbuch, Bd. X/I: Seeleben–Sprechen, Leipzig 1905, Sp. 1179–1183, Sp. 1179.

237 Hegel, Vorlesungen über die Ästhetik I, S. 173.

238 »We are physical beings, bounded and set off from the rest of the world by the surface of our skins, and we experience the rest of the world as outside us. Each of us is a container, with a bounding surface and an in-out orientation.« Lakoff, Johnson, Metaphors We Live By, S. 29.

getrennt, zur »sinnvolle[n] Betrachtung« aber dennoch nicht ›geschieden‹ werden dürfen. ›Sinn‹ ist also für Hegel insofern ein »wunderbare[s] Wort«, als es einerseits die »zwei entgegengesetzten Bedeutungen« von Goethes ›Dualität‹ besitzt und andererseits gerade darin ihre Zusammengehörigkeit in einem »sinnvolle[n]« ›Ganzen‹, im ›Heil‹, anschaulich werden lässt. Hegels paradoxe Formel für eine solcherart »sinnvolle Betrachtung« sind die »zwei entgegengesetzten Bedeutungen [...] in noch ungetrennter Einheit«. Genau diese Formel wiederum liegt Lukács' Formulierung auf der Eröffnungsseite der *Theorie des Romans* zugrunde, in den von ihm beschriebenen »[s]elig[en] [...] Zeiten« sei »alles [...] sinnvoll und rund in d[]er Zweiheit«[239]. ›Rund‹ aber ist jenes Prädikat der ›heilen‹, ›ungetrennten Einheit‹, das der Anblick des Halbmondes beim sprechenden Ich von Claudius' »Abendlied« evoziert, indem es die eine ›geschiedene‹ Halbmond-›Seite‹ imaginär um ihre andere Seite zur ›ungetrennten Einheit‹ ergänzt.

Hegel zufolge trägt der Begriff ›Sinn‹ also gewissermaßen nur latent jene ›Scheidung‹ in sich, durch die er überhaupt erst zu einem »Begriff [...] als solche[m]« würde – Nennen heißt Trennen –, ohne die er jedoch nur eine »Ahnung« sein soll: Ahnung jener das Mediale konstituierenden ›Unterscheidung‹, die zugleich keine sein soll, indem sie – mit den Worten Nancys und ganz auf der Linie Hegels – »eine Unmittelbarkeit beansprucht, die alle Sinne und ›den‹ Sinn miteinander verschmelzen ließe«.[240] Dass eine solche medientheoretische Lesart der »Ahnung« Eichendorffs Roman *Ahnung und Gegenwart* nicht verfehlt, wird sich im zehnten Kapitel dieser Studie zeigen. Denn auch Eichendorffs Roman zielt immer wieder auf ein »Alles – Eins«, wie wiederum Weiller 1803, anderthalb Jahrzehnte vor Hegels Vorlesung aus den späten 1810er Jahren, formuliert hatte. Vielleicht zitiert ihn Hegel sogar. In jedem Fall ähnelt Hegels Wendung von den »Bestimmungen in *noch ungetrennter Einheit*«[241] Weillers Worten »*A l l e s w a r E i n e s*, – ein *ungetrennte*s, ein alles in unbedingter *Einheit* in sich fassendes«[242].

So gesehen, ist die von Weiller kritisierte »Einerleyheit« genau das, worin für Hegel das ›Wunderbare‹ des Wortes ›Sinn‹ liegt. Beinahe möchte man noch einmal mit Thomas Mann sagen, dass Hegel »nur zufällig [...] nicht ausdrücklich«[243] von einem ›fantastischen Wort‹ spricht. Denn der Sache nach liegt Hegel hier ganz auf einer Linie mit Friedrich Schlegels berühmter Definition,

239 Lukács, Die Theorie des Romans, S. 21.
240 Nancy, Corpus, S. 76.
241 Vgl. Anm. 237 (im Original *recte*).
242 Vgl. Anm. 222 (im Original *recte*).
243 Vgl. Zitat 214.

alle Poesie beginne mit einer als Reminiszenz des »ursprüngliche[n] Chaos« – verstanden als ›ungetrennte Einheit‹ und mangelnde ›Scheidung‹ – begriffenen »Verwirrung der Fantasie«. In seinem *Gespräch über die Poesie* schreibt Schlegel:

> Denn das ist der Anfang aller Poesie, den Gang und die Gesetze der vernünftig denkenden Vernunft aufzuheben und uns wieder in die schöne Verwirrung der Fantasie, in das ursprüngliche Chaos der menschlichen Natur zu versetzen [...]. Versucht es nur einmal die alte Mythologie voll vom Spinosa[244] und von jenen Ansichten, welche die jetzige Physik in jedem Nachdenkenden erregen muß, zu betrachten, wie Euch alles in neuem Glanz und Leben erscheinen wird.[245]

Auch hier also der Gedanke eines – erstens – ursprünglichen ›Alles ist eins‹, das vor jeder begrifflichen Ordnung oder Differenzierung steht und daher nicht nur ›Ganzes‹ oder ›Heil‹, sondern auch »Chaos« genannt werden kann, seiner – zweitens – begrifflichen Ausdifferenzierung durch die »vernünftig denkende[] Vernunft« und schließlich – drittens – seiner »Verwirrung« durch eine nicht »vernünftig«, sondern ›fantastisch‹ »denkende« Vernunft, die anders als die »vernünftig denkende[] Vernunft« keine Paradoxa scheut, sondern sie vielmehr im vielfachen Sinne des Wortes »aufzuheben« gedenkt. »[D]as ist der Anfang aller Poesie« beziehungsweise, wie es oben schon hieß: So entsteht Literatur.

Einfaches Zusammen von vielen. Wo die Philosophie stehenbleibt, beginnt die Poesie

Es geht also, um an Jochen Hörischs Formulierung von der *»Poesie der Medien«* anzuschließen,[246] um eine *Poesie des Mediums* – und zwar in jenem ›runden Sinne‹ einer mit Hegel »sinnvolle[n] Betrachtung«, den die bisher genannten Autoren schon in den Jahrzehnten um die Wende zum 19. Jahrhundert thematisieren. Tatsächlich verwenden ja Novalis und Hegel den Begriff ›Medium‹ ganz im Sinne einer Goethes ›Dualität der Erscheinung‹ ›heilenden‹ »Verknüpfung«.[247] So schreibt Novalis in seinen »Fichte-Studien« von 1795/96:

---

244 Vgl. zum medientheoretischen Anschluss der Romantiker an Spinoza Hörisch, Vom Element zum Medium – Die Medien der Natur und die Natur der Medien, S. 139f.

245 Schlegel, Gespräch über die Poesie, S. 195.

246 Vgl. Anm. 76.

247 Novalis spricht vom »Medium, als Verknüpfung«; Novalis, Philosophische Studien 1795/96 (Fichte-Studien), S. 194; zitiert bei Hörisch, Vom Element zum Medium – Die Medien der Natur und die Natur der Medien, S. 140. Vgl. für den Kontext des Novalis-Zitates Zitat 257.

/Üb[er] d[en] Ausdruck – Seele – /Seele d[es] Ganzen//

Es ist allgemein bekannt, daß man Seele und Körper unterscheidet. Jeder der diese Unterscheidung kennt wird dabey eine Gemeinschaft zwischen beyden statuiren, vermöge deren sie auf einander wechselseitig wirken. In dieser Wechselwirkung kommt beyden eine doppelte Rolle zu – entweder sie wirken selbst für sich auf einander oder ein drittes Etwas wirkt durch eins aufs Andre. Der Körper nemlich dient zugleich auch vermittelst der Sinne zu einer Communication der äußern Gegenstände mit der Seele, und insofern er selbst ein äußrer Gegenstand ist, wirkt er selbst, als ein solcher, mittelst der Sinne auf die Seele. Natürlich wirkt die Seele auf demselben Wege zurück und hieraus ergiebt sich, daß dieser Weg, oder die Sinne, ein gemeinschaftliches, ungetheiltes Eigenthum des Körpers und der Seele sind. So gut es äußre Gegenstände giebt, zu denen der Körper mit gehört, eben so gut giebt es innre Gegenstände, zu denen die Seele mit gehört. [...] Die Schwierigkeit ist nun die *Sinne* zu erklären.

/Gattungsbegriff d[er] Sinne/

Zu Sinnen gehört immer ein Körper und eine Seele. Ihre Vereinigung findet mittelst der Sinne statt. [...] Sie sind das Medium der Wechselwirkung.[248]

Novalis bezieht sich hier auf unterschiedliche Körper-Geist-Theorien der zeitgenössischen Anthropologie, wie sie etwa Ernst Platner entworfen hat – jener Anthropologie, deren Erkenntnisinteresse auf den »ganzen Menschen« zielt.[249] Wechselwirkungstheorie und Monismus klingen an, und schließlich postuliert Novalis für »die Sinne« jenen doppelten und genau genommen mit dem Dualismus logisch nicht vereinbaren Status eines »gemeinschaftliche[n], ungetheilte[n] Eigenthum[s] des Körpers und der Seele«, den Descartes den *spiritus animales* zugeschrieben hatte. Dabei verwendet Novalis, wenn auch im Plural, eben jenes Hegel zufolge »wunderbare Wort«, das die ›Dualität‹ von »Seele und Körper« als »ungetheiltes Eigenthum« (Novalis) beziehungsweise »in noch ungetrennter Einheit in sich trägt« (Hegel mit Weiller): »die Sinne«. Sie stehen hier also als Begriff für jene verlorene Einheit, die Schiller wiederum durch die von ihm postulierte »Mittelkraft« wiederhergestellt sehen will. Damit entspricht Schillers »Mittelkraft« Novalis' hier entwickeltem Begriff des »Medium[s]«.

Das so verstandene ›Medium‹ ist, um das ein weiteres Mal zu sagen, eine paradoxe Vorstellung. Sie bleibt auch bei noch so großer, mit Hegel, »Anstrengung des Begriffs«[250] eine logische Zumutung für die, mit Schlegel, »vernünftig

248 Novalis, Philosophische Studien 1795/96 (Fichte-Studien), S. 183. – Zitiert bei Bei Hörisch, Vom Element zum Medium – Die Medien der Natur und die Natur der Medien, S. 140.

249 Vgl. Anm. 3 und 87.

250 Hegel, Phänomenologie des Geistes, S. 43.

denkende[] Vernunft«. Das zeigt sich in den Ausführungen der hier genannten Autoren immer wieder, so auch in Hegels *Phänomenologie des Geistes*. Dort heißt es etwa im Anschluss an Ausführungen zum als »ein Negieren und ein Aufbewahren zugleich« verstandenes »Aufheben« von »Unmittelbarkeit«, diese sei »selbst sinnlich, aber eine allgemeine«, also auch begriffliche, »Unmittelbarkeit«. Als solche aber ähnelt sie offenbar – und paradoxerweise – dem »Medium«. Denn es ist »das Medium, worin« alle »Bestimmtheiten [...] sind, sich also [...] in einer einfachen Einheit durchdringen, ohne sich aber zu berühren«.[251] Spricht etwas dagegen, diese dunkle Passage in Analogie zu Hegels zitierten Ausführungen zum »wunderbare[n] Wort« »›Sinn‹« zu verstehen, also als begriffliche ›Scheidung‹ von ›Dualität‹, die gleichzeitig derart ›bewahrend‹ und ›negierend‹ zugleich ›aufgehoben‹ wird, dass sie sich als »einfache[]« oder »ungetrennte[] Einheit« denken lässt? Tut man das, dann ergibt sich allerdings nach Hegels eigener Logik, dass seine Begriffe des ›Mediums‹ wie der ›Unmittelbarkeit‹ nicht »Begriff[e] [...] als solche[] ins Bewußtsein« – oder in die »vernünftig denkende[] Vernunft« (Schlegel) – bringen, sondern nur »bei der Ahnung desselben stehen[bleiben]«. Gerade die »sinnvolle Betrachtung« des hier umrissenen Problems führt also Hegels Logik zufolge dazu, dass die Betrachtung nicht philosophisch zu klar scheidenen Begriffen voranschreitet, sondern bei der buchstäblich diffusen »Ahnung« stehenbleibt, nämlich bei jener diffusen, auch von Nancy immer wieder umkreisten Ahnung von der ›Durchdringung ohne Berührung‹ in ›einfacher Einheit‹, jener Ahnung, dass das »Medium [...] als ein einfaches Zusammen von vielen«[252] zu denken sei.

Das mag, wie gesagt, eine logisch nicht zu bewältigende Zumutung für die vernünftige Vernunft und damit *philosophisch ein Stehenbleiben* sein – *poetisch* aber ist, Schlegel zufolge, eben diese »schöne Verwirrung« der Begriffe *ein Anfang*:

> Denn das ist der Anfang aller Poesie, den Gang und die Gesetze der vernünftig denkenden Vernunft aufzuheben und uns wieder in die schöne Verwirrung der Fantasie, in das ursprüngliche Chaos der menschlichen Natur zu versetzen [...].[253]

251 Ebd., S. 80f.
252 Vgl. Anm. 76.
253 Vgl. Anm. 245.

Alles eins, alles Täuschung? Das Medium, oberflächlich betrachtet

Das ›Medium‹, wie es bis hierhin umrissen worden ist, changiert ganz wie das von Hegel so bezeichnete »wunderbare Wort« ›Sinn‹ programmatisch zwischen Begriff und realem Phänomen. Es soll diese beiden – später von Jacques Lacan als ›Symbolisches‹ und ›Reales‹ bezeichneten – Sphären zu derjenigen primordialen Einheit verknüpfen, die sie angeblich einmal waren. Dieses Phantasma steht bis heute im Zentrum jener deutschsprachigen Medientheorie, die im Medium eine »Psychophysik« – so Friedrich Kittler mit einem von Gustav Theodor Fechner übernommenen Ausdruck –[254] am Werke sieht, die *φύσις* [*phýsis*] und *ψυχή* [*psychē*] verknüpft beziehungsweise, mit Jochen Hörischs Ausdruck im Anschluss an Derrida, »ontosemiologisch[ ]« zwischen »Sein und Sinn« vermittelt.[255] Hans Ulrich Gumbrecht wiederum hat vor einigen Jahren eine ähnliche Vorstellung als »Oszillieren zwischen Sinn und Präsenz«[256] bezeichnet. Alle diese Vorstellungen kreisen, um noch einmal Novalis zu zitieren, um die Vorstellung eines »Sfärenwechsel[s]« zwischen dem »Sinnliche[n]« und dem »Geistige[n]«, bei dem diese beiden cartesianisch-›dualen‹ Sphären im »Medium« ›verknüpft‹ werden:

> Der Sfärenwechsel ist nothwendig in einer vollendeten Darstellung – Das Sinnliche muß geistig, das Geistige sinnlich dargestellt werden [...][,] als Medium, als Verknüpfung behandelt werden [...].[257]

»Der Sfärenwechsel ist nothwendig in einer vollendeten Darstellung«: wäre diese Aussage nicht auch eine im hier entwickelten Sinne ›Medien‹-›theoretische‹ Lesart von Claudius' »Abendlied«, in dem der Mond »nur halb zu sehen« ist, diese halbe Sphäre aber vom Betrachter im – noch einmal mit Lacan – ›imaginären‹ Wechsel zur unsichtbaren anderen Sphären-Hälfte zu voller ›Rundheit‹ und ›Schönheit‹ ergänzt beziehungsweise ›geheilt‹ wird?

---

254 Vgl. Friedrich Kittler: Aufschreibesysteme 1800/1900, München ^{3}1995, S. 289–313.

255 Jochen Hörisch: Brot und Wein. Die Poesie des Abendmahls, Frankfurt a. M. 1992, S. 12. Vgl. auch ebd., S. 14 sowie ders.: Eine Geschichte der Medien. Von der Oblate zum Internet, Frankfurt a. M. 2004, S. 275. – Grundlegend, auch für die Etablierung des Begriffs ›Ontosemiologie‹ in der deutschsprachigen Diskussion, Jochen Hörisch: Das Sein der Zeichen und die Zeichen des Seins. Marginalien zu Derridas Ontosemiologie, in: Jacques Derrida: Die Stimme und das Phänomen. Ein Essay über das Problem des Zeichens in der Philosophie Husserls. Aus dem Französischen übersetzt und mit einem Vorwort versehen von Jochen Hörisch, Frankfurt a. M. 1979, S. 7–50.

256 Hans Ulrich Gumbrecht: Diesseits der Hermeneutik. Die Produktion von Präsenz, Frankfurt a. M. 2004, S. 127.

257 Novalis, Philosophische Studien 1795/96 (Fichte-Studien), S. 194.

Genau diese Lesart entspräche jedenfalls allegorisch Joachim Ritters Begriff von ›Theorie‹ als *theoría toû kósmou:* einer Betrachtung also, in der theoretisches (›geistiges‹) Begreifen und faktisch-reales Begriffenes (›Sinnliches‹) nicht auseinandertreten, sondern im Akt der Betrachtung eins sind beziehungsweise wieder eins werden.

Hegel hat, um es ein weiteres Mal zu sagen, in diesem Zusammenhang von der »Anstrengung des Begriffs« gesprochen – und dies bekanntlich nicht zu unrecht, wie seine *Phänomenologie* mit allen ihren terminologischen Zumutungen zeigt, bevor sie schließlich – nicht zufällig – in ein apokalyptisches Ende mit Bildern von schauerlicher Gewalt führt.[258] Ganz anders hingegen Goethe. Er hat in der ›Theorie‹ im hier umrissenen Sinn eine »zarte Empirie« am Werke gesehen, die die ›Theorie‹ gerade erst zur »eigentlichen« macht:

> Es gibt eine zarte Empirie, die sich mit dem Gegenstand innigst identisch macht, und dadurch zur eigentlichen Theorie wird[,]

heißt es in den *Maximen und Reflexionen.*[259] Und weiter:

> Das Höchste wäre zu begreifen, daß alles Faktische schon Theorie ist. Die Bläue des Himmels offenbart uns das Grundgesetz der Chromatik. Man suche nur nichts hinter den Phänomenen, sie selbst sind die Lehre.[260]

›Innigste Identität‹ von »Gegenstand« und seiner empirischen Erkenntnis: was wäre das hier von Goethe Postulierte anderes als eine weitere Spielart von Weillers »unbedingte[r] Einerleyheit« des »Alles ist Eins«? Ja sogar

258 Vgl. Stefan Börnchen: Pyramiden im pazifischen Zwielicht. Hegels *Phänomenologie des Geistes* und das »Ende der Begriffsgeschichte«, in: Scientia Poetica 11 (2007), S. 83–104, S. 99–101.

259 Johann Wolfgang Goethe: Maximen und Reflexionen, in: ders.: Sämtliche Werke nach Epochen seines Schaffens. Münchner Ausgabe, Bd. 17: Wilhelm Meisters Wanderjahre. Maximen und Reflexionen, hg. von Gonthier-Louis Fink, Gerhart Baumann und Johannes John, München 1991, S. 715–953 und 1218–1318 (Kommentar), S. 823. – Zitiert bei Hörisch, Vom Element zum Medium – Die Medien der Natur und die Natur der Medien, S. 140.

260 Goethe: Maximen und Reflexionen, S. 824. – Vgl. die Ausführungen zu Eckermann vom 18. Februar 1829: »›Das Höchste, wozu der Mensch gelangen kann […], ist das Erstaunen; und wenn ihn das Urphänomen in Staunen setzt, so sei er zufrieden; ein Höheres kann es ihm nicht gewähren, und ein Weiteres soll er nicht dahinter suchen; hier ist die Grenze. Aber den Menschen ist der Anblick eines Urphänomens gewöhnlich noch nicht genug, sie denken es müsse noch weiter gehen, und sie sind den Kindern ähnlich, die, wenn sie in einen Spiegel geguckt, ihn sogleich umwenden, um zu sehen was auf der anderen Seite ist.‹« Johann Wolfgang Goethe: Sämtliche Werke nach Epochen seines Schaffens. Münchner Ausgabe, Bd. 19: Johann Peter Eckermann: Gespräche mit Goethe in den letzten Jahren seines Lebens, hg. von Heinz Schlaffer, München, Wien 1986, S. 288f.

»unbedingt« – das ist Weillers Wort – will Goethe seine »zarte Empirie« wissen und räumt dabei freimütig ›Unbegreiflichkeit‹, wenn man so will: die Überanstrengung des Begriffs, ein:

> Daß das Bedingte zugleich unbedingt sei. Welches unbegreiflich ist, ob wir es gleich alle Tage erfahren.[261]

In dieser Erfahrung von ›Theorie‹ aber soll aus begrifflicher oder reflexiver Sicht – also aus der Sicht der mit Schlegel »vernünftig denkenden Vernunft« – »eine Täuschung« liegen:

> Theorie und Erfahrung/Phänomen stehen gegeneinander in beständigem Conflict. Alle Vereinigung in der Reflexion ist eine Täuschung nur [sic] durch Handeln können sie vereinigt werden.[262]

Das ist, typisch Goethe, eine Absage an die ›Reflexions‹- und ›Aufhebungs‹-Philosophie des Idealismus. An ihre Stelle setzt Goethe die ›Theorie‹ als Alltagsevidenz des Phänomens oder genauer den Appell, »durch Handeln« zu einer ›Theorie‹ vorzudringen, die beide Sphären der ›Dualität der Erscheinung‹ umfasst, indem sie die Evidenz der »Vereinigung« von »Erfahrung« und »Phänomen«, ihre »Einerleyheit«, erst herstellt. Ob Goethe dabei tatsächlich überzeugt ist, dem Handeln könne gelingen, was der Reflexion – die ja auch eine Art von Handeln ist – nicht gelingt, mag dahingestellt bleiben. In jedem Fall bemerkenswert ist der – wie schon im Gedicht »Eins und Alles« – hier wieder anklingende Gedanke, dass »[d]as Höchste« nur in einem Begriff von insofern ›höherer‹ ›Theorie‹ »zu begreifen« ist, als sie die »Täuschung« der »Reflexion«, also der Sprache der »vernünftig denkenden Vernunft«, hinter sich lässt: Metaphysik und Physik werden (wieder) eins, und so sind Transzendenz, Sprache wie theoretische Erkenntnis nicht mehr jenseits (*μετά*), über oder unter der physischen Immanenz, sondern (wieder) eins mit ihr.

Soll nun Goethes »eigentliche[] Theorie« zwar sprachlich »unbegreiflich«, aber dennoch »erfahrbar« sein, dann handelt es sich bei ihr um ein Phantasma im imaginären, also buchstäblich bildhaften Sinne; vorausgesetzt jedenfalls, man versteht den Begriff ›Bild‹ hier nicht als irgendein kognitives oder psychologisches Phänomen, sondern mit einer Definition William John Thomas Mitchells als ein »Zeichen, das den Anspruch erhebt,

261 Ebd., S. 946.
262 Ebd., S. 923.

kein Zeichen zu sein, und sich als natürliche Unmittelbarkeit und Gegebenheit maskiert«,[263] als ein Zeichen also, das auf trügerische Weise genau jene »Vereinigung« von Begriff und Phänomen – ›Dualität der Erscheinung‹ – in einer unmittelbar-evidenten ›Theorie‹ verspricht, von der Goethe spricht. In zeichentheoretischer »Reflexion« ist das so verstandene ›Bild‹ also immer, mit Goethe, »eine Täuschung« – und ist doch zugleich eines jener »Fantasie«-Zeichen, die – so Schlegel – die »vernünftig denkende[] Vernunft« hinter sich zu lassen vermögen. Denn, so könnte man sagen, im so verstandenen Bild gerinnt zu zeichenhafter Dauer, was Goethe zufolge angeblich – nur? – im Akt der Handlung möglich ist – beziehungsweise in der ›theoretischen‹ Entscheidung, ›die Phänomene‹ als ›Lehre selbst‹ zu begreifen und ›nichts hinter ihnen zu suchen‹.

Das wiederum ist eine Formulierung, die die Vorstellung einer reinen Oberfläche ohne jede Tiefendimension, eben ohne jedes ›Dahinter‹, impliziert – und das ist kein Zufall. Denn »Tiefe« ist, wie Gumbrecht argumentiert hat, in der »hermeneutischen«, das heißt für Gumbrecht ›Sinn‹-zentrierten Tradition nichts anderes als der Name für die »so vertraute[] Unterscheidung zwischen materiellem Signifikanten und immateriellem Sinn«[264]: und damit zugleich Bezeichnung für ihren Abstand, ja den ›tiefen‹ Abgrund oder auch ›Riss‹ (Schiller, Lukács), der also nicht nur durch die ›Dualität der Erscheinung‹ läuft, sondern auch durch den neuzeitlichen hermeneutischen Zeichenbegriff selbst –[265] nicht aber, Mitchells Definition zufolge, durch das als Zeichen verstandene ›Bild‹.

Sinn-›Tiefe‹, heißt das in anderen Worten, impliziert die Differenz zwischen »Gegenstand« oder »Phänomen« auf der einen Seite und ihrem ›Sinn‹ oder ›Begriff‹ auf der anderen. Sie aufzuheben verspricht das Bild in seiner bloßen Oberflächlichkeit: Nur auf der Oberfläche kann das ›Phänomen‹ selbst »die Lehre«, also im Sinne Hegels ›sinnvoll‹ sein. Das ist natürlich, genau betrachtet, nichts als ein weiterer paradoxer Versuch, das angeblich defizitäre Sprachzeichen auf ein besser vermittelndes, am Ende gar ›unmittelbares‹ Zeichen hin zu übersteigen. Überflüssig zu sagen, dass diese Vorstellung von einem ›vollen‹ und ›heilen‹ Zeichen insofern paradox ist, als es mit dem Bezeichneten identisch und damit kein Zeichen mehr wäre. Nicht überflüssig zu

263 William John Thomas Mitchell: Was ist ein Bild?, in: Volker Bohn (Hg.): Bildlichkeit. Internationale Beiträge zur Poetik, Frankfurt a. M. 1990, S. 17–68, S. 56.

264 Gumbrecht, Diesseits der Hermeneutik, S. 46.

265 ›Neuzeitlich‹ in Abgrenzung zu ›aristotelisch‹; vgl. Zitat 955 und die dort folgenden Ausführungen Hans Ulrich Gumbrechts.

sagen ist hingegen, dass noch in Goethes ›Theorie‹- und Mitchells ›Bild‹begriff ›alles eins‹ wird.

Hart und diffus zugleich: das Romantische des Mediums

So diffus und weich der Medienbegriff häufig erscheint, so glasklar und -hart ist seine etymologische Wurzel. 1732 heißt es im Siebten Band von Johann Heinrich Zedlers *Grossem vollständigen Universal-Lexicon Aller Wissenschafften und Künste:*

> Diaphanum, Medium, wird in der Optic alles dasjenige genennet, was die Strahlen des Lichts durchfallen lässet, dergleichen sind die Lufft, Wasser, andere Liquores, Glaß, Crystalle, Diamanten und so ferner. Nach der Verhältniß der Dichtigkeit eines solchen Diaphani oder Medii werden die Licht-Strahlen mehr oder weniger gebrochen [...].[266]

Zedlers Medienbegriff ist ein harter, technischer Begriff – ein Medium zum Anfassen, wie es auch die Medien sind, um die Jochen Hörischs »Medien«-Bücher kreisen: so jedenfalls suggeriert es das Titelbild seines Buches *Eine Geschichte der Medien. Von der Oblate zum Internet*, wenn es eine Hostie, eine Dollarmünze und, stellvertretend für die Hardware des digitalen Internets und die runde Form der beiden anderen Medien aufgreifend, eine Compact Disc zeigt.[267] Ähnlich die von Friedrich Kittler geprägte Medientheorie: Auch sie betrachtet harte, technische Medien.

Der in der vorliegenden Studie entwickelte romantische Medienbegriff ist ein anderer. Das heißt aber nicht, dass nicht auch die Romantiker den bei Zedler definierten harten Medienbegriff diskutiert hätten. Sie haben das auch getan – so zum Beispiel Clemens Brentano in seinem 1801 erschienenen Roman *Godwi*. Zu Beginn des Achten Kapitels im »Zweyten Theil« berichtet der Erzähler:

> Unsere Aeußerungen [...] führten uns zu einem allgemeinen Gespräche über das Romantische, und ich sagte:
>
> Alles, was zwischen unserm Auge und einem entfernten zu Sehenden als Mittler steht, uns den entfernten Gegenstand nähert, ihm aber zugleich etwas von dem seinigen mitgiebt, ist romantisch. [...]

266 Artikel »Diaphanum, Medium« in Zedler, Grosses vollständiges Universal-Lexicon Aller Wissenschafften und Künste, Bd. 7, Sp. 768f.

267 Hörisch, Eine Geschichte der Medien.

> Godwi setzte hinzu, das Romantische ist also ein Perspectiv oder vielmehr die Farbe des Glases und die Bestimmung des Gegenstandes durch die Form des Glases.
>
> So ist nach Ihnen also das Romantische gestaltlos, sagte Haber […].
>
> Ich weiß nicht, fuhr ich fort, was Sie unter Gestalt verstehen. […] Gestalt […] nenne ich die richtige Begrenzung eines Gedachten.
>
> Ich möchte daher sagen, setzte Godwi hinzu, die Gestalt selbst dürfe keine Gestalt haben, sondern sey nur das bestimmte Aufhören eines aus einem Punkte nach allen Seiten gleichmäßig hervordringenden Gedankens. Er sei nun ein Gedachtes in Stein, Ton, Farbe, Wort oder Gedanken.[268]

Keine Frage: die Diskutanten knüpfen hier über das Glas offenbar an einen Medienbegriff an, wie ihn Zedler definiert. Dabei erklärt Godwi das Glas ausdrücklich durch die mit »oder vielmehr« eingeleitete *correctio* zum Wesentlichen des in der Romantik so beliebten Perspektivs. Der Erzähler wiederum verallgemeinert das »als Mittler« ›Zwischenseiende‹ – so Dieter Merschs Übersetzung des aristotelischen »metaxu« –[269] unter derjenigen Bedingung zu etwas ›Romantischem‹, dass es als »Mittler« dem Vermitteltem »etwas von dem seinigen mitgiebt«. Genau dieser Gedanke, dass nämlich das Vermittelte – eine Botschaft etwa – nicht von seinem Medium zu trennen, mit ihm durchmischt, wenn nicht gar mit ihm identisch ist, dass Vermittelndes und Vermitteltes also zumindest zu einem gewissen Grade *eins*, nicht voneinander abzugrenzen sind, steht im Zentrum der jüngeren Medientheorie – Stichwort »The Medium ist the Message« (Marshall McLuhan).[270] Sie ist insofern ›romantisch‹ beziehungsweise, wie es in Brentanos Roman heißt, ›romantisch gestaltlos‹, als ihr nach der bis hierhin geschilderten Logik und Programmatik

---

268 Brentano, Godwi oder Das steinerne Bild der Mutter, S. 289f.

269 Vgl. Anm. 229 und 230.

270 Vgl. Marshall McLuhan: Understanding Media. The Extensions of Man. Critical Edition, hg. von W. Terrence Gordon, Berkeley, CA, 2003, S. 17–35 (Kapitel »1 The Medium ist the Message«). Die, mit den Worten des Herausgebers, aus *»McLuhan's preference for a prose style that explores instead of explaining«* resultierenden *»multiple meanings of* the medium is the message« sind eine Geschichte für sich. W. Terrence Gordon: Editor's Introduction, in: ebd., S. xi–xxi und S. 4. Dass McLuhan mit seiner Definition der Medien als »extension of consciousness«, derzufolge »we have already extended our senses and our nerves by the various media«, an anthropologisch und romantische Vorstellungen anknüpft, liegt auf der Hand; vgl. etwa Goethes (Zitat 1225) und Kerners (Zitat 1224) »Fühlfäden«. Dass Luhmann schließlich, anscheinend ohne Ironie, schreibt: »The aspiration of our time for wholeness, empathy and depth of awareness is a natural adjunct of electric technology. […] There is a deep faith to be found in this new attitude – a faith that concerns the ultimate harmony of all being«, spricht außerdem für seine ›romantische‹ Tradition – wenn es ihn nicht zum Vorläufer von Peter Solomons *atonement*-Theorem macht (s. Zitat 1052). McLuhan, Understanding Media. The Extensions of Man, S. 5 und 7.

»die richtige Begrenzung eines Gedachten« fehlt, weil sie mit Hegel als »sinnvolle Betrachtung« eben nicht begrifflich nach zwei Seiten »[*unter*]*scheidet«*, sondern vielmehr diese beiden »Bestimmungen in noch ungetrennter Einheit in sich« tragen will. ›Romantisch‹ ist das auf diese Weise als ›Medium‹ Gedachte, weil es keine »richtige Begrenzung« durch klar scheidende, nennende und trennende Begriffe der »vernünftig denkenden Vernunft« (Schlegel) kennt, sondern auf begriffliche *Ent*grenzung und die »schöne Verwirrung der Fantasie« (Schlegel) abzielt. ›Romantisch‹ ist die Vorstellung, dass sich in der Vermittlung durch das Medium alle Begrenzungen und damit auch alle Gestalten auflösen – diffundieren, diffus werden – und daher am Ende wieder ›alles eins‹ ist.

Surface ohne Rahm und Geländer. Mit Kleist auf der Landkarte des Himmels stehen

»Selig sind die Zeiten, für die der Sternenhimmel die Landkarte der gangbaren und zu gehenden Wege ist«, beginnt – wie schon zitiert – Georg Lukács' *Theorie des Romans.*[271] Ist eine »Landkarte« ein Abbild oder eine Art Gemälde irgendeiner Gegend, dann erinnert Lukács' Satz an eine Vorstellung, die Heinrich von Kleist am 16. August 1800 in einem Brief an Wilhelmine von Zenge evoziert. Kleist schreibt:

> Gestern Abend gieng ich in das berühmte *Panorama der Stadt Rom.* Es hat indessen, wie es scheint seinen Ruhm niemandem zu danken, als seiner Neuheit. [...] Denn da es nun doch einmal darauf ankommt, den Zuschauer ganz in den Wahn zu setzen, er sei in der offnen Natur, so daß er durch *nichts* an den Betrug erinnert wird, so müßten ganz andere Anstalten getroffen werden. Keine Form des Gebäudes kann nach meiner Einsicht diesen Zweck erfüllen, als eine kugelrunde. Man müßte auf dem Gemälde selbst stehen, u[nd] nach allen Seiten zu keinem Punct finden, der nicht Gemälde wäre.[272]

Der letzte Satz suggeriert zweierlei. Um tatsächlich den Eindruck zu vermitteln, der Betrachter befinde sich in der »offnen« oder, mit Joachim Ritter, »›freie[n]‹ Natur«, müsste zum einen der Standpunkt des Betrachters geländerlos, zum anderen das Panoramagemälde rahmenlos sein, also nicht einmal mehr

271 Lukács, Die Theorie des Romans, S. 21.

272 Heinrich von Kleist: Brief an Wilhelmine von Zenge, 16.8.1800, in: ders.: Sämtliche Werke und Briefe. Münchner Ausgabe. Auf der Grundlage der Brandenburger Ausgabe hg. von Roland Reuß und Peter Staengle, München, Frankfurt a. M. 2010, Bd. II: Erzählungen, Kleine Prosa, Gedichte, Briefe, S. 586–593, S. 589f. – Vgl. das Lacan-Zitat 1171/1173.

einen »Rahm« wie Caspar David Friedrichs *Mönch am Meer* aufweisen, der ja Kleists berühmter Besprechung mit dem Titel *Empfindungen vor Friedrichs Seelenlandschaft* zufolge – seiner eigentlich Bild und Betrachter trennenden Funktion zum Trotze – kaum noch den Sturz des Betrachters ins Bild hinein, seine Berührung, ja Verschmelzung mit dem Dargestellten zu verhindern vermag.[273] Dann aber wären Gemälde und Gemaltes eins: Kein Geländer, kein Rahmen trennte mehr Abbild und Abgebildetes, ihre Differenz verschwände in einer einzigen Oberfläche, *auf* der ›alles eins‹ und *hinter* der – mit Goethe Oberflächentheorem – nichts zu suchen wäre. Der Betrachter stünde so »auf dem«, ja schwebte gewissermaßen sogar seiner Kugelform wegen *in* dem Gemälde – über, unter und in ihm: also *überall*[274] in ihm zugleich! –, das vielleicht sogar, wie Kleist den Gedanken weiterspinnt, seine »Landschaft mit ihrer eignen Kreide und mit ihrem eigenen Wasser mahlte«.[275] Der gemalte Boden, die gemalten Gewässer wären dann also substanzidentisch mit der dargestellten Wirklichkeit.[276]

Nichts anderes als diese Kleist'schen Spekulationen im Potentialis sind die Versprechen von Baumwipfelpfad und Skywalk. Aus dem Holz des umgebenden Waldes gezimmert und so nicht nur architektonisch »behutsam in den herrlichen Bergmischwald integriert«,[277] sondern substanzidentisch mit ihm, vermittelt der Baumwipfelpfad den auf ihm Wandelnden durch sein

---

273 Heinrich von Kleist: Empfindungen vor Friedrichs Seelandschaft, in: ders.: Sämtliche Werke und Briefe. Münchner Ausgabe. Auf der Grundlage der Brandenburger Ausgabe hg. von Roland Reuß und Peter Staengle, München, Frankfurt a. M. 2010, Bd. II: Erzählungen, Kleine Prosa, Gedichte, Briefe, S. 362f. – Vgl. zu Panorama, Horizont, Rahmenlosigkeit und Erhabenem Christian Begemann: Brentano und Kleist vor Friedrichs *Mönch am Meer*. Aspekte eines Umbruchs in der Geschichte der Wahrnehmung, in: Deutsche Vierteljahrsschrift für Literaturwissenschaft und Geistesgeschichte 64 (1990), S. 89–145.

274 Vgl. die Diskussion des ›Überall‹ im Anschluss an Heideggers Rückgriff auf Novalis ab Zitat 1981.

275 Kleist, Empfindungen vor Friedrichs Seelandschaft, S. 362.

276 So gesehen, imaginiert schon Kleist, was Jean Baudrillard unter dem Begriff »Hyperrealismus der Simulation« als »Dispositiv[] des Ambientes« und »Simulation von Milieus« beschrieben hat: Im »›totalen Theater‹«, so Baudrillard, »das wie ein kreisförmiges […] Dispositiv konzipiert wurde […], gibt [es] keine Bühne, keinen Abstand, keinen ›Blick‹ mehr: dies ist das Ende des Spektakels, des Spektakulären, es gibt nur noch das totale, fusionierende, taktile, ästhesische (und nicht mehr ästhetische) Environment. […] / Die Realität geht im Hyperrealismus unter, in der exakten Verdoppelung des Realen, vorzugsweise auf der Grundlage eines anderen reproduktiven Mediums – Werbung, Photo etc. –«, und man könnte ergänzen: eines Kleist'schen Kugel-Panoramas. Jean Baudrillard: Der symbolische Tausch und der Tod, Berlin 2005 (Paris 1976), S. 113.

277 Vgl. Anm. 114.

›transparentes Geländernetz‹ den Eindruck – oder, mit Kleist: »Wahn« –, sich in der »offnen Natur« zu befinden, ja in ihr zu schweben. Diesen Eindruck überbieten noch die Skywalks mit ihren transparenten Glas- oder Stahlgitterrostböden, bei denen man gewissermaßen – immer noch »vollkommen[] gesichert[]« – auf dem nach unten sichernden Geländer selbst steht. Ein solcher Skywalk, so wird sich zeigen, würde den sehnsüchtigen Wunsch von Caspar David Friedrichs *Wanderer über dem Nebelmeer* zu stillen helfen, ein paar Schritte nach vorn zu tun – wolken- und himmelwärts. Auf dem Baumwipfelpfad jedenfalls umschließt die Natur in Form des Waldes tatsächlich die Baumwipfelpfad-Wanderer insofern »kugel«förmig und »nach« beziehungsweise von »allen Seiten«, als man neben, unter und über sich Bäume und ihre Wipfel sieht. Und wie in Kleists Phantasie der Betrachter auf dem Gemälde stehen und dieses zugleich kugelrund sein soll, bewegen sich die Besucher des Neuschönauer Baumwipfelpfades im Spiralgang über die sphärische Oberfläche der durch den Holzsteg geformten »riesige[n] Kuppel aus Holz« beziehungsweise »Öko-Variante der Reichstagskuppel«.[278]

So gesehen, handelt es sich beim »44 Meter hohe[n] Baumturm«[279] in Neuschönau um eine, mit Kleist, kugelrunde Himmelsleiter, die nicht nur einfach himmelwärts nach oben führt, sondern dem Menschen zugleich erlaubt, auf der Oberfläche einer Art sphärischen »Himmelszelt[s]« (Hey) über dem Wald zu wandeln. Wer das in sternenheller Nacht, vielleicht sogar bei Vollmond, auf dem Waldboden stehend von unten betrachtet, dem mag es so vorkommen, als sei – mit Lukács' Worten – der Mond- und »Sternenhimmel« wieder ein »gangbare[r] und zu gehende[r] Weg[]«, vom »Licht der Sterne erhellt.«

Aber nicht nur Mond und Sterne wird man von unten leuchten sehen, sondern hier und dort auch das Display einer Digitalkamera oder eines Smartphones, mit dem hier die Himmelsstürmer auf dem Baumwipfelpfad die Szene festzuhalten versuchen. Sollten sie die Bilder auf einem Computer mit dem 2012 auf den Markt gebrachten *Microsoft*-System *»Surface«* speichern und öffnen, dann ist damit jedenfalls dem Namen des Betriebssystems zufolge nicht mehr das eichendorffisch anmutende Versprechen verbunden, den Blick aus dem Fenster in die Tiefe der Welt zu werfen. Denn wie das von Kleist imaginierte Panorama und wie der Baumwipfelpfad verspricht auch Microsofts *Surface* nicht mehr die Fenster-, das heißt *Windows*-Rahmenschau der Welt, sondern den Zutritt zu ihrer Oberfläche, wie ihn sich Kleist erträumt. Wer *Surface* nutzt, so das Werbeversprechen dieses Namens, wandelt über

278 Vgl. Anm. 119 und 120.

279 Vgl. Anm. 118.

die Oberfläche der Welt. In der Tiefe dahinter ist, mit Goethe, nichts mehr zu suchen. Sie ist in der vollmondrunden Oberfläche aufgegangen. Auf ihr oder vielmehr in ihr wird alles wieder eins: Oben und Unten, Himmel und Erde, Weg und Wald, die Kreide der Landschaft und die Kreide des Landschaftsbilds, der »Sternenhimmel« und die »zu gehenden Wege«.

KAPITEL 4

Metapher, Atopon, kombinatorischer Witz. Theoretische Grundbegriffe der Metaphorologie

Unter-, Hinter- oder ohne Grund? Begriff, Metapher und absolute Metapher

Wenn Georg Lukács im ersten Satz seiner *Theorie des Romans* den kleinen Menschen der angeblich seligen epischen Zeiten so über den großen »Sternenhimmel« wandern sieht,[280] wie Kleist auf der Leinwand eines sphärischen Panoramas wandeln möchte,[281] dann handelt es sich bei Lukács' Formulierung – im Unterschied zu Kleists Vorstellung – um eine Metapher: eine kühne Metapher für jene Makrokosmos-Mikrokosmos-Entsprechung,[282] die Lukács gleich darauf teils im Vergleich, teils in weiteren Metaphern erläutert: »Die Welt ist weit und doch wie das eigene Haus«.[283] In gleicher Weise entsprechen die weite »Welt« mit ihrem »Sternlein«-»Himmel« samt »traulich«-behütender »Dämmrung Hülle« auf der einen Seite auf der anderen der häuslich-engen »stille[n] Kammer« in Matthias Claudius' Abendlied.[284] »Sterne« und »Seele«, »die Welt und das Ich« »scheiden sich« zwar Lukács zufolge »scharf«; wie auch nicht, wenn sie eben auf diese Weise – ganz nach Goethes Logik der ›Dualität der Erscheinung‹ –[285] begrifflich unterschieden, ›nennend getrennt‹ werden. Dabei »brennt« jedoch in ihnen ein »Feuer [...] von derselben Wesensart«,[286] also ein substanzidentisches Feuer. Deshalb, so Lukács, sind sie einander nicht »fremd«, sondern bilden eine »Zweiheit«, »sinnvoll und rund« wie ein »geschlossene[r] Umkreis«,[287] also genau

280 Lukács, Die Theorie des Roman, S. 21.

281 Vgl. das Zitat zu Anm. 272.

282 Die Metapher ist im Sinne Weinrichs kühn, weil nicht evident ist, worin das *tertium comparationis* liegt (vgl. Anm. 39 und 53); vgl. zur Makrokosmos-Mikrokosmos-Entsprechung Hans Schavernoch: Die Harmonie der Sphären. Die Geschichte der Idee des Welteinklangs und der Seeleneinstimmung, Freiburg, München 1981.

283 Lukács, Die Theorie des Roman, S. 21.

284 Vgl. Anm. 138.

285 Vgl. Anm. 203.

286 Lukács, Die Theorie des Roman, S. 21.

287 Ebd.

 | DOI:10.30965/9783846763698_005

genommen eine ›Ganzheit‹ oder auch ›Einheit‹ – eben jene »Totalität«, von der Lukács spricht.[288]

So unterschiedlich Claudius' und Lukács' Texte sind, in beiden geht es um das Ganze der Welt. Insofern gilt für beide, was Hans Blumenberg dazu in seinen *Paradigmen zu einer Metaphorologie* geschrieben hat:

> Die Wahrheit der Metapher ist eine *vérité à faire*. Obwohl es [...] müßig ist, über das Ganze der Welt theoretische Aussagen zu machen, ist es doch keineswegs gleichgültig, nach den Bildern zu fahnden, die dieses als Gegenständlichkeit unerreichbare Ganze ›vertretend‹ vorstellig machen.[289]

Ob es tatsächlich »müßig ist, über das Ganze der Welt theoretische« oder, hier gleichbedeutend, philosophische »Aussagen zu machen«, kann hier dahingestellt bleiben. Denn die vorliegende Studie beschäftigt sich ja nicht philosophisch mit theoretischen Aussagen über das Ganze, sondern befasst sich in der Tat mit »den Bildern« oder – wie häufig bei Blumenberg auch hier synonym – »Metaphern«[290] dieses Ganzen. Es liegt also nahe, Blumenbergs methodologische Ausführungen zur Metaphorologie zu bedenken – und zwar vor allem eine gleich zu Beginn der *Paradigmen zu einer Metaphorologie* hypothetisch im Konjunktiv diskutierte Wendung von einer Metaphorologie als philosophischer, der philosophischen *verité* dienender Hilfswissenschaft hin zu einer genuin literarischen Metaphorologie, die sich weniger auf die Wahrheit der Metapher als vielmehr auf ihr ›poetisches‹ (Schiller) *faire* konzentriert. Das gilt umso mehr, als manche der in der vorliegenden Studie thematisierten Metaphern auf den ersten Blick Kandidaten für das sind, was Blumenberg ›absolute Metaphern‹ genannt hat. Jedenfalls sind manche von ihnen als solche bezeichnet worden.[291]

Im *Discours de la Méthode*, so beginnt Blumenberg seine Überlegungen, habe Descartes einen »›Endzustand‹ der Philosophie« definiert:

---

288 Ebd., S. 26. »Totalität« bedeutet Lukács zufolge »als formendes Prius jeder Einzelerscheinung [...], daß etwas Geschlossenes vollendet sein kann; vollendet, weil alles in ihm vorkommt, nichts ausgeschlossen wird und nichts auf ein Höheres hinweist; vollendet, weil alles [...] sich erreichend [!] sich der Bindung fügt.« Ebd.

289 Blumenberg, Paradigmen zu einer Metaphorologie, S. 25.

290 Ebd.

291 Manfred Sommer: Evidenz im Augenblick. Eine Phänomenologie der reinen Empfindung, Frankfurt a. M. 1987, S. 111f., nennt etwa »Strom oder Fluß«, also zentrale Metaphern bei Friedrich Anton Mesmer, »›absolute Metaphern‹« und bezieht sich dabei ausdrücklich, wenn auch ohne Nachweis, auf Blumenbergs *Paradigmen zu einer Metaphorologie*.

> In diesem Endzustand wäre die philosophische Sprache rein ›begrifflich‹ im strengen Sinne: alles *kann* definiert werden, also *muß* auch alles definiert werden, es gibt nichts logisch ›Vorläufiges‹ mehr […]. Alle Formen und Elemente *übertragener* Redeweise im weitesten Sinne erwiesen sich von hier aus als vorläufig und logisch überholbar; sie hätten nur funktionale Übergangsbedeutung […].[292]

Metaphern sind nach dieser strengen Auffassung philosophischer Logizität

> *Restbestände* […], Rudimente auf dem Wege *vom Mythos zum Logos*; als solche indizieren sie die cartesische Vorläufigkeit der jeweiligen geschichtlichen Situation der Philosophie, die sich an der regulativen Idealität des puren Logos zu messen hat.[293]

Der metaphorologischen »Analyse« muss es daher »darauf ankommen, die logische ›Verlegenheit‹ zu ermitteln, für die die Metapher einspringt«,[294] und die philosophisch nur vorläufig akzeptable Metapher auf diese Weise durch einen endgültigen, »puren« Begriff zu ersetzen. Metaphorologie ist hier also nichts anderes als eine philosophische Hilfswissenschaft[295] – wenn man so will: Putzkraft –, die der begrifflichen »Vollendung« – oder auch endgültigen Reinigung, »[P]ur«ifizierung – »der Terminologie«[296] und damit zugleich ihrer eigenen Selbstabschaffung entgegenarbeiten soll. Wo Metapher war, soll Begriff werden, könnte man in Anlehnung an Sigmund Freuds »Wo Es war, soll Ich werden«[297] sagen. Als Herr[298] in der »philosophische[n] Bude«

292 Blumenberg, Paradigmen zu einer Metaphorologie, S. 7.

293 Ebd., S. 10.

294 Ebd.

295 Blumenberg bezeichnet »das Verhältnis der Metaphorologie zur Begriffsgeschichte […] als ein solches der Dienstbarkeit«; ebd., S. 13.

296 Ebd., S. 7.

297 »[D]ie […] Absicht […] der Psychoanalyse ist ja, das Ich zu stärken, es vom Über-Ich unabhängiger zu machen, sein Wahrnehmungsfeld zu erweitern und seine Organisation auszubauen, so daß es sich neue Stücke des Es aneignen kann. Wo Es war, soll Ich werden. Es ist eine Kulturarbeit etwa wie die Trockenlegung der Zuydersee.« Sigmund Freud: Neue Folge der Vorlesungen zur Einführung in die Psychoanalyse (1933 [1932]), in: ders.: Studienausgabe, Bd. 1: Vorlesungen zur Einführung in die Psychoanalyse. Und Neue Folge, hg. von Alexander Mitscherlich, Frankfurt a. M. 1969, S. 447–608, S. 516 (»Die Zerlegung der psychischen Persönlichkeit«). Vgl. die Ausführungen im Anschluss an Zitat 1203.

298 Vgl. noch einmal eine berühmte Formulierung Freuds: »Aber die beiden Aufklärungen, daß das Triebleben der Sexualität in uns nicht voll zu bändigen ist, und daß die seelischen Vorgänge an sich unbewußt sind und nur durch eine unvollständige und unzuverlässige Wahrnehmung dem Ich zugänglich und ihm unterworfen werden, kommen der Behauptung gleich, daß *das Ich nicht Herr sei in seinem eigenen Haus.*« Sigmund Freud: Eine Schwierigkeit der Psychoanalyse, in: Imago. Zeitschrift für Anwendung der Psychoanalyse auf die Geisteswissenschaften V (1917), S. 1–7, S. 6f.

(Schiller)[299] des Logos ist dem cartesischen Philosophen nur wohl, wenn der Hausputz ein für alle Mal erledigt ist. Die Metaphern sollen ausgekehrt sein, die Wände purifiziert, und es soll keine metaphorischen Blüten geben, die durch die Fugen treiben.

Doch auch eine andere Vorstellung von Metapher und Metaphorologie wäre denkbar.

> Dann aber können Metaphern, zunächst rein hypothetisch, auch *Grundbestände* der philosophischen Sprache sein, ›Übertragungen‹, die sich nicht ins Eigentliche, in die Logizität zurückholen lassen. Wenn sich zeigen läßt, daß es solche Übertragungen gibt, die man »absolute Metaphern« nennen müßte, dann wäre die Feststellung und Analyse ihrer begrifflich nicht auflösbaren Aussagefunktion ein essentielles Stück Begriffsgeschichte (in dem so erweiterten Sinne). Aber mehr noch: der Nachweis absoluter Metaphern würde auch jene zuerst genannten rudimentären Metaphern in einem anderen Lichte erscheinen lassen, indem doch die cartesische Teleologie der Logisierung, in deren Zusammenhang sie eben als ›Restbestände‹ indiziert werden, sich an der Existenz absoluter Übertragungen schon gebrochen hätte. Der Aufweis absoluter Metaphern müßte uns wohl [...] veranlassen, das Verhältnis von Phantasie und Logos neu zu durchdenken, und zwar in dem Sinne, den Bereich der Phantasie nicht nur als Substrat für Transformationen ins Begriffliche zu nehmen – wobei sozusagen Element für Element aufgearbeitet und umgewandelt werden könnte bis zum Aufbrauch des Bildervorrats –, sondern als eine katalysatorische Sphäre, an der sich zwar ständig die Begriffswelt bereichert, aber ohne diesen fundierenden Bestand dabei umzuwandeln und aufzuzehren.[300]

Blumenbergs Vorstellung der ›absoluten Metapher‹ ist widersprüchlich: Solange man die Metapher als ›Übertragung‹ aus dem Begrifflichen versteht,[301] kann sie nicht gleichzeitig ›absolut‹ sein, also ganz ohne Grund ›in der Logizität‹.[302] Die Anführungszeichen, in die Blumenberg das Wort »›Übertragungen‹«

299 Vgl. Anm. 17.

300 Blumenberg, Paradigmen zu einer Metaphorologie, S. 10f. – Vgl. zum Ausdruck »die man ›absolute Metaphern‹ nennen müßte« den Kommentar in Blumenberg, Paradigmen zu einer Metaphorologie. Kommentar von Anselm Haverkamp, S. 263–265; zu »ein essentielles Stück Begriffsgeschichte« ebd., S. 265f.: »Die *Restbestände* der vorbegrifflichen Herkunft sind Spuren einer den begrifflichen Grund legenden, Begriffe in ihrer Begrifflichkeit ermöglichenden Schicht, einer *katalysatorischen* Übertragungs-*Sphäre* [...], deren in diesem Sinne transzendentaler Charakter mit Kant erforschbar geworden wäre [...].« Das hier verfolgte Argument folgt dieser Auffassung nicht. – Vgl. zu Begriffen oder Metaphern als ›Quasi-Transzendentalien‹ im Sinne Rodolphe Gaschés Anm. 726.

301 Vgl. Anm. 35, 36 und 37.

302 Metapher dieser Grundlosigkeit, und zwar offenbar ausdrücklich als solche markiert, ist bei Blumenberg der »geistige[] *horror vacui*«, dem die »›absolute Metapher‹ [...] gleichsam [!] [...] entspringen« soll; Blumenberg, Paradigmen zu einer Metaphorologie, S. 182.

setzt, scheinen das – also die übertragene Wendung ausgerechnet des Wortes ›Übertragungen‹ – anzudeuten. Offenbar traut Blumenberg seinem Gedankenexperiment mit der ›absoluten Metapher‹, deren »Bereich der Phantasie« kein vorbegriffliches Substrat, sondern ein Begriffskatalysator eigener Art sein soll, selbst nicht.

Anderthalb Seiten später schließt er seine Einleitung mit einer Art Kompromissvorschlag, der anscheinend zwischen der cartesisch-teleologischen Substrat- und der absolut-metaphorischen Katalysator-These vermitteln soll:

> Daß [...] Metaphern absolut genannt werden, bedeutet nur, daß sie sich gegenüber dem terminologischen Anspruch als resistent erweisen, nicht in Begrifflichkeit aufgelöst werden könnten, nicht aber, daß nicht eine Metapher durch eine andere ersetzt bzw. vertreten oder durch eine genauere korrigiert werden kann. Auch absolute Metaphern haben daher *Geschichte*. [...] [D]as Verhältnis der Metaphorologie zur Begriffsgeschichte (im engeren terminologischen Sinne) [bestimmt sich] als ein solches der Dienstbarkeit[303]: die Metaphorologie sucht an die Substruktur des Denkens heranzukommen, an den Untergrund, die Nährlösung der systematischen Kristallisationen, aber sie will auch faßbar machen, mit welchem ›Mut‹ sich der Geist in seinen Bildern selbst voraus ist und wie sich im Mut zur Vermutung seine Geschichte entwirft.[304]

Der Vermittlungsversuch überzeugt nicht. Blumenberg schlägt sich mit der Metapher von der »Nährlösung« klar auf die Seite der cartesischen Vorstellung von der Metapher als vorbegrifflichem Substrat der Philosophie – und zwar nicht nur ihrer Sprache, sondern auch ihres ›Systems‹, also ihres ›Logos‹ im umfassenden griechischen Sinne des Wortes. Der etwas nebulöse Nachsatz mit dem Kompliment für den Mut der Metapher samt halb Heidegger'schem, halb Paul de Man'schem Wortspiel zu ihrem ›Vermutenden‹ wirkt wie ein rhetorischer Trostpreis.[305] Vor allem aber die Vorstellung von Metaphern als ›*Sub*struktur‹ und ›*Unter*grund‹ des begrifflich-systematischen Denkens, die eigentlich in katachrestischer Spannung zur Metapher der Nährlösung steht,

303 Vgl. Anm. 350.

304 Blumenberg, Paradigmen zu einer Metaphorologie, S. 12f.

305 Vgl. zu Heidegger und de Man in diesem Sinne Werner Hamacher: Unlesbarkeit, in: Paul de Man: Allegorien des Lesens. Aus dem Amerikanischen von Werner Hamacher und Peter Krumme. Mit einer Einleitung von Werner Hamacher, Frankfurt a. M. 1988, S. 7–26, S. 21: »In einer höchst ironischen, aber notwendigen Verbindung zwischen Heideggers Gnome ›Die Sprache spricht‹[] und dem Vokabular Freuds schreibt er [Paul de Man] am Ende seines Essays über den *Contrat social* – und zwar auf deutsch –: ›Die Sprache verspricht (sich).‹« – Bei Blumenbergs »Mut zur Vermutung« handelt es sich um eine *»Figura etymologica«*, »eine neuzeitliche, manieristische Stilfigur«; Groddeck, Reden über Rhetorik, S. 136.

ist aufschlussreich,[306] lässt doch die Suggestion einer vertikalen Ordnung, in der Metaphern wie eine trübe nährende, mütterliche Ursuppe im »Untergrund« schwappen,[307] während darüber in kristallinem Glanze die ›idealen‹ Begriffe in ihrem »[S]ystem« schweben, an Freuds zweite Topik der Psyche denken, deren Achse vom ›Es‹ zum ›Ich‹ ebenfalls vertikal gedacht ist – nämlich als Weg des Aufstiegs zu höherem Bewusstsein. Blumenberg scheint diese Implikation gesehen zu haben. Jedenfalls spricht er an anderem Ort vom »implizite[n] Gebrauch einer Metapher« als, wenn auch in einfacher Anführung, »›Hintergrundmetaphorik‹«.[308] Hier scheint die Metapher weniger in einem triebhaft-freudianischen Souterrain[309] der philosophischen Logizität zu stecken als vielmehr Teil eines kulturellen Horizonts zu sein, wie ihn etwa Hans Georg Gadamer in seiner Hermeneutik beschrieben hat,[310] eines Horizonts, in dem die Metapher gewissermaßen auf epistemologischer Augenhöhe mit dem Begriff steht.

Immer wieder umkreist Blumenberg das Verhältnis von absoluter Metapher, Metapher und Begriff, und immer wieder verwickelt er sich dabei in Widersprüche. So sollen etwa wie alle Metaphern auch die absoluten Metaphern nicht überzeitlich-unveränderlich sein, sondern eine Geschichte haben: also wenn nicht durch Begriffe, so doch »durch […] genauere« Metaphern »korrigiert werden« können. Wie aber, wenn nicht an der cartesischen »regulativen Idealität des puren Logos«, sollten sich ›Genauigkeit‹ oder ›Korrektheit‹ von Metaphern bestimmen lassen? Sind denn nicht ›genauere‹ (das ist relativ

---

306 Ähnlich widersprüchlich, nämlich unentschieden zwischen vertikaler und horizontaler Metaphorik, ist Blumenbergs Aussage, die »Metaphorologie« habe es »mit der Substruktur oder dem Vorfeld der Begriffsbildung zu tun«. Blumenberg, Bruchstücke des »Ausblicks auf eine Theorie der Unbegrifflichkeit«, S. 106.

307 Vgl. auch Freuds Vergleich des ›Es‹ mit der trockenzulegenden ›See‹ in Anm. 297.

308 Blumenberg, Paradigmen zu einer Metaphorologie, S. 114.

309 So die berühmte Metapher Friedrich Nietzsches für das »asketische[] Ideal« des »Philosophen«: »Ruhe in allen Souterrains, alle Hunde hübsch an die Kette gelegt«; Friedrich Nietzsche: Zu Genealogie der Moral. Eine Streitschrift, in: ders.: Werke in drei Bänden, hg. von Karl Schlechta, München ²1960, Bd. 2, S. 761–900, S. 849f.

310 Vgl. zu Begriff oder auch Metapher des ›Horizonts‹ den Abschnitt »Das Prinzip der Wirkungsgeschichte« in Gadamer, Wahrheit und Methode, S. 305–312. Obwohl Gadamer den »Horizont« als den »Gesichtskreis« definiert, »der all das umfaßt und umschließt, was von einem Punkte aus sichtbar ist«, von der »Enge des Horizonts«, einer »mögliche[n] Erweiterung des Horizonts« und sogar vom »Hinaussehenkönnen« über das allzu Naheliegende spricht, beschreibt er die erstrebte Horizonterweiterung *nicht* als einen vertikalen Aufstieg zu einem ›höheren‹ Aussichtspunkt, sondern – hier geradezu kontraintuitiv – in strikt horizontaler Metaphorik: *»Verstehen«* ist, so Gadamer, *»der Vorgang«* – und damit ein horizontaler Fortschritt, aber kein vertikaler Aufstieg – *»der Verschmelzung* […] [historischer] *Horizonte.«* Ebd., S. 307 und 311.

gedacht) oder eben ›korrekte‹ (das ist absolut gedacht) Metaphern nichts anderes als graduell oder auch ganz verblasste, das heißt mehr oder weniger schon zum Begriff gewordene Metaphern – Begriffe aus dem, noch einmal mit Jean Paul, »Wörterbuch erblasseter Metaphern«[311]? Metaphern und Begriffe sind ineinander übersetzbar, und daher schließen die Begriffe ›Metapher‹ und ›absolut‹ einander aus. Die ›absolute Metapher‹ ist ein Oxymoron.

Die Metapher hat ihre Arbeit getan, sie kann sich in die Kunst einweisen lassen

Dennoch ist der Begriff der ›absoluten Metapher‹ noch in Gebrauch, und dabei spielt die hier umrissene Widersprüchlichkeit ihrer Bezeichnung für ihre Interpretation gar keine Rolle. Denn aus philologischer Sicht ist es unerheblich, ob die Metapher – und damit die *pars pro toto* durch sie vertretene Sprache insgesamt – philosophisch, wie es von ›konstruktivistischer‹ Seite häufig heißt, *grundsätzlich* ›unhintergehbar‹ ist.[312] Für die Philologie genügt es, wenn die von ihr verhandelten Metaphern *bisher ›absolut‹ waren*, das heißt *bisher noch nicht begrifflich ›hintergangen‹ oder aufgelöst worden sind.* Es geht also – noch einmal mit Blumenberg – nicht um begrifflich ›absolut‹ »Unsagbare[s]«, sondern bloß um bisher begrifflich »Ungesagte[s]«.[313] Das erspart zum einen die prophetische Spekulation über die Frage, ob eine Metapher auch in Zukunft noch – das wäre die metaphorische Ewigkeitsklausel – ›absolut‹ bleiben wird, wie Blumenberg es von der absoluten Metapher verlangt. Und wer kann in die Zukunft schauen?

Zum anderen erspart man sich einen weiteren Widerspruch. Denn die Metaphorologie kann sich ja ohnehin nur Metaphern zur Untersuchung vornehmen, die nicht – oder nicht mehr – ›absolut‹ sind. Wo Metaphern gesehen werden sollen, müssen schon Begriffe für sie da sein. Andernfalls würde man die Metaphern ja, so muss man Blumenberg wohl verstehen, überhaupt nicht erkennen:

> Die Metapher als Thema einer Metaphorologie [...] ist ein wesentlich *historischer* Gegenstand, so daß ihr Zeugniswert zur Voraussetzung hat, daß der Aussagende selbst *keine* Metaphorologie besaß, ja nicht einmal besitzen konnte.[314]

311 Jean Paul, Vorschule der Ästhetik, S. 184 (§ 50).

312 Vgl. Anm. 985.

313 Blumenberg verwendet diese beiden Begriffe, allerdings in etwas anderem Kontext; Blumenberg, Bruchstücke des »Ausblicks auf eine Theorie der Unbegrifflichkeit«, S. 101.

314 Blumenberg, Paradigmen zu einer Metaphorologie, S. 24.

Am Anfang einer Metapher steht die »logische ›Verlegenheit‹« des Aussagenden, »für die die Metapher einspringt«, und sowohl seine Verlegenheit als auch die Metapher, mit der er sich über sie hinweghilft, sind für ihn unbeobachtbar beziehungsweise ihm unbewusst – und zwar notwendig, wie Blumenberg hier offenbar meint. Dabei übersieht er anscheinend das Offensichtliche: dass man nämlich auch absichtlich Metaphern verwenden kann. Der Aussagende erkennt, so sieht es Blumenberg, seine Metapher nicht als Metapher, und er kann sie gar nicht als Metapher erkennen. Sie ist ihm selbstverständlich und nicht zu ersetzen durch einen anderen Ausdruck. Insofern ist sie tatsächlich ›absolut‹, gewissermaßen monadisch – ohne Fenster zu einer Reflexion durch andere Begriffe, ›absolut‹ von Reflexion und Begriff. Erst der Metaphorologie wird diese Metapher dann zum Problem, indem sie sie zunächst *begrifflich relativiert* und so überhaupt erst als Metapher kenntlich, schließlich zum Gegenstand macht und so *begrifflich dissolviert*, das heißt in Begriffe auflöst. Dazu aber benötigt die Metaphorologie ein Verständnis – zumindest ein Vorverständnis – von jener bisher angeblich nicht bemerkten »logische[n] ›Verlegenheit‹ [...], für die die Metapher einspringt«. Und indem dieses (Vor-)Verständnis die Metapher zwar noch nicht »ins Eigentliche, in die Logizität zurückhol[t]«, wohl aber der Logizität so weit annähert, dass sie jetzt als zu interpretierende Metapher begrifflich zum Problem wird, ist diese Metapher schon nicht mehr absolut.

So gesehen, verhält es sich mit der absoluten Metapher ähnlich paradox wie mit dem oben beschriebenen Heil: Ist sie einmal metaphorologisch erkannt, dann ist sie durch eben diesen Erkenntnisakt auch schon als absolute Metapher verloren. Ihre ›bequeme‹ (Eichendorff), ›absolute‹ (Blumenberg) Selbstverständlichkeit ist dahin, und sie ist auch oder vielmehr *gerade* dadurch nicht wiederzugewinnen, dass die Metaphorologie die Metapher sorgfältig untersucht und, sauber definiert in Tabellen eingetragen, *ad acta* legt. Hegel hat diese paradoxe Nachträglichkeit der ihren Gegenstand präsentierenden und damit zugleich zerstörenden Erkenntnis in der »Vorrede« seiner *Phänomenologie* als ein ›Abtöten des lebendigen Wesens der Sache‹ bezeichnet. In der Tat ist nach dem bis hierhin Gesagten auch die Metaphorologie eine Art, wie Hegel schreibt, »Tabelle, die [...] den Reihen verschloßner Büchsen mit ihren aufgehefteten Etiketten in einer Gewürzkrämerbude gleicht«, in denen »das lebendige Wesen der Sache« – die ›absolute‹ Selbstverständlichkeit der Metapher – »verborgen« ist.[315]

315 Hegel, Phänomenologie des Geistes, S. 39. Auch das Wort ›tot‹ verwendet Hegel hier, wenn er vom »tote[n] Verstand« spricht; ebd.

Hegel assoziiert im Kontext der gerade zitierten Stelle Lebendigkeit mit Farbigkeit, das Abgestorbene hingegen mit »Gleichfärbigkeit« und »Weiße«.[316] Das mag ein Hinweis sein, dass es hier in der Tat auch um das Verhältnis von Metapher und Begriff geht: ist doch eine traditionelle Definition des Begriffs, wie ich schon mit Jean Paul gesagt hatte, die der »erblasste[n] Metapher[]«.[317] Ist es aber tatsächlich so, dass Begriffe und Metaphern notwendig in einem graduellen Verhältnis zueinander stehen, dann ist *die absolute Metapher*, wie gesagt, immer nur *eine bisher absolute*, und das heißt: eine *noch nicht interpretierte, noch nicht* in andere Begriffe als sie selbst *übertragene*, wohl aber *übertragbare Metapher.* Mit dieser Einschränkung fällt, genau genommen, nur die spekulative philosophische Ewigkeitsgarantie der absoluten Metapher. Sie ist nicht absolut und ewig, sondern nur sehr langlebig. Metaphorologisch spielt das keine Rolle. Denn wie die Philologie insgesamt befasst sich die Metaphorologie ohnehin nur mit der Vergangenheit.

Unter Berücksichtigung der genannten Einwände kann man also der von Blumenberg und anderen etablierten Redensweise von der ›absoluten Metapher‹ jedenfalls so lange folgen, wie man sich darunter einfach *Metaphern* vorstellt, *die über lange Zeit zum Grundbestand eines Diskurses gehört haben*, das heißt *auf Dauer häufig wiedergekehrt sind.* Bisher waren sie ›absolut‹. Jetzt aber werden sie begrifflich ›analysiert‹ und ›dissolviert‹ – so eben das Phantasma ›Alles ist eins‹, das seit zweieinhalb Jahrtausenden zum »*Grundbest*[*a*]*nd*[] der philosophischen« und medientheoretischen »Sprache« zählt.[318]

Das wiederum ist für Blumenbergs Verständnis der Metapher wichtig: dass es sich um philosophische oder theoretische Sprache dreht, vor deren Hintergrund sich die hier in Rede stehenden Metaphern als Metaphern bestimmen. Denn nur innerhalb der philosophischen oder theoretischen Sprache gilt ja,

---

316 Ebd.

317 Vgl. Anm. 311. Ähnlich Hegel: »Erstens hat jede Sprache schon an sich selber eine Menge Metaphern. Sie entstehen dadurch, daß ein Wort, welches zunächst nur etwas ganz Sinnliches bedeutet, auf Geistiges übertragen wird. [...] Nach und nach aber verschwindet das Metaphorische im Gebrauch eines solchen Wortes, das sich durch die Gewohnheit aus einem uneigentlichen zu dem eigentlichen Ausdruck umwandelt, indem Bild und Bedeutung dann bei der Geläufigkeit, in jenem nur diese aufzufassen, sich nicht mehr unterscheiden und das Bild uns statt einer konkreten Anschauung nur unmittelbar die abstrakte Bedeutung selber gibt. Wenn wir zum Beispiel ›begreifen‹ im geistigen Sinne nehmen sollen, so fallt es uns in keiner Beziehung ein, dabei noch irgend an das sinnliche Anfassen mit der Hand zu denken. Bei lebenden Sprachen ist dieser Unterschied wirklicher Metaphern und bereits durch die Abnutzung zu eigentlichen Ausdrücken heruntergesunkener leicht festzustellen [...].« Hegel, Vorlesungen über die Ästhetik I, S. 518.

318 Vgl. Anm. 300.

seit Platon jedenfalls im Großen und Ganzen, das in der Einleitung schon beschriebene Prinzip der später ›cartesisch‹ genannten Logizität, nicht jedoch in ›Poesie‹, Dichtung und Literatur. Andernfalls könnte Blumenberg es ja gar nicht so darstellen, als ob Metaphern grundsätzlich vom Aussagenden unbewusst aus »logische[r] ›Verlegenheit‹« geprägt würden, nicht aber absichtlich – etwa aus Lust an der Metapher.

Natürlich konnte Blumenberg nicht übersehen, dass die Metapher nicht nur in der logischen Not dem philosophischen Fortschritt als vorläufige Gehhilfe dient, sondern auch als gewolltes Stilmittel der Literatur. Einmal geht er darauf ein und definiert, gleich im Anschluss an den eben zitierten Satz, die Kunst als eine Art Asyl für die von der in der Geschichte fortschreitenden Philosophie logisch überholte Metapher:

> Die Metapher als Thema einer Metaphorologie [...] ist ein wesentlich *historischer* Gegenstand, so daß ihr Zeugniswert zur Voraussetzung hat, daß der Aussagende selbst *keine* Metaphorologie besaß, ja nicht einmal besitzen konnte. Unsere Situation ist daher gekennzeichnet durch das positivistische Programm einer entschlossenen Kritik der Sprache in ihrer ›Leitfunktion‹ für unser Denken [...] und [...] die ›Überweisung‹ jener einst in Metaphern sich niederschlagenden Leistung an die [...] *Kunst* [...]. In Gestalt einer Heraushebung und Interpretation von Aussagelementen der Kunst mag also die Aufgabe und Methodik der Metaphorologie auch über die historische Gegenstandssphäre hinausführen.[319]

Metaphern, die ihre historische Schuldigkeit für die Philosophie getan haben, werden an die Kunst ›überwiesen‹ – man könnte meinen, hier klinge ein ›in die Kunst eingewiesen‹ mit. Große Sympathie scheint Blumenberg für eine Metaphorologie der Kunst oder Literatur jedenfalls nicht aufzubringen. Immerhin »mag« sich die Metaphorologie mit der »Interpretation von Aussagelementen der Kunst« befassen – verbieten möchte es ihr Blumenberg wohl nicht, aber einen Erkenntnisgewinn scheint er sich davon nicht zu versprechen. »Der Mohr hat seine Arbeit getan, der Mohr kann gehen«:[320] So ähnlich verhält es sich hier philosophisch mit der Metapher. Oder, um noch einmal Hegels Metapher von der Gewürzkrämerbude aufzugreifen: Einst von philosophischer Frische oder »lebendige[m] Wesen«,[321] sind die Metaphern nun als portionierte »Aussageelemente[]«[322] in die »verschloßne[n] Büchsen«[323]

319 Blumenberg, Paradigmen zu einer Metaphorologie, S. 24f.

320 Friedrich Schiller: Die Verschwörung des Fiesko zu Genua. Ein republikanisches Trauerspiel, in: ders.: Sämtliche Werke, Band I: Gedichte. Dramen 1, hg. von Albert Meier, München, Wien 2004, S. 639–754, S. 704 (III/5).

321 Hegel, Phänomenologie des Geistes, S. 39.

322 Vgl. Anm. 319.

323 Hegel, Phänomenologie des Geistes, S. 39.

»der Kunst«[324] verpackt. Man mag ihnen metaphorologische »Etiketten« ›aufheften‹ oder nicht – sie bleiben philosophische Konserven.

Es liegt auf der Hand, dass es sich dabei um ein hegelianisch-geschichtsphilosophisches, teleologisches Denkmuster handelt. So, wie die Philosophie Hegel zufolge das Geschäft der Wahrheitsartikulation von der Kunst übernommen hat, diese der Wahrheit daher nichts mehr bringt, deshalb aber nicht notwendig ihre Arbeit einstellen muss,[325] darf sich zwar auch die Metaphorologie noch mit ehemals philosophischen Metaphern befassen: Philosophische Wahrheiten aber sollen diese Metaphern nicht mehr artikulieren.

Metaphorisches Zwielicht. Die Eule der Minerva soll sich hüten

Zu Beginn des neunten von zehn Kapiteln der *Paradigmen zu einer Metaphorologie* scheinen Blumenberg selbst Zweifel an seiner eigenen Theorie zu kommen.

> Es könnte der Anschein entstehen, daß unsere ausführliche Exemplifizierung des ›Übergangs‹ von der Metapher zum Begriff [...] einem primitiven Evolutionsschema verhaftet sei. Wir durchbrechen diesen Anschein, indem wir als Typus einer Metapherngeschichte auch den umgekehrten Weg *vom Begriff zur Metapher* aufweisen.[326]

Das ist eine merkwürdige Aussage. Ein Evolutionsschema, das Ausnahmen kennt, wäre nicht weniger primitiv als eines, das keine Ausnahmen kennt. Es wäre ganz einfach falsch – genauso falsch wie ein Begriff von Evolution, in der man umkehren kann. Merkwürdig ist außerdem, wie halbherzig Blumenberg seinen Aufweis einer »Metapherngeschichte« auf dem »umgekehrten Weg *vom Begriff zur Metapher*« präsentiert. Nur ein einziges Beispiel bringt er, und das kommentiert er auch noch ironisch. Das ist bei ihm selten und daher umso auffälliger.[327]

Dennoch ist Blumenbergs ausdrückliche Hinweis bemerkenswert, dass es grundsätzlich auch in der Philosophie eine der »cartesische[n] Teleologie der

324 Vgl. Anm. 319.

325 Vgl. Eva Geulen: Das Ende der Kunst: Lesarten eines Gerüchts nach Hegel, Frankfurt a. M. 2002, insbesondere S. 9–35.

326 Blumenberg, Paradigmen zu einer Metaphorologie, S. 142.

327 Blumenberg fährt ebd. fort: »Freilich, wir müssen befürchten, hinsichtlich der Belege uns – wie der Geheim[]rat Klotz von Lessing – sagen lassen zu müssen: ›und wie viele meinen Sie, daß er deren anführt? In allen, summa summarum, richtig gerechnet, – einen.‹«

Logisierung«[328] des philosophischen Ausdrucks entgegengerichtete Tendenz geben soll, also eine Tendenz zur Metapher als nicht wörtlich zu nehmendem Ausdruck, die die bereits zitierten Verse Eichendorffs als ›selbstverständlich‹ unverzichtbar deklarieren.

> Es versteht sich, daß man's deute –
> 's wär doch gar zu unbequem,
> Wenn man alles wörtlich nähm,
> Wie's da durcheinander blüht! –[329]

Das ist, so habe ich es oben genannt, ein romantisches Bekenntnis – und aus cartesischer Sicht eine philosophische Gefahr. Denn nicht nur ist es so, dass sich die »romantische Phantasie [...] gern metaphorisch ausdrückt«, wie Hegel in der *Ästhetik* schreibt –[330] die Phantasie liest Eichendorffs Versen zufolge, wie oben ausgeführt, ganz ›selbstverständlich‹ so. Beides läuft dem auf die Abschaffung der Metapher zielenden Ideal der cartesischen Logizität programmatisch zuwider. Wo schon Begriff war, kann also wieder Metapher werden. Das philosophisch Verdrängte kann zurückkehren –[331] und so, buchstäblich metaphorisch, seinen Beitrag zur ›Romantisierung der Welt‹[332] leisten.

Blumenberg hat das als philosophische Gefahr gesehen und daraus den Schluss gezogen, dass die Philosophie, solange das cartesische Ideal purer Logizität nicht erreicht ist, auf die Metaphorologie als eine Art Diskurspolizei oder auch -putztruppe zum Schutz vor Metaphern angewiesen bleibt – und sei es nur zu dem Zweck, zu erkennen, was überhaupt (schon) Begriff und daher wörtlich zu verstehen und was (noch) Metapher und daher nur im übertragenen Sinne, das heißt zunächst in Begriffe zu übertragen und dann erst in ihrem wörtlichen Sinne zu verstehen ist.

Wenn »die Eule der Minerva«, so Hegels berühmte Allegorie der Philosophie, tatsächlich »erst mit der einbrechenden Dämmerung ihren Flug« beginnt,[333] dann ist sie in romantischem Zwielicht unterwegs,[334] einem »Zwielicht« wie in Eichendorffs gleichnamigem Gedicht, das mit dem Vers »Dämmrung

328 Vgl. Anm. 300.

329 Eichendorff, Herrmanns Enkel, S. 244.

330 Hegel, Vorlesungen über die Ästhetik III, S. 279f.

331 Vgl. zur »›Wiederkehr des Verdrängten‹« Sigmund Freud: Der Mann Moses und die monotheistische Religion: Drei Abhandlungen (1939 [1934–1938]), in: ders.: Fragen der Gesellschaft. Ursprünge der Religion, hg. von Alexander Mitscherlich, Angela Richards und James Strachey, Frankfurt a. M. 1974 (Studienausgabe, Bd. IX), S. 455–581, S. 572.

332 Vgl. Anm. 86.

333 Hegel, Grundlinien der Philosophie des Rechts, S. 27.

334 Die »Abenddämmerung der Metaphysik«, so Hans-Georg Gadamer, ist das »Zeitalter der deutschen Romantik«. Gadamer, Text und Interpretation, S. 30.

will die Flügel spreiten« beginnt[335] und damit sogar die Dämmerung selbst metaphorisch zum Nachtvogel macht. Auch für die Eule der Minerva gilt dann mit Blick auf Blumenbergs Ausführungen die Warnung, mit der Eichendorffs Dämmerungsgedicht endet: »Hüte dich, bleib' wach und munter!«[336] Es ist die Warnung, metaphorologisch auf der Hut zu sein. Andernfalls nämlich riskierte die Eule der Minerva, wovor Blumenberg am Schluss seiner *Paradigmen zu einer Metaphorologie* zu warnen scheint. In ihren beiden letzten Sätzen schreibt er:

> Die absolute Metapher, so sahen wir, springt in eine Leere, entwirft sich auf der *tabula rasa* des theoretisch Unerfüllbaren [...]. Metaphysik erwies sich uns oft als beim Wort genommene Metaphorik; [...][337]

und damit wäre, lässt sich dieser Gedanke wohl fortspinnen, die philosophische Reflexion der Eule der Minerva nichts anderes als eine rhetorische Eulenspiegelei:[338] ein Wörtlichnehmen der Sprache selbst, das nicht die Sache, sondern allenfalls ein hermeneutisches Problem mit ihrer sprachlichen Repräsentation erkennen lässt.

Metaphorologie und die Poesie des cartesischen Karnevals

Vor dieser Art von philosophisch irreführendem Spiegelbild, das nicht »objektiv, wie in einem Spiegel«[339] die Sache, sondern nur die Sprache selbst zeigt, hat auch Ludwig Wittgenstein gewarnt. »Ein *Bild* hielt uns gefangen. Und heraus konnten wir nicht, denn es lag in unserer Sprache«, heißt es in den *Philosophischen Untersuchungen*.[340] Das ist eine rhetorische Pointe. Denn ausgerechnet indem Wittgenstein die Metapher vom ›Sprachbild‹ beim Wort

335 Joseph von Eichendorff: Zwielicht, in: ders.: Sämtliche Gedichte. Versepen, S. 146.

336 Ebd., S. 146.

337 Blumenberg, Paradigmen zu einer Metaphorologie, S. 193.

338 Vgl. zum Wörtlichnehmen Till Eulenspiegels Peter Rusterholz: Till Eulenspiegel als Sprachkritiker, in: Wirkendes Wort 27 (1977), S. 18–26; Alexander Schwarz: Ulenspiegel und Reynke – ein Vergleich ihres sprachlichen Handelns, in: Detlev Schöttker, Werner Wunderlich (Hg.): Hermen Bote. Braunschweiger Autor zwischen Mittelalter und Neuzeit, Wiesbaden 1987, S. 219–228; Rupert Kalkofen: Wie nimmt er es eigentlich? – Das Wortspiel als Grundlage des Erzählens im *Ulenspiegel*, in: Werner Wunderlich (Hg.). Eulenspiegel heute. Kulturwissenschaftliche Beiträge zur Geschichtlichkeit und Aktualität einer Schalksfigur, Neumünster 1988, S. 61–73. – Vgl. auch Anm. 96.

339 E.T.A. Hoffmann: Prinzessin Brambilla, in: ders.: Nachtstücke. Klein Zaches. Prinzessin Brambilla. Werke 1816–1820, hg. von Hartmut Steinecke unter Mitarbeit von Gerhard Allroggen, Frankfurt a. M. 2009, S. 767–912, S. 910.

340 Wittgenstein, Philosophische Untersuchungen, S. 82 (§ 115); vgl. Anm. 64.

nimmt und damit zu der falschen Prädikation[341] gelangt, dass Bilder nicht durch die Sprache geschaffen würden, sondern *in* der Sprache lägen, warnt er davor, auf die wörtliche Bedeutung von Metaphern hereinzufallen. Nicht der Reflexion ihres philosophischen Gegenstandes dient also die auf diese Weise von Wittgenstein kritisierte Sprache, wie es doch eigentlich ihre ›kristallinen‹ – das ist Blumenbergs Metapher – Begriffe[342] leisten sollen. Vielmehr hält sie den Philosophen in ihren Bildern oder Metaphern gefangen, ganz so, wie der »Krystall« in Hoffmanns *Goldenem Topf* den Studenten Anselmus gefangen hält, nachdem er einmal hineingefallen ist.[343]

Dagegen hilft nur, wie gesagt, metaphorologisch immer »wach und munter« zu sein, sodass man gar nicht erst ins Krystall-»Glas«[344] dieser Bilder stürzt und in ihre Gefangenschaft gerät. Man soll, so Blumenbergs Warnung im Geiste Descartes', vor Metaphern philosophisch auf der Hut sein und sie erkennen – aber woran man sie erkennt, das sagt Blumenberg nicht.[345] Das ist theoretisch unbefriedigend. Und dieser Befund wird nicht dadurch besser, dass Blumenberg selbst immer wieder – wie hier schon in einigen seiner Zitate zu sehen war –[346] zum stilistisch schlimmsten aller Mittel[347] greift, um Metaphern als uneigentlich zu markieren: nämlich Anführungszeichen. Immer wieder setzt Blumenberg nicht bloß genannte, sondern tatsächlich verwendete – die *use-mention distinction*[348] kommt hier also zur Erklärung der Anführungszeichen nicht in Betracht – Ausdrücke in einfache Anführung, um sie wenig später ohne Anführung zu verwenden: ganz so, als trüge er mit dem Pinsel der Anführungsstriche die metaphorische (Rest-)Farbe auf, mit der ein Begriff zu deuten sein soll.

341 Vgl. Anm. 39.

342 Vgl. Anm. 304.

343 E.T.A. Hoffmann: Der goldene Topf. Ein Märchen aus der neuen Zeit, in: ders.: Fantasiestücke in Callot's Manier. Werke 1814, hg. von Hartmut Steinecke […], Frankfurt a. M. 2006 (= Bd. 2/1 der Sämtlichen Werke in sieben Bänden), S. 229–321, S. 244 und 302.

344 Ebd., S. 303.

345 Genausowenig erklärt er, was man sich unter dem »implizite[n] Gebrauch der Metapher« vorzustellen hat; Blumenberg, Paradigmen zu einer Metaphorologie, S. 114.

346 Vgl. zum Beispiel Anm. 300 und 304.

347 »Anführungszeichen […] sind Handschuhe der zimperlichen Metaphysik.« Theodor W. Adorno: Jargon der Eigentlichkeit. Zur deutschen Ideologie, Frankfurt a. M. 1964, S. 81.

348 »Confusion of things with their names, signs with their objects, is confusion of use and mention. […] To mention a name, like anything else, you use a name of it. […] [T]he quotation serves as a name of the name. A quotation names its insides.« Willard Van Orman Quine, Quiddities: an intermittently philosophical dictionary, Cambridge, MA 1987, S. 231.

»[Ü]ber das Ganze der Welt theoretische Aussagen zu machen«, hatte ich oben Blumenberg zitiert, sei »müßig«, und nach dem bis hierhin Gesagten scheint es fast, als sei es auch müßig, bloß über die Metapher und die Metaphorologie »theoretische Aussagen zu machen«. Die Aussagen, die Blumenberg darüber macht, führen jedenfalls in Widersprüche und werfen mehr Fragen auf, als sie Antworten geben.

Dann wiederum liegt vielleicht gerade darin die Pointe der Metaphorologie, dass sie *gerade deshalb* an den »theoretischen Aussagen« »über das Ganze« von Metapher und Metaphorologie scheitern muss, *weil* sie eben nicht nach seinen Begriffen, sondern nach seinen »Bildern« oder, hier wieder gleichbedeutend,[349] Metaphern »fahnde[t]« – und dabei nicht nur vorhandene *findet*, sondern auch noch neue *erfindet*. Wer, anders gesagt, darüber nachdenkt, ob absolute Metaphern Nährlösung oder Katalysator sind, ob sie unter oder hinter dem Logos, ob sie mutig sind oder nicht und ob, wenn ja, sie noch mutiger sind als die Kristalle, in die sie sich verwandeln werden, der ist möglicherweise so weit vom cartesischen Weg der Logizität auf ›poetisches‹ Terrain abgekommen, dass er gar nicht mehr zu verlässlichen theoretischen Aussagen kommen kann. Ist es nicht sogar so, dass Blumenberg hier, genau besehen, seinen metaphorologischen Karren in der geschichtsphilosophischen Einbahnstraße auf die Logizität hin gewendet hat und nun gegen den Strom fährt, hinein ins Katachresengewühl – ›poetische‹ Metaphern werfend, als herrschte hier der cartesische Karneval?[350]

In jedem Fall produziert Blumenberg neue Metaphern, wo man seiner eigenen Theorie zufolge die Auflösung alter Metaphern erwarten muss. Allein darin liegt schon ein Grund, warum er es bei einem einzigen zitierten Beispiel für die »Metapherngeschichte« auf dem, cartesisch-teleologisch betrachtet, »umgekehrten Weg *vom Begriff zur Metapher*« bewenden lassen kann. Er selbst liefert dafür ja ein Beispiel nach dem anderen. So betrachtet, praktiziert Blumenberg etwas ganz anderes, als er theoretisch predigt. Darin aber liegt eine Selbstkorrektur. Denn die Metaphorologie ist grundsätzlich

349 Vgl. Anm. 290.

350 Michael Bachtin hat festgestellt, dass im Karneval das »Wort« aus der »gewöhnlichen« »Logik« gelöst und »deplaziert«, mit anderen Worten: zur Metapher wird. »Benehmen, Geste und Wort lösen sich aus der Gewalt einer jeden hierarchischen Stellung [...], von der sie außerhalb des Karnevals voll und ganz bestimmt wurden. Sie werden exzentrisch und deplaziert vom Standpunkt der Logik des gewöhnlichen Lebens.« Michail Bachtin: Der Karneval und die Karnevalisierung der Literatur, in: ders.: Literatur und Karneval. Zur Romantheorie und Lachkultur, München 1969, S. 47–60, S. 48. Im cartesischen Karneval ist die Metaphorologie also ausnahmsweise nicht mehr die ›Dienerin‹ von Begriffsgeschichte und Philosophie (vgl. das Blumenberg-Zitat zu Anm. 304), sondern ihre nun ›poetisch‹ Metaphern entwerfende Herrin.

keine Übersetzungsarbeit in der cartesischen Einbahnstraße vom Mythos zum Logos, von der Metapher zum Begriff, sondern auch *die Metaphorologie selbst produziert* offenbar – ausgerechnet bei dem Versuch, Metaphern in Begriffe aufzulösen – *neue Metaphern*. Sogar in der eigentlich auf die Reduktion der Metaphern gerichteten Metaphorologie ist die oben mit Eichendorff und Hegel so bezeichnete romantische Tendenz zur Produktion von Metaphern am Werke – und damit eben jenes ›poetische‹ Moment, das traditionell der Metapher zugeschrieben wird.[351]

So gesehen, ist nicht nur die »Wahrheit der Metapher«, nach der Blumenberg ›fahndet‹, eine *»vérité à faire«* im Sinne eines ›poetischen‹ Schaffens oder Erfindens, sondern – zumindest in Teilen – auch ihre metaphorologische Analyse. Auch sie hat ihre metaphorischen *faits accomplis*. Wohl leistet sie *auch*, vielleicht sogar in erster Linie, die ›cartesische‹ oder ›philosophische‹ Reduktion der Metapher auf den Begriff – aber eben nicht nur. Denn in der Analyse von Metaphern kehren Metaphern wieder. Es gibt keine Metaphorologie ohne *re-entry* der Metapher, und insofern ist auch die Metaphorologie ›romantisch‹ oder ›poetisch‹. Wie jede Interpretation oder ›Deutung‹ (Eichendorff) reduziert sie zwar hier oder dort metaphorische Mehrdeutigkeit auf den Begriff, schafft dafür aber andernorts neue. So verstanden, lassen sich die Metaphern nicht aus der Philosophie in die Kunst ›überweisen‹. Anders als Blumenbergs geschichtsphilosophische Auffassung von Philosophie, Begriffsgeschichte und Metaphorologie es will, bleiben sie alle nicht zeitlich befristet, sondern grundsätzlich auf die Metapher angewiesen.

Nicht nur die Philosophie wandelt also, wie Blumenberg einräumt, gelegentlich auf dem – cartesisch-teleologisch verstanden – »umgekehrten Weg *vom Begriff zur Metapher*«, sondern auch die Metaphorologie. Der Grund dafür ist das ›poetische‹ *re-entry* des Metaphorischen in die Metaphorologie, das die von ihr angestrebte cartesische Begrifflichkeit zumindest in Teilen wieder metaphorisch auf den Kopf stellt, und insofern könnte man in der Tat von einem karnevalesken Moment der Metaphorologie sprechen.

Daraus folgt jedoch nicht, dass sich die Metaphorologie nicht oder nur eingeschränkt zur philosophischen Metapherndetektion eignet. Schließlich stützt ja der Karneval eben das System, das er vorübergehend aus den Angeln hebt. Das eine ist nämlich die cartesische Phantasie, alle Metaphern in Begriffe zu übersetzen und damit ein für allemal abzuschaffen. Das leistet die Metaphorologie nicht. Ein anderes aber ist es, Metaphern überhaupt erst einmal zu erkennen und verständlich zu machen – sei's in Begriffen, sei's in anderen Metaphern. Das leistet die Metaphorologie. So verstanden, erfüllt die

351 Vgl. das Zitat zu Anm. 57 und die Ausführungen davor.

Metaphorologie sehr wohl die Dienstpflicht, die ihr die Philosophie aufbürdet. Nur arbeitet sie nicht auf die eigene Abschaffung hin, sondern sorgt durch ihre Metaphernproduktion selbst dafür, dass ihr nie die Arbeit ausgeht.

Zugegeben, die Fugen der philosophischen Bude des Logos werden so nie ganz sauber oder »pur[]«, wie Blumenberg sagt. Aber auseinanderfallen lässt die Metaphorologie sie nicht. Im Gegenteil, sie hält sie dicht. Die metaphorischen Blüten der Metaphorologie sind die Dichtung in den begrifflichen Fugen der Philosophie.

Bild – Phantasma – Topos – Atopos. Verstehen beginnt mit dem Staunen

Hatte ich in Kapitel 2 schon die Begriffe von ›Vorstellung‹, ›Metapher‹, ›Phantasma‹ und ›Bild‹ und daran anschließend die sich aus diesen Begriffen ergebenen Konsequenzen für den dieser Studie zugrundeliegenden Begriff von ›Metaphorologie‹ umrissen, bleiben jetzt in Hinblick auf ihr hermeneutisches Erkenntnisinteresse noch die der ›Metaphorologie‹ verwandte ›Topik‹ und damit auch der ›Topos‹ zu klären.[352] Das ergibt sich schon aus Blumenbergs Rede vom »Bildervorrat« »der Phantasie«,[353] die vielleicht nicht zufällig an Ernst Robert Curtius' Bezeichnung der »Topik« als »Vorratsmagazin« von *»topoi«* als »[F]ormeln« oder »Gedanken allgemeinster Art« für »alle Literatur[]« erinnert.[354]

Was genau also hat der ›Topos‹ mit dem ›poetischen‹ ›Machen‹ von Literatur – »ποιεῖν [poieîn] heißt ›machen‹ […]. Der Dichter ist […] der ›Macher κατ' ἐξοχήν [kat' exochēn]‹« (Curtius) –[355] zu tun, und in welchem begriffsgeschichtlichen Verhältnis steht der ›Topos‹ dabei zu ›Bild‹ und ›Phantasma‹ beziehungsweise ›Phantasie‹? Die Stichworte für eine Antwort

352 Vgl. den Artikel »Topik; Topos«, in: Joachim Ritter, Karlfried Gründer (Hg.): Historisches Wörterbuch der Philosophie, Bd. 10: St–T, Basel 1998, Sp. 1263–1288; vgl. zu den antiken »Quellen zu klassischen Gedächtniskunst« das so überschriebene Kapitel in Yates, Gedächtniskunst und Erinnern, S. 11–33.

353 Vgl. Anm. 300.

354 Curtius, Europäische Literatur und lateinisches Mittelalter, S. 89 (oben zitiert in Anm. 74).

355 Ebd., S. 155; vgl. auch ebd., S. 86: »*Dictare* bedeutet ursprünglich diktieren. […] Das Wort *dictare* nimmt da[nn] die Bedeutung ›schreiben, abfassen‹ an, und zwar besonders ›poetische Werke schreiben‹[]. Diesem Vorgang der lateinischen Sprachgeschichte haben wir unsere Wörter dichten, Dichter, Gedicht zu danken. Ihr Gebrauch ist also das Ergebnis einer historischen Konstellation in demselben Sinne, wie wir das für das griechische ποίησις feststellen können. Der Dichter und der Diktator sind aus demselben sprachlichen Stoff gemacht.«

auf diese Frage geben bis in die jüngere Zeit wieder einmal Platon und Aristoteles.

»Die Poesie spricht in Bildern«, heißt es zum Beispiel in Walther Killys *Wandlungen des lyrischen Bildes.* »Sie nennt Dinge in der Welt, welche ein inneres Auge durch die Kraft des Wortes aufs Neue wahrnehmen kann.«[356] Killys Formulierungen folgen – bis in den platonischen Wortlaut – jener langen Tradition der Vorstellung vom Sprachbild, in der auch der »Phantasie«-Artikel aus *Zedlers Universal-Lexicon* – etwa mit dem auf lateinisch *imago* zurückgehenden Wort ›Imagination‹ –[357] und Blumenbergs *Paradigmen zu einer Metaphorologie* stehen: so immer dann, wenn Blumenberg ›Metapher‹ und ›Bild‹ synonym verwendet.[358] Diese Tradition geht, wie gesagt, auf Platon und Aristoteles zurück. Aristoteles nennt in der *Rhetorik* »Metaphern [μεταφοραί]« »Bilder [εἰκόνες]«.[359] »Den metaphorischen Gebrauch des Begriffes *Bild* für *Metapher*« hatte Aristoteles wiederum »bereits bei Platon vorgefunden«[360], und zwar in der *Politeia*[361] und im *Symposion*[362].

Dieses ›Bild‹, griechisch ›εἰκών [eikṓn]‹, ist zu unterscheiden von den ebenfalls häufig als ›Bild‹ ins Deutsche übersetzten Begriffen ›εἶδος [eîdos]‹ und ›ἰδέα [idéa]‹, wie sie etwa im *Kratylos* die platonischen ›Urbilder‹ oder ›Ideen‹ bezeichnen.[363] Schleiermacher übersetzt hier mal mit »Art«, mal mit »Gestalt«.[364] Im *Philebos* wiederum steht der Begriff ›eikṓn‹ nicht nur (uneigentlich) für die sprachliche Metapher, sondern bezeichnet auch (eigentlich) die

356 Walther Killy: Wandlungen des lyrischen Bildes, Göttingen [8]1998, S. 7.

357 Vgl. Anm. 27.

358 Vgl. Anm. 290.

359 Aristoteles, Rhetorik, S. 179 (1412b); zitiert in Anm. 50.

360 Demandt, Metaphern für Geschichte, S. 9.

361 Adeimantos zu Sokrates: »Du wirfst [...] eine Frage auf, welche einer Antwort durch ein Bild [εἰκόνος] bedarf.« Platon, Πολιτεία. Der Staat, S. 480f. (487e).

362 Alkibiades spricht: »Also den Sokrates zu loben, ihr Männer, will ich versuchen, durch Bilder [δι' εἰκόνων], er wird nun wohl vielleicht glauben, spöttischerweise, aber gerade zur Wahrheit soll mir das Bild dienen [δ' ἡ εἰκὼν τοῦ ἀληθοῦς ἕνεκα] und gar nicht zum Spott.« Platon, Συμπόσιον. Das Gastmahl, S. 362f. (215a).

363 Vgl. Demandt, Metaphern für Geschichte, S. 10.

364 »*Sokrates*: Denn von Natur gehört [...] jeder Art von Gewebe [ἑκάστῳ εἴδει ὑφάσματος] ihre besondere Weberlade [...]. [A]uch nicht jeder Schmied, der zu demselben Zweck dasselbe Werkzeug macht, legt dasselbe Bild« – beziehungsweise, wörtlich, ›legt es‹ – »in dasselbe Eisen hinein. Dennoch, solange er nur dieselbe Gestalt [αὐτὴν ἰδέαν] wiedergibt, wenn auch in anderem Eisen, ist doch das Werkzeug ebenso gut und richtig gemacht [...].« Platon: Κρατύλος. Kratylos, in: ders.: Werke in acht Bänden. Griechisch und deutsch, 3. Band: Phaidon. Das Gastmahl. Kratylos. Bearbeitet von Dietrich Kurz. [...] Deutsche Übersetzung von Friedrich Schleiermacher, Darmstadt 1974, S. 395–575, S. 416f. (389d–389e).

nicht-sprachlichen »Bilder [εἰκόνες, eikónes]«, die das »Reden« »in d[ie] Seele zeichnet«[365]. Wenig später – darauf hat Giorgio Agamben hingewiesen –[366] bezieht sich Platon dann mit dem Wort »φαντάσματα [phantásmata]«[367] auf eben diese Bilder. ›Eikṓn‹ und ›phantásma‹ bezeichnen hier (!) also nicht metaphorisch die Rede oder einen ihrer Teile, sondern unmetaphorisch die – mit Weinrich: ›demiurgisch‹ –[368] von ihr erzeugten Bilder. Dieser Gebrauch des Wortes ›phantásma‹ findet sich gelegentlich auch bei Aristoteles: vertritt doch ihm zufolge, so paraphrasiert Agamben, »das Phantasma […] bei Abwesenheit des wahrgenommenen Gegenstandes« ebendiesen in der »Phantasie«.[369]

›Phantasie‹ und ›Phantasma‹ sind, hat sich bis hierhin gezeigt, nicht nur grundlegende, sondern auch komplizierte Begriffe, die sich begriffsgeschichtlich und metaphorologisch nicht leicht ausleuchten lassen – Aristoteles' etymologischer Behauptung zum Trotz, »die Vorstellung [φαντασία, phantasía]« habe »ihren Namen vom Licht [τοῦ φάους, toû pháous] erhalten, weil man ohne Licht [ἄνευ φωτὸς, áneu phōtòs] nicht sehen [ἰδεῖν, ideîn] kann.«[370] Denn zu den Problemen, die das Phantasma schon Aristoteles bereitet, gehört die Frage, »in welchem Teil der Seele die Phantasmen nun zuhause« sind –[371] ob sie also etwa, um noch einmal an Lacans Terminologie anzuknüpfen, dem Symbolischen oder dem Imaginären zugehören. Giorgio Agamben hat in seinem Buch *Stanzen. Das Wort und das Phantasma in der abendländischen*

---

365 Wenn, so argumentiert Sokrates, das »Gesprochene[]« »in unsere Seelen gleichsam Reden ein[]schreib[t]«, dann muss auch »noch ein anderer Meister sich zu derselben Zeit in unseren Seelen befinde[n]«: »Ein Maler, der nächst dem Schreiber des Gesprochenen die Bilder davon in die Seele zeichnet [εἰκόνας ἐν τῇ ψυχῇ τούτων γράφει].« Platon: Φίληβος. Philebos, in: ders.: Werke in acht Bänden. Griechisch und deutsch, 7. Band: Timaios. Kritias. Philebos. Bearbeitet von Klaus Widdra. […] Deutsche Übersetzung von Friedrich Schleiermacher, Darmstadt 1972, S. 255–443, S. 348f. (39a–39b).

366 Vgl. Giorgio Agamben: Stanzen. Das Wort und das Phantasma in der abendländischen Kultur. Aus dem Italienischen von Eva Zwischenbrugger, Zürich, Berlin 2005 (Turin 1977), S. 123–130, S. 125.

367 Platon, Φίληβος. Philebos, S. 350 (40a)

368 Vgl. Anm. 57.

369 Agamben, Stanzen, S. 127. Bei Aristoteles heißt es, die »Vorstellungskraft [φαντασία]« lasse »das Vorstellungsbild [φάντασμά]« entstehen; Aristoteles, Περὶ Ψυχῆς. Über die Seele, S. 142f. (428a).

370 Ebd., S. 146f. – Noch die »›Stimme‹ (φωνή)« wird »eine[r] antike[n] Etymologie« zufolge auf das »›Licht des Geistes‹ (φῶς τοῦ νοῦ)« zurückgeführt; so heißt es bei Pseudo-Longinus, *Vom Erhabenen*: »φῶς γὰρ τῷ ὄντι ἴδιον τοῦ νοῦ τὰ καλὰ ὀνόματα.« »Denn wirklich bilden schöne Worte das wahre Licht des Gedankens.« ΔΙΟΝΥΣΙΟΥ Η ΛΟΓΓΙΝΟΥ: ΠΕΡΙ ΥΨΟΥΣ. Dionysios oder Longinus: Vom Erhabenen. Übersetzt und hg. von Otto Schönberger, Stuttgart 1988, S. 74f. und Kommentar S. 124.

371 Agamben, Stanzen, S. 127.

Kultur darauf hingewiesen, dass es sich Aristoteles zufolge »um ›ein ausweg-loses Problem‹ handelt«.[372] Agamben allerdings deutet auf eine Lösung hin:

> [D]en Mittelpunkt dieser Untersuchung bilde[t die] Rekonstruktion der Theorie des Phantasmas [...]. Aus dieser Perspektive darf hier denn auch von einer »Topologie des Irrealen« gesprochen werden. Vielleicht ist der *topos*, diese nach Aristoteles so schwierig zu erfassende Sache,[373] deren Macht aber »wunderbar und allem anderen vorgängig ist« [...],[374] nicht notwendig etwas »Reales«. Und in diesem Sinne sollte hier auch versucht werden, die Frage ernstzunehmen, die der Philosoph im Buch IV der *Physik* stellt: »pou gar esti tragélaphos e sphinx [ποῦ γάρ ἐστι τραγέλαφος ἢ σφίγξ]« – »wo ist der Bockshirsch, wo die Sphinx?«[375] An keinem Ort, gewiß, aber vielleicht, weil sie selbst *topoi* sind. [...] So ist denn die topologische Erforschung stets am Licht der Utopie ausgerichtet.[376]

Bockshirsch und Sphinx mag es in der empirischen Natur oder im Zoo nicht geben, aber es gibt sie als Motive oder visuelle Topoi in der bildenden Kunst und als *»topoi«*, wie Agamben ja selbst sagt, in den Texten von Philosophie und Literatur. Das, so lautet also die Antwort auf Aristoteles' Frage, ist ihr Ort. Die Topoi ›Bockshirsch‹ und ›Sphinx‹ haben, auch wenn Bockshirsch und Sphinx zum »Irrealen« im Sinne des nicht physisch Realen gehören,[377] einen

---

372 Ebd., S. 127 und 269 mit dem Wortlaut »πολλὴν ἀπορίαν (*pollén aporían*)«. Gernot Krapinger übersetzt die von Agamben zitierte Stelle, es sei »eine schwierige Frage [πολλὴν ἀπορίαν]«, »mit welchem der Seelenteile« »die Vorstellungsfähigkeit [τὸ φανταστικόν]« »identisch« sei; Aristoteles, Περὶ Ψυχῆς. Über die Seele, S. 164–167 (432b).

373 Agamben bezieht sich wohl auf Aristoteles' Feststellung, »der Ortsbegriff [τόπος]« sei »eine große und schwer zu fassende Aufgabe«; Aristoteles: Aristoteles' Physik. Vorlesung über die Natur. Erster Halbband: Bücher I(A)–IV(Δ). Übersetzt, mit einer Einleitung und mit Anmerkungen hg. von Hans Günter Zekl. Griechisch-Deutsch, Hamburg, 1987, S. 168f. (212a).

374 Günter Zekl übersetzt die Passage, auf die Agamben hier Bezug nimmt (Aristoteles, Physik, 208b): »Wenn das wirklich so ist«, »[d]aß also Ort etwas neben den Körpern selbständig Vorkommendes sein muß«, »dann wäre [!] die Leistungsfähigkeit des Ortsbegriffs ja ganz erstaunlich, und sie wäre [!] allem vorgeordnet: Ohne welches doch von allem übrigen nichts ist, es aber (kann) ohne das andere (sein), das muß doch notwendig ein allererstes sein.« Aristoteles, Physik, S. 150f. (208b).

375 Ebd., S. 148f. (208a).

376 Agamben, Stanzen, S. 14f. Agambens Formulierung könnte ein Zitat Paul Celans sein, demzufolge das Gedicht »der Ort« ist, »wo alle Tropen und Metaphern ad absurdum geführt« und »im Lichte der U-topie« erforscht werden. Paul Celan: Der Meridian. Rede anläßlich der Verleihung des Georg-Büchner-Preises. Darmstadt, am 22. Oktober 1960, in: ders.: Gesammelte Werke, Bd. 3: Gedichte III. Prosa. Reden, hg. von Beda Allemann u. a., Frankfurt a. M. 1983, S. 187–202, S. 199.

377 Vgl. den Kommentar in Aristoteles, Physik, S. 258: »Bockshirsch und Sphinx sind Fabelwesen, die in der menschlichen Phantasie existieren mögen, nicht jedoch in physischer Realität anzutreffen sind.«

realen Ort: nämlich die Stelle, an der sie ein Text nennt. Alle Vorstellungen haben da, wo sie genannt werden, einen realen Ort: Sie *haben* einen Topos und *sind* damit zugleich einer. Insofern ist die »Topologie des Irrealen«, von der Agamben spricht, eine *reale*, das heißt in Texten realisierte »Topologie des Irrealen«. So hatte ich es ja eingangs schon von Schillers Mittelkraft gesagt – ob sie philosophisch real ist oder irreal, in der Literatur hat sie einen realen Ort, und deshalb ist sie genau so ein Topos im hier umrissenen Sinne Agambens wie jene »Bilder[]« »d[e]s Ganze[n]«, nach denen wie auf Blumenbergs Rat hin die vorliegende Studie »fahnde[t]«.[378]

Komplizierter liegen die Dinge mit Blick auf Agambens Vorstellung von einer »philosophische[n] Topologie«, die sogar dem »*topos outopos* angemessen[]« sein soll. Was heißt das? Agamben verknüpft hier den Begriff des ›Phantasmas‹ mit dem des ›Topos‹ im doppelten Sinne von ›Ort‹ einerseits und ›Vorstellung‹ oder ›Bild in der Seele‹ andererseits. Vielleicht spielt Agamben im letzten Satz mit der Metapher vom »Licht« auf Aristoteles' genannte etymologische Verbindung von Phantasie (»ἡ φαντασία [hē phantasía«]), Licht (»τό φάος [tó pháos]«) und Sehen (»ἰδεῖν/εἴδεῖν [ideîn/eídeîn]«) an.[379] In jedem Fall bezieht er sich auf eine andere berühmte Aristoteles-Definition – auch wenn er sie hier nicht nennt. Es handelt sich um Aristoteles' Definition vom Staunen als Anfang des Philosophierens. Zu Beginn der *Metaphysik* schreibt er:

> Verwunderung [τὸ θαυμάζειν] war den Menschen jetzt wie vormals der Anfang des Philosophierens [τὸ πρῶτον ἤρξαντο φιλοσοφεῖν], indem sie sich anfangs über das nächstliegende Unerklärte verwunderten [ἐξ ἀρχῆς μὲν τὰ πρόχειρα τῶν ἀτόπων θαυμάσαντες], dann allmählich fortschritten und auch über Größeres Fragen aufwarfen, zum Beispiel [...] über die Entstehung des Alls [τοῦ παντὸς γενέσεως].[380]

Verwunderung über das Unerklärte ist der Anfang allen Philosophierens – inklusive der Frage nach dem ›Ganzen‹, ›τὸ πᾶν [tò pân]‹ –, und das Unerklärte nennt Aristoteles hier ›ἄτοπος [átopos]‹, wörtlich ›ortlos‹. Ganz ähnlich ist

378 Vgl. Anm. 289

379 Vgl. Anm. 370.

380 Aristoteles: Aristoteles' Metaphysik. Bücher I(A)–VI(E). Griechisch-Deutsch. Übersetzt von Hermann Bonitz und Horst Seidl, Hamburg 1995, S. 12f. (982 b). Ähnlich schon bei Platon: Erstaunen beziehungsweise »Verwunderung [τὸ θαυμάζειν]«, sagt Sokrates im *Theaitetos*, sei der »Anfang der Philosophie [ἀρχὴ φιλοσοφίας]«. Platon: Θεαίτητος. Theaitetos, in: ders.: Werke in acht Bänden. Griechisch und deutsch, 6. Band: Theaitetos. Der Sophist. Der Staatsmann. Bearbeitet von Peter Staudacher. [...] Deutsche Übersetzung von Friedrich Schleiermacher, Darmstadt 1970, S. 1–217, S. 44f. (155d). Vgl. auch das Goethe-Zitat 387.

heute noch der Sprachgebrauch im Deutschen: niemand wundert sich über einen ›Gemeinplatz‹, einen eben allen bekannten Ort, aber man staunt zum Beispiel über einen ›abseitigen‹ Vorschlag, der so weit abseits der ausgetretenen Wege von Gemeinplatz zu Gemeinplatz liegt, dass wir ihn gar nicht ›verorten‹ und daher auch gar nicht ›erörtern‹ können. Dieser Weg von Gemeinplatz zu Gemeinplatz, von Topos zu Topos, heißt in der traditionellen rhetorischen Terminologie ›Topik‹.[381] ›Átopos‹ ist also das, was philosophisch noch ungeklärt oder, rhetorisch formuliert, noch außerhalb der Topik liegt.

So verstanden, heißt *Philosophieren* zunächst einmal *Verorten* oder *Erörtern, was noch nicht verortet ist* und deshalb irritiert. Noch Hans Georg Gadamer ist, wenn er den Ursprung der Hermeneutik erläutert, diesem Topos des Topos verpflichtet:

> Die Unverständlichkeit oder Mißverständlichkeit überlieferter Texte, die sie [die Hermeneutik] ursprünglich auf den Plan gerufen hat, ist nur ein Sonderfall dessen, was in aller menschlichen Weltorientierung als das *atopon*, das Seltsame begegnet, das sich in den gewohnten Erwartungsordnungen der Erfahrung nirgends unterbringen läßt. Und wie im Fortschritt der Erkenntnis die *mirabilia* ihre Befremdlichkeit verlieren, sowie sie verstanden worden sind, so löst sich auch jede gelingende Aneignung von Überlieferung in eine neue, eigene Vertraulichkeit auf […].[382]

Spricht nun Agamben im Hinblick auf die von ihm skizzierte »philosophische Topologie« von einem *»topos outopos«*, dann verweist er damit auf jenes »auswegloses Problem«, das bei Aristoteles »Aporie [ἀπορία]«[383] heißt und hier schon beim ›Heil‹ und bei der ›absoluten Metapher‹ als das Problem ihrer konstitutiven Nachträglichkeit aufgetaucht ist: dass nämlich ein *outopos*, sobald er erkannt ist, kein *outopos* mehr ist, sondern schon ein *topos outopos*, also als solcher eben ein Topos, wenn auch ein – noch – abseitiger. Darin ähnelt er der Metapher, die anfangs ebenfalls abseitig, weit hergeholt oder eben kühn sein mag, bevor sie durch Habitualisierung zum naheliegenden Gemeinplatz, das heißt zum Begriff wird. So wie das ›Heil‹ eine nachträgliche ›utopische‹

---

381 So der auf den »archaischen Lyriker SIMONIDES« zurückgehende »mnemotechnische T[opik]-Begriff«: »Um sich eine Gedankenreihe einzuprägen, bringt der Mnemotechniker deren einzelne Punkte gedanklich in Verbindung mit bestimmten, in einer festen Reihe angeordneten Örtern; anschließend braucht er nur in Gedanken die Örter abzuschreiten, um auch die an ihnen haftende Gedankenreihe reproduzieren zu können.« Topik; Topos, in: Ritter, Gründer (Hg.): Historisches Wörterbuch der Philosophie, Sp. 1263.

382 Hans-Georg Gadamer: Rhetorik, Hermeneutik und Ideologiekritik. Metakritische Erörterungen zu Wahrheit und Methode, in: ders.: Gesammelte Werke, Tübingen 1999, Bd. 2, S. 232–250, S. 237.

383 Vgl. Anm. 372.

Projektion ist, so ist es auch der *outopos* im Sinne des ›Unerklärten‹ oder, wie Friedrich Schleiermacher ›ἄτοπος‹ gelegentlich übersetzt, ›Unfassbaren‹ selbst. Um es in etwas Heidegger'scher Manier zu sagen: Wenn das bisher Ungefasste, Unbegriffene erst einmal als vermeintlich unfassbar, unbegreifbar erkannt ist, dann ist es schon angefasst oder wenigstens ansatzweise begriffen. Und so wie die Metaphorologie nur nachträglich die als *bisher absolut* zu bezeichnende Metapher auflöst, so verortet die Topologie den nur *bisher, jetzt aber nicht mehr* so zu nennenden *outopos* und verwandelt ihn auf diese Weise in sein Gegenteil, in einen *topos*. Wie die absolute Metapher schon nicht mehr absolut ist, wenn sie erkannt wird, so ist der *outopos* schon Topos und nicht mehr Nicht-Topos, sobald man über ihn staunt – das Staunen ist also schon der Anfang vom Ende des Staunens. Anders formuliert: Das Verhältnis von absoluter Metapher zu Metapher ist dem von *outopos* zu *topos* analog. Falls es eine absolute Metapher oder einen *outopos* tatsächlich geben sollte, so sind sie jedenfalls nicht beobachtbar: insofern ist tatsächlich der Topos – und nicht der *outopos* –, wie Agamben sagt, »allem anderem vorgängig«.

Ἄτοπον, philosophisch, poetisch, romantisch. Sokrates weicht vom Wege ab

Lexikalisiert sind für ›ἄτοπος‹ die Bedeutungen »ungewöhnlich, sonderbar« und, stärker wertend, »widersinnig«, »ungehörig« und »übel«.[384] Diese Wertung entspringt der rhetorischen Tradition, in der Unverständlichkeit ein Stilfehler und daher ein rhetorisches Übel (ein *vitium*) ist.[385] Daneben gibt es jedoch mindestens zwei positive Lesarten des *átopon*.

Die erste ist poetologischer Natur. Denn auch wenn das *átopon* ein Stilfehler sein kann, dann kann es doch ebenso als Stilmittel gewollt – und damit ein Mittel der Dichtkunst sein.[386] Indem nämlich das *átopon* Staunen

384 »ἄτοπος«, in: Hermann Menge: Langenscheidts Taschenwörterbuch der griechischen und deutschen Sprache, Erster Teil: Griechisch-Deutsch, Berlin [18]1950, S. 74. – Der Eintrag im Standard-Wörterbuch *Liddell-Scott-Jones Greek-English Lexicon* lautet: »**ἄτοπ-ος, ον, out of place, out of the way**: hence, 1. unwonted, extraordinary, of symptoms [...]. 2. strange, paradoxical [...]. 3. unnatural, disgusting, foul [...]. 4. Adv. ἀτό-πως marvellously or absurdly [...].« LSJ. The Online Liddell-Scott-Jones Greek-English Lexicon; http://stephanus.tlg.uci.edu/lsj (28.8.2018).

385 Vgl. zum Verhältnis von *obscuritas* und *perspicuitas* Heinrich Lausberg: Die Elemente der literarischen Rhetorik. Eine Einführung für Studierende der klassischen, romanischen, englischen und deutschen Philologie, Ismaning [10]1990, S. 50f. (§ 132–133).

386 Die »*obscuritas*« kann »wie als Fehler [...] so auch als Lizenz [...] vorkommen«; ebd., S. 51 (§ 133).

verursacht, ist es nicht nur der erste Schritt zur philosophischen Selbstbelehrung, sondern bereitet außerdem Vergnügen. In diesem Sinne sagt Goethe am 18. Februar 1829 zu Eckermann: »›Das Höchste, wozu der Mensch gelangen kann […], ist das Erstaunen‹«.[387] Aristoteles wiederum schreibt in der *Poetik*: »Das Staunen bereitet Vergnügen [Τὸ δὲ θαυμαστὸν ἡδύ]«.[388] Genau dies aber, Belehrung und Vergnügen, sind die beiden Momente, die Horaz zufolge die Dichtkunst definieren: *prodesse* und *delectare* – Nützen und Vergnügen.[389] So verstanden, steht das *átopon* nicht nur am Anfang der Philosophie, sondern auch der Poesie. Im *átopon* haben sie eine gemeinsame Wurzel.

Die zweite positive Lesart des *átopon* ist philosophischer, genauer heuristischer oder methodischer Natur. Sie bezeichnet eine philosophische Gewohnheit, ja ein philosophisches Ethos. Sokrates zum Beispiel hat es besessen, wie eine Episode im *Symposion* nahelegt. Darin wird berichtet, wie sich Sokrates auf dem Weg zum Gastmahl verspätet. Irgendwie ist er seinem Begleiter Aristodemos abhandengekommen. Die Geschichte geht so:

> Hinter mir [, sprach Aristodemos,] ging er eben herein, und ich wundere [θαυμάζω] mich selbst, wo er wohl sein mag. […] Darauf sei ein […] Diener gekommen, meldend, der Sokrates ist abseits gegangen [Σωκράτης οὗτος ἀναχωρήσας] und steht in dem Vorhof des Nachbarn, und als ich ihn rief, wollte er nicht hereinkommen. – Wunderlicher Bericht [ἄτοπόν … λέγεις], habe Agathon gesagt. […] Darauf habe er [Aristodemos] selbst aber gesagt: […] [E]r hat das so in der Gewohnheit [ἔθος], bisweilen hält er an, wo es sich eben trifft, und bleibt stehen [ἐνίοτε ἀποστὰς ὅποι ἂν τύχῃ ἕστηκεν].[390]

---

387 Goethe, Johann Peter Eckermann: Gespräche mit Goethe in den letzten Jahren seines Lebens, S. 288. Es geht hier um das Urphänomen; vgl. Anm. 260.

388 Aristoteles, Poetik, S. 82f. (1460a). Übersetzung modifiziert; Manfred Fuhrmann übersetzt: »Das Wunderbare bereitet Vergnügen«.

389 »[A]ut prodesse volunt aut delectare poetae / aut simul et iucunda et idonea dicere vitae.« »Entweder nützen oder erfreuen wollen die Dichter oder zugleich, was erfreut und was nützlich fürs Leben ist, sagen.« Quintus Horatius Flaccus: Ars Poetica. Die Dichtkunst. Lateinisch/Deutsch. Übersetzt und mit einem Nachwort hg. von Eckart Schäfer, Stuttgart 1984, S. 24f. (V. 333f.)

390 Platon, Συμπόσιον. Das Gastmahl, S. 218–221 (175a–175b). – Das, wenn man so sagen kann, Gesucht-Zufällige thematisiert auch Kant. Dabei spielt der Zusammenhang von ›Witz‹ und ›Auswittern‹ eine Rolle. Im § 53 der *Anthropologie*, der auf § 52 »Von dem produktiven Witze« folgt, schreibt Kant von der »Belehrung nach bestimmten Regeln […], wie man mit Glück [!] suchen solle«. Diese Suche »muß nach Prinzipien, gewissen Anzeigen zu Folge, geschehen, und daran liegt's eben, wie man diese auswittern soll.« Kant, Anthropologie in pragmatischer Hinsicht, S. 542 (§ 53). Poetologisch gewendet, führt eine erfolgreiche Suche in diesem Sinne zu »jene[n] Merkmale[n] feurig spielender Laune«, die, »ein gewichtigerer Vorzug« »als irgendein innerer Gehalt«, Thomas Manns Gustav von Aschenbach in seinem »Werk« vermisst. Thomas Mann: Der Tod in Venedig, in: ders.: GW 8, S. 444–525, S. 449.

Wie in der zitierten Passage aus Aristoteles' *Metaphysik*[391] gehen hier der Begriff ›Staunen‹ (τὸ θαυμάζειν/θαυμάζω) und das *átopon* Hand in Hand. Dabei ist Schleiermacher als Übersetzer die wörtliche Bedeutung des Wortes ›ἀτόπων‹ offensichtlich wichtig, bewahrt er sie doch gewissermaßen an anderer Stelle, indem er das Verb ›ἀναχωρέω‹ – eigentlich ›zurückgehen‹ – hier als ›abseitsgehen‹ übersetzt. Dieses Abseitsgehen aber soll eine »Gewohnheit [ἔθος]« des Sokrates sein: und damit eben, sofern auch hier ἔθος ›Gewohnheit‹ und ἦθος ›Sinnesart‹ zusammenfließen, sein philosophisches Ethos.

Man muss sich klarmachen, was hier gesagt wird. Gerade die ›τύχη [týchē]‹, wie es im erläuternden Satz heißt, also »Zufall«, »Schicksal« oder »Glück« (Schleiermacher: »wo es sich eben trifft«),[392] sollen Sokrates' philosophisches Ethos prägen? Und es soll sich ausgerechnet im ›Abfallen‹ – »ἀποστάς«: Partizip Aorist zu ἀφίσταμαι ›wohin treten‹, ›abweichen von‹, ›abfallen‹ – von jenem auf das angestrebte Ziel hin führenden Weg zeigen, dessen philosophischer *terminus technicus* – von ›μετά [metá]‹ und ›ὁδός [hodós]‹: ›Weg auf ein Ziel hin‹ – die ›Methode‹ ist? Präsentiert Platon hier tatsächlich den Sokrates, Vorbild aller Philosophen, *avant la lettre* als *Apostat von der Methode?* Immerhin hatte es kurz zuvor schon geheißen, Sokrates »sei, über irgend etwas bei sich nachsinnend, unterwegs zurückgeblieben [κατὰ τὴν ὁδὸν πορεύεσθαι ὑπολειπόμενον]«,[393] und hier taucht der eigentlich verfolgte Weg ganz wörtlich als ›ὁδός‹ auf. So gesehen, wäre Sokrates hier tatsächlich ein Apostat von der Methode.

Oder jedenfalls ein Gelegenheitsapostat von der strikten philosophischen Methode. Denn nicht ein für alle Mal, sondern nur gelegentlich weicht Sokrates vom eingeschlagenen Weg ab und überlässt sich dem Zufallspotential des *atópon.* Grundsätzlich jedoch verfolgt er sehr wohl seinen Weg – wie er ja auch nach der zitierten Episode bei seinem Gastgeber Agathon eintrifft. *Wann* er sich aber dem im beschriebenen Sinne nicht nur philosophisch, sondern auch poetisch produktiven Zufall des *atópon* überlässt, das wiederum ist nicht dem Zufall anheimgestellt: Darüber entscheidet Sokrates. Denn das Abschweifen ins Atopische stößt ihm ja nicht zu, sondern ist vielmehr seine »Gewohnheit« – und als solche Gewohnheit mag es zwar habitualisiert sein, aber geschieht doch grundsätzlich mit Absicht: Eben so, wie sich ein Ethos auf Dauer aus vielen absichtsvollen Einzelentscheidungen konstituiert.

391 Vgl. Anm. 380.

392 »τύχη«, in: Menge: Langenscheidts Taschenwörterbuch der griechischen und deutschen Sprache, S. 450.

393 Platon, Συμπόσιον. Das Gastmahl, S. 218f. (174d).

So verstanden, besteht Sokrates' philosophische Methode paradoxerweise gerade darin, mutwillig, aber befristet und damit dosiert von ihr abzuweichen. Das vielleicht berühmteste, zumindest offensichtlichste Merkmal dieser Methode ist ein rhetorisches – und zwar der ständige Wechsel vom ›logischen‹ zum ›mythischen‹ oder, rhetorisch formuliert, metaphorischen Sprechen.[394] Wie sich aus dem Gesagen ergibt, handelt es sich dabei *nicht* um eine Regression ins Proto-Philosophische – verstanden als das Proto-Begriffliche – einer terminologisch noch nicht gefestigten Philosophie, sondern um einen Kunstgriff zur Erzeugung jener Irritation durch das Atopische und die *»mirabilia«* seiner »Befremdlichkeit« (Gadamer) oder Schwerverständlichkeit, die sich als gleichermaßen philosophisch wie poetisch fruchtbar erwiesen hat. Es ist also, so betrachtet, der Zufall, aus dem die Philosophie immer wieder von Neuem schöpfen muss. Das ist es auch, was Agamben meinen könnte, wenn er schreibt, »die topologische Erforschung« sei »stets am Licht der Utopie« – oder eben des Atopischen – »ausgerichtet«. In jedem Fall aber ist klar, was das naheliegendste Mittel der Philosophie ist, um aus dem Zufall zu schöpfen. Es ist der Gebrauch von Metaphern.

Daraus kann man zweierlei folgern. Zum einen hat gewissermaßen, lässt man die Chronologie einmal beiseite, schon Platons Sokrates seine Schlüsse aus der Einsicht von der ewigen Wiederkehr der Metapher in der Philosophie gezogen, die noch Hans Blumenberg mit seiner Orientierung an der cartesischen Logizität metaphorologisch eindämmen will: nämlich die systematische Bejahung der Metapher nicht *trotz*, sondern gerade *aufgrund* ihrer Vieldeutigkeit und Schwerverständlichkeit. Zum anderen, das ist die zweite Folgerung, ist hier offenbar von nichts anderem die Rede als von jener »schöne[n] Verwirrung der Fantasie«, mit der ich oben in der Einleitung Friedrich Schlegel zitiert hatte. Kein Zufall, dass Schlegel einer der Propheten der »neue[n] Mythologie« war,[395] bekennen sich doch gerade die Romantiker, wie ich argumentiert hatte, zum mutwilligen Gebrauch der Metapher – und zwar sowohl beim Schreiben wie beim Lesen.

Es mag verwirrend und fantastisch klingen – und genau das ist es auch, und zwar im Schlegel'schen Sinne: In ihrem gegen Descartes und Blumenberg

394 Vgl. W. Burkert: Mythos, Mythologie, in: Joachim Ritter, Karlfried Gründer (Hg.): Historisches Wörterbuch der Philosophie, Bd. 6 (Mo–O), Basel 1984, Sp. 281–283. Vgl. zum Zusammenhang von Metapher und Mythos Reinhart Herzog: Metapher – Exegese – Mythos. Interpretationen zur Entstehung eines biblischen Mythos in der Literatur der Spätantike, in: Manfred Fuhrmann (Hg.), Terror und Spiel. Probleme der Mythenrezeption, München 1971, S. 157–185.

395 Friedrich Schlegel: Rede über die Mythologie, in: ders.: Schriften zur Kritischen Philosophie 1795–1805. Mit einer Einleitung und Anmerkungen hg. von Andreas Arndt und Jure Zovko, Hamburg 2007, S. 96–103, S. 97.

gerichteten Verständnis des Zufällig-Vieldeutigen, wie es die Metapher stiftet, sind die Romantiker so sokratisch wie Sokrates romantisch. Sokrates' Ethos des *atópon* ist das romantische Ethos der Metapher.

Hinter jedem Horizont geht's weiter. Vornachträgliche Romantik

Aber darf man das, so mit den Begriffen umgehen? Nicht, dass es für einen solchen Umgang mit dem Begriff der ›Romantik‹ oder des ›Romantischen‹ keine Präzedenzfälle gäbe. Bei Roland Barthes etwa heißt es in seinem vielleicht berühmtesten, jedenfalls wohl meistgelesenen Text kommentarlos, »[d]er Surrealismus« habe ein »romantische[s] Ziel« verfolgt.[396] Ricarda Huch spricht, wie schon zitiert, von einer »romantischen Weltanschauung«.[397] Rüdiger Safranski hat das zu der These zugespitzt, dass es »das Romantische« als »Geisteshaltung« »bis heute [gibt]« –[398] und so steht im Register seines *»Romantik«*-Buches »Dutschke« zwischen »Dürer« und »Eichendorff«.[399] Ähnlich weit ist der ›Romantik‹begriff der Kuratoren der Ausstellung »Ernste Spiele. Der Geist der Romantik in der deutschen Kunst 1790–1990«.[400]

Dann wiederum fragt sich bei all diesen Formulierungen nun doch, wie sie sich auf den Epochenbegriff der ›Romantik‹ auswirken, also auf die Analyse und Interpretation von Texten aus jenen Jahrzehnten um die Wende zum 19. Jahrhundert, die traditionell ›die Romantik‹ heißen. Was bedeutet es für ›die Romantik‹, das heißt, inwiefern verändert sich das gegenwärtige Verständnis ›der Romantik‹, wenn im Jahr 2009 ein *»Sehnsucht«* betiteltes Album mit Arien von Mozart, Schubert, Beethoven und Wagner erscheint, dessen Titelmotiv den Tenor Jonas Kaufmann in Caspar David Friedrichs um 1818 entstandenes Gemälde *Der Wanderer über dem Nebelmeer* (Abb. 5)[401] hineinmontiert zeigt

396 Roland Barthes: Der Tod des Autors, in: Fotis Jannidis u. a. (Hg.): Texte zur Theorie der Autorschaft, Stuttgart 2000, S. 185–193, S. 188.

397 Huch, Die Romantik. Ausbreitung, Blütezeit und Verfall, S. 397. S. Anm. 80.

398 »Die Romantik ist eine Epoche. Das Romantische ist eine Geisteshaltung, die nicht auf eine Epoche beschränkt ist. Sie hat in der Epoche der Romantik ihren vollkommenen Ausdruck gefunden, ist aber nicht darauf beschränkt; das Romantische gibt es bis heute.« Rüdiger Safranski: Romantik. Eine deutsche Affäre, München 2007, S. 12.

399 Ebd., S. 411.

400 Christoph Vitali (Hg.): Ernste Spiele. Der Geist der Romantik in der deutschen Kunst 1790–1990, Stuttgart 1995.

401 Caspar David Friedrich: Wanderer über dem Nebelmeer, um 1818, in: Caspar David Friedrich. Die Erfindung der Romantik. Ausstellungskatalog Essen, Hamburg, hg. von Hubertus Gaßner, München 2006, S. 266.

Abb. 5 Caspar David Friedrichs *Wanderer über dem Nebelmeer* (um 1818)

und Kaufmann dabei dem Betrachter und der Betrachterin nicht den Rücken zuwendet, sondern ihnen entgegenblickt? (Abb. 6)[402]

Abb. 6 Von vorne: Sehnsucht 2009

Abb. 7 Romantik-Handbuch (2003). Wo ist das Nebelmeer, wohin blickt der Wanderer?

Die Annahme der vorliegenden Studie ist, dass solche Zitate auf die zitierten Originale zurückwirken – und das nicht nur in dem Sinne, dass ein geradezu brutal entstellendes Bild-Zitat wie das Cover des 2003 erschienenen *Romantik-Handbuchs* (Abb. 7)[403] die Charakteristika des Originals in der Entstellung umso deutlicher kenntlich werden lässt: so etwa Friedrichs »hyperbolisches Schema«.[404]

Die These, dass Zitate auf das Zitierte zurückwirken und es dadurch ändern, hat Mieke Bal im Anschluss an Walter Benjamin vertreten. Benjamin schreibt in seinem Essay *Die Aufgabe des Übersetzers*:

402 Jonas Kaufmann: Sehnsucht. Mozart, Schubert, Beethoven, Wagner. Mahler Chamber Orchestra, Claudio Abbado, Decca: London 2009.

403 Helmut Schanze (Hg.): Romantik-Handbuch, Stuttgart ^{2}2003, U 1. Die Ausgabe ^{1}1994 zeigt auf dem Umschlag noch einen Ausschnitt aus Friedrichs *Wanderer über dem Nebelmeer* in Reproduktion.

404 S. Anm. 2226 und die dort anschließenden Ausführungen.

> [I]n seinem Fortleben, das so nicht heißen dürfte, wenn es nicht Wandlung und Erneuerung des Lebendigen wäre, ändert sich das Original. Es gibt eine Nachreife auch der festgelegten Worte.[405]

Hier schließt Bal an, wenn sie diesen Rückwirkungseffekt des Zitats als »quotation [which] is vital to the new art but also to the source from which it is derived« – so der Klappentext ihres Buches *Quoting Caravaggio. Contemporary Art, Preposterous History* –[406] im Anschluss an eine Formulierung von T. S. Eliot *»preposterous history«* nennt. Bei Eliot heißt es:

> Whoever has approved this idea of order [...] will not find it preposterous that the past should be altered by the present as much as the present is directed by the past.[407]

Zur Gegenüberstellung von historischen und zeitgenössischen, sie zitierenden Texten schreibt Bal:

> Such re-visions of [...] art neither collapse past and present, as in an ill-conceived presentism, nor objectify the past and bring it within our grasp, as in a problematic positivist historicism. They do, however, demonstrate a possible way of dealing with »the past today.« This reversal, which puts what came chronologically first (»pre-«) as an aftereffect behind (»post-«) its later recycling, is what I would like to call a *preposterous history.*[] In other words, it is a way of »doing history« that carries productive uncertainties and illuminating high-lights – a vision of how to re-vision the [past] [...].[408]

Es liegt auf der Hand, dass der Klappentext die stärkere These artikuliert. In seiner Überspitzung und in Hinblick auf den Eliot-Bezug lässt er an Persse McGarrigle denken, jene Romanfigur von David Lodge, die eine »thesis on the influence of T. S. Eliot on Shakespeare« geschrieben hat und dafür auf

405 Walter Benjamin: Die Aufgabe des Übersetzers, in: ders.: Gesammelte Schriften IV.1, hg. von Tillman Rexroth, Frankfurt a. M. 1991, S. 9–21, S. 12.

406 Mieke Bal: Quoting Caravaggio. Contemporary Art, Preposterous History, London 1999, S. U 4.

407 Thomas Stearns Eliot: Tradition and the Individual Talent, in: ders.: The Sacred Wood. Essays on Poetry and Criticism, London ^{7}1950, S. 47–59, S. 50.

408 Bal, Quoting Caravaggio, S. 6f. Bal bezieht sich hier auf die Gegenüberstellung von Gemälden Caravaggios und Malerei und Fotografie vom Ende des 20. Jahrhunderts; das Zitat endet im Original mit »a vision of how to re-vision the Baroque.« – Auch wenn im Folgenden von *»preposterous history«* ohne den von Bal gesetzten Artikel »a« die Rede ist, ist daran zu denken, dass Bal den Begriff ›Geschichte‹ in der zitierten Passage nicht generisch, sondern im Sinne einer konkreten einzelnen Geschichte versteht.

einer Party verlacht wird.[409] Dazu besteht allerdings genau genommen kein Anlass, geht es doch bei dieser *thesis* wie bei Mieke Bals *preposterous history* bloß darum, dass man nun einmal nicht umhinkommt, alte Texte in Kenntnis der ihnen nachfolgenden und sich mit ihnen auseinandersetzenden Texte zu lesen. Immer verschmelzen – so sagt es ja auch Gadamer – die aktuellen Horizonte mit denen der Vergangenheit:[410] und daher liest, wer Eliot kennt, in der Tat Shakespeare »through the lens of T. S. Eliot's poetry«.[411]

›Beeinflusst‹ (Lodge) oder ›ändert‹ (Bal) aber die Betrachtung durch die – hier: Eliot'sche – Linse das Betrachtete – hier: Shakespeare –, dann ist damit eben diejenige Lektürehaltung beschrieben, die – wie oben schon zitiert – der Protagonist von Brentanos Roman *Godwi* als »romantisch« definiert: »das Romantische«, so Godwi, ist »ein Perspectiv«, dessen Glas-»Farbe« dem »entfernten zu Sehenden [...] etwas [...] mitgiebt«.[412]

So gesehen, spitzt Bals Begriff von *preposterous history* bloß zu, was Gadamer zufolge, aber auch schon im Selbstverständnis der Romantik das Verstehen grundsätzlich prägt. Anders gesagt: Benjamins »Nachreife auch der festgelegten Worte« wie Bals *»preposterous history«*, in der die Gegenwart die Vergangenheit gewissermaßen nachträglich einfärbt, sind nichts anderes als historiografische Spielarten der von Godwi beschriebenen romantischen Perspektivierungen. Teilt man dieses Verständnis, dann lässt sich in der Tat ein epochemachender ›romantischer‹ Text wie Eichendorffs Roman *Ahnung und*

409 »›What's your own field, Mr McGarrigle?‹ ›Well, I did my research on Shakespeare and T. S. Eliot,‹ said Persse. ›I could have helped you with that,‹ Dempsey butted in. [...] You could precisely quantify the influence of Shakespeare on T. S. Eliot.‹ ›But my thesis isn't about that,‹ said Persse. ›It's about the influence of T. S. Eliot on Shakespeare.‹ ›That sounds rather Irish, if I may say so,‹ said Dempsey, with a loud guffaw. [...] ›Well, what I try to show,‹ said Persse, ›is that we can't avoid reading Shakespeare through the lens of T. S. Eliot's poetry. I mean, who can read *Hamlet* today without thinking of ›Prufrock‹? Who can hear the speeches of Ferdinand in *The Tempest* without being reminded of ›The Fire Sermon‹ section of *The Waste Land?*‹« David Lodge: Small World. An Academic Romance, London 1985, S. 51f. – Zweimal kommt in Lodges Roman das Wort »preposterous« vor (S. 238, 247) – allerdings besteht hier, wenn ich recht sehe, kein Zusammenhang mit Eliots und Bals Verwendung des Wortes oder Persse McGarrigles Arbeit.

410 »Der Horizont der Gegenwart bildet sich [...] nicht ohne die Vergangenheit. Es gibt so wenig einen Gegenwartshorizont für sich, wie es historische Horizonte gibt, die man zu gewinnen hätte. *Vielmehr ist Verstehen immer ein Vorgang der Verschmelzung solcher vermeintlich für sich seiender Horizonte.* [...] Im Walten der Tradition findet ständig solche Verschmelzung statt. Denn dort wächst Altes und Neues immer wieder zu lebendiger Geltung zusammen, ohne daß sich überhaupt das eine oder andere ausdrücklich voneinander abheben.« Gadamer, Wahrheit und Methode, S. 311. Vgl. auch Anm. 310.

411 Vgl. Anm. 409.

412 Brentano, Godwi oder Das steinerne Bild der Mutter, S. 289; vgl. das volle Zitat zu Anm. 268.

Gegenwart von einem Baumwipfelpfad im Bayerischen Wald aus betrachten. Auch bei vornachträglicher Ausweitung, Differenzierung oder Einfärbung ihres Begriffs bleibt ›die Romantik‹ doch ›romantisch‹.

Formelhaftigkeit und Romantik zweiten Grades. Hoffmann und Eichendorff

Warum aber vertreten in dieser ›Romantik‹, wie sie der vorliegenden Studie zugrundeliegt, von denjenigen Autoren, die man der historischen Epoche der Romantik zuordnet, gerade Eichendorff und Hoffmann ›die Romantik‹? Zwei Spätgeborene also, die die frühromantische, für ›die Romantik‹ konstitutive Theorie schon als Buchwissen rezipieren – und das nicht einmal mit einem ausgeprägten, schon gar nicht mit einem explizit theoretischen Interesse? Nicht ein einziges Mal erwähnt Manfred Frank Hoffmann und Eichendorff in seiner Studie *»Unendliche Annäherung«. Die Anfänge der philosophischen Frühromantik*,[413] in der etliche post-frühromantische Romantiker vorkommen. Ebenfalls kein einziges Mal fällt der Name »Eichendorff« bei Winfried Menninghaus, *Unendliche Verdoppelung. Die frühromantische Grundlegung der Kunsttheorie im Begriff absoluter Selbstreflexion.* E.T.A. Hoffmann erwähnt Menninghaus einmal – und zwar im Anschluss an Jacques Derrida.[414]

In der Tat haben Eichendorff und Hoffmann die komplizierte philosophische Diskussion um die »Erbmasse der kantischen Philosophie« und die »Versuche, ihre Aporien durch einen radikalen Idealismus zu lösen«,[415] nicht verfolgt. Aus der philosophischen Tradition heraus lässt sich ihre Romantizität also nur schwer herleiten. Und doch lässt sie sich systematisch begründen, und zwar literaturtheoretisch wie -geschichtlich, nämlich aus jenem selbstreflexiven Zug ihrer Texte, den die ältere Forschung als ›Formelhaftigkeit‹ bezeichnet hat. Werner Kohlschmidt etwa hat die »Formel« bei Eichendorff als Bestandteil eines »nachahmbare[n] Modestil[s]« und im Schiller'schen Sinne »sentimentale Formel« beschrieben, die am Ende »de[s] Proze[sses] der Verfestigung der romantischen Symbolwelt zu deren formelhaftem Gebrauch bis an die Grenze der biedermeierlichen Manier« stehe.[416] Das ist zwar eine

413 Manfred Frank: »Unendliche Annäherung«. Die Anfänge der philosophischen Frühromantik, Frankfurt a. M. 1997.

414 Winfried Menninghaus: Unendliche Verdoppelung. Die frühromantische Grundlegung der Kunsttheorie im Begriff absoluter Selbstreflexion, Frankfurt a. M. 1987, S. 130.

415 Frank, »Unendliche Annäherung«. Die Anfänge der philosophischen Frühromantik, S. 5.

416 Werner Kohlschmidt: Die symbolische Formelhaftigkeit von Eichendorffs Prosastil. Zum Problem der Formel in der Romantik, in: Orbis Litterarum 8,1 (September 1950), S. 322–354, S. 323 und 327; vgl. zur Formel bei Eichendorff auch Anm. 2150.

abwertende Lesart der »Formel«. Aber es ist nicht die einzige. Das deutet sich schon bei Kohlschmidt an, wenn er Eichendorff mit Blick auf den »kaum bemerkbaren Wasserfalle«,[417] um den es später noch geht, *en passant* ein parodistisches Moment zuschreibt.[418]

Und das ist wichtig. Denn nicht nur sind die »[F]ormeln«, mit Curtius' Ausdruck, einfach jene Klischees, die sich im »Vorratsmagazin« der »Topik« finden,[419] sondern die Formeln haben auch, sofern sie *als Formel kenntlich* sind, Zitatcharakter. In einer solchen sozusagen mit Formelbewusstsein verbundenen Formelhaftigkeit liegt ihr selbstreflexives, wenn nicht parodistisches Potential. So ergibt es sich im Umkehrschluss aus Blumenbergs schon zitierter Ausage vom »Zeugniswert« der – mit Schiller ›naiven‹ – Metapher, der sich aus dem Umstand ergeben soll, »daß der Aussagende selbst *keine* Metaphorologie bes[itzt]«[420]. Besitzt er nämlich eine Metaphorologie oder Topologie, also das – mit Schiller: ›sentimentalische‹ –[421] Bewusstsein, zitierend mit Klischees umzugehen, dann verlieren seine ›Aussagen‹ insofern ihren »Zeugniswert«, als sie nun literarisch-mehrdeutig, spätstilhaft selbstreflexiv, vielleicht sogar ironisch oder parodistisch sind.

Genau so verhält es sich bei Hoffmann und Eichendorff – häufig unausgesprochen, aber auch immer wieder ausdrücklich. »Verführe ich nach dem Muster gewisser [...] Briefe, so müßte ich«, schreibt Hoffmann in seinem *Brief aus den Bergen* von 1820, um dann fortzufahren und die »Muster« als überholt zu charakterisieren: »Ich will das aber alles bleiben lassen, weil es langweilig ist und verbraucht« – nur dass er es tatsächlich *nicht* bleiben lässt, wenn er gleich darauf fortfährt: »Es ritten drei Reiter zum Tore hinaus etc.«,[422] mit diesem »etc.« dann aber die Formelhaftigkeit der Wendung markiert. Diese Form von Selbstreflexivität, auch Selbstwidersprüchlichkeit, ein Schreiben, bei dem vieles in unsichtbaren Anführungszeichen steht, ist es, was ich im Folgenden als ›Romantik zweiten Grades‹ bezeichne.

Dabei ist es *nicht* so, dass Hoffmann grundsätzlich der Parodist, Eichendorff hingegen der Biedermeier-Autor wäre. Auch bei Eichendorff findet sich offenkundige Romantik Parodie. Was, wenn nicht eine Parodie der eigenen ›Formelhaftigkeit‹, wäre ein Satz wie der aus der späten Novelle *Die Glücksritter*, wo

417 Eichendorff, Ahnung und Gegenwart, S. 323; vgl. den Kontext von Zitat 2298 unten.

418 Kohlschmidt spricht von einem »parodierten Garten«; Kohlschmidt, Die symbolische Formelhaftigkeit von Eichendorffs Prosastil, S. 343.

419 Curtius, Europäische Literatur und lateinisches Mittelalter, S. 89 (oben zitiert in Anm. 74).

420 Blumenberg, Paradigmen zu einer Metaphorologie, S. 24, oben Zitat 314.

421 Vgl. Anm. 149.

422 E.T.A. Hoffmann: Briefe aus den Bergen, in: ders.: Nachtstücke. Klein Zaches. Prinzessin Brambilla. Werke 1816–1820, hg. von Hartmut Steinecke unter Mitarbeit von Gerhard Allroggen, Frankfurt a. M. 2009, S. 688–713, S. 693; unten noch einmal als Zitate 662 und 777.

es heißt: »auf der Marmortreppe schlug der Pfau täglich dasselbe Rad, die Vögel sangen immer dieselben Lieder in denselben Bäumen«[423]? Der späte Eichendorff-Text *Unstern* wiederum wäre ein Beispiel für einen durchgängig parodistisch angelegten Text.[424] Das aber bedeutet: es kommt auf den Versuch an, ob sich ein Eichendorff-Text nicht nur als biedermeierliche Romantik-Schwundstufe, sondern auch als romantischer Text zweiter Ordnung lesen lässt. Und das ist häufig, vielleicht sogar immer möglich – einen frühen Text wie *Ahnung und Gegenwart* eingeschlossen. Auch dieser Text ›ist‹, wenn man ihn daraufhin befragt, selbstreflexiv und theoretisch – nicht trotz, sondern gerade aufgrund seiner sogenannten »Formelhaftigkeit«.

So gesehen, sind Hoffmann und Eichendorff nicht nur aufgrund ihres Geburtsjahrs Romantiker des zweiten Gliedes, sondern aufgrund ihrer literarischen Verfahren auch Romantiker zweiten Grades. Darin ähneln sie von ferne, gewissermaßen vornachträglich, einem Theoretiker wie Jean-Luc Nancy – vielleicht sogar mehr als dem späten, zum Katholizismus konvertierten Friedrich Schlegel, dessen frühromantischer Phase sie literaturgeschichtlich nachfolgen und dabei das eine oder andere Philosophem zitierend entnehmen.

Gewitzte Kombination, aber mit Urteilskraft. Zu Textkorpus und Metaphorologie als Methode

Wie lässt sich mit einem erweiterten Romantikbegriff, wie ihn die vorliegende Studie zugrundelegt, nicht nur mit Blick auf zwei Autoren und ihre ›Formhelhaftigkeit‹, sondern *grundsätzlich* ein ›romantisches‹ Textkorpus bestimmen und die Auswahl seiner Texte begründen? Die Frage ist nicht leicht zu beantworten. Zunächst einmal liegt es auf der Hand, dass die bis hierhin entwickelte Argumentation in Widersprüche geriete, wenn sie sich nicht zu jenem *ich-weiß-nicht-was*haften »Geschmacks«-Moment bekennen würde, das jeder Text-Auswahl und Korpus-Bestimmung zueigen ist. Irgendwie

423 Joseph von Eichendorff: Die Glücksritter. Novelle, in: ders.: Dichter und ihre Gesellen. Sämtliche Erzählungen II, hg. von Brigitte Schillbach und Hartwig Schulz, Frankfurt a. M. 2007 (1993), S. 509–558, S. 543.

424 »Das erste Kapitel will ich lieber ganz übergehen, ich habe zu viel zu tun und den Kopf zu voll«, beginnt der Text ausgerechnet unter der Überschrift *»Erstes Kapitel«* in tristramshandesker Manier (vgl. Anm. 485). Wendungen wie »im Auge so ein gewisses Etwas, Schwärmerisches u. s. w.«, »die ewigen Lerchenlieder p.« markieren die ›Formelhaftigkeit‹; vgl. außerdem das *Unstern*-Zitat in Anm. 2335. Joseph von Eichendorff: <Unstern>, in: ders.: Tagebücher, Autobiographische Dichtungen, Historische und Politische Schriften. Hg. von Hartwig Schultz. Mit einem Essay von Wolfgang Frühwald, Frankfurt a. M. 1993, S. 357–370, S. 357 und 361.

müssen die interpretierten Texte eben, mit Gadamers Ausdruck, ›im Hinblick auf das Ganze passen‹.[425] Darin liegt allerdings ein Problem. Denn den über Geschmacksfragen entscheidenden »›Sinn‹« dafür, ob etwas »›passend‹ ist« oder nicht, muss man ja Gadamer zufolge ganz einfach »haben« – »demonstrierbar«, so Gadamer, »ist e[r] nicht.«[426] Das wiederum ist natürlich keine im hier gegebenen wissenschaftlichen Rahmen – mit Wittgenstein könnte man auch »Sprachspiel« sagen –[427] akzeptable Begründung; das Textkorpus und die Kriterien seiner Text-Auswahl müssen also im Unterschied zum Geschmacksurteil sehr wohl »auf Regeln und Begriffe« gebracht werden.[428]

Ich will das tun, indem ich zunächst im Anschluss an Andreas B. Kilcher allgemein die Selektivität[429] und Offenheit meines Textkorpus definiere und dann in zunehmender Konkretion den ihm zugrundeliegenden Romantikbegriff. Er wiederum bestimmt die Zusammensetzung des Textkorpus sowie den methodischen Umgang mit ihm.

Kilcher schreibt in seiner Habilitationsschrift *mathesis und poiesis. Die Enzyklopädik der Literatur 1600 bis 2000* zur »Frage nach der Eingrenzung« des »Korpus«:

> [I]n keiner Weise [werden] vollständige Paradigmenreihen angestrebt [...]. Das Korpus der Fallbeispiele ist vielmehr notwendig selektiv und offen, d.h. zweifellos erweiterbar, in einzelnen Fällen möglicherweise ersetzbar. Die Analyse [...] wird also weder in einer additiv-umfassenden Sammlung erfolgen, noch wird eine lineare Geschichte geschrieben. Sie erfolgt vielmehr in einer Auswahl von allerdings repräsentativen Fallbeispielen, die möglichst deutliche Konzeptionen [des in Frage stehenden Problems] [...] entwickeln. Mit anderen Worten: Die folgende Arbeit erstellt selektive Paradigmenreihen mit Lücken und geschichtliche Konstellationen mit Sprüngen.[430]

Das gilt auch für die vorliegende Studie. Dabei versammelt ihr Korpus ›romantische‹ Texte in – mindestens – dreierlei Sinne des Wortes. Erstens stammt ein Großteil der Texte aus der *Epoche ›Romantik‹*, und zwar in einem

425 Vgl. Gadamer, Wahrheit und Methode, S. 43. Vgl. das Zitat zu Anm. 100.

426 Ebd.

427 Ludwig Wittgenstein: Philosophische Untersuchungen. Kritisch-genetische Edition, hg. von Joachim Schulte [...], Frankfurt a. M. 2001, S. 749 (§ 7).

428 Gadamer, Wahrheit und Methode, S. 43. Vgl. das Zitat zu Anm. 100.

429 Zu dieser Selektivität gehört auch, dass Autoren nicht vorkommen, die hätten vorkommen können, etwa Herder und Fichte. Wie schon im Ausblick gesagt und vor den Fußnotenziffern 413 und 414 angedeutet, positioniert sich die vorliegende Studie immer wieder bewusst neben germanistisch etablierten Zusammenhängen.

430 Andreas B. Kilcher: *mathesis* und *poiesis*. Die Enzyklopädik der Literatur 1600 bis 2000, München 2003, S. 22f.

historisch so großzügig erweiterten Sinne, dass hier noch Schiller, streng genommen anthropologischer Vorläufer und Wegbereiter der Romanik, unter die Epoche ›Romantik‹ gefasst werden kann: und in diesem Sinne argumentiere ich ja. Die anderen gegen Ende des 18. Jahrhunderts geborenen Autoren, um die es hier geht, sind ›romantische‹ Autoren im mehr oder weniger traditionellen Sinne dieses Epochenbegriffs – mehr bei Novalis, Hoffmann, Eichendorff und Kerner, weniger bei Hegel, Goethe und Kleist. Sie alle wiederum fallen – zumindest mit ihren hier zitierten Texten – unter jenen zweiten *Romantikbegriff einer ›Haltung‹*,[431] die, so Detlef Kremer, »auf einem substantiellen Zusammenhang von Ich und Welt, Mikro- und Makrokosmos [beharrt]«. Sie artikuliert also, mit anderen Worten, »romantischen Sehnsucht« nach »Ganzheitlichkeit«[432] beziehungsweise, wie ich es nenne, nach dem ›Ganzen‹, dem ›Heil‹, dem ›Alles ist eins‹. Das allerdings tun nicht nur Autoren der um wie viele Jahrzehnte auch immer erweiterten *Epoche ›Romantik‹*, sondern auch der Gegenwart. Diese Autoren sind also *›Romantiker‹* nur im zweiten hier umrissenen Sinne des Wortes, also *der ›Haltung‹ nach.*

Schließlich gibt es noch einen dritten, gewissermaßen *technischen* beziehungsweise *methodischen Romantikbegriff*:[433] einen, so Detlef Kremer, »Beziehungssinn«, der »Beziehungen und Ähnlichkeiten« da »her[]stell[t], wo diese keineswegs offen zutage liegen.«[434] Dazu verhilft, mit einem Ausdruck des Novalis, der »Zauberstab der Analogie«.[435] Dieser Zauberstab aber ist keine romantische Erfindung, sondern nichts anderes als eine Wechselmetapher für den aristotelischen Pfeil vom Bogen jenes »treffsicheren Bogenschützen (*εὔστοχος*)«,[436] der »[s]charfsinn[ig]«-›fernhintreffend‹ »Ähnliches [...] in weit auseinanderliegenden Dingen [erkennt]« [τὸ ὅμοιον καὶ ἐν πολὺ διέχουσι θεωρεῖν εὐστόχου]:[437] und das wiederum ist Aristoteles' oben schon zitierte Definition der »Begabung«, »gute Metaphern zu bilden« [εὖ μεταφέρειν].[438]

---

431 Vgl. die Zitate zu den Anm. 398 und 397.

432 Kremer, Romantik, S. 5.

433 Bei Novalis ist die Rede von der »Geschicklichkeit einer reichen Einbildungskraft« und ihrem »Reitz der Zusammenstellung«. Novalis: Die Lehrlinge zu Saïs, in: ders.: Werke, Tagebücher und Briefe Friedrich von Hardenbergs, Bd. 1: Das dichterische Werk, Tagebücher und Briefe, hg. von Richard Samuel, München 1978, S. 199–236, S. 231.

434 Kremer, Romantik, S. 61.

435 Novalis: Die Christenheit oder Europa. Ein Fragment (*Geschrieben im Jahre 1799*), in: ders.: Werke, Tagebücher und Briefe Friedrich von Hardenbergs, Bd. 2: Das philosophisch-theoretische Werk, hg. von Hans-Joachim Mähl, München 1978, S. 731–750, S. 743.

436 Weinrich, Semantik der kühnen Metapher, S. 330.

437 Aristoteles, Rhetorik, S. 177 (1411b). Vgl. Anm. 53.

438 Aristoteles, Poetik, S. 74–77 (1459a). Vgl. Anm. 53.

So verstanden, bezeichnet also die Metapher vom »Zauberstab der Analogie« die Metapher selbst: die poetisch Sinn – buchstäblich ›Beziehungssinn‹ – stiftende Metapher als romantisches Antidot gegen jene, noch einmal mit Novalis, analytischen »Scheidekünstler«, die »mit scharfen Messerschnitten« das lebendige Ganze in »todte, zuckende Reste« verwandeln.[439] Die Analyse, so lässt sich generalisieren, löst Sinn, Beziehungen oder Metaphern auf, und Romantiker wie Novalis assoziieren diese Zersetzung mit dem Tod. Die Poesie hingegen stiftet Sinn und Beziehungen *durch* Metaphern, und Romantiker wie Novalis verbinden dies mit dem ›lebendigen Ganzen‹.

Die dafür erforderliche »Geschicklichkeit einer reichen Einbildungskraft« (Novalis)[440] heißt im 18. Jahrhundert ›Witz‹.[441] Es ist der »Witz«, der es Kant zufolge – ganz im Sinne des aristotelischen *εὔστοχος* – ermöglicht, »Ähnlichkeiten unter ungleichartigen Dingen aufzufinden«. Dabei ist der eher poetische »Witz« von der eher analytischen »Urtheilskraft« zu unterscheiden. In der *Anthropologie in pragmatischer Hinsicht* schreibt Kant:

> § 52. Es ist angenehm, beliebt und aufmunternd, Ähnlichkeiten unter ungleichartigen Dingen aufzufinden und so, was der Witz tut, für den Verstand Stoff zu geben, um seine Begriffe allgemein zu machen. Urteilskraft dagegen, welche die Begriffe einschränkt und mehr zur Berichtigung als zur Erweiterung derselben beiträgt, wird zwar in allen Ehren genannt und empfohlen, ist aber ernsthaft, strenge und in Ansehung der Freiheit zu denken einschränkend, eben darum aber unbeliebt. Des vergleichenden Witzes Tun und Lassen ist mehr Spiel; das der Urteilskraft aber mehr Geschäfte. […] Der im höheren Grade in einem Geistesprodukt beide verbindet, ist s i n n r e i c h (perspicax). Witz hascht nach Einfällen; Urtheilskraft strebt nach Einsichten.[442]

Kant macht klar, dass »Witz« allein nicht das »Genie« »aus[macht]«.[443] Er sieht offenbar noch wie Aristoteles die Ähnlichkeiten in den Dingen selbst begründet (›aufgefunden‹) und nicht als sprachlich, etwa durch

439 Novalis, Die Lehrlinge zu Saïs, S. 228 und 207. Zitiert bei Kremer, Romantik, S. 62. – Vgl. zur Metaphorik von ›tot versus lebendig‹ auch das Hegel-Zitat aus der Phänomenologie des Geistes zu Anm. 315.

440 Vgl. Anm. 433.

441 Vgl. Kilcher, *mathesis* und *poiesis*, S. 390–395; im *Grimmschen Wörterbuch* heißt es: *»schon die frühesten belege zeigen* witz *als intellektuelles vermögen, vielleicht deutet aber ahd.* uuizza *sowie die verwandtschaft mit ai.* vidyâ *›wissen‹ darauf hin, dasz* witz *ursprünglich auch gewuszte inhalte umfaszte, die bedeutung ›ratio, prudentia‹ also schon eine abgeleitete ist.«*; »WITZ«, in: Jacob und Wilhelm Grimm: Deutsches Wörterbuch, Bd. XIV/II: Wilh–Y, Leipzig 1960, Sp. 861–888, Sp. 861.

442 Kant, Anthropologie in pragmatischer Hinsicht, S. 539 (§ 52).

443 Ebd., S. 544 (§ 54).

Metaphern, erzeugt (›erfunden‹), sodass der Witz für ihn kein eigenständiges »schöpferisch[es] […] Vermögen« ist.[444]

Jean Paul wiederum hat sich um Kants Witz-kritische Genie-Ästhetik nicht bekümmert. Er hat im Gegenteil eine geradezu auf die Spitze getriebene »[a]ssozia[tive]«[445] Kombinatorik des Witzes zum poetischen Grundprinzip seiner »poetische[n] Enzyklopädik«,[446] man könnte auch sagen: phantastischen Enzyklopädik,[447] gemacht. Dabei geht er sehenden Auges über die von Hans Blumenberg – vermutlich im Anschluss an Freud – so genannte »Grenze des Beziehungswahns« hinaus.[448] Jean Paul schreibt:

> Die Kraft zu kombinieren und Aehnl[ichkeiten] zu finden wächst bei mir so, daß ich zuletzt gar keine Unähnlichkeit mehr kenne, sondern wie ein Gott alles ähnlich sehe.[449]

Was Jean Paul hier benennt, ist eine *ars combinatoria*, die sich radikal zu ihrer grenzenlosen Willkür bekennt – und sich in diesem Kontingenzbewusstein von der barocken *ars combinatoria*, aber auch von der systematischen Philosophie unterscheidet.[450] Antrieb der Jean Paul'schen *ars combinatoria* ist der

---

444 Im Unterschied zur »Einbildungskraft«, die »schöpferisch ist« (ebd.), »erfinde[t]« der Witz nicht, sondern »finde[t]« nur »auf« beziehungsweise »entdeck[t]«. Und Kant zufolge gilt: »§ 54. Etwas erfinden ist ganz was anderes als etwas entdecken. […] [D]as Talent zum Erfinden [heißt] das Genie.« Ebd., S. 543f. (§ 54) und 539 (§ 52).

445 Jean Paul spricht von »Ideen – Assoziazion«; Jean Paul: Philosophische Untersuchungen III 1801, in: ders.: Sämtliche Werke. Historisch-Kritische Ausgabe, 2. Abteilung, 7. Band: Philosophische, ästhetische und politische Untersuchungen, hg. von Götz Müller, Weimar 1999, S. 84–212, S. 111.

446 Kilcher, *mathesis* und *poiesis*, S. 391. Vgl. zum Folgenden den Abschnitt »Kombinatorik, Assoziation, Witz als enzyklopädische Verfahren« ebd., S. 390–395, wo auch die folgenden fünf hier ebenfalls zitierten Jean-Paul-Stellen vorkommen.

447 »Zum Wiz [sic] gehört Phantasie, um das Unähnliche, das er verbinde, nur zusammen zu bringen«, schreibt Jean Paul in seinen *Ästhetischen Untersuchungen*. Jean Paul: Ästhetische Untersuchungen Sept. 1794 I. q, in: ders.: Sämtliche Werke. Historisch-Kritische Ausgabe, 2. Abteilung, 7. Band: Philosophische, ästhetische und politische Untersuchungen, hg. von Götz Müller, Weimar 1999, S. 237–372, S. 259.

448 Blumenberg, Die Lesbarkeit der Welt, S. 234. Blumenberg bezieht sich hier eigentlich auf Novalis. – Vgl. zum ›Beziehungswahn‹ als Symptom der Paranoia Sigmund Freud: Über einige neurotische Mechanismen bei Eifersucht, Paranoia und Homosexualität (1922 [1921]), in: ders.: Studienausgabe, Bd. 7: Zwang, Paranoia und Perversion, hg. von Alexander Mitscherlich, Frankfurt a. M. 1973, S. 217–228, S. 222.

449 Jean Paul: Merkblatt 1820, in: ders.: Sämtliche Werke. Historisch-Kritische Ausgabe, 2. Abteilung, 6. Band: Dichtungen, Merkblätter, Studienhefte. Schriften zur Biographie. Libri legendi, Teil I: Text, hg. von Götz Müller, Weimar 1996, S. 225–346, S. 315.

450 »Die philosophische Weise der Darstellung ist nicht eine Willkür, auch einmal zur Veränderung auf dem Kopf zu gehen, nachdem man eine lange Weile auf den Beinen

»Witz«, genauer der »gelehrte[] Witz« –[451] denn er ist es, der »Unähnliches [...] gatte[t]«.[452]

Doch wer, gottgleich, alles allem ähnlich zu machen vermag, führt erstens den Begriff *ad absurdum* – Ähnlichkeit setzt ja Unähnlichkeit voraus – und verliert zweitens offenbar auch das Vergnügen daran. Das jedenfalls würde den Gefallen erklären, den Jean Paul dem § 52 seiner *Vorschule der Ästhetik* zufolge am »Zufall« findet. Zum »Erstaunen über den Zufall, der durch die Welt zieht«, schreibt Jean Paul hier:

> Jeder Zufall, als eine wilde Paarung ohne Priester, gefällt uns vielleicht, weil darin der Satz der Ursachlichkeit (Kausalität) selber, wie der Witz, Unähnliches zu gatten scheinend, sich halb versteckt und halb bekennt.[453]

Man muss sich klarmachen, was das heißt. Es ist der Zufall, durch den die Ähnlichkeit zweier entfernter Dinge auf einmal nicht mehr bloß ein poetisches Erzeugnis des gewitzt kombinierenden Gelehrten ist – also seine willkürliche Projektion auf die Dinge –, sondern plötzlich in den Dingen selbst aufscheint: ganz ähnlich, wie es Aristoteles – allerdings nicht für die Ausnahme des Zufalls, sondern im Grundsatz – angenommen hatte. Dabei klingt in Jean Pauls »Erstaunen über den Zufall« nichts anderes als das oben schon ausführlich beschriebene Atopon nach, an dem ja schon Sokrates seine Freude hat.

Anders gesagt: Wer sich beim ›Finden‹, und das heißt hier *Erfinden* von Ähnlichkeiten nur auf ›Kombinationskraft‹ und ›gelehrten‹ Witz stützt, gerät in jenen paranoiden Beziehungswahn,[454] in dem man mit Jean Paul »zuletzt gar« nichts »mehr [er]kenn[t]«.[455] Dagegen hilft es, sich auch auf Ähnlichkeit in den Dingen selbst zu stützen, wie sie uns Jean Paul zufolge gelegentlich der Zufall präsentiert – und uns so die Ähnlichkeit nicht *er-*, sondern *auffinden* lässt. Diesem Zufall aber, so hatte ich oben im Anschluss an Platons *Symposion* argumentiert, kann man auf die Sprünge helfen.

---

gegangen ist, oder sein Alltagsgesicht auch einmal bemalt zu sehen;« Georg Wilhelm Friedrich Hegel: Enzyklopädie der philosophischen Wissenschaften im Grundrisse 1830. Zweiter Teil. Die Naturphilosophie. Mit den mündlichen Zusätzen, in: ders.: GW 9, S. 20. Vgl. auch Hegels Polemik gegen die »Willkür« in: Georg Wilhelm Friedrich Hegel: Enzyklopädie der philosophischen Wissenschaften im Grundrisse 1830. Erster Teil. Die Wissenschaft der Logik. Mit den mündlichen Zusätzen, in: ders.: GW 8, S. 12 (s. Zitat 466). Diese Polemik richtet sich »explizit gegen Jean Paul«, Kilcher, *mathesis* und *poiesis*, S. 13.

451 Jean Paul, Vorschule der Ästhetik, S. 205 (§ 55).

452 Ebd., S. 193 (§ 52: Das Wortspiel); zitiert in Anm. 93.

453 Jean Paul, Vorschule der Ästhetik, S. 193 (§ 52).

454 Vgl. Anm. 448.

455 Vgl. das Zitat zu Anm. 449.

Wie das in der Philologie, Literatur- und Kulturwissenschaft geht, ergibt sich aus dem gerade zitierten § 52 von Jean Pauls *Vorschule der Ästhetik*. Sein Titel lautet »Das Wortspiel«.[456] Darunter versteht Jean Paul Sinnbezüge, die über sprachliche Ähnlichkeiten, etwas gleich- oder ähnlich klingende Worte, gestiftet werden. Ein solches »Verbindungsspiel der Worte«, so Jean Paul, lässt uns »den Blick von der Sache [...] wenden gegen ihr Zeichen hin«.[457] Das liegt auf der Hand. Wer mit Worten spielt, reflektiert die Sprache selbst. Zugleich aber gilt natürlich umgekehrt, dass auch der Blick vom Wort oder Zeichen auf die Sache fällt: liegt doch hier der »Witz« gerade darin, auf den ersten Blick der Sache oder dem »[S]inn« nach »Unähnliches zu gatten«, indem es zunächst bloß durch die »Sprache den Schein der Gleichheit erh[ä]lt«,[458] gerade dadurch aber möglicherweise am Ende auch eine Analogie in der Sache erkennen lässt.

Dabei kann sogar, wie Jean Paul ausdrücklich sagt, »das Wortspiel philologisch w[e]rd[en]«,[459] und damit ergibt sich aus dem Gesagten dreierlei in Hinblick auf Text-Korpus und Methode der vorliegenden Studie. Erstens wird ihr *Textkorpus* über eine Reihe *von* immer wiederkehrenden *gleichen Worten beziehungsweise Begriffen oder Metaphern* bestimmt und *zusammengehalten*, und dies auch über weite historische und systematische Entfernungen hinweg, also sozusagen ›fernhintreffend‹. Denn es ist – um in diesem Metaphernfeld zu bleiben – Aufgabe der Metaphorologie, die literarischen und theoretischen Trajektorien der von ihr untersuchten Metaphern nachzuzeichnen. In dieser metaphorologischen Ballistik sind gleiche Worte – Begriffe wie Metaphern – in weit voneinander entfernten Texten ein, wenn auch zufälliges, Anfangsindiz, um nach metaphorischen Verbindungen zu suchen. Diese Anfangsindizien erzeugen, dem Zufall wie Sokrates auf die Sprünge helfend, die Text-Auswahl der vorliegenden Studie. Spricht zum Beispiel Lukács wie Schiller von einem ›Riss‹ durch die Welt, dann tritt seine *Theorie des Romans* schon durch diese – und sei sie nur durch einen »Zufall« begründet – Wort-»Paarung«[460] in jenes »Konnexionen- oder Verbindungsspiel der Worte« ein, dessen Erkenntnis-»Gewinn« allerdings – um weiter mit Jean Paul zu argumentieren – in der »Sache«, noch genauer: in einer sachlichen »Schar der Ähnlichkeiten« liegen muss.[461] Aus einer dem »Wortspiel« oder »Sprach[]-Witz« vergleichbaren

456 Jean Paul, Vorschule der Ästhetik, S. 191 (§ 52).
457 Ebd., S. 193 und 194 (§ 52).
458 Ebd., S. 193, 192 und 194.
459 Ebd., S. 195.
460 Vgl. Anm. 453.
461 Ebd., S. 193 und 194.

sprachlichen Ähnlichkeit oder »Gleichheit« wird so ein echter »Sach-Witz«:[462] philologische Erkenntnis, wenn man so will.[463]

Zweitens sind zwar die Texte im Korpus der vorliegenden Studie historisch wie systematisch breit gestreut. Dabei sind die Texte jedoch *nicht* von *kombinatorischer Willkür und* – mit Kant – *bloß ›nach Einfällen haschendem Witz‹* bestimmt, wie es Jean Pauls radikalem, dauer-degressivem enzyklopädischem Verfahren nicht nur von Hegel vorgeworfen worden ist, sondern sehr wohl nach einer inneren begrifflichen Logik *strikt begrenzt*: zeigen sich doch in der Beschränkung auf die oben entwickelten literarischen Grundbegriffe des Mediums nicht nur die, mit Kilcher, ›Selektivität‹ des hier untersuchten Textkorpus, sondern vor allem die seiner Selektion zugrundeliegenden Begriffe. ›Offenheit‹ und ›Repräsentativität‹ wiederum ergeben sich aus der systematischen Breite wie historischen, das heißt diachronen, Tiefe des Textkorpus.

Drittens schließlich ist Be- oder »[E]inschränk[ung]« der Begriffe, so hatte ich Kant zitiert, Sache der »Urtheilskraft«.[464] Wie der Witz die Urteilskraft als Korrektiv benötigt, so benötigt sie auch eine am Ende – noch einmal mit Jean Paul – auf »Ideen Assoziazion« [sic][465] und damit zumindest ansatzweise auf das Enzyklopädisch-Kombinierende zielende Studie wie die vorliegende. Das hat Hegel in der »Vorrede« zu seiner eigenen *Enzyklopädie* klargemacht. Hegel unterscheidet hier »das Methodische des Fortgangs«, das »[*b*]*egriff*[*lich*]« zu vermitteln ist und – ausdrücklich – »beschränkt werden muß[]«, von der »bloße[n] Manier« eines »willkürliche[n]«, »leicht zu habenden Witzes barocker Verknüpfungen«:[466] und das geht, wie gesagt, gegen Jean Paul.[467]

Die Metaphorologie analysiert nicht nur Metaphern, sondern verwendet sie auch. Sie hilft ihnen durch geeignete Text-Auswahl auf die Sprünge. So gesehen, schwingt auch die Metaphorologie den Zauberstab der Analogie. In der hier skizzierten *technischen* beziehungsweise *methodischen* Bedeutung des Begriffs kann man das ›romantisch‹ nennen. Das ist allerdings kein Freibrief für eine schrankenlose assoziative Willkür, wie sie Hegel Jean Paul vorwirft, indem er dabei gerade *nicht* von – und sei's übetriebenem – romantischem,

---

462 Ebd., S. 194 und 191.

463 Vgl. Peter Szondi: Über philologische Erkenntnis, in: Methodenfragen der deutschen Literaturwissenschaft, hg. von Reinhold Grimm und Jost Hermand, Darmstadt 1973, S. 232–254.

464 Vgl. Anm. 442.

465 Vgl. Anm. 445.

466 Georg Wilhelm Friedrich Hegel: Enyklopädie der philosophischen Wissenschaften im Grundrisse (1830), hg. von Friedhelm Nicolin und Otto Pöggeler, Hamburg 1991, S. 20f.

467 Vgl. Anm. 450.

sondern von barockem Witz spricht. Der fernhintreffende Beziehungszauber der Romantik, heißt das, erfordert Witz *und* Urteilskraft zugleich: Nur dann ist er ›romantisch‹. In diesem Sinne ist die vorliegende Studie nicht nur eine Metaphorologie des romantischen Mediums, sondern – rhetorisch gesehen handelt es sich bei diesem Titel um eine Hypallage –[468] eine *romantische Metaphorologie des Mediums.*

468 »Hypallage [...], wenn das Beiwort nicht beim Beziehungswort [...] steht, sondern schon beim vorangehenden oder folgenden Hauptwort, zu dem es grammatisch [...] gehört: [...] ›Das braune Lachen ihrer Augen‹«. Ivo Braak: Poetik in Stichworten. Literaturwissenschaftliche Grundbegriffe. Eine Einführung von Ivo Braak, 8., überarbeitete und erweiterte Auflage von Martin Neubauer, Stuttgart 2001, S. 61.

KAPITEL 5

E.T.A. Hoffmanns *Brief aus den Bergen*. Kurze Theoriegeschichte des Mediums

Hoffmann geht ins Gebürge

Eine »einzige[] Erholungsreise«, so Friedrich Schnapp, unternimmt Hoffmann in seinem Leben –[469] das aber anscheinend zweimal. Im Sommer 1819, knapp drei Jahre vor seinem Tod mit 46 Jahren, reist er in das niederschlesische, am Fuße des Riesengebirges gelegene Bad Warmbrunn. Erholung hin oder her, auch aus dieser Reise macht Hoffmann Literatur. Im folgenden Jahr veröffentlicht er in der Zeitschrift *Der Freimüthige oder Unterhaltungsblatt für gebildete, unbefangene Leser* drei *Briefe aus den Bergen.* »[I]n keine der frühen Gesamtausgaben aufgenommen«, so Hartmut Steinecke, »blieben sie der Forschung unbekannt«. Erst 1910 wurden sie wieder veröffentlicht. Bis heute spielen sie Steinecke zufolge in der Hoffmann-Literatur »so gut wie keine Rolle«[470] – wie überhaupt »fast vollständig« »Versuche [fehlen], einzelne Briefe oder auch nur Briefteile« Hoffmanns »als literarische Texte zu lesen und zu analysieren.«[471]

Das ist merkwürdig – aus biografischen wie literarischen Gründen. Stimmt es nämlich, dass im »späteren Werk Hoffmanns [...] Naturbeschreibungen

469 Friedrich Schnapp nennt Hoffmanns »Reise nach Warmbrunn [...] im Sommer 1819« die »einzige[] Erholungsreise seines Lebens!«. E.T.A. Hoffmann: Briefe aus den Bergen, in: ders.: Nachlese. Dichtungen, Schriften, Aufzeichnungen und Fragmente, hg. sowie mit einem Nachwort und Anmerkungen versehen von Friedrich Schnapp, München 1981, S. 75–99, Kommentar S. 410.

470 Hoffmann, Briefe aus den Bergen (wie in Anm. 422, im Folgenden immer nach dieser Ausgabe), Kommentar S. 1115f.

471 Hartmut Steinecke: Die Kunst der Fantasie. E.T.A. Hoffmanns Leben und Werk, Frankfurt a. M., Leipzig 2004, S. 18. – Hoffmans *Briefe aus den Bergen* schließen an Jean Pauls Vorrede zur *Unsichtbaren Loge* an, wo sich schon viele Elemente von Hoffmanns *Briefen* finden. Dazu gehören die Bergtour in »Wagen« und »Sänfte« samt »vorüber[strömender]« »ätherische[r] Morgenluft«, ein »[S]ehne[n]« »zugleich *hinab* und *hinauf*«, kosmische »Saiten« und der Gedanke des Über-»Sprosse[n]«-»*Aufklimme*[*ns*]«. Jean Paul: Die unsichtbare Loge. Eine Lebensbeschreibung, in: ders.: Werke. Erster Band: Die unsichtbare Loge. Hesperus, hg. von Norbert Miller. Nachwort von Walter Höllerer, München 1960, S. 7–469, S. 23–32 (»VORREDNER in Form einer Reisebeschreibung«). – Zu Hoffmanns Briefen: Friedhelm Auhuber: Hoffmanns Briefe und Tagebücher, in: Detlef Kremer (Hg.): E.T.A. Hoffmann. Leben – Werk – Wirkung. 2., erweiterte Auflage, Berlin, New York 2010, S. 449–466.

 | DOI:10.30965/9783846763698_006

im Gegensatz zu vielen anderen ›Romantikern‹ eine verschwindend geringe Rolle« spielen,[472] dann sind gerade deshalb die *Briefe aus den Bergen* nur umso interessanter – und das nicht einfach als Ausnahme von der Regel, sondern weil Hoffmann mit ihnen anscheinend einen Werkplan wieder aufnimmt und ausführt, den er schon als junger Mann gefasst hatte – und zwar ausgerechnet in Warmbrunn. 1798 war er nämlich, unmittelbar vor seinem Umzug von Glogau nach Berlin, schon einmal dort. Insofern ist seine Reise im Sommer 1819 auch eine Rückkehr nach Warmbrunn. Es ist also verständlich, dass auch Hoffmanns erste Reise nach Warmbrunn im Jahr 1798 als »einzige Urlaubsreise seines Lebens« bezeichnet worden ist:[473] ganz so, als handele es sich nur um eine einzige, für einen Zeitraum von gut zwei Jahrzehnten unterbrochene Reise.[474]

Bei seinem ersten Besuch in Warmbrunn ist Hoffmann sehr jung. Literarisch hat er noch so gut wie nichts publiziert, und es ist ihm nicht einmal – und noch lange nicht – klar, dass er eines Tages vor allem als Schriftsteller künstlerisch wirken wird.[475] »Ob ich wohl zum Maler oder Musiker geboren wurde?«, fragt er noch 1803 im Tagebuch.[476] Dennoch schmiedet er schon auf der ersten Reise nach Warmbrunn oder zumindest kurz darauf einen literarischen Plan. Auch insofern mag diese Reise, mit den Worten von Hoffmanns Freund und Biograf Julius Eduard Hitzig, »das Entscheidenste für seine Ausbildung«[477] beigetragen haben.

---

472 Hartmut Steinecke: E.T.A. Hoffmanns Singspiel »Die Maske«: ein frühes »Universalkunstwerk«?, in: Elisabeth Buxbaum, Wynfried Kriegleder (Hg.): Prima le parole e poi la musica. Festschrift für Herbert Zeman zum 60. Geburtstag, Wien 2000, S. 151–160, S. 155f. Ähnlich Steinecke, Die Kunst der Fantasie. E.T.A. Hoffmanns Leben und Werk, S. 44f.

473 »Während der einzigen Urlaubsreise seines Lebens im Sommer 1798 hatte Hoffmann im schlesischen Warmbrunn die Spielbank-Atmosphäre kennengelernt.« E.T.A. Hoffmann: Spieler-Glück, in: ders.: Die Serapions-Brüder, hg. von Wulf Segebrecht unter Mitarbeit von Ursula Segebrecht, Frankfurt a. M. 2001, S. 856–887, Kommentar S. 1533.

474 Im Kommentar der *Briefe aus den Bergen* heißt es: »Unmittelbarer Anlaß für die Abfassung der *Briefe aus den Bergen* war eine Ferienreise, die Hoffmann im Sommer 1819, von Mitte Juli bis September, abermals [!] nach Warmbrunn führte.« Hoffmann, Briefe aus den Bergen, Kommentar S. 1115.

475 »Die kurze Erzählung *Ritter Gluck*, erschienen im Februar 1809 […], gilt seit langem als eines der erstaunlichsten Erstlingswerke der deutschen Literaturgeschichte.« Steinecke, Die Kunst der Fantasie. E.T.A. Hoffmanns Leben und Werk, S. 17. Vgl. ebd., S. 16–77, das Kapitel »1. Die Anfänge des Künstlers (1794–1808)«.

476 E.T.A. Hoffmann: Tagebücher 1803–1813, in: ders.: Frühe Prosa. Briefe. Tagebücher. Libretti. Juristische Schriften. Werke 1794–1813, hg. von Gerhard Allroggen u. a., Frankfurt a. M. 2003, S. 325–488, S. 335 (16.10.1803).

477 E.T.A. Hoffmann: Brief an Theodor Gottlieb von Hippel, 26.8.1798, in: ebd., S. 114f., Kommentar S. 1071.

Am 26. August 1798 berichtet Hoffmann in einem Brief an seinen Freund Theodor Gottlieb Hippel von »eine[r] höchst interessante[n] Reise [...] durch einen Teil des schlesischen Gebürges«, auf der er »[i]n Schönheiten der Natur [...] geschwelgt« habe.[478] Am 15. Oktober schreibt er von »wild romantisch[en]« »Anblick[en]«,[479] und außerdem:

> Mein Tagebuch liegt unvollendet da – Zum Glück habe ich den Stoff dazu auf der Reise schon niedergeschrieben. Es ist ein Kokon von 5 Blättchen, den ich zu einem Werk von 15 Bogen ausspinnen muß – Diese Reise – welche ich fast nur einen Durchflug nennen kann – hat mir nicht allein Vergnügen gemacht – sie hat mich auch belehrt –[480]

Wie so häufig bei Hoffmann, wird aus dieser »Werk«-Ankündigung nichts – zunächst einmal. Gut zwei Jahrzehnte später aber greift Hoffmann offenbar, vielleicht auch zu diesem Zweck nach Warmbrunn zurückgekehrt, den alten 5-Blättchen-Plan wieder auf. Und schließlich erscheint mit den *Briefen aus den Bergen* eine literarisch ›ausgesponnene‹[481] »Natur«-Beschreibung, wie sie Hoffmann im Brief an Hippel vom 15. Oktober 1798 nicht nur angekündigt, ja gar als seine »LieblingsMaterie«[482] bezeichnet, sondern auch schon über etwa zwei Seiten (im heutigen Druckformat) begonnen hatte.

Das alles ist nicht nur bemerkenswert, weil Plan und Beginn sowie vollständige Ausführung dieser »Natur«- oder, wie es bei Hoffmann andernorts heißt, »Landschaft[s]«[483]-Beschreibung Hoffmanns Œuvre über einen Zeitraum von mehr als zwei Jahrzehnten übergreifen, ja rahmen – und das, obwohl Hoffmann grundsätzlich kurzfristig, wenn nicht sprunghaft plant (und häufig erst auf Verlegermahnung hin lange versprochene Texte schreibt). Und es ist nicht nur bemerkenswert, weil Hoffmann mit der Formulierung von seiner »umherschweifende[n] Lebensart« im Oktober-Brief an Hippel ein später für Joseph von Eichendorff charakteristisches Wort verwendet:

---

478 Ebd., S. 114.

479 E.T.A. Hoffmann: Brief an Theodor Gottlieb von Hippel, 15.10.1798, in: ebd., S. 115–119, S. 119 und 118.

480 Ebd., S. 117.

481 Auch wenn der »Schreiber der *Briefe* [...] durch eine Fülle biographischer Berührungspunkte dem ›realen‹ Hoffmann sehr nahe [steht]«, zeigen doch Fiktionssignale wie die »für Hoffmann nicht belegt[e] [...] im ersten Brief erwähnte Rheinreise«, dass es sich um einen literarisch stilisierten Text handelt. Hoffmann, Briefe aus den Bergen, Kommentar S. 1117.

482 Hoffmann, Brief an Theodor Gottlieb von Hippel, 15.10.1798, S. 119.

483 E.T.A. Hoffmann: Der Sandmann, in: ders.: Nachtstücke. Klein Zaches. Prinzessin Brambilla. Werke 1816–1820, hg. von Hartmut Steinecke unter Mitarbeit von Gerhard Allroggen, Frankfurt a. M. 2009, S. 11–49, S. 28.

das ›Umherschweifen‹.[484] Die *Briefe aus den Bergen*, vor allem der hier im Folgenden betrachtete frühe *Brief aus den Bergen* von 1798 sowie der erste *Brief aus den Bergen* von 1820, sind deshalb so bemerkenswert, weil sie auf engem Raum und in großer metaphorischer wie metaphorologischer Dichte eine Theorie des Romantischen als eine romantische *theoría toû kósmou* entwerfen: eine Theorie also, die – wie in Kapitel 4 im Anschluss an Joachim Ritters *Landschafts*essay beschrieben – nicht nur eine Theorie des Ganzen ist, sondern auch eine Medientheorie. Das wiederum ist sie als eine Theorie des Ganzen begriffsgeschichtlich schon von Haus aus.

Hilfsmittel auf dem Weg in höhere Regionen: die Himmelsleiter

Dabei ist diese Medientheorie insofern zugleich metaphorisch und metaphorologisch, als Hoffmanns *Brief aus den Bergen* – wie nicht selten der Fall bei nichtdiegetischen, an Laurence Sterne's Manier geschulten assoziativen Texten und insbesondere häufig bei Hoffmann –[485] *seine Metaphern* immer wieder so verwendet, ja sie kombinierend sozusagen *dermaßen verwindet, dass sie* gerade dadurch *als Metaphern kenntlich* werden – also gewissermaßen selbstanalytisch ins Begriffliche umschlagen. Walter Benjamin hat das einmal »[E]rkennen« von »Ähnlichkeiten« durch »[E]ntstell[ung] von Ähnlichkeit« genannt.[486] Manche Dinge oder Metaphern erkennt man, anders gesagt, erst dann genau, wenn sie von den Füßen auf den Kopf gestellt sind. So verhält es sich zum Beispiel mit jener schon 1798 im Oktober-Brief an Hippel beschriebenen Himmelsleiter, die kurioserweise nicht nach oben, sondern nach unten führt – und damit zugleich mitten hinein in eine Atmosphäre, die schon in der Antike ›Medium‹ hieß. Darum geht es in diesem Kapitel.

484 Vgl. Zitat 2163.

485 Vgl. zu Hoffmann und Sterne Steven Paul Scher: *Kater Murr* und *Tristram Shandy*. Erzähltechnische Affinitäten bei Hoffmann und Sterne, in: Zeitschrift für deutsche Philologie 95 (1976) [Sonderheft E.T.A. Hoffmann], S. 24–42. Eine Probe tristramshandesken Schreibens liefert E.T.A. Hoffmann: Brief an Theodor Gottlieb von Hippel, 1.4.1798, in: ders.: Frühe Prosa. Briefe. Tagebücher. Libretti. Juristische Schrift. Werke 1794–1813, hg. von Gerhard Allroggen u. a., Frankfurt a. M. 2003, S. 108–110, insbesondere S. 109.

486 Walter Benjamin: Die Mummerehlen, in: ders.: Berliner Kindheit um neunzehnhundert. Fassung letzter Hand und Fragmente aus früheren Fassungen. Mit einem Nachwort von Theodor W. Adorno, Frankfurt a. M. 1987, S. 59f., S. 59.

Wie das Standardmodell der Himmelsleiter aussieht, definiert Theodor in Hoffmanns *Serapions-Brüdern* so:[487]

> Ich meine, daß die Basis der Himmelsleiter, auf der man hinaufsteigen will in höhere Regionen, befestigt sein müsse im Leben, so daß jeder nachzusteigen vermag. Befindet er sich dann immer höher und höher hinausgeklettert, in einem fantastischen Zauberreich, so wird er glauben, dieses Reich gehöre auch noch in sein Leben hinein, und sei eigentlich der wunderbar herrlichste Teil desselben. Es ist ihm der schöne prächtige Blumengarten vor dem Tore, in dem er zu seinem hohen Ergötzen lustwandeln kann, hat er sich nur entschlossen, die düstern Mauern der Stadt zu verlassen.[488]

Die Metaphorik ist platonisch: unten »die düstern Mauern der Stadt« – Platons Gefängnis des Körpers –[489], oben die »höhere[n] Regionen« von ›Fantasie‹ und Geist – Platons lebendiger Geist. Sogar fast wörtlich klingt Platon – beziehungsweise Schleiermachers Platon-Übersetzung – an, wenn Lothar in den *Serapions-Brüdern* vom »in den Körper gebannten Geist« spricht.[490] Zugrunde liegt dieser Vorstellung das Muster der ›Duplizität des irdischen Seins‹: jener, wie es ebenfalls in den *Serapions-Brüdern* heißt,

> Duplizität [...], von der eigentlich allein unser irdisches Sein bedingt ist. Es gibt eine innere Welt, und die geistige Kraft, sie in voller Klarheit, in dem vollendetsten Glanze des regesten Lebens zu schauen, aber es ist unser irrdisches Erbteil, daß eben die Außenwelt in der wir eingeschachtet, als der Hebel wirkt, der jene Kraft in Bewegung setzt.[491]

---

487 Zum ›serapiontischen Prinzip‹ bei Hoffmann: Uwe Japp: Das serapiontische Prinzip, in: E.T.A. Hoffmann. Sonderband *Text + Kritik*, München 1992, S. 63–75; Ilse Winter: Untersuchungen zum serapiontischen Prinzip E.T.A. Hoffmanns, Den Haag, Paris 1976.

488 Hoffmann, Die Serapions-Brüder, S. 721.

489 »Denn Einige sagen, die *Körper* wären die *Gräber* der Seele, als sei sie darin begraben liegend für die gegenwärtige Zeit. [...] Am richtigsten jedoch scheinen mir die Orphiker diesen Namen eingeführt zu haben, weil nämlich die Seele, weswegen es nun auch sei, Strafe leide, und deswegen nun diese Befestigung habe, damit sie doch wenigstens erhalten werde wie in einem Gefängnis. Dieses also sei nun für die Seele, bis sie ihre Schuld bezahlt hat, genau was er heißt, so daß man kaum einen Buchstaben zu ändern brauche, der Körper ihr Kerker.« Platon, Κρατύλος Kratylos, S. 450f. (400c). – Vgl. den Abschnitt »Körper als Gräber: Sôma und Sêma bei Sokrates« in: Stefan Börnchen: Kryptenhall. Allegorien von Schrift, Stimme und Musik in Thomas Manns »Doktor Faustus«, München 2006, S. 112–115; ausführlich zitiert in Anm. 609.

490 Hoffmann, Die Serapions-Brüder, S. 68.

491 Ebd.

Was hier »Duplizität« ist,[492] heißt bei Goethe, wie oben zitiert, »Dualität der Erscheinung«[493]; bei Hoffmann ist in der kurz vor den *Briefen aus den Bergen* entstandenen *Prinzessin Brambilla* auch die Rede davon, dass ein »junge[r] Mann« an einem »chronischen Dualismus« leidet.[494]

Wie die beiden Zitate aus den *Serapions-Brüdern* zeigen, wird das Körper-Geist-Verhältnis sowohl in der räumlichen Relation *unten–oben* als auch in der Relation *außen–innen* (und auch zugleich: ›*hohes* Ergötzen‹ im Garten ›*vor* der düsteren Stadt‹) imaginiert. Im ersten Fall der *Außen-innen*-Differenz überbrückt hier ein Hebel diese Differenz, sozusagen wie bei einer zu knackenden harten Nuss, im zweiten Fall der *Unten-oben*-Differenz führt die Himmelsleiter von *unten* nach *oben*. *Unten* beziehungsweise *außen* sind dabei mit ›Düsternis‹ und ›irdischer‹ Körperlichkeit assoziiert;[495] strikt platonisch ist die Seele oder »geistige Kraft« im Körper wie in einem Grab »eingeschachtet«.[496] *Oben* beziehungsweise *innen* hingegen sind mit ›Klarheit‹, ›Glanz‹, ›Geist‹, ›Kraft‹ und ›Vollendung‹ assoziiert. In diesem Begriffs- und Metaphernkomplex des *Innen* samt seinen ihm von der Tradition zugeschriebenen positiven Wertungen liegen die Wurzeln der sogenannten ›deutschen Innerlichkeit‹.[497] Sie stammt also aus einer Tradition, in der *innen*, platonisch gesehen, so viel wie *oben* beziehungsweise, aristotelisch formuliert, *meta-physisch* heißt und daher ›hoch‹ bewertet wird.[498] Hoffmann

492 Vgl. Günter Saße: Die Karnevalisierung der Wirklichkeit. Vom »chronischen Dualismus« zur »Duplizität des irdischen Seins« in Hoffmanns *Prinzessin Brambilla*, in: E.T.A. Hoffmann-Jahrbuch 9 (2001), S. 55–69.

493 S. Zitat 203.

494 E.T.A. Hoffmann: Prinzessin Brambilla. Ein Capriccio nach Jakob Callot, in: ders.: Nachtstücke. Klein Zaches. Prinzessin Brambilla. Werke 1816–1820, hg. von Hartmut Steinecke unter Mitarbeit von Gerhard Allroggen, Frankfurt a. M. 2009, S. 767–912, S. 893. Vgl. den Kommentar ebd., S. 1161, der die »Dualismus-Problematik« nicht auf Descartes und das philosophische Problem zurückführt, sondern auf den »Komplex von Theater und Komödie« und die »Thematik des Humors«.

495 Diese Begriffe sind hier nicht absolut, sondern relational: Die Städter befinden sich, *innerhalb* der »düstern Mauern der Stadt« gefangen, gerade dadurch *außerhalb* des verheißungsvollen Gartens.

496 Vgl. Anm. 489.

497 Vgl. Werner Kohlschmidt: Der Wortschatz der Innerlichkeit bei Novalis, in: ders.: Form und Innerlichkeit. Beiträge zur Geschichte und Wirkung der deutschen Klassik und Romantik, Bern 1955, S. 120–156 und Anmerkungen S. 256f.; Helmut Koopmann: *Doktor Faustus* – eine Geschichte der deutschen Innerlichkeit?, in: Thomas-Mann-Jahrbuch 2 (1989), S. 5–19. Vgl. auch zur »›Tiefe‹« als »emphatischere Metapher« für »›Innen‹« Heinz Schlaffer: Die kurze Geschichte der deutschen Literatur, München 2002, S. 86f.

498 In Platons Seelenwagen-Gleichnis heißt es: »Die vollkommene nun und befiederte [Gestalt] schwebt in den höheren Gegenden und waltet durch die ganze Welt [μὲν οὖν οὖσα καὶ ἐπτερωμένη μετεωροπορεῖ τε καὶ πάντα τὸν κόσμον διοικεῖ].« Platon, Φαῖδρος. Phaidros, S. 72f.

ist diese platonisch-christliche Tradition präsent. Immer wieder zitiert er sie – wenn auch häufig nach Sterne'scher Art mokant; so etwa, wenn er am 1. April 1798 in einem Brief an Hippel körperliche Dinge als »Schlamm (eine *materia peccans*)« bezeichnet.[499] Ob ironisch zitiert oder nicht: Diese Wertung, genauer Abwertung des Körpers, entspricht exakt jener platonisch-christlichen Tradition, der – wie oben beschrieben – Petrarca mit seiner Besteigung des Mont Ventoux dadurch entkommt, dass er sich nicht nur »auf den Flügeln des Geistes« metaphorisch-imaginär in die Höhe begibt, sondern *per pedes* mitsamt seinem Körper.

Doppelte Duplizität. Transzendente Transzendenz (Jenseits), immanente Transzendenz (Höhe)

Zu Hoffmanns Zeit ist das Bergbesteigen – nach der Erstbesteigung des Mont Blanc im Jahr 1786, aber noch vor den sozusagen im doppelten Sinne *englischen* (›engelgleich‹ und ›aus England‹) Himmelsleiter- und Gipfelstürmern der Alpen im 19. Jahrhundert –[500] für einen »hochfliegende[n] Geist« (Schiller)[501] schon eine Selbstverständlichkeit. Man weiß, dass sich – mit Petrarcas Worten – »selige[s] Leben [...] auf hohem Gipfel«[502] findet: die *Transzendenz* ist jetzt, anders gesagt, zwar immer noch *überirdisch*, aber

(246c). Schon diese Stelle zeigt, dass sich die Vorstellungen ›oben‹ und ›überall‹ überlagern. – Aristoteles schreibt in der *Physik*: »Denn ›oben‹ ist nicht eine beliebige Stelle, sondern (liegt) dort, wohin Feuer und das Leichte sich bewegt; ebenso ist auch ›unten‹ nicht eine beliebige Stelle, sondern dort, wohin das, was Schwere besitzt [τὰ ἔχοντα βάρος], und das Erdhafte (fällt) [...].« Aristoteles' Physik. Vorlesung über die Natur. Erster Halbband: Bücher I(A)–IV(Δ), S. 150f. (208b). – »Bei der ›Orts‹-Kategorie«, so Heinz Happ, »sind mindestens zwei Einflüsse zusammengekommen: Die sinnliche Vorstellung ›Grenze‹ – ›Umgrenztes‹ [...]; die Werthierarchie, gemäß welcher ›nach oben zu‹ das Sein immer vollkommener wird, so daß also das Obere eo ipso der Form zugehören muß.« Heinz Happ: Hyle. Studien zum aristotelischen Materie-Begriff, Berlin, New York 1971, S. 301. – Vgl. zur »primären Raumgestalt (oben/unten; umfangend/umfangen; schwerelos/schwer)« in der Tradition der Schöpfungsmythen Gernot Böhme, Hartmut Böhme: Feuer, Wasser, Erde, Luft. Eine Kulturgeschichte der Elemente, München 2004, S. 26–41, S. 44. Vgl. zur Schwere außerdem Anm. 832 und Zitat 1736.

499 Hoffmann, Brief an Theodor Gottlieb von Hippel, 1.4.1798, S. 108.

500 Vgl. Stefan König: Alpingeschichte(n). Von den Anfängen bis auf den Mount Everest, Zürich 2015, S. 43–56 (»Die Erstbesteigung des Montblanc 1786«) und 65–80 (»Der Berg der Berge«. Die Besteigung des Matterhorns 1865).

501 S. Zitat 177.

502 S. Zitat 181.

innerweltlich.[503] Ihr Reich ist nun, entgegen dem Jesus-Wort »Mein Reich ist nicht von dieser Welt« (Joh. 18,36),[504] doch von dieser Welt und auch in ihr zu finden: jedenfalls für kletternde »Sportsleute«, um einen um 1800 noch anachronistischen, aber sich in der zweiten Hälfte des 19. Jahrhunderts etablierenden Ausdruck zu verwenden –[505] dies allerdings, ironischerweise, nur um den Preis hochalpiner Lebensgefahr.

Man muss sich klarmachen, dass es sich hier – erstens – wenn nicht um einen grundlegenden ideengeschichtlichen Paradigmenwandel, so doch um eine der traditionell platonisch-christlichen, auch in der Romantik verbreiteten Vorstellung von Transzendenz diametral entgegenstehende Metaphorik handelt. Transzendenz findet sich nicht mehr nur im Jenseits, sondern auch im Diesseits – jedenfalls in seinen höheren Regionen, und dazu gehören, wie schon angedeutet, nicht nur Berggipfel, sondern auch Baumwipfel. Genau genommen gibt es also zwei unterschiedliche Begriffe von »Duplizität«, zu der wiederum zwei Vorstellungen von Transzendenz gehören: zum einen eine *jenseitige*, in diesem Sinne (!) *transzendente*, das heißt in der platonisch-christlichen Tradition dualistisch gedachte *Transzendenz* und zum anderen eine *innerweltliche*, um nicht zu sagen *immanente*, das heißt in naturphilosophisch-pantheistischer Tradition monistisch gedachte *Transzendenz*.

Beide Vorstellungen sind – zweitens – mit dem Wunsch nach ›Heilung‹ von ›Duplizität‹ oder ›Dualität‹ verbunden und charakterisieren ›die Romantik‹. Und beide Vorstellungen stehen in Hoffmanns Œuvre durchgängig nebeneinander. Dabei sind auf den ersten Blick vor allem die Kunst im Allgemeinen und die Musik im Besonderen mit der Transzendenz des Jenseits assoziiert. Diese *jenseitige Transzendenz* ist *aktiv*, im Unterschied zur weltimmanenten Transzendenz der Berggipfel, im weltlichen Diesseits *nicht zu begreifen*; allenfalls *gibt sie sich selbst* oder *öffnet* beziehungsweise *ereignet sie sich* vorscheinhaft[506] in lichten Momenten der Entrückung aus dieser in die jenseitige,

503 Leo Spitzer nennt das »*this*-worldly, though supraterrestrial«. Leo Spitzer: Milieu and Ambiance: An Essay in Historical Semantics, in: Philosophy and Phenomenological Research 3,1 (September 1942), S. 1–42, S. 28.

504 »Unser Reich ist nicht von dieser Welt, sagen die Musiker«, heißt es in *Johannes Kreislers Lehrbrief*. E.T.A. Hoffmann: Fantasiestücke in Callot's Manier. IX. Kreisleriana. Johannes Kreislers Lehrbrief, in: ders.: Werke 1814, hg. von Hartmut Steinecke [...], Frankfurt a. M. 2006 (= Bd. 2/1 der Sämtlichen Werke in sieben Bänden), S. 447–455, S. 453.

505 »SPORT-, SPORTSLEUTE, [...] *leute die dem sport huldigen*: das nennt man rasse, würden rohe sportsleute sagen. KELLER«. Jacob und Wilhelm Grimm: Deutsches Wörterbuch, Bd. X/I: Seeleben–Sprechen, Leipzig 1905, Sp. 2689.

506 Vgl. zum »Vor-Schein« im Sinne Ernst Blochs Werner Jung: Vor-Schein, in: Beat Dietschy, Doris Zeilinger, Rainer Zimmermann (Hg.): Bloch-Wörterbuch: Leitbegriffe der Philosophie Ernst Blochs, Berlin, Boston 2012, S. 664–672; Gösta Gantner: Der Vorschein des

›bessere‹ Welt. Das gilt nicht nur bei Hoffmann. So sagt es zum Beispiel das durch Franz Schuberts Vertonung (D547) berühmt gewordene Gedicht *An die Musik* Franz von Schobers:

An die Musik

Du holde Kunst, in wieviel grauen Stunden,
Wo mich des Lebens wilder Kreis umstrickt,
Hast du mein Herz zu warmer Lieb' entzunden,
Hast mich in eine beßre Welt entrückt!

Oft hat ein Seufzer, deiner Harf' entflossen,
Ein süßer, heiliger Akkord von dir
Den Himmel beßrer Zeiten mir erschlossen,
Du holde Kunst, ich danke dir dafür![507]

Einge»[k]reis«t, ja »umstrickt« und einge»schlossen« im Diesseits, dankt das sprechende Ich der Musik für die vorübergehende »[E]ntrück[ung]« in »[d]en Himmel« einer »beßre[n] Welt«: kunstreligiöser Vorschein jenseitiger Transzendenz, dem man allenfalls dadurch ein wenig auf die Sprünge helfen kann, dass man von ihm singt, ihn so also nicht nur im Lied beschwört und herbeibetet, sondern musikalisch aufführt, performiert.

Diese wieder und wieder bei Hoffmann evozierte Vorstellung tatsächlich jenseitiger Transzendenz, das liegt auf der Hand, steht in Widerspruch zur Vorstellung von der Himmelsleiter, wie sie Theodor und Lothar in den *Serapions-Brüdern* formulieren. Denn im Unterschied zur dualistischen und absoluten Unterscheidung *außen innen* setzt ja die Himmelsleiter die

Utopischen im Kunstwerk: Wunschlandschaften bei Ernst Bloch, in: Tobias Dangel, Cem Kömürcü, Stephan Zimmermann (Hg.): Dichten und Denken. Perspektiven zur Ästhetik, Heidelberg 2011, S. 9–21.

507 Franz von Schober: An die Musik, in: Franz Schubert's Werke. Sämtliche Lieder und Gesänge, hg. von Eusebius Mandyczewski, Leipzig 1894, S. 87. – Ähnlich E.T.A. Hoffmanns Kapellmeister Kreisler: »[D]as Ritornell einer Arie [...] war sehr zart gehalten und schien in einfachen aber tief in das Innerste dringenden Tönen von der Sehnsucht zu reden, in der sich das fromme Gemüt zum Himmel aufschwingt und alles Geliebte wiederfindet, was ihm hienieden entrissen. – Nun strahlte wie ein himmlisches Licht die glockenhelle Stimme eines Frauenzimmers aus dem Orchester empor: *Tranquillo io sono, fra poco teco sarò mia vita!* Wer vermag die Empfindung zu beschreiben, die mich durchdrang! – Wie löste sich der Schmerz, der in meinem Innern nagte, auf in wehmütige Sehnsucht, die himmlischen Balsam in alle Wunden goß. – Alles war vergessen und ich horchte nur entzückt auf die Töne, die wie aus einer andern Welt niedersteigend, mich tröstend umfingen. –« E.T.A. Hoffmann: Ombra adorata!, in: ders.: Fantasiestücke in Callot's Manier. Werke 1814, hg. von Hartmut Steinecke [...], Frankfurt a. M. 2006 (= Bd. 2/1 der Sämtlichen Werke in sieben Bänden), S. 41–45, S. 43.

monistische und graduelle Unterscheidung *unten–oben* voraus.[508] Zudem stehen die von ihr erschlossenen und im grammatischen Komparativ so genannten »höhere[n] Regionen« ausdrücklich »jede[m]« offen, der »hinaufsteigen will«. Schon hier gilt also Joseph Beuys' (bei Novalis vorformuliertes) Wort: »Jeder Mensch ist ein Künstler.«[509] Fern ist alle kunstreligiöse Esoterik. Hatten vormals nur die religiös oder künstlerisch Eingeweihten Zugang zur Transzendenz – und das auch nur potentiell, weil die Transzendenz sich geben oder ereignen musste –, braucht es jetzt nur eine Himmelsleiter und den gewissermaßen sportlichen Ehrgeiz, nach oben zu kommen. Das ist jedenfalls die neue, von Petrarca erstmals verfolgte, nun nicht mehr bloß metaphorische Logik vom Aufstieg zum Himmel, die die Himmelsleiter ganz wörtlich begreift, nämlich als handfestes Hilfsmittel für den Weg zum Heil der Höhe. So gesehen gilt der in Eichendorffs *Ahnung und Gegenwart* von Leontin ausgerufene Satz »Wo ein Begeisterter steht, ist der Gipfel der Welt«[510] auch in Umkehrung: Wo ein Gipfel ist, da findet sich die Begeisterung der Transzendenz – jener Gipfel-Enthusiasmus, der seiner Etymologie nach – ἐνθουσιασμός [enthousiasmós] zu ἔνθεος [éntheos] ›(gott)begeistert‹ – ›Gotteserfülltheit‹ heißt,[511] sich also schon dem Worte nach aufs Metaphysische bezieht. Wohnten in der Antike die Götter auf dem Olymp (und so hießen viele hohe Berge), so sind auch in der Neuzeit die Gipfel der Berge immer noch Ort der – allerdings heute nicht mehr personifizierten – Transzendenz.

Wie gesagt, die beiden Vorstellungen von in dieser Welt mit der Himmelsleiter zu bezwingender *immanenter Transzendenz* auf der einen Seite und im weltlichen Diesseits unerreichbarer *transzendenter Transzendenz* auf der anderen Seite vertragen sich nicht miteinander. Gerade dieser Widerspruch aber steht im Zentrum von Hoffmanns Poetik. Eben dieser Widerspruch

---

508 *Oben* und *unten* sind reale Orte beziehungsweise Topoi, nicht Outopoi: »Es bewegt sich [...] ein jeder an seinen eigenen Ort, wenn man ihn nicht daran hindert, der eine nach *oben*, der andere nach unten« Aristoteles, Physik, S. 148f. (208b).

509 »Die sicherlich bekannteste Maxime des ›erweiterten Kunstbegriffs‹ von Joseph Beuys lautet: ›Jeder Mensch (ist) ein Künstler‹. Erstmalig taucht dieses Motto im Jahre 1979 als Titel einer im Fernsehen gesendeten Dokumentation auf, die den Künstler beim Gemüseputzen, Kohlrabi- und Kartoffelschälen zeigt.« Harald Lemke: Die Kunst des Essens. Eine Ästhetik des kulinarischen Geschmacks, Bielefeld 2007, S. 62. – Beuys knüpft an romantische Gedanken wie »Der wahre Leser muß der erweiterte Autor seyn« an; Novalis: Vermischte Bemerkungen / Blüthenstaub 1797/98, in: ders.: Werke, Tagebücher und Briefe Friedrich von Hardenbergs, Bd. 2: Das philosophisch-theoretische Werk, hg. von Hans-Joachim Mähl, München 1978, S. 225–285, S. 282.

510 Eichendorff, Ahnung und Gegenwart, S. 247.

511 »Enthusiasmus, das heißt Gotterfülltheit«; Thomas Mann: Über Goethe's ›Faust‹, in: ders.: GW 9, S. 581–621, S. 601.

treibt sie an, und dabei bleibt geradezu programmatisch die Frage in der Schwebe, ob dieser Widerspruch das zentrale poetologische Problem ist, um das Hoffmanns Œuvre kreist, oder nicht vielmehr – als auszuhaltender Widerspruch – die Lösung dieses Problems. Claudia Liebrand hat dieses Problem, das Hoffmanns gesamtes Œuvre durchzieht, als Hoffmanns *»Aporie des Kunstmythos«* beschrieben.[512] Dieser Aporie aber, das ist der springende Punkt für das hier verfolgte Argument, liegt – auch – ein Medienproblem zugrunde. Genauer gesagt: Es ist – auch – die metaphorologische, und das heißt hier in widersprüchlichen Metaphern begriffene »Natur des Mediums« (Schiller)[513], um die Hoffmanns Œuvre kreist. Das zeigt sich auf den beiden Reisen nach Warmbrunn und den hier in Rede stehenden *Briefen aus den Bergen*; so etwa, wenn Hoffmann 1820 in Anknüpfung an seinen frühen Hippel-Brief vom Oktober 1798 die dort schon beschriebene Himmelsleiter weiter ›ausspinnt‹.

26 Sprossen in den Wasserstaub. Himmelsleiter abwärts und Aus-Flug in den kosmischen Äther

Dabei ist bereits die frühe Himmelsleiterbeschreibung vom Oktober 1798 literarisch vorbereitet und angekündigt. Schon am 1. April 1798 hatte Hoffmann noch im selben Absatz, in dem er die *»materia peccans«* erwähnt, an Hippel geschrieben: »Meine Flügel sind beschnitten, sonst flöge ich dieserhalb wirklich einmal übers Gebürge –«.[514] Gerade zuvor hatte er geklagt: »gefesselt an den Schreibtisch [...] [bringe ich] Tage, lange Tage hin[...] [...] – aber doch brennen mir die Sohlen«.[515] Liegt da nicht, sozusagen Berg-petrarkistisch, der

---

512 »Die Hoffmannschen narrativen Entwürfe der negativen Ästhetik plädieren für eine Ausgrenzung der Kunst aus dem Bereich des Sozialen, ihre *negative* Fixierung als das schlechthin *andere* von Erdenwelt und Immanenz [...]. Dennoch [...] weist der *Goldne Topf* Wege aus den Aporien der negativen Ästhetik [...]. Versöhnung und Vereinbarkeit von ›Kunst‹ und ›Leben‹ werden vorbereitet, die Synthese wird vom Text aber nicht vollzogen; er umspielt eine Leerstelle, deren Ausfüllung er verweigert. [...] Das einfache duale Schema [...] greift [...] nicht. Nicht zwei Bereiche stehen sich konsistent und homogen dichotomisch gegenüber, diese sind vielmehr bereits in sich von Verwerfungen, Dopplungen, Dissoziationen gekennzeichnet.« Claudia Liebrand: Aporie des Kunstmythos. Die Texte E.T.A. Hoffmanns, Freiburg i. Br. 1996, S. 109 und 127.

513 Friedrich Schiller: [Kallias oder über die Schönheit.] Briefe an Gottfried Körner, in: ders.: Sämtliche Werke, Bd. V: Erzählungen. Theoretische Schriften, hg. von Wolfgang Riedel, München 2004, S. 394–433, S. 430; vgl. dieses zu Anmerkung 1742 noch einmal wiederholte Zitat und seinen Kontext dort.

514 Hoffmann, Brief an Theodor Gottlieb von Hippel, 1.4.1798, S. 109.

515 Ebd.

Schluss nahe, was zu tun ist? Hoffmann jedenfalls zieht ihn und macht sich im Sommer des Jahres auf seinen »brennen[den] [...] Sohlen« auf ins »Gebürge«. Er geht nun ohne Flügel, nämlich *per pedes*, jenen Aus-Flug an, von dem er zunächst nur im Irrealis (»flöge ich«) geträumt hatte.

Nach Anreise mit der Kutsche wandert Hoffmann zu Fuß zum Zacken. Und dort betritt er endlich, ganz wörtlich, die hier in Rede stehende Himmelsleiter. In seinem Brief an Hippel vom 15. Oktober 1798 schreibt er:

> Wir gingen von Schreiberau, einem kleinen Dorfe ohnweit Warmbrun, durch einen Wald der allmählig immer steigt nach der Gegend des Zackens. Wir waren 2 Stunden gegangen, als wir ein ungewöhnliches Rauschen vernahmen – [...] Immer stärker – immer mehr durch die Felsenklüfte hallend wurde das Geräusch – noch eine halbe Stunde – wir traten aus dem dichten TannenGebüsch, und standen am Zackenfall – eine ungeheure Wassersäule die sich in eine unabsehbare Felsenkluft zu senken schien. Nun kam es darauf an hinabzusteigen, um den Fall in seiner ganzen Riesengröße von unten herauf zu sehn, da aber die Felsen mit Moos bezogen, sehr glatt, und überhaupt der Erdboden durch den Regen sehr schlüpfrig geworden war, das Heruntersteigen überhaupt auch immer sehr gefährlich ist, so war ich von der Gesellschaft der einzige, der es wagte unserm Führer, einem kleinen Jungen, nachzusteigen – Schon eine beträchtliche Höhe war ich mit Mühe herabgeklettert, als ich eine steilherabhängende Leiter von 26 Sprossen erfand – sie wird beim Holzflößen gebraucht – endlich war ich in der Tiefe – quer über den Zacken führte ein schmaler Steig ohngefähr 12 Fuß über dem Wasser – über diesen ging ich, um auf ein in der Mitte des Zackens dicht vor dem Fall hervorragendes Felsenstück zu kommen – hier setzte ich mich hin – Die Größe, die Erhabenheit – das furchtbar Schöne des Anblicks kann ich nicht beschreiben – die Sonne schien auf den Fall – und nun glich er geschmolzenem Silber – In dem Wasserstaube, der die Luft umher über dem Felsenbecken netzte, bildeten sich tausend Regenbogen in den mannigfaltigsten Farben – Nun ein Blick in die Gegend – von beiden Seiten türmen sich perpendikulär die Felsen auf – [...] zwischen diesen Felsen, die eine unabsehbar lange Straße bilden, stürzt sich der Zacken nach dem Falle durch die FelsenUfer fort – In der Ferne entdeckt man die mannigfaltigsten Täler und Berge, die in das BlauGrau des Äthers halb verhüllt in Sonnenblicken hervorschimmern. [...] – Ich habe auch den Kochelfall gesehn, dieser ist nicht so wild romantisch, aber schön, er verhält sich ungefähr so zum Zacken, wie Emilia Galotti zu den Räubern von Schiller.[516]

Eine Reisegruppe zieht los auf der Suche nach einer touristischen »Erhabenheit[s]«-Erfahrung, und zunächst lässt sich der die Unternehmung geradezu lehrbuchmäßig an. Hatte Immanuel Kant im § 25 der *Kritik der Urteilskraft* geschrieben: »Erhaben nennen wir das, was [...] über alle Vergleichung

516 Hoffmann, Brief an Theodor Gottlieb von Hippel, 15.10.1798, S. 118f.

groß ist«,[517] und als Beispiel für einen angenehme »Furcht erregend[en]« – Hoffmann: ›furchtbar-schönen‹ – Anblick »drohende Felsen« und den »hohe[n] Wasserfall eines mächtigen Flusses« genannt,[518] so spricht Hoffmann von einem ›riesengroßen‹ Wasserfall mit ›ungeheurer Wassersäule‹, der sich in eine ›unabsehbare Felsenkluft‹ ergießt. Kants »Donner[]«[519] ist immerhin im lauten, nämlich schon von Ferne vernehmbaren Rauschen präsent.

Auf »immer steig[endem]« Weg *oben* angelangt, ›kommt es nun‹, als wäre das selbstverständlich, »darauf an«, nach *unten* »hinabzusteigen«. Auch das ist – obwohl Kant nirgendwo sagt, dass man den erhabenen Wasserfall »von unten herauf« (Hoffmann) betrachten müsse – ganz lehrbuchmäßig, entspricht doch diese Wendung auf dem Gipfel des Berges hinein ins Innere seiner »Felsenklüfte« exakt jener bei Novalis, Tieck und vielen anderen Romantikern belegten Logik von den »Fahrten ins Innere der Erde«[520] mit ihrem »ungeheuere[n] Geklüft«,[521] die Theodore Ziolkowski mit Blick auf das Bergwerk als »Institution« der »deutsche[n] Romantik«, ja als »Bild der Seele« beschrieben hat,[522] und man könnte ergänzen: der »deutschen Seele«.[523]

Hoffmann also, wohl eher auf der Suche nach einem Erhabenheitserlebnis als nach der deutschen Seele, drängt auf regennassem Waldboden und »Moos[-]bezogen[en]« »Felsen« weiter. Als einziger der Gesellschaft »wagt[]« er sich auf den »gefährlich[en]« und »schlüpfrig[en]« Weg nach unten. Dem Führer »nach[]steigen[d]«, ist Hoffmann schon »eine beträchtliche Höhe mit

517 Kant, Kritik der Urteilskraft, S. 91.

518 Ebd., S. 106f.

519 Ebd., S. 107.

520 Theodore Ziolkowski: Das Amt der Poeten. Die deutsche Romantik und ihre Institutionen. Aus dem Amerikanischen von Lothar Müller, Stuttgart 1992, S. 29–40 (»Fahrten ins Innere der Erde«).

521 E.T.A. Hoffmann: Die Bergwerke zu Falun, in: ders.: Die Serapions-Brüder, hg. von Wulf Segebrecht unter Mitarbeit von Ursula Segebrecht, Frankfurt a. M. 2001, S. 208–241, S. 231.

522 Ziolkowski, Das Amt der Poeten. Die deutsche Romantik und ihre Institutionen, S. 29–81 (»Kapitel 2. Das Bergwerk: Bild der Seele«).

523 Einblicke in die deutsche Seele können mit dem Gefängnis bestraft werden. »Wegen ›geheimdienstlicher Agententätigkeit [...] verurteilte der vierte Strafsenat des Oberlandesgerichts Stuttgart« den »KGB-Spion mit dem Aliasnamen Andreas Anschlag« und seine Frau »zu hohen Haftstrafen. Den Spion verurteilte das Gericht zu sechs Jahren und sechs Monaten, die Frau bekam eine Freiheitsstrafe von fünf Jahren und sechs Monaten. ›Sie lieferten in ihr Heimatland einen Blick in die deutsche Seele‹, sagte die Vorsitzende Richterin beim Vortragen der Urteilsbegründung. Geheimdienstliche Agententätigkeit nach Paragraph 99 des Strafgesetzbuches ist – in der Sprache der Juristen – ein ›abstraktes Gefährdungsdelikt‹. Es ist ausreichend, die Spionagetätigkeit an sich nachzuweisen, ein konkreter Schaden muss weder entstanden sein noch nachgewiesen werden.« Rüdiger Soldt: Nicht nur die Freunde tun es. Russisches Agentenpaar zu Haftstrafen verurteilt, in: Frankfurter Allgemeine Zeitung, 3.7.2013, S. 3.

Mühe herabgeklettert«, als er »eine steilherabhängende Leiter von 26 Stufen« findet. Die Exaktheit dieser Angabe sticht im Kontext aller anderen, allenfalls »ohngefähr[en]« Angaben des Briefes ins Auge. Handelt es sich hier nicht um einen Realitätseffekt im Sinne Roland Barthes',[524] dann muss die Zahl »26« selbst von Bedeutung sein. Und sie ist es, nämlich als Summe der Zahlwerte des hebräischen Tetragramms יהוה, JHWH. »Der Zahlenwert des Tetragramms (י = 10, ו = 6, ה = 5) יהוה beträgt 26«[525], so Wilhelm Schmidt-Biggemann über Robert Fludds »kabbalistisches Weltschema« – und Hoffmann wusste von Fludd.[526] Jahwe wiederum, der im Hebräischen so buchstabierte »Herr« und »Gott«, ist es, der in Jakobs Traum (Gen 28,10–16)[527] oben an der nach diesem Traum benannten Himmels- oder eben Jakobsleiter steht.

---

524 Roland Barthes: Der Wirklichkeitseffekt, in: ders.: Das Rauschen der Sprache. Kritische Essays IV, Frankfurt a. M. 2006, S. 164–173.

525 Wilhelm Schmidt-Biggemann: Das Geheimnis des göttlichen Namens. Robert Fludds kabbalistisches Weltschema, in: Günther Bien, Eckart Holzboog, Tina Koch (Hg.): Wissenschaftsgeschichte zum Anfassen. Von Frommann bis Holzboog, Stuttgart-Bad Cannstatt 2002, S. 245–250, S. 248. Ausführlicher: Wilhelm Schmidt-Biggemann: Robert Fludds kabbalistischer Kosmos, in: »Scientia poetica«. Literatur und Naturwissenschaft. Im Auftrag der Akademie der Wissenschaften zu Göttingen hg. von Norbert Elsner und Werner Frick, Göttingen 2004, S. 76–97, S. 86.

526 »Die literarischen Muster, mit denen Hoffmann […] operiert, nennt er schon im *Goldenen Topf*: Gabalis und Swedenborg. Im *Elementargeist* wiederum sind diese sowie weitere Quellen noch sehr viel ausführlicher benannt, ja nachgerade in das Handlungsgeschehen integriert. Die Rede ist nicht nur von eben jenem ›Comte de Gabalis‹, sondern auch von Cazottes *Diable amoureux*, von Schillers *Geisterseher*, Grosses *Genius* sowie einer ganzen Bibliothek ›tüchtige[r] Bücher‹ […] zur Magie und Kabbala, von Hermes Trismegistos über Theophrastus Paracelsus, Robert Fludd, Guillaume Postel und Pico della Mirandola bis zu den ›kabbalistischen Juden, Joseph und Philo‹ […]. Während die Letzteren mehr zur Staffage eines magischen und kabbalistischen Geheimwissens gehören und allenfalls indirekte Quellen sind, haben die Ersteren für Hoffmanns Erzählung tatsächlichen Quellenstatus.« Andreas B. Kilcher, Myriam Burkhard: *Der Elementargeist* (1821), in: Detlef Kremer (Hg.): E.T.A. Hoffmann. Leben – Werk – Wirkung. 2., erweiterte Auflage, Berlin, New York 2010, S. 371–377, S. 371f. – Auch zu Beginn von Schillers *Geisterseher* kommt eine Treppe mit 26 Stufen Zahl vor; vgl. Zitat 1511. – Vgl. zu Hoffmann und der Kabbala Detlef Kremer: Alchemie und Kabbala. Hermetische Referenzen im *Goldenen Topf*, in: E.T.A. Hoffmann-Jahrbuch 2 (1994), S. 36–56.

527 »[10] Jakob zog aus Beerscheba weg und ging nach Haran. [11] Er kam an einen bestimmten Ort, wo er übernachtete, denn die Sonne war untergegangen. Er nahm einen von den Steinen dieses Ortes, legte ihn unter seinen Kopf und schlief dort ein. [12] Da hatte er einen Traum: Er sah eine Treppe, die auf der Erde stand und bis zum Himmel reichte. Auf ihr stiegen Engel Gottes auf und nieder. [13] Und siehe, der Herr stand oben und sprach: Ich bin der Herr, der Gott deines Vaters Abraham und der Gott Isaaks. Das Land, auf dem du liegst, will ich dir und deinen Nachkommen geben.« Gen 28,10–16, in: Altes und Neues Testament. Einheitsübersetzung der Heiligen Schrift, Aschaffenburg 1980, S. 30. – Diese Stelle zitiert Clemens Brentano: Gockel, Hinkel und Gackeleia ein Mährchen, Frankfurt

Das ist eine Pointe: Seinem »Führer« folgend, der zwar kein »Engel« (Gen 28,12), aber als eigens per Apposition so bezeichneter »kleine[r] Junge[]« immerhin ein wenig engelhaft ist, gelangt Hoffmann zu einer »steilherabhängende[n] Leiter«, die sich über ihre Sprossenzahl als Himmelsleiter entpuppt – oder genauer: die er sich, um mit Hoffmanns eigener Metapher zu sprechen, zu einer solchen »ausspinn[t]«,[528] indem er sie ausdrücklich nicht *findet*, sondern *erfindet* (»als ich eine [...] Leiter [...] erfand«). Auf dieser Leiter nun steigt Hoffmann seinem Führer, so sagt es auch Theodor in den *Serapions-Brüdern* über die Himmelsleiter, »nach[]«: allerdings nicht wie in den *Serapions-Brüdern* »hinauf[]«,[529] sondern »herab [...] in d[ie] Tiefe«.

Keine Frage: eine Himmelsleiter, die nach unten führt, ist merkwürdig. Und selbst, wenn hier *auch* eine Art von romantischem »Gegensinn«[530] der Worte *›oben‹* und *›unten‹* eine Rolle spielen sollte, wie er Ziolkowskis Romantik-Gleichung ›Berg entspricht Bergwerk‹ oder Freuds ›gegensinnigem‹ Wort »*altus* hoch und tief«[531] entspricht, muss es doch bei dieser *oben* und *unten*, Höhe und Tiefe altitudinal überblendenden Himmelsleiter in erster Linie um etwas anderes gehen. Dafür spricht auch, dass Hoffmann, einmal an seinem Aussichtspunkt vor dem Zackenfall angelangt, die »Größe, die Erhabenheit« und »das furchtbar Schöne des Anblicks« schnell aus den Augen verliert. Beinahe unwirsch und ausgesprochen wortkarg fertigt er das Erhabene des Anblicks mit der Formel »kann ich nicht beschreiben« ab. Zuvor jedoch hat er ausführlich den *Ort* beschrieben, von dem er Ausblick hält, und gleich darauf schildert er ebenso ausführlich die *Atmosphäre*, in der er sich befindet – und darum geht es ihm offenbar.

Was den Ausblicksort betrifft, verwendet Hoffmann einigen erzählerischen Aufwand auf den Umstand, dass er die beschriebene Szenerie von einem Sitzplatz in der *Mitte* aus – und zwar vertikal wie horizontal – betrachtet. Dabei macht ein Vergleich mit heute leicht verfügbaren Fotografien der

a. M. 1838 (http://www.deutschestextarchiv.de/book/show/brentano_gockel_1838, 14.6.2020), S. 360f.: »Als Jakob nach Meſopotamien zog, um ſich bei Laban, dem Bruder ſeiner Mutter, vor der Verfolgung Eſaus zu retten, kam er an die Stelle Lus in Kanaan, wo der Stein Sakrath lag, und da er ſein Haupt darauf legte und ſchlief, ſah er eine Leiter von der Erde bis zum Himmel; die Engel ſtiegen auf ihr auf und nieder, und von oben gab ihm Gott die Verheißung; da richtete er den Stein Sakrath auf und ſalbte ihn mit Oel zu einem Altar, und er nannte den Ort Bethel.« Dieser Himmelsleiter entspricht eine »Hühnerleiter« (ebd., S. 103), an die wiederum von ferne noch der Hühnerkorb und die nach oben rankenden Äste der Titelillustration (ebd., S. I) denken lassen.

528 S. Zitat 480.

529 S. Zitat 488.

530 Vgl. Anm. 231 und 232.

531 Ebd., S. 233.

heutigen Szenerie am Zackenfall deutlich, wie stark Hoffmann literarisch stilisiert. Über die Leiter in die »Tiefe« gelangt, befindet er sich immer noch, nämlich »ohngefähr 12 Fuß«, in der Höhe »über dem Wasser«. Dort geht er auf »schmale[m] Steig« – einem, wie sich im Rückblick aus dem zehnten Kapitel zeigen wird, Skywalk *avant la lettre* – horizontal weg von der Wand, an der er herabgekommen ist, bis zu seinem Sitzplatz auf dem »hervorragende[n] Felsenstück« »in der Mitte des Zackens«, also einer Art von kleinem Fels-Zacken mitten im großen Wasser-Zacken, der wiederum mittig »zwischen« den den Wasserfall »von beiden Seiten« umgebenden »Felsen« verläuft. Hoffmanns Position in der Mitte der Szenerie, die ihn sowohl nach oben, nach unten als auch zu den Seiten hin umschließt, ähnelt also exakt dem Betrachterstandpunkt in jenem Kugelpanorama, das Heinrich von Kleist in seinem Brief an Wilhelmine von Zenge imaginiert: »ganz [...] in der offnen«, im Falle Hoffmanns nicht wie bei Kleist gemalten, sondern realen »Natur« sitzend, umschließt diese Hoffmann wie ein »kugelrunde[s]« *»Panorama«*[532]. Dabei steht er zwar nicht wie Kleist in seinem Gedankenspiel »auf dem Gemälde selbst«,[533] sitzt aber auf seinem doppelt als mittig bestimmten Zacken-Zacken nicht nur mitten *in*, sondern auch buchstäblich *auf* dem ihm vor Augen stehenden Natur-Prospekt. Das Panorama als den Betrachter konzentrisch umschließende Sphäre, die er von ihrem Mittelpunkt aus betrachtet, während er paradoxerweise zugleich auf ihr steht beziehungsweise sitzt: Hier, in Hoffmans *Brief aus den Bergen* von 1797, findet sich diese Kleist'sche Phantasie verwirklicht.

Und auch der Zutritt ist ähnlich. Macht Kleists Kugel-Panorama den traditionellen Weg in das Panorama hinein über eine Wendeltreppe von unten nach oben undenkbar und legt stattdessen die Kletterei über das Panorama selbst nahe, so erreicht auch Hoffmann seinen Aussichtspunkt nur in gefährlicher Kletterei über »Erdboden«, »Fels« und die dort angebrachte Leiter, also durch Kletterei über den gleich darauf betrachteten Prospekt selbst. Schließlich bietet sich ihm zweierlei: zum einen der typisch panoramatische, wenn auch hier nur im Ausschnitt »zwischen d[]en Felsen« gegebene Ausblick auf »Täler und Berge« »[i]n der Ferne«, zum anderen aber ein Ambiente, in dem die ihn *wie eine Sphäre umgebende Landschaft* ganz buchstäblich zur *Atmosphäre* und zum *›Medium‹* wird.

»In der Mitte« des Flusses »über dem Felsenbecken« »zwischen« den sich »von beiden Seiten türmend[en] [...] Felsen« sitzend, ist die »Luft umher« vom

532 Kleist, Brief an Wilhelmine von Zenge, 16.8.1800, S. 589.

533 Ebd.

»Wasserstaube« genetzt, der Hoffmann wie »Äther[]«[534] ein»hüllt«: von einer Atmosphäre im Wortsinne (ἀτμός [*atmós*] ›Dampf, Dunst, Hauch‹ und σφαῖρα [*sfaîra*] ›Kugel‹).[535] In den Tröpfchen dieser Atmosphäre bricht sich das Licht der »Sonne«, »tausend Regenbogen in den mannigfaltigsten Farben« bildend. Was in Matthias Claudius' *Abendlied* der »Dämmrung Hülle« ist,[536] die das sprechende Ich »traulich« umschließt, ist nun über dem Zacken-Becken zwar eine vor Sonnenlicht funkelnde Hülle: Eine Hülle aber ist sie auch hier, die übrigens ganz buchstäblich den Betrachter »netz[t]«, also seine Haut spürbar ein›hüllt‹.[537] Statt »[S]tille« wie bei Claudius herrscht in Hoffmanns Szene zwar ein »Rauschen«; in beiden Fällen jedoch geht es – bei Claudius ausdrücklich, bei Hoffmann impliziert durch die Himmelsleiter – um Landschaft und ihren »transcensus« (Ritter) hin auf die immanente Transzendenz des »Heil[s]« (Claudius). Steht aber das ›Heil‹ für das »›Ganze[]‹« (Ritter)[538], dann verweist nicht zufällig Claudius' »Mond«-Lied über die »goldnen Sternlein« ebenso auf die den (silbernen) Mond und die Sterne kosmologisch ergänzende Sonne, wie in Hoffmanns Beschreibung bei aller goldenen Sonnenpracht in dem »geschmolzenem Silber« gleichenden »Wasserstaube« die Vorstellung von (silbernem) Mond und (silbernen) Sternen zumindest anklingt. Die Himmelsleiter hat also Hoffmann *hinab*geführt in diese Atmosphäre. Dennoch ist sie mit ihren sonnenerzeugten »Regenb[ö]gen« und dem siderisch anmutenden, ausdrücklich als »Äther« bezeichneten »Wasserstaub[]« himmlisch.

So verstanden, handelt es sich bei Hoffmanns Beschreibung des Zackenfalls um eine Art Kleist'sches Kugelpanorama, das erstens allerdings keine gemalte, sondern eine reale Landschaft zeigt und zweitens neben dem visuellen Effekt noch einen auditiven sowie – vor allem – einen haptischen, ja respiratorischen Effekt bietet. Denn nicht nur sitzt, ja sozusagen schwebt Hoffmann auf dem (metaphorischen) Höhepunkt seines (metaphorischen) Aus-Flugs »übers« und (nicht metaphorisch) ins »Gebürge« *mitten* in dieser Atmosphäre aus ›Wasserstaub *umher*‹: in gewisser Weise – jedenfalls beim Einatmen – durchdringt sie ihn auch und ist so *in ihm.*[539] Dabei fällt sein Blick, offenbar von

534 Vgl. zur Assoziation von Wasser, Luft und Äther Aristoteles, Περὶ Ψυχῆς Über die Seele, S. 92f. (418b): »Denn Wasser und Luft sind nicht als solche durchsichtig, sondern weil ihnen beiden eine bestimmte Natur innewohnt, dieselbe wie auch dem ewigen Äther.«

535 Vgl. »Atmosphäre«, in: Kluge, Etymologisches Wörterbuch der deutschen Sprache, S. 60.

536 Vgl. Zitat 138.

537 Vgl. das Spitzer-Zitat 562.

538 Vgl. die Zitate 133–135.

539 Vgl. medientheoretisch zum Ein- und Ausatmen von Tabakrauch als atmosphärischem Phänomen Stefan Börnchen: Der Zauberer raucht. Zu einer Medientheorie des Rauchens

oben, auf »Täler und Berge« »[i]n der Ferne«: Das, was Hoffmann »in der Mitte« der Zackenfall-Atmosphäre findet, ist *der Himmel auf Erden.*

Atmosphäre, Milieu und romantisches Heil. Leo Spitzer zum Medium als *περιέχον*

Dieser Himmel ist ein Medienphänomen. Tatsächlich handelt es sich bei Hoffmanns Beschreibung der Zackenfall-Atmosphäre bis ins Detail um das, was Leo Spitzer in seinem Aufsatz *Milieu and Ambiance: An Essay in Historical Semantics* im Rückgriff auf das griechische *περι-έχειν* [*peri-échein*] ›umfassen, umgeben, einschließen‹[540] als *»ambient medium«* beschrieben hat. Spitzer schreibt:

> We find in Greek ὁ περιέχων ἀήρ or τὸ περιέχον, an expression meaning literally ›that which surrounds, encompasses‹ (from the verb περι-έχειν), and used to refer to the all-embracing air, space, sky, atmosphere, climate: the cosmic ›milieu‹ of man; according to Anaximenes, τὸν κόσμον πνεῦμα καὶ ἀὴρ περιέχει, ›the universe is surrounded by spirit and atmosphere.‹ […] [T]he Greek term (ἀήρ) ὁ περιέχων is […] closely identified with material ›air‹ […].[541]

Genau dieser Vorstellung von ›medialem Ambiente‹ entspricht es, wenn Hoffmann die ihm offenbar so wichtige, jedenfalls mit Mühe über »Leiter« und »Steig« erreichte räumliche »Mitte« der Zackenfall-Atmosphäre »über dem Felsenbecken« wenn nicht zur Voraussetzung, so doch zum Ort – *tópos* – der Erfahrung von »Luft umher« (»all-embracing air«), »Höhe« und »Tiefe«, das heißt Raum (»space«), kosmischen Himmelsphänomenen wie »Regenbogen« und sternenartigem »Silber«-Licht (»sky«, »cosmic ›milieu‹«) sowie von »Wasserstaub[]« und »Äther[]« (»atmosphere, climate«) macht.

(Thomas Mann: *Mario und der Zauberer*), in: Jahrbuch für Literatur und Psychoanalyse. Freiburger literaturpsychologische Gespräche 31 (2012), S. 183–212.

540 Hermann Menge: Langenscheidts Taschenwörterbuch der griechischen und deutschen Sprache, Erster Teil Griechisch-Deutsch, Berlin [18]1950, S. 347.

541 Spitzer, Milieu and Ambiance: An Essay in Historical Semantics, S. 1 und 2. Spitzer verweist ausdücklich auf Aristoteles: »In Aristotle too (*Περὶ ζῴων γενέσεως*, […] B 31), we are told that *ὁ ἀὴρ ὁ περιέχων* is the causative factor of the ›dampness‹ of the Scythians and Thracians, and the ›dryness‹ of the Ethiopians: the Greeks, living between the colder regions of the Europeans and the warmer clime of the Asiatics, posses a *μέσον* of disposition«; ebd., S. 3. – Vgl. Zu dieser »hervorragende[n] Materialsammlung für die Medienbegriffsgeschichte« Spitzers Stefan Hoffmann: Geschichte des Medienbegriffs, Hamburg 2002, S. 15f. und 75f., sowie Angelika Jacobs: Stimmungskunst von Novalis bis Hofmannsthal, Hamburg 2013, S. 51–95 (Kapitel »Leo Spitzers historische Semantik«).

Topos ist dieser atmosphärische Medien*ort* dabei, ähnlich wie in Agambens in Kapitel 4 zitierten Ausführungen zum *»topos outopos«*, in doppeltem Sinne: erstens nämlich als realer Ort und zweitens als Begriff oder Metapher in Literatur und Philosophie. *Outopisch* wiederum ist er insofern, als der utopische ›Himmel auf Erden‹ nun einmal nicht widerspruchslos zu denken, also gewissermaßen aporetisch ist (Agamben zitiert Aristoteles' »πολλὴν ἀπορίαν«)[542]. In diesem doppelten Sinne – also im buchstäblichen (»Mitte« der Amosphäre) wie übertragen-utopischen Sinne (Himmel auf Erden) zugleich – sucht Hoffmann diesen Medien*topos* am Zackenfall auf.

Dabei stammt nicht nur die Vorstellung von der zum ersehnten utopischen Ort führenden Himmelsleiter aus der antiken Tradition, sondern auch die vom »Äther[]«. In der Antike steht der ›Äther‹ für die Vorstellung eines extrem feinstoffigen und zugleich feurigen Fluidums, wie sie sich in Hoffmanns – wohl nur vor diesem Hintergrund nicht auffällig kühn erscheinendem – Vergleich von »Wasserstaub[]« und »geschmolzenem Silber« Ausdruck findet:

> It was an ancient theory that space was filled by a fluid: for Heraclitus, space (or, that which filled space)[] was similar to fire, a kind of ether. Poseidonius thought the περιέχον filled with a spiritual fluid (πνεῦμα) which permeates man and brings about cognizance: an overflowing of the macrocosm into the microcosm [...]. The materialists of the Hellenistic period identified this fiery ether with Aristotle's vital heat, and posited a vital fluid penetrating all things.[543]

Hoffmann mag diese antike Tradition gekannt haben; in jedem Fall war er bis ins Detail vertraut mit dem Animalischen Magnetismus Franz Anton Mesmers.[544] Mesmer zufolge ist »der Mensch«, ganz im Sinne von Spitzers Heraklit- und Poseidonius-Paraphrase, »[e]ingetaucht in den Ozean der Allflut welche den Raum erfüllt«.[545] Mesmers Theorie hat Hoffmann fasziniert.

542 Fn. 419.

543 Spitzer, Milieu and Ambiance: An Essay in Historical Semantics, S. 6f.

544 Spitzer erwähnt Mesmer nicht, wohl aber den Mediumismus mit seiner Vorstellung vom »spiritualistic ›medium‹«, »[a] person [...] represented as a thing which passively allows communication [between the spirits and the living] to flow through«; ebd., S. 37. – Zum Mesmerismus bei Hoffmann: Jürgen Barkhoff: Magnetische Fiktionen. Literarisierung des Mesmerismus in der Romantik, Stuttgart, Weimar 1995, S. 195–237; Hania Siebenpfeiffer: Romantische Psychologie, in: Kremer (Hg.), E.T.A. Hoffmann. Leben – Werk – Wirkung, S. 58–64.

545 Friedrich [sic] Anton Mesmer: Mesmerismus. Oder System der Wechselwirkungen, Theorie und Anwendung des thierischen Magnetismus als die allgemeine Heilkunde zur Erhaltung des Menschen. Hg. von Karl Christian Wolfart, Berlin 1814. Reprografischer Nachdruck Amsterdam 1966, S. 4. Mesmer zieht den Begriff »All-Flut« »dem Wort Fluidum« vor; ebd., S. XXXIf.

Mehrere Erzählungen drehen sich – kritisch, auch ironisch – um den Animalischen Magnetismus.[546]

In der ätherisch-siderischen Zackenfall-Atmosphäre hat Hoffmann dies ganz wörtlich selbst erlebt: ein »Eingetaucht«-Sein »in den Ozean der Allflut welche den Raum erfüllt«. Auch wenn Hoffmann in seinem *Brief aus den Bergen* von 1797 ein, so Spitzer, »Erkenntnis«haftes »[Ü]berströmen aus dem Makrokosmos in den Mikrokosmos«[547] allenfalls in dem Hinweis anklingen lässt, sein »Reise«-»Durchflug« habe ihn »über so manches […] belehr[t]«,[548] so lassen doch zum einen »Äther[]«, »Sonne« und »Regenbogen« keinen Zweifel an der makrokosmischen »›skyey‹ quality« (Spitzer)[549] der mikrokosmischen Zackenfall-Atmosphäre. Zum anderen aber schreibt Hoffmann in seinem *Brief aus den Bergen* von 1819 ausdrücklich, dass eine kosmische »[U]mström[ung]« – unter anderem durch die »Stimme des Weltgeistes selbst« – ihm dazu verholfen habe, »das Herrlichste« zu »[]schau[en]«.[550] Das ist ganz ausdrücklich eine, mit Spitzer, »Erkenntnis« in Form von »[Ü]berströmen aus dem Makrokosmos in den Mikrokosmos«. Der »Weltgeist[]« wiederum erinnert dabei nicht zufällig an Goethes »Weltseele«, die »komm[en]« soll, »uns zu durchdringen«.[551] Denn das *περιέχον* steht ja, wie Spitzer zeigt, als »spiritual fluid […] which permeates man«[552] beziehungsweise als »›mediumistic fluid‹«[553] je schon für »something in the nature of a *Weltseele*.«[554]

War nun Goethes hier noch einmal zitierter, an Schelling anschließender Begriff der ›Weltseele‹ eine Chiffre für das *»Eins und Alles«* (so der Titel des Goethe-Gedichts) beziehungsweise für das ›romantische‹ »Alles ist eins« (so der an von Weiller anschließende Titel der vorliegenden Studie), dann ist das von Spitzer beschriebene *periéchon* in Hinblick auf das Thema dieser Studie nicht nur *ein*, sondern vielmehr *der allererste* Kandidat für das, was Hans Blumenberg unter der ›absoluten Metapher‹ versteht. Denn die von Spitzer

---

546 Vgl. den Überblick bei Barkhoff, Magnetische Fiktionen. Literarisierung des Mesmerismus in der Romantik, S. 195–197.

547 Spitzer, Milieu and Ambiance: An Essay in Historical Semantics, S. 5. Spitzer zitiert hier Karl Reinhardts Studie *Kosmos und Sympathie: Neue Untersuchungen über Poseidonios*, München 1926.

548 S. Zitat 480.

549 Spitzer, Milieu and Ambiance: An Essay in Historical Semantics, S. 14.

550 Hoffmann, Briefe aus den Bergen, S. 690 und 694f.

551 Goethe, Eins und Alles, S. 744.

552 Spitzer, Milieu and Ambiance: An Essay in Historical Semantics, S. 6.

553 Ebd., S. 37.

554 Ebd., S. 7.

entfalteten Konnotationen des *periéchon* bilden die Folie so gut wie aller hier verfolgten Vorstellungen von ›romantischer‹ ›Versöhnung‹ oder ›Heilung‹ des in der »Dualität der Erscheinung« Getrennten und zugleich als ›heil‹, das heißt als wiederum ge›heil‹t Ersehnten. So macht zum Beispiel die Vorstellung vom *periéchon* verständlich, warum Goethes Mignon in ihrer »Sehnsucht« den Blick aufs »Firmament« richtet. Das entspricht nämlich im makrokosmischen Maßstab jener mikrokosmischen »Nabelschnur« beziehungsweise jenem »Busen«, an der beziehungsweise an dem man sich nicht wie Mignon »[a]llein und abgetrennt / [v]on aller Freude« fühlt, sondern geborgen in der den Menschen »herrlich rings« umgebenden »Natur«. Hoffmanns Wort wiederum für die ihn umschließende Atmosphäre am Zackenfall heißt »umher«.

Diese Vorstellung hat die Psychoanalyse, wie schon gesagt,[555] als ›Regression‹ in den imaginierten Urzustand im Mutterleib beschrieben und damit, ob wissentlich oder nicht, an antike Vorstellungen des *periéchon* angeknüpft: an Vorstellungen also, die in der Inkubationszeit der Psychoanalyse – der Romantik – Hochkonjunktur hatten. So ist es in Richard Wagners *Tristan und Isolde* mit Tristans Worten die »Liebesberge« als »das dunkel / nächt'ge Land, / daraus die Mutter / mich entsandt«, wohin er zurückkehren – regredieren – möchte.[556] Mikrokosmischer Mutterleib und makrokosmische Nacht sind

555 Vgl. Anm. 167.

556 »Wohin nun Tristan scheidet / willst du, Isold', ihm folgen? / Dem Land, das Tristan meint, / der Sonne Licht nicht scheint: / es ist das dunkel / nächt'ge Land, / daraus die Mutter / mich entsandt […]. / Was, da sie mich gebar, / ihr Liebesberge war, / das Wunderreich der Nacht, / aus der ich einst erwacht: / das bietet dir Tristan, / dahin geht er voran: / ob sie ihm folge / treu und hold / das sag ihm nun Isold'!« Richard Wagner: Tristan und Isolde. Textbuch. Einführung und Kommentar von Kurt Pahlen, Mainz ^{5}2006 (1980), S. 173 (2. Aufzug, 3. Szene). Noch deutlicher sagt es in Schillers *Räubern* Franz von »MOOR (*mit Wehmut*). Daß ich wiederkehren dürfte in meiner Mutter Leib!« Schiller, Die Räuber, S. 562 (III/2). Auch das Claudius zugeschriebene *Wiegenlied* assoziiert schützenden Mutterkörper und Tod: »Schlafe, schlafe, in dem süßen Grabe, noch beschützt dich deiner Mutter Arm.« S. Anm. 2196. Ähnlich Brigitte über den Grafen vom Strahl in Kleists *Käthchen von Heilbronn*. »die Welt nannt' er ein Grab, und das Grab eine Wiege, und meinte, er würde nun erst gebohren werden.« Heinrich von Kleist: Das Käthchen von Heilbronn oder die Feuerprobe, ein großes historisches Ritterschauspiel, in: ders.: Sämtliche Werke und Briefe. Münchner Ausgabe. Auf der Grundlage der Brandenburger Ausgabe hg. von Roland Reuß und Peter Staengle, München, Frankfurt a. M. 2010, Bd. I: Dramen, S. 501–627, S. 550 (II/9, V. 1161f.). – Vgl. zur Vorstellung vom Tod als Rückkehr in den Mutterleib Jan Assmann: Der Tod als Thema der Kulturtheorie. Todesbilder und Totenriten im Alten Ägypten. Mit einem Beitrag von Thomas Macho[:] Tod und Trauer im kulturwissenschaftlichen Vergleich, Frankfurt a. M. 2000, S. 9–87, insbesondere S. 27–38.

für Tristan eins, ähnlich wie schon in Novalis' *Hymnen an die Nacht*,[557] oder genauer: Sie werden im liebevoll-›bergenden‹ Tod eins. Isolde wiederum sieht vor ihrem Liebestod den Geliebten Tristan »sternumstrahlet«. Sie sieht ihn also vor dem Hintergrund des kosmischen Firmaments.[558] »[S]oll ich atmen«, singt sie, »in des Welt-Atems / wehendem All«, der »um« sie »klinget«, »um[]« sie »wall[et]«, »um[]« sie »rausch[et]« und »in« sie »dring[et]«: Mikro- und Makrokosmos, Isoldes Atem und der Welt-Atem werden eins, indem sie sich durchdringen. »Weltseele komm uns zu durchdringen!«, heißt das bei Goethe, und nichts anderes widerfährt Isolde, wenn sie sich, »ertrinken[d], / versinken[d] – / unbewußt – / [in] höchste[r] Lust!«, im *periéchon* »verhauchen« (Wagner) und »verschwinden« (Goethe) fühlt. »Sich aufzugeben ist Genuß«: wo würde das deutlicher als in den letzten Takten von Wagners *Tristan und Isolde?*[559]

Über die Isoldes letzten Worten zugrundeliegende Vorstellung des Mikro- und Makrokosmos harmonisierenden, sozusagen sympathetisch synchronisierenden *periéchon* schreibt Spitzer:

> Thus the ›sympathy‹ between the cosmos and man does constitute a kind of loving milieu round [Goethe: »rings«, Hoffmann: »umher«, Wagner: ›um … um … um‹, S. B.] about him. […] The idea of the fundamental kinship (and kindred feeling) of the περιέχον for the soul that perceives […] [is … reflected] in its relationship to the loving universe […].[560]
>
> For a harmonious and poised man is apt, by nature, to see everywhere[561] himself, and the things connected with himself, as being »embraced« and caressed: to feel that he is the center [Hoffmann: »in der Mitte«, S.B.] of a whole – the embryo in the egg, the tree within its bark, the earth wrapped round by ether [Wagner: »wogende[r] Schwall«].[562]
>
> περιέχειν […] possese[s] […] the […] connotation of protection, of a warm embrace […].[563]

557 Vgl. Novalis: Hymnen an die Nacht, in: ders.: Werke, Tagebücher und Briefe Friedrich von Hardenbergs, Bd. 1: Das dichterische Werk, Tagebücher und Briefe, hg. von Richard Samuel, München 1978, S. 147–177, und Elisabeth Bronfen: Tiefer als der Tag gedacht. Eine Kulturgeschichte der Nacht, München 2008, S. 35–81 und 612f. (Anmerkungen).

558 Vgl. die »Glorie« in Zitat 2418.

559 Vgl. das das Jean-Luc-Nancy-Zitat 776.

560 Spitzer, Milieu and Ambiance: An Essay in Historical Semantics, S. 5.

561 Dieses ›überall‹ entspricht zum einen Platons Durch-die-ganze-Welt-Walten (πάντα τὸν κόσμον), zum anderen Novalis' ›überall‹, an das Georg Lukács und Martin Heidegger anschließen. Vgl. das *Phaidros*-Zitat in Anm. 498, das Nancy-Zitat 771 und das Hoffmann-Zitat 802.

562 Spitzer, Milieu and Ambiance: An Essay in Historical Semantics, S. 11.

563 Ebd., S. 13.

Die »Freude«, von der sich Mignon »abgetrennt« fühlt, ist das ›Heil‹, das in der sympathetischen Verbindung ihres mikrokosmischen Ichs mit dem das ›Ganze‹ vertretenden makrokosmischen »Firmament« besteht; das Gefühl, mit dem ›All‹ verwandt und zärtlich – »sternumstrahlet« (Wagner) – in ihm geborgen, ja wie ein Embryo von ihm schützend und wärmend umschlossen zu sein. Das ist genau jenes Gefühl, das Isolde im Liebestod besingt. Alle diese Konnotationen des *periéchon* klingen in Hoffmanns Beschreibung von der ihn »in der Mitte« sitzend umschließenden Zackenfall-Atmosphäre von 1797 zumindest an. Auch 1819 nimmt er sie alle – teilweise ins Ironische gewendet – wieder auf. Darum geht es noch in diesem Kapitel. Zwar sind, wie man einwenden mag, die Vorstellungen von Geborgenheit und Wärme am Zackenfall schwach ausgeprägt – sieht man vom auf das ›Feurige‹ des ätherisch-*periéchon*haften Fluidums verweisenden »geschmolzene[n] Silber« ab –, aber das kann mit dem Erhabenheitscharakter der Szene zu tun haben. Immerhin hat ja der Zackenfall »Gewalt«[564], und insofern lässt sich *hier* ausnahmsweise von – und das ist eine auch von Spitzer bedachte und benannte Ausnahme – »an impetuous attack upon an object – a violent penetration or invasion« durch das *periéchon* sprechen: wie ja ohnehin der Liebestod, bei aller Zärtlichkeit, nicht ganz ohne die Vorstellung von Gewalt auskommt und wie, vor allem, der Animalische Magnetismus von Anfang an die Vorstellung beziehungsweise Angst der fluidalen Penetration durch den Magnetiseur mit sich führt.[565]

Im Gegensatz zu dieser *auch*, gewissermaßen als Ausnahme- oder Randerscheinung, vorhandenen bedrohlichen Konnotation des *periéchon* hat das *periéchon grundsätzlich*, wie Spitzer es beschreibt, etwas Tröstliches und Heimeliges.[566] In seiner »grandeur of all-embracingness«[567] liegen Charme und ›Heil‹sversprechen des ›Hol‹istischen[568]. Immer wieder taucht dabei der Begriff der ›Wärme‹ auf. »[T]he warm nuance of *τὸ περιέχον* is protective«,[569] so Spitzer; von »the warmth and vitality, the activity of the *περιέχον*« ist die Rede,

564 Hoffmann, Brief an Theodor Gottlieb von Hippel, 15.10.1798, S. 119.

565 So hat etwa Weder, Kleists magnetische Poesie, S. 171, darauf hingewiesen, dass schon der »Name Strahl« in Heinrich von Kleists *Käthchen von Heilbronn* »die konkrete Dimension sexueller Penetration« umfasse; vgl. dazu insgesamt ebd., S. 158–205.

566 »Mesmers Natur ist durch und durch positiv, garantiert Harmonie und Aufgehobensein. Sein mit All-Magnetismus gefüllter Raum hat wie alle Äthertheorien etwas psychodynamisch Wohltuendes, Schützendes.« Barkhoff, Magnetische Fiktionen. Literarisierung des Mesmerismus in der Romantik, S. 42.

567 Spitzer, Milieu and Ambiance: An Essay in Historical Semantics, S. 17.

568 Vgl. Anm. 136.

569 Spitzer, Milieu and Ambiance: An Essay in Historical Semantics, S. 11.

seinen »overtones of warmth and beneficence«[570]. Diese *mütterliche* Wärme sei, bemerkt Spitzer *en passant*, charakteristisch für das griechische Denken überhaupt:

> How richly revelatory of Greek thought is the term τὸ περιέχον: it illustrates the ability of the Greeks to conveive, not a »cold« abstraction but a »warm« one: an abstraction which is visualized and which has not severed its ties with life, but remains organic and close to the bodily.[571]

»Kalt« soll die begriffliche Abstraktion sein, »warm« die körperliche Anschauung; letztere zeichne die Griechen aus, erstere hingegen die Römer:

> The word τὸ περιέχον [...] did not go over into Latin. [...] It seems to me reasonable to assume that the Romans felt less well-protected on the universe, less at home with the infinite, than did the Greeks [...]. The Romans were unable so sense the grandeur of all-embracingness, and in their language the substantive ambiens is lacking – while various verbs, of which ambire is only one out of many, vie for the honor of rendering the Greek verb περιέχειν.[572]

Kein einziges Mal verwendet Spitzer in seinem hier zitierten Aufsatz den Begriff ›romantisch‹, und doch entspricht das Verhältnis, das Spitzer zwischen den ›ganzheitlich‹, ›warm‹ und ›bildhaft‹ denkenden Griechen und den ›abstrahierend‹, ›kalt‹ und ›logisch‹ denkenden Römern sieht, dem Verhältnis der Romantik zur Aufklärung, wenn auch in chronologischer Umkehrung. Es ist ganz so, als hätten die Romantiker das körperlich-warme griechische Denken wiederentdeckt. So gesehen, ist das *periéchon* eine charakteristisch *romantische* Vorstellung. Ja, das *periéchon* ist geradezu *das romantische Medium katexochen*: entweder, erstens, metaphorisch oder ›bildlich‹ verstanden als die diesem ›abstrakten‹ Begriff zugrundeliegende ›lebendige‹ *Anschauung* beziehungsweise als sein *Sinnbild* (Spitzer: ›visualization‹, Zedler: »PHANTASMA«) oder sogar, zweitens, begrifflich-›materialistisch‹ (Spitzer)[573] als Äther-, Fluidum- oder Weltatem-artige *Materie* oder *Substanz*, in der ›romantisch‹ ›alles eins‹ und ›heil‹ wird. In diesem doppelten Sinne – metaphorisch wie begrifflich – *ist* das *periéchon*, anders gesagt, *das romantische Medium des Heils.*

570 Ebd., S. 41.
571 Ebd., S. 9f.
572 Ebd., S. 11 und 16f.
573 Vgl. das Zitat zu Anm. 543.

Harmonie und Höhenflug, *Räuber*-Anthropologie und Mesmerismus

›Romantisch‹ nennt Hoffmann in seinem Brief an Hippel, jedenfalls mittelbar, auch den Zackenfall mit seiner medialen Atmosphäre. Gegen Ende der Zackenfall-Beschreibung heißt es:

> Ich habe auch den Kochelfall gesehen, dieser ist nicht so wild romantisch [wie der Zackenfall], aber schön, er verhält sich ungefähr so zum Zacken, wie Emilia Galotti zu den Räubern von Schiller –[574]

Der Kommentar sieht in dieser Formulierung einen »[s]innbildliche[n] Kontrast des sittlichen bürgerlichen Trauerspiels Lessings zu den weniger sittsamen Räubern des Sturm-und-Drang-Dramas Schillers«.[575] Das ist sicherlich richtig. Möglicherweise aber spielen außerdem noch konkrete Textreminiszenzen eine Rolle. Zwar ist es nicht so, dass Hoffmann am Zackenfall den Wunsch Franz von Moors »Daß ich wiederkehren dürfte in meiner Mutter Leib!«[576] *»mit Wehmut«* aufnähme; vielleicht ist das, noch einmal mit Thomas Mann, »nur zufällig« nicht so. Denkbar ist jedoch, dass Hoffmann in derjenigen Metapher an Schillers *Räuber* anknüpft, mit der er im Frühjahr und Sommer 1797 zweimal von seiner Warmbrunn-Reise spricht: mit der Metapher im »[F]lug« (»Durchflug«)[577] durchs beziehungsweise »übers Gebürge«, mit dem »[F]lug« also, den Hoffmann, obwohl »[s]eine Flügel [...] beschnitten« sind,[578] dann doch noch antritt. Denn diese Metapher vom Fliegen ist nicht nur von Ferne her, also über Petrarcas allgemein an die platonisch-christliche Tradition anschließende *Besteigung des Mont Ventoux* mit dem Leib-Seele-Problem verknüpft, sondern auch über Schillers *Räuber*. Nicht nur gelegentlich drehen sie sich um, mit Spiegelbergs Worten, »Leib und Seele«[579]. Tatsächlich liegt ja Schillers Beschäftigung mit diesem Problem in seinen beiden Dissertationen erst ein paar Jahre zurück, und offenbar geistert es nicht nur im *Geisterseher*, sondern auch noch in den *Räubern* herum. Ausdrücklich spielt dieses Problem etwa in Franz von Moors Vatermordmonolog zu Beginn des zweiten Akts hinein:

574 Hoffmann, Brief an Theodor Gottlieb von Hippel, 15.10.1798, S. 119.
575 Ebd., Kommentar S. 1073.
576 Schiller, Die Räuber, S. 562 (III/2); vgl. Anm. 556.
577 S. Zitat 480.
578 S. Zitat 514.
579 Schiller, Die Räuber, S. 539 (II/3).

> FRANZ VON MOOR […] Müssen denn aber meine Entwürfe sich unter das eiserne Joch des Mechanismus beugen? – Soll sich mein hochfliegender Geist an den Schneckengang der Materie ketten lassen? […] Philosophen und Mediziner lehren mich, wie treffend die Stimmungen des Geistes mit den Bewegungen der Maschine zusammenlauten.[580]

Hier geht es um ›mechanische‹ Erklärungen des *commercium* von »Geist« und »Maschine«; im Hintergrund steht die gerade durch »Philosophen und Mediziner« wie Ernst Platner etablierte Anthropologie. Was Platner darunter versteht, definiert er in seiner 1772 veröffentlichten *Anthropologie fuer Aerzte und Weltweise* so:

> Es kommt alles darauf an, was man unter der Philosophie versteht. Ich denke mir nichts anders dabey, als die Wissenschaft des Menschen […]. Der Mensch ist weder Körper, noch Seele allein; er ist die Harmonie von beyden […].[581]
>
> Die Erkenntnis des Menschen wäre, wie mir dünkt, in drey Wissenschaften abzutheilen. Man kann erstlich die Theile und Geschäffte der Maschine allein betrachten […]; das ist Anatomie und Physiologie. Zweytens kann man auf eben diese Art die Kräfte und Eigenschaften der Seele untersuchen […]; das wäre Psychologie […]. Endlich kann man Körper und Seele in ihren gegenseitigen Verhältnissen, Einschränkungen und Beziehungen zusammen betrachten, und das ist es, was ich Anthropologie nenne.[582]

Der Körper als »Maschine« (Platner, Moor), die in »Harmonie« (Platner) beziehungsweise deren »Bewegungen« »treffend« mit den »Stimmungen des Geistes […] zusammenlauten« (Moor): Moor spricht, keine Frage, von der Anthropologie. Dabei schließt er mit der Rede von den »Stimmungen« und dem »[Z]usammenlauten« von Körper und Geist genau an jene – allerdings der Sache nach unstimmigen – Metaphern der Resonanz[583] zwischen schwingenden Saiten an, mit denen Schiller in seiner Dissertation zur *Philosophie der Physiologie* das *commercium*-Problem beschrieben hatte.[584] Vor

580 Ebd., S. 521f. (II/1).

581 Platner, Anthropologie für Ärzte und Weltweis, S. IIIf.

582 Ebd., S. XV–XVII.

583 Vgl. grundsätzlich: Hartmut Rosa: Resonanz. Eine Soziologie der Weltbeziehung, Frankfurt a. M. 2016.

584 »Zuerst also von den Saitenschwingungen. […] Wenn ich zwei Klaviere nebeneinanderstelle und auf einem derselben eine Saite rühre und einen Ton angebe, so wird auf dem andern Klavier die nämliche Saite und keine andere ohne mein Zutun zittern und eben den Ton, freilich matter, angeben. Wir könnten also sagen: die Stelle des ersten Klaviers vertritt die Welt, so wie sie sich in den sinnlichen Organen befindet, die Stelle der Luft der Nervengeist. Die Stelle des zweiten Klaviers das Denkorgan. Soviel Saiten sind in der sinnlichen Welt, als Objekte. Soviel Fibern im Denkorgan, als Saiten in der sinnlichen Welt.

allem aber folgt Moor anthropologisch der Linie Platners: Denn nur, weil Platner zufolge in der »Gemeinschaft der Seele und des Körpers [...] eine gegenseitige Abhängigkeit«[585] besteht, kann ja Franz von Moor überhaupt auf den Gedanken verfallen, »den Körper« seines Vaters »vom Geist aus zu verderben«.[586] Moor will in seinem in Gedanken durchgespielten Vatermord »den Schneckengang der *Materie*«, verstanden als das langsame (körperliche) Hinsiechen seines Vaters, beschleunigen, indem er sozusagen psychologisch »dem Tod« seines Vaters den »Weg [...] eb[net]«. Oder, mit anderen Worten, gerade durch geistige Einwirkung auf den Körper seines Vaters will er diesen umbringen – und einen solchen gewissermaßen psychologischen Mord nennt er ausdrücklich ein »Werk ohnegleichen!«.[587] Erst der Tod des Vaters würde die »[K]etten« lösen, die Franz von Moors »hochfliegende[n] Geist« vom erträumten Höhenflug der Vaternachfolge trennen.[588]

Die Höhenflugmetapher ist hier mehrdeutig. Zum einen ist sie über die traditionelle platonische Vorstellung vom Flug der Seele, die sich über den Körper erhebt, mit dem *commercium*-Problem verbunden, zum anderen mit Franz von Moors karrieristischen Aufstiegsplänen. Dass die Assoziation von Höhenflug und Körper-Geist-Problem hier jedoch kein Zufall ist, zeigt eine Parellelstelle in der zweiten Szene des ersten Akts, in der Karl von Moor spricht, und zwar ebenfalls wörtlich von »Schneckengang« und »[F]lug«. Wiederum geht es dabei um den »Leib« und – wenn nicht den ›Geist‹ selbst, so doch ein Geistesphänomen – den »Willen«:

> KARL VON MOOR [...]. Ich soll meinen Leib pressen in eine Schnürbrust und meinen Willen schnüren in Gesetze. Das Gesetz hat zum Schneckengang verdorben, was Adlerflug geworden wäre.[589]

Ein weiteres Mal ist hier die Flugmetaphorik mehrdeutig – nicht nur über den Körper, sondern auch übers Gesetz erhebt sich ein »hochfliegender Geist« –, aber auch hier ist sie ans *commercium*-Problem geknüpft. Ist es da nicht denkbar, dass Hoffmann mit der *Räuber*referenz am Ende seiner Zackenfall-Beschreibung von 1798 an Schillers metaphorische Verbindung von Höhen- beziehungsweise »Adlerflug« und *commercium*-Problem anschließt?

[...] Es sollen also gewisse Saiten in den sinnlichen Organen zittern. Dieses Zittern pflanzt der Nervengeist bis in das Denkorgan fort. Die Seele empfindet es; das ist die sinnliche Idee.« Schiller, Philosophie der Physiologie, S. 263.

585 Platner: Anthropologie für Ärzte und Weltweise, S. 37 (§ 138).

586 Schiller, Die Räuber, S. 522 (II/1).

587 Ebd.

588 Ebd., S. 521 (II/1).

589 Ebd., S. 504 (I/2).

Zumal Hoffmann ja noch im Frühjahr des Jahres gewissermaßen »recht alexandrinisch«, jedenfalls ganz im Geiste Moors »geflennt« (Spiegelberg)[590] hatte, dass er mit »beschnitten[en]« »Flügel[n]« »an den Schreibtisch [gefesselt]« sei, gerne aber, wären nur die Fesseln gelöst, »übers Gebürge [flöge]«?

Zugegeben, es bleibt offen, ob Hoffmann seiner Zackenfall-Beschreibung von 1798 durch die *Räuber*nennung neben vielen anderen Medientheoremen und -phantasmen auch noch das *commercium*-Problem einschreibt. Anders hingegen sein *Brief aus den Bergen* von 1819/20, da kommt er gleich zu Anfang auf »Leib« und »Geist« zu sprechen:

> *An die Frau von B.*
>
> Hirschberg, den 10. Julius 18–.
>
> Erschrecken Sie nicht, gnädige Frau! wenn in diesem Augenblick plötzlich, wie durch den Schlag des magischen Stabes hingezaubert, ein Mensch Ihnen vor Augen steht, der Gesicht, Farbe, Gestalt, kurz die ganze sterbliche Hülle Ihres gehorsamsten Dieners trägt, so daß er in der Tat niemand anders sein kann, als Ihr gehorsamer Diener selbst. Besagtes Zauberbild ergreift [...] Ihre Hand [...] und lispelt mit kläglichem Blick gen Himmel: Verzeihung – o Verzeihung! – [...] [E]in ärgerlicher verderblicher Spleen war, in meinem Innern gegoren, ganz artig aufgegangen, und machte mich zu dem unausstehlichsten aller Erdenkinder. Und doch glaubt' ich, nur der Leib sei es, der feindlich den Geist bekämpfe, unerachtet nur dieser die verderbliche Waffe ergriffen, und doch achtete ich nicht Ihren Rat, alle Medizinflaschen zum Fenster hinaus auf die Gasse und dann mich selbst nachzuwerfen, wiewohl nicht aus dem Fenster auf die Gasse, sondern nur hinein in den Reisewagen.[591]

Hoffmann, so der Kommentar, schreibt einer »bereits etwas älteren, gebildeten ›gnädigen Frau‹ [...] geistreich, gewandt plaudernd« und nutzt »die geringen Anforderungen« der Gattung ›Reisebrief‹ »zu ständigem Themenwechsel und zu Abschweifungen«.[592] Anders als im dritten, möglicherweise an eine fiktionalisierte Johanna Eunike adressierten Brief überwiegt hier »das Witzige das Empfindungsvolle«.[593] Dabei ist Hoffmanns Text durchsetzt mit Referenzen auf Laurence Sterne. Bemerkenswert ist nun zunächst der »magische[] Stab[]« im ersten Satz. Denn worum sollte es sich handeln, wenn nicht um Novalis' »Zauberstab der Analogie«:[594] jene – wie oben ausgeführt – Wechselmetapher für den aristotelischen Pfeil vom Bogen des »treffsicheren

590 Ebd., S. 503 (I/2).
591 Hoffmann, Briefe aus den Bergen, S. 688.
592 Ebd., Kommentar S. 1116f.
593 Ebd., Kommentar S. 1117.
594 Novalis, Die Christenheit oder Europa. Ein Fragment, S. 743; vgl. Zitat 435.

Bogenschützen«,[595] der ›scharfsinnig-fernhintreffend‹ »Ähnliches [...] in weit auseinanderliegenden Dingen [erkennt]«,[596] das heißt »gute Metaphern zu bilden« versteht?[597] Weite Sprünge jedenfalls mutet Hoffmann seinen Briefleserinnen und -lesern geradezu programmatisch zu: Und es fragt sich, welchen metaphorologischen Trajektorien man folgt, wenn man diese Sprünge mitmacht.

Zunächst also »Leib« und »Geist«, die Hoffmann hier in einem einzigen Satz mit dem Wunsch verbindet, sich »zum Fenster hinaus [...] hinein in den Reisewagen« zu »[]werfen«:[598] ein Selbst-Wurf beziehungsweise Sprung ins Gebirge (vermittelt über den Reisewagen), der auf den Metaphernkomplex vom »Durch-« beziehungsweise Aus»flug« »übers Gebürge« zurückweist. Wie aber solch ein raumübergreifender, ja »hochfliegender« (Schiller) Sprung mit einem auf den »Leib« und seine gestutzten Flügel angewiesenen »Geist« denkbar sein soll, reflektiert Hoffmann in seinem dritten *Brief »An das Fräulein Johanna R.«*. Am Vorabend, so schreibt er, habe er am »Ufer des Zacken« die tatsächlich in Berlin weilende »Johanna [...] selbst« »die Töne einer Romanze«[599] singen gehört. Hoffmanns Erklärung ist diese:

> Es ist ein anmutiger, mystischer Glaube, nach dem es Augenblicke gibt, in welchen der im Irdischen eingezwängte Mensch den Raum besiegt, und in welchen die psychische Annäherung so mächtig wird, daß sie wirkt gleich der physischen, und von dieser kaum zu unterscheiden ist. Die Mystiker behaupten, daß eine Wechselwirkung dazu gehöre [...].[600]

Einer der »Mystiker«, von denen hier die Rede ist, ist Friedrich Anton Mesmer. Denn Mesmer hat seinen *»Mesmerismus«*, mit dem Hoffmann – wie gesagt – vertraut war, ausdrücklich als *»System der Wechselwirkungen«* beschrieben. Und dieses System erlaubt die Erklärung von Doppelsichtungen an weit voneinander entfernten Orten;[601] so etwa die Doppelsichtung in Kleists *Käthchen von Heilbronn* –[602] und das ist schon deshalb erwähnenswert, weil Hoffmann in seiner Bamberger Zeit aus Vorsicht vor seiner mitlesenden Frau über Jahre hinweg die von ihm geliebte Gesangsschülerin Julia Mark im Tagebuch als

595 Weinrich, Semantik der kühnen Metapher, S. 330.

596 Aristoteles, Rhetorik, S. 177 (1411b). Vgl. Anm. 53.

597 Aristoteles, Poetik, S. 71–77 (1459a). Vgl. Anm. 53.

598 Vgl. das Eichendorff-Zitat 2106.

599 Hoffmann, Briefe aus den Bergen, S. 707, 709 und 708.

600 Ebd., S. 709.

601 Vgl. Stefan Willer: Doppelgänger, in: Kremer (Hg.), E.T.A. Hoffmann. Leben – Werk – Wirkung, S. 487–489.

602 Vgl. Weder, Kleists magnetische Poesie, S. 172–184.

»Ktch«, mitunter gar »Käthchen von Heilbronn« bezeichnet hat: weil, anders gesagt, Hoffmann Kleists Drama nicht nur kannte, sondern sich geradezu identifikatorisch dazu verhielt. Die »Wechselwirkung« von »psychische[r]« und »physische[r]« Seite des Menschen, von der Hoffmann hier in losem Zusammenhang mit den *Räubern* spricht, verweist also schon deshalb auch auf die Probleme von psychophysischem *commercium mentis et corporis.* Diese Probleme diskutieren im ausgehenden 18. Jahrhundert nicht nur Anthropologen wie der junge Doktorand Friedrich Schiller, sondern auch Schillers literarische Figuren – seine Räuber eingeschlossen.

Philosophischer Dualismus (Platon, Descartes) …

Dabei geht die Unterscheidung von *Physis* und *Psyche* auf Platon zurück.[603] Im *Kratylos* unterscheidet Platon *phýsis* beziehungsweise *sôma* (»φύσι[ς] παντὸς τοῦ σώματος«, »[d]ie Natur des ganzen Leibes«) ›Leib‹ von *psychē* (ψυχή) ›Seele‹.[604] Im *Phaidros* wiederum findet sich im Zusammenhang mit der Vereinigung von Seele und Leib im Menschen (»ἔχον μὲν ψυχήν, ἔχον δὲ σῶμα«, »eine Seele […] und einen Leib ha[bend]«)[605] – das Gleichnis vom Seelenwagen, dem zufolge das »Wesen« der Seele »der zusammengewachsenen Kraft eines befiederten Gespannes und seines Führers« gleiche. Dabei stehen die beiden Pferde für den mutwilligen (θυμοειδές [thymoeidés]) und begehrenden (ἐπιθυμητικόν [epithymētikón]) Seelenanteil, der Führer (λογιστικόν [logistikón]) hingegen für den vernünftigen Seelenteil. Diesen ›logisch‹ lenkenden Seelenteil nun identifiziert Platon an einer philosophisch »verräterischen Stelle«[606] mit der ganzen Person, wenn er sagt: »Schwierig und mühsam ist daher natürlich bei uns (περὶ ἡμᾶς) die Lenkung.«[607] Das wiederum ist nicht nur Platons charakteristischer, hier auch – wörtlich! – sein Verständnis der Seele ›steuernder‹ Logozentrismus, sondern zudem ein philosophischer Kategorienfehler (Identifikation von Teil und Ganzem), ein Fehler,

603 »Platonische […] Ideen […] können in den Dienst der romantischen Einstellung gezogen werden.« Carl Schmitt-Dorotić: Politische Romantik, München, Leipzig 1919, S. 65. Im Folgenden nur ›Carl Schmitt‹.

604 Platon, Κρατύλος. Kratylos, S. 448f. (400a).

605 Platon, Φαῖδρος. Phaidros, S. 72f. (246d).

606 Geert Keil: Ich und mein Gehirn: Wer steuert wen? Das Geist-Körper-Problem und die Hirnforschung, in: Herbert Schnädelbach, Heiner Hastedt, Geert Keil (Hg.): Was können wir wissen, was sollen wir tun? Zwölf philosophische Antworten, Reinbek bei Hamburg 2009, S. 126–146, S. 127.

607 Platon, Φαῖδρος. Phaidros, S. 70f. (246b).

dem zwei Jahrtausende später René Descartes – der andere große ›Dualist‹ der Philosophiegeschichte – nur durch größte metaphorische Gelenkigkeit, um nicht zu sagen philosophische Verrenkung entgeht.[608]

So oder so liegt bei Platon *ein*, wenn nicht *der* Ursprung jener ›dualistischen‹ Unterscheidung von *sôma* (*σῶμα*) ›Körper‹ und *sêma* (*σῆμα*) ›(Sprach-) Zeichen‹[609] beziehungsweise, im weiteren *sêman*tischen Sinne, ›Sinn‹ und

---

608 Jacques Derrida weist darauf hin, dass Maurice Merleau-Ponty zufolge Descartes »nirgendwo« vertreten habe, »daß man die Einheit denken könnte. [...] Die Annahmen, die er dazu einführt, sind mythisch im platonistischen Sinne des Wortes [...] Die Einheit kann nur durch die Einheit erkannt werden [...].« Maurice Merleau-Ponty: L'union de l'âme et du corps chez Malebranche, Biran et Bergson. Notes recueillies et rédigées par J. Deprun, Paris 1997, S. 15; zitiert nach Jacques Derrida: Berühren, Jean-Luc Nancy, Berlin 2007 (Paris 2000), S. 53. Vgl. auch Jean-Luc Nancy: Extension de l'âme, in: ders.: Corpus. Édition revue et complétée, Paris 2006, S. 130–144, wo Nancy mit dem auch in der von Derrida angeführten Merleau-Ponty-Stelle genannten Brief Descartes' an Elizabeth von der Pfalz vom 28.6.1643 beginnt. Vgl. außerdem Jean-Luc Nancy: Unum quid, in: ders.: Ego sum, Paris 1979, S. 129–164, S. 131f.: »La question du joint forme chez Descartes la dernière question: celle de l'ajointement de l'âme et du corps. Sa position et sa difficulté sont bient connues[]. Pas assez cependant pour avoir fait cesser un discours, que l'on croit bien établi, sur le fameux ›dualisme cartésien‹. Nul doute que ce ›dualisme‹ des substances pensante et étendue occupe chez Descartes toute la place qu'on sait; mais nul doute non plus (c'est du moins ce qu'on va s'efforcer de prouver ici) que le partage rigoureux de ces deux instances s'opère dans le droit fil d'une visée et d'une exigence dont le terme ultime est l'*union* de l'âme et du corps – et qu'à ce titre tout ce que la modernité n'a cessé jusqu'à nous investir dans la reconstitution d'une unité ›psychophysique‹ ou ›psychophysiologique‹ ou ›psychosomatique‹ de l'être de l'homme [...].« Vgl. die dieser Stelle vorausgehenden Sätze in Zitat 678.

609 Zum Topos vom ›σῆμά τῆς ψυχῆς‹, ›Körper‹ als ›Grab des Seele‹ bei Platon: »Im *Kratylos* setzt Sokrates spielerisch, die suggestive Wirkung der Paronomasie ausnutzend, σωμα [sôma] (Körper, Leichnam, Korpus) und σῆμα [sêma] (Zeichen, Grab) gleich.[] Dabei unterscheidet er gerade *nicht* zwischen lebendigem Körper und nicht-lebendigem Korpus, denn – so Sokrates' Logik – das Leben ist ausschließlich an die Beseelung gebunden. Vermittelt über das Tertium comparationis ›tot‹ entspricht also nicht nur der Korpus metaphorisch dem Grabmal, sondern selbst der Körper eines lebendigen Menschen. ›Leben‹ findet sich wohl *in* einem Körper, ist jedoch keine Qualität dieses Körpers oder Korpus selbst.[] Im Gegenteil: Das Leben steht zum Körper sogar im Verhältnis der – wohl unfreiwilligen – Gefangenschaft. Dieser Logik zufolge *›sind‹ Körper* Leichname oder Korpora und *Gräber*. Schleiermaches *Kratylos*-Übersetzung bewahrt in genialer Verschiebung Platons suggestive Sprachspiele. Sokrates sagt: ›Καὶ γὰρ σῆμά τινές φασιν αὐτὸ εἶναι τῆς ψυχῆς, ὡς τεθαμμένης ἐν τῷ νῦν παρόντι· καὶ διότι αὖ τούτῳ σημαίνει ἃ ἂν σημαίνῃ ἡ ψυχή, καὶ ταύτῃ ›σῆμα‹ ὀρθῶς καλεῖσθαι. Δοκοῦσι μέντοι μοι μάλιστα θέσθαι οἱ ἀμφὶ Ὀρφέα τοῦτο τὸ ὄνομα, ὡς δίκην διδούσης τῆς ψυχῆς ὧν δὴ ἕνεκα δίδωσιν, τοῦτον δὲ περίβολον ἔχειν, ἵνα σῴζηται, δεσμωτηρίου εἰκόνα· εἶναι οὖν τῆς ψυχῆς τοῦτο, ὥσπερ αὐτὸ ὀνομάζεται, ἕως ἂν ἐκτείσῃ τὰ ὀφειλόμενα, τὸ ›σῶμα‹, καὶ οὐδὲν δεῖν παράγειν οὐδ' ἓν γράμμα.‹ Schleiermacher übersetzt: ›Denn Einige sagen, die *Körper* wären die *Gräber* der Seele, als sei sie darin begraben liegend für die gegenwärtige Zeit. Und wiederum weil durch

›Bedeutung‹, wie sie sich in vergleichbarer, wenn auch je unterschiedlich ausgeprägter Weise bei Quintilian als *res* und *verba*,[610] bei Descartes als *res extensa* und *res cogitans*,[611] bei Hegel als *Sein* und *Sinn, Materie* und *Geist, Leib* und *Seele, Gegenstand* und *Begriff, Wirklichkeit* und *Wahrheit*,[612] *Substanz* und *Subjekt*[613] niedergeschlagen hat. Noch Jacques Lacans »distinction

---

ihn die Seele alles begreiflich macht, was sie andeuten will, auch deshalb heißt er mit Recht so gleichsam der Greifer und Griffel.‹ Schleiermacher gibt das zumindest in der hier benutzten Ausgabe in Anführung gesetzte ›σῆμα‹ als ›Greifer und Griffel‹ wieder und fährt fort: ›Am richtigsten jedoch scheinen mir die Orphiker diesen Namen eingeführt zu haben, weil nämlich die Seele, weswegen es nun auch sei, Strafe leide, und deswegen nun diese Befestigung habe, damit sie doch wenigstens erhalten werde wie in einem Gefängnis. Dieses also sei nun für die Seele, bis sie ihre Schuld bezahlt hat, genau was er heißt, so daß man kaum einen Buchstaben zu ändern brauche, der Körper ihr Kerker.‹[] Beide Texte spielen rhetorisch raffiniert« mit den »Begriffen«. Es handelt sich »um suggestive Paronomasien. Kann Schleiermacher Sokrates-Platons Paronomasie, Homophonie oder zumindest Assonanz von ›σημαίνει‹ und ›σημαίνῃ‹ im Deutschen nicht bewahren, führt er doch als Ausgleich an anderer Stelle eine unorganische Paronomasie ein, indem er ›σῆμα‹ mit ›Greifer und Griffel‹ übersetzt. Genau genommen, handelt es sich um eine unorganische Paronomasie nur dann, wenn ›Griffel‹ und ›greifen‹ beziehungsweise ›Begriff‹ etymologisch nicht verwandt sind, sondern eine Übereinstimmung nur suggeriert wird.[] Das ist, etymologisch gesehen, vermutlich der Fall. Eine der Pointen dieser Passage liegt nun aber darin, daß gerade Schleiermachers Zusammenführung zweier verschiedener etymologischer Linien in der Übersetzung des Wortes ›σῆμα‹, eben weil sie so suggestiv ist, eine etymologische Sekundärmotivation begründet, die schließlich sogar Eingang ins etymologische Wörterbuch gefunden hat: indem Schleiermacher ›Greifer und Griffel‹ assoziiert, stiftet er einen (pseudo-)etymologischen Zusammenhang zwischen den Begriffen ›Begriff‹, ›greifen‹, ›graben‹, ›γράφειν‹, ›γραφή‹, ›Graphie‹.« Börnchen, Kryptenhall. Allegorien von Schrift, Stimme und Musik in Thomas Manns »Doktor Faustus«, S. 112–114. Zitiert wird hier Platon: Κρατύλος. Kratylos, in: ders., Sämtliche Werke in zehn Bänden. Griechisch und Deutsch. Nach der Übersetzung Friedrich Schleiermachers […] hg. von Karlheinz Hülser, Bd. III, Frankfurt a. M. 1991, S. 103–267, S. 156f. (400a–c).

610 »Omnis autem oratio constat aut ex iis quae significantur, aut ex iis que significant, id est *rebus et verbis.*« »Jede Rede besteht nun entweder aus dem, was bezeichnet wird, oder aus dem, was bezeichnet, das heißt aus *Inhalt und Worten.*« Quintilian: Institutionis oratoriae libri XII. Ausbildung des Redners. Zwölf Bücher, hg. und übersetzt von Helmut Rahn. Darmstadt 1975. Erster Teil, Buch I–VI, III 5, 1, S. 300f.

611 René Descartes: Meditationes de Prima Philosophia. Meditationen über die Erste Philosophie, übersetzt und hg. von Gerhart Schmidt. Stuttgart 1986, S. 188 (6. Meditation).

612 Vgl. Georg Wilhelm Friedrich Hegel: Vorlesungen über die Philosophie der Religion II, in: ders.: GW 17, S. 494; ders.: Differenz des Fichteschen und Schellingschen Systems der Philosophie, in: ders.: GW 2, S. 7–138, S. 20; ders.: Enzyklopädie der philosophischen Wissenschaften III, in: ders.: GW 10, S. 22f.; ders.: Wissenschaft der Logik II, in: ders.: GW 6, S. 244f.

613 Vgl. Hegel, Phänomenologie des Geistes, S. 14.

[…] éristique« zwischen *»le réel«* und *»le symbolique«* folgt entfernt dieser heuristischen Logik.[614]

Diese, mit Lacans Ausdruck, »heuristische Unterscheidung« hatte in der jüngeren Philosophie des Geistes lange Zeit einen schlechten Ruf. Sein Name lautete ›Dualismus‹,[615] sein Hauptschuldiger war, abgesehen von Platon, Descartes. Descartes' ›philosophischer Dualismus‹, hörte man, habe die Philosophie des Geistes ins tiefste Dunkel gestürzt; ihre obskurantistischen Schatten reichten bis in die philosophische Gegenwart.[616] Aus heutiger Sicht kann man darüber streiten, ob man Descartes überhaupt guten philosophischen und hermeneutischen Gewissens als einen ›Dualisten‹ bezeichnen kann – manches spricht dagegen.[617] Fest steht, dass Descartes grundlegende ›dualistische‹ Unterscheidungen trifft, diese aber zugleich – und das hat man lange übersehen – entweder, ›monistisch‹ argumentierend, *begrifflich* oder aber, ins Metaphorische ausweichend, *katachrestisch* untergräbt.

In der zweiten Medition der 1641 publizierten *Meditationes de Prima Philosophia* heißt es:

---

614 »C'est le pas que nous avons introduit dans la psychanalyse en distinguant le symbolique de l'imaginaire dans leur relation au réel. Distinction qui s'est imposée de provenir de la pratique par la critique de l'intervention, de s'avérer éristique pour l'édifice théorique.« Jacques Lacan: »D'un syllabaire après coup«, in: ders.: *Écrits.* Paris 1966, S. 717–724, S. 720.

615 Vgl. zu ›cartesischem‹ ›Dualismus‹ und ›Aufklärung‹ Panajotis Kondylis: Die Aufklärung im Rahmen des neuzeitlichen Rationalismus, Stuttgart 1981, S. 170–209 (Kapitel »III. Cartesianismus und Anticartesianismus«).

616 »In the […] history of the relationship between philosophy and physiology two intellectual giants stand out: Aristotle and Descartes. In physiology Aristotle's influence was malign and Descartes' was benign; in philosophy the situtation is reversed. Many of the functions of the brain were erroneously attributed by Aristotle to the heart; fortunately it was not long before the brain was given its rightful place by Galen. Descartes, however, made substantial contributions to neurophysiology and […] his insistence that biological explanation must be in terms of efficient causation was the foundation of alle the advances in neurophysiology since the seventeenth century. On the other hand, Descartes' philosophical dualism threw philosophy of mind into utter darkness, and his shadow is so long that contemporary materialists still believe in a Cartesian ego, merely identifying it with the brain rather than with the mind.« Anthony Kenny: »Foreword [zu Max R. Bennet, Peter M.S. Hacker: History of Cognitive Neuroscience]«, in: Max R. Bennet, Peter M.S. Hacker: History of Cognitive Neuroscience, Chichester 2008, S. xvii–xix, S. xviii. Vgl. zu Descartes den ihm gewidmeten Abschnitt ebd., S. 208–214, allerdings auch Anm. 192. Vgl. außerdem Bernhard Lauth: Descartes im Rückspiegel. Der Leib-Seele-Dualismus und das naturwissenschaftliche Weltbild, Paderborn 2006.

617 Vgl. Nancy, Unum quid, S. 131f.; zitiert in Fn. 608.

> [S]um [...] res cogitans, id est, mens, sive animus, sive intellectus, sive ratio [...].
> [Ich] bin [...] ein denkendes Ding, d.h. Geist bzw. Seele bzw. Verstand bzw. Vernunft [...].[618]

In der Sechsten Meditation setzt Descartes dann der hier schon genannten »res cogitans« als »denkende[m] Ding« die »res extensa« als »ausgedehntes Ding« entgegen. Dabei sieht es auf den ersten Blick so aus, als wiederhole er Platons Kategorienfehler, indem er sich selbst als (ganze) Person mit seinem (nur einen Teil dieser Person ausmachenden) Geist identifiziert.[619] »Ego sum res cogitans«,[620] hatte er schon in der Dritten Meditation geschrieben, und in der Sechsten heißt es dann:

> [...] certum est me a corpore meo revera esse distinctum, & absque posse existere.
> Somit ist sicher, daß ich wirklich vom Körper verschieden bin und ohne ihn existieren kann.[621]

Genau betrachtet liegen die Dinge jedoch anders als bei Platon. Gerade zwei Sätze zuvor nämlich hat Descartes gesagt, dass ›er‹, verstanden als »res cogitans«,[622] mit seinem »Körper [...] aufs innigste verbunden« sei (»corpus,

618 René Descartes: Meditationes de Prima Philosophia. Meditationen über die Erste Philosophie. Lateinisch/Deutsch. Übersetzt und hg. von Gerhart Schmidt, Stuttgart 1986, S. 82f. (II, 6).

619 Das wäre ein »mereologische[r]« oder *»Homunkulus-Fehlschluss«*, der »dazu führt, bei der Beschreibung von ins Hirn verlegten psychischen Tätigkeiten menschenähnliche subpersonale Instanzen zu postulieren, die die eigentliche Arbeit tun«; Geert Keil: »Eine fulminante Lehnstuhlkritik der Neurowissenschaften«, in: Deutsche Zeitschrift für Philosophie 53 (2005), S. 951–955, S. 951. Daraus ergibt sich, so Geert Keil, eine »leere[] Iteration«: »Es wird eine innere Instanz postuliert, die sich zu inneren Vorgängen so verhält wie eine Person als ganze zu ihrer Umwelt. Da nicht zu sehen ist, warum die dabei verwendeten Begriffe weniger analysebedürftig sein sollten als im ersten Durchgang, ergibt sich ein Regreßproblem.« Geert Keil: Über den Homunkulus-Fehlschluß, in: Zeitschrift für philosophische Forschung 57 (2003), S. 1–26, S. 17. – Vgl. zum Homunkulus im Kontext der Germanistik: Stefan Börnchen: Auf den Affen gekommen. Anthropologie, Spiegelneuronen, »Neurogermanistik« 1772/2007, in: Stefan Börnchen, Georg Mein (Hg.): Weltliche Wallfahrten. Auf der Spur des Realen, München: Wilhelm Fink 2010, S. 151–176. – Eine für das hier in Rede stehende philosophische Problem emblematische literarische Formulierung sind die Worte von Kleists Käthchen von Heilbronn: »Und läg' ich so, wie ich vor dir jetzt liege, / Vor meinem eigenen Bewustsein [sic] da: [...] ich weiß es nicht.« Kleist, Das Käthchen von Heilbronn, S. 518 (I/2, V. 461f. und 467).

620 Descartes, Meditationes de Prima Philosophia. Meditationen über die Erste Philosophie, S. 99 (III, 1).

621 Ebd., S. 188f.

622 Ebd., S. 188.

quod mihi valde arcte conjunctum est«)[623]. Und diesen Gedanken führt er im 13. Abschnitt weiter aus:

> Weiter lehrt mich die Natur durch die Empfindungen des Schmerzes, des Hungers, Durstes usw., ich sei meinem Leibe nicht nur zugesellt wie ein Schiffer dem Schiff [me non tantùm adesse meo corpori ut nauta adest navigio], sondern ich sei aufs innigste mit ihm vereint, durchdringe ihn gleichsam und bilde mit ihm ein einheitliches Ganzes [sed illi arctissime esse conjunctum & quasi permixtum adeo ut unum quid cum illo componam]. Wie sonst könnte ich, ein lediglich denkendes Ding, bei einer Verletzung des Körpers Schmerz empfinden? Ich würde jene Verletzung rein geistig wahrnehmen, wie das Auge des Schiffers wahrnimmt, wenn am Schiff etwas zerbricht [...]. Denn jene Gefühle von Hunger, Durst, Schmerz usw. sind [...] Bewußtseinszustände von besonderer Art, die aus der Vereinigung und gleichsam Verquickung der Seele mit dem Körper hervorgehen [quidam cogitandi modi ab unione & quasi permixtione mentis cum corpore exorti].[624]

Platon geht es erklärtermaßen um die Seele, auch wenn er sie dann in seinem Gleichnis solcherart mit (Pferde-)Körper(n) und (Menschen-)Geist ausstattet, dass das Seelen-Gleichnis *auch* als Leib-Seele-Gleichnis lesbar wird. Descartes hingegen zielt hier gleich auf das *commercium mentis et corporis* beziehungsweise, wie es bei ihm heißt, »unione & quasi permixtione mentis cum corpore«. Dabei wendet er sich ausdrücklich gegen eine Steuermannmetaphorik, wie sie Platons Seelenwagen-Gleichnis zugrundeliegt. Bei Descartes besteigt nämlich weder der menschliche Geist den Streit- oder auch Triumphwagen des Körpers noch der navigierende Kapitän sein Schiff (diese Metapher findet sich auch schon in Aristoteles' *De anima*)[625]. Vielmehr sollen »mens« und »corp[us]« einander »quasi« »durchdringe[n]« beziehungsweise ›durchmischen‹.

Das ist philosophisch, rhetorisch und metaphorologisch bemerkenswert. Denn erstens fällt philosophisch mit diesem ›monistischen‹ Theorem der ›Dualismus‹ von Geist und Körper überhaupt. Zweitens markiert Descartes hier rhetorisch gleich zweimal durch das Wort »quasi« – ›sozusagen‹, ›gewissermaßen‹ oder, mit Harald Weinrich, *ut ita dicam* –[626] eine offenbar metaphorisch zu verstehende Abweichung von jenem Ideal einer von Metaphern ›gereinigten‹ philosophischen Sprache, das die Philosophiegeschichte ausgerechnet nach ihm benennen wollte: dem Ideal der ›cartesischen Logizität‹ (Blumenberg).

623 Ebd.

624 Ebd., S. 195.

625 »Ferner aber ist nicht klar, ob die Seele [...] vollendete Wirklichkeit des Körpers ist wie der Steuermann eines Schiffes.« Aristoteles, Περὶ Ψυχῆς. Über die Seele, S. 62f. (413a).

626 Bei Descartes ist »quasi« einmal Adverb, einmal Adjektiv. Vgl. zu diesem »quasi« Derrida, Berühren, Jean-Luc Nancy, S. 35.

Drittens schließt Descartes hier an die in der vorliegenden Studie in Rede stehende lange metaphorologische Tradition des ›Alles ist eins‹ an, in der zwei per Definition zu unterscheidende Anteile – sozusagen ›Komponenten‹ – eins werden: »ut unum quid cum illo componam«.

Medium – und zwar in beiden am Ende des vorletzten Abschnitts genannten Bedeutungen dieses Begriffs, also entweder metaphorisch-anschaulich oder wörtlich-materiell – dieser Durchdringung und Durchmischung von Körper und Geist sind bei Descartes die *spiritus animales*. Im 1637 erschienenen *Discours de la Méthode* schreibt Descartes über

> les esprits animaux, qui sont comme un vent très subtil, ou plutôt comme une flamme très pure et très vive, qui, montant continuellement en grande abondance du cœur dans le cerveau, se va rendre de là par les nerfs dans les muscles, et donne le mouvement à tous les membres […] selon les règles des mécaniques […].
>
> [die] Lebensgeister, die wie ein sehr feiner Hauch oder vielmehr wie eine sehr reine und sehr lebhafte Flamme sind und beständig in großer Fülle vom Herzen zum Gehirn aufsteigen, von dort durch die Nerven in die Muskeln eintreten und allen Gliedern [nach den Regeln der Mechanik] ihre Bewegung mitteilen.[627]

Was fließt hier topologisch durch die Nervenbahnen, wenn nicht der antike Äther, umbenannt, nun nach dem Muster des 1628 von William Harvey erstmals beschriebenen Blutkreislaufes innerhalb des Körpers zirkulierend und hier in den Dienst der mechanischen Nerventheorie des 17. Jahrhunderts gestellt? Keine Frage: im »vent très subtil« kehrt das »πνεῦμα« wieder, von dem Spitzer als »spiritual fluid« spricht; in der »flamme très pure et très vive« kehrt das »fiery ether with Aristotle's vital heat, […] penetrating all things«[628] wieder.

… und höhere Einheit des Okkasionalismus. Romantik in der Tonne (Carl Schmitt)

Genau diese Vorstellung der animalischen oder Lebensgeister steht im Zentrum des Animalischen Magnetismus, wie ihn Franz Anton Mesmer geprägt hat. Brockhaus' *Conversations-Lexicon oder encyclopädisches Handwörterbuch für*

---

627 René Descartes: Discours de la Méthode. Bericht über die Methode, übersetzt und herausgegeben von Holger Oswald, Stuttgart 2001, S. 100–103 (5. Teil, 8. Abschnitt).

628 Spitzer, Milieu and Ambiance: An Essay in Historical Semantics, S. 6. Decartes spricht von »feux sans lumière«, »Feuer ohne Licht«; Descartes, Discours de la Méthode. Bericht über die Methode, S. 86f.

gebildete Stände definiert ihn in der »Zweite[n], ganz umgearbeitete[n] Auflage« von 1815 so:

> Magnetismus, thierischer, von Andern animalischer, auch, und wohl bis jetzt am passendsten, Lebensmagnetismus genannt, ist die Übertragung eines feinen und unsichtbaren, aber auf das Nervensystem und das Lebensprincip des Menschen unmittelbar höchst kräftig einwirkenden Agens (Stoffes, Fluidums), von einem Menschen auf den andern mittelst eigen kunstmäßig eingerichteter Berührungen, Bestreichungen oder leitenden Vermittlungen (Conductoren). Er ist ähnlich dem Electricismus und Galvanismus der äußern Natur, indem bei allen das Eindringen eines feinen wirksamen Fluidums in den Körper Statt findet [...], [so dass] der Körper, einen wirklichen Zuwachs der ihm innewohnenden Lebenskraft erhält. Der Name wurde diesem Agens der Natur von Mesmern [...], seinem Finder, [...] deßwegen mitgetheilt, weil durch die Erscheinung bei dem mineralischen oder natürlichen Magnet ein wirkliches Aus- und Einströmen eines feinen Fluidums nach gewissen Gesetzen sich darstellen und durch kunstmäßiges Streichen mittheilen läßt. [...] Worin das Wesen des animalischen Magnetismus eigentlich bestehe, ist bis jetzt noch nicht erklärt worden.[629]

Mesmers Theorie stellt gewissermaßen Descartes vom Kopf auf die Füße. So stehen die Lebensgeister, die bei Descartes der – ›monistischen‹ und somit widersprüchlichen – Rettung seines ›Dualismus‹ dienen, bei Mesmer im Zentrum eines ›monistischen‹ Systems.

Was aber haben all diese ›monistischen‹ Theorien von Fluidum, Äther und *periéchon* mit dem Romantischen und der Epoche der Romantik zu tun – einmal abgesehen davon, dass das hier in Rede stehende, durch das *periéchon* ver›mitte‹lte ›Heils‹-Denken mit Spitzer nicht nur als charakteristisch griechisch, sondern eben auch als charakteristisch ›romantisch‹ bezeichnet werden kann? Eine Antwort auf diese Frage findet sich in Schillers ganz zu Beginn dieser Studie zitiertem nonchalantem »Dem sei wie ihm wolle« – und in Carl Schmitts Buch über *Die politische Romantik*.

Schiller hatte, das zur Erinnerung, zwei gängige Erklärungen des *commercium*-Problems gleich zu Beginn seiner ersten Dissertation verworfen: den Monismus, demzufolge »der Geist selbst Materie sein« soll, und den Okkasionalismus, demzufolge die »göttliche[] Allmacht« zwischen Körper

629 »Magnetismus, thierischer«, in: Conversations-Lexicon oder encyclopädisches Handwörterbuch für gebildete Stände, 6. Band, Leipzig und Altenburg: F.A. Brockhaus 1815, S. 33–41, S. 33. – Grundlegend hierzu: Barkhoff, Magnetische Fiktionen. Literarisierung des Mesmerismus in der Romantik, insbesondere S. 1–54, Katharine Weder: Kleists magnetische Poesie. Experimente des Mesmerismus, Göttingen 2008, insbesondere S. 19–75. Weder baut ihre Darstellung, S. 19–44, auf dem hier zitierten Artikel aus Brockhaus' *Conversations-Lexicon* von 1815 auf.

und Geist vermittele. Tatsächlich, so Schillers eigene Erklärung, »muß eine Kraft vorhanden sein, die zwischen den Geist und die Materie tritt und beede verbindet«, nämlich die von ihm so genannte *»Mittelkraft«*. Zwar »läßt« sich, wie Schiller mit entwaffnender Offenheit einräumt, diese »[g]ewiß nicht!« denken – das hindert ihn allerdings nicht daran, sie mit geradezu ostentativ dezisionistischer Geste zu *postulieren*: »Dem sei wie ihm wolle, es ist wirklich eine Kraft zwischen der Materie [...] und dem Geiste vorhanden. [...] Ich nenne sie *Mittelkraft*.«[630]

Nicht Gott – ein Kant'sches Postulat –[631] vermittelt jetzt zwischen Körper und Geist, sondern die Mittelkraft – ein Schiller'sches Postulat –[632], und es ist klar, dass Schiller so, indem er ein Postulat an die Stelle eines anderen setzt, unter der Hand eben jenen Okkasionalismus wieder einführt, den er gerade noch als Wunderglauben verworfen hatte. Solche Setzungen aber, wie Schiller sie hier vornimmt, hat Carl Schmitt als typisch ›romantisch‹ charakterisiert – und zwar ganz konkret in Hinblick auf das von Descartes ererbte *commercium*-Problem.

Wie die »Darlegung [...] jeder wichtigen Situation der modernen Geistesgeschichte« müsse auch die der »Romantik [...] mit Descartes beginnen«, sagt Schmitt[633] und fährt fort:

> Mit der Philosophie des Descartes begann die Erschütterung des alten ontologischen Denkens; ihre Argumentation cogito, ergo sum, wies den Menschen an einen subjektiven internen Vorgang, an sein Denken, statt an die Realität der Außenwelt. [...] Die moderne Philosophie ist von einem Zwiespalt zwischen Denken und Sein, Begriff und Wirklichkeit, Geist und Natur, Subjekt und Objekt beherrscht, den auch die transzendentale Lösung Kants nicht behoben hat [...].[634]

Der »Zwiespalt«, für den Schmitt hier eine ganze Reihe von dichotomen Begriffspaaren anführt, entspricht Goethes ›Dualität der Erscheinung‹ und ist, so Schmitts Argument, Erbe des cartesischen ›Dualismus‹. Daraus wiederum

630 Schiller, Philosophie der Physiologie, S. 253.

631 »Die[] Postulate [der praktischen Vernunft] sind die der Unsterblichkeit, der Freiheit, positiv betrachtet, (als der Kausalität eines Wesens, so fern es zur intelligibelen Welt gehört,) und des Daseins Gottes.« Immanuel Kant: Kritik der praktischen Vernunft, hg. von Karl Vorländer, Hamburg ^{9}1929, S. 152 (^{1}1787: S. 238).

632 In diesem Sinne argumentiert auch Carl Schmitt für den ›romantischen‹ Okkasionalismus, deren »Beschreibungen und Vergleiche oft wörtlich an romantischen Stimmungen anklingen.« Schmitt, Politische Romantik, S. 79; vgl. auch Zitat 635.

633 Ebd., S. 47.

634 Ebd., S. 48. Ähnlich argumentiert, vielleicht an Schmitt orientiert, Derrida, Berühren, Jean-Luc Nancy, S. 49.

ergebe sich der Okkasionalismus, verstanden als Scheinlösung einer ›höheren Einheit‹, in der ›alles eins‹ ist:

> Das Problem […] ist das Problem des Occasionalismus, der in Gott alle wahre Ursache gefunden […]. Hier rechtfertigt es sich wiederum, daß die Erörterung der Struktur des romantischen Geistes von Descartes ausging, der […] zu der Unterscheidung von innerlich und äußerlich, Seele und Leib, res cogitans und res extensa geführt wurde. Daraus ergaben sich die logischen und metaphysischen Schwierigkeiten, beides miteinander in Einwirkung zu bringen und die Wechselwirkung zwischen Seele und Leib zu erklären. […] Die Besonderheit des Occasionalismus liegt aber darin, daß er einen Dualismus nicht erklärt, sondern illusorisch macht, indem er in ein umfassendes Drittes ausweicht. […] Das Interesse gleitet einfach vom dualistischen Ausgang in eine allgemeinere »höhere« Einheit.[635]

Genau dieses ›Gleiten‹ in die »›höhere‹ Einheit« des ›Alles ist eins‹ kritisiert von Weiller in Hinblick auf die »Herren Schelling, Hegel, und Kompagnie«. Aus dem Gesagten ergibt sich, dass man auch Schiller mit seiner Mittelkraft zu dieser Kompagnie rechnen darf – so wie »Schiller« ja Schmitt zufolge überhaupt, literaturhistorisch gewissermaßen *avant la lettre*, »manche […] romantische Empfindung […] schon […] ausgesprochen [hatte]«.[636]

So verstanden ist, was Schmitt hier – ausdrücklich im Ausgang von Descartes' *commercium*-Problem – als »›höhere‹ Einheit« beschreibt, nichts anderes als der *philosophische Begriff* für das, was als *literarische Metapher* das ›Heil‹ ist. Ein solches terminologisches ›Gleiten‹[637] aber geht, wie oben schon ausgeführt, nicht ohne Strapazierung der Begriffe ab. Man sieht es bei Platon wie bei Descartes.[638] Nicht umsonst appeliert Hegel in seiner *Phänomenologie des Geistes* an die »Anstrengung des Begriffs«[639]. Übertreibt man es damit allerdings, dann kommt es Schmitt zufolge zu jener »ungeheuerlichen Promiskuität der Worte«, die auch, aber nicht allein Novalis' romantisches Denken präge. Bei ihm, so Schmitt,

635 Schmitt, Politische Romantik, S. 78–80.

636 Ebd., S. 63.

637 Vgl. zu dieser lacanianisch anmutenden Formulierung das Lacanzitat in Anm. 2325.

638 Vgl. als ein Beispiel für Platons suggestiven spielerischen Umgang mit der Sprache die Ausführungen zur »Seele«, die im *Kratylos* als »›Seileit‹«, so übersetzt Schleiermacher, das »S e i n l e i t e t«, Börnchen, Kryptenhall. Allegorien von Schrift, Stimme und Musik in Thomas Manns »Doktor Faustus«, S. 112–115. Die Stelle findet sich bei Platon, Κρατύλος. Kratylos, S. 450f. (400a–400b).

639 Hegel, Phänomenologie des Geistes, S. 43.

> kann jeder Gegenstand alles werden[640]. Das »Universum ist die Elongatur meiner Geliebten«, aber auch umgekehrt ist »die Geliebte [...] die Abbreviatur des Universums«, »jedes Individuum ist der Mittelpunkt eines Emanationssystems« [Spitzer: »man is apt [...] to see everywhere himself«, S. B.] [...], die Welt löst sich auf in Figuren, und der Zweck ist »die Handhabung des Universums«[]. [...] [D]er Romantik [...] vermischte[,][641]

ganz im Sinne von Descartes' »unio[] & quasi permixtio[] mentis cum corpore«,

> sich [...] [die magische Identität] beliebig und willkürlich mit der Welt der gewöhnlichen Realität. In einer allgemeinen Vertauschung und Vermengung der Begriffe, eine ungeheuerlichen Promiskuität der Worte, wurde alles erklärlich und unerklärlich, identisch und gegensätzlich und konnte allem alles untergeschoben werden[...], »alles in Sofien zu verwandeln und umgekehrt«. Dies allgemeine »und umgekehrt« ist der Stein der Weisen in der großen Alchimie der Worte, die jeden Kot in Gold und jedes Gold in Kot verwandeln kann.[642]

Das ist ein hartes Verdikt im Geiste von Weillers, und das ist es umso mehr, als die Wendung von der »Promiskuität der Worte« durch den hier von Schmitt zitierten, von Novalis auf die geliebte und früh verstorbene Sophie von Kühn gemünzten Satz »Kunst, alles in *Sophien zu verwandeln* oder umgek[ehrt]«[643] einen anzüglichen Nebensinn annimmt, nämlich ganz im Sinne von Karl Marx' »Äquivalentform« des Geldes[644] (wobei das Geld[645] bei Schmitt topologisch gleichermaßen eng mit den »Worte[n]«, »Kot« und »Gold« assoziiert ist)[646], das es Marx zufolge zur »allgemeine[n] Hure«[647] macht.

Carl Schmitts Buch, das muss man sich klarmachen, heißt *Politische Romantik* und handelt auch zuallererst davon. Umso erstaunlicher ist es, ein

640 Genau so verhält es sich bei Justinus Kerners »Dintenkleckse[n]« oder »Dintensäue[n]«; vgl. Zitat 1207.

641 Schmitt, Politische Romantik, S. 72f.

642 Ebd.

643 Novalis: Aus dem ›Allgemeinen Brouillon‹ 1798–1799, in: Novalis: Werke, hg. und kommentiert von Gerhard Schulz, München ^{3}1987, S. 445–488, S. 486 (Nr. 105).

644 Karl Marx: Das Kapital. Kritik der politischen Oekonomie, hg. von Friedrich Engels, Bd. 1, Hamburg 1890, S. 72.

645 »Witz ist logische Geselligkeit [...], das Geld ist nichts anderes als Geselligkeit«; Schmitt, Politische Romantik, S. 81.

646 »Dies allgemeine ›und umgekehrt‹ [im Novalis-Zitat 643] ist der Stein der Weisen in der großen Alchimie der Worte, die jeden Kot in Gold und jedes Gold in Kot verwandeln kann.« Ebd., S. 73.

647 Karl Marx: Geld, in: Karl Marx und Friedrich Engels, Werke, Ergänzungsband: Schriften, Manuskripte, Briefe bis 1844, 1. Teil, Berlin (DDR) 1968, S. 462–567, S. 565.

letztes Mal sei's gesagt, dass Schmitt die Romantik über ihre »occasionalistische Struktur«[648] bestimmt: und das heißt hier ausdrücklich im Anschluss an jenes *commercium*-Problem, das Descartes den Anthropologen, Geistersehern und Räubern des ausgehenden 18. Jahrhunderts vererbt. »Die romantische Ironie« und der »Witz« hingegen spielen für Schmitts Romantik-Verständnis nur eine Nebenrolle.[649] So richtet sich seine Romantikanalyse beziehungsweise -kritik weniger auf Friedrich Schlegels »romantische Ironie« als »Vorbehalt aller unendlichen Möglichkeiten«, als Verweigerung oder gar »Persiflage«[650] »jede[r] Definition« und »jede[r] Begründung«,[651] sondern vielmehr auf jenes ›All-‹ beziehungsweise ›Alles-ist-eins‹-Denken, das eine »Formel« sucht, »mit der ›das Universum demonstriert‹ ist.«[652] Den Glauben an eine solche Weltformel kommentiert Schmitt sarkastisch:

> Gewiß. Nur ist das nicht die Welt und das Universum, sondern eine kleine Kunstfigur. Der Wille zur Realität endete im Willen zum Schein. Sie [die Romantiker] hatten nach der Wirklichkeit der Welt gegriffen, nach der ganzen Welt auf einmal, der Totalität des Kosmos. Statt dessen erhielten sie Projektionen und Resorptionen, Elongaturen und Abbreviaturen,[653]

also mit anderen Worten diejenigen ›romantischen‹ Metaphern und Phantasmen, »kleine[n] Kunstfigur[en]«, um die es dieser Studie geht. In ihnen aber erinnerten die Romantiker, so ihr Analytiker Schmitt,

> wenn man sie in ihren Schriften, ihren Briefen und Tagebüchern mit der Handhabung des Universums beschäftigt sieht, [...] manchmal an die Verdammten in der Swedenborgischen Hölle der Allzulistigen: sie sitzen in einer Tonne, sehen über sich wunderbare geometrische Figuren, die sie für die Welt halten, und glauben, sie hätten diese Welt zu regieren.[654]

Schmitts Kritik ist widersprüchlich. Kann nämlich tatsächlich die Rede sein vom »Willen zum Schein« der Romantiker, dann lässt sich ihnen nicht gleichzeitig vorwerfen, sie hätten kein Bewusstsein dieses Scheins und verwechselten ihn mit der Welt – ganz so, als hätten sie kein Fiktionsbewusstsein: und das hatten sie sicher. Was hingegen zum in der vorliegenden Studie entwickelten

648 Schmitt, Politische Romantik, S. 74.
649 Vgl. ebd., S. 66 und 81.
650 Ebd., S. 66.
651 Ebd., S. 60.
652 Ebd., S. 74.
653 Schmitt, Politische Romantik, S. 74.
654 Ebd.

Romantikbegriff passt, ist Schmitts Bild von der »Hölle« beziehungsweise, wie man noch passender sagen könnte: *Höhle* als »Tonne«.

Denn es ist ja das Gleichnis von Platons Höhle, das hier anklingt – also nicht nur eine der bekanntesten Tonnen der philosophischen Tradition, sondern auch eine Medienhöhle. In diese Höhle begibt sich noch heute freiwillig, wer ins Kino geht und dort »Projektionen« betrachtet – und das, bei aller Bereitschaft zur Immersion, im vollen Bewusstein des die illusionäre Kino-»Welt« erzeugenden, gewissermaßen fingierenden Apparates.

Das wiederum ist nicht die einzige Tonne, die im hier gegebenen romantischen Medienkontext bemerkenswert ist. Eine Art Tonne, die die »ganze[] Welt auf einmal« – jedenfalls aus der Betrachtersubjektive – darstellen soll, ist auch Kleists (voll-sphärisches) Kugelpanorama. Diesem wiederum entspricht *unter* beziehungsweise sogar *in* freiem Himmel Hoffmanns Zackenfall-Atmosphäre. Und eine Art (allerdings nur halb-sphärische) Tonne, die durch »Projektionen« die »Totalität des Kosmos« suggeriert, ist auch das Planetarium: jenes aus dem Panorama hervorgegangene technische Dispositiv, das – wie später noch im Eichendorff-Kontext auszuführen – Umberto Eco einmal, auf künstliche Weise »sternumstrahlet« (Wagners Isolde) und im vollen Bewusstsein dieser Künstlichkeit, das so romantische wie regressive kosmische Glücksgefühl vermittelt hat, mit seiner Mutter »die erste Nacht [s]eines Lebens« zu verbringen.[655]

Schmitts »Tonne« mit ihren kosmischen »Elongaturen und Abbreviaturen« ist also, so betrachtet, nichts anderes als eine pejorative Wechselmetapher für das, was bei Wilhelm Hey das geradezu zärtlich so benannte, mit »Sternlein« geschmückte »Himmelszelt« der »Welt«[656] ist. Sie ist die ›reale‹ Welt als ›projizierte‹ oder ›imaginäre‹ Welt, die beide dann wieder zusammenfallen, wenn ihr Betrachter wie in Kleists Gedankenspiel – oder auch im ersten Satz von Georg Lukács' *Theorie des Romans* – tatsächlich die Projektion der Welt betritt.

An solchen Imaginationen hat auch die Sprache mit ihren Begriffen und, sofern sie ›anschaulich‹ sind, ›Sprachbildern‹ ihren Anteil. So verstanden, ist auch die Sprache selbst eine, mit Schmitt, »Tonne« – eben die Tonne der Tradition. Und genau so, das heißt vor der Folie von Platons Höhlengleichnis, hat Blumenberg »die Sprache« und den hier offenbar separat begriffenen »Bildervorrat« des Menschen beschrieben:

---

655 Umberto Eco: Fiktive Protokolle, in: ders.: Im Wald der Fiktionen. Sechs Streifzüge durch die Literatur, München, Wien 1994, S. 155–184, S. 184.

656 S. Zitat 141.

> Nicht nur die Sprache denkt uns vor und steht uns bei unserer Weltsicht gleichsam im Rücken; noch zwingender sind wir durch Bildervorrat und Bilderwahl *bestimmt.*[657]

»Die Sprache spricht«,[658] könnte man mit Heidegger sagen, und dessen versieht man sich nicht – so lange jedenfalls, bis sich ein Metaphorologe wie Blumenberg nach der Sprache im Rücken umdreht. Platonisch verstanden ist das eine Wendung zum Licht. Metaphorologisch verstanden ist das der Blick in die »Tonne« der literarischen Tradition, also in jene »Tonne« oder, mit Blumenberg, in jenen »Bildervorrat« »der Phantasie«,[659] woraus noch die Romantiker Descartes' Dualismus schöpfen.

Geist am Steuer. Ein Seelenwagen fährt gegen die Wand

Dieser Dualismus allerdings ist genauso wenig alternativlos – das zeichnet sich ja schon in Descartes' *permixtio*-Begriff ab –, wie die Bestimmung durch die Tradition unentrinnbar ist. Das zeigt sich etwa bei Hoffmann. Zwar schöpft auch er aus dem Vorrat der Tradition, meist jedoch tut er das, wie zum Beispiel im Fall des »Schlamm[s]« als einer *»materia peccans«*, ironisch und mokant. Bei ihm kann keine Rede sein von der Suche nach jener »Formel«, »mit der ›das Universum demonstriert‹ ist« (Schmitt)[660], sondern allenfalls von der Suche nach jenen Formeln oder Metaphern, in denen sich das ›Universum‹ katachrestisch dekonstruiert – und so überhaupt erst Ähnlichkeiten, mit Benjamin, durch Entstellung von Ähnlichkeit kenntlich macht.

Dabei ergibt sich Hoffmanns Ironie häufig daraus, dass er zwar literarischen »Muster[n]« folgt, sich zugleich jedoch ausgesprochen kritisch gegenüber dem verhält, was er für »verjährt[]«, »langweilig« oder »verbraucht« erachtet. Das artikuliert er auch in seinem *Brief aus den Bergen* von 1820.[661] So kommt es etwa zu der – hier gleich doppelt verwendeten – Formulierung »Es ritten drei Reiter zum Tore hinaus etc.«,[662] die das »etc.«, indem es auf das Klischeehaft-Erwartbare des Satzes verweist, gewissermaßen in Anführung setzt. Vielleicht

657 Blumenberg, Paradigmen zu einer Metaphorologie, S. 69.

658 Vgl. Zitat 2411.

659 Vgl. Anm. 300.

660 Schmitt, Politische Romantik, S. 74.

661 Hoffmann, Briefe aus den Bergen, S. 693. – Vgl. Derrida, Berühren, Jean-Luc Nancy, S. 42, wo Derrida von »toten oder abgegriffenen Metaphern« spricht, »deren Erscheinen niemals zu vernachlässigen wir uns [...] versprochen haben«.

662 Ebd.

handelt es sich um eine Eichendorff-Parodie (wie sich allerdings auch bei ihm selbst findet).[663] In jedem Fall kommt es zu dieser ironischen Anekdote:

> Sie wissen, gnädige Frau […], daß ich um Mitternacht schon im Reisewagen saß. Zu melden habe ich aber noch, daß meine Ausfahrt stürmisch und schreckenhaft zu nennen [war]. […] Durch den Torweg des Hauses fahrend, fiel mir nämlich ein, meine Simsonskraft zu üben und den Torflügel aus den Angeln zu heben und niederzuwerfen […]. Sie werden, gnädige Frau, das unglaublich finden, und man könnte sagen, der Postillion habe zu kurz gelenkt, die zum Glück starke haltbare Achse habe den Torflügel gefaßt und ihn umgeworfen. Da ich aber denn doch als alles bewegendes Prinzip im Wagen saß, und den Wagen gewissermaßen nur als geräumigen bequemen Reise-Rockelor umgenommen, so kann ich nicht umhin, mich selbst als Urheber jenes schreckhaften Ereignisses zu nennen.[664]

Die Anekdote liest sich wie die Überblendung und damit gleich doppelte Karikatur von Platons Seelenwagen- und Descartes' Steuermann-Schiff-Gleichnis. Denn nicht etwa der »wie ein Schiffer dem Schiff« (Descartes) zugesellte »Postillion« habe »gelenkt«, sondern Hoffmanns »[I]ch«, das »als alles bewegendes Prinzip im Wagen saß«, also im platonischen Sinne als »Seele«.[665] Denn die Seele bewegt sich ja, wie es im *Timaios* heißt, aus sich selbst; beziehungsweise »die Seele« (ψυχή) ›ist‹ »in dem (von sich selbst) Bewegten« (ἐν τῷ κινουμένῳ), um dann ihre Bewegung allem anderen mitzuteilen, das heißt dem Körperlichen (dem »sinnlich Wahrnehmbare[n]«, »τὸ αἰσθητὸν«) wie dem Geistigen (»dem mit der Vernunft Wahrnehmbaren«, »τὸ λογιστικὸν«).[666]

663 Vgl. Anm. 2150.

664 Hoffmann, Briefe aus den Bergen, S. 693.

665 Aristoteles schreibt in *Περὶ Ψυχῆς*: »[V]ielleicht ist es nicht nur ein Irrtum, das Wesen der Seele so zu verstehen, wie die, die sagen, die Seele sei das, was sich selbst bewegt und imstande ist zu bewegen [ψυχὴν εἶναι τὸ κινοῦν ἑαυτὸ ἢ δυνάμενον κινεῖν]«; Aristoteles, Περὶ Ψυχῆς. Über die Seele, S. 24f. (405b–406a). Aristoteles verweist wohl, vgl. den Kommentar ebd. S. 193, auf die Seelen-Definition im zehnten Buch von Platons *Gesetzen*: »Welches ist nun die Definition dessen, was den Namen ›Seele‹ trägt? Haben wir eine andere als […]: ›die Bewegung, die sich selbst bewegen kann‹ [τὴν δυναμένην αὐτὴν αὑτὴν κινεῖν κίνησιν]?« Platon: Νόμων ζ'–ιβ'. Gesetze (Buch VII–XII). Bearbeitet von Klaus Schöpsdau. […] Deutsche Übersetzung von Klaus Schöpsdau und Hieronymus Müller, Darmstadt 1977, S. 296f. (895e–896a).

666 Platon: Τίμαιος. Timaios, in: ders.: Werke in acht Bänden. Griechisch und deutsch, 7. Band: Timaios. Kritias. Philebos. Bearbeitet von Klaus Widdra. […] Deutsche Übersetzung von Hieronymus Müller, Darmstadt 1972, S. 1–209, S. 50–53 (36e–37c). – In Platons Seelenwagen-Gleichnis im *Phaidros* (s. Anm. 498) wiederum »wird«, so Geert Keil, »das Gefährt vom *logistikon*« »[g]esteuert«; Keil, Ich und mein Gehirn: Wer steuert wen? Das Geist-Körper-Problem und die Hirnforschung, S. 127. Platon nennt das *λογιστικόν* etwa in der *Politeia*; Platon, Πολιτεία. Der Staat, S. 342 (439d): »Nicht mit Unrecht […] wollen wir […] das, womit die Seele überlegt und ratschlagt, das Denkende und

Hoffmanns Ich aber unterscheidet sich insofern vom Postillon, als es nicht einfach nur »im Wagen saß«, sondern diesen wie einen »Reise-Rockelor«, das heißt Reisemantel »umgenommen« haben soll, also so in den Wagen eingekleidet, ja so vom Wagen als einer Art Haut[667] umschlossen sein soll, wie in Platons *Kratylos* die Seele in den Körper eingeschlossen ist. Solcherart innig mit dem Körper verbunden, ›*hält*‹ und ›*leitet*‹ Platon zufolge die Seele den Körper (bei Hoffmann hat sie ihn »umgenommen«, *trägt* also und ›*lenkt*‹ ihn):

> Σωκράτης: τὴν φύσιν παντὸς τοῦ σώματος, ὥστε καὶ ζῆν καὶ περιιέναι, τί σοι δοκεῖ ἔχειν τε καὶ ὀχεῖν ἄλλο ἢ ψυχή;
>
> *Sokrates*: Die Natur des ganzes Leibes, so daß er lebt und umhergeht, wodurch, glaubst du, wird wohl diese gehalten und geleitet als durch die Seele?[668]

Dabei ist die Seele, wie es kurz zuvor geheißen hat, sogar »die Ursache« (αἴτιον)[669] dafür, dass der Leib »lebt und umhergeht«, also sich bewegt. Diese kausale Logik nimmt Hoffmann auf, wenn er sein (geistiges) »[I]ch«, innig mit der Kutsche nicht nur *wie* (»gewissermaßen«) mit seinem Körper verbunden, sondern sogar mit der Kutsche *als* seinem Körper verbunden, ausdrücklich als »Urheber« der Kutschen- beziehungsweise Kutschenkörperbewegung bezeichnet (und von einem anderen Körper Hoffmanns als dem der Kutsche ist hier nirgends die Rede).

Man muss sich klarmachen, was hier geschieht. Hoffmanns geistiges Ich im Wagen nimmt mit dem Argument, dass die Kutsche »gewissermaßen« sein Körper sei, dem Postillon die Lenkung der Kutsche ab: ganz so, wie Descartes seinem Schiffer die Gleichnis-Rolle für den menschlichen Geist mit dem Argument vorenthält, dass er dem Schiff nur »zugesellt«, nicht aber »quasi« so »aufs innigste mit ihm vereint« sei wie Hoffmann mit der »umgenommen[en]« Kutsche. Ja, man könnte geradezu meinen, es handele sich hier um eine satirische Parabel auf den mereologischen Fehlschluss. Denn wer hier lenkt – ausgerechnet in »stürmisch[er] und schreckenhaft[er]« »Ausfahrt« um »Mitternacht«! – und ein »fürchterliche[s] Getöse« macht, ist aller Logik und allem Augenschein zum Trotze nicht der Postillon, sondern ein kutschierender Homunkulus. Es ist jener in der Kutsche wie in einer *black box* verborgene Hoffmann'sche Geist, der hier *nicht bloß* zu verstehen ist als

Vernünftige der Seele [λογιστικὸν] nennen, das aber, womit sie verliebt ist und hungert und durstet und von den übrigen Begierden umhergetrieben wird, das Gedankenlose und Begehrliche [ἐπιθυμητικόν] […].«

667 S. das Aristoteles-Zitat 700 aus *De anima*.

668 Platon, Κρατύλος. Kratylos, S. 448f. (400a).

669 Ebd. (399d).

von Hoffmann erdachter Geist, sondern vielmehr als *ihn – Hoffmann* – wie das Cogito den Philosophen Descartes *erdenkender Geist.*

Psyche ist ausgedehnt (Freud), Descartes weiß davon: Nancy und Derrida übers Berühren

Kleidet sich ein Geist in einen Reisewagen oder -mantel, dann muss er eine Ausdehnung haben und die *res cogitans* schon *res extensa* sein. So ergibt es sich ja aus Descartes' Begriff der *permixtio.* Diese simple, aber für das dualistische Denken selbstzerstörerische Einsicht hat ein anderer einflussreicher, wenn nicht *der* andere einflussreich*ste* Denker des Dualismus von Physis und Psyche in einem einzigen lakonischen Satz artikuliert – Sigmund Freud. Am am 22. August 1938, dreizehn Monate vor seinem Tod, notiert Freud in seiner (vor-) letzten (veröffentlichten) Notiz überhaupt:

> Psyche ist ausgedehnt, weiss nichts davon.[670]

Von welcher philosophischen, topologischen und metaphorologischen Bedeutung, ja Sprengkraft dieser Satz ist, hat Jean-Luc Nancy in mehreren Texten umkreist, seitdem er 1978 erstmals zu Freuds Satz geschrieben und ihn – unter anderem – auf Apuleius' Märchen *Amor und Psyche* bezogen hatte (wobei er – später – das heiße Öl von Psyches Lampe auch auf Descartes' Ausführungen zum erwärmten Wachs in der Zweiten *Meditation* bezogen hat)[671]:

> PSYCHE
>
> *Psyche ist ausgedehnt, weiss nicht* [*sic*] *davon.* C'est une note posthume de Freud. La psyché est étendue, n'en sait rien. Tout finit donc par cette brève mélodie [...].
>
> Psyche est édendue à l'ombre d'un noyer, tandis que le jour décline. Elle repose; les mouvements légers du sommeil ont découvert sa gorge à demi. Eros la contemple, tout ensemble avec trouble et malice. [...]

670 Sigmund Freud: Ergebnisse, Ideen, Probleme (London, Juni 1938), in: ders., Gesammelte Werke, 17. Band: Schriften aus dem Nachlass, S. 149–152, S. 152. Die einzige Notiz, die auf diesen Satz noch folgt, ist vom selben Datum und lautet: »Mystik die dunkle Selbstwahrnehmung des Reiches ausserhalb des Ichs, des Es.« Auch hier also der Gedanke einer ausgedehnten Psyche, und so gesehen lässt sich der Satz »Psyche ist ausgedehnt« doch als letzter notierter Gedanke Freuds bezeichnen.

671 Jean-Luc Nancy: Corpus. Aus dem Französischen von Nils Hodays und Timo Obergöker, Zürich, Berlin ^{2}2007 (Paris 2000), S. 119.

> [...] Parmi ceux qui sont présents, certains cachent leur visage, d'autres gardent les yeux désespérément fixés sur le corps de Psyche. Elle n'en sait rien – et c'est cela que tous savent autour d'elle, d'un savoir si exact et si cruel.[672]

Nancys Text ist, wie man hier schon sieht, schwierig und dunkel. Ähnlich verhält es sich mit seinen weiteren Texten zur Freuds schon für sich genommen rätselhafter Notiz. Es ist bezeichnend für diese Schwierigkeit, dass sich ausgerechnet Jacques Derridas letztes großes Buch *Berühren, Jean-Luc Nancy* über weite Strecken wie eine Art Reader's-Digest-Version von Nancys theoretischen Ausführungen zu Freuds Notiz liest und ihnen zugleich als um (relative) philologische Exaktheit bemühter Kommentar dient.[673]

Im Zentrum von Derridas Buch steht, wie der Titel schon sagt, das Berühren oder genauer die von Aristoteles so benannte »vielfältige *Aporie* des Berührens«, die Derrida als »eine lange Erzählung mit mythologischen Anwandlungen«[674] zu erzählen unternimmt. Dabei kreist er um »die großen Wörter [...] Geist, Seele, Körper, Sinn, der Sinn, die Sinne, die Bedeutungen (*sens*) des Wortes ›Sinn‹, die Welt etc.«[675]: also jene Grundbegriffe der in der vorliegenden Studie mit Goethe so genannten ›Dualität der Erscheinung‹, die Nancy und Derrida zufolge offenbar in der Berührung »sich wieder finden und vereinigen« (Goethe) sollen.

Das ist, wie Derrida bemerkt, eine Vorstellung, die »Descartes aus seinem Grab hätte heraustreiben müssen«.[676] Kein Wunder also, dass Nancy seine »*Auseinandersetzung* [...] *mit* Descartes«, und das heißt Derrida zufolge »[m]it ihm« und zugleich »ganz gegen ihn«[677], an jene widersprüchlichen Stelle anknüpft, an der Descartes von der *»quasi permixtio«* spricht. Nancy macht kein Geheimnis daraus, welche Dramatik er in dieser Formulierung sieht. Zu Beginn seines bisher nicht ins Deutsche übersetzten, im Titel eine Descartes'sche Wendung aus der *permixtio*-Passage zitierenden Textes *Unum quid* schreibt Nancy:

> Il doit s'agir ici d'une convulsion de la pensée cartésienne, et peut-être de *sa* convulsion. Une convulsion, c'est un arrachement ou un ébranlement total, en

672 Jean-Luc Nancy: Psyche, in: Première Livraison Nr. 16 (1978), keine Paginierung. Wiederabdruck in englischer Sprache in: Jean Luc Nancy: The Birth to Presence, Stanford 1993, S. 393; ebenfalls in Nancy, Corpus, S. 22f, hier ebenfalls als »weiß nicht davon«.

673 Zum Beispiel liefert Derrida, Berühren, Jean-Luc Nancy, S. 19 und 20, das hier in Rede stehende Freudzitat samt Nachweis.

674 Ebd., S. 11.

675 Ebd., S. 14f.

676 Ebd., S. 20.

677 Ebd., S. 49.

> bloc […]. C'est le spasme d'un système – de muscules ou de concepts (mais on va voir que la question, ici, est celle du système qui ajointe muscles et concepts) […], l'un et l'autre forçant le joint en le resserrant plutôt qu'en le brisant.
> La question du joint forme chez Descartes la dernière question: celle de l'ajointment de l'âme et du corps.[678]

Über diese Verbindung von Seele und Leib und die sie ermöglichende »Theorie der Zirbeldrüse und der sie bewohnenden Lebensgeister«[679] heißt es dann:

> Tout la difficulté de la glande pinéale – et des subtils *esprits* animaux qui y pénètrent – tiendra précisément en ce qu'elle implique invinciblement ce que Descartes ne peut admettre: une spatialisation au moins ponctuelle de l'esprit. Mais en ce *point* il y a *double* contradition: celle de l'esprit comme étendue, celle de l'étendue comme point … Aussi bien la glande n'est-elle pas un point, mais un véritable volume; cependant, on ne peut dire que l'âme soid *dedans* (comme un pilote). Il faut aller relire dans *les Passions de l'âme* les incroyables contorsions théoriques auxquelles Descartes se livre pour *subtiliser* le corps dans la glande et dans les »esprits animaux« afin de *permixter* le corps et l'esprit. Car l'union est totale, et c'est pourquoi le corps de l'homme possède uns exceptionelle unité […]: mais il faut bien que cette unité se présente aussi selon l'étendue, c'est-à-dire quelque part. La glande est cet improbable quelque part, *unum quid* elle aussi. – Elle occupe en fait la position que Spinoza conféra à l'unique substance divine […], moyennant la négation de la divisibilité de la substance corporelle (cf. *Ethique* I, 15, scolie).[680]

Nancy ist deutlich: Nur durch »unglaubliche theoretische Verdrehungen« könne Decartes seinen ›Dualismus‹ retten, und zwar jenen ›Dualismus‹, der ohnehin diesen Namen zu Unrecht trage. Denn er ziele doch am Ende auf die Vereinigung von Seele und Leib ab, also den ›Monismus‹: »le terme ultime est l'*union* de l'âme et du corps«[681]. Auch den mereologischen Fehlschluss erwähnt Nancy, wenn er bemerkt, dass man sich die Seele nicht »wie einen Piloten«[682] vorstellen könne, der im Zirbeldrüsencockpit *im* beziehungsweise, so heißt es in *Corpus*, wie »ein kleines Subjekt« *hinter* dem Körper sitze. Das wäre nämlich ein Homunkulus wie Hoffmanns Ich in der Kutsche.[683] Schließlich kommentiert Nancy hier, jedenfalls implizit, auch noch den oben mit Carl Schmitt erläuterten Okkasionalismus, wenn er Spinozas Postulat einer »göttlichen Substanz« zum Vorgänger jener die »Verbindung von Seele und Körper«

---

678 Nancy, Unum quid, S. 131. An dieses Zitat schließt das in Anm. 608 an.
679 Derrida, Berühren, Jean-Luc Nancy, S. 49.
680 Nancy, Unum quid, S. 144f.
681 Ebd., S. 132.
682 Vgl. Zitat 680.
683 Nancy, Corpus, S. 121: »Es gibt kein Subjekt […] ›dahinter‹.«

(»l'ajointment de l'âme et du corps«) bewirkenden undenkbaren Kraft erklärt, die bei Schiller »Mittelkraft« heißt.[684] Um eine göttliche Substanz geht es im Folgenden nicht. Darin liegt die vorliegende Studie ganz auf der Linie von Papst Franziskus, demzufolge Gott kein »Dio-Spray« ist, das als »nebulöse Essenz« »ein bisschen überall« versprüht wäre, »ohne dass man weiß, was es ist«.[685]

Nancy ist, wenn man ihn hier beim Worte nehmen darf, stolz darauf, Descartes' Seele als Körper demaskiert haben. In *Corpus* schreibt er:

> Bei Descartes selbst ist das berühmte *ego* (das ich nun anstelle der Seele verwende) nur *ego* außerhalb von sich [...]. Und somit, um es ein wenig arrogant auszudrücken, rühme ich mich zu zeigen, daß die *res cogitans* für Descartes ein Körper ist. Und Descartes weiß das im Grunde genommen sehr wohl. [...] Die Formel, die diesen Gedanken zusammenfaßt, wäre: das Innen, das sich als Außen spürt.[686]

Sicherlich gebührt Nancy für seine Descartes-Lektüre Ruhm – Derrida lässt daran ja auch keinen Zweifel. Dennoch hat auch Nancys Lektüre ihre Vorgänger; philosophisch etwa Carl Schmitt mit seiner Analyse der Innen-außen-Differenz (die, wie auch Nancy und Derrida sagen, schon Schmitt zufolge nicht

---

684 Nancy schreibt ebd., S. 116f.: »Was versteht Spinoza unter dem Ausdruck ›Gott‹? Gott, das ist die Allsubstanz. Außer ihr gibt es nichts. Die Allsubstanz Spinozas ist keine Masse, sie ist in sich selbst zweierlei: sie ist Denken und Ausgedehntheit – wobei die beiden zueinander ko-extensiv und parallel sind. Und diese Dualität selbst ist Gott. [...] Der Körper ist mit der Seele, die seine Idee ist, verbunden. Folglich ist die Idee des Körpers die Idee der Seele von sich, die Form von sich [...]. Anders formuliert würde ich ganz kurz mit Spinozas Worten sagen: Gott sieht sich als dieser Körper, meiner, Ihrer.« Auch hier wieder große Nähe zu Carl Schmitt: »Der Occasionalist, für den die Welt in Gott schwebt, denkt nicht eigentlich pantheistisch, sondern panentheistisch; dabei scheint alle Aktivität in Gott konzentriert zu sein, und was es an verdienstlichem Tun gibt, ist eine Gnade, ein Geschenk Gottes. Betrachtet man aber den occasionalistischen Gottesbegriff näher, so wird auch die Aktivität Gottes problematisch.« Schmitt, Politische Romantik, S. 87. – Wie nahe hier das ›Medium‹ als »ein drittes Etwas« (Novalis; s. Zitat 248) und das *periéchon* sind, zeigt sich bei Schmitt ebd., S. 146: »Wo d[a]s occasionalistische Ausweichen in das Höhere, alle Gegensätze in harmonische Einheit auflösende subjektivierte Dritte fehlt, gibt es keine Romantik.«

685 »Gott ist kein ›Dio-Spray‹ [...]. Glauben bedeutet nach den Worten von Papst Franziskus Begegnung mit Gott als Person und nicht mit einem ›Dio-Spray‹. Gott sei keine ›nicht spürbare, nebulöse Essenz‹, sondern ein Vater, dem man lebendig begegnen und den man erfahren könne, sagte Franziskus [...]. Der Papst bediente sich eines Wortspiels: Im Italienischen heißt Gott ›dio‹. Ein ›Dio-Spray‹ würde bedeuten, Gott ›ein bisschen überall‹ zu versprühen, ›ohne dass man weiß, was es ist‹, so der Papst. Christen glaubten jedoch an einen persönlichen Gott als Vater, Sohn und Heiligen Geist.« »Gott ist kein ›Dio-Spray‹«, in: Frankfurter Allgemeine Zeitung, 19.04.2013, S. 9.

686 Nancy, Corpus, S. 119.

durch Kants Wende ins Transzendentale gelöst werde)[687] – oder in literarischer Hinsicht Hoffmann mit dem phantastischen Bericht von seinem Geister- und Geistes-»[I]ch«, das innen »im Wagen« sitzt und diesen zugleich außen wie einen Mantel »umgenommen« hat, also tatsächlich mit Nancy ein »Innen« ist, das sich nicht nur »als Außen spürt«, sondern dieses Außen sogar mit »Getöse« und »Simsonskraft« gegen die Wand fahren lässt.

Dazwischen und Nicht-Dazwischen. Aristoteles' *τὸ μεταξύ*

»Psyche est édendue [...]. Elle n'en sait rien –«, schreibt Nancy Freud übersetzend in seinem ersten Text zu diesem Problem und führt weiter aus: »et c'est cela que tous savent autour d'elle«. Dieses *autour de Psyche*, so Derrida, ist mehrdeutig. Nicht nur bezieht es sich auf die Betrachter der Szene, die *um* die personifizierte Psyche herum stehen; *»um sie herum, Peri Psyches«*[688] ist auch eine forciert wörtliche Titel-Übersetzung jener Schrift des Aristoteles, die sich ausführlich um die Berührung dreht – und damit wiederum in den Titel von Derridas Buch *Berühren. Für Jean-Luc Nancy* eingegangen ist. »[W]ir« »suchen«, schreibt Derrida,

> um Psyche herum (*peri psyches*) zu denken und zu denken, was »berühren« heißt. [...] [D]ieses Denken des Berührens, dieses Denken dessen, was »Berühren« heißt, [muß] an das Unberührbare rühren [...]. Der *Peri Psyches* des Aristoteles wies bereits nachdrücklich darauf hin: Das Berühren/Tasten hat das Tastbare und das Nichttastbare (*he haphe tou haptou kai anhaptou*) zu Gegenständen. Einmal ausgesagt, wird diese unglaubliche »Wahrheit« bis ins 20. Jahrhundert und, wir werden es verifizieren, bis in die jeglichem Aristotelismus scheinbar fremdesten Diskurse hinein nachhallen.[689]

Das wiederum liegt – auch – daran, dass Aristoteles das Berühren als Medienphänomen beschreibt, und zwar nicht allein im Sinne des hier verfolgten *Begriffs* ›Medium‹, in dem ›alles eins‹ ist und somit auch ›das Unberührbare berührt‹ werden kann,[690] sondern außerdem mit dem griechischen *Wort*,

---

687 »Die moderne Philosophie ist von einem Zwiespalt zwischen Denken und Sein, Begriff und Wirklichkeit, Geist und Natur, Subjekt und Objekt beherrscht, den auch die transzendentale Lösung Kants nicht behoben hat«. Schmitt, Politische Romantik, S. 48.

688 Derrida, Berühren, Jean-Luc Nancy, S. 26.

689 Ebd., S. 26f.

690 Die Formulierung lautet: »[...] so bezieht sich auch der Tastsinn auf Tastbares und Nicht-Tastbares [οὕτω καὶ ἡ ἁφὴ τοῦ ἁπτοῦ καὶ ἀνάπτου]«. Aristoteles, Περὶ Ψυχῆς. Über die Seele, S. 122f. (424a). Vgl. zum Tastbaren und Nicht-Tastbaren Daniel Heller-Roazen: The

mit dem das lateinische ›Medium‹ etymologisch zusammenhängt – *τὸ μεταξύ*. Dieter Mersch schreibt dazu:

> Geht man [...] von der etymologischen Wurzel aus, so findet man die verschiedenen Gebrauchsweisen des lateinischen Wortes »medium« für *Mitte* oder »medius« für *zwischen seiend.*[] Medium bezeichnet dann keineswegs ein »Mittel zum Zweck«,[] kein Instrument, sondern etwas, das sich unentschieden »in der Mitte hält«, was »vermittelt« oder »Mitteilung« ermöglicht. Als philosophischer Begriff wiederum bildet diese Wortbedeutung von »Medium« die lateinische Übersetzung des aristotelischen »metaxu«, das an prominenter Stelle in der »Aisthesislehre« von *De anima* auftaucht.[691]

Die Stelle, die Mersch hier angibt, ist *Peri psychēs* »418a ff.«;[692] Derrida nennt *Peri psychēs* »II, 11, 422b–424a«[693]. Derrida lässt also hier jene von Mersch eingeschlossenen Stellen aus, in denen Aristoteles erstens das Medium ganz im Sinne des *Zedler*-Artikels »Diaphanum, Medium«[694] mit dem »[D]urchsichtigen [τῷ διαφανεῖ]« gleichsetzt,[695] zweitens aber das »Medium« ausdrücklich von jener »Vermischung mit dem Feuchten [τῷ μιχθῆναι τῷ ὑγρῷ]« abgrenzt, die das Schmecken ermögliche: »Beim Schmecken gibt es also kein Medium [ὡς μὲν οὖν τὸ μεταξὺ οὐθὲν ἔστιν].«[696]

Das kann oder vielmehr muss Aristoteles deshalb behaupten, weil er das »Medium [μεταξὺ]« mit einer den Körper wie »ein[] fremde[r] Körper [ἀλλοτρίου ὄντος σώματος]«[697] umgebenden festen Hülle vergleicht. Darin wiederum ähnelt es dem Fleisch: »das Fleisch [ἡ σὰρξ]« ist nicht »das Organ für das Tastbare (τὸ αἰσθητήριον τὸ τοῦ ἁπτικοῦ)«,[698] sondern »das Medium (τὸ μεταξύ) für das Tastbare.«[699] »Denn«, so das Argument, »wenn man [...] so etwas wie eine dünne Hülle verfertigte und über das Fleisch spannte, so würde sie doch in gleicher Weise sofort die Berührung als Wahrnehmung zu erkennen geben«,

Inner Touch. Archeology of a Sensation, New York 2009, in Hinblick auf Aristoteles und seine Diskussion des »medium (*metaxu*)« insbesondere S. 26–30, S. 26.

691 Mersch, Medientheorien zur Einführung, S. 18f.

692 Ebd., S. 230.

693 Derrida, Berühren, Jean-Luc Nancy, S. 11.

694 Vgl. Zitat 8.

695 Aristoteles, Περὶ Ψυχῆς. Über die Seele, S. 110f. (421b). Krapinger übersetzt, das ›Medium‹ in Klammern einfügend, »ἐν τῷ διαφανεῖ« mit »im durchsichtigen (Medium)«.

696 Ebd. (422a).

697 Ebd., S. 110f. (422a).

698 Aristoteles, Περὶ Ψυχῆς. Über die Seele, S. 114f. (422b).

699 Ebd., S. 120f. (423b).

obwohl doch »das Sinnesorgan nicht in dieser Hülle ist«,[700] sondern vielmehr »im Innern« des Körpers »liegt«[701].

Heißt das aber nicht, dass dann die Berührung ›unmittelbar‹ wahrgenommen wird? Das fragt sich auch Aristoteles:

> Wenn jeder Körper eine Tiefe hat, also eine dritte Dimension, dann könnten sich zwei Körper, zwischen denen sich ein (dritter) Körper befindet, gegenseitig nicht berühren. [...] Was sich aber im Wasser gegenseitig berührt, hat, wenn die Berührungsflächen nicht trocken sind, notwendigerweise Wasser zwischen sich, von dem die Oberflächen überzogen sind. Wenn es also wahr ist, dass unmöglich ein Körper im Wasser einen anderen berühren kann [...] – dann könnte man die Frage erheben, ob nun die Wahrnehmung bei allem in gleicher Weise abläuft oder jeweils anders, d.h. das Schmecken und Tasten, wie es nun scheint, durch unmittelbare Berührung [τῷ ἅπτεσθαι], die anderen Wahrnehmungen aber über größere Distanz.[702]

Das Wort ›ἅπτεσθαι‹ heißt ›anfassen, ergreifen, berühren‹.[703] Dass diese Berührung »unmittelbar« sein soll, ist also hier ein Zusatz des Übersetzers. Und in der Tat geht es gleich darauf der Sache nach um ›Unmittelbarkeit‹. Tatsächlich gebe es sie zwar nicht, so Aristoteles, wohl aber ihren Anschein:

> Dem ist aber nicht so, vielmehr nehmen wir auch das Harte und Weiche durch anderes hindurch wahr, ebenso wie auch das Schallende, Sichtbare und Riechbare. Aber letzteres über größere Distanz, ersteres aus der Nähe, darum merken wir das Medium nicht. Denn wir nehmen alles durch ein Medium wahr, nur bei diesen Dingen merken wir es nicht. Und doch, wenn wir, wie schon früher gesagt, alles Tastbare durch eine dünne Hülle, die uns, ohne dass wir es merkten, von ihm trennt, wahrnähmen, so ginge es uns genauso wie jetzt im Wasser und in der Luft. Denn jetzt glauben wir, die Dinge selbst zu berühren, ohne dass etwas dazwischen ist [δοκοῦμεν γὰρ νῦν αὐτῶν ἅπτεσθαι καὶ οὐδὲν εἶναι διὰ μέσου].[704]

Darin also, im Anschein der ›Unmittelbarkeit‹, unterscheide sich das Haptische (τὸ ἁπτὸν) als Nahsinn von den Distanzsinnen:

> Aber das Tastbare unterscheidet sich vom Sichtbaren und Schallenden dadurch, dass wir letztere durch die Einwirkung des Mediums auf uns wahrnehmen, während wir das Tastbare nicht vermittels des Mediums [οὐχ ὑπὸ τοῦ μεταξὺ], sondern gemeinsam mit dem Medium [ἅμα τῷ μεταξύ] wahrnehmen, so wie

700 Ebd., S. 116f. (423a).

701 Ebd., S. 120f. (423b).

702 Ebd., S. 116–119 (423a–423b). Vgl. Anm. 747.

703 Menge, Langenscheidts Taschenwörterbuch der griechischen und deutschen Sprache, S. 65.

704 Ebd., S. 118f. (423b).

> einer, der durch sein Schild hindurch getroffen wird. Denn nicht der getroffene Schild hat ihm den Schlag versetzt, sondern der Treffer widerfuhr beiden gemeinsam [ἄμφω συνέβη].[705]

Aristoteles, so viel wird hier klar, ist kein Medientheoretiker der Vermischung.[706] Anders als Descartes, der sein ›dualistisches‹ System durch Einführung von *permixtio* und *spiritus animales* ›medial‹ der antiken Fluidalmetaphorik von *pnêuma* und *periéchon* öffnet und so buchstäblich aufweicht, verflüssigt oder auflöst, bleibt Aristoteles hier bei einem, wie das Beispiel ja anschaulich macht, geradezu schmerzhaft harten Medienbegriff.[707]

Dabei ist es bemerkenswert, dass Aristoteles in *Peri psychēs* nicht nur die vielleicht früheste ausdrückliche Theorie des ›Mediums‹ überhaupt liefert, sondern dass er zugleich auch schon die Frage nach der – wie es in der deutschen Übersetzung mehrmals wörtlich heißt –[708] ›Unmittelbarkeit‹ stellt. Das Problem der ›Unmittelbarkeit‹ begleitet also in der Tat von Beginn an die Mediendiskussion, und insofern ist der Medienbegriff auch von Beginn an widersprüchlich. So zeigt bereits die umständliche Übersetzung »vermittels des Mediums«, die den hier in Hinblick auf das Sehen und Hören im griechischen Text nur einmal vorkommenden Begriff »μεταξὺ« in der Übersetzung verdoppelt – also gewissermaßen noch ein zweites *metaxú* ein- oder *dazwischen*schiebt –, dass man rhetorisch geradezu gezwungen ist, dieses *metaxú* als ein *Dazwischen* wahrzunehmen.[709] Beim Tasten hingegen, so Aristoteles, falle die Wahrnehmung des Mediums mit der des Ertasteten in einem »gemeinsam[en]« Wahrnehmungsakt – und das heißt hier nicht nur *wie mit*, sondern buchstäblich *in* einem Schlag – ineins.

Hier nun berühren sich Aristoteles' und Descartes' Argumentationen doch noch. In einer, wie der Übersetzer kommentiert, »schwierige[n], von den

705 Ebd.

706 Aristoteles, Physik, S. 18f. (187a): »Anaxagoras scheint zu seiner Unendlichkeitsvermutung auf dem Wege gekommen zu sein, daß er die gemeinsame Annahme der Naturdenker für zutreffend hielt, wonach aus Nichtseiendem nichts entstehen kann – deswegen gibt es ja solche Sätze (bei ihm) wie: ›Zusammen war alles‹ [ἦν ὁμοῦ πάντα] und ›das Entstehen eines bestimmten Einzeldings erweist sich als Eigenschaftsveränderung‹;[] andere nennen das dann ›Vermischung‹ und ›Entmischung‹ [σύγκρισιν καὶ διάκρισιν] –.« Ähnlich ebd., S. 116f. (203a).

707 »[A]llein schon das Wort ›Körper‹«, so Nancy, erlege dem damit bezeichneten Problem »eine trockene, nervöse Härte auf«; Nancy, Corpus, S. 22.

708 S. die Zitate 702, 743 oder Aristoteles, Περὶ Ψυχῆς. Über die Seele, S. 125 (424b).

709 Es handelt sich also bei der deutschen Wendung »vermittels des Mediums« um so etwas wie eine »Figura etymologica« als Versuch der »Intensivierung der semantischen Kraft« des Ausdrucks; Lausberg, Die Elemente der literarischen Rhetorik, S. 91 (§ 281).

Kommentatoren völlig unterschiedlich interpretierte[n] Stelle«[710] bemerkt Aristoteles nämlich, dass es »nicht klar« sei, »ob die Seele [...] vollendete Wirklichkeit des Körpers ist wie der Steuermann eines Schiffes.«[711] Dass dieses Gleichnis – vor jeder Interpretation – auf Descartes' Schiffer-Schiff-Gleichnis vorausweist, liegt auf der Hand. In diesem Schiffer-Schiff-Gleichnis aber folgt Descartes wiederum der Logik von Aristoteles' Schildträger-Schild-Gleichnis. Denn wie bei Descartes »der Schiffer dem Schiff« »nicht nur« lose »zugesellt«, sondern so »aufs innigste mit ihm vereint« ist, dass sie »ein einheitliches Ganzes« bilden, hat ja schon Aristoteles Schildträger und Schild zu einer »beide[] gemeinsam« den Schlag erfahrenden Einheit erklärt.[712] Schild und Schildträger sind hier also genauso wenig voneinander abtrennbar, wie Aristoteles zufolge »die Seele [...] nicht vom Körper abtrennbar [οὐκ ἔστιν ἡ ψυχὴ χωριστὴ τοῦ σώματος]« ist.[713]

Ce qui s'y passe, c'est qu'il s'y espace. Nancy und Aristoteles' Form-Stoff-*περιέχον*

Dabei ist zweierlei bemerkenswert. Zum einen steht Aristoteles mit Schildträger und Schild in jener seit Platons Seelenwagengleichnis fortwirkenden Tradition, die das Körper-Geist-Verhältnis in Körper-Körper-Gleichnissen von – als könnte das so den Kategorienfehler wettmachen – besonders hoher Nähe oder Innigkeit zu fassen versucht, wie sie in den Vorstellungen von körperlicher Vermischung oder auch gemeinsamer Wahrnehmung zum Ausdruck kommen. Auch Schiller folgt ja in seiner ersten Dissertation *Philosophie der Physiologie* dieser schiefen Logik, wenn er Körper und Geist absurderweise zwei Klavieren (also nicht nur gleichartig-körperlichen, sondern sogar gleichen Gegenständen) vergleicht, bei denen eines die Saiten des anderen durch Resonanz zu schwingen anregt.[714]

Zum anderen gehört, wie gesagt, von Beginn die Vorstellung von ›Unmittelbarkeit‹ zu dem des ›Mediums‹. In der ›Unmittelbarkeit‹ soll sich das Widersprüchliche des ›Mediums‹ aufheben – womit allerdings, wie ebenfalls schon gesagt, das ›Medium‹ selbst verschwände. Diese Paradoxie hat Nancy wieder und wieder umkreist. Und bleibt dabei auch unklar, vielleicht sogar

---

710 Aristoteles, Περὶ Ψυχῆς. Über die Seele, Kommentar S. 202.

711 Ebd., S. 62f. (413a); vgl. das Descartes-Zitat 623.

712 Vgl. Zitat 705.

713 Aristoteles, Περὶ Ψυχῆς. Über die Seele, S. 62f. (413a).

714 Vgl. Anm. 584.

programmatisch, ob es Nancy um eine Art Post-Metaphysik – also ein neues System der allgemeinsten philosophischen Begriffe – geht oder vielmehr – zugleich? – um eine Topologie beziehungsweise Metaphorologie der metaphysischen Tradition im Sinne Curtius' oder Blumenbergs, so lassen sich doch Nancys Texte in jedem Fall topologisch beziehungsweise metaphorologisch lesen. Das tut die vorliegende Studie.

In *Corpus* schreibt Nancy, an die katholische Wandlungsformel *»[h]oc est enim corpus meum«*[715] anknüpfend:

> Wer sonst in der Welt kennt so etwas wie »den Körper«? Er ist das Produkt, das sich am spätesten entwickelt hat, das am längsten abgegossene, verfeinerte, zerlegte und wieder zusammengesetzte Produkt unserer alten Kultur. Wenn das Abendland ein Niedergang ist, wie sein Name besagt, ist der Körper das letzte Gewicht, der äußerste Punkt des Gewichts, das in diesem Niedergang kippt. Der Körper *ist* die Schwere. Die Gesetze der Schwerkraft beziehen sich auf die *Körper* im Raum. Doch zuallererest hat der Körper sein Gewicht in sich [...]. Das heißt, mit seiner Dichte einer Gefängnismauer oder mit seiner Masse an zusammengepreßter Erde im Grab oder mit seiner klebrigen Schwere abgelegter Kleidung und schließlich mit seinem spezifischen Gewicht von Wasser und Knochen – aber immer, aber zuerst mit seinem Fall belastet, herabgefallen aus irgendeinem Äther, schwarzes Pferd, böses Pferd.[716]

Auch bei Nancy ist »die Eule der Minerva«, so Hegels berühmte Allegorie der Philosophie, »erst« in »der einbrechenden Dämmerung«[717] unterwegs. Nancy folgt Hegels geschichtsphilosophischer Auffassung vom »Abendland« als Spätzeit. Der Körper aber, der ›die Schwere *ist*‹, steht am Anfang dieser Spätzeit, nämlich bei Platon und Aristoteles. In Platons Seelenwagengleichnis im *Phaidros* ist es die unvollkommen-»entfiederte« »Seele«, die so lange »umher« und dabei offenbar aus den »höheren Gegenden« des »Äthers« (Nancy) herab»schwebt«, bis sie in einem »erdigen Leib [σῶμα γήϊνον]« »wohnhaft wird«. Als »aus Seele und Leib zusammengefügt[es]« »Ganze[s]« (ψυχὴ καὶ σῶμα παγέν) aber ist sie jetzt nicht nur sterblich (θνητόν),[718] sondern auch dem »Gesetze der Schwerkraft« unterworfen (Nancy): ganz so, wie später bei Aristoteles die Materie (*ἡ ὕλη* [*hē hýlē*]) der Schwerkraft gehorcht.[719]

Was dann bei Nancy folgt, ist Platon-Paraphrase: der Körper als Gefängnis, Grab und Einkleidung in vergängliches Fleisch, der Seelenwagen mit dem triebhaften Pferd und der Teilabsturz des Seelenwagens. Nancy fährt fort:

---

715 Nancy, Corpus, S. 9.

716 Ebd., S. 11f.

717 Hegel, Grundlinien der Philosophie des Rechts, S. 27.

718 Platon, Φαῖδρος. Phaidros, S. 72f. (246c).

719 Vgl. Aristoteles, Physik, S. 150f. (208b), oben zitiert in Anm. 498.

> Herabgestoßen von weit oben, durch den Allerhöchsten selbst, in die Falschheit der Sinne, in die Bösartigkeit der Sünde. Unweigerlich *desaströse* Körper: Eklipse und Fall erkalteter Himmelskörper. Sollten wir den Himmel erfunden haben, einzig um aus ihm Körper herniederstürzen zu lassen?[720]

Der Körper als gefallener Himmelskörper, der sich nach der Himmelshöhe zurücksehnt: wäre das nicht auch eine Lesart von Mignons Versen »Nur wer die Sehnsucht kennt, / Weiß was ich leide! / Allein und abgetrennt / Von aller Freude, / Seh ich ans Firmament«[721]? Oder anders gesagt, nämlich mit dem ersten Satz von Georg Lukács' *Theorie des Romans* ins Geschichtsphilosophische gewendet, sind für Mignon jene »[s]elig[en] […] Zeiten« vergangen und verloren, »für die der Sternenhimmel die Landkarte der gangbaren […] Wege ist und deren Wege das Licht der Sterne erhellt«.[722] Noch die Geschichtsphilosophie bemüht die von Nancy als charakteristisch ›abendländisch‹ bezeichneten Metaphern von Aus-dem-Himmel-Gefallensein und damit implizit von ›unseliger‹ Erdenschwere.

Von der Himmels- und Höhenmetaphorik kommt Nancy schließlich auf das *Sôma-sêma*-Problem als Phänomen der Berührung. Dabei spielt ein komplizierter Schriftbegriff eine Rolle, der wohl an Derridas programmatischen Schriftbegriff aus seiner *Grammatologie* anknüpft, hier jedoch keine Rolle spielen muss.

Bei Nancy heißt es:

> Somit erweist sich die Ontologie als Schrift. »Schreiben« meint: weder das Zeigen noch das Aufzeigen einer Bedeutung [Platons und Heideggers apophantisches Sprechen, S. B.], vielmehr eine Geste, um an den *Sinn zu rühren.* Ein Berühren, ein Tasten, das wie ein Anschreiben ist: wer schreibt, der berührt nicht, indem er anfaßt, in die Hand nimmt, **begreift*, sondern er berührt, indem er sich richtet, sich sendet *an* die Berührung eines Draußen, Entwendeten, Auseinandergerückten, Aufgespannten. […] Berührung […] *ist*: daß der fremde Kontakt sich ereigne, wobei der Fremde im Kontakt fremd bleibt (*im* Kontakt *dem* Kontakt fremd bleiben: das macht das Tasten aus, die Berührung der Körper).[723]

Das klingt auf den ersten Blick kompliziert, und das ist es auch. Auf den zweiten Blick jedoch wird klar, worum es hier geht. Nancy möchte traditionelle metaphysische Begriffe, Metaphern oder ganz allgemein Vorstellungen entweder verwerfen oder resignifizieren, sie aber so oder so hinter sich lassen. Zu diesen traditionellen Vorstellungen gehören dichotome Begriffspaare wie

---

720 Nancy, Corpus, S. 12.
721 Goethe, Wilhelm Meisters Lehrjahre, S. 238; vgl. Zitat 163.
722 Lukács, Die Theorie des Romans, S. 21.
723 Nancy, Corpus, S. 20f.

›Dualismus‹ und ›Monismus‹, ›Immanenz‹ und ›Transzendenz‹, ›die Sinne‹ und ›der Sinn‹, die ›Onto-Theologie‹ von ›Zeichen‹ und ›Bezeichnetem‹, ›Teil‹ und ›Ganzes‹ – also, mit einem Wort, so gut wie der gesamte Dichotomien-Katalog der Dekonstruktion. An die Stelle dieser Dichotomien setzt Nancy nun seine Begriffe von ›Körper‹ und ›Ort‹ beziehungsweise ›Stätte‹ – und es liegt auf der Hand, dass er dabei zur Überwindung der Tradition an eben diese Tradition anschließt. Vor allem aber schließt er an Aristoteles' Ausführungen zur Berührung an.

Nancy schreibt:

> Die Welt der Körper hat weder transzendent noch immanent einen Sinn. Wenn man Wert darauf legte, diese Ausdrücke beizubehalten, so müßte man sagen, daß die eine Bedeutung in der anderen Statt hat, jedoch ohne Dialektisierung – daß die eine *als* die andere Statt hat, und daß *die Orte* dieses Statthaben sind.[724]

An anderer Stelle heißt es:

> Dergestalt adressiert sich Schreiben. Schreiben ist das adressierte, an den Körper gesandte Denken, [...] die[] Distanz der Substanzen oder Subjekte, die ihnen allein ihre einzigartigen Möglichkeiten läßt.
>
> Diese sind weder immanent noch transzendent, sondern befinden sich in der Dimension oder der Geste des Anschreibens, des Zwischenraums. So auch der Körper der Liebenden: sie liefern sich nicht der Transsubstantiation aus, sie berühren sich [...].
>
> »Ontologie des Körpers« = Entschreibung des Seins. Nach außen adressierte Existenz [...]. Ex-istenz: die Körper sind das Existieren, der eigentliche Akt der Ex-istenz, *das Sein*. [...]
>
> Von den Körpern aus haben wir, für uns, die Körper als unsere Fremden. Das hat nichts mit Dualismen, Monismen oder Phänomenologien des Körpers zu tun. Der Körper ist weder Substanz noch Phänomen noch Fleisch noch Bedeutung. Sondern das Entschrieben-Sein.[725]

Dualismus, Monismus, Phänomenologie – verstanden als Lehre von der Wahrnehmung –, (geistige und körperliche) Substanz, Fleisch: All diese Begriffe, um die es im diesem Abschnitt vorangehenden Abschnitt zu Aristoteles' *metaxú* ging, verwirft Nancy in diesen Sätzen, um sie durch einen (quasi-?) transzendentalen Begriff[726] von ›Körper‹, ›Ort‹ beziehungsweise ›Stätte‹ zu ersetzen:

724 Nancy, Corpus, S. 78f.

725 Ebd., S. 21f.

726 Vgl. zum Begriff ›quasi-transzendental‹ Rodolphe Gasché: Metapher und Quasi-Metaphorizität, in: Anselm Haverkamp (Hg.), Die paradoxe Metapher, Frankfurt a. M. 1998, S. 235–267, S. 237 und 265–267. Vgl. Anm. 1191.

> Die Körper sind nichts Volles, kein gefüllter Raum (Raum ist überall gefüllt), sie sind *offener* Raum [...] Die Körper sind Existenz-Stätten [...]. Die Körper-Stätte ist weder voll noch leer, sie verfügt weder über ein Außen noch ein Innen, genausowenig wie sie Teile und Totalität [...] besitzt: aphallisch und azephal durcheinander [*dans tous les sens*], wenn man das so sagen kann. Doch es ist eine vielfältig gefaltete [...] Haut. So und auf tausend andere Arten (es gibt hier keine »Formen der apriorischen Anschauung«, keine »Tafeln der Kategorien«: Das Transzendentale befindet sich in der unendlichen Modifikation und räumlichen Modulation der Haut) *gibt* der Körper der Existenz *Statt.*[727]

»[W]enn man das so sagen kann« – das mag in der Tat ein berechtigter philosophischer Vorbehalt sein. Worum es hier jedoch geht, sind nicht die schwer zu greifenden philosophischen Implikationen, so es sie hier gibt, sondern Nancys metaphorologischer Umgang mit der Tradition, deren Begriffe er hier programmatisch kom*pli*ziert – *le pli* ist ›die Falte‹ –[728] und »durcheinander«bringt. Damit aber richtet er sich, ganz auf der Linie von Derridas dekonstruktiv angelegten Texten der 1960er und -70er Jahre, gegen die Tradition der »Onto-Theologie[]« samt ihren Widersprüchen, und darunter ist eben auch die ›Unmittelbarkeit‹. Nancy schreibt:

> Ein Körper ist der anders-eigene Rand eines jeden Schreibens: [...] aber, das ist klar, man muß das Lesen als das verstehen, was nicht Entziffern ist: sondern das Berühren und Berührt-Werden, es mit den Massen des Körpers zu tun haben. Schreiben, Lesen, eine Frage des Tastens. Aber – und auch das muß klar sein – unter der Bedingung, daß sich das Tasten nicht konzentriert, nicht – wie die Berührung Descartes['] – eine Unmittelbarkeit beansprucht, die alle Sinne und »den« Sinn miteinander verschmelzen ließe. [...]
>
> Ich wiederhole: Man verlangt, diese Welt verlangt *den Körper eines Sinns*, der nicht die Bedeutung des Körpers vorgibt und ihn noch weniger auf sein eigenes Zeichen und das vollendete Wesen aller Onto-Theologien des Zeichens reduziert.[729]

Mit anderen Worten: Nancy beziehungsweise, wie er sagt, die »Welt« verlangt – auch – nach der Auflösung jener wirkmächtigen, im Zentrum der vorliegenden Studie stehenden *Sôma-sêma*-Assoziation, die Platon im *Kratylos*

---

727 Nancy, Corpus, S. 18.

728 Vgl. zur Falte und zum kom*pli*fizierenden, ein- und ausfaltenden Spiel mit dem Wortbestandteil *›pli‹* Jacques Derrida: Dissemination, hg. von Peter Engelmann, übersetzt von Hans-Dieter Gondek, Wien 1995, S. 19 und die Übersetzeranmerkung 16, S. 419. Außerdem: Gilles Deleuze: Die Falte. Leibniz und der Barock. Aus dem Französischen von Ulrich Johannes Schneider, Frankfurt a. M. 2000; S. 54 ein Hinweis auf Heidegger und seinen Aufsatz »Moira«, der an Derrida, Dissemination, S. 214 anschließt.

729 Nancy, Corpus, S. 76.

gestiftet hat.[730] Wie das nun *philosophisch* zu denken sein soll, spielt hier – wie gesagt – keine Rolle. Bemerkenswert bleibt jedoch – wie ebenfalls schon gesagt –, dass Nancy noch zur Dekonstruktion – er selbst verwendet diesen Begriff –[731] der tradierten Begrifflichkeit beziehungsweise Metaphorik die Begriffe und Metaphern dieser Tradition bemüht.

Das gilt etwa für Nancys Behauptung, die »Körper« seien »nichts Volles, kein gefüllter Raum«, also etwa mit Aristoteles der durch das Fleisch unter der Haut oder einer weiteren dünnen Hülle gefüllte Raum, sondern seien »*offener* Raum«, da ja der Raum ohnehin »überall gefüllt«[732] sei. Wie ist das zu verstehen? Und womit soll der Raum gefüllt sein? Eine Antwort auf diese Frage lautet: mit »Stoff«. Sie findet sich, darauf hat Aristoteles hingewiesen, in Platons *Timaios.*[733] Dort spricht Platon in Zusammenhang mit dem »Raum [χώραν]«[734] von einer »Mutter [...] [alles] gewordenen Sichtbaren [τὴν τοῦ γεγονότος ὁρατοῦ καὶ πάντως αἰσθητοῦ μητέρα]«,[735] die nicht identisch sei mit den vier Elementen Erde, Luft, Feuer und Wasser, sondern vielmehr »ein unsichtbares, gestaltloses, allaufnehmendes Gebilde [ἀνόρατον εἶδός τι καὶ ἄμορφον, πανδεχές]«[736] sei. Für diesen ›Stoff‹ steht hier nicht das griechische Wort *hýlē*, sondern metaphorisch jene ›Mutter‹, die als *mḗtēr* mit dem lateinischen Wort für ›Stoff‹ (*materia*) verbunden werden kann. Es handelt sich hier also um einen expliziten *locus classicus* zu jenem *gendering* des ›Stoffs‹, das bei Sigmund Freud eine so wichtige Rolle spielt.[737]

Was bei Platon *chṓra*, ›Raum‹, und *mḗtēr*, ›Materie‹, heißt, verhandelt Aristoteles unter den Begriffen *tópos*, ›Ort‹, und *hýlē*, ›Stoff‹, so etwa im IV. Buch der *Physik.* Hier spricht Aristoteles ›vom Ort‹, »περὶ τόπου«[738] und erwähnt dabei einmal sogar in bemerkenswert selbstreflexiver Wendung die »schwierige Frage [ἀπορία]« nach dem »›*Ort des Ortes*‹ [του τόπου τόπος]«[739].

730 Vgl. Anm. 609.
731 Ebd.
732 Ebd., S. 18; s. Zitat 727.
733 Und zwar – so der Kommentar zu Aristoteles, Physik, S. 155 (209b, s. Zitat 743), S. 260 – in Platon, Τίμαιος. Timaios, 51a–b, 52a–d.
734 Platon, Τίμαιος. Timaios, S. 96f. (52d). Vgl. Heller-Roazen, The Inner Touch. Archeology of a Sensation, New York 2009, S. 299f.
735 Platon, Τίμαιος. Timaios, S. 90f. (51a).
736 Ebd., S. 92f. (51a).
737 Im *Timaios* nennt Platon den Stoff auch »[d]ie Amme des Werdens [τὴν δὲ δὴ γενέσεως τιθήνην]«; Platon, Τίμαιος. Timaios, S. 96f. (52d). Vgl. zum Anschluss Freuds an diese Tradition Anm. 1865.
738 Aristoteles, Physik, S. 148f. (208a).
739 Ebd., S. 152f. (209a). Aristoteles bezieht sich hier ausdrücklich auf Zenon; vgl. auch den Kommentar ebd., S. 259.

Allerdings sei es schon, so Aristoteles, »schwierig« genug, »sich Erkenntnis zu verschaffen, was denn ›Ort‹ wirklich ist«: »ob er etwa irgendeins von diesen beiden ist, Stoff oder Form [εἴτε ἡ ὕλη εἴτε τὸ εἶδος]«.[740] Aristoteles prüft die Frage und kommt zu dem Ergebnis, »daß ›Ort‹ unmöglich eins von diesen [beiden] sein kann«, weil »Form und Stoff [...] sich nämlich nicht von dem (aus ihnen gebildeten) Dinge ablösen [lassen]«, wohl aber der »Ort«.[741] Daraus folgert Aristoteles:

> Καὶ γὰρ δοκεῖ τοιοῦτό τι εἶναι ὁ τόπος οἷον τὸ ἀγγεῖον (ἔστι γὰρ τὸ ἀγγεῖον τόπος μεταφορητός)· τὸ δ' ἀγγεῖον οὐδὲν τοῦ πράγματός ἐστιν. Ἧι μὲν οὖν χωριστὸς [ἐστι] τοῦ πράγματος, ταύτῃ μὲν οὐκ ἔστι τὸ εἶδος· ᾗ δὲ περιέχει, ταύτῃ δ' ἕτερος τῆς ὕλης.
>
> Somit scheint »Ort« etwas Derartiges zu sein *wie ein Gefäß* – »Gefäß« [ἀγγεῖον] meint doch soviel wie: »Ort, der fortbewegt werden kann« –, ein Gefäß aber ist kein (Stück) des Gegenstandes (der im Gefäß ist). Insofern er also ablösbar ist von dem Gegenstand, insoweit ist er nicht Form; insofern er andrerseits umfaßt [περιέχει], insoweit ist er von Stoff unterschieden.[742]

Diese Passage ist schon insofern bemerkenswert, als Aristoteles hier den ›Ort‹ (ὁ τόπος) als ›Gefäß‹ (τὸ ἀγγεῖον) definiert, dieses dann aber umgehend zu einer Art ›Metapher‹ – und zwar im etymologisch wörtlichen Sinne des Wortes als ›übertragener Gemeinplatz‹ – erklärt (τὸ ἀγγεῖον τόπος μεταφορητός). Die Definition führt also – wie Aristoteles ausdrücklich sagt – nicht nur zu einem ›schwierigen Topos des Topos‹, sondern zu einer nicht weniger schwierigen Metapher des Topos.

Vor allem jedoch ist die hier in Rede stehende Aristoteles-Passage bemerkenswert, weil Aristoteles hier jenes Wort verwendet, aus dem Spitzer das ›Medium‹ herleitet: *περιέχειν* [*periéchein*]. Damit wiederum schließt Aristoteles an eine Passage kurz zuvor an, in der *τὸ περιέχον* [*tò periéchon*] das ›*Wie-ein-Gefäß-Umfassende*‹ und *περιεχόμενον* [*periechómenon*] (zu *περιέχειν*) das ›*Wie-von-einem-Gefäß-Umfasste*‹ bezeichnet:

> εἰ δή ἐστιν ὁ τόπος τὸ πρῶτον περιέχον ἕκαστον τῶν σωμάτων, πέρας τι ἂν εἴη, ὥστε δόξειεν ἂν τὸ εἶδος καὶ ἡ μορφὴ ἑκάστου ὁ τόπος εἶναι, ᾧ ὁρίζεται τὸ μέγεθος καὶ ἡ ὕλη ἡ τοῦ μεγέθους· τοῦτο γὰρ ἑκάστου πέρας. Οὕτω μὲν οὖν σκοποῦσιν ὁ τόπος τὸ ἑκάστου εἶδός ἐστιν· ᾗ δὲ δοκεῖ ὁ τόπος εἶναι τὸ διάστημα τοῦ μεγέθους, ἡ ὕλη· τοῦτο γὰρ ἕτερον τοῦ μεγέθους, τοῦτο δ' ἐστὶ τὸ περιεχόμενον ὑπὸ τοῦ εἴδους καὶ ὡρισμένον, οἷον ὑπὸ ἐπιπέδου καὶ πέρατος, ἔστι δὲ τοιοῦτον ἡ ὕλη καὶ τὸ ἀόριστον· ὅταν γὰρ ἀφαιρεθῇ τὸ

740 Ebd., S. 154f. (209b).
741 Ebd., S. 156f. (209b).
742 Ebd.

> πέρας καὶ τὰ πάθη τῆς σφαίρας, λείπεται οὐδὲν παρὰ τὴν ὕλην. Διὸ καὶ Πλάτων τὴν ὕλην καὶ τὴν χώραν ταὐτό φησιν εἶναι ἐν τῷ Τιμαίῳ·
>
> [W]enn denn also »Ort« bestimmt ist als »das unmittelbar einen jeden Körper Umfassende«, so wäre er eine Art *Begrenzung*; es könnte mithin scheinen, die *Form* und *Gestalt* eines jeden sei sein Ort, wodurch doch die (Raum-)Größe und der Stoff dieser Größe begrenzt wird; das ist doch die (äußere) Abgrenzung eines jeden. Wenn man es so ansieht, ist »Ort« die Form eines jeden. Insoweit jedoch andrerseits Ort offensichtlich der *erfüllte Zwischenraum* der (Raum-)Größe ist, (ist er) *der Stoff*; diese Bestimmung ist ja von der Größe unterschieden: sie meint das von der Form Umfaßte und Begrenzte, z.B. von Fläche und Grenz(linie), von eben dieser Art ist aber der Stoff und das Unbestimmte; wenn man nämlich (etwa) die Eingrenzung und die (Gestalt-)Eigenschaften von »Kugel« fortnimmt, dann bleibt nichts da neben dem (bloßen) Stoff. Aus dem Grund läßt ja auch *Platon* Stoff und Raum dasselbe sein in seinem »Timaios« […].[743]

Das ist, wie schon die vielen präzisierenden Hinzufügungen des Übersetzers zeigen, eine komplizierte Passage. Argumentativ läuft sie auf jene oben schon zitierte Feststellung hinaus, dass der ›Topos‹ weder ›Form‹ noch ›Stoff‹ sein kann, weil sich beide »nicht von dem (aus ihnen gebildeten) Dinge ablösen [lassen]«. Kurz darauf taucht dann der Begriff *›periéchon‹* ein weiteres Mal auf – und ein weiteres Mal ist dabei in der Übersetzung die Rede von ›Unmittelbarkeit‹. In der Definition, mit der Aristoteles seine ›Topos‹-Erörterung abschließt, schreibt er:

> ἀξιοῦμεν δὴ τὸν τόπον εἶναι πρῶτον μὲν περιέχον ἐκεῖνο οὗ τόπος ἐστί […].
>
> Wir setzen also für richtig an, […] Ort sei das *unmittelbar Umfassende* für das, dessen Ort er ist […].[744]

Was heißt das? Um der Stoff-Form-Dichotomie zu entgehen, zieht sich Aristoteles hier auf den Begriff des *periéchon* zurück, in dem ›Stoff‹ und ›Form‹ zusammenfallen sollen. Zugleich jedoch besteht eine Art Binnendifferenzierung im *periéchon* fort. Dazu schreibt Heinz Happ in seiner Studie *Hyle. Studien zum aristotelischen Materie-Begriff*, hier mit Bezug auf Aristoteles' *De caelo*:

> Das ›Umfassende‹ hat den Charakter der ›Form‹, das ›Umfaßte‹ mehr den der ›Materie‹. Diese Unterscheidung zwischen einem formalen und einem materialen Element findet sich in allen Kategorien […]. Beim ›Ort‹ zeigt sic sich darin, daß sich das Obere zum Unteren wie die Form zur Materie verhält

743 Ebd., S. 154f. (209a–209b).
744 Ebd., S. 162f. (210b–211a).

> (312a 12–16). Die Stelle verdient nähere Betrachtung[…], weil sie […] erkennen läßt, wie der Zwiebegriff ὕλη – εἶδός weit über die ›normale‹ Geltung von ›Materie‹ und ›Form‹ hinaus ein Paar umfassender ›Transzendentalien‹ darstellt. […].[745]

Sei es nun, dass man wie Happ den »Zwiebegriff ὕλη – εἶδός« in Anführung als »›[t]ranszendental[]‹« oder, wie man mit Rodolphe Gasché ohne Anführung sagen könnte, als »Quasi-Transzendental« bezeichnet,[746] sei es, dass man ihn metaphorologisch betrachtet. Das, was dabei in den Blick rückt, ist der im wörtlichen wie übertragenen Sinne so zu nennende *tópos* des *periéchon*, also das *periéchon* als dasjenige zugleich – ›*formal*‹ – *Umfassende* wie – ›*stofflich*‹ – *Umfasste*, das gerade in dieser paradoxen Einheit beziehungsweise Vermittlung der Stoff-Form-Dichotomie als Vorläufer jener Vorstellung vom ›Medium‹ kenntlich wird, in dem wiederum die nah verwandte Körper-Geist-Dichotomie überwunden wird. Das zeigt sich ja auch in der hier exakt diesen Zusammenhang erfassenden Übersetzung von »[τὸ] πρῶτον περιέχον« als das »*unmittelbar Umfassende*«:[747] worum es hier geht, ist jene Vermittlung im ›Medium‹, die – paradoxerweise – ›Unmittelbarkeit‹ heißt.

So gesehen, ist Nancys um ›Raum‹ und ›Berührung‹ kreisende ›Körper‹-Theorie genauso eine Theorie des ›Mediums‹ wie Aristoteles' Theorie vom *tópos* als *periéchon*. Dabei ergibt sich aus der Assoziation von *periéchon* und Gefäß die von Nancy so nachdrücklich betonte ›Offenheit‹ seines ›Raum‹begriffes: diejenige ›Offenheit‹ nämlich, über die das Gefäß verfügen soll, indem es zwar ›umfasst‹, aber zugleich *nicht* wie Fleisch und Haut den Körper ›begrenzt‹ – eine (vielleicht schwammartig zu denkende?) Offenheit also, die mit Aristoteles entweder nur metaphorisch (als »τόπος μεταφορητός«[748]) oder aber mit Nancy als schwierige, um nicht zu sagen aporetische Nachfolgerin (»ἀπορία«[749]) der von ihm abgelehnten ›Unmittelbarkeit‹ zu denken ist.

Das wiederum klingt in der Abstraktion komplizierter, als es in der Anschauung des von Nancy immer wieder gegebenen Beispiels ist, nämlich des Mundes als ›Ort‹, ja als Emblem eines ›Offenen‹, in dem nicht nur körperliches ›Innen‹ und körperliches ›Außen‹ sich berühren sollen, sondern in dem auch über die Stimme ›Geistig‹-›Innerliches‹ – *res cogitans* – und ›Körperlich‹-›Äußerliches‹ – *res extensa* – derart verschmelzen sollen, dass

745 Happ, Hyle. Studien zum aristotelischen Materie-Begriff, S. 301.

746 Vgl. Anm. 726.

747 ›Unmittelbar‹ ist hier, wie schon in der deutschen Version von Zitat 702, eine Zutat des Übersetzers, der hier also ein weiteres Mal sozusagen medientheoretisch übersetzt.

748 S. Zitat 742.

749 S. Zitat 739.

die »unwägbare [!] Ausdehnung des Denkens«[750] wenn nicht begrifflich fassbar, so doch zumindest anschaulich wird. Nancy prägt dafür im Anschluss an Martin Heideggers Begriff des ›Offenen‹, um den es in dieser Studie noch gehen wird, den der ›Buccalität‹. In ihr soll nun offenbar – kurioserweise – jenes *»unum quid«*, das Nancy Descartes über seinen Begriff der *permixtio* als philosophischen Denkfehler nachweist, tatsächlich *statt*haben; dabei spielt wieder jenes ›Aufspannen‹ eine Rolle, von dem schon Eichendorffs Gedicht *Mondnacht* (als ›Ausspannen‹), aber auch Nancy im Kontext der Berührung spricht:[751]

> L'étendue incommensurable de la pensée, c'est l'ouverture de la bouche. La bouche qui s'ouvre et qui forme »ego« […], cette bouche est le lieu de l'union en tant que l'union s'ouvre et se distend – et c'est ainsi qu'advient *unum quid.*[752]

Dann heißt es, und hier knüpft Nancy an die aristotelische Unterscheidung von ›Stoff‹ (*hýlē*) – Nancy: »substance« – und ›Form‹ oder ›Gestalt‹ (*eidós*) – Nancy: »figure« – an, indem er ihre Aufhebung in der Buccalität zumindest suggeriert:

> Mais une bouche n'est ni une substance, ni une figure. *Bucca*, terme plus tardif et plus trivial, n'est pas *os. Os, oris*, bouche de l'oralité, c'est le visage lui-même pris par métonymie pour cette bouche qu'il entoure, qu'il porte et rend visible, lieu de passage de toutes sortes de substances, et d'abord de la substance aérienne d'un discours. […] La buccalité est plus primitive que l'oralité. […] La bouche est l'ouverture de *Ego, Ego* est l'ouverture de la bouche. Ce qui s'y passe, c'est qu'il s'y espace. »Espacer, cela apporte le libre, l'ouvert, le spacieux, pour un établissement et une demeure de l'homme [Heidegger, *L'Art de l'espace* in *Questions IV*, Paris, Gallimard, 1976].«[753]

Nancy argumentiert hier, wenn er denn argumentiert, in enger Anlehnung an Platon, an Aristoteles und auch an Mesmer. Zunächst definiert er den Mund als »Ort des Durchgangs aller möglichen Substanzen, zuallererst der luftigen Substanz der Rede«. Hier liegen die antiken Begriffe von *hýlē* beziehungsweise *materia* zugrunde, nun mit der Stimme als »der luftigen Substanz der Rede« assoziiert. Dann schließt Nancy ein Wortspiel an, in dem er über eine Homophonie den ›Substanz‹-›Durchgang‹ mit jenem ›Raum‹ oder ›Ort‹ identifiziert, der bei Aristoteles *tópos* heißt: »Ce qui s'y passe, c'est qu'il s'y espace.« Was

750 S. Zitat 752.
751 Vgl. das Zitat in Anm. 723.
752 Nancy, Unum quid, S. 161.
753 Ebd., S. 162. Vgl. Zitat 1970.

aber unterscheidet der Sache nach diese Identifikation von jener Gleichsetzung von »Stoff [ὕλη] und Raum [χώρα]«, die Aristoteles in Platons *Timaios* ausmacht und selbst im Begriff des *periéchon* reflektiert? Die Antwort muss wohl lauten: Allenfalls der Reim, mit dem Nancy hier die Identität von Stoff und Raum suggeriert und somit ausgerechnet (wiederum dem Beispiel Platons folgend)[754] genau diejenige klangliche beziehungsweise stimmliche Materialität der Sprache nutzt, die er gerade zuvor als »luftige Substanz der Rede« bezeichnet hatte.

In dieser Wendung zeigt sich zweierlei. Zum einen lässt Nancy, offenbar programmatisch, spätestens hier das ›logische‹ Argument hinter sich, indem er nicht nur irgendwie im Allgemeinen in jene literarisch-›mythische‹ Rede ausweicht, deren großes philosophisches Vorbild Platon ist, sondern indem er gerade in einer sprachlichen »passage«, die dieses Problem erörtert, performativ das *periéchon*hafte gegenseitige Umfassen und Umfasstsein von argumentativ ge*form*tem Logos und *materie*ller Sprache vorführt.

Zum anderen wird klar, dass Nancy zwar – metaphorisch gesprochen – höchst reflektiert das von Platon und Aristoteles angeschobene Metaphernkarussel weiterdreht, dadurch aber nicht jenem Kreislauf entkommt, der am Ende die alten Metaphern, nachdem sie zwischendurch sozusagen von hinten zu sehen waren,[755] doch wieder nach vorne bringt – eben jene Metaphern, die Blumenberg als absolute Metaphern bezeichnet hat.

Kuss aus der Flasche. Hoffmann entkorkt Mesmers Allflut

In diesen Metaphern, ihrer Verwendung und Verwindung, berühren sich die Texte E.T.A. Hoffmanns und Jean-Luc Nancys. Beide umkreisen implizit einen Medienbegriff, der, wie Spitzer gezeigt hat, auf den antiken Begriff des *periéchon* zurückgeht. Dieses *periéchon* steht nicht bloß dem Begriff nach, sondern wörtlich im Zentrum von Aristoteles' Diskussion des Stoff-Form-Problems, das als eine Spielart jenes platonischen Körper-Geist-Problems verstanden werden kann, das wiederum die Anthropologie vom Cartesianismus geerbt hat. Ist im ›dualistischen‹ Cartesianismus die in Descartes' *permixtio*-Begriff angelegte Vorstellung einer ›ausgedehnten‹, also *periéchon*haft vom Raum umfassten und somit unter ›Monismus‹-Verdacht stehenden Psyche um der philosophischen Logik willen in die Latenz verdrängt worden, so greifen um 1800 der von Carl Schmitt so bezeichnete romantische Okkasionalismus – allen

---

754 Vgl. Anm. 638.
755 Vgl. das Kleist-Zitat in Anm. 147.

voran Mesmer in seinem Animalischen Magnetismus – wie auch später gegen Ende des 20. Jahrhunderts Jean-Luc Nancy auf Vorstellungen vom *periéchon* zurück, oder genauer: auf die traditionell mit ihm assoziierten Begriffe und Metaphern.

So gesehen, ist auch Nancy Okkasionalist beziehungsweise Romantiker in Carl Schmitts Sinne. Allerdings ist er Okkasionalist beziehungsweise Romantiker zweiten Grades: reflektiert er doch nicht nur die Metaphorologie des ›Dualismus‹-Problems, sondern auch die der vermeintlichen Lösungen, die eigenen Lösungsvorschläge nicht ausgenommen. In dieser Selbstreflexivität lässt sich Nancy Hoffmann vergleichen. Und auch Nancys halb philosophisches, halb poetisches Verfahren der Reflexion ähnelt, verstanden als metaphorologisch verfahrende Dekonstruktion, Hoffmanns assoziativzitierender Poetik, die vieles in die unsichtbaren Anführungszeichen der Ironie setzt und damit auch Hoffmann zu einem Romantiker zweiten Grades macht.

Als solcher präsentiert sich Hoffmann auch in seinem *Brief aus den Bergen* von 1819: so etwa in einer Schaumwein-Allegorie, bei der es sich vielleicht sogar um eine parodistische Eichendorff-Referenz handelt. Hoffmann, so beginnt die Szene, gedenkt »des herrlichen Abends« vor seiner hier schon interpretierten Abreise in der Kutsche, den er mit der Frau von B. und ihrem »lebensheitern Neffen zubrachte«, der »viel, vielleicht zu viel [sprach]«[756]. Dann heißt es:

> [A]ber da gedachten Sie der schönen Rheingegenden, und wußten alle Bilder der herrlichen Zeit, die ich dort verlebte, in frischer glühender Farbenhelle vor mir aufsteigen zu lassen. Wir sprachen von jenem Jahr, als ein wunderbares Gestirn, in strahlendem Liebesfeuer mit der Erde buhlend, aus ihrem tiefsten Schoß, die geistig belebende Kraft des edelsten Weins hervorrief, und wie Sie dann mit feinem Takt, mit tiefem Sinn das, was eben in den Moment hinein paßt, zu erraten, zu bereiten verstehen, so hatte ich gar nicht einmal den Wink bemerkt, auf den Ihre rührige Florentine fortsprang und in wenigen Sekunden mit einer Flasche jenes herrlichen Getränks wieder bei uns war. Als nun das flüssige Feuer in den Gläsern perlte, da gingen Worte und Reden aus dem ins Tiefste hinein erfreuten Gemüt, und strahlten durcheinander, wie Lichtfunken.[757]

Hier ist die Rede vom »Kometenjahr« 1811,[758] das nicht nur am Himmel über Monate einen großen Kometen sehen ließ und damit Jean Pauls letzten großen Roman *Der Komet* anregte, sondern auch auf der Erde herausragende Weine hervorbrachte. Den kausalen Zusammenhang zwischen diesen beiden Ereignissen, den Hoffmann hier nun suggeriert, formuliert er in exakt jenen

756 Hoffmann, Briefe aus den Bergen, S. 690 und 691.
757 Ebd., S. 691f.
758 Ebd., Kommentar S. 1118.

Metaphern, um die die erste Strophe von Joseph von Eichendorffs Gedicht *Mondnacht* kreist. Es sind die Metaphern des *»hiéros gámos«*, der »heilige[n] Hochzeit« von Uranos – das heißt Himmel – und Gaia – Erde –:[759]

> Es war, als hätt' der Himmel
> die Erde still geküßt,
> Daß sie im Blüten-Schimmer
> Von ihm nun träumen müßt'.[760]

Hoffmann intensiviert also Eichendorffs zarte und zudem unter dem Vorbehalt des Konjunktivs stehende Metapher vom Küssen, wobei er die Folgen gleich noch im Zeitraffer anschließt, zu »[B]uhlen[]«, »Liebesfeuer«, Zeugung und Geburt. Was aber so im Jahr 1811 durch den *hiéros gámos* von »Gestirn« und »Erde« das Licht der Welt erblickt haben soll, ist Schaumwein – »edelste[r] Wein[]«, dessen »geistig belebende Kraft« über das ausdrücklich so genannte »flüssige Feuer« gleichermaßen an Aristoteles' Begriffe von *pnêuma* und Äther wie an Descartes' Vorstellung von als »Feuer ohne Licht«[761] bezeichneter Lebenskraft anschließt: Vorstellungen also, die in Mesmers Animalischem Magnetismus um 1800 zu neuer Popularität gelangt waren und die Hoffmann nicht nur in seinem *Brief aus den Bergen* von 1819, sondern zum Beispiel auch in seiner Erzählung *Der Magnetiseur* über das Perlen von Schaumwein mit dem animalmagnetischen Fluidum assoziiert.

Dabei hat nicht nur ein »Gestirn« die »geistig belebende Kraft des [...] Weins« ›hervorgerufen‹; sie ist auch als ausdrücklich – und insofern an die Zackenfall-Atmosphäre erinnerndes – siderisches Phänomen in ihr gespeichert: regt sie doch das Perlen seines »flüssige[n] Feuer[s]« in den Gläsern die Konversation zu einem mit »Lichtfunken« verglichenen ›[S]trahl[]en‹ an,

---

759 Vgl. Alexander von Bormann: Mondnacht, Zwielicht, in: Gert Sautermeister (Hg.): Gedichte von Joseph von Eichendorff. Interpretationen, Stuttgart 2005, S. 17–32, S. 20, und Heinz Gockel: Mythos und Poesie, Frankfurt a. M. 1981, S. 336f. – Vgl. zum Eichendorff'schen »Blüten-Schimmer« als »ätherische[m] Samen« Böhme und Böhme, Feuer, Wasser, Erde, Luft. Eine Kulturgeschichte der Elemente, S. 45: »Die Erde wurde im *hieros gamos* mit dem Himmel, im ursprünglichen Zusammenliegen vor aller Trennung, besamt [...]. Die Metapher vom *logos spermatikos*, die von Anaxagoras über Platon bis zu Aristoteles und zur Stoa für die Logos-Konzeption leitend war, geht auf mythische Welterzeugungs-Erzählungen zurück [...]. Kosmogonie *und* menschliche Sexualität sind auch Elementen-Hochzeit, wie die Alchemisten sagen, und: die ›Fruchtbarkeit‹ des Geistes, sein Schöpferisches, ist der Natur entlehnt.« – Vgl. Zitat 2063.

760 Eichendorff, Mondnacht, S. 322.

761 Descartes, Discours de la Méthode. Bericht über die Methode, S. 86f. Zudem bringt das »Feuer ohne Licht [...] die jungen Weine zum Gären«; ebd.

das wiederum mit diesem Wort auf das »strahlende[] Liebesfeuer« des zu Beginn der Passage erwähnten »Gestirn[s]« zurückverweist.

So gesehen führt Hoffmann hier in seiner Allegorie vom Schaumwein zweierlei zusammen. Erstens eine schon in der Zackenfall-Beschreibung ausbuchstabierte mediale All-Atmosphäre, deren siderische Elemente hier auf den sich mit der Erde vereinigenden Himmel verweisen. Dabei wird das von Mesmer so genannte »Eingetaucht«-Sein »in den Ozean der Allflut [Platon/Aristoteles: *hýlē*] welche den Raum [Platon: *chṓra*, Aristoteles: *tópos*] erfüllt« zum geselligen Konsum von Rheinwein, der als »flüssige[s] Feuer [Descartes: ›feux sans lumière‹; Spitzer: ›a fluid [...] similar to fire, a kind of ether‹] in den Gläsern perlt[]« – und was, wenn nicht diese Hoffmann'sche Szene wäre, in Abwandlung eines Nietzsche-Wortes, »in's Reale, in's Moderne, – seien wir noch grausamer! in's Bürgerliche!« »übersetzt[er]«[762] Mesmerismus? So oder so erscheint hier der perlende Schaumwein als fluidale Allegorie nicht nur eines – *irgendeines* – ›Mediums‹, sondern *des* ›Mediums‹ *katexochen*, wie es Spitzer im Anschluss an das antike *periéchon* beschrieben hat: also mitsamt jener »›skyey‹ quality«,[763] die Spitzer auch als »*this*-worldly, though supraterrestrial«[764] bezeichnet, ganz so, als sei diese Formulierung geradezu auf die Vorstellung des *hiéros gámos* von Himmel und Erde gemünzt.

Wird hier nun zweitens die himmlische Allflut aus der Flasche konsumiert, dann handelt es sich dabei in Nancys Terminologie um ein *orales* beziehungsweise *buccales* Phänomen. Tatsächlich geht es nicht nur Nancy um die »passage«, wie er in Hinblick auf den Mund als ihren »Ort« schreibt, »de toutes sortes de substances, et d'abord de la substance aérienne d'un discours«, sondern auch Hoffmann. Denn es sind ausdrücklich »Worte und Reden«, die »aus dem« durch den Wein »ins Tiefste hinein erfreuten Gemüt« gehen ganz so, als zirkulierten nun »das flüssige Feuer« des Schaumweins und die »luftigen« (Nancy) »Worte und Reden« (Hoffmann) des gesellschaftlichen Diskurses als eine einzige mediale, nämlich *pnêuma*tische, »Substanz« (Nancy). So verstanden, fügt Nancys Satz »*Ego* est l'ouverture de la bouche«, wobei der Mund exakt wie der *tópos* bei Aristoteles »weder Substanz noch Form« sein soll (»une bouche n'est ni une substance [*hýlē*], ni une figure [*eîdos/morphḕ*]«), nicht nur dem philosophischen Erbe von Platons ›dualistischer‹ Philosophie,

762 Friedrich Nietzsche: Der Fall Wagner. Ein Musikanten-Problem, in: ders.: Kritische Studienausgabe in 15 Bänden, hg. von Giorgio Colli und Mazzino Montinari, Bd. 6: Der Fall Wagner. Götzen-Dämmerung. Der Antichrist. Ecce Homo. Dionysos-Dithyramben. Nietzsche contra Wagner, hg. Giorgio Colli und Mazzino Montinari, München ²1988, S. 9–53, S. 34.

763 Spitzer, Milieu and Ambiance: An Essay in Historical Semantics, S. 14.

764 Ebd., S. 28.

sondern auch Hoffmanns vielbesprochener Affinität zum Alkohol eine weitere, und zwar metaphorologische, Fußnote hinzu.

Alternative zum Alkohol. Blumenduft und Weltmusik

Doch Hoffmann kennt Alternativen zum Alkohol, metaphorologisch jedenfalls. So hatte ihn ja seine Suche nach dem, wie er im *Brief aus den Bergen* von 1819 schreibt, »Höchste[n] hienieden«[765] schon knapp zwanzig Jahre zuvor über die Himmelsleiter abwärts zum Zackenfall geführt, und so führt sie ihn bei seinem zweiten Besuch im Riesengebirge noch einmal, Petrarca auf dem Fuße, hinein in die »schöne[] Natur« und darin so weit nach »[o]ben«, dass Hoffmann schließlich von »der Höhe (zwischen Löwenberg und Hirschberg) [...] herab [...] die ganze Gebirgskette übersehen« kann.[766] Dort nun »[]schaut« er zwar in der Tat, wie er Frau von B. berichtet, »das Herrlichste« und »Höchste hienieden« – erkennt aber im selben Moment auch, so schreibt er ausdrücklich, welche Gefahr von »Unheil« darin liegt: und dieser »genial[e]« »Gedanken« lässt ihn sofort in die Kutsche springen und »zurückreisen nach der Heimat«.

Warum dieser Abbruch, warum diese Flucht? Um das zu verstehen, ist ein Blick in die Vorgeschichte der Bergszene im Flachland erforderlich, und das heißt auf jenen Abend, an dem später der schon interpretierte herrliche Rheinwein entkorkt wird. Hoffmann schreibt:

> Lassen Sie mich nun [...] des herrlichen Abends vor meiner Abreise gedenken, den ich in Ihrer Villa [...] mit Ihrem lebensheitern Neffen zubrachte. – Es ist wahr, eine tiefe geheimnisvolle Magie der Natur liegt in den Blumendüften. Als ich jenen Abend in dem schönen mächtigen Laubengange saß, als im Hauch des Abendwindes die Düfte des blühenden Jasmins, der Fackeldisteln, Lilien, Rosen mich umströmten, da fühlte ich ein unnennbares Wohlsein, das aufging in meinem Innern, wie heilige herrliche Musik. Auf's neue glaubte ich die tiefere Bedeutung des dichterischen Wahnsinns zu verstehen, der Duft und Musik in *einen* Brennpunkt der Empfindung stellt, und selbst jener seltsame Traum, in dem ich, eine Opern-Probe dirigierend, einer Sängerin zurief, sie möge in den Vortrag einer Arie mehr Nelkenduft bringen, kam mir nicht mehr skurril vor, wie sonst. [...] [D]ie Töne, welche zu mir herüberschwammen, hallten nicht mehr aus dem Fortepiano, nein, der Weltgeist selbst rührte die unsichtbaren Saiten, die durch das Universum sich spannen, in jedes Brust mächtig hineintönend und die innere Stimme weckend, damit sie hinaushalle in die Akkorde der Natur! – Als nun in dem fernen Gebüsch eine Nachtigall zu schlagen begann,

765 Hoffmann, Briefe aus den Bergen, S. 695.

766 Ebd., S. 694.

> war es mir, als stiege alles Entzücken süßer Wehmut, die Sehnsucht, das Verlangen sichtbarlich auf aus den Blumenkelchen – und in demselben Moment erschienen Sie, gnädige Frau! mit Ihrem Neffen am Ende des Laubganges. Ich sprang Ihnen entgegen und fühlte die Macht des unnennbaren Zaubers, der sonst mir mein schönstes Dschinnistan erschloß [...], an jenem Abende, den ich zu den schönsten meines Lebens zählte. Ihr Neffe sprach viel, vielleicht zu viel, von der Reise nach Italien, die er im Sinne hat; aber da gedachten Sie der schönen Rheingegenden,[767]

und es folgt die Wein-Szene. Was nun Hoffmanns vorausgehende Duftreflexion angeht: sie beginnt als gewissermaßen lehrbuchmäßige Evokation dessen, was Spitzer im Rückgriff auf das *periéchon* als »Milieu and Ambiance« beschrieben hat. Im Wort ›umströmen‹ wird dies bei Hoffmann klar. »Düfte«, »Hauch« und »[W]ind« »umström[]en« Hoffmann nämlich wie ein »loving milieu round about him«, dessen »geistige[s], geheimnisvolle[s] Fluidum [...] in den Menschen dringt und einströmt« (Spitzer). So geschieht es auch bei beziehungsweise in Hoffmann, wenn er »ein unnennbares Wohlsein [...] in seinem Innern« aufgehen »fühlt[]«, »being ›embraced‹ and caressed [...] – the embryo in the egg, the tree within its bark, the earth wrapped round by ether.«

Den »Duft« oder genauer die olfaktisch-respiratorisch wahrgenommenen *pnêuma*tischen Fluida assoziiert Hoffmann nun in typisch romantischer synästhetischer Manier mit der Musik. Und darin liegt in der Tat, wie er sagt, eine »tiefere Bedeutung«, nämlich die antike Vorstellung von quasi-musikalischer Sphären-Harmonie zwischen Makro- und Mikrokosmos.[768] Diese Vorstellung bezeichnet Spitzer – ausgerechnet mit einem ihm offenbar besonders geeignet erscheinenden Zitat auf Deutsch – als »[Ü]berströmen aus dem Makrokosmos in den Mikrokosmos«. Es passt also, dass Hoffmanns Bericht vom mikrokosmischen Blumenduft über die ebenfalls mikrokosmische »Opernprobe« auf das Makrokosmische hinausläuft. Denn am Ende »hall[]en« doch »die Töne«, die zu Hoffmann – offenbar durch ein Fluidum – »herüberschw[i]mmen«, »nicht mehr« aus dem mikrokosmischen »Fortepiano«, sondern aus dem makrokosmischen »Universum« selbst. Seine »unsichtbaren Saiten« rührt »der Weltgeist selbst«, und die buchstäblich universalen Töne dieser Welt(geist)musik dringen resonierend, darin Schillers Beispiel von den zwei Klavieren vergleichbar, solcherart *von außen* ›*in* jedes Brust mächtig *hinein*‹, wo sie ›die *innere* Stimme wecken‹, die wiederum ›*hinaus*hallt in die Natur‹,

767 Ebd., S. 690f.

768 Grundlegend: Leo Spitzer: Classical and Christian Ideas of World Harmony. Prolegomena to an Interpretation of the Word »Stimmung«, hg. von Anna Granville Hatcher. Mit einem Vorwort von René Wellek, Baltimore 1963.

dass in diesem Tönen tatsächlich, wie Jean-Luc Nancy über den »Schall« sagt, »draußen drinnen« wird.[769]

Dass Nancy als Denker des »Innen, das sich als Außen spürt«[770] und als Theoretiker der *Buccalität* über das dem Mund in Gestalt und Funktion verwandte Ohr schließlich auch auf das Hören gekommen ist, verwundert nicht. Und so bündelt er in seinem Essay *Zum Gehör*, dem bis zum Jahr 2016 jüngsten seiner hier zitierten Texte, noch einmal eine Reihe von bis hierhin umrissenen Motiven und Metaphern seines Denkens. Nancy schreibt:

> Das klangliche Präsens besteht von Beginn an in einem Zeitraum: Es breitet sich im Raum aus oder öffnet vielmehr einen Raum, welcher der seine ist, die Verräumlichung seiner Resonanz, seine Ausweitung und sein Nachhall. Dieser Raum ist selbst von Beginn an omnidimensional und allen Räumen transversal: Immer wieder ist auf die Klangabstrahlung, die Ausdehnung des Schalls durch Hindernisse hingewiesen worden, auf seine Eigenschaft des Durchdringens und der Ubiquität.
>
> Der Schall hat keine verborgene Seite, er ist ganz davor dahinter und draußen drinnen, drunter und drüber, allseits, wenn man ihn auf die allgemeinste Logik der Präsenz als Erscheinen bezieht, als Phänomenalität oder als Manifestation – und somit als sichtbare Seite einer an/in sich fortbestehenden Präsenz [comme face visible d'une présence subsistant en soi]. Etwas vom theoretischen und intentionalen Schema, das am Optischen ausgerichtet ist, gerät hier ins Wanken. Hören heißt in diese Räumlichkeit eintreten, von der ich *zur selben Zeit* durchdrungen werde: Denn sie öffnet sich in mir ebenso wie um mich herum, und von mir ebenso wie zu mir hin: Sie öffnet mich in mir ebenso wie draußen, und eben durch eine solche doppelte, vierfache oder sechsfache Öffnung kann ein »Selbst« Statt haben. Ganz Ohr sein, lauschen, das ist *gleichzeitig* draußen und drinnen sein, *von* außen und *von* innen offen sein, vom einen zum anderen also, und vom einen im anderen.[771]

Man sieht: Das, was Nancy hier als »transversal[e]« »Ausdehnung des Schalls« beschreibt, folgt wieder der Logik jenes *periéchon*, das gewissermaßen *hýlē-eîdos*-transversal nicht nur ›ubiquitär‹ oder »allseits«[772] ›*im* Raum‹ ist, sondern ihn quasi-transzendental überhaupt erst »öffnet«, ›aus‹- oder auf›weitet‹ beziehungsweise, wie es bei Nancy im Kontext der Berührung wie auch des Mundes heißt, ›aufspannt‹[773]. Dieses »Aufgespannt[]«-Sein des Raums identifiziert Nancy nun auch in Hinblick auf Klang und Lauschen mit der Vorstellung

769 Jean-Luc Nancy: Zum Gehör, Zürich, Berlin 2010, S. 22f. Im Original: Jean-Luc Nancy: À l'écoute, Paris 2002, S. 32f.

770 Nancy, Corpus, S. 119.

771 Nancy, Zum Gehör, S. 22f.; Nancy, À l'écoute, S. 32f.

772 S. Anm. 561.

773 Vgl. das Zitat zu Anm. 723.

von »[O]ffen[heit]« beziehungsweise vielfacher »Öffnung«. ›Offenheit‹ heißt hier, dass im »[L]auschen« auf den »Klang« wieder einmal »draußen und drinnen« eins, »eine[s] im anderen« sein soll.

Genau so liegen die Dinge, wie gesagt, in Hoffmanns eben zitierter Passage aus dem *Brief aus den Bergen* von 1819. Hier sind es ausdrücklich »unsichtbare[] Saiten, die durch das Universum sich spannen« (!) und so einen Klang erzeugen beziehungsweise, mit Nancy, einem Klang *statt*geben oder einen Klang-Raum *eröffnen*, in dem »die innere Stimme« aus der Brust »hinaushall[t]« in »Natur« und »Universum«.

»Weltseele komm uns zu durchdringen!«, heißt der nun schon oft zitierte Vers aus Goethe's Gedicht *Eins und Alles.* Bei Hoffmann tut der »Weltgeist« genau das, indem er die durch das Universum gespannten Saiten rührt und somit einen Klang mit seiner »Eigenschaft des Durchdringens« (Nancy) erzeugt. Wie grundlegend, eben quasi-transzendental, Nancys hier im Anschluss an das *periéchon* unter dem Begriff ›Klang‹ skizzierte Vorstellungen von Raum, Offenheit, Berührung und Durchringung sind, zeigt sich darin, dass er »[d]as klangliche Präsens« des Schalls, in den man im »Hören [...] eintreten« soll, sogar »als sichtbare Seite« – so Nancy im Original wie in der Übersetzung mit einer krassen Katachrese – »der Präsenz« bezeichnet. Dies ist eine positive Definition von ›Präsenz‹ beziehungsweise »Präsenz als Erscheinen«, wie sie in der dekonstruktiven Tradition ausgesprochen selten vorkommt.

In letzter Steigerung ist das, was Nancy hier »Präsenz als Erscheinen« im »Klang« nennt, ein Aufgehen in, um an die Worte von Wagners Isolde anzuschließen, »des Welt-Atems / wehendem All«, der sie als »tönende[r] Schall« umgibt.[774] Nancy sucht genau diesen Anschluss auf den letzten beiden, »Coda« überschriebenen Seiten seines Textes *Zum Gehör.* Dort spricht er vom »Zusammenklang« der »Musik [...] mit dem Begehren« – bei Hoffmann wäre das die »Sehnsucht« –[775], dann zitiert er als Notentext Isoldes letzte vier Töne und schließt mit Isoldes Worten »in dem wogenden Schwall, in dem tönenden Schall, in des Welt-Atems wehendem All –«.[776] Das sind die letzten Worte von Nancys Text. Er schließt also so ›romantisch‹, das heißt, solcherart Wagners ›romantische‹ ›All‹- und ›Heils‹-Metaphern reflektierend sein Buch. Da nun dabei nie ganz klar wird, inwieweit Nancy die hier in Rede stehenden ›romantischen‹ Metaphern *objektsprachlich* beziehungsweise begrifflich *verwendet* und inwieweit er sie *metasprachlich* beziehungsweise als metaphorologisch in unsichtbare Anführungszeichen gesetzte Metaphern

774 Wagner, Tristan und Isolde, S. 231.

775 Vgl. Zitat 798.

776 Nancy, Zum Gehör, S. 60; Nancy, À l'écoute, S. 84f.

nennt, handelt es sich auch bei ihm um einen Romantiker zweiten Grades – einen Romantiker also, der sich selbst als Romantiker beobachtet und metaphorologisch reflektiert.

Auch eine Art Gipfelsturm: Adlerflug auf den Seraphsschwingen der Musik

Damit steht Nancy nicht nur metaphorisch, sondern auch metaphorologisch in jener literarischen Tradition Hoffmanns, die ich hier anhand der *Briefe aus den Bergen* von 1798 und 1819 umreiße. Denn nicht nur finden sich so gut wie alle bisher erörterten ›Medien‹- und ›Heils‹-Theoreme, -Begriffe oder eben -Metaphern Nancys schon in den *Briefen aus den Bergen* Hoffmanns, eines anderen hier schon so genannten Romantikers zweiten Grades. Auch die von Nancy gelegentlich explizit und begrifflich thematisierte, dauernd aber implizit und metaphorisch demonstrierte Einsicht in die Aporien – das Topisch-Utopische – des hier erörterten Metaphernkomplexes findet sich schon, und zwar ausdrücklich, in Hoffmanns Text: und in dieser Einsicht, die sich – buchstäblich – auf dem Höhepunkt des ersten *Briefes aus den Bergen* von 1819 findet, liegt die Antwort auf die oben gestellte Frage, warum Hoffmann ausgerechnet in jenem Moment, als er »auf der Höhe« zwischen Löwenberg und Hirschberg das von ihm gesuchte »Höchste hienieden« »[]schaut«, sofort diesen nach Art der Himmelsleiter mit der Höhe der Transzendenz auch das ›Heil‹ versprechenden utopischen Ort verlässt.

Die Episode gegen Ende des ersten *Briefes aus den Bergen* von 1819, um die es jetzt geht, beginnt wie eine Kontrafaktur der Zackenfall-Szene aus dem Brief an Hippel von 1798. Hoffmann schreibt, an die oben schon interpretierte Kutschen-Episode mit dem »Reise-Rockelor« anknüpfend:

> Der Postillion blies gerade sehr hell und noch dazu in ziemlich reinen Tönen: Es ritten drei Reiter zum Tore hinaus etc., als ich aus dem tiefen Schlaf erwachte, in den ich bei dem einförmigen Geräusch des auf der harten Chaussee fortdonnernden Wagens versunken. – Ich glaube Ihnen, gnädige Frau, schon einmal gesagt zu haben, daß ich im Wagen schlafend nichts träume, als Musik und Musik, daß ich Simphonien, Opern, Lieder, Messen, und was weiß ich sonst noch, komponiere, mit dem nicht geringen Vorteil, alles auf der Stelle von einem ganz vortrefflichen Orchester aufführen zu hören. Diesmal wurde eben eine Symphonie in dem großen, gehaltigen Styl des Meisters Beethoven aufgeführt, und eben in das Andante ritten die drei Reiter hinein.[777]

777 Hoffmann, Briefe aus den Bergen, S. 693f.

Später hält der Postillon den Wagen an und fragt Hoffmann, ob er »nicht aussteigen wolle«, weil sie sich jetzt »auf der Höhe (zwischen Löwenberg und Hirschberg) [befänden], von der herab man die ganze Gebirgskette übersehen könne«. Hoffmann fühlt sich dazu verpflichtet. Denn obwohl er »mehr Lust [hat], weiter zu schlafen«, weil er »auf den Schlußsatz der Symphonie sehr begierig« ist, erinnert er sich doch daran, dass er »der schönen Natur und nicht der Symphonien halber« losgereist ist. Hoffmann berichtet:

> Ich stieg daher wirklich aus, aber nun! – Der Frühmorgen war trübe und nebligt gewesen, doch eben erhob sich der Morgenwind und rauschte mit seinen gewaltigen Schwingen und trieb die Wolken vor sich her, bis sie sich hinunterstürzten in den tiefen Abgrund. Und immer feuriger und feuriger schimmerten die Sonnenstrahlen auf hoch im Osten, und zerrissen die grauen feuchten Nebelschleier, welche in dunstigen Flocken hinabsanken. Der mächtige Riesenkamm erhob stolz seine zackig gekrönten Häupter, und immer mehr und mehr entfalteten sich die bunten Kleider seiner Berge. Oben, mitten im tiefen Blau, blendendes Weiß, noch von dem Überwurf her, den sie im Winter getragen, unten duftiges Violett der Wälder, weiter hinab grünglänzendes Gold der Täler! – Tief unter mir erklangen im lieblichen Wohllaut die Glocken des Viehs, das die Hirten hintrieben nach den Bergen, und dazwischen die seltsamen Töne der Gebirgshörner und fröhliches Jauchzen und Jubeln! – Alles frohes seliges Erwachen – Leben und Regen! – Mir war es, als vernähme ich in dem wunderbaren Rauschen, das die Luft durchzog, die geheimnisvolle Stimme des Weltgeistes selbst, die tröstend zu den Menschen spricht und die Erfüllung alles in der Seele geahnten verheißt. – Mir schwoll die Brust, ich glaubte, mir müßten Fittige an den Schultern wachsen, damit ich mich hinüberschwingen könne über das Meer der Lust und Wonne, das unter mir in freudig aufschäumenden Wellen wogte.[778]

Die Passage bringt drei große Metaphernkomplexe zusammen. Zum einen assoziiert sie ›mediale‹ (also, wie oben erläutert, ›hohe‹ und ›tiefe‹) ›Höhe‹ und atmosphärisch-kosmische Qualitäten und schließt so an die Zackenfall-Episode von 1798 an. Zum anderen kommt hier die Musik ins Spiel – wenn auch nicht zum ersten Mal in diesem *Brief aus den Bergen* von 1819. Sie kam ja schon in der Gartenszene vor. Dort hatte Hoffmann die Musik, ganz nach Johannes Kreislers Logik der »Übereinkunft der Farben, Töne und Düfte«,[779] im synästhetischen Anschluss an den Duft als ebenfalls *periéchon*haft alles um- und Mikro- wie Makrokosmos, Innen und Außen durch›strömende‹ »substance aérienne« (Nancy) eingeführt. Hier nun beginnt die Szene mit der Musik, und zwar ganz unmetaphorisch: handelt es sich doch um Musik im »Styl

778 Ebd., S. 694f. Zitat 806 ist die Fortsetzung dieser Passage.

779 E.T.A. Hoffmann: Fantasiestücke in Callot's Manier. III. Kreisleriana. 5. Höchst zerstreute Gedanken, in: ders.: Werke 1814, hg. von Hartmut Steinecke [...], Frankfurt a. M. 2006 (= Bd. 2/1 der Sämtlichen Werke in sieben Bänden), S. 61–72, S. 63.

des Meisters Beethoven«, die Hoffmann mit gewissermaßen akademischem Interesse in seinem Kopf verfolgt. Diese Musik spielt im Weiteren keine Rolle mehr. Sie endet, als Hoffmann auf der Höhe die Kutsche verlässt. Dort aber begegnet ihm die metaphorische Musik, um die es im Folgenden geht.

Die »Höhe«, auf der Hoffmann sich nun befindet, ist ein utopischer Ort – *topos outopos* im Sinne Agambens. Denn auch wenn es sich um den höchsten Punkt auf der Straße »zwischen Löwenberg und Hirschberg« handelt, kann doch nicht tatsächlich von dieser Höhe *›herab‹* »die ganze Gebirgskette« zu »übersehen« sein, sonst führte die Straße ja über den höchsten Punkt in diesem Gebirge. So wie die Musik, die Hoffmann gerade noch im Kopf hatte, ist also auch die Höhe imaginär, von der *›herab‹* Hoffmann nun die als »Gebirgskette« *unter* ihm liegende Landschaft, diese buchstäblich – wie von Joachim Ritter beschrieben – transzedierend, betrachtet.

Daran, dass hier die altitudinale Gliederung der Landschaft wichtig ist, kann kaum Zweifel bestehen. Wolken stürzen in den – pleonasmisch – *›tiefen Abgrund‹*, Nebel sinkt *›hinab‹*, während Sonnenstrahlen *›hoch* im Osten‹ *›auf‹*gehen. *›Oben‹* sind das »Blau« des Himmels und das »Weiß« der Schneereste auf den Bergen, *›unten‹* die hier nicht grünen, sondern violetten Wälder; ›weiter *hinab‹* kommen dann die »Täler«, ganz *›tief unten‹* (»Tief unter mir«) das »Vieh[]«. Dabei zeigt sich der Schnee *›oben‹* auf den Berggipfeln ausdrücklich *›mitten* im *tiefen* Blau‹ des Himmels. Das, was hier in Hinsicht auf die in der vorliegenden Passage konsequent verfolgte Differenzierung von *hoch* beziehungsweise *oben* und *tief* beziehungsweise *unten* auf den ersten Blick wie eine Katachrese erscheinen mag – *tiefes* Blau in der *Höhe* –, erweist sich auf den zweiten Blick als eine weitere Schilderung jener medialen Atmosphäre, die Spitzer als ›Milieu‹ und ›Ambiente‹ beschrieben hat. Denn wie es schon in Hoffmanns Zackenfall-Beschreibung von 1798 um eine atmosphärische »Mitte«[780] geht, die Hoffmann »in jenem FelsenAbgrund«[781] beziehungsweise »in der Tiefe«[782] (!) der Höhenlagen[783] (!) »des schlesischen Gebürges«[784] findet (›Vor mir stürzte sich der Zacken 200 Fuß *hoch* mit furchtbarem donnernden Getöse *hinab*‹)[785], so dreht sich auch der *Brief aus den Bergen* von 1819 um die *Vorstellung einer transzendenten*, genauer um *die* als »Gebirgskette« nun unter Hoffmann liegende *Landschaft transzendierenden ›Mitte‹*: um

780 Hoffmann, Brief an Theodor Gottlieb von Hippel, 15.10.1798, S. 118.

781 Ebd., S. 117.

782 Ebd., S. 118.

783 »Wir gingen [...] durch einen Wald der allmählig immer steigt nach der Gegend des Zackens.« Ebd.

784 Ebd., S. 114.

785 Ebd., S. 117.

jene oben im Ausgang von den *Serapions-Brüdern* erläuterte Welt-immanente Transzendenz der Höhe also, die man über die Himmelsleiter erreicht. Und wie schon 1798 am Zackenfall die Himmelsleiter am Ende nicht auf-, sondern abwärts in die »Mitte« der siderisch-kosmischen Zackenfall-Atmosphäre führt – den Himmel auf Erden –, so definiert Hoffmann in seinem *Brief aus den Bergen* von 1819 ›*oben*‹ per Apposition als ›*mitten*‹ in ›*tiefe*m‹ Himmelsblau. Auch hier ist also die Rede von einer im Himmel *oben* und zugleich in der *Tiefe* zu findenden *Mitte*.

Definiert sich die Zackenfall-Atmosphäre von 1798 vor allem durch den Hoffmann umgebenden und einhüllenden »[ä]ther«isch-fluidalen »Wasserstaub[]«, dem über den Vergleich mit »geschmolzenem Silber« und »Regenbogen« eine siderisch-kosmische Qualität zuwächst, so finden sich 1819 auf der medialen »Höhe« zwischen Löwenberg und Hirschberg zwar auch atmosphärische Elemente wie »Wolken«, »feuchte[] Nebelschleier« und »dunstige[]« Nebel-»Flocken«. Vor allem aber zeichnet sich diese »Höhe«, anders als der Zackenfall mit seinem »donnernden Getöse« und nicht weiter spezifizierten »Rauschen« im Jahr 1798, durch akustische, ja musikalische Qualitäten aus. Tatsächlich musiziert hier am Ende sozusagen die Natur selbst.

Als Hoffmann die Kutsche verlässt, erhebt sich gerade »der Morgenwind und rauscht[] mit seinen gewaltigen Schwingen«, die Wolken vor sich her in den »Abgrund« treibend. An die mit den »Schwingen« verbundene Vorstellung eines Vogels anknüpfend erscheint das Gebirge kurz und andeutungsweise ornithomorph: Wie ein Hahn seinen »Riesenkamm« erhebt das Gebirge »stolz«, verwirrenderweise allerdings im Plural, »seine zackig gekrönten Häupter«, um dann wie ein Gefieder die »bunten Kleider seiner Berge« zu »entfalt[]en« – auch bei Hoffmann »kann«, mit Carl Schmitts Worten, »jeder Gegenstand alles werden«[786].

Exakt die Höhenstufen herabschreitend – ›*oben*‹, ›*unten*‹, ›*weiter hinab*‹, ›*tief unten*‹ – kommt Hoffmanns Beschreibung schließlich in den »Täler[n]« an. Dort ›erklángen im líeblichen Wóhllaut die Glócken des Víehs‹, und diese daktylisch rhythmisierte Phrase liefert nicht den einzigen »Wohllaut« der hier betrachteten Passage, auf deren »seltsame[] Töne der Gebirgshörner« ein »fröhlich[]« alliterierendes »Jauchzen und Jubeln!« und ein nicht weniger fröhlich assonierendes »Leben und Regen!« folgen. Offenbar ist der ›*von der Höhe herab*‹ die Welt betrachtende Hoffmann enthusiasmiert, und so gilt hier auch für Hoffmann jene schon erläuterte Umkehrung des Eichendorff'schen Satzes »Wo ein Begeisterter steht, ist der Gipfel der Welt«[787], derzufolge sich

786 Vgl. Zitat 641.

787 Eichendorff, Ahnung und Gegenwart, S. 247.

auf dem »Gipfel der Welt« Transzendenz-›Begeisterung‹ im Sinne von *ἐνθουσιασμός* [*enthousiasmós*, ›Gotteserfülltheit‹] einstellt.

Dieser Enthusiasmus nun wird bei Hoffmann nicht nur durch den in der Tiefe mikrokosmisch wahrgenommenen und sogleich in seiner Beschreibung klanglich performierten quasi-musikalischen »lieblichen Wohllaut« ausgelöst, sondern auch makrokosmisch durch jenes schon mit den »Schwingen« des Morgenwindes assoziierte »wunderbare[] Rauschen«, das die Höhen-»Luft« rund um Hoffmann »durchz[ieht]« und ihm wie »die geheimnisvolle Stimme des Weltgeistes selbst« vorkommt. Das wiederum erinnert an die Gartenszene, in der »Blumendüfte[]« Hoffmann »umström[]en« und schließlich »der Weltgeist selbst [...] die unsichtbaren Saiten« des »Universum[s]« »rührt[]«[788].

Der hier zweimal genannte ›Weltgeist‹ ist bei Hoffmann regelmäßig halb Wechselmetapher für den christlichen Gott, halb ›Weltgeist‹ oder auch ›Zeitgeist‹ im Hegel'schen, geschichtsphilosophischen Sinne. In jedem Fall aber ist der ›Weltgeist‹ bei Hoffmann mit den Vorstellungen von Transzendenz oder ›Jenseits‹, ›Heimat‹ und ›Heil‹ verbunden, und das heißt bei Hoffmann: mit der Musik. In seinem 1814 entstandenen Aufsatz *Alte und neue Kirchenmusik* schreibt Hoffmann, ›Weltgeist‹, ›Musik‹ und ›Heil‹ miteinander verbindend:

> Immer weiter fort und fort treibt der waltende Weltgeist; nie kehren die verschwundenen Gestalten, so wie sie sich in der Lust des Körperlebens bewegten, wieder: aber ewig, unvergänglich ist das Wahrhaftige, und eine wunderbare Geistergemeinschaft schlingt ihr geheimnisvolles Band um Vergangenheit, Gegenwart und Zukunft. Noch leben geistig die alten, hohen Meister; nicht verklungen sind ihre Gesänge: nur nicht vernommen wurden sie im brausenden, tobenden Geräusch des ausgelassenen, wilden Treibens, das über uns einbrach. Mag die Zeit der Erfüllung unseres Hoffens nicht mehr fern sein, mag ein frommes Leben in Friede und Freudigkeit beginnen, und die Musik frei und kräftig ihre Seraphsschwingen regen, um aufs neue den Flug zu dem Jenseits zu beginnen, das ihre Heimat ist, und von dem Trost und Heil in die unruhevolle Brust des Menschen hinabstrahlt! –[789]

Die geschichtsphilosophische Klage, die Hoffmann hier anstimmt, ist charakteristisch romantisch und findet sich ähnlich auch bei Novalis oder Eichendorff: Im »[T]oben[]« und »Treiben[]« der Gegenwart ist das

788 Hoffmann, Briefe aus den Bergen, S. 690f.

789 E.T.A. Hoffmann: Alte und neue Kirchenmusik, in: ders.: Fantasiestücke in Callot's Manier. Werke 1814, hg. von Hartmut Steinecke [...], Frankfurt a. M. 2006 (= Bd. 2/1 der Sämtlichen Werke in sieben Bänden), S. 503–531, S. 531.

»Herrliche« und »[W]ahrhaft[ige]«[790] der goldenen, kultisch verbindlichen[791] Vergangenheit untergegangen. Allerdings noch nicht ganz, denn in der Musik dieser Epoche, die noch »nicht« ganz »verklungen« ist, ist sie »nur nicht vernommen« noch präsent. Deutlich sind die neutestamentlich-eschatologischen Konnotationen: Die »Zeit der Erfüllung« ist »nicht mehr fern«,[792] ein »frommes Leben in Friede und Freudigkeit« steht bevor.

Auch das Körper-Geist-Problem ist – zumindest andeutungsweise in der Gegenüberstellung von ›Welt*geist*‹ und ›*Körper*leben‹ – präsent. Es ist zwar dem Wortlaut nach nicht die Seele, sondern die »Musik«, die ›ihre Schwingen regt‹, um »den Flug« hinauf ins »Trost und Heil« versprechende »Jenseits zu beginnen«, doch auch hier klingt jene auf Platon zurückgehende Metapher oder vielmehr Katachrese vom Seelenflug zumindest an, mit der wiederum die letzte Strophe von Eichendorffs *Mondnacht* schließt:

> Und meine Seele spannte
> Weit ihre Flügel aus,
> Flog durch die stillen Lande,
> Als flöge sie nach Haus.[793]

Wie in Eichendorffs letztem Vers, dessen Irrealis vielleicht auf einen Vorbehalt, vielleicht auf einen Wunsch verweist, ist auch der letzte Satz von Hoffmanns *Alter und neuer Kirchenmusik* durch das »Mag […] mag« modal, wohl ebenfalls zum Wunsch abgeschwächt. Anders jedoch als bei Eichendorff ergibt sich bei Hoffmann aus dem – auch Parallelstellen wie die aus der *Alten und neuen Kirchenmusik* einschließenden – Kontext, wie genau man sich den rauschenden Flug auf den »[S]chwingen« oder »Fittiche[n]« der Musik vorzustellen hat. Beantwortet etwa Johannes Kreisler in dem nach ihm benannten *[M]usikalisch-poetischen Klub* die Frage, was musikalisch »so wunderbar, so seltsam um« ihn »her [rauscht]«, mit dem Satz »Unsichtbare Fittiche wehen

790 Ebd., S. 530.

791 »Die wahre Kirchenmusik, nämlich diejenige, die den Cultus begleitet, oder vielmehr selbst Cultus ist, erscheint als überirdische – als Sprache des Himmels.« E.T.A. Hoffmann: Fantasiestücke in Callot's Manier. IX. Kreisleriana. Über einen Ausspruch Sachini's, und über den sogenannten Effekt in der Musik, in: ders.: Fantasiestücke in Callot's Manier. Werke 1814, hg. von Hartmut Steinecke […], Frankfurt a. M. 2006 (= Bd. 2/1 der Sämtlichen Werke in sieben Bänden), S. 438–447, S. 440.

792 Vgl. theologisch zur *Apokatastasis panton* Hartmut Rosenau: Allversöhnung. Ein transzendentaltheologischer Grundlegungsversuch, Berlin, New York 1993, insbesondere S. 26–45 (»I. Begriffsbestimmungen«) und 46–108 (»II. Exegetische Erwägungen«) »›Allversöhnung‹«, so Rosenau, »ist das für uns einzig denkmögliche universale Heil als Gnade.« Ebd., S. 45.

793 Eichendorff, Mondnacht, S. 323.

auf und nieder – ich schwimme im duftigen Äther«, dann wird klar, dass es sich hier einmal mehr um die *periéchon*-Metaphorik (›Was rauscht [...] *um* mich *her*?‹) von Fluidum und Amtosphäre handelt: jetzt allerdings kombiniert mit der Flug- und Transzendenzmetaphorik.

Dabei soll die als Flug auf den »goldnen Flügel[n]« der Musik imaginierte musikalische Flucht (Kreisler benutzt das Wort »entfliehen«[794]) wohl ins »Jenseits« führen, aber nicht notwendig – und das gilt hier wie andernorts, doch nicht immer bei Hoffmann – nach oben. Das ist metaphorologisch stimmig. Ist nämlich das »Reich« der Musik, wie »die Musiker [sagen]«, tatsächlich »nicht von dieser Welt«, dann handelt es sich bei dieser Vorstellung nicht um die innerweltlich in der Höhe zu findende Transzendenz, sondern um jene strikt jenseitige Transzendenz, die in dieser Welt allenfalls in einer Art Vorschein als *floating* erfahren werden kann – ganz so, wie es Wagners Isolde erlebt.

Im Strom der Musik öffnet sich die Brust zum All. Unmittelbarkeit als paradoxes Heil ...

Anders jedoch liegen die Dinge, auch metaphorologisch, wenn Hoffmann Musik hört und dabei zugleich »auf der Höhe« steht – etwa auf der »zwischen Löwenberg und Hirschberg«. Hier geschieht Merkwürdiges. Zunächst sieht es so aus, als liefere Hoffmann eine Art Prosaversion von Eichendorffs letzter *Mondnacht*-Strophe; sogar Eichendorffs die erste *Mondnacht*-Strophe eröffnender Irrealis-Vorbehalt »Es war, als hätt [...]« klingt ja an. Hatte Hoffmann die von der Höhe beobachtete Morgenlandschaft (kühne Metaphern wie den ornithomorphen Berg eingeschlossen) konsequent indikativisch beschrieben, so steht jetzt die folgende Weltgeist- und Flugphantasie im Irrealis: »Mir war es, als vernähme ich [...]«, »ich glaubte, mir müßten [...]«. Spannt bei Eichendorff die Seele »ihre Flügel aus«, so »wachsen« Hoffmann »Fittige an den Schultern«. Verspricht der letzte Eichendorffvers – insofern tröstlich – ein Nach-Hause-Kommen im Fluge, so verspricht der von Hoffmann phantasierte Flug ausdrücklich ›Trost‹, ›Verheißung‹ und ›Erfüllung‹ des ›Geahnten‹. Zudem verweist er mit diesen Begriffen – zweimal nicht nur dem Sinn nach, sondern sogar wörtlich – auf jenes Ende der *Alten und neuen Kirchenmusik*, in dem es um die »Erfüllung unseres Hoffens« und den »Trost« geht, die hier der

794 E.T.A. Hoffmann: Kreislers musikalisch-poetischer Clubb, in: ders.: Fantasiestücke in Callot's Manier. Werke 1814, hg. von Hartmut Steinecke [...], Frankfurt a. M. 2006 (= Bd. 2/1 der Sämtlichen Werke in sieben Bänden), S. 370–418, S. 372.

»Flug« auf den »[S]chwingen« der »Musik« verspricht. Das ist ein Flug, der in ein »Jenseits« führt, das mit »Heimat« und »Heil« assoziiert ist.

Fällt also in der hier in Rede stehenden Szene des *Briefs aus den Bergen* von 1819 zwar nicht das Wort ›Musik‹, so ist dennoch klar, dass von ihr die Rede ist: zeigen doch schon der ›liebliche Glocken-Wohllaut‹ unten im Tal und das ›wunderbare Rauschen‹, dass hier in der Tat – so heißt es in *Johannes Kreislers Lehrbrief* – »der Geist der Musik durch die ganze Natur [geht]«[795]. Ähnlich, bis in den Wortlaut hinein, heißt es in Eichendorffs *Mondnacht*: ›leise die Wälder rauschen‹ und ›die Luft geht durch die Felder‹. Wird hier auf diese Weise bei Eichendorff implizit (das heißt grammatisch) die Natur beziehungsweise die Welt selbst zum Subjekt,[796] personifiziert Hoffmann explizit Natur und Welt als musizierenden ›Weltgeist‹. Der ›Weltgeist‹ ist es, der mal »die unsichtbaren Saiten [rührt], die durch das Universum sich spannen«, mal mit »geheimnisvoll[]«-musikalischer »Stimme« »spricht«, wie bei Hoffmann auch die Musik selbst »spricht«[797]. Ist aber bei Hoffmann »Musik« nichts anderes als »in Tönen ausgesprochene«, »nie gehörte[] und doch verständliche[]« »Sanskritta der Natur, die die Brust des Menschen mit unendlicher Sehnsucht erfüll[t]«,[798] dann sind dieser Identitätslogik zufolge ›Natur‹, ›Welt‹ und ›Musik‹ beziehungsweise ›Geist der Musik‹ *alle eins* und somit, paradoxerweise, ver*körper*t im ›Welt*geist*‹.

Ein Bestandteil des menschlichen Körpers, der in allen drei hier zuletzt zitierten Musikpassagen Hoffmanns vorkommt, ist »die Brust des Menschen«. Vergleicht man diese drei Parallelstellen, dann zeigt sich, dass es hier bei Hoffmann immer um ein ›Weiten‹, ›Aufspannen‹ oder ›Öffnen‹ der Brust geht, wie ich es oben im Anschluss an Jean-Luc Nancys Ausführungen zu Mund und Berührung als ein »transversal« in der »Ausdehnung des Schalls« »Statt haben[des]« Einswerden von »[D]raußen und [D]rinnen«, »eine[m] im anderen« interpretiert habe. ›Schwillt‹ Hoffmanns Brust (»Mir schwoll die Brust«), dann öffnet sich ihr mikrokosmischer Raum als Klangraum. Darin

795 Hoffmann, Fantasiestücke in Callot's Manier. IX. Kreisleriana. Johannes Kreislers Lehrbrief, S. 453. S. Zitat 802.

796 Vgl. das Heidegger-Zitat 2352 und den anschließenden Kommentar.

797 »Sollte, wenn von der Musik als einer selbstständigen Kunst die Rede ist, nicht immer nur die Instrumental Musik gemeint sein, welche, jede Hülfe, jede Beimischung einer andern Kunst (der Poesie) verschmähend das eigentümliche nur in ihr zu erkennende Wesen dieser Kunst rein ausspricht?« E.T.A. Hoffmann: Beethovens Instrumental-Musik, in: ders.: Fantasiestücke in Callot's Manier. Werke 1814, hg. von Hartmut Steinecke […], Frankfurt a. M. 2006 (= Bd. 2/1 der Sämtlichen Werke in sieben Bänden), S. 52–61, S. 52.

798 E.T.A. Hoffmann: Gedanken über den hohen Wert der Musik, in: ebd., S. 45–52, S. 49. Ähnlich Hoffmann, Fantasiestücke in Callot's Manier. III. Kreisleriana. 5. Höchst zerstreute Gedanken, S. 63.

ist er wiederum Nancys »Raum« vergleichbar, in dem Mund und Ohr in einem einzigen »klangliche[n] Präsens« konvergieren – hin zu jenem makrokosmischen Klangraum, zu dem das Universum durch die in ihm gespannten Saiten geworden ist. Es ist also bei Hoffmann die Musik, genauer das ›Medium‹ der Musik, in deren »Adlerflug« sich die von Karl von Moor beklagte »Schnürbrust« des Menschen öffnet, und zwar ganz wie in Schillers Gleichnis von den zwei Klavieren aus der *Philosophie der Physiologie*,[799] nämlich qua Resonanz.

So findet es sich bei Hoffmann auch ausdrücklich beschrieben. In den *Kreisleriana* heißt es über die »Melodie«:

> Diese soll Gesang sein, frei und ungezwungen unmittelbar aus der Brust des Menschen strömen, der selbst das Instrument ist, welches in den wunderbarsten, geheimnisvollsten Lauten der Natur ertönt.[800]

Sollten jetzt noch Zweifel bestehen, dass hier die »Brust des Menschen« im technischen Sinne als Resonanzkörper zu versehen ist, dann räumt diese (ausschnittsweise schon zitierte) *Kreisleriana*-Stelle sie aus:

> Der Ton wohnt überall[801], die Töne, das heißt die Melodien, welche die höhere Sprache des Geisterreichs reden, ruhen nur in der Brust des Menschen. – Aber geht denn nicht so wie der Geist des Tons, auch der Geist der Musik durch die ganze Natur? Der mechanisch affizierte tönende Körper spricht ins Leben geweckt sein Dasein aus, oder vielmehr sein innerer Organismus tritt im Bewußtsein hervor.[802]

»Der Ton wohnt überall«: Nichts anderes sagt Nancy, wenn er auf die »Eigenschaft« »des Durchdringens und der Ubiquität« »des Schalls« hinweist. Wie bei Nancy – und bei diesem wiederum im ausdrücklichen Anschluss an Descartes wie Freud – geht es hier bei Hoffmann ausdrücklich um das Verhältnis von »Geist« und »Körper«. Kreist jedoch Nancy um den Mund – und dann auch das Ohr – als, wörtlich wie metaphorisch, *topos outopos* der Vorstellung einer im Klang wie in einer *pnêuma*tisch-*periéchon*haften ›Substanz‹ sich ausdehnenden Psyche (»L'étendue incommensurable de la pensée, c'est l'ouverture de la bouche«, »lieu de passage de toutes sortes de substances«), ist bei Hoffmann die Brust ›*Stätte*‹ von »[K]lang[]«, »Schall« oder »Musik« (Nancy). Dabei

---

799 Vgl. Anm. 584.

800 Hoffmann, Über einen Ausspruch Sachini's, und über den sogenannten Effekt in der Musik, S. 444.

801 Vgl. Anm. 561.

802 Hoffmann, Fantasiestücke in Callot's Manier. IX. Kreisleriana. Johannes Kreislers Lehrbrief, S. 453.

findet sich schon bei Hoffmann wörtlich jene für Nancy so wichtige Metapher vom ›Aufgespanntsein‹, mit der Nancy zum einen an die Vorstellung einer extendierten Seele anknüpft (Freud: »Psyche ist ausgedehnt«), zum anderen an Heideggers von Nancy auf Französisch zitiertes »›Espacer, cela apporte le libre, l'ouvert, le spacieux‹«. Mit dieser Vorstellung eines wie ein Gefäß[803] sich ›öffnenden‹ oder auch entlang der im »Universum« verlaufenden »unsichtbare[n] Saiten« sich auf»spannen«den Raums (Hoffmann) kommt ein weiteres Mal das *periéchon* ins Spiel. Aristoteles hatte unter eben diesem Begriff den Raum beziehungsweise »Ort« (Aristoteles: *tópos*; Nancy: »Statt«) als »das *unmittelbar Umfassende* für das, dessen Ort er ist«, bestimmt und somit gewissermaßen für *hýlē- eîdos-* beziehungsweise, in cartesischer Terminologie, Körper-Geist-»transversal« (Nancy) erklärt.

An diese Vorstellung nun knüpft Hoffmanns Reflexion der Körper-Geist-Dichotomie an. Metaphorologisch gesehen ist es also kein Zufall, dass sich hier auch bei Hoffmann jener Begriff der ›Unmittelbarkeit‹ findet, der von Beginn an die Reflexion des ›Mediums‹ wie sein paradoxer Schatten begleitet und etwa in der oben zitierten Aristoteles-Übersetzung mehrfach verwendet wird, ohne dass er überhaupt ein Pendant im griechischen Original hätte. »[F]rei und ungezwungen«, so Hoffmann, soll die Melodie »unmittelbar aus der Brust des Menschen strömen, der selbst das Instrument ist«, und um ein paradoxes ›Unmittelbarkeits‹-Phänomen muss es sich hier tatsächlich insofern handeln, als zwar das Instrument der Menschenbrust nach dem Prinzip der Resonanz als »mechanisch affizierte[r] tönender Körper spricht«, die affizierende Instanz jedoch nicht Klang oder Ton als körperliche Erscheinungsform der Musik, sondern ausdrücklich der »Geist der Musik« ist.[804] So gesehen schließt Hoffmanns Metaphernkomplex der Resonanz von

803 Vgl. Zitat 742.

804 Dazu passt, dass es gelegentlich nicht der Körper des Menschen ist, der resonierend durch die Musik affiziert wird, sondern ausdrücklich sein »gleichmäßig« mit der Musik »vibrierend[er]« »Geiste«; Hoffmann, Fantasiestücke in Callot's Manier. IX. Kreisleriana. Johannes Kreislers Lehrbrief, S. 453: »Wie wenn eben so der Geist der Musik angeregt von dem Geweihten in geheimen nur diesem vernehmbaren Anklängen sich melodisch und harmonisch ausspräche? Der Musiker, das heißt, der, in dessen Innerem die Musik sich zum deutlichen klaren Bewußtsein entwickelt, ist überall von Melodie und Harmonie umflossen. Es ist kein leeres Bild, keine Allegorie, wenn der Musiker sagt, daß ihm Farben, Düfte, Strahlen, als Töne erscheinen und er in ihrer Verschlingung ein wundervolles Conzert erblickt. So wie nach dem Ausspruch eines geistreichen Physikers Hören ein Sehen von innen ist, so wird dem Musiker das Sehen ein Hören von innen, nehmlich zum innersten Bewußtsein der Musik, die mit seinem Geiste gleichmäßig vibrierend aus Allem ertönt was sein Auge erfaßt.« Der Physiker ist Johann Wilhelm Ritter, vgl. ebd., Kommentar S. 857.

Menschenbrust und All (›über*all*‹, ›*ganze* Natur‹) nicht nur im Allgemeinen an die antike Tradition der Harmonie von Mikro- und Makrokosmos an, in der sich die mikrokosmische Menschenbrust zum makrokosmischen All hin öffnet, ihm Statt gibt und am Ende gewissermaßen *pars pro toto* selbst zum All wird, sondern im Besonderen auch an jenes Problem des *commercium mentis et corporis*, das Schiller mit dem Bild von den zwei – je mikrokosmischen – Klavieren illustriert hatte. Dabei heißt das, was Schiller »Mittelkraft« nennt, nun bei Hoffmann »[U]nmittelbar[keit]«, und das entspricht exakt jener oben im dritten Kapitel entwickelten paradoxen Logik, derzufolge ›Unmittelbarkeit‹ das Versprechen – und damit zugleich Grenzwert und Aufhebung – des Medialen ist, ja sogar Heilung jener »Dualität der Erscheinung«, die Goethe so genannt hat, beziehungsweise jenes »chronischen Dualismus«[805], von dem in Hoffmanns *Prinzessin Brambilla* gesprochen wird. So verstanden, lässt sich das »Heil« im letzten Satz von Hoffmanns *Alter und neuer Kirchenmusik* also auch auf die Heilung beziehungsweise Vermittlung der Dichotomie von »[G]eist« und »Körper« beziehen – einer Dichotomie, die ja zwei Sätze zuvor in der Gegenüberstellung von ›forttreibendem Welt*geist*‹ und ›verschwundenem *Körper*leben‹ zumindest angeklungen war.

… und Hoffmanns lacanianische Einsicht: Heil ist Unheil, Sehnsucht ist Heil. Gipfelflucht

Ist also »auf der Höhe« zwischen Löwenberg und Hirschberg von der Musik die Rede, ohne dass sie genannt wird, so ist hier ebenso vom Heil die Rede, ohne dass dieses Wort vorkommt. Wohl aber fällt das Wort »Unheil«, und damit ereignet sich nun jener Abbruch, jene Flucht, von der oben schon die Rede war – ganz so, als weise Hoffmann mit dieser Geste ausdrücklich auf die Paradoxalität der in der vorliegenden Studie untersuchten Vorstellung vom ›Medium‹ hin.

Hoffmann setzt die oben schon zu Fußnotenziffer 778 angeführte Passage fort, und ich wiederhole hier noch einmal den letzten bereits zitierten Satz:

> – Mir schwoll die Brust, ich glaubte, mir müßten Fittige an den Schultern wachsen, damit ich mich hinüberschwingen könne über das Meer der Lust und Wonne, das unter mir in freudig aufschäumenden Wellen wogte. Aber mit der unendlichen Sehnsucht nach dem fernen Zauberlande, das vor mir lag, kam mir der Gedanke wieder [in die Kutsche] einzusteigen und zurückzureisen nach der Heimat, indem ich schon das Herrlichste geschaut, und, da eben jene unendliche

805 Hoffmann, Prinzessin Brambilla. Ein Capriccio nach Jakob Callot, S. 893.

> Sehnsucht das Höchste hienieden sei und ihre Zerstörung nur Unheil bringe, nun dem ähnliches gar nicht mehr erwarten dürfe.
>
> Sie werden, gnädige Frau! den Gedanken genial finden; da aber höchst selten ein Mensch das Geniale, was er denkt, ins Leben treten ließ, so gab ich auch den Gedanken sogleich wieder auf, als der Postillon auf's neue zu blasen begann: Es ritten drei Reiter zum Tore hinaus etc., und stieg hinein in meinen Reise-Rockelor.[806]

Zunächst also liegt auch in dieser Flugphantasie noch einmal die Vorstellung eines In-der-Höhe-und-zugleich-mittendrin-Seins. Das zeigt sich in der nun nicht mehr allein vertikalen oder altitudinalen, sondern jetzt deutlich horizontalen Dynamik der Szene, einer Dynamik, die Richard Alewyn als charakteristisch für Eichendorff beschrieben hat.[807] Wohl also »wogt[]« das »Meer der Lust und Wonne« *›unter‹* Hoffmann, aber es ›schäumt‹ auch – als wolle es ihn *periéchon*haft umschließen – zu ihm *›auf‹*, und sein Flug ist kein *Hinauf*schwingen *über dem*, sondern ein durch den Richtungsakkusativ noch die horizontale Dynamik verstärkendes ›*Hinüber*schwingen *über das* Meer‹. Dazu passt, dass Hoffmanns ersehntes »Zauberlande« nicht *über*, sondern gewissermaßen auf Augenhöhe *›vor‹* ihm liegt.

Das alles formuliert Hoffmann in dem mit der schwellenden Brust beginnenden Satz mit exakt jener Diktion, mit der Wagners Isolde ihren Liebestod anstimmt. Sieben Begriffe dieses einzigen (!) Hoffmannsatzes finden sich in Isoldes letzten Worten: ›schwellen‹, ›wachsen‹, ›schwingen‹, ›Lust‹, ›Wonne‹, ›Wellen‹ und ›Wogen‹. Das alles sind Metaphern aus dem *periéchon*-Register, und die Liste ließe sich leicht im Rückgriff auf Parallelstellen erweitern. »[T]röstend«[808] jedenfalls ist bei Hoffmann die Musik, weil sie ihn »umf[ä]ng[t]«, wie sich auch Tristan und Isolde von Gesang und »Liebe« »umfangen« fühlen – »being ›embraced‹ and caressed«, mit Spitzers Worten über das *periéchon*, »feel[ing as] the center of a whole – the embryo in the egg, [...], the earth wrapped round by ether« – oder auch eingehullt als Wechselmetaphern für Äther und Pneuma in »Welt-Atem[]« (Wagners Isolde) oder »Stimme des Weltgeistes« (Hoffmann) – Medien der, buchstäblich, »Erfüllung« (Hoffmann) oder »[V]ersöhn[ung]« (Isolde) von Innen und Außen, Brust und Welt, Geist und Körper.

Bei all dem darf man natürlich nicht vergessen, dass Isolde die von ihr besungene, ja mehr noch herbeigesungene »höchste Lust« nur um den Preis

806 Hoffmann, Briefe aus den Bergen, S. 694f.

807 Vgl. die Anm. 1938f.

808 Hoffmann, Briefe aus den Bergen, S. 694; vgl. auch das Zitat aus *Ombra adorata!* in Anm. 507.

des Todes erreicht. Nur der »Tod« ist, wie Tristan singt, »[B]efrei[ung] [...] von der Sehnsucht Not«, so wie umgekehrt Leben Sehnsucht bedeutet. Und genau das ist Hoffmanns plötzliche Einsicht. Nicht auf die »Erfüllung« der »Sehnsucht«, sondern auf »eben jene [...] Sehnsucht« selbst kommt es an. So richtet sie sich nun ausdrücklich nicht mehr auf das »ferne[] Zauberlande«, sondern die »Sehnsucht« nach ihm ist selbst »schon das Herrlichste«. Mehr als die Suche, so geht Hoffmann auf, ist gar nicht zu finden. Auch hier gilt: Der Weg ist das Ziel, und das heißt nicht »Erfüllung« und damit ihr Ende, sondern das Sehnen, die Suche, die Flucht und der Flug sind Gegenstand der »Sehnsucht«. So ist sie Antrieb des Lebens, jener Antrieb des »Getrennte[n]«, so Goethes Theorem zur »Dualität der Erscheinung«, und damit gewissermaßen, mit einem Ausdruck des Novalis, elastisch Gespannten,[809] sich zu »such[en]«, »wieder [zu] finden und [zu] vereinigen« – jener elastische Antrieb also, der sich nicht *nur*, aber *auch* als erotisches Begehren manifestiert. Um es noch einmal mit einem Satz des Novalis zu sagen (in dem er Freud gewissermaßen vorwegnimmt): »*Amor ist es*, der uns zusammengedrückt.«[810] Die Energie aber, die auf diese Weise im Menschen gespeichert wird, heißt ›Sehnsucht‹ oder ›Begehren‹.

Hoffmann scheint das am Ende seines ersten *Briefes aus den Bergen* von 1819 zu erkennen, und darin mag auch der Grund für seine plötzliche Flucht von der Höhe zwischen Löwenberg und Hirschberg liegen. Endlich ist er, so wie er es sich 1798 im Bewusstsein seiner »beschnitten[en]« »Flügel« als ›Flug‹ »übers Gebürge« erträumt hatte – sei's in der berggängigen Kutsche, sei's auf den Fittichen der Musik –, in die »Höhe«, ja auf Augenhöhe mit dem ersehnten transzendenten »Zauberlande« gelangt, das ihm sonst immer »Heimat« und »Heil« bedeutet hatte. Hier nun kommt ihm jedoch plötzlich »der Gedanke«, dass die »Heimat« doch nicht in der meta-physischen Höhe beziehungsweise Transzendenz liegt, zu der es ihn immer hingezogen hatte, sondern vielmehr in jenem bloß physischen Flachland, aus dem er angereist ist. Denn das »Höchste hienieden« liegt nun auf einmal gerade *nicht* in der »Erfüllung« der Sehnsucht und damit im Tod, sondern vielmehr in jener »Sehnsucht«, deren elastische Sprungfeder Antrieb allen menschlichen Lebens und Strebens ist. Sieht man, wie ich oben schon argumentiert habe und wie Hoffmann jetzt offenbar erkennt, das vermeintlich verlorene und insofern regressiv erstrebte ›Heil‹ überhaupt nur von außen beziehungsweise unten, dann muss dieses Heil, soll es

809 Vgl. Anm. 214.

810 Novalis, Das allgemeine Brouillon (Materialien zur Enzyklopädistik) 1798/99, S. 666 (Nr. 797).

Heil bleiben, auch *verloren bleiben* – andernfalls nämlich wird es ›zerstört‹ und zu »Unheil«.

Vielleicht steht diese Einsicht als Intuition hinter der in vielen Kulturen zu findenden Scheu, heilige Berge zu ersteigen. Vielleicht steht sie auch hinter dem Bergsteigerwunsch, idealerweise der einzige Bezwinger eines Gipfels zu sein, den alle anderen nicht erreichen. So oder so aber hat die hier umrissene Vorstellung von ›Sehnsucht‹ ein Nachleben als ›Begehren‹ in der psychoanalytischen Theorie. Ja sie artikuliert geradezu eine Lacan'sche Einsicht *avant la lettre* – wenn man nicht eher umgekehrt Jacques Lacans Theorie von Sehnsucht oder Begehren in jener Tradition einer ›Romantik‹ zweiten Grades verorten möchte, wie sie sich hier bei Hoffmann ausspricht. Denn es fällt auf, dass Hoffmann offen lässt – nicht allein in seinen *Briefen aus den Bergen*, sondern grundsätzlich –, worin denn überhaupt die »Erfüllung alles in der Seele geahnten« liegen beziehungsweise was das Objekt der von ihm so genannten »unendlichen Sehnsucht« sein soll. Und solcherart geradezu programmatisch gegenstands- oder objektlos, erinnert Hoffmanns »unendliche« Sehnsucht an das, was Lacan als »Leerstelle des Begehrens« bezeichnet hat, als Ursprung eines »Begehrens«, das Lacan zufolge nicht nur »nicht befriedigt werden kann«, sondern das als »rastlose Verschiebung des *objet (petit) a*« gar nicht befriedigt werden *darf* – also, mit Hoffmann, ›unendlich‹ bleiben muss.

Bei Lacan ist es der Verlust der Mutter, der die »Leerstelle des Begehrens« aufgerissen hat. Das ist erzromantisch – fast schon romantischer als Hoffmann selbst, jedenfalls ganz auf einer Linie mit Wagner und Novalis. So habe ich schon andernorts argumentiert: Wagners Tristan will, im Anschluss an Novalis *Hymnen an die Nacht*, ausdrücklich ins »nächt'ge Land, / daraus die Mutter / mich entsandt« zurückkehren.[811] Er will also, mit anderen Worten, in jenen Mutterleib regredieren, den als Grab zu denken zumindest dann nicht schwer fällt, wenn man Matthias Claudius' *Schlafe, schlafe, holder süßer Knabe* mit seiner Formulierung vom »liebewarm[en]« »süßen Grabe« im Ohr hat, das die »Mutter« ist.

Bei Hoffmann wiederum sind im Vergleich zu Novalis, Wagner und Lacan die regressiv-ödipalen Konnotationen der »Sehnsucht« schwach ausgeprägt; bei ihm geht es *hier* – anders als in seinen Texten zu den sexuellen Risiken des Mediumismus wie etwa der Erzählung *Der Magnetiseur* – kaum um Erotisches, gar Sexuelles, sondern vielmehr um Probleme von Körper und Geist, ihr *commercium* oder auch Eins- beziehungsweise Heil-Werden im ›Medium‹. Das ist die These, die ich hier vertrete. Die Vorstellung eines solchen ›Mediums‹ taucht, so habe ich argumentiert, gleichermaßen im Sinne der von Joachim

811 S. Anm. 556 – vgl. zu Lacan unten S. 643–645.

Ritter als Transzendierung von Landschaft beschriebenen Höhe wie im Sinne eines von Leo Spitzer als *periéchon* beschriebenen Milieus oder Ambientes in Hoffmanns Formulierung vom »Höchste[n] hienieden« auf. Als Oxymoron steht sie hier paradox für jene Vorstellung von ›Heil‹, in dem *alles eins* ist und damit eben auch Körper und Geist eins sind. Während allerdings diese Vorstellung der ›Aufhebung‹ oder ›Heilung‹ der Körper-Geist-Dichotomie etwa bei Hegel, zumindest auf den ersten Blick, so positiv konnotiert zu sein scheint, wie es auch der Begriff ›Heil‹ nahelegt,[812] kommt es bei Hoffmann zu einer jähen Wende. Er bezeichnet nun auf einmal die mit dem ›Heil‹ assoziierte ›Erfüllung‹ der ›Sehnsucht‹ ausdrücklich als »Zerstörung« und »Unheil«: Was gerade noch (in einer über zwei Jahrzehnte hinweg konsistent entwickelten Logik) ›Heil‹ war und auch so hieß, ist nun plötzlich das Gegenteil und heißt »Unheil«. Und nicht nur das: Auch das lange ersehnte transzendente »Zauberlande« ist plötzlich, anders als immer wieder gesagt, nicht mehr die »Heimat«. »Heimat« ist jetzt auf einmal jenes Flachland, in dem Hoffmann schon im April 1798, in »Banden« »gefesselt«, vom Flug »übers Gebürge« geträumt hatte.[813]

Heil ist Unheil, Sehnsucht ist Heil, so Hoffmanns »genial[er]« plötzlicher »Gedanken«, den er allerdings, vom pathetischen Ton wieder in den komödiantisch-mokanten Ton fallend, »sogleich wieder auf[gibt]«. Trotzdem wirft er ein Schlaglicht auf die Himmelsleiter, wie sie die *Serapions-Brüder* beschreiben. Denn es gilt: Wer schon das Glück hat, eine Himmelsleiter zu finden, dem muss man auch wünschen, nie ganz oben anzukommen. Andernfalls wird aus dem Gipfelsturm in die Höhe, wie ihn Petrarca vermutlich als erster Vertreter der abendlänsichen Kultur antrat, eine Gipfelflucht in die Tiefe, wie Hoffmann sie ergreift. Das wiederum tut er, indem er in seinen »Reise-Rockelor« steigt. Er steigt in jenes Vehikel, das als »Ort, der fortbewegt werden kann« (Aristoteles' *angeîon*) Hoffmann mal vor die Wand fahren lässt, mal ihn »wie Mephistopheles den Faust auf seinem Mantel durch die Lüfte«[814] trägt, dabei aber immer bleibt, was das *angeîon* schon für Aristoteles ist: eine paradoxe Metapher für die Überwindung der *hýlē-eîdos*- beziehungsweise Körper-Geist-Dichotomie – eine Metapher des *topos outopos* vom ›Heil‹ als dem »Höchste[n] hienieden«.

812 Vgl. die Ausführungen im Anschluss an das Hegel-Zitat 1814.

813 Hoffmann, Brief an Theodor Gottlieb von Hippel, 1.4.1798, S. 109.

814 E.T.A. Hoffmann: Fantasiestücke in Callot's Manier. III. Kreisleriana. 1. Johannes Kreisler's, des Kapellmeisters musikalische Leiden, in: ders.: Fantasiestücke in Callot's Manier. Werke 1814, hg. von Hartmut Steinecke [...], Frankfurt a. M. 2006 (= Bd. 2/1 der Sämtlichen Werke in sieben Bänden), S. 34–41, S. 34.

KAPITEL 6

Henkel, Einklang, Ontosemiologie. Medien-Revenants im 20. Jahrhundert und in der Gegenwart

Wir fallen in die Höhe, und Heimat ist der offene Ort (Heidegger). Immer noch Aristoteles

Drei große Vorstellungskomplexe, so habe ich im dritten Kapitel zu den literarischen Grundbegriffen des Mediums und im fünften Kapitel zu E.T.A. Hoffmanns *Briefen aus den Bergen* argumentiert, kommen im romantischen Begriff beziehungsweise in der romantischen Metapher des Mediums zusammen. Sie werden also im Medium – immer wieder von Neuem und daher nie endgültig – ›alle eins‹. Da ist erstens jene Höhe über einer von oben betrachteten Landschaft, die nicht allein als eine paradoxe ›hohe Tiefe‹ zu denken ist, sondern zugleich als eine ›Mitte‹ im Sinne des von Leo Spitzer beschriebenen Milieus und Ambientes. Eine solcherart zugleich hohe und tiefe Mitte wäre im wörtlichen wie übertragenen Sinne ein *»topos outopos«*, wie ihn Giorgio Agamben im Anschluss an Aristoteles reflektiert. Dazu kommt zweitens – sowohl über Spitzers bei den Vorsokratikern ansetzende Begriffsgeschichte des Mediums als auch über Aristoteles' *tò metaxù* – das *periéchon* als *Wie-ein-Gefäß-Umfassendes* und zugleich *Wie-von-einem-Gefäß-Umfasstes*, das Jean-Luc Nancy wiederum mit dem ›Offenen‹ assoziiert. Schließlich ist da drittens das Problem der ›Dualität der Erscheinung‹: sei es als Dichotomie von Körper und Geist oder als Dichotomie von Stoff und Form.

Immer geht es dabei um ein ›holistisches‹, auch um den Preis des Paradoxalen auf ein ›Heil‹ zielendes Denken, in dem alles erneut ›ganz‹ (*hólos*) oder eben ›alles eins‹ wird. Das hat Kajetan von Weiller schon 1803 erkannt, also gewissermaßen auf dem Höhepunkt der Frühromantik, und mit der in den Titel der vorliegenden Studie übernommenen Wendung »Alles ist eins« kritisiert. Zur gleichen Zeit sprechen Novalis und wenig später dann auch Hegel ausdrücklich vom »Medium« im hier erläuterten Sinne. Damit haben Novalis und Hegel, wie oben erläutert, *einen* von mehreren Medienbegriffen ihrer Zeit geprägt, der bis heute *ein* Medienbegriff von mittlerweile noch viel mehr Medienbegriffen geblieben ist – und zwar nicht irgendeiner, sondern ein, wenn nicht *der* spezifisch romantische Medienbegriff der Gegenwart.

 | DOI:10.30965/9783846763698_007

Dass dieser romantische Medienbegriff schon in der klassischen griechischen Antike angelegt ist und bei Aristoteles sogar ausdrücklich mit all seinen »Aporien« reflektiert wird, ist – wie gesagt – kein Widerspruch. Eher erleichtert es dieser Umstand, romantisches Denken auch außerhalb der Epoche der Romantik zu erkennen – beispielsweise bei einem so tief in der Antike verwurzelten und – wie sich zeigen wird – zugleich ausgesprochen romantischen Denker wie Martin Heidegger. Die folgenden Sätze aus seinem Aufsatz *Die Sprache*, um den es im zehnten Kapitel noch einmal gehen wird,[815] lassen sich jedenfalls nach dem bisher Gesagten wie eine dichterische Paraphrase der hier gerade noch einmal resümierten Zusammenhänge verstehen.

> Wenn wir uns in den Abgrund [...] fallen lassen, stürzen wir nicht ins Leere weg. Wir fallen in die Höhe. Deren Hoheit öffnet eine Tiefe. Beide durchmessen eine Ortschaft, in der wir heimisch werden möchten, um den Aufenthalt für das Wesen des Menschen zu finden.[816]

Die Identifikation von »Höhe« und »Tiefe«, der in der solcherart zustandekommenden paradoxen medialen »Ortschaft« anklingende *»topos outopos«*, die im »[I]n[-]die[-]Höhe«-»[F]allen« und im »[D]urchmessen« von Höhe und Tiefe als quasi-Eichendorff'scher Bewegung hin zu einer ersehnten »[H]eim[at]« mitschwingende Vorstellung vom Seelenflug, die »[Ö]ffn[ung]«, die den Menschen zum »Aufenthalt« in einem Zustand jenseits aller Differenzen wie zum Beispiel ›hoch–tief‹ einzuladen scheint: das alles wirkt, in dieser Verknappung und für sich genommen, auf den ersten Blick rätselhaft, lässt sich jedoch auf den zweiten Blick und aus den bis hierhin umrissenen Zusammenhängen sehr wohl verstehen.

In diesem Kapitel geht es darum, anhand von Schlaglichtern zu zeigen, dass noch die jüngere Medientheorie jener metaphorologischen Tradition verpflichtet ist, um die sich die vorliegende Studie dreht. Um es in Anlehnung an das berühmte Diktum Alfred North Whiteheads zu formulieren, die europäische Philosophie bestehe aus einer Reihe von Fußnoten zu Platon:[817] Bis heute besteht die hier in Rede stehende Medientheorie aus einer Reihe von Fußnoten zu Platon, Aristoteles und Descartes.

815 Vgl. die Zitate 2411–2431.

816 Martin Heidegger: Die Sprache, in: ders.: Unterwegs zur Sprache, Pfullingen [12]2001, S. 9–33, S. 32.

817 »The safest general characterization of the European philosophical tradition is that it consists of a series of footnotes to Plato.« Alfred North Whitehead: Process and Reality, hg. von David Ray Griffin und Donald W. Sherburne, New York 1978, S. 39.

In eisige Höhen. Die Schneeberge als Himmelsleiter (Georg Simmel)

War bis hierhin im Zusammenhang mit dem Medium viel die Rede von Berg und Landschaft, Raum und Kosmos, ja sogar von immanenter Transzendenz und transzendenter Transzendenz, so kam dagegen der instrumentelle Aspekt des Mediums kaum vor. Das liegt ganz einfach daran, dass es in der vorliegenden Studie nicht um den instrumentellen Medienbegriff geht. Dass allerdings auch dieser instrumentelle Medienbegriff von der hier beschriebenen metaphorologischen Tradition geprägt ist, zeigt der Blick in drei unter anderem *auch* medientheoretische Texte Georg Simmels: seine Aufsätze *Zur Ästhetik der Alpen, Philosophie der Landschaft* und *Der Henkel.* Dabei ist Simmels *Henkel* hier von Interesse, weil Simmel ausgerechnet am *Henkel* das alte Medien-Problem der Dichotomie von Körper und Geist beziehungsweise Stoff und Form theoretisch in den Griff und unter den Begriff bekommen will: ganz so, als wollte er sich wie der Baron von Münchhausen – oder auch Hans Blumenberg – an den eigenen Haaren aus dem Metaphernsumpf der Tradition ziehen, alle seine Dunkelheiten und Widersprüche hinter sich lassen und so den festen Boden ›cartesischer‹ Begrifflichkeit betreten.

Die Alpen, so beginnt Simmel seine Argumentation *»Zur Ästhetik der Alpen«*, bieten dem Betrachter den »ästhetische[n] Eindruck« des »Erhabene[n]«.[818] Das liegt zum einen an der »ungeheure[n] Schwere« und »überwältigenden Masse der Alpen«[819], zum anderen an ihrer »Höhe«[820]. Beides, Masse und Höhe der Alpen, soll sich auf ihre Form auswirken. »Die Formen«, schreibt Simmel, »haben hier offenbar nicht den ästhetischen Eigenwert, der die Änderung ihres Quantums überlebt, sondern er bleibt an dessen natürliches Maß gebunden.«[821] Darin liegt, so Simmel, das eine »[i]rritierende« Moment »der Form« der Alpen. Das andere sieht er in der »[F]ormlos[igkeit]«[822] von »Wolken«, »Firn[]«, »Eis« und »Schnee der Gipfel«[823], denen allesamt die

818 Georg Simmel: Zur Ästhetik der Alpen, in: ders.: Aufsätze und Abhandlungen 1909–1918, Bd. 1, hg. von Rüdiger Kramme und Angela Rammstedt, Frankfurt a. M. 2001, S. 162–169, S. 162 und 168.

819 Ebd., S. 163.

820 Ebd., S. 168.

821 Ebd., S. 163.

822 Ebd., S. 165.

823 Ebd., S. 164.

gestalthafte Begrenzung fehlt –[824] und dabei ist doch »alles Geformte [...] als solches ein Begrenztes«[825].

Höhe und Form- beziehungsweise Grenzenlosigkeit aber machen Simmel zufolge die Alpen zum symbolischen Inbegriff von Transzendenz:

> Wir fühlen hier das Irdische als solches in seiner ungeheuren Wucht [...]. Andererseits aber sind die übergroß aufsteigenden Felsen, die durchsichtigen und schimmernden Eishänge, der Schnee der Gipfel, der keine Beziehung mehr zu den Niederungen der Erde hat – alles dies sind Symbole des Transzendenten [...]. Darum verschwindet der ästhetische Eindruck [der Alpen-Gipfel] [...], sobald der Himmel über den Schneebergen dicht bezogen ist; denn nun werden sie von den Wolken zur Erde hinabgedrückt, sie sind eingefangen und mit aller anderen Erde zusammengeschlossen. Erst wenn nichts als Himmel über ihnen ist, weisen sie grenzenlos und ununterbrochen in das Überirdische hinauf und können einer anderen Ordnung als der der Erde angehören. Soweit man von einer Landschaft sagen kann, daß sie transzendent wäre, gilt es von der Firnlandschaft – freilich nur dort, wo nur noch Eis und Schnee, aber kein Grünes, kein Tal, kein Pulsschlag des Lebens mehr besteht. Und weil das Transzendente, das Absolute, in dessen Stimmung uns diese Landschaft verwebt, über alle Worte hinaus ist, so liegt es auch [...] über aller Form. Denn alles Geformte ist als solches ein Begrenztes [...]. Darum ist das Transzendente formlos: Gestalt ist nicht Schranke, und so kann das Absolute, das Schrankenlose nicht gestaltet sein. Es gibt also ein Formloses unter aller Gestaltung und eines über aller Gestaltung. Das Hochgebirge mit der Unerlöstheit und der dumpfen Wucht seiner bloßen materiellen Masse und dem gleichzeitigen überirdisch aufstrebenden, über alle Lebensbewegtheit hinaus Verklärten seiner Schneeregion bringt beides in uns zu *einem* Klang.[826]

Worum handelt es sich bei dieser Theorie vom zum »Himmel« »hinauf«- und ins »[Ü]berirdisch[e] aufstrebenden« »Hochgebirge«, wenn nicht um eine form- und gestalttheoretische Reformulierung der Himmelsleiter, wie sie E.T.A. Hoffmann in den *Serapions-Brüdern* beschrieben hat, und seiner Phantasie vom Flug »übers Gebürge« aus dem Brief an Theodor Gottlieb von Hippel? In den *Serapions-Brüdern* heißt es:

> Ich meine, daß die Basis der Himmelsleiter, auf der man hinaufsteigen will in höhere Regionen, befestigt sein müsse im Leben, so daß jeder nachzusteigen vermag. Befindet er sich dann immer höher und höher hinausgeklettert, in einem fantastischen Zauberreich, so wird er glauben, dieses Reich gehöre auch

824 Simmel spricht von der »Masse des Gestaltlosen«, ebd., S. 164.

825 Ebd., S. 165.

826 Ebd., S. 164f. Vgl. das Dan-Brown-Zitat 1052.

> noch in sein Leben hinein, und sei eigentlich der wunderbar herrlichste Teil desselben.[827]

Bis hinein in die oben schon für Hoffmann beschriebene platonische Metaphorik vom Gefängnis des erdenschweren Körpers folgt Simmel Hoffmann: so etwa, wenn er die »von den Wolken zur Erde hinabgedrückt[en]« »Schneeberge[]« als »eingefangen und mit aller anderen Erde zusammengeschlossen« bezeichnet oder von der »Unerlöstheit« – also dem Verharren im Zustand der Sünde – der »materiellen Masse« des Hochgebirges spricht. Hier drängt sich geradezu die Erinnerung an Hoffmanns Wendung vom »Schlamm« als *»materia peccans«*[828] auf. Auch Simmels »*eine*[*r*] Klang«, in dem die ›unerlöste‹ ›materielle Masse‹ des Gebirgskörpers (also die Physis des Gebirges) mit seinem »in das Überirdische hinauf«[829], ins »Verklärte[] seiner Schneeregion« »Aufstrebende[]«[830] – also der Meta-Physis: Metaphysik des Gebirges – konvergieren soll, lässt an Hoffmann denken: nämlich an jenes oben interpretierte Musizieren des Weltgeistes auf den unsichtbaren Saiten des Universums, das ich mit Nancy als »omnidimensional[en] und allen Räumen transversal[en]« »[K]lang« interpretiert habe, in dem ›alles eins‹, oder mit Simmel: alles »zu *einem* Klang« wird.

Doch Simmel folgt nicht nur Hoffmanns Theorie und Metaphorologie, sondern schreibt sie auch insofern fort, als er eine Erklärung für das bei Hoffmann im Kontext des sogenannten »serapiontischen Prinzips« ungelöst bleibende Problem bietet, wie sich denn nun die immanente Transzendenz zur transzendenten Transzendenz verhält. Simmels Argument lautet, um es mit Hoffmanns Metapher von der Himmelsleiter zu paraphrasieren: Ist man einmal über die Himmelsleiter in die immanente Transzendenz hinaufgestiegen – und dafür steht bei Simmel genau wie bei Hoffmann eine ›tiefe Höhe‹ –, wirft man die von der Erde hoch-, aber eben auch wieder zu ihr hinabführende Leiter fort: und befindet sich so nun tatsächlich in jener transzendenten Transzendenz, die Simmel zufolge »schlechthin ›hoch‹« ist, also »keine Beziehung mehr zu den Niederungen der Erde hat« und – wie gesagt – durch »Eis«, »Schnee« und »Firn« »[s]ymbol[isiert]« wird.

Dieser Übergang von der immanenten in die transzendente Transzendenz vollzieht sich in Simmels zuletzt zitierter Passage rhetorisch raffiniert in vier Schritten. Erstens: Wolken lasten auf den »Schneebergen« und »drück[en]«

827 Hoffmann, Die Serapions-Brüder, S. 721.

828 Hoffmann, Brief an Theodor Gottlieb von Hippel, 1.4.1798, S. 108.

829 Simmel, Zur Ästhetik der Alpen, S. 164.

830 Ebd., S. 164f.

diese »zur Erde« beziehungsweise in die Immanenz »hinab«, in der sie »eingefangen« sind. Die Schneeberge sind dabei nicht nur metonymisch, sondern synekdochisch Teil der Erde. Zweitens: die Wolken verziehen sich. Jetzt ist »nichts als Himmel über« den Schneebergen, und so rücken sie metonymisch dem Himmel nahe: Himmelsnähe als immanente Transzendenz. Drittens: die Schneeberge weisen nun nicht nur quasi-indexikalisch »in das Überirdische hinauf«, sondern sind – »grenzenlos und ununterbrochen« – synekdochisch zu einem Teil dieses »Überirdische[n]« geworden. Damit schließlich »gehören« sie, viertens, zu »einer anderen Ordnung als der [immanenten] der Erde« – eben dem Überirdischen oder der transzendenten Transzendenz.

Was hier noch eher rhetorisch suggeriert als ausformuliert ist, beschreibt Simmel wenig später auch ausdrücklich. Am Ende des Aufsatzes heißt es:

> [D]er Eindruck der Alpen [dementiert] das Prinzip des Lebens, das auf dem Unterschied seiner Elemente beruht. [...] [E]s gibt [...] ein Hohes, weil es ein Tiefes gibt [...]. Und nun ist es das Wunderbare, daß das ganze Hohe und Erhabene der Alpen gerade erst fühlbar wird, wenn in der Firnlandschaft alle Täler, Vegetation, Wohnungen der Menschen verschwunden sind, wenn also kein Niederes mehr sichtbar ist, das doch den Eindruck des Hohen zu bedingen schien. Alle diese anderen Gebilde weisen nach unten, besonders die Vegetation, die immer das Gefühl der sich abwärts streckenden Wurzel mitklingen läßt; überall in der anderen Landschaft empfinden wir die Tiefen mit, auf denen alles ruht.[831]

Nicht nur stecken die Wurzeln in der Erde, sondern sie ver»weisen« sogar – ein weiteres Mal quasi-indexikalisch – auf jene seit Platon traditionell mit dem Körper als *materia peccans* assoziierte Erdenschwere,[832] die hier nun gleichermaßen »Vegetation« wie »Menschen« »unten« beziehungsweise in den »Tiefen« »eingefangen und mit aller anderen Erde zusammengeschlossen« hält. Wo aber Erdenschwere ist, erwächst aus Schnee und Eis auch überirdische Leichtigkeit, hier nämlich als »das Gefühl des Erlöstseins« aus jener »unaufhörlichen Relativität der Gegensätze« (Simmel), zu denen auch die ›Gegensätze‹ jener Liste gehören, die Goethe 1805 in seinen *Physikalischen Vorträgen* mit dem Titel »Dualität der Erscheinung, als Gegensatz« überschreibt.

831 Ebd., S. 167f.

832 »Der Körper *ist* die Schwere.« Nancy, Corpus, S. 11; vgl. Anm. 498 und Zitat 1736. – In diesem Sinne auch Schiller: »wir lassen Psyche mit Schmetterlingsflügeln sich über das Irdische erheben, wenn wir ihre Freiheit von den Fesseln des Stoffes bezeichnen wollen. Offenbar ist die Schwerkraft eine Fessel für jedes Organische, und ein Sieg über dieselbe gibt daher kein unschickliches Bild der Freiheit ab.« Schiller, [Kallias oder über die Schönheit.] Briefe an Gottfried Körner (Brief vom 23.2.1793), S. 414.

Simmel fährt fort, den hier geschilderten Übergang von immanenter in transzendente Transzendenz als »Paradoxie des Hochgebirges« beschreibend:

> Nur in der reinen Firnlandschaft scheint das Unten sein Recht an die Dinge verloren zu haben. Wenn der Talboden völlig verschwunden ist, stellt sich die reine Beziehung nach oben her, d.h. wir sind nicht mehr relativ, sondern schlechthin »hoch«, nicht mehr soundso viele Meter über einem Tieferen. Die mystische Erhabenheit dieses Eindrucks ist darum mit dem, was als die »schöne« Alpenlandschaft gilt, gar nicht zu vergleichen: in der die Schneeberge nur als Krönung einer niederen, leichtlebigen Landschaft mit Wald und Matten, Tälern und Hütten dienen, in deren Heiterkeit sie hineingezogen sind. Erst wenn man dies alles hinter sich gelassen hat, ist das prinzipiell, das metaphysisch Neue gewonnen: eine absolute Höhe, ohne die dazugehörige Tiefe; die eine Seite einer Korrelation, die ohne die andere eigentlich nicht bestehen kann, steht nun dennoch in anschaulichem Fürsichsein da. Dies ist die Paradoxie des Hochgebirges: daß alle Höhe auf der Relativität von Oben und Unten steht, bedingt ist durch die Tiefe – und hier nun doch als das Unbedingte wirkt, das nicht nur die Tiefe nicht braucht, sondern gerade erst, wenn diese verschwunden ist, sich als volle Höhe entfaltet. Hier gründet sich das Gefühl des Erlöstseins, das wir der Firnlandschaft in feierlichsten Augenblicken verdanken, am entschiedensten auf dem Gefühl ihres Gegenüber-vom-Leben. Denn das Leben ist die unaufhörliche Relativität der Gegensätze [...]. Aus dem Eindruck des Hochgebirges aber sieht uns eine Ahnung und ein Symbol entgegen, daß das Leben sich mit seiner höchsten Steigerung an dem erlöst, was in seine Form nicht mehr eingeht, sondern über ihm und ihm gegenüber ist.[833]

Diese Argumentation Simmels steht, erweitert um – und dadurch geschichtsphilosophisch akzentuiert –[834] Petrarcas Bericht der *Besteigung des Mont Ventoux*, im Zentrum von Joachim Ritters *Landschafts*essay, wie ich ihn im dritten Kapitel interpretiet habe. ›Landschaft‹, hatte ich gesagt, ist der Weg hinaus aus dem physisch Zuhandenen – der Immanenz – hinein ins ›Transzendent‹ ›Metaphysische‹, und das heißt hinein in ein metaphysisches ›Ganzes‹. Dieses steht Ritter zufolge zum einen als *theoría toû kósmou* am Beginn von Philosophie und Theorie, zum anderen aber ist es als ›Heil‹ angestrebter Endzustand jenes ›holistischen‹ Denkens, in dem ›alles‹ wieder – insofern handelt es sich um ein regressives Denken – ›eins‹ wird. Es ist daher, so betrachtet, kein Zufall, wenn Simmel vom ›*ganzen* Hohen‹ der Alpen Landschaft spricht, in dem »materielle[] Masse« und »überirdisch[e]« »Transzenden[z]«, das heißt *phýsis* und Metaphysik, »zu *einem* Klang« – die

833 Simmel, Zur Ästhetik der Alpen, S. 168f.

834 Vgl. das Argument in Georg Simmel: Philosophie der Lanschaft, in: ders.: Aufsätze und Abhandlungen 1909–1918, Bd. 1, hg. von Rüdiger Kramme und Angela Rammstedt, Frankfurt a. M. 2001, S. 471–482, S. 472f.

Hervorhebung stammt von Simmel – werden und sich damit jenes »feierlich[e]« »Gefühl des Erlöstseins« einstellt, das – »›theologisch‹ genannt« (Ritter) –[835] ›Heil‹ heißt. ›Eins‹, ›ganz‹ und ›heil‹, das sind die drei literarischen Grundbegriffe des Mediums, wie ich sie im dritten Kapitel dieser Studie beschrieben habe.

Ist aber ›Theorie‹ in diesem Sinne die Suche nach dem verlorenen als ›Heil‹ verstandenen ›All‹, dann »müssen« »wir« nicht, wie es in Kleists oben zitierter Formulierung heißt, »die Reise um die Welt machen[] und sehen«, ob »das Paradies [...] vielleicht von hinten irgendwo wieder offen ist«.[836] Vielmehr müssen wir, Petrarca, Hoffmann und Simmel auf der Spur, das ›Heil‹ in der medialen Höhe suchen: auf dem Mont Ventoux, am Zackenfall, über dem Schlesischen Gebirge oder in den eisigen Höhen der Alpengipfel.

Noch ein *topos outopos*: Stimmung als Einheit der Landschaft

Ähnlich wie in seinem Aufsatz *Zur Ästhetik der Alpen* argumentiert Simmel in seiner *Philosophie der Landschaft*. Simmel schreibt, nun den gerade schon zitierten Begriff der »Stimmung« stärker betonend:

> Landschaft [...] entsteht, indem ein auf dem Erdboden ausgebreitetes Nebeneinander natürlicher Erscheinungen zu einer besonderen Art von Einheit zusammengefaßt wird [...]. Der erheblichste Träger dieser Einheit ist wohl das, was man die »Stimmung« der Landschaft nennt. Denn wie wir unter Stimmung eines Menschen das Einheitliche verstehen, das [...] die Gesamtheit seiner seelischen Einzelinhalte färbt [...] – so durchdringt die Stimmung der Landschaft alle ihre einzelnen Elemente [...]; in einer schwer bezeichenbaren Weise hat ein jedes an ihr Teil [...]. Diese eigentümliche Schwierigkeit, die Stimmung einer Landschaft zu lokalisieren, setzt sich in eine tiefere Schicht mit der Frage fort: inwieweit die Stimmung der Landschaft in ihr selbst, objektiv, begründet sei, da sie doch ein seelischer Zustand sei und deshalb nur in dem Gefühlsreflex des Beschauers, nicht aber in den bewußtlos äußeren Dingen wohnen könne? Und diese Probleme kreuzen sich in dem, das uns hier eigentlich angeht: wenn die Stimmung ein wesentliches oder vielleicht das wesentliche Moment ist, das die Teilstücke zu einer Landschaft als einer empfundenen Einheit zusammenbringt – [...] [s]ollte nicht wirklich die *Stimmung* der Landschaft und die anschauliche *Einheit* der Landschaft eines und dasselbe sein [...]?[837]

835 Vgl. Anm. 135.
836 Vgl. Anm. 147.
837 Simmel, Philosophie der Lanschaft, S. 478f.

Was Simmel hier schreibt, liest sich wie eine ins Theoretische gewendete Umformulierung der im fünften Kapitel interpretierten *Briefe aus den Bergen* Hoffmanns. Klingt im ersten der hier zuletzt zitierten Simmel'schen Sätze mit dem »auf dem Erdboden ausgebreitete[n] Nebeneinander«, das zu einer gewissermaßen höheren »Einheit zusammengefaßt« werden soll, noch einmal die Vorstellung von der Landschaftsbetrachtung aus der Höhe an – etwa, wie bei Hoffmann, der zwischen Löwenberg und Hirschberg –, lässt gleich darauf Simmels Definition der »Stimmung« als ein »[D]urchdring[en]« von »äußeren Dingen« und innerem »seelische[m] Zustand« an Hoffmanns kosmische »[U]mström[ung]« durch die »Stimme des Weltgeistes selbst« denken – oder auch jene Hoffmann um»schw[i]mmen[den]« »Töne« der vom »Weltgeist selbst [ge]rührte[n] [...] unsichtbaren Saiten« des »Universum[s]«, die »in jedes Brust mächtig hineintönen[] und die innere Stimme wecken[], damit sie hinaushalle in die Akkorde der Natur«:[838] somit also wenn nicht als ›Stimmung‹, so doch als »Stimme« Innen (Simmel: »seelischer Zustand«, Hoffmann: »innere Stimme« in der »Brust«) und Außen (Simmel: »Landschaft«, »›Natur‹«[839], Hoffmann: »Natur«) zu einer, so Simmel, »als einer empfundenen Einheit zusammenbringt«.

Und nicht nur »bringt« die »Stimmung«, so sagt Simmel sogar ausdrücklich, als »Dualismus« einander Entgegengesetztes wie »objektiv«–›subjektiv‹ oder ›innen‹–»[a]uße[n]« »zusammen«[840] und lässt somit die »Dinge[]«[841] »zugleich außer uns und in uns« sein: am Ende lässt die »Stimmung« sogar unterschiedliche Dinge »eines und dasselbe« sein.[842] Dann schwimmt alles auf der »Flut[]«-»Welle jenes Gesamtstromes«[843] oder »Gesamtseins«[844], deren enthusiastische, so mitreißende wie tröstliche Metaphorik vom »fühlbar[en] [D]urchflutet«-Sein durch das »göttlich Eine[], d[a]s Naturganze[]«,[845] Leo Spitzer als *periéchon* beschrieben hat – jenen schon in der Antike ausdifferenzierten Metaphernkomplex, der vor allem über seine Wiederaufnahme in Friedrich Anton Mesmers *Animalischem Magnetismus* in Hoffmanns Œuvre eingegangen ist.

So gesehen ist Simmels »Stimmung« nichts anderes als ein weiterer *topos outopos* – im doppelten Sinne – für das in der vorliegenden Studie in Rede

838 Hoffmann, Briefe aus den Bergen, S. 690f.
839 Simmel, Philosophie der Lanschaft, S. 472.
840 Ebd., S. 479.
841 Ebd.
842 Ebd., S. 473.
843 Ebd., S. 472.
844 Ebd., S. 471.
845 Ebd., S. 472.

stehende Medium. Tatsächlich spricht ja Simmel selbst von der »eigentümliche[n] Schwierigkeit, die Stimmung einer Landschaft zu lokalisieren«,[846] und dabei bezieht sich der im Wort »lokalisieren« enthaltene *locus* sowohl auf die Landschaft als Ort, vielleicht auch Summe von Orten, als auch auf jenen »vereinheitlichende[n] Begriff«, der sie »formend umfaßt«: eben den der »Stimmung«, also Simmels Bezeichnung für jene »schwer ausdrückbare[] Verflochtenheit«[847], die »irgendwie«[848] und »sozusagen«[849] solcherart alles mit allem verbindet, dass alles am Ende, so Simmel, »eines und dasselbe«[850] ist. Insofern gehört Simmels Stimmungsbegriff, um E.T.A. Hoffmanns *Serapions-Brüder*-Erzählung *Der Zusammenhang der Dinge* zu zitieren, zu jenen medientheoretischen »Fällen«, in denen von Neuem »die Romantik ins Leben tr[i]t[t]«[851], nämlich wieder einmal in Gestalt ihrer Generalformel des ›Alles ist eins‹.

περιέχον und Offenheit

»[U]nglaubliche[] theoretischen Verdrehungen«, so hatte ich im dritten Kapitel Jean-Luc Nancy zitiert, zeigen sich in Descartes medientheoretischer Lösung des Körper-Geist-Dualismus, und mittlerweile ist klargeworden, dass diese ›Verdrehungen‹ nicht in erster Linie begriffliche Fehler oder Ungenauigkeiten der hier dargestellten Medientheorie sind, sondern vielmehr das poetische Ferment dieser Medientheorie – einer Medientheorie, die ganz im Allgemeinen tropisch (›Tropen‹ sind wörtlich ›Wendungen‹ oder ›Verdrehungen‹), im Besonderen aber metaphorisch verfasst ist. Aus metaphorologischer Perspektive ist es also kein Widerspruch, sondern stimmig, dass gerade in Nancys für seine Argumentation so zentralem Begriff vom »transversal[en]« »Raum« des »klangliche[n] Präsens« die an Descartes kritisierten »theoretischen Verdrehungen« wieder auftauchen: kommt doch ›transversal‹ von *trans-vertere*, ›hinüber-drehen‹ oder ›-wenden‹.

Ist die hier beschriebene Medientheorie also grundsätzlich in diesem Sinne metaphorisch-›verdreht‹, so ist sie gelegentlich auch ausdrücklich

846 Vgl. auch das ebd. S. 479 und passim verwendete »irgendwie«.
847 Ebd., S. 472.
848 Ebd., S. 479.
849 Ebd., S. 474.
850 Ebd., S. 479.
851 E.T.A. Hoffmann: Der Zusammenhang der Dinge, in: ders.: Die Serapions-Brüder, hg. von Wulf Segebrecht unter Mitarbeit von Ursula Segebrecht, Frankfurt a. M. 2001, S. 1055–1113, S. 1064.

als solche markiert. Bei Simmel sind Markierungen dieser theoretischen Metaphorizität adverbiale Modifikatoren wie »sozusagen« (Harald Weinrich: *»ut ita dicam«*) oder »irgendwie«; Symptome dieser theoretischen Metaphorizität sind paradoxe Zumutungen an die Logik, häufig in Form von Oxymora wie dem von der ›hohen Tiefe‹. Das hat, wie gesagt, schon Aristoteles ausgesprochen, und auch Simmel weist ausdrücklich darauf hin. Überhaupt folgt Simmel häufig Aristoteles – so auch in dieser schwer verständlichen, paradoxen Formulierung:

> »Landschaft« [...] entsteht, indem das [...] ganz neue [...] Sondergebilde sich sozusagen [...] von sich aus jenem All-Leben wieder öffnet, in seine undurchbrochenen Grenzen das Unbegrenzte aufnehmend.[852]

›Öffnung‹ als ›Aufnehmen des Unbegrenzten in undurchbrochene Grenzen‹: Was soll das heißen? Eine Antwort ergibt sich aus dem Rückblick auf jene im fünften Kapitel interpretierte Stelle aus Aristoteles' *Physik*, in der er im Rahmen seiner *hýlē-eîdos*-Diskussion nicht nur die Begriffe ›Ort‹ (*tópos*), ›Gefäß‹ (*angeîon*) und *periéchon* engführt, sondern auch – genau wie, gestalttheoretisch gewendet, Simmel in seinen Ausführungen zu Schnee und Wolken – das Problem des Begrenzten-und-zugleich-auch-wieder-nicht-Begrenzten reflektiert. Der »›Ort‹«, so Aristoteles' Überlegung, ähnele etwas »Derartige[m] [...] *wie ein*[*em*]« gefüllten *»Gefäß«*, und zwar einerseits in seiner eher ›formalen‹ Funktion als Begrenzend-Umfassendes, andererseits in seiner eher ›stofflichen‹ Eigenschaft als »von der Form [u]mfaßte[r]« *»erfüllte*[*r*] *Zwischenraum«*.[853] Der Begriff beziehungsweise die Metapher, die bei Aristoteles für diese beiden medialen Aspekte des ›Ortes‹ steht, ist das *periéchon*. Seine Paradoxie, hatte ich argumentiert, zeigt sich in der deutschen Übersetzung durch das in medientheoretischem Kontext paradoxe *»unmittelbar Umfassende«*. Diesem wiederum entspricht bei Simmel das ›das Unbegrenzte in undurchbrochene Grenzen Aufnehmende‹, also ein körperlich um- oder begrenzter, das heißt form- oder gestalthafter, aber zugleich auch unbegrenzt-»*offener* Raum« (Nancy). Diese schwierige Vorstellung von der ›Öffnung‹ findet sich nicht nur im zu Beginn dieses Kapitels zitierten Satz aus Heideggers *Sprache*, sondern eben auch im letzten zitierten Satz Simmels. Wer, so könnte man diese Vorstellung zusammenfassen, in die tiefe Höhe des *periéchon* fällt, der ist *umfasst und* doch *unbegrenzt* zugleich *eines* und *offen für alles*.

852 Simmel, Philosophie der Lanschaft, S. 474.
853 Vgl. Zitat 743.

Eis am Henkel der Welt

Wie oben schon geschildert, gehört zu den vielen Widersprüchen in Simmels Landschaftstheorie auch der, dass die »Schneeberge« einerseits – relativ hoch und somit von immanenter Transzendenz – die »Krönung« der »Landschaft« sein, ihr also noch zugehören sollen, andererseits aber – als »schlechthin ›hoch‹« – für jene transzendente Transzendenz stehen sollen, die »keine Beziehung mehr zu den Niederungen der Erde hat«. Diese Verwandlung der immanenten in die transzendente Transzendenz hatte ich vorhin im Anschluss an Hoffmann als ein Besteigen-und-dann-Wegwerfen der Himmelsleiter beschrieben. Ähnlich erläutert es Simmel selbst, wenn er den Prozess, der »die Landschaft als solche erzeugt«, »über die Landschaft als malerisches Kunstwerk« veranschaulicht.[854]

> [D]as Kunstwerk Landschaft entsteht als die steigernde Fortsetzung und Reinigung des Prozesses, in dem uns alle aus dem bloßen Eindruck einzelner Naturdinge die Landschaft [...] erwächst. Eben das, was der Künstler tut: daß er aus der chaotischen Strömung und Endlosigkeit der unmittelbar gegebenen Welt ein Stück herausgrenzt, es als eine Einheit faßt und formt, die nun ihren Sinn in sich selbst findet und die weltverbindenden Fäden abgeschnitten und in den eigenen Mittelpunkt zurückgeknüpft hat – eben dies tun wir in niederem, weniger prinzipiellem Maße, in fragmentarischer, grenzunsicherer Art, sobald wir statt einer Wiese und eines Hauses und eines Baches und eines Wolkenzuges nun eine »Landschaft« schauen.[855]

Gemalte »Landschaft« als »Stück« der »Welt«, das zunächst als Teil von ihr zu ihr gehört, dann aber solcherart aus ihr »herausgegrenzt« wird, dass »die weltverbindenden Fäden[856] abgeschnitten« sind: das ist exakt dasjenige Verhältnis, in dem auch »Firnlandschaft« und Erde zueinander stehen, deren »Schneeberge[]« ja am Ende ebenfalls »keine Beziehung mehr zu den Niederungen der Erde« haben und deshalb die transzendente Transzendenz symbolisieren sollen. Beide Anschauungen aber kommen in Simmels Beschreibung des Henkels zusammen, das heißt erstens die des über die Erde hinausragenden Schneegipfels und zweitens die des aus der Welt ›herausgegrenzten‹ Kunstwerkes, wobei ›herausgrenzen‹ aussieht wie eine Konflation von ›herausragen‹, ›herausstehen‹ und ›abgrenzen‹. Denn nicht nur die »Landschaft« ist Simmel zufolge »ein Kunstwerk in statu nascendi«,[857] sondern auch der Henkel, oder

854 Simmel, Philosophie der Lanschaft, S. 474.
855 Ebd.
856 Vgl. Goethe über die »Fühlfäden« in Anm. 1225.
857 Simmel, Philosophie der Lanschaft, S. 477.

anders gesagt: Das »Hochgebirge« mit seinem »Firn[]«, »Eis« und »Schnee der Gipfel«[858] ist, folgt man Simmel, sozusagen nichts anderes als der Henkel der Welt.

Schon in seinem Aufsatz *Der Henkel* thematisiert Simmel den Gedanken der ›Herausgrenzung eines Stücks Welt‹ durch das Kunstwerk:

> Moderne Theorien der Kunst betonen es mit Entschiedenheit als die eigentliche Aufgabe der Malerei und Plastik, die räumliche Gestaltung der Dinge zur Darstellung zu bringen. Darüber kann leicht verkannt werden, daß der Raum innerhalb des Gemäldes ein völlig anderes Gebilde ist als der reale, den wir erleben. Denn indem innerhalb dieses der Gegenstand getastet werden kann, im Bildwerk aber nur geschaut; indem jedes wirkliche Raumstück als Teil einer Unendlichkeit empfunden wird, indem der reale Gegenstand in Wechselwirkung mit allem steht, was um ihn herum flutet oder beharrt, der Inhalt des Kunstwerkes aber diese Fäden abgeschnitten hat und nur seine eigenen Elemente zu selbstgenugsamer Einheit verschmilzt – lebt das Kunstwerk ein Dasein jenseits der Realität. Aus den Anschauungen der Wirklichkeit, aus denen das Kunstwerk freilich seinen Inhalt bezieht, baut es ein souveränes Reich; und während die Leinwand und der Farbenauftrag auf ihr Stücke der Wirklichkeit sind, führt das Kunstwerk, das durch sie dargestellt wird, seine Existenz in einem ideellen Raum, der sich mit dem realen so wenig berührt, wie sich Töne mit Gerüchen berühren können.
>
> Mit […] jeder Vase […] verhält es sich ebenso.[859]

Am Anfang von Simmels zuerst unter dem Rubrum »Zur Ästhetik«[860] erschienenen kunsttheoretischem Aufsatz steht eine Differenzierung des »Raum«-begriffs. Schon das lässt mittlerweile mit Blick auf das hier bisher Gesagte an Platon und Aristoteles denken. Heißt es dann, der »ideelle[]« »Bildraum« sei »eine in sich abgeschlossene Welt«, die allerdings »in Wechselwirkung« mit der Welt der »reale[n]«, also offenbar körperlichen, »Gegenst[ä]nd[e]« stehe, obwohl die Verbindungs-»Fäden abgeschnitten« seien, dann klingt hier deutlich das Problem des *commercium mentis et corporis* an. Ausdrücklich sollen sich geistige und körperliche Sphäre nicht »berühr[en]«, oder genauer: sich »so wenig berühr[en], wie sich Töne mit Gerüchen berühren können«, und diese können sich strikt verstanden nur metaphorisch berühren.

Dieser Vergleich dient, genau betrachtet, der Überleitung zum Gegenteil des eigentlich Gesagten. Denn die hier implizierte Synästhesie von Tönen und Gerüchen steht ja gerade – und auch insofern ist sie ein charakteristisch

858 Simmel, Zur Ästhetik der Alpen, S. 164.

859 Georg Simmel: Der Henkel, in: ders.: Philosophische Kultur. Gesammelte Essais von Georg Simmel. Zweite um einige Zusätze vermehrte Auflage, Leipzig 1919, S. 116–124, S. 116.

860 Ebd.

romantisches Phänomen – für jene von Simmel zu Beginn seines Textes thematisierten »Wechselwirkungen« zwischen Innen (»in sich abgeschlossene[r] Welt«) und Außen (›herumflutender‹ Welt). So verhielt es sich ja zum Beispiel in jener von Hoffmann in seinen *Briefen aus den Bergen* beschriebenen Szene, in der ihn »im Hauch des Abendwindes die Düfte des blühenden Jasmins, der Fackeldisteln, Lilien, Rosen […] umström[]en« und ihm der Gedanke kommt, dass »Duft und Musik in *eine[m]* Brennpunkt der Empfindung« stünden.[861]

Tatsächlich will auch Simmel auf eine Berührung der beiden genannten Sphären hinaus. Diese Berührung aber soll sich nicht im »souveräne[n]« oder absoluten »Kunstwerk« ereignen, sondern im zweckgebundenen, gewissermaßen kunsthandwerklichen Gegenstand: nämlich in der Vase – und dort vor allem in ihrem Henkel. So schreibt Simmel im Anschluss an die zuletzt zitierte Passage:

> Mit jedem Gerät, mit jeder Vase, insoweit sie als ästhetische Werte betrachtet werden, verhält es sich ebenso. Als ein Stück Metall, tastbar, wägbar, einbezogen in die Hantierungen und Zusammenhänge der Umwelt, ist die Vase ein Stück Wirklichkeit, während ihre Kunstform eine rein abgelöste, in sich ruhende Existenz führt, für die ihre materielle Wirklichkeit der bloße Träger ist. Allein indem das Gefäß nicht, wie das Bild oder die Statue, für eine inselhafte Unberührsamkeit gedacht ist, sondern einen Zweck erfüllen soll […], da es in die Hand genommen und in die praktischen Lebensbewegungen hineingezogen wird – so steht es gleichzeitig in jenen zwei Welten […]. Diese Doppelstellung der Vase nun ist es, die sich in ihrem Henkel am entschiedensten ausspricht. Er ist das Glied, an dem sie ergriffen, gehoben, gekippt wird, mit ihm ragt sie anschaulich in die Welt der Wirklichkeit, das heißt der Beziehungen zu allem Außerhalb hinein, die für das Kunstwerk als solches nicht existieren. […] [D]ie[] Henkel […] [verknüpfen] die Vase dem Dasein jenseits der Kunst […]. Durch diese zweifache Bedeutung […] wird der Henkel zu einem der nachdenklichsten ästhetischen Probleme.[862]

Hatte Simmel seine Ausführungen mit dem »Raum« begonnen, so konkretisiert er diesen jetzt über das »Gefäß«: also ganz so, wie schon Aristoteles Platons *χώρα*, ›Raum‹, als *τόπος*, ›Ort‹, und diesen wiederum über das *»Gefäß«, angeîon*, definiert. Findet Aristoteles schließlich im *periéchon* jenen *hýlē-eîdos*-transversalen Begriff, der dann, so Spitzer, in den Begriff des Mediums eingeht und sich darin wiederum als (Schein-)Lösung des *commercium*-Problems anbietet, findet nun auch Simmel einen Begriff für jene »Doppelstellung« des Kunstwerks zwischen Körper (»[T]astbar«-»wägbar«-»[R]eale[m]«) und Geist

861 Hoffmann, Briefe aus den Bergen, S. 690f.

862 Simmel, Der Henkel, S. 116f.

(»ideelle[m] Raum«): nämlich den der Vase – wie Aristoteles' *angeîon* bei Simmel wörtlich ein »Gefäß« – samt ihrem Henkel.

Wieder und wieder umkreist Simmel den Henkel als Inbegriff des hier in Rede stehenden Mediums, und durchweg bedient er sich dabei aus dem Metaphernregister des *periéchon*. »Das Prinzip des Henkels: der Vermittler [!] des Kunstwerks zur Welt zu sein«[863], schreibt Simmel (und das erinnert an Aristoteles' *tò metaxù*), vergleicht »Gefäß« und »Milieu« in ihrer *periéchon*haften Eigenschaft als »[U]mg[e]b[endes]« und »[U]mfassende[s]«[864]. Er spricht sogar ausdrücklich davon, dass eine ästhetisch gelungene Vase »ihren Dualismus [!] in letzter Distanz als eine nicht weiter beschreibliche Einheit offenbart«[865] – was zwar ein weiteres Mal auf den *topos outopos* des Schwer-Sagbaren verweisen mag, im Übrigen aber im Widerspruch zu dem Umstand steht, dass Simmel diese Einheit in immer wieder neuen Anläufen zu beschreiben versucht: so etwa auch als »Lebens«-»Harmonie«[866] der »äußeren Ordnung der Dinge«[867], das heißt der Körper auf der einen Seite und der »Seele« auf der anderen.

Lebenskraft, die in Kanälen flutet: Simmel und Ernst Platners *Anthropologie*

»Harmonie« wiederum ist, wie oben zitiert, schon in Ernst Platners *Anthropologie für Ärzte und Weltweise* von 1772 der Begriff für das *commercium* als Verhältnis der »Wechselwirkungen« (Simmel, Novalis[868]) von »Körper« und »Seele« des »Menschen«[869]. Simmel reformuliert also in seinem kunsttheoretischen Aufsatz zum Henkel das alte *commercium*-Problem, indem er Platners der Antike verpflichteten Harmoniebegriff durch den in Simmels Gegenwart gerade populären Lebensbegriff ersetzt – wenn auch, wie gesehen, nicht überall. Ansonsten folgt er begrifflich wie metaphorisch der »Dualismus«-Tradition, wie sie sich vom *periéchon* als dem *topos outopos* vom so ›unmittelbaren‹ wie ›schwierig beschreibbaren‹ alles-eins-machenden Medium herschreibt, in dem alles zusammenstromt. Bei Simmel heißt es:

863 Ebd., S. 121.
864 Ebd., S. 123.
865 Ebd., S. 122.
866 Ebd., S. 118 und 117, auch S. 122.
867 Ebd., S. 117.
868 Novalis, Philosophische Studien 1795/96 (Fichte-Studien), S. 183. S. Zitat 248.
869 »Der Mensch ist weder Körper, noch Seele allein; er ist die Harmonie von beyden [...].« Platner, Anthropologie für Ärzte und Weltweise. Erster Teil S. IV.

> Manchmal werden flache Schalen so gebildet, daß sie mit ihrem Henkel wirken wie ein Blatt mit seinem Stiel [...]. Die Einheit des organischen Wachstums verbindet hier fühlbar die beiden Teile. Man hat das Werkzeug schlechthin als die Verlängerung der Hand oder der menschlichen Organe überhaupt charakterisiert. In der Tat: wie für die Seele die Hand ein Werkzeug ist, so ist ihr auch das Werkzeug eine Hand. Daß aber der Werkzeugcharakter Seele und Hand auseinanderschiebt, verhindert nicht die innige Einheit, mit der der Lebensprozeß sie durchströmt; daß sie außereinander und ineinander sind, das eben macht das unzerlegbare Geheimnis des Lebens aus. Dies aber greift über den unmittelbaren Umfang des Leibes hinaus und bezieht das »Werkzeug« [wie den Henkel, S. B.] in sich ein; oder vielmehr, Werkzeug wird die fremde Substanz, indem die Seele sie in ihr Leben, in den Umkreis, den ihre Impulse erfüllen, hineinzieht. Der Unterschied von Außerhalb und Innerhalb der Seele, wie er für den Leib zugleich wichtig und nichtig ist, wird noch für die Dinge jenseits des Leibes [...] in der Strömung des übergreifenden, einheitlichen Lebens in einem Akte bewahrt und aufgelöst. Die flache Schale ist nichts als die Verlängerung oder Steigerung der schöpfenden, tragenden Hand. Indem sie aber nun nicht einfach in die Hand genommen, sondern am Henkel gefaßt wird, entsteht eine vermittelnde Brücke, eine schmiegsame Verbindung zu ihr, die wie mit anschaulicher Kontinuität den seelischen Impuls in sie [...] überleitet und sie nun in der Rückströmung dieser Kraft wieder in den Lebensumfang der Seele einbezieht. Durch kein vollkommeneres Symbol kann dies getragen werden, als wenn die Schale sich aus ihrem Henkel entwickelt, wie das Blatt aus seinem Stiel – als benutzte der Mensch hier die Kanäle des natürlichen Säfteflusses zwischen Stiel und Blatt, um seinen eigenen Impuls in das Außending einzuströmen [...].[870]

Wiederum folgt Simmel der anthropologischen *commercium*-Tradition: hier nämlich, indem er die allgemein *periéchon*hafte Flut- und Strömungsmetaphorik zum »natürlichen Säftefluss[]« einer Art Lebensflüssigkeit konkretisiert, die in »Kanäle[n]« zirkuliert. Genau so hatte es nicht für die Pflanze, wohl aber für den Menschen – und um diesen geht es ja auch Simmel – Ernst Platner beschrieben. An Descartes' Begriff der *esprits animaux* und Albrecht von Hallers »Lebensgeister« und »Nervensaft«[871] anschließend, heißt es in Platners *Anthropologie*:

> §. 148
> Daß das Gehirnmark ein Gewebe von Kanälen ist, schließt man mit der höchsten Wahrscheinlichkeit aus der Analogie und aus der Bemerkung des Nervensafts oder der Lebensgeister, welche sonst im Gehirne weder abgesondert noch bewegt werden können.

870 Simmel, Der Henkel, S. 118f.

871 Alexander Košenina: Ernst Platners Anthropologie und Philosophie. Der philosophische Arzt und seine Wirkung auf Johann Karl Wezel und Jean Paul, Würzburg 1989, S. 28.

> §. 149
> Die Lebensgeister sind der allerfeinste Theil des Bluts, der aus den Blutgefäßen [...] endlich in die markichte Röhrchen eintrit [sic]. [...]
>
> §. 150
> Daß wirklich Nervensaft in dem Gehirn abgesondert wird, schließt man mit der allergrößten Wahrscheinlichkeit [...] aus der Analogie weil der ganze Körper ein System von Kanalen ist, in denen sich eine flüssige Materie bewegt [...], 2) aus der Menge des Bluts die nach dem Gehirn gehet [...], 3) aus der Geschwindigkeit mit welcher das Gehirnmark bey der äußern und innern Empfindung [...] wirkt [...][,] 4) aus der Geschwindigkeit mit welcher die Nerven bey der Empfindung und Bewegung wirken [...].
>
> §. 151
> Die Nerven sind dünne Bündel von markichten Kanälen, die aus dem Gehirn herunter gehen. [...]
>
> §. 153
> Die Nerven wirken nicht als Fäden, sondern als Kanäle d[as] i[st] vermittelst der in ihnen fließenden Lebensgeister.[872]

Wie es bei Platner um das Verhältnis von »äußer[er] und inner[er] Empfindung« geht, so bei Simmel um dem »Unterschied von Außerhalb und Innerhalb der Seele«. Wie bei Platner die Nerven »vermittelst der in ihnen fließenden Lebensgeister« wirken, spricht Simmel vom Henkel als »vermittelnde[r] Brücke«, die gleich darauf zum ›Kanal‹ eines »Säfteflusses« wird. Und wie Platner »Lebensgeister« und »Nervensaft« gleichsetzt, ist bei Simmel das »Leben« eine Flüssigkeit, die ›fließt‹ und ›strömt‹. Ja, mit dem Wort ›Innervation‹ fällt bei Simmel sogar der Begriff der Nerven, und wiederum ist die Nähe zu Platners gerade zitierten Paragraphen eklatant – so auch in der Nerven-»Empfindlichkeit« (Simmel) beziehungsweise »Empfindung« (Platner). Simmel schreibt:

> Daß Henkel und Schnabel einander anschaulich als Endpunkte des Gefäßdurchmessers korrespondieren und ein gewisses Gleichgewicht halten müssen, entspricht den Rollen, mit denen sie, das Gefäß in sich zwar begrenzend, es doch der praktischen Welt verbinden: der eine zentripetal, der andre zentrifugal. Es ist wie das Verhältnis des Menschen als Seele zu dem ihm äußeren Sein: durch die sinnliche Empfindlichkeit reicht die Körperlichkeit an die Seele hinan, durch die willensmäßigen Innervationen reicht die Seele in die Körperwelt hinaus – beides der Seele und der Geschlossenheit ihres Bewußtseins zugehörig, das das Andre der Körperlichkeit ist und nun dennoch durch jenes beides ihr verflochten ist. –[873]

872 Platner, Anthropologie für Ärzte und Weltweise, S. 40f.

873 Simmel, Der Henkel, S. 121f.

In dieser Passage steckt viel Platner – aber auch Aristoteles, der hier wieder mit jener Gefäß-Denkfigur eines *Zugleich-umfasst-und-unbegrenzt, Zugleich-geschlossen-eines-und-offen-für-alles* präsent ist. Diese Denkfigur habe ich gerade anhand von Simmels *Philosophie der Landschaft* erläutert, wo es um »All-Leben«, ›Öffnung‹ und ›Aufnahme des Unbegrenzten in undurchbrochene Grenzen‹ ging.[874] Schließlich ist auch der Henkel in seiner Funktion als Lebensströmungskanal wie Vase, Gefäß oder Schale selbst Träger des Lebens, und auch der Henkel beziehungsweise Schnabel des Gefäßes *›begrenzen‹* es (»zentripetal«), wie sie es gleichermaßen (»zentrifugal«) *›der Welt verbinden‹*, *›öffnen‹* oder *›vermitteln‹*[875].

Medientheorie wird sittliche Fabel, der Henkel symbolisiert das Welten-Heil

Als wäre das alles nicht schon kompliziert genug, wird Simmels *Henkel*-Aufsatz am Ende auch noch zur sittlichen Fabel. Anknüpfend an die so oft von Simmel postulierte Vorstellung von »Harmonie«[876], »[E]inheitlich[keit]«[877] oder »Einheit«[878], will er nun noch einen »Ausblick« auf eine »zweite[]« »Deutung [...] setzen«:[879]

> Denn es handelt sich [beim ästhetisch gelungenen, das heißt harmonischen Henkel] um nichts Geringeres, als um die große menschliche und ideale Synthese und Antithese: daß ein Wesen ganz und gar der Einheit eines umfassenden Gebiets angehört und zugleich von einer ganz anderen Ordnung der Dinge beansprucht wird.[880]

Mit der »anderen Ordnung« benutzt Simmel hier einen Ausdruck, der, wie oben zitiert, in der *Ästhetik der Alpen* »das Transzendente« und »überirdisch Aufstrebende[]« der »Schneeberge[]« bezeichnet, deren »Firnlandschaft« sich am Ende gar »das Gefühl des Erlöstseins« verdanken soll.[881] Insofern lassen sich ja, wie ich es getan habe, die Berge als Himmelsleiter interpretieren.

874 S. Zitat 852.
875 Vgl. Anm. 863.
876 Simmel, Der Henkel, S. 117.
877 Ebd., S. 119. S. Zitat 870.
878 Ebd., S. 118.
879 Ebd., S. 122f.
880 Ebd., S. 123.
881 Simmel, Zur Ästhetik der Alpen, S. 168.

Sie ragen eben vertikal in eisige Höhen hinein – das ist ihre immanente Transzendenz –, und deshalb ›symbolisiert‹ (Simmel) ihr topisch so genanntes ›ewiges‹ Eis auch die transzendente Transzendenz.

Doch nicht allein die Berge ragen in ›andere‹, ›transzendente‹ oder ›ideale‹ Ordnungen hinein. Auch Henkel und Schnabel der Vase tun das – wenn auch nicht vertikal im erhaben-großen, sondern horizontal im kleinen Maßstab: »mit dem Ausguß reicht das Gefäß in die Welt hinaus«[882], und es tut eben nicht nur das, sondern »reicht« auch in die »andere[] Ordnung« der Transzendenz hinein. Insofern sind Henkel und Schnabel waagerechte Himmelsleitern – meist führen Himmelsleitern nach oben, manchmal jedoch wie am Zackenfall nach unten oder horizontal zur Seite –[883] im kleinen Maßstab. Und weil »Henkel und Schnabel einander anschaulich als Endpunkte des Gefäßdurchmessers korrespondieren«,[884] schreibt Simmel nun – nur noch – über den Henkel, den er zunächst zum »Symbol«[885] der Sittlichkeit, dann sogar des Weltenheils erhebt:

> Und wie der Henkel über seine Bereitheit zu der praktischen Aufgabe nicht die Formeinheit der Vase durchbrechen darf, [...] ragen wir mit [...] [unseren sittlichen] Teilen oder Kräften unser selbst in ideale Ordnungen hinein [...]. Und nun kommt es darauf an, daß wir die Geschlossenheit unseres in uns zentrierenden Seins nicht zerstören lassen, daß jedes einzelne Können und Tun und Sollen in dem Umkreis dieses Seins dem Gesetze von dessen Einheit verhaftet bleibe, während es zugleich jenem ideellen Außerhalb angehört und uns zu Durchgangspunkten für dessen Teleologie macht. Vielleicht formuliert dies den Lebensreichtum der Menschen und der Dinge; denn dieser ruht doch in der Vielfachheit ihres Zueinandergehörens, in der Gleichzeitigkeit des Drinnen und Draußen, in der Bindung und Verschmelzung nach der einen Seite, die doch zugleich Lösung ist, weil ihr die Bindung und Verschmelzung nach einer anderen Seite gegenübersteht.[886]

Was soll das sein, wenn nicht – wieder einmal – ein Alles-wird-eins? »Drinnen und Draußen« »[v]erschmelz[en]« zur »Gleichzeitigkeit«, ebenso »Bindung« und »Lösung« des menschlichen »Seins«, das heißt Wollen als »Tun« gemäß

882 Simmel, Der Henkel, S. 121.

883 Dazu passt auch, wie Friedrich »die unbekannte Schöne«, die er auf der Donau erblickt hatte, im »Wirtshaus« wiedersieht: »Als er die Stiege hinauf [!] ging, öffnete sich seitwärts [!] eine Türe, und die unbekannte Schöne, die auch hier eingekehrt war, trat eben aus dem erleuchteten Zimmer.« Eichendorff, Ahnung und Gegenwart, S. 60.

884 Simmel, Der Henkel, S. 121f.

885 Ebd., S. 124.

886 Simmel, Der Henkel, S. 123f.

»unseren einzelnen Interesseprovinzen«[887] und »Sollen« als ein Den-»sittlichen[-]Forderungen[-][U]nterstehen«[888].

Was Simmel hier beschreibt, ist die vollendete Utopie der Heilung aller Risse, die durch die Welt laufen mögen,[889] das »Wunder[]« von Weltganzheit und -harmonie: ein »Lebensreichtum der Menschen und der Dinge«, der sich bei aller inneren »Vielheit« doch durch »Geschlossenheit« und »Einheit« auszeichnet – und damit, anders gesagt, jener im dritten Kapitel schon genannten »Totalität des Seins« entspricht, wie Georg Lukács sie in seiner *Theorie des Romans* beschreibt. Diese »Totalität« sieht in Simmels an das letzte längere Zitat anschließenden Worten so aus:

> Das ist ein Wunderbarstes [sic] in der Weltauffassung, Weltgestaltung im Menschen, daß ein Element die Selbstgenugsamkeit eines organischen Zusammenhangs mitlebt, als ginge es ganz in ihm auf – und zugleich die Brücke sein kann, über die ein ganz anderes Leben in jenes erst einfließt, die Handhabe, an der die Ganzheit des einen die Ganzheit des anderen erfaßt, ohne daß darum eine von ihnen zerrissen wird. Und daß diese Kategorie, die in dem Henkel der Vase vielleicht ihr äußerlichstes [...] Symbol findet – daß sie unser Leben mit einer solchen Vielheit des Lebens und Mitlebens beschenkt, ist wohl die Spiegelung des Schicksals unserer Seele, die ihre Heimat in zwei Welten hat. Denn auch sie vollendet sich erst in dem Maße, in dem sie ganz in die Harmonie der einen als notwendiges Glied hineingehört und nicht trotz, sondern gerade mittels der Form, die diese Zugehörigkeit ihr auferlegt, in die Verflechtungen und den Sinn der andern hineinreicht; als wäre sie der Arm, den die eine Welt ausstreckt – mag es die reale, mag es die ideale sein – um die andere zu ergreifen und an sich zu schließen und sich von ihr ergreifen und an sich schließen zu lassen.[890]

Das sind die letzten Sätze des *Henkel*-Aufsatzes, und Simmel wiederholt in ihnen vieles schon Gesagte in geringfügiger Variation. Dabei ist klar, *dass* wieder einmal alles eins werden soll; nicht so ganz klar ist, *was*. Sogar zwei »Ganzheit[en]« sollen zu einer weiteren, wohl höheren »Ganzheit« verschmelzen. Vielleicht hat man sich das so zu denken wie die oben schon zitierte »menschliche und ideale Synthese und Antithese«[891], die Simmel in ans Oxymoron grenzender Formulierung – Synthese und Antithese zugleich? – im Henkel sehen will.

---

887 Ebd.

888 Ebd.

889 So etwa der »Riss[] zwischen Innen und Außen, [...] Ich und Welt« bei Lukács. Lukács, Die Theorie des Romans, S. 21.

890 Simmel, Der Henkel, S. 124.

891 Ebd., S. 123; s. Zitat 880.

So oder so schließt Simmel im letzten Satz mit der neuerlichen Gegenüberstellung von »reale[r]« und »ideale[r]«, also körperlicher und geistiger Welt. Beide Welten sollen der anderen den Arm entgegenstrecken – und obwohl dieses Bild durch Simmels Argumentation zum Henkel gründlich vorbereitet ist, handelt es sich doch immer noch um eine krasse Katachrese: Körper und Seele reichen einander den Arm, um die Hände zu schütteln – das *commercium* als eine Art Händeschütteln, wie man es von den Emblemen des Sozialismus kennt. Dazu klingt noch die Ying-und-Yan-hafte Vorstellung vom *Ergreifen-und-zugleich-Ergriffenwerden* an: Nachhall von Aristoteles' *hýlē-eîdos*-transversalem *periéchon*, dem *Wie-ein-Gefäß-Umfassendem* und zugleich *Wie-von-einem-Gefäß-Umfasstem.*

Und noch mehr schwingt hier mit, nämlich der romantische Seelenflug, wie er am Ende von Eichendorffs *Mondnacht* steht, oder genauer: ein Seelenflug, der hier – wie oben schon oben am Beispiel Petrarcas und Hoffmanns beschrieben – ein Seelen- und zugleich ein körperlicher Flug ist. »Ganzheit«, so Simmel, sei eine »Kategorie, die in dem Henkel der Vase« das »ihre Spannweite [...] offenbarende[] Symbol« finde. Und wenn nicht schon diese »Spannweite« an Eichendorffs Formulierung von der Seele denken lässt, die »Weit ihre Flügel aus[spannt], / Als flöge sie nach Haus«, so doch in jedem Fall Simmels Wendung vom »Schicksal unserer Seele«, die zwar nicht ihr Zuhause, wohl aber »ihre Heimat in zwei Welten hat.« Die Pointe ist hier ja gerade die, dass die Zwei-Welten-Heimat sich erst noch »vollende[n]« muss, indem sie in der gerade beschriebenen Weise *periéchon*haft eins und ›ganz‹, eben ›voll‹ wird – ganz ähnlich wie umgekehrt der Mond in Matthias Claudius' *Abendlied* »nur halb zu sehen / Und [...] doch rund und schön« – also ›Vollmond‹ – ist.[892] Immer geht es um die Überwindung beziehungsweise Hellung jener grundlegenden Dichotomie, die mal ›Körper und Geist‹ heißt, mal ›*hýlē* und *eîdos*‹, mal ›Immanenz und Transzendenz‹.

So gesehen, gelingt es Simmel also nicht, sich wie der Baron von Münchhausen an den eigenen Haaren medien- oder auch nur henkeltheoretisch aus dem metaphorischen Sumpf der platonisch-aristotelisch-cartesisch-romantischen Tradition zu ziehen. Symptom dieses jedenfalls (oder auch nur) aus cartesisch-philosophischer Sicht so zu nennenden Versagens ist einerseits die argumentative Vagheit und Unanschaulichkeit von Simmels letzten Sätzen. Sie ergibt sich schon sprachlich daraus, dass der Bezug des in den beiden langen letzten Sätzen viermal als Subjekt fungierenden Personalpronomens »sie« unklar ist. Dem Sinn nach bezieht es sich wohl auf die »Kategorie« der »Ganzheit«, grammatisch eindeutig ist das jedoch nicht, weil das

892 Claudius, Abendlied, S. 292.

letztgenannte feminine Substantiv die »Spannweite«, das zweitletztgenannte aber die »Vase« ist. Ist jedoch, andererseits, die ›Kategorie der Ganzheit‹ Subjekt dieser Sätze, dann fällt es auch dem lebhaftesten Anschauungsvermögen schwer, sich diese Kategorie mit ausgestrecktem Arm vorzustellen.

Was man sich allerdings ausmalen kann, ist ein Medientheoretiker, der – fortgerissen im Mahlstrom der Metaphern – den Arm nach dem rettenden Ufer cartesischer Begrifflichkeit ausstreckt. Das Ufer ist fern, und das Meer der Metaphern hat keine begrifflichen Balken. Vor der Charybdis der Metapher gibt es kein Entkommen.

Sehnsucht nach dem Ganzen. Musils Welten-Heil, Lukács' Totalität, Martin Bubers Sinn des Lebens

Dass nicht nur der Metapher im Allgemeinen, sondern oft auch der Metaphorik des hier in Rede stehenden romantischen Mediums nicht zu entkommen ist, zeigt sich – ist man einmal darauf aufmerksam geworden – wieder und wieder in den unterschiedlichsten Texten. Häufig sind die hier beschriebenen Zusammenhänge sogar thematisch in dem Sinne, dass sie nicht nur – mit dem oben schon problematisierten Ausdruck Hans Blumenbergs – zur sozusagen unbeobachteten »›Hintergrundmetaphorik‹«[893] gehören, sondern dass sie ausdrücklich reflektiert, also gewissermaßen in den Vordergrund geholt werden. Diese Traditionsverhaftung bei gleichzeitiger – relativer – *Distanzierung von* dieser Tradition sowie *Fokussierung auf* diese Tradition habe ich oben in Hinblick auf Jean-Luc Nancy als seine Romantik zweiten Grades beschrieben. Dass eine solche kritisch-distanzierte Romantik zweiten Grades nicht erst den im 20. Jahrhundert Nachgeborenen offensteht, zeigt sich wiederum bei E.T.A. Hoffmann, der mit seinem kombinatorischen Witz und Humor vorführt, dass das Denken in der zweiten – oder wievielten auch immer – Potenz[894] je schon charakteristisch romantisch ist. So hatten es ja auch Friedrich Schlegel und Novalis postuliert und demonstriert.

Ein weiteres Beispiel für kritisch-distanzierte Romantik zweiten Grades findet sich in Robert Musils *Mann ohne Eigenschaften*. Sein 52. Kapitel, überschrieben *»Atemzüge eines Sommertags«*, beginnt »auf einer Wiese im Garten

893 Blumenberg, Paradigmen zu einer Metaphorologie, S. 114.

894 »Und doch kann auch sie [die romantische Poesie] am meisten zwischen dem Dargestellten und dem Darstellenden, frey von allem realen und idealen Interesse auf den Flügeln der poetischen Reflexion in der Mitte schweben, diese Reflexion immer wieder potenziren und wie in einer endlosen Reihe von Spiegeln vervielfachen.« Schlegel, Progressive Universalpoesie. Athenaeum-Fragment 116, S. 69.

unter der vollen Tiefe des Sommertags«, in dem »d[a]s Gespräch[] [...] hängen geblieben« ist, »ohne einen Riß [!] verspüren zu lassen.«[895] Die »volle[] [!] Tiefe«, die hier herrscht, ist – auch – eine mediale und erst als solche eine ›volle‹ oder ›erfüllte‹ Tiefe, wie sie schon Hoffmann in seinen *Briefen aus den Bergen* beschrieben hat. Im *Mann ohne Eigenschaften* heißt es:

> Ein geräuschloser Strom glanzlosen Blütenschnees schwebte, von einer abgeblühten Baumgruppe kommend, durch den Sonnenschein [...]. Frühling und Herbst, Sprache und Schweigen der Natur, auch Lebens- und Todeszauber mischten sich in dem Bild; die Herzen schienen stillzustehen [...]. Die Zeit stand still, ein Jahrtausend wog so leicht wie ein Öffnen und Schließen des Auges, [...] [Agathe] war ans Tausendjährige Reich gelangt, Gott gab sich vielleicht zu fühlen. [...] [D]ie Welt [schien] [...] in allen Stücken erfüllt von Verklärung zu sein. [...] [S]cheinbar [...] wußte [sie ohne weiters], wie man sich im Tausendjährigen Reich zu verhalten habe. [...] »[...] Ansichhalten muß man, bis Kopf, Herz und Glieder lauter Schweigen sind. Erreicht man so aber die höchste Selbstlosigkeit, dann berühren sich schließlich Außen und Innen, als wäre ein Keil ausgesprungen, der die Welt geteilt hat ...!«[896]

Diese Passage lässt nicht nur an die in den hier ausgelassenen Sätzen mehrmals ausdrücklich erwähnte Mystik denken, sondern auch an Hoffmanns *Briefe aus den Bergen*, wie ich sie oben interpretiert habe. Dort war die Rede vom »Hauch des Abendwindes«, der mit den »Düfte[n] des blühenden Jasmins« Hoffmann »umströmte[]« und in diesem *periéchon*haften ›Strömen‹ und ›Tönen‹,[897] »[H]ineintönen[]« und »[H]inaushalle[n]«, wie es bei Musil heißt, »Außen und Innen« ›sich berühren‹ lässt. Ist bei Musil die Rede davon, dass »die Welt [...] erfüllt von Verklärung zu sein« scheine, geht es bei Hoffmann um ›Verheißung‹, ›Trost‹ und »Erfüllung alles in der Seele geahnten«. Gliedert bei Hoffmann die zugleich vertikale wie mediale – also oxymoronhafte – Logik des »Oben, mitten im tiefen Blau« die Szene, folgt bei Musil eine *coincidentia oppositorum* der anderen: »Frühling und Herbst, Sprache und Schweigen« (sogar »lauter Schweigen«!), »Lebens- und Todeszauber« sollen sich im Blütenschnee-Strom-Ambiente (Spitzer) »misch[]en«. Schließlich soll wie in Georg Simmels transzendentem Reich des sogenannten ewigen Eises ›die Zeit stillstehen‹. Und wie bei Hoffmann in der Erkenntnis des »Höchste[n] hienieden« ein weiteres Mal Innen und Außen, Oben und Unten, Transzendenz

895 Robert Musil: Der Mann ohne Eigenschaften. Roman. II. Aus dem Nachlaß hg. von Adolf Frisé, Reinbek bei Hamburg 1987, S. 1232.

896 Ebd., S. 1232–1234.

897 Vgl. das Hoffmann-Zitat 838.

und Immanenz koinzidieren, so »berühren sich« auch bei Musil »Außen und Innen«: »die Welt« ist also nicht mehr »geteilt«, sondern geheilt.

Was aber hat den Keil und damit den Riss von »Außen und Innen« (Musil) hineingetrieben in die Welt? Die Antwort, die ich oben im dritten Kapitel schon gegeben hatte, lautet: die Reflexion – jener ›philosophische‹ Erkenntnis- und Distanzierungsakt, der Diesseits und Jenseits unterscheidet und im gleichen Zuge das (nachträgliche) ›Heil‹ als gewissermaßen sentimentalischen Reflexionsbegriff schafft, und das heißt: als je schon verlorenes ›Heil‹.

In diesem Sinne hat es auch Georg Lukács in den Eröffnungssätzen seiner *Theorie des Romans* formuliert; dabei ist »Totalität«[898] Lukács' Begriff für das hier in Rede stehende ›Heil‹. »Philosophie als Lebensform«, schreibt Lukács, »[ist] immer ein Symptom des Risses zwischen Innen und Außen, ein Zeichen der Wesensverschiedenheit von Ich und Welt«[899]. In den »[s]elig[en]« – mit Schiller: naiven – »Zeiten« hingegen, so Lukács, sei alles »Tun der Seele sinnvoll und rund in dieser Zweiheit: vollendet in dem Sinn und vollendet für die Sinne«. Geistiges (»Sinn[]«[900]) und Körperliches (›Sinnliches‹) also finden »einen [!] [...] Mittelpunkt« und »einen geschlossenen Umkreis«, ganz wie bei Simmel im Henkel die eine »reale« »Ganzheit« die andere, »ideale« beziehungsweise »Sinn«-»Ganzheit« ergreift und so diese »zwei Welten« »harmonisch« konvergieren. Die ›Heils‹-Metaphern beziehungsweise -Katachresen ähneln sich auf schlagende Weise bis ins Wörtliche hinein.

Eine »abgerundete Welt«, wie Lukács sie beschreibt, zeichnet sich durch »Gegenwart des Sinnes« aus.[901] In einem solchen Welten-»Kreis« macht »Geschlossenheit die transzendentale Wesensart« des »Lebens« aus. Das aber heißt: transzendentale, also erkenntnisbezogene oder sonstwie kritische philosophische Fragen stellen, *eröffnen* sich gewissermaßen gar nicht erst. Dieser antiphilosophische, auf Komplexitätsreduktion zielende, nach dem bis hierhin Gesagten romantische Impuls gehört zu Beginn des 20. Jahrhunderts zu den Standardelementen von Philosophie und Theorie. Häufig ist es, wie schon bei Simmel gesehen, ›das Leben‹, in dem ›alles eins‹ werden soll. So ist es auch bei Martin Buber, der im Jahr 1900, als Zwanzigjähriger, einen Vortrag mit dem Titel *Alte und neue Gemeinschaft* hält. Darin heißt es:

> Welchen Zweck hat die Neue Gemeinschaft? Sich selbst und das Leben. [...] Nicht dieses oder jenes Leben, das von einer im letzten Grund unberechtigten Abgrenzung beherrscht ist, sondern *das* Leben. Das Leben, das von allen Grenzen

---

898 Lukács, Die Theorie des Romans, S. 26.
899 Ebd., S. 21.
900 Ebd.
901 Ebd., S. 25.

> und Begriffen erlöst, denn Begriffe sind seltsame Stelzen für Menschen [...]; wem es aber geglückt ist, sich aufs Leben selbst zu stellen, der die Sprache der *That* sprechen gelernt hat, der feiert lachend seine Befreiung von den knechtenden Starrheiten des Gedankens und nach langer Sonderung die Vereinigung seiner Kräfte zur Lebenseinheit. Solche Gemeinschaft, wie wir sie meinen, ist nur ein Ausdruck überströmender Sehnsucht nach dem ganzen Leben;[902]

Erlösung von Grenzen, Sehnsucht nach Einheit und Ganzheit, Überströmen im Leben: dieses »Leben« ist nichts anderes als jenes *periéchon*, dessen »geheimnisvolle[s] Fluidum«, so Spitzer, solcherart »in den Menschen dringt und einströmt«, dass – so Spitzer – seine »Erkenntnis« (!) sich aus dem »[Ü]berströmen aus dem Makrokosmos in den Mikrokosmos« ergibt – und dies offensichtlich nicht als epistemisch-kognitive Erkenntnis, sondern als orgiastisch-»überströmende[s]«, *floating*haftes Gefühl vom Durch-die-Weltseele-durchdrungen-und-in-ihr-aufgehoben-Sein, wie es Goethes Gedicht *Eins und Alles* imperativisch fordert: »Weltseele komm uns zu durchdringen!«

Metaphorologisch ist es von hier nur noch ein Schritt zum sogenannten ›Sinn des Lebens‹.[903] Und tatsächlich fällt diese Wendung schon bei Buber:

> Dieses seltsame und entscheidende Erlebnis ist es, das Gustav Landauer in den Worten schildert: »Wenn wir uns gründlich absondern, wenn wir uns als Einzelne in uns selber tiefst hinein versenken, dann finden wir schliesslich, im innersten Kern unseres verborgenen Wesens, die urälteste und allgemeinste Gemeinschaft: mit dem Menschengeschlecht und dem Weltall.« Unsere neue Vereinigung ist nichts als ein lebendiger Ausdruck unseres Gefühls von dieser allgemeinsten Gemeinschaft. Unser Leben verzehrte sich in Kampf und Zweifel; in stillen einsamen Stunden kam uns all unser Mühen ganz sinnlos vor und keine Brücke [–]

oder auch, mit Simmel, kein »Henkel«, verstanden als »vermittelnde Brücke« –

> schien uns von unserm Sein zu dem grossen Du zu führen, das wir um uns bis ins unendliche Dunkel hinaus sich erstrecken fühlten. Da aber kam dieses

902 Martin Buber: Alte und neue Gemeinschaft, zitiert nach: Paul R. Flohr, Bernard Susser: »Alte und neue Gemeinschaft«: An Unpublished Buber Manuscript, in: Association For Jewish Studies Review 1 (1976), S. 41–56, S. 50f. Für den Hinweis auf diesen Text danke ich Amir Engel, Jerusalem.

903 Der Ausdruck fällt auch bei Wilhelm Dilthey: »Die Dichtung ist Organ des Lebensverständnisses, der Poet ein Seher, der den Sinn des Lebens erschaut.« Wilhelm Dilthey: Das Wesen der Philosophie (1907), in: ders.: Die Geistige Welt. Einleitung in die Philosphie des Lebens. Erste Hälfte: Abhandlung zur Grundlegung der Geisteswissenschaften, Stuttgart, Göttingen [8]1990, S. 339–416, S. 394.

> Erlebnis[904] wie ein geheimes Hochzeitsfest: und wir waren von allen Schranken befreit und hatten den unsagbaren Sinn des Lebens gefunden.[905]

›Der unsagbare Sinn des Lebens‹ oder auch, wie es wenig später heißt, »de[r] Sinn des Weltalls«[906]: das sind weitere Einträge in die Liste der *topoi outopoi*, um die es hier geht. Dabei führen die beiden zuletzt hinzugekommenen vor Augen, dass Brücke und Henkel Wechselmetaphern für jenen *hiéros gámos* sind, um den schon Eichendorffs *Mondnacht* mit seiner Phantasie vom Seelenflug kreist – und dies im Ausgang von einer Atmosphäre (Spitzer) von »Blüten-Schimmer«, wie er ins Musils »geräuschlose[m] Strom glanzlosen Blütenschnees« nachklingt. So weit und doch so klein ist, metaphorologisch betrachtet, die als *periéchon* begriffene Welt: Seine Metaphorik durchdringt und umfasst einfach alles.

---

904 Vgl. auch Rainer Maria Rilkes *Erlebnis*, das sich wie eine Art lyrischer Zusammenfassung der hier in Rede stehenden Zusammenhänge liest: »Es mochte wenig mehr als ein Jahr her sein, als ihm im Garten des Schlosses, der sich den Hang ziemlich steil zum Meer hinunterzog, etwas Wunderliches widerfuhr. Seiner Gewohnheit nach mit einem Buch auf und abgehend, war er darauf gekommen, sich in die etwa schulterhohe Gabelung eines strauchartigen Baumes zu lehnen, und sofort fühlte er sich in dieser Haltung so angenehm unterstützt und so reichlich eingeruht [!], daß er so, ohne zu lesen, völlig eingelassen in die Natur [!], in einem beinah unbewußten Anschaun verweilte. Nach und nach erwachte seine Aufmerksamkeit über einem nie gekannten Gefühl: es war, als ob aus dem Innern des Baumes fast unmerkliche Schwingungen in ihn übergingen; […] mehr und mehr war er überrascht, ja ergriffen von der Wirkung, die jenes in ihn unaufhörlich Herüberdringende in ihm hervorbrachte: er meinte nie von leiseren Bewegungen erfüllt worden zu sein, sein Körper wurde gewissermaßen wie eine Seele behandelt [!] und in den Stand gesetzt, einen Grad von Einfluß aufzunehmen, der bei der sonstigen Deutlichkeit leiblicher Verhältnisse eigentlich gar nicht hätte empfunden werden können. Dazu kam, daß er in den ersten Augenblicken den Sinn nicht recht feststellen konnte, durch den er eine derartig feine und ausgebreitete Mitteilung empfing; auch war der Zustand, den sie in ihm herausbildete, so vollkommen und anhaltend, anders als alles andere, aber so wenig durch Steigerung über bisher Erfahrenes hinaus vorstellbar, daß er bei aller Köstlichkeit nicht daran denken konnte, ihn einen Genuß zu nennen. Gleichwohl […] fragte er sich dringend, was ihm da geschehe, und fand fast gleich einen Ausdruck, der ihn befriedigte, vor sich hinsagend: er sei auf die andere Seite der Natur geraten.« Rainer Maria Rilke: Erlebnis, in: ders.: Werke in drei Bänden, 3. Band: Prosa, Frankfurt a. M. 1966, S. 522–525, S. 522f.

905 Buber, Alte und neue Gemeinschaft, S. 53.

906 Ebd.

Fliegt! ins Offene, Freunde! Heideggers Lerche, Wilhelm Buschs Lerche …

Dabei erfolgt der Griff zu diesem *topos outopos* nicht unbedingt erst dort, wo es wie bei Buber in sprachkritischer Absicht darum geht, den Menschen ganz von den Begriffen und ihren Grenzen zu erlösen, sondern auch schon da, wo noch nach geeigneten Begriffen gesucht wird. So schreibt etwa Martin Heidegger im ersten Kapitel seiner *Grundbegriffe der Metaphysik*:

> Die metaphysischen Begriffe sind nichts, was wir da lernen könnten […]. […] [D]iese Begriffe und ihre begriffliche Strenge werden wir nie begriffen haben, wenn wir nicht zuvor *ergriffen* sind von dem, was sie begreifen sollen. Dieser Ergriffenheit, ihrer Weckung und Pflanzung, gilt das Grundbemühen des Philosophierens. Alle Ergriffenheit aber kommt aus einer und bleibt in einer *Stimmung*. Sofern das Begreifen und Philosophieren nicht eine beliebige Beschäftigung neben anderen ist, sondern im *Grunde* des menschlichen Daseins geschieht, sind die Stimmungen, aus denen die philosophische Ergriffenheit und Begrifflichkeit sich erhebt, notwendig und immer *Grundstimmungen* des Daseins, solche, die den Menschen ständig und wesenhaft durchstimmen, ohne daß er sie auch immer schon notwendig als solche zu erkennen braucht. *Philosophie geschieht je in einer Grundstimmung.* Philosophisches Begreifen gründet in einer Ergriffenheit und diese in einer Grundstimmung. […] Wir sahen: Bei unseren anfänglichen Versuchen einer Kennzeichnung der Metaphysik wurden wir aus unseren Umwegen immer wieder zurückgeholt und darauf gedrängt, die Metaphysik aus ihr selbst zu fassen. […] So ergab sich, daß d[as] begreifende Fragen am Ende in einer *Ergriffenheit* gegründet ist, die uns bestimmen muß und aufgrund deren wir erst begreifen können und das zu greifen vermögen, wonach wir fragen.[907]

Wie in Simmels Ausführungen zur Landschaft *»Stimmung«* ein Wechselbegriff für eine *»Einheit«* logisch voneinander zu unterscheidener Vorstellungen ist, steht auch bei Heidegger die »Stimmung« im Kontext des hier angeführten Zitates im Zusammenhang mit einer Vorstellung von Einheit: sei's als »Sein im Ganzen«[908], sei's als »Eine[s]«[909]. Dabei geht es Heidegger hier – wie wohl grundsätzlich – darum, ein aktives Er- oder Begreifen der Dinge durch ein eher passiv anmutendes Sich-ergreifen-Lassen durch die Dinge zu ersetzen oder zu ergänzen.[910] Das zeigt sich ja schon grammatisch: »wir« »wurden« – das

907 Martin Heidegger: Die Grundbegriffe der Metaphysik. Welt – Endlichkeit – Einsamkeit (Freiburger Vorlesung Wintersemester 1929/30), hg. von Friedrich-Wilhelm von Herrmann, Frankfurt a. M. 2004, S. 9f. und 12.

908 Ebd., S. 8.

909 Ebd., S. 9.

910 Vgl. auch das Heidegger-Zitat in Anm. 2264.

finite Verb steht im Passiv – auf den rechten Weg »zurückgeholt«. Die Formel aber vom ›Begreifen als Ergriffenheit‹ in der »Stimmung« erinnert nicht zufällig an Simmels letzten *Henkel*-Satz. Denn nicht nur ist »Stimmung« das deutsche Wort für jene »Harmonie« von ›äußerer‹ Ding-Welt und »Sinn«, um deren »Verflechtungen« es Simmel hier geht. Vor allem greift Simmel mit seiner Formulierung vom – aktiven – *Die-Welt-Ergreifen-und-an-sich-Schließen* und zugleich – eher passiven – *Sich-von-der-Welt-ergreifen-und-an-sich-schließen-Lassen* Aristoteles' Definition des *periéchon* als *Wie-ein-Gefäß-Umfassendes* und zugleich *Wie-von-einem-Gefäß-Umfasstes* auf, jene Vorstellung also, die ich im Anschluss an Jean-Luc Nancy als ›Offenheit‹ bezeichnet hatte.

Mit diesem Begriff der ›Offenheit‹ wiederum bezieht sich Nancy, wie so häufig, auf Heidegger. Heidegger schreibt in seiner Vorlesung *Parmenides* aus dem Wintersemester 1942/43 über die von ihm als »Unverborgenheit« übersetzte »ἀλήθεια« (alḗtheia) – den für Heidegger vielleicht wichtigsten jener »Grundbegriffe der Metaphysik«, von denen man sich ›ergreifen lassen‹ soll:

> Wir sagen vordenkend: Im Wesen der Unverborgenheit [ἀλήθεια] waltet das Offene. Zunächst denken wir bei diesem Wort an das, was nicht verschlossen, also aufgeschlossen ist. So gedacht erweist sich das Offene als eine Folge des Aufschließens und Entbergens. [...] Vor all dem gilt es erst zu sehen, daß die Griechen überhaupt im Wesensbereich der ἀλήθεια solches erfahren haben, was sie nötigte, irgendwie vom Offenen zu sagen. Den Wesensbegriff des Offenen finden wir bei den Griechen nirgends. Dagegen treffen wir im Wesensbereich der ἀλήθεια und des griechischen Denkens über das Sein auf Worte und Namen, die gleichwohl, obzwar im ungefähren, auf das weisen, was hier das Offene genannt wird.[911]

Im Anschluss an Ausführungen zur »ἀλήθεια«[912] heißt es dann:

> Niemals kann ein Stein, sowenig wie ein Flugzeug, je der Sonne zu jubilierend sich erheben und sich regen wie die Lerche, und dennoch sieht sie nicht das Offene. [...]. In der Tat bedürfte es eines ursprünglichen dichtenden Vermögens, dieses Verborgene des Lebendigen ahnen zu lassen, eines Dichtens [...].[913]

Unabhängig vom Kontext dieser Stelle (einer Auseinandersetzung mit Rilke) ist klar, dass es hier um einen Himmelsflug geht – eben den der Lerche. Ihr Himmelsflug ist, vielleicht weil die Lerche nur im Aufsteigen singt, ein

911 Martin Heidegger: Parmenides. Freiburger Vorlesung Wintersemester 1942/43, hg. von Manfred S. Frings, Frankfurt a. M. 1982, S. 208.

912 Vgl. Anm. 2264.

913 Heidegger, Parmenides, S. 238.

literarischer Topos – kein *topos outopos*, sondern ganz einfach ein Topos, und zwar ein romantischer – bei Eichendorff etwa.[914] Mit Bezug auf diese topische Tradition kommt die Lerche auch in Wilhelm Buschs *Naturgeschichtlichem Alphabet* aus dem Jahr 1860 vor, und dabei gibt Busch dem Lerchen-Topos eine so komische wie bezeichnende Wendung. Heißt es nämlich unter dem Lemma »L«: »Die Lerche in den Himmel steigt, / Der Löwe brüllt, wenn er nicht schweigt« (Abb. 8)[915], dann ist dabei insbesondere bemerkenswert, *wie* die Lerche in den Himmel steigt: nämlich auf den Sprossen einer Jakobs- oder Himmelsleiter.[916]

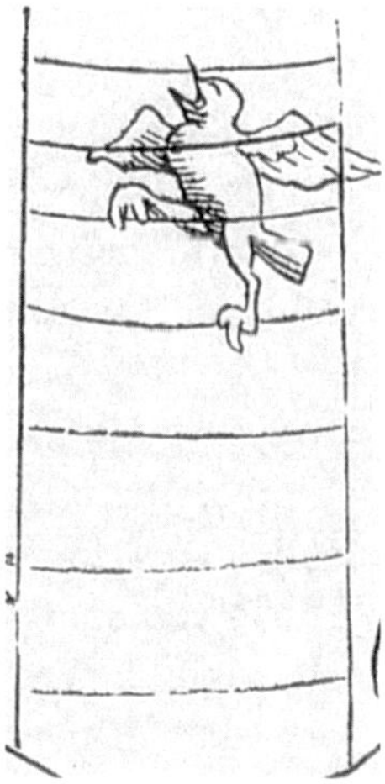

Abb. 8
»Die Lerche in den Himmel steigt«. Wilhelm Busch, *Naturgeschichtliches Alphabet* (Ausschnitt)

Das ist eine doppelte Pointe. Zum einen, weil die Lerche nicht auf ihren in der platonischen Tradition mit Luft, Leichtigkeit und dem Oben assoziierten Flügeln der Erdenschwere entschwebt, sondern sich mit ihren Füßchen gegen diese Erdenschwere anstemmt. Insofern ist die auf diese Weise ostentativ zweibeinig dargestellte Lerche anthropomorphisiert:[917] steigt sie doch ganz

914 Vgl. Anm. 2493.

915 Wilhelm Busch: Naturgeschichtliches Alphabet, in: ders.: Die Bildergeschichten. Historisch-kritische Gesamtausgabe. Bearbeitet von Hans Ries. Unter Mitwirkung von Ingrid Haberland. Zweite, überarbeitete Auflage, Band I. Frühwerk, Hannover 2007, Sp. 36–47, Sp. 41.

916 So gesehen, handelt es sich dann auch um eine Tonleiter. Vgl. Eichendorff, Ahnung und Gegenwart, S. 146f., Zitat 2367. Vgl. auch die Himmels- als Hühnerleiter bei Brentano in Fn. 527.

917 Buschs Lerche ist insofern zwar nicht wie der Mensch nach platonischer Definition zweibeinig und ungefiedert, aber zweibeinig und unnütz gefiedert. Vgl. zu dieser topischen Menschen-Definition Kleists *Käthchen von Heilbronn*: »*Freiburg*. Der Mensch ist, nach Platon, ein zweibeinigtes, ungefiedertes Thier; du weißt, wie Diogenes dies bewiesen;

ähnlich zu Fuß in die Höhe und dem Himmel entgegen wie Petrarca am Mont Ventoux, wenn er sich nicht nur imaginär »auf den Flügeln des Geistes« aufschwingt, sondern tatsächlich *per pedes* »[h]inaufsteig[t]«. Zum anderen ähnelt die Lerche auf diese Weise zwar dem Menschen, *ist* jedoch weder Mensch noch – obwohl sie Flügel besitzt – Engel, wie sie in Gen 28,12 über die Jakobsleiter zwischen Erde und Himmel auf- und niedersteigen. So gesehen, ist die Lerche – sich im Flug fast wie ein kleiner Adler dem Himmel entgegenschwingend – zwar höhentauglich; himmelstauglich ist sie deshalb allerdings insofern noch lange *nicht*, als ihr Transzendenz, Metaphysik beziehungsweise ›Heil‹ eben *nicht* ›offen‹stehen. So sagt es Heidegger: Als »Tier« sieht die Lerche »das Offene gerade nicht«. Nur der Mensch vermag das Offene zu sehen: »Der Mensch, und er allein, ist das Seiende, das, weil es das Wort hat, in das Offene hineinsieht und das Offene im Sinne des ἀλήθες sieht«,[918] so Heidegger.

Heidegger unterscheidet strikt zwischen dem sprachlosen Tier und dem »das Wort« besitzenden und damit Transzendenz-, Metaphysik- und ›Heil‹-befähigten Menschen; Rilkes systematisch die Mensch-Tier-Grenze einziehende Idee der Kreatur weist er im Umfeld der hier zitierten Passage zurück.[919] Zugleich jedoch ist Heideggers Lerche gewissermaßen schon teilanthropomorphisiert, vermag doch genau genommen nur der Mensch zu »jubilieren[]«. Das wiederum legt den Schluss nahe, dass es sich bei Heideggers Reihung von Stein, Flugzeug und Lerche um eine Steigerung hin zu immer mehr Beseeltheit handelt; ihr Gipfel wäre dann der Mensch.

So kann man es jedenfalls sehen, wenn man »die Seele« mit der von Aristoteles in *De anima* zitierten (vermutlich) platonischen Definition als »das« versteht, »was sich selbst bewegt und imstande ist zu bewegen [ψυχὴν εἶναι τὸ κινοῦν ἑαυτὸ ἢ δυνάμενον κινεῖν]«[920] – und was »sich reg[t]« wie Heideggers Lerche, das bewegt sich eben auch. Folgt man also in diesem Sinne der Vorstellung einer graduell von den Dingen bis zum Menschen

einen Hahn, glaub' ich, rupft er, und warf ihn unter das Volk. –« Kleist, Das Käthchen von Heilbronn, S. 540 (II, 6, V. 948–950). – In Zedlers *Universal-Lexicon* heißt es: »Als Plato einen Menschen dergestalt beschrieben, daß er sey, animal bipes implume, brachte er [Diogenes] einstens einen Hahn, den [sic] die Federn ausgerupffet, in die Schule, schmiß ihn vor seinen Schülern nieder und sagte, daß dieses ein Platonischer Mensch wäre.« »Diogenes, ein Philosophus Cynicus«, in: Johann Heinrich Zedler [Verleger]: Grosses vollständiges Universal-Lexicon Aller Wissenschafften und Künste [...], Bd. 7, Sp. 979.

918 Heidegger, Parmenides, S. 231.

919 Grundlegend hierzu: Giorgio Agamben: Das Offene. Der Mensch und das Tier. Aus dem Italienischen von Davide Giuriato, Frankfurt a. M. 2003; zu Heidegger und seiner von Agamben zitierten Lerche insbesondere S. 65–71.

920 Aristoteles, Περὶ Ψυχῆς. Über die Seele, S. 24f. (406a).

zunehmenden Beseeltheit, wie sie noch in der frühen Anthropologie mit der Idee einer *Great Chain of Being* verbunden ist, dann hat das sich selbst bewegende Flugzeug ›mehr Seele‹ als der allenfalls himmelswärts geworfene Stein. Die »sich regen[de]« und schon menschenähnlich jubilierende Lerche wiederum hat ›noch mehr Seele‹. Seele *und* Sprache – samt ihren metaphysischen Begriffen – hat jedoch nur der Mensch, und daher kann er allein, weil er »vom Offenen zu sagen« vermag, Heidegger zufolge überhaupt ›das Offene sehen‹.

Darin liegt so etwas wie eine tragische Ironie. Zwar fliegt die Lerche ›beseelt‹, und das heißt hier aus eigener Flügelkraft, himmelwärts; Transzendenz, Metaphysik, ›das Offene‹ sowie das darin vom Menschen gesuchte ›Heil‹ jedoch stehen der Lerche als sprachlosem Wesen im Himmel eben nicht ›offen‹. Dem Menschen allerdings stünden sie offen – er hat aber keine Flügel: »Meine Flügel sind beschnitten, sonst flöge ich dieserhalb wirklich einmal übers Gebürge –«,[921] so lautet ja E.T.A. Hoffmanns Klage im Brief an Hippel vom April 1798. Man müsste also Engel sein, um Flügel *und* Transzendenz-Potential zu haben – oder eben jene Himmelsleiter besteigen, die in der *Genesis* sogar die Engel benutzen, und das, obwohl sie doch in der Regel Flügel zum Fliegen besitzen.

Emblem dieser ironischen Paradoxie ist Buschs Lerche. Stiege sie, wie Heideggers Lerche, jubilierend im Fluge auf in die Höhe, dann erreichte sie so jedenfalls *nicht* denjenigen »Himmel«, der topisch mit der Transzendenz und dem ›Heil‹ assoziiert ist. Denn diese Perspektive steht nur dem Menschen offen. Allenfalls kann sich eine Lerche darauf Hoffnung machen, wenn sie so weit anthropomorphisiert ist, dass sie nach Menschenart zu Fuß geht – das allerdings Heidegger zufolge umsonst.

Heideggers Begriff vom ›Offenen‹ ist, das liegt auf der Hand, in seiner hier verfolgten Lesart nichts anderes als eine weitere Wechselmetapher für das ›Heil‹, um dessen unterschiedliche mediale, und das heißt hier metaphorische Spielarten es in der vorliegenden Studie geht. Auf eine Art sprachliches ›Heil‹ zielt ja bei Heidegger schon die fernhin an Aristoteles' *periéchon* erinnernde Einswerdung von Begreifen und Ergriffenwerden im »metaphysischen Begriff[]« der *alḗtheia* als »Unverborgenheit« und ›Aufgeschlossenheit‹, und daher ist es nicht verwunderlich, sondern nur metaphorologisch konsistent, wie sehr Heideggers Theorie von den »metaphysischen Begriffen« Simmels Theorie des Henkels ähnelt. Auch der Henkel ist ja Simmel zufolge Symbol der »Welt«, die dem begrifflichen »Sinn« einen »Arm« »hin[]reicht« beziehungsweise -»streckt«, dem begrifflichen Verstehen also solcherart aktiv

921 Hoffmann, Brief an Theodor Gottlieb von Hippel, 1.4.1798, S. 109.

entgegenkommt, dass es sich »von ihr ergreifen […] lassen« kann (Simmel) beziehungsweise sein »begreifende[s] Fragen am Ende in einer *Ergriffenheit*« durch die Welt »gegründet ist« (Heidegger).

Der Lerche Buschs allerdings kommt die Welt nicht entgegen. Sie steht ihr ja Heidegger zufolge überhaupt nicht ›offen‹. Mühsam erklimmt sie daher zu Fuß die Himmelsleiter, als wären ihre Flügel wie die Hoffmanns »beschnitten«. Gerade dadurch aber wird sie zum Emblem all derer, die – wie Petrarca, Hoffmann und Reinhold Messner[922] – ihr ›Heil‹ in der Höhe suchen und dazu eine Himmelsleiter benutzen – nur dass ihnen als sprachbegabten Menschen, im Unterschied zur Lerche, auch das ›Heil‹ ›offen‹steht.

So verstanden, ist Buschs Lerche ein Emblem zu Heideggers Theorie vom ›Offenen‹ – allerdings auch nur *ein* Emblem. Denn obgleich Buschs Bild von der Lerche – seiner humoristischen, *genus-humile*haften Stillage zum Trotz – der Sache nach im Sinne Heideggers verstanden werden kann, dürfte Heidegger selbst doch eine ganz andere Art von »Dichten« im Sinn gehabt haben, als er von der durch ein »ursprüngliche[s] dichtende[s] Vermögen« vermittelten ›Ahnung‹ des »Verborgene[n]« – also Zu-Entbergenden – sprach: und vermutlich auch ein Dichten in der Stillage des *genus grande*. Tatsächlich ist es, wie ich im zehnten Kapitel argumentiere, ausgerechnet Joseph von Eichendorffs Roman *Ahnung und Gegenwart*, in dem sich auf andere, aber nicht weniger emblematische Weise als in Buschs *Naturgeschichtlichem Alphabet* Heideggers Theorie und ›Ahnung‹ vom ›Offenen‹ verdichten: so vor allem in jener Szene, in der die beiden Helden des Romans ganz buchstäblich jubilierend dem Himmel und ›dem Offenen‹ entgegenfliegen.[923] Steht also einem Vogel wie der Lerche das ›Heil‹ selbst dann nicht ›offen‹, wenn er wie ein Mensch zu Fuß Richtung Himmel unterwegs ist, so steht umgekehrt dem Menschen das ›Heil‹ gerade dann ›offen‹, wenn er sich jubilierend im Vogelflug hineinwirft.

… und das Offene der Buccalität (Nancy, Oral B)

Schließlich sei noch ein drittes Emblem des ›Offenen‹ im Heidegger'schen Sinne genannt: der im Jahr 2012 im deutschen Fernsehen gesendete Werbeclip für eine elektrische Zahnbürste der Marke Oral B, dessen Tagline »Oral B. Die Welt steht Dir offen, wenn Du Dich ihr öffnest« lautet.[924] Nicht dichterisch wie Eichendorffs Szene, nicht humoristisch wie Buschs Lerchenbild, wirkt dieser

922 Vgl. Anm. 2303.

923 Vgl. das Eichendorff-Zitat 2407.

924 http://adsolute.com/index.php/lightbox.html?tvmaster_id=G4C15BTG (25.5.2016).

Werbespot von 25 Sekunden auf den ersten Blick – vor allem mit Blick auf die Bild-Text-Beziehung –[925] geradezu dadaistisch-absurd. Auf den zweiten Blick aber folgt er, jedenfalls auf der Bildebene, topologisch strikt jener Vorstellung von »Buccalität« oder eben »Oralität«, die – wie oben schon erläutert – Jean-Luc Nancy in ausdrücklicher Überblendung von »Substanz« und »Form« ebenfalls ausdrücklich mit Heideggers Begriff des ›Offenen‹ assoziiert.

Ist bei Aristoteles das *periéchon* der ›Ort‹ oder ›Raum‹, in dem *hýlē* und *eîdos* wie in einer Art »Gefäß« zusammenkommen und solcherart eins werden – und das ausdrücklich metaphorisch: *»tò angeîon tópos metaphorētós«*[926] –, dass ihre Dichotomie ge›heil‹t ist, bezeichnet Nancy eben diese Vorstellung der Konvergenz – sofern man die doppelte Verneinung »ni [...] ni« so deuten darf – von *hýlē* (substance) und *eîdos* (figure) als die *hýlē-eîdos*-›transversale‹ ›Offenheit‹ des Raums. Ort – im wörtlichen Sinne (lieu) – dieser Offenheit beziehungsweise Öffnung ist, um noch einmal diese Sätze Nancys zu zitieren, der Mund:

> [U]ne bouche n'est ni une substance, ni une figure. *Bucca* [...], bouche de l'oralité, c'est le visage lui-même pris par métonymie pour cette bouche qu'il entoure, qu'il porte et rend visible, lieu de passage de toutes sortes de substances [...]. [...] La bouche est l'ouverture de *Ego, Ego* est l'ouverture de la bouche. Ce qui s'y passe, c'est qu'il s'y espace. »Espacer, cela apporte le libre, l'ouvert, le spacieux, pour un établissement et une demeure de l'homme [Heidegger, *L'Art de l'espace* in *Questions IV*, Paris, Gallimard, 1976].«[927]

Der von Nancy zitierte Heidegger-Satz heißt auf Deutsch:

> Das Räumen erbringt das Freie, das Offene für ein Siedeln und Wohnen des Menschen.[928]

So kompliziert diese Zusammenhänge klingen mögen, der Oral-B-Werbeclip setzt sie ins Bildliche um. (Abb. 9 a–m)[929]

925 Der von einer Frauenstimme gesprochene Text dazu lautet: »Wie sie sich bewegt. Wie sie reinigt. Das Gefühl, das sie gibt. Alles an einer elektrischen Zahnbürste von Oral-B ist einfach außergewöhnlich. Die von Zahnärzten inspirierte *Precision clean* Aufsteckbürste reinigt in drei Richtungen und beseitigt so fünfmal mehr Plaque entlang des Zahnfleischrandes als eine Handzahnbürste. Für schöne, gesunde Zähne. Elektrische Handzahnbürsten von Oral-B. Erleben auch Sie jetzt den Unterschied.«

926 Aristoteles, Physik, S. 156f. (209b), Zitat 742.

927 Nancy, Unum quid, S. 162. Das Heidegger-Zitat findet sich in: Martin Heidegger: Die Kunst und der Raum. L'art et l'espace, Frankfurt a. M. 2007, S. 20f.

928 Ebd., S. 9.

929 http://adsolute.com/index.php/lightbox.html?tvmaster_id=G4C15BTG (25.5.2016).

Oral-B
Oral-B
Oral-B
Oral-B

Oral-B
Oral-B
Oral-B
Oral-B

Oral-B
Oral-B
Oral-B

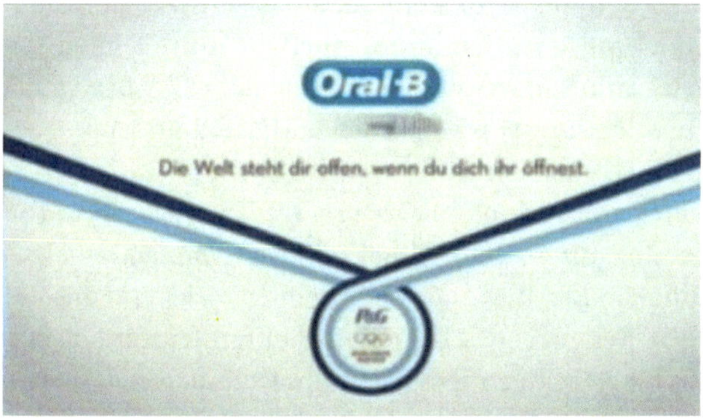

Abb. 9 a–m »Oral B. Die Welt steht Dir offen, wenn Du Dich ihr öffnest.«

Man sieht zunächst in auf- und zugleich leicht schrägsichtiger Totale Menschen in weißen, hellblauen und dunkelblauen Kapuzenoveralls, die auf einer an eine Salzwüste erinnernden, hellen Fläche zu einem großen Kreis geordnet eine Art rhythmische Sportgymnastik betreiben. Sie laufen im Kreis, erzeugen La-Ola-Wellen und springen – dabei sind sie nun in halbtotaler Augenhöhe zu sehen – so hoch in den Himmel, dass die Betrachterperspektive zur Untersicht wird. Der folgende Schnitt zeigt, wiederum untersichtig, Menschen La-Ola-haft Arme und Gesicht in den Himmel recken. Dann sieht man noch einmal den durch diese Bewegung pulsierenden Kreis aus der Totale. Es folgt ein Schnitt zur Vogelperspektive, aus der ein weiteres Mal zu sehen ist, wie sich die bewegenden Menschen aus der Erde zugewendeter Haltung himmelwarts strecken. Den Eindruck ihrer Öffnung nach oben verstärkt ein rasanter Zoom aus dem Bild heraus, durch den sich die in farblich geordneter Formation tanzenden Overallträger und -trägerinnen in die blauen, hellblauen und weißen Borsten auf dem Zahnbürstenkopf verwandeln. Es folgen im Splitscreen links eine manuelle, rechts die elektrische Oral-B-Zahnbürste bei der Plaque-Entfernung, dann ein Schnitt zurück in die Menschenmenge, aus der heraus sich eine hübsche junge Frau dem – auch noch per Zoom auf sie zufahrenden – Betrachter lachend entgegenreckt und dann mit der Zunge über ihre blendendweißen Zähne fährt. Zum Schluss ist unter dem Oral-B-Logo die Tagline »Oral B. Die Welt steht Dir offen, wenn Du Dich ihr öffnest« zu lesen.

Das grenzt an eine Tautologie, und dennoch ist dieser Satz bemerkenswert. Denn erstens spricht er aus, dass es in dem Werbeclip um ein ›du‹ beziehungsweise ›ich‹ auf der einen Seite und ›die Welt‹ auf der anderen geht, also Mikro- und Makrokosmos, die auch hier – ganz in der antiken Tradition – einander sphärenharmonisch entsprechen sollen: und dies ganz buchstäblich, sieht man doch eine große (Menschenmenge) und eine kleine Sphäre (Zahnbürstenkopf), deren Analogie in der pulsierenden und so auch die dritte Dimension der Höhe einschließenden – mit Nancy: ›omnidimensionalen‹ –[930] Bewegung besteht und durch die Überblendung von Menschen und Zahnbürstenborsten im Herauszoomen anschaulich gemacht wird.

Steht ›mir‹ zweitens aber ›die Welt offen‹, *wenn* – im kausalen Sinne von *dadurch, dass* – ›ich mich ihr öffne‹, dann klingt in dieser Vorstellung eines teils vom Subjekt aktiv bewirkten und teils sich dem Subjekt ereignishaft gebenden, entbergenden ›Offenen‹ jenes Begreifen-als-Ergriffenwerden mit, auf das Heideggers »metaphysische Begriffe« – allen voran die *alḗtheia* – zielen. Metaphorologisch gesehen, ist also die von Oral B versprochene ›Öffnung‹ beziehungsweise das ›Offenstehen‹ der Welt mit Heideggers ›Hineinsehen‹ »in das Offene [...] im Sinne des ἀλήθές« verwandt.

Drittens schließlich führt der Oral-B-Werbeclip auch die Assoziation von Himmel und Höhe vor Augen. Die Menschen springen, ja fliegen beinahe, schwerelos anmutend, himmelwärts. Es handelt es sich hier, das darf man nicht vergessen, um die Darstellung oraler Vorgänge. Insofern gibt es hier noch eine weitere Mikro-Ebene, nämlich die des Mundes. Der Mund aber ist Nancy zufolge nicht nur Metonymie des menschlichen Gesichts und damit auch Metonymie beziehungsweise *pars pro toto* des Menschen selbst, sondern Emblem seiner Öffnung: zum einen, körperlich-buchstäblich, für die »passage de toutes sortes de substances« durch den Mund – Zahnpasta zum Beispiel, Pneuma, animalmagnetisches Fluidum, Welt-Atem oder Gesang –, zum anderen aber auch im abstrakten Heidegger'schen Sinne. Das suggeriert Nancy ja über die französische Beinahe-Homophonie »Ce qui s'y passe, c'est qu'il s'y espace«, aus der sich wiederum der Anschluss an Heideggers »Espacer, cela apporte le libre, l'ouvert, le spacieux« ergibt, also an Heideggers Begriff des ›Offenen‹ – nicht anders und nicht weniger *bucca*esk, als es der Oral-B-Werbeclip tut.[931]

930 »Das klangliche Präsens [...] ist [...] omnidimensional und allen Räumen transversal«; Nancy, Zum Gehör, S. 22.

931 Aus der ›Buccalität‹ oder ›Oralität‹ wie auch aus dem Diskurs um das Rauchen ergibt sich ein Einwand gegen die zentrale These von Albrecht Koschorkes *Körperströmen*. Sagt Koschorke mit Blick auf das ausgehende 18. Jahrhundert: »Der menschliche Körper wird [...] in sich selber verschlossen«, so gilt das nicht für die mit ›Offenheit‹ assoziierten ›buccalen‹ und ›oralen‹ Phänomene. Vielmehr schließen sie an die Koschorke zufolge ältere, mit einem von ihm zitierten Wort Thomas Laqueurs, Idee einer »für den modernen Menschen fast unvorstellbaren – und sogar beängstigenden – Porösität« an. Albrecht Koschorke: Körperströme und Schriftverkehr. Mediologie des 18. Jahrhunderts, München [2]2003, S. 74 und 89; Thomas Laqueur: Auf den Leib geschrieben. Die Inszenierung der

Offen in alle Richtungen und auch ein Medium: Heideggers Stimmung

Aber wo ist das Medium? Dem Begriff nach, lautet die Antwort, ist es in den vorangehenden Ausführung in der ›Heilung‹ – oder auch im Kurzschließen durchs ›Alles-eins‹-Machen – von Körper-Geist- oder *hýlē-eîdos*-Dichotomien beziehungsweise -›Dualitäten‹ immer präsent gewesen. Befriedigend wäre es allerdings, wenn das Medium im hier entwickelten Kontext auch einmal dem Wort nach vorkäme. Tatsächlich schreibt Martin Heidegger in den *Grundbegriffen der Metaphysik*, sich auf seinen Begriff der ›Stimmung‹ zurückbeziehend, wie er hier oben im Zitat zur Anmerkung 907 angeklungen ist:

> Wir sagten vorläufig und roh: Die Stimmungen sind die ›Voraussetzung‹ und das ›Medium‹ des Denkens und Handelns. Das sagt so viel wie: Sie reichen ursprünglicher in unser Wesen zurück, in ihnen treffen wir erst uns selbst – als ein Da-sein.[932]

Heidegger beruft sich hier offenbar philosophisch auf jene Verbindung von ›Stimmung‹[933] und ›Medium‹, die Leo Spitzer philologisch bis in die Antike verfolgt hat. Es verwundert also nicht, dass sich auch die atmosphärisch-fluidalen Konnotationen des *periéchon* bei Heidegger finden. Ausdrücklich spricht er vom ›Eintauchen in eine Atmosphäre‹:

> Wir stehen bei der Aufgabe, eine Grundstimmung unseres Philosophierens zu wecken. […] Eine Stimmung läßt sich nicht nur nicht feststellen, sie soll auch nicht festgestellt werden […]. Denn alles Feststellen ist ein Zum-Bewußtsein-bringen. Alles Bewußtmachen bedeutet hinsichtlich der Stimmung ein Zerstören […], während es für uns bei der Weckung einer Stimmung darauf ankommt, diese Stimmung so sein zu lassen, wie sie als diese Stimmung sein soll. Das Wecken ist ein Seinlassen der Stimmung, die vordem offenbar schläft, wenn wir dieses Bild […] verwenden dürfen. […][934]
>
> Wir sagen […]: Die Stimmung steckt an. […] Was entnehmen wir hieraus? Die Stimmungen sind *keine Begleiterscheinungen*, sondern solches, was im vorhinein gerade das Miteinandersein bestimmt. Es scheint so, als sei gleichsam je eine

Geschlechter von der Antike bis Freud, Frankfurt, New York 1992, S. 57. Vgl. dieses Zitat in seinem Kontext zu Anm. 1008.

932 Heidegger, Die Grundbegriffe der Metaphysik: Welt – Endlichkeit – Einsamkeit, S. 102

933 Vgl. zu Heideggers ›Simmungs‹begriff Byung-Chul Han: Heideggers Herz. Zum Begriff der Stimmung bei Martin Heidegger, München 1996, und Hinrich Fink-Eitel: Die Philosophie der Stimmungen in Heideggers »Sein und Zeit«, in: Allgemeine Zeitschrift für Philosophie 17 (1992), S. 27–44.

934 Heidegger, Die Grundbegriffe der Metaphysik: Welt – Endlichkeit – Einsamkeit, S. , S. 97f.

> Stimmung schon da, wie eine Atmosphäre, in die wir je erst eintauchen und von der wir dann durchstimmt würden.[935]

Heidegger ist sich natürlich bewusst, dass und wo er metaphorisch oder im Vergleich spricht; im hier zuletzt zitierten Satz markiert er eine solche Rede sogar dreifach durch den Konjunktivus irrealis und die Worte »gleichsam« und »wie«. Die beiden Metaphern aber, die er so einführt, nämlich das ›Eintauchen in die Stimmung‹ und das ›Wecken der Stimmung‹, sind nicht nur beide charakteristisch romantische Metaphern, sondern auch beide mit der Musik assoziiert. So heißt es etwas in Eichendorffs Gedicht *Wünschelrute*:

> Wünschelrute
>
> Schläft ein Lied in allen Dingen,
> Die da träumen fort und fort,
> Und die Welt hebt an zu singen,
> Triffst du nur das Zauberwort.[936]

Was hier bei Eichendorff wie bei Heidegger noch fernhin nachklingt, ist jene antike Vorstellung der musikalischen Sphären-Harmonie, die auch Hoffmann in seinem *Brief aus den Bergen* von 1819 evoziert. »[U]mströmt[]« von Blüten-»Hauch« und »Abendwind[]«, geschieht es Hoffmann – wie oben im fünften Kapitel schon zitiert und interpretiert –, dass

> die Töne, welche zu mir herüberschwammen, [...] nicht mehr aus dem Fortepiano [hallten], nein, der Weltgeist selbst rührte die unsichtbaren Saiten, die durch das Universum sich spannen, in jedes Brust mächtig hineintönend und die innere Stimme weckend, damit sie hinaushalle in die Akkorde der Natur![937]

Das Heidegger'sche »Wecken« wenn nicht »der Stimmung«, so doch ›der Stimme‹, das ›Eintauchen‹ (Heidegger) beziehungsweise ›Umströmtsein‹ und ›Schwimmen‹ (Hoffmann) in einer ›Atmosphäre‹, das Von-ihr-›Durchstimmt‹werden und In-ihr-›Durchstimmt‹sein – all das hier von Heidegger zur ›Stimmung‹ Zitierte ist schon bei Hoffmann artikuliert. Und so wie bei Hoffmann die Stimme sowohl *in* der Brust als auch *außer* ihr ist, findet

---

935 Ebd., S. 100.

936 Joseph von Eichendorff: Wünschelrute, in: ders.: Gedichte. Versepen, hg. von Hartwig Schultz, Frankfurt a. M. 2006 (= Werke in sechs Bänden, hg. von Wolfgang Frühwald, Brigitte Schillbach und Hartwig Schultz, Bd. 1), S. 328. – Vgl. Heidegger, Die Grundbegriffe der Metaphysik: Welt – Endlichkeit – Einsamkeit, S. 92: »Eine Stimmung wecken, das sagt doch, sie *wachwerden* lassen und als solche gerade *sein* lassen.« Vgl. auch Zitat 934.

937 Hoffmann, Briefe aus den Bergen, S. 691.

sich Heideggers »Stimmung« »sowenig darinnen in irgendeiner Seele« und *»ebensowenig draußen«*, so »daß wir« Heidegger zufolge »viel eher sagen müssen und sagen: Diese Stimmung legt sich nun über alles«. In Hoffmanns *Kreisleriana* wiederum heißt es nicht, wie bei Heidegger, »über alles«, wohl aber »überall«: »Der Ton wohnt überall«, und dabei entspricht der ›Ton‹, wie Hoffmann noch im selben Satz definiert, der ›Melodie‹. Heidegger nun vergleicht seine ›Stimmung‹ ebenfalls der Melodie:

> Es sieht nicht nur so aus, als ob es so sei, sondern es ist so [...]: Stimmungen sind [...] gerade eine Grundart und Grundweise des Seins, und zwar des Da-seins, und darin liegt unmittelbar immer: des Miteinanderseins. Sie sind Weisen des Da-seins und damit solche des Weg-seins. Eine Stimmung ist eine Weise, nicht bloß eine Form oder ein Modus, sondern eine Weise im Sinne einer Melodie, die nicht über dem sogenannten eigentlichen Vorhandensein des Menschen schwebt, sondern für dieses Sein den Ton angibt, d.h. die Art und das Wie seines Seins stimmt und bestimmt.[938]

Schließlich kehrt auch Hoffmanns Unmittelbarkeitspostulat der Melodie – »die Melodie [...] soll Gesang sein, frei und ungezwungen unmittelbar aus der Brust des Menschen strömen« –[939] im Kontext von Heideggers ›Stimmungs‹begriff wieder: so etwa in der *»Er-stimmung«*, die mit einem »unmittelbar[en] [...] [V]ernehmen« verbunden sein soll.[940]

Heideggers ›Stimmungs‹begriff, das sollte dieser knappe Umriss zumindest andeutungsweise erkennen lassen, ähnelt insofern seinem Begriff des ›Offenen‹, als beide auf die ›Heil‹ung jener »Dualität der Erscheinung« (Goethe) oder auch jenes »chronischen Dualismus« (Hoffmann)[941] zielen, für die in der vorliegenden Studie die Metapher des Mediums steht – wie auch gelegentlich bei Heidegger selbst. Vielleicht könnte man also sagen, dass bei Heidegger die ›Stimmung‹ die ubiquitäre[942] (Denkfigur ›hohe mediale Tiefe‹) und sich insofern *auch* horizontal ausdehnende Alternative zum in erster Linie altitudinal nach oben orientierten ›Offenen‹ (Denkfigur ›Himmelsleiter‹) ist.

---

938 Heidegger, Die Grundbegriffe der Metaphysik: Welt – Endlichkeit – Einsamkeit, S. 100f.

939 Hoffmann, Über einen Ausspruch Sachini's, und über den sogenannten Effekt in der Musik, S. 444.

940 Martin Heidegger: Das Ereignis, hg. von Friedrich-Wilhelm v. Herrmann, Frankfurt a. M. 2009 (= Gesamtausgabe, III. Abteilung: Unveröffentlichte Abhandlungen. Vorträge – Gedachtes, Bd. 71), S. 223. Vgl. auch Heidegger, Die Grundbegriffe der Metaphysik: Welt – Endlichkeit – Einsamkeit, S. 11: »So sind wir auf ein Wort von *Novalis* unmittelbar [!] und scheinbar willkürlich zurückgegangen, wonach Philosophie ein Heimweh sei [...].«

941 Hoffmann, Prinzessin Brambilla. Ein Capriccio nach Jakob Callot, S. 893.

942 Vgl. Anm. 930.

Unabhängig von dieser Ausrichtung oder Dimension jedoch zielen beide auf eine ›Heil‹ung im medialen ›Alles-ist-eins‹ – und insofern sind beide in dem in der vorliegenden Studie entwickelten Sinne romantisch.

Tragödie Weltverlust, Heilsversprechen Stimmung (Hans Ulrich Gumbrecht)

> Über das Verhältnis zwischen »Ganzheit«/»Vollständigkeit« einerseits und »Präsenz« andererseits müßte man in systematischer Weise weiter nachdenken[,]

schreibt Hans Ulrich Gumbrecht 2003 in seinem Langessay *Die Macht der Philologie*,[943] und er hat recht. Gumbrecht selbst hat es unter dem Begriff der ›Stimmung‹ getan, einem, wie ich bis hierhin umrissen habe, Begriff mit romantischer Tendenz.[944] An dieser Tendenz mag es liegen, dass David Wellbery 2003 in den *Ästhetischen Grundbegriffen* ein ausgesprochen hartes Urteil über den ›Stimmungs‹begriff fällt. In seinem gleichnamigen Artikel schreibt Wellbery:

> Die Stimmungssemantik, könnte man sagen, ist während der zweiten Hälfte des 20. J[a]h[rhunderts] dumm geworden, und auch das wird zu ihrer philosophischen Belanglosigkeit beigetragen haben. [...] Sollte dies zutreffen, dann wäre eine [...] bis auf die Antike zurückreichende semantische Tradition ausgestorben. Indessen [...] wird [vielleicht] die Anpassungsfähigkeit des Begriffs es ihm ermöglichen, seine derzeitige Irrelevanz zu überwintern und in künftigen semantischen Konfigurationen unerwartetes Sinnpotential zu entfalten.[945]

---

943 Hans Ulrich Gumbrecht: Die Macht der Philologie. Über einen verborgenen Impuls im wissenschaftlichen Umgang mit Texten. Frankfurt a. M. 2003, S. 27, Anm. 9.

944 Vgl. zur ›Stimmung‹ Karl Heinz Bohrer: Denn Gedanken stehn zu fern? Moderne aus dem Geist der Musik, in: ders.: Die Grenzen des Ästhetischen, München, Wien 1998, S. 37–57; Hans-Georg von Arburg: Stimmung und Methode? Überlegungen zur Staiger-Heidegger-Spitzer-Debatte (1950/51), in: ders., Sergej Rickenbacher (Hg.): Concordia discors. Ästhetiken der Stimmung zwischen Literaturen, Künsten und Wissenschaften, Würzburg 2012, S. 245–259. Vgl. außerdem die Monografien Jacobs, Stimmungskunst von Novalis bis Hofmannsthal und Anna-Katharina Gisbertz: Stimmung – Leib – Sprache. Eine Konfiguration in der Wiener Moderne, München 2009, sowie die Sammelbände Anna-Katharina Gisbertz (Hg.): Stimmung. Zur Wiederkehr einer ästhetischen Kategorie, München 2011 und Burkhard Meyer-Sickendiek, Friederike Reents (Hg.): Stimmung und Methode, Tübingen 2013.

945 David E. Wellbery: Stimmung, in: Ästhetische Grundbegriffe (ÄGB). Historisches Wörterbuch in sieben Bänden, hg. von Karlheinz Barck u. a., Bd. 5: Postmoderne-Synästhesie, Stuttgart, Weimar 2003, S. 703–733, S. 733. »Wellbery hat diesen Standpunkt mittlerweile revidiert, oder genauer gesagt, er hat selbst auf die überraschend schnelle Erfüllung

Dass die ›Stimmung‹ dann doch nur wenige Jahre später noch einmal Frühling gefeiert hat, ist das Verdienst Hans Ulrich Gumbrechts. Er hat diesen Begriff im Alleingang mit herkuleischer Kraft zurück in den akademischen Diskurs gehoben – ganz im Sinne jener nach eigener Auskunft ausdrücklich vertrauten »Illusion«, »ich (ausgerechnet ich!) sei ein mit todbringender Macht und Gewalt daherkommender griechischer Gott«,[946] einer »Illusion« also, in der man wohl nicht nur Fiktionsbewusstsein, sondern auch ein ironisches Augenzwinkern erkennen kann.

Anscheinend ernsthaft hingegen schreibt Gumbrecht in seinem 2011 erschienenen Buch *Stimmungen lesen. Über eine verdeckte Wirklichkeit der Literatur*, nun schon die von ihm initiierte Debatte resümierend:

> Ich bin nun vor allem an jener Bedeutungskomponente interessiert, die Stimmung mit Tönen und mit dem Hören von Tönen zusammenbringt. Bekanntlich hören wir nicht nur mit unserem inneren und äußeren Ohr; Hören ist eine komplexe, ganzkörperliche Verhaltensform, für die unsere Haut und unsere haptische Wahrnehmungsfähigkeiten eine wichtige Rolle spielen. Jeder Ton, den wir wahrnehmen, ist natürlich eine [...] wenn auch [...] unsichtbare physische Wirklichkeit[ ], welche als solche auf unseren Körper trifft (»it hits our body« kann man im Englischen sagen) und unseren Körper umgibt (»it wraps our body«[[947]]). [...] Durch Töne oder durch das Wetter berührt zu werden, das sind die leichtesten [...] und doch physisch konkreten Begegnungen mit unserer physischen Umwelt – »Begegnungen« im wörtlichen Sinne, auf die unser Körper stößt.
>
> Die Literaturnobelpreisträgerin Toni Morrison hat Stimmungen einmal mit dem schönen Paradox beschrieben, sie fühlten sich an, »als ob man von innen berührt würde« (»touched like from inside«). Ich nehme an, es ging ihr um die uns allen vertraute Erfahrung, dass Stimmungen als leichteste Berührung unseres Körpers durch die materielle Umwelt auch und eigentlich immer auf unsere Psyche wirken [...].[948]

---

seiner prognostischen Andeutung verwiesen.« Hans Ulrich Gumbrecht: Stimmungen lesen. Über eine verdeckte Wirklichkeit in der Literatur, München 2011, S. 33. Vgl. etwa David E. Wellbery: Latenz und Stimmung. Skizze einer historischen Ontologie, in: Latenz. Blinde Passagiere in den Geisteswissenschaften, hg. von Hans Ulrich Gumbrecht und Florian Klinger, Göttingen 2011, S. 265–276.

946 Hans Ulrich Gumbrecht: Diesseits der Hermeneutik. Die Produktion von Präsenz, Frankfurt a. M. 2004, S. 118.

947 »A *Stimmung*, like weather or music, is something that wraps our bodies and that affects them with a physical touch so light that we are tempted to overlook its material character. Nevertheless, enjoying, resenting, or merely noticing a *Stimmung* is always and inevitably a psychic move [...].« Hans Ulrich Gumbrecht: »How (If at All) Can We Encounter What Remains Latent In Texts?«, in: Partial Answers: Journal of Literature and the History of Ideas 7, 1 (Januar 2009), S. 87–96, S. 90.

948 Gumbrecht, Stimmungen lesen. Über eine verdeckte Wirklichkeit in der Literatur, S. 11f.

Gumbrechts Begriff der ›Stimmung‹ ist eine Spielart dessen, was ich in der vorliegenden Studie als ›romantisches‹ ›Medium‹ beschreibe. Das Hören von Ton, Stimme oder Melodie als Überwindung der Innen-außen-Dichotomie; *phýsis* und *psychē*, die sich solcherart ›haptisch‹ berühren, wie – Nancy und Derrida zufolge –[949] schon Aristoteles' »Berühren/Tasten [...] das Tastbare und das Nichttastbare« zusammenbringt; die physische Umwelt des Atmosphärischen – um all das ging es bisher, oder genauer: um all diese Metaphern, ihre metaphorologischen Kontexte und Beziehungen untereinander.

Daraus wiederum folgt, dass Gumbrechts wie auch Heideggers ›Stimmung‹ für die vorliegende Studie nicht metasprachlich, sondern nur objektsprachlich als Gegenstand in Betracht kommen.[950] Gumbrecht selbst wechselt anscheinend zwischen Meta- und Objektsprache hin- und her, wenn er ›Stimmung‹ mal als Phänomen beschreibt, das existiert, mal als historischen Begriff, dessen Wirklichkeitsbezug offen ist.[951] So kommt es, dass der ontologische Status der ›Stimmung‹ für Gumbrecht in der Schwebe bleibt – und dies offenbar programmatisch: führen doch auch die Ironie- und Fiktions- sowie die autobiografischen Signale, die sich in Gumbrechts theoretischen Texten aus den letzten zehn oder fünfzehn Jahren immer häufiger finden, insgesamt zu einer Veruneindeutigung seines epistemischen Anspruchs.

Davon unberührt ist allerdings der didaktische Impetus, von dem Gumbrecht in jüngerer Zeit immer wieder spricht. In seinem 2004 auf Deutsch veröffentlichten Buch *Diesseits der Hermeneutik. Die Produktion von Präsenz* schreibt Gumbrecht:

---

949 Gumbrecht verweist auf Nancy, The Birth to Presence; Gumbrecht, Diesseits der Hermeneutik, S. 76.

950 Vgl. Börnchen, »Dumme Semantik« oder: Wie klug muss eine Metasprache sein? Ein Stimmungs-Bild.

951 Oder auch als beides zugleich: »Eine Stimmung verknüpft, wie ich versucht habe darzulegen, gewisse Wissenskonfigurationen mit dem Eindruck, von einer Berührung der uns umgebenden materiellen Welt eingehüllt und beeinflusst zu sein. In allen Variationen dieses ontologisch sonderbaren Amalgams (man kann sie in Anlehnung an die rhetorische Tradition *Topoi* nennen, wobei der Begriff hier komplexer gefasst und seine räumliche Implikation hervorgehoben werden soll) erzeugen Stimmungen auch gewisse Wünsche und sehr oft auch Gefühle eines gewissen Widerstandes [...]. Stimmungen entstehen sowohl als Reaktionen auf Latenz als auch als deren Folge, wobei sie gleichzeitig aktiv das latent halten, was immer da ist, ohne in den Blick zu geraten. In den folgenden drei Kapiteln möchte ich drei Konfigurationen von Topoi beschreiben [...], welche die Nachkriegsstimmung ausmachen [...].« Hans Ulrich Gumbrecht: Nach 1945. Latenz als Ursprung der Gegenwart, Berlin 2012, S. 54f. und 58.

> Mein [...] Anliegen [...] [ist] es, ein hinreichend guter Lehrer zu sein, um für meine Studenten *Momente der Intensität* zu beschwören und spürbar zu machen [...]. So wollte ich es beispielsweise erreichen, daß meine Studenten eine Ahnung hätten von dem nachgerade exzessiven, überschwenglich lieblichen Wonnegefühl, das mich manchmal überkommt, wenn eine Mozartarie in polyphone Komplexität übergeht und ich tatsächlich glaube, die Oboe mit meiner Haut zu hören [, ... oder dem] Moment der Bewunderung (und vielleicht auch [...] Verzweiflung des alternden Mannes) [...], der mich ergreift, wenn ich den schönen Körper einer jungen Frau sehe, die neben mir vor einem jener Computer steht, die Zugang zu unserem Bibliothekskatalog verschaffen. Übrigens ist dieser Moment nicht sonderlich verschieden von der Freude, die ich empfinde, wenn der Quarterback meiner Football-Lieblingsmannschaft (natürlich Stanford Cardinal) seine vollkommen geformten Arme ausstreckt, um einen Touchdown-Paß zu zelebrieren.[952]

Worum geht es hier, wenn nicht darum – mit Heideggers oben zitierten Worten –, das »Verborgene des Lebendigen ahnen zu lassen«?[953] Von »Ahnung« jedenfalls spricht Gumbrecht selbst, bevor er – »Wer das Tiefste gedacht, liebt das Lebendigste« –[954] auf *den* klassischen Topos des Lebendigen kommt, nämlich den von einem »alternden Mann« begehrten jungen Körper, hier sogar in doppelter – einmal weiblicher, einmal männlicher – Ausführung: wobei, wohlgemerkt, gerade zuvor noch die Rede von Haut-vermittelten »Wonnegefühl[en]« war.

Es mag dahingestellt bleiben, ob die hier zitierten Worte Gumbrechts jene »Ahnung« zu vermitteln vermögen, von der Gumbrecht spricht. So oder so darf dabei – noch einmal mit Heidegger – sein »dichtende[s] Vermögen[]« nicht übersehen werden, das hier im Spiel ist. Denn nicht nur variiert der ›*Touch*down‹ das gerade zuvor beschriebene haptische – und somit über Nancy und Derrida (*Le toucher, Jean-Luc Nancy*) bis auf Aristoteles zurückverweisende – Moment des Musik-Hörens als Sich-durch-die-Musik-Berührenlassens. Auch im Hinweis auf die ›Form‹ der Quarterback-Arme mag ein Verweis auf die aristotelische *hýlē-eîdos*-Problematik enthalten sein: steht doch die männliche ›Form‹ der Quarterback-Arme im ergänzenden Gegensatz zum weiblichen »Körper« der »jungen Frau«, also ihrer *materia* oder eben *hýlē*.

Dafür, dass dies keine zu weit herbeigeholte Lesart ist, sprechen Gumbrechts vorausgehende Ausführungen zum »aristotelische[n] Zeichenbegriff«,[955] genauer gesagt sein Verhältnis zum titelgebenden Begriff der ›Präsenz‹, wie

---

952 Gumbrecht, Diesseits der Hermeneutik, S. 118.

953 S. Zitat 913.

954 Friedrich Höderlin: Sokrates und Alcibiades, in: ders.: Gedichte. Hg. und mit Erläuterungen versehen von Jochen Schmidt, Frankfurt a. M. 1984, S. 39.

955 Gumbrecht, Diesseits der Hermeneutik, S. 46.

Gumbrecht es sieht. Im Abschnitt über die »Grundbegriffe« seines auf »fortwährende Erklärung und Komplexifizierung der Begriffe« hin angelegten Buches schreibt er:

> Das Wort »Präsenz« bezieht sich [...] auf ein räumliches Verhältnis zur Welt und zu deren Gegenständen. Was »präsent« ist, soll für Menschenhände greifbar sein, was dann wiederum impliziert, daß es unmittelbar auf menschliche Körper einwirken kann. [...] Alle in ihrer »Präsenz« verfügbaren Objekte werden als »Dinge dieser Welt« bezeichnet. Es läßt sich zwar behaupten, daß kein Weltobjekt dem menschlichen Körper und dem menschlichen Geist je in unmittelbarer Form zu Gebote steht, aber dennoch konnotiert der Begriff »Dinge dieser Welt« auch einen Bezug auf das Verlangen nach solcher Unmittelbarkeit.[956]

›Präsenz‹, so Gumbrecht zunächst in modaler Wendung, »soll« in der physischen Greifbarkeit liegen; daraus folgert (»impliziert«) Gumbrecht dann ein Vermögen (»kann«) zur ›unmittelbaren Einwirkung‹ auf den menschlichen Körper. Was Gumbrecht hier zunächst noch halb hypothetisch – eben modal – vorschlägt, ist also nichts anderes als die Entmetaphorisierung des ›begrifflichen‹ – psychischen – ›Begreifens‹ zum wörtlich ›händischen‹ – physischen – ›Greifen‹ oder auch, wie man der Deutlichkeit halber schreiben könnte, ›Be-greifen‹.[957] Ob dann allerdings das, was auf diese Weise ›begreifbar‹ ist, tatsächlich »unmittelbar« auf den »menschliche[n] Körper einwirken kann«, lässt sich schon mit den oben erläuterten Aristoteles-Ausführungen zum ›unmittelbaren Berühren‹ bezweifeln.

Diese Zweifel sind Gumbrecht offenbar bewusst, und so räumt er hier immerhin ein, dass sich ›Unmittelbarkeit‹ bestreiten lasse. Nach Argumenten für und wider fragt er hier allerdings nicht. Stattdessen fährt er, als wäre ›Unmittelbarkeit‹ zu bestreiten bloß eine mögliche »[B]ehaupt[ung]« unter vielen, mit einer durch die bezeichnende assertorische Formel »aber dennoch« eingeleiteten Gegenbehauptung fort: dass nämlich zumindest, Existenz hin oder her, »das Verlangen nach [...] Unmittelbarkeit« bestehe. Sei's also, dass hier vom Verlangen nach ›Unmittelbarkeit‹ auf ihre Existenz in der ›Präsenz‹ geschlossen wird, sei's, dass ›Präsenz‹ grundsätzlich – bloß – als Postulat zu denken ist, weil sie nun einmal sein »soll«. So oder so ergibt sich, dass Gumbrechts

---

956 Ebd., S. 10f.

957 »Ich habe den Eindruck, daß alle philologischen Tätigkeiten in jeweils unterschiedlicher Weise Wünsche nach Präsenz erzeugen,[] Wünsche nach einer physischen und räumlich vermittelten Beziehung zu den Dingen der Welt (zu denen auch Texte gehören) – und daß dieser Wunsch nach Präsenz in der Tat die Grundlage ist, auf der die Philologie Wirkungen der Greifbarkeit (und manchmal sogar die Realität von etwas Greifbarem) hervorrufen kann.« Gumbrecht, Die Macht der Philologie, S. 17.

›Präsenz‹ durch die programmatische Überblendung von ›Be-greifen‹ und ›Begreifen‹ – auch – ein Wechselbegriff für jene zwischen »Körper« und »Geist« vermittelnde Instanz ist, die der Begriff ›Medium‹ bezeichnet. Das ›Medium‹ aber ist eben jener Begriff, der – wie ich oben argumentiert habe – seit jeher nicht bloß das ›*Verlangen* nach Unmittelbarkeit‹ mit sich führt, sondern auch das *Versprechen* (beziehungsweise den *Versprecher*) von ›Unmittelbarkeit‹: ein medientheoretisches Versprechen also, das Gumbrecht unter den Begriffen von ›Präsenz‹, ›Stimmung‹ oder ›Intensität‹ von Neuem gibt.[958]

Bemerkenswert ist nun, dass Gumbrecht mit diesen Begriffen zwar leibhafte Phänomene *»Diesseits«* von Sprache, Sinn und *»Hermeneutik«* bezeichnet, zugleich jedoch – eigentlich im Widerspruch zur Vorstellung von ›Unmittelbarkeit‹ – von ihrer *»Produktion«* spricht.[959] Dieser Begriff von ›Produktion‹ wiederum ist nicht identisch mit dem aus dem *linguistic turn* hervorgegangenen Produktionsbegriff des sogenannten und von Gumbrecht leitmotivisch gescholtenen – »abgewrackte[n]« –[960] Konstruktivismus,[961] sondern bezieht sich – vage – auf den »Akt, bei dem ein Gegenstand im Raum ›vor-geführt‹«[962] beziehungweise »re-präsentier[t]«[963] wird. Dabei ist es wichtig zu sehen, dass *dieser* von Gumbrecht emphatisch bejahte Begriff der ›Re-präsentation‹ (mit Bindestrich) bei Gumbrecht das ›räumliche (Wieder-) Vorführen‹, *nicht* aber die ›Repräsentation‹ (ohne Bindestrich) im Sinne des mit Foucault assoziierten ›Zeitalters der Repräsentation‹ bezeichnet, dem bei Gumbrecht wiederum das »hermeneutische[] Feld« entspricht.

---

958 Vgl. etwa das poetologische Programm von Gumbrechts *1926. Ein Jahr am Rand der Zeit*: »Worum geht es? Darum, wenigstens einige Leser während der Lektüre vergessen zu lassen, daß sie *nicht* im Jahre 1926 leben. Mit anderen Worten: Es geht darum, manche der Welten von 1926 heraufzubeschwören, sie im Sinne einer neuerlichen Vergegenwärtigung zu re-präsentieren. Es geht darum, dies mit der größtmöglichen Unmittelbarkeit zu erreichen, die für einen historiographischen Text (im Gegensatz etwa zu Photographien, Tondokumenten oder materiellen Gegenständen) zu schaffen ist.« Hans Ulrich Gumbrecht: 1926. Ein Jahr am Rand der Zeit, Frankfurt a. M. 2003, S. 8.

959 Vgl. auch Gumbrecht, Die Macht der Philologie, S. 25f.: »[M]eine innovative These liegt in der Behauptung, daß unsere Kultur seit dem als ›Krise der Repräsentation‹[] bezeichneten historischen Moment um 1800 eine neuerliche Sehnsucht nach ›Realpräsenz‹ ausgebildet hat – eine Sehnsucht, auf die mit vielfältigen Mitteln zur ›Präsenzproduktion‹ reagiert wird, ohne daß sie je zur Gänze befriedigt würde.«

960 Gumbrecht, Diesseits der Hermeneutik, S. 80.

961 Vgl. Hans Ulrich Gumbrecht: Pyramiden des Geistes. Über den schnellen Aufstieg, die unsichtbaren Dimensionen und das plötzliche Abebben der begriffsgeschichtlichen Bewegung, in: ders.: Dimensionen und Grenzen der Begriffsgeschichte. München 2006, S. 7–36, S. 29.

962 Gumbrecht, Diesseits der Hermeneutik, S. 11.

963 Vgl. das Zitat zu Anm. 983.

Zu *diesem* – also dem etablierten – Begriff von ›Repräsentation‹ schreibt Gumbrecht in seinem 2002 im englischen Original erschienenen Buch *Die Macht der Philologie. Über einen verborgenen Impuls im wissenschaftlichen Umgang mit Texten*:

> Im Zentrum der christlichen Kultur des Mittelalters stand der [...] Glaube an die Möglichkeit von Gottes »Realpräsenz« [...]. In diesem Zusammenhang betrifft »Präsenz« nicht ausschließlich [...] die Dimension der Zeit, sondern behauptet implizit räumliche Nähe. Als »präsent« wird alles bezeichnet, was zu einem gegebenen Zeitpunkt nahe genug erscheint, um vom Körper erreicht und berührt werden zu können. Die Realpräsenz des christlichen Gottes macht es daher möglich, seinen Leib zu essen und sein Blut zu trinken. Die neuzeitliche Kultur hingegen ist seit der Renaissance eine Kultur, in der die Repräsentation auf mehreren Phänomen-Ebenen die Oberhand über das Verlangen nach Realpräsenz gewonnen hat. Die neuzeitliche Repräsentation ist daher kein Akt, der etwas einst Gegenwärtiges und jetzt Abwesendes »wieder präsent« macht. Vielmehr befaßt die Repräsentation alle jene kulturellen Praktiken und Techniken unter sich, die das nicht in Raum und/oder Zeit Präsente durch [...] »Referenz« ersetzen (und somit verfügbar machen). [...] [M]eine innovative These liegt in der Behauptung, daß unsere Kultur seit dem als »Krise der Repräsentation« bezeichneten historischen Moment um 1800 eine neuerliche Sehnsucht nach »Realpräsenz« ausgebildet hat – eine Sehnsucht, auf die mit vielfältigen Mitteln zur »Präsenzproduktion« reagiert wird, ohne daß sie je zur Gänze befriedigt würde.[964]

›Re-präsentation‹ als der Versuch, ›Realpräsenz‹ – ›Präsenz‹ in wörtlichem Sinne – zu ›produzieren‹, ist also bei Gumbrecht ein Gegenbegriff zur ›Repräsentation‹, die sich gewissermaßen mit Realabsenz – ›Präsenz‹ in übertragenem und damit entferntem Sinne –[965] zufrieden gibt und darüber in die – zuerst von Foucault diagnostizierte – Krise geraten ist.[966] So gesehen, zielt Gumbrechts Unterscheidung von ›Repräsentation‹ und ›Re-präsentation‹ auf das, was ich vorhin als ›Begreifen‹ und ›Be-greifen‹ unterschieden hatte.

964 Gumbrecht, Die Macht der Philologie, S. 24–26.

965 Vgl. das Zitat zu Anm. 968.

966 Eine Definition mit Michel Foucault wäre: »[Cervantes'] *Don Quichotte* ist das erste der modernen Werke, da man darin die grausame Vernunft [...] bis ins Unendliche mit den Zeichen [...] spielen sieht. Die Sprache zerbricht darin ihre alte Verwandtschaft mit den Dingen, um in jene einsame Souveränität einzutreten, aus der sie in ihrem abrupten Sein erst als zur Literatur gewordene wieder erscheinen wird.« Michel Foucault: Die Ordnung der Dinge. Eine Archäologie der Humanwissenschaften, Frankfurt a. M. 1971, S. 81. – Gumbrecht, Die Macht der Philologie, S. 25, verweist zur ›Krise der Repräsentation‹ auf Kerstin Behnke: Krise der Repräsentation, in: Joachim Ritter, Karlfried Gründer (Hg.): Historisches Wörterbuch der Philosophie, Bd. 8: R–Sc, Basel 1992, Sp. 846–853.

Sehr ähnliche Worte (›Repräsentation‹ und ›Re-präsentation‹) stehen also bei Gumbrecht für zwei ganz unterschiedliche Begriffe: ganz ähnlich, wie auch sein ›Konstruktions‹begriff *nicht* der des Konstruktivismus ist.

Das allerdings ändert nichts daran, dass der Begriff der ›Produktion‹ *nolens volens* doch *auch* jenen sprachlichen beziehungsweise begriffsgeschichtlichen Hintergrund, mit Gumbrecht, »konnotiert«[967], vor dem sich jede Erfahrung, so leibhaft sie auch sein mag, vollzieht. Das zeigt sich zum Beispiel in Gumbrechts Ausführungen zum »aristotelische[n] Zeichenbegriff«, der – so die Suggestion – im Unterschied zum aus der Hermeneutik hervorgegangenen neuzeitlichen Zeichenbegriff nicht nur die Erfahrung, sondern auch das Denken der ›Präsenz‹ ermöglicht habe: und damit auch die katholische Transsubstantiationslehre mit ihrer Vorstellung von der Realpräsenz des Leibes und Blutes Christi in der Hostie. Gumbrecht führt aus, die eben zitierten Ausführungen zur ›Realpräsenz‹ ins Zeichentheoretische vertiefend:

> Natürlich gibt es eine Unzahl kultureller Situationen und kultureller Phänomene, die als Beispiele dienen können für d[]en Übergang von der mittelalterlichen Kosmologie zum Subjekt/Objekt-Paradigma und zum hermeneutischen Feld als Fundierung dessen, was wir die »neuzeitliche Welt« nennen [...]. Wahrscheinlich ist keine dieser Situationen und keines dieser Phänomene so zentral wie der Gegensatz und der Übergang zwischen der mittelalterlichen (oder »katholischen« [...]) und der protestantischen (d.h. frühneuzeitlichen) Theologie des Abendmahls. Denn ohne jeden Zweifel war das Sakrament des Abendmahls [...] ein Ritual, mit dessen Hilfe [...] der Leib Christi und sein Blut »wirklich« wieder präsent gemacht werden konnten. Das Wort »präsent« [...] bedeutet [hier] vor allem, daß der Leib Christi und sein Blut in den »Formen« von Brot und Wein substantiell greifbar wurden. Was diese vorneuzeitliche Auffassung der Beziehung zwischen dem Leib Christi und dem Brot sowie zwischen dem Blut Christi und dem Wein prägt und erklärt, ist der aristotelische Zeichenbegriff, der nicht auf der uns wegen ihrer Zugehörigkeit zum hermeneutischen Feld so vertrauten Unterscheidung zwischen materiellem Signifikanten und immateriellem Sinn als Tiefe beruht. Das aristotelische Zeichen hingegen verknüpft eine Substanz (also das, was präsent ist, weil es Raum braucht) mit einer Form (also dem, wodurch eine Substanz wahrnehmbar wird), d.h. es bringt Aspekte zusammen, die eine Vorstellung von »Sinn« beinhalten, die uns nicht vertraut ist.
>
> Für den aristotelischen Zeichenbegriff gilt die Dichotomie zwischen »Materiellem« und »Immateriellem« bestimmt nicht. [...] Erst [...] nach neuzeitlicher Auffassung belassen Zeichen die von ihnen evozierte Substanz in zeitlicher und räumlicher Entfernung.[968]

---

967 Vgl. Zitat 956.

968 Gumbrecht, Diesseits der Hermeneutik, S. 46–48.

Was Gumbrecht hier beschreibt, ist der zeichentheoretisch wie begriffsgeschichtlich verlorene Zustand eines – jedenfalls für Anhänger der ›Präsenz‹ – goldenen semiotischen Zeitalters, man könnte auch sagen: eines Zeitalters der semiotischen Fülle. In ihm, so die Vorstellung, war das Denken von ›Präsenz‹ möglich, weil Zeichen – Hostie und Wein – und Bezeichnetes – Leib und Blut Christi – als substantiell identisch und nur der Form nach unterschiedlich gedacht wurden, sodass eben die bezeichnete Substanz im Zeichen tatsächlich ›präsent‹, das Zeichen also sozusagen substantiell voll war (wobei diese Formulierung insofern irreführend ist, als sie die Form des Zeichens in die Nähe der Vorstellung von einem Gefäß rückt – und das geht gegen Aristoteles, bei dem ja das Gefäß Metapher für die *Einheit* von Form und Substanz – nicht allein der Form – ist)[969]. Anders hingegen das ›neuzeitliche Zeichen‹ als Zeichen des ›Zeitalters der Repräsentation‹, das zwar – mit Saussures Begriffen – auf der Signifikanten-Seite eine (wenn auch spät entdeckte) eigene Materialität hat, nicht jedoch auf der Seite des – noch einmal mit Saussure – Signifikats, das nun immateriell gedacht wird, weil ihm die »Substanz« »[e]ntfern[t]« und in den Referenten ausgelagert worden ist. Substantiell gesehen ist das neuzeitliche Zeichen – unter dem eben formulierten Vorbehalt gegenüber der Vorstellung vom Zeichen als vollem oder leerem Gefäß – immer leer. Das liegt daran, dass nun – anders als im aristotelischen Zeichen – die partielle Überschneidung von Zeichen und Bezeichnetem in der Substanz, also ihre substantielle Identität bei unterschiedlicher Form, nicht mehr denkbar ist. Nur der Referent selbst könnte materiell die Leere – das Immaterielle – des neuzeitlichen Zeichens füllen. Diese Vorstellung aber führt ins Paradox, weil so Zeichen und Bezeichnetes solcherart ineins fielen, dass das Zeichen verschwände.

Dieser zeichentheoretische Hintergrund ist es, vor dem Gumbrecht eine rückwärtsgewandte zeichentheoretische Utopie von der ›heil‹en katholischen Welt entwirft. Das ist erzromantisch; ähnlich hat schon Novalis argumentiert.[970] Dabei übergeht Gumbrecht hier allerdings zwei Komplikationen, die gerade aus aristotelischer Perspektive Zweifel am hier suggerierten ›Präsenz‹-Denken aufkommen lassen. Zum einen übergeht er, dass die *hýlē-eîdos*-Dichotomie zwar nicht identisch mit der »Dichotomie zwischen ›Materiellem‹ und ›Immateriellem‹« sein mag (wenn auch ihr sehr nah verwandt), aber nichtsdestotrotz ebenfalls eine Dichotomie ist; zum anderen, dass offenbar schon Aristoteles dieses dichotome Verhältnis von Substanz

969 Vgl. Aristoteles, Physik, S. 156f. (209b); Zitat 742.

970 Vgl. Novalis, Die Christenheit oder Europa. Ein Fragment (Geschrieben im Jahr 1799), S. 740f.; s. Zitat 2122.

und Form, wie seine Diskussion des *tópos* zeigt, als aporetisch begriffen hat. ›Heil‹ – im Sinne von ›nicht-dichotom‹ – war jedenfalls schon der »aristotelische Zeichenbegriff« nicht, und wenn Aristoteles auch die Differenz von materieller Oberfläche und immateriellem Tiefen-Sinn nicht kannte, so doch sehr wohl die platonische Dichotomie vom transzendenten, leichten, mit der *psychē* assoziierten Oben und dem immanenten, erdenschweren, mit der *phýsis* des Körpers assoziierten Unten: jene Dichotomie, die sich im Laufe der Zeit über die Differenz von psychischem Innen und physischem Außen gewissermaßen um 180 Grad zur Dichotomie von materiellem Text-Oben – der Text-Oberfläche – und immateriellem Text-Unten – dem Text-Sinn in der Tiefe – gewendet hat.

So oder so aber hat schon Aristoteles im *hýlē-eîdos*-Verhältnis eine problematische Dichotomie gesehen. Das zeigt ja gerade die komplizierte Gefäß-Metapher des Ortes als *tópos* und ihr *topisch-outopisch* forcierter ›Heil‹ungsversuch durch jenen Begriff des *περιέχον*, der bei Aristoteles nichts anderes leistet als bei Heidegger und Gumbrecht der Begriff der ›Stimmung‹: nämlich, mit Musils oben zitierter Formulierung aus dem *Mann ohne Eigenschaften*, jenen »Keil« aus der »Welt«, der sie »geteilt hat«, so herauszuziehen, dass »sich schließlich Außen und Innen [berühren]«.[971] Anders als Gumbrecht es zu suggerieren scheint, ist also auch der aristotelische Zeichenbegriff – so legt es Aristoteles' topologisch selbstreflexive (*»Ort des Ortes«*) Metapher (»›Ort, der fortbewegt werden kann‹«) des Gefäßes (*angeîon*) als ›Umfassend-Umfasstes‹ (*periéchon*) nahe –[972] ein aporetisches Medium: und darin gleicht er, wie gesagt, der ›Stimmung‹.

Metaphorologisch gesehen, steckt Musils »Keil«, der »die Welt« in »Außen und Innen« teilt, schon in jenem – mit Schillers Ausdruck – »Riß zwischen Welt und Geist«, den Schiller durch das Postulat der »Mittelkraft«, Simmel, Heidegger und Gumbrecht hingegen durch das Postulat der ›Stimmung‹ heilen wollen. Das ist nicht verwunderlich. Denn auch der ›Keil‹ ist ja ein ›Medium‹, und er ist nicht irgendeines, sondern ein ganz besonders emblematisches Medium im Sinne des aristotelischen *metaxú*[973] als des – mit Dieter Mersch – ›Dazwischenseienden‹. Wie jedes Medium tritt der Keil zwischen zwei Instanzen, die er so buchstäblich zur Dichotomie macht, gewissermaßen aufsprengt oder auf*reißt* – und die er doch zugleich als Dazwischenseiendes verbindet: ganz ähnlich, wie umgekehrt Schillers Mittelkraft auf Verbindung von Körper und Geist zielt und doch gerade deshalb dazwischentritt.

971 S. Anm. 896. Vgl. auch Gumbrecht in Anm. 951.

972 Aristoteles, Physik, S. 156f. (209b).

973 Aristoteles, Aristoteles, Περὶ Ψυχῆς. Über die Seele, S. 118f. (423b).

In jedem Fall führt der hier in Rede stehende »Riß« aus der Sicht des Geistes (katachrestisch gesagt) zu einem – dieses Wort verwendet schon Schiller – »Verlust« der Welt. Die Romantik, hatte ich oben argumentiert, artikuliert diesen Verlust in Wendungen wie »Welt ging verloren« (Johannes Falk: *O du fröhliche, o du selige*) oder »Ich bin der Welt abhanden gekommen« (Friedrich Rückert)[974]. Und so verwundert es nach dem bis hierher Gesagten nicht, dass auch Gumbrecht einen »›Weltverlust‹« beklagt: und zwar das – so schreibt er in *Diesseits der Hermeneutik* – »Gefühl«, »zu den Dingen dieser Welt keinen Kontakt mehr zu haben.«[975]

In seinem Aufsatz *Pyramiden des Geistes. Über den schnellen Aufstieg, die unsichtbaren Dimensionen und das plötzliche Abebben der begriffsgeschichtlichen Bewegung* führt Gumbrecht dazu aus:

> [I]m Rückblick [...] können wir [...] eine verborgene Stärke der begriffsgeschichtlichen Bewegung erkennen, eine Begrenzung und Stärke, welche die Geisteswissenschaften im deutschen Sprachraum ganz allgemein prägte[].
>
> Die erste [...] war eine zur Institution gewordene *Unentschiedenheit im Hinblick auf das Problem der Weltreferenz der Sprache.* Zu keinem Zeitpunkt wurden der sogenannte »Konstruktivismus«[] oder die philosophisch respektableren Positionen des »Linguistic turn« zur ausschließlichen Grundlage [...] der begriffsgeschichtlich arbeitenden Wissenschaftler. Aus entgegengesetzter Perspektive hat man den Anspruch nie vollends aufgegeben, daß mithilfe der untersuchten Begriffe Zonen außersprachlicher, aber der Sprache zugänglicher Wirklichkeit – in Ansätzen oder Spuren zumindest – greifbar werden könnten. Zu keinem Zeitpunkt konnten sich sprachgebundene Standortbedingtheit, Relativismus oder Perspektivismus der Weltsichten als gleichsam »resignative« Prämissen in der Begriffsgeschichte durchsetzen. Die Begriffsgeschichte litt deshalb weniger als andere geisteswissenschaftliche Verfahren und Disziplinen unter jenem Trauma eines Verlusts der konkreten Welt, das die Geisteswissenschaften seit Wilhelm Diltheys Festlegung auf die Hermeneutik als ihr »Organon« wie ein dunkler Schatten begleitet hatte.[976]

Das liegt daran – mit Hans-Georg Gadamers berühmtem, auch von Gumbrecht in seinem *Pyramiden*-Aufsatz zitierten Wort –, dass *»Sein, das verstanden werden kann, [...] Sprache [ist]«*,[977] dass also, anders gesagt, die hermeneutische

---

974 »Ich bin der Welt abhanden gekommen, / Mit der ich sonst viele Zeit verdorben.« Friedrich Rückert: Rückerts Werke. Zweiter Teil: Liebesfrühling, hg. von Elsa Hertzer [...], Berlin u. a. o. J., S. 194f., S. 194.

975 Gumbrecht, Diesseits der Hermeneutik, S. 69.

976 Gumbrecht, Pyramiden des Geistes, S. 27.

977 Hans-Georg Gadamer: Wahrheit und Methode. Grundzüge einer philosophischen Hermeneutik, Tübingen ^{6}1990 [1960], S. 478. Zitiert bei Gumbrecht, Pyramiden des Geistes, S. 17.

Tradition ›Geist‹ mit ›Sprache‹ identifiziert. Dadurch wiederum übernimmt das »hermeneutische[] Feld« die alte *commercium*-Frage samt »Riß« zwischen »Geist« beziehungsweise jetzt »Sprache« auf der einen Seite und »Welt« auf der anderen. Denn ›Referenz‹ ist hier nichts anderes als eine neue, nämlich die zeichentheoretische Bezeichnung des *›commercium‹*. ›Referenz‹ vermittelt zwischen der Sprache auf der einen Seite und den Dingen und Körpern der Welt auf der anderen, zwischen *sêma* und *sôma*, so wie Schillers Mittelkraft »zwischen Welt und Geist« vermittelt. ›Referenz‹ ist, so gesehen, eine Art zeichentheoretische Mittelkraft – und insofern auch medialer Keil, der trennt, was er verbinden soll. Darin liegt das Un›heil‹ der Sprache, das Gumbrecht als »Trauma« ihres ›Weltverlusts‹ beschreibt.

Kann man Gumbrechts Argumentation auf diese Weise folgen, so lassen sich doch auch Einwände erheben. Erstens könnte man historisch argumentieren, dass schon lange vor Wilhelm Diltheys *Einleitung in die Geisteswissenschaften* von 1883 die Sprachkritik – etwa Kleists – die *»Weltreferenz der Sprache«* ausdrücklich problematisiert hat, und schon in der Papiergeld-Diskussion in Goethes *Faust II* ist – das hat Jochen Hörisch gezeigt –[978] der Verlust der Deckung des Geldes durch das Gold als Allegorie der Sprache und ihres ›Referenz‹-Verlustes thematisch. Zweitens ist fraglich, ob der von Gumbrecht ins Auge gefasste ›Referenz‹-Verlust der Sprache der deutschen ›Geistes‹-Tradition anzulasten wäre oder nicht vielmehr der Saussure'schen Zeichentheorie; war sie es doch, die erstmals grundsätzlich »die Referenten der Zeichen, also die Sachen, auf die sie sich jeweils beziehen, ausgeklammert« hat.[979] Vor allem aber scheint drittens hinter der *»Weltreferenz der Sprache«*, deren Verlust Gumbrecht beklagt, eine magische Vorstellung zu stehen, die wenn nicht schon zu biblischen Zeiten, so doch spätestens im 18. Jahrhundert mit der Einsicht in die Arbitrarität des sprachlichen Zeichens[980] verloren ging:

978 Vgl. Jochen Hörisch: Kopf oder Zahl. Die Poesie des Geldes, Frankfurt a. M. 1996, S. 113–139.

979 Terry Eagleton: Einführung in die Literaturtheorie, Stuttgart/Weimar ^{4}1997, S. 75. Vgl. Stefan Börnchen: Einleitung, in: Stefan Börnchen, Georg Mein, Martin Roussel (Hg.): Name, Ding. Referenzen, München: Wilhelm Fink 2012, Einleitung, S. IX–XV.

980 Gotthold Ephraim Lessing unterscheidet ›natürliche‹ ikonische Zeichen von arbiträren beziehungsweise ›willkürlichen‹ sprachlichen Zeichen. Im XVII. Abschnitt des *Laokoon* schreibt er: »[D]ie Zeichen der Poesie« oder »der Rede« »sind nicht bloß aufeinander folgend, sie sind auch willkürlich.« Andernorts spricht Lessing von »verabredete[n] Zeichen«. Gotthold Ephraim Lessing: Laokoon: oder über die Grenzen der Malerei und Poesie, in: ders.: Werke und Briefe in zwölf Bänden, hg. von Wilfried Barner, Bd. 5/2, Frankfurt a. M. 1990, S. 11–206, S. 123 und 72.

nämlich die eines göttlichen Sprechaktes, der – Abrakadabra! –[981] ein Ding *benennt* und damit zugleich *schafft*.

Gumbrechts Bezeichnung für einen solchen Sprechakt ist das ›Beschwören‹. Ein solches ›Beschwören‹ hat er nicht nur poetologisch für sich in Anspruch genommen – ganz wie der »raunende[] Beschwörer des Imperfekts« in Thomas Manns *Zauberberg*-Vorsatz –[982], sondern auch kritisiert – epistemische Vieldeutigkeit auch hier.

In seinem Buch *1926. Ein Jahr am Rand der Zeit* schreibt Gumbrecht, ›Beschwörungs‹-affirmativ:

> Lesen Sie [...]. Einerlei, so Sie einsteigen oder aussteigen, jede Lektüresequenz von einer gewissen Länge sollte die Wirkung erzeugen, auf die im Buchtitel angespielt wird: Man sollte das Gefühl haben, »im Jahr 1926« zu sein. Je unmittelbarer und sinnlich spürbarer diese Illusion wird, in desto höherem Maße wird Ihre Lektüre das Hauptziel des Buches erfüllen. [...]
>
> Worum geht es?
>
> Darum, wenigstens einige Leser während der Lektüre vergessen zu lassen, daß sie *nicht* im Jahre 1926 leben. [...] Es geht darum, manche der Welten von 1926 heraufzubeschwören, sie im Sinne einer neuerlichen Vergegenwärtigung zu re-präsentieren. Es geht darum, dies mit der größtmöglichen Unmittelbarkeit zu erreichen, die für einen historiographischen Text (im Gegensatz etwa zu Photographien, Tondokumenten oder materiellen Gegenständen) zu schaffen ist. [...] [D]er Erfolg des Buches [...] beruht auf dem Anspruch, daß es *nicht* »erfunden« wurde (also auf dem Anspruch, daß sein Inhalt völlig referentiell ist). Auf dieser mehr oder weniger »ontologischen« Implikation beruht die Wirkung des Heraufbeschwörens der Vergangenheit. [...] [E]s geht darum, eine historische Umwelt präsent zu machen, von der wir wissen [...], daß es sie während des Jahres 1926 an dem einen oder anderen Ort gegeben hat.[983]

Was Gumbrecht hier – wenn auch unter dem Vorbehalt der »Illusion« – postuliert, ist eine Poetik von »Unmittelbarkeit«, ›Präsenz‹ und vollkommener ›Referentialität‹ in dem Sinne, wie ich diese Begriffe umrissen habe. Damit wendet sich Gumbrecht, indem er die begriffsgeschichtliche *»Unentschiedenheit im Hinblick auf das Problem der Weltreferenz der Sprache«* aufgreift und nachdrücklich für die ›Referenz‹ optiert, gegen jenen »sogenannte[n]

---

981 So auch Katherine Solomon in Dan Browns *Lost Symbol*: »›[...] Our mythologies have a long tradition of magic words that provide insight and godlike powers. To this day, children still shout ›abracadabra‹ in hopes of creating something out of nothing. Of course, we've all forgotten that this word is not a toy; it has roots in ancient Aramaic mysticism – *Avrah KaDabra* – meaning ›I create as I speak.‹« Dan Brown: The Lost Symbol. A Novel, New York u. a. 2009, S. 408.

982 Thomas Mann: Der Zauberberg. Roman, in: ders.: GW 3, S. 9.

983 Hans Ulrich Gumbrecht: 1926. Ein Jahr am Rand der Zeit, Frankfurt a. M. 2003, S. 7–9.

›Konstruktivismus‹« und »›Linguistic turn‹«, die in der Sprache nur mehr ein selbstreferentielles System[984] sehen wollen und deshalb, mit Gumbrechts Formulierung, den »Kontakt« – die ›Referenz‹ – »zu den Dingen der Welt« verloren haben.

Dass eine solche Poetik einer theoretischen Gegenwart verdächtig sein muss, der der *linguistic turn* und die ›Selbstreferentialität‹ der Sprache, wie es häufig heißt, als »unhintergehbar« gelten,[985] hat Gumbrecht seinen Leserinnen und Lesern nicht verschwiegen. Im theoretischen Epilog zu *1926* schreibt er, nun ›Beschwörungs‹-skeptisch:

> [Bei] dem Wunsch nach unvermittelter Vergangenheitserfahrung [...] ist eine kommentierende Bemerkung aufgeschoben worden, die schon fällig war, als die Wörter »Realität« und »unmittelbare Erfahrung« zum erstenmal in diesem Text auftauchten, ohne zugleich durchgestrichen zu werden. Wie kann man diese Wörter ohne Naivität oder Verlegenheit [...] gebrauchen [...]? Eine historische Kultur kann nicht anders leben als zwischen ihrem Bemühen um Erfüllung d[]es Präsenz-Wunsches und dem Bewußtsein, daß es unmöglich ist, diesen selbst erteilten Auftrag zu erfüllen. Deshalb muß eine historische Kultur – sofern sie ihre Identität als eine von der Erfahrung mit Fiktivem verschiedene Form der Erfahrung bewahren will – den Versuch machen, die Realität vergangener Welten zu »beschwören«, ohne naiven Vergleichen mit der Magie zu frönen; vielmehr muß dieser Versuch aus der Einsicht in die unumgängliche Subjektivität jeder derartigen Konstruktion geschichtlicher Andersheit unternommen werden. Doch sobald sich eine historische Kultur unverblümt für dieses (keineswegs schlicht gegebene) Verlangen nach Re-Präsentation entscheidet, kann sie

984 Jean Baudrillard beschreibt diesen ›Referenzverlust‹ der Sprache in geschichtsphilosophischer Perspektive als ›Simulation‹; s. Zitat 2322.

985 »Innerhalb der Analytischen Philosophie ist es dann schließlich L. WITTGENSTEIN, der in seinem ›Tractatus logico-philosophicus‹ das Programm einer analytischen S[prachkritik] formuliert hat. ›Alle Philosophie ist ›S[prachkritik]‹. (Allerdings nicht im Sinne Mauthners.)‹ [...] Anders als Mauthner geht es ihm dabei nicht um die historische Analyse von Begriffen und um die Unterscheidung zwischen weiterhin brauchbaren Begriffen und solchen, die man nicht mehr verwenden sollte, sondern um die Realisierung der Einsicht, daß die Sprache unhintergehbar ist. Der ›Tractatus‹ kann als eine Analyse der Sinnbedingungen unserer Rede gelesen werden. Im Zusammenhang mit der S[prachkritik] postuliert Wittgenstein eine logische Grammatik, welche die Mehrdeutigkeiten der Umgangssprache vermeidet«; Artikel »Sprachkritik«, in: Joachim Ritter, Karlfried Gründer (Hg.): Historisches Wörterbuch der Philosophie, Bd. 9: Se–Sp, Basel 1995, Sp. 1508–1514, Sp. 1511. Vgl. »zu der Behauptung, dass das menschliche Selbst- und Weltverhältnis unhintergehbar sprachlich verfasst ist« auch Jan Müller: Drei Arten der »Grenze des Propositionalen«, in: Philip Hogh, Stefan Deines (Hg.): Sprache und Kritische Theorie, Frankfurt, New York 2016, S. 165–186, S. 166. ›Unhintergehbar‹ soll allerdings so manches sein; Jacobs, Stimmungskunst von Novalis bis Hofmannsthal, S. 51, spricht etwa von »der unhintergehbaren Gestimmtheit des Daseins aus *Sein und Zeit*«, wo der Begriff ›unhintergehbar‹ jedoch nicht vorkommt.

> nicht umhin, sich ironisch zu verhalten, denn dann re-präsentiert sie die Vergangenheit als »Wirklichkeit«, obwohl sie weiß, daß alle Re-Präsentationen Scheinbilder sind.[986]

Am Ende also setzt Gumbrecht seine ganze Poetik der Unmittelbarkeit ausdrücklich in die Anführungszeichen der Ironie: und damit zugleich nachträglich sein ganzes Buch unter jenen traditionellen Fiktionsvorbehalt, der – mit Samuel Taylor Coleridges berühmter Formulierung – an die »willing suspension of disbelief«[987] des Lesers und der Leserin appeliert. Damit aber fällt nachträglich Licht auf Gumbrechts Mitteilung auf der ersten Seite seines Buches, der angekündigte Illusionseffekt, »unmittelbar[]« »›im Jahr 1926‹ zu sein«, sei »auch« zu »erleben, *ohne* die letzten beiden Kapitel [...] zu lesen«.[988] Denn es müsste genau genommen ›*nur* zu erleben‹ heißen, weil andernfalls Gumbrechts Buch eben das würde, was es – vorgeblich – nicht sein will, nämlich ein »literarische[r]«, fiktionaler, »historischer Roman«.[989] Damit aber würde *1926* nicht mehr ›unmittelbar‹, das heißt im oben definierten realpräsentischen Sinne die Welt der Vergangenheit »re-präsentieren« oder eben »herauf[]beschwören«, sondern sie bloß im sozusagen schlechten Foucault'schen Sinne, also sprachlich-mittelbar, ›repräsentieren‹.

Es kann dahingestellt bleiben, ob – schon bei textimmanenter Interpretation – *1926* ein historischer Roman ist und insofern mit seiner ausdrücklich reklamierten historiografischen Unmittelbarkeits- und Referenz-Poetik scheitert oder nicht. *1926* wäre nicht der erste historische Roman, der ausdrücklich bestritte, historischer Roman zu sein, ohne dass es ihm unbedingt historiografisch Abbruch täte. Mit Thomas Manns *Doktor Faustus* zum Beispiel verhält es sich so. Bemerkenswert ist allerdings, dass Gumbrecht hier seinen emphatischen ›Re-Präsentations‹begriff in eben jenen nur dem Worte nach (fast) identischen Foucault'schen oder auch hermeneutischen Repräsentationsbegriff zurücknimmt, gegen den sich doch Gumbrechts ›Präsenz‹-Poetik eigentlich richtet. Auf einmal gibt es »›Wirklichkeit‹« doch wieder bloß uneigentlich, nämlich in Anführungszeichen; auf einmal ist ›Wirklichkeit‹ ohne Anführungszeichen doch nur als Ironie zu verstehen.

---

986 Gumbrecht: 1926. Ein Jahr am Rand der Zeit, S. 473f.

987 »[I]t was agreed, that my endeavours should be directed to persons and characters supernatural, or at least romantic; yet so as to transfer from our inward nature a human interest and a semblance of truth sufficient to procure for these shadows of imagination that willing suspension of disbelief for the moment, which constitutes poetic faith.« Samuel Taylor Coleridge: Biographia Literaria, Auckland, N.Z. 2009 (London 1817), S. 239 (Kapitel XIV).

988 Gumbrecht: 1926. Ein Jahr am Rand der Zeit, S. 7.

989 Ebd., S. 8.

Ist das so, dann folgt daraus, dass Gumbrecht mit dem im letzten Blockzitat Gesagten auch seine ›Stimmungs‹-Theorie unter Fiktionsvorbehalt stellt beziehungsweise in die Anführungszeichen der Ironie setzt. Und in der Tat steht, anders als in den meisten bisher in diesem Unterkapitel zitierten Gumbrecht-Aussagen zur ›Stimmung‹, dieser Begriff schon zu Beginn von *1926* in Anführungszeichen. Dort heißt es:

> Sollten manche Leser beispielsweise so etwas wie eine »Heideggerianische Stimmung« in diesem Buch ausmachen, müßte dieser Eindruck als Symptom der Wirkung des Jahres 1926 auf Heidegger erklärt werden und nicht als Symptom der Absicht der Autors, den Stil Heideggers zu imitieren.[990]

In diesem Satz zeigt sich Gumbrechts doppelte Optik.[991] Wer Heideggers Stimmung für ein Phänomen hält, mag sie auch bei der Gumbrecht-Lektüre spüren. Wer hingegen ›Stimmung‹ als Zitat der Tradition, also topologisch oder metaphorologisch liest, der oder die sieht hier literarische Ironie am Werk – oder aber ein, mit Heidegger, vielleicht nicht »ursprüngliche[s]«, in jedem Fall aber »ahn[ungsvolles]«, man könnte auch sagen: romantisches »dichtende[s] Vermögen[]«.[992]

So gesehen, ist Gumbrecht – er selbst hat sich so genannt – ein »Romantiker«.[993]

Ströme, Zauber, Ontosemiologie (Jochen Hörisch, Albrecht Koschorke) …

Gumbrechts im Epilog von *1926* aufgeworfene Frage, wie historiografisch die Vergangenheit »zu ›beschwören‹« ist, »ohne naiven Vergleichen mit der Magie zu frönen«, ist poetologischer Art. Genauer gesagt, handelt es sich um die poetologische Spielart jenes Problems, das Gumbrecht mal – im Anschluss an Aristoteles – zeichentheoretisch, mal – im Anschluss

990 Ebd.

991 Vgl. zu diesem Begriff, den Thomas Mann von Friedrich Nietzsche übernimmt und auf Richard Wagner bezieht, Thomas Mann: Leiden und Größe Richard Wagners, in: ders.: GW 9, S. 363–426, S. 404.

992 Vgl. Zitat 913.

993 Gumbrecht bezeichnet sich als »eingewanderte[n] deutsche[n] Professor«, der »zum amerikanischen und (gegenüber Amerikanern) zum kalifornischen Heimat-Romantiker« geworden sei. Dem Klappentext zufolge handelt es sich dabei um eine »selbstironisch[e]« Bezeichnung. Hans Ulrich Gumbrecht: California Graffiti. Bilder vom westlichen Ende der Welt, München 2010, S. 16 und U 4.

an Heidegger – medientheoretisch umreißt. Zugrunde liegt, wie ich hier argumentiere, die ›Dualität der Erscheinung‹ im Allgemeinen beziehungsweise die Körper-Geist-Dichotomie im Besonderen: jenes, mit einer an ein oben schon zitiertes Hegel-Wort anknüpfenden Formulierung Jochen Hörischs, »wunderbare Begriffspaar Sinn und Sinne«, das zwar »eine schlichte, ja verwegen unterkomplexe Unterscheidung« sein mag,[994] aber sich offenbar gerade deshalb theoretisch wie literarisch als dermaßen produktiv erwiesen hat.

Das hat Hörisch in einer Fülle von Studien gezeigt. Sie alle kreisen um jenen »medialen [...] Zusammenhang[] von Sein und Sinn«, den Hörisch unter den Begriff der »abendländische[n] Ontosemiologie« stellt.[995] Ursprünglich von Hörisch im Anschluss an Derrida als philosophischer Begriff intendiert[996] (und schon damit, folgt man Manfred Frank, ›Medien‹-affin)[997], verwendet Hörisch diesen Begriff jetzt schon lange »diskurspositivistisch« – man könnte wohl auch sagen: topologisch –, um »zu zeigen, wie Sein und Sinn medienhistorisch aufeinander bezogen worden sind – unabhängig davon, ob diese ›Beziehungsarbeit‹ sachlich haltbar ist.«[998]

Präsupposition von »Ontosemiologie« oder auch »Semontologie« (es handelt sich dabei um Synonyme)[999] ist ein, so Hörisch, »Vertrauen in ursprüngliche und göttlich garantierte Verdichtungen von Sein und Sinn«.[1000] Ist es gegeben, dann ereignet sich die genannte »Verdichtung[] von Sein und Sinn« Hörisch zufolge mal in einer »geheimnisvolle[n], meta-physische[n] Tiefendimension« des Mediums – und diese ›Tiefendimension‹ des Mediums entspricht der von Gumbrecht beschriebenen ›Tiefe‹ des neuzeitlichen Zeichens –, mal an einem »auratischen Ort, da Symbolisches und Reales sich kreuzen«: so etwa im katholischen »Abendmahl« mit seinem

994 Hörisch, Eine Geschichte der Medien, S. 13.

995 Hörisch, Brot und Wein. Die Poesie des Abendmahls, S. 12.

996 Vgl. Hörisch, Das Sein der Zeichen und die Zeichen des Seins. Marginalien zu Derridas Ontosemiologie, insbesondere den Abschnitt *»Ontosemiologie«*, S. 40–45.

997 »Von Platon bis zu Rousseau, von Hegel bis zu Saussure und seinen Nachfolgern (einschließlich Lévi-Strauss) begründet [...] das Sprachdenken des Abendlandes die ›wissenschaftliche Wahrheit‹ jener gleichzeitigen Differenz und Harmonie zwischen der sinnlichen und der intelligiblen Seite des Zeichens onto-theologisch durchs Theorem einer Selbstaffektion der sich im Sprechen vernehmenden Seele.« Manfred Frank: Eine fundamental-semiologische Herausforderung der abendländischen Wissenschaft [Rezension von Jacques Derridas *Die Schrift und die Differenz* und *Grammatologie*], in: Philosophische Rundschau 23 (1976), S. 1–16, S. 9f.

998 Hörisch, Brot und Wein. Die Poesie des Abendmahls, S. 12.

999 Es handelt sich bei Hörisch um Wechselbegriffe; ebd., S. 12 und 9.

1000 Ebd., S. 11.

»realpräsentische[n] Verständnis«, das auf die »[u]niversale Identität von Sein und Sinn«[1001] zielt beziehungsweise »Sein und Sinn in eins bilde[t]«[1002].

Hörischs Medientheorie ist geschichtsphilosophisch perspektiviert. Denn Hörisch zufolge hat »das alteuropäische Projekt« beziehungsweise ›Versprechen‹ (!) »einer Ontosemiologie[], das sich um verläßliche Algorithmen von Sinn und Sein bemüht, sein Ende gefunden« –[1003] und zwar mit den sogenannten »neuen Medien«,[1004] bei denen »Sein und Sinn [...] auseinander[fallen]«.[1005] Der ›Medien‹begriff, den ich hier im Anschluss an Hörisch umreiße, ist also bei Hörisch der »traditionelle«[1006], nun angeblich schon überholte ›Medien‹begriff. Das berührt allerdings nicht das hier verfolgte Argument. Denn erstens geht es hier nicht um die neuen, technischen Medien, und zweitens ist noch ihre Definition, so wie Hörisch sie vornimmt, negativ dem traditionellen ›Medien‹begriff verpflichtet.

Worauf es hier hingegen ankommt, sind zum einen Hörischs Formulierungen vom ›Geheimnis‹ und ›Auratischen‹ des Mediums, in denen eben das mitschwingt, was Gumbrecht »Magie« nennt, zum anderen aber die bei Hörisch angedeutete Unbeobachtbarkeit des medialen Geschehens. Es wird sich noch zeigen, dass sowohl die ›Aura‹ des Mediums als auch die Vorstellung vom Medium als undurchsichtiger *black box* »diskurspositivistisch« schon lange vorhanden sind, bevor Hörisch sie aufgreift.

Hörischs Interesse am Medium ist, wie gesagt, geschichtsphilosophischer Art, und schon deshalb muss Hörisch zur Veranschaulichung seiner Thesen diachron weit ausgreifen. Dabei zielen seine Argumente häufig ähnlich ›fernhin‹ wie die Gumbrechts, und – wie angedeutet – auch in der Sache ähneln sie ja einander.

Ebenfalls der Sache nach, nicht jedoch methodisch ähnlich argumentiert Albrecht Koschorke in seiner Studie *Körperströme und Schriftverkehr. Mediologie des 18. Jahrhunderts*. Denn erstens argumentiert Koschorke im epistemisch strengen Sinne historisch und zweitens mit Blick auf das ausgehende 18. Jahrhundert, also einen – jedenfalls im Vergleich zu Gumbrechts und Hörischs hier zitierten Ausführungen engen Zeitausschnitt. »Literarische Anthropologie«, so Koschorke, hat ihren »Schwerpunkt in der Epoche der Aufklärung«, und das »hat zwei Gründe«:

1001 Ebd., S. 17.
1002 Ebd., S. 13.
1003 Ebd., S. 12.
1004 Ebd., S. 8.
1005 Ebd., S. 12. Ähnlich auch Koschorke, Körperströme und Schriftverkehr, S. 198, der vom »Auseinanderstreben von Leib und Seele« spricht.
1006 Hörisch, Brot und Wein. Die Poesie des Abendmahls, S. 12.

> Erstens bildet sich, nach einem längeren begriffsgeschichtlichen Vorlauf, im späteren 18. Jahrhundert das aus, was man die ›anthropologische Konjunktion‹ nennen könnte. Leib und Seele, Physis und Intellekt treten in einen Zusammenhang, der [...] einer besonderen Vorstellung vom *Menschen* Raum gibt.[1007]

Diesen ›Menschen‹ – es ist derselbe, den Hans-Jürgen Schings in seinem epochalen Sammelband als *»De[n] ganze[n] Mensch[en]«* bezeichnet hat – bringt Koschorke nun mit dem Begriff des ›Mediums‹ zusammen; dabei schließt er an die – maßgeblich von Gumbrecht mitbestimmte – Diskussion um die »›Materialität der Kommunikation‹«[1008] an:

> Der soziale Austausch von Zeichen ist [...] erfaßbar [...] über den [...] Begriff *Medium* [...]. Medien sollen hier versuchsweise als Rückkoppelungssysteme verstanden sein, die beide Komponenten der Zeichenproduktion, ihre Materialität und Bedeutungskompetenz, wechselseitig aufeinander einwirken lassen.[1009]
>
> Das Verhältnis von Menschen und Medien läßt sich [...] auf dieser [...] Stufe der Medienevolution nur als ein Verhältnis tiefgehender Durchdringung erfassen [...]. Das betrifft sowohl die im Körper umtreibenden Trägersubstanzen (Flüssigkeiten, Kräfte, Nervenströme) als auch den kognitiven und memorativen Apparat, dessen Funktionen zwar noch physiologisch darstellbar sind, aber auf das traditionell der Seele zuerkannte Terrain führen. Über Fragen des jeweiligen Grenzverlaufs zwischen den Kategorien ›Körper‹ und ›Seele‹ hinaus erweist sich die Verwendung dieses binären Rasters überhaupt als eine variable Funktionsgröße im kommunikativen System.[1010]

Das ›Medium‹ als ›Konjunktion‹ oder ›Koppelung‹ von ›Materie‹ beziehungsweise ›Substanz‹ auf der einen Seite und ›Bedeutung‹ beziehungsweise sonstigen ›seelischen‹ Phänomenen auf der anderen: das ist nicht nur Koschorkes Thema, sondern auch das der vorliegenden Studie.

... als Meta- und als Objektsprache. Nachtrag zu Genese und Methode der Studie

Dabei ist jedoch Koschorkes Erkenntnisinteresse ein anderes. Koschorke geht es um eine »möglichst repräsentative« Erfassung der »Rahmenbedingungen von Literatur«, *nicht* jedoch darum, »unmittelbar zur Interpretation von

1007 Koschorke, Körperströme und Schriftverkehr, S. 9.
1008 Vgl. Hans Ulrich Gumbrecht, K. Ludwig Pfeiffer (Hg.): Materialität der Kommunikation, Frankfurt a. M. 1988.
1009 Koschorke, Körperströme und Schriftverkehr, S. 10f.
1010 Ebd., S. 12.

literarischen Werken beizutragen«; darauf erhebt er ausdrücklich »kein[en] Anspruch«.[1011] Zudem verfährt Koschorke tendenziell deduktiv; konkrete Zitate aus literarischen Texten dienen häufig als Beleg von nicht in erster Linie aus diesen Texten selbst, sondern aus der »kulturanthropologische[n] Debatte«[1012] gewonnenen allgemeinen Thesen. Bezeichnend dafür sind Formulierungen wie »Auch hierzu ein literarisches Beispiel«,[1013] »Zur Illustration dieser Auffassungsweise soll ein Beleg aus der Literatur angeführt werden«[1014] oder »Zwei Beispiele [...] können das stellvertretend belegen«[1015].

Die vorliegende Studie hingegen geht insofern tendenziell induktiv vor, als für sie die Interpretation literarischer und theoretischer Texte im Vordergrund steht. Diese Interpretation wiederum schließt in ihren Lektürevignetten an die metaphorologische Tradition an, um sie dadurch zugleich weiter auszudifferenzieren. Dass diese Interpretation, entstehungsgeschichtlich gesehen, theoriegeleitet begonnen wurde, dass ihr also gewisse theoretische Annahmen oder auch nur Intuitionen vorausgingen, versteht sich von selbst. Man muss nun einmal, nichts anderes besagt ja der ›Hermeneutische Zirkel‹, gewisse Fragen an Texte herantragen, auf die sie dann antworten. Der springende Punkt des hier verfolgten tendenziell induktiven Verfahrens ist dabei allerdings, dass die betrachteten und interpretierten literarischen Texte die theoretischen Vorannahmen häufig solcherart rückkoppelnd modifiziert haben, dass *aus ursprünglich* theoretischen, *metasprachlichen Annahmen* im Verlaufe der Arbeit an dieser Studie literarische, *objektsprachliche Befunde wurden*. Die Begriffe sind sozusagen nicht Herr im Hause der Metaphorologie, und wenn sie es einmal sind, bleiben sie es nicht immer. So ist es vor allem mit den Texten Gumbrechts gegangen, aber auch mit denen Hörischs und Koschorkes, und das ist auch der Grund, warum sie hier im sechsten Kapitel vorkommen und nicht – etwa in Form eines klassischen Forschungsberichts – zu Beginn der Studie. Denn obwohl diese Texte der vorliegenden Studie zunächst dazu dienten, die hier untersuchte literarische Tradition des ›Im-Medium-wird-alles-eins‹ überhaupt erst einmal zu erkennen, obwohl also die theoretische Lektüre von Gumbrecht, Hörisch und Koschorke dieser Untersuchung zeitlich wie epistemisch vorausging, hat doch ihre Lektüre im Ergebnis zu der Erkenntnis geführt, dass diese Texte nun aus metaphorologischer Sicht *nachträglich* – zumindest in Teilen – in die literarische Tradition einzuordnen sind.

1011 Ebd., S. 13.
1012 Ebd., S. 12.
1013 Ebd., S. 32.
1014 Ebd., S. 28.
1015 Ebd., S. 37.

Diese Verwandlung aber von – noch einmal sei gesagt: ohnehin nur graduell voneinander zu unterscheidender – Theorie in Literatur ist die Konsequenz aus dem mit Blumenberg gegen Blumenberg vorgehenden, gewissermaßen anti-cartesischen metaphorologischen Verfahren dieser Studie. Denn es zielt eben nicht darauf, Metaphern ins Begriffliche aufzulösen, sondern lässt es im Gegenteil zu, dass sich mancher Begriff unter der Hand, das heißt in der Interpretation, in eine Metapher (zurück-)verwandelt: so, vor allen anderen, der des ›Mediums‹ – und damit natürlich auch die »Mediologie«.

Daraus wiederum folgt, dass aus der Perspektive der vorliegenden Studie nur relativ wenige Texte von metasprachlicher Art im eigentlichen strikten Sinne sind. Das sind zuallererst Spitzers *Milieu and Ambiance* und Derridas *Berühren, Jean-Luc Nancy* sowie die über diese beiden Texte metaphorologisch erschließbaren Texte Nancys, die alle – mit Blumenberg gelesen – sozusagen metaphorologischer sind als Blumenberg selbst. Diesen weiteren Nachträglichkeitseffekt habe ich oben ›mit Blumenberg gegen Blumenberg lesen‹ genannt.

Dass es dabei grundsätzlich gar nicht immer nötig ist, zu entscheiden, ob ein zentraler Begriff wie zum Beispiel ›Medium‹ oder auch ›Stimmung‹ tatsächlich Begriff oder – ›nur‹ ›noch‹ –[1016] Metapher ist, habe ich versucht mit Blick auf Gumbrechts (epistemisch schwebenden) Ausführungen und ihre (am Ende dann doch ausdrücklich erfolgende) Rücknahme in Ironie, Fiktion und Uneigentlichkeit beziehungsweise, wie man auch sagen könnte, ihre Rücknahme ins Metaphorische zu zeigen. Auch hier gilt nämlich das oben interpretierte Eichendorff-Wort »Es versteht sich, daß man's deute – / 'S wär' doch gar zu unbequem, / Wenn man Alles wörtlich nähm'«, und so sieht es offenbar auch Gumbrecht, wenn er – gelegentlich augenzwinkernd – mit Begriffen wie ›Begreifen‹ (metaphorisch) und ›Be-greifen‹ (entmetaphorisiert), ›Repräsentieren‹ (metaphorisch) und ›Re-präsentieren‹ (entmetaphorisiert) jongliert.

Nimmt man aber nicht alles wörtlich, dann lässt sich auch Koschorkes *Mediologie* als eine Metaphorologie des Mediums lesen. Tatsächlich argumentiert er manchmal selbst in diesem Sinne, etwa in Hinblick auf jene *»sublimatio«*, die »ursprünglich [...] ganz wörtlich« als chemischer »Fachterminus« verwendet, dann aber »zur Metapher« für eine Beziehung »zwischen Unterleib und intellektuellem Vermögen des Menschen« geworden

1016 Vgl. Anm. 1018.

ist.[1017] Anderswo hingegen wird klar, dass Koschorkes Erkenntnisinteresse nicht auf die Metaphorik selbst gerichtet ist.[1018]

So oder so berühren sich Koschorkes und Gumbrechts sowie Hörischs Argumente immer wieder. So schreibt Koschorke in Zusammenhang mit seiner These, dass »[d]er menschliche Körper [...] in sich selber verschlossen« wird[1019] und deshalb »die Menschen«, während sie »sich physisch-physiologisch immer weiter entflechten«, zugleich »als *Subjekte der Kommunikation* immer stärker zusammen[wachsen]«:[1020]

> Doch die Serie der Schließungen, die den Körper als Gefäß im Sinn der alten [humoralpathologischen Säfte-]Lehre betreffen, ist nur die eine Seite des Vorgangs. Auf der anderen kommt es zu neuartigen Offenheitserfahrungen von großer Intensität[,][1021]

und mit dieser ›Offenheit‹ und ›Intensität‹ sind zwei der Begriffe gegeben, um die es hier schon mit Blick auf Heideggers und Gumbrechts ›Stimmungs‹-Diskussion ging.

Rückkehr zu den seligen Zeiten. Versöhnung im Einklang (Alois Riegl) ...

»Sein und Sinn in eins bilde[]n«:[1022] das ist Hörischs Definition des Mediums, und die ›Stimmung‹ ist, wie gesagt, insofern ein solches Medium, als sie Sein und Sinn ›harmonisch‹ in ›Einklang‹ bringt. Diesen Ausdruck hat schon Alois Riegl in seinem 1899 veröffentlichten Aufsatz *Die Stimmung als Inhalt der modernen Kunst* verwendet, einem der wichtigsten Texte der ›Stimmungs‹-Diskussion um 1900, in deren Tradition auch Georg Simmel mit seinen zu

1017 Koschorke, Körperströme und Schriftverkehr, S. 113. Ähnlich S. 21 der Bezug auf eine »verbreitete Metaphorik«.

1018 So legt es die anti-metaphorologische Annahme S. 72 nahe: »Wie alle Metaphern hat auch der bildhafte Vergleich der beiden Körper nur einen eingeschränkten Schärfebereich. Tatsächlich geht es nicht um eine bloß analogische Relation, sondern um die Strukturbeziehung, die solche partiellen Analogien in Kraft setzt.« Dann wiederum scheint der Vorbehalt, der hier den Metaphern gegenüber erhoben wird, auch für »die herkömmliche Begriffssprache, Erbin der Metaphysik«, insgesamt zu gelten, die Koschorke zufolge »alle entsprechenden Nuancierungsversuche immer wieder in ihr binäres Grobraster leitet und insofern nur begrenzt tauglich ist«; ebd., S. 118.

1019 Ebd., S. 74; zitiert in Anm. 931.

1020 Ebd., S. 216.

1021 Ebd., S. 114.

1022 Hörisch, Brot und Wein. Die Poesie des Abendmahls, S. 13.

Beginn dieses Kapitels erörterten Texten *Zur Ästhetik der Alpen, Philosophie der Landschaft* und *Der Henkel* steht.

Riegl schreibt:

> Auf einsamem Alpengipfel habe ich mich niedergelassen. Steil senkt sich das Erdreich unmittelbar zu meinen Füßen [...].
>
> Indem ich nun das Ganze überschaue – überall Zeugen rastlosen Lebens, unendlicher Kraft und unaufhörlicher Bewegung, tausendfältigen Werdens und Vergehens, und doch eine vereinigende Ruhe darüber ausgegossen, aus der auch nicht eine Regung dissonierend hervorbricht –, so erwacht in mir ein unaussprechliches Gefühl der Beseeligung, Beruhigung, Harmonie. Es ist, als ob ein Drückendes von mir genommen wäre, einem langen Sehnen seine endliche Erfüllung würde. Was ist jenes Drückende, das in unser Geistesleben finsteren Schatten wirft, und warum weicht es vor der sonnengleichen Wirkung, die der Einblick in das unendliche All – und sei es auch nur ein kleiner Ausschnitt desselben, so weit ihn eben unvollkommener, menschlicher Sinn in einem Momente zu erfassen vermag – in unserem Gemüte wachruft? [...]
>
> Was [...] die Seele des modernen Menschen bewußt oder unbewußt ersehnt, das erfüllt sich dem einsam Schauenden auf jener Bergeshöhe. Es ist nicht der Friede des Kirchhofs, der ihn umgibt, tausendfältiges Leben sieht er ja sprießen; aber was in der Nähe erbarmungsloser Kampf, erscheint ihm aus der Ferne friedliches Nebeneinander, Eintracht, Harmonie. So fühlt er sich erlöst und erleichtert von dem bangen Drucke, der von ihm keinen Tag seines gemeinen Lebens weicht. Er ahnt, daß weit über den Gegensätzen, die ihm seine unvollkommenen Sinne in der Nähe vortäuschen, ein Unfaßbares, eine Weltseele alle Dinge durchzieht und sich zu vollkommenem Einklange vereint. Diese Ahnung aber der Ordnung und Gesetzlichkeit über dem Chaos, der Harmonie über den Dissonanzen, der Ruhe über den Bewegungen nennen wir die Stimmung.[1023]

Diese Sätze Riegls bringen noch einmal einen Großteil der bis hierhin entwickelten Begriffe und Metaphern zusammen, und dabei ist die Nähe zu Hoffmann und anderen, vor allem aber zu Simmel frappant: das »[Ü]berschaue[n]« des kosmischen »Ganze[n]« – »das unendliche All« – von der die Landschaft transzendierenden »[s]teil[en]« Höhe des »Alpengipfel[s]« (wenn auch nur im »Ausschnitt«)[1024], ein alles *periéchon*haft »vereinigende[s]«, »durchzieh[endes]« atmosphärisch-fluidales, nämlich – wie durch den »Schnabel« des »Gefäß[es]« (Simmel) – »ausgossen[es]« Element, das gleich zweimal mit der »Erfüllung« eines »[E]rsehnt[en]« assoziiert ist. In dieser ›Erfüllung‹ als ›Erlösung und Erleichterung vom Drucke, der keinen Tag weicht‹, klingt wiederum Sexuelles wie Metaphysisches an: und das ist ähnlich zweideutig,

1023 Alois Riegl: Die Stimmung als Inhalt der modernen Kunst, in: ders.: Gesammelte Aufsätze, Augsburg, Wien 1929, S. 28–39, S. 28f.

1024 Simmel, Philosophie der Landschaft, S. 472.

wie bei Simmel die »materielle[] Masse« mit »Unerlöstheit« und »dumpfe[r] Wucht [...] überirdisch aufstreb[t]«, um dort das »Gefühl des Erlöstseins« zu finden. »Da löst sich aller Überdruß; / [...] / Sich aufzugeben ist Genuß«, heißt es in Goethes oben zitierten Versen hingegen eher eindeutig-zweideutig, dann imperativisch: »Weltseele komm uns zu durchdringen!«, und genau so geschieht es bei Riegl, wenn »eine Weltseele alle Dinge durchzieht« und schließlich nicht wie bei Simmel »zu *einem* Klang«, wohl aber »zu vollkommenem Einklange vereint«. Diese (zweimal) »Harmonie« genannte »Stimmung« wird (ebenfalls zweimal) »wach[ge]ruf[en]« – ganz so, wie Hoffmanns »innere Stimme«, Eichendorffs schlafendes Lied und Heideggers ›Stimmung‹ ›geweckt‹ werden.

Auch bei Riegl findet sich also der von Nancy so genannte »Zusammenklang« der »Musik [...] mit dem Begehren« beziehungsweise mit dem »Sehnen«, wie Riegl noch in romantischer Diktion sagt. Dieses ›Sehnen‹ richtet sich auf jenes, mit Sigmund Freuds berühmter Formulierung, »Gefühl wie von etwas Unbegrenztem, Schrankenlosem, gleichsam ›Ozeanischem‹«,[1025] das wiederum Richard Wagners Isolde als »des Weltatems / wehende[s] All« besingt, in dem sie schließlich »ertrinken[d], / versinken[d], – / unbewusst, – / höchste Lust!« findet. Und schließlich scheint auch Riegl, wie Heidegger und Gumbrecht, das »Verborgene des Lebendigen ahnen [...] lassen« zu wollen (Heidegger), wenn er dem »überall« zu beobachtenden »rastlosen Leben[]«, also der (exoterischen) Immanenz, über die adversative Konjunktion »und doch« die »vereinigende Ruhe darüber«, also das (esoterische) ›Heil‹ der Transzendenz gegenüberstellt.

Dass Riegl mit all dem *auch* eine Medientheorie im Sinne der vorliegenden Studie entwirft, zeigt – hier wie noch mehrmals in seinem Text über *Die Stimmung als Inhalt der modernen Kunst* – der wörtliche Verweis auf die »[U]nmittelbarkeit« seiner das Altitudinale betonenden (»Steil senkt sich«) Position, die er – wörtlich genommen – zudem noch fast wie ein Vogel von oben kommend eingenommen hat, nämlich im ›Niederlassen‹ auf dem Gipfel. Wieder einmal verweist hier ›Unmittelbarkeit‹ auf das Medium, das sie herstellen soll beziehungsweise sie herzustellen verspricht, und wo, wenn nicht hier, ließe sich mit Hörisch ganz buchstäblich von einer »meta-physische[n] Tiefendimension« des Mediums sprechen? Höhe und Tiefe jedenfalls – und Sinn-›Tiefe‹ ist, wie oben gesagt, nichts anderes als um 180 Grad gewendeter metaphysisch-transzendenter ›hoher‹ Sinn – verhalten sich hier zueinander

1025 Sigmund Freud: Das Unbehagen in der Kultur, in: ders.: Studienausgabe, Bd. 9: Fragen der Gesellschaft. Ursprünge der Religion, hg. von Alexander Mitscherlich, Angela Richards und James Strachey, Frankfurt a. M. 1974, S. 191–270, S. 197.

wie Medialität und Unmittelbarkeit, wie Dichotomien also, die – noch einmal mit Riegl – aus »der Nähe« betrachtet in »erbarmungslose[m] Kampf«, »aus der Ferne« hingegen in »friedliche[m] Nebeneinander« zu liegen, ja am Ende sogar in »vollkommenem Einklange« zu einem »Ganze[n]« »vereinigt« zu sein scheinen.

Ist aber dabei die Annahme die, dass auf diese Weise ein ›Heil‹ *wieder* hergestellt wird, das in primordialer oder, mit Lukács, »[s]elig[er]« Zeit schon einmal bestand, dann handelt es sich – wie gesagt – um ein regressives Streben, eine Regression, deren emblematischstes Bild die Rückkehr in den Mutterleib ist.[1026] Von regressiver Zeitlichkeit ist, um ein Beispiel zu nennen und dabei von den auch hier vorhandenen sexuellen Untertönen abzusehen, in Hoffmanns *Goldnem Topf* Anselmus' »Vision« vom »heilige[n] Einklang aller Wesen«[1027]: »entsproß« doch die »herrliche Lilie«, die »die Erkenntnis des heiligen Einklangs aller Wesen [ist]«, »aus dem Golde, aus der Urkraft der Erde, noch ehe Phosphorus den Gedanken entzündete«[1028], in einer Ur- oder Vorzeit[1029] (»noch ehe«) also, die jenes ›Denken‹ noch nicht kannte, das per Definition nicht – mit *Tristan und Isoldes* Worten – »Ohne Nennen, / ohne Trennen« auskommt –, das anders gesagt also, mit Goethe, noch gar nicht in Erscheinung getreten ist. Denn zugleich mit dem In-Erscheinung-Treten entsteht ja, so sagt es Goethes allgemeine Logik der ›Dualität der Erscheinung‹, die regressive Suchbewegung nach der verlorenen Einheit:

> Was in Erscheinung tritt, muß sich trennen um nur zu erscheinen. Das Getrennte sucht sich wieder und es kann sich wieder finden und vereinigen [...].[1030]

Diese regressive Suchbewegung nennt die Psychoanalyse »Trieb«, und es ist jedenfalls der (topologischen) Sache nach kein Zufall, dass Sigmund Freud in einer seiner ›Trieb‹-Definitionen auf jenen ›Elastizitäts‹begriff zurückgreift, den schon Novalis mit der auf ›Vereinigung‹ zielenden ›Liebe‹ assoziiert hat. Freud schreibt – und seine Formulierung wirft einmal mehr Licht auf das »Verborgene des Lebendigen« (Heidegger):

1026 Vgl. Anm. 556.

1027 Hoffmann, Der Goldene Topf, S. 321.

1028 Ebd., S. 320: »Da erhebt Anselmus das Haupt wie vom Strahlenglanz der Verklärung umflossen! – sind es Blicke? – sind es Worte? – ist es Gesang? – vernehmlich klingt es mir: ›Serpentina! – der Glaube an dich, die Liebe hat mir das Innerste der Natur erschlossen! – Du brachtest mir [...] die Erkenntnis des heiligen Einklangs aller Wesen und in dieser Erkenntnis lebe ich in höchster Seligkeit immerdar. [...].«

1029 Vgl. das Novalis-Zitat 2122.

1030 Goethe, Physikalische Vorträge. Schematisiert <1805–1806>, S. 835.

> Der Trieb wird ganz allgemein erfaßt als eine Art Elastizität des Lebenden, als ein Drang nach Wiederherstellen einer Situation, die einmal bestanden hatte und durch eine äußere Störung aufgehoben worden war.[1031]

So gesehen, *ist* ›Trieb‹ ›elastische‹ ›Regression‹, und damit erscheint auch die romantische ›Sehnsucht‹ nach ›Liebe‹, also, mit Goethe, »[d]as Getrennte«, das sich »sucht« (›Sehn*sucht*‹), um sich »wieder« (!) zu »vereinigen«, als eine Art mechanische Regression. Deshalb assoziiert Novalis Sehnsucht und Liebe mit ›Elastizität‹: »Amor ist es, der uns zusammendrückt.«[1032] Stellt sich dadurch ein ›Einklang‹ her, dann ist das also – medientheoretisch gesehen – eine Wiedervereinigung. ›Sehnsucht‹ ist immer die Suche nach etwas, das man schon einmal besessen hatte und das dann verloren ging.

… und *attunement* als *at-one-ment* (Dan Brown)

Bis heute besteht diese Sehnsucht fort – in Literatur wie, mit Roland Barthes, Mythen des Alltags. Ein Beispiel liefert etwa die Tagline des Naturheilmittelherstellers Weleda, die »Weleda. Im Einklang mit Mensch und Natur« lautet. Erstens, so kann man das verstehen, sind »Mensch und Natur« – ausgerechnet durch das sie verbindende »und« –[1033] voneinander getrennt. Zweitens jedoch können sie wieder in »Einklang« miteinander gebracht werden, und drittens steht Weleda mit seinen Heilmitteln nicht nur selbst »[i]m Einklang« mit allem, also »Mensch und Natur«, sondern *ist* gerade das *Medium dieses Einklangs*: Nichts anderes sagt ja das Wort ›Heil-Mittel‹.

Ein anderes Beispiel für den Zusammenhang von ›Sehnsucht‹ nach ›Harmonie‹ oder ›Einklang‹ und regressivem ›Erlösungsstreben‹ bei ausdrücklich betonter regressiver Zeitorientierung[1034] liefert Dan Browns zur Zeit drittjüngster Roman *The Lost Symbol* aus dem Jahr 2009. Schon die auf den Titel Bezug nehmende Klappentext-Überschrift »What is lost … will be found« weist in diese Richtung.[1035] Brown, ein in intellektuellen und akademischen Kreisen notorisch und zumindest in Hinblick auf seine Plots zu

1031 Freud, Selbstdarstellung, S. 85.

1032 Novalis, Das allgemeine Brouillon (Materialien zur Enzyklopädistik) 1798/99, Nr. 797, S. 666. Vgl. Anm. 214.

1033 Vgl. Zitat 2330.

1034 Vgl. Zitat 1046.

1035 Brown, The Lost Symbol, S. U 1. Dazu passt auch das Motto aus *»The Secreat Teachings of All Ages«*: »To live in the world without becoming aware of the meaning of the world is like wandering about in a great library without touching the books.« Ebd., vor S. 1.

Unrecht verachteter Autor, lässt zwei der Protagonisten seines Romans in der Figurenrede eine Medientheorie ausformulieren, die mit einem etymologisch suggestiven Theorem an die topologische Tradition anschließt und damit noch einmal Licht auf den ohnehin schon schillernden Begriff der ›Stimmung‹ wirft. Denn ›Stimmung‹ heißt im Englischen ›attunement‹, und die genannte Medientheorie in Dan Browns Roman kreist um das nah verwandte Wort ›atonement‹ – dies allerdings in einer bezeichnenden Modifikation des Wortes.

Wie so oft bei Dan Brown,[1036] geht es auch in *The Lost Symbol* um die Freimaurer und ihr esoterisches historisches Wissen,[1037] über das hier eine Figur mit dem sprechenden Namen Peter Solomon verfügt. Den naturwissenschaftlichen oder pseudo-naturwissenschaftlichen Sidekick dazu gibt seine Schwester Katherine Solomon, die sich dem Forschungsfeld der »Noetic Science« verschrieben hat, »[a]n unlikely fusion of modern particle physics and ancient mysticism«, wie der Erzähler erläutert, um dann in Kursiven zusammenzufassen: *»Physics meets philosophy.«*[1038]

Dieses Motto erinnert nicht nur von ferne an Ernst Platners Begriff der Anthropologie und seine Grundannahme, dass »[d]er Mensch [...] weder Körper, noch Seele allein«, sondern »die Harmonie von beyden [ist]«.[1039] Denn tatsächlich entwerfen Browns Figuren unter der Bezeichnung »Noetic Science« eine Art Neo-Anthropologie, in deren Zentrum genau dasselbe Problem steht, das schon Platner klären wollte: nämlich das *commercium mentis et corporis* beziehungsweise, wie es wörtlich heißt, die ›Interaktion von Gedanken und physischer Welt‹. In einem Referat zur »basic ideology of Noetic Science« heißt es dazu:

> The overall thesis was simple. [...] Experiments at facilities like the Institute of Noetic Science [...] in California [...] had categorically proven that human thought, if properly focused, had the ability to affect and change *physical* mass. [...] [O]ur *thoughts* actually interacted with the physical world [...].
>
> Mind over matter.
>
> In 2001, in the hours following the horrifying events of September 11, the field of Noetic Science made a quantum leap forward. Four scientists discovered that

1036 Das Folgende ist ein modifiziertes Selbstzitat von Stefan Börnchen: »Attunement« – »at-one-ment«. »Stimmung« bei Thomas Mann (*Mario und der Zauberer*) und Dan Brown (*The Lost Symbol*), in: Stefan Börnchen, Georg Mein, Gary Schmidt (Hg.): Thomas Mann: Neue kulturwissenschaftliche Lektüren, München: Wilhelm Fink 2012, S. 149–166, S. 163–165.

1037 Vgl. Matthias Pöhlmann, Heiko Ehrhardt, Christian Ruch: Der Dan-Brown-Code. Von Illuminaten, Freimaurern und inszenierten Verschwörungen, Berlin 2010 (EZW-[Evangelische Zentralstelle für Weltanschauungsfragen]-Texte Nr. 207/2010).

1038 Brown, The Lost Symbol, S. 203.

1039 Platner, Anthropologie für Ärzte und Weltweise. Erster Teil S. IV; zitiert in Anm. 869.

> as the frightened world came together and focused in shared grief on this single tragedy, the outputs of thirty-seven different Random Event Generators around the world suddenly became significantly *less* random. Somehow, the oneness of this shared experience, the coalescing of millions of minds, had affected the randomizing function of these machines, organizing their outputs and bringing order from chaos.
>
> The shocking discovery, it seemed, paralleled the ancient spiritual belief in a »cosmic consciousness« – a vast coalescing of human intention that was actually capable of interacting with physical matter. Recently, studies in mass meditation and prayer had produced similar results in Random Event Generators, fueling the claim that *human consciousness*, as Noetic author Lynne McTaggart described it, was a substance *outside* the confines of the body ... a highly ordered energy capable of changing the psychical world. Katherine had been fascinated by McTaggart's book *The Intention Experiment*, and her global, Web-based study – theintentionexperiment.com – aimed at discovering how human intention could affect the world. A handful of other progressive texts had also piqued Katherine's interest.
>
> From this foundation, Katherine Solomon's research had vaulted forward, proving that »focused thought« could affect literally *anything* – [...]; Katherine had created beautifully symmetrical ice crystals by sending loving thoughts to a glass of water as it froze. Incredibly, the *converse* was also true: when she sent negative, polluting thoughts to the water, the ice crystals froze in chaotic, fractured forms.
>
> Human thought can literally transform the physical world.[1040]

Was hier umrissen wird, ist eine Unmittelbarkeitstheorie. Die zweimal so genannte ›buchstäbliche‹ (›literal‹) Beeinflussung (›affection‹, ›transformation‹) von Materie außerhalb des menschlichen Körpers durch den Geist vollzieht sich ohne jede Vermittlung durch Nerven, Mittelkraft oder sonstige Medien ›durch den Geist selbst‹: »›mind over matter‹ was not just some New Age self-help mantra. The mind had the ability to alter the state of matter itself«.[1041]

Dabei ist die Vorstellung von »*human consciousness*« als »a substance *outside* the confines of the body« ein literarisches Thema der Romantik. Als animalmagnetischer Astralgeist kommt sie zum Beispiel in Heinrich von Kleists *Käthchen von Heilbronn* vor.[1042] »[C]osmic consciousness«[1043] wiederum entspricht dem, was bei Schelling und Goethe »Weltseele« heißt.

Ideengeschichtlich steht die von den Solomons vertretene Theorie in der Tradition des Okkultismus. Denn es geht ihnen nicht nur – mit einer Okkultismus-Definition Thomas Manns – darum, »dem Weltgeheimnis«

1040 Brown, The Lost Symbol, S. 55f.

1041 Ebd., S. 56f.

1042 Vgl. Weder, Kleists magnetische Poesie, S. 158–205, insbesondere S. 172–178.

1043 Vgl. auch Brown, The Lost Symbol, S. 74.

beziehungsweise der ›Weltseele‹ als »cosmic consciousness« »experimentell auf die Spur zu kommen«,[1044] sie vertreten zudem die These, dass die neuesten wissenschaftlichen Einsichten nur die Wiederentdeckung eines alten ›ganzheitlichen‹ Weltverständnisses sind, das in hermetischen Schriften überliefert, ansonsten aber verlorengegangen ist, sodass es jetzt nur noch als esoterisches Wissen existiert. Mit den Worten Peter Solomons: »›The truth [...] is known to *all* ... but recognized by very few.‹«[1045] ›Ganzheitlich‹ aber war beziehungsweise ist dieses Weltverständnis insofern, als es gleich zwei Dichotomie-›heil‹ende *›missing links‹* liefert: zum einen das *›missing link‹* von Körper und Geist – also das ›Medium‹, um das es der vorliegenden Studie geht –, zum anderen das *»missing link between modern science and ancient mysticism«*,[1046] die so nun nicht (mehr) in Widerspruch zueinander stehen, sondern (wieder) eins werden. Und das ist das ›Schockierende‹ an der in Rede stehenden wissenschaftlichen Entdeckung. Denn wenn »[the] scientists['] [...] discovery, it seemed, paralleled the ancient spiritual belief«, wenn also die neueste empirische Wissenschaft und der alte mythische Glaube konvergieren, dann fallen der von Katherine Solomon mit den »progressive texts« ausdrücklich angesprochene wissenschaftliche Fortschritt und die Rückkehr in den Mythos in eins – epistemische Progression wird Regression ins Mythische:

> It sounds like your work in Noetics will be a quantum leap forward.
> »Or *backward*,« she said. »The ancients already knew many of the scientific truths we're now rediscovering. [...]«[1047]

1044 »Wenn [...] Metaphysik empirisch wird; wenn sie sich herbeiläßt oder die Verpflichtung zu fühlen beginnt oder der Verführung unterliegt, dem Weltgeheimnis experimentell auf die Spur zu kommen – und das tut sie im Okkultismus, da dieser nichts ist als empirisch-experimentelle Metaphysik –; so darf sie nicht darauf rechnen, ihre Hände rein zu halten [...]: sie muß sich vielmehr darauf gefaßt machen, es mit viel Schmutz und Narretei zu tun zu bekommen. Denn im Mediumismus und Somnambulismus, der Quelle der okkulten Phänomene, mischt sich das Geheimnis des organischen Lebens mit den übersinnlichen Geheimnissen, und diese Mischung ist trüb. Hier nämlich handelt es sich nicht länger um *Geist* [...]; hier ist *Natur* im Spiel, und das ist ein unreines, skurriles, boshaftes und dämonisch-zweideutiges Element [...].« Thomas Mann: Okkulte Erlebnisse, in: ders.: Essays II. 1914–1926, hg. und textkritisch durchgesehen von Hermann Kurzke [...], Frankfurt a. M. 2002 (= GKFA, Bd. 15.1), S. 611–652, S. 614f.

1045 Brown, The Lost Symbol, S. 459.

1046 Ebd., S. 57.

1047 Ebd., S. 500.

Emblem dieser – fernhin an Platons Anamnesis, aber auch an Heideggers etymologische Verfahren erinnernden –[1048] Denkfigur ist der Ouroboros, die Schlange, die sich selbst in den Schwanz beißt: *»The Ouroboros: the symbol of wholeness and at-one-ment.«*[1049]

Bemerkenswert ist nun, dass Dan Browns Figuren – und darin ähneln sie auf schlagende Weise Gumbrecht – das alte beziehungsweise neu wiederzuentdeckende Weltverständnis einerseits (innerhalb der Diegese des Romans offenbar ernsthaft) propagieren, während sie es andererseits zugleich als regressive Sehnsucht und Wunsch-Phantasie thematisieren. Das wiederum tun sie ausgerechnet unter Rückgriff auf das Wort ›atonement‹, von dem sich wiederum das englische Wort für ›Stimmung‹, ›attunement‹, herleitet.

Während Katherine Solomon noch staunt, als ihr Bruder zum ersten Mal über das noetische *»missing link between modern science and ancient mysticism«*[1050] doziert, kennt Peter Solomon diese Zusammenhänge schon seit langem, weil er als Freimaurer Zugriff auf das esoterische alte Wissen hat.

> »The key to our scientific future,« her brother often said, »is hidden in our past.« A lifelong scholar of history, science, and mysticism, Peter had been the first to encourage Katherine to boost her university science education with an understanding of early Hermetic philosophy. [...][1051]

»In fact«, erläutert Peter Solomon,

> man's oldest spiritual quest was to perceive his own entanglement, to sense his own interconnection with all things. He has always wanted to become ›one‹ with the universe ... to achieve the state of ›at-one-ment.‹ [...] To this day, Jews and Christians still strive for ›atonement‹ ... although most of us have forgotten it is actually ›at-one-ment‹ we're seeking.[1052]

Sogar für das Wort ›atonement‹ – so suggeriert hier die in ihrem eigenen Wortsinne über die verlorengegangene ›Wahrheit des Wortes‹ Auskunft

1048 »›And when we hear the truth, even if we don't understand it, we feel that truth resonates within us ... vibrating with our unconscious wisdom. Perhaps the truth is not *learned* by us, but rather, the truth is re-called ... re-membered ... re-cognized ... as that which is already inside us.‹« Ebd., S. 409.

1049 Ebd., S. 472. – Vgl. den Verweis auf Platons *Timaios* in Christopher Hodapp: Deciphering the Lost Symbol: Freemasons, Myths and the Mysteries of Washington, D.C., Berkeley, CA 2010, S. 62 und 166.

1050 Brown, The Lost Symbol, S. 57.

1051 Ebd.

1052 Ebd., S. 58.

gebende Etymologie –[1053] gilt also der oben schon zitierte Satz ›the truth is known to *all* … but recognized by very few‹. Denn etymologisch bedeutet ›atonement‹, wie die die buchstäbliche Zusammensetzung des Wortes verdeutlichende Schreibweise ›at-one-ment‹ anschaulich macht, buchstäblich ›Einswerdung‹, geht doch ›atonement‹ etymologisch auf ›to atone‹ zurück, das wiederum vermutlich nach dem lateinischen ›adunare‹ aus ›ad unum‹ gebildet ist und heute noch nicht nur die drei Buchstaben des Wortes ›one‹, sondern auch seine frühneuzeitliche Aussprache (das /əʊn/ in /ə'təʊn.mənt/) bewahrt.[1054] Im ›attunement‹ wiederum hat sich sogar noch der Stammvokal des lateinischen ›unum‹ erhalten. Um es noch einmal mit Peter Solomon zu sagen: »›The message […] is right here before our eyes.‹«[1055]

Sind aber ›atonement‹ und ›attunement‹ im Englischen wenn nicht sogar dasselbe Wort, so doch etymologisch äußerst nah verwandt, dann verwundert es im Kontext des hier in Rede stehenden Mediums im Sinne eines ›Alles ist eins‹ nicht, dass die deutschen Worte ›Erlösen‹ und ›Stimmung‹ – wohlgemerkt: *hier* – eine dermaßen große semantische Nähe, häufig sogar Überschneidung zeigen. Denn auch sie stehen fürs ›Einswerden‹ im Sinne von ›adunatio‹ beziehungsweise ›atonement‹.

Was nun mit Peter Solomons Worten »›man's oldest spiritual quest […] to sense his own interconnection with all things«, »to become ›one‹ with the universe‹« betrifft, so sind offenbar schon Goethe und Gumbrecht zu einer ganz ähnlichen Auffassung gekommen: Goethe mit dem ›Aufgeben‹ und ›Lösen‹, man könnte auch sagen ›Auflösen‹ oder ›Erlösen‹ durch die und mit der und in der »Weltseele«, Gumbrecht mit seiner neuerlichen »Kontakt«aufnahme »zu den Dingen der Welt« beziehungsweise ihrer ›Beschwörung‹, durch die er das »Trauma« des »›Weltverlust[s]‹« überwinden, ja ›heilen‹ will.

At-one-ment heißt die buchstäblich universale Erlösungsperspektive in Dan Browns *Lost Symbol*, und nichts anderes als den von Peter Solomon als Ur-Begehren des Menschen beschriebenen Wunsch »to become ›one‹ with the universe« evoziert Georg Lukács in den ersten Sätzen seiner *Theorie des Romans*, wenn er »die[jenigen] Zeiten« als »selig« – Synonym für ›heil‹ oder

---

1053 »Etymologie […] ›Erforschung der Herkunft der Wörter‹ […]. Entlehnt aus l[ateinisch] *etymologia*, dieses aus gr[iechisch] *etymología*, eigentlich ›Lehre vom Wahren‹, zu gr[iechisch] *étymos* ›wahr, wirklich‹«. »Etymologie«, in: Kluge, Etymologisches Wörterbuch der deutschen Sprache, S. 236f., S. 236.

1054 »atone. Orig. to reconcile, from adv. phrase *at one*, and preserving old pronunc. of the latter word, as in *only, alone*. In ME. *one, onement* were used in sense of *atone, atonement*. […] Cf., for the formation, OF. *aduner, aüner*, to unite, reconcile.« Ernest Weekley: Etymological Dictionary of Modern English, London 1921, Sp. 86.

1055 Brown, The Lost Symbol, S. 470.

›versöhnt‹ –[1056] bestimmt, »für die der Sternenhimmel die Landkarte der gangbaren [...] Wege ist« und »[a]lles [...] Besitz« ist, der Mensch also seine »›interconnection with all things‹« spürt, weil »Welt und das Ich [...] einander« nicht »fremd« sind. Wollte man also – wie geschehen – die ›Alles-wird-eins-weil-alles-immer-schon-eins-war‹-Botschaft der Romanfiguren Dan Browns als »gauzy ›We are the universe‹ sentiment«[1057] bespötteln, dann träfe diese Kritik auch Georg Lukács' *Theorie des Romans* – ebenso wie Goethes Mignon mit ihrem Lied »Nur wer die Sehnsucht kennt, / Weiß was ich leide! / Allein und abgetrennt / Von aller Freude, / Seh ich ans Firmament«.

Dass es auch bei Dan Brown tatsächlich und ganz buchstäblich darum geht, in den Himmel einzugehen beziehungsweise »Im Grenzenlosen sich zu finden« und dort zu »verschwinden«, zeigt sich auf dem Höhepunkt des Romans. Der Schurke des Romans nämlich – eingeführt wird er als »[t]he one [!] who called himself Mal'akh« –[1058] plant, seine Seele in einer Art Selbstopferung aus seinem Körper zu befreien (»releasing a human soul from its body«),[1059] um sie dann über die Rauchfahnen der Opferlichter wie über eine atmosphärische Himmelsleiter in den Himmel aufsteigen zu lassen:

> Mal'akh had sensed a palpable shift in the atmosphere of the Temple Room [...]. *Help me shed the body that clothes my soul.* [...] Mal'akh had closed his eyes. [...] Scented wisps of smoke had spiraled upward above him, preparing a pathway for his soon-to-be-liberated soul.[1060]

Es liegt auf der Hand, dass sich Mal'akh hier, »anticipating the moment when I am only mind« genauso in der Körper-Geist- beziehungsweise Homunkulusmetaphorik verfängt wie Kleists Graf vom Strahl mit seinem Ausdruck von Käthchens »junge[r] Seele«, die »nackt vor« ihm »st[eht]«. Vielleicht geht auch deshalb, dem schon zu Beginn des Romans im Hintergrund spielenden »›Lux Aeterna‹ from the Verdi Requiem«[1061] zum Trotze, Mal'akhs Plan schief. Durchbohrt von den Glassplittern eines Fensters, das ein CIA-Helikopter bersten lässt, stirbt er, ohne den Himmel oder auch nur die – hier ausdrücklich duftende – Himmelsleiter zu betreten.

At-one ment, darauf einigen sich die drei überlebenden Protagonisten Robert Langdon, Peter und Katherine Solomon, stellt sich entweder erst in der

1056 Vgl. »selig« in: Kluge, Etymologisches Wörterbuch der deutschen Sprache, S. 756f.
1057 »Dan Brown Vs. The Word Detective« (4.8.2010), unter: http://www.beehappy.ca/beelog/ (23.9.2010).
1058 Brown, The Lost Symbol, S. 10.
1059 Ebd., S. 445.
1060 Ebd., S. 454f.
1061 Ebd., S. 11.

Zukunft ein oder aber ist je schon da. Dem Himmel allerdings kommt man auch von der Erde aus nahe, und zwar nicht über eine duftig-atmosphärische Himmelsleiter, sondern über eine Himmelsleiter aus Stein – oder auch einen Fahrstuhl. Mit dem Fahrstuhl jedenfalls gelangen Peter Solomon und Robert Langdon am Ende des Romans an den höchsten Ort, den es in Washinton D.C. gibt, die Spitze des Washington Monument.

Was sich Robert Langdon dort, in »555 feet« Höhe im Inneren von »America's great Egyptian obelisk« zeigt, ist eine mediale Höhe-und-zugleich-Tiefe, wie ich sie im fünften Kapitel im Ausgang von E.T.A Hoffmanns Zackenfall-Besuch in seiner Formulierung »Oben, mitten im tiefen [Himmels-]Blau« und unter Rückgriff auf Joachim Ritter und Leo Spitzer beschrieben habe – eine ›mediale tiefe Höhe‹, deren Bergwerksmetaphorik zudem eine *der* zentralen Metaphern der deutschen Romantik anklingen lässt:[1062]

> Langdon was suddenly staring into a bottomless shaft ... an endless winding staircase that plunged deep into the earth. *My God!* [...] The staircase was a traditional square spiral, and he could see a least thirty landings descending into the earth before the flashlight faded to nothing. *I can't even see the bottom!*[1063]

Dieses In-der-Höhe-über-dem-Erdengrund-Schweben ist eine Erfahrung von Höhe als Transzendenz, wie sie schon Petrarca und Hoffmann beschrieben haben. Sie ist tatsächlich und buchstäblich auf Erden zu haben – ob *per pedes* oder per Aufzug. *At-one-ment* hingegen bleibt auch bei Dan Brown, aller Noetik zum Trotz, bis auf Weiteres Metapher beziehungsweise Postulat. Es verbleibt damit unter eben jenem Fiktionsvorbehalt der »Illusion«, den Gumbrecht im Epilog von *1926* artikuliert.

A-T-M-E-N und M-E-T-A-N. Welten-Heil als Farce (Christian Kracht, Ingo Niermann)

Wenn, wie Karl Marx einmal bemerkt hat, sich »alle großen weltgeschichtlichen Tatsachen und Personen [...] zweimal«, nämlich »das eine Mal als Tragödie, das andere Mal als Farce« »ereignen«,[1064] und wenn dies auch

1062 Vgl. Anm. 520 und 522.

1063 Brown, The Lost Symbol, S. 481.

1064 »Hegel bemerkte irgendwo, daß alle großen weltgeschichtlichen Tatsachen und Personen sich sozusagen zweimal ereignen. Er hat vergessen, hinzuzufügen: das eine Mal als Tragödie, das andere Mal als Farce.« Karl Marx: Der achtzehnte Brumaire des Louis Bonaparte, in: Karl Marx, Friedrich Engels: Werke, Bd. 8, Berlin/DDR 1972, S. 115–123, S. 115.

für Medientheorien gilt, dann gibt es zu Dan Browns durchweg ohne Augenzwinkern in tragödienhaft ernstem Ton gehaltenem Roman ein komödiantisches Gegenstück: Christian Krachts und Ingo Niermanns pseudodokumentarischen Kurzroman *Metan*. *Metan* ist ein rätselhafter Text – wenn auch, »[w]as die beiden da aus dem Geist des Furzes zusammenschwadronieren«, wohl kaum so »beunruhigend« ist, wie es der Rezensent der *Frankfurter Allgemeinen Sonntagszeitung* empfunden zu haben scheint.[1065] Worauf es hier ankommt, ist Krachts und Niermanns Anschluss an die in der vorliegenden Studie in Rede stehende Topologie des Mediums und vor allem die Wendung ins Karnevalistisch-Derbe, die sie dabei nimmt.

Zu Beginn des Texts heißt es:

> Commander J ist kein Mensch. Er besteht aus einer menschenähnlichen Hülle, die mit Methangas gefüllt ist. […] Commander J ist Teil des weltumspannenden Methangetüms.[1066]

Das ist auch, so heißt es später, das Schicksal vieler Rentner:

> Dem Methangetüm fällt es leicht, die Millionen oft wehrloser Rentner zu übernehmen und durch sie zu wirken. In angeregter Unterhaltung stehen sie, meist mit Reisebussen gebracht, vor beliebten Ausflugszielen […] und ruminieren[,][1067]

denken also nach beziehungsweise, so die ursprüngliche Bedeutung von lateinisch *rūmināre*, käuen wieder wie die Rinder.

> Sie sind Sendboten des Methans, sie *sind* Methan. Es ist die Ahnung dieser Tatsache, die auch Dr. Frank Schirrmacher in seinem Bestseller *Das Methusalem-Komplott* den Aufmarsch einer gewaltigen Armee von Rentnern fürchten läßt.[1068]

Wie dieser Zusammenhang von menschlichem Ruminieren und Methan zustandekommt und warum bei Kracht und Niermann »Metan« – jetzt ohne »h« – »dem großen Weltgeist« und dem »Atman« beziehungsweise Atmen der »Weltseele« entspricht,[1069] erklärt sich so:

1065 »Was die beiden Dichter […] über die Erneuerung des Menschengeschlechts aus dem Geist des Furzes zusammenschwadronieren, ist wirklich beunruhigend. Oder auch einfach: großer Quatsch […].« Volker Weidermann: Literatur, in: Frankfurter Allgemeine Sonntagszeitung, 4.3.2007, S. 30.

1066 Christian Kracht, Ingo Niermann: Metan. 1. Teil, Frankfurt a. M. 2011, S. 14f.

1067 Ebd., S. 32.

1068 Ebd.

1069 Ebd., S. 19.

Methan (CH_4) reproduziert sich nicht selbst, es läßt sich reproduzieren. [...]

* * *

Die Upanishaden sprechen vom *Atman*, der kosmischen Urluft, dem Welthauch. Es ist ein Sanskrit-Wort, das dem deutschen Wort Atmen zugrundeliegt. Der Mensch denkt beim Atmen gewöhnlich nur an die Aufnahme von Sauerstoff und die Abgabe von Kohlendioxid. Mancher gesteht auch den Pflanzen ein Atmen zu – hier umgekehrt die Einatmung von Kohlendioxid und das Ausstoßen von Sauerstoff. Es gibt jedoch noch ein drittes, anaerobes Atmen – die Umstülpung der Zunge im Munde gibt den Hinweis: A-T-M-E-N wird zu M-E-T-A-N.

Laut den Upanishaden ist die mantrische Silbe »Aum« oder »Om« der Urklang, aus dem der Kosmos entsteht. Die Nasalierung des Vokals, im Sanskrit als *Chandrabindu* bezeichnet, deutet auf den Resonanzkörper der Kuh hin. Ganz offensichtlich ist der ursprüngliche Urklang, der gemeint ist, das »Mmmuuuu« oder – korrekt gehört – »Mmmm« dieses im Hinduismus als Menschenmutter verehrten Tieres.

Den wiederkäuenden Rindern entfährt das Gas Methan täglich in großen Mengen. Bei Menschen bläht sich der Bauch nur unregelmäßig, und sie sind bemüht, das Austreten des mit streng riechenden Aromen versetzten Gases vor anderen zu verbergen. So weiß man von der Mühsamkeit des Bergsteigens: Erfrorene Zehen müssen amputiert werden [...]. Doch unbekannt, in keinem Bergführer und keinem Erfahrungsbericht erwähnt (nicht einmal bei Maurice Herzog, Jon Krakauer und Reinhold Messner) ist die beim Bergsteiger ab etwa 3500 Höhenmetern durch den Druckabfall heftig auftretende Flatulenz.

* * * [...]

Es sollte drei Jahrtausende dauern, bis die Lehre vom Atman und der ihm gleichen Weltseele [...] ihre volle Offenbarung fand.[1070]

»Ganz offensichtlich« handelt es sich hier um einen mit ostentativem Deutungswahn[1071] vorgetragenen weiteren Versuch, ›dem Weltgeheimnis auf die Spur zu kommen‹. Wieder lag es gewissermaßen je schon ›gleich vor unseren Augen‹,[1072] wenn auch jetzt nicht in Form eines Kofferwortes – ›one‹

1070 Ebd., S. 15–18.

1071 Den Begriff »Deutungswahn« verwendet Jacques Lacan; Jacques Lacan: Über die paranoische Psychose in ihren Beziehungen zur Persönlichkeit, in: ders.: Über die paranoische Psychose in ihren Beziehungen zur Persönlichkeit und Frühe Schriften über die Paranoia, übersetzt von Hans-Dieter Gondek, Wien 2002, S. 13–358, S. 33, 30 und 31. Die »Paranoiker« wiederum, so Sigmund Freud 1921, »anerkennen [...] nichts Indifferentes und verwerten in ihrem ›Beziehungswahn‹ die kleinsten Anzeichen«. Freud, Über einige neurotische Mechanismen bei Eifersucht, Paranoia und Homosexualität, S. 222.

1072 S. Zitat 1055.

in ›at-one-ment‹ –, sondern in anagrammatischer Verschlüsselung, die erst nach Buchstabenumstellung »M-E-T-A-N« im »A-T-M-E-N« erkennen lässt. Was somit kenntlich wird, ist eine an die antike Pneuma-Lehre anknüpfende Theorie von einem animalmagnetischen Fluidum – dem Met(h)an –, die wiederum mit einer pseudo-buddhistischen Klang-Theorie assoziiert ist.

Wie »Urluft« und »Urklang« des »Kosmos« zeigen, handelt es sich hier um eine Ursprungserzählung – eine Kosmogonie. Zugleich geht es aber auch um Wege zur Transzendenz: zum einen durch religiöses Meditieren mit »mantrische[n] Silben«, zum anderen durch die »Mühsamkeit des Bergsteigens«, durch die der Mensch in ausdrücklich eisige »Höhen« kommt. Dabei kommen mit der ›kosmischen Luft‹ und dem »Welthauch«, dem ›kosmischen Klang‹ und seinem mikrokosmischen »Resonanzkörper« ein weiteres Mal jene Vorstellungen zusammen, deren Zusammenhang ich im fünften Kapitel an Hoffmanns *Brief aus den Bergen* umrissen habe. Wie bei Hoffmann »Töne« in »jedes Brust«, also in alle Körper, »hinaus«- und »hineintönen« und dabei ausdrücklich dem ihn fluidal »umström[]en[den]« und deshalb auch von ihm eingeatmeten »Duft« verglichen werden, »atm[en]« nun »wiederkäuende[] Rinder« sowie »Menschen« »das Gas Methan« genauso »[e]in«, wie sie es aus ihren »Resonanzkörpern« »[a]usstoßen«. Der Unterschied des *periéchon*haft allgegenwärtigen ›Hauchs‹ (Hoffmann, Kracht) und zugleich ›Klangs‹ (Hoffmann, Kracht) liegt also bei Hoffmann und Kracht nur in den »Aromen«, nicht aber in der – topologischen – Substanz.

Das Muhen der Kuh als im mantrischen Gesang nachgebildeter »Urklang« des »Kosmos« und die »Flatulenz« als – sozusagen verschwiegene – Entsprechung des Atmens: auch das ist, wenn man so will, ein Beitrag zur hier in Rede stehenden Theorie von Medium und *periéchon*. Ist das aber so, dann liegt darin zugleich eine Ergänzung der menschlichen Buccalität. Denn ›Met(h)an‹ ist, so gesehen, das Phänomen einer allgemein kreatürlichen Bovidalität, die wiederum ausdrücklich die bovidenhaft »ruminieren[den]« »Rentner« einschließt.

Das alles ergibt sich, wie gesagt, aus dem Anschluss an die hier untersuchte topologische beziehungsweise metaphorologische Tradition – oder, wie man auch sagen könnte, aus ihrer »Umstülpung« – ist es doch im oben angeführten Zitat wohl weniger, wie behauptet, »die Umstülpung der Zunge im Munde«, die »den Hinweis« auf das »M-E-T-A-N« gibt, als vielmehr dieser Satz selbst einen Hinweis auf all die Umstülpungen gibt, die der Kurzroman *Metan* vornimmt.

Einer der so Umgestülpten könnte Joachim-Ernst Berendt mit seinem Bestseller *Nada Brahma. Die Welt ist Klang* sein. Wie bei Kracht und Niermann kommen bei ihm ›Mu‹ und buddhistische Natur eines Tieres zusammen:

> Ein häufig benutztes Mantra der Zen-Meditierenden ist das japanische Wort MU – zu deutsch: Nichts. MU signalisiert, was der Meditierende erst noch werden will: leer – auf daß die Fülle des Seins in ihn einbreche. [...] Ein Mönch fragte [...]: Kann denn auch ein kleiner Hund die Buddha-Natur haben? Der *Rōshi* – so nennt man einen Zen-Meister – antwortete: MU.[1073]

Auch in Dan Browns *The Lost Symbol* könnte Berendts *Nada Brahma*, vermutlich mit der englischen Übersetzung *The World Is Sound: Nada Brahma*, eingegangen sein. Dafür sprächen allerlei Parallelen. So heißt es bei Berendt:

> Das Sagen und Meditieren des OM ist unlösbar mit dem richtigen Atmen verbunden. OM »geschieht« auf dem Ausatmen. Das »M« muß lange nachschwingen – hinein in den möglichst weit ausgedehnten Raum zwischen Aus- und Einatmen: [...] Im OM macht sich der Meditierende so weit wie das All ... Die ihm innewohnende Bewegung ist vergleichbar dem Öffnen der Arme [The movement [of the *O*] is like opening one's arms[1074]] [...]: der Mensch ist Schwingung, wie alles andere auch: nicht nur in einem spirituellen, sondern auch in einem physikalischen Sinn.[1075]

Wieder, mit Peter Solomons Formulierung, ein *missing link* zwischen ›Spirituellem‹ oder Psychischem auf der einen Seite und »[P]hysikalischem« auf der anderen: die »Schwingung«, und wieder hat sie mit einem All- oder Weltatem zu tun – wie sie außerdem als buchstäblich in der buccalen oder oralen Öffnung ›statthabende‹ (Nancy) Schwingung an die Oral-B-Reklame denken lässt, in der sich die Menschen durch »Öffnen der Arme« ›der Welt öffnen‹.

So oder so geht es bei Berendt atmend auf den Tönen des Mantras wie auf einer Ton- als Himmelsleiter nach oben in Richtung Transzendenz. Berendt fährt fort, einen Sufi zitierend:

> Gebrauche die Folge der Obertöne als Jakobsleiter, um aufzusteigen. [...] Wenn der Laut, der durch deine Stimmbänder hervorgerufen wird, im vibratorischen Netzwerk des Universums die Fähigkeit hat, dich zu stimmen, dann ist das darum möglich, weil er dich verbindet mit der Symphonie des Kosmos [...][,] eine Klangströmung [...], eine vibrierende Welle im Äther [...][,] eine Vibration [...], die mit dem ganzen kosmischen Ozean kommuniziert ...[1076]

1073 Joachim-Ernst Berendt: Nada Brahma. Die Welt ist Klang, Reinbek bei Hamburg [18]2002, S. 42.

1074 Joachim-Ernst Berendt: The World Is Sound: Nada Brahma. Music and the Landscape of Consciousness, Rochester, VT, 1987, S. 30.

1075 Berendt, Nada Brahma. Die Welt ist Klang, S. 40f.

1076 Ebd., S. 45.

In der englischen Version heißt diese Passage:

> Use the scale of overtones as a Jacob's ladder to climb. [...] If the sound generated by the vocal chords into the vibratory network of the universe has the faculty of tuning one [!], it is because it links one with the cosmic symphony [...][,] a sound current, a vibration tidal wave in the ether [...][,] a vibration which is communicated to the entire cosmic ocean.[1077]

Stimmung als Jakobsleiter für den ›Aufstieg‹ zur Transzendenz, »tuning one« als »link[ing] one with the cosmic symphony«: Was ist das anderes als das, was Peter Solomon als »man's oldest spiritual quest [...] to perceive his own entanglement, to sense his own interconnection with all things« unter dem Begriff »›at-one-ment‹« beschreibt? Mal'akh jedenfalls hat offenbar genau diese Vorstellungen im Sinn, als er sich auf dem »pathway for his soon-to-be-liberated soul« glaubt und deshalb das Rotorendröhnen und den Suchscheinwerfer des sich nähernden CIA-Hubschraubers für kosmische Vibrationen (Berendt: »a sound current, a vibration tidal wave in the ether«) und ihm entgegenkommende Sterne hält. Sagt Berendt zudem:

> The movement [of the *O*[*M*]] is like opening one's arms, so as to make room for the Infinite ... Light[,][1078]

so heißt es bei Dan Brown – mit dieser Geste auch Spitzers Formulierung »περιέχειν [...] possese[s] [...] the [...] connotation of protection, of a warm embrace«[1079] wieder aufnehmend:

> Mal'akh braced for the glorious impact. His moment of transformation had arrived. [...] A thunderous vibration filled his body, deafening and deep. The room began shaking, and brilliant white light blinded him from above. The heavens roared.[1080]

Der Grund dafür liegt allerdings, wie gesagt, nicht in Mal'akhs Himmelfahrt, sondern in einem Hubschrauber:

> [T]he helicopter['s] left strut hit the center of the glass. [...] The Temple Room's massive oculus exploded in a swirl of glass and wind ... sending a torrent of jagged shards plummeting into the room below.

1077 Berendt, The World Is Sound: Nada Brahma, S. 34.
1078 Ebd., S. 30.
1079 Spitzer, Milieu and Ambiance: An Essay in Historical Semantics, S. 13.
1080 Brown, The Lost Symbol, S. 455.

Stars falling from heaven[,]

denkt Mal'akh zunächst, bevor er begreift, was tatsächlich geschieht:

> Stabbing. Searing. Slashing. Razor-sharp knives piercing soft flesh. His body was drenched in blood ... huge shards of glass protruding from his flesh in all directions. [...] Wide-eyed, Mal'akh lay gasping for breath ... all alone on the great altar.[1081]

Nicht »sound current«, »vibration« und »cosmic symphony« durchdringen und umschließen *periéchon*haft den sich im »entire cosmic ocean« verlierenden Mal'akh, sondern die Glassplitter einer berstenden Scheibe, und obwohl es sich also tatsächlich um »[a] thunderous vibration fill[ing] his body« handelt, ist es doch nicht die, die er sich gewünscht hatte. Die Folge ist, dass es nicht zu ›atonement‹, »warm embrace« und Einheit mit dem Universum kommt, sondern zu Kälte – »thundering blades driving an icy wind down into the Temple Room, chilling Mal'akh to the core« –,[1082] Vereinzelung und Tod. Nicht ›atone‹, sondern ›alone‹ ist das zentrale Wort des letzten Satzes. Das ist der Reim, den sich Dan Browns Roman auf ›Stimmung‹, ›Erlösung‹ und *periéchon* macht – ein buchstäblich explosiver Reim.

So groß die Übereinstimmungen zwischen Berendt und Dan Brown anscheinend sind – das Wort ›atonement‹ selbst kommt, wenn ich recht sehe, in Berendts englischer Übersetzung nicht vor; der Begriff »verborgene Übereinstimmung«[1083] etwa wird mit »inner harmony«[1084] übersetzt. Dennoch geht es beiden um die Denkfigur des ›Alles ist eins‹ – »All is one« –[1085] dessen »Symbol« jener »Kreis« ist,[1086] der in Dan Browns Roman nicht nur in Gestalt des Ouroboros vorkommt, sondern auch als »quantum leap forward« und zugleich *»backward«*. Um es mit Berendt zu sagen: »›Die Quantenmechanik ist das Zen-Koan [die Zen-Weisheit[1087]] unserer Zeit.‹«[1088]

Ähnlich wie Dan Brown, aber noch breiter und detaillierter untermauert Berendt solche Thesen mit einer Vielzahl an literarischen Belegen und etymologischen Veranschaulichungen. Auch Eichendorffs oben schon zitiertes Gedicht *Wünschelrute*, eine *Duineser Elegie* Rilkes und Paul Celans Satz von der

1081 Ebd., S. 456f.
1082 Ebd., S. 457.
1083 Berendt, Nada Brahma. Die Welt ist Klang, S. 55.
1084 Berendt, The World Is Sound: Nada Brahma, S. 41.
1085 »The circle is a symbol meaning: All is one.« Ebd., S. 47.
1086 Berendt, Nada Brahma. Die Welt ist Klang, S. 62.
1087 Ebd., S. 28.
1088 Ebd., S. 65.

»Wahrheit selbst«, die »mitten ins Metaphern-Gestöber« getreten ist, führt Berendt an.

Im Anschluss an Eichendorffs »Zauberwort« heißt es dann:

> Vom »Zauberwort« ist in den Märchen und Sagen fast aller Völker der Erde die Rede. Auch in denen unserer eigenen Überlieferung. Das »Zauberwort« ist das Mantra. Es ist die Ur-Spannung, die die Welt schuf. Denn: der »Ton« schuf die Welt. Das griechische Wort *tónos* und das lateinische *tonus* bedeuten nicht nur »Ton«, sondern auch »Spannung«. *Teino*, griechisch, heißt: »ich spanne«. *Tónos* ist deshalb auch: das Seil, die Seide, Anstrengung, Kraft, Nachdruck, Ernst. Es ist die Spannung der Saite, in deren e i n e m Ton a l l e Töne schwingen. Auch in einem etymologischen Sinne also ist der Ur-Ton die Ur-Spannung. Wir werden das später in diesem Buch noch gründlicher tun: daß wir der Sprache – ihrem Klang und dem Sinn ihrer Ur-Silben und Ur-Worte – nachhorchen.[1089]

Das ist ein weiteres Mal eine Aneinanderreihung von nun schon in vielen Facetten bekannten Vorstellungen: darunter Hoffmanns »unsichtbare[] Saiten, die durch das Universum sich spannen« und die »der Weltgeist selbst rührt[]«, Goethes Sich-Trennen-um-zu-erscheinen, Freuds »Elastizität des Lebenden«, die es wiederum Amor – mit Novalis – leicht macht, »uns zusammen[zu] drück[en].«[1090]

›Dem Sprach-Klang‹, ihren ›Ur-Silben und Ur-Worte[n] nachhorchen‹: genau das beanspruchen auch Kracht und Niermann, und dabei geht es ihnen ausdrücklich um ein ›korrektes Hören‹ – sozusagen die Entsprechung zu Berendts »richtige[m] Atmen« – des »ursprüngliche[n] Urklangs«. Dass sie diesen Urklang und sein Hören nicht wie Berendt in der antiken Tradition der Sphärenharmonie auf den Kosmos mit seinen Sternen und Planeten zurückführen, sondern vielmehr auf tierische Verdauungsgeräusche, ist eine satirische Spitze ihres Textes. Eine andere Spitze ist, dass das in der antiken Tradition mit Transzendenz und göttlicher Lebenskraft, ja mit dem Lebensfeuer assoziierte *pneûma* nun nur noch ein »mit streng riechenden Aromen versetzte[s] Gas[]« ist – nicht mehr lebensspendend, sondern ein Abfallprodukt des Lebens, nicht mehr feuergleich, sondern allenfalls feuergefährlich.

Topologie und Metaphorologie, das zeigt sich hier deutlich, liegen immer *auch* im Auge des Betrachters, und sogar ein Zirkelschluss nach der Logik des Ouroboros lässt in der Interpretation die Wendung nach der einen – pathetisch-erlösungsorientierten – oder der anderen – karnevalistisch-flatulenzorientierten – Seite zu.

1089 Ebd., S. 53.

1090 Vgl. Anm. 214.

Eines allerdings ist nicht möglich. Ein Traum bleibt unerfüllt, und das gilt in Hinblick auf Medium und Unmittelbarkeit, *periéchon* und Weltenklang, Jakobsleiter und Met(h)an. Was unerfüllter Traum bleibt, ist jene Vision, von der Peter Solomon nach einer Nahtoderfahrung sagt: »somehow I saw *past* the metaphor, *past* the allegory, into the very heart of what these symbols are telling us.«[1091] Dieser Unmittelbarkeitstraum bleibt Fiktion, Metapher oder »Illusion«.

1091 Brown, The Lost Symbol, S. 469.

KAPITEL 7

Psyche im Farbenfluss. Schillers *Avanturen des neuen Telemachs*

> Mir ekelt vor diesem tintenklecksenden Säkulum […]. Hahaha! […] Pfui!
>
> Friedrich Schiller: Die Räuber[1092]

> Untersucht man den Einfluss der Farben […], so […] wird […] die […] Deutung […] in erster Linie durch die Farbe des Kleckses determiniert, die Form wird indessen nicht ganz unberücksichtigt gelassen.
>
> Hermann Rorschach: Psychodiagnostik. Methodik und Ergebnisse eines wahrnehmungsdiagnostischen Experiments (Deutenlassen von Zufallsformen)[1093]

Linie und Sprechblase, *fumetto* und *sfumato*

Zu seinem 30. Geburtstag bekommt Christian Gottfried Körner einen witzigen kleinen Bilderbogen geschenkt. Es handelt sich, so steht es auf dem von Friedrich Schiller beschrifteten Titelblatt, um die *Avanturen des neuen Telemachs oder Leben und Exsertionen Koerners des decenten, consequenten, piquanten etc. von Hogarth in schönen illuminierten Kupfern abgefaßt und mit befriedigenden Erklärungen versehen von Winkelmann.*[1094] Das ist mit Humor zu verstehen.

1092 Schiller, Die Räuber, S. 502 (I/2).

1093 Hermann Rorschach: Psychodiagnostik. Methodik und Ergebnisse eines wahrnehmungsdiagnostischen Experiments (Deutenlassen von Zufallsformen). Mit den dazugehörigen Tests bestehend aus zehn teils mehrfarbigen Tafeln. Sechste revidierte Auflage […], Bern 1948, S. 29.

1094 Friedrich Schiller: Avanturen des neuen Telemachs. Eine Geschichte in Bildern. Mit einem Nachwort herausgegeben von Karl Riha, Frankfurt a. M. 1987; online unter: http://www.goethezeitportal.de/wissen/illustrationen/friedrich-schiller/avanturen-des-neuen-telemachs.html (26.4.2016).

 DOI:10.30965/9783846763698_008

Denn nicht nur ist die epische Bezeichnung *»Avanturen«* insofern übertrieben, als die meisten Bilder – die *»Reise nach Egipten«* ausgenommen – Szenen aus dem Alltag Körners zeigen. Auch sind *»Hogarth«* und *»Winkelmann«* Pseudonyme. Tatsächlich stammen die aquarellierten Federzeichnungen mit einigen wenigen Beschriftungen von Schiller und die erläuternden Texte von Ludwig Ferdinand Huber.

Die Schiller-Philologie hat diesen mutwillig albernden, ohne große grafische oder malerische Sorgfalt und heute offenbar wie ein früher Vorläufer des Comic anmutenden Text[1095] stiefmütterlich behandelt. Erstmals 1862 bei A.H. Payne in Leipzig gedruckt und bis heute in keine Schiller-Ausgabe aufgenommen, galt das Manuskript seit Ende des 19. Jahrhunderts als verschollen, bis es in der Yale Library wieder auftauchte.[1096] Dort befindet es sich noch heute. Wie stark der Tintenfraß an diesem Manuskript genagt hat, zeigen – andeutungsweise – die Digitalisate der Beinecke Rare Book & Manuscript Library.[1097] Die von Karl Riha 1987 im Insel-Verlag herausgegebene Ausgabe der *Avanturen* lässt davon noch nichts ahnen, weil sie nicht dem Manuskript, sondern dem Erstdruck von 1862 folgt – und dies, wie sich noch zeigen wird, unter signifikantem grafischem Eingriff in die Originalgestalt des Manuskripts.

In der Forschung sind die *Avanturen* lange Zeit so gut wie nicht beachtet worden.[1098] Peter-André Alt schreibt in seiner Schiller-*Biographie*, die die *Avanturen* gar nicht erst ins Register von »Schillers Werke[n]«[1099] aufnimmt:

> Körners 30. Geburtstag gab Ende Juni 1786 Anlaß für eine durchaus originelle Huldigung, die Schiller mit Huber vorbereitete. Ohne professionellen Ehrgeiz,

1095 Vgl. Andreas Platthaus: Im Comic vereint – Eine Geschichte der Bildergeschichte, Frankfurt a. M. 2000, S. 26.

1096 Vgl. Karl Riha: Nachwort. Zu Schillers ›Avanturen des neuen Telemachs‹ – eine Geschichte in Bildern, in: Schiller, Avanturen des neuen Telemachs, hg. von Karl Riha, S. 37–60, S. 60.

1097 http://brbl-dl.library.yale.edu/vufind/Record/3436664 (26.4.2016).

1098 Als die vorliegende Studie entstand, war die einzige Ausnahme Vanessa Dippel: Karneval der Diskurse. Schillers ›Avanturen des neuen Telemach‹, in: Michael Klees (Hg.): Mir ekelt vor dem tintenklecksenden Sekulum ... Beiträge des Studentenkolloquiums im Rahmen der Weimarer Schiller-Tage 1995, Fernwald 1996, S. 67–80. Mittlerweile sind ein Aufsatz und eine Edition dazugekommen: Dietrich Grünewald: Freundesgabe. Friedrich Schillers »Avanturen des neuen Telemachs«, in: Deutsche Comicforschung 12 (2016), S. 19–34, und Friedrich Schiller: Avanturen des neuen Telemachs. Adventures of a New Telemachus. Zweisprachig Deutsch und Englisch, mit zahlreichen Abbildungen. Hg. und mit einer Einführung versehen von Dietrich Grünewald. Ins Englische übertragen von Stephan Packard und Elizabeth Nijdam, Berlin 2018. Schon bei Dippel findet sich (S. 70f.) ein Verweis auf Justinus Kerners Klecksografien, den Grünewald zitiert; ders., Freundesgabe, S. 27.

1099 Peter-André Alt: Schiller. Leben – Werk – Zeit, 1. Band, München ^{2}2004, S. 735.

> aber mit gehörigem Witz entwarf er 13 Federskizzen, die Situationen aus dem Alltagsleben des Freundes darstellten (ihre Echtheit ist freilich nicht vollkommen erwiesen). Sie wurden ergänzt durch Kommentare Hubers und unter dem Titel *Avanturen des neuen Telemachs oder Leben und Exsertionen Körners* [sic] am 2. Juli 1786 in einer gebundenen Festzeitung überreicht. [...] Die witzigen Skizzen nehmen die moderne Form des *Comic strips* vorweg, indem sie Bild und lakonischen Text im Rahmen von gedrängten Erzählfolgen aufeinander beziehen.[1100]

In der Tat verweist die Comic-Forschung gelegentlich auf Schillers *Avanturen* und die sprechblasenartige Gestalt,[1101] die aus dem Munde von Körners Frau »Minna« hervorkommt. (Abb. 10)[1102]

Abb. 10
Minna Körner, mit Spruchband oder Sprechblase

1100 Ebd., S. 422–424.
1101 Vgl. Karl Clausberg: Sichtbar gerollte Stimmen – Organprojektionen als Sekundärwerkzeuge für bildliche Sprechakte, in: Otto Brunken, Felix Giesa (Hg.): Erzählen im Comic. Beiträge zur Comicforschung, Essen 2013, S. 163–198, S. 180.
1102 Schiller, Avanturen (Riha), S. 17.

Dass es sich hierbei jedoch, auch wenn Schiller notorischer Raucher war,[1103] augenscheinlich *nicht* um eine Sprechblase als Atem- oder Rauchwolke im Sinne der italienischen *fumetti* – deutsch ›Sprechblasen‹ beziehungsweise, *partes pro toto*, ›Comic‹ – handelt, sondern vielmehr um ein Spruchband, wie es auf hochmittelalterlichen Darstellungen – etwa in der Manessischen Handschrift – weit verbreitet ist, hätte schon Sigmund Freud erkannt. In der *Traumdeutung* schreibt er im VI. Kapitel über »Die Traumarbeit«:[1104]

> Ehe die Malerei zur Kenntnis der für sie gültigen Gesetze des Ausdrucks gekommen war, bemühte sie sich noch, diesen Nachteil auszugleichen. Aus dem Munde der gemalten Personen ließ man auf alten Bildern Zettelchen heraushängen, welche als Schrift die Rede brachten, die im Bilde darzustellen der Maler verzweifelte.[1105]

Tatsächlich geht die Sprechblase im Comic auch auf diese Spruchbandtradition des europäischen Hochmittelalters zurück, und obgleich die Sprechblase heute meist nicht mehr als »Zettelchen« und damit als Mise en abîme[1106] der ihr als materieller Träger dienenden Papierseite zu erkennen ist, bleibt doch in der traditionellen Umrahmung der Sprechblase durch eine dünne Linie zumindest rudimentär die Papier-auf-Papier-Struktur (beziehungsweise ursprünglich Pergament-auf-Pergament) angedeutet.

1103 Vgl. die als »Parodie der *Würde der Frauen*« wohl auf Schiller gemünzten Verse August Wilhelm von Schlegels »Doch der Mann, der tölpelhafte / Find't am Garten nicht Geschmack / Zum gegohrnen Gerstensafte / raucht er immerfort Taback«; zitiert nach Peter-André Alt: Schiller. Leben – Werk –Zeit, 2. Band, München ²2004, S. 319.

1104 Auch zitiert bei Clausberg, Sichtbar gerollte Stimmen, S. 184.

1105 Freud, Die Traumdeutung, S. 311.

1106 Jacques Derrida zufolge ist die Mise en abîme »le topos moderne [...], dans son extension moderniste plutôt«. Jacques Derrida: Ce qui reste à force de musique, in: Psyché. Inventions de l'autre, Paris 1987, S. 95–103, S. 101. In den *Randgängen der Philosophie* findet sich zu Jacques Derrida: Die weiße Mythologie. Die Metapher im philosophischen Text, in: ders., Randgänge der Philosophie, hg. von Peter Engelmann, Wien 1988, S. 205–258 und Anmerkungen S. 344–355, S. 353 die Übersetzer-Anmerkung: »*mettre en abyme*: heraldischer Terminus für die Anbringung eines kleineren Wappenschildes in der Mitte eines größeren. Derrida spielt [...] mit dem Zusammenfalten von älterer Bedeutung – ›die Möglichkeit unendlichen Applizierens‹ – und neuer Bedeutung: *abîme*: ›Abgrund‹, ›grundlose Tiefe‹ [...].« Ein romantisches Beispiel findet sich in Tiecks *Gestiefeltem Kater*: »Fischer. Sagt mir nur, wie das ist, – das Stück selbst, – das kömmt wieder als Stück im Stücke vor, –« Ludwig Tieck: Der Gestiefelte Kater. Kindermärchen in drei Akten mit Zwischenspielen, einem Prologe und Epiloge, hg. von Helmut Kreuzer, Stuttgart 1964, S. 50 (Dritter Akt).

Doch nicht nur aus der Spruchbandtradition hat sich die Sprechblase entwickelt, sondern zugleich aus jener schriftlich dargestellten Mundrede, die schon klassische griechische Vasen zeigen und auch auf Johann Heinrich Wilhelm Tischbeins Zeichnung *Goethe in seiner römischen Wohnung* von 1787 zu sehen ist, sowie aus dem Atemschnörkel, wie er sich etwa in der aztekischen Kultur findet.[1107] William Hogarth hat wohl als erster *balloons* als Sprech- und Redeblasen verwendet.[1108] Auf Hogarths Zeit geht auch die Bezeichnung *comic* zurück, die sich ursprünglich auf Karikaturen bezog.[1109] In Hinblick auf diese historische Semantik des Wortes lassen sich auch die Körner und sein Umfeld karikierenden *Avanturen* als ›Comic‹ bezeichnen, obwohl es sich nicht um eine im strengen Sinne narrative Sequenz von Bild- und Textelementen handelt.[1110]

1107 Vgl. Clausberg, Sichtbar gerollte Stimmen, S. 188, 181 und 186.

1108 »William Hogarth (1697–1764) included speech ›balloons‹ in his engravings satirizing London life.« Artikel »Comics«, in: James Watson, Anne Hill: Dictionary of Media and Communication Studies, New York, London ^{9}2015, S. 45f. S. zur Auffassung, »die Technik der [*speech*] *balloons*« sei »von William Hogarth kreiert worden« Karl Riha: Die Blase im Kopf. Comic Strips, in: Gerhard Schmidt-Henkel u. a. (Hg.): Trivialliteratur. Aufsätze, Berlin 1964, S. 176–191, S. 177f.; Karl Clausberg: Tabakrauch im Atemhauch, in: Annette Stahmer (Hg.): Parole #1: the body of the voice, Stimmkörper, Köln 2009, S. 26–33. Zwar sieht Clausberg bei Hogarth einen »sparsame[n] Einsatz des vulgären Idioms der Blasenrede«. Dennoch sieht er bei Hogarth die »nachträgliche Bestätigung der langfristigen kollektiven Umwandlung von Schriftfahnen in tönende Gasbeutel, die im Italienischen ja den bezeichnenden Namen *fumetti* tragen und in England die zeitgenössische Sammelbezeichnung *bubble prints* für Druckgraphik zur Folge hatten. […] Hogarth hatte […] schon einmal« einen »pfeiferauchenden Chronos […] bemüht«, und zwar »für die Verbrämung einer technischen Prozedur, nämlich zum *sfumato*-Auftrag auf einem frischen Gemälde: […] *Time Smoking a Picture*«; ebd., S. 32 und 28. Vgl. zum *sfumato* Anm. 1114 und 1180; vgl. außerdem Thierry Smolderen: The Origins of Comics: From William Hogarth to Winsor McCay. Übersetzt von Bart Beaty und Nick Nguyen, Jackson, MS, 2014, S. 137–148 (»From the Label to the Balloon«). Ein Beispiel eines *speech balloon* bei Hogarth findet sich in seinem Stich *The Bathos* von 1764, in: Andrew Graham-Dixon: A History of British Art, Berkeley, Los Angeles 1999, S. 102. Die Erläuterung dazu ist ebd., S. 100: »Hogarth, who had always been one of the most literary and emblematic of English artists, even signed the end of this life as if it were a book. The slumped figure breathes his last, and the breath has been turned into a speech bubble. ›Finis‹, it says: ›the end‹.« – In diesem Sinne auch Will Eisner: Comics and Sequential Art. Principles and Practices from the Legendary Cartoonist, New York 2008, S. 26: »The balloon is an desperation device. It attempts to capture and make visible an ethereal element: sound.«

1109 Vgl. Platthaus, Im Comic vereint – Eine Geschichte der Bildergeschichte, S. 26.

1110 Vgl. zur Definition des Comic als »sequential art« Scott McCloud: Understanding Comics The Invisible Art, New York 1993, S. 2–23 (Kapitel 1), S. 9. – Die Frage der Sequentialität diskutiert Stephan Packard: Erzählen Comics?, in: Otto Brunken, Felix Giesa (Hg.): Erzählen im Comic. Beiträge zur Comicforschung, Essen 2013, S. 17–31; S. 19 weitere Verweise auf das Erfordernis der Sequentialität.

Sprechblasen sind also aus mindestens drei unterschiedlichen Traditionen hervorgegangen, und vor allem in betont selbstreferentiellen Comics lebt die ursprüngliche Materialität der Sprechblase als pneumatische Sphäre oder Mise en abîme der das Bild tragenden Papierseite fort. So bläst etwa Otto Messmers Felix the Cat seine eigene Sprechblase zu einem Luftballon auf – und gleichzeitig die darin stehenden Buchstaben aus der extradiegetischen Sphäre hinaus und damit in die diegetische Welt hinein –, um dann, sich an diesem Ballon festhaltend, von einem Planeten zu einem anderen zu fliegen.[1111] Auch in George Herrimans Krazy-Kat-Comics gelangen gelegentlich Worte aus der Sprechblase hinaus und hinein in die erzählte Welt –[1112] und das ist eine Welt, die immer wieder von den Figuren selbst gezeichnet wird, die in ihr leben.

Dass Comic-Figuren nach ihren Sprechblasen greifen, geschieht allerdings selten, und wenn es passiert, dann fällt es auf. Umgekehrt wiederum fällt, was durch Konvention habitualisiert ist, selbst dann nicht auf, wenn es genau betrachtet kontraintuitiv ist: dass nämlich eine nicht primär als Spruchband, sondern als pneumatische – und daher mit einem ›Ventil‹ ausgestattete – Sprach- oder Sinnwolke begriffene Sprechblase traditionell durch eine einzige Linie umrissen oder konturiert ist, deren gewissermaßen digitale[1113] Trennschärfe eigentlich in Widerspruch zu jener sozusagen analogen, ätherisch-fluidalen oder rauchigen Natur der Wolke steht, die im Italienischen nicht nur durch das Wort *fumetto*, ›Sprechblase‹, bezeichnet wird, sondern vor allem durch den verwandten, in der Kunstgeschichte in Hinblick auf Künstler wie Leonardo oder Giorgione etablierten Begriff des *sfumato*. Dabei ist das *sfumato*, wie es bei Leonardo »technisch auf dem ungewöhnlich subtilen Einsatz von Fingerkuppen, Handballen sowie – nach 1500 – Seidenpinsel und auf zahllosen Lasuren« basiert, eine Art zu malen, die auf die »lineare[] Abstraktion« einer

1111 Otto Messmer: Felix (15.7.1928), in: Karl Clausberg: Metamorphosen am laufenden Band. Ein kurzgefasster Problemumriß der Sprechblase, in: Michael Hein, Michael Hüners und Torsten Michaelsen (Hg.): Ästhetik des Comics, Berlin 2002, S. 17–36, S. 18.

1112 Vgl. »Krazy Kat« vom 8.9.1940, in: Patrick McDonnell, Karen O'Connell, Georgia Riley de Havenon: Krazy Kat. The Comic Art of George Herriman, New York o. J. (1986), S. 201.

1113 Vgl. den Abschnitt »Malerisch und haptisch« in Lambert Wiesing: Die Sichtbarkeit des Bildes. Geschichte und Perspektiven der formalen Ästhetik, Reinbek bei Hamburg 1997, S. 60–64. »Bei malerischen Übergangsrelationen gehen die Relata sichtbar kontinuierlich ineinander über. Die Beziehung erscheint also fließend, verschwimmend und analog. [...] Genau umgekehrt ist es beim Haptischen. Haptisch ist eine Relation dann, wenn die Relata eigenständig sind. Die Formen auf der Oberfläche sind von der Umgebung abgehobene Figuren, deren Anfang und Ende exakt gesehen werden kann. Die Beziehung zwischen den Formteilen ist diskret, isolierend und digital. [...] Eine Konturlinie markiert mit der ihr zur Verfügung stehenden Genauigkeit das ›Niemandsland‹ zwischen den Fronten.« Ebd., S. 61.

»Linie« verzichtet, »an der der Gegenstand endet und ein anderer beginnt«, weil eine solche Linie »nach Leonardo nicht« – und zwar genauso wenig wie die »›Körperoberfläche‹« – »als eigenständige Entität ›existiert‹«.[1114]

Aus dem Rocke des Helden fließt Farbe, und Farbe ist hier nur Farbe

Um das Verhältnis, genauer um die Topik von trennscharfer – digitaler, grafischer –[1115] Linie und Trennungen verwischendem – analogem, malerischem – Farbenfluss geht es im Folgenden: dies jedoch nicht am Beispiel von den »gemalten Personen« wie Minna Körner »[a]us dem Munde« »heraushängen[den]« »Zettelchen«, sondern in Hinblick auf jenen rätselhaften »länglichen schmalen Körper[]«, der nach Hubers Erklärung zu dem Bild *»Die Mittel«* »aus dem Rocke« Körners »gleichsam zu fließen scheint« (Abb. 11)[1116] – beinahe so, als handele es sich hier um eines der *Materialisations-Phänomene* des Albert von Schrenck Notzing.[1117] Diese, vielleicht auf den ersten Blick nur entfernte, Ähnlichkeit ist kein Zufall. Denn hier überlagern sich die Topik der in ihrer Materialität stark reduzierten, das heißt schmalen, manchmal sogar haarfeinen Linie einerseits und der in ihrem Fließen ostentativ materiellen Farbe andererseits mit dem, was Freud als Topik von immaterieller Psyche[1118]

1114 Frank Fehrenbach: Der oszillierende Blick. *Sfumato* und die Optik des späten Leonardo, in: Zeitschrift für Kunstgeschichte 65, 4 (2002), S. 522–544, S. 522, 537 und 541. Vgl. auch Janis C. Bell: *Sfumato*, Linie und Natur, in: Frank Fehrenbach (Hg.): Leonardo da Vinci. Natur im Übergang, München 2002, S. 229–256. Grundlegend außerdem: Walter Thomae: Plastisch und Malerisch, in: Zeitschrift für Ästhetik und allgemeine Kunstwissenschaft, hg. von Max Dessoir, 20. Band, Stuttgart 1926, S. 257–274.

1115 Vgl. Anm. 1114.

1116 Schiller, Avanturen (Riha), S. 9.

1117 Vgl. Albert von Schrenck-Notzing: Materialisations-Phaenomene. Ein Beitrag zur Erforschung der mediumistischen Teleplastie. Zweite, stark vermehrte Auflage, München 1923, Abb. 208–220 nach S. 536.

1118 Zum Begriff ›Psyche‹: Friedrich Schiller verwendet, dem Sprachgebrauch seiner Zeit entsprechend, den mythologischen Namen ›Psyche‹ nicht als Synonym von ›Seele‹ oder ›Geist‹. Diese Verwendung setzt sich erst später durch, etwa mit Carl Gustav Carus: Psyche. Zur Entwicklungsgeschichte der Seele, Pforzheim 1857. Insofern steht das Wort ›Psyche‹ als Synonym für einen philosophisch-abstrakt gedachten ›Geist‹, wie es gelegentlich in Schiller-Kommentaren verwendet wird (»die Wechselwirkung von Psyche und Soma«; Schiller, Philosophie der Physiologie, Kommentar S. 1168), unter Anachronismus Vorbehalt. Wie auch bei Zedler, Grosses vollständiges Universal-Lexicon Aller Wissenschafften und Künste, Bd. 29, Sp. 1089f., ist ›Psyche‹ bei Schiller grundsätzlich die mythologische Person, die nicht ›Seele‹ *ist*, sondern vielmehr eine solche besitzt, also auch einen Körper. Das ist ganz im Sinne von Apuleius' »Psyche et corporis

und materiellem Körper beschreibt. Diese Überlagerung, um nicht zu sagen: dieses Ineinanderfließen ist Thema des vorliegenden Kapitels.

In der von Riha herausgegebenen Ausgabe sieht der rätselhafte »längliche[] schmale[] Körper[]« so aus:

> Hier erblicken wir Körnern vor der Bude eines Markschreiers, von welchem er die Mittel kauft, um in Zukunft allen Wirtschafts- und andern Klagen seiner Familie und der ganzen Menschheit abzuhelfen.
>
> Wir haben uns alle Mühe gegeben, den Sinn des länglichen schmalen Körpers zu entdecken, welcher aus dem Rocke unsers Helden gleichsam zu fließen scheint. Ist es ein Stock, ein Degen? Oder was ist es? Enthält es eine geheime Anspielung, einen mystischen Sinn? Wir wissen es nicht, aber Gott bewahre uns zu glauben, was ein schlimmer Spaßvogel behaupten wollte, die Farbe wäre hier geflossen![1119]

---

et animi […] infirma«, der »an Körper und Seele« »schwach[en]« Psyche; Apuleius: Das Märchen von Amor und Psyche. Lateinisch/Deutsch. Übersetzt und hg. von Kurt Steinmann, Stuttgart 1978, S. 50f. (*Metamorphosen* V 22,1). Schiller schreibt: »wir lassen Psyche mit Schmetterlingsflügeln sich über das Irdische erheben, wenn wir ihre Freiheit von den Fesseln des Stoffes bezeichnen wollen«; Schiller, [Kallias oder über die Schönheit.] Briefe an Gottfried Körner (Brief vom 23.2.1793), S. 414. Oder Schiller spricht davon, dass sich »Wieland in die Seele seiner Psyche […] versetzt«; Friedrich Schiller: Über Bürgers Gedichte, in: ders.: Schillers Werke. Nationalausgabe. 26. Band: Briefwechsel. Schillers Briefe. 1.3.1790–17.5.1794, hg. von Edith Nahler und Horst Nahler, Weimar 1992, S. 245–264, S. 260. Dann wiederum sieht schon Benjamin Hederich in seinem *Gründlichen Mythologischen Lexikon* Psyche als Personifikation der Seele, wenn er mit Bezug auf Apuleius' *Märchen von Amor und Psyche* schreibt: »Man sieht leicht, daß diese ganze Dichtung allegorisch […] ist. Psyche ist die Seele, deren beyde ältere Schwestern das Fleisch und die Freyheit des Willens seyn sollen.« Benjamin Hederich: »PSYCHE«, in: ders.: *Gründliches mythologisches Lexikon*. Reprographischer Nachdruck der Ausgabe Leipzig 1770, Darmstadt 1996, Sp. 2114–2119, Sp. 2118. Hederichs Formulierung »Psyche ist die Seele«, die schon Schiller gelesen haben mag (»Hederichs Lexikon wünschte ich auch wieder«, mahnt Goethe Schiller am 25. November 1795; Schillers Werke. Nationalausgabe. 26. Band, Teil 1: Briefwechsel. Briefe an Schiller. 1.11.1795–31.3.1797, hg. von Norbert Oellers, Weimar 1972, S. 29f., S. 29), liegt auch dem Begriff ›Psyche‹ im Titel des vorliegenden Kapitels zugrunde, der die Kontinuität von Schillers Begriffen »Seele«, »Geist«, »Nerven-« oder auch »Lebenskraft« zu den Begriffen »Geist« und »Psyche« veranschaulichen will, wie sie später Sigmund Freud und die psychoanalytische Theorie verwenden. Dabei ist sich Freud natürlich der mythologischen Tradition bewusst; gelegentlich verweist er auf die »Gedankenverbindung, welche die Alten bewog, die Psyche mit Schmetterlingsflügeln zu bilden.« Freud, Die Traumdeutung, S. 259. – Eine im Umfang erheblich gekürzte Version dieses Kapitels ist schon veröffentlicht: Stefan Börnchen: Psyche im Farbenfluss. Friedrich Schillers Körner-Aquarell in den *Avanturen des neuen Telemachs*, in: Jahrbuch für Literatur und Psychoanalyse. Freiburger literaturpsychologische Gespräche 34 (2015), S. 291–312.

1119 Schiller, Avanturen (Riha), S. 8f.

Abb. 11 »Die Mittel«

Das Bild zeigt Körner in Rückenansicht in aquarelliertem hellblauem Rock, bei dem an zwei Stellen die Wasserfarbe zu langen Nasen ausgelaufen ist, die beide über die panelartige Rahmung der Szene hinausreichen. Das gibt sofort Anlass zu anzüglichen Vermutungen über Natur oder »Sinn des länglichen schmalen Körpers«, »welcher aus dem Rocke unsers Helden gleichsam zu fließen scheint«, während die zweite, vom rechten Ärmel ausgehende Farbnase überhaupt nicht beachtet wird. »Ist es ein« – phallischer – »Stock, ein« – ebenso phallischer – »Degen? Oder was« aus dem sonstigen phallischen Repertoire – »ist es?« Die Frage nach der »geheime[n] Anspielung« ist wohl rhetorisch zu verstehen, und sicherlich mussten Schiller und Huber ihren Adressaten Körner zu einer Zeit, in der gerade Laurence Sternes *Tristram Shandy* Furore gemacht hatte, nicht eben mit der Nase darauf stoßen, dass – mit den Worten des *Tristram Shandy* – im Falle »ein[es] schmutzige[n] und ein[es] reine[n]« »zweifache[n] Sinn[s]«, »versteht sich«!, nur der »dümmer[e]« »Leser« »den reinen«

wählt,[1120] alle anderen Leserinnen und Leser hingegen an jene obsessive Assoziation Tristrams denken werden, die die Forschung später seine »pen-penis equation« genannt hat.[1121]

Dann wiederum muss, ihrer Zweideutigkeit zum Trotz, die hier in Rede stehende Szene natürlich nicht zwingend sexuell oder, mit Schillers Ausdruck, »piquant[]« gedeutet werden. Offenbar ist hier ja tatsächlich »die Farbe [...] geflossen«, und vielleicht ist hier deshalb ganz ähnlich, wie Tristram – angeblich – mit dem »Wort Nase« »eine Nase, und nichts mehr oder weniger« »meyn[t]«,[1122] tatsächlich der Farbenfluss gemeint: wäre das doch mit Blick auf die Tradition, in der Schillers aquarellierte Federzeichnungen stehen, verdächtig beziehungsweise, mit Hubers Worten, »geheime Anspielung« und »mystische[r] Sinn« genug.

Drawing a distinction. Topik der Linie bei Kant ...

Denn der Farbenfluss genießt im Neo-Klassizismus[1123] des ausgehenden 18. Jahrhunderts keinen guten Ruf. In der – immer noch normativen – Tradition des *disegno* sind es die Zeichnung und ihre Linie, denen als Träger von Form und Gestalt ästhetischer wie epistemischer Wert zugesprochen wird, während er umgekehrt der Farbe abgesprochen wird. So heißt es etwa bei Immanuel Kant im § 14 der *Kritik der Urteilskraft*:

> In der Malerei, Bildhauerkunst, ja in allen bildenden Künsten, in der Baukunst, Gartenkunst, sofern sie schöne Künste sind, ist die Z e i c h n u n g das Wesentliche, in welcher nicht, was in der Empfindung vergnügt, sondern bloß, was durch seine Form gefällt, den Grund aller Anlage für den Geschmack ausmacht. Die Farben, welche den Abriß illuminieren, gehören zum Reiz; den Gegenstand an sich können sie zwar für die Empfindung belebt, aber nicht anschauungswürdig und schön machen; vielmehr werden sie durch das, was die schöne Form

---

1120 Laurence Sterne: Tristram Schandis Leben und Meynungen, übertragen von Johann Joachim Bode, 9 Teile in 3 Bänden, München: Georg Müller 1920 (Hamburg 1776), Bd. 1, S. 451f. (III, XXXI).

1121 Frank Brady: »Tristram Shandy: Sexuality, Morality, and Sensibility«, in: *Eighteenth century studies* 4 (1970), S. 41–56, S. 46.

1122 Sterne: Tristram Schandis Leben und Meynungen, Bd. 1, S. 451f. (III, XXXI).

1123 »Das Klassische ist [...] von Klarheit, Rationalität, fest umrissener Linearität, haptischer Körperlichkeit, Mäßigung des Ausdrucks gekennzeichnet, das Barocke entsprechend antipodisch als von verschwimmendem Illusionismus, Irrationalität oder überbordender Phantasie, von farbiger, nicht linearer Fassung, von Expressivität geprägt.« Werner Busch: Klassizismus, Klassik. C.I. *Bildende Kunst*, in: Historisches Wörterbuch der Rhetorik, hg. von Gert Ueding, Bd. 4: Hu–K, Darmstadt 1998, Sp. 1070–1081, Sp. 1070.

> erfordert, mehrenteils gar sehr eingeschränkt, und selbst da, wo der Reiz zugelassen wird, durch die erstere allein veredelt.
>
> Alle Form der Gegenstände der Sinne (der äußern sowohl als mittelbar auch des innern) ist entweder Gestalt, oder Spiel; im letztern Falle entweder Spiel der Gestalten (im Raume: die Mimik und der Tanz); oder bloßes Spiel der Empfindungen (in der Zeit). Der Reiz der Farben, oder angenehmer Töne des Instruments, kann hinzukommen, aber die Zeichnung in der ersten und die Komposition in dem letzten machen den eigentlichen Gegenstand des reinen Geschmacksurteils aus […].[1124]

»Zeichnung« beziehungsweise »Abriß« bestehen aus Linien, und das *Ziehen* einer Linie wiederum entspricht Kant zufolge »zugleich« ihrem *Denken*, also dem ›Bewusstsein ihres Begriffes‹[1125]. Deshalb zieht – »drawing a distinction« (George Spencer-Brown) –[1126] eine imaginäre Linie, wer eine Unterscheidung trifft. Und deshalb teilt – *Nennen* heißt *Trennen* – mit einer imaginären Linie die Welt dichotom in zwei Teile, wer einen Unterschied benennt:[1127] wie ja auch Kant sagt, dass »alle Einteilung a priori durch Begriffe Dichtomie [sic] sein muß«.[1128] Das ist das Trennende der Linie.

Zugleich jedoch verbindet sie – etwa als »Linie zwischen zweien Punkten«[1129] – unterschiedliche Dinge und stellt auf diese Weise Einheit her. So »ist« Kant zufolge – er spricht hier im § 24 der *Kritik der reinen Vernunft* über die »ursprüngliche[] synthetische[] Einheit der Apperzeption« – die »Einheit d[]er Handlung«, »eine Linie« zu »ziehen«, »zugleich die Einheit des Bewußtseins (im Begriff einer Linie)«, durch welche wiederum »allererst ein Objekt (ein bestimmter Raum) erkannt wird.«[1130]

Ähnlich heißt es wenig später:

> [D]er innere Sinn [enthält] die bloße Form der Anschauung, aber ohne Verbindung des Mannigfaltigen in derselben, mithin noch gar keine bestimmte Anschauung […].

1124 Kant, Kritik der Urteilskraft, S. 64f.

1125 Vgl. Zitat 1130.

1126 »We take as given the idea of distinction and the idea of indication, and that we cannot make an indication without drawing a distinction.« George Spencer Brown: Laws of Form, London 1969, S. 1.

1127 Vgl. zum »Ohne Nennen, / ohne Trennen« von Wagners *Tristan und Isolde* Zitat 217 sowie Stefan Börnchen: Tristans Gleitakkord: Wagners *Objet petit a*-Moll, in: Georg Mein (Hg.): Transmission: Übertragung – Übersetzung – Vermittlung. Festschrift zu André Michels 60. Geburtstag, Wien 2010, S. 205–229, S. 207–212.

1128 Immanuel Kant: Kritik der reinen Vernunft, nach der 1. und 2. Original-Ausgabe herausgegeben von Raymund Schmidt, Hamburg ^{3}1990, S. 122 (B 110).

1129 Ebd., S. 49* (Einleitung [nach Ausgabe B]).

1130 Ebd., S. 148b–149b (B 138); in dieser Ausgabe kursiv gedruckt.

> Dieses nehmen wir auch jederzeit in uns wahr. Wir können uns keine Linie denken, ohne sie in Gedanken zu ziehen, keinen Zirkel denken, ohne ihn zu beschreiben, die drei Abmessungen des Raumes gar nicht vorstellen, ohne aus demselben Punkte drei Linien senkrecht aufeinander zu setzen, und selbst die Zeit nicht, ohne, indem wir im Ziehen einer gerade Linie (die die äußerlich figürliche Vorstellung der Zeit sein soll) bloß auf die Handlung der Synthesis des Mannigfaltigen [...] achthaben. [...] [S]o [...] kann [...] klar dargetan werden, daß wir die Zeit, die doch gar kein Gegenstand äußerer Anschauung ist, uns nicht anders vorstellig machen können, als unter dem Bilde einer Linie, sofern wir sie ziehen, ohne welche Darstellungsart wir die Einheit ihrer Abmessung gar nicht erkennen könnten [...].[1131]

Kant zufolge ist es also die Linie, die die »bloße Form der Anschauung« zur nun nicht mehr ›bloßen‹ oder ›leeren‹ Form, sondern zur konkreten ›sinnlichen‹ »Anschauung[1132] [...] bestimmt[ ]« oder auch – sozusagen wie die Teile eines Puzzles seinen Rahmen – ›füllt‹, also die konkrete Form oder Gestalt überhaupt erst definiert.[1133] Dabei reflektiert Kants hier in Hinblick auf die Linie (und in dem berühmten Satz »Gedanken ohne Inhalt sind leer, Anschauungen ohne Begriffe sind blind« auch im Allgemeinen vorgenommene) Engführung (»zugleich«) von »Begriff« und »Bild[ ]« beziehungsweise »Gedanken« und »Anschauung[ ]« die große semantische Nähe der platonischen Begriffe *εἶδος* [*eîdos*] ›Aussehen, Gestalt, Form, Begriff‹[1134] und *ἰδέα* [*idéa*] ›Gestalt, Idee‹[1135], wie sie etwa im *Kratylos* die platonischen ›Urbilder‹ oder ›Ideen‹

1131 Ebd., 170b–173b (B 154); dito.

1132 »Gedanken ohne Inhalt sind leer, Anschauungen ohne Begriffe sind blind. Daher ist es ebenso notwendig, seine Begriffe sinnlich zu machen, (d. i. ihnen den Gegenstand in der Anschauung beizufügen,) als seine Anschauungen sich verständlich zu machen (d. i. sie unter Begriffe zu bringen).« Kant, Kritik der reinen Vernunft, S. 95.

1133 Vgl. zur Etymologie der ›Form‹ und zu ihrem Zusammenhang mit griechisch ›θερμός [thermós]‹ Anm. 1261. Vgl. zur ›Form‹ im Sinne der ›Gestalt‹ Christian von Ehrenfels: Über »Gestaltqualitäten«, in: Ferdinand Weinhandl (Hg.): Gestalthaftes Sehen. Ergebnisse und Aufgaben der Morphologie. Zum hundertjährigen Geburtstag von Christian von Ehrenfels, Darmstadt 1960, S. 11–43. Für Ehrenfels ist die ›Gestalt‹ eine intuitiv erkennbare »Einheit« eines »gleichsam über« »einer Mehrheit von Vorstellungen« »schwebende[n] neue[n] Element[s]« (ebd., S. 16f.). Vgl. auch Dagmar Buchwald: Gestalt, in: Ästhetische Grundbegriffe, hg. von Karlheinz Barck u. a., Stuttgart 2010, Bd. 2: Dekadent bis Grotesk, S. 820–862, zu Ehrenfels S. 839–842. Bei Ehrenfels bleibt offen, »ob Gestaltqualitäten« in der Empfindung, Vorstellung oder »›in den Phänomenen selbst‹« liegen (ebd., S. 840). Vgl. Stefan Börnchen: Poetik der Linie. Wilhelm Busch, *Max und Moritz* und die Tradition, Hannover 2015, S. 5f. (Diese Anmerkung ist ein erweitertes Selbstzitat von ebd., Anm. 4.)

1134 Menge, Langenscheidts Taschenwörterbuch der griechischen und deutschen Sprache, S. 129.

1135 Ebd., S. 221.

bezeichnen.[1136] Friedrich Schleiermacher übersetzt sie mal mit »Art«, mal mit »Gestalt«,[1137] und beide Begriffe – *εἶδος* und *ἰδέα* – führen die Vorstellung von Anschaulichkeit mit sich. Zudem stehen sie semantisch jenen »Bilder[n] [εἰκόνες, eikónes]« im engeren Sinne nahe, die Platon zufolge das »Reden« »in die Seele zeichnet [εἰκόνας ἐν τῇ ψυχῇ τούτων γράφει, eikónas en tê psychê toútōn gráphei]«[1138] und die bei ihm auch »φαντάσματα [phantásmata]«[1139] heißen. Dieses Wort findet sich noch bei Johann Heinrich Zedler. »PHANTASMA« ist in seinem *Grossem vollständigem Universal-Lexicon Aller Wissenschafften und Künste* eine »Würckung der Einbildungs-Krafft«, und diese wiederum steht synonym für »Phantasie« und »Imagination«.[1140] So nahe kommen sich seit jeher Begriff und Bild in Denken und Anschauung der Linie.

… und Freud

Bezieht sich nun Kant zwar nicht ausdrücklich auf diesen begriffsgeschichtlichen Hintergrund des von ihm verwendeten Begriffes der »Form« – *eîdos* und *idéa* lassen sich beide als ›Form‹ übersetzen –, so markiert er doch mehrmals durch Sperrung (»ziehen«, »beschreiben«, »setzen«) einen Sprachgebrauch, der ihm offenbar für die von ihm entfaltete Topik aufschlussreich erscheint – ganz im Sinne also des Lichtenberg'schen Aphorismus, dass man

1136 Platon, Κρατύλος. Kratylos, S. 416f. (389d–389e); s. oben die Anmerkungen 359–365.

1137 »Sokrates: Denn von Natur gehört […] jeder Art von Gewebe [ἑκάστῳ εἴδει ὑφάσματος] ihre besondere Weberlade […]. [A]uch nicht jeder Schmied, der zu demselben Zweck dasselbe Werkzeug macht, legt dasselbe Bild in dasselbe Eisen hinein. Dennoch, solange er nur dieselbe Gestalt [αὐτὴν ἰδέαν] wiedergibt, wenn auch in anderem Eisen, ist doch das Werkzeug ebenso gut und richtig gemacht […].« Platon: Kratylos, in: ders.: Sämtliche Werke, Bd. 2: Menon, Hippias I, Euthydemos, Menexenos, Kratylos, Lysis, Symposion. In der Übersetzung von Friedrich Schleiermacher […] hg. von Walter F. Otto, Ernesto Grassi und Gert Plamböck, Reinbek bei Hamburg 1962, S. 123–181, S. 132f. (389d–389e); oben schon zu Anm. 364 zitiert.

1138 Wenn, so argumentiert Sokrates, das »Gesprochene[]« »in unsere Seelen gleichsam Reden ein[]schreib[t]«, dann muss auch »noch ein anderer Meister sich zu derselben Zeit in unseren Seelen befinde[n]«: »Ein Maler, der nächst dem Schreiber des Gesprochenen die Bilder davon in die Seele zeichnet [εἰκόνας ἐν τῇ ψυχῇ τούτων γράφει].« Platon: Philebos, in: ders.: Sämtliche Werke, Bd. 5: Politikos, Philebos, Timaios, Kritias. Nach der Übersetzung von Friedrich Schleiermacher und Hieronymus Müller […] hg. von Walter F. Otto, Ernesto Grassi und Gert Plamböck, Reinbek bei Hamburg 1961, S. 73–139, S. 108 (39a–39b); oben schon zu Anm. 365 zitiert.

1139 Platon, Philebos, S. 350f. (40a).

1140 »Phantasie, *Phantasia*«, in: Zedler, Grosses vollständiges Universal-Lexicon Aller Wissenschafften und Künste, Bd. 27, Sp. 1741f.

»wie in den Sprichwörtern« auch »viele Weisheit in die Sprache eingetragen [findet]«.[1141]

Ähnlich etymologisch wiederum denkt Freud, wenn er auf Zusammenhänge hinweist, die »die Sprache […] festgehalten [hat]«.[1142] So verwundert es nicht, dass auch in seine Verwendung des Begriffes der Linie viel Aufschlussreiches »eingetragen« ist.

Zunächst: Freud verwendet den Begriff »Linie«, abgesehen von der bei ihm sehr häufig vorkommenden Formulierung »in erster Linie«, relativ selten. Tut er es, dann geht es ihm zum Beispiel um den »Gange der logischen Verkettung«, der im einfachen Falle »durch starre, bogenförmige und gerade Linien darzustellen wäre[]«, im komplizierteren Falle jedoch durch »verschlungen[ere]« Linien »ähnlich« dem »Zickzack«.[1143] Liegen die Dinge noch komplizierter, dann »entspricht« »[d]er logische Zusammenhang« nicht mehr »einer zickzackförmig geknickten Linie, sondern vielmehr einer verzweigten« oder gar einem »Liniensysteme«. Hat dieses wiederum »Knotenpunkte, in denen zwei oder mehrere Fäden« oder eben Linien »zusammentreffen, um von da an vereinigt weiterzuziehen«, oder aber »verlaufen[]« »mehrere« Linien »unabhängig voneinander«, sind dabei jedoch »durch Seitenwege stellenweise verbunden[]«, dann kommt es schließlich sogar zu »mehrfach[er] [D]eterminier[ung]« und »[Ü]berbestimm[ung]«.[1144]

Dient Freud die »Linie« hier also zunächst vor allem als Begriff für das Verbindende, wird sie am Ende *ex negativo* gerade dort zum Begriff für das Trennende, wo sich ihre Trennschärfe in der ›Überbestimmung‹, und das heißt nichts anderes als in der neuerlichen Unbestimmtheit verliert. Diese Unbestimmtheit oder Unschärfe aber muss man sich offenbar als eine Art Liniengewirr vorstellen, in dem sich die einzelne Linie, und sei's auch eine Zickzacklinie, als distinkte Gestalt in der Komplexität des Gewirrs verliert, also gewissermaßen unscharf wird. Die Dinge erscheinen jetzt »in ganz verworrenen Linien gezeichnet«, wie es in Freuds Aufsatz *Eine Kindheits-*

1141 Vgl. Zitat 2138.

1142 Sigmund Freud: Der Dichter und das Phantasieren, in: ders.: Studienausgabe, Bd. 10: Bildende Kunst und Literatur. Hg. von Alexander Mitscherlich, Frankfurt a. M. 1969, S. 169–179, S. 172.

1143 Sigmund Freud: Zur Psychotherapie der Hysterie, in: ders.: Gesammelte Werke. Chronologisch geordnet. Unter Mitwirkung von Marie Bonaparte […] hg. von Anna Freud […], 1. Band: Werke aus den Jahren 1892–1899, London 1952, S. 252–312, S. 293.

1144 Ebd., S. 294. Freuds Formulierungen erinnern hier von ferne an das romantische Programm Friedrich Schlegels, bei dem »zwei Linien von Ironie parallel nebeneinander laufen ohne sich zu stören, eine fürs Parterre die andre für die Logen, wobey noch kleine Funken in die Coulissen fahren können.« Schlegel, Ueber die Unverständlichkeit, S. 111.

erinnerung des Leonardo da Vinci heißt,[1145] und damit ist aus der »Linie des Zusammenhanges«[1146] ein »Vexierbild«[1147] geworden, dessen Lösung der »Lösung eines der ›Puzzles‹ genannten Kinderspiele vergleichbar ist«, einer »farbige[n] Zeichnung« also, die derart »in viele Stücke zerschnitten worden« ist, dass sie »von den unregelmäßigsten krummen Linien begrenzt« ist.[1148] Diese wiederum verschwinden in der »Lösung des Puzzle«, wenn »die Zeichnung sinnvoll wird« und »nirgends eine Lücke zwischen den Fugen bleibt«, sondern vielmehr das Puzzle wieder »genau« in seinen »Holzrahmen paßt«,[1149] also ähnlich linear gerahmt ist wie Spruchband oder Sprechblase.

Dieser Topik zufolge dient die regelmäßige Linie – ob als Gerade oder als Zickzack, nicht aber »unregelmäßig[] krumm[]« – der Rahmung. Rahmung bedeutet Ordnung, und Ordnung erzeugt Sinn – so lautet die Logik dieser Passage, und damit besitzt die Linie neben der Trennung und der Verbindung noch die dritte Funktion des Zusammenhaltens. Was sie zusammenhält, ist ein ›volles Ganzes‹ (»das Ganze«, das »den Rahmen ausfüllt«), wie es Kant ganz ähnlich als »Synthesis des Mannigfaltigen« zur »Einheit« bezeichnet. Ohne Linie ist sie nicht vorstellbar.

Diffuses Schillern. Lacans Topik von Linie und Fleck

Auch Jacques Lacan entfaltet eine Topik der Linie, oder genauer: eine Topik der Linie und ihrer Auflösung im Fleck. Sie steht im Kontext seiner im Elften Seminar über *Die vier Grundbegriffe der Psychoanalyse* entwickelten Theorie von Bild und Blick. Diese Theorie wiederum ist eine Kritik jener maßgeblich von Albrecht Dürer und René Descartes geprägten »Optik« und »Technik der

1145 Sigmund Freud: Eine Kindheitserinnerung des Leonardo da Vinci, in: ders.: Gesammelte Werke. Chronologisch geordnet. Unter Mitwirkung von Marie Bonaparte […] hg. von Anna Freud […], 8. Band: Werke aus den Jahren 1909–1913, London 1943, S. 127–211, S. 138. Es handelt sich hier um eine von Freud zitierte Wendung.

1146 Sigmund Freud: Hemmung, Symptom und Angst, in: ders.: Gesammelte Werke. Chronologisch geordnet. Unter Mitwirkung von Marie Bonaparte […] hg. von Anna Freud […], 14. Band: Werke aus den Jahren 1925–1931, London 1948, S. 111–205, S. 169.

1147 Freud, Eine Kindheitserinnerung des Leonardo, S. 187 und 188.

1148 Sigmund Freud: Bemerkungen zu Theorie und Praxis der Traumdeutung, in: ders.: Gesammelte Werke. Chronologisch geordnet. Unter Mitwirkung von Marie Bonaparte […] hg. von Anna Freud […], 13. Band: Jenseits des Lustprinzips. Massenpsychologie und Ich-Analyse. Das Ich und das Es, London 1940, S. 299–314, S. 308.

1149 Ebd., S. 309.

Malerei«,[1150] die Dürers berühmte Abbildung eines »Apparat[s] zur Einrichtung der Perspektive«[1151] aus seiner *Vnderweysung der messung / mit dem zirckel vnd richt scheyt* (Abb. 12)[1152] darstellt.

Abb. 12
Apparat zur Einrichtung der Perspektive aus Albrecht Dürers *Vnderweysung der messung / mit dem zirckel vnd richt scheyt*

Man sieht, wie ein Faden einen Punkt eines (dreidimensionalen) abzubildenden Objekts, einer Laute, mit einem (eindimensionalen) »Geometralpunkt«[1153] an der Wand verbindet. Liegt der Geometralpunkt dieser Linie im Auge des Betrachters, entspricht sie seinem Blick. So zeigen es mehrere Abbildungen in Dürers *Vnderweysung*. In der hier als Abbildung 12 gezeigten Darstellung schneidet nun der Faden eine (zweidimensionale) zwischen Objekt und Betrachter befindliche – hier aufgeklappte – Projektionsfläche, auf der das Abbild (»Bild/image«)[1154] des Objekts erscheint. Lacans Einwand gegen diese »geometrale Optik«,[1155] die »auch den Blinden zu Gebot« steht,[1156] ist nun der, dass ihr »das Eigentliche des Sehens […] entgeh[t]«:[1157] dasjenige nämlich,

1150 Jacques Lacan: Linie und Licht, in: ders.: Das Seminar von Jacques Lacan. Buch XI (1964): Die vier Grundbegriffe der Psychoanalyse. Übersetzt von Norbert Haas, Olten und Freiburg i. Br. ^{2}1980, 97–111, S. 98.

1151 Jacques Lacan: Die Anamorphose, in: ebd., S. 85–96, S. 93.

1152 Albrecht Dürer: Vnderweysung der messung / mit dem zirckel vnd richt scheyt / in Linien ebnen vnnd gantzen corporen / durch Albrecht Duerer zuosamen getzogen / vnd zuo nutz allen kunstlieb habenden mit zuo gehoerigen figuren, Nürnberg 1525, S. Q iii.

1153 Lacan, Linie und Licht, S. 97.

1154 Ebd.

1155 Ebd., S. 104; ähnlich Lacan, Die Anamorphose, S. 93.

1156 Lacan, Linie und Licht, S. 98; vgl. ebd., S. 99. Vgl. zum Sehen als Tasten Jonathan Crary: Techniken des Betrachters. Sehen und Moderne im 19. Jahrhundert, Dresden 1996, S. 67f., und zum Sehen der Blinden Peter Bexte: Blinde Seher. Wahrnehmung von Wahrnehmung in der Kunst des 17. Jahrhunderts. Mit einem Anhang zur Entdeckung des blindes Flecks im Jahre 1668, Amsterdam, Dresden 1999, insbesondere S. 111–136 (Kapitel »V. Mit Händen sehen: Die Tradition«).

1157 Lacan, Linie und Licht, S. 98.

was »das Licht hier eigentlich beiträgt«[1158] und was sich als analoges Farbphänomen – schon Kant assoziiert das Licht über das Il-*lum*[*e*]*n*-ieren mit den Farben – der Darstellung durch vom Objekt in den »Geometral-« oder »Sehpunkt« führende digitale, haptisch – also auch für den Blinden – wahrnehmbare Linien entzieht. Das ›Eigentliche‹ des Lichts aber hat bei Lacan, ganz nach der Logik von Kants ›Illumination‹, mit dem Farbfleck oder, um es in Hubers Worten zu sagen, mit dem ›Fließen von Farbe‹ zu tun.

Zunächst einmal erscheint es bei Lacan so, als wäre die Linie naturgegeben. Als wollte er die alte, spätestens seit Aristoteles[1159] kontrovers diskutierte Frage beantworten, ob die Gerade in der Natur vorkommt oder nicht,[1160] heißt es in der Sitzung zu *Linie und Licht* im Elften Seminar:

> Im Bereich des Geometralen [...] scheint zunächst das Licht den Faden zu geben. Sie konnten letztesmal sehen, wie ein derartiger Faden uns mit jedem Punkt des Objekts verbindet und da, wo er das Netz in Gestalt eines Schirms, auf dem wir das Bild/image ausmachen, durchläuft, auch richtiggehend als Faden fungiert. Das Licht pflanzt sich in gerade Linie fort, sagt man, und dies gilt als gesichert. Es scheint uns also das Licht den Faden zu geben.[1161]

Lacan bezieht sich hier auf den von ihm in der vorausgehenden Sitzung über *Die Anamorphose* thematisierten, gerade schon erwähnten »Apparat zur Einrichtung der Perspektive« Dürers.[1162] Lacan argumentiert, dass es im mithilfe eines solchen Apparats anschaulich gemachten »geometrale[n] Raum des Sehens« mit seiner »geometralen Perspektive [...] ausschließlich um die

---

1158 Ebd., S. 99.

1159 Vgl. zur *eingrenzenden* Linie, jedenfalls im Sinne einer ›umfassenden‹ *»Form«* oder *»Gestalt«*, Aristoteles, Physik, S. 154f. (209b); s. Zitat 740.

1160 »Von dem aber, was an sich Eines genannt wird, heißt einiges so, weil es ein Kontinuum ist, z.B. das Bündel durch das Band, das Holz durch den Leim, und so heißt die Linie, auch wenn sie gebrochen ist, aber dabei kontinuierlich, eine wie ja auch ein jedes von den Gliedern, z.B. das Bein und der Arm. Von diesen selbst aber heißt in strengerem Sinne das Eines, was von Natur, als das, was durch Kunst Kontinuierliches bildet. [...] Das Kontinuierliche [das räumlich Zusammenhängende] überhaupt wird Eines genannt, wenn es auch ein Gelenk hat, in strengerem Sinne aber das, welches kein Gelenk hat, z.B. das Schienbein und die Hüfte in strengerem Sinne als das Bein, weil die Bewegung des Beines nicht notwendig eine einzige sein muß. Ebenso ist die gerade Linie [ἡ εὐθεῖα] in vollerem Sinne Eines als die gebrochene [...]« Aristoteles, Metaphysik, S. 194–197 (1016a). – Manlio Brusatin: Geschichte der Linien. Aus dem Italienischen von Sabine Schulz, Berlin 2003 (Turin 1993), S. 38, schreibt zu dieser Stelle: »[F]ür Aristoteles (*Metaphysik*, V, 6, 1016a 12ff.) operiert die Natur auf dem kürzesten und bestmöglichen Weg, und daher entlang der geraden Linie.«

1161 Lacan, Linie und Licht, S. 99.

1162 Vgl. Anm. 1151.

Auszeichnung des Raums und nicht um das Schauen« gehe.[1163] Eben deshalb lasse sich ja, so Lacan im Anschluss an Diderots *Brief über die Blinden zum Gebrauch des Sehenden*, dieser »geometrale Raum« sogar »von einem Blinden vollkommen rekonstruieren, imaginieren« (!).[1164] Denn die genannten Fäden sind gar nicht »auf Licht angewiesen«, sondern lassen sich auch »mit Hilfe des Tastsinns an den Fingerkuppen«, »den gespannten Faden entlanggleiten[d]«, »unterscheiden«.[1165]

Diese als Fäden auch für den Blinden kenntlichen – »imaginier[baren]« – Linien und die durch sie ermöglichte Wahrnehmung unterscheidet Lacan nun von dem, was tatsächlich im Augenblick des Sehens geschehen soll. Damit gibt er die platonische, eidetisch-ideale, noch bei Kant wie bei Freud die Form oder Gestalt tragende oder zusammenhaltende[1166] – ›umreißende‹, ›rahmende‹ –, in Dürers Modell den »Sehpunkt« mit den Raumpunkten verbindende Linie auf. Lacan schreibt:

> Das Wesentliche an der Beziehung zwischen Schein und Sein, zu dessen Herrn der Philosoph bei seinen Eroberungen auf dem Feld des Sehens sich so leicht aufschwingt, ist anderswo. Es ist nicht in der Geraden, es ist im Lichtpunkt/dans le point lumineux – im Strahlpunkt, in dem Rieseln, dem Feuer, dem Springquell der Reflexe. Zweifellos pflanzt sich das Licht in der Geraden fort, aber es bricht sich, es diffundiert, es übergießt, es füllt – denken wir daran, daß unser Auge eine Schale ist – aus der das Licht auch überquillt.[1167]

Lacan verschiebt hier den Akzent vom trennscharf-digitalen Charakter der Linie hin zu ihrem diffus-analogen Moment (»es diffundiert«). Die Metaphorik, die er zu diesem Zweck bemüht, ist die bis auf die Vorsokratiker zurückgehende Metaphorik des Lichts als eines Äthers oder Fluidums,[1168] das sich über die Welt und damit auch ins Auge ihres Betrachters ergießt. Jonathan Crary hat diese Lichtmetaphorik als historisches Phänomen des 17. Jahrhunderts vor dem Hintergrund der Korpuskulartheorie des Lichtes beschrieben.[1169] Und noch in Schillers »Philosophischem Gespräch aus dem *Geisterseher*« ist

1163 Lacan, Die Anamorphose, S. 93.
1164 Ebd.
1165 Lacan, Linie und Licht, S. 99.
1166 Lacan spricht von »einer Form, einer Prägung, einer Idee des Guten und Schönen«; Jacques Lacan: Vom Netz der Signifikanten, in: ders.: Das Seminar von Jacques Lacan. Buch XI (1964): Die vier Grundbegriffe der Psychoanalyse. Übersetzt von Norbert Haas, Olten und Freiburg i. Br. ^{2}1980, S. 48–58, S. 54.
1167 Lacan, Linie und Licht, S. 100.
1168 Vgl. das Zitat zu Anm. 2053.
1169 Vgl. Crary, Techniken des Betrachters. Sehen und Moderne im 19. Jahrhundert, S. 70–73.

die Rede davon, dass eine »brennende Kerze« diejenigen »Teile der Lichtmaterie«, die sie »unmittelbar berührt[]«, »in Schwung« »setzt[]«.[1170] Worauf es hier jedoch ankommt, ist die linientheoretische Implikation von Lacans Ausführungen mit ihrer sozusagen anti-kantischen Wendung. Ist nämlich bei Kant die digitale Linie »das Wesentliche«, während die »illuminieren[den]« »Farben« wohl reizvolles, aber dennoch nicht ›schönes‹ Beiwerk sind, weil ja die Schönheit in der »schöne[n] Form« liegt, verhält es sich bei Lacan andersherum. Denn gerade das analoge Moment des Lichts – das, wie gesagt, über die Vorstellung vom Il-*lumen*-ieren auf die Farben verweist – ist bei Lacan unverzichtbar für das, was sich im Augenblick »eigentlich« ereignen soll: und das ist mehr als jenes bloß ›geometrale‹ Sehen oder Imaginieren, das ja Lacan zufolge das »natürliche[] Verhältnis von Auge und Licht« verfehlt. Lacan schreibt:

> Ich bin nicht einfach jenes punktförmige Wesen, das man an jenem geometralen Punkt festmachen könnte, von dem aus die Perspektive verlaufen soll. Zwar zeichnet sich in der Tiefe meines Auges das Bild/tableau. Das Bild ist sicher in meinem Auge. Aber ich, ich bin im Tableau.[1171]

Worauf Lacan hier hinauszielt, ist eine Umkehrung der Dürer'schen Perspektive. An die Stelle eines mittelbar-distanzierten Abtastens der Welt mittels Linien beziehungsweise Fäden setzt Lacan die Vorstellung einer Art unmittelbaren Immersion. Denn nicht nur flutet jetzt das Licht (»es übergießt, es füllt«) das Auge wie ein Gefäß (»unser Auge [ist] eine Schale«), sondern offenbar zugleich auch noch das ganze, nach cartesischem Schema (Abb. 13)[1172] vom Auge *pars pro toto* vertretene betrachtende Ich, sodass Lacan sagen kann: »Das Bild ist [...] in meinem Auge [...], ich bin im Tableau«.[1173] Oder, um es noch einmal mit einer Formulierung aus Schillers *Geisterseher* zu sagen, nicht den vom Prinzen gewünschten Zustand, dass er ein »Wolkenbild halte« und er so seine »Arme darum schlagen« kann,[1174] beschreibt Lacan, sondern die umgekehrte Vorstellung, dass das Bild mit seinem Licht[1175] das Auge ausfüllt und am Ende sogar den Betrachter oder die Betrachterin wie eine Wolke einhüllt – etwa so, wie Io den Jupiter als Wolke sieht, bevor er sie umschließt und sozusagen auf sie herabregnet.

1170 Schiller, <Das philosophische Gespräch aus dem Geisterseher>, S. 169.

1171 Lacan, Linie und Licht, S. 102.

1172 Illustration zu Descartes' *La Dioptrique*, hier nach Keil, Über den Homunkulus-Fehlschluß, S. 8.

1173 Vgl. das Kleist-Zitat 272.

1174 Schiller, Der Geisterseher, S. 160.

1175 Vgl. Hegel in Anm. 1220.

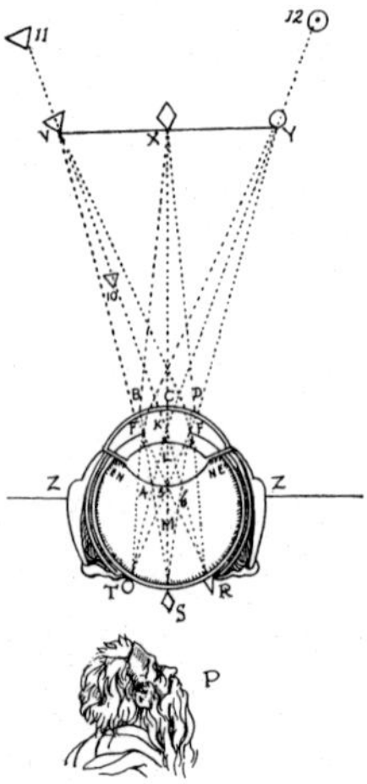

Abb. 13
Cartesisches Schema: Auge als *camera obscura* und Betrachter

Was Lacan betrifft, so ist es wohl kein Zufall, dass sein »kleine[s], sehr vereinfachte[s] Dreieckschema« des Sehens (Abb. 14 a, b)[1176] tatsächlich aus zwei in entgegengesetzte Richtungen weisenden Dreiecken besteht – oben das geometrale Sehen Dürers, unten das immersive Sehen Lacans –, die beide in den linearen Strahlengängen des Schemas aus Descartes' *Optik* angelegt sind, das allerdings vertikal orientiert ist. Diese Darstellung legt auch Lacans Vorstellung vom Auge als – hier nach oben geöffneter – Schale nahe, die im Falle ihres Überlaufens sozusagen für den unter ihr stehenden Betrachter zur Dusche wird – und das wäre bei einer horizontalen Orientierung nicht der Fall.

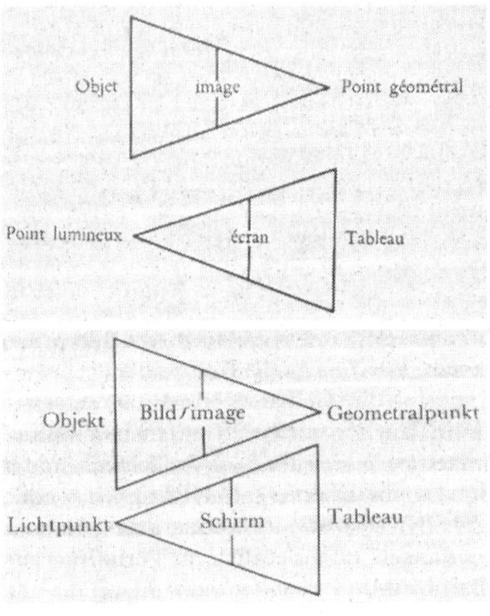

Abb. 14 a, b
Lacans Dreieckschema des Sehens

1176 Lacan, Linie und Licht, S. 97. Französisch: Jacques Lacan: La ligne et la lumière, in: ders.: Le Séminaire de Jacques Lacan. Texte établi par Jacques-Alain Miller. Livre XI: Les quatre concepts fondamentaux de la psychanalyse (1964), Paris 1973, S. 105–119, S. 106.

So kommt es, dass sich das als von einem »Lichtpunkt« zu einem Lichtfluss ausdehnend gedachte Bild in die »Auge[n]«-»Schale« und schließlich sogar dermaßen über das betrachtende Ich er»gießt«, dass nicht bloß das Bild in sein Auge und damit auch in ihn selbst eindringt, sondern zugleich – und das ist die Immersion – der Betrachter ins Bild eintaucht, ja hineingezogen wird, sodass Lacan von der Bild»tiefe« sprechen kann, »die mich ergreift«.

Diese Überwindung der Distanz im Blick, wie sie in der geometralen Perspektive die Fäden verkörpern, und die Umkehrung der Vorstellung vom aktiven, aber vermittelten Begreifen-im-tastenden-Blick zu einem eher passiven, aber dafür angeblich unvermittelten Durch-den-Blick-ergriffen-Werden beschreibt Lacan so:

> Was Licht ist, blickt mich an, und dank diesem Licht zeichnet sich etwas ab auf dem Grunde meines Auges – nicht einfach jenes konstruierte Verhältnis, das Objekt, bei dem der Philosoph hängenbleibt – sondern die Impression, das Rieseln einer Fläche, die für mich nicht von vorneherein auf Distanz angelegt ist. Dabei kommt etwas ins Spiel, was beim geometralen Verhältnis elidiert wird – die Feldtiefe in ihrer ganzen Doppeldeutigkeit, Variabilität, auch Unbeherrschbarkeit. In der Tat ist eher sie es, die mich ergreift, mich in jedem Augenblick umwirbt […].[1177]

»Was Licht ist, blickt mich an«: Das ist, so wie alle Theorien und Theoreme Lacans, schwierig zu verstehen – und zu einem möglichen Verständnis sei hier nur *en passant* auf die Analogie zu Walter Benjamins Aussagen verwiesen, dass in der »Aura […] der Blick« des Menschen von der »Natur […] erwidert« werde sowie »in der Aura« nicht »wir der Sache habhaft« würden, sondern die »Sache« »sich unser [bemächtigt]«.[1178] Worauf es allerdings im hier gegebenen Kontext ankommt, ist nicht ein umfassendes Verständnis der Lacan'schen Theorie von Blick und Bild, sondern jene in ihr implizit enthaltene Theorie von Linie, Licht- und Farbenfluss, die schließlich in eine Theorie des Flecks mündet – und der Fleck ist auch bei Lacan, wie schon bei Schiller und Huber, nichts anderes als eine Spur von »Farbe«, die »geflossen« ist. So schreibt Lacan, jetzt mit Bezug auf den »Schirm/écran«, der in seinem immersiven Blickmodell die Ebene des »Bild[s]/image« im Dürer'schen Modell ersetzen soll (vgl. Abb. 12):

1177 Lacan, Linie und Licht, S. 97.

1178 Walter Benjamin schreibt im Passagen-Werk: »Spur und Aura. Die Spur ist Erscheinung einer Nähe, so fern das sein mag, was sie hinterließ. Die Aura ist Erscheinung einer Ferne, so nah das sein mag, was sie hervorruft. In der Spur werden wir der Sache habhaft; in der Aura bemächtigt sie sich unser.« Walter Benjamin: Das Passagen-Werk. Aufzeichnungen und Materialien (1928–1940), in: ders.: Gesammelte Schriften V.1, hg. von Rolf Tiedemann, Frankfurt a. M. 1991, S. 560. S. zur Aura auch Anm. 2254.

> Das Korrelat zum Tableau, das am selben Ort zu situieren wäre wie dieses, als draußen, wäre der Blick-Punkt/le point de regard. Die Vermittlung beider, also das, was zwischen beiden ist, ist anderer Natur als der geometrale Raum der Optik, es spielt exakt die umgekehrte Rolle, da es nicht durchlässig, traversierbar ist, sondern ganz im Gegenteil opak – es ist der Schirm/écran.
>
> In dem, was sich mir so als Raum des Lichts darstellt, bedeutet Blick immer ein Spiel von Licht und Undurchdringlichkeit. Es geht stets um ein Spiegeln, wie [...] das Licht als ein Schillern erscheint, das über diesen Schirm läuft. Um alles zu sagen: diesem Blick-Punkt eignet stets etwas von der Ambiguität eines Juwels.
>
> Und sollte ich etwas sein in diesem Bild/tableau, dann auch in der Form dieses Schirms, den ich eben »Fleck« nannte.[1179]

Das »Spiel von Licht« – sein oben schon genanntes »Rieseln«, »Feuer« und »[D]iffundier[en]« – auf einem »Schirm/écran«, der nicht trotz, sondern gerade aufgrund seiner Beleuchtung undurchlässig – »opak« –[1180] ist, reine Projektionsfläche für das »Schillern« und die »Ambiguität«, ja »Unbeherrschbarkeit« »des Lichts«, das ohne Gestalt, Form und Linien ist, aber dafür umso attraktiver (»mich in jedem Augenblick umwirbt«) und »ergreif[ender]«: das also ist Lacans Theorie vom »Wesentliche[n]« des nicht mehr geometral und linear, sondern fluidal und il-*lumen*-ierend-fleckhaft gedachten Sehens.

Wie eng Blick und Fleck bei Lacan zusammenhängen, betont er noch einmal gegen Ende des Elften Seminars:

> Erinnern Sie sich, was ich Ihnen zur Funktion des Blicks sagte, zur fundamentalen Beziehung des Blicks zum Fleck. Denken Sie daran, daß ich Ihnen sagte, daß in der Welt etwas da ist, das blickt, noch bevor es ein Auge gibt, es zu sehen [...], daß also die Faszination des Flecks dem Sehen, das sie entdeckt, vorausgeht.[1181]

Il-*lumen*-ierend, wie der Fleck bei Lacan ist, ist er gleichermaßen mit dem Licht wie mit der Farbe assoziiert; immer aber gilt ihm eine Art konzeptuelle Vorliebe Lacans, der wiederum seine Abneigung gegen die Linie entspricht. Bezeichnend in diesem Sinne ist etwa, was er – ausgerechnet – im Kontext von Freuds *Leonardo*-Aufsatz unter Hinweis auf Leonardos »Londoner Skizze« mit ihrem schon von Freud konstatierten linearen »Durcheinander von Beinen« sagt:

1179 Lacan, Linie und Licht, S. 102f.

1180 »[D]ie Auflösung der Bildfläche in der ›perfekten‹ Durchsicht stärkt paradoxerweise mit dem *sfumato* die Opazität des Gemäldes; die Suche nach den wahren Konturen der Figur führt zu ihrer Undefinierbarkeit«; Fehrenbach, Der oszillierende Blick. *Sfumato* und die Optik des späten Leonardo, S. 524.

1181 Jacques Lacan: In dir mehr als dich, in: ders.: Das Seminar von Jacques Lacan. Buch XI (1964): Die vier Grundbegriffe der Psychoanalyse. Übersetzt von Norbert Haas, Olten und Freiburg i. Br. ²1980, S. 277–292, S. 287.

> Daß die Funktion des Malers ganz und gar nicht in der Organisation des Vorstellungsfeldes besteht, in dem uns der Philosoph in unserem Subjektstatus festhielt, hat Merleau-Ponty auf bewundernswerte Weise dargetan, indem er mit Cézanne von *jenem kleinen Blau, kleinen Braun, kleinen Weiß*, wie er es nennt, ausging, jenen Strichelchen, wie sie vom Pinsel des Malers tropfen [ces touches qui pleuvent du pinceau du peintre].
>
> Worum geht es hier? Was wird auf diese Weise bestimmt? Wie wird dadurch etwas bestimmt? Das nimmt bereits Gestalt und Körper an [C'est déjà donner forme et incarnation] [...].[1182]

Farbtropfen (»touches« oder auch »taches«), die vom Pinsel des Malers herabregnen (»qui pleuvent«) und »dadurch« »Gestalt und Körper« »bestimm[en]«: so beschreibt Lacan seine »Topologie« »des *Flecks*/de la *tache*«,[1183] wenn es nicht um das Licht, sondern um die Farbe der Malerei geht – eine Farbe, die hier durch ihr ›Herabregnen‹ mit der Vorstellung der Wolke assoziiert ist. Dabei liegt es auf der Hand, dass sich Lacans Theorie forciert und auch um den Preis mancher offenbleibender Fragen nicht nur gegen die von Dürer dargestellte geometrale und lineare Optik richtet, sondern zugleich auch gegen jene noch von Kant vertretene Tradition des *disegno*, in der »die Zeichnung« mit ihren Form- und Gestalt-tragenden Linien »das Wesentliche« ist, nicht aber die Farbe – und schon gar nicht der Fleck. Außerdem ist klar, dass Lacans epistemische oder heuristische Abwertung der Linie und Aufwertung des Flecks im Widerspruch zu derjenigen Rolle stehen, die Linie und Liniengewirr beziehungsweise Fleck bei Freud haben. Denn Freud ist ein Theoretiker, der die Dinge umreißt, rahmt und unter die dichotomen Linien der begrifflichen Ordnung bringt, und darin unterscheidet er sich vom schillernden Denkstil Lacans.

Dass aber auch bei Schiller selbst ein »Schillern« ganz im Sinne der gerade unter Rückgriff auf Lacan umrissenen »Reflexe« vorkommt, zeigt der Blick in seine *Avanturen des neuen Telemachs*. Sie präsentieren ein spielerisches Experimentieren mit dem, was nicht nur – mit den metaphorischen Worten Lacans – »den Text jeder Traummitteilung interpungiert, makuliert,

1182 Jacques Lacan: Was ist ein Bild/Tableau?, in: ders.: Das Seminar von Jacques Lacan. Buch XI (1964): Die vier Grundbegriffe der Psychoanalyse. Übersetzt von Norbert Haas, Olten und Freiburg i. Br. ²1980, S. 112–126, S. 117. Französisch: Jacques Lacan: Qu'est-ce qu'un tableau?, in: ders.: Le Séminaire de Jacques Lacan. Texte établi par Jacques Alain Miller. Livre XI: Les quatre concepts fondamentaux de la psychanalyse (1964), Paris 1973, S. 120–135, S. 125.

1183 Jacques Lacan: Die Spaltung von Auge und Blick, in: ders.: Das Seminar von Jacques Lacan. Buch XI (1964): Die vier Grundbegriffe der Psychoanalyse. Übersetzt von Norbert Haas, Olten und Freiburg i. Br. ²1980, S. 73–84, S. 81 und 80.

befleckt«,[1184] sondern manchmal ganz buchstäblich ein Papier und die Linien, die sich darauf befinden.

Verschwimmende Linien. Geist und Körper, Schiller und Freud

Angefertigt im Jahr 1787, entstehen die *Avanturen* lange, bevor sich Schiller entscheidet, »für eine Weile« – und das heißt tatsächlich: für immer – »die philosophische Bude« zu »schließe[n]«. Zu dieser Zeit liest Schiller viel Kant; ebenso Körner, auch wenn dieser gelegentlich dem *Avanturen*-Blatt *Körners Familienleben* zufolge »über dem Kant einschläft«. Vor allem aber fallen die *Avanturen* in die Entstehungszeit des Romanfragments *Der Geisterseher,* in dem Schiller das Thema seiner beiden Dissertationen wieder aufgreift: das *commercium mentis et corporis*. Zugrunde liegt hier das von Descartes ererbte Problem des Dualismus von Körper und Geist. Hält Kant die »Untersuchung über die Art wie die organe [sic] mit den Gedanken in Verbindung stehen« für »auf ewig vergeblich[]« und verschiebt sie – deshalb? – ins Transzendentale, plädiert der junge Schiller mal für den Begriff der »Mittelkraft«, mal für die Resonanz, um das Körper-Geist-Problem zu klären. 1779 schreibt er in seiner Dissertation *Philosophie der Physiologie*:

> [E]ndlich muß eine Kraft vorhanden sein, die zwischen den Geist und die Materie tritt und beede verbindet. Eine Kraft, die von der Materie verändert werden und die den Geist verändern kann. Dies wäre also eine Kraft, die einesteils geistig, andernteils materiell [...] wäre, und läßt sich ein solches denken? – Gewiß nicht!
>
> Dem sei wie ihm wolle, es ist wirklich eine Kraft zwischen der Materie [...] und dem Geiste vorhanden. Diese Kraft ist ganz verschieden von der Welt und dem Geist. Ich entferne sie: dahin ist alle Wirkung der Welt auf ihn. [...] Ihr Verlust hat einen Riß zwischen Welt und Geist gemacht. [...] Ich nenne sie *Mittelkraft*. [...] Die Mittelkraft wohnet im Nerven.[1185]

Schillers Dissertation von 1779 wurde abgelehnt. In seiner 1780 vorgelegten Dissertation mit dem Titel *Versuch über den Zusammenhang der tierischen Natur des Menschen mit seiner geistigen* heißt es dann:

1184 Jacques Lacan: Vom Subjekt der Gewißheit, in: ders.: Das Seminar von Jacques Lacan. Buch XI (1964): Die vier Grundbegriffe der Psychoanalyse. Übersetzt von Norbert Haas, Olten und Freiburg i. Br. ²1980, S. 35–47, S. 41.

1185 Schiller, Philosophie der Physiologie, S. 253 und 255.

> Man kann [...] Seele und Körper [...] zweien gleichgestimmten Saiteninstrumenten vergleichen [...]. Wenn man eine Saite auf dem einen rühret und einen gewissen Ton angibt, so wird auf dem andern eben diese Saite freiwillig anschlagen und eben diesen Ton, nur etwas schwächer, angeben. [...] Dies ist die wunderbare und merkwürdige Sympathie, die die heterogenen Prinzipien des Menschen gleichsam zu *einem* Wesen macht, der Mensch ist nicht Seele und Körper, der Mensch ist die innigste Vermischung dieser beiden Substanzen.[1186]

Es liegt auf der Hand, dass Schiller mit seinen Postulaten von Körper-Geist-»Vermischung« und »Mittelkraft« das Dualismus-Problem nicht philosophisch löst, sondern allenfalls ein weiteres Mal benennt. Der dualistische »Riß zwischen Welt«, »Materie« oder »[O]rgane[n]« (Kant) des Körpers einerseits »und Geist« andererseits jedenfalls wird nicht überbrückt. Und so läuft diese dualistische beziehungsweise dichotome Linie – ›reißen‹ bedeutet auch ›eine Linie ziehen‹, ›Riss‹ heißt auch ›Zeichnung‹ –[1187] weiter durch die Welt bis hin zu Sigmund Freud, dem diese Dichotomie zu einer *der* grundlegenden Unterscheidungen der Psychoanalyse wird: nämlich jener Unterscheidung von ›Seele‹ und ›Körper‹, der wiederum die Unterscheidung von ›Ich‹ und ›Bewusstsein‹ auf der einen Seite, ›Es‹ und ›Unbewusstem‹ auf der anderen Seite entspricht.

Dass die »Wissenschaft«, so Freud, diese Unterscheidung oder »Abgrenzung« gerade dadurch trifft, dass sie »Linien [...] zieht«, verwundert nach dem bisher Gesagten nicht. In *Totem und Tabu* schreibt Freud über den »Dualismus« der »Trennung von Geist und Körper«:

> Es ist [...] schwer zu bestreiten, daß die primitive Seelenvorstellung, soweit sie auch noch von der späteren völlig immateriellen Seele absteht, doch das Wesen derselben teilt, also Person oder Ding als eine Zweiheit auffaßt, auf deren beide Bestandteile die bekannten Eigenschaften und Veränderungen des Ganzen verteilt sind. Diese ursprüngliche Dualität [...] ist bereits identisch mit jenem Dualismus, der sich in der uns geläufigen Trennung von Geist und Körper kundgibt, und dessen unzerstörbare sprachliche Äußerungen wir z.B. in der Beschreibung des Ohnmächtigen oder Rasenden: *er sei nicht bei sich*,[1188] erkennen. [...]
>
> Man wird nun freilich weder von der primitiven, noch von der heutigen Vorstellung der »Seele« erwarten dürfen, daß ihre Abgrenzung vom anderen Teile die Linien einhalte, welche unsere heutige Wissenschaft zwischen der bewußten und der unbewußten Seelentätigkeit zieht. Die animistische Seele vereinigt

1186 Schiller, Versuch über den Zusammenhang der tierischen Natur des Menschen mit seiner geistigen, S. 312.

1187 Vgl. Börnchen, Poetik der Linie, S. 38–42.

1188 »›Es kommt mir oft vor, als sei ich außer mir‹«, sagt Kerners »Seherin von Prevorst« Friederike Hauffe; Justinus Kerner: Die Seherin von Prevorst. Vorwort von Joachim Bodamer, Stuttgart, Kiel ^{9}2007, S. 47.

> vielmehr Bestimmungen von beiden Seiten in sich. Ihre Flüchtigkeit und Beweglichkeit, ihre Fähigkeit, den Körper zu verlassen, dauernd oder vorübergehend von einem anderen Leib Besitz zu nehmen, dies sind Charaktere, die unverkennbar an das Wesen des Bewußtseins erinnern. Aber die Art, wie sie sich hinter der persönlichen Erscheinung verborgen hält, mahnt an das Unbewußte [...].[1189]

So gesehen, lautet Freuds dualistisches Paradigma: *›Körper – Es – Unbewusstes‹* auf der einen Seite, *›Geist – Ich – Bewusstsein‹* auf der anderen. Freuds Theorie beziehungsweise Topik von Bewusstein und Unbewusstem[1190] baut also auf der Topik des Körper-Geist-Problems auf – und damit wiederum auf der Topik des *hýlē-eîdos*-, des Stoff-Form-Problems, das ihm philosophisch vorausgeht.[1191]

Das ist schon insofern kein Zufall, als die Anfänge der Psychoanalyse in der Romantik liegen, in jener Epoche also, die vom Animalischen Magnetismus fasziniert ist und durch ihn die – so Freuds Worte – »Fähigkeit« der Seele erklärt, »den Körper zu verlassen« und »von einem anderen Leib Besitz zu

1189 Sigmund Freud: Totem und Tabu. Einige Übereinstimmungen im Seelenleben der Wilden und der Neurotiker, in: ders.: Studienausgabe, hg. von Alexander Mitscherlich, Angela Richards und James Strachey, Bd. IX: Fragen der Gesellschaft. Ursprünge der Religion, Frankfurt a. M. 1974, S. 287–444, S. 381f.

1190 Vgl. zur Differenzierung zwischen »erste[r] topische[r] Konzeption des psychischen Apparates« in der *Traumdeutung* und dem späteren *»zweite[n] topische[n] Modell«* den Artikel »Topik, topisch« in: Jean Laplanche, Jean-Bertrand Pontalis: Das Vokabular der Psychoanalyse, Frankfurt a. M. [15]1999, S. 503–509, S. 505 und 507.

1191 Nicht nur bei Aristoteles selbst, sondern auch für die nachfolgende Tradition gilt, dass »der Zwiebegriff ὕλη – εἶδός weit über die ›normale‹ Geltung von ›Materie‹ und ›Form‹ hinaus ein Paar umfassender ›Transzendentalien‹ darstellt.« In ihm ist auch die »Seins- und Wertstufung« oben – unten angelegt, lässt doch »Aristoteles das obere Element sich zum unteren wie ›Form‹ zu ›Materie‹ verhalten«. Happ, Hyle. Studien zum aristotelischen Materie-Begriff, S. 301 und 373. Vgl. Anm. 726. – Dem Verhältnis von Stoff und Form gilt eine der berühmtesten Formulierungen Schillers: »[D]enn durch die Form allein wird auf das Ganze des Menschen, durch den Inhalt hingegen nur auf einzelne Kräfte gewirkt. Der Inhalt, wie erhaben und weitumfassend er auch sei, wirkt also jederzeit einschränkend auf den Geist, und nur von der Form ist wahre ästhetische Freiheit zu erwarten. Darin besteht also das eigentliche Kunstgeheimnis des Meisters, daß er den Stoff durch die Form vertilgt; und je imposanter, anmaßender, verführerischer der Stoff an sich selbst ist, je eigenmächtiger derselbe mit seiner Wirkung sich vordrängt, oder je mehr der Betrachter geneigt ist, sich unmittelbar mit dem Stoff einzulassen, desto triumphierender ist die Kunst, welche jenen zurückzwingt und über diesen die Herrschaft behauptet.« Friedrich Schiller: Über die ästhetische Erziehung des Menschen in einer Reihe von Briefen, in: ders.: Sämtliche Werke, Band V: Erzählungen, Theoretische Schriften, hg. von Wolfgang Riedel, München 2004, S. 570–669, S. 639f. Hier wiederum schließt topologisch Justinus Kerner an, wenn er – die philosophisch überzeugendere Logik Aristoteles' hinter sich lassend – spekuliert: »Wenn unsre Logik überall Form und Stoff unterscheidet, so muß sie doch auch zugeben, daß es eine Form ohne Stoff gebe, und daß die Form noch übrigbleibe, wenn der Stoff wegfalle.« Kerner, Die Seherin von Prevorst, S. 207.

nehmen«. Henry Ellenberger hat diesen Animalischen Magnetismus, aus dem sich auch die romantischen Doppelgänger erklären, als Vorläufer der Psychoanalyse beschrieben.[1192] So ist etwa in Heinrich von Kleists *Käthchen von Heilbronn* der Graf vom Strahl in der Silvesternacht, mit Freuds Worten, *»nicht bei sich«* selbst, das heißt in seinem Körper »[i]m Schloß zu Strahl«;[1193] vielmehr befindet sich sein »Geist« beziehungsweise sein »[I]ch« in Käthchens Stube in Heilbronn.[1194] Und auch Käthchen steht dem Grafen vom Strahl zufolge nicht als, wie es die Anthropologie und die Forschung zur Anthropologie genannt haben, »ganzer Mensch«[1195] vor ihm, sondern es ist ihre »junge Seele«, die »nackt vor« ihm steht.[1196]

Was hier verschwimmt, ist die scharfe dichotome Grenz-Linie zwischen ›Geist‹ und ›Körper‹, ›Ich‹ und ›Es‹ beziehungsweise ›Objekt‹. Freud schreibt, und dabei passt die »Verliebtheit« als eine Art Vorstufe zur »Pathologie« gut zu Kleists *Käthchen*:

> Normalerweise ist uns nichts gesicherter als das Gefühl unseres Selbst, unseres eigenen Ichs. Dies Ich erscheint uns selbständig, einheitlich, gegen alles andere gut abgesetzt. Daß dieser Anschein ein Trug ist, daß das Ich sich vielmehr nach innen ohne scharfe Grenze in ein unbewußt seelisches Wesen fortsetzt, das wir als Es bezeichnen, dem es gleichsam als Fassade dient, das hat uns erst die psychoanalytische Forschung gelehrt, die uns noch viele Auskünfte über das Verhältnis des Ichs zum Es schuldet. Aber nach außen wenigstens scheint das Ich klare und scharfe Grenzlinien zu behaupten. Nur in einem Zustand, einem außergewöhnlichen zwar, den man aber nicht als krankhaft verurteilen kann, wird es anders. Auf der Höhe der Verliebtheit droht die Grenze zwischen Ich und Objekt zu verschwimmen. Allen Zeugnissen der Sinne entgegen behauptet der Verliebte, daß Ich und Du eines seien, und ist bereit, sich, als ob es so wäre, zu benehmen. Was vorübergehend durch eine physiologische Funktion aufgehoben werden kann, muß natürlich auch durch krankhafte Vorgänge gestört werden können. Die Pathologie lehrt uns eine große Anzahl von Zuständen kennen, in denen die Abgrenzung des Ichs gegen die Außenwelt unsicher wird

1192 Henry F. Ellenberger: Die Entdeckung des Unbewußten. Geschichte und Entwicklung der dynamischen Psychiatrie von den Anfängen bis zu Janet, Freud, Adler und Jung. Aus dem Amerikanischen von Gudrun Theusner-Stampa, Zürich 1985, S. 89–134.

1193 Kleist, Das Käthchen von Heilbronn, S. 600 (IV/2). Vgl. zum »Heraustreten aus sich selbst« »i[m] magnetischen Schlaf« auch Kerner, Die Seherin von Prevorst, S. 83f.

1194 Kleist, Das Käthchen von Heilbronn, S. 551 und 550 (II/9). Hier auch, S. 551, die Formulierung: »Wir horchten an seiner [des Grafen vom Strahls] Brust: es war so still darin, wie in einer leeren Kammer.«

1195 Vgl. Hans-Jürgen Schings (Hg.): Der ganze Mensch. Anthropologie und Literatur im 18. Jahrhundert. DFG-Symposion 1992, Stuttgart, Weimar 1994.

1196 Kleist, Das Käthchen von Heilbronn, S. 530 (II/1).

> oder die Grenzen wirklich unrichtig gezogen werden […]. Also ist auch das Ichgefühl Störungen unterworfen, und die Ichgrenzen sind nicht beständig.[1197]

Das aber ist, genau betrachtet, nicht nur bei »krankhafte[n]« Fällen oder in der »primitive[n] Seelenvorstellung« der Fall, sondern immer und grundsätzlich – wie ja überhaupt das ›Primitive‹ bei Freud der ›Normalität‹ nicht nur phylo-, sondern auch ontogenetisch vorausgeht[1198] und genauso wie das ›Pathologische‹ bloß in einer graduellen Abweichung von der ›Normalität‹ liegt.[1199]

In den *Neuen Folgen der Vorlesung zur Einführung in die Psychoanalyse* schreibt Freud:

> Wir haben uns bisher durch die Aufzählung der Vorzüge und Fähigkeiten des Ichs imponieren lassen; es ist jetzt Zeit, auch der Kehrseite zu gedenken. Das Ich ist doch nur ein Stück vom Es,[1200]

mit anderen Worten: Seine »[G]renze« zum Es »verschwimm[t]«. So sagt es Freud, indem er sich auf eine grafische Darstellung (Abb. 15)[1201] bezieht:

> Die Strukturverhältnisse der seelischen Persönlichkeit, die ich vor Ihnen entwickelt habe, möchte ich in einer anspruchslosen Zeichnung darstellen, die ich Ihnen hier vorlege[].

1197 Freud, Das Unbehagen in der Kultur, S. 198f.

1198 Nämlich in Gestalt der »Primitiven der Gegenwart, unsere[r] Kinder[]«. Sigmund Freud: Der Mann Moses und die monotheistische Religion: Drei Abhandlungen, in: ebd., S. 455–581, S. 530; vgl. zu einer »primitiven« Vorläuferin einer »heutigen Vorstellung« auch das Zitat zu Anm. 1189.

1199 Dass man »ähnliches Verhalten« wie das »der Neurotiker« »auch bei durchschnittlich Gesunden oder selbst bei hervorragenden Menschen beobachtet oder erfahren hat«, sagt Freud in den *Beiträgen zur Psychologie des Liebeslebens*. Sigmund Freud: Beiträge zur Psychologie des Liebeslebens. I. Über einen besonderen Typus der Objektwahl beim Manne, in: ders.: Studienausgabe, hg. von Alexander Mitscherlich, Angela Richards und James Strachey, Bd. V: Sexualleben, Frankfurt a. M. 1972, S. 185–195, S. 187. Die Analyse wiederum dient dazu, »in die tiefsten und primitivsten Schichten der seelischen Entwicklung herabzusteigen und von dort die Lösungen für die Probleme der späteren Gestaltungen zu holen.« Sigmund Freud: Aus der Geschichte einer infantilen Neurose [»Der Wolfsmann«], in: ders.: Studienausgabe, hg. von Alexander Mitscherlich, Angela Richards und James Strachey, Bd. VIII: Zwei Kinderneurosen, Frankfurt a. M. 1969, S. 125–232, S. 131.

1200 Sigmund Freud: Neue Folge der Vorlesungen zur Einführung in die Psychoanalyse, in: ders.: Studienausgabe, hg. von Alexander Mitscherlich, Angela Richards und James Strachey, Bd. I: Vorlesungen zur Einführung in die Psychoanalyse. Und Neue Folge, Frankfurt a. M. 1969, S. 447–608, S. 513.

1201 Ebd., S. 515.

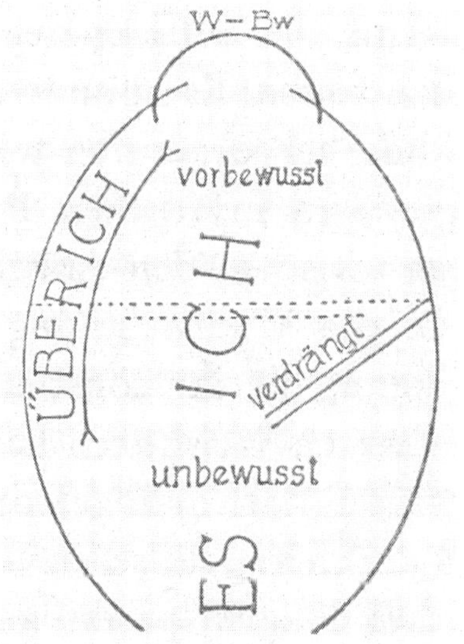

Abb. 15
Freud-»Zeichnung« »Das Über-Ich taucht in das Es ein«, *Neue Folge der Vorlesungen zur Einführung in die Psychoanalyse*

> Sie sehen hier, das Über-Ich taucht in das Es ein […]. Es ist gewiß heute schwer zu sagen, inwieweit die Zeichnung richtig ist; in einem Punkt ist sie es gewiß nicht. Der Raum, den das unbewußte Es einnimmt, müßte unvergleichlich größer sein als der des Ichs oder des Vorbewußten. Ich bitte, verbessern Sie das in Ihren Gedanken.
>
> Und nun zum Abschluß dieser gewiß anstrengenden und vielleicht nicht einleuchtenden Ausführungen noch eine Mahnung! Sie denken bei dieser Sonderung der Persönlichkeit in Ich, Über-Ich und Es gewiß nicht an scharfe Grenzen, wie sie künstlich in der politischen Geographie gezogen worden sind. Der Eigenart des Psychischen können wir nicht durch lineare Konturen gerecht werden wie in der Zeichnung oder in der primitiven Malerei, eher durch verschwimmende Farbenfelder wie bei den modernen Malern. Nachdem wir gesondert haben, müssen wir das Gesonderte wieder zusammenfließen lassen.[1202]

Man muss sich klarmachen, was Freud hier sagt, und zwar ausgerechnet auf der Seite, die mit den berühmten Sätzen »Wo Es war, soll Ich werden. Es ist Kulturarbeit etwa wie die Trockenlegung der Zuydersee«[1203] schließt. Freud sagt erstens, dass die »linearen Konturen« seiner eigenen eben eingefügten

1202 Ebd., S. 515f.
1203 Ebd., S. 516.

Zeichnung zu »verbessern« sind, weil sie »[d]er Eigenart des Psychischen [...] nicht [...] gerecht werden«,[1204] und zweitens, dass diese Verbesserung als ein »[Z]usammenfließen[]lassen« von »verschwimmende[n]« »Farben[]« zu denken ist, als ein – zumindest partielles –, so Freud wörtlich, Wieder-›Eintauchen‹ der aus dem Es ja gerade durch Abgrenzung hervorgegangenen Seelenteile ins Es – ein Wiedereintauchen, das somit weniger mit der Trockenlegung der Zuydersee als vielmehr mit der neuerlichen Flutung des der Zuydersee durch Trockenlegung abgewonnenen Landes zu vergleichen wäre. So oder so spricht Freud von den »verschwimmende[n] Farbenfelder[n] wie bei den modernen Malern«, und vielleicht hat Freud hier schon eine Art Tachismus *avant la lettre* im Sinn. Um eine knappe, beinahe schon lacanianisch anmutende Theorie des Farbenflecks als eines – paradoxen – Korrektivs der Linie jedoch handelt es sich in jedem Fall.[1205]

Wird aber, wie Freud sagt, die Linie der »Eigenart des Psychischen« nicht gerecht, dann stellt sich nun die Frage, ob denn tatsächlich der Farbenfluss diese »Eigenart des Psychischen« besser zu denken oder darzustellen erlaubt.

Justinus Kerners Klecksografien

Hinweise zu einer Antwort auf diese Frage finden sich bei Justinus Kerner und seinen Klecksografien. Denn Kerner zählt nicht nur zu den Wegbereitern der Psychoanalyse im engeren, über allgemeine romantische und animalmagnetische Zusammenhänge hinausgehenden Sinne, sondern auch zu den eifrigsten Praktikern und Theoretikern eines Klecksografierens, wie es später mit Hermann Rorschachs *Psychodiagnostik* Eingang in die Psychoanalyse gefunden hat.[1206]

Kerner beschreibt das Klecksografieren in seinem Vorwort zu den *Hadesbildern*, einer Sammlung von Klecksografien samt begleitenden Gedichten, wie folgt:

1204 Dazu gehört auch die unpassende Größe, deren offenbar nicht maßstabsgerechte Umrahmung mithilfe der Linie durch ihre Öffnung unten, wenn man so will: durch die Bodenlosigkeit des Dargestellten, aufgefangen wird.

1205 Vgl. auch Jacques Lacan: Tyche und Automaton, in: ders.: Die vier Grundbegriffe der Psychoanalyse. Nach dem von Jacques-Alain Miller hergestellten französischen Text in deutscher Sprache herausgegeben von Norbert Haas, Olten und Freiburg i. Br. [2]1989, S. 59–70, S. 69, sowie die Zitate 1181–1184.

1206 S. Zitat 1094.

> Schon vor [...] Jahren gab ein geistreicher Freund der Kunst und des Humors der Art, [...] Bilder aus Dintenklecksen zu machen, den Namen der *Klecksographie*. [...] Ich will hier [...] etwas ausführlicher wiederholen, wie solche Bilder entstehen und auch diese entstanden.
>
> Dintenkleckse (schwäbisch Dintensäue), die auf der Seite des Falzes (auf dessen rechter oder linker Seite, aber nie auf beiden) eines zusammengelegten Papiers gemacht werden, geben (nachdem man das Papier über dieselben legte und sie dann mit dem Ballen oder dem Finger der Hand bestreicht), kraft ihrer Doppelbildung, die sie durch ihr Zerfließen und Abdruck auf dem reinen Raume der anderen Seite der Linie erhalten, der Phantasie Spielraum lassende Gebilde der verschiedensten Art. Bemerkenswert ist, daß solche sehr oft den Typus längst vergangener Zeiten aus der Kindheit alter Völker tragen, wie zum Beispiel Götzenbilder, Urnen, Mumien usw. Das Menschenbild wie das Tierbild tritt da in den verschiedensten Gestalten aus diesen Klecksen hervor, besonders sehr häufig das Gerippe des Menschen. Wo die Phantasie nicht ausreicht, kann manchmal mit ein paar Federzügen nachgeholfen werden, da der Haupttypus meistens gegeben ist. So kann z.B. ein Menschenbild in seiner ganzen Gestalt und Bekleidung herauskommen, jedoch vielleicht ohne Kopf, Hand usw., wo, was auch in Nachstehendem geschehen, hie und da das Fehlende leicht zu ersetzen ist.
>
> Bemerkt muß werden, daß man *nie* das, was man gern *möchte*, hervorbringen kann und oft das Gegenteil von dem entsteht, was man erwartete.
>
> Es kamen also auch diese hier gegebenen sogenannten Hadesbilder nicht durch meinen Willen und durch meine Kraft hervor, ich bin der Zeichenkunst ganz unfähig, sondern sie kamen auf jene oben beschriebene Weise allein durch Dintenkleckse zutage und erforderten dann oft gar keine, oft nur unerhebliche Nachhilfe durch einige Federstriche oder durch künstliche Nachzeichnung von Gesichtern.[1207]

Die Klecksografie, das liegt auf der Hand, soll sich ähnlich selbsttätig produzieren, wie später auch die Fotografie beschrieben wird. Sie ist acheiropoetisch:[1208] »Menschenhand hat nicht dies Bild gemacht, / Gleich den andern kam's durch eigne Macht / Ungeahnet aus der Dinte Nacht.«[1209] Diese Nacht ist mit dem titelgebenden »Hades« assoziiert[1210] und einem dämonischen Spuk, der in seiner Selbsttätigkeit Triebhaftes mitklingen lässt:

1207 Justinus Kerner: Klecksographien, in: ders.: Ausgewählte Werke, hg. von Gunter Grimm, Stuttgart 1981, S. 365–433 und Anmerkungen S. 526–529, S. 370f.

1208 Vgl. Friedrich Weltzien: Fleck. Das Bild der Selbsttätigkeit. Justinus Kerner und die Klecksografie als experimentelle Bildpraxis zwischen Ästhetik und Naturwissenschaft, Göttingen 2011, S. 74f. Grundlegend: Georges Didi-Huberman: Ähnlichkeit und Berührung. Archäologie, Anachronismus und Modernität des Abdrucks, Köln 1999; zur »Vorstellung eines *acheiropoetischen*, ›nicht von Menschenhand gemachten‹ Bildes, deren exemplarisches Beispiel selbstverständlich das ›Antlitz Christi‹ ist«, ebd., S. 55f.

1209 Kerner, Klecksographien, S. 419.

1210 Ebd., S. 389.

Diese Bilder aus dem Hades,
Alle schwarz und schauerlich,
(Geister sind's, sehr niedern Grades,)
Haben selbst gebildet sich
Ohn' mein Zutun, mir zum Schrecken,
Einzig nur – aus Dintenflecken.
Habe stets dabei gedacht,
Überall, wo's schwarz und Nacht,
Spuket die gespenst'ge Rasse,
Darum auch im Dintenfasse.
Die ihr schreibt, nehmt euch in acht!
Weil ich Klecksograph entdecket,
Daß im Tintenfaß oft stecket
Eines gift'gen Dämons Macht.[1211]

Dieser Dämon kann sogar der Teufel selbst sein. (Abb. 16 a[1212], b[1213]) Zunächst noch als ein »[E]twas«, in dem als Portmanteau-Wort immerhin schon Freuds »Es« steckt, taucht er aus jener dunkelsten Tiefe – dem »Satz« am Boden des Fasses – auf, wohinab die schwärzesten und schwersten Anteile der Tinte – religiös gesehen die dunkelste *materia peccans* –[1214] gesunken sind.[1215]

Als ich vor dem Tintenfass
Wieder mit der Feder saß,
Und mit solcher tief gestochen
In die Tinte bis zum Satz,
Kam etwas herauf gekrochen,
Wie der Schwanz von einer Katz'.
Mir doch ward es immer bänger,
Denn das Ding wurd' immer länger,
Gar zu lang für eine Maus,
Und *der* Teufel kroch heraus.[1216]

1211 Ebd., S. 382.

1212 Justinus Kerner: Klecksographien. Mit Illustrationen nach Vorlagen des Verfassers, Stuttgart u. a. 1890, S. 75.

1213 Weltzien, Fleck. Das Bild der Selbsttätigkeit. Justinus Kerner und die Klecksografie, Tafelteil S. 385.

1214 Vgl. Zitat 499.

1215 Vgl. zur »Schwärze der Tinte« bei Kerner, »[u]ngeachtet der Tatsache, dass die meisten Klecksbilder Kerners in bräunlichem Sepia gehalten sind«, Weltzien, Fleck. Das Bild der Selbsttätigkeit. Justinus Kerner und die Klecksografie, S. 74.

1216 Kerner, Klecksographien, S. 430.

Abb. 16 a und b Aus dem Tintenfass gekrochen. Kerners Teufel

Zunächst: Katze und Tintenfass kommen später ähnlich, allerdings in umgekehrtem Verhältnis, im Comic vor, nämlich in George Herrimans »Krazy-Kat«-Strip vom 7.3.1919. (Abb. 17)[1217]

Abb. 17
Krazy Kat, 7.3.1919

Was nun aber bei Kerner der Teufel mitbringt, ist – mit den Worten von Schillers und Hubers *Avanturen* – ein »längliche[r] schmale[r] Körper[]«, der »zu fließen scheint«, ja sogar – »Denn das Ding wurd' immer länger« – ganz im Geiste des *Tristram Shany* dabei beobachtet wird.[1218]

1217 »Krazy Kat« vom 7.3.1919, in: McDonnell, O'Connell, de Havenon: Krazy Kat. The Comic Art of George Herriman, S. 89.

1218 Weltzien zufolge »orientiert« »sich« Kerners Roman *Reiseschatten von dem Schattenspieler Lux*, Heidelberg 1811, »an Laurence Sternes empfindsamer Lebensgeschichte des ›Tristram Shandy‹«, womit möglicherweise eher Sternes *Sentimental Journey* gemeint ist; ebd., S. 31.

Interessanter als die Anzüglichkeit dieser Stelle – und die von manchen Ausgaben vorgenommene grafische Kastration durch Entfernung des kleinen erigierten Penis, den der Teufel zusätzlich zu seinem Schwanz besitzt (Abb. 16 b) – ist im hier gegebenen Kontext die Theorie von Linie und Klecks oder Fleck, die Kerner im Zusammenhang mit seinen Klecksografien entwickelt. Das gilt insbesondere für die signifikante Einschränkung, die Kerner bei seiner allgemeinen Bevorzugung von Klecks und Fleck gegenüber der Linie macht. Denn der Klecks bleibt doch auf die Linie angewiesen.

Im Sommer 1854 schreibt er an die Schriftstellerin Ottilie Wildermuth, dabei bezugnehmend auf die mit seiner Erblindung einhergehende Lichtempfindlichkeit:

> Herzliebe Freundin,
>
> Weiß: wie grell das Licht ist. Die Wellen werfen es mir direkt in die Augen. Ich muß die Hand davor halten. Schwarz: wie wohltuend, ein samtenes Dunkel breitet sich aus. Zuerst tanzen noch die Lichtpunkte herum, aber die erlöschen nach und nach. Eine opake Leere tut sich auf. Ich weiß, daß die Leere nicht leer ist. Sie täuscht nur vor, täuscht die Glasköpfe, für die nur existiert, was sie sehen und greifen können, was sich als palpable Tropfen an ihren gläsernen Gehirnen niederschlägt.[1219]

Ist es übertrieben, von einer Nähe zwischen Kerners fluider Lichtmetaphorik und derjenigen Lacans zu sprechen? Die »Wellen«, die das Licht in Kerners Augen »werfen«, entsprechen dem »Springquell«, der bei Lacan die Augen-»Schale« mit Licht »übergießt« und »füllt«. »[B]richt sich« und »diffundiert« das Licht bei Lacan, »breitet sich« zwar nicht das Licht, wohl aber das »Dunkel« bei Kerner »aus« – ein Dunkel allerdings, das hier fließt wie das Licht[1220] und in dem »Lichtpunkte« »tanzen«, wie sie auch Lacan erwähnt. Ist bei Lacan der »Schirm/écran« von einer lichten, »[s]chillern[den]« »[O]pa[zität]«, spricht

1219 Justinus Kerner an Ottilie Wildermuth, Juni 1854, zitiert nach Weltzien, Fleck. Das Bild der Selbsttätigkeit. Justinus Kerner und die Klecksografie, S. 81. Weltzien zitiert den Brief nach Peter Braun: Zwei bisher unbekannte Briefe von Justinus Kerner an Ottilie Wildermuth über das Sehen, die Photographie und die Kunst der Klecksographie, unter: http://uni-konstanz.de/paech2002/zdm/beitrg/Braun/Braun.htm; die Seite existiert nicht mehr (26.4.2016).

1220 Hegel schreibt in der *Logik*: »Reines Licht und reine Finsternis sind zwei Leeren, welche dasselbe sind. Erst in dem bestimmten Lichte – und das Licht wird durch die Finsternis bestimmt –, also im getrübten Lichte, ebenso erst in der bestimmten Finsternis – und die Finsternis wird durch das Licht bestimmt –, in der erhellten Finsternis kann etwas unterschieden werden […].« Georg Wilhelm Friedrich Hegel: Wissenschaft der Logik I, S. 96. – Zitiert bei Weltzien, Fleck. Das Bild der Selbsttätigkeit. Justinus Kerner und die Klecksografie, S. 78.

Kerner – ähnlich schwerverständlich wie Lacan – von einer »opake[n] Leere«, die allerdings »nicht leer ist« – beziehungsweise gerade jenen leer erscheint, die alles »sehen und greifen können« wollen, für die also alles so »palpa[bel]« sein muss wie in der als haptisches Abtasten qua Blick-Linien oder -Fäden gedachten »geometrale[n] Optik«.

Und zu dieser an der Linie orientierten Optik passen schließlich auch die hier polemisch so bezeichneten »Glasköpfe« und »gläsernen Gehirne«,[1221] deren Oberfläche man sich wohl so hart, glatt und undurchdringlich – trennscharf und nicht porös gegen die sie umgebende Umwelt – vorstellen muss, wie sie Glaskörper in der Regel besitzen. Es verwundert also nicht, dass Kerner in seinem Brief an Wildermuth auch ausdrücklich gegen die »kunstgerechten Linien« polemisiert:

> Die Maler denken nur an die ihnen eingeprägten kunstgerechten Linien, die sie bei jedem Menschen gleich anbringen, aber der Nervengeist des Menschen, der überhaupt die Plastik des Körpers bildet, geht nicht in diesen kunstgerechten Linien, sondern oft in einem Zickzack, wodurch erst der Geist des Individuums sich ausspricht.[1222]

Mag auch die Hauthülle des menschlichen Körpers, jedenfalls in seiner zweidimensionalen Darstellung, mehr oder weniger linear umrissen oder umreißbar sein, so ist doch Kerner – wie schon Friedrich Anton Mesmer – zufolge die eigentliche »Plastik des Körpers« aus dem fluidalen »Nervengeist des Menschen« gebildet und deshalb ein atmosphärisches Phänomen. Diese »Plastik des Körpers« muss weder überhaupt die Hauthülle ausfüllen, noch ist sie von ihr begrenzt, sondern kann sogar weit darüber hinausreichen.[1223]

1221 Vgl. zum »gläserne[n] Gehirne« Kerner, Die Seherin von Prevorst, S. 172, und zu einem »Glasschädel« ebd., S. 212.

1222 Zit. nach Weltzien, Fleck. Das Bild der Selbsttätigkeit. Justinus Kerner und die Klecksografie, S. 83.

1223 Im Falle der von Justinus Kerner beschriebenen »Seherin von Prevorst« etwa ist es mitunter so, dass »sie [...] nur noch wie von den Nervenauströmungen andrer [lebte]«. Zugleich »sah sie« »[b]ei Menschen, die ein Glied ihres Körpers, zum Beispiel einen Arm, einen Fuß verloren hatten, [...] die ganze Form des verlorenen Gliedes, als das ganze Glied, noch immer im Bilde des Nervengeistes (durch den Nervengeist gebildet [...]), am Körper, so wie sie zum Beispiel den verstorbenen Menschen [...], ohne irdische Körperlichkeit im Bilde des Nervengeistes, als Geist in der Form sah, die er im Leben hatte.« Kerner, Die Seherin von Prevorst, S. 34 und 71. – Mit dem »Nervengeiste« verhält es sich also so, dass er »gewöhnlich[] gebunden[]« ist, manchmal jedoch »frei []w[e]rden[]« kann; ebd., S. 89. »Geist«, »Seele« und »Nervengeist« sind grundsätzlich voneinander zu unterscheiden. So wird etwa »[d]er Geist« im Moment des Todes »von Seele und Nervengeist geschieden« und dadurch »geschwächt und leer«; ebd., S. 140. Kerners vielleicht bündigste Definition lautet, Friederike Hauffe zitierend, ebd., S. 142:

Das klingt heute merkwürdig. Aber selbst Johann Wolfgang von Goethe hat diese Theorie anscheinend geteilt und wie auch Kerner[1224] von »Fühlfäden« gesprochen, mit denen »unsere[] Seele« »in besondern Zuständen [...] über ihre körperlichen Grenzen hinausreichen könne[]«.[1225] Und noch Thomas Mann zeigt sich fasziniert von Schrenck-Notzings schon erwähnten spätmesmerschen Materialisationsphänomenen, bei denen gewölle- oder auch fühlfädenknäuelartige Gebilde erbrochen werden, die Schrenck-Notzings Fotografien als helle Flecken zeigen.[1226]

Wie ein Mensch mit Nervengeist-Ausströmungen aussieht, zeigt etwa Kerners Klecksografie »Ein dämonischer Magnetiseur« aus seinem *Klebealbum* (Abb. 18)[1227]. ›Dämonisch‹ wirkt dieser Magnetiseur wohl auch insofern, als er – mit einem Wort Thomas Laqueurs – jene »für den modernen Menschen fast unvorstellbare[] [...] und sogar beängstigende[] [...] Porösität« verkörpert,

---

»›Durch diesen Nervengeist [...] ist die Seele mit dem Leib und der Leib mit der Welt verbunden. Bei mir wird der Nervengeist so leicht von der Seele und den Nerven lose, und dies macht hauptsächlich meinen ungewohnten Zustand. Dieser Nervengeist geht mit der Seele (ist sie nicht ganz die reine eines Seligen) nach dem Tode über und ist unzerstörbar. Durch ihn bildet die Seele eine ätherische Hülle um den Geist.«

Diese Hülle – »de[r] leichte[] Überwurfe, der der Seele« in ihrer »Nacktheit« »noch bleibt« – heißt auch »das plastische Luftbild des Nervengeistes« – unabhängig davon, dass »[d]ieser Nervengeist [...] für unser Auge, etwa wie die Luftarten, unsichtbar [ist]«; ebd., S. 158 und 196. Es ist, noch einmal anders formuliert, der »Nervengeist [...], der [...] die moralischen Charaktere und Gepräge [der Seele] plastisch in sich aufnimmt und ihnen Gestalt gibt, d.h. die Seele nimmt, wie sie ist, durch ihn bildliche Form an.« Ebd., S. 207.

1224 »Und so siehst du auch, mein Lieber, den magnetischen Menschen, während er noch immer an den Körper und somit an die Welt der Sinne gebunden ist, mit verlängerten Fühlsfaden [sic] hinaus in eine Welt der Geister ragen und von dieser dir ein Zeuge sein.« Kerner, Die Seherin von Prevorst, S. 178. Vgl. außerdem Justinus Kerner: Blätter aus Prevorst. Originalien und Lesefrüchte für Freunde des innern Lebens. Mitgetheilt vom Herausgeber der Seherin aus Prevorst. Neunte Sammlung, Stuttgart 1837, S. 90.

1225 »Wir wandeln Alle in Geheimnissen. Wir sind von einer Atmosphäre umgeben, von der wir noch gar nicht wissen, was sich Alles in ihr regt und wie es mit unserm Geiste in Verbindung steht. So viel ist wohl gewiß, daß in besondern Zuständen die Fühlfäden unserer Seele über ihre körperlichen Grenzen hinausreichen können, und ihr ein Vorgefühl, ja auch ein wirklicher Blick in die nächste Zukunft gestattet ist.« Johann Wolfgang von Goethe. Sämtliche Werke. Briefe, Tagebücher und Gespräche. 40 Bde. Hg. von Friedmar Apel u. a., Frankfurt a. M. 1987–1999 (= Bibliothek deutscher Klassiker), Bd. II.12: Johann Peter Eckermann. Gespräche mit Goethe, Frankfurt a. M. 1999, S. 629–637, S. 633.

1226 Vgl. Anm. 1117.

1227 Hier nach Weltzien, Fleck. Das Bild der Selbsttätigkeit. Justinus Kerner und die Klecksografie, Tafelteil S. 384.

die hier ganz buchstäblich »ohne scharfe Trennlinie« zwischen Körper und Körper-Außerhalb auftritt.[1228]

Abb. 18 Kerners Dämonischer Magnetiseur

1228 Laqueur, Auf den Leib geschrieben. Die Inszenierung der Geschlechter von der Antike bis Freud, S. 57. Vgl. Anm. 931.

Will man nun solche atmosphärischen Körper zweidimensional darstellen, bieten sich *sfumato* oder Aura an, also nicht die scharfe – digitale – Linie, sondern ein weicher und diffuser – analoger – Farbverlauf. In die Richtung der *sfumato*haft aufgeweichten Kontur weist auch Kerners Wendung gegen die zweimal erwähnten »kunstgerechten Linien«, denen er *nicht* eine *Zickzacklinie*, sondern *›ein Zickzack‹* entgegensetzt, das vielleicht überhaupt nicht mehr als *eine* distinkte – digitale – Linie, sondern als sogenannter *suchender* – mit Freud: »mehrfach determiniert[er], überbestimmt[er]« und damit analoger – *Strich*[1229] zu denken wäre: als suchender – analoger – Strich also, in dem ›die‹ *eine* Linie in viele »Strichelchen« (Lacan) zerfällt, sich auflöst.

Und doch geht es auch Kerner zufolge, bei aller Vorliebe für Farbe und Klecks, nicht ganz ohne Linie oder zumindest Strich als Kurzform der Linie. Das ergibt sich ja schon aus Kerners oben zitierter Beschreibung seines klecksografischen Verfahrens. »Wo«, so Kerner, vor dem Klecks »die Phantasie« – oder auch »Einbildungskraft« beziehungsweise »Imagination« – zur Gestalterkennung »nicht ausreicht«, da wird »mit ein paar Federzügen nachgeholfen«, das heißt doch wieder, ganz in der Tradition des *disegno*, dem Fleck durch zeichnerische Elemente und lineare Einrahmung gestalterisch, also Gestalt gebend, auf die Sprünge geholfen. Kerner hilft durch diese Technik der grafischen »›Postproduction‹«[1230] zum Beispiel seinem Teufel, ihn mit Federstrichelchen behaarend, gestalterisch auf die Bocksprünge.

Und auch Freud verzichtet mitunter zwar dort, wo keine »scharfe[n] Grenzen« sind und die Gestalten ineinander übergehen, auf die durchgezogene Linie. Dennoch verwendet er in diesem Fall (Abb. 15) weder Farben noch Grauwerte, die die Darstellung eines graduellen Verlaufs erlauben würden, sondern bleibt bei der Linie, die jetzt allerdings gestrichelt beziehungsweise punktiert ist.[1231] Und so sind es zwei punktierte Linien, die hier doppelt, aber durchlässig quer durchs »Ich« laufen.

So gesehen, geht Kerner vom Klecks als, mit Kant, »bloße[r] Form der Anschauung« zur – wenn auch angeblich nur »mit ein paar« »unerheblichen« »Federzügen« durch lineare Einfassung anschaulich gemachten Gestalt praktisch den umgekehrten Weg als den, auf dem Freud theoretisch unterwegs ist. Denn während Freud davon spricht, die »Eigenart des Psychischen« zunächst »durch lineare Konturen« zu »sonder[n]«, um sie dann »wieder

1229 Vgl. zur »suchende[n] Linie« Werner Busch: Die Neudefinition der Umrißzeichnung in Rom am Ende des 18. Jahrhunderts, in: Margret Stuffmann, Werner Busch (Hg.): Zeichnen in Rom 1790–1830, Köln 2001, S. 10–44, S. 13–15 und 20f.

1230 Weltzien, Fleck. Das Bild der Selbsttätigkeit. Justinus Kerner und die Klecksografie, S. 35.

1231 Im Sinne von Aristoteles' *Metaphysik* ist »die Linie, auch wenn sie gebrochen ist, […] dabei« dennoch »kontinuierlich«; vgl. das Zitat in Anm. 1160.

zusammenfließen« oder »verschwimmen[]« zu »lassen«, lässt Kerner ja erst die Farbe fließen, um sie dann linear zu konturieren. Dabei geht es beiden um die Darstellung des »Psychischen«; dabei setzen beide auf den Farbenfluss; und dabei kommen sie beide nicht ohne Linie aus.

Schiller über Farbe und Linie

In diesem Bunde der Fleck-und-Linien-Theoretiker ist Schiller der dritte – wenn auch unter dem Vorbehalt, dass die Farbe bei ihm, theoretisch wie literarisch, kaum eine Rolle spielt. In den *Tabulae votivae von Schiller und Goethe* gibt es ein Distichon mit ungeklärter Autorschaft:

> Licht und Farbe
>
> Wohne, du ewiglich Eines, dort bei dem ewiglich Einen,
> Farbe, du wechselnde, komm freundlich zum Menschen herab.[1232]

Die Farbe, so kann man das in sehr Goethe'schem Sinne interpretieren, ist die irdische Erscheinungsform des überirdischen Lichts.[1233] Dabei mag sie »freundlich zum Menschen herab[kommen]« – Erkenntnis bringt sie ihm damit nicht. Im Gegenteil. Ist nämlich, wie Kant sagt, die Farbe für die Kenntlichkeit eines Gegenstandes unwesentlich, dann »verliert[]« sich, wie Schiller in seinem Essay *Über Anmut und Würde* Henry Home zitiert, nicht nur »die Farbe im Finstern[] aus den Augen«.[1234] Auch im Tageslicht kann die Farbe der Täuschung, ja zum Versteck einer fatalen Wahrheit dienen. So sagt Verrina seinem Gegenspieler Fiesko im fünften Aufzug der *Verschwörung des Fiesko zu Genua*: »Der [...] Fürst war ein Mörder, und führte den Purpur ein, die Flecken seiner Tat in dieser Blutfarbe zu verstecken« –[1235] um Fiesko gleich darauf, weil er seinen Purpurmantel nicht wegwerfen will, samt diesem Mantel ins Meer zu stoßen.

1232 Friedrich Schiller: Licht und Farbe, in: ders.: Sämtliche Werke, Bd. 1: Gedichte. Dramen 1, hg. von Albert Meier, München 2004, S. 309.

1233 Vgl. Albrecht Schöne: Goethes Farbentheologie, München 1987; S. 45 auch der Hinweis auf eine positive Reaktion Schillers.

1234 Friedrich Schiller: Über Anmut und Würde, in: ders.: Sämtliche Werke, Bd. V: Erzählungen. Theoretische Schriften, hg. von Wolfgang Riedel, München 2004, S. 433–488, S. 446.

1235 Schiller, Die Verschwörung des Fiesko zu Genua, S. 750f.

Ganz anders als die Farbe hingegen die Linie. Sie steht im Bunde mit der Kenntlichkeit, der Klarheit und der Schönheit. Am 23. Februar 1793 schreibt Schiller an Körner, den Adressaten der später so genannten *Kallias-Briefe*:

> Warum wird die Schlangenlinie für die schönste gehalten? [...] Eine Schlangenlinie, kann der Baumgartenianer sagen, ist darum die schönste, weil sie sinnlich vollkommen ist. Es ist eine Linie, die ihre Richtung immer abändert (Mannigfaltigkeit) und immer wieder zu derselben Richtung zurückkehrt (Einheit). [...] Folgende Linie ist eine schöne Linie, oder könnte es doch sein, wenn meine Feder besser wäre.

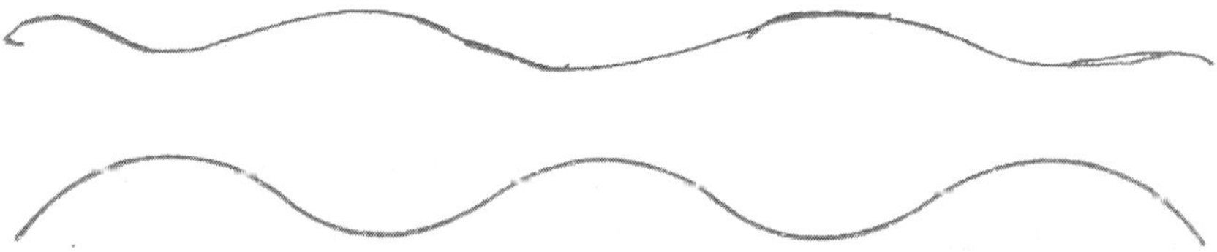

Abb. 19 a, b Schillers Schönheitslinie, mehr und weniger schön korrigiert

Schiller ist, darin ganz auf der Linie Kants, ein Theoretiker derselben. Gestalttheoretisch ist er – jedenfalls auf den ersten Blick – Klassizist. Wie für Kant hängt auch für Schiller die Schönheit an Form oder Gestalt eines Gebildes und hat nichts mit seinem Material zu tun. Und das gilt offenbar noch für seine Herausgeber, wenn sie Schillers Originalfederzug (Abb. 19 a[1236]) so verbessern (Abb. 19 b[1237]), dass genau genommen Schillers vorausgehender Kommentar unverständlich wird. Denn, so Schiller, »alles, was wir schön nennen«, erwirbt »sich dieses Prädikat bloß durch Freiheit in seiner Technik«, weshalb »*Schönheit* an keiner Materie haftet, sondern bloß in der Behandlung besteht«.[1238] Deshalb kann Schiller sagen: »Darin besteht also das eigentliche Kunstgeheimnis des Meisters, daß er den Stoff durch die Form vertilgt«.[1239]

1236 Friedrich Schiller: An Körner, 23.2.1793, in: Schillers Werke. Nationalausgabe. 26. Band: Briefwechsel. Schillers Briefe. 1.3.1790–17.5.1794, hg. von Edith Nahler und Horst Nahler, Weimar 1992, S. 199–217, S. 215.

1237 Schiller, [Kallias oder über die Schönheit.] Briefe an Gottfried Körner, S. 423f.

1238 Ebd., S. 424.

1239 Schiller, Über die ästhetische Erziehung des Menschen in einer Reihe von Briefen, S. 639f.; s. Anm. 1191.

Dass dies nicht immer gelingt, zeigt allerdings schon Schillers einschränkender Kommentar zur eigenhändigen Schlangenlinie, die ja nicht schön »ist«, sondern nur »sein [könnte]«, wenn denn seine »Feder besser wäre«. Hier kommt der idealen, eidetischen Linienschönheit die ›schlechte‹, wenn man dieses Antonym ergänzen kann, Materialität der Feder, und das heißt in Hinblick auf die mit ihr gezeichnete Linie: die schlechte Materialität des Tintenflusses in die Quere. Es ist hier also *nicht* so, dass idealerweise »die Form [...] den Stoff besiegt ha[t]« und sich so »der *Stoff* [...] in der *Form* [...], der *Körper* in der *Idee*, die *Wirklichkeit* in der *Erscheinung* verlieren«.[1240] Vielmehr leistet der aus dem Tintenfluss entstandene Linienkörper seiner Aufhebung in die ästhetische Idealität Widerstand. Und insofern *ist* diese Linie eben *keine schöne Linie* in platonischer Idealität, sondern lediglich die in ihrer empirischen Materialität mangelhafte *Darstellung einer* solchen *schönen Linie*. Als eine solche »Darstellung« aber ist die Linie Schiller zufolge sogar, »weil sie nicht« – man könnte ergänzen: allein – »durch die Idee, sondern durch das Medium bestimmt worden ist«, »häßlich«.[1241]

Tanz und Linie. Schiller und William Hogarth

Folgt Schiller also in der Linientheorie grundsätzlich Kants idealistischer Position, so thematisiert er doch auch das Problem der materiellen Imperfektion jeder real existierenden Linie. Das allerdings hält Schiller nicht davon ab, gleich auf der nächsten Seite ausgerechnet den Tanz, dem Kant ja – wie oben zitiert – die Gestalthaftigkeit abgesprochen hatte,[1242] linientheoretisch zu beschreiben. Denn die von den Tänzern beim Tanz beschriebenen Linien, so Schillers Argument, sind die dem Tanz und seiner Schönheit zugrundeliegenden Formen oder Gestalten – und diese haben im Unterschied zur mit schlechter Feder gezogenen Linie auch noch den Vorteil, dass sie virtuell sind und tatsächlich gar nicht in Erscheinung treten.

Schiller schreibt, den Konnex von Schönheit und Freiheit wiederaufgreifend, über jenes »Ideal des schönen Umgangs« miteinander, dessen »erste[s] Gesetz [...]: *Schone fremde Freiheit*« und dessen »zweite[s]: *Zeige selbst Freiheit*« lautet:

> Ich weiß für das Ideal des schönen Umgangs kein passenderes Bild als einen gut getanzten und aus vielen verwickelten Touren komponierten englischen

1240 Schiller, Kallias oder über die Schönheit, S. 428.

1241 Ebd., S. 429. Schiller setzt *hier* also, aber nicht immer, ›Medium‹ und ›Materialität‹ gleich. Vgl. Hoffmann, Geschichte des Medienbegriffs, S. 46.

1242 S. Zitat 1124.

> Tanz. Ein Zuschauer auf der Galerie sieht unzählige Bewegungen, die sich aufs bunteste durchkreuzen und ihre Richtung lebhaft und mutwillig verändern und doch *niemals zusammenstoßen*. Alles ist so geordnet, daß der eine schon Platz gemacht hat, wenn der andere kommt, alles fügt sich so geschickt und doch wieder so kunstlos ineinander, daß jeder nur seinem eigenen Kopfe zu folgen scheint und doch nie dem andern in den Weg tritt. Es ist das treffende Sinnbild der behaupteten eigenen Freiheit und der geschonten Freiheit des anderen.[1243]

Schiller folgt hier – wie grundsätzlich mit seiner Theorie von der Schönheitslinie – eng William Hogarths *Analysis of Beauty* von 1753, jenem Hogarth also, der im Titel der *Avanturen* als Urheber ihrer *»schönen illuminierten Kupfer*[ ]*«* angegeben ist. In der schon 1754 unter dem Titel *Zergliederung der Schönheit* erschienenen deutschen Übersetzung von Christlob Mylius heißt es:

> Vom Tanzen. [...] Ich hörte einmal einen großen Tanzmeister sagen [...], ich wäre in meiner Profeßion, als ein Maler, glücklich, daß beim Studieren dieser Kunst gewisse Grenzen könnten gesetzet werden. Es ist kein Zweifel, daß die Menuet eine schöne Zusammensetzung von Bewegungen ist, weil sie eine zusammengesetzte Mannichfaltigkeit von so viel Bewegungen in den Schlangenlinien in sich hält, als derselben in deutlichen Größen wohl können zusammengebracht werden.
>
> Die gewöhnliche wellenförmige Bewegung des Körpers in dem gemeinen Gehen (welche man deutlich an der Wellenlinie siehet, die der Schatten eines Menschenkopfes an einer Wand macht, wenn er zwischen ihr und der Nachmittagssonne geht) wird zu einer mehreren Größe der Wellenform durch Hülfe des Menuetschritts vermehret, welcher so beschaffen ist, daß sich der Körper in angenehmen Graden etwas höher, als gewöhnlich, hebt [...]. Die Figur des Menuetganges auf dem Fußboden ist auch aus Schlangenlinien zusammengesetzet, wie Figur [122, 2. Tafel] [...] sehen läßt.[1244]

Hogarth zufolge lassen sich sowohl die Auf- und Abbewegungen der Tanzenden als auch ihre Bewegungen auf dem Tanzboden als Linien beschreiben. Besonders schön soll der Tanz sein, wenn ihm Schlangenlinien zugrundeliegen. So oder so soll in den Linien das Wesentliche des Tanzes liegen: »wenn wir«, so Hogarth, »d[ie] Tänze[]« »linienmäßig, in Ansehung ihrer besondern Bewegungen, betrachten, so werden wir sehen, worinnen ihr Wesentliches bestehet.«[1245]

1243 Schiller, Kallias oder über die Schönheit, S. 425.

1244 William Hogarth: Zergliederung der Schönheit, die schwankenden Begriffe von dem Geschmack festzusetzen, geschrieben von Wilhelm Hogarth. Aus dem Englischen übersetzt von C. Mylius, Hannover 1754, S. 123f.

1245 Ebd., S. 125.

Zu dieser Theorie liefert Hogarth zwei Abbildungen mit (Abb. 20 a, b)[1246]. Die eine zeigt die schon erwähnte »Figur des Menuetganges«,[1247] die andere die Figur des »Schlangentanz[es]«[1248]. Diese »ist eine Figur von etlichen S, oder eine Anzahl untereinander gewebter oder untereinander gewickelter Schlangenlinien, welche, wenn man setzen wollte, daß sie auf dem Fußboden gezogen wären, wie Fig. [123, 2. Tafel] aussehen würden.«[1249]

Abb. 20 a und b (Detail aus a)
Figur des Menuetganges und
Schlangentanz

1246 Hier nach dem Anhang der Originalausgabe: William Hogarth: The Analysis of Beauty. Written with a view of fixing the fluctuating IDEAS of TASTE, London 1753.

1247 Hogarth: Zergliederung der Schönheit, S. 124.

1248 Ebd., S. 127.

1249 Ebd.

Hogarth beschreibt die hier in Rede stehenden Linien als Blick »von der Gallerie«, und es ist diese Passage, an die Schiller in der schon zitierten Passage anknüpft:

> Die Linien, welche eine Anzahl Leute im Conter- oder Figurtanzen machen, verursachen dem Auge ein ergetzendes Spiel, besonders wenn die ganze Figur auf einen Blick zu übersehen ist, wie in dem Komödienhause, von der Gallerie. Die Schönheit dieser Art von mystischem Tanzen, wie es die Poeten nennen, kömmt von der Bewegung in einer zusammengesetzten Mannichfaltigkeit von Linien, besonders von Schlangenlinien, her [...]. Die Tänze barbarischer Völker werden allezeit ohne diese Bewegungen vorgestellet, indem sie nur aus wildem Hüpfen, Springen und Drehen in die Runde, oder mit convulsivischem Achselziehen und verdrehten Geberden begleitetem Rückwärts- und Vorwärtslaufen bestehen.[1250]

Tänze ohne zugrundeliegende Linien, so Hogarth, sind barbarisch, und auch für Schiller liegt – wie gesagt – die Schönheit des Tanzes in den im Tanze beschriebenen Linien. Wiederum in engem Anschluss an Hogarth, der ja schon den Tanz unter Rückgriff auf »Wellen« und »Schatten« beschrieben hatte, dichtet Schiller:

> Der Tanz
>
> Siehe wie schwebenden Schritts im Wellenschwunge sich die Paare
> Drehen, den Boden berührt kaum der geflügelte Fuß.
> Seh' ich flüchtige Schatten, befreit von der Schwere des Leibes?
> Schlingen im Mondlicht dort Elfen den luftigen Reihn?
> Wie, vom Zephir gewiegt, der leichte Rauch in die Luft fließt,
> Wie sich leise der Kahn schaukelt auf silberner Flut,
> Hüpft der gelehrige Fuß auf des Takts melodischer Woge,
> Säuselndes Saitengetön hebt den ätherischen Leib.
> Jetzt, als wollt es mit Macht durchreißen die Kette des Tanzes,
> Schwingt sich ein mutiges Paar dort in den dichtesten Reihn.
> Schnell vor ihm her entsteht ihm die Bahn, die hinter ihm schwindet,
> Wie durch magische Hand öffnet und schließt sich der Weg. [...]
> Sprich, wie geschiehts, daß rastlos erneut die Bildungen schwanken
> Und die Ruhe besteht in der bewegten Gestalt?
> Jeder ein Herrscher, frei, nur dem eigenen Herzen gehorchet,
> Und im eilenden Lauf findet die einzige Bahn?[1251]

»Weg«, »Kette« und die zweimal erwähnte »Bahn« des Tanzes, die im vorletzten Vers des Gedichtes sogar noch ein drittes Mal als die »kühn gewundenen

1250 Ebd., S. 126f.

1251 Friedrich Schiller: Der Tanz, in: ders. Sämtliche Werke, Bd. 1: Gedichte. Dramen 1, hg. von Albert Meier, München 2004, S. 237f.

Bahnen« der Planeten wiederauftaucht, weil Tanz- und Planetenbahnen einander in der Harmonie von Mikro- und Makrokosmos entsprechen: das sind Hogarths Linien. Und diese Linien sind es auch, die nebem dem rechten – das heißt zugleich *»fremde Freiheit«* »[s]*chone*[*nden*]*«* und eigene *»Freiheit«* »[z]*eigen*[*den*]*«* –[1252] »Maß«[1253] jenem »stille[n] Gesetz« zugrundeliegen, das derart »der Verwandlungen Spiel« des Tanzes »lenkt«, dass es schön ist.

Tanz und Musik, Entgrenzung und Vermischung. Schiller und Körner

Dass allerdings ein solcher, wenn man so will, linearer Tanz nicht unbedingt identisch mit dem real existierenden Tanz ist, kündigt nicht allein der letzte Gedichtvers »Das du im Spiele doch ehrst, fliehst du im Handeln, das Maß« an – wobei das Tanzen eben nicht nur ein Spiel, sondern auch eine Handlung ist. Zudem wecken die Rede vom »tobenden Sprung«, den angeblich »des Wohllauts mächtige Gottheit« »zum geselligen Tanz ordnet«, und von der »brausende[n] Lust«, die angeblich der »Rhythmus«, »der Nemesis« – also der Göttin des Maßes –[1254] »gleich«, »[z]ügel[n]« soll, Zweifel daran, ob nicht doch am Ende die »begeisternde«, das heißt enthusiasmierende Gewalt der Musik das hier beschworene lineare Gängelband des Tanzes zerreißen könnte. Musik jedenfalls kann gefährlich sein. Das macht Schiller in seinen Ausführungen *Ueber das Pathetische* deutlich, und es ist bemerkenswert, wie nahe die von Schiller beschriebenen »Symptome der Berauschung« durch die Musik Freuds »[V]erschwimmen[]« und »[Z]usammenfließen« von »Ich« und »Es« kommen:

> [D]ie Musik der Neuern scheint es vorzüglich nur auf die Sinnlichkeit anzulegen und schmeichelt dadurch dem herrschenden Geschmack, der nur angenehm gekitzelt, nicht ergriffen, nicht kräftig gerührt, nicht erhoben sein will. Alles *Schmelzende* wird daher vorgezogen, und wenn noch so großer Lärm in einem Concertsaal ist, so wird plötzlich alles Ohr, wenn eine schmelzende Passage vorgetragen wird. Ein bis ins Thierische gehender Ausdruck der Sinnlichkeit erscheint dann gewöhnlich auf allen Gesichtern, die trunkenen Augen schwimmen, der offene Mund ist ganz Begierde, ein wollüstiges Zittern ergreift

1252 Vgl. das Zitat zu Anm. 1243.

1253 Schiller, Der Tanz, S. 238.

1254 »Die Nemesis ist die Göttin des Maßes und des Einhalts, der Vergeltung, die Zähmerin der Begierden, die Feindin des Übermuths und des Stolzes, die Bewahrerin der Scheu und Achtung gegen Andre, die Herstellerin des Gleichgewichts […].« Artikel »Nemesis«, in: Allgemeine deutsche Real-Encyklopädie für die gebildeten Stände. Conversations-Lexikon. In zwölf Bänden, 7. Band: M–N, Leipzig 1830, S. 780f., S. 780.

> den ganzen Körper, der Athem ist schnell und schwach, kurz alle Symptome der Berauschung stellen sich ein; zum deutlichen Beweise, daß die Sinne schwelgen, der Geist aber oder das Princip der Freiheit im Menschen der Gewalt des sinnlichen Eindrucks zum Raube wird.[1255]

Was Schiller hier aufgreift, ist der Topos von der Gewalt der Musik, der das Ohr und mit ihm der Mensch schutzlos ausgeliefert ist, weil man zwar Wegsehen oder die Augen schließen, nicht aber weghören und die Ohren verschließen kann.[1256] So flutet die Musik den Menschen durch die Öffnung seines Ohres.[1257] Die Folge ist, dass der Mensch auch den sonst, wie es die Schicklichkeit verlangt, willentlich geschlossen gehaltenen Mund öffnet.[1258] So wird sein Körper, durchdrungen von der schmelzenden Musik, buchstäblich permeabel und schwimmt nun, wie seine »trunkenen Augen«, nicht bloß *auf* oder *mit* dem, sondern – darin eintauchend –[1259] *im* Fluidum der schmelzenden Musik. Schiller beschreibt hier also – darin der etablierten Musik-Topik folgend – eine

---

1255 Friedrich Schiller: Über das Pathetische, in: Sämtliche Werke, Bd. 1: Gedichte. Dramen 1, hg. von Albert Meier, München 2004, S. 512–537, S. 516.

1256 »[D]er Musik [hängt] ein gewisser Mangel der Urbanität an, daß sie, vornehmlich nach Beschaffenheit ihrer Instrumente, ihren Einfluß weiter, als man ihn verlangt (auf die Nachbarschaft), ausbreitet und so sich gleichsam aufdringt, mithin der Freiheit andrer, außer der musikalischen Gesellschaft, Abbruch tut; welches die Künste, die zu den Augen reden, nicht tun, indem man seine Augen nur wegwenden darf, wenn man ihren Eindruck nicht einlassen will. Es ist hiemit fast so wie mit der Ergötzung durch einen sich weit ausbreitenden Geruch bewandt. Der, welcher sein parfümiertes Schnupftuch aus der Tasche zieht, traktiert alle um und neben sich wider ihren Willen und nötigt sie, wenn sie atmen wollen, zugleich zu genießen; daher es auch aus der Mode gekommen ist.« Kant: Kritik der Urteilskraft, S. 187.

1257 Zur Flutung durch die Musik schreibt Adorno in der *Philosophie der neuen Musik*: »Wie das Ende, so greift der Ursprung der Musik übers Reich der Intentionen, das von Sinn und Subjektivität hinaus. Er ist gestischer Art und nah verwandt dem des Weinens. Es ist die Geste des Lösens […]: Versöhnung. Der Mensch, der sich verströmen läßt im Weinen und einer Musik, die in nichts mehr ihm gleich ist, läßt zugleich den Strom dessen in sich zurückfluten, was nicht er selber ist und was hinter dem Damm der Dingwelt gestaut war. Als Weinender wie als Singender geht er in die entfremdete Wirklichkeit ein. […] Die Geste der Zurückkehrenden […] beschreibt den Ausdruck aller Musik […].« Theodor W. Adorno: Philosophie der neuen Musik, Frankfurt a. M. 1978, S. 122 (= GS 12, S. 122). Vgl. Börnchen, »Alles weiß ich: alles ward mir nun frei!« Natur-Stimmung und Welten-Erlösung in Richard Wagners *Götterdämmerung*, S. 59–62.

1258 Noch dem von Gotthold Ephraim Lessing beschriebenen Laokoon ist keine unbeherrschte Öffnung des Mundes »gestattet«: »Er erhebt kein schreckliches Geschrei, wie Virgil von seinem Laokoon singet, die Öffnung des Mundes gestattet es nicht: es ist vielmehr ein ängstliches und beklemmtes Seufzen«; Lessing, Laokoon: oder über die Grenzen der Malerei und Poesie, S. 17.

1259 Vgl. das Zitat zu Anm. 1202.

zunächst auditive, dann ganzkörperliche und damit ausdrücklich das Auge einschließende fluidale Immersion, eine Entgrenzung des Menschen *durch* seine – Leo Spitzer hat ein solches ›Milieu‹ im Anschluss an den antiken Begriff des *periéchon* beschrieben –[1260] Umgebung beziehungsweise *in* seine Umgebung *hinein.* Ganz ähnlich reklamiert später Lacan – gegen die traditionelle Blicktopik – den immersiven Blick als sozusagen licht- und farb»trunkene[s] Auge[]«. Und ähnlich beschreibt auch Freud das ›Eintauchen‹ von »Über-Ich« und »Ich« »in das Es«, das er – in Ermangelung von Farbe oder Graustufen – als gestrichelte, das Ich sozusagen perforierende oder öffnende Linie darstellt.

Dass aber im Dahinschmelzen mit der und in der Musik Körper und Geist entgrenzt, ja alle Formen – grafische wie sittliche – aufgelöst oder verflüssigt werden, ist – etymologisch jedenfalls – kein Zufall. Das Wort ›Form‹ ist mit lateinisch *fornus, furnus* ›Ofen‹ und griechisch *θερμός* [*thermós*] ›heiß‹ verwandt, sodass die ›Form‹ ursprünglich ›das in Erz Gegossene‹, also ›das vormals Flüssige, jetzt Festgewordene‹ bedeutet:[1261] ein Festgewordenes, das eben wieder schmelzen kann.

In Schillers Gedicht *Der Tanz* stehen nun die formale und feste Metaphorik der Linie als dem Tanze zugrundeliegende Gestalt und die materielle und flüssige Metaphorik der Musik nebeneinander. Dabei zeigt wiederum die fluidale Metaphorik der Musik implizit große Nähe zu jenem – nichtmetaphorisch verstandenen – Fluidum, das im Zentrum von Friedrich Anton Mesmers Theorie vom Animalischen Magnetismus steht: jener Theorie also, die das von Schiller in seinen zwei Dissertationen behandelte Dualismusproblem monistisch zu lösen versucht.

Explizit allerdings hat Schiller, darin noch der kantischen Tradition verpflichtet, eine mesmeristisch-monistisch getönte Auffassung von der Musik

1260 Vgl. Zitat 541.

1261 »FORMEL [...]. Entlehnt aus l. *fōrmula* [...]. Das Wort ist ein Diminutivum zu l. *fōrma* ›Gestalt, Form, Figur, Umriß‹.« Friedrich Kluge: Etymologisches Wörterbuch der deutschen Sprache, Berlin und New York [23]1999, S. 279. »FŌRMŌ [...]. E[tymologie]: v. *formus ›glühend‹ [...], also eigtl. ›in Erz gießen‹.« »FORNĀX [...] Ofen [...] E[tymologie]: fornus, furnus ›Ofen‹, *formus = θερμός« Josef M. Stowasser u. a.: Der kleine Stowasser. Lateinisch-deutsches Schulwörterbuch, München 1979, S. 190. Anders allerdings Alois Walde: Lateinisches etymologisches Wörterbuch, Heidelberg [2]1910, S. 307f. – »Die Matrize oder Matrix [*matrice*; eine mögliche Bedeutung des Wortes ist auch ›Gebärmutter‹. A.d.Ü.] [...] lehrt uns [...], was das Wort ›Form‹ bedeutet. Was ist eine *Form?* Um niemanden mit dem philosophischen Gewicht dieser allzu plötzlich gestellten Frage zu erschrecken, möchte ich darauf mit einem etymologischen Wortspiel antworten, das die französische Sprache bereithält: Die *Form* (*forme*) ist ein *Fourme*, das heißt ein Käse (*fromage*) – etwas Geformtes (*formage*), wenn man so will.‹« Didi-Huberman, Ähnlichkeit und Berührung. Archäologie, Anachronismus und Modernität des Abdrucks, S. 31.

ausgesprochen kritisch gesehen. Das zeigt sein Kommentar zu Körners zuerst 1795 in den *Horen* veröffentlichtem Aufsatz *Über die Charakterdarstellung in der Musik*. Darin heißt es:

> Was in dem Menschen zuerst die[] Kunsttalente entwickelte, war […] der Trieb, sein Daseyn zu verkündigen […]. Daher das Streben, die vorhandenen Kräfte an irgend einem nahe liegenden Gegenstande zu versinnlichen […]. Was dem Menschen am nächsten liegt, ist sein Körper, und die Luft, welche er einathmet und aushauchet. In beiden fand der Trieb nach unabhängiger Tätigkeit seinen ersten Wirkungskreis. In dem freien Schweben des Körpers, ohne vom Druck der Schwere beschränkt zu werden, fühlt auch der Geist sich gleichsam seiner Bande entledigt. Die irdische Masse, die ihn stets an die Abhängigkeit von der Außenwelt erinnert, scheint sich zu veredeln, und es erweitern sich die Grenzen seines Daseyns. So vernimmt auch der Mensch in dem Tone seiner Stimme eine sinnliche Wirkung seiner Thätigkeit ohne sichtbare Schranke, das freie Spiel der Phantasie eröffnet ihm eine Sphäre von unermeßlichem Umfange, und sein Gesang spricht mit der ganzen Natur.[1262]

Was Körner hier schreibt, klingt ausgesprochen romantisch. Noch bei Richard Wagner finden sich ganz ähnliche Ausführungen zur Musik, die Vorstellung vom Gesang als Gespräch mit der ganzen Natur eingeschlossen.[1263] Schiller jedoch meldet Kritik an. Zum einen moniert er, dass Körner auf den »körperlichen materiellen Teil« der Musik »mehr Rücksicht« nehmen müsse, als er »genommen« habe – ein Verdikt, das er noch mit dem Satz »Ebenso urteilte auch Humboldt und Goethe« krönt.[1264] Zum anderen aber kritisiert Schiller Körners Tendenz, den Begriff der per Definition abgrenzenden Form durch die Vorstellung eines monistisch, geistig wie körperlich *alles* – nämlich »eine Sphäre von unermeßlichem Umfange« »ohne sichtbare Schranke« – durchwaltenden Klangs oder Äthers zu ersetzen. Denn darauf läuft ja Körners

1262 Christian Gottfried Körner: Über Charakterdarstellung in der Musik, in: Wolfgang Seifert: Christian Gottfried Körner. Ein Musikästhetiker der deutschen Klassik, Regensburg 1960, S. 147–158, S. 149.

1263 »Der Tieferregte, wenn er plötzlich aus seiner inneren Stimmung zu der umgebenden Natur sich wendet, […] [fühlt] [s]einen eigenen empfundenen Zusammenhang mit der Natur […] unwillkürlich […] in […] seiner Stimmung[] ausgedrückt, seine durch sie genährte oder umgewandelte Stimmung erkennt er in der Natur wieder, die er somit in ihren mächtigsten Äußerungen so auf sich bezieht, wie er sich durch sie bestimmt fühlt. […] Er *spricht* dann mit der Natur, und sie *antwortet* ihm. […] Hier *liebt* der Mensch die Natur; er adelt sie und erhebt sie zur sympathetischen Teilnehmerin an der höchsten Stimmung des Menschen […].« Richard Wagner: Oper und Drama, hg. und kommentiert von Klaus Kropfinger, Stuttgart ²1994, S. 225–227.

1264 Friedrich Schiller: Zu Gottfried Körners Aufsatz über Charakterdarstellung in der Musik, in: ders.: Schillers Werke. Nationalausgabe. 22. Band: Vermischte Schriften, hg. von Herbert Meyer, Weimar 1958, S. 293–295, S. 295.

Theorie vom »ohne […] Schwere« »frei[]« in der Luft »[s]chweben[den]« Körper als ätherischem Klang-Körper hinaus: auf eine in die Antike zurückreichende Theorie, in der der Äther genau wie im Mesmerismus das Fluidum für die paradoxe Vorstellung eines körperlichen und doch schwerelosen, fasslichen und doch unbegrenzten Geistes steht.

Nicht, dass Körner das Problem nicht selbst gesehen hätte. Ganz im Sinne von Kants Begriffs*disegno* schreibt er:

> Ein dargestellter Gegenstand wird nur dadurch zu einer Erscheinung für die Phantasie, daß er ihr mit bestimmten Gränzen gegeben wird. Ein Unendliches in seiner Reinheit kann nicht erscheinen. Indem es die Vernunft zu denken versucht, und aus ihrer Vorstellung alles Beschränkte entfernt, entzieht sie zugleich der Einbildungskraft alle Nahrung. Die Idee des Künstlers muß daher schon gleichsam in einer körperlichen Hülle gedacht werden, ehe sie dargestellt werden kann.[1265]

Dennoch schreibt Schiller, und seine Paraphrase lässt nicht ganz sicher erkennen, auf welche Sätze Körners er sich damit überhaupt bezieht:

> S. 18. Mit den Umrissen des Bildes verschwindet die Gestalt und nichts bleibt übrig als der Gedanke) [sic] Das verstehe ich nicht. Der Gedanke selbst ist bloß die Einheit des Umrisses und muß notwendig mit dem Umriß verschwinden. Nimm den Umriß von einem Triangel weg, so wird nicht bloß das Bild, sondern auch der Begriff aufgehoben.[1266]

Das ist der Sache nach wieder Kant: Ohne »Einheit des Umrisses« korrespondiert dem »Gedanke[n]« kein »Gegenstand in der Anschauung«, so dass er »leer« ist beziehungsweise »mit dem Umriß verschwinde[t]«. Warum aber, so muss man sich hier doch fragen, belehrt Schiller Körner in Hinblick auf eine bestimmte, möglicherweise unklare Stelle über einen Gedanken, den Körner an anderer, nicht weit entfernter Stelle ganz in Schillers – und Kants – Sinne selbst formuliert? Und ergibt sich vielleicht die Antwort aus dem Umstand, dass Körner hier mit seiner Theorie vom musikalischen Ton als allesdurchdringendem Äther oder Fluidum zu einer Theorie tendiert, der Schiller selbst einmal angehangen hatte, die er aber, indem er sie zum Romanstoff seines *Geistersehers* gemacht hatte, bereits philosophisch *ad acta* gelegt, ja die er sogar schon verspottet hatte: und zwar ausgerechnet in den an Körner adressierten *Avanturen des neuen Telemachs?*

1265 Körner, Über Charakterdarstellung in der Musik, S. 150.
1266 Schiller, Zu Gottfried Körners Aufsatz über Charakterdarstellung in der Musik, S. 294.

Nervengeisterseherei. Schiller klecksografiert Körner

Dass Körners gerade zitierte Auffassung von Gesang und Ton Schillers ebenfalls schon zitierter Vorstellung von der »wunderbare[n] [...] Sympathie« ähnelt, »die die heterogenen Prinzipien des Menschen gleichsam zu *einem* Wesen macht«, indem sie »Seele und Körper« des Menschen durch »die innigste Vermischung dieser beiden Substanzen«[1267] entgrenzt, liegt auf der Hand. Dass aber eine solche, mit Körners Formulierungen, Ent-»Gränz[ung]« gerade jene »körperliche[] Hülle« oder Kontur auflöst, ohne die eine »Idee« oder »ein Gegenstand« gar nicht »zu einer Erscheinung für die Phantasie«, das heißt gar nicht »dargestellt« werden kann, weil, so Schiller, »[d]er Gedanke selbst [...] die Einheit des Umrisses ist« und daher »notwendig mit dem Umriß verschwinden« muss: eben dies hatte doch Schiller in seinem *Die Mittel* genannten *Avanturen*-Bild *gerade am Körper Körners anschaulich gemacht*. Denn dieses Bild führt ja, mit Körners Worten, einen – zumindest in Teilen – »frei[] [s]chweben[den] Körper[]« und vor allem einen »Grenzen« »erweitern[den]«, »ohne sichtbare Schranke« fließenden »Ton[]« vor Augen: und zwar, da es sich um ein Bild handelt, *nicht* wie bei Körner insofern metaphorisch und katachrestisch, als der »Ton[]« der »Stimme« natürlich immer »ohne sichtbare [!] Schranke« ist, sondern ganz buchstäblich, weil hier ja der Farbton Blau »geflossen« ist.

Das ist die Pointe dieses Bildes, und darin liegen seine »geheime Anspielung« und sein »mystische[r] Sinn«: zumal in dieser Formulierung noch ein Fingerzeig auf Hogarths oben schon zitierte Wendung vom »mystische[n] Tanzen« liegen mag, das Hogarth zufolge seine »Schönheit« der ihr zugrundeliegenden Linearität verdankt, während »[d]ie Tänze barbarischer Völker« diese Linearität vermissen lassen und nur »aus wildem Hüpfen, Springen und Drehen in die Runde, oder mit convulsivischem Achselziehen und verdrehten Geberden begleitetem Rückwärts- und Vorwärtslaufen bestehen« – und insofern eben derjenigen nichtlinearen, »wilde[n]« Bewegung gleichen, die die blaue Farbe auf dem Papier in Schillers Hand, von ihm vielleicht sogar ge- oder »verdreht[]«, »laufen[d]« beziehungsweise »fließen[d]« beschrieben hat.

Was Schiller hier zu Papier bringt, ist also aus Hogarths Perspektive ein wilder – nichtlinearer – Farbentanz, vor dem Hintergrund seiner eigenen Körper-Geist-Theorie jedoch die Darstellung einer animalmagnetischen Ausdehnung der ätherisch-fluidalen Körper-»Plastik« (Kerner)[1268] über die lineare

1267 Schiller, Versuch über den Zusammenhang der tierischen Natur des Menschen mit seiner geistigen, S. 312 (vgl. Zitat zu Anm. 1186).

1268 Vgl. Zitat 1222.

Körperbegrenzung von Haut oder Bekleidung hinaus, wie sie Kerner vielfach beschrieben und klecksografisch erzeugt hat, so etwa im Falle des »Dämonischen Magnetiseurs«. Im »Philosophischen Gespräch« des *Geistersehers* kommen einmal diese beiden Aspekte zusammen, als es um den »Schwärmer« geht. Er soll »einem Phrenetischrasenden gleich« sein, »der sich in wütenden Konvulsionen wirft, wenn die Lebenskraft bereits in den äußersten Arterien aufhört.«[1269] Hatte Hogarth das »[C]onvulsivische[]« mit dem nichtlinearen Tanz assoziiert, so steht es hier in Verbindung mit der »Lebenskraft« oder den – das ist bei Schiller synonym – »Lebensgeister[n]«[1270], die beim Schwärmer offenbar zu »Konvulsionen« führen – und das, obwohl die »Lebenskraft« hier nicht einmal die Körpergrenzen überschreitet, sondern »bereits in den äußersten Arterien aufhört«: anders also als im Falle Körners, dem sie »aus dem Rocke [...] fließ[t]«.

So gesehen, handelt es sich also bei Schillers Körner-Darstellung im Bild *Die Mittel* um eine Klecksografie *avant la lettre* – eine Klecksografie allerdings, die erst nachträglich von Kerner her als solche kenntlich wird und zudem einige technische Unterschiede zu Kerners Klecksografien aufweist.

Denn erstens ist die »Farbe«, die zu Körners »längliche[m] schmale[m] Körper [...] aus[]geflossen« ist, nicht Tinte, sondern Wasserfarbe. Und zweitens handelt es sich nicht wie bei Kerners Klecksografien um einen durch Falzen erzeugten Klappdruck,[1271] auch wenn – wie bei mehreren weiteren Aquarellen der *Avanturen* – aufgrund der zwei durch Auslaufen zustandegekommenen Farbnasen eine grobe Anmutung von Achsensymmetrie besteht. So ähnelt Schillers Körner-Bild eher Klecksografien, wie sie etwa Victor Hugo – allerdings auch mit Tinte – erzeugt hat, indem er »Tusche auf ein Blatt [tropft] und [...] die Farbe durch Schwenken auf dem Blatt laufen oder sich durch die Saugkraft des Papiers ausbreiten [lässt]«:[1272] »Lange schlauchartige Bahnen, die das Bildfeld verlassen, sind« jedenfalls auch bei Schiller »die Folge« –[1273] wenn auch, wie gesagt, nur eine von ihnen in der Bildbeschreibung Beachtung findet.

Unterscheidet sich Schillers Körner-Klecksografie also in diesen technischen Aspekten von den Klecksografien Kerners, so wollen doch beide durch die »fließende [...] Farbe« jenem ätherischen, geisterhaften, um nicht zu sagen

1269 Schiller, <Das philosophische Gespräch aus dem Geisterseher>, S. 176.

1270 Schiller, Versuch über den Zusammenhang der tierischen Natur des Menschen mit seiner geistigen, S. 293.

1271 Vgl. Weltzien, Fleck. Das Bild der Selbsttätigkeit. Justinus Kerner und die Klecksografie, S. 33f.

1272 Ebd., S. 61.

1273 Ebd., S. 64.

gespenstischen Fluidum auf die Spur kommen, das noch Jahrzehnte später Freuds Dichotomien von Körper und Geist, Es und Ich, Unbewusstem und Bewusstem befleckt, indem es ihre dichotome Grenzlinie verwischt, bei Lacan hingegen mit einem »Blick« assoziiert ist, der auch das »Wesentliche« des zu Sehenden erfasst.

Schiller wiederum ist klar, dass es eine historisch etablierte topische oder metaphorische Tradition des Fluidalen gibt, in der er steht. Tatsächlich stellt er seine »Mittelkraft« sogar ausdrücklich in diese Tradition. In der *Philosophie der Physiologie* schreibt er, Feuer-, Licht- und Äthermetaphorik der fluidalen Strömungsmetaphorik subsumierend, um ihr dann auch seine zum »Nervengeist« umbenannte »Mittelkraft« einzuordnen:

> Ich setze [...] voraus, jeder meiner Leser kenne alle Theorien, die man bisher zur Erklärung der Nervenphänomene ersonnen hat [...]. Ich selbst bin durch tausend Zweifel einmal zu der festen Überzeugung gekommen, daß die Mittelkraft in einem unendlich feinen, einfachen, beweglichen Wesen wohne, das im Nerven, seinem Kanal, strömt und welches ich nicht elementarisches Feuer, nicht Licht oder Äther, nicht elektrische oder magnetische Materie, sondern den Nervengeist heiße. Und also heiße in Zukunft die Mittelkraft.[1274]

Das also ist, mit Schillers eigenen Worten, diejenige Tradition, die er im Körner-Bild der *Avanturen* klecksografisch parodiert. Auch Schiller ist ein Geisterseher, und zwar ein Geisterseher, der nicht nur »Nervengeist«-Flüsse beobachtet, sondern sogar ganz ähnlich auf Papier festhält, wie es Schrenck-Notzing später in seinen *Materialisations-Phänomenen* fotografisch versucht. Wild und konvulsivisch ist Schillers Farbentanz auf dem Papier: eines »schlimme[n] Spaßvogel[s]« Nervengeisterseherei.

Psyche ist ausgedehnt, auch Schiller weiß davon

Die Schiller-Forschung mochte das, wie es scheint, lange Zeit nicht hinnehmen. Nicht nur ignorierte sie bis vor wenigen Jahren die *Avanturen*,[1275] sie musste sie offenbar auch noch korrigieren. So sieht es jedenfalls in Karl Rihas reprografisch der ersten Ausgabe von 1862 folgenden Edition[1276] aus, wenn man sie mit den Digitalisaten der Originale in Yale vergleicht. So hat der Herausgeber

1274 Schiller, Philosophie der Physiologie, S. 256.
1275 Vgl. Anm. 1099.
1276 Vgl. Riha, Nachwort. Zu Schillers ›Avanturen des neuen Telemachs‹, S. 60.

von 1862 überall dort, wo Wasserfarbe und Tinte ineinandergelaufen sind, den tatsächlich analogen, das heißt graduellen Farbverlauf durch lineare – mal durchgezogene, mal gepunktete – Konturierung in somit voneinander abgegrenzte Flächen unterschiedlicher Farbe getrennt, also sozusagen dichotomisiert oder digitalisiert: wobei die solcherart ergänzten Konturen, das ist schwer zu erkennen, meist schwachen Bleistiftlinien im Original folgen, die dann jedoch im auf die genannte Art verfälschten reprografischen Druck nicht mehr von den schon im Original (braun-)schwarz[1277] getuschten Linien zu unterscheiden sind.

Solche nachträglichen Konturierungen sind etwa im Schulterbereich des »Präsidenten [...] Berlepsch« im Bild *Herkules-Körner* zu sehen (Abb. 21 a)[1278], wo im Original-Manuskript (Abb. 21 b)[1279] die rote Wasserfarbe des Rocks und die schwarze Tinte des Haarbeutels (?) zusammengelaufen sind, ebenso an »Körners« kopfstehendem »adoptive[m] Sohn« auf dem Bild *Körners Familienleben* (Abb. 22 a)[1280], bei dem das Schwarz der Hose mit dem Rot des Rocks zusammengeflossen ist (Abb. 22 b)[1281].

Abb. 21 a, b
Präsident Berlepsch

Vor allem aber sind die beiden blauen Farbnasen (Abb. 23 a: Detail von Abb. 11,[1282] Abb. 23 b[1283]), die auf dem Bild *Die Mittel* aus Körners Rock fließen,

1277 Vgl. zur Tintenfarbe bei Kerner Anm. 1215.
1278 Schiller, Avanturen (Riha), S. 33.
1279 http://brbl-dl.library.yale.edu/vufind/Record/3436664 (26.4.2016).
1280 Ebd., S. 17.
1281 http://brbl-dl.library.yale.edu/vufind/Record/3436664 (26.4.2016).
1282 Schiller, Avanturen (Riha), S. 8f.
1283 http://brbl-dl.library.yale.edu/vufind/Record/3436664 (26.4.2016).

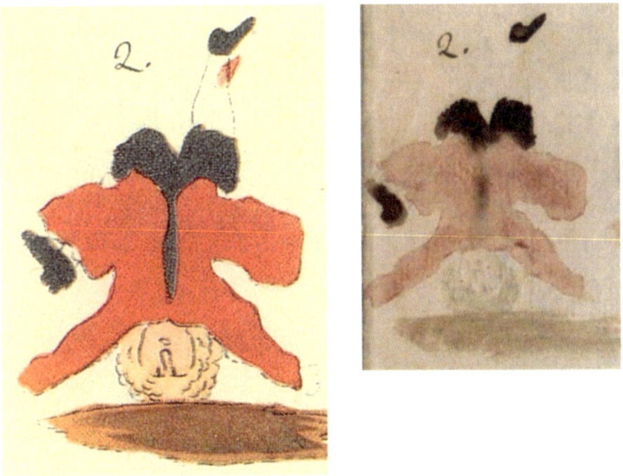

Abb. 22 a, b Schiller, kopfstehend

mit schwarzen Konturlinien versehen: ganz so, als sollten diese beiden aus dem Körper Körners herausgewachsenen »länglichen schmalen Körper[]« durch eine solche *disegno*hafte Rahmung wieder eingefangen, in die Körper-Kontur zurückgeholt, ja zurückgedrängt werden – oder, anders gesagt, als müsste diese *sfumato*hafte Farb- und Geisteremanation, nachdem sie schon an zwei Stellen den rahmenden Strich des Bildes überflossen und somit perforiert hat, durch nachträgliche *fumetto*hafte Umreißung doch wieder linear *containt* werden.

Abb. 23 a Körner (Detail aus Abb. 11), 23 b (= Abb. 24 recto)

Ist das vorauseilender Gehorsam gegenüber Freud und seiner Dichotomie von Geist und Körper, Bewusstsein und Unbewusstem, die, wie er ja selbst sagt, in »verschwimmende[n] Farbenfelde[n]« unterzugehen droht und allenfalls durch beherzt linearisierende – sozusagen re-dichotomisierende – Eingriffe zu retten ist? Man kann es nicht sagen.

Bekannt ist allerdings – wie gesagt –, dass Freud selbst gegen Ende seines Lebens ganz grundsätzliche Zweifel an der Haltbarkeit der Dichotomie von *phýsis* und *psychē* kamen. Daher ja seine Notiz:

> Psyche ist ausgedehnt, weiss nichts davon.
> Mystik die dunkle Selbstwahrnehmung des Reiches ausserhalb des Ichs, des Es.[1284]

Farbenflüsse. Verwischte Dichotomien und gefräßige Ektomien

In Hinblick auf Schiller allerdings muss, wie sein klecksografisches Körner-Aquarell zeigt, die sich über die Ich- oder Körpergrenzen hinaus ausdehnende Psyche nicht notwendig als dunkel wahrgenommen werden. Denn die von Schiller aquarellierte »Mystik« – ausdrücklich spricht der Begleittext von »eine[m] mystischen Sinn« – ist ja nicht »dunk[el]«, sondern hellblau.

Sehr dunkel allerdings sind in Schillers Manuskript diejenigen Flächen, die Schiller nicht mit Aquarellfarbe, sondern mit Tinte flächig eingefärbt hat. Oder, um genau zu sein, nur Teile von ihnen sind noch dunkel, diejenigen Partien nämlich, die – noch? – nicht dem Tintenfraß zum Opfer gefallen sind, wie ihn die Digitalisate aus Yale erkennen lassen. Denn während sich Kerners klecksografische »Dintensäue[n]« bisher gut gehalten haben, ist bei Schiller eine Tintensäure – nämlich das Vitriol der Eisengallustinte, das mit Wasser aus der Luft zu Schwefelsäure reagiert – im Spiel, die die Tinte genau und ganz buchstäblich so auf das Papier wirken lässt, wie es Kant, Schiller, Körner und Freud metaphorisch von der Linie sagen: dichotom, das heißt entzwei-schneidend – was dann bei flächiger Einfärbung mit Tinte nicht nur zur Dicho-, sondern gar zur Ektomie, dem Ausschneiden ganzer Papierpartien, führt. (Abb. 24)[1285]

1284 Freud: Ergebnisse, Ideen, Probleme (London, Juni 1938), S. 152.
1285 http://brbl-dl.library.yale.edu/vufind/Record/3436664 (26.4.2016).

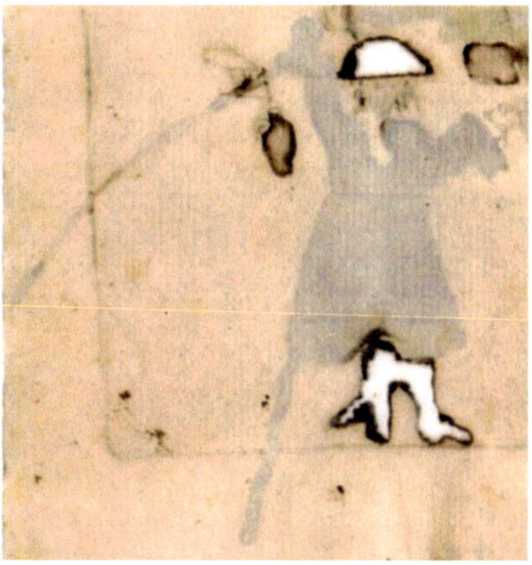

Abb. 24
Körner von hinten (= Abb. 23 b verso)

So gesehen, lässt die blaue Aquarellfarbe aus Körners Rock die Begriffe von *disegno,* Linie und Körper-Geist-Dichotomie – mit Lacans Ausdruck – schillernd zerfließen. Der Aquarellfarbenfluss liefert also eine anschauliche Linienkritik. Der Tintenfluss hingegen lässt das Manuskript zerfallen, das die Farbe trägt. Schärfer noch als Form und Begriff der Linie ist hier ihre selbstzerstörerische Materialität. Und so zeigt der Blick auf die Rückseite des Bildes *Die Mittel* in Yale (Abb. 23), dass Körners Gestalt schon die Beine und den halben, vom Hut bedeckten Kopf verloren hat.

Das aber ist kein Grund zur Sorge. Denn Körner hat ja noch, jedenfalls nach Papierform, zwei geistige Extremitäten in Reserve.

KAPITEL 8

Magnetischer Kasten, magisches Kästchen. Wolfgang von Kempelens Schachtürke

Kasten und Kästchen. Robert Löhrs Roman *Der Schachautomat*

Spricht man im Deutschen davon, dass etwas »getürkt« ist, dann ist es vorgetäuscht, vielleicht sogar durch Betrug zustandegekommen. Möglicherweise geht der Ausdruck – auch – auf den Schachautomaten des österreichisch-ungarischen Hofbeamtens Wolfgang von Kempelen[1286] zurück,[1287] einen nach Art des zugleich von Türkenangst und -faszination geprägten Zeitgeschmacks *alla turca*[1288] kostümierten anthropomorphen Automaten, den Kempelen 1770 der Kaiserin Maria Theresia und der Wiener Öffentlichkeit präsentierte.[1289] (Abb. 25, 26)[1290]

1286 Vgl. zu Kempelen und seinem Schachtürken Alice Reininger: Wolfgang von Kempelen. Eine Biografie, Wien 2007, S. 381–389 (»Der Mythos der schachspielenden Maschine. Ergänzungen«).

1287 Anders das *Grimmsche Wörterbuch*, das die *»wendung* einen türken stellen *im Sinne von ›bei besichtigungen jemandem etwas vormachen‹«* auf »die ›turken‹« im Sinne von *»gefechtsübunge*[*en*] *gegen einen angenommenen feind«* zurückführt; »TÜRKE«, in: Jacob und Wilhelm Grimm: Deutsches Wörterbuch, Bd. XI/I,2: Treib–Tz, Leipzig 1952, Sp. 1848–1854, Sp. 1853. »Die Herkunft dieses Ausdrucks ist unklar«, heißt es im Artikel »Türke […] oder […] türken«, in: Kluge, Etymologisches Wörterbuch der deutschen Sprache, S. 841. Dennoch ist der Zusammenhang suggestiv. So schreibt Thomas Macho über Johann Nepomuk Mälzel, er habe »von Anfang an geahnt, daß der automatische Schachspieler [von Kempelens] getürkt war, daß also die gelegentlich sichtbaren mechanischen Teile lediglich die Funktion ausüben sollten, ein technisch ungebildetes Publikum zu tauschen – was dessen Begeisterung freilich nicht trübte, sondern sogar noch erhöhte. Ein Doppelgänger-Automat!« Thomas Macho: Die Träume sind älter als die Erfindungen. Am Beispiel der Hofkammermaschinisten Johann Nepomuk Mälzel und Leonhard Malzel, in: Brigitter Felderer (Hg.): Wunschmachine – Welterfindung. Eine Geschichte der Technikvisionen seit dem 18. Jahrhundert, Wien, New York 1996, S. 45–55, S. 48.

1288 Vgl. Robert Löhr: Der Schachautomat. Roman um den brillantesten Betrug des 18. Jahrhunderts, München 2005, S. 73.

 | DOI:10.30965/9783846763698_009

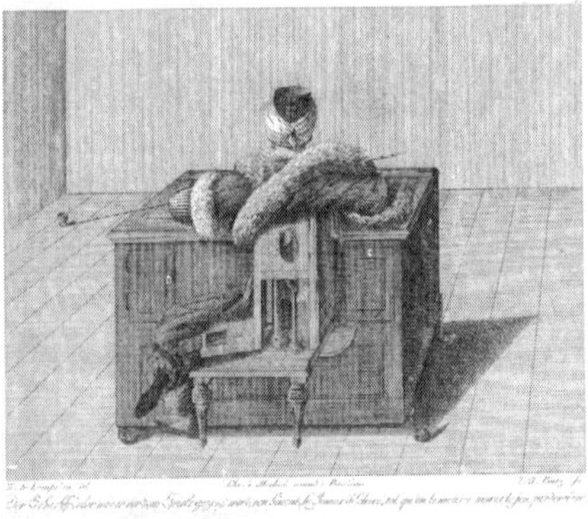

Abb. 25 und 26 Der Schachtürke nach Windisch 1783, hinten rechts auf Abb. 25 das Kästchen

Angeblich durch ein komplexes Räderwerk zum Schachspiel befähigt, saß jedoch tatsächlich ein Mensch im kastenförmigen Unterbau des Automaten – und obwohl Kempelen diesen Umstand durch die gleichermaßen raffinierte Konstruktion wie Vorführung des Schachautomaten zu verbergen wusste, kann dennoch genau genommen nicht von einem Betrug gesprochen werden. Denn Kempelen soll ausdrücklich darauf hingewiesen haben, »daß bey dem ganzen Vorgange der Sache eine Illusion zum Grunde liege«, wie 1785 Johann

1289 Vgl. Marion Faber: Der Schachautomat des Baron von Kempelen, in: Der Schachautomat des Baron von Kempelen. Mit einem Nachwort von Marion Faber, Dortmund 1983, S. 65–124, S. 68. Vgl. außerdem: Gerald M. Levitt: The Turk, Chess Automaton, Jefferson, NC, London 2000; Tom Standage: Der Türke. Die Geschichte des ersten Schachautomaten und seine abenteuerliche Reise um die Welt. Aus dem Englischen von Thomas Merk und Thomas Wollermann, Frankfurt, New York 2002; Gaby Wood: Living Dolls. A Magical History of the Quest for Mechanical Life, London 2002, S. 55–103 (Kapitel »An Unreasonable Game«); Claudia Lieb: Der gestellte Türke. Wolfgang von Kempelens Maschinen und E.T.A. Hoffmanns Erzählung *Die Automate*, in: E.T.A. Hoffmann-Jahrbuch 16 (2008), S. 82–97; Rudolf Drux: Wolfgang von Kempelens »Sprechmaschine« nebst seinem Schachautomaten. Musterstücke für einen interdisziplinären Zugang zur Spätaufklärung, in: Lichtenberg-Jahrbuch 2011, S. 33–47. Drux behauptet, ohne Nachweis, dass »die deutsche Sprache« die »idiomatische Wendung« »›[e]inen Türken bauen‹« »dem Hofrat von Kempelen« verdanke. Auch behauptet Drux, der Schachtürke habe »[s]eine Erfolge […] nur erzielen [können], weil in seinem Innern ein zwergwüchsiger Mann verborgen war, der durch ein Gaze-Tuch die Bewegungen auf dem Schachbrett verfolgte«; ebd., S. 38. Das ist zwar von von Kempelens Zeitgenossen spekuliert worden, aber nicht richtig.

1290 Karl G. von Windisch: Briefe über den Schachspieler des Herrn von Kempelen, nebst drey Kupferstichen die diese berühmte Maschine vorstellen, Basel 1783, Anhang.

Samuel Halle schreibt –[1291] und dies in einem Buch mit dem Titel *Magie, oder, die Zauberkräfte der Natur*, das wiederum Kempelens Schachtürken im Kapitel »Mechanische Versuche« als »De[n] mechanische[n] Schachspieler des von Kempelen« abhandelt.[1292] So nahe stehen einander Magie, Zauber und Mechanik in der zeitgenössischen Diskussion des Schachtürken; die Vorstellung von einem Betrug spielt hingegen keine zentrale Rolle.[1293]

In diesem Punkt weicht Robert Löhrs 2005 erschienener Roman *Der Schachautomat. Roman um den brillantesten Betrug des 18. Jahrhunderts* von den bekannten historischen Gegebenheiten ab. Denn während der Roman Kempelens Offenheit verschweigt und suggeriert, dass nur Zweifler wie Friedrich Knaus, der Hofmechaniker Maria Theresias, von einem Trick ausgehen und nicht an einen mechanisch gesteuerten Automaten glauben, teilte tatsächlich der größte Teil von Kempelens Publikum diesen Zweifel. Insofern folgt der Roman nicht den historischen Quellen. Sehr wohl nah an den historischen Quellen orientiert ist jedoch die Beschreibung der Schachautomaten-Vorführungen.

Das gilt auch für jenen Kunstgriff, den Kempelen seinem Gehilfen Jakob und dem kleinwüchsigen Schachspieler Tibor – er ist historisch nicht belegt – am Vorabend der Schachautomaten-Präsentation vor der Kaiserin zeigt.

> Kempelen präsentierte einen Kniff, der das Geheimnis des Schachtürken zusätzlich verschleiern sollte: Er hatte ein Kästchen aus Kirschholz gezimmert, etwa eineinhalb Spann im Quadrat und zwei Spann hoch. Kempelen stellte das Kästchen auf einen Tisch neben dem Schachautomaten ab, wo es Tibor und Jakob begafften.
>
> »Was ist darin?« fragte Tibor.
>
> »Das verrate ich euch nicht«, sagte Kempelen. »Aber es wird die Leute vom Türken ablenken.«
>
> »Das ist keine Haremsdame. Das ist ein …«, Jakob suchte nach Worten, »… ein Kasten. Also eher das Gegenteil.«
>
> »Glitzer und Glanz wäre doch viel zu eindeutig. Dieser unscheinbare Kasten hingegen ist so unscheinbar, daß er schon wieder auffällig ist. Und alle Zuschauer werden sich fragen: Was um alles in der Welt steckt dahinter?«
>
> »Was steckt dahinter?« fragte Tibor.

1291 »Der von Kempelen soll sich geäußert haben, daß bey dem ganzen Vorgange der Sache eine Illusion zum Grunde liege.« Johann Samuel Halle: Magie, oder, die Zauberkräfte der Natur, so auf den Nutzen, und die Belustigung angewandt worden […]. Mit 9 Kupfertafeln, Berlin 1785, S. 168.

1292 Halle, Magie, oder, die Zauberkräfte der Natur, S. 164–169.

1293 Vgl. als Ausnahme Zitat 1335.

»Das sage ich nicht!« erwiderte Kempelen mit geradezu diebischer Freude. »Aber an Tibors Neugierde erkennen wir: Es funktioniert! Es ist vollkommen egal, was dieser Kasten beherbergt; er könnte ebensogut leer sein.«[1294]

Tibor und Jakob sahen sich an. Keiner von beiden konnte Kempelens Begeisterung teilen. »Ist er denn leer?« fragte Tibor.

Kempelen lächelte.[1295]

Es folgt der erste Auftritt des Schachautomaten vor der Kaiserin:

> [Z]wei Lakaien [...] stießen die Flügeltüren auf, und die Prozession betrat die Große Galerie: Vorneweg der Ausrufer, dahinter Kempelen selbst, der Schachautomat, geschoben von zwei Dienern, und zu guter Letzt Jakob, der den kleinen Kasten mit gespielter Vorsicht trug, als befände sich darin die ungarische Königskrone. Der Luftzug drückte das Tuch gegen das Antlitz des Türken, so daß man deutlich Nase, Stirn und Turban ausmachen konnte. Allein dieses Detail sorgte für leises Gemurmel. Vor der Kaiserin, die auf einem Thronsessel in der Mitte des Saales saß, blieb der Ausrufer stehen, wartete, bis die Männer hinter ihm seinem Beispiel gefolgt waren, und verkündete dann mit kräftiger Stimme: »*Votre honoré Majesté, Mesdames et Messieurs*: Johann Wolfgang Chevalier de Kempelen de Pázmánd und sein Experiment.«
>
> Kempelen machte eine tiefe und lange Verbeugung. Im Hintergrund brachten zwei Lakaien einen kleinen Tisch, auf dem Jakob den Kasten absetzte [...]. Maria Theresia nickte in Richtung Automat.
>
> »Nun spannt Uns nicht länger auf die Folter, werter Kempelen. Lüftet Euer Geheimnis.«
>
> Zwei Lakaien schickten sich an, das Tuch zu entfernen, aber Kempelen kam ihnen zuvor. Er nahm das Tuch an zwei Ecken und zog es mit einer schwungvollen, fast tänzerischen Geste von dem, was es vormals bedeckt hielt. Zeitgleich rief er: »Der Schachautomat!«
>
> Für einen winzigen Augenblick war es still im Saal, dann hatten die Zuschauer erfaßt, was Kempelen enthüllt hatte. Erste Meinungen wurden flüsternd unter den Anwesenden ausgetauscht, und eine Vielzahl von Fächern wurde geöffnet, um ihre Besitzerinnen mit einem Luftzug zu erfrischen. [...] Dann ging Kempelen zur Kurbel und drehte sie ein paar Male kräftig, bis es den Anschein hatte, die Triebfeder wäre nicht stärker zu spannen. Jakob entfernte derweil das rote Samtkissen und die Pfeife aus der Hand des Türken.
>
> »Die Maschine wird den ersten Zug ausführen«, kündigte Kempelen an, und noch bevor der Automat sich bewegte, trat Kempelen mit Jakob einen Schritt zurück an den zweiten Tisch, auf dem das Kästchen aus Kirschholz stand, und hier blieb er bis zum Ende der Partie.

1294 Das erinnert an die Idee des MacGuffin: »the famous MacGuffin, the Hitchcockian objekt, the pure pretexte whose sole role is to set the story in motion but which is in itself ›nothing at all‹ – the only significance of the MacGuffin lies in the fact that it has some significance for the characters [...].« Slavoj Žižek: The Sublime Object of Ideology, London, New York 1989, S. 163.

1295 Löhr, Der Schachautomat, S. 72f.

> Das Urwerk begann zu rasseln, und unter den staunenden Blicken der Zuschauer hob sich der hölzerne Arm des Türken in die Luft, schwenkte über das Schachbrett, ging über dem Königsbauern nieder und setzte ihn zwei Felder nach vorn [...]. [...] Wolfgang von Kempelen [...] war kein Stück von seinem Kasten abgerückt [...].[1296]

Black box in Mise en abîme. Drei Thesen

Das Kästchen, so die Erklärung, soll »das Geheimnis des Schachtürken zusätzlich verschleiern«, indem es von ihm ablenkt: ganz nach Art des von Jakob beschriebenen »Taschenspieler[s], den er [...] auf dem Jahrmarkt gesehen hatte« und der »das Publikum immer mit derjenigen Hand ablenkte, die gerade nichts verschwinden oder auftauchen ließ.«[1297]

Tatsächlich funktionierte diese Ablenkung den historischen Berichten von den Vorführungen des Schachautomaten zufolge zumindest insofern, als die zeitgenössischen Zuschauer das Kästchen ausgesprochen irritierend fanden. Anders jedoch als im Falle der beiläufigen, vom Publikum meist gar nicht bewusst wahrgenommenen und insofern tatsächlich vom eigentlichen Trick ablenkenden Handbewegungen eines Taschenspielers zog Kempelens Kästchen die Aufmerksamkeit der Zuschauer geradezu magisch auf sich und ließ sie über seinen Zusammenhang mit dem Schachtürken und den geheimnisvollen Vorgängen in seinem Inneren spekulieren. Das »Kästchen« lenkte also zunächst die Aufmerksamkeit der Zuschauer vom ausdrücklich als »Kasten« bezeichneten Schachautomaten *ab*: dies aber nur, um die Aufmerksamkeit vom »Kästchen« dann sofort wieder auf den »Kasten« *hin*zulenken.

Diese Umlenkung ist, so meine erste These, eine mediale Selbstreflexion: deuten doch schon die Begriffe »Kasten« und »Kästchen«, die Löhrs Roman wie auch mehrere seiner Quellen wieder und wieder verwenden, darauf hin, dass das diminutive »Kästchen« nichts anderes als eine Mise en abîme des Schachautomaten-»Kasten[s]« ist. Gelegentlich wird sogar das Kästchen selbst als »der mysteriöse Kasten«[1298] bezeichnet und damit zum Synonym des Schachautomaten.

Stehen also Kasten und Kästchen medial füreinander ein, so gibt es doch auch einen entscheidenden Unterschied zwischen beiden: der Schachtürken-Kasten öffnet sich den Einblicken der Zuschauer, das Kästchen nicht.

1296 Ebd., S. 77–80.
1297 Ebd., S. 65.
1298 Ebd., S. 126.

Nachdem der Schachautomat seine Partie gegen Friedrich Knaus, den Hofmechaniker Maria Theresias, gewonnen hat, wünscht dieser »einen Blick ins Innere d[]es fabelhaften Automaten [zu] werfen, wo« – so seine ironische Bemerkung – »zweifelsohne der Geist der Maschine sitzt, der mich soeben besiegt hat.«[1299] Die Inspektion geht vonstatten wie folgt, und dabei erhält der Leser oder die Leserin in der Fiktion auch Kenntnis jener Vorgänge im Inneren des Automaten, von denen die historischen Quellen nicht berichten:[1300]

> Kempelen ging zum Automaten und holte einen Schlüssel aus seiner Rocktasche.
>
> In der Zwischenzeit hatte Tibor die Kerze gelöscht und sein Schachbrett samt Figuren beseitigt. Dann war er in die große Abteilung gerutscht und hatte die Schiebewand hinter sich geschlossen. Als Kempelen also die linke Tür aufschloß, war Tibor längst fort und nur das Uhrwerk zu sehen.
>
> »Dies ist das Räderwerk, das dem Automaten das Leben und den Verstand einhaucht«, erklärte er. Dann öffnete er die gegenüberliegende Tür auf der Rückseite, und der Lichtschein, der durch die Zahnräder, Federn und Walzen fiel, bewies, daß der Raum leer war. Um das zu bestätigen, nahm Kempelen die Kerze vom Tisch und hielt sie in den Freiraum hinter das Uhrwerk, in dem eben noch Tibor gesessen hatte. Die neugierigen Zuschauer beugten sich nieder oder gingen in die Knie, um von beiden Seiten in den Automaten zu schauen.
>
> Nun schloß Kempelen die rückwärtige Tür, ging wieder zur Vorderfront und zog die Schublade, so weit es ging, heraus. Darin befanden sich zwei komplette Schachbretter samt Figurensatz – als »Ersatz«, wie Kempelen erklärte. Die Zeit, die Kempelen für das Öffnen der Schublade benötigte, hatte Tibor genutzt, um die Wand wieder beiseite zu schieben, in den Raum hinter dem Uhrwerk zu kriechen und die Wand zu schließen. Seine Beine lagen unter dem filzbespannten Brett, das den doppelten Boden bildete. Die vordere Tür zum Uhrwerk war noch immer geöffnet, aber es war so dunkel im Raum dahinter und das Geflecht der Attrappenzahnräder so dicht, daß man Tibor nicht sehen konnte.
>
> Abschließend öffnete Kempelen die beiden Flügeltüren und die Tür auf der rechten Hinterseite, so daß die leere Abteilung deutlich zu sehen war. »Hier ist sogar noch etwas Platz, falls ich dem Türken das Dame- oder das Tarockspiel beibringen möchte.«
>
> Die Hofgesellschaft war überzeugt: Die Schublade war herausgezogen, und vier von fünf Türen standen offen – in diesem Tisch konnte sich kein Mensch verbergen, nicht einmal ein Kind. [...]
>
> »Und was, wenn ich fragen darf, befindet sich in diesem Kasten?« erkundigte sich Knaus und zeigte auf den Kasten aus Kirschholz.
>
> »Ihr dürft fragen, Monsieur Knaus, aber ich muß Euch die Antwort leider schuldig bleiben. Denn einige wenige Geheimnisse möchte ich für mich behalten, wenn Ihr erlaubt.«[1301]

1299 Ebd., S. 84.

1300 Vgl. die Illustration in Standage, Der Türke, S. 170f.

1301 Löhr, Der Schachautomat, S. 85f.

Bietet Kempelen dem Publikum also Einblicke in den zu diesem Zwecke sogar noch mit der Kerze ausgeleuchteten Schachautomaten-Kasten, so bleibt das Innere des Kästchens verborgen. Anders gesagt: Verwandelt Kempelen den Kasten, indem er seine Klappen und Fenster öffnet, auf diese Weise Licht hineinfallen lässt, ja sogar noch mit der Kerze buchstäblich aufklärerische Illumination ins Innere des Automaten hineinträgt, von einer *camera obscura* in eine gleichermaßen erhellte wie durch-sichtige oder durchschaubare *camera lucida*,[1302] so bleibt hingegen das Kästchen *camera obscura* oder, mit einem jüngeren medientheoretischen Begriff, *black box*.

Gerade als solche aber wirft das Kästchen, wenn man das hier so sagen kann, Licht auf den Schachautomaten-Kasten: ergab sich doch seine Faszination für das zeitgenössische Publikum nicht nur aus der Automatenbegeisterung der Zeit, sondern auch, so meine zweite These, aus der Verknüpfung des zu Beginn der 1770er Jahre intensiv diskutierten Körper-Geist-Problems – des *commercium mentis et corporis* – mit jenem medialen Dispositiv der (als Dispositiv im Folgenden so geschriebenen)[1303] *camera obscura*, das hier nicht bloß als begriffliches Abstraktum oder Idee, sondern zugleich als mechanischer, sicht- wie hörbarer Apparat auftritt. Um eine *camera obscura* im Sinne der *black box* aber handelt es sich insofern, als es hier nicht um den Schachautomaten als das *camera obscura* genannte optische Gerät geht, in dessen Innerem ein Abbild der äußeren Welt entsteht, sondern um die *camera obscura* als jenen »Kasten«, der die Innen-außen-Differenz zuallererst konstituiert und damit überhaupt erst die Möglichkeit schafft, dass ein Innen dem Außen verborgen bleibt. Das wiederum ist eine, wenn nicht *die* Definition der *black box*: sie ist ein Medium, in dessen Innerem etwas vorgeht, was von außen nicht beobachtbar ist und daher aus der Differenz von Input und Output erschlossen werden muss.[1304]

Was im Falle des Schachautomaten nicht beobachtbar ist und deshalb verborgen bleibt, liegt auf der Hand: es ist jener »Geist der Maschine«, von dem Friedrich Knaus spricht. Dieser »Geist der Maschine« ist aus drei Gründen unsichtbar: erstens, weil »[d]er Hirnkasten« »[]hinter« den »Augen« des Türken

1302 Vgl. zu diesem Begriff, und zwar in einer idiosynkratischen Lesart, die für die hier verfolgte Argumentation keine Rolle spielt, Roland Barthes: Die helle Kammer. Bemerkung zur Photographie. Übersetzt von Dietrich Leube, Frankfurt a. M. 1989. »Zu Unrecht bringt man« die Fotografie, »aufgrund ihres technischen Ursprungs, mit der Vorstellung eines dunklen Durchgangs in Zusammenhang (*camera obscura*). Man müßte *camera lucida* sagen«. Ebd., S. 117.

1303 Im Unterschied dazu nenne und schreibe ich das optische Gerät ›Camera obscura‹.

1304 Vgl. das Luhmann-Zitat 1366.

»leer« ist,[1305] zweitens, weil auch der »Raum« im »Innere[n] des Automaten«, »die Zahnräder, Federn und Walzen« ausgenommen, »leer« ist, und drittens, weil das üblicherweise – anders als beim ersten Auftritt vor der Kaiserin in Löhrs Roman – aus dem Inneren des Türken herausgenommene Kästchen zwar vielleicht nicht leer ist, aber den Blicken der Zuschauer verschlossen bleibt: sein Inneres, im Unterschied zum Kasten des Schachautomaten selbst, undurchsichtig ist.

Im Kontext der *camera obscura* taucht also die Körper-Geist-Dichotomie wieder als jene Außen-Innen-Differenz auf, um die es schon einmal im fünften Kapitel ging. Dort saß E.T.A. Hoffmann »als alles bewegendes Prinzip« – das heißt im platonischen Sinne als »Seele« – in seinem »Reisewagen« – also gewissermaßen seinem Körper – und fuhr diesen gegen die Wand, dabei zugleich schlechter (Seelen-)Wagenlenker und karikierende Personifikation des mereologischen Fehlschlusses. Genau dieser Fehlschluss aber, der ja auch – allerdings erst seit dem 20. Jahrhundert – Homunkulus-Fehlschluss heißt[1306] und sich philosophisch als Verwechslung des Geistes in einem Körper mit einer – körperlichen *und* geistigen – diesen Körper wie eine Maschine steuernden Person definiert, bezeichnet das Geheimnis des Schachtürken: verbirgt sich doch in jenem Kasten, in dem Knaus den »Geist der Maschine« sucht, kein Geist, sondern ein kleinwüchsiger Mensch – Tibor, der »Homunculus«, wie es in Löhrs Roman heißt.[1307] Dass der brillante Schachspieler im Schachtürken – er gewann fast immer – kleinwüchsig ist, gehört zu den historisch nicht belegten Details von Löhrs Roman. Vielleicht hat Löhr es aus der ersten These von Walter Benjamins berühmtem Essay *Über den Begriff der Geschichte* übernommen, die gleich zu Beginn von Kempelens Schachautomaten thematisiert und von einem in ihm sitzenden »bucklige[n] Zwerg« spricht.[1308] So oder so ist immer noch nicht ganz klar, wer im Schachautomaten saß; höchstwahrscheinlich gehörte Johann Allgaier zu den Schachspielern, die für von Kempelen arbeiteten.[1309] Kleinwüchsig jedenfalls war, soweit bekannt, keiner von ihnen, und insofern ist der hier vom philosophischen Problem

1305 Löhr, Der Schachautomat, S. 28.

1306 Vgl. Zitat 619.

1307 Löhr, Der Schachautomat, S. 144.

1308 S. Zitat 1433.

1309 »Wer beim Debüt des Türken im Frühjahr 1770 in seinem Kasten saß, ist unbekannt. [...] Am wahrscheinlichsten ist es [...], dass der Türke während Kempelens Lebzeit mehrere Bediener hatte [...]. Wer genau jedoch den Türken unter Kempelens Ägide bedient hat, bleibt bis heute ein Geheimnis. Der erste bekannte Spieler im Inneren des Türken war Johann Allgaier, ein Schachmeister aus Wien. [...] [E]s [muss] Allgaier gewesen sein, der gegen Napoleon gespielt hat.« Standage, Der Türke, S. 174f.

zur pragmatischen Lösung des geheimnisvollen – mit den Worten eines zeitgenössischen Beobachters – »Meisterstück[s] von Mechanismus und Taschenspielerei« entmetaphorisierte Homunkulus eine Pointe von Löhrs Roman.

Geht es nun im Folgenden um die Frage, wie sich in Hinblick auf die *camera obscura* die Körper-Geist- in der Außen-Innen-Dichotomie artikuliert, darf man dabei nach wie vor nicht aus den Augen verlieren, dass diese Analogie – wie jeder Vergleich – hinkt. Das sieht man ja schon an der Vorstellung von der zuverlässig repräsentierenden *camera obscura*, bei der meist das – buchstäblich – im physischen Inneren des Auge zustandegekommene Abbild der Welt mit seiner imaginären psychischen Repräsentation verwechselt wird, die im – nur metaphorisch so zu nennenden – ›Inneren‹ des Geistes angenommen wird.[1310] Der philosophische Denkfehler oder auch der Trick ist dabei der, dass über das *tertium comparationis* ›Innen‹ Körper und Geist identifiziert oder kurzgeschlossen werden. Hegel hat darauf, wie oben schon zitiert, anhand des »wunderbare[n]«, das heißt doppeldeutigen, »Wort[es]« »›Sinn‹« hingewiesen, das sich »einerseits auf das [...] Äußerliche der Existenz« bezieht, »andererseits auf das innere Wesen derselben«.[1311]

Dieser methodische Vorbehalt ist immer im Sinn zu behalten, wenn es im Folgenden um das *commercium* von Außen und Innen geht, und zwar ein *commercium*, für welches wieder einmal der Magnetismus von zentraler medialer Bedeutung ist, und dies gleich dreifach. Erstens nämlich versucht sich das historische Publikum, dem sich beim Nachdenken über den Schachtürken sofort die *commercium*-Frage stellt, diese Frage mithilfe des physikalischen Magnetismus zu erklären. Dabei liegt es allerdings mit seiner Hypothese von einer magnetischen Beeinflussung »von außen« (Halle) falsch.[1312] Zweitens kommt in der Fiktion von Löhrs Roman als Erklärung der Animalische Magnetismus ins Spiel. Das ist zwar in den hier herangezogenen historischen Quellen nicht belegt, wäre aber grundsätzlich denkbar gewesen. Denn zur selben Zeit, als von Kempelen mit seinem Schachtürken auf Europa-Tournee ist, tourt auch Friedrich Anton Mesmer mit Vorführungen seines

1310 Bezeichnend in diesem Sinne ist etwa die Wendung »das Herz respektive die Seele« in Alexander Košenina: Gläserne Brust, lesbares Herz: ein psychopathographischer Topos im Zeichen physiognomischer Tyrannei bei C.H. Spiess und anderen, in: German Life and Letters 52,2 (April 1999), S. 151–165, S. 158.

1311 Hegel, Vorlesungen über die Asthetik I, S. 173; oben ausführlich zitiert zu Anm. 237.

1312 »Auf beyde wird von außen durch einen Magnet gewirkt, den vielleicht der Gehülfe in der Rocktasche hält. [...] Es scheinen also [...] noch wechselweise [!] Hülfen Statt zu finden.« Allerdings: »Die künstliche Bewegungen, die Pelletier, Cuvot und Comus, durch versteckte Magnete hervorbringen, sind für diesen Türken zu schwach.« Halle, Magie, oder, die Zauberkräfte der Natur, S. 168f.

Animalischen Magnetismus durch den Kontinent.[1313] Drittens schließlich ist es tatsächlich der physikalische Magnetismus, der das *commercium* zwischen Außen und Innen des Schachtürken herstellt – dies jedoch auf andere Weise, als das Publikum lange Zeit annimmt.

So gesehen, bringt Löhrs Roman um den Schachtürken Medien-Physik und Medien-Metaphysik der 1770er und -80er Jahre auf raffinierte Weise zusammen. Die Pointe dabei ist, dass der physikalische Magnetismus hier nicht einfach nur als abstrakter Bildspender für den zur Erklärung eines unverständlichen Phänomens herangezogenen Animalischen Magnetismus dient, sondern tatsächlich mechanisch am Werke ist. Im Schachtürken erzeugt also, anders gesagt, der physikalische Magnetismus gerade jenes *commercium* von Außen und Innen, das der von ihm abgeleitete Animalische Magnetismus als *commercium* von Körper und Geist erklären will.

Kempelens Zeitgenossen haben, wie gesagt, den Schachtürken sofort in den Kontext des *commercium mentis et corporis* gestellt, lag doch die Frage nach dem Verhältnis von Automat und Seele in der Luft, nachdem Julien Offray de La Mettrie mit seiner Schrift *L'Homme machine* Descartes' widersprüchlichen Dualismus in einen philosophisch weniger widersprüchlichen Monismus umgedeutet hatte, deren technische Veranschaulichung wiederum sich die Automatenbauer des 18. Jahrhunderts auf die Fahne geschrieben hatten. Aus diesem Zusammenhang erklärt sich die Popularität der Uhren- beziehungsweise Uhrwerksmetapher, die nicht nur bei La Mettrie, sondern auch in den zeitgenössischen Berichten zum Schachtürken allgegenwärtig ist. Eine monistische *commercium*-Theorie aber ist nicht nur La Mettries Mechanizismus, sondern auch der Animalische Magnetismus, wie ihn Friedrich Anton Mesmer in den 1770er Jahren entwirft. Nicht *dass* der Schachautomat mit dem *commercium*-Problem verbunden wird, ist also in Hinblick auf meine zweite eben genannte These bemerkenswert, sondern *wie* das geschieht, genauer: welche mediale Rolle dabei Kasten und Kästchen, die große *camera lucida* und die kleine *camera obscura*, spielen.

Diese Rolle, hatte ich gesagt, ist die einer *black box*: und diese Aussage ist insofern anachronistisch, als der Begriff *black box* im medientechnischen Sinne erst im 20. Jahrhundert auftaucht. Dann wiederum verdankt er sich einem Paradigmenwechsel, den die *camera obscura* um 1800 durchläuft: nämlich, so hat Jonathan Crary argumentiert, dem Wechsel von einem Dispositiv oder Paradigma, das für die klare und verlässliche Repräsentation der äußeren Welt vor dem inneren geistigen Auge – also für zuverlässiges Welt-›Wissen‹ – steht,

1313 Vgl. Thomas Knubben: Mesmer oder Die Erkundung der dunklen Seite des Mondes, Tübingen 2015.

hin zu einem Dispositiv, das – wie auch die medienhistorisch aus der *camera obscura* hervorgegangene Laterna magica –[1314] Inbegriff unzuverlässigen, phantasmagorischen Wissens ist: wenn hier überhaupt noch von ›Wissen‹ im Sinne visueller Evidenz gesprochen werden kann.[1315] Nicht mehr für die durch die Beobachtung des zugrundeliegenden technischen Dispositivs verifizierbare zuverlässige Repräsentation des Außen – der physischen Welt – im Innen – dem physischen wie dem geistigen Auge – steht jetzt die *camera obscura*, sondern für eine Art Dunkelkammer, in der man sich nicht mehr auf seine Sinne und das verlassen kann, was sie dem inneren Sinn als das Außen der Welt repräsentieren. Goethe etwa hat das in seiner *Farbenlehre* anhand des Nachbilder-Sehens erläutert. Darum geht es im Folgenden noch.

Den Paradigmenwechsel vom buchstäblich durch-sichtigen, durchschaubaren und deshalb zuverlässigen, auf beobachtbare Weise Außen und Innen vermittelnden Dispositiv der *camera obscura* hin zu einem in seinem Inneren nicht beobachtbaren und daher – *obscur*erweise – auch zum Zwecke der Täuschung missbrauchbaren Medium führt, so meine dritte These, Kempelens Schachautomat vor Augen. Ja, das technische Dispositiv des Schachtürken inszeniert diesen Paradigmenwechsel geradezu, indem zum einen dem durchsichtigen großen Kasten ein un-durch-sichtiger kleiner Kasten zur Seite gestellt und somit ihre mediale Differenz deutlich wird, zum anderen aber durch die Ähnlichkeit in Form und Bezeichnung von Kasten und Kästchen – durch ihr Mise-en-abîme-Verhältnis – ihre mediale Analogie kenntlich wird. Denn obwohl die Zuschauer ihre Blicke in den großen Kasten hineinwerfen, sehen sie trotzdem nicht sein Geheimnis: und das, weil sich der Schachspieler hinter einer raffiniert konstruierten Wand und unter einem ebensolchen Boden im Inneren des Kastens verbirgt. Er steckt also sozusagen in einem Kasten im Kasten, und zwar in einem flexiblen, mehrfach mit seinen Wänden umarrangierten und darin den Kulissen und dem doppelten Boden einer Bühnen-Maschinerie vergleichbaren Kasten im Kasten – wobei wiederum, darum geht es im folgenden Schiller-Kapitel, das zeitgenössische Bühnen-Dispositiv die sogenannte Guck*kasten*-Bühne ist.[1316]

1314 Bezeichnend dafür der Aufsatz von Friedrich Kittler: Die Laterna magica der Literatur: Schillers und Hoffmanns Medienstrategien, in: Athenäum. Jahrbuch für Romantik 4 (1994), S. 219–237, der im Inhaltsverzeichnis sowie in den Kolumnentiteln »Die Camera obscura der Literatur« heißt.

1315 Vgl. Anm. 60.

1316 »Der Kasten« des Schachautomaten »bestand [...] nicht aus drei Teilen, wie es den Anschein hatte, sondern Innenwände und Maschinerie waren beweglich und konnten nach Bedarf beiseite geschoben werden. [...] Zur perfekten Täuschung trug die untere Schublade bei. Sie ließ sich wie ein Teleskop vergrößern oder verkleinern. Wurde sie

Verschachtelungen von Hell und Dunkel. Die *camera lucida* in der *camera obscura* ist eine *camera obscura*

Das Prinzip des Kastens im Kasten wird den Zuschauern des Schachautomaten dadurch vor Augen geführt, dass das Kästchen in seinem Inneren verwahrt und von von Kempelen vor den Augen der Zuschauer diesem entnommen wird. Auch hier also eine Hinlenkung auf das dem Schachautomaten-Trick zugrundeliegende Prinzip ›Kasten im Kasten‹ und zugleich eine Ablenkung davon: scheint doch das Herausnehmen des Kästchens *im* Kasten *aus* diesem die Zuschauer von dem Gedanken abzubringen, dass sich noch ein weiterer – flexibler – Kasten im Kasten befinden könnte, wie es ja tatsächlich der Fall ist. Genau genommen sind hier also eine *camera lucida* – der durch-sichtige Kasten – und zwei *camerae obscurae* im Spiel, wobei das Kästchen als kleine *camera obscura* zugleich darauf verweist wie davon ablenkt, dass die große *camera lucida* eine weitere *camera obscura* enthält und insofern auch selbst *camera obscura* ist. Anders gesagt: In der *black box* steckt eine *black box*, und nimmt man diese heraus, steckt immer noch eine *black box* in der *black box* – ganz ähnlich, als läge hier das Prinzip der unter dem Namen Matroschka bekannten russischen Schachtelpuppen zugrunde. Ganz genau genommen gibt es sogar noch eine weitere *black box*, in der sich der Schachtürke selbst befindet: findet doch das Ausleuchten und Durch-sichtig- beziehungsweise ›Durchschaubar‹-Machen des Automaten ausdrücklich statt, »wenn es dunkel« ist. So heißt es in einem anonymen Bericht aus dem *Teutschen Merkur* von 1784:

> Hr. v. Kempelens Demonstrateur, Hr. Anthon, […] schließt […] alle drey Thüren der Commode vorn und hinten auf, und leuchtet, wenn es dunkel, von hintenher hinein, so daß man den ganzen innern Raum der Commode und den Bau der Maschine vollkommen durchschauen kann, und also aller Verdacht einer verstekten Person ganz wegfällt.[1317]

Dass also das Licht mithilfe der Kerze in den Kasten der »Commode« hineingetragen und somit die ›Durchschaubarkeit‹ des Automaten suggeriert wird, setzt die ›Dunkelheit‹ des Vorführ-»[Z]immer[s]« voraus. So wird die eine *camera obscura* ausgeleuchtet, während eine andere diese Inszenierung erst ermöglicht: Durchschaubarkeit durch Ausleuchtung ist hier also, so

herausgezogen, hatte sie dieselbe Tiefe wie der Kasten; schob man sie hinein, füllte sie nur die Hälfte der Fläche des Kastenbodens aus. Mit dem so gewonnenen Platz hinter der Schublade war der Automat groß genug, um einen normalen Erwachsenen darin zu verstecken […].« Faber, Der Schachautomat des Baron von Kempelen, S. 94f.

1317 »Ueber Herrn von Kempelens Schach-Spieler und Sprach-Maschine«, in: Der Teutsche Merkur 1784,4, S. 91–96, S. 93.

gesehen, ein Effekt von Dunkelheit – Blendung[1318] im Wortsinne von ›blind machen durch Beleuchtung‹.[1319] Oder, anders formuliert: Ausgerechnet die emblematisch aufklärerische, durch die rahmende Dunkelheit sogar noch besonders dramatisch, buchstäblich als *Chiaroscuro* in Szene gesetzte Geste des Licht-ins-Dunkle-Tragens dient hier tatsächlich einem *Obskuran*tismus, dessen Täuschung gerade darin liegt, dem Betrachter vorzugaukeln, dass er »den Bau der Maschine vollkommen durchschauen kann«.

Metapher für Körper *oder* Geist, Metapher für Körper *und* Geist? Die *black box* als Kasten, Ort und Gefäß (Blumenberg)

Solche medialen Komplikationen sind in den Begriff der *black box* eingegangen. Deshalb dient er der vorliegenden Studie nicht so sehr als metasprachlicher Begriff, um medientheoretisch die Funktionsweise des Schachtürken zu erklären. Vielmehr soll, umgekehrt, die hier umrissene und jetzt weiter zu verfolgende Diskussion um den Schachtürken und das *commercium* von Körper und Geist, Außen und Innen, als metaphorischer oder auch metaphorologischer Vorlauf eines medientheoretischen Begriffes von der *black box* verstanden werden, wie er offenbar noch Hans Blumenberg vorschwebt, wenn er auf einer seiner Karteikarten unter der Überschrift »Psychischer Apparat« den in Anführung gesetzten Ausdruck »›Ich denke‹« in einen schwarzen Kasten setzt und daneben »black box = Seele« schreibt. (Abb. 27)[1320]

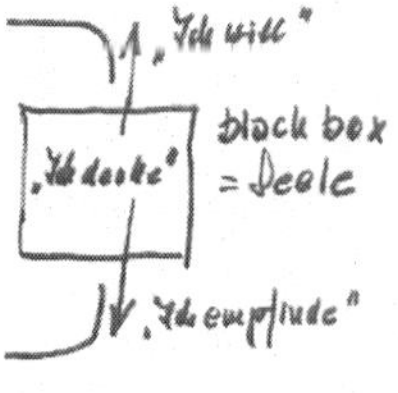

Abb. 27
Aus Hans Blumenbergs Zettelkasten

Blumenbergs Darstellung der *black box* ist im doppelten Wortsinne emblematisch für den hier in Rede stehenden Begriff des Mediums: *differenziert* sie doch einerseits auf der linken Seite die »[P]sych[e]« als die cartesische *res*

1318 Von »Blendwerk« ist auch die Rede bei Löhr, Der Schachautomat, S. 33.

1319 Vgl. Zitat 1633.

1320 Abbildung nach Patrick Bahners: Fragmente des Münsterschen Ungenannten: Ein Generationenstreit in Marbach: Wie soll Hans Blumenberg ediert werden?, in: Frankfurter Allgemeine Zeitung, 12.12.2007, S. N 3.

cogitans des »›Ich denke‹« von ihrem »Apparat«, den hier der mit schwarzem Filzstift um das »›Ich denke‹« gezeichnete Kasten als *res extensa* veranschaulicht, *identifiziert* dann aber auf der rechten Seite durch das Gleichheitszeichen die »black box«, also den kastenförmigen »Apparat« – die *res extensa* –, mit der »Seele« – der *res cogitans* – selbst. So gesehen, gilt also auch in Hinblick auf die *black box* Freuds Wort »Psyche ist ausgedehnt«: liefert die *black box* doch offenbar der Seele eben jenen – hier ausdrücklich ›obskuren‹ – ›Ort‹ oder auch das ›Gefäß‹, dessen Komplikationen Aristoteles in seiner im fünften Kapitel erläuterten Diskussion von *tópos* (›Ort‹) und *angeîon* (›Gefäß‹) samt ihrer Rückführung auf die *hýlē-eîdos-*, das heißt die Form-Stoff-Dichotomie entfaltet hat.

Ist, so gesehen, bei der *black box* grundsätzlich unklar, ob sie als Metapher der Seele oder aber ihres ausgedehnt zu denkenden Apparats, das heißt des Körpers, zu denken sein soll, ja soll die *black box* geradezu programmatisch beides zugleich sein, dann ist sie nichts als ein weiterer Wechselbegriff für das, was die vorliegende Studie als Medium begreift. Dazu passt auch, dass im technischen Sprachgebrauch gelegentlich die Ausdrücke *›black box‹* und ›Steuereinheit‹ synonym verwendet werden: personifiziert doch schon bei Descartes der *Steuer*mann jene paradoxe, allenfalls metaphorisch zu denkende *Einheit* von *res cogitans* – um nicht zu sagen: *res navigans* des Steuermanns – und *res extensa* des Schiffes.[1321]

Lassen sich allerdings in der Sprache Geist und Körper oder Kasten ganz einfach in der Metapher kurzschließen, so hat ein hölzerner Kasten, den man anfassen, öffnen und von innen mit einer Kerze ausleuchten kann, ganz offensichtlich körperlichen Charakter. Es verwundert also nicht, dass Kasten und Kästchen des Schachautomaten von den zeitgenössischen Betrachtern als äußerer Körper eines innerhalb dieses Körpers zu vermutenden Geistes begriffen wurden. War ein solcher Geist allerdings bei der Besichtigung des geöffneten Kastens nicht zu sehen, so konnte er allenfalls in dem in ihm gelagerten und ihm nur für die Vorführungen entnommenen Kästchen stecken – ganz so, als wäre dieses das Gehirn des Automaten: ist doch, wie es ja in Löhrs Roman heißt, der eigentliche »Hirnkasten« »[]hinter« den »Augen« des Türken »leer«.[1322] Dabei entstammt das Wort »Hirnkasten« dem Wortschatz des ausgehenden 18. Jahrhunderts; allein in Schillers *Kabale und Liebe* fällt es zwei Mal, und einmal geht es sogar um einen leeren Hirnkasten.[1323]

1321 Vgl. Anm. 625.

1322 Löhr, Der Schachautomat, S. 28.

1323 Friedrich Schiller: Kabale und Liebe. Ein bürgerliches Trauerspiel in fünf Aufzügen, in: ders.: Sämtliche Werke, Band I: Gedichte. Dramen 1, hg. von Albert Meier, München,

Wohl also »deck[t]« anscheinend, um noch ein weiteres Mal eine Formulierung Schillers zu verwenden, von Kempelen, indem er den Kasten seines Schachautomaten öffnet, ganz buchstäblich »das geheime Räderwerk auf[...], nach dem der Mensch handelt« oder sogar, im gegebenen Falle, Schach spielt: das eigentliche Geheimnis des Schachtürken aber wird dadurch paradoxerweise nicht – mit dem Ausdruck der Kaiserin in Löhrs Roman – gelüftet. Vielmehr verlagert es sich vom nun geöffneten Kasten in das immer noch verschlossene Kästchen – dies jedoch nur dann, wenn es den Blicken der Zuschauer tatsächlich verschlossen bleibt.[1324] Denn nur unter dieser Bedingung ist dauernd die Rede vom »geheimnisvollen Kästgen«[1325]. Das zeigt der erwähnte Bericht aus dem *Teutschen Merkur*, dessen Verfasser offenbar einen Blick in das Kästchen erhaschen konnte und es, vermutlich eben deshalb, im auffälligen Unterschied zu den anderen hier zitierten Berichten und ihren Spekulationen über das Kästchen nur ein einziges Mal erwähnt:

> Im mittelsten Raume der Commode steht ein kleines Schränkchen, welches Hr. Anthon herausnimmt, und auf einen nahen Tisch setzt. Es enthält, wie ich sahe, die Schachsteine, Alphabettafel und andre Bedürfnisse.[1326]

Kästchen hin, Kästchen her: ein Geheimnis ist der Schachtürke mit seinem Kasten in jedem Fall, und es ist klar, dass es sich dabei um ein mediales Geheimnis handelt, diskutieren doch von Kempelens Zeitgenossen in Hinblick auf den Schachtürken sofort das Problem des *commercium mentis et corporis*, von dem sich der in der vorliegenden Studie diskutierte Medienbegriff herleitet.

Wien 2004, S. 755–858, S. 761 (I/2): »Willst das Violonzello am Hirnkasten wissen?« und S. 819 (IV/3). »Du solltest Gott danken, Memme, daß du zum erstenmal etwas in deinen Hirnkasten kriegst.«

1324 Das bleibt bei Faber, Der Schachautomat des Baron von Kempelen, S. 69, unklar, wenn sie schreibt: »Das Kästchen, das vorübergehend die Aufmerksamkeit der Zuschauer auf sich zog, stellte er in einiger Entfernung vom Automaten auf einen Tisch und öffnete es feierlich, als ob er darin etwas zu beobachten oder zu ordnen habe.« Die Pointe ist die, dass dem Publikum der Einblick ins Kästchen verwehrt wird.

1325 [Johann Erich Biester]: Schreiben über die Kempelische Schachspiel- und Redemaschine. An Herrn N**. In B**., in: Hessische Beiträge zur Gelehrsamkeit und Kunst. Erstes Stück, Frankfurt a. M. 1784, S. 475–487, S. 481.

1326 Ueber Herrn von Kempelens Schach-Spieler und Sprach-Maschine (Der Teutsche Merkur 1784), S. 93.

Schachtürke und *commercium.* Johann Erich Biesters *Schreiben über die Kempelische Schachspielmaschine …*

Schreiben über die Kempelische Schachspiel- und Redemaschine heißt ein Bericht, der 1784 anonym in den *Hessischen Beyträgen zur Gelehrsamkeit und Kunst* und im selben Jahr mit geringfügigen Änderungen unter dem Autornamen Johann Erich Biester auch in der *Berlinischen Monatsschrift* erscheint.[1327] Biesters *Schreiben* zitiere ich hier ausführlich, weil Biester zum einen eine Vorführung des Schachautomaten beschreibt, bei der er selbst gegen den Automaten gespielt hat. Zum anderen kennt er Publikationen zum Schachtürken und Hypothesen zu seiner Funktionsweise, die er bei seinem eigenen Erklärungsversuch berücksichtigt.[1328] Außerdem gehört dieser, wie die Nähe zu Löhrs Roman zeigt, sicherlich zu seinen zentralen Quellen.

Biester schreibt:

> Ich hoffe Sie nicht auf eine unangenehme Art zu unterhalten, wann ich Ihnen eine Beschreibung von der berühmten Kempelischen Schachspiel- und Redemaschine mache, die ich vor einigen Tagen in Frankfurt am Main sah. Was darüber bisher geschrieben worden ist, wenigstens was ich davon gelesen habe, ist soviel als nichts, und dient gar nicht, sich auch nur einige Ideen von diesen gepriesenen Kunstwerken zu machen.
>
> Zuerst vom Schachspieler. Lassen Sie sich erzählen, wie, wo und unter welchen Umständen sich mir diese Maschine dargestellt hat; kurz ungefähr so erzählen, wie man eine Geistererscheinung beschreibt. Daß ich gute Ursachen zu dieser Methode habe, sollen Sie am Ende sehen.
>
> Als ich Vormittags um eilf Uhr in das Zimmer des Gasthauses trat, wo die Maschine gezeigt wurde, stand sie noch in einem dunkeln Alkoven […]. Stellen Sie sich einen Kasten vor, […] dessen Oberfläche etwa 4 Schuhe in der Länge, und 2 in der Breite, die Höhe aber ungefehr 3 Schuhe beträgt. Da er an den unteren 4 Ecken Rollen hat, so läßt er sich leicht fortbewegen. Hinten sitzt auf einer an dem Kasten befestigten Bank […] eine Figur in Lebensgröße, welche als ein Türke gekleidet ist. Sein rechter Arm liegt unbeweglich auf dem Kasten, die linke aber, womit er sie zieht, ruht auf einem Polster, und ist mit den Fingern immer in der Richtung, als ob sie einen Schachstein ergreifen wollte.
>
> Der Gehülfe des Herrn von Kempele schloß die drei Thüren des Kastens auf. Es zeigten sich zwei Fächer und drunter eine Schublade. Das kleinere Fach war voll Räderwerk, unter andern sah ich eine messingene, mit eisernen Stiften

1327 Biester, Schreiben über die Kempelische Schachspiel- und Redemaschine (Anm. 1325; Zitate im Folgenden nach dieser Version); ders.: Schreiben über die Kempelischen Schachspiel- und Redemaschinen. An Herrn ** in Berlin, in: Berlinische Monatsschrift 1784, S. 495–514.

1328 Und Biester liest genau: Karl Gottlieb Windischs Ausführungen (s. Anm. 1290) etwa stünden »auch größtentheils wörtlich schon in F r i e d e l s Briefen«; Biester, Schreiben über die Kempelische Schachspiel- und Redemaschine, S. 485.

besetzte Walze, wie sie in den Glockenspielen und Drehorgeln sind. Das größere Fach enthielt nur etwas weniges von Maschinenwerk; dagegen stand ein Kästgen darin, das in der Folge meiner Erzählung noch mehrmal vorkommen wird. In der Schublade waren die Schachsteine, der Polster, welchen man dem Türken unter den linken Arm legte, und ein kleines Bret, auf welches der Türke die geschlagenen Steine setzt [...].

Um uns zu überzeugen, daß kein Mensch in dem Kasten sitze, schloß der Gehülfe die Rückseite des kleinern Faches auf, und leuchete mit einer Kerze herein. Wir, die wir vor dem Kasten standen, konnten nun durch und durch, und die Bewegung der Kerze sehen. Er schloß auch eine kleine Thüre in der Rückseite des größeren Faches auf, leuchtete herein, um uns zu beweisen, daß keine doppelte Rückwand da sei. Endlich ließ er uns in den Leib des Türken sehen. Es war ein holes Parallelepipedum, worin einige Metallstäbe und Röhren sichtbar waren. Nach dieser Visitation verschloß er alles wieder, und [...] stellete [...] auf einen ganz frei stehenden Theetisch das Kästchen, das zuvor in dem grosen Kasten gestanden hatte. Es ist etwa einen Schuh breit und lang, und zwei Schuhe hoch. Seine Thüre war nach der Wand zu gekehrt, und es wurde den Zuschauern inwendig nicht gezeigt. Wann es zuweilen während des Spiels geöffnet wurde, so konnten wir der Stellung wegen doch nicht hineinsehen, und der Gehülfe verschloß es jedesmal sogleich wieder. [...]

Als die Steine gesezt waren, zog der Gehülfe die Maschine an einer Seitenwand des Kastens auf, wie man eine Uhr aufzieht, und stellte sich zwischen das Kästgen und den Türken [...]. Er stand ganz frei, berührte weder das Kästchen noch den grosen Kasten der Maschine, noch den Türken, sah auf das Spiel mit unverwandten Blicken, und hatte fast immer die rechte Hand im Busen, die linke in der Rocktasche. Dies soll, wie mir alle sagen, welche die Maschine gesehen haben, jedesmal seine Stellung seyn. Herr v. Kempele gieng unter den Zuschauern herum, und beobachtete durch ein Fernglas das Spiel beständig. [...]

So oft der Türke oder ich geschlagen hatte, gieng der Gehülfe von seinem Platz, nahm die geschlagenen Steine weg, und sezte sie auf den Theetisch hinter das geheimnisvolle Kästchen.

Einmal steckten Herr von K. und sein Gehülfe die Köpfe zusammen, und besprachen sich leise. Als der Türke rochen wollte, gieng der Gehülfe zuvor über das heimliche Kästgen, und schien etwas darin zu rücken. Gegen das Ende des Spiels wurde die Maschine zum zweitenmal aufgezogen.[1329]

Der Schachtürke gewinnt die Partie. Anschließend demonstriert er üblicherweise noch »den sogenannten Eulerischen Rösselsprung«[1330] und beantwortet, in dem er auf Buchstaben zeigt, Fragen wie »lieben sie die Damen[?]«.[1331]

»Abends um 5 Uhr« besucht Biester »den Schachspieler noch einmal«.

1329 Biester, Schreiben über die Kempelische Schachspiel- und Redemaschine, S. 475–479.

1330 Ueber Herrn von Kempelens Schach-Spieler und Sprach-Maschine (Der Teutsche Merkur 1784), S. 94.

1331 Biester, Schreiben über die Kempelische Schachspiel- und Redemaschine, S. 480.

> Als der Türke eine falschen Zug that, auch den Arm nicht wieder auf den Polster zurückbringen konnte, ging der Gehülfe nach dem Kästchen, schloß darauf den Korper des Türken auf, und suchte die Sache in Ordnung zu bringen. Als es ihm nicht gelingen wollte, rief Herr von K. funfzehn! nehmen sie das Licht dazu; endlich kam er selbst herbei, und stellte den Gang der Maschine her.[1332]

Soweit Biesters Bericht, der am Ende den Gedanken nahelegt, dass möglicherweise dem Schachspieler im Inneren des Schachtürken die Kerze verlöscht ist und wieder angezündet werden muss – eine Komplikation, die auch in Löhrs Roman vorkommt.[1333] Biester jedenfalls fährt fort, indem er nun über die Funktionsweise des Schachautomaten spekuliert:

> Und nun soll ich Ihnen das Resultat meiner Beobachtungen sagen? Der Kempelische Schachspieler ist das größte Meisterstück von Mechanismus und Taschenspielerei (wofern diese Benennung nicht zu unedel ist), das ich je gesehen habe. Zwar die Figur eines Menschen zu machen, der mit der Hand Steine auf dem Schachbret fortrückt, möchte wohl nicht unter die schwersten Aufgaben der Mechanik gehören. Die Maschine so einzurichten, daß sie jeden dem Künstler beliebigen Zug thäte, wann er jedesmal vor dem Zuge die Maschine stellen dürfte, sollte wohl auch nicht so künstlich seyn, daß es nicht mancher Mechaniker leisten könnte. Also von Seite der mechanischen Kunst scheint mir diese Maschine immer sehr merkwürdig, obwohl nicht das non plus ultra der Kunst.
>
> Allein wie Herr von K. auf die Maschine würkt oder würken läßt, das ist das Unbegreifliche bei der Sache. Das, was ich Taschenspielerei nannte, das Räthsel, dessen Auflösung schon so manche Zirbeldrüse in Teutschland, Frankreich und England in Unruhe gesezt hat.[1334]

Der Mensch denkt natürlich nicht mit der Zirbeldrüse, und auch zu Biesters Zeit gab es keine Theorie dieser Art. Die Erwähnung der Zirbeldrüse ist also ein ironischer Hinweis auf Descartes' Scheinlösung, um nicht zu sagen: taschenspielerische Lösung – »wofern diese Benennung nicht zu unedel ist« – des Körper-Geist-Problems mithilfe der sowohl körperlichen als auch geistigen *spiritus animales*. Es geht hier, anders gesagt, um die Fragen von *commercium* und *influxus*: »Einfluß« oder »Einwürkung« »auf die Maschine«, wie Biester es nennt. Er fährt fort:

> Daß nicht die Maschine, sondern ein Mensch durch die Maschine spielt, oder daß die Maschine blos das Werkzeug ist, welches ein Mensch nach Gefallen lenkt, ist wohl ganz offenbar: der Künstler leugnet es selbst nicht,

---

1332 Ebd.

1333 Löhr, Der Schachautomat, S. 255–259.

1334 Biester, Schreiben über die Kempelische Schachspiel- und Redemaschine, S. 480f.

weshalb ja, wie gesagt, genau genommen kein Betrug vorliegt,

> und keinem, der einigen Begrif von Maschine und Schachspiel hat, wird es einfallen zu glauben, daß eine Maschine Schach spielen könne. Wer das glaubt, müßte auch zugeben, daß eine Maschine möglich wäre, welche ein Korps gegen den [...] Feind kommandirte, oder eine Disputation auf dem Katheder pro Gradu vertheidigte. Und vorausgesetzt, daß ein Mensch auf die Maschine Einfluß hat, so fragt sichs, wie wirkt er darauf? Um dieses zu erklären, ist man auf mancherlei Hypothesen gefallen. Einige haben geglaubt, es stecke jemand in der Maschine. Allein wo? In dem geheimnisvollen Kästgen und im Körper des Türken, ist es wegen Mangel des Raumes unmöglich. In dem großen Kasten könnte er bequem sitzen, aber dieser wird den Zuschauern aufgeschlossen. [...] Auch läßt sich ein so grober Betrug einem Manne von dem Charakter und den Talenten des Herrn von Kempele nicht zutrauen[,][1335]

womit doch wieder die Kategorie ›Betrug‹ im »Spiele« ist. Biester schreibt weiter:

> Soll jemand in einem Nebenzimmer, über der Decke des Zimmers, unter dem Fusboden stecken? Auch dies kann man nicht annehmen. Da die Maschine in so viel öffentlichen Häusern gezeigt worden ist, so hätten die Wirthe oder ihre Domestiken den Betrug gewis schon längt verrathen[,][1336]

und so ähnlich geschieht es mit der »Geistererscheinung« – das ist Biesters Ausdruck –[1337] in Friedrich Schillers *Geisterseher*. Darum geht es im folgenden Kapitel. Nein, es muss eine andere Erklärung geben:

> Und wie sollte dieser entfernte Mensch auf die Maschine würken, durch Ziehen oder Drücken mit einem sichtbaren Körper? dies läßt sich nicht behaupten, da man schlechterdings keinen Zusammenhang der Maschine mit irgend einem Theil des Zimmers entdecken kann, bei dem eine solche Einwürkung statt fände. Durch geheimere Kräfte? Dazu ist kein versteckter Mensch nöthig, dann es steht einer öffentlich neben der Maschine, der Gehülfe des Künstlers.
>
> Mir und allen, die ich darüber sprach, scheint es unbezweifelt, daß dieser und niemand anderst die Maschine dirigirt, daß er mit dem Hrn. von K. gemeinschaftlich spielt und jeden Zug lenkt. Aber wie, womit, wodurch wirkt er? Da liegt der Knote! Viele sind auf den Magnetismus gefallen, und der Gehülfe kann im Busen oder in der Rocktasche gar füglich mit einem Magneten operieren. Allein Hr. von K. soll, wie in Friedels Briefen aus Wien steht, sich erboten haben, den stärksten Magneten, und soviel Eisen, als man will, an die Maschine bringen zu lassen. Als in meiner Gegenwart einer der Zuschauer den Gedanken von Magnetenwürkung gegen Hrn. von K. äußerte, antwortete er, er habe sich's

1335 Ebd., S. 481f.
1336 Ebd., S. 482.
1337 Ebd., S. 475.

zum Grundsatz gemacht, auf alle solche Fragen weder ja noch nein zu sagen. [...] Das viele in der Maschine befindliche Eisen scheint mir die Hypothese von magnetischem Einfluß zu widerlegen. Die Magneten oder Magnetnadeln in der Maschine müßten doch nothwendig beweglich sein. Ist aber dies, so würden sie von dem Eisen angezogen, und nicht von ausen in die nöthige Richtung gebracht werden können.

[...] Wann man mich nöthigte meine Meinung zu sagen, so müßte ich zu dem alten Nothanker, zu einer verborgenen Naturkraft meine Zuflucht nehmen. Kann Herr von K. nicht eine neue bewegende Kraft im geheimen Kabinet der Schöpfung ausgespüret, und sie bei seiner Maschine angebracht haben? Wir haben gewiß der Mutter Natur noch nicht so tief in die Karte gesehen, daß sie kein Geheimnis mehr vor uns hätte.

Ob das Kästchen auf dem Theetisch bei dem Spiel nothwendig ist, oder ob es nur zum Schein dasteht, darüber sind die Ausleger verschiedener Meinung. Ich glaube das erste, ob ich gleich nicht begreife, wozu es dient, und wie es mit der großen Maschine verbunden ist. Der Herr von K. soll versichern, daß er ohne es die Maschine gar nicht dirigieren könne. Wann ich alles wohl überlege, so glaube ich, daß dieses Kästchen eine Art von Anweisung enthält, wie in auserordentlichen Fälle die geheime Bewegkraft applicirt werden müsse. Nach den älteren Nachrichten vom Kempelischen Schachspieler muß der Künstler vormals öfter in das Kästchen gesehen haben, als jetzt. [...]

Nun hätte ich, denk' ich, genug über den Schachspieler raisonnirt oder deraisonirt. Wann es Herr von K. lesen sollte, so mögte es ihm leicht so klug oder unklug vorkommen, als unsere Kosmologien dem Schöpfer. Aber ich hoffe, daß er auch eben so tolerant seyn wird, als dieser.[1338]

Dreierlei ist am Schluss von Biesters Ausführungen bemerkenswert. Erstens vergleicht er den in den voranstehenden Zitaten gleich dreimal so genannten »Künstler« von Kempelen ausdrücklich mit Gott, dem Schöpfer des Kosmos, und stilisiert von Kempelen so zum *alter deus* –[1339] auch wenn das nicht recht zu den skeptischen Formulierungen von der »Geistererscheinung« und dem »grobe[n] Betrug« passen will, die eher an eine Figur wie den zu Beginn der 1780er Jahre viel diskutierten Grafen von Cagliostro denken lässt.[1340] Zweitens stellt Biester die Hypothese von einer »neue[n] bewegende[n] Kraft« auf: und was sollte das im hier gegebenen Kontext vom medialen »Einfluß« des menschlichen Geistes auf eine »Maschine« anderes sein als das, was bei Schiller »Mittelkraft« heißt? Drittens schließlich ist so ausführlich die Rede

1338 Ebd., S. 482–487.

1339 In diesem Sinne auch die Wendung vom »›Prometheus von Preßburg‹« in Löhr, Der Schachautomat, S. 206. Vgl. zum Zusammenhang von Genie, Prometheus und *alter deus* im letzten Drittel des 18. Jahrhunderts Walter Hinck: Das Gedicht als Spiegel der Dichter. Zur Geschichte des deutschen poetologischen Gedichts, Opladen 1985, insbesondere S. 28–32.

1340 Vgl. Schiller, Der Geisterseher, Kommentar S. 1158f.

vom physikalischen Magnetismus, dass sich geradezu der Gedanke aufdrängt, bei der »geheime[n] Bewegkraft« müsse es sich auch dann um eine Kraft im Sinne von Franz Anton Mesmers Animalischem Magnetismus handeln, wenn Biester diesen hier nicht ausdrücklich nennt. Denn nicht nur gilt:

> The Turk's arrival in western Europe coincided precisely with that of another Viennese guru, Franz Mesmer – while von Kempelen had the ability to build an automaton which displayed human intelligence, mesmeric séances seemed able to reduce the most rational humans to the conditions of automata. Indeed, von Kempelen seems first to have built the Turk to distract attention from Viennese interest in the phenomenon of animal magnetism.[1341]

Zudem steht, so mein hier verfolgtes Argument, im Zentrum – beziehungsweise im Kasten – des Schachtürken eben jenes Problem von *commercium*, Vermittlung oder auch – so der, wie oben erläutert, paradoxe Wechselbegriff – Unmittelbarkeit, um das sich auch der Animalische Magnetismus dreht.

… und Johann Philipp Ostertags *Philosophische Grillen über den Kempelischen Schachspieler*

Das zeigt sich sehr deutlich in Johann Philipp Ostertags 1783 veröffentlichter Schrift *Etwas über den Kempelischen Schachspieler; eine Gruppe philosophischer Grillen*, in der Ostertag über die Beschreibung des Schachautomaten ganz ausdrücklich auf das *commercium*-Problem kommt. Ostertag beginnt:

> Neugierde und Wißbegierde, eitle Kennermine und scharfsichtige Kenneraugen haben auch hier in Regensburg vor kurzem das große Werk der künstlichen Mechanik des berühmten von Kempele angestaunt, bewundert, und die darinnen zum Grund gelegten Gesetze der Bewegung zu enträthseln sich vergebens bemühet. […][1342]

Nach einigen etwas weitschweifigen Ausführungen, die auch den »glücklichen Zustande der Menschheit im Jahre 2440« berühren,[1343] kommt Ostertag auf sein Vorhaben zu sprechen, die

1341 Simon Schaffer: Babbage's Dancer and the Impresarios of Mechanism, in: Francis Spufford, Jenny Uglow (Hg.): Cultural Babbage. Technology, Time and Invention, London 1996, S. 53–80, S. 68.

1342 Johann Philipp Ostertag: Etwas über den Kempelischen Schachspieler; eine Gruppe philosophischer Grillen, Frankfurt, Regensburg 1783, S. 3.

1343 Ebd., S. 6.

> Einsichten in dem [sic] bis zum Erstaunen verwickelten Mechanismus des Kempelischen Automats [...] auf die unendlich künstlichere organische Maschine unsers Cörpers, auf die Maschine des Weltgebäudes, auf menschliche Freyheit, auf die Regierung der Welt und andere des Nachdenkens der Weltweisen von jeher würdiggeachtete Gegenstände an[zu]wenden [...].[1344]

Was die Analogie von »kunstvolle[r] Maschine« des Schachtürken und Mensch angeht, gibt sich Ostertag skeptisch. So spricht er etwa von den »scheinbar-freiwilligen Bewegungen ihrer Hand«.[1345] Wie auch Biester ist Ostertag offenbar der Auffassung, dass nicht die Maschine selbst Schach spielt. Dennoch findet sich, ebenfalls wie bei Biester, auch bei Ostertag der Vergleich mit dem Schöpfergott, sei von Kempelen doch »dem unendlichen Geiste ähnlich [...], dessen Werke er nachahmt, ohne solche« jedoch »jemals erreichen zu können.«[1346]

Im Unterschied zu Biester nun zielt Ostertag aufs Philosophische. Dabei ist ihm zunächst einmal wichtig, dass der »Geist«, »Gedanke« oder die »Ideen«, die »vor« der »Entstehung« einer noch so »zweckmäßig zu Stande gebrachte[n] Maschine« stehen, »von allem, was Materie heißt, unendlich unterschieden« sind »und also auch niemals hätte[n] in einem materiellen Wesen entstehen, oder in dasselbe würken können.«[1347] Ostertag ist also Dualist – wenn auch mit idealistischem Einschlag.[1348] Umso rätselhafter muss ihm der Schachtürke erscheinen:

> daß aber dies Automat mit der stärksten Überlegung, und mit vollkommener Freyheit zu handeln scheint, und seine Züge nach den genommenen Maasregeln des Gegners abmißt und einrichtet, das ist das grosse Geheimniß, welches sich sein Werkmeister vorbehalten hat.[1349]

Auch Ostertag vermutet also »einen verborgenen Einfluß des Künstlers«, und dieser führt ihn schnurstracks zum *commercium*-Problem:

> Die grosse Frage: auf welche Art würkt der Künstler in seine Maschine, und wie regiert er ihre Züge? bleibt also noch immer zu enträthseln übrig.
>
> Eben diese Frage, welche dem Beobachter des Automats sogleich beyfallen muß, wagt der denkende Weltweise bey der Betrachtung so wol des Weltgebäudes überhaupt, als seines eignen Cörpers insbesondere. Wie würkt der

1344 Ebd., S. 7.
1345 Ebd., S. 8.
1346 Ebd., S. 9.
1347 Ebd., S. 8.
1348 So legt es wohl das »noch weniger« ebd. S. 18 nahe; vgl. Zitat 1351.
1349 Ebd., S. 13f.

> Urheber aller Weesen in die Welt und wie regiert er sie? Worinnen bestehet der Einfluß der Seele in ihren Cörper?[1350]

Damit ist Ostertag mitten im anthropologischen Diskurs der Zeit – samt ›Vermittlung‹, ›Unmittelbarkeit‹ und ›Berührung‹:

> Welcher menschliche Verstand sagt uns auf eine befriedigende Art: was für Bande den Geist an die Materie feßlen; wie der erste in die so wunderbar organisirte letztere würke, und diese hinwiederum bey jenem unzehlige Arten von Ideen hervorbringe; kurz,
>
> Wie Wesen fremder Art der Seele Werkzeug sind? Oder ob dies alles nicht etwa eine Täuschung sey und kein endlicher Geist auf den Cörper, noch weniger aber die Materie auf den Geist würken könne? […]
>
> Der gewöhnliche Menschenverstand, welcher sich in seinen Urtheilen nach der Analogie seiner vermeintlichen Erfahrungen zu richten pflegt, und jede willkührlich-scheinende Bewegung eines belebten Cörpers einem darinnen wohnenden Geiste, so wie jede Bewegung überhaupt dem jedesmal eine entweder mittelbare oder unmittelbare Berührung voraus setzenden Zuge oder Stoße zueignet, […] wird ein Influxionist.[1351]

Ironisch erwähnt Ostertag zwei in seinen Augen schon überholte Theorien:

> Tiefdenkendere Philosophen begnügten sich aber nicht mit dieser natürlichen, so einfachen und deutlich scheinenden Erklärung, leugneten alle würkliche Verbindung zwischen Cörpern und Geistern und übertrugen entweder der unmittelbaren Einwürkung, oder der ewigen Vorherbestimmung Gottes alle in der Seele und dem Cörper erscheinende Veränderungen.[1352]

Das ist der Okkasionalismus, bei dem Gott ständig ins Weltgeschehen eingreift, oder die prästabilierte, eben ›vorherbestimmte‹ Harmonie.[1353] »Beyde« kritisiert Ostertag, weil sie »jede Causal-Verbindung in der Welt [verbanneten]«, indem sie »an deren Stelle […] lauter Wunder setzten«.[1354] Philosophisch akzeptabel ist für ihn nur der Influxionismus, und damit wird es kompliziert. Ostertag setzt von Neuem an, indem er auf den Schachtürken zurückkommt:

1350 Ebd., S. 14f.
1351 Ebd., S. 18f.
1352 Ebd., S. 19.
1353 Vgl. zu Leibniz ebd., S. 20f.
1354 Ebd., S. 20.

> Ich führe unsern Schachspieler wieder auf. Er sey das Bild der Cörperwelt, und sein Gegenspieler stelle die Welt der Geister vor, denen jene zur Wohnung von dem Schöpfer angewiesen worden.[1355]

Mit diesem schiefen »Bild« vom Schachtürken als »Bild der« – geistlosen? – »Cörperwelt« und vom Gegenspieler als Bild des – allerdings verkörperten – Geistes beginnen die philosophischen Verwicklungen, aus denen sich Ostertag nicht mehr befreien kann. Auf geradezu bizarr – eben »[g]rillen«haft – anmutende, so weit- wie abschweifige Weise fährt er »in unserer Allegorie fort[]«,[1356] um dann nach einem halben Dutzend Seiten philosophische »Schwürigkeiten« einzuräumen, »die bisher noch jeden Weltweisen, der sich in« die »unergründlichen Tiefen« des in Rede stehenden Problems »gewagt hat, zur Verzweiflung gebracht haben.«[1357] Schließlich verliert sich Ostertag in einer diffusen »Theorie von der menschlichen Freyheit«,[1358] und am Ende rät er gar »[s]eine[n] Leser[n]«, sich die in seiner Schrift verfolgten Fragen aus dem Kopf zu schlagen:

> [F]ür sie [die genannten Leser] weis ich einen Rath, der sehr beruhigend ist. Denken Sie nicht weiter an alle diese philosophischen Träume: selbst den Kempelischen Schachspieler schlagen Sie sich aus dem Sinne. Die Erforschung seiner geheimnisvollen Mechanik mögte ihre Ruhe stöhren: sagen Sie vielmehr mit Panglossens vernüftigerem Schüler Candide: Lasst uns unser Glück besorgen, in Garten gehen und arbeiten.[1359]

Sicher, Ostertag hatte schon im ersten Satz seiner Schrift eingeräumt, dass das Regensburger Publikum sich »vergebens bemühet« hatte, die dem Schachtürken »zum Grunde gelegten Gesetze der Bewegung zu enträthseln«, und das schließt offenbar ihn selbst mit ein. Die philosophische Kapitulationserklärung am Ende seiner Schrift kommt trotzdem etwas überraschend. Und doch, mag sie auch Kants Auffassung Recht geben, dass die »Untersuchung über die Art wie die organe des Korper [sic] mit den Gedanken in Verbindung stehen«, »auf ewig vergeblich[]« bleiben muss (Brief an Marcus Herz, Ende 1773),[1360] so sind Ostertags Ausführungen zum Schachtürken dennoch

1355 Ebd., S. 28f.
1356 Ebd., S. 32.
1357 Ebd., S. 37.
1358 Ebd., S. 41.
1359 Ebd., S. 45.
1360 Immanuel Kant: Brief an Marcus Herz (»gegen Ende 1773«), in: Immanuel Kant: Kant's gesammelte Schriften, hg. von der Königlichen Preußischen Akademie der Wissenschaften, Band X, Zweite Abteilung: Briefwechsel. Erster Band: 1747–1788, Berlin und Leipzig 1922, S. 143–146, S. 145; zitiert bei Košenina, Ernst Platners Anthropologie und Philosophie, S. 29.

in mehrerlei Weise aufschlussreich. Erstens nämlich machen sie ein weiteres Mal anschaulich, wie drängend das *commercium*-Problem um das Jahr 1780 ist. Zweitens zeigt Ostertags Schrift, dass ihm Okkasionalismus und prästabilierte Harmonie als überholte philosophische Positionen gelten und nur der *influxus* als Erklärung des *commercium*-Problems infrage kommt; genau so verhält es sich in Schillers Dissertationen zum *commercium*-Problem. Drittens aber wird klar, dass eine *commercium*-Theorie mit Erklärungskraft noch fehlt, und gerade diese von Ostertag offenbar mit großer Evidenz empfundene konzeptuelle Leerstelle lässt ihn ja am Ende zu der verzweifelten Aufforderung an den Leser oder die Leserin kommen, sich den Kempelischen Schachautomaten samt *commercium*-Problem, wenn nicht sogar die hier *pars pro toto* durch dieses Problem – wie im *Candide* durch die Theodizee – vertretene Philosophie insgesamt aus dem Kopfe zu schlagen.

Viertens schließlich ähnelt der von Ostertag vorgeschlagene Verzicht aufs Philosophieren Schillers 1795 Goethe gegenüber erklärten Absicht, »die philosophische Bude [zu] schließe[n]«.[1361] Und ähnlich wie Ostertag zwar philosophisch vor dem *commercium*-Problem kapituliert, aber dennoch einen philosophisch grillenhaften Text darüber verfasst, hält es auch Schiller: dreht sich doch sein *Geisterseher* noch einmal um das *commercium*-Problem, ohne sich überhaupt an einer philosophischen Lösung zu versuchen. Biester wiederum – auch er ein ›Geisterseher‹ – will »wie man eine Geistererscheinung beschreibt« vom »Kempelische[n] […] Schachspieler […] erzählen«, und dazu behauptet er »gute Ursachen« zu »habe[n]«. Sollte es sich da nicht um dieselben wie bei Schiller und Ostertag handeln, also um das *commercium*-Problem und seine Tendenz zu taschenspielerischen Lösungen? Biester jedenfalls füllt die konzeptuelle Leerstelle des *commercium*-Problems genau so, wie es auch Schiller in seiner ersten Dissertation über die *Philosophie der Physiologie* tut: nämlich durch das Postulat einer »neue[n]« »Kraft« beziehungsweise »Mittelkraft«.

Eine solche Kraft aber entspräche, fünftens, jenem ›Medium‹ einer – wie oben ausgeführt – gleichermaßen ›mittelbaren‹ wie ›unmittelbaren‹ ›Berührung‹: also, mit Ostertags Worten, einem *influxus*, der durch »eine entweder mittelbare oder unmittelbare Berührung« (!) zustandekommt.[1362] Und genau diese bei Ostertag noch gar nicht, bei Biester vage als »neue« »geheime Bewegkraft« und bei Schiller abstrakt als »Mittelkraft« benannte konzeptuelle

1361 Goethe, Sämtliche Werke, Bd. 8.1: Briefwechsel zwischen Schiller und Goethe in den Jahren 1794 bis 1805, S. 138.

1362 Ostertag: Etwas über den Kempelischen Schachspieler; eine Gruppe philosophischer Grillen, S. 19.

Leerstelle ist es, die Mesmer schließlich mit seinem animalmagnetischen Fluidum füllt und damit zugleich, wenn man so sagen kann, auf etwas nebulöse, phantasmagorische Weise anschaulich macht.

Im Rückblick, hatte ich gesagt, scheint Biesters *Schreiben über die Kempelische Schachspiel[ ]maschine* geradezu auf den Animalischen Magnetismus hinauszuwollen, spricht Biester doch ausführlich von jenem physikalischen Magnetismus, dessen – aus heutiger Sicht falsche – mechanische Erklärung auch Grundlage von Mesmers Animalischem Magnetismus ist und damit das *influxus*-Problem zu erklären vermag. In der Tat wird wenig später, zu Beginn des 19. Jahrhunderts, dieser Schritt vollzogen und das *commercium* durch den Animalischen Magnetismus erklärt. So hatte es sich ja bereits aus dem schon zitierten Artikel aus dem Brockhaus-*Conversations-Lexicon* von 1815 ergeben – auch wenn der letzte hier zitierte Satz des Artikels klar macht, dass es sich um eine Scheinlösung handelt:

> Magnetismus, thierischer, von Andern animalischer, auch, und wohl bis jetzt am passendsten, Lebensmagnetismus genannt, ist die Übertragung eines feinen und unsichtbaren, aber auf das Nervensystem und das Lebensprincip des Menschen unmittelbar höchst kräftig einwirkenden Agens (Stoffes, Fluidums), von einem Menschen auf den andern mittelst eigen kunstmäßig eingerichteter Berührungen, Bestreichungen oder leitenden Vermittlungen (Conductoren). Er ist ähnlich dem Electricismus und Galvanismus der äußern Natur, indem bei allen das Eindringen eines feinen wirksamen Fluidums in den Körper Statt findet [...], [so dass] der Körper, einen wirklichen Zuwachs der ihm innewohnenden Lebenskraft erhält. Der Name wurde diesem Agens der Natur von Mesmern [...], seinem Finder, [...] deßwegen mitgetheilt, weil durch die Erscheinung bei dem mineralischen oder natürlichen Magnet ein wirkliches Aus- und Einströmen eines feinen Fluidums nach gewissen Gesetzen sich darstellen und durch kunstmäßiges Streichen mittheilen läßt. [...] Worin das Wesen des animalischen Magnetismus eigentlich bestehe, ist bis jetzt noch nicht erklärt worden.[1363]

Biester und Ostertag allerdings stellen, als sie über den Schachtürken schreiben, noch nicht die Verbindung zum Animalischen Magnetismus her. Löhr tut es dann, und darin liegt – neben dem Homunkulus – die zweite medientheoretische Pointe seines Romans.

1363 »Magnetismus, thierischer«, in: Conversations-Lexicon oder encyclopädisches Handwörterbuch für gebildete Stände, 6. Band, S. 33.

Black box und *white box*, systemtheoretisch (Glanville, Luhmann)

Die *camera obscura*, um die es hier geht, ist ein kompliziertes, man könnte auch sagen: konzeptuell verschachteltes Dispositiv. Nur auf den ersten Blick handelt es sich einfach um einen Kasten und die durch ihn geschaffene Differenz von Außen und Innen. Bei näherer Betrachtung hingegen zeigt sich, ähnlich wie bei der schon erwähnten Schachtelpuppe, eine rekursive Struktur: öffnet man die *camera obscura*, um sie zu beleuchten und durchschaubar zu machen und sie damit sozusagen in eine *camera lucida* zu verwandeln, taucht wie eine Matroschka in der anderen eine weitere *camera obscura* auf.[1364] Das aber ist nicht nur bei von Kempelens Schachautomat so, in dessen »Kasten« das »Kästchen« verwahrt wird und zudem noch mithilfe mobiler Kulissen ein weiterer Kasten untergebracht ist, sondern auch in jener Theorie, die den Begriff der ›*black box*‹ überhaupt erst populär gemacht hat: der Systemtheorie.

In seinem Hauptwerk *Soziale Systeme. Grundriß einer allgemeinen Theorie* schreibt Niklas Luhmann im Kontext von als *»Personen«* bezeichneten »[p]sychische[n] Systemen« und der zwischen ihnen bestehenden sogenannten »doppelten Kontingenz«:[1365]

> Ein [...] terminologisches Problem ist [...] mit eingeführten, alltagsweltlich verständlichen Ausdrücken schwer zu lösen. Auch hier ist mehr Klarheit und mehr begriffliche Differenzierung, als Soziologen sich üblicherweise zumuten, für eine fruchtbare Analyse unerläßlich. Zum Unterbau, der im Theorem der doppelten Kontingenz vorausgesetzt ist, gehören hochkomplexe sinnbenutzende Systeme, die für einander nicht durchsichtig und nicht kalkulierbar sind. Dies können psychische oder soziale Systeme sein. Wir müssen von deren Unterschied einstweilen absehen und sprechen deshalb von »black boxes«[]. Die Grundsituation der doppelten Kontingenz ist dann einfach: Zwei black boxes bekommen es, auf Grund welcher Zufälle immer, miteinander zu tun. Jede bestimmt ihr eigenes Verhalten durch komplexe selbstreferentielle Operationen innerhalb ihrer Grenzen. Das, was von ihr sichtbar wird, ist deshalb notwendig Reduktion. Jede unterstellt das gleiche der anderen. Deshalb bleiben die black boxes bei aller Bemühung und bei allem Zeitaufwand [...] füreinander undurchsichtig. [...]

1364 Ranulph Glanville schreibt: »even were we (who knows how) to crack open a black box and see the parts«, so gilt auch hier: »It will not surprise the reader to hear that it«, das heißt »the nature of the means«, »also is a black box!« Ranulph Glanville: Inside Every White Box There Are Two Black Boxes Trying to Get Out, in: Behavioral Science 27 (1982), S. 1–11, S. 2 und 4.

1365 Dieser Satz und die folgenden Ausführungen bis einschließlich Zitat 1367 sind eine Übernahme aus Stefan Börnchen: »Freunde, flieht die dunkle Kammer!« Zur epistemologischen Metapher der *black box*: Goethe, Luhmann, THE MATRIX, in: Jahrbuch für Literatur und Psychoanalyse. Freiburger literaturpsychologische Gespräche 29 (2010), S. 289–313, S. 293–295.

> Der Versuch, den anderen zu berechnen, würde zwangsläufig scheitern. Mit dem Versuch, ihn aus seiner Umwelt heraus zu beeinflussen, kann man Glück haben und Erfahrungen sammeln. Die Unberechenbarkeit wird mit Freiheitskonzessionen aufgefangen, fast könnte man sagen »sublimiert«[...]. Die schwarzen Kästen erzeugen sozusagen Weißheit, wenn sie aufeinandertreffen, jedenfalls ausreichende Transparenz für den Verkehr miteinander. [...] Sie bleiben getrennt, sie verschmelzen nicht, sie verstehen einander nicht besser als zuvor; sie konzentrieren sich auf das, was sie am andern als System-in-einer-Umwelt, als Input und Output beobachten können [...]. Das, was sie beobachten, können sie durch ihr eigenes Handeln zu beeinflussen versuchen, und am feedback können sie wiederum lernen.[1366]

Das ist die klassische systemtheoretische Definition der *black box*: Was in ihr geschieht, lässt sich nicht beobachten, sondern lediglich ihr »Input und Output«. Diese Verwendung des Ausdrucks ›*black box*‹ übernimmt Luhmann aus der Kybernetik, und zwar hier, wie Luhmann in einer Anmerkung zu den in Anführung gesetzten »›black boxes‹« nachweist, von Ranulph Glanville. Dabei übernimmt Luhmann von Glanville auch die auf den ersten Blick schiefe Metapher der »Weißheit«, die bei Glanville offenbar als Antonym zur Schwärze der *black box* dienen soll, genau besehen jedoch gar nicht zur Vorstellung von ›Durchschaubarkeit‹ oder, wie Luhmann sagt, »Transparenz« beziehungsweise »[D]urchsichtig[keit]« passt: weshalb er wohl auch die »Weißheit« erst als Metapher – »sozusagen« – markiert und dann durch den eigentlichen Begriff – »jedenfalls [...] Transparenz« – korrigiert.

In Glanvilles von Luhmann angeführtem Text liest man über die *black box*:

> [A] black box gives us a concept that allows us to handle what is, in effect, an unknown world: It is the statement of ignorance, of our ability to overcome and cope with ignorance, und thus is a primative of learning and, hence, of science. [...] In th[e] [behaviorist, mechanistic] view, the inputs (stimuli) and outputs (responses) to some system are related, in the most primitive model, by some mechanism that translates one directly to the other [...]. But this is a considerably over-simplistic view for it forgets the distinction between the observer and the black box interaction generating the description (while accepting the black box model), and claims instead that the description so generated actually is the mechanism – an inexcusable oversimplification. What the black box model, stringently applied, teaches us instead is that we can survive in an unknown and unknowable world through our ability to generate such descriptions, and we do not know things, but we do know relationships (which we make) between things.[1367]

1366 Niklas Luhmann: Soziale Systeme. Grundriß einer allgemeinen Theorie, Frankfurt a. M. 1987, S. 155–157.

1367 Glanville, Inside Every White Box There Are Two Black Boxes Trying to Get Out, S. 1 und 8.

Man mag sich fragen, ob hier – mit Luhmanns Worten – »mehr Klarheit und mehr begriffliche Differenzierung« am Werke ist, »als Soziologen« und wohl auch Kybernetiker »sich üblicherweise zumuten«: und das schon deshalb, weil bei Glanville anscheinend auch noch Ironie im Spiel ist – etwa, wenn er von »the marvellous theoretical input-output device [...] called the ›Black Box‹« spricht.[1368] So oder so handelt es sich offenbar beim Begriff der »black box«, wie Glanville ihn hier definiert, um eine Art mythischen oder apotropäischen Abwehrzauber gegen den »Absolutismus der Wirklichkeit« im Sinne Hans Blumenbergs:[1369] verwechselt doch der Begriff der *black box* Glanville zufolge zwar die Beschreibung oder Benennung (»description«) eines unverstandenen Phänomens mit dem ihm zugrundeliegenden Mechanismus (»mechanism«), hilft aber dennoch beim Umgang mit (»handl[ing]«) oder gar Überleben in (»surviv[ing]«) einer unbekannten Welt.

Wissenschaftstheoretisch gesehen, verstößt der Begriff der »black box« damit gegen das Prinzip der ontologischen Sparsamkeit. Und nicht nur das: als »statement of ignorance« tut er das offenbar programmatisch – ganz ähnlich also, wie es Blester mit seiner »neue[n]« »Kraft« und Schiller mit seiner »Mittelkraft« tun, nicht aber Ostertag, der für das unverstandene *commercium*-Problem keinen neuen Begriff einführt und damit sein *handling* ermöglicht, sondern vor dem ungelösten Problem kapituliert.

So gesehen ist die *black box* ein Begriff, der ganz einfach ein Problem – die Undurchschaubarkeit der ›unmittelbaren‹ ›Verwandlung‹ (»direct[]« »translat[ion]«) von Input in Output – qua Benennung zu seiner Lösung erklärt: Problem benannt, Problem gebannt. Dass dabei zudem von ›Unmittelbarkeit‹ die Rede ist, zeigt einmal mehr die Nähe von Glanvilles Begriff der *black box* zu den Vorstellungen von Vermittlung und Medium, um die es hier geht.

1368 »The simplest form of mechanism in which cybernetics interest itself is the marvellous theoretical input-output device invented by Maxwell and called the ›Black Box‹. A black box is an unknown machine which is assumed to be determinable but in which the determinable mechanism is hidden from view. In contrast, a ›White Box‹ is one in which the mechanism is apparent. The black box's mechanism can only be determined by the observer's interpretation of the relationship that exists between the input and the output. When such a relationship becomes clear, the black box becomes a white box [...].« Ranulph Glanville: The Form of Cybernetics: Whitening the Black Box, in: General Systems Research: A Science, a Methodology, a Technology, Louisville, Kentucky 1979, S. 35–42, S. 35.

1369 »Absolutismus der Wirklichkeit [...] bedeutet, daß der Mensch die Bedingungen seiner Existenz annähernd nicht in der Hand hatte und, was wichtiger ist, schlechthin nicht in seiner Hand glaubte. Er mag sich früher oder später diesen Sachverhalt der Übermächtigkeit des jeweils Anderen durch die Annahme von Übermächten gedeutet haben.« Hans Blumenberg: Arbeit am Mythos, Frankfurt a. M. [3]1984, S. 9.

Das ist auch nicht verwunderlich, definiert doch Glanville die Kybnernetik, Norbert Wiener zitierend, »as ›science of control and communication in the animal and the machine‹«:[1370] also als eine zu Steuerungszwecken (»control«) angewandte Anthropologie im Sinne der Wissenschaft vom *commercium* (jetzt: »communication«) *mentis* (jetzt »animal«) *et corporis* (»machine«).

Glanvilles wie Luhmanns Ausführungen zur *black box* sind, wie das so die Art von Kybernetik und Systemtheorie ist, sehr abstrakt. Anschaulichkeit gewinnen sie allerdings, wenn man ihre Analogie mit dem Schachtürken betrachtet. Denn nicht nur inszeniert von Kempelen ja ein raffiniertes Spiel mit *camera obscura* und *camera lucida* beziehungsweise, mit Glanvilles Worten, *black box* und *white box*. Auch das von der Systemtheorie beschriebene rekursive Moment eines »formal re-entry«[1371] der *black box* fehlt beim Schachtürken nicht. Glanville schreibt:

> [A]nd even were we (who knows how) to crack open a black box and see the parts, [...] each part would also be a black box.[1372]

Genau so verhält es sich mit dem Schachtürken, in dessem Kasten sich nicht nur die *black box* des Kästchens, sondern sogar noch eine weitere *black box* befindet. Wie sich aus dem folgenden Glanville-Blockzitat ergibt, findet sich auch der im *Teutschen Merkur* beschriebene Umstand, dass die Ausleuchtung des Kastens – »the black box and its whitening« – einen dunklen Raum, also eine weitere *black box*, voraussetzt, deren Dunkelheit – »all-pervasive blackness« – das Durch-sichtig-Machen der *black box* – ihr »whitening« beziehungsweise »clear[ing]« – überhaupt erst ermöglicht, in Glanvilles Beschreibung. Verwendet Glanville dann auch noch – allein in der folgenden Passage drei Mal – »apparent« als Synonym für »white« oder »clear«, klingt damit sogar die Vorstellung an, dass das *whitening* der *black box* diese überhaupt erst *erscheinen* lässt: dass also, mit Biesters auf den Schachtürken gemünzten Worten, Glanville die *black box* ganz ähnlich definiert, »wie man eine Geistererscheinung beschreibt«. Das wiederum ist auch dem etymologischen Wortsinne nach stimmig, leiten sich doch nicht nur im Englischen »apparent« ›offensichtlich‹ und ›apparition‹ ›Erscheinung‹ von lateinisch *apparō* ›zubereiten, rüsten, veranstalten‹ beziehungsweise *appāreō* ›zum Vorschein kommen, sich zeigen,

1370 Glanville, The Form of Cybernetics: Whitening the Black Box, S. 35.

1371 Glanville, Inside Every White Box There Are Two Black Boxes Trying to Get Out, S. 3.

1372 Ebd., S. 2.

erscheinen‹ her,[1373] sondern auch der ›Apparat‹. Das *black box* ist, so gesehen, ein Apparat, in dem beim *whitening* etwas erscheint.[1374]

Glanville schreibt:

> A black box is an unknown machine which is assumed to be determinable but in which the determinable mechanism is hidden from view. In contrast, a »White Box« is one in which the mechanism is apparent. The black box's mechanism can only be determined by the observer's interpretation of the relationship that exists between the input and the output. When such a relationship becomes clear, the black box becomes [...] a white box [...]. Consequently, a white box can be seen as a black box with an apparent relationship. Continuing the argument leads one to the concept of an internal description, and of a white box being white only to a specific observer. Then the whole system (the black box and its whitening) will be black to any other observer. So a black box and its apparent relationship may be internally white but externally black. It is the quality of all-pervasive blackness that allows of changes in level of application of the black box idea and of progressive refinement in understanding of the relationship. Such a view of our knowledge of the world will be familiar to many from Wittgenstein's work.[1375]

Glanvilles Begriff von der *black box* ist, wenn man das so sagen kann, ein rein metaphorischer. Das suggeriert schon sein Satz »and even were we (who knows how) to crack open a black box and see the parts«, dessen Vorstellung von der *black box* als tatsächlich zu öffnender Schachtel nicht bloß im Irrealis steht, sondern durch das konzessive »even« und den Einschub in Klammern sogar noch unwahrscheinlicher erscheint – wobei ironischerweise das eingeschobene »who knows how« selbst wiederum eine Formel für die *black box* ist und damit die ihr zugrunde liegende Vorstellung als »formal re-entry« auch noch rhetorisch performiert. Vor allem aber die Aussage zu Wittgenstein, mit dem der laufende Absatz schließt, legt nahe, dass Glanville die *black box* hier wohl eher als ein »Sprachspiel«, aber nicht so sehr als Dispositiv, Gestell oder eben Kasten im wörtlichen Sinne versteht. Ein solches Verständnis jedoch erlaubt von Kempelens Schachtürke. Denn er nimmt ja, was Glanville bloß metaphorisch als *black box* beschreibt, nicht nur beim Worte, sondern präsentiert es sogar als Ding, das dem Betrachter tatsächlich als *black box* aus

---

1373 Vgl. Stowasser, Lateinisch-deutsches Schulwörterbuch, S. 37; s. auch Charlton T. Lewis, Charles Short: A Latin Dictionary, Oxford 1879, S. 1303, Sp. 2: „pareo *intr.* form of paro, to make ready".

1374 Vgl. dazu allgemein Dieter Mersch: Was sich zeigt: Materialität, Präsenz, Ereignis, München 2002, und Martin Seel: Ästhetik des Erscheinens, Frankfurt a. M. 2003.

1375 Glanville, The Form of Cybernetics: Whitening the Black Box, S. 35f.

Holz und Metall vor Augen steht: buchstäblich ›begreifbar‹ im Sinne von ›anfassbar‹ – aber dennoch nicht zu begreifen.

Das Kästchen im Kasten des Schachtürken wiederum veranschaulicht dabei, wie gesagt, die verschachtelte, rekursive[1376] beziehungsweise *re-entry*hafte »Form« (Glanville) der *black box*. Genau diese Eigenschaft führt also die oben als ›Mise en abîme‹ bezeichnete Präsentation des Kästchens auf einem separaten Tisch den Zuschauern vor Augen, bleibt doch das Kästchen auch dann noch *black box*, wenn sich der geöffnete Kasten des Schachtürken anscheinend, mit Glanvilles Worten, in eine *›white box‹* verwandelt hat. Tatsächlich jedoch befindet sich in ihr, verborgen durch ihre raffiniert konstruierten verschiebbaren kulissenartigen Wände, noch eine zweite *black box* – jener Raum eben, in dem der Schachspieler sitzt. So verstanden, trifft Glanvilles etwas kurioser Aufsatz-Titel *Inside Every White Box There Are Two Black Boxes Trying To Get Out* den Funktionsmechanismus von von Kempelens Schachautomat vielleicht nicht ganz, aber immer noch genauer – nämlich metaphorisch *und* wörtlich – als Glanvilles eigene Theorie, die die *black box* ja nur metaphorisch begreift. Denn in dem Schachautomaten, dessen Kasten sich durch Öffnen der Türen und Ausleuchten von Innen von einer *black box* in eine *white box* verwandelt, befinden sich tatsächlich zwei *black boxes*. Um es mit Glanvilles Worten zu sagen: »the [...] black box is white, the whiteness consisting of two black boxes«[1377] – und immerhin eine von ihnen gelangt auch hinaus, nämlich das Kästchen auf den Tisch.

Black box, historisch. Die *camera obscura* als Wissensdispositiv (Leonardo – della Porta – Kircher – Descartes – Vermeer)

Ging es bisher in diesem Kapitel, wie gesagt, vor allem um die *camera obscura* als einen Kasten, der die Innen-außen-Differenz konstituiert, und nicht so sehr im engeren Sinne um das ebenfalls *camera obscura* genannte optische Gerät, so bliebe doch eine theoretische Skizze des Dispositivs von *camera obscura* und *black box* unvollständig und auch unverständlich, wenn man dabei gar nicht auf die Camera obscura als optisches Gerät einginge: erklärt sich doch – so die hier verfolgte These – erst aus der Geschichte dieses optischen Geräts jene komplizierte und verschachtelte Ambivalenz von *black* und *white*

1376 Glanville spricht von »recursive iterations«. Glanville, Inside Every White Box There Are Two Black Boxes Trying to Get Out, S. 6.

1377 Ebd.

beziehungsweise »clear«[1378], also transparenter *box*, wie ich sie gerade im Anschluss an Glanville mit Blick auf den Schachtürken beschrieben habe. Sie hat mit dem ebenfalls schon erwähnten Paradigmenwechsel zu tun, den der Begriff der *camera obscura* um 1800 durchläuft.

Diesen Paradigmenwechsel hat Jonathan Crary in seiner bahnbrechenden Studie *Techniques of the Observer. On Vision and Modernity in the 19th Century* von 1990 beschrieben. Zuvor allerdings, im Verlaufe des 16. Jahrhunderts, hatte sich die *camera obscura* als Erkenntnismodell etabliert.[1379] Das wiederum war eine Folge der Verbreitung des optischen Geräts der Camera obscura (*als Gerät* – und nicht als das hier ›*camera obscura*‹ genannte Dispositiv –[1380] im Folgenden ›Camera obscura‹ geschrieben). Das haben Bernd Busch in seiner Studie *Belichtete Welt* von 1989[1381] und Ulrike Hick in ihrer *Geschichte der Optischen Medien* von 1999[1382] dargestellt. Finden sich schon »in Leonardos Studien über das Licht und die Optik eine der ersten zeichnerischen Darstellungen der Camera obscura, ihre Erläuterung und ein Vergleich mit dem menschlichen Auge«[1383] (Abb. 28)[1384], so bleiben doch diese »Überlegungen, weil unveröffentlicht, zunächst ohne Einfluß.« Daher galt »lange Zeit« Giovanni Battista della Porta »mit seiner einflußreichen ›Magia naturalis (1558)‹ »als Erfinder der Camera obscura«.[1385] Die »[e]rste veröffentlichte Darstellung einer Camera obscura und ihrer Verwendung« findet sich 1544 bei Reinerus Gemma Frisius.[1386] Eine häufig, und so auch hier (Abb. 29)[1387], reproduzierte Darstellung einer begehbaren Camera obscura stammt aus Athanasius Kirchers *Ars magna lucis et umbrae* von 1646. Im 18. Jahrhundert war dann die Analogie von Camera obscura und Auge Allgemeinwissen. (Abb. 30)[1388]

1378 Glanville, The Form of Cybernetics: Whitening the Black Box, S. 35.

1379 Vgl. Crary, Techniken des Betrachters. Sehen und Moderne im 19. Jahrhundert, S. 37–73 (Kapitel »2. Die Camera obscura und ihr Subjekt«); Philip Steadman: Vermeer's Camera. Uncovering the truth behind the masterpieces, Oxford 2001, S. 4–24 (Kapitel »1. The camera obscura«).

1380 Vgl. Anm. 1303.

1381 Bernd Busch: Belichtete Welt. Eine Wahrnehmungsgeschichte der Fotografie, München 1989.

1382 Ulrike Hick: Geschichte der optischen Medien, München 1999.

1383 Busch, Belichtete Welt. Eine Wahrnehmungsgeschichte der Fotografie, S. 100; vgl. Hick, Geschichte der optischen Medien, S. 27f.

1384 Ebd., S. 27.

1385 Busch, Belichtete Welt. Eine Wahrnehmungsgeschichte der Fotografie, S. 101.

1386 Ebd., S. 102.

1387 Hick, Geschichte der optischen Medien, S. 52.

1388 Crary, Techniken des Betrachters. Sehen und Moderne im 19. Jahrhundert, S. 59.

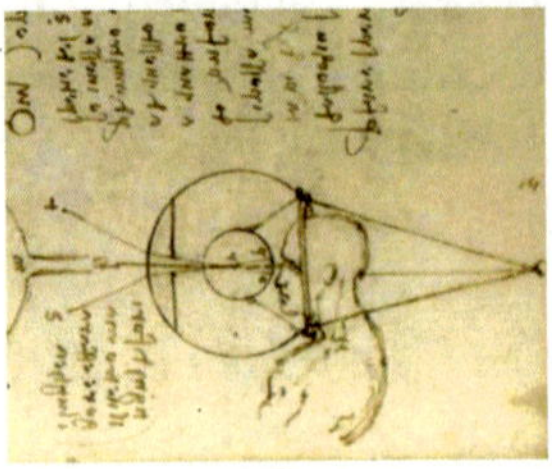

Abb. 28
Leonardo, *Codex Atlanticus*
(Ende 15., Anfang 16. Jahrhundert):
Das Auge als *camera obscura*

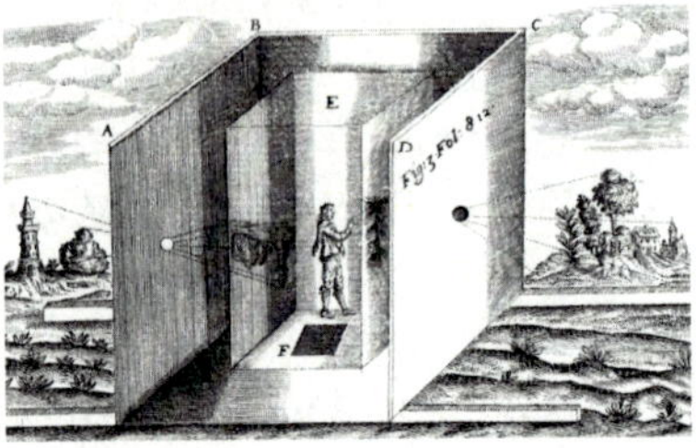

Abb. 29
Athanasius Kircher: Camera
obscura aus der *Ars magna*
lucis et umbrae (1646)

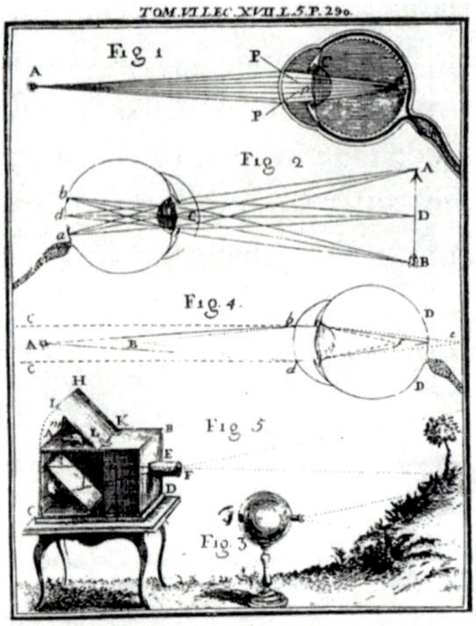

Abb. 30
Vergleich von Auge und Camera
obscura, frühes 18. Jahrhundert

Erkenntnistheoretisch steht es mit der *camera obscura* wie folgt. Suchte man in der Frühen Neuzeit zunächst, stark vereinfacht gesagt, als Betrachter der Welt »Einsicht in eine universelle Sprache der Symbole und Analogien«,[1389] hieß – so Ernst Cassirer – »[e]in Ding erkennen [...], mit ihm eins werden«,[1390] war also die »Natur mit ihrer Repräsentation« »[v]erflochten[]«, ja sogar

1389 Ebd., S. 47.

1390 Ernst Cassirer: Das Individuum und der Kosmos in der Philosophie der Renaissance, Darmstadt ²1963, S. 156; zitiert bei Crary, Techniken des Betrachters. Sehen und Moderne im 19. Jahrhundert, S. 48.

»[n]icht« von ihr »[u]nterscheidbar[]«,[1391] so kam in der Renaissance mit der *camera obscura* ein ganz anderes Erkenntnismodell auf, das – so Crary – »die Stellung eines sich in einem Innenraum befindenden Beobachters zur äußeren Welt definiert«, mit anderen Worten: zwischen einem Außen – der Welt – und einem Innen – dem Raum ihrer Repräsentation – unterscheidet.

In diesem »Akt des Sehens« wiederum lag insofern eine »[L]ös[ung]« »vom Körper des Betrachters«, als »die Camera obscura […] den Betrachter *a priori* daran [hindert], seine eigene Position als Teil der Darstellung zu betrachten«:

> Einerseits ist der Betrachter von der reinen Funktionsweise des Geräts getrennt und wird zum entkörperlichten Zeugen[1392] einer mechanischen und transzendentalen Repräsentation der Objektivität der Welt. Andererseits impliziert jedoch seine bzw. ihre Anwesenheit in der Camera eine räumliche und zeitliche Simultaneität der Subjektivität des Menschen und der Objektivität der Apparatur. Der Betrachter ist daher ein eher unabhängiger Bewohner der Dunkelheit, eine marginale, ergänzende Präsenz, unabhängig von der Apparatur der Repräsentation[,][1393]

oder anders gesagt: Er befindet sich gewissermaßen im Dunkeln hinter ihr, ist also weder selbst Teil des Beobachteten – oder gar »mit ihm eins« – noch auch nur in einer Position, in der er von sich selbst oder anderen bei der Beobachtung beobachtet werden kann. Genau das aber, so Busch, verschafft der Beobachtung ›Objektivität‹, und darin liegt ihre Analogie mit der Betrachtungsweise »des cartesianischen ›cogito‹«:

> [I]m Gefolge zivilisatorischer Aufklärung[] [wurde] das »Auge der Seele« zum körperlosen Organ bewußter Wahrnehmung, zum »Objektiv« geschärft. Das ›richtige Sehen‹ wird Operationsfeld des cartesianischen »cogito«, letztlich einer Apparatur der Scharfsinnigkeit, die den Horizont des Wissens klar und deutlich markiert. Mit der technologischen Befestigung der Erkenntniskräfte dieses »natürlichen Lichts« (Descartes) zum apparativen Modell der Camera [ist nicht mehr wie in Platons Höhlengleichnis] Schauplatz der Bilder […] die Schattenwelt, das »theatrum mundi« der Höhle, sondern ihre verselbständigte Miniatur, die »Camera obscura«. D[er] »Gesichtspunkt[]« (»point de vue«) […] binde[t] die Hierarchien des platonischen Schismas zwischen Täuschung und Wahrheit in den Zusammenhang einer Bildtechnologie – eine gleichsam technologisch vollstreckte »kopernikanische Wende« im Universum der Bilder.[1394]

1391 Ebd.

1392 Vgl. ebd., S. 57, zur von Descartes beschriebenen Verwandlung eines realen Ochsen- oder Menschenauges in ein »metaphysisches Auge«.

1393 Ebd., S. 51.

1394 Busch, Belichtete Welt. Eine Wahrnehmungsgeschichte der Fotografie, S. 20f. Vgl. zu Kopernikus auch Hick, Geschichte der optischen Medien, S. 26.

Was ich hier anhand von wenigen Zitaten zu umreißen versuche, ist eine komplexe Materie, die ich oben im Kapitel über *Schillers Avanturen des neuen Telemachs* schon einmal *en passant* berührt hatte, als es um den von Lacan so genannten »geometrale[n] Raum des Sehens« mit seiner »geometralen Perspektive« ging. Hatte Lacan darauf hingewiesen, dass »[d]as Wesentliche an der Beziehung zwischen Schein und Sein«, mit anderen Worten: der von Lacan offenbar noch in platonischen Kategorien gedachten Repräsentation, »nicht in der Geraden« liege (die wiederum über den Blindenstock mit dem Blick als Tasten assoziiert ist), sondern im Diffundieren des Lichts, das »unser Auge« wie »eine Schale« »füllt«, dann liegt darin auch eine Wendung gegen jene Entkörperlichung des Auges im Modell der *camera obscura*, von der Busch spricht.

Die im *Avanturen*-Kapitel schon gezeigte Abbildung aus Descartes' *Optik* (Abb. 13) jedenfalls illustriert, was Busch als Trennung des Betrachters vom Gerät der visuellen Repräsentation – also dem Auge – und die durch die Beobachtbarkeit der optischen Apparatur verbürgte Objektivität beschreibt. Nicht als ein körperlicher und zudem in der Ausübung seiner Funktion unbeobachtbarer Teil des Betrachters erscheint das Auge hier, sondern als ein in seiner Funktionsweise durch die eingezeichneten Strahlengänge transparent gemachter Apparat, dessen Netzhautbild bei »T«, »S« und »R« sich dem Betrachter bei »P« zeigt, als handele es sich um die Projektion auf eine Leinwand außerhalb seiner selbst, hinter der er sozusagen im Dunkeln, mit Glanville: in »all-pervasive blackness« sitzt. (Hier setzt auch die Kritik an der Apparatus-Theorie des Kinos an, wie sie etwa Vivian Sobchack formuliert hat.[1395]) Das transparent gemachte Auge ist also, mit Glanville, eine *white box*. Systemtheoretisch ausgedrückt, liegt Descartes' Homunkulus-Fehlschluss daher darin – noch einmal mit Glanville –, zu übersehen, dass unten im Auge des Betrachters *re-entry*haft jene *black box* wiederkehrt, die eben erst oben durch Querschnitt und Strahlengang zur *white box* ausgeleuchtet worden ist.

Verhält es sich nun so, wie Crary sagt, dass die *camera obscura* »die Stellung eines sich in einem Innenraum befindenden Beobachters zur äußeren Welt definiert«, dann vermittelt sie als Apparat, ganz wie es Hegel zufolge sprachlich das »wunderbare Wort« »›Sinn‹« tut, zwischen dem »Äußerliche[n] der Existenz« und dem »innere[n] Wesen derselben«.[1396] Dabei ist es natürlich

1395 Vgl. Vivian Sobchack: What My Fingers Knew: The Cinesthetic Subject, or Vision in the Flesh, in: dies.: Carnal Thoughts. Embodiment and Moving Image Culture, Berkeley 2004, S. 53–84.

1396 Hegel, Vorlesungen über die Ästhetik I, S. 173; oben ausführlich zitiert zu Anm. 237.

nicht so, dass die Differenz von Außen und Innen oder die Differenz von »Existenz« beziehungsweise Welt und ihrem »Wesen« beziehungsweise »›Sinn‹« erst mit der *camera obscura* aufgekommen wäre. Nicht nur diese beiden Differenzen, sondern auch ihre Analogie – *die äußere Welt* und das sie repräsentierende *innere Wesen*, sei es *inneres Bild* oder auch *innere Bedeutung* – hat es vermutlich immer schon gegeben: und so ebenfalls die Analogie von Haus, begehbarer Kammer oder Höhle auf der einen Seite und menschlichem Körper auf der anderen, etwa seinem Brustkasten oder seinem Oberstübchen. Das zeigt sich ja schon im platonischen Höhlenmythos, aber auch in der antiken Geschichte vom »Momusfenster« und dem »Einblick ins Seelengehäuse«, das es geben soll.[1397]

Dennoch unterscheidet sich die Metapher vom Fenster zur Seele ganz grundsätzlich von derjenigen der Camera obscura beziehungsweise *camera obscura*. Denn nicht nur muss das Fenster ja *zur Welt hin geöffnet* werden, während die Camera obscura bis auf »ein gar winzig Löchlein«, mit einer Formulierung Goethes, zur *Welt hin geschlossen* werden muss, damit diese in der *camera obscura* erscheinen kann.[1398] Vor allem bringt die *camera obscura* im Wortsinne augenscheinlich eine Repräsentation der Welt in die Welt, die weder mit ihr selbst noch mit unserem eigenen mentalen Bild von ihr identisch, sondern tatsächlich ein Drittes ist: ein Bild, durch das man hindurchlaufen, in dem man Verhältnisse abmessen, komplizierte Perspektiven überprüfen und nachzeichnen oder das man auch durch Anzünden einer Lichtquelle zum Verschwinden bringen kann. Dieses Bild fasziniert den Menschen ganz ähnlich, wie es später seine Fixierung in der Fotografie tut: nämlich als ein acheiropoetisches, weder von Menschenhand noch sonstwie manipuliertes Bild von evident objektiver Anmutung – eben, anders gesagt, als ein ›Wissen‹ im vom lateinischen *videre* ›sehen‹ abgeleiteten Wortsinne.

Korpuskulares Licht als gemalte *spiritus animales*: Crary über Vermeer und Chardin

Dass sich ein Wissenschaftler im Zeitalter der *camera obscura* sein Wissen nicht mehr verschafft, indem er aus dem Fenster blickt, sondern indem er seine wissenschaftlichen – Wissen schaffenden – Betrachtungen in der

1397 Hans-Georg von Arburg: Der Physiognomiker als Detektiv und Schauspieldirektor: Johann Ludwig Christian Hakens »Blicke aus meines Onkels Dachfenster in's Menschenherz« (1802), in: E.T.A. Hoffmann-Jahrbuch 4 (1996), S. 54–68, S. 60.

1398 Vgl. Crary, Techniken des Betrachters. Sehen und Moderne im 19. Jahrhundert, S. 50f.

verschlossenen Studier- und Dunkelkammer anstellt, zeigt Crary in der Interpretation von zwei Vermeer-Gemälden (Abb. 31: Johannes Vermeer: *Der Geograph,*[1399] Abb. 32: Johannes Vermeer: *Der Astronom*[1400]).

Abb. 31 Johannes Vermeer: *Der Geograph* (1669)

1399 Johannes Vermeer: Der Geograph (1669), in: Karl Schütz: Vermeer. Das vollständige Werk, Köln 2015, S. 177 und 235f.

1400 Johannes Vermeer: Der Astronom (1668), in: ebd., S. 176 und 235.

Abb. 32 Johannes Vermeer: *Der Astronom* (1668)

Crary schreibt:

> Das cartesianische Paradigma der Camera obscura wird sehr deutlich auf zwei Gemälden Vermeers dargestellt, *Der Geograph* und *Der Astronom*, die beide um das Jahr 1668 herum entstanden sind.[…] Beide Bilder zeigen eine männliche Figur, die in einem klar begrenzten, schattigen Raum in wissenschaftliche Studien versunken ist. In den Raum fällt offenbar nur durch ein einziges Fenster Licht. Der Astronom betrachtet seinen Himmelsglobus, auf dem die Sternbilder verzeichnet sind; der Geograph steht über eine Seekarte gebeugt. Beide

> schauen nicht direkt in die Öffnung zur Außenwelt, das Fenster. Die Außenwelt kennen sie nicht aus der unmittelbaren Sinneswahrnehmung, sondern durch die intellektuelle Untersuchung ihrer »klaren und deutlichen« [Descartes] Abbildung im Zimmer. Die melancholische Isolation dieser nachdenklichen Gelehrten in den Wänden ihrer Zimmer hindert sie nicht im geringsten daran, die Außenwelt zu erfassen, vielmehr ist die Trennung zwischen dem Subjekt im Inneren und der äußeren Welt eine vorgegebene Bedingung des Wissens über die Welt. Diese Gemälde sind eine vollendete Darstellung der versöhnenden Funktion der Camera obscura: Ihr Inneres ist die Schnittstelle zwischen den bei Descartes noch vollständig voneinander getrennten *res cogitans* und *res extensa*, zwischen Betrachter und Welt.[1401]

Unabhängig davon, dass hier Descartes' Homunkulus-Fehlschluss anklingt – die *res cogitans* ist nicht der »Betrachter«, sondern sein Geist: es sei denn, dieser Betrachter wäre tatsächlich vollkommen entkörperlicht – und bei Descartes, wie oben im Anschluss an Nancy und Derrida ausgeführt, Geist und Körper gar nicht »vollständig voneinander getrennt[]« sind, wird hier dennoch ausgesprochen anschaulich, worum geht. Fungieren nämlich bei Descartes die *spiritus animales* als »[V]ersöhn[ung]« von *res cogitans* und *res extensa*, von Innen und Außen, dann entspricht ihnen in Vermeers Bildern das von draußen hereinströmende, hereinfließende Licht. Dass dieses Licht, genauso wie die *spiritus animales*, von fluidaler Qualität ist, zeigt sich sogar noch deutlicher als in den beiden von Crary genannten Bildern in Vermeers dem Bildaufbau nach ähnlich komponierter *Dienstmagd mit Milchkrug* von 1658/60 (Abb. 33)[1402], bei der die lichthelle Milch aus dem dunklen Krug in die Schale fließt wie das Licht durchs Fenster in den Raum.

Crary beschreibt ein solches cartesianisch-korpuskulares Licht an einem anderen Bild (Abb. 34)[1403]:

> In Chardins *Junge mit Seifenblasen* aus der Zeit um 1739 steht ein mit einer trüben Seifenflüssigkeit gefülltes Glas auf der Kante eines Fenstersimses. Ein Jugendlicher mit einem Strohhalm formt diese amorphe, undurchsichtige Flüssigkeit zu einer durchsichtigen Seifenblase […].
>
> Die flirrende Schwere der Atmosphäre in Chardins Spätwerk ist daher[,]

1401 Crary, Techniken des Betrachters. Sehen und Moderne im 19. Jahrhundert, S. 53–56.

1402 Johannes Vermeer: Das Milchmädchen (Dienstmagd mit Milchkrug, um 1658–1661), in: Schütz, Vermeer. Das vollständige Werk, S. 101 und 221f.

1403 Jean Siméon Chardin: Junge mit Seifenblasen (1732–1733), in: Marianne Roland Michel: Chardin, London 1996, S. 124.

Abb. 33 Johannes Vermeer: *Dienstmagd mit Milchkrug* (1658–1661)

das heißt Crary zufolge aufgrund seines »Verständnis[ses] von der Koidentität von Idee und Materie« (!) als einer »gemeinsame[n]« »untrennbare[n] Erkenntnisform« (!),

> ein Medium, […] [das] an die cartesianische Korpuskulartheorie [grenzt], an eine materielle Realität […].[1404]

1404 Crary, Techniken des Betrachters. Sehen und Moderne im 19. Jahrhundert, S. 71–73.

Abb. 34 Jean Siméon Chardin: *Junge mit Seifenblasen* (1739)

Mit anderen Worten: Chardins »Atmosphäre« wie Vermeers Licht sind so etwas wie gemalte *spiritus animales.* Als solche aber sind sie, wie Crary sagt, »ein Medium« – und das ganz im Sinne der vorliegenden Studie.

Das korpuskulare Licht Vermeers[1405] und Chardins als flüssiges, atmosphärisches Medium: erinnert diese Beschreibung Crarys nicht an E.T.A. Hoffmann am Zackenfall und die mediale Atmosphäre aus Licht und Wassertröpfchen, die ihn dort umgibt? Auf den ersten Blick scheint diese Analogie zu der im fünften Kapitel beschriebenen Medien-Szene auf der Hand zu

1405 Vgl. Carolin Bohlmann, Thomas Fink, Philipp Weiss: Lichtgefüge. Eine Einführung, in: kritische berichte 30/4 (4/2002). Zeitschrift für Kunst- und Kulturwissenschaften [...], S. 5–13; Gregor J.M. Weber: Die Empirie des Lichts. Anmerkungen zur Lichtbehandlung bei Johannes Vermeer, in: ebd., S. 38–57.

liegen. Auf den zweiten Blick allerdings verkompliziert sie sich insofern, als es ja Licht *und* Dunkel – Glanville: »all-pervasive blackness« – sind, die Vermeers und Chardins Figuren in ihrer *black box* umgeben. Ist aber die *camera-obscura*hafte Dunkelheit dieser Bilder, in die das Licht hineinfließt, für dieses Licht eine Art Gefäß, dann dient hier nach der oben anhand von Aristoteles' *angeîon* beschriebenen Logik die *camera obscura*, wenn nicht die Dunkelheit selbst, als eine Form (*eîdós*), die das Licht als Stoff (*hýlē*) füllt.

So gesehen, liegt der Crary zufolge in diesen Bildern dargestellten medialen »[V]ersöhn[ung]« von *res extensa* als »materielle[r] Realität« (Hegel: »[ä]ußerliche [...] Existenz«) und *res cogitans* als Geist der »intellektuelle[n] Untersuchung« (Hegel: »innere[s] Wesen«) die allgemeine Dichotomie *›Körper als dunkle, opake äußere Form – Geist als lichter, transparenter innerer Stoff‹* zugrunde. Dient dabei die Camera obscura buchstäblich und die *camera obscura* metaphorisch als Dispositiv dieser dichotomen Trennung, so ist es hier zugleich wieder einmal eine *periéchon*hafte Fluidalmetaphorik – nämlich diejenige vom Licht beziehungsweise Hell und Dunkel –, die diese Dichotomie medial überwindet, »versöhn[t]« oder auch heilt.

Das wiederum lässt, sozusagen, Glanvilles Theorie der *black box* in einem neuen Licht erscheinen: wirkt doch seine Metapher vom *whitening* der *black box* in Hinblick auf die hier in Rede stehenden Gemälde insofern weniger schief, als ja die Farbe Weiß in der Malerei zur Darstellung des Lichts verwendet wird. Ähnlich hatte schon Lacan in seinen oben im *Avanturen*-Kapitel zitierten Ausführungen aus dem *XI. Seminar* das Auge nicht nur in allgemeiner Analogie zu *camera obscura* oder *black box*, sondern ausdrücklich als »eine Schale« – also ein Gefäß – begreifend, Licht und Farbe über das *tertium comparationis* ihres Fließens enggeführt. Hatte er dabei ausdrücklich darauf hingewiesen, dass »[i]n dem, was sich mir so als Raum des Lichts darstellt«, der »Blick immer ein Spiel von Licht und Undurchdringlichkeit [bedeutet]«, dass also auch eine *white box* für den Blick »nicht durchlässig, traversierbar ist, sondern ganz im Gegenteil opak«,[1406] dann sagt Lacan damit nicht bloß etwas Ähnliches wie Glanville mit seinem Theorem von den *black boxes* innerhalb der *white box*, sondern tut dies zudem ausdrücklich vor dem Hintergrund der Vorstellung von einem korpuskularen, fluiden Licht, das als stoffliche, milchige Flüssigkeit der Farbe gleicht – einer Vorstellung, die auch bei Glanville da sein mag, allerdings unausgesprochen bleibt.

1406 Vgl. Zitat 1179.

Freunde, flieht die dunkle Kammer! Der historische Paradigmenwechsel (Goethe)

In seinem *Essay Concerning Human Understanding* von 1690 fasst John Locke die epistemologische Rolle, die die *camera obscura* zu seiner Zeit spielt, zusammen. Ausgehend von der Annahme, »daß die äußere und die innere Sensation die einzigen für mich erkennbaren Wege sind, auf denen das Wissen in den Verstand gelangt«, fährt Locke fort:

> Sie allein sind, soviel ich sehen kann, die Fenster, durch die das Licht in diese *camera obscura* Einlaß findet. Denn meines Erachtens ist der Verstand gar nicht so unähnlich einem Zimmer, das gegen das Licht vollständig abgeschlossen ist und in dem nur einige Öffnungen vorhanden sind, um äußere, sichtbare Abbilder oder Ideen von den Dingen der Umwelt einzulassen.[1407]

Genau so liegen Crary zufolge die Dinge epistemologisch bei Descartes. Crary schreibt dazu:

> Wenn es der Kern von Descartes' Methode war, die Ungewißheit des menschlichen Sehens und die Verwirrung der Sinneswahrnehmungen zu überwinden, so paßt die Camera obscura zu seinem Versuch, das menschliche Wissen auf eine rein objektive Betrachtung der Welt zu gründen. Die Öffnung der Camera entspricht dem einen, mathematisch bestimmbaren Punkt, von dem her die Welt aus einer fortschreitenden Ansammlung und Kombination von Zeichen deduziert werden kann. Dieses Gerät verkörpert die Stellung des Menschen zwischen Gott und der Welt. Die Camera obscura, die auf den Naturgesetzen (der physikalischen Optik) gründet, aber auf eine Ebene außerhalb der Natur extrapoliert wird, bietet einen Blickwinkel auf die Welt, der dem Auge Gottes vergleichbar ist.[1408]

Es passt zu Goethe als dem Dichter des *Prometheus*, dass ausgerechnet er diesen von Crary so genannten ›göttlichen‹, tatsächlich jedoch bloß unkörperlichen, dabei sozusagen von der Blässe des transzendentalen Gedankens angekränkelten Blickwinkel nicht mehr teilen mochte und deshalb zu einem der Exponenten jenes Paradigmenwechsels wurde, den die *camera obscura* um 1800 durchlief. Dieser Paradigmenwechsel liegt darin, dass die *camera obscura* gegen Ende des 18. Jahrhunderts nun nicht mehr – wie in Renaissance und Barock – als Apparat begriffen wird, der die »Verflochtenheit der Natur mit ihrer Repräsentation, die Nicht-Unterscheidbarkeit von Realität und ihrer

1407 John Locke: Versuch über den menschlichen Verstand. Erster Band (Buch I und II). Übersetzt von Carl Winckler, Leipzig 1911, S. 177 (II,11, 17). Zitiert bei Crary, Techniken des Betrachters. Sehen und Moderne im 19. Jahrhundert, S. 51f.

1408 Ebd., S. 57.

Projektion« garantiert und insofern epistemologisch für den Inbegriff von ›Wissen‹ steht, sondern im Gegenteil als ein »optisches System«, »das Bild und Realität a priori voneinander scheidet.«[1409]

Dieser gewissermaßen dialektische Umschlag, den das Dispositiv der *camera obscura* erfährt, führt schließlich – so Crary – zu einem völlig »neuen Modell[]« von »Subjektivität« und »Autonomi[e]«.[1410] Crary schreibt:

> In meiner Darstellung der Modernisierung und der Neubewertung des Sehens deute ich an, daß der Tastsinn ein integraler Bestandteil der klassischen Theorien des Sehens im 17. und 18. Jahrhundert war. Die dann folgende Trennung von Tast- und Sehsinn vollzieht sich im Rahmen einer umfassenden »Trennung der Sinne« und der industriellen Neuerfassung des Körpers im 19. Jahrhundert. Daß das Sehen nicht mehr analog zum Tasten begriffen wurde, bedeutete auch die Loslösung des Auges aus dem Netzwerk der Referentialität, die in der Greifbarkeit und ihrer subjektiven Beziehung zum wahrgenommenen Raum verkörpert war. [...] [Dies bedeutete eine] Autonomisierung des Sehens.[1411]

Bedenkt man hier, noch einmal, Lacans Ausführungen zu Licht-Fluss und Il-*lumen*-ination, dann könnte man, was Crary hier »die Loslösung des Auges aus dem Netzwerk der Referentialität« nennt, metaphorisch auch als eine Verflüssigung des Sehens bezeichnen. Hatte Lacan mit etwas dunklen Worten gesagt, dass diese Vorstellung diejenige einer gewissen ›Opazität‹ des Blicks, des »Blick[s]« als eines »Spiel[s] von Licht und Undurchdringlichkeit« mit sich bringe, so lässt sich das auch vor dem Hintergrund von Crarys historischen Ausführungen verstehen: spricht doch Crary, ähnlich wie Lacan, von der »Ambiguität« des »Blick-Punkts« und der »Undurchdringlichkeit« des Blicks, von der schwindenden »Transparenz des betrachtenden Subjekts« im ausgehenden 18. Jahrhundert, das sich in dem Maße selbst zur *black box* wird, wie ihm der Mechanismus von Auge und Blick unklar wird:

> Die von Kant im Vorwort zu seiner zweiten Auflage der *Kritik der reinen Vernunft* (1787) zitierte »Copernikanische Wendung« des Zuschauers ist ein deutliches Anzeichen für eine neue Organisation und Positionierung des Subjekts. Auch Kant bleibt den optischen Vergleichen verhaftet und beschreibt diese Neupositionierung als eine »Veränderung der Denkart«, nach der »unsere Vorstellung der Dinge, wie sie uns gegeben werden, sich nicht nach diesen, als Dingen an sich selbst [richte], sondern diese Gegenstände vielmehr als Erscheinungen sich nach unserer Vorstellungsart [richten].[] William Blake drückte es einfacher aus: »Wie das Auge, so auch das Ding.« Daß das Sehen im klassischen Zeitalter als unmittelbare, als »sinnliche Erkenntnis« galt und daher das genaue Gegenteil dieser subjektzentrierten Erkenntnistheorie Kants darstellte, darauf verweist

1409 Ebd., S. 48.
1410 Vgl. ebd., S. 38.
1411 Ebd., S. 30.

> Michel Foucault […]. In der Nachfolge Kants verliert sich die Transparenz des betrachtenden Subjekts unaufhörlich. Das Sehen gilt nicht mehr als privilegierte Form der Erkenntnis, sondern wird selbst zu einem Objekt der Wissenschaft, der Beobachtung.[1412]

Das zeigt sich, so Crary, emblematisch in Darstellungen des Auges als Gegenstand der Untersuchung, wie es Anatomie-Atlanten der Zeit präsentieren; eine davon ist das Titelbild von Crarys hier zitiertem Buch.

Ein anderes schlagendes Beispiel der »Autonomisierung« und Opakisierung von Auge und Blick, das Crary anführt, findet sich in Goethes *Farbenlehre* von 1810. In der »Ersten Abteilung« über die »Physiologische[n] Farben«[1413] heißt es im Abschnitt 40:

> In einem Zimmer, das möglichst verdunkelt worden, habe man im Laden eine runde Öffnung, etwa drei Zoll im Durchmesser, die man nach Belieben auf- und zudecken kann; durch selbige lasse man die Sonne auf ein weißes Papier scheinen und sehe in einiger Entfernung starr das erleuchtete Rund an […].[1414]

Das ist das Dispositiv der *camera obscura* des 17. und 18. Jahrhunderts. Jetzt, so Crarys Argument, »gibt Goethe dann aber plötzlich und unerwartet die Anordnung der Camera obscura auf«:[1415]

> [M]an schließe darauf die Öffnung und blicke nach dem dunkelsten Orte des Zimmers; so wird man eine runde Erscheinung vor sich schweben sehen. Die Mitte des Kreises wird man hell, farblos, einigermaßen gelb sehen, der Rand aber wird sogleich purpurfarben erscheinen.
>
> Es dauert eine Zeit lang, bis diese Purpurfarbe von außen herein den ganzen Kreis zudeckt, und endlich den hellen Mittelpunkt völlig vertreibt. Kaum erscheint aber das ganze Rund purpurfarben, so fängt der Rand an blau zu werden, das Blaue verdrängt nach und nach hereinwärts den Purpur. Ist die Erscheinung dann vollkommen blau, so wird der Rand dunkel und unfärbig.[1416]

Crary interpretiert das zitierte Verfahren Goethes so:

> Goethes Anweisung, die Öffnung zu schließen, kündigt die Negation und Auflösung der Camera obscura als optisches System wie als erkenntnistheoretisches

1412 Crary, Techniken des Betrachters. Sehen und Moderne im 19. Jahrhundert, S. 77.

1413 Johann Wolfgang Goethe: Entwurf einer Farbenlehre. Des ersten Bandes erster, didaktischer Teil, in: ders.: Sämtliche Werke nach Epochen seines Schaffens. Münchner Ausgabe, Bd. 10: Zur Farbenlehre, hg. von Peter Schmidt, München 1989, S. 17–273, S. 27.

1414 Ebd., S. 37.

1415 Crary, Techniken des Betrachters. Sehen und Moderne im 19. Jahrhundert, S. 75.

1416 Goethe: Entwurf einer Farbenlehre. Des ersten Bandes erster, didaktischer Teil, S. 37.

> Prinzip an. […] [D]ie von ihm geschilderte optische Erfahrung sprengt vielmehr den Rahmen des klassischen Modells vom Sehen. Die schwebenden, wogenden Farbringe, die eine Reihe von chromatischen Transformationen durchlaufen, haben weder innerhalb noch außerhalb der dunklen Kamera eine Entsprechung. Wie Goethe ausführlich erklärt, sind es »physiologische Farben«, die ganz dem Körper des Betrachters entspringen […]. Die vom Konzept der Camera obscura a priori ausgeschlossene körperliche Subjektivität des Betrachters wird plötzlich zum Schauplatz, auf der ein Betrachter möglich ist. Der menschliche Körper […] wird zum aktiven Produzenten optischer Erfahrungen.[1417]

Nicht mehr eine ›objektive‹ Repräsentation der äußeren Welt erscheint also am Schauplatz dieser Camera obscura, sondern physiologische Simulakra im menschlichen Geist. Das ist *ein* Grund für Goethes Skepsis gegenüber der Camera obscura und ihrer traditionellen epistemologischen Funktion als *camera obscura.* Seine heftige Polemik und ihre Invektiven gegen die Camera obscura beziehungsweise die *camera obscura* jedoch erklären sich, wie Albrecht Schöne in seinem Buch *Goethes Farbentheologie* gezeigt hat, aus Goethes »Glaubensk[a]mpf[]« mit Newton.[1418]

Der Sache nach allerdings spiegelt sich in Goethes Äußerungen über die *camera obscura* durchweg jener Paradigmenwechsel, um den es hier geht. So spottet er etwa über den zum Katholizismus konvertierten Friedrich Schlegel am 22. Juni 1809 in einem Brief an Carl Friedrich von Reinhard, Schlegel sei verleitet worden,

> wenn Sie ein ander Gleichnis wollen, so viel wie möglich durch Läden und Vorhänge das Licht aus dem Gemeindehause auszuschließen, einen recht dunklen Raum hervorzubringen, um nachher durch das foramen minimum [das kleinste Bohrloch] so viel Licht, als zum hocus pocus nötig ist, hereinzulassen.[1419]

1806 schreibt Goethe:

> Ist erst eine dunkle Kammer gemacht,
> Und finstrer als ägyptische Nacht,
> Durch ein gar winzig Löchlein bringe
> Den feinsten Sonnenstrahl herein,
> Daß er dann durch das Prisma dringe,
> Alsbald wird er gebrochen sein.[1420]

1417 Crary, Techniken des Betrachters. Sehen und Moderne im 19. Jahrhundert, S. 76.

1418 Vgl. Albrecht Schöne: Goethes Farbentheologie, München 1987, insbesondere S. 42–44.

1419 22.6.1809 an Carl Friedrich von Reinhard; zitiert nach Schöne, Goethes Farbentheologie, S. 147.

1420 Zit. nach ebd., S. 178.

Im Kontext der *Campagne in Frankreich 1792* – entstanden 1819–1822, publiziert 1822 – heißt es dann:

> [M]anche Langeweile stockender Tage betrog ich durch fortgesetzte chromatische Arbeiten, wozu mich die schönsten Erfahrungen in freier Welt aufregten, wie sie keine dunkle Kammer, kein Löchlein im Laden geben kann.[1421]

Und schließlich erscheint 1827 unter dem Titel *Warnung eigentlich und symbolisch zu nehmen* ein Gedicht, in dem es heißt:

> Freunde, flieht die dunkle Kammer
> Wo man euch das Licht verzwickt,
> Und mit kümmerlichstem Jammer
> Sich verschrobnen Bilden bückt.[1422]

Philosophie, brachial. Was sich im Schachtürken zeigt, wie man ihm entflieht und wie man es zerstört

In Goethes Ausführungen zur Camera obscura artikuliert sich, was Crary als historischen Paradigmenwechsel des mit der Camera obscura verbundenen epistemologischen Modells der *camera obscura* beschreibt. Ist die *camera obscura* zunächst in Renaissance und Barock Inbegriff eines Raums, in dem auf beobachtbare, eben ›objektive‹ Weise ein ebenso ›objektives‹ Wissen erscheint, oder anders gesagt: Ist die *camera obscura* zunächst Inbegriff einer – mit Glanville – *white box*, so wird sie dann bei Goethe zu Ort und Inbegriff eines obskuren, eben *hocus-pocus*haften Wissens, das diesen Namen gar nicht mehr verdient: die *camera obscura* wird zur *black box*. Mit Blick auf die oben als Abb. 13 gezeigte Illustration aus Descartes' *Optik* ließe sich also sagen, dass sich Goethes epistemologisches Augenmerk vom durch-sichtig gemachten Auge oben, das für den kleinen Betrachter unten ja fast schon ein begehbarer und somit von innen beobachtbarer Raum – eine Camera obscura beziehungsweise *camera obscura* als *white box* – ist, auf das kleine schwarze, als solches kaum sichtbare und schon gar nicht durch-sichtige Auge des Betrachters unten – die *camera obscura* als *black box* – verschiebt.

Diesen historischen Paradigmenwechsel – die *camera obscura* wird, systemtheoretisch gesprochen, von der *white box* zur *black box* – führt, so hatte ich ja

1421 Johann Wolfgang Goethe: Tag- und Jahreshefte, in: ders.: Sämtliche Werke nach Epochen seines Schaffens. Münchner Ausgabe, Bd. 14: Autobiographische Schriften der frühen Zwanzigerjahre, hg. von Reiner Wild, München 1986, S. 7–322, S. 21.

1422 Zit. nach Schöne, Goethes Farbentheologie, S. 209.

oben in meiner dritten These gesagt, von Kempelens Schachtürke vor Augen: und dies insofern nach der von Glanville entworfenen systemtheoretischen Logik, als der Schachtürke die von Crary beschriebene historische Abfolge des von der *camera obscura* durchlaufenen Paradigmenwechsels von der *white box* zur *black box* ins Systematische umlegt, dabei jedoch zugleich das zeitliche Verhältnis von Vorher und Nachher in der rekursiven Struktur des »re-entry« bewahrt. Vor den Augen der Zuschauer verwandelt sich der Schachtürken-Kasten, wenn seine Türen geöffnet werden und er von innen ausgeleuchtet wird, von der *black box* in eine *white box*. Gleichzeitig aber taucht ebenfalls vor den Augen der Zuschauer – Glanville spricht von »recursive iteration[]« – eine weitere *black box* auf: das dem Kasten entnommene und auf den Tisch gestellte Kästchen. Dieses dient dazu, von der weiteren, sich immer noch im Inneren des Schachtürken-Kastens befindenden *black box* abzulenken: eben jenen mobilen Kulissen, hinter denen sich der Schachspieler verbirgt.

Wie die Berichte der zeitgenössischen Beobachter zeigen, funktionierte diese Ablenkung. Denn egal, ob die Zuschauer das Kästchen für eine Art hölzern-dinghafte Metapher, Metonymie oder, *pars pro toto*, Synekdoche für den Kasten hielten: als Mise en abîme, das heißt als Verweis auf die rekursive Struktur von *camera obscura* und *camera lucida, black box* und *white box*, erkannten sie es nicht.[1423] Deshalb verkannten sie auch, dass die *black box* des Kastens, die durch Entnahme der *black box* des Kästchens zur *white box* geworden war, rekursiverweise noch eine weitere *black box* enthalten musste. Was ihnen also fehlte, war die von Glanville zum Aufsatztitel erhobene systemtheoretische Einsicht »Inside Every White Box There Are Two [!] Black Boxes Trying to Get Out«.

Ob von Kempelen diese Einsicht besaß, lässt sich natürlich nicht sagen. So oder so zeigt sie sich in seinem Schachtürken – und insofern geht es beim Schachtürken zwar nicht um eine »Geistererscheinung« (Biester), aber um eine Medien-Erscheinung: die Vorführung eines Mediums, dessen »mechanism« – als *apparatus* und *apparitio* zugleich –»apparent« wird (Glanville). Darin liegt die mediale Selbstreflexion des Schachtürken, von der ich oben in meiner ersten These gesprochen hatte.

In Löhrs Roman ergibt sich daraus eine weitere Pointe. Sie liegt darin, dass Tibor auf brachiale Weise und damit ganz buchstäblich Goethes Aufruf »Freunde, flieht die dunkle Kammer / Wo man euch das Licht verzwickt« nachkommt. Das wiederum lässt noch einmal an Hoffmanns Kutschfahrt gegen den Torflügel samt der ihr zugrundeliegenden platonischen Metaphorik

1423 Die Mise en abîme ist ja auch, wie gesagt, keine klassische, sondern eine moderne Denkfigur; vgl. Anm. 1106.

vom Körper als Kasten, Gefäß oder Form der Seele denken, und das heißt bei Platon auch: als Grab der Seele. Denn aus diesem Grab befreit sich Tibor.

Gegen Ende von Löhrs Roman fürchtet von Kempelen, dass Tibor das Geheimnis des Schachtürken preisgibt, und will ihn deshalb mit Arsenik vergiften. Das hat nichts mit der historischen Wirklichkeit zu tun, denn erstens handelte es sich ja nicht um einen Betrug, dessen Entdeckung von Kempelen hätte gefährlich werden können, und zweitens war von Kempelen, so werden jedenfalls die Quellen nicht müde zu betonen, ein anständiger Mann. Anders jedoch im Roman. Da schreckt von Kempelen zwar im letzten Moment vor dem Giftmord an Tibor zurück, sperrt diesen dann aber im Schachtürken ein – und man muss vermuten, dass er darin umkommen soll. Im Roman heißt es:

> Schwarz, schwarz und still, schwarz und absolut still war es, als Tibor wieder zur Besinnung kam. […] Er spürte Stoff unter sich und am Hinterkopf[] und […] erkannte […], daß er in einem Kasten saß. Ein Sarg. Man hatte ihn lebendig begraben.[1424] Für einen Moment überkam ihn eine maßlose Angst, doch dann roch er Metall und Öl, einen vertrauten Geruch, und er wußte, daß er sich nicht in einem Sarg, sondern vielmehr im mit Filz ausgeschlagenen Innern des Schachautomaten befand.[1425]

Tibor befreit sich von Knebel und Fesseln und biegt sich aus einem der Metallstäbe im Räderwerk des Schachtürken einen Dietrich:

> Da er keine Zange hatte, mußte er mit seinen Fingern und, da er nichts sah, vollkommen nach Gefühl arbeiten. Er nahm eine Schachfigur zur Hilfe und bog den Draht um ihren Kopf herum. Den fertigen Dietrich führte es ins Schloß ein. Nun begann die eigentliche Arbeit: Immer wieder mußte er den Schlüssel herausnehmen, um den Draht etwas zu verbiegen, mitunter nur um Haaresbreite. Eine gute Stunde später bekam er den Riegel zu fassen, der mit einem leisen Geräusch zurück ins Schloß fuhr. Die Tür war offen, und er kroch aus dem Tisch hinaus.[1426]

Dass Tibor so in eine »Kammer« gelangt, die »nahezu ebenso dunkel und stickig« ist wie der Kasten des Schachtürken, dass er also von einer *black box* in die nächste kommt, verwundert nach dem bisher Gesagten nicht. Zwar, mit Goethe, der einen »dunkle[n] Kammer« ent»fl[o]h[en]«, sitzt er nun in der

---

1424 Diese Entwicklung hat Tibor schon früh in Gedanken vorweggenommen: »Tibor […] hatte die Holzbretter gesehen, aus denen der Schachtisch gezimmert war, und er wußte, sie waren so dick, daß es unmöglich wäre, sich daraus zu befreien. Wenn ihm von außen keiner helfen würde, dann wäre er lebendig eingesargt […].« Löhr, Der Schachautomat, S. 35.

1425 Ebd., S. 359.

1426 Ebd., S. 361.

nächsten, und in ihr ist er endgültig gefangen, weil ihre »Tür« »von außen verriegelt« ist und er sie »nicht öffnen« kann. Stattdessen macht er sich an die Zerstörung des Schachtürken. Dabei ist der Ingrimm, mit dem er von Kempelens anthropomorphe *black box* zerstört, noch größer als Goethes Ressentiment gegen die *camera obscura*:

> Seine Finger fuhren über Kinn, Mund und Nase bis zu den Augen. Er berührte den gläsernen Augapfel mit der Kuppe seines Daumens. Das Glas fühlte sich kälter an als der Rest des Türken. Es war zu finster, um das Gesicht des Türken zu sehen. Tibor verstärkte den Druck auf das Auge. Im hölzernen Schädel des Türken knirschte es. Die Umfassung des Auges brach schließlich, und das Auge wurde nach hinten in den leeren Schädel gedrückt. Einer Murmel gleich fiel es durch den hohlen Körper, schlug gegen Holzrippen und Drähte und blieb schließlich an seinem Sehnerv hängen.
>
> [...] Tibor drehte den rechten Arm des Androiden auf den Rücken. Die Knochen aus Holz splitterten und zerbarsten, die Seide des Kaftans riß der Länge nach ein. Er zog den Arm aus der Schulter des Türken und zerbrach ihn über seinem Knie wie Brennholz. Die Überreste schleuderte er in die Ecke. Dann zerbrach er den linken Arm, der [...] viel leichter barst, beinahe wie die hohlen Knochen eines Vogels. Tibor drehte die Hand, die die Schachfiguren geführt hatte, deren Mechanik so unendlich fein war und deren Herstellung so viel Zeit gekostet hatte, aus ihrem Gelenk und warf sie zu Boden, und dort zertrümmerte er sie unter seinen Hacken. [...] Beidhändig riß er die Kabelzüge aus dem Leib, und ein letztes Mal nickte der Türke wie wild [...]. Tibor riß den Kopf ab, drehte dem Türken den Hals um, bis das Genick brach.[1427]

Später, als Tibor sein Zerstörungswerk beendet hat, wird »die Tür der kleinen Abstellkammer«, in der die Szene stattfindet, geöffnet, und es bietet sich folgender

> Anblick: Dort stand der Schachtisch, aus dessen Uhrwerk ein Balken ragte. Vom Türken waren nur noch die Beine geblieben, die fest auf dem Hocker montiert waren. Der Rest des Leibes lag in Fetzen über die gesamte Kammer verteilt. [...] Auf dem Boden lag ein Auge. [...]
>
> Inmitten dieses Chaos saß ein kleiner Mensch, ein Zwerg, den Rücken an die Wand gelehnt. Er blinzelte, als das Licht der Werkstatt auf ihn fiel, und hob eine Hand, um seine Augen abzuschirmen. Seine Stirn war von Schweiß bedeckt, und auf dem Schweiß klebten Holzsplitter, Lackteile und Staub. Als sich der Zwerg an die Helligkeit gewöhnt hatte, [...] lächelte [er].[1428]

Was sich hier zeigt, ist nicht bloß im Allgemeinen die Verwandlung einer *black box*, in die Licht fällt, in eine *white box*. Hier ereignet sich vielmehr in

1427 Ebd., S. 362f.
1428 Ebd., S. 368.

emblematischer Weise genau jener von Crary beschriebene Paradigmenwechsel, zu dem Goethe aufruft – nur eben nicht, wie in Goethes *Farbenlehre*, am Beispiel der *camera obscura* als Camera obscura, sondern in Gestalt der *camera obscura* als Kasten des Schachtürken. Diesem dunklen Kasten entflieht Tibor ja ganz buchstäblich, und er tut das, indem er ebenfalls buchstäblich das *camera-obscura*-Dispositiv des cartesischen Weltbildes zerschlägt. Um das cartesische Dispositiv und nicht um einen Automaten im la Mettrie'schen Sinne handelt es sich dabei deshalb, weil ja das Räderwerk nicht das Schachspiel steuert, sondern bloß den als Steuermann des Schachspiels im Kasten sitzenden Menschen verbirgt. Sitzt aber im »Hirnkasten« eines Menschen-Bildes oder auch – wie in Abb. 13 – hinter beziehungsweise unter seinem Auge nicht der menschliche Geist, sondern ein kleiner Mensch, dann handelt es sich nicht nur systemtheoretisch um das *re-entry* einer *black box*, sondern zugleich philosophisch um einen Homunkulus: und eben dieser Homunkulus, »ein kleiner Mensch«, sitzt in der gerade zitierten Szene aus Löhrs Roman inmitten der Splitter jenes Menschen-Bildes, dem er gerade entstiegen ist, indem er es zerstört hat.

Hocus pocus in der *black box*, Theologie im Medium. Benjamins Allegorie des Schachtürken

Goethes hier zitierte Aussagen zur *camera obscura* sind polemisch. Sie entstammen einer Farbenlehre, die genau besehen – mit Schönes Ausdruck – eine Farben*theologie* ist. Ironischerweise ist es nun gerade diese Vorstellung der Theologie, die Goethe in denunziatorischer Absicht gegen seine Gegner wendet. Daher die »Kammer«, »finstrer als ägyptische Nacht«, die die Vorstellung hierophantischen Wissens evoziert. Und daher, vor allem, der »hocus pocus«, bei dem es sich ja um eine Verballhornung der katholischen Messformel *hoc est enim corpus meum* handelt.[1429]

Denunziert Goethe aber die *camera obscura* als nicht nur irgendwie im Allgemeinen magisches, sondern als spezifisch theologisches Denkmodell, dann trifft er damit buchstäblich ins Schwarze – das heißt Obskure – jener Medien-Definition, derzufolge Medien – mit Jochen Hörischs Ausdruck – »Sein und Sinn in eins bilde[]n« sollen,[1430] derzufolge sich also in Medien

1429 Die Etymologie ist unklar. »Daß es sich ursprünglich um eine Entstellung der Meßformel (*hoc est enim corpus meum*) handelt, ist« jedenfalls »nicht ausgeschlossen.« »Hokuspokus«, in: Kluge, Etymologisches Wörterbuch der deutschen Sprache, S. 380.

1430 Hörisch, Brot und Wein. Die Poesie des Abendmahls, S. 13.

nicht nur die »abendländische[] Ontosemiologie«,[1431] sondern auch – mit Jacques Derrida – die abendländische »Ontotheologie« verkörpert: leitet sich doch, wie Hans Ulrich Gumbrecht argumentiert hat, das zeichentheoretisch so wichtige Phantasma einer sprachlich vermittelten »Realpräsenz« von der mittelalterlichen »Theologie des Abendmahls« her. Gerade deshalb weist ja Gumbrecht in seinem Buch *1926. Ein Jahr am Rand der Zeit* den Verdacht von sich, bei seinem historiografischen »Versuch [...], die Realität vergangener Welten zu ›beschwören‹, [...] naiven Vergleichen mit der Magie zu frönen«.[1432]

Zum theologischen Moment von *camera obscura* und Medium passt, dass Walter Benjamin in der oben schon erwähnten ersten These *Über den Begriff der Geschichte* den von Kempelen'schen Schachtürken – auch er *camera obscura* und Medium zugleich – sogar zur Allegorie der Theologie gemacht hat:

> I. Bekanntlich soll es einen Automaten gegeben haben, der so konstruiert gewesen sei, daß er jeden Zug eines Schachspielers mit einem Gegenzuge erwidert habe, der ihm den Gewinn der Partie sicherte. Eine Puppe in türkischer Tracht, eine Wasserpfeife im Munde, saß vor dem Brett, das auf einem geräumigen Tisch aufruhte. Durch ein System von Spiegeln wurde die Illusion erweckt, dieser Tisch sei von allen Seiten durchsichtig. In Wahrheit saß ein buckliger Zwerg darin, der ein Meister im Schachspiel war und die Hand der Puppe an Schnüren lenkte. Zu dieser Apparatur kann man sich ein Gegenstück in der Philosophie vorstellen. Gewinnen soll immer die Puppe, die man ›historischen Materialismus‹ nennt. Sie kann es ohne weiteres mit jedem aufnehmen, wenn sie die Theologie in ihren Dienst nimmt, die heute bekanntlich klein und häßlich ist und sich ohnehin nicht darf blicken lassen.[1433]

Nur äußerlich, lässt sich das verstehen, hat der sogenannte »›historische[] Materialismus‹« irgendeinen Erklärungswert; tatsächlich verbirgt sich in ihm – im Schutze seiner Dunkelheit, *obscuritas* – wie der Homunkulus im Schachtürken die Theologie.

Es kann hier dahinstehen, was diese Allegorie samt ihren geradezu kafkaesken Irritationsmomenten wie dem zweimal genannten Wort »bekanntlich« oder der Fehlinformation über die Spiegel in Hinblick auf Benjamins *Begriff der Geschichte* genau bedeutet. Worauf es hier ankommt, ist Benjamins Bild von einer nach außen hin »[m]aterialis[tischen]« (also wie die Automaten des 18. Jahrhunderts von einem rein mechanischen Uhr- oder Räderwerk

1431 Ebd., S. 12.

1432 Gumbrecht: 1926. Ein Jahr am Rand der Zeit, S. 473.

1433 Walter Benjamin: Über den Begriff der Geschichte, in: ders.: Gesammelte Schriften I.1, hg. von Rolf Tiedemann und Hermann Schweppenhäuser, Frankfurt a. M. 1974, S. 691–704, S. 693.

angetriebenen) »Apparatur« im Sinne eines philosophischen oder auch epistemologischen Dispositivs – eines »Gegenstück[s] in der Philosophie« –, die sich insofern als »Illusion« ent»[p]upp[t]«, als darin der »klein[e] und häßlich[e]«, gar mit seinem Buckel wie der Teufel selbst körperlich behinderte »Zwerg« der »Theologie« hockt: die Theologie also, anders gesagt, als *black box* im vermeintlich post-metaphysischen historischen Materialismus *re-entry*haft wieder auftaucht. Nicht mehr Gott selbst ist es, der okkasionalistisch in den Lauf der Welt eingreift, sondern die Theologie als sein Homunkulus, die – obwohl sie sich »nicht« mehr »darf blicken lassen« – dennoch im Dunkeln fortwirkt.

Benjamins Bild vom Schachtürken ist emblematisch für den hier entwickelten Medienbegriff. Das Medium als *camera obscura* und *black box*, das Versprechen des Mediums, seinen inneren Mechanismus beobachtbar – Glanville: »the mechanism is apparent« –, »durchschau[bar]« (*Teutscher Merkur*) beziehungsweise »durchsichtig« (Benjamin) zu machen, und seine Enttarnung als philosophischer Trugschluss, der über unerklärlichen theologischen *hocus pocus* nicht hinausgelangt: all das versammelt Benjamin in seiner ersten These *Über den Begriff der Geschichte*.

So gesehen, ist die Außen-Innen-Unterscheidung der *camera obscura* eine Spielart jener basalen Vorstellung vom Medium als eines Dazwischen, wie sie Dieter Mersch vom griechischen *metaxú*[1434] ableitet. In einem Aufsatz aus dem Jahr 2010 schreibt Mersch – und mit dem von ihm gewählten Wort »Riss« kehrt hier nicht zufällig jener Begriff wieder, der nicht nur in Schillers Dissertation als »Riß zwischen Welt und Geist« den Begriff der »Mittelkraft« vorbereitet, sondern auch in Georg Lukács' *Theorie des Romans* als »Riss[] zwischen Innen und Außen« und somit zwischen »Ich« beziehungsweise »Seele« »und Welt« verläuft:[1435]

> Das Mediale als ›Meta‹ ist […] einer Differenz geschuldet, deren Differenz selbst offen bleibt; es performiert gleichsam eine *metabasis eis allos genos*, die sich jeder weiteren Analyse sperrt. […]
>
> Es gibt, wie man sagen könnte, ein theologisches Moment im Medialen, das inmitten der Figuren des Sprungs und des *Meta* an ein Enigma rührt, um […] die gesamte Bürde der klassischen Metaphysik und ihrer Rätsel, von der Kluft zwischen Natur und Kultur oder Körper und Geist bis zum »Balken«, der Signifikat und Signifikant voneinander trennt, auszutragen. Mit einem Schlag scheint sich der Riss ›zwischen‹ ihnen aufzulösen, sobald ein ›Drittes‹ ›dazwischen‹ tritt – das jedoch die Vermittlung nur besorgt, um die Differenz ebenso zu eskamotieren und sie gleich einem Widergänger [sic] an anderer Stelle

1434 Vgl. Anm. 229 und 230.

1435 Lukács, Die Theorie des Romans, S. 21.

> zurückkehren zu lassen, weil nunmehr das Medium selbst, vergleichbar einer *black box*, die Dimension der Spektralität übernimmt.[1436]

Das lässt sich als Resümee des in diesem Kapitel bis hierhin Gesagten verstehen – bis hin zum »theologische[n] Moment« und zur *re-entry*haften Rückkehr des Medialen als »Widergänger« beziehungsweise *»black box«*.

Dass wiederum auch Kempelens Schachtürke eine *black box* in diesem Sinne ist, hat Wolfgang Ernst in einer Berliner Vorlesung aus dem Wintersemester 2005/06 bemerkt, in der er »die *black box* namens *to metaxú*«[1437] mit dem Schachtürken verband. Aus dem Ankündigungstext zu der Ausstellung »›Speaking without lips, thinking without brain ...‹ Schachautomat und Sprechmaschine des Wolfgang von Kempelen (1734–1804)« des Hermann-von-Helmholtz-Zentrums für Kulturtechnik im Foyer der Humboldt-Universität zu Berlin vom Juli 2005[1438] zitiert Ernst in seinem Skript:

> Die Rechenmaschine, zumal der Computer, ist keine schlichte prothetische Erweiterung menschlicher Sinnes- und Körperorgane mehr, sondern eine Geburt aus der Kognition. Diese neue medienepistemische Dimension von Kultur zu denken bedurfte des Trainings. Charakteristisch für die Übergangszeit dieses Denkens sind hybride Mensch-Maschine-Entwürfe wie jener mechanische Schachspieler, den Wolfgang von Kempelen 1769 präsentiert. »Nur scheinbar hatte ein Automat von der Ratio Besitz ergriffen, denn im Inneren der Apparatur verbarg sich ein Mensch.«[...] Das Agieren des Menschen in der Maschine wurde sowohl narrativ wie mathematisch reflektiert, »von der Romantik bis zu Walter Benjamin, von Alan Turing bis zum Wettkampf von Garri Kasparov gegen den Schachcomputer Deep Blue« [...]. Am Anfang der Erzählung steht der Mensch, verborgen in der Black Box der Maschine, aber deren Fäden als Informationsverarbeitung der eingehenden mechanischen Signale ziehend (von Kempelen). Am mathematischen Ende aber steht die andere, die Innenseite dieses Möbius Bandes: die Maschine, die sich im Menschen birgt, sobald er (im Kopf, auf Papier oder anders) rechnet (Turing).[1439]

1436 Dieter Mersch: Meta/Dia. Zwei unterschiedliche Zugänge zum Medialen, in: Zeitschrift für Medien- und Kulturforschung 2/2010, S. 185–208, S. 200f.

1437 Wolfgang Ernst: Barocke Kombinatorik als Theorie-Maschine. Lulls Kombinatorik, Descartes' Maschinen und Leibniz' Apokatastasis panton, unter: https://www.medienwissenschaft.hu-berlin.de/de/medienwissenschaft/medientheorien/downloads/skripte/medientheorie4.pdf (31.8.2015), S. 7.

1438 »Speaking without lips, thinking without brain ...«, 2.7.2005–30.07.2005, Berlin, in: H-Soz-Kult, 21.06.2005, <http://www.hsozkult.de/event/id/termine-4165> (2.5.2016).

1439 Ernst, Barocke Kombinatorik als Theorie-Maschinen, S. 29f.

Nadeln und Magnete. Das Geheimnis des Schachtürken …

Nicht nur die genannte Berliner Ausstellung fand 2005 statt, im selben Jahr erschien auch Löhrs Roman *Der Schachautomat*. In seinen dem Roman nachgestellten »Anmerkungen des Autors« dankt Löhr neben anderen Ernst Strouhal und Brigitte Felderer, die wiederum den zentralen Gegenstand der Ausstellung konzipiert haben: einen von Jakob Scheid gebauten – offenbar auf das Konzept der *black box* anspielenden – Kasten (Abb. 35)[1440], in dem sich dem historischen Original möglichst getreu nachgebaute Komponenten der Sprechmaschine und des Schachtürken von Kempelens befinden, darunter sein magnetischer Mechanismus. Diesen Nachbau sowie die Geschichte der Kempelen'schen Maschinen haben Strouhal und Felderer in einem Leporello dokumentiert, der in einer schwarzen Pappschachtel liegt und somit seinerseits, ähnlich wie auch Scheids Kasten, auf die Vorstellung der *black box* verweist.

Abb. 35 Jakob Scheid: »Kempelen-Box« der Berliner Ausstellung »Speaking without lips, thinking without brain«

1440 Felderer, Strouhal, Kempelen – zwei Maschinen, S. 28.

Der magnetische Mechanismus des Schachtürken ermöglichte es dem in seinem Inneren verborgenen Spieler, das Geschehen auf dem Schachbrett außen zu beobachten. In Löhrs Roman heißt es dazu: »In den Tagen vor dem Christfest versuchten die drei Männer«, das heißt von Kempelen, sein Gehilfe Jakob und Tibor,

> eine Möglichkeit zu finden, wie Tibor auf das Schachbrett sehen könnte. Sie probierten es mit einem halbdurchsichtigen Schachbrett und einem Periskop im Rumpf des Türken, aber beide Lösungen waren unzureichend. [...]
>
> Sobald das neue Jahr angebrochen war [...], erläuterte Kempelen seine Idee: Man mußte das Schachbrett gar nicht sehen. Es reichte vollkommen, wenn man wußte, welche Figur bewegt worden war. Er wollte daher in jeden Spielstein einen starken Magneten einlassen und auf der Unterseite des Schachbretts etwas anbringen, das dieser Magnet anzog beziehungsweise fallenließ, wenn er gezogen wurde. [...] »[...] Der Magnet wird unter einem anderen Feld wieder angezogen. Tibor muß nur aufmerksam das Schachbrett beobachten.«
>
> [...] Sie arbeiteten mit mehr Energie als im alten Jahr [...]. »Letzten Endes wandeln wir also doch wieder auf den Spuren dieses französischen Scharlatans, wenn wir vor die Kaiserin treten. Denn unsere Maschine funktioniert auch nur mit verborgenen Magneten.«
>
> Sie trieben vierundsechzig Messingnägel in die Unterseiten der Felder. Auf jedem Nagel lag ein Eisenplättchen, in dessen Mitte ein Loch gebohrt worden war. Wurde nun der Magnet auf das Feld gesetzt, zog er das Metallplättchen heran; wurde er fortgenommen, fiel das Plättchen zurück auf den Nagelkopf. [...] Die Magnetlösung funktionierte einwandfrei, und selbst wenn Tibor einmal nicht sah, welches Plättchen gerade angehoben und fallengelassen worden war, konnte er den Spielstand mit Hilfe seines eigenen Schachbretts rekonstruieren.[1441]

Das geschieht, wie gesagt, im Lichte einer Kerze. Ihr Rauch zieht durch den Schädel des Schachtürken ab und wird dabei oben, bevor er diesen Kamin verlässt, durch den Fes des Türken gefiltert »und damit unkenntlich [ge]mach[t]«[1442].

In Strouhals und Felderers Leporello findet sich eine Abbildung des von Jakob Scheid – vielleicht kommt von ihm ja auch der Name des Gehilfen in Löhrs Roman, der in den historischen Quellen »Herr Anthon« heißt – nachgebauten Mechanismus (Abb. 36)[1443], wie er sich unter jedem der vierundsechzig Felder fand. Dass in den Schachfiguren Magneten verborgen waren, hatte wiederum schon Racknitz angenommen und dargestellt. (Abb. 37)[1444]

1441 Löhr, Der Schachautomat, S. 37 und 47f.

1442 Ebd., S. 49.

1443 Brigitte Felderer, Ernst Strouhal: Kempelen – zwei Maschinen, Wien 2004, S. 11.

1444 Freiherr Joseph Friedrich zu Racknitz: Ueber den Schachspieler des Herrn von Kempelen und dessen Nachbildung. Mit sieben Kupfertafeln, Leipzig, Dresden 1789; Faksimile in:

Abb. 36 Magnetnadel-Mechanismus des Schachtürken. Nachbau von Jakob Scheid

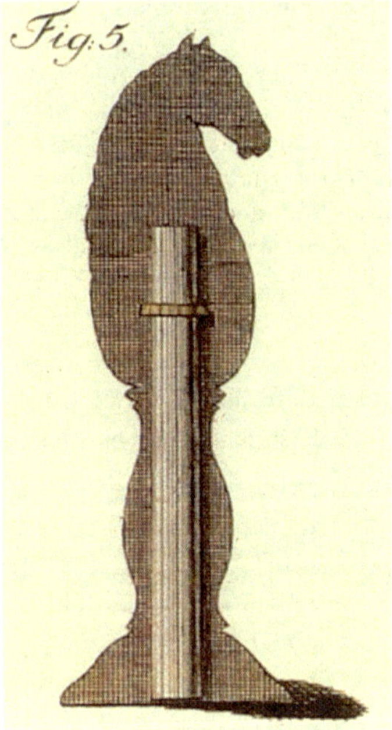

Abb. 37
Stabmagnet im Rössel: Freiherr Joseph Friedrich zu Racknitz, *Ueber den Schachspieler des Herrn von Kempelen und dessen Nachbildung* (1789)

Der Schachautomat des Baron von Kempelen. Mit einem Nachwort von Marion Faber, Dortmund 1983, S. 7–63, S. 62f., S. 63.

Dazu schreiben Strouhal und Felderer:

> Mechanik eines Bluffs
>
> Technisch gesehen gründet der Kempelensche Schachspieler auf der Kombination von drei Faktoren: der Anwendung des Magnetismus bei der Informationsübertragung der Züge vom Spielbrett außen ins Innere des Kastens, dem Versteck des Spielers im Kasten und der präzisen Mechanik zur Lenkung des Spielarms der Puppe.
>
> Auch wenn den meisten Besuchern der Vorführungen des Türken klar war, dass die Lenkung des Puppenarms durch einen menschlichen Spieler erfolgen musste, so blieb die Frage umstritten, wie der im Kasten verborgene Spieler die außen gespielte Partie verfolgen konnte. Kempelen bediente sich dabei kleiner magnetischer Nadeln, die an der Unterseite des Brettes angebracht waren. [...]
>
> Obwohl der Seekompass in Europa bereits seit dem Mittelalter bekannt war, war die allgemeine Kenntnis über den Magnetismus noch im 18. Jahrhundert gering. Die Anwendung magnetischer Kräfte, der Fluida und die Nutzung des elektrischen und tierischen »Lebensmagnetismus« blieb mystisch und obskurant. Gerade deshalb wurde der Magnetismus im Rahmen der »unterhaltsamen Mathematik und Physik« wie bei Jean Pelletier, Gilles Guyot oder Ozanam zum Amusement und – wie der Fall Mesmer zeigt – für die Heilung von psychisch oder physisch Kranken verwendet. Dass Kempelen den Magnetismus zur Informationsübertragung nutzte, wenn auch nur über die kurze Strecke von der Außen- zur Innenseite eines Holzkastens, erscheint neu.[1445]

In Löhrs Roman verweist Kempelen selbst auf diese Zusammenhänge, und der von ihm erwähnte »französische[] Scharlatan[]«[1446] ist tatsächlich Jean Pelletier.[1447] Bei ihrem ersten Zusammentreffen erzählt Kempelen Tibor:

> »Vor ein paar Wochen gab der französische Physiker Pelletier am Hof ein paar seiner Experimente zum besten: Spielereien mit Magnetismus, Hokuspokus mit fliegenden Nägeln und Münzen, die sich scheinbar von unsichtbarer Hand geführt über ein Papier bewegen; Haare, die plötzlich zu Berge stehen, und dergleichen mehr. Doktor Mesmer heilt bereits Menschen mit seinen Kenntnissen des Magnetismus ... da kommt dieser zaubernde Franzmann und raubt mit seiner Gaukelei meine kostbare Zeit – und die der Kaiserin. Maria Theresia fragte mich im Anschluß an die Vorstellung, was ich über Jean Pelletier denke, und ich wurde deutlich: Ich sagte ihr, daß die Wissenschaft schon viel weiter sei und daß ich, der ich nicht einmal wie Pelletier an der Académie gelernt hätte, in der Lage sei, ihr ein Experiment zu präsentieren, das Pelletiers Darbietungen wie Taschenspielertricks aussehen lassen würde. Natürlich hat das ihre Neugier

1445 Felderer, Strouhal, Kempelen – zwei Maschinen, S. 11.

1446 Vgl. Zitat 1441.

1447 Auch Halle, Magie, oder, die Zauberkräfte der Natur, S. 169 erwähnt Pelletier: »Die künstliche Bewegungen, die Pelletier, Guyot und Comus, durch versteckte Magnete hervorbringen, sind für diesen Türken zu schwach.«

> geweckt. Sie hat mich beim Wort genommen ... und mich für ein halbes Jahr von sämtlichen Ämtern entbunden, um dieses Experiment vorzubereiten.«[1448]

Kempelen, so viel ist klar, wird Pelletier mit den eigenen magnetischen Mitteln schlagen – und nicht nur das: er hat im Roman auch schon ein Bewusstsein jener von Strouhal, Felderer und anderen Quellen Löhrs geschilderten Zusammenhänge von physikalischem und Animalischem Magnetismus, das tatsächlich erst nachträglich im Rückblick aus dem historischen Abstand möglich geworden ist. Das ist schon deshalb so, weil Kempelen seinen Schachtürken 1769 Maria Theresia vorstellte, Mesmer aber erst in den 1770er Jahren seine dann erstmals 1775 im *Sendschreiben an einen auswärtigen Arzt über die Magnetkur* beschriebene Theorie vom Animalischen Magnetismus entwickelte.[1449] Löhr bringt also auf ähnliche Weise nachträglich historisch Gleichzeitiges und auch historisch nicht ganz Gleichzeitiges zusammen, wie es etwa Peter Sloterdijk – allerdings viel forcierter – in seinem Mesmerismus-Roman *Der Zauberbaum* tut, in dem es nicht nur bereits im 18. Jahrhundert die Psychoanalyse gibt, sondern auch schon in der Wiener »Berggasse« Hysterie-Studien betrieben werden.[1450]

... wird gelüftet. Fächer für den Luftzug und Lebensstrom

Bemerkenswert ist nun, wie Löhrs Roman Schachtürken und Animalischen Magnetismus einander assoziiert – und wie schließlich diese Assoziation nach einem sozusagen faunischen Intermezzo in die Katastrophe führt.

Diese Katastrophe bahnt sich gegen Ende des Romans an, als Kempelens Gehilfe Jakob betrunken in einer Pressburger Spelunke vom Schachtürken schwadroniert.

> Jakob hatte die *Goldene Rose* in übler Laune betreten und die ersten zwei Gläser Sankt Georger alleine getrunken, obwohl die Schenke gefüllt war mit Fischern, Soldaten und Handwerkern [...]. Sie wollten, daß Jakob ihnen vom »Wundertürken« berichtete, und er hatte sich darauf eingelassen, unter der Bedingung,

1448 Löhr, Der Schachautomat, S. 11.

1449 Vgl. zur Chronologie Knubben, Mesmer oder Die Erkundung der dunklen Seite des Mondes, S. 225f.

1450 Peter Sloterdijk: Der Zauberbaum. Die Entstehung der Psychoanalyse im Jahr 1785. Ein epischer Versuch zur Philosophie der Psychologie, Frankfurt a. M. 1985, S. 35 mit Erwähnung der »Wohnung in der Berggasse« des Protagonisten Jan van Leyden und S. 37 mit »diverse[n] Varianten der Gebärmutter«, eines »Organ[s]«, das der Lehrer van Leydens diesem ausdrücklich »besonders ans Herz« legt.

> daß sie künftig seine Getränke zahlten. Dann hatte er erzählt – vom Ruhm des Türken, von seinen Partien gegen Bürgermeister Windisch und die Kaiserin [...]. Ein stotternder Bäckerlehrling, dessen Meister bei einer der Vorstellungen im Hause Kempelen gewesen war, hatte erzählt, daß vor allem die Glasaugen des Türken nicht von echten Augen zu unterscheiden waren, worauf Jakob ihm widersprochen hatte: Die Augen wären gar nicht aus Glas, sondern tatsächlich echt, denn mit Augen aus Glas könne auch die ausgefeilteste Maschine nichts sehen. Kempelen und er, Jakob, hätten vergangenes Jahr, als die wütenden Bewohner eines Weilers bei Sankt Peter in den Kleinen Karpaten zwei Mitglieder einer Bande von Räubern und Blutschändern an einer Wegkreuzung an der Eiche aufknüpften, die Augen der Gehenkten aus ihren Höhlen geschält, bevor sie Speise hungriger Krähen wurden.[1451]

Hier sei daran erinnert, dass Descartes in der *Optik*, und zwar im Kontext der *camera obscura*, seine Leserinnen und Leser dazu auffordert, »sich das Auge eines eben verstorbenen Menschen oder statt dessen eines Ochsen oder eines anderen grossen Tieres [zu] verschaffen«.[1452] Jakob fährt fort:

> Diese Augen hätten sie hernach mit Zucker glasiert, damit sie ihre Form und Farbe nicht verlören, und sie dann in den Schädel des Türken gedrückt. [...] Jakob war fortgefahren und hatte beschrieben, wie er und Kempelen sich nachts mit Laternen und Schaufeln auf den Friedhöfen rumgetrieben hätten, um nach einer passenden linken Hand für den Türken zu suchen [...]. Schließlich hätte Kempelen die fehlende Hand einem Scharfrichter abgekauft, der sie tags zuvor einem rückfälligen Dieb abgeschlagen hatte. Augen und Hand hätte man nun kraft des animalischen Magnetismus belebt.[1453]

Hier also, gegen Ende des Romans, fällt der Begriff des Animalischen Magnetismus, nachdem ganz am Anfang schon vom »Doktor Mesmer« die Rede war[1454] und ebenfalls schon von Beginn des Romans an klar ist, dass es ganz buchstäblich um eine Belebung des Schachtürken geht: kann dieser doch, wie Kempelen sagt, »nicht aus eigener Kraft funktionieren« und »benötigt« deshalb »ein menschliches Gehirn«[1455] samt menschlichem Geist. Beides liefert Tibor, und dafür braucht er Atemluft. Das wird bei seiner ersten Sitzprobe im Schachtürken-Kasten deutlich:

1451 Löhr, Der Schachautomat, S. 318f.

1452 René Descartes: Dioptrik, in: Gertrud Leisegang: Descartes' Dioptrik, Meisenheim am Glan 1954, S. 69–164, S. 90 (5. Kapitel: Von den Bildern im Auge); zitiert bei Crary, Techniken des Betrachters. Sehen und Moderne im 19. Jahrhundert, S. 57.

1453 Löhr, Der Schachautomat, S. 319.

1454 Ebd., S. 11.

1455 Ebd., S. 12.

> Kempelen und Jakob [...] schoben die Platte auf den Tisch. Jakob schloß sämtliche Türen. [...] Die Geräusche von außen waren gedämpft hörbar. Vor allem hörte Tibor aber den eigenen Atem. [...] Das Herz schlug ihm im Hals, und sein Kopf fühlte sich an, als würde er mit jedem Schlag an- und abschwellen. Der Blutstrom in seinen Ohren klang wie das Rauschen [...] [eines] Flusses. Die Luft wurde knapp und roch schwer nach Holz und Öl. [...] Wenn ihm von außen keiner helfen würde, dann wäre er lebendig eingesargt, würde gegen die Wände trommeln, bis er erstickte [...].[1456]

So kommt es ja auch, wie schon ausgeführt, am Ende des Romans – beinahe jedenfalls. Zuvor jedoch wird das Belüftungsproblem des Schachtürken gelöst, und zwar eben mithilfe jenes Kopf-Kamins samt Filter-Fes, durch den der Rauch der Kerze abzieht, sodass »[e]in leichter Luftzug [...] durch die Ritzen und Schlüssellöcher« des Schachtürken nach»strömt«: »Luft, die Tibor und die Kerze verbrauchten.«[1457]

So gesehen, kommt Kempelen also in Löhrs Roman der Aufforderung der Kaiserin, sein Geheimnis zu lüften – »Lüftet Euer Geheimnis«! –[1458], ganz buchstäblich durch die Kamin-Konstruktion des Schachtürken nach. Dabei wiederum ist wohl nicht zufällig von den ›Ge*fächern*‹ des Schachtürken die Rede: »Der Tisch war aus Nußbaum angefertigt, die Gefächer der Türen waren mit Wurzelholzfurnier belegt.«[1459] Denn nicht nur knüpft das Wort »Fach« an historische Berichte wie etwa den Biesters an, bei dem, wie oben zitiert, innerhalb weniger Sätze gleich vier Mal von den »Fächern« oder einem »Fach« des Schachtürken die Rede ist.[1460] Vor allem stellt das vielleicht historisierende, aber doch in Hinblick auf den sonstigen Sprachgebrauch des Romans in jedem Fall auffällige Wort »Gefächer« qua Homonymie eine Verbindung her zu jener »Vielzahl von Fächern« im Publikum, die »geöffnet« wurden, »um ihre Besitzerinnen mit einem Luftzug zu erfrischen«[1461]: mit einem »Luftzug« also, wie er – wörtlich – auch »durch die Ritzen und Schlüssellöcher« des Schachtürken »strömt[]«, wo er von Tibor und der Kerze »verbraucht[]« wird.[1462]

Was hier zwischen den »Fächern« (Biester) beziehungsweise »Gefächern« (Löhr) des Schachtürken und den »Fächern« (Löhr) der Damen, die genau so wie die des Schachtürken »geöffnet« werden, »strömt[]« oder zirkuliert, ist

1456 Ebd., S. 34.
1457 Ebd., S. 81.
1458 Ebd., S. 77.
1459 Ebd., S. 31f.; S. 301 auch der Singular »das [...] Gefächer«.
1460 Vgl. Zitat 1329.
1461 Ebd., S. 77.
1462 Ebd., S. 81.

also einmal mehr ein *pneûma*tischer »vent très subtil« (Descartes) und damit zugleich aristotelischer und romantischer Lebensäther, wie ihn Leo Spitzer als *periéchon* und »spiritual fluid« »penetrating all things«[1463] beschrieben hat – oder eben Kempelens Zeitgenosse Mesmer als animalmagnetisches »Fludium« beziehungsweise »Allflut«.

Animalischer Magnetismus und Apfel-Parfum. Nervenerekzion im Türken (Mesmer, Carus)

Wo aber zwischen den Körpern Flüssigkeiten zirkulieren, da ist das Sexuelle nicht weit. Das zeigt sich schon im oben zitierten *Brockhaus*-Artikel über den [*T*]*hierische*[*n*] *Magnetismus* von 1815 in der Formulierung, »[d]er Magnetiseur« müsse »ein moralisch reiner Mensch seyn«.[1464] Ja, die »magnetischen Fluida«, so Albrecht Koschorke in seiner Studie *Körperströme und Schriftverkehr. Mediologie des 18. Jahrhunderts*, »bergen« einen »sexuellen Unterstrom« »in sich«: »Daß der Magnetstrom ein libidinöser Strom sei, war eine sich offenbar automatisch einstellende Phantasie.«[1465] Und so liest man 1815 im *Brockhaus* über die magnetische Kur und die Patienten beziehungsweise Patientinnen, die sich ihr unterziehen sollen:

> Die allgemeinen Wirkungen des Magnetismus sind fast allezeit überhaupt Erweckung und Verstärkung der Lebensthätigkeit in allen Theilen des Körpers [...]. Personen, die sich in der größten Schwäche befanden, wurden durch den Magnetismus wieder aufgerichtet. Puls und Athemholen werden durch denselben beschleunigt, mehr Wärme und Röthe des Körpers, erhöhtes Gemeingefühl und Heiterkeit der Seele hervorgebracht. Alle Functionen des Organismus werden befördert, besonders die des Unterleibs: Verdauung, Absonderungen und Ausleerungen. [...][1466]

1463 Spitzer, Milieu and Ambiance: An Essay in Historical Semantics, S. 7.

1464 »Magnetismus, thierischer«, in: Conversations-Lexicon oder encyclopädisches Handwörterbuch für gebildete Stände, S. 33.

1465 Koschorke, Körperströme und Schriftverkehr, S. 110; vgl. zum Mesmerismus das Kapitel »Sympathetische Ströme. Der Mesmerismus«, ebd., S. 101–112. – Die folgenden Ausführungen bis Zitat 1471 einschließlich sind ein Selbstzitat von Stefan Börnchen: »König über Alle, der Magnet«. Liebe und Magnetismus in Annette von Droste-Hülshoffs Gedicht »An ***«, in: Claudia Liebrand, Irmtraud Hnilica, Thomas Wortmann (Hg.): Redigierte Tradition. Literaturhistorische Positionierungen Annette von Droste-Hulshoffs, Paderborn: Ferdinand Schöningh 2010, S. 197–221, S. 211f.

1466 »Magnetismus, thierischer«, in: Conversations-Lexicon oder encyclopädisches Handwörterbuch für gebildete Stände, S. 35.

Über den sogenannten »dritten Grad« des magnetischen Rapports heißt es – und, wohlgemerkt, diese Effekte werden durch ein »kunstmäßige[s] Streichen«[1467] mit den Händen des Magnetiseurs bewirkt:

> Zu den besondern Erscheinungen [...] [des dritten] Grades gehören vorzüglich Ohnmachten, allgemeines, convulsivisches Zittern, Krämpfe, cataleptische und sogar zuweilen dem Schlagfluß ähnliche Zufälle.[1468]

Auch Mesmers eigene Beschreibungen des Animalischen Magnetismus und seines Austausches von Fluida zwischen Körpern sind – jedenfalls aus heutiger Sicht – hochgradig sexualisiert. Im Kapitel »Ueber den thierischen Magnetismus« schreibt Mesmer in seiner 1814 in Berlin veröffentlichten Spätschrift *Mesmerismus. Oder System der Wechselwirkungen, Theorie und Anwendung des thierischen Magnetismus als die allgemeine Heilkunde zur Erhaltung des Menschen*:

> Die im Magnet sich erweisende Eigenschaft bietet das Beispiel eines thätigen und allgemeinen Grundwesens dar, welches alle Körper, die großen und kleinen, so den Raum bevölkern, beseelt und belebt.
>
> Die Einrichtung dieser allumfassenden Eigenschaft besteht in einer Art gegenseitigen Ergusses oder Umlaufs ein- und ausgehender Ströme der feinen Flut, worin die festen Körper sich eingetaucht befinden. Diese thätige Eigenschaft kann als der Natur- oder der All-Magnetismus betrachtet werden. [...]
>
> Gute Gründe lassen die Behauptung zu, daß dasjenige, was das in einem magnetisirten Körper beobachtete wirksame Grundwesen setzt, in der That ein unsichtbares Feuer ist, da es keinem der gewöhnlichen Sinne fühlbar wird.
>
> Magnetisiren ist: dieses Feuer durch eine Art von Erguß oder Entladung dieser Bewegung erregen und mittheilen. Dieser Erguß bewirkt sich durch unmittelbare Berührung, oder durch die Richtung der Extremitäten oder der Pole eines Individuums, welches dieses Vermögen oder dieses Feuer besitzt [...].[1469]

Daran, dass hier erotische Verschmelzungsphantasien vorliegen, kann wohl kein Zweifel sein: mediale »[U]nmittelbar[keit]« wird zur sexuellen. Sogar die Nerven als die physiologisch-organische Grundlage des magnetischen Rapports beschreibt Mesmer in sexueller Terminologie:

> Magnetisiren endlich ist nichts anders, als mittelbar oder unmittelbar die tonische Bewegung der feinen Flut, mit der die Nervensubstanz geschwängert ist, mittheilen [...].

1467 Ebd., S. 33.
1468 Ebd., S. 37.
1469 Mesmer, Mesmerismus. Oder System der Wechselwirkungen, S. 109f. und 117.

> Da die Substanz des Nerven auf solche Weise der Leiter der in der feinen Flut erregten und fortgepflanzten Bewegung ist; so erfordert sie um diese Wirkung leisten zu können, eine gewisse Anlage als nothwendige Bedingung, als Bedingung *sine qua non*, welche in einer Art von Gespanntheit, von Vollheit, von Aufgerichtetseyn (Erekzion) in den Hüllen der Nerven[f]äserchen […] besteht […]. –[1470]

Sollte man hier nicht einen sexualmetaphorischen Zusammenhang sehen mit dem im *Brockhaus* so genannten, im Regelfalle vom männlichen Magnetiseur auf die weibliche Patientin gerichteten »Eindringen eines feinen wirksamen Fluidums in den Körper« zur »Erregung der […] magnetischen Zustände«? Carl Gustav Carus jedenfalls schreibt 1846 in seinem Buch *Psyche. Zur Entwicklungsgeschichte der Seele* lapidar, dass bei der

> Manipulation […], welche man »Magnetisiren« nennt, d.h. insbesondere d[em] vom Kopfe a b w ä r t s […] angewendete[n] Streichen […][,] ein gewisses unmittelbares Ineinanderwirken der Nervensysteme des Magnetiseurs und des Magnetisirten Statt finden müsse, um jenes vermehrte Strömen der Innervation im Magnetisirten zu bewirken […]; man könnte es daher eine Art von Vermählung zweier Nervenleben nennen, und in so fern hat auch das magnetische Verhältnis allerdings etwas mit der Geschlechtsliebe gemein […].[1471]

Auch in Löhrs Roman kommen »magnetisches Verhältnis« und »Geschlechtsliebe« zusammen. Beteiligt an dieser Zusammenkunft sind der Schachtürke, der in seinem Kasten versteckte Tibor sowie die Baronin Ibolya Jesenák, Kempelens ehemalige Geliebte. Schon bei ihrem ersten Auftritt im Roman »strömt[]« ihr Duft mit dem schon zitierten »Luftzug […] durch die Ritzen und Schlüssellöcher« des Schachtürken bis hinein in Tibors Körper.

> Bei einer ihrer Proben […] bekamen die drei Männer [Kempelen, Jakob und Tibor] unerwartet Besuch: […] eine Frau [stieß] die Tür zur Werkstatt auf.
>
> »Hier versteckst du dich also«, sagte sie mit ungarischem Akzent. Sie hatte schwarzes Haar, das in Locken auf ihre Schultern fiel, und trug unter einem Pelzmantel ein weinrotes Kleid, das mit Brokat besetzt war und so eng geschnürt, daß der Ansatz ihrer Brüste wie zwei Wellen darüber lag. So wie sie hatte Tibor sich in seiner Phantasie die Frau des venezianischen Kaufmanns vorgestellt, mit der dieser die Nacht verbracht hatte, bevor er starb[,]

weil er im Spiel betrogen hatte.

1470 Ebd., S. 119 und 123.

1471 Carus, Psyche. Zur Entwicklungsgeschichte der Seele, S. 221f. Vgl. auch Götz Müller: Magnetismus und Erotik. Bemerkungen zu Kleist, E.T.A. Hoffmann, Thomas Mann und Alfred Kubin, in: Freiburger Universitätsblätter 93 (Oktober 1986), S. 75–85.

> Ihr Parfum, dem Duft von Äpfeln ähnlich, drang bald an Tibors Nase – und das, obwohl er im Schachtisch saß und die einzige offene Tür die vor dem Uhrwerk war. Tibor im Dunkeln dahinter war unsichtbar für die Dame, und um es auch zu bleiben, blies er schnell die Kerze aus. Der Rauch des glimmenden Dochtes erstickte ihren Duft.[1472]

Hier kommt allerlei zusammen: das offene Haar und das eng geschnürte, Brokat-besetzte Kleid in der erotischen Signalfarbe Rot, die wie »Wellen« wogenden »Brüste«, dann Tibors Assoziation der Baronin Jesenák mit seiner Phantasie der Venezianerin, die mit einem Mann die Nacht verbringt – viel deutlicher könnte sich Tibors erotische Attraktion durch die Baronin kaum ankündigen. Dann dringt ihm auch noch der Duft ihres Parfums wie, mit Mesmers Worten, eine »erreg[ende]« »feine[] Flut« in die Nase: und man mag sich vorstellen, noch einmal mit Mesmer, dass das mit »einer Art von Gespanntheit, von Vollheit, von Aufgerichtetseyn (Erekzion)« ihrer »Nerven-[f]äserchen« einhergeht – sofern hier im Übrigen, um es noch einmal mit Tristram Shandy zu sagen, das »Wort Nase« »eine Nase, und nichts mehr oder weniger« »meyn[t]«.[1473]

Später im Roman wird bei einer »magnetischen Société«[1474], zu der Jakob Tibor mitnimmt, die Assoziation von Animalischem Magnetismus und Sexualverkehr manifest. Zunächst wird, recht ausführlich, eine »Magnetisierung« mithilfe eines magnetischen »Baquet[s]« beschrieben.[1475] Dann referiert »[e]in Mann in einer violetten Robe« mit »schulterlange[n] Haare[n] und eine[m] stechenden Blick« – offenbar ist auch hier Sehen Tasten, und zwar penetrierendes Tasten – mit einem »Stabmagneten« – also einem phallischen Magneten – in der Hand Mesmers Theorie:

> Ein Fludium erfüllt das Universum und verbindet alles miteinander, was sich darin befindet […]. Das Fluidum durchfließt die Gliedmaßen, die Knochen, die Muskeln und die Organe […]. Gerät dieses Fluidum jedoch in ein Ungleichgewicht, entstehen Leiden […]. Ich bin hier, dieses Gleichgewicht wiederherzustellen und euch von euren Leiden zu befreien. […] Das Fluidum wird euren Körper durchfluten, wird eure Beschwerden und Blockaden wie morsche Dämme einreißen und jetzt und für immer hinfortschwemmen!
>
> »Ach, ach«, sagte eine Frau leise.[1476]

1472 Löhr, Der Schachautomat, S. 49f.

1473 Sterne, Tristram Schandis Leben und Meynungen, Bd. 1, S. 451f. (III, XXXI).

1474 Löhr, Der Schachautomat, S. 110.

1475 Ebd., S. 115 und 114.

1476 Ebd., S. 116.

Es kommt, wie es offenbar kommen muss, wenn »Masken Pflicht« sind[1477] und die Sprache zum Seelenlaut-Gestammel »›Ach, ach‹« regrediert: Tibor, der sich auch noch das sprechende – sozusagen alles versprechende – Pseudonym »Pan« zugelegt hat, landet im Bett mit einer »Callisto«, die dabei von einer Freundin namens »Erato« begleitet wird, und nachdem sie miteinander geschlafen haben, sagt »Callisto« lachend zu ihm: »Dein Magnet hat mich von meinen Leiden befreit, Pan«.[1478]

Mit dieser kalauernden Identifikation von Phallus und Magnet ist nun die zweite ausführlich beschriebene Sex-Szene des Romans erzählerisch und thematisch vorbereitet.

Vorbild Pygmalion. Sexuelle Vivifikation des mysteriösen Kastens

Diese Szene, in der die Baronin Jesenák am Ende umkommt, gibt es in zwei Versionen: zum einen als diejenige Geschichte, die der betrunkene Jakob in der oben schon zitierten Wirtshausszene zum Besten gibt, und zum anderen als Erzählerbericht. Jakobs Version ist die folgende.

> Als die Sprache auf den mysteriösen Tod der Baronin Jesenák kam, hatte Jakob angeboten, den Vorfall nachzuspielen. Schnell hatte sich ein Mantel als Kaftan gefunden. Aus einem Geschirrtuch war ein Turban um Jakobs Haupt gewickelt worden und mit einem Stück Kohle aus dem Herd ein Schnurrbart um seinen Mund gemalt. [...] Jakob hatte [...] die Gebärden des Androiden karikiert: die starre Haltung, die ruckhaften, mechanischen Bewegungen, das Rollen der Augen. [...] Die [...] Schankmaid [Constanze] [...] hatte [...] wegrennen wollen, doch mehrere Gesellen packten sie und trugen sie allem Geschrei und Gezappel zum Trotz auf den Opferaltar des Türken. Jakob hatte begonnen, sie zu betasten, ihren Kopf zu befühlen und ihr an Brüste und Schenkel zu langen, das alles ausdauernd mit maschinenhaften Bewegungen und mit der gleichen starren Mimik, die den Zuschauern die Tränen in die Augen trieb. Dann hatte Jakob [Constanze] [...] geküßt [...]. »Baronin hat geschmeckt gut«, hatte Türken-Jakob erklärt, »aber jetzt, ich muß vernichten.« Er hatte Constanze die Hände um den Hals gelegt und gewürgt, und sie hatte mitgespielt, laut geröchelt und nicht mehr gekichert. Und als Jakob gebrüllt hatte »Schach der Dame!«, war sie mit schlaffen Gliedern auf dem Tisch niedergesunken, die Zunge im Mundwinkel und die Augen verdreht. Jakob hatte ihre Lider über den Augen geschlossen und gesagt: »Baronin matt.« Der Applaus für diese Darstellung war ohrenbetäubend gewesen [...].[1479]

1477 Ebd., S. 111.
1478 Ebd., S. 121.
1479 Ebd., S. 320f.

Was Jakob hier als eine Art vom Schachtürken begangenen Lustmord darstellt, erscheint im Erzählerbericht der dem Tode von Baronin Jesenák vorausgehenden Szene ganz anders. Das ist schon deswegen so, weil Tibor daran beteiligt ist – und zwar, wie schon in der Szene mit »Callisto« und »Erato« aus der »magnetischen Société«, als Dritter.

Der Schauplatz ist das »Palais Grassalkovich«. Dort hat »[a]nläßlich der Vermählung der Prinzessin [...] Marie Antoinette [...] mit dem Dauphin Ludwig XVI. zu Versailles«[1480] eine Vorführung des Schachtürken stattgefunden. Als Kempelen »mit dem Abbau und Abtransport des Automaten beginnen« will, drängt ihn Fürst Grassalkovich, ihn zu begleiten. »Im Gehen« weist »Kempelen Jakob an, auf den Türken und das Kästchen achtzugeben«. Da jedoch die Fürstin Grassalkovich wiederum Jakob bittet, ihr Gesellschaft zu leisten, bleibt der Schachtürke unbewacht: »die Diener [schlossen] die Türen zum dunklen Konferenzsaal [...], in dessen Mitte der verhüllte Schachtürke schlief.«[1481]

> Ibolya Baronin Jesenák trug an diesem Abend ein ebenso kostbares wie abenteuerliches hellgrünes Kleid mit einem Übermaß an aufgesticktem Brokat, Falbeln und Rosenblüten aus Seide sowie einer großen rosa Schleife über der Brust, das die Blicke der Männer auf sich zog [...].[1482]

Wie bei ihrem ersten Auftritt im weinroten, ebenfalls brokatbesetzten Kleid ist dieses Kleid ein Blickfang, und duftete die Baronin damals nach Äpfeln, so evozieren jetzt immerhin die Rosenblüten das duftig-anziehende Fluidum ihrer Trägerin.

> Ibolya profitierte nicht davon, daß die beiden gefeierten Männer ihr Bruder und ihr Liebhaber waren. [...] Sie fühlte sich wieder einmal allein. [...]
>
> Sie gesellte sich zu der Runde um Kempelens Gehilfen, der gerade erzählte, daß er und Kempelen die Möglichkeit der automatischen Fortpflanzung erörtern würden, damit die Automaten nicht mehr von Menschenhand hergestellt, sondern von anderen Automaten gezeugt würden. Jakob flüsterte den Damen im Vertrauen zu, der Türke sei nicht nur im Schach- sondern auch im Liebesspiel überaus anstellig.[1483]

Diese Mitteilung bringt die Baronin Jesenák, als sie auch noch von Kempelen zurückgewiesen wird, auf eine Idee.

1480 Ebd., S. 184.
1481 Ebd., S. 188f.
1482 Ebd., S. 189.
1483 Ebd., S. 190.

> Sie ging zurück in den Konferenzsaal, der weder bewacht noch verschlossen war [...]. Noch an der Tür trank sich Ibolya Mut an, dann durchquerte sie den Saal, ging an dem Tisch mit dem mysteriösen Kasten vorbei, umrundete den verhüllten Androiden einmal und zog dann das Tuch von Tisch und Türken – behutsam, um den Schlafenden nicht zu wecken.
> Aber der Türke war bereits wach: Er starrte sie mit offenen Augen an, wie er sie schon in Wien angestarrt hatte,[1484]

als ihr Apfel-Parfum Tibor im Inneren des Kasten in die Nase gestiegen war.

> »Guten Abend«, flüsterte Ibolya und ließ das Tuch zu Boden gleiten. Sie nahm einen weiteren Schluck und betrachtete ihn dabei. »Auch einsam?«

Mit dieser Frage trifft sie gewissermaßen ins Schwarze, um nicht zu sagen: ins Herz des Schachtürken, denn tatsächlich fühlt sich auch der in der *black box* hockende Tibor einsam.

> Vorsichtig strich sie dem Türken über die linke Hand, die auf dem Samtkissen ruhte. Sie entfernte das Kissen, legte es auf dem Boden ab und zog das Uhrwerk der Maschine auf. Dann entfernte sie die Arretierung. Rasselnd setzte sich das Räderwerk in Bewegung. Aber der Türke bewegte sich nicht.
> »Du mußt ziehen, mein Teuerster«, forderte Ibolya ihn auf.
> Fügsam hob der Automat daraufhin die Hand, führte sie über das Schachbrett und senkte sie dort, wo ein weißer Bauer hätte stehen müssen. Doch die Figuren waren längst abgeräumt[,]

wie ja Tibor im Inneren des Kastens an der hängenden Magnetnadel erkennen kann.

> Statt eines Bauern bekam der Androide zwei von Ibolyas Fingern zu fassen, die sie unter seine Hand gehalten hatte. Er hob sie an und legte sie sorgsam neben dem Schachbrett ab.

Ist das eine abwehrende Geste? Baronin Jesenák jedenfalls setzt ihren Annäherungsversuch fort:

> Sie seufzte. Sie umrundete den Tisch, stellte sich hinter den Androiden und streichelte ihm den Hals.
> »Kalt bist du und im Innern ganz heiß«, sagte sie. »Das unterscheidet uns von all den schauderhaften Menschenautomaten dort unten; all die Heuchler, die ihren Kern verborgen halten unter Kleidern aus Drahtgestellen und schwerer Schminke. Nicht wahr?«

1484 Ebd., S. 193.

Was die Baronin anspricht, ist die hier wiederholt erwähnte Dichotomie von *›äußerer Form‹* und *›innerem Stoff‹* oder *›Wesen‹*, hier noch ergänzt um die Attribute des *›kalten‹* Äußeren und *›warmen‹* Inneren – ganz so, als wäre der Schachtürke nicht nur warmherzig, sondern sogar heißblütig.

> Der Türke nickte. Er hatte sie also verstanden. Und mehr noch: Er drehte seine Augen ein wenig zur Baronin, so daß sie einander wieder ansahen. Ibolya erschrak erst, dann kicherte sie.
>
> »Warum nicht?«, sagte sie. »Bei Pygmalion hat es schließlich funktioniert.«[1485]

Damit kann nur die Vivifikation einer von Menschenhand geschaffenen anthropomorphen Gestalt durch Kuss und innige Umarmung gemeint sein. In der Tat scheint sich die Baronin daran zu versuchen:

> Sie umfaßte das Antlitz des Türken mit beiden Händen und küßte seinen hölzernen Mund. Ihr Lippenrot blieb auf seinen Lippen haften. Sie atmete schwerer. Die Augen des Türken waren geradezu hypnotisch, und das Räderwerk summte eine betörende Melodie. Von nun an redete sie nicht mehr. Sie klappte den rechten Arm des Androiden nach hinten, wie sie es Kempelen einmal hatte machen sehen, raffte ihr Kleid und setzte sich auf seinen Schoß. Dann senkte sie seinen Arm wieder, so daß sie von seinen Armen eingeschlossen war. Im Schoß des Automaten lag eine Kante, hart, aber mit seinem weichen Kaftan gepolstert, und drückte in ihren Schritt. Sie strich erst mit den Händen, dann mit den Wangen über den weißen Pelzbesatz und mußte stöhnen. [...] Ihr Becken kreiste im Schoß des Türken. [...] Sie lehnte ihren Rücken gegen die Tischkante und legte den Kopf in den Nacken. Mit der rechten Hand griff sie den Oberarm des Türken, bis sich der Kaftan darüber spannte.

Dann auf einmal dies:

> Seine Hand wanderte an ihrem Schenkel aufwärts, drückte ihn und wurde warm mit der Berührung. Verzückt griff Ibolya seine Hand und wollte sie in ihren Schoß führen,

und so scheint es, als wäre der Baronin die Vivifikation des künstlichen Menschen zwecks sexueller Vereinigung mit ihm genauso gelungen wie Pygmalion. Gerade also hat sie die Hand des Türken ergriffen und

> wollte sie in ihren Schoß führen, doch als sie die Hand berührte, da waren die Finger weich und kurz und entzogen sich dem Griff. Ibolya sah zu ihrer Linken, wie ein kleiner Arm in der Öffnung im Schachtisch verschwand, die Tür hinter sich zuzog und von innen verschloß.

1485 Ebd., S. 193f.

> Sie schrie auf, wollte sich vom Schoß des Türken erheben, bevor weitere Hände aus dem Leib der Maschine nach ihr griffen, aber beide Arme des Türken hielten sie fest. Sie zappelte und schlug den Vergewaltiger, duckte sich unter seinem linken Arm hindurch und verlor dabei die Perücke [...]. Etwas riß. [...]
>
> Eine Tür wurde geöffnet. Wolfgang von Kempelen mußte seine Augen erst an die Dunkelheit im Konferenzsaal gewöhnen, bevor er Ibolya sah, die auf dem Hintern saß und ihn mit aufgerissenen Augen betrachtete [...].
>
> Ibolya zeigte mit einem zitternden Finger auf den Schachtisch, suchte nach Worten und platzte schließlich heraus: »Da drin ist ein Mensch!«[1486]

Bretthart und 64fach stabmagnetisch. Auf dem Schoße des Schachtürken

Mit dieser Einsicht ist die Baronin Jesenák die erste Person im Roman, die nicht in das Geheimnis des Schachtürken eingeweiht ist und es dennoch »lüftet«: zuerst, wie beschrieben, buchstäblich mit ihrem quasi-animalmagnetisch fluidalen Apfelduft, dann metaphorisch im hier in Rede stehenden Akt der sexuellen Inbesitznahme.

Dieser Akt aber ist noch einmal genauer zu betrachten – insbesondere in Hinblick auf die Anatomie des Schachtürken und seinen in der zitierten Passage gleich viermal erwähnten »Schoß«. Die Frage ist nämlich: Besitzt der Schachtürke überhaupt einen Schoß, auf den sich die Baronin Jesenák derart setzen könnte, dass sie mit dem »Rücken gegen die Tischkante« lehnt? Die historischen Darstellungen des Schachtürken, insbesondere die Kupferstiche aus Joseph Friedrich zu Racknitz' 1789 veröffentlichter Schrift *Ueber den Schachspieler des Herrn von Kempelen und dessen Nachbildung*, in der Racknitz als erster korrekt die Funktionsweise des Schachtürken beschrieb, lassen daran zweifeln. Auch zeigt Windischs Hinteransicht des Schachtürken (Abb. 26) – derjenigen Racknitz' zum Verwechseln ähnlich – den Oberkörper des Türken unter dem zur Seite gezogenen Kaftan als einen hochformatigen Kasten, der unmittelbar an der Rückwand des großen, den Unterbau des Tisches bildenden Kastens angebracht ist. Zwischen beiden Kästen befindet sich kein Abstand – und schon gar nicht genug Platz für einen Menschen, dort zu sitzen.

Kann nun die Baronin Jesenák deshalb überhaupt nicht derart auf dem »Schoß des Türken« sitzen, dass ihr »Rücken gegen die Tischkante« lehnt, dann heißt das, dass sie sich allenfalls auf der Tischplatte selbst, und das bedeutet: auf dem Schachbrett niedergelassen haben kann (Abb. 25). Damit aber sitzt

1486 Ebd., S. 194f.

sie, wohlgemerkt mit »nackten Schenkeln«,[1487] mitten auf beziehungsweise über jener magnetischen Mechanik des Schachtürken, die der »Informationsübertragung« (Felderer, Strouhal)[1488] zwischen Innen und Außen der *black box*, in der Diktion der Zeit: seinem *commercium mentis et corporis* dient. Und, das ist die Pointe, obwohl es sich hier um einen im physikalischen Sinne magnetischen Mechanismus handelt, entspringt die beschriebene sexuell verfängliche Situation den Phantasien des Animalischen Magnetismus.

Hatte in der »magnetischen Société«[1489] der »Magnetiseur«[1490] mit dem »stechenden Blick« und dem phallischen »Stabmagneten« in der Hand Mesmeristisch-Zweideutiges referiert, die weibliche Zuhörerschaft zum Seufzen gebracht und wenig später »Callisto« nach dem Koitus Tibor lachend bescheinigt, dass sein »Magnet« sie von ihrem »Leiden befreit« habe, so verfügt nun der »Schoß des Automaten« nicht allein über »eine« ebenfalls phallische »hart[e]« »Kante«, die der Baronin Jesenák solcherart »in« den »Schritt« »drückt«, dass sie »stöhnen« muss, sondern vor allem über gleich vierundsechzig »Stabmagnete[]«[1491]: eben jene Magnete, die in den Schachfiguren verborgen sind und von dort in »mittelbare[r] oder unmittelbare[r] Berührung « (Ostertag) auf die Nadel-Mechanik unter dem Schachbrett wirken.

Ebenfalls eine »unmittelbare Berührung« ist es Mesmers zufolge, in der sich »ein unsichtbares Feuer [...] durch eine Art von Erguß oder Entladung« beim »Magnetisiren« »errege[t] und mittheil[t]« – und damit, wie ja der Magnetiseur in der violetten Robe sagt, ein durch »Ungleichgewicht« des Fluidums bewirktes »Leiden« stillt: ganz ähnlich, wie Tibor mit seinem »›Magnet[en]‹« »Callisto« von ihrem »›Leiden befreit‹«.

Anders gesagt: Hat, noch einmal mit Carus' Worten, »das magnetische Verhältnis« als »Vermählung zweier Nervenleben [...] allerdings etwas mit der Geschlechtsliebe gemein«, so veranschaulicht die Szene mit der Baronin Jesenák auf dem Schachautomaten diesen Zusammenhang in so drastischer wie emblematischer Weise. Das geschieht, indem hier der in hohem Maße sexualisierten Metaphorik des Animalischen Magnetismus die dieser Metaphorik ja ursprünglich zugrundeliegenden physikalischen Begriffe ganz buchstäblich wieder untergeschoben werden: ganz so, wie in der Diegese des Romans den »nackten Schenkeln« samt »Hintern« der Baronin Jesenák das

1487 Ebd., S. 194.
1488 Felderer, Strouhal, Kempelen – zwei Maschinen, S. 11; s. Zitat 1445.
1489 Löhr, Der Schachautomat, S. 110.
1490 Ebd., S. 117.
1491 Ebd., S. 48.

Schachbrett mitsamt der im Kasten verborgenen Nadeln und Stabmagneten untergeschoben wird.

Bis ins kuriose Detail reicht die so hergestellte Emblematik. Spricht Mesmer im Zusammenhang mit der Frage, wie sich die magnetische »Bewegung [...] mittheil[t]«, von »einer Art von Gespanntheit, von Vollheit, von Aufgerichtetseyn (Erekzion) in den Hüllen der Nerven[f]äserchen«,[1492] so beschreibt er damit auch den Mechanismus der magnetischen Nadel unter den Feldern des Schachbretts (Abb. 36): ist es doch in der Tat so, dass die Nadel, solange keine Schachfigur über ihr steht, herabhängt, dann aber die »Bewegung« einer Figur auf das Feld über ihr sich dadurch »mittheil[t]«, dass sich die Nadel »[a]uf[]richtet[]« – und man könnte auch sagen: dass die Nadel erigiert.

Damit aber fungieren – erstens – die vierundsechzig Nadeln in Kempelens Schachtürken nicht nur genau so als seine Nerven, wie Mesmer sie beschrieben hat. Wie diese teilen sie zudem auch – zweitens – die, wie es in Freuds *Vorlesungen zur Einführung in die Psychoanalyse* heißt, »merkwürdige Eigenschaft des Gliedes, sich gegen die Schwerkraft aufrichten zu können«.[1493] Es verwundert also – drittens – auch nicht, dass sich Freuds Traumsymbole für »Glied[]« und »Erektion«, etwa *»Luftballone«* oder das *»Zeppelinsche Luftschiff«*,[1494] durch »eine Art von Gespanntheit, von Vollheit« (Mesmer) auszeichnen. Man spricht hier ja auch vom ›Schwellkörper‹. Dass es Mesmer jedoch nicht wie Freud um »das männliche Glied«, sondern um die Nerven geht, ist dabei kein Widerspruch: begreift Mesmer doch die »Informationsübertragung« in den Nerven – oder was auch immer wie ein ›Strom‹ in ihnen ›fließt‹ – noch nicht als elektrisches, sondern in der cartesischen Tradition immer noch als ein mechanisches Phänomen, wie es etwa bei der Impulsübertragung zwischen den »[K]ügelchen« der »Flutmaterie«[1495] oder am Kräftespiel von Magnet und Nadel zu beobachten ist.

1492 Mesmer, Mesmerismus. Oder System der Wechselwirkungen, S. 119 und 123.

1493 Freud, Vorlesungen zur Einführung in die Psychoanalyse, S. 164.

1494 Ebd.

1495 »Eingetaucht in den Ozean der Allflut welche den Raum erfüllt, hängt der Mensch unmittelbar mit der physischen Ordnung und mit der Kette der Natur zusammen. [...]

Die durch die Erscheinungen am Magnet offenbarte Flutmaterie besteht in einer der Reihen, welche die Allflut ausmachen: die besondere Gestaltungsart ihrer Urkügelchen, und die Bewegung, welche sie in den Zwischenräumen eines Körpers, den man magnetisch nennt, bekommen haben, ist die Ursache von allen Wirkungen. [...] Diese Eigenschaft [des Magnetismus] ist es, welche die meisten Operazionen der Materie bestimmt, und auch diejenige, welche die Kunst unter gewissen Umständen zu erwecken vermag: wie die Wahlverwandtschaften, das Aufbrausen, die Niederschläge, die Gährungen. Das Leben selbst und die Gestalt aller organisierten Substanzen hängt davon ab.« Mesmer, Mesmerismus. Oder System der Wechselwirkungen, S. 4, 79 und 82.

Das wiederum heißt – viertens – nicht nur, dass es sich bei Mesmers – wie auch Platners – Vorstellung von den Nerven ganz im Allgemeinen um eine *black box* im Sinne Glanvilles handelt, sondern dass – fünftens – diese konzeptuelle *black box* einmal mehr eine reale Entsprechung in Kempelens Schachtürken findet – oder vielmehr, genauer gesagt, vierundsechzig Entsprechungen: eben jene magnetischen Erektionsvorrichtungen unter dem Schachbrett, die Strouhals und Felderers Leporello passenderweise als kleine hölzerne, jetzt für den Betrachter durchsichtig gemachte *white box* – »a ›White Box‹ is one in which the mechanism is apparent« – darstellt. (Abb. 36)

Hebt sich nun die Nadel unter einem der Schachbrett-Felder des Türken, wenn zum Beispiel eine Dame in Form eines magnetischen Spielsteins darauf gesetzt wird, dann stellt sich natürlich die Frage, was im Inneren des Schachtürken passiert, wenn sich die Baronin Jesenák als Dame aus Fleisch und Blut mit ihren »nackten Schenkeln« auf alle vierundsechzig seiner Felder setzt und dort »[i]hr Becken kreis[en]« lässt.[1496] Löhrs Roman spart sich hier, anders als im Fall der Szene in der »magnetischen Société«,[1497] Tibor betreffende anatomische Details. Daran, dass es in dieser Szene zur »Geschlechtsliebe« in Form einer animalmagnetischen »Vermählung« (Carus) kommt, lässt sich aber wohl kaum zweifeln.

Dafür spricht auch, dass die in den historischen Quellen immer wieder in logisch etwas nonchalanter Aneinanderreihung als »mittelbar oder unmittelbar« (Ostertag, Mesmer) bezeichnete »Berührung« im »Magnetisiren« hier als graduelle Annäherung inszeniert ist. Kommt es erst zu einer mittelbaren leichten Berührung zwischen »Androide[n]«-Hand und »zwei von Ibolyas Fingern«,[1498] dann zu einer intensiveren, allerdings ebenfalls mittelbaren, nämlich im doppelten Sinne künstlichen Umarmung, indem die Baronin Jesenák den Schachtürken selbst so bewegt, »daß sie von seinen Armen eingeschlossen« ist, so scheint schließlich erst die »warm[e]« »Berührung« durch die Hand Tibors von der Baronin Jesenák als unmittelbare Berührung empfunden zu werden – jedenfalls »[v]erzückt« sie diese Berührung, wenn auch nur für einen kurzen Moment.

In diesem Moment der ›Unmittelbarkeit‹ aber, so könnte man sagen, kollabieren *black box* und *camera obscura* des Schachtürken auf der diegetischen Ebene des Romans, weil der Homunkulus, der sich hier nicht nur philosophisch, sondern *realiter* im Schachtürken verbirgt, nicht an sich halten kann und daher zwar noch nicht wie am Ende des Romans die *camera*

1496 Löhr, Der Schachautomat, S. 194.

1497 Ebd., S. 110.

1498 Ebd., S. 193.

obscura endgültig verlässt und zerstört, aber doch durch Öffnen der Tür und Hinausgreifen den taschenspielerhaften Trick des Dispositivs entlarvt. Auf der rhetorischen Ebene des Romans wiederum kollabiert zugleich der Animalische Magnetismus: wird doch, sozusagen, seine Metaphorik auf einmal von jenem zum Buchstäblich-Körperlichen drängenden Geschlechts- und Vereinigungstrieb übermannt, von dem sie ursprünglich abgeleitet ist.

Tod durch Schlag auf den Hirnkasten. Der Schachtürke ist kein moralisch reiner Mensch

Das Ende ist schnell erzählt. Die Baronin Jesenák hat den Trick durchschaut, und weil es sich nach der Logik des Romans um einen Betrug handelt – »Du bist ... ein Betrüger! Ganz Preßburg ... ganz Europa betrügst du mit deiner sogenannten Maschine!«, wirft sie Kempelen an den Kopf –,[1499] droht sie, ihn zu erpressen. Dann entreißt sie ihm, »wärend er wie gelähmt zus[ieht]«, »das Schlüsselbund und öffnet[] [...] die Türen auf der Front« des Schachtürken.[1500] Als die Baronin mit denselben Worten wie der Hofmechaniker Friedrich Knaus[1501] nach dem »Geist in der Maschine« fragt, nimmt die Geschichte eine fatale Wendung:

> Der linke Arm des Türken auf dem Tisch zuckte.
> »Wo ist denn nun dein Geist in der Maschine?«
> Ibolya umrundete den Tisch und schloß die hintere rechte Tür auf, die sich aber nicht öffnen ließ, weil sie von innen festgehalten wurde. Doch Ibolya war stärker, sie riß die Tür auf. Im Tisch rumpelte es. Mit einemmal schoß der Arm des Türken über den Tisch, schlug Ibolya gegen die Stirn, irgend etwas im Pantographen barst knirschend. Ibolya machte einen Schritt rückwärts, verfing sich mit einem Fuß im Unterrock, den sie noch immer nicht richtig hochgezogen hatte, stolperte und stürzte rücklings. Mit dem Hinterkopf schlug sie gegen den Tisch, auf dem Kempelens Kasten stand – ein Geräusch wie ein Nagel, der in Holz geschlagen wird –, dann fiel sie zu Boden. [...]
> »Was ist mit ihr?« fragte Tibor aus dem Inneren. [...]
> »Sie ist tot«, sagte Kempelen.[1502]

Natürlich: ein Unfall – auch wenn es so aussieht, als hätte der Schachtürke die Baronin Jesenák erschlagen. Dass ihr Tod durch Schläge auf Stirn und Hinterkopf, also durch zwei Schläge auf ihren »Hirnkasten« (Schiller), verursacht

1499 Ebd., S. 196.
1500 Ebd., S. 197.
1501 Vgl. Zitat zu Anm. 1299.
1502 Ebd., S. 197f.

wird, macht der Text hier sehr klar: zum einen durch den Hinweis auf das »Geräusch wie ein Nagel, der in Holz geschlagen wird«, also in jenes Material, aus dem alle hier in Rede stehenden Kästen des Schachtürken gefertigt sind, zum anderen durch die Erwähnung von »Kempelens Kasten«. Bei diesem Kasten kann es sich, weil er auf dem Tisch gestanden hatte, nur um das Kästchen handeln. Dennoch heißt es hier »Kasten«, und damit ist nicht nur ein weiteres Mal auf die geheime Identität von »Kasten« und »Kästchen« des Schachtürken verwiesen, sondern zugleich auf ihre metaphorische Identität mit »Hirnkasten« beziehungsweise, *pars pro toto*, Körper des Menschen.

Handelt es sich beim Tod der Baronin Jesenák um einen Unfall, so kommt er auch dadurch zustande, dass Tibor kein, wie es der *Brockhaus*-Artikel über den *[T]hierische[n] Magnetismus* von 1815 von einem »Magnetiseur« fordert, »moralisch reiner Mensch« ist.[1503] Klein ist Tibor, aber nicht rein, und daher macht er sich Vorwürfe und beginnt, das *»Ave Maria«* zu beten. Kempelen hingegen bleibt bei kühlem Verstand und stürzt den Leichnam seiner ehemaligen Geliebten vom Balkon, um so einen Unfall oder Selbstmord vorzutäuschen.

Den Pressburgern sind die Todesumstände der Baronin Jesenák verdächtig. Bei der Beerdigung der Baronin Jesenák wendet sich János Andrássy, ihr Bruder, an Kempelen:

> »Beantwortet mir [...] eine Frage, das ist alles, was ich wünsche.«
> »Bitte.«
> »Wo wart Ihr, als meine Schwester vom Balkon fiel?«
> »Ich habe mich frisch gemacht.«
> »Die ganze Zeit? Ihr wart länger fort.«
> »Es war an dem Abend sehr warm, wenn Ihr Euch erinnert.«
> Andrássy nickte. »Habt Ihr in der Zeit meine Schwester gesehen?«
> »Nein. Sie war ja im Konferenzsaal, ich hingegen bei den Toiletten.«
> »Ihr Kleid war derangiert, ihr Lippenrot und ihr Rouge verwischt. Die Perücke saß schief auf dem Kopf, als hätte jemand sie zuvor abgerissen.«
> »Bei allem, was mir heilig ist, Baron, dafür zeichne ich nicht verantwortlich.«
> Andrássy legte eine Hand auf Kempelens Arm, um ihn zu beruhigen. »Nein. Mißversteht mich nicht. Euch habe ich nicht verdächtigt.«
> »Sondern?«
> »Euren Türken.«
> Kempelen stutzte. »Baron ... Ihr wollt bitte nicht auf die Geschichte dieser Narren hören, die meinen, der Automat hätte Eure Schwester getötet.«
> »Einer der Lakaien will gesehen haben, daß sich um den Mund des Türken Lippenrot befunden habe. [...]«
> »Und was schließt ihr daraus?«

1503 »Magnetismus, thierischer«, in: Conversations-Lexicon oder encyclopädisches Handwörterbuch für gebildete Stände, S. 33.

»Daß meine Schwester nicht den Freitod wählte. Daß sie statt dessen von Eurer Maschine auf unzüchtige Weise bedrängt wurde und anschließend von ihr in den Tod gestoßen.«

Kempelen [...] sagte [...]: »Das ist absurd, mit Verlaub. Es ist eine Maschine, wie Ihr eben richtig sagtet. Maschinen sind unfähig ... Menschen zu belästigen oder zu morden.«

»Wie sie auch unfähig sind, Schach zu spielen?« Andrássy hatte eine Braue hochgezogen und lächelte [...]. »Ich bitte Euch, den Türken zu vernichten.«[1504]

Whitening der *black box* mit Waffengewalt. Auf den Schachtürken wird geschossen, und das Kästchen enthält kein Geheimnis

So kommt es nicht – erst Tibor zerstört ja am Ende des Romans den Türken, und bis dahin führt Kempelens Weigerung, Andrássys Forderung zu folgen, zu etlichen Verwicklungen, darunter ein weiterer Todesfall und ein Beinahe-Todesfall.

Zu letzterem kommt es, als Kempelen mit dem Schachtürken auf dem Wege von Pressburg nach Wien ist, wo er gegen die Kaiserin spielen soll. Tibor sitzt im Kasten des Türken, als sie von Baron Andrássy gestellt werden und dieser auf den Schachtürken schießt.

Er zielte [...] und feuerte. [...] Die Kugel durchschlug die hohle Brust des Türken. Andrássy hob die zweite Pistole [...] und drückte den Abzug.

Die Kugel durchbohrte Furnier und Holz und Filz des Schachtisches, streifte eine Metallzunge des Uhrwerks und brachte sie damit zum Klingen, bahnte sich ihren Weg durch ein Gewirr aus Rädern, durchschlug ein Zahnrad, schlug ein zweites aus der Fassung, prallte von einer Walze ab und änderte ihre Bahn, durchdrang dann mühelos den Leinenstoff und die Haut und tauchte ein ins Fleisch dahinter, versengte Haare, zerriß Adern und Muskeln, bis sie auf einen Rippenknochen traf und dort endlich ihre Kraft verlor. Sie blieb neben Knochensplittern stecken in einem zerrissenen Muskel und einem Strom von Blut aus durchtrennten Adern [...].[1505]

Detailliert ist der Weg beschrieben, den die zweite Kugel nimmt, als sie erst den Schachtisch durchschlägt und dann in Tibors Körper eindringt – und dies so, als handelte es sich um einen einzigen Körper: suggerieren doch, grammatisch genau genommen, die bestimmten Artikel in der Phrase ›durchdrang [...] *den* Leinstoff und *die* Haut‹ die anaphorische Referenz auf ein Antezedenz, das

1504 Löhr, Der Schachautomat, S. 217f.

1505 Ebd., S. 243.

hier jedoch allenfalls der »Türke[]« sein könnte. Tibor jedenfalls wird nicht erwähnt.

Dafür, dass das kein erzählerischer Zufall ist, spricht die später im Roman folgende Beschreibung seiner Rekonvaleszenz. Aus dem Fenster schauend, beobachtet Tibor Zugvögel:

> Der Keil, den der fliegende Schwarm bildete, war [...] perfekt. [...] Vielleicht hatte Descartes tatsächlich recht, und Gott war ein großartiger Maschinenbauer, so daß diese Tiere nichts als Maschinen waren,[1506]

ganz ähnlich also wie »die künstliche Ente des französischen Automatenbauers [...] Vaucanson[]«, die »laufen, den Hafer picken und verdauen [konnte]«.[1507] Zeichnen aber diese Fertigkeiten eine Maschine aus, dann ist Tibor selbst eine solche, heißt es doch gleich darauf:

> Er verbrachte die Zeit damit, untätig auf dem Bett zu liegen, jedoch ohne zu schlafen,[1508]

wie ja auch Maschinen nicht schlafen und der ebenfalls untätige Schachtürke »bereits wach« ist und die Baronin Jesenák »mit offenen Augen an[starrt]«, als diese im Konferenzsaal des Palais Grassalkovich das Tuch »behutsam« von ihm zieht, um ihn »nicht zu wecken«. Tibor also liegt, maschinengleich, »untätig« und »ohne zu schlafen« »auf dem Bett«,

> und wenn er doch etwas tun mußte, wie trinken, essen oder seine Notdurft verrichten, dann tat er es mechanisch,

darin Vaucansons künstlicher Ente vergleichbar,

> wie auch seine Wunde ganz mechanisch [...] verheilte.[1509]

Auch Tibors Körper ist, heißt das, eine mechanischen Prozessen unterworfene Maschine. Darin gleicht Tibors Körper dem Schachtürken wie die eine *black box* – oder auch Matroschka – in der anderen, und daraus mag sich auch erklären, warum Andrássys Kugel der zitierten Beschreibung zufolge nur in einen einzigen Körper einzudringen scheint, tatsächlich aber zwei durchschlägt.

1506 Ebd., S. 300.
1507 Ebd.
1508 Ebd., S. 301.
1509 Ebd., S. 301.

Dazu passt, dass Tibor von von Kempelen und Jakob – den Mechanikern des Schachtürken – einer Notoperation mit eben den »Werkzeuge[n]« unterzogen wird, die eigentlich der Wartung des Schachtürken dienen. Diese Werkzeuge wiederum werden ausgerechnet in jenem »Kästchen[]« aufbewahrt, um das Kempelen – der historische wie der in Löhrs Roman erzählte – so ein großes Geheimnis macht. Hier nun, in der Folge von Baron Andrássys Anschlag auf den Schachtürken, wird es gelüftet: Das Kästchen ist ein Kästchen, nichts mehr oder weniger, von Geist oder Magie ist hier keine Spur – weder von schwarzer Magie, »finstrer als ägyptische Nacht«, noch von weißer Magie, in der irgendetwas zur Erscheinung – *apparitio* – gebracht würde.

Der anonyme Autor des oben zitierten Berichts aus dem *Teutschen Merkur* wusste das schon. In Löhrs Roman hingegen bringt der Pistolenanschlag auf die *black box* beziehungsweise *camera obscura* diese Einsicht ans Licht. Manchmal, so scheint es, kommt die Aufklärung nicht mit dem zwanglosen Zwang des besseren Argumentes, sondern Knall auf Fall mit einem Schuss ins Dunkle.

So ging es zwar – nach allem, was man weiß – nicht mit Kempelens Schachtürken, aber so gilt es für Löhrs Roman. Auch darin folgt er Schillers *Geisterseher*.

KAPITEL 9

Commercium auf der Schaubühne. Schillers *Geisterseher*

Fallender Kopf, Schüsse im Dunkeln. Schillers Philosophie als schaurige Farce

Schillers *Geisterseher* beginnt Knall auf Fall – im wörtlichen Sinne.[1510] Wenige Seiten nach Beginn der Handlung, der erste Mordanschlag auf den Prinzen ist da schon überstanden, sieht der Erzähler »den Kopf« eines »Venezianers« fallen. Das geschieht »in einem Kreise« »schwarz gekleidet[er]« »alter Männer« in einem »ganz[] […] mit schwarzen Tüchern behangen[en] und sparsam erleuchtet[en]« »Saal«. In seine schauerromantisch-schwarze »Tiefe« haben ausgerechnet »sechsundzwanzig Stufen« »hinunter[ge]führt[]«.[1511] Das ist eben die Zahl Stufen, über die sich seit Jakobs Traum in Gen 28,11–16 die Himmelsleiter definiert. Eine Himmelsleiter muss nicht immer nach oben, sondern kann auch nach unten führen: so hatte es sich ja schon an der »steilherabhängende[n] Leiter von 26 Sprossen« gezeigt, über die E.T.A. Hoffmann erst »in d[ie] Tiefe« und dann »in d[ie] Mitte«, das heißt ins atmosphärisch-himmlische Milieu des »Zackenfall[s]« gelangt war. Bei Schiller nun führen die sechsundzwanzig Stufen, darin eher den Konventionen der Gothic Novel als denen der Genesis folgend, an eine düstere Hinrichtungsstätte »der Staatsinquisition«, die dort auf obskure Weise »Gerechtigkeit« herzustellen vorgibt –[1512] und insofern handelt es sich hier allenfalls um eine pervertierte, also das eigentliche christliche Symbol entstellend zitierende Himmelsleiter.[1513]

Tatsächlich sind, wie schon diese Szene andeutet und sich im Verlaufe des Romans bestätigt, anders als in Hoffmanns *Brief aus den Bergen* nicht Höhe, Tiefe oder irgendeine zwischen beiden schwebende atmosphärische Mitte zentrale Themen des *Geistersehers*, wohl aber die Dunkelheit. Vieles im Roman

1510 Eine Kurzversion dieses Kapitels ist erschienen als: Stefan Börnchen: Geisterseher. Paranoia, Schaubühne und Vierte Wand in Schillers Romanfragment, in: Peter-André Alt, Marcel Lepper und Ulrich Raulff (Hg.): Schillers Theaterpraxis, Göttingen 2019, S. 197–213.

1511 Schiller, Der Geisterseher, S. 53f.

1512 Ebd.

1513 Dazu passt, dass später im Roman die attraktive wie dem Prinzen gefahrliche schöne Griechin, als er sie zum ersten Mal erblickt, »aus« dem »Himmel« kommend »noch auf der letzten Sprosse des Gebets« zu »schweb[en]« scheint (ebd., S. 133): auch hier also eine, allerdings wiederum missbrauchte, Himmelsleiter.

 | DOI:10.30965/9783846763698_010

spielt sich im Dunkeln ab. Das wiederum bringt gelegentlich das gleiche Risiko mit sich wie Tibors Aufenthalt in der *black box* des Schachtürken, in der ihn eine Kugel trifft, die gar nicht für ihn gedacht ist. Als im *Geisterseher*, nur ein Dutzend Seiten nach der Enthauptungsszene, der Sizilianer mit seiner Geisterbeschwörung des Betrugs überführt ist und durchsucht wird, finden sich dabei auch »Terzerolen«, also Pistolen. Kurz darauf fällt, nachdem schon der Magier auf die von ihm beschworene »Erscheinung« geschossen hat,[1514] der zweite Schuss:

> »Laß doch sehen, ob sie geladen sind!«, sagte einer von den Häschern, indem er eines von den Terzerolen nahm und ins Kamin abschoß. »Jesus Maria!« rief eine hohle menschliche Stimme, eben die, welche wir von der ersten Erscheinung gehört hatten – und in demselben Augenblick sahen wir einen blutenden Körper aus dem Schlot herunterstürzen. – »Noch nicht zur Ruhe, armer Geist?« rief der Engländer, während daß wir andern mit Schrecken zurückfuhren. »Gehe heim zu deinem Grabe. Du hast geschienen, was du nicht warst; jetzt wirst du sein, was du schienest.«
>
> »Jesus Maria! Ich bin verwundet«, wiederholte der Mensch im Kamine. Die Kugel hatte ihm das rechte Bein zerschmettert.[1515]

Der Verwundete ist ein »armer Barfüßer«-Mönch,[1516] der gegen Bezahlung seine Stimme aus dem Kamin heraus dem vom Sizilianer beschworenen phantasmagorischen Geist geliehen hatte. Kurios ist hier vor allem, *wie* sich das herausstellt: denn es ist der aufs Geratewohl ins Dunkel des Kamins abgefeuerte Schuss, der hier – jetzt sozusagen Fall auf Knall – Aufklärung bringt.

Auch fürs Dunkel gilt also die noch im Verlaufe dieser Szene vom Prinzen ausgegebene Maxime »Dahinter ist mehr«,[1517] mit der er zugleich die verschwörungstheoretische, um nicht zu sagen paranoide Formel für den Roman insgesamt formuliert.[1518] Darin liegt, so haben etwa Friedrich Kittler

1514 Ebd., S. 64.

1515 Ebd., S. 68.

1516 Ebd.

1517 Ebd., S. 69.

1518 Vgl. Ralf Simon: Commercium und Verschwörungstheorie. Schillers *Geisterseher* und Jean Pauls *Titan*, in: Jahrbuch der Jean-Paul-Gesellschaft 41 (2006), S. 221–245. Vgl. zur »kunstreich aufgebaut[en]« »Paranoia« des Romans auch Kittler, Die Laterna magica der Literatur: Schillers und Hoffmanns Medienstrategien, S. 229; im Roman selbst insbesondere Schiller, Der Geisterseher, S. 84. – Zur Theorie als per Definition paranoischer Theorie Theodor W. Adorno: Minima Moralia. Reflexionen aus dem beschädigten Leben, hg. von Rolf Tiedemann […], Frankfurt a. M. 2003, S. 296f.: »[…] über den Begriff der Theorie. Da ist keine, die nicht vermöge ihrer Konstitution als eines festen Strukturzusammenhangs ein Moment von Verdinglichung an sich trüge: paranoische Züge ausbildete. Diese gerade verschaffen ihr die Wirksamkeit. Der Begriff der fixen Idee trifft nicht

und Ralf Simon argumentiert, eine Art Dialektik der Aufklärung,[1519] wie sie charakteristisch für viele romantische Texte ist. Den Begriff ›romantisch‹ hat Schiller selbst mit Blick auf seinen Roman verwendet. So spricht er etwa im Zusammenhang mit »der schönen Griechin«, in die sich der Prinz gegen Ende des Romanfragments verliebt, von einem »recht romantische[n] Ideal«, in dem »liebenswürdige[] Schönheit« durch »abgefeimte Betrüger[ei]« zustandekomme.[1520] In vergleichbarem Sinne ist auch im Roman von »eine[r] romantische[n] Erscheinung«,[1521] das heißt einer attraktiven jungen Frau, die Rede. Es liegt allerdings auf der Hand, dass hier noch die Etymologie des Wortes ›romantisch‹ im Sinne von ›romanhaft‹ im Vordergrund steht, löst doch eine solche Erscheinung einen »romanhaften Schwung« der »Leidenschaften« aus, wie sie überhaupt »zu einem Roman« taugt.[1522]

Was wiederum die narrativen Unstimmigkeiten seines Romans angeht – Stichwort: »Ich habe vergessen zu erzählen, daß« –[1523], hat Schiller wie in Vorwegnahme von Samuel Taylor Coleridges berühmter Formulierung von der

die bloße Aberration, sondern ein Ingredienz von Theorie selber, den totalen Anspruch eines Partikularen, der aufsteigt, sobald ein einzelnes Moment isoliert festgehalten wird. Dem können Gedanken, die zum Gegenteil verhalten sind, nicht sich entziehen. […] Meist bezieht sich, wie beim Verfolgungswahn, die fixe Idee auf die Zuteilung von Schuld. Das Wahnsystem vermag das Wahnsystem […] nicht zu durchschauen. Darum wird auf ein ausgesondertes Prinzip losgeschlagen, bei Rousseau die Zivilisation, bei Freud den Ödipuskomplex, bei Nietzsche das Ressentiment der Schwachen. Ist die Theorie anders geartet, so kann immer noch die Rezeption sie paranoisieren. Sagt man von einem im prägnanten Sinn, er habe diese oder jene Theorie, so impliziert das allemal schon die stur vor sich hinstarrende, abschließende, von Selbstreflexion ausgenommene Erklärung der Übel. Denker, denen das paranoide Element ganz abgeht – einer von ihnen war Georg Simmel, der allerdings aus dem Mangel wiederum eine Panazee machte – bleiben wirkungslos oder werden schnell vergessen. Und daraus folgt keineswegs ihre Überlegenheit. Definierte man die Wahrheit als das schlechthin Nichtparanoische, so wäre sie zugleich nicht nur das schlechthin Ohnmächtige und in Konflikt mit sich selber, insofern die Praxis eines ihrer Elemente abgibt.«

1519 Simon argumentiert, dass *Der Geisterseher*, einer »der wohl radikalsten Texte der dunklen Aufklärung«, »vor dem Hintergrund von Schillers *Philosophie der Physiologie* gelesen« als Reflexion »sein[es] anthropologische[n] Zentraltheorem[s] in die schwindelerregende Dialektik der dunklen Aufklärung hinein« kenntlich werde; Simon, Commercium und Verschwörungstheorie. Schillers *Geisterseher* und Jean Pauls *Titan*, S. 223 und 232. Kittler wiederum kommt zu dem Schluss, dass die »Logik« der »Mediengeschichte« eben nicht »Fortschritt« heiße; Kittler, Die Laterna magica der Literatur: Schillers und Hoffmanns Medienstrategien, S. 237.

1520 Brief an Charlotte von Lengefeld und Caroline von Beulwitz, 26.1.1789; zitiert nach Schiller, Der Geisterseher, Kommentar S. 1161.

1521 Ebd., S. 142.

1522 Ebd., S. 140 und 144.

1523 Ebd., S. 70.

»willing suspension of disbelief«[1524] darauf gepocht, dass der Leser oder die Leserin es doch um der »wunderbar[en]« »Imagination« des Romans willen mit seiner »Wahrheit nicht so genau […] nehmen« möchte:

> [E]in[es] […] aber ist das Interesse einer *Farce*, wie der Geisterseher doch eigentlich nur ist,[1525] ein anderes das Interesse eines Romans oder einer Erzählung, wo man jedem Schritt, den der Dichter im menschlichen Herzen tut, ruhig und aufmerksam nachgeht. Der Leser des Geistersehers muß gleichsam einen stillschweigenden Vertrag mit dem Verfasser machen, wodurch der letztere sich anheischig macht, seine Imagination wunderbar in Bewegung zu setzen, der Leser aber wechselseitig verspricht, es in der Delikatesse und Wahrheit nicht so genau zu nehmen.[1526]

Doch nicht nur der dem Coleridge-Diktum verwandte Gedanke ist hier bemerkenswert, sondern auch Schillers Bezeichnung des *Geistersehers* als *»Farce«*. Adelungs *Grammatisch-kritisches Wörterbuch der Hochdeutschen Mundart* definiert die Bedeutung des Wortes so:

> Die Farße, […] 1) In den Küchen, klein gehacktes mit Semmel, Gewürz u. s. f. vermengtes Fleisch, welches entweder besonders angerichtet, oder zu Füllung verschiedener Speisen gebraucht wird. 2) Eine Komödie, welche bloß Lachen erregen soll, ein Possenspiel; ingleichen ein jeder mit Possen und niedrigen Scherzen angefüllter Aufsatz.[1527]

Schillers Hinweis könnte mit beiden Bedeutungsfacetten des Wortes zu tun haben. Denn wenn auch nicht mit »Scherzen« im eigentlichen Sinne »angefüllt«, so handelt es sich doch beim *Geisterseher* als Schauerroman um einen der Gattung nach »niedrigen« Text, der zudem zumindest teilweise – nämlich in seinem für die Buchversion ausgemusterten »Philosophischen Gespräch« –[1528] einem »Aufsatz« im Sinne einer philosophischen Abhandlung ähnelt. Vor allem aber handelt es sich um einen Text, der – ganz wie die »Farße« nach Adelungs erster Definition des Wortes – mit allerlei Zutaten »angefüllt« ist: nämlich, so hatte ich in der Einleitung dieser Studie gesagt, mit

---

1524 Vgl. Anm. 987.

1525 Vgl. »die Farce« in Schiller, Der Geisterseher, S. 145.

1526 Brief an Charlotte von Lengefeld und Caroline von Beulwitz, 12.2.1789; zitiert nach Schiller, Der Geisterseher, Kommentar S. 1162.

1527 »Farße«, in: Adelung, Grammatisch-kritisches Wörterbuch der Hochdeutschen Mundart, Bd. 2: F–L, Sp. 47.

1528 Die *Thalia*-Ausgabe enthält das ganze *Philosophische Gespräch*, ebenso die *Geisterseher*-Ausgabe von 1789; in der Ausgabe von 1792 ist das Gespräch »um über die Hälfte gekürzt«, 1798 wird es »nochmals erheblich« gekürzt. Vgl. Schiller, Der Geisterseher, Kommentar S. 1163f., S. 1164.

jenen Philosophemen[1529] rund um die *commercium*-Frage, mit denen Schiller schon zwei Dissertationen bestritten hatte. So gesehen – und noch einmal mit Karl Marx' Bonmot –, »ereigne[t]« sich auch Schillers Auseinandersetzung mit dem *commercium*-Problem »zweimal«, nämlich »das eine Mal als Tragödie, das andere Mal als Farce« – vorausgesetzt, man sieht in der Ablehnung von Schillers Dissertation *Philosophie der Physiologie* eine kleine Tragödie.[1530]

Die Motive des *Geistersehers*. Der Prinz in der philosophischen Bude

Commercium-Tragödie der Dissertation und *commercium*-Farce des *Geistersehers* haben allerdings unterschiedliche Helden. Ist es zu Karlsschul-Zeiten noch Schiller selbst, der sich an dem philosophischen Problem abmüht, übernimmt im *Geisterseher* der Prinz die Rolle des Philosophen, sodass man ihn gelegentlich sogar als »Sprachrohr« Schillers bezeichnet hat.[1531] Er selbst hatte ja Ende 1795 die »philosophische Bude« geschlossen. Wenig später stellt er den Prinzen hinein. Es ist, als gäbe es philosophisch ein *unfinished business*, das Schiller nun dem Prinzen überträgt, und nicht nur ihm als einer Figur seines Romans, sondern auch dem Roman insgesamt – seiner Diegese und seinen Dialogen, seiner Philosophie und seinen Phantasmagorien, seiner Topik und seiner Metaphorik. Was akademische Philosophie war, wird – wie eine »Farße« »klein gehackt[]« und schauerromantisch scharf »[g]ewürz[t]« – zum Romanstoff. Damit aber verwandelt sich das *commercium*-Problem in eine Medientheorie und Medienkritik.

Dass es dem Roman nicht um die Klärung philosophischer Probleme geht, ja dass nicht einmal die Philosophie des Prinzen überhaupt sein Handeln motivieren soll, macht Schiller in einem Brief an Körner deutlich. Nach dem Hinweis, »der Leser« könne unter den Umständen der Veröffentlichung als Fortsetzungsroman nicht »mehr von mir verlangen, als daß ich ihn mit einer interessanten Materie auf eine nicht geistlose Art unterhalte«, fährt er fort:

> Aber *darin* hast Du, glaube ich, den Gesichtspunkt verfehlt, daß Du glaubst, die Handlungsart des Prinzen solle aus seiner Philosophie bewiesen werden: Sie soll nicht aus seiner Philosophie, sondern aus seiner *unsichern* Lage zwischen

1529 Der Prinz spricht von »Philosophien«; Schiller, Der Geisterseher, S. 51, s. Zitat 1573.

1530 Vgl. das Marx-Zitat in Anm. 1064.

1531 Klaus H. Kiefer: »Die famose Hexen-Epoche«. Sichtbares und Unsichtbares in der Aufklärung. Kant – Schiller – Goethe – Swedenborg – Mesmer – Cagliostro, München 2004, S. 255.

> dieser Philosophie und zwischen seinen ehemaligen Lieblingsgefühlen, aus der Unzulänglichkeit dieses Vernunftgebäudes [...] herfließen. Dein Irrtum besteht darin, daß Du meinst, diese angegebene Philosophie sollte die Motive zu seiner Lebensart hergeben. Nichts weniger, als seine Unzufriedenheit mit dieser Philosophie gibt diese Motive her[,][1532]

ganz ähnlich also, wie Schillers eigene Unzufriedenheit mit der Philosophie ihn ihre Bude schließen und einen philosophischen Unterhaltungsroman schreiben lässt. Ein Roman aber ist in seiner Literarizität *per definitionem* zweideutig, und insofern geht Schiller zwar *philosophisch*, wie es im Roman einmal vom Prinzen heißt, »mit sehr unbefriedigter und zweideutiger Miene«[1533] ans Werk dieses Romans – wie er ja ohnehin häufig über mangelnde Lust klagt, das Projekt fortzuschreiben. Ein aufklärerischer Anspruch aber besteht anscheinend, aller Zweideutigkeit zum Trotz, dennoch – und das, obwohl die literarisch »zweideutige[] Miene« des Romans durch die Genre-Wahl des *Geistersehers* sogar noch einmal forciert wird. Über Aufklärung *geredet* wird jedenfalls viel im Roman. Aufklärung und ihre Philosophie sind Zutaten dieser Roman-Farce, und tatsächlich werden ja auch allerlei Rätsel aufgeklärt.

All diese Aufklärung steht jedoch unter dem Vorbehalt, möglicherweise Teil der im Roman beschriebenen Verschwörung zu sein: also bloß ein – noch einmal mit den Worten des Prinzen – »vermeintliche[r] Triumph über Betrug und Taschenspielerei«, der die Aufklärer in falscher *»[S]icher[heit]«* wiegen, ihren »Argwohn« entschärfen und sie so umso anfälliger für den »eigentlichen [...] Angriff[]« machen soll.[1534] Dieser Verdacht aber, der paranoide Verdacht also, dass jede Einsicht nur *vermeintlich* Licht in irgendeinen Sachverhalt bringt, tatsächlich aber dem Obskurantismus der Verschwörer in die Hände arbeitet, lässt sich anhand des Roman-Textes weder eindeutig belegen noch widerlegen – sei's aus programmatischen Gründen, sei's aufgrund der Unabgeschlossenheit des Textes.

So oder so also hat Schiller, wie er im Fortgang seines eben zitierten Briefes an Körner sagt, in seinem Roman nicht nur eine willkommene Einkommensquelle gesehen, sondern *auch* ein aufklärerisches Tun:

> Der Beweis z.B., daß Moralität bloß in dem Mehr oder Weniger der Tätigkeit liege, scheint mir von sehr vielen Seiten beleuchtet und sogar mit Gründlichkeit ausgeführt zu sein. Ich habe überhaupt an dieser Arbeit gelernt – und das ist mehr als 10 Taler für den Bogen.[1535]

1532 An Gottfried Körner, 9.3.1789, zitiert nach Schiller, Der Geisterseher, Kommentar S. 1162.

1533 Ebd., S. 88.

1534 Ebd., S. 99.

1535 Ebd., Kommentar S. 1162.

›Gründlich ausgeführt und von sehr vielen Seiten beleuchtet‹: diese Formel beschreibt die Reflexion, die Schiller mit dem *Geisterseher* in literarischer Form anstrebt, und das geschieht vom ersten Satz an. Der Erzähler beginnt:

> Erstes Buch
>
> Ich erzähle eine Begebenheit, die vielen unglaublich scheinen wird, und von der ich großenteils selbst Augenzeuge war. Den wenigen, welche von einem gewissen politischen Vorfalle unterrichtet sind, wird sie – wenn anders diese Blätter sie noch am Leben finden – einen willkommenen Aufschluß darüber geben; und auch ohne diesen Schlüssel wird sie den übrigen, als ein Beitrag zur Geschichte des Betrugs und der Verirrungen des menschlichen Geistes, vielleicht wichtig sein. Man wird über die *Kühnheit des Zwecks* erstaunen, den die Bosheit zu entwerfen und zu verfolgen imstande ist; man wird über die Seltsamkeit der *Mittel* erstaunen, die sie aufzubieten vermag, um sich dieses Zwecks zu versichern. Reine, strenge Wahrheit wird meine Feder leiten; denn wenn diese Blätter in die Welt treten, bin ich nicht mehr und werde durch den Bericht, den ich abstatte, weder zu gewinnen noch zu verlieren haben.[1536]

Drei zentrale Themenkomplexe des Romans nennt diese Exposition: erstens die vom »Auge[]« be»zeug[t]e« »Wahrheit« als ›Wissen‹ – im Unterschied zu »Phantasie[]«[1537] und Phantasmagorie –, zweitens den mithilfe eines zu findenden »Schlüssels« zu bewerkstelligenden »Aufschluß« eines in einer »Schatulle« wie in einer *black box* verborgenen Geheimnisses und drittens die damit verbundenen *»Mittel«*, bei denen es sich sowohl um technische und theatrale Medien wie auch um metaphorische ›Medien‹ im Sinne der vorliegenden Studie handelt. Am Ende, wird sich zeigen, sollen diese drei Themenkomplexe – wieder einmal – in einer Art Unmittelbarkeit zusammenfließen, in der – wieder einmal – die Innen-außen-Differenz aufgehoben und ›alles eins‹ ist. Das wiederum gilt dem Prinzen-Wort von der »unmittelbare[n] Wirkung«, die »es gar nicht [gibt]«,[1538] zum Trotz.

Entwendete Uhr und prästabilierter Tod. Der Armenier …

Gleich auf die einleitenden Sätze, der Erzähler hat gerade erst knapp die Situation der um den »Prinzen von ** in Venedig«[1539] versammelten Gruppe und die Persönlichkeit des Prinzen skizziert, wird es spannend:

1536 Ebd., S. 48.
1537 Ebd., S. 49.
1538 Ebd., S. 170.
1539 Ebd., S. 48.

> Eines Abends, als wir nach Gewohnheit in tiefer Maske und abgesondert auf dem St. Markusplatz spazieren gingen – es fing an, spät zu werden, und das Gedränge hatte sich verloren – bemerkte der Prinz, daß eine Maske uns überall folgte. Die Maske war ein Armenier und ging allein. Wir beschleunigten unsere Schritte und suchten sie durch öftere Veränderung unseres Weges irre zu machen – umsonst, die Maske blieb dicht hinter uns. […] Wir setzten uns auf eine steinerne Bank und erwarteten, daß die Maske vorübergehen sollte. Sie kam gerade auf uns zu und nahm ihren Platz dicht an der Seite des Prinzen. Er zog die Uhr heraus und sagte mir laut auf französisch, indem er aufstand: »Neun Uhr vorbei. Kommen Sie. Wir vergessen, daß man uns im ›Louvre‹ erwartet.« Dies sagte er nur, um die Maske von unserer Spur zu entfernen. *»Neun Uhr«*, wiederholte sie in eben der Sprache nachdrücklich und langsam. »Wünschen Sie sich Glück, Prinz« (indem sie ihn bei seinem wahren Namen nannte). *»Um neun Uhr ist er gestorben.«* – Damit stand sie auf und ging.[1540]

Wer gestorben ist, lässt sich nicht klären, weil die Maske »nicht mehr zu finden ist«. Der Prinz will sich nicht »erschüttern« lassen und deklariert den Vorfall als »lächerlich«. Am »folgenden Abend« jedoch »verlangt« es ihn »nach der Entwicklung dieser Komödie« – oder auch »Farce« –, und man kehrt auf den Markusplatz zurück.[1541] »Der Armenier war nirgends zu sehen.« Sechs Tage später aber bemerkt der Erzähler »den Armenier wieder« auf dem Markusplatz, und eben ist man »im Begriff, ihn zu erreichen«, als der Prinz einen »schwarz gesiegelt[en]« Brief mit der Nachricht überreicht bekommt, dass sein »Cousin […] gestorben« ist: und zwar ausgerechnet »[v]origen Donnerstag. Abends um neun Uhr«,[1542] also vermutlich[1543] zu eben jener Stunde, die die Maske benannt hatte.

Die Frage ist natürlich, wie das möglich war. Der Prinz hat darauf eine Antwort. Als gegen Ende des ersten Buches der Erzähler darauf hinweist, dass »[j]ene Prophezeiung auf dem Markusplatz, das erste Wunder, welches alle übrigen eröffnet hat«, immer noch »unerklärt« sei und »alle unsre Philosophen auf[fordert]«, ihm »Aufschluß darüber zu erteilen«, weist der Prinz zwar alle »Ansprüche« »auf den Namen eines Philosophen« zurück, will aber doch »auch zu diesem Wunder einen natürlichen Schlüssel auf[]suchen«.[1544] Seine Erklärung ist etwas umständlich:

1540 Ebd., S. 49f.

1541 Ebd., S. 50 und S. 145.

1542 Ebd., S. 50f.

1543 Vgl. zu Szenarien, wie vieles auch anders gewesen sein könnte, als es zu sein scheint, Simon, Commercium und Verschwörungstheorie. Schillers *Geisterseher* und Jean Pauls *Titan*.

1544 Schiller, Der Geisterseher, S. 101f.

> »Sie haben mit mir die nähern Nachrichten von der Krankheit meines verstorbenen Cousins gelesen. Es war in einem Anfall von kaltem Fieber, wo ihn ein Schlagfluß tötete. Das Außerordentliche dieses Todes, ich gestehe es, trieb mich an, das Urteil einiger Ärzte darüber zu vernehmen, und was ich bei dieser Gelegenheit in Erfahrung brachte, leitet mich auf die Spur dieses Zauberwerks. Die Krankheit des Verstorbenen, eine der seltensten und fürchterlichsten, hat dieses eigentümliche Symptom, das sie während des Fieberfrostes den Kranken in einen tiefen unerwecklichen Schlaf versenkt, der ihn gewöhnlich bei der zweiten Wiederkehr des Paroxysmus apoplektisch tötet. Da diese Paroxysmen in der strengsten Ordnung und zur gesetzten Stunde zurückkehren, so ist der Arzt von demselben Augenblick an, als sich sein Urteil über das Geschlecht der Krankheit entschieden hat, auch in den Stand gesetzt, die Stunde des Todes anzugeben. Der dritte Paroxysm eines dreitägigen Wechselfiebers fällt aber bekanntlich in den fünften Tag der Krankheit – und gerade nur soviel Zeit bedarf ein Brief, um von ***, wo mein Cousin starb, nach Venedig zu gelangen. Setzen wir nun, daß unser Armenier einen wachsamen Korrespondenten unter dem Gefolge des Verstorbenen besitze – [...], so haben Sie einen natürlichen Aufschluß über jene Wahrsagung, die Ihnen so unbegreiflich deucht.[1545]

Die Logik, die dieser Erklärung zugrundeliegt, erinnert an einen Aspekt der prästabilierten Harmonie: ist doch angeblich »von demselben Augenblick an«, in dem die Krankheit bestimmt ist, die Kausalkette ihres Ablaufs samt Zeitplan so exakt *vorher*bestimmt (»strengste[] Ordnung«, Wiederholung »zur gesetzten Stunde«), also *prä*stabiliert, dass sich der Tod des Cousins über sechs Tage auf die Stunde genau vorhersagen lässt.

Dafür, dass hier mit der prästabilierten Harmonie tatsächlich eines der Erklärungsmodelle des *commercium* im Raum steht, spricht zweierlei. Zum einen klingt auch eine andere *commercium*-Erklärung an – liefert doch der Prinz, genau genommen, nicht nur »einen natürlichen Schlüssel« zu dem in Frage stehenden Problem, sondern gleich »Zwei Schlüssel auf einmal!«, wie der Erzähler erstaunt ausruft.[1546] In der Tat nämlich gibt der Prinz zu, dass ihm seine »Mutmaßung« selbst »gekünstelt« vorkomme, um dann – sehr zum Erstaunen des Erzählers – zu behaupten, dass die korrekte »Prophezeiung« des Armeniers auch nichts als ein »bloße[r] Zufall« gewesen sein könnte: eine *occasio*[1547] gewissermaßen. Über eine solche *occasio* aber verfügt – so der Prinz – allenfalls »›ein Mensch, dem höhere Kräfte zu Gebote stehen [...]‹«, also mit anderen Worten: ein göttliches Wesen, wie es die Okkasionalisten im *commercium* am Werke sehen.[1548]

1545 Ebd., S. 102f.

1546 Ebd., S. 102.

1547 Vgl. Stowasser, Lateinisch-deutsches Schulwörterbuch, S. 310.

1548 Schiller, Der Geisterseher, S. 103f.

… legt Hand an Leibniz' Taschenuhr

Zum anderen aber, und dies ist das gewichtigere Argument, zieht der Prinz, kurz bevor der Armenier die Prophezeiung ausspricht, seine »Uhr« aus der Tasche: jene Uhr, die ihm gleich darauf vermutlich der Armenier abnehmen, oder anders gesagt: an die gleich darauf der Armenier Hand anlegen wird, ohne dass es der Prinz überhaupt bemerkt.[1549] Sollte darin nicht ein Fingerzeig auf die philosophische Metapher von der Uhr liegen – sollte also nicht hinter dem »Zauberwerk[]«[1550] die Vorstellung von einem Uhrwerk stehen? In Leibniz' Theorie von der prästabilierten Harmonie jedenfalls steht sie im Zentrum der Argumentation.

In seinen *Kleineren philosophischen Schriften* schreibt Leibniz im Abschnitt »Dritte Erläuterung des Systems über den Verkehr zwischen den Substanzen«:

> Einige gelehrte und scharfsinnige Freunde, die meine neue Hypothese über die große Frage der Verbindung zwischen Seele und Körper in Erwägung gezogen und von Bedeutung gefunden haben, haben mich aufgefordert, einige Aufschlüsse bezüglich der Schwierigkeiten zu geben, die man dagegen erhoben hat und die daher kommen, daß man jene Hypothese nicht richtig verstanden hat. […]
>
> Man denke sich zwei Wand- oder Taschenuhren, die in ihrem Gange vollkommen miteinander übereinstimmen. Dies kann auf dreierlei Weise geschehen. Die erste Weise besteht in der wechselseitigen Einwirkung einer Uhr auf die andere; die zweite in der Sorgfalt eines Menschen, der darauf achtgibt; die dritte in der eigenen Genauigkeit der Uhren.
>
> Die erste Weise, die der Einwirkung, ist durch den verstorbenen Herrn Huygens[] zu seinem großen Erstaunen durch die Erfahrung erprobt worden. Er hatte zwei große Pendeluhren an ein und demselben Stücke Holz befestigt, und die beständigen Schläge dieser Uhren hatten den Holzteilchen ähnliche Erschütterungen mitgeteilt. Da aber diese verschiedenen Erschütterungen sich nicht in ihrer Ordnung und ohne einander zu stören erhalten konnten, wenn die Uhren nicht gleichmäßig miteinander schlugen, so geschah es durch eine Art Wunder, daß diese letztern, selbst wenn man sie absichtlich in ihrem Gange störte, doch bald wieder zur Übereinstimmung zwischen ihren Schlägen zurückkehrten, ungefähr wie zwei Saiten, die im Einklang miteinander stehen.[1551]

Schon Leibniz bezeichnet also, nebenbei bemerkt, die Vorstellung von der *influxus*haften Resonanz zwischen zwei Saiten, die noch Schiller in der

1549 Vgl. Zitat 1555.

1550 Schiller, Der Geisterseher, S. 102.

1551 Gottfried Wilhelm Leibniz: Kleinere philosophische Schriften. Mit Einleitung und Erläuterungen deutsch von Norbert Habs, Leipzig 1883, S. 69f.

Philosophie der Physiologie zur Erklärung des *commercium* bemüht, abwertend als »eine Art Wunder«. Er fährt fort:

> Die zweite Weise, zwei wenn auch schlechte Uhren in Übereinstimmung zu erhalten, wird die sein, wenn man einen geschickten Arbeiter darauf achtgeben läßt, der sie dann immerfort miteinander in Übereinstimmung bringt. Diese Weise nenne ich den Weg der Beihilfe.[1552]

Für diese okkasionelle Beihilfe hat Leibniz, wie er wenig später begründet, ebenfalls nichts übrig. Leibniz weiter:

> Die dritte Weise endlich besteht darin, daß man die beiden Uhren von vornherein mit so viel Kunst und Genauigkeit anfertigt, daß man ihres Übereinstimmens in der Folge sicher sein kann. Das ist der Weg der vorherbestimmten Übereinstimmung.
>
> Nun setze man an Stelle dieser beiden Uhren den Körper und die Seele. Auch deren Übereinstimmung wird auf eine von diesen drei Weisen erfolgen. Der Weg der Einwirkung ist der der gewöhnlichen Philosophie; da man sich aber weder von stofflichen Teilchen noch von nichtstofflichen Eigenschaften oder Beschaffenheiten, die von einer dieser beiden Substanzen in die andere übergehen könnten, eine Vorstellung machen kann, so muß diese Ansicht aufgegeben werden.[1553]

Das ist die Begründung, warum der *influxus* als Erklärung des *commercium* ausscheidet. Leibniz ist hier konsequenter Dualist und lässt sich auf Hilfskonstruktionen wie die cartesischen *spiritus animales* nicht ein.

Auch den Okkasionalismus schließt Leibniz, wie gesagt, aus. Er hält ihn als *»Weg der Beihilfe«* Gottes beziehungsweise als »System[] der Gelegenheitsursachen« – *occasio* heißt ›Gelegenheit‹, ›Zufall‹ oder auch ›Handstreich‹ – für unvernünftig. Tatsächlich also, so Leibniz' Schluss, herrsche die *»vorherbestimmte[] Harmonie«* – dies jedoch kurioserweise mit der Konsequenz, dass der Anschein bestehe, »als ob« (!) *influxus* und *occasio* existierten:

> Der Weg der Beihilfe ist der des Systems der Gelegenheitsursachen; allein mich dünkt, das heißt den Deus ex machina bei einer natürlichen und gewöhnlichen Sache zu Hilfe rufen, bei der Gott vernünftigerweise nur in der Art eingreifen darf, in der er bei allen andern natürlichen Dingen mitwirkt. Also bleibt nur meine Hypothese, nämlich der Weg der vorherbestimmten Harmonie vermittelst eines vorgreifenden göttlichen Kunststücks, das gleich bei Anbeginn jede von diesen Substanzen [das heißt Seele und Körper] so vollkommen gebildet und mit solcher Genauigkeit reguliert hat, daß sie, indem

1552 Ebd., S. 70.
1553 Ebd., S. 70f.

> sie nur ihren eigenen Gesetzen folgt, die sie gleichzeitig mit ihrem Dasein empfangen hat, dennoch mit der andern zusammenstimmt, ganz als ob [!] eine wechselseitige Einwirkung zwischen ihnen bestände oder als ob [!] Gott neben seiner allgemeinen Mitwirkung auch immer noch im besondern Hand dabei anlegte.[1554]

Genau das aber, was Leibniz hier beschreibt: eine Art »Deus ex machina«, der »Hand […] anlegt« an die Uhr – und damit zugleich, wie sich später herausstellen wird, an Seele und Körper – des Prinzen, ist der Armenier: nur dass er an jenem Abend auf dem Markusplatz nicht im übertragenen Sinne einer Manipulation der »Substanz« von Körper und Geist »Hand […] anlegt«, sondern ganz buchstäblich – zieht er doch offenbar, wie gesagt, dem Prinzen die erwähnte Uhr aus seiner Uhrentasche. Gleich nach der Enthauptungsszene heißt es:

> Starr vor Schrecken erreichten wir unsere Wohnung. Es war nach Mitternacht. Der Kammerjunker […] erwartete uns mit Ungeduld an der Treppe.
>
> »Wie gut war es, daß Sie geschickt haben!« sagte er zum Prinzen, indem er uns leuchtete – […]
>
> »Geschickt hätte ich? Wann? Ich weiß nichts davon.«
>
> »Diesen Abend nach acht Uhr. Sie ließen uns sagen, daß wir ganz außer Sorgen sein dürften, wenn Sie heute später nach Hause kämen.«
>
> Hier sah der Prinz mich an. »Haben Sie vielleicht ohne mein Wissen diese Sorgfalt gebraucht?«
>
> Ich wußte von gar nichts.
>
> »Es muß doch wohl so sein, Ihro Durchlaucht«, sagte der Kammerjunker – »denn hier ist ja Ihre Repetieruhr, die Sie zur Sicherheit mitschickten.« Der Prinz griff nach der Uhrtasche. Die Uhr war wirklich fort, und er erkannte jene für die seinige. »Wer brachte sie?« fragte er mit Bestürzung.
>
> »Eine unbekannte Maske, in armenischer Kleidung, die sich sogleich wieder entfernte.«
>
> Wir standen und sahen uns an. – »Was halten Sie davon?« sagte endlich der Prinz nach einem langen Stillschweigen. »Ich habe hier einen verborgenen Aufseher in Venedig.«[1555]

Dieser verborgene Aufseher ist der Armenier – jener, mit Formulierungen Leibniz', »Deus ex machina«, der immer wieder auf den beteiligten Personen wie den Leserinnen und Lesern des *Geistersehers* nicht »vernünftig[]« erscheinende Weise in den »natürlichen« Gang der »Dinge[]« »eingreif[t]« und

1554 Ebd., S. 71.
1555 Schiller, Der Geisterseher, S. 54.

damit auch – das ist ja die dramaturgische Aufgabe des Deus ex machina –[1556] von außen auf die Handlung ein- beziehungsweise so an ihr »mitwirkt«.

So sagt es mehrfach und ausdrücklich der Erzähler. Über die Lektüre des Prinzen heißt es:

> Er wählte [...] die modernste Lektüre, der er sich mit allem dem Ernste hingab, womit er alles, was er vornahm, zu behandeln pflegte. Aber die schlimme Hand, die bei der Wahl dieser Schriften im Spiele war [!], ließ ihn unglücklicherweise immer auf solche stoßen, bei denen weder seine Vernunft noch sein Herz viel gebessert waren [...]; seine Vernunft und sein Herz blieben leer, während sich diese Fächer seines Gehirns mit verworrenen Begriffen anfüllten.[1557]

Wenig später ist es dann »[e]ine unsichtbare Hand«, die den Erzähler zwingt, den Prinzen zu verlassen.[1558] Gegen Ende des Romans ist – zur »[R]ühr[ung]« des hier erzählenden Baron von F***! – die Rede von einem »Mann«, der zwar mit »unwiderstehliche[r] Gewalt« zu einer Dame hingezogen scheint, dabei jedoch von »ein[em] verborgene[n] Arm [...] zurück[ge]r[iss]en« wird.[1559] Kein Wunder, dass es bei so vielen unsichtbaren Händen umso auffälliger ist, wenn dann auch einmal »eine Hand sichtbar« wird, woran »einige kostbare Steine blitzten«.[1560] Hier nun erfährt zwar der Leser oder die Leserin, dass »[e]ine Anzahl Armer [...], wie sie vorüberging«, »sie mit sehr vergnügter Miene [verließ]« und kann daraus schließen, dass diese Hand Almosen verteilt hat – wer jedoch »die Erscheinung«[1561] ist, zu der die Hand gehört, bleibt hier auf geradezu ostentative Weise unsichtbar.

Man sieht: An okkasionellen Eingriffen eines *Deus ex machina*, der genau genommen ein *Deus absconditus ex machina* ist, fehlt es im *Geisterseher* nicht, und dahinter verbirgt sich anscheinend immer wieder der Armenier. Dass sein erster Eingriff ins Geschehen ausgerechnet durch ›Eingreifen‹ in die »Uhrtasche« des Prinzen erfolgt, indem er so – noch einmal mit Leibniz – »neben seiner allgemeinen Mitwirkung auch [...] im besondern Hand [...] an[]« den Prinzen und seine Uhr legt, ja dass die entwendete Uhr dann auch noch ausdrücklich zum Zeichen wird, nämlich zu einem – allerdings manipulierten – Authentifizierungszeichen, spricht dafür, dass sich hier tatsächlich Leibniz' *Deus ex machina* hinter der Maske des Armeniers verbirgt – und sei es auch

1556 Darin ähnelt er dem »dramatische[n] Schriftsteller, der um die unerbittliche Einheit seines Aristoteles verlegen«; ebd., S. 96.
1557 Ebd., S. 107f. Ähnlich berichtet es der Sizilianer von sich selbst; ebd., S. 84.
1558 Ebd., S. 112.
1559 Ebd., S. 146.
1560 Ebd., S. 136.
1561 Ebd., S. 135.

in einer Taschenuhren- beziehungsweise taschenspielerhaften Variante von geradezu diebischer Umtriebigkeit.

So gesehen, liegt gerade in der Vorstellung eines Okkasionalismus, wie Leibniz ihn beschreibt, der Keim zu jener paranoiden Vorstellung von der »Allwissenheit« als Überall-die-Hand-im-Spiel-Haben, von der der Prinz schon spricht, als er den vermissten Schlüssel in der Tabatiere wiederfindet.[1562] Später personifiziert sich diese Vorstellung in Biondello, der auf den hier brieflich dem Erzähler berichtenden Baron von F*** nicht bloß so wirkt, »als ob« er immer »geschickt[] [...] achtg[ibt]« und gelegentlich »Hand [...] anlegte« (Leibniz), sondern hyperbolischerweise sogar so, »als wenn er tausend Augen hätte« und »tausend Hände in Bewegung setzen könnte« (Schiller):

> Von unsern Leuten (weil Sie doch alle Kleinigkeiten wissen wollen) bedient er [der Prinz] sich jetzt fast ganz allein des Biondello, den er, wie Sie wissen, nach Entweichung unsers Jägers in seine Dienste nahm und der ihm jetzt bei dieser neuen Lebensart ganz unentbehrlich geworden ist. Der Mensch kennt alles in Venedig, und alles weiß er zu gebrauchen. Es ist nicht anders, als wenn er tausend Augen hätte, tausend Hände in Bewegung setzen könnte. Er bewerkstellige dieses mit Hülfe der Gondoliers, sagt er. Dem Prinzen kommt er dadurch ungemein zustatten,[1563]

und damit auch, qua Personifizierung, der impliziten Okkasionalismustheorie des Romans.

Aufgeschüsselt, aufgeschlüsselt. Schatulle, Tabatiere, Wunder und ihre Schlüssel

Der Prinz hat seine Taschenuhr zurückerhalten und sich eben von dem achttägigen Fieber erholt, das er sich durch den »schreckliche[n] Auftritt dieser Nacht [...] zugezogen« hat,[1564] da kommt, man befindet sich gerade erst auf der nächsten Seite des Romans, schon wieder etwas abhanden:

> Sobald er soweit genesen war, um das Zimmer wieder verlassen zu können, beredete ihn der Arzt, eine Spazierfahrt auf der Brenta zu machen, um die Luft zu verändern. Das Wetter war helle, und die Partie ward angenommen. Als wir eben im Begriffe waren, in die Gondel zu steigen, vermißte der Prinz den Schlüssel zu einer kleinen Schatulle, die sehr wichtige Papiere enthielt. Sogleich kehrten wir um, ihn zu suchen. Er besann sich aufs genaueste, die Schatulle noch den

1562 S. Zitat 1571.
1563 Ebd., S. 114f.
1564 Ebd., S. 54.

> vorigen Tag verschlossen zu haben, und seit dieser Zeit war er nicht aus dem Zimmer gekommen. Aber alles Suchen war umsonst [...]. Der Prinz, dessen Seele über jeden Argwohn erhaben war, erklärte ihn für verloren und bat uns, nicht weiter davon zu sprechen.[1565]

Als Leser oder Leserin des Romans ist man hier vielleicht schon argwöhnischer als der Prinz. Jedenfalls mag man vermuten, dass der Armenier wieder seine Finger im Spiel hat.[1566] An der Okkasion dazu fehlt es nicht. So beobachtet man im Verlaufe der erwähnten Spazierfahrt am »Ufer der Brenta« auf einem »Jahrmarkt« in »einem kleinen Dorfe« einen »pantomimischen Tanz«:

> Die Erfindung war neu, Leichtigkeit und Grazie beseelten jede Bewegung. Eh der Tanz noch völlig zu Ende war, schien die Anführerin desselben, welche eine Königin vorstellte, plötzlich wie von einem unsichtbaren Arme gehalten. Leblos stand sie und alles. Die Musik schwieg. [...] Auf einmal fuhr sie mit der Wut der Begeisterung in die Höhe, blickte wild um sich her – »Ein König ist unter uns«, rief sie, riß ihre Krone vom Haupt und legte sie – zu den Füßen des Prinzen. Alles, was da war, richtete hier die Augen auf ihn, lange Zeit ungewiß, ob Bedeutung in diesem Gaukelspiel wäre [...].[1567]

»[P]lötzlich wie von einem unsichtbaren Arme gehalten«: Wem sollte der gehören, wenn nicht dem »verborgenen Aufseher«[1568] des Prinzen, der hier wieder einmal als Deus ex machina in den »natürlichen« Gang der »Dinge[]« »eingreif[t]« (Leibniz), indem er die Tänzerin »[b]egeister[t]«, also *ex machina* im Sinne des griechischen *enthousiasmós* (zu *én-theos*), ›Gottesbegeisterung‹,[1569] *enthusiasmiert?*

Anwesend ist der Armenier jedenfalls in der Szene, erwähnt doch der Erzähler, dass das »Gefolge« des Prinzen »unterdessen gewachsen« sei: so auch um »ein[en] russischen Offizier« mit »ganz [u]ngewöhnliche[r]« »Physiognomie«, einen »seltsame[n] Mensch[en]«, der der Gesellschaft »von weitem« folgt und sich später als der Armenier entpuppt – weshalb dann auch der Erzähler »[d]e[n] russische[n] Offizier [...] jetzt wieder den Armenier nenn[t]«[1570]. So wundert man sich als Leser oder Leserin des Romans kaum,

1565 Ebd., S. 55.

1566 Allerdings war es, wie er im Nachhinein gesteht, angeblich der Sizilianer. Jedenfalls bestätigt er die Frage des Prinzen: »›Wie? So hätte ich mich also geirret? Das Stückchen mit dem Schlüssel war Ihr Werk, und nicht des Armeniers? [...]‹« Ebd., S. 72.

1567 Ebd., S. 55f.

1568 Ebd., S. 54.

1569 Vgl. »Enthusiasmus«, in: Kluge, Etymologisches Wörterbuch der deutschen Sprache, S. 223.

1570 Schiller, Der Geisterseher, S. 65.

wenn kurz nach dem zitierten Tanz plötzlich der gesuchte Schlüssel wieder auftaucht:

> Wir kamen vor einer Bude zu stehen, wo Lotterie gezogen wurde. Die Damen setzten ein, wir andern folgtem ihrem Beispiel; auch der Prinz forderte ein Los. Er gewann eine Tabatiere. Als er sie aufmachte, sah ich ihn blaß zurückfahren. – Der Schlüssel lag darin.
>
> »Was ist das?« sagte der Prinz zu mir, als wir einen Augenblick allein waren. »Eine höhere Gewalt verfolgt mich. Allwissenheit schwebt um mich. Ein unsichtbares Wesen, dem ich nicht entfliehen kann, bewacht alle meine Schritte. Ich muß den Armenier aufsuchen und muß Licht von ihm haben.«[1571]

Der Prinz hat erkannt, dass er auf Schritt und Tritt, von *occasio* zu *occasio*, von einem »höhere[n]« »Wesen« »verfolgt« wird, wie es eben – auch – der okkasionalistische Deus ex machina ist. Dazu passt – zumindest andeutungsweise –, dass in der Gesellschaft, als der Prinz abends »bei Tische [...] die Begebenheit mit dem Schlüssel« erzählt, nicht nur »heftig über diese Materie gestritten«, sondern sogar »das ganze Geisterreich in die Schranken heraus[gefordert]« wird:[1572] steht hier doch offenbar das philosophische Problem von Materie beziehungsweise Körper und Geist zumindest im Hintergrund der gewünschten Aufklärung beziehungsweise Erleuchtung (›Ich muß Licht haben‹). Auch unter diesem Aspekt hat der Prinz also Recht, wenn er »mit den Worten Hamlets« dem Erzähler gegenüber bemerkt, dass es »›mehr Dinge im Himmel und auf Erden [gibt], als wir in unseren Philosophien träumen.‹«[1573]

Zwar mag es fraglich erscheinen, ob diese Dinge sich, wie der Prinz es ja ausdrücklich wünscht, tatsächlich als »Komödie« im eigentlichen Sinne »[e]ntwickel[n]«.[1574] Sicher aber handelt es sich um eine philosophische Farce: also eine »[V]ermeng[ung]« und Ver»[f]üllung« »klein gehackte[r]« (Adelung) »Philosophien« (der Prinz), die am Ende – um im Bilde zu bleiben – ein philosophisches Hackfleisch ergeben, bei dem keine organischen philosophischen Strukturen oder Zusammenhänge mehr zu erkennen sind, sondern alles mit allem vermischt ist und alles neben allem anderen landen, alles mit allem anderen zu metonymischer Nähe zusammenfinden kann. Es liegt auf der Hand, dass eine solche Farce nichts anderes als die Füllung jener Pasteten – italienisch

---

1571 Ebd., S. 56f. Allerdings soll auch – vgl. Anm. 1566 – der Schlüssel-Trick das Werk des Sizilianers gewesen sein, vgl. ebd., S. 72.

1572 Ebd., S. 57.

1573 Ebd., S. 51.

1574 Ebd., S. 50.

pasticcio – ist, nach denen der im Poststrukturalismus so beliebte ›Pastiche‹ benannt ist.[1575]

Ist es aber so, dass Schillers Roman erstens programmatisch alles mit allem vermischt und verbindet und zweitens – »Dahinter ist mehr« – zum forcierten, um nicht zu sagen: wahnhaften Deuten einlädt,[1576] dann sollte man als Leser oder Leserin dieser Einladung nachkommen. Das gilt insbesondere dann, wenn der Text dermaßen ostentativ einen Schlüssel präsentiert wie den gerade in Zitat 1565 erwähnten: einen »Schlüssel zu einer kleinen Schatulle, die sehr wichtige Papiere enth[ä]lt« – und damit möglicherweise zugleich einen Lektüreschlüssel liefert, zumindest aber einen hermeneutischen Fingerzeig für den Roman: lässt doch auch der Sizilianer, wie er ausdrücklich sagt, seinen nigromantischen »Geist [...] durch Zeichen sprechen«.[1577]

Ist also der gesuchte Schlüssel – auch – ein Lektüre-Schlüssel, dann hat er wenigstens zwei Funktionen. Zum einen steht er im übertragenen Sinne für das Verständnis all der Rätsel des Romans, die der Prinz und sein Gefolge sich zu erschließen suchen. Zum anderen steht er im buchstäblichen Sinne für den Zugang oder, genauer, die Möglichkeit zur Einsicht – und Einsicht ist ›Wissen‹ im Sinne von »Licht [...] haben«, wenn auch nicht »Allwissenheit«[1578] – in jene »verschlossen[e]« »Schatulle« – man könnte auch sagen: *black box* –, der sofort die Erwähnung eines »Zimmer[s]« – um nicht zu sagen: einer *camera obscura* – folgt, »aus dem« der Schlüssel, wie vielleicht die Schatulle selbst, »nicht [...] gekommen [war]«.

Der Roman assoziiert also Schlüssel und umschließendes Behältnis. So gehört der erste erwähnte »Schlüssel« zu der »Schatulle«, ist nicht aus dem »Zimmer« gekommen und findet sich in der »Tabatiere« – einer Tabak-Schatulle – wieder. Und so verwundert auch eine für sich genommen merkwürdige Formulierung nicht, die der Prinz verwendet, als er im übertragenen Sinne von »de[m] Schlüssel zu dem Wunder« – das heißt zu der gleich noch näher zu betrachtenden Geisterbeschwörung des Sizilianers – sagt, dass der Sizilianer, wäre es nach dem Armenier gegangen, dem Prinzen und seiner Entourage nicht »jene Märchen« hätte »aufschüsseln [!] soll[en], die sich beim

1575 »Pastiche (ital[ienisch]: *pasticcio*: Pastete, undurchsichtige Affäre), unter P[astiche] versteht man eine dem Original möglichst nahe kommende Imitation des Stils eines Autors [...]. Der P[astiche] ist eine Art der Intertextualität«; Martin Kuester: Pastiche, in: Ansgar Nünning (Hg.): Metzler-Lexikon Literatur- und Kulturtheorie. Ansätze – Personen – Grundbegriffe, Stuttgart, Weimar 1998, S. 415.

1576 Vgl. die Formel des Prinzen in Zitat 1580.

1577 Schiller, Der Geisterseher, S. 87.

1578 Ebd., S. 57.

leichtesten Nachdenken widerlegen«:[1579] also, anders gesagt, nicht Märchen hätte auftischen sollen, die sich beim leichtesten Nachdenken von selbst ent»[s]chlüssel«n.

Märchen aufschüsseln, um sie zu entschlüsseln, Schüssel und Schlüssel: ist dieses Wortspiel Zufall? Ist also, wer hier einen Zusammenhang sieht, schon wie die Opfer des Sizilianers – seiner eigenen Auskunft zufolge – »mit Mystizität so umstrickt und umwunden«,[1580] dass hier nicht der Verstand, sondern die »schwärmerische[] [...] Phantasie« die gegebenen »Bruchstücke [...] nach ihrer Art aneinanderreiht[]«?[1581] Man kann es nicht sagen. Der Text bietet diese Lesart an, aber er thematisiert eben auch jenes Problem, das in jüngerer Zeit als *paranoid reading* bezeichnet worden ist – und dies nicht zufällig im Rückgriff auf Sigmund Freud, der sich in seiner – ausgerechnet – *Bruchstücke einer Hysterie-Analyse* betitelten Studie an eben dieser Frage versucht hat.[1582]

So oder so ist bemerkenswert, dass der Prinz zwar den vermissten Schlüssel zu seiner Schatulle wiederfindet, von ihrem Inhalt aber gar nicht mehr die Rede ist. Sie bleibt eine *black box* – ganz so, als handele es sich bei ihr um einen MacGuffin[1583] oder ein Dingsymbol für all die Rätsel des Romans, die hermeneutisch ungelöst bleiben. Ähnlich sieht es anscheinend sogar der Prinz, wenn er sich selbst im Bilde eines Boten beschreibt, der eine *black box* überbringt:

> »[...] Ich bin einem Boten gleich, der einen versiegelten Brief an den Ort seiner Bestimmung trägt. Was er enthält, kann ihm einerlei sein – er hat nichts als seinen Botenlohn dabei zu verdienen.«[1584]

Das wiederum stimmt – und ist, hier ist eben alles zweideutig, doch zugleich falsch. Denn am Ende hat der Prinz auch sein Leben zu verlieren.

1579 Ebd., S. 99f.

1580 Ebd., S. 84.

1581 Ebd.

1582 Sigmund Freud: Bruchstück einer Hysterie-Analyse (1905 [1901]), in: ders.: Studienausgabe, Bd. 6: Hysterie und Angst, hg. von Alexander Mitscherlich, Angela Richards und James Strachey, Frankfurt a. M. 1971, S. 83–186.

1583 Vgl. Anm. 1294.

1584 Schiller, Der Geisterseher, S. 127.

Dunkle Kästchen-Motive. Man ziehe den Schieber ...

Was Schillers *Geisterseher* und seinen Zusammenhang von Schlüssel und aufzuschließender Schatulle, *black box* oder auch *camera obscura* betrifft, so spricht für die Existenz dieses Zusammenhangs auch der Umstand, dass er sich *in extenso* bei Goethe findet. Jochen Hörisch ist diesem Motivkomplex nachgegangen, und zwar in Hinblick auf den, wie Hörisch das nennt, »Code/Kot des Geldes«[1585]. Hörisch schreibt:

> Wo ein Schlüssel resp. Geld ist, da ist eine Schatulle oder eine Höhle nicht fern. Ihre Verdichtung finden beide Motive (Höhle und Schatulle) im Kästchen-Motiv, das Goethe zeitlebens faszinierte (wie vor ihm Shakespeare). Goethes Interesse am Kästchen-Motiv hat sehr früh eingesetzt. Die Urszene dieser Fixierung auf dunkle und geheimnisvolle Kästchen läßt sich – *Dichtung und Wahrheit* sei Dank – präzise nachvollziehen. Der zehnjährige Johann Wolfgang hatte kindlich-freundschaftlichen Umgang mit dem französischen Grafen Thoranc, der im elterlichen Haus einquartiert war. Und in dessen Zimmer fand der junge vorpubertäre Goethe »hinter dem Ofen ein schwarzes Kästchen; ich ermangelte nicht, zu forschen, was darin verborgen sei, und ohne mich lange zu besinnen, zog ich den Schieber weg. Das darin enthaltene Gemälde war freilich von der Art, die man den Augen nicht auszustellen pflegt [...]. Der Graf trat herein und ertappte mich. – ›Wer hat Euch erlaubt, dieses Kästchen zu eröffnen?‹ sagte er mit seiner Kriegslieutnantsmiene. Ich hatte nicht viel darauf zu antworten, und er sprach sogleich die Strafe sehr ernsthaft aus: ›Ihr werdet in acht Tagen‹, sagte er, ›dieses Zimmer nicht betreten.‹ [...]«[]
>
> Was verboten ist, das macht bekanntlich scharf. Goethe hat aus Schieber und Kästchen alsbald eine kleine Privatmythologie gemacht [...]. Die Kästchen-Symbolik durchzieht Goethes Werk wie ein roter Faden. [...] Goethes spezifische Färbung dieses Motivs besteht in seiner Monetarisierung [...].[1586]

Hörischs *»Poesie des Geldes«*, wie der Untertitel seiner hier zitierten Studie mit dem Titel *Kopf oder Zahl* heißt, ist als Entwurf einer »›Ontosemiologie‹« samt ihren »Leitmedien« auch eine allgemeine Mediologie.[1587] Das habe ich oben ausgeführt. Schon daraus lässt sich der Einwand begründen, dass der letzte hier von Hörisch zitierte Satz zu eng gefasst ist: findet sich doch bei Goethe, wie ich im vorausgehenden Kapitel im Anschluss an Jonathan Crary argumentiert habe, die Symbolik des »dunkle[n] und geheimnisvolle[n] Kästchen[s]« auch im Zusammenhang von Camera obscura beziehungsweise *camera obscura*. Es ist eben ein ›*schwarzes* Kästchen‹, das der Knabe Goethe an typischerweise dunklem Ort, nämlich »hinter dem Ofen« findet, und schon deshalb lohnt es

1585 Hörisch, Kopf oder Zahl. Die Poesie des Geldes, S. 62.
1586 Ebd., S. 137f.
1587 Ebd., S. 26.

sich, nicht nur wie Hörisch auf den Inhalt dieser *black box* und auf die Vorgänge in ihr zu schauen – also auf ihr Inneres –, sondern auf das Kästchen als Medium selbst – also insbesondere auf das in ihm konstituierte Verhältnis von Außen und Innen.

Das Gleiche gilt für Schiller und seinen *Geisterseher.* Denn auch er entwirft eine Art Mythologie rund ums obskure Kästchen, etwa Schatulle und Tabatiere, und – beziehungsweise *als* – den dazugehörigen obskuren Raum: etwa den »mit schwarzen Tüchern behangen[en]« »Saal«[1588] des Bucentauro oder das Zimmer, in dem sich der Schatullen-Schlüssel nicht finden lässt, obwohl »er nicht aus dem Zimmer gekommen« ist. Vor allem aber bildet eine große *camera-obscura*-Szene den ersten, wenn nicht überhaupt *den* Höhepunkt des Romans: nämlich die Geisterbeschwörung durch jenen Geisterseher, nach dem der Roman benannt ist. Das Merkwürdige dabei ist nun, wie lehrbuchhaft deutlich, man möchte fast sagen: wie didaktisch der Roman das Obskure, ja Obskurantistische der Geisterbeschwörung vorführt und damit zugleich auf die *camera obscura* zurückführt.

Gerade das ist auffällig, und zwar nicht allein im verschwörungstheoretischen Rahmen des Romans, sondern auch in Hinblick auf die ihm eingeschriebene Medientheorie. Denn diese Medientheorie wiederum ist auch eine Theatertheorie. Eine Theatertheorie aber hatte Schiller gerade kurz vor Beginn der Arbeit am *Geisterseher* in seiner berühmten Vorlesung *Die Schaubühne als eine moralische Anstalt betrachtet*[1589] entworfen: und damit ein theoretisches Material produziert, das schon wenig später Eingang in die Farce des *Geistersehers* findet.

Der Spuk beginnt, kurz nachdem der Prinz den vermissten Schlüssel in der Tabatiere wiedergefunden hat und »der Abbé, der schon viel Wein bei sich hatte, […] das ganze Geisterreich in die Schranken herausgefordert« hat. Der Sizilianer geht darauf ein und fragt, ob der Abbé es denn »mit *einem* versuchen« wolle, und dieser sagt unter der Bedingung zu, dass der Sizilianer »es auf sich nehmen« will, ihm »einen herbeizuschaffen.«[1590] »Die Neugierde des Prinzen« ist ohnehin »bereits auf den höchsten Grad gespannt«, weil »[m]it der Geisterwelt in Verbindung zu stehen […] ehedem seine Lieblingsschwärmerei gewesen [war]«.[1591] Er wünscht, den Marquis von Lanoy zu sehen, der in seinen Armen an einer Kriegsverletzung gestorben sei: und dies ausgerechnet in jenem Moment, als er dem Prinzen »ein Geheimnis« habe

1588 Schiller, Der Geisterseher, S. 53.
1589 Vgl. zu den zwei unterschiedlichen Titeln Anm. 1774.
1590 Ebd., S. 57.
1591 Ebd., S. 59.

anvertrauen wollen, »wozu niemand als« er »den Schlüssel hat«. »Die Hand des Todes zertrennte den Faden seiner Rede«, so der Prinz, und enthielt ihm damit, um im Bild zu bleiben, den gerade erwähnten Schlüssel vor. Der Prinz fährt fort: »ich möchte ihn hier haben und die Fortsetzung hören«.[1592] Schon wieder also ist der Prinz, wörtlich, auf Schlüssel-Suche.

Die Geschichte geht weiter, und jetzt sind noch einmal ausführliche Zitate notwendig:

> »Tragen Sie irgend etwa ein Andenken von ihm bei sich?«
> »Ja.« (Der Prinz führte wirklich eine Tabatiere bei sich, worauf das Miniaturbild des Marquis in Emaille war, und die er bei der Tafel neben sich hatte liegen gehabt.)[1593]

Das ist sozusagen ein Wink mit der Tabatiere. Denn zum einen hatte sich ja gerade eben ein gesuchter Schlüssel in einer Tabatiere gefunden. Zum anderen wird auch das hier genannte Miniaturbild eine Rolle in der Entschlüsselung des geheimnisvollen Vorgangs spielen, der nun folgt.

> Wir wurden gebeten, uns solange in den andern Pavillon zu begeben, bis er uns rufen würde. Zugleich ließ er alle Meublen aus dem Saale räumen, die Fenster ausheben und die Läden auf das genaueste verschließen[,]

um so offenbar eine Dunkelkammer zu schaffen: muss man doch dazu, mit Goethes Worten, die »Läden« bis auf die letzte »Öffnung« »schließe[n]«, damit »eine dunkle Kammer gemacht[] / finstrer als ägyptische Nacht« ist.[1594]

> Der Russe kam mit einem Paar Pistolen zurück, nachdem er eine halbe Stunde ausgeblieben war. Wir sahen sie ihn scharf laden. [...] Ehe wir hineintraten, ward uns befohlen, die Schuhe auszuziehen und im bloßen Hemde, Strümpfen und Unterkleidern zu erscheinen.[1595] Hinter uns wurde, wie das erste Mal, verriegelt.
> Wir fanden, als wir in den Saal zurückkamen, mit einer Kohle einen weiten Kreis beschrieben, der uns alle zehn bequem fassen konnte. Rings herum an allen vier Wänden des Zimmers waren die Dielen weggehoben, daß wir gleichsam auf einer Insel standen. Ein Altar, mit schwarzem Tuch behangen, stand mitten im Kreis errichtet, unter welchem ein Teppich von rotem Atlas gebreitet war. Eine chaldäische Bibel lag bei einem Totenkopf aufgeschlagen auf dem Altar, und ein silbernes Kruzifix war darauf festgemacht. Statt der Kerzen brannte Spiritus in

1592 Ebd., S. 61.
1593 Ebd., S. 62.
1594 Brief vom 22.6.1809 an Carl Friedrich von Reinhard; zitiert nach Schöne, Goethes Farbentheologie, S. 147; vgl. Zitat 1420.
1595 Das dient »[b]loß« dazu, »der Handlung eine Feierlichkeit zu geben und durch das Ungewöhnliche« die »Einbildungskraft zu spannen«, erklärt der Sizilianer; ebd., S. 75.

einer silbernen Kapsel. Ein dicker Rauch von Olibanum verfinsterte den Saal, davon das Licht beinahe erstickte.[1596]

… für die verlangte Gestalt. *Camera obscura*, elektrischer Handschlag *ex machina* …

Eine *camera obscura*, in der Tat: ein »dunkle[r] Raum«, in den der Sizilianer, mit Goethe, gerade »so viel Licht, als zum hocus pocus nötig ist, herein[lässt]«.[1597] Dass es sich dabei tatsächlich um einen Hokuspokus handelt, zeigt sich schon im nigromantischen Beschwörungsinventar mit chaldäischer Bibel, Totenkopf, Menschenhaarkette und derlei Dingen:

> Der Beschwörer war entkleidet wie wir, aber barfuß; um den bloßen Hals trug er ein Amulett an einer Kette von Menschenhaaren, um die Lenden hatte er eine weiße Schürze geschlagen, die mit geheimen Chiffern und symbolischen Figuren bezeichnet war. Er hieß uns einander die Hände reichen und eine tiefe Stille beobachten; vorzüglich empfahl er uns, ja keine Frage an die Erscheinung zu tun. Den Engländer und mich (gegen uns beide schien er das meiste Mißtrauen zu hegen) ersuchte er, zwei bloße Degen unverrückt und kreuzweise, einen Zoll hoch, über seinem Scheitel zu halten, solange die Handlung dauern würde. Wir standen in einem halben Mond um ihn herum, der russische Offizier drängte sich dicht an den Engländer und stand zunächst an dem Altar. Das Gesicht gegen Morgen gerichtet, stellte sich der Magier jetzt auf den Teppich, sprengte Weihwasser nach allen vier Weltgegenden und neigte sich dreimal gegen die Bibel. Eine halbe Viertelstunde dauerte die Beschwörung, von welcher wir nichts verstanden; nach Endigung derselben gab er denen, die zunächst hinter ihm standen, ein Zeichen, daß sie ihn jetzt fest bei den Haaren fassen sollten. Unter den heftigsten Zuckungen rief er den Verstorbenen dreimal mit Namen, und das dritte Mal streckte er nach dem Kruzifixe die Hand aus – –
>
> Auf einmal empfanden wir alle zugleich einen Streich wie vom Blitze, daß unsere Hände auseinanderflogen; ein plötzlicher Donnerschlag erschütterte das Haus, alle Schlösser klangen, alle Türen schlugen zusammen, der Deckel an der Kapsel fiel zu, das Licht löschte aus, und an der entgegenstehenden Wand über dem Kamine zeigte sich eine menschliche Figur, in blutigem Hemde, bleich und mit dem Gesicht eines Sterbenden.
>
> »Wer ruft mich?« sagte eine hohle, kaum hörbare Stimme.
>
> »Dein Freund«, antwortete der Beschwörer, »der dein Andenken ehret und für deine Seele betet«, zugleich nannte er den Namen des Prinzen.
>
> Die Antworten erfolgten immer nach einem sehr großen Zwischenraum.
>
> »Was verlangt er?« fuhr die Stimme fort.
>
> »Dein Bekenntnis will er zu Ende hören, das du in dieser Welt angefangen und nicht beschlossen hast.«

1596 Ebd., S. 62f.

1597 Vgl. Anm. 1594.

> »In einem Kloster auf der flandrischen Grenze lebt – – –«
> Hier erzitterte das Haus von neuem. Die Türe sprang freiwillig unter einem heftigen Donnerschlag auf, ein Blitz erleuchtete das Zimmer, und eine andere körperliche Gestalt, blutig und blaß wie die erste, aber schrecklicher, erschien an der Schwelle. Der Spiritus fing von selbst an zu brennen, und der Saal wurde helle wie zuvor.[1598]

Zunächst einmal: Bei der Erscheinung »über dem Kamine« handelt es sich, wie den zeitgenössischen Leserinnen und Lesern klar war, um eine Phantasmagorie, das heißt um eine mithilfe einer Laterna magica erzeugte Projektion eines transparenten Bildes in den Rauch hinein –[1599] eine Projektion, die aufgrund ihrer schwachen Lichtquelle – vor Erfindung der Lichtbogenlampe handelt es sich immer um eine offene Flamme –[1600] nur in der Dunkelheit zu erkennen ist. Deswegen muss das Spiritus-Licht verlöschen, bevor der Geist zu erkennen ist.

Als die Szene später im Roman seinen Figuren und damit auch seiner Leserschaft erläutert – entschlüsselt – wird, heißt es:

> »Wie kam es aber«, fragte Lord Seymour [den Sizilianer], »daß Ihr Geist weder früher noch später da war, als Sie ihn brauchten?«
> »Mein Geist war schon eine gute Weile im Zimmer, ehe ich ihn zitierte; aber solange der Spiritus brannte, konnte man diesen matten Schein nicht sehen. Als meine Beschwörungsformel geendigt war, ließ ich das Gefäß, worin der Spiritus flammte, zusammenfallen, es wurde Nacht im Saal, und jetzt erst wurde man die Figur an der Wand gewahr, die sich schon längst darauf reflektiert hatte.«[1601]

Bemerkenswerter als die Phantasmagorie selbst sind nun im hier gegebenen Kontext die Begleitumstände wie etwa der beschriebene elektrische Schlag sowie die Art und Weise, wie diese Umstände aufgeklärt werden. Der Erzähler berichtet:

> Nachdem man den Altar weggeräumt und die Dielen des Saals aufgebrochen, entdeckte man ein geräumiges Gewölbe, worin ein Mensch gemächlich aufrecht sitzen konnte, mit einer Türe versehen, die durch eine schmale Treppe nach dem Keller führte. In diesem Gewölbe fand man eine Elektrisiermaschine, eine Uhr und eine kleine silberne Glocke, welche letztere, so wie die Elektrisiermaschine,

---

1598 Schiller, Der Geisterseher, S. 63f.

1599 Vgl. zur Phantasmagorie Gunnar Schmidt: Weiche Displays. Projektionen auf Rauch, Wolken und Nebel, Berlin 2011, S. 9–24; Mervyn Heard: Phantasmagoria. The Secret Life of the Magic Lantern, Hastings 2006.

1600 Vgl. Kittler, Die Laterna magica der Literatur: Schillers und Hoffmanns Medienstrategien, S. 235.

1601 Schiller, Der Geisterseher, S. 74f.

> mit dem Altar und dem darauf befestigten Kruzifixe Kommunikation hatte. Ein Fensterladen, der dem Kamine gerade gegenüber stand, war durchbrochen und mit einem Schieber versehen, um, wie wir nachher erfuhren, eine magische Laterne in seine Öffnung einzupassen, aus welcher die verlangte Gestalt auf die Wand über dem Kamin gefallen war. Vom Dachboden und aus dem Keller brachte man verschiedne Trommeln, woran große bleierne Kugeln an Schnüren befestigt hingen, wahrscheinlich um das Geräusche des Donners hervorzubringen, das wir gehört hatten. Als man die Kleider des Sizilianers durchsuchte, fand man in einem Etui verschiedene Pulver, wie auch lebendigen Merkur in Phiolen und Büchsen, Phosphorus in einer gläsernen Flasche, einen Ring, den wir gleich für einen magnetischen erkannten, weil er an einem stählernen Knopfe hängen blieb, dem er von ungefähr nahegebracht worden, in den Rocktaschen ein Paternoster, einen Judenbart, Terzerole und einen Dolch.[1602]

Es folgt der schon zu Beginn dieses Kapitels zitierte Schuss eines der Häscher in den Kamin, der den Barfüßer-Mönch herausfallen lässt.

Keine Frage, wie gesagt: Hier ist Hokuspokus im Spiel. Das legt schon das alchemistische Arsenal von Pülverchen, Quecksilber und Phosphor nahe, zu dem auch ein magnetischer Ring gehört. Harmlos jedenfalls erscheint der Magnetismus, so wie er in diese Reihe gestellt ist, nicht, und das gilt unabhängig davon, dass der Sizilianer bei seiner Vorführung – anders als von Kempelen mit seinem Schachtürken – keine magnetische, sondern elektrische Medientechnik nutzt.

Dass die »Elektrisiermaschine[] mit dem Altar« – also dem Zentrum der heiligen Kommunion – »und dem darauf befestigten Kruzifixe Kommunikation hat[]«, illustriert auf geradezu emblematische Weise Jochen Hörischs These vom Einrücken der modernen technischen Medien in die theologische Tradition der Sakramente, derzufolge die sakrale Kommunion immer noch das Ziel der technisch ins Werk gesetzten elektrischen Kommunikation ist.[1603] Zugleich macht diese »Kommunikation« anschaulich, wie schnell die seit Albrecht von Hallers Entdeckung der Irritabilität der Nerven[1604] durch den elektrischen Strom intensiv experimentell erforschte Elektrizität[1605] als, wenn man das hier katachrestischerweise so sagen kann, Leitmedium den Magnetismus mit seinen mechanischen Erklärungen der Nervenwirkung abgelöst hat.

1602 Ebd., S. 67.

1603 »Vollendet ist Kommunikation, wenn sie zur Kommunion wird.« Hörisch, Eine Geschichte der Medien, S. 218; vgl. auch ebd., S. 38.

1604 Vgl. Alexander Košenina: Ernst Platners Anthropologie und Philosophie. Der philosophische Arzt und seine Wirkung auf Johann Karl Wezel und Jean Paul, Würzburg 1989, S. 39.

1605 Vgl. Michael Gamper: Elektropoetologie. Fiktionen der Elektrizität 1740–1870, Göttingen 2009.

Dazu passt, dass der Sizilianer in seinem Hokuspokus-Arsenal – auch dieses bunt zusammengewürfelte Arsenal ist eine Art Farce – zwar noch einen magnetischen Ring mitführt, diesen aber für die Aufführung gar nicht verwendet. Er ist sozusagen zum historischen Medium geworden. Und dazu passt ebenfalls, dass das zeitgenössische Publikum von von Kempelens Aufführungen im Schachtürken den Magnetismus am Werke sieht, aber – noch – nicht von derjenigen Elektrizität spricht, die wenig später das Magnetismus-Paradigma ablösen wird.

Bemerkenswert ist nun am hier beschriebenen elektrischen Kruzifix auch, dass es ausdrücklich mit der zweimal so genannten ›Elektrisier*maschine*‹ verbunden ist, die in jenem »Gewölbe« unter den »Dielen des Saals« steht, in dem sich außerdem »eine Uhr und eine kleine silberne Glocke« finden. Beide scheinen keine Funktion für das beschriebene Geschehen zu haben. Anscheinend geht es hier bloß um ihre Erwähnung.

Gleich, nachdem der Sizilianer dem Lord Seymour den Trick mit dem Löschen der Spiritusflamme erläutert hat, das erst in der nun herrschenden »Nacht im Saal« die Phantasmagorie sichtbar werden lässt, stellt der Lord die nächste Frage. Wieder gibt der Sizilianer Auskunft:

> »Aber in eben dem Moment, als der Geist erschien, empfanden wir alle einen elektrischen Schlag. Wie bewirkten Sie diesen?«
> »Die Maschine unter dem Altar haben Sie entdeckt. Sie sahen auch, daß ich auf einem seidnen Fußteppich stand. Ich ließ Sie in einem halben Mond um mich herumstehen und einander die Hände reichen; als es nahe dabei war, winkte ich einem von Ihnen, mich bei den Haaren zu fassen. Das Kruzifix war der Konduktor, und Sie empfingen den Schlag, als ich es mit der Hand berührte.«[1606]

Es ist also, als handelte es sich bei dem von den Beteiligten als »Streich wie vom Blitze« empfundenen »elektrischen Schlag« um einen Handschlag Gottes: geht er doch tatsächlich von der »[B]erühr[ung]« des Kruzifixes »mit der Hand« aus.[1607] So gesehen, scheint es hier – einmal mehr mit Leibniz – in der Tat so, »als ob Gott [...] Hand« an das Geschehen »anlegte«, und dies ganz buchstäblich als »Deus ex machina«: ist doch der vom Kruzifix – dem gekreuzigten Gott – als »Konduktor« weitergeleitete Schlag tatsächlich von der mit diesem in »Kommunikation« stehenden »Maschine unter dem Altar«, eben »ex machina«, empfangen worden.

Lässt schließlich dieser Schlag, weil ja die Zuschauer auf Geheiß des Sizilianers »einander die Hände [ge]reich[t]« haben, »plötzlich[]« alle ihre

1606 Schiller, Der Geisterseher, S. 75.

1607 Allerdings durch die des Sizilianers; vgl. S. 63.

»Hände auseinander fl[ie]gen«, dann erinnert das wohl nicht zufällig an jenen dem Prinzen »ganz unentbehrlich geworden[en]« Diener Biondello, der – insofern der »Allwissenheit« des Armeniers gleich – »alles in Venedig [...] weiß« und daher auf den – hier dem Erzähler brieflich berichtenden – Baron von F*** so wirkt, »als wenn er [...] tausend Hände«, sozusagen wie mit einem einzigen elektrischen Schlag, »in Bewegung setzen könnte«.[1608]

So oder so lässt sich sagen, dass das okkasionelle Handanlegen Gottes, wie Leibniz es im *commercium*-Kontext beschreibt, *metaphorisch im Hintergrund* der im *Geisterseher* erzählten Kruzifix-Berührung mit der Hand steht – beziehungsweise, genauer, als Elektrisiermaschine ganz *wörtlich im Untergrund* dieser Szene steht, der ja durch das Aufbrechen der Dielen sichtbar geworden ist. Dafür spricht auch die sich im selben Gewölbe wie die Elektrisiermaschine befindliche Uhr, ist sie doch offenbar im *Geisterseher* dem Okkasionalismus-Problem – um eine zeichentheoretische Formulierung des Prinzen zu verwenden – wie durch »willkürliche Koexistenz [...] verbunden«.[1609]

Dient also, anders gesagt, die Uhr bei Leibniz noch als Metapher zur Erläuterung des *commercium*-Problems, ist sie hingegen im *Geisterseher* nur noch okkasionell, das heißt »willkürlich[]«, auf dieses Problem verweisendes Zeichen. Eben deshalb wirkt ihr Vorkommen, etwa im Gewölbe der Elektrisiermaschine, ganz willkürlich. So gesehen, hat sich die Uhr von der *commercium*-Metapher bei Leibniz im *Geisterseher* zum *commercium*-Dingsymbol verselbständigt.

... und Laterna magica

Auch wenn der »verfinsterte [...] Saal«, um den es hier geht, elektrisch geladen ist und sich manche der in ihm stattfindenden Machinationen aus diesem Umstand erklären, handelt es sich doch immer noch, wie gesagt, um eine *camera obscura*: einen dunklen Raum, bei dem »[e]in Fensterladen« derart »durchbrochen« ist, dass in die »mit einem Schieber versehen[e]« »Öffnung« »eine magische Laterne [...] []pass[t], aus welcher die verlangte Gestalt auf die Wand über dem Kamin []f[ä]ll[t]«.[1610]

Nicht nur in Goethes Kindheitserinnerung vom »schwarze[n] Kästchen« ist also ein wegzuziehender »Schieber« im Spiel, wenn es darum geht, ein verborgenes »Gemälde« erblicken zu lassen, sondern auch im Falle der vom

1608 Ebd., S. 114f.; s. Zitat 1563.
1609 Ebd., S. 165.
1610 Vgl. Zitat 1602.

Prinzen »verlangte[n] Gestalt« im *Geisterseher*. Anders jedoch als der kindliche Goethe halten die Betrachter das »schwarze[] Kästchen«, um dessen mediales Dispositiv es hier geht, nicht in der Hand, sondern befinden sich in dem zur *camera obscura* »verfinsterte[n] Saal«. Darin gleicht ihre Lage also der klassischen epistemologischen Situation der *camera obscura*, wie sie – das habe ich im vorigen Kapitel im Anschluss an Jonathan Crary ausgeführt – zum Beispiel John Locke beschrieben und Jan Vermeer gemalt hat.

Ist, anders gesagt, diesem Paradigma der *camera obscura* zufolge Dunkelheit die Voraussetzung dafür, dass *epistḗmē* überhaupt erscheinen und als ›Wissen‹ angeschaut werden kann – Vorhandensein heißt ja nicht notwendig »[G]ewahr[barkeit]«, wie die *Geisterseher*-Phantasmagorie zeigt, die bei Lichte zwar schon »im Zimmer« ist, aber doch nicht wahrnehmbar –,[1611] dann entspricht auf den ersten Blick die Phantasmagorie im »verfinsterte[n] Saal« des *Geistersehers* eben diesem Paradigma. Hier muss ja erst durch Löschen der Spiritusflamme »Nacht im Saal« hergestellt werden, damit »die Figur an der Wand gewahr[genommen]« werden kann: und das, obwohl sie »schon längst darauf reflektiert« ist.

Nun versteht es sich auf den zweiten Blick so gut wie von selbst, dass nicht allein deshalb, weil Dunkelheit herrscht, das, was in dieser Dunkelheit durch Belichtung – im oder als Licht – erscheint, auch notwendig verlässliches Wissen sein muss. Das zeigt sich nicht erst gegen Ende des Romans, wenn der Prinz »aus dem schwülen, blendenden Tageslicht« in eine »Kirche« tritt, wo ihn »eine schaurig-kühle Dunkelheit umf[ä]ng[t]« und gleichermaßen seinen »Augen« wie seiner »Phantasie«[1612] jene gefährlich schöne Griechin erscheint, die Schillers eigener schon zitierter Aussage zufolge eine »abgefeimte Betrügerin« ist. Und ebenfalls zeigt sich nicht erst in Goethes *Farbenlehre*, dass die im Inneren einer Camera obscura beziehungsweise *camera obscura* erscheinenden Bilder Simulakren sein können, denen – zeichentheoretisch formuliert – keinerlei Referenten in der äußeren Welt entsprechen:[1613] so etwa im Falle der physiologisch bedingten Nachbilder.

Dass, wie der Prinz sagt, wer »Wahrheit [will]«, indem er »Licht [...] verlang[t]«,[1614] nicht zwingend mit dem Licht tatsächlich auch Wahrheit und ›Wissen‹ bekommt, zeigt ja gerade die mithilfe der Laterna magica erzeugte Phantasmagorie. Die »Bilder einer Zauberlaterne« sind, so Goethe,

---

1611 Vgl. das Zitat zu Anm. 1601

1612 Schiller, Der Geisterseher, S. 131f.

1613 Vgl. Kittler, Die Laterna magica der Literatur: Schillers und Hoffmanns Medienstrategien, S. 226.

1614 Schiller, Der Geisterseher, S. 60 und 76.

»täuschend«:[1615] gaukeln also zum Beispiel einen Geist vor, den es nicht gibt. So gesehen, missbraucht die qua Laterna magica erzeugte Phantasmagorie nicht nur das technische Dispositiv, sondern außerdem den guten epistemologischen Ruf der *camera obscura*, den sie im ausgehenden 18. Jahrhundert noch hat.

Das wiederum tut die Phantasmagorie durch Manipulation der *camera-obscura*-Öffnung zur Welt. So verfährt ja auch Goethe, um in der *camera obscura* visuelle Phänomene zur Erscheinung kommen zu lassen, bei denen es sich gerade *nicht* um ein ›Wissen‹ der äußeren Welt handelt, sondern um physiologisch bedingte Nachbilder. Anders jedoch als Goethe, der aus seiner Nachbilder-Demonstration den Imperativ »Freunde, flieht die dunkle Kammer[!]« ableitet, will die Phantasmagorie ihre Betrachter gerade im Dunkeln und dort erscheinen lassen, was es in der äußeren Welt nicht notwendig gibt – und die Betrachter somit, möglicherweise, täuschen.

Das Mittel zu dieser Täuschung ist, wie gesagt, die Manipulation der *camera obscura*, genauer: die Verschließung ihrer Öffnung zur Welt. Allein durch diese Verschließung, so sagt es ja Goethes *Farbenlehre*, kommt es zu einer Art Geistererscheinung – oder jedenfalls zu einer wie ein Geist schwebenden »Erscheinung« von etwas, das es tatsächlich nicht gibt:

> [M]an schließe die Öffnung und blicke nach dem dunkelsten Orte des Zimmers; so wird man eine [...] Erscheinung vor sich schweben sehen.[1616]

Die hier beschriebene »Erscheinung« ist, wie gesagt, physiologischen Ursprungs. Anders hingegen die ebenfalls an »dunkelste[m] Orte« sich zeigende »Erscheinung« der von der Laterna magica erzeugten Phantasmagorie: sie ist – buchstäblich – imaginären Ursprungs. In beiden Fällen jedoch kommen die erscheinenden Bilder durch Schließung der *camera-obscura*-Öffnung gegen die Außenwelt zustande, also durch Ausschluss des Außen- aus dem – nun hermetischen, monadischen – Innenraum beziehungsweise durch Kappung der Referenz zwischen dem innen Erscheinenden und der äußeren Welt.

1615 Goethe nennt »das Romantische täuschend wie die Bilder einer Zauberlaterne, wie ein prismatisches Farbenbild, wie die atmosphärischen Farben.« Friedrich Wilhelm Riemer: Tagebucheintrag vom 28.8.1808, in: Johann Wolfgang Goethe: Sämtliche Werke, Briefe, Tagebücher und Gespräche Abt. 2: Briefe, Tagebücher und Gespräche, Bd. 6: Napoleonische Zeit: Briefe, Tagebücher und Gespräche vom 10. Mai 1805 bis 6. Juni 1816, Teil 1: Von Schillers Tod bis 1811, hg. von Rose Unterberger, Frankfurt a. M. 1993, S. 361–363, S. 362; zitiert bei Kittler, Die Laterna magica der Literatur: Schillers und Hoffmanns Medienstrategien, S. 220.

1616 Goethe, Entwurf einer Farbenlehre. Des ersten Bandes erster, didaktischer Teil, S. 37; vgl. das Zitat zu Anm. 1416.

Ist es jedoch im ersten Fall so, dass sozusagen das Auge selbst sieht – so wie manchmal die Sprache selbst spricht –, wird im zweiten Fall eine virtuelle oder auch imaginäre Realität – ein Simulakrum der Wirklichkeit – vorgespiegelt, genauer: aus der Laterna magica in die Camera obscura – wörtlich – eingespiegelt, wo sie dann auf einer Projektionsfläche erscheint.

Wie genau es im *Geisterseher* dazu kommt, dass auf diese Weise der Geist des Marquis von Lanoy erscheint, oder genauer: dass man seine auf die »Wand« »reflektiert[e]« oder projizierte »Gestalt« »gewahr[en]« kann, erläutert der Sizilianer mit der nun schon bekannten Geduld und Ausführlichkeit. Dabei zeigt sich einmal mehr, dass den Zusammenhängen, die – so der Prinz – »bloßer Zufall« zu sein scheinen, tatsächlich durch geschickte Planung und raffinierte Technik okkasionell auf die Sprünge geholfen worden ist.

Auf die Frage des Prinzen, wie er »die Gestalt hervor[brachte], die an der Wand über dem Kamin erschien«, antwortet der Sizilianer:

> »Durch die Zauberlaterne, welche an dem gegenüberstehenden Fensterladen angebracht war, wo Sie auch die Öffnung dazu bemerkt haben werden.«
>
> »Aber wie kam es denn, daß kein einziger unter uns sie gewahr wurde?« fragte Lord Seymour.
>
> »Sie erinnern sich, gnädiger Herr, daß ein dicker Rauch den ganzen Saal verfinsterte, als Sie zurückgekommen waren. Zugleich hatte ich die Vorsicht gebraucht, die Dielen, welche man weggehoben, neben demjenigen Fenster anlehnen zu lassen, wo die Laterna magica eingefügt war; dadurch verhinderte ich, daß Ihnen dieser Fensterladen nicht sogleich ins Gesicht fiel. Übrigens blieb die Laterne auch so lange durch einen Schieber verdeckt, bis Sie alle Ihre Plätze genommen hatten und keine Untersuchung im Zimmer mehr von Ihnen zu fürchten war.«
>
> »Mir kam es vor«, fiel ich ein, »als hörte ich in der Nähe des Saals eine Leiter anlegen, als ich in dem andern Pavillon aus dem Fenster sah. War dem wirklich so?«
>
> »Ganz recht. Eben diese Leiter, auf welcher mein Gehülfe zu dem bewußten Fenster emporkletterte, um die Zauberlaterne zu dirigieren.«
>
> »Die Gestalt«, fuhr der Prinz fort, »schien wirklich eine flüchtige Ähnlichkeit mit meinem verstorbenen Freunde zu haben; besonders traf es ein, daß sie sehr blond war. War dieses bloßer Zufall, oder woher schöpften Sie dieselbe?«
>
> »Eure Durchlaucht erinnern sich, daß Sie über Tische eine Dose neben sich hatten liegen gehabt, auf welcher das Porträt eines Offiziers in **scher Uniform in Emaille war. Ich fragte Sie, ob Sie von Ihrem Freunde nicht irgendein Andenken bei sich führten? worauf Sie mit Ja antworteten; daraus schloß ich, daß es vielleicht die Dose sein möchte. Ich hatte das Bild über Tische gut ins Auge gefaßt, und weil ich im Zeichnen sehr geübt, auch im Treffen sehr glücklich bin, so war es mir ein leichtes, dem Bilde diese flüchtige Ähnlichkeit zu geben, die Sie wahrgenommen haben; und um so mehr, da die Gesichtszüge des Marquis sehr ins Auge fallen.«
>
> »Aber die Gestalt schien sich doch zu bewegen. –«

»So schien es – aber es war nicht die Gestalt, sondern der Rauch, der von ihrem Scheine beleuchtet war.«[1617]

Es ist also alles andere als »bloßer Zufall«, dass der phantasmagorische Geist »wirklich [!] eine flüchtige Ähnlichkeit mit« dem »verstorbenen Freunde« des Prinzen hat. Und es ist dabei vielleicht ebenfalls kein Zufall, dass sich das »Miniaturbild des Marquis in Emaille«, also das kleine, durch die phantasmagorische Projektion in den Rauch vergrößerte Vorbild – die Imago – des »Sterbenden« im »blutige[n] Hemde«, auf einer »Tabatiere«[1618] findet: dient doch erstens nicht nur der in ihr verwahrte Tabak zur Erzeugung von Rauch, sondern handelte es sich zweitens auch schon bei jenem Behältnis um eine »Tabatiere«, in dem sich kurz zuvor der vom Prinzen vermisste Schlüssel wiedergefunden hatte – ganz so, als solle dem Leser oder der Leserin mit der Tabatiere geradezu der Hinweis unter die Nase gehalten werden, dass im Rauch, das heißt in der phantasmagorisch erzeugten imaginären Realität, der Schlüssel zu dieser Szene liegt.

Imaginäre Reflexionen, Vorladung der Toten. Sogar hinter dem Spiegel ist mehr

»[R]eflektiert« habe sich die Phantasmagorie auf der »Wand« über dem Kamin beziehungsweise in dem »von ihrem Scheine beleuchtet[en]« »Rauch«, erläutert der Sizilianer und ruft mit dem Wort ›reflektieren‹ die Assoziation eines Spiegels auf. Schon zuvor hat es eine Spiegelszene gegeben. Gerade hat der Prinz den vermissten Schlüssel in der ihm per Lotterie-Los zugefallenen Tabatiere wiedergefunden, da wendet sich der Sizilianer

> zum Prinzen. »Gnädigster Herr«, sagte er zu diesem, »Sie behaupten, daß Ihr Schlüssel in fremden Händen gewesen. – Können Sie vermuten, in welchen?«
> »Nein.«
> »Raten Sie auch auf niemand?«
> »Ich hatte freilich einen Gedanken – –«
> »Würden Sie die Person erkennen, wenn Sie sie vor sich sähen?«
> »Ohne Zweifel.«
> Hier schlug der Sizilianer seinen Mantel zurück und zog einen Spiegel hervor, den er dem Prinzen vor die Augen hielt.
> »Ist es diese?«
> Der Prinz trat mit Schrecken zurück.

1617 Schiller, Der Geisterseher, S. 73f.
1618 Ebd., S. 62.

> »Was haben Sie gesehen?« fragte ich.
> »Den Armenier.«
> Der Sizilianer verbarg seinen Spiegel wieder unter dem Mantel. »War es dieselbe Person, die Sie meinen?« fragte die ganze Gesellschaft den Prinzen.
> »Die nämliche.«
> Hier veränderte sich jedes Gesicht, man hörte auf zu lachen. Alle Augen hingen neugierig an dem Sizilianer.[1619]

Es ist diese Szene, die den Prinzen dazu bewegt, vom Magier »eine Probe« seiner »Kunst« zu »verlangen« und den Prinzen »eine Erscheinung sehen« zu lassen. Und natürlich ist, wie sich später herausstellt, auch hier ein Trick im Spiel.

»›Meine Rolle ist ausgespielt‹«, sagt der Sizilianer im Verhör nach seiner misslungenen Geisterbeschwörung, um dann dem Prinzen Rede und Antwort zu stehen:

> »Fragen Sie, gnädigster Herr. Ich bin bereit zu antworten, denn ich habe nichts mehr zu verlieren.«
> »Sie haben mich das Gesicht des Armeniers in Ihrem Spiegel sehen lassen. Wodurch bewirkten Sie dieses?«
> »Es war kein Spiegel, was Sie gesehen haben. Ein bloßes Pastellgemälde hinter einem Glas, das einen Mann in armenischer Kleidung vorstellte, hat Sie getäuscht. Meine Geschwindigkeit, die Dämmerung, Ihr Erstaunen unterstützten diesen Betrug. Das Bild wird sich unter den übrigen Sachen finden, die man in dem Gasthof in Beschlag genommen hat.«[1620]

Dieser taschenspielerische, wenn man das hier so sagen kann: Schachzug des Magiers ist schon deshalb geschickt, weil er die Paranoia des Prinzen samt seiner gerade zwei Seiten zuvor geprägten Formel vom »Dahinter ist mehr« nährt. Tatsächlich ist ja ganz buchstäblich »hinter [d]em Glas«, das »kein Spiegel« ist, sondern bloß »täusch«enderweise so aussieht, »mehr«: nämlich das »Pastellgemälde« eines Mannes in armenischer Kleidung. Es handelt sich also offenbar – sonst hätte der Prinz das Glas nicht für einen Spiegel gehalten – um eine Art halbdurchlässigen Spiegel. In ihm spiegelt sich zum einen der Prinz selbst samt seinen Erwartungen, denn er sieht ja, vom Sizilianer suggestiv vorbereitet, »das Gesicht [!] des Armeniers«, obwohl das Pastellgemälde anscheinend bloß »einen Mann in armenischer Kleidung vorstellt[]«. Zum anderen aber *scheint durch* das Glas, ja *erscheint*, zeigt sich *in* ihm tatsächlich etwas ganz buchstäblich Dahinterliegendes.

1619 Ebd., S. 58.
1620 Ebd., S. 71.

Woher auf einmal die Spiegel- und Reflexionsmetaphorik? Zwei Argumente lassen sich anführen, ein technisches und ein intertextuelles. Beide ergeben sich aus dem Bezug auf Schillers schon erwähnte Vorlesung *Die Schaubühne als eine moralische Anstalt betrachtet*, die ja nur kurz vor Beginn der Arbeit am *Geisterseher* entstanden war.

Zum einen verwendet Schiller in der *Schaubühne* gleich vier Mal und mit Nachdruck die Metapher vom Spiegel, und insofern könnte die Spiegelmetaphorik im *Geisterseher* ein metaphorischer Überhang der *Schaubühnen*-Vorlesung sein. Sicher: dass, wie es in dieser Vorlesung heißt, die »Schaubühne« beziehungsweise das Theater »der großen Klasse von Toren den Spiegel vorhält«,[1621] ist eine seit der Antike allgemein etablierte Metapher.[1622] Hier allerdings steht sie, ganz konkret, in textentstehungsgeschichtlicher Nähe zur eben zitierten *Geisterseher*-Szene, in der der Sizilianer einen »Spiegel« aus dem Mantel zieht und dem Prinzen vorhält: einen Spiegel, von dem sich zudem später herausstellt, dass er – darin dem Spiegel gleich, den das Theater metaphorisch dem Publikum vorhält – gar kein Spiegel im eigentlichen Sinne ist, sondern bloß dafür gehalten wird. Ist also, so gesehen, die gerade zitierte *Schaubühnen*-Stelle nicht eine Parallelstelle dieser *Geisterseher*-Szene, und heißt das dann nicht, dass der Prinz im *Geisterseher* als einer jener »Toren« vorgeführt wird, über die sich Schiller im *Schaubühnen*-Aufsatz geäußert hatte? Dafür spräche jedenfalls auch der Umstand, dass der Sizilianer seinen eigenen Worten zufolge wie ein Theaterschauspieler »›[]eine Rolle […] []gespielt‹«[1623] hat.

Zum anderen spricht ein technisches Detail für einen – auch, aber nicht nur – über die Spiegelmetaphorik hergestellten Zusammenhang zwischen *Geisterseher* und *Schaubühnen*-Aufsatz, und zwar die Erwähnung eines Hohlspiegels in einer *Schaubühnen*-Passage, die, obgleich unausgesprochen, deutlich eine nigromantische Geisterbeschwörung qua Laterna magica evoziert:

> Kühne Verbrecher, die längst schon im Staub vermodern, werden durch den allmächtigen Ruf der Dichtkunst jetzt vorgeladen und wiederholen zum

1621 Friedrich Schiller: Was kann eine gute stehende Schaubühne eigentlich wirken?, in: ders.: Sämtliche Werke, Band V: Erzählungen, Theoretische Schriften, hg. von Wolfgang Riedel, München 2004, S. 818–831, S. 825.

1622 Vgl. zu dieser Metapher im Anschluss an Horaz' *Satiren* (2,7) Cornelius Motschmann: Gelehrsamkeit in der römischen Verssatire, in: Andreas Goltz, Andreas Luther und Heinrich Schlange-Schöningen (Hg.): Gelehrte in der Antike. Alexander Demandt zum 65. Geburtstag, Köln, Weimar, Wien 2002, S. 105–119, S. 111f.: Der »Sklave[] Davus (Hor. sat. 2,7)« hält »seinem Herren unter dem Schutze der Saturnalienfreiheit den Spiegel vor[]«; ebd., S. 112.

1623 Schiller, Der Geisterseher, S. 71.

> schauervollen Unterricht der Nachwelt ein schändliches Leben. Ohnmächtig, gleich den Schatten in einem Hohlspiegel, wandeln die Schrecken ihres Jahrhunderts vor unsern Augen vorbei, und mit wollüstigem Entsetzen verfluchen wir ihr Gedächtnis.[1624]

Von dem poetologischen Programm, das Schiller hier benennt, war schon im sechsten Kapitel die Rede: ist doch die ›Vorladung‹ der Toten »durch den allmächtigen Ruf der Dichtkunst« nichts anderes als jene »Illusion«, auf die Hans Ulrich Gumbrecht historiografisch mit seinem Buch *1926* zielt, indem er die »Welten von 1926« »mit der größtmöglichen Unmittelbarkeit« »herauf[]-beschwören« will.[1625] Dass wiederum eine solche Beschwörung tatsächlich – auch – eine Totenbeschwörung ist, dass eine Poetologie wie die Gumbrechts also tatsächlich ein nigromantisches Anliegen hat, hat Stephen Greenblatt klargemacht, indem er dieses Anliegen sogar als einen zentralen Impuls der Literaturwissenschaft benannt hat. Gleich zu Beginn seiner *Verhandlungen mit Shakespeare* schreibt er:

> Es begann mit dem Wunsch, mit den Toten zu sprechen. Der Wunsch liegt, obzwar unausgesprochen, vielen literaturwissenschaftlichen Studien zugrunde. Er wird organisiert, professionalisiert und unter dicken Schichten bürokratischer Etikette vergraben: Literaturprofessoren sind […] Schamanen[,][1626]

man könnte auch mit Schiller sagen: Geisterseher, die die »Schatten« der Verstorbenen zum Gespräch »vor[]laden«, indem sie sie – ganz buchstäblich – herbei-zitieren.

Hohlspiegel und Blendwerk. Dialektik des Wissens, medial und hermeneutisch-paranoid

Schiller spricht davon unter Verweis auf einen »Hohlspiegel«. Damit bringt er die Laterna magica als jenen Apparat ins Spiel, der mithilfe eines durch einen »Hohlspiegel« gebündelten – bis zu Beginn des 19. Jahrhunderts durch eine Flamme erzeugten – Lichts phantasmagorische Licht- und »Schatten«-Bilder erzeugt. Dass hier nun der Hohlspiegel, der ja das für die Projektion der Phantasmagorie notwendige Licht reflektiert, ausdrücklich mit den »Schatten« assoziiert ist, dass also, obwohl es um die *Laterna* magica geht, nicht von

1624 Schiller, Was kann eine gute stehende Schaubühne eigentlich wirken?, S. 823.

1625 Vgl. Anm. 958.

1626 Stephen Greenblatt, Verhandlungen mit Shakespeare. Innenansichten der englischen Renaissance, aus dem Amerikanischen von Robin Cackett, Berlin 1990, S. 7.

Licht-Bildern, sondern bloß von »Schatten«-Bildern gesprochen wird,[1627] ist – unter der Bedingung, dass es hier tatsächlich um die Phantasmagorie und nicht etwa ums Schattentheater geht –[1628] bezeichnend für das komplizierte Verhältnis, das hier zwischen Licht und Schatten besteht.

Der Roman selbst benennt es, nämlich als »Verblendung«[1629] durch das »Blendwerk«[1630] der Phantasie beziehungsweise Phantasmagorie. ›Blenden‹ heißt, so sagt es das *Grimmsche Wörterbuch*, »im eigentlichen sinn [...] der augen berauben«, und zwar »durch ausstechen oder ausbrennen«. Auch das Licht selbst kann, wenn es nicht nur »ins Auge f[ä]ll[t]«,[1631] sondern – metaphorisch gesprochen – ins Auge sticht, blenden: »*heftiger glanz* blendet *die augen, dasz sie nicht sehen können*: die sonne, der blitz blendet mich; den kranken blendet das licht«.[1632] Das setzt nicht notwendig ein Zuviel von Licht voraus. Denn, so das *Grimmsche Wörterbuch*, auch »der schein [!], das glück blendet«:[1633] ganz so, wie im *Geisterseher* phantasmagorische »Geistererscheinung[en]« »Blendwerk« sind.

›Blenden‹ ist, so betrachtet, die dialektische Kehrseite – Steigerung und Gegenbegriff zugleich, oder genauer: Steigerung bis in den Gegenbegriff hinein – von ›Wissen‹[1634] verstanden als *epistḗmē*, die *im* oder *als* Licht im Dunkel – durch ›Belichtung‹ – vor dem Auge erscheint und so als Erkenntnis sichtbar oder anschaulich wird. Dieser Logik entspricht, dass sich später im 19. Jahrhundert die fotografischen Fachbegriffe ›Blende‹ beziehungsweise ›Blendenöffnung‹ etablieren. Für die Camera obscura sind sie offenbar noch

---

1627 Vgl. zu Licht- als Schattenbildern beziehungsweise Schattenschrift Hubertus von Amelunxen: Skiagraphia – Silberchlorid und schwarze Galle. Zur allegorischen Bestimmung des photographischen Bildes, in: Willelm van Reijen (Hg.): Allegorie und Melancholie, Frankfurt a. M. 1992, S. 90–123.

1628 Vgl. Gerd Eversberg: »Ombres chinoises«. Zur Geschichte eines Medienspektakels seit dem siebzehnten Jahrhundert, in: Harro Segeberg (Hg.): Die Mobilisierung des Sehens. Zur Vor- und Frühgeschichte des Films in Literatur und Kunst, München 1996, S. 45–67.

1629 Schiller, Der Geisterseher, S. 147.

1630 Ebd., S. 93.

1631 Vgl. im *Geisterseher* zu den »Gesichtszüge[n] des Marquis«, die »sehr ins Auge fallen«, ebd., S. 74; s. Zitat 1617.

1632 »BLENDEN«, in: Jacob und Wilhelm Grimm: Deutsches Wörterbuch, Bd. II: Biermörder–D, Leipzig 1800 [1860], Sp. 104–106, Sp. 104.

1633 Ebd., Sp. 105.

1634 »WISSEN, *vb.* , *scire, novisse.* *herkunft und bedeutung.* wissen *ist ein gemeingermanisches präteritopräsens: got.* wait, *ahd. mhd.* weiz, *as.*, *afr.* wēt, *ags.* wāt, *an.* veit, *zu ai.* vēda, *gr.* οἶδα, *lat.* vidi, *aslav.* vedeti, *von einer wurzel* u̯eid- *›erblicken, sehen‹ (dann auch ›finden‹), deren bedeutung in lat.* vidi, *gr. aor. εἶδον, ἰδεῖν durchsieht*«; »WISSEN«, in: Jacob und Wilhelm Grimm: Deutsches Wörterbuch, Bd. XIV/II: Wilb–Y, Leipzig 1960, Sp. 743–770, Sp. 748.

nicht geläufig, jedenfalls 1811 bei Adelung und 1860 bei Grimm nicht in diesem Zusammenhang belegt.[1635] Und dieser Logik entspricht ebenfalls, dass in der Frühzeit der Fotografie ›Fotografie‹ und ›Skiagrafie‹, ›Licht-‹ und ›Schattenschrift‹, synonym verwendet werden.[1636]

Was nun im *Geisterseher* im Zusammenhang mit der Phantasmagorie ›Blenden‹ heißt, ähnelt, so betrachtet, jenem »Blick« als »Spiel von Licht und Undurchdringlichkeit«, um das es schon im siebten Kapitel zu Schillers *Avanturen* im Rückgriff auf Jacques Lacans Ausführungen zu Farbe und Fleck ging. Spricht Lacan dabei von einem »Schirm/écran«, der »nicht durchlässig, traversierbar ist«, sondern »ein Spiegeln« zeigt, in dem »das Licht« – man möchte mit Blick auf die deutsche Übersetzung sagen: ausgerechnet –[1637] »als ein Schillern erscheint« und dem so »stets etwas von der Ambiguität eines Juwels [eignet]«,[1638] dann beschreiben all diese Formulierungen auch das phantasmagorische Blendwerk des *Geistersehers*: wie ja in der Tat eine Phantasmagorie das ist, was sich schillernd – »die Gestalt schien sich [...] zu bewegen« –[1639] auf dem »Schirm/écran« (Lacan) des vom »Scheine« der »Zauberlaterne« »beleuchtet[en]« »Rauch[s]« (Schiller) zeigt.

Bleiben Lacans Ausführungen zu Blick, Licht und Farbe wohl, für sich genommen, ein wenig dunkel, so gewinnen sie doch einiges an Anschaulichkeit, wenn man sie vor dem Hintergrund der hier in Rede stehenden Metaphorik von Licht und Dunkel, Projektion und Erscheinen von ›Wissen‹ liest.

1635 Vgl. »Die Blende«, in: Johann Christoph Adelung: Grammatisch-kritisches Wörterbuch der hochdeutschen Mundart, B. 1: A–E, Wien 1811, Sp. 1064f.; »BLENDE«, in: Jacob und Wilhelm Grimm: Deutsches Wörterbuch, Bd. II: Biermörder–D, Leipzig 1800 [1860], Sp. 104–106, Sp. 104.

1636 Vgl. Hans Belting: Bild und Tod. Verkörperung in frühen Kulturen (Mit einem Epilog zur Photographie), in: ders.: Bild-Anthropologie. Entwürfe einer Bildwissenschaft, Paderborn ^{4}2011, S. 143–188, S. 184–186.

1637 Vielleicht lässt sich auch der »Schillertaft« bei Kleist im Sinne von Lacans »Schillern« lesen: »*Eginhardt*. Sie sey so gerührt, daß ihre Augen, wie zwei Quellen, niederträufelten, und ihre Schrift ertränkten; – die Sprache, an die sie sich wenden müsse, ihr Gefühl auszudrücken, sei ein Bettler. – Er habe, auch ohne dieses Opfer, ein ewiges Recht an ihre Dankbarkeit, und es sei, wie mit einem Diamanten, in ihre Brust geschrieben; – kurz, einen Brief voll doppelsinniger Fratzen, der, wie der Schillertaft, zwei Farben spielt, und weder ja sagt, noch nein.« Kleist, Das Käthchen von Heilbronn, S. 567 (III/3). Ein ausdrücklich auf Friedrich Schiller gemünztes ›Schillern‹ findet sich jedenfalls bei Karl Marx: »Du hättest [...] von selbst mehr *shakespearisieren* müssen, während ich Dir das *Schillern*, das Verwandeln von Individuen in bloße Sprachröhren des Zeitgeistes, als bedeutendsten Fehler anrechne.« Karl Marx an Ferdinand Lassalle, 19.4.1859, in: Karl Marx, Friedrich Engels: Werke, Bd. 29, Berlin (DDR) 1978, S. 590–593, S. 592.

1638 Lacan, Linie und Licht, S. 102f.

1639 Schiller, Der Geisterseher, S. 74; vgl. Zitat 1617.

»Spiegel[]« und »Bild/tableau« zugleich (!) ist jedenfalls nicht nur ganz buchstäblich jenes »Pastellgemälde hinter einem Glase«, das der Sizilianer dem Prinzen zeigt, sondern Hohl-»Spiegel[]« und nach dem »Emaille«-»Porträt« auf der Tabatiere gearbeitetes »Bild/tableau« sind eben auch bei den beiden phantasmagorisch erzeugten »Geistererscheinung[en]« im Spiel.

Dass es bei diesen beiden Phantasmagorien tatsächlich um ›Wissen‹ geht, wie es mit der aufklärerischen Vorstellung vom Licht verbunden ist, das ins Dunkle gebracht wird, zeigt sich in der Doppelung der Geistererscheinung: soll doch offenbar die erste Geistererscheinung gerade dadurch als sozusagen dunkle Phantasmagorie erkannt werden, dass eine zweite, in hellerem Licht erscheinende folgt. So suggeriert es jedenfalls der Umstand, dass erst das »[A]us[löschen]« des durch den brennenden Spiritus erzeugten »Licht[s]«, also die Verwandlung des Saals in eine *camera obscura*, die erste Geistererscheinung »sich« »zeig[en]« lässt, bei Erscheinen der zweiten Geistererscheinung hingegen nicht bloß »ein Blitz [...] das Zimmer« kurzzeitig »erleuchtet[]«, sondern vor allem »[d]er Spiritus von selbst an[fängt] zu brennen[] und der Saal« auf diese Weise dauerhaft »helle wie zuvor« wird:[1640] sich die *camera obscura* also in eine *camera lucida* verwandelt.

Dass durch diese Beleuchtung suggeriert werden soll, es handele sich hier um einen echten Geist, der den falschen, bloß phantasmagorischen Geist entlarvt, indem er sich selbst pseudo-aufklärerisch ins Licht setzt und zudem noch – so kommt es offenbar dem Erzähler vor – »aus dem Rauche«, also dem Medium schillernder Ambiguität, »tr[i]t[t]«[1641], vermutet das Romanpersonal selbst. Das geschieht, nachdem der Erzähler mit aufklärerischer Geste den »Fensterladen auf[gestoßen]« und so das »Tageslicht«[1642] ins Dunkel des Saals hereingelassen hat.

Doch auch diese weitere Erhellung und Öffnung des Innenraumes erscheinenden Wissens hin zur äußeren Welt schafft keine Klarheit. Denn es herrscht Paranoia, und deshalb lässt sich der etablierten Metaphorik, derzufolge Licht Aufklärung bringt, zum Trotz nicht entscheiden, ob das Licht des – hier verdächtigerweise »von selbst« wieder brennenden – Spiritus nun die Unge›wiss‹heit des zuvor herrschenden Dunkels ausgetrieben, also Klarheit und ›Wissen‹ geschaffen hat: oder ob dieses Spiritus-Licht nicht vielmehr bloß auf höherer Beleuchtungsstufe den obskurantistischen Betrug wiederholt und gerade mit dieser Täuschung den Verschwörern im Hintergrund in die Hände arbeitet.

1640 Ebd., S. 64.
1641 Ebd.
1642 Ebd., S. 65.

Anders gesagt: Es bleibt unklar, ob – wie schon zitiert – »d[]er vermeintliche Triumph über Betrug und Taschenspielerei«,[1643] also die Aufklärung der Phantasmagorie durch den geduldig alle technischen Details erläuternden Sizilianer, suggerieren soll, dass die zweite Erscheinung anderer, das heißt epistemisch verlässlicherer Art war als die erste oder nicht – und es ist auch egal: stünde doch, nähme man die Ge›wiss‹heit der zweiten Erscheinung an, der Verdacht im Raume, dass der »künstliche[] Betrug[]« des Sizilianers lediglich durch einen zweiten, höheren künstlichen Betrug überboten wird, dem der Sizilianer – sofern er nicht auch darin »eine eingelernte Rolle« spielt –[1644] zum Opfer fällt.

Ja, vieles ist und bleibt unge›wiss‹. Oder genauer: Was ›Wissen‹ ist und was »Blendwerk«, lässt der Roman entweder systematisch oder aber durch seine Unabgeschlossenheit im Dunkeln. *Dass* jedoch der Roman eben diese Probleme erörtert – ›Wissen‹ und ›Blendwerk‹, aufklärende Erhellung und obskurantistische Dunkelheit samt ihren medialen Apparaten beziehungsweise Dispositiven –, das lässt sich wohl kaum von der Hand weisen. Darin liegt ja gerade das Wesen der »Farce«: man sieht, was in ihr zusammengebracht wird, aber größere und vor allem zwingende Zusammenhänge sind, nachdem sie einmal »klein gehackt[]« sind (Adelung), schwierig zu rekonstruieren.[1645]

So gesehen, spiegelt – und dieser Ausdruck zeigt einmal mehr, dass man der hier in Rede stehenden Metaphorik kaum entkommt – der Metaphernkomplex von »Verblendung« und »Blendwerk« im optischen Register jene Frage nach dem ›Wissen‹, die spätestens mit der Rede des Prinzen von der ›All*wissen*heit‹ eines ausgerechnet selbst ›*unsichtbar*en Wesens‹ aufkommt, beziehungsweise das »um« ihn »schwebt« wie jener »dicke[]«, den »Saal« »verfinster[nde]« – Lacan: »opak[e]« – »Rauch«, in den der Sizilianer – den Rauch so, mit Lacan, als »Schirm/écran« nutzend – seine Phantasmagorie projiziert.

›Wissen‹ im *Geisterseher*, so zeigt sich, ist grundsätzlich phantasmagorisch, das heißt ambig und undurchsichtig: und das nicht, *obwohl* es durch jenes noch von Locke und Vermeer so hoch geschätzte Dispositiv der *camera obscura* erzeugt ist, das dem Geist mit seinen Begriffen und seiner Anschauung *epistémē* von der Welt als ›Wissen‹ vermittelt, sondern gerade *weil* es durch dieses – hier allerdings geschickt manipulierte – Dispositiv erzeugt ist. Diese Demonstration

1643 Ebd., S. 99.

1644 Ebd., S. 100.

1645 Zu diesen Schwierigkeiten zählt auch die Antwort auf die ausdrücklich diskutierte Frage, ob es sich bei der Geisterbeschwörung um einen einzigen »zusammengesetzten Betrug von Seiten des Armeniers« handelt oder um mehrere einzelne. Ebd., S. 96.

einer Art Dialektik des medial zur Erscheinung gebrachten ›Wissens‹ ist es, in der die oben so genannte Medienkritik des Romans liegt.

Dabei ist es natürlich *nicht* so, dass die *camera obscura* beziehungsweise Camera obscura ein verlässliches ›Wissen‹ garantierendes Dispositiv wäre und die Laterna magica als manipulierte, also sozusagen missbräuchlich verwendete Camera obscura nicht. Das ist in Hinblick auf diese Medien-Dispositive schon deswegen *nicht* so, weil es ja, wie Goethes Polemik gegen die Camera obscura zeigt, gar kein sicheres (um nicht zu sagen: ›gewisses‹) ›Wissen‹ gibt, das von unzuverlässigem (um nicht zu sagen: ›ungewissem‹) ›Wissen‹ zu unterscheiden wäre: wie ja auch nicht einfach das Dunkel für das epistemisch Obskure und das Licht für seine verlässliche Aufklärung qua Beleuchtung stehen. Gerade diese Dichotomien unterläuft der *Geisterseher.*

Dazu passt, dass der Roman auf seiner hermeneutischen Ebene Paranoia-bedingt *jede* Ge›wiss‹heit verschwörungstheoretisch unterwandert und auf diese Weise immer wieder den Armenier ins Spiel bringt. Denn mag es auch so sein, wie der Prinz sagt, dass »ein Brief […] aufgefangen werden, ein Bedienter […] plaudern [kann]«,[1646] dann wäre so ein Ereignis dennoch, nun den Worten des Prinzen zum Trotz, eben kein »Zufall«, der »es fügen [kann], daß« der Prinz dem »Armenier« hermeneutisch auf »die[] Schliche komm[t]«, also ›Einsicht‹ in oder ›Wissen‹ von seinen Taten gewinnt – stehen doch gerade die sogenannten ›Zufälle‹ im Verdacht, okkasionellerweise vom Armenier als einer Art Deus absconditus ex machina manipuliert zu sein. Das wäre jedenfalls eine Erklärung dafür, warum man nie erfährt, was sich überhaupt in der Schatulle befindet, deren Schlüssel erst verloren geht und dann in der Tabatiere wiedergefunden wird: geht es doch offenbar vor dem Hintergrund des alles beherrschenden paranoiden Deutungswahns des Romans grundsätzlich um Ambiguität, Undeutbarkeit oder Unge›wiss‹heit seines Stoffes – jener »interessanten« und auf »nicht geistlose Art unterhalte[nden]« »Materie«, von der Schiller spricht –, nicht aber darum, was nun tatsächlich Inhalt der Schatulle oder philosophischer Gehalt des Romans ist: und insofern ist, wie gesagt, die Schatulle Allegorie oder Dingsymbol des Romans selbst.

Schillers *Geisterseher* verschränkt also, um nicht zu sagen: überblendet zwei Komplexe von sozusagen ›ungewissem‹ ›Wissen‹. Man könnte hier wieder im Anschluss an Agamben und Aristoteles von einem *topos outopos* sprechen. So, wie im hermeneutischen Register des Romans alle Deutungsversuche aufgrund der alle Aspekte der Interpretation umfassenden Paranoia ungewiss bleiben müssen, bleiben auch die mithilfe der Laterna magica als technischen Mediums erzeugten Bilder, was ihre Referenz auf eine äußere Welt angeht,

1646 Ebd., S. 98.

›ungewiss‹. Unabhängig davon »drück[en]« sich diese »[B]ilder« dennoch, um eine Formulierung des Erzählers zu verwenden, dem menschlichen »Gehirne« »ein[]«,[1647] das hier stellvertretend für den menschlichen Geist steht: und gerade so wird ja zum Beispiel der Prinz geistig manipuliert.

So betrachtet, gibt sich zwar der Text samt seinem Personal aufklärerisch, indem er ostentativ mit dem Licht die zentrale Metapher der Aufklärung hochhält und gegen einen phantasmagorisch in der Dunkelheit einer *black box* betriebenen Obskurantismus polemisiert. Die große, auf den ersten Blick emblematische Geste, mit der der Erzähler »einen Fensterladen auf[stößt]« und damit »Tageslicht« ins Dunkel einlässt, verfehlt jedoch die komplizierte, wenn man so will dialektische Verschränkung von Licht und Dunkel, ›Wissen‹ und ›Ungewissheit‹, die der Roman vor Augen stellt: zum einen, weil Licht und Dunkel beide gleichermaßen Anteil an »Verblendung« und »Blendwerk« der Phantasmagorie haben, zum anderen, weil sie auch beide Anteil am Erscheinen von Wahrheit als ›Wissen‹ haben. Das habe ich oben im achten Kapitel ausgeführt. Sagt also der Prinz mit »Ich will Wahrheit«[1648] so viel wie – das sind ebenfalls seine Worte – »ich [verlange] Licht«[1649], dann muss man sich mit Blick auf das im 8. Kapitel Gesagte klar machen, dass die Worte des Prinzen nach der Logik von *camera obscura* und *black box* neben dem Licht zugleich jene »all-pervasive blackness« (Ranulph Glanville) präsupponieren, die wie ein Gefäß (Aristoteles' *angeîon*) oder eine Form (*eîdós*) Licht wie einen Stoff (*hýlē*) aufnimmt und damit überhaupt erst Wahrheit als ›Wissen‹ erscheinen beziehungsweise sich zeigen lässt.

So verstanden, ist die ›allesdurchdringende Dunkelheit‹ (Glanville), von der der *Geisterseher* so viel bietet, nichts anderes als Voraussetzung und zugleich Kehrseite jener »Allwissenheit«, die der Prinz, verkörpert durch den Armenier, »um [s]ich« »schweb[en]« sieht.

Welt und Gedanke, dazwischen eine Scheidewand. Der Prinz doziert übers *commercium*

Ist es – wie zu Beginn dieses Kapitels behauptet – so, dass der *Geisterseher* eine Medienkritik im hier entfalteten Sinne entwirft, dann fragt sich jetzt – das hatte ich ebenfalls oben behauptet –, inwiefern sich diese Medienkritik als eine Verwandlung des *commercium*-Problems verstehen lässt.

1647 Ebd., S. 105.
1648 Ebd., S. 60.
1649 Ebd., S. 76.

Die Antwort ergibt sich aus einer etwas bemühten philosophischen Allegorie im sogenannten *Philosophischen Gespräch aus dem Geisterseher*, das nicht von ungefähr in den Buchausgaben des Romans zunächst gekürzt, dann zum größten Teil gestrichen wurde:[1650] tendiert es doch mit seinen hartnäckig verfolgten philosophischen Anstrengungen dazu, *der Sache nach* philosophische Probleme zu klären, und ist insofern Fremdkörper im *Geisterseher*, der ja Schillers eigener Aussage zufolge als philosophische Farce angelegt ist und insofern gerade keine philosophischen Sicherheiten sucht.

Was genau der Prinz und der Erzähler in ihrem *Philosophischen Gespräch* diskutieren, ist gar nicht so einfach zu sagen. Irgendwie geht es um alles. Will man das etwas eingrenzen, kann man sagen: es geht um Handlungstheorie und Freiheit. Bemerkenswert im hier gegebenen Kontext ist, dass dabei immer das *commercium*-Problem im Hintergrund steht, oder genauer: das philosophische Problem sowie die Metaphern, mit denen es Schiller in seinen Dissertationen angegangen war. Dabei geht es wieder ziemlich forciert, und vielleicht darf man hier auch sagen: farciert zu. Wie genau der Prinz von »Äther und Luft«, deren »Schwingungen [...] die Vorstellung von Farbe und Wohlklang geben«, gleich im folgenden Satz darauf kommt, dass »also [!] Wesen existieren« müssten, »die sich selbst in Bewegung setzen, weil die moralische Erscheinung auf der Freiheit beruhet«,[1651] ist logisch nicht einfach nachzuvollziehen.

Klar ist allerdings, dass die hier verwendeten metaphorischen Zutaten des *Gesprächs* – das sich selbst Bewegende (Platon)[1652], »Äther«, »[K]lang« und Resonanz von »Schwingungen« – dieselben sind, die sich auch in Hoffmanns im fünften Kapitel interpretierten *Brief aus den Bergen* samt seiner Anekdote vom Unfall mit dem »Reisewagen« finden. Und geht es in dieser Anekdote Hoffmanns, ganz ausdrücklich, um die Frage nach der geistigen »Urheber[schaft]« einer körperlichen Bewegung, so kommt auch Schillers *Philosophisches Gespräch* immer wieder auf das *commercium*-Problem: so etwa in Gestalt der mehrfach im *Gespräch* aufgegriffenen Innen-außen-Dichotomie. »[M]oralisch«, heißt es etwa, sei der Mensch, »insofern er in sich selbst tätig sei« und deshalb »außer sich wirksam sei«, somit die »inner[e] Wirksamkeit seiner Kräfte [...] auch die Ursache der [...] Wirkungen außer sich sein kann«:[1653] also zwischen »der moralischen Welt« und »der physischen«[1654] ein *commercium* besteht.

1650 Vgl. Anm. 1528.

1651 Ebd., S. 163.

1652 S. Anm. 665.

1653 Ebd., S. 178.

1654 Ebd., S. 177. Schillers Begriffe und seine Wendung zur ›Moral‹ erinnern hier an die Begriffe Simmels und seine ›Sittlichkeit‹ (vgl. Anm. 886), sogar eine »Schneelandschaft« findet sich bei Schiller; allerdings sollen »wir« sie »an sich selbst widrig« finden; ebd., S. 174.

Dieses *commercium* zwischen, so die Worte des Prinzen, körperlicher »äußere[r] Welt« und »denkende[m]« innerem »Wesen« wirkt ausdrücklich über eine »Scheidewand« hinweg:[1655] und diese »Scheidewand« ist genauso »[*da*]*zwischen seiend*« – nämlich zwischen Körper und Geist – wie jenes *tò metaxù* aus Aristoteles' *De Anima*, von dem Dieter Mersch den Begriff des ›Mediums‹ herleitet. Anders gesagt: Diese »Scheidewand« *ist* ein Medium.

Eine Art Gesinnungsethik skizzierend, sagt der Prinz:

> »Lassen wir also zwischen die äußere Welt und das denkende Wesen eine Scheidewand fallen, so erscheint uns die nämliche Handlung außerhalb derselben gleichgültig, innerhalb derselben nennen wir sie schlimm oder gut.«
>
> ›Richtig.‹
>
> »Moralität ist also eine Beziehung, die nur innerhalb der Seele, außer ihr nie gedacht werden kann, so wie z.B. die Ehre eine Beziehung ist, die dem Menschen nur innerhalb der bürgerlichen Gesellschaft zukommen kann.«
>
> ›Ganz recht.‹[1656]

Gleich darauf befestigt der Prinz die Analogie zwischen ›Außen und Innen‹ und ›Körper und Geist‹ sogar noch ein drittes Mal – und wen wundert es da, dass hier als Beispiele für »Vollkommenheit« mit der »Uhr« und dem »musikalische[n] Instrument« ausgerechnet zwei mechanische Apparate genannt werden, die metaphorisch eine zentrale Rolle bei der Erklärung des *commercium* spielen? Der Prinz fährt fort:

> »Sobald wir uns eine Handlung als in der Seele vorhanden denken, so erscheint sie uns als die Bürgerin einer ganz andern Welt, und nach ganz andern Gesetzen müssen wir sie richten. Sie gehört einem eigenen Ganzen zu, das seinen Mittelpunkt in sich selbst hat [...]. Dieser Mittelpunkt oder dieses Prinzipium ist [...] nichts anders als der inwohnende Trieb, alle seine Kräfte zum Wirken zu bringen [...]. In diesen Zustand setzen wir die Vollkommenheit des moralischen Wesens, so wie wir eine Uhr vollkommen nennen, wenn alle Teile, woraus der Künstler sie zusammensetzte, der Wirkung entsprechen, um derentwillen er sie zusammensetzte, wie wir ein musikalisches Instrument vollkommen nennen, wenn alle Teile desselben an seiner höchsten Wirkung den höchsten Anteil nehmen, dessen sie fähig und um dessentwillen sie vereinigt sind.[1657]

Uhr und Musikinstrument sind Metaphern aus dem Paradigma der »Mechanik«[1658], nicht aber die »Scheidewand«. Was man sich darunter vorzustellen hat, ergibt sich aus der schon erwähnten philosophischen Allegorie, die der Prinz kurz zuvor entwickelt hat.

1655 Ebd., S. 172.
1656 Ebd.
1657 Ebd.
1658 Ebd., S. 163.

> […] Was mir vorherging und was mir folgen wird, sehe ich als zwei schwarze undurchdringliche Decken an, die an beiden Grenzen des menschlichen Lebens herunterhängen und welche noch kein Lebender aufgezogen hat. Schon viele hundert Generationen stehen mit der Fackel davor und raten und raten, was etwa dahinter sein möchte. Viele sehen ihren eigenen Schatten, die Gestalten ihrer Leidenschaft, vergrößert auf der Decke der Zukunft sich bewegen und fahren schaudernd vor ihrem eigenen Bilde zusammen. Dichter, Philosophen und Staatenstifter haben sie mit ihren Träumen bemalt, lachender oder finstrer, wie der Himmel über ihnen trüber oder heiterer war; und von weitem täuschte die Perspektive. Auch manche Gaukler nutzten diese allgemeine Neugier und setzten durch seltsame Vermummungen die gespannten Phantasien in Erstaunen. Eine tiefe Stille herrscht hinter dieser Decke, keiner, der einmal dahinter ist, antwortet hinter ihr hervor; alles was man hörte, war ein hohler Widerschall der Frage, als ob man in eine Gruft gerufen hätte. […][1659]

In dieser Allegorie überlagert sich mehrerlei. Da ist zum einen die Metaphorik von Wahrheit und Schleier, wie sie Schiller ausführlich in seiner 1795 entstandenen Ballade *Das verschleierte Bild zu Sais* entfaltet. Zum anderen aber findet sich hier jene platonische Metaphorik, mit deren – so hatte ich im achten Kapitel im Anschluss an Bernd Buschs Studie *Belichtete Welt* argumentiert – »Schattenwelt« als »›theatrum mundi‹ der Höhle« Vorstellungen geprägt worden sind, die dann in das »apparative[] Modell« der *camera obscura* als »ihre[r] verselbständigte[n] Miniatur« eingegangen sind.[1660]

Das wiederum heißt, zugespitzt und mit Blick auf das *Gespräch aus dem Geisterseher*, dass sich die philosophische Allegorie des Prinzen genau besehen als eine Paraphrase jener Phantasmagorie entpuppt, die der Sizilianer vor den Augen des Prinzen und seiner Entourage inszeniert. Oder anders gesagt: Was der Prinz hier philosophisch entwickelt, ist nichts anderes als eine Allegorie der *camera obscura*.

Sie beginnt mit dem Bild von den »zwei schwarze[n] undurchdringliche[n] Decken«, bei denen es sich deshalb um – bloß – »zwei« handelt, weil das hier die Analogie zu Geburt und Tod als den »beiden Grenzen des menschlichen Lebens« erzwingt, über die der Prinz sein Gleichnis anmoderiert. Dass die Zweizahl hier gar keine Rolle spielt, zeigt sich schon darin, dass der Prinz im Folgenden einmal von »der Decke der Zukunft« spricht und dann ebenfalls nur noch – immerhin drei Mal – von der ›Decke‹ im Singular: kommt es doch hier weniger auf ihren zeitlichen Index an als auf den Umstand, dass die Decke als eine Art Leinwand für die Projektionen der Menschen dient: sei's malerischer

1659 Ebd., S. 166.

1660 Busch, Belichtete Welt. Eine Wahrnehmungsgeschichte der Fotografie, S. 20f.; vgl. Zitat 1394.

Art, indem »Dichter, Philosophen und Staatenstifter [...] sie mit ihren Träumen bemal[en]«, sei's phantasmagorischer Art, indem »vergrößert[e]« »Schatten« über die »Decke [...] sich bewegen«.

Man muss sich klarmachen, welch krasser Bildbruch in diesem Gleichnis steckt: soll doch ausgerechnet eine »schwarze [...] Decke« zur Leinwand für Gemälde oder auch phantasmagorische Projektion dienen. Wieder einmal drängt sich geradezu Lacans Formulierung vom »Schirm/écran« auf, der eben »nicht durchlässig, traversierbar ist, sondern ganz im Gegenteil opak«.[1661]

Wie kommt das? Eine Antwort wäre die, dass sich in der zitierten Allegorie des Prinzen Schleiermetaphorik, Höhlenmetaphorik sowie die von letzterer abgeleitete, aber eben doch von ihr zu unterscheidende *camera-obscura-* als Außen-innen-Metaphorik überlagern – wobei zudem wiederum die Dichotomie von Tod und Leben diejenige von Außen beziehungsweise ›hinter Schleier oder Decke‹ und Innen oder ›diesseits von Schleier oder Decke‹ überlagert.

Dafür spräche erstens, dass das Bild eines mit »schwarze[n] [...] Decken« behangenen Raumes ja schon ganz zu Beginn des *Geistersehers* auftaucht, als die Gesellschaft über »sechsundzwanzig Stufen in die Tiefe« jenes »Saal[s]« gelangt, der »ganz[] [...] mit schwarzen Tüchern behangen«[1662] ist und damit die *camera obscura* als Thema des Romans exponiert: und das, indem ostentativ der dunkle Raum als Ort, Dispositiv oder – wie sich dann später zeigt – Apparatur mit dem obskuren, also unverständlichen Geschehen als hermeneutischem Rätsel verknüpft wird. Und dafür spräche zweitens auch, dass, als der Prinz den Sizilianer bittet, ihn »eine Erscheinung sehen« zu lassen, er dies ausgerechnet unter Hinweis auf seine Hoffnung tut, dass so eine »Decke« wie ein Schleier »von [s]einen Augen [ge]z[o]ge[n]« würde.[1663]

Drittens schließlich suggeriert die vom Sizilianer veranstaltete Phantasmagorie, dass vor den Augen des Prinzen tatsächlich jene »schwarze undurchdringliche Decke[]« des Todes aufgezogen wird, die doch angeblich »noch kein Lebender aufgezogen hat«. So zeigt sich, als das »Licht« ver»loscht[]«, nicht nur der Marquis von Lanoy vor den Augen der Betrachter, sondern lässt sich zudem noch mit einer »hohle[n] [...] Stimme«[1664] hören. Und diese Stimme soll – das ist ja hier die phantasmagorisch suggerierte Pointe –, nicht bloß »hohler Widerschall der Frage« sein, die »man in eine Gruft gerufen« hat, sondern soll hier ja tatsächlich die »tiefe Stille [...] hinter

1661 Lacan, Linie und Licht, S. 103.
1662 Schiller, Der Geisterseher, S. 53.
1663 Ebd., S. 59.
1664 Ebd., S. 63.

d[]er Decke« des Todes durchbrechen, indem sie mit dem Marquis von Lanoy tatsächlich einen, »der einmal dahinter ist, [...] hinter ihr hervor« antworten lässt.

Wenn sich unter den Dielen Maschinen finden, dann sind die Bretter eine Bühne

Bewegen sich im Gleichnis des Prinzen Schattenbilder über die Decke und klingt in der »hohle[n]« Akustik der Szene möglicherweise noch die Vorstellung einer Höhle wie der Platons nach, dann spricht das in der Tat dafür, dass es sich bei der hier beschriebenen »Schattenwelt«, mit Busch, um ein »›theatrum mundi‹ der Höhle« handelt, und das heißt eben auch: um eine Theaterszene. Denn dass es Schatten sind, die über die Theaterbühne wandeln, ist ein Topos, spätestens seit Macbeth es so gesagt hat: »Leben ist nur ein wandelnd Schattenbild; / Ein armer Komödiant, der spreizt und knirscht / Sein Stündchen auf der Bühn', und dann nicht mehr / Vernommen wird«.[1665] Oder, noch einmal mit Shakespeare, »Die ganze Welt ist Bühne / und alle Frau'n und Männer bloße Spieler«:[1666] und das gilt eben auch für den *Geisterseher* – wenngleich hier, zunächst,[1667] nur Männer auf der Bühne stehen.

So deutet es sich schon in den Worten des Prinzen an, die gleich auf seine zuletzt zitierten Ausführungen folgen:

> Sehen Sie nun, lieber Freund, ich bescheide mich gern, nicht hinter diese Decke blicken zu wollen – und das Weiseste wird doch wohl sein, mich von aller Neugier zu entwöhnen. Aber indem ich diesen unüberschreitbaren Kreis um mich ziehe und mein ganzes Sein in die Schranken der Gegenwart einschließe, wird mir dieser kleine Fleck desto wichtiger, den ich schon über eiteln Eroberungsgedanken zu vernachlässigen in Gefahr war. [...][1668]

1665 William Shakespeare: Macbeth. Übersetzt von August Wilhelm von Schlegel, in: William Shakespeare: Shakespeare's dramatische Werke übersetzt von August Wilhelm von Schlegel und Ludwig Tieck, Bd. 12: Othello. Cymbeline. Macbeth, Berlin ³1844, S. 299–400, S. 393 (5,5).

1666 William Shakespeare: Wie es euch gefällt. Übersetzt von August Wilhelm von Schlegel, in: William Shakespeare: Shakespeare's dramatische Werke übersetzt von August Wilhelm von Schlegel und Ludwig Tieck, Bd. 6: Hamlet. Der Kaufmann von Venedig. Wie es euch gefällt, Berlin 1841, S. 239–333, S. 277 (2,7).

1667 Später tritt noch die schöne Griechin auf; vgl. die Zitate 1732–1749.

1668 Schiller, Der Geisterseher, S. 166.

In der Tat hatte ja der Prinz – das sind seine epistemisch »eiteln Eroberungsgedanken« – sehr wohl »hinter die[] Decke blicken« wollen, als er den Sizilianer darum bat, ihn die »Erscheinung« des verstorbenen Marquis von Lanoy »sehen« zu lassen. Dass er hier nun behauptet, diese »Gefahr« sei jetzt vorüber, lässt sich allerdings mit Blick auf die im selben Atemzug geäußerte Metapher vom »unüberschreitbaren Kreis«, den der Prinz »um [s]ich zieh[t]«, bezweifeln: verweist doch gerade diese Metapher zurück auf die Inszenierung der Phantasmagorie, wie sie der Sizilianer vornimmt.

Hier ist noch einmal die oben schon zitierte Szene, wie sie der Sizilianer vorbereitet hat:

> Wir fanden, als wir in den Saal zurückkamen, mit einer Kohle einen weiten Kreis beschrieben, der uns alle zehn bequem fassen konnte. Rings herum an allen vier Wänden des Zimmers waren die Dielen weggehoben, daß wir gleichsam auf einer Insel standen. Ein Altar, mit schwarzem Tuch behangen, stand mitten im Kreis errichtet, unter welchen ein Teppich von rotem Atlas gebreitet war.[1669]

Nicht nur ist also mit Kohle – das ist Teil des nigromantischen Hokuspokus –, ein Kreis für die Zuschauer beschrieben. Vor allem werden sie – nicht ganz »barfuß« wie der Sizilianer, aber ohne »Schuhe« in »bloßen [...] Strümpfen« – durch das Wegheben der Dielen »gleichsam« auf die Dielen-»Insel« mitten im Raum gezwungen, sodass der Sizilianer am Ende tatsächlich einen – mit den Worten des Prinzen aus dem *Philosophischen Gespräch* – »unüberschreitbaren Kreis um« den Prinzen und sein Gefolge gezogen hat.

Damit aber hat der Sizilianer sein Publikum nicht nur *in eine camera obscura*, sondern zugleich *auf eine Bühne* gestellt und so – ob sie es wissen und wollen oder nicht – zu Mitspielern des von ihm aufgeführten Stücks gemacht. Denn dass die Dielen-Insel, auf der alle Personen stehen, eine Bretter-Bühne ist, zeigt sich ja im Nachhinein in aller Deutlichkeit: zum einen, indem der »Altar« als Kulisse des Stücks »weggräumt und die Dielen des Saals aufgebrochen« werden, sodass man unter ihnen die »Elektrisiermaschine« findet, zum anderen durch Enttarnung der »magische[n] Laterne« als Projektions- und der »Trommeln« als akustischer Maschinen.

Bretter aber, unter, hinter und über denen man so viele, mit den Worten des Sizilianers, »gehörig gerichtet[e]« »Maschinen«[1670] findet, müssen geradezu die Bretter einer Bühne sein. Um es mit den Worten von Goethes Direktor aus dem *Faust*-»Vorspiel auf dem Theater« zu sagen: der Sizilianer

1669 Ebd., S. 62f.
1670 Ebd., S. 86.

»schonet […] nicht« seine »Maschinen«.[1671] Auch dass es sich bei der vom Sizilianer arrangierten kreisförmigen Bühne um ein *theatrum mundi* handelt, das – noch einmal mit den Worten des Schauspieldirektors aus dem *Faust* – »in dem engen Bretterhaus / Den ganzen Kreis der Schöpfung aus[schreitet]«, lässt sich hier sagen, und zwar in jenem spezifischen epistemologischen Sinne der *camera obscura*, wie ihn etwa Vermeers *Geograf* und *Astronom* zeigen, die ja beide in der dunklen Kammer epistemologisch einen »Kreis«, nämlich den Erden- beziehungsweise den Himmelskreis, ›ausschreiten‹.

Die Bühne in der *camera obscura*. Guckkastenbühne, Vierte Wand …

Präsentiert, so gesehen, der *Geisterseher* eine Theaterbühne *in* der *camera obscura*, dann stellt er mit dieser Szene emblematisch jenes Theater-Dispositiv vor Augen, das sich um die Mitte des 18. Jahrhunderts als – allerdings erst später so genannte – Guckkastenbühne[1672] etabliert. Für diese Bühne ist eine Art Scheidewand konstitutiv, nämlich die Vierte Wand,[1673] die sie vom Zuschauerraum trennt, in dem die Betrachterinnen und Betrachter im Dunkeln sitzen. Darin unterscheidet sich die Guckkastenbühne von jener runden, nach allen Seiten hin offenen und zum Teil von stehenden Zuschauerinnen und Zuschauern umgebenen Bühne, wie sie zuvor üblich war und heute etwa in der Rekonstruktion des Shakespeare'schen *Globe Theatre* in London besichtigt werden kann.

Der springende Punkt im hier gegebenen Kontext ist nun der, dass das Denkmodell von ›Außen und Innen‹, das heißt von äußerer körperlicher Welt und innerem geistigem Erkenntnisraum, in dem das ›Wissen‹ der äußeren Körper-Welt zur Erscheinung kommt, ein *tertium comparationis* von *commercium*-Problem und Guckkastenbühnen-Dispositiv bildet. Denn die Guckkastenbühne *ist* ja tatsächlich, ganz buchstäblich, eine *camera obscura*, und *in* ihr – in ihrem Inneren – wird tatsächlich ein Bild von der äußeren Welt zur Erscheinung gebracht: ganz so – und hier werden, wie oben erläutert,

---

1671 Johann Wolfgang Goethe: Faust. Eine Tragödie, hg. und kommentiert von Albrecht Schöne, Frankfurt a. M., Leipzig 2003, Bd. 1: Texte, S. 20 (V. 233f.).

1672 »[*G*]*ewöhnlich erscheint* guckkasten *in vergleichen, häufig mit dem theater, meist in abfälligem sinne*«; »GUCKKASTEN«, in: Jacob und Wilhelm Grimm: Deutsches Wörterbuch, Bd. IV/I,6: Greander–Gymnastik, Leipzig 1935, Sp. 1043–1044, Sp. 1043.

1673 Hierzu fundamental: Johannes Friedrich Lehmann: Der Blick durch die Wand. Zur Geschichte des Theaterzuschauers und des Visuellen bei Diderot und Lessing, Freiburg i. Br. 2000. Vgl. zur unklaren Herkunft des von Jacques Diderot verwendeten und von Lessing ins Deutsche übernommenen Begriffs ›Vierte Wand‹ ebd., S. 14.

körperliches (buchstäbliches) Innen und geistiges (metaphorisches) ›Innen‹ identifiziert –, wie im sogenannten ›inneren‹, also geistigen, ›Auge‹ oder auch im ebenfalls geistigen »Kopftheater«[1674] ein ›Wissen‹ von der äußeren Welt erscheint und damit epistemisch ein *commercium* zwischen ›äußerlicher‹, körperlicher Welt und ›innerem‹ Geist herstellt.

Dabei findet sich auch der Homunkulus, der den *in* ihm selbst stattfindenden Erkenntnisprozess zugleich wie ein *hinter* diesem Prozess und damit hinter sich selbst sitzender unsichtbarer Betrachter beobachten will und damit zum philosophischen Fehler dieses epistemologischen Denkmodells wird – so zeigt es die Illustration aus Descartes' *Optik* (Abb. 13) –, vor der Guckkastenbühne ein: nämlich als das im Dunkeln sitzende Homunkulus-Kollektiv des Publikums, das, selbst unsichtbar und geschützt[1675] in diesem Dunkel, aus ihm heraus auf die Bühne schaut. Wie Descartes' Menschlein hinter dem Auge *in* die *camera obscura* des menschlichen, also auch seines eigenen visuellen Wahrnehmungsapparates blickt, so schauen die Theaterzuschauer vor der Guckkastenbühne *in* die *camera obscura* des im menschlichen Geist erscheinenden ›Wissens‹.

Die Theatertheorie hat dieses Blick- und Erkenntnisdispositiv einer, so Johannes Lehmann in seiner grundlegenden Studie *Der Blick durch die Wand. Zur Geschichte des Theaterzuschauers und des Visuellen bei Diderot und Lessing*, »nur in eine[r] Richtung transparent[en]«, »semipermeable[n] Blickmembran« als »Vierte Wand« beschrieben.[1676] Jacques Diderot hat dieses Konzept geprägt, Gotthold Ephraim Lessing hat es in seiner Übersetzung mit dem Titel *Das Theater des Herrn Diderot* ins Deutsche gebracht. Lessing schreibt:

1674 Lehmann, Der Blick durch die Wand, S. 149.

1675 Gegen diese Konvention der Trennung von ›Theater‹ und Publikum beziehungsweise ›Öffentlichkeit‹ verstieß der Schauspieler Thomas Lawinky, als er während einer Aufführung von Eugène Ionescos Stück *Das große Massakerspiel. Oder Triumph des Todes* den Theaterkritiker Gerhard Stadelmaier anpöbelte. Stadelmaier schrieb über diesen »Skandal«: »Ich hatte mich auf die Premiere gefreut. Und hätte gerne über sie geschrieben. Doch das geht jetzt nicht. Statt dessen ist von einem Skandal zu berichten. Ich wurde von einem Schauspieler körperlich genötigt, nach ungefähr zwanzig Minuten das Theater zu verlassen. Dabei rief er mir die schönen deutschen Sätze ›Hau ab, du Arsch! Verpiß dich! Beifall für den Kritiker!‹ höhnisch nach. […] Dieses Theater will nicht, daß man zuguckt und mitfühlt und sich eine Meinung oder gar eine Haltung bildet. Dieses Theater will auch keine Kritik. Es will, daß man mitmacht. Ich bin aber nicht im Theater, um mitzumachen. Ich gehöre nicht zum Theater. Ich gehöre zur Öffentlichkeit.« Gerhard Stadelmaier: Ein Angriff. Bericht von einer Attacke auf mich im Schauspiel Frankfurt, in: Frankfurter Allgemeine Zeitung, 18.2.2006, S. 35.

1676 Lehmann, Der Blick durch die Wand, S. 88f.

> Man denke also, sowohl während dem Schreiben als während dem Spielen an den Zuschauer ebensowenig, als ob gar keiner da wäre. Man stelle sich an dem äußersten Rande der Bühne eine große Mauer vor, durch die das Parterr abgesondert wird. Man spiele, als ob der Vorhang nicht aufgezogen würde.[1677]

Diderot und Lessing proklamieren hier einen theaterhistorischen Paradigmenwechsel. »Anstatt«, so Lehmann, »die Schauspieler im Halbkreis aufzustellen, mit einem Mienenspiel, das zu drei Vierteln dem Publikum zugekehrt ist, nutzt Diderot die Bühne nicht« mehr »als Plattform für Mitteilungen, sondern als *Raum.*«[1678] Diderot »ersetzt« damit »den (rhetorischen) Kommunikationsbegriff eines Zeichentransfers, der eine offene Anwesenheitssituation der Kommunikationspartner«, wie sie etwa im *Globe Theatre* Shakespeares besteht, »zugleich voraussetzt und erfordert, durch die Beobachtung von Kommunikation.«[1679] Es ist also kein Wunder, dass sich in die Beschreibung der Vierten Wand systemtheoretische Töne mischen. Bei Lehmann heißt es:

> Das Blicksetting der Vierten Wand durchschneidet die visuelle und kommunikative Reziprozität zwischen Zuschauer und Schauspieler. Da Letztere so tun, als seien gar keine Zuschauer da, ist eine offene, wechselseitige Kommunikation zwischen beiden Seiten unmöglich. An die Stelle einer offenen face-to-face-Relation tritt so für die Zuschauer die Beobachtung von Kommunikation, mitunter die Beobachtung von Beobachtern. Das ist neu.[1680]

»Beobachtung von Kommunikation« und »Beobachtung von Beobachtern«: das klingt möglicherweise nicht zufällig nach Niklas Luhmanns »psychische[n] [...] Systeme[n]«, die »es, auf Grund welcher Zufälle immer, miteinander zu tun [bekommen]« und dabei beobachtet werden.[1681] Darum ging es schon im achten Kapitel im Zusammenhang mit der *black box.*

... und Totalisierung des selbst unsichtbaren Blicks. Allwissenheit als Dispositiv

Worauf es hier nun ankommt, ist die Konsequenz, die die Vierte Wand für den Blick der Zuschauerinnen und Zuschauer auf die Schauspielerinnen und Schauspieler hat. Es ist nämlich *nicht* so, wie man vielleicht zunächst denken

1677 Zit. nach ebd., S. 13.
1678 Ebd., S. 97.
1679 Ebd., S. 100.
1680 Ebd., S. 121.
1681 Luhmann, Soziale Systeme. Grundriß einer allgemeinen Theorie, S. 156; vgl. Zitat 1366.

könnte, dass die Schauspielerinnen und Schauspieler auf der Bühne von drei Seiten durch Wände vor der Beobachtung geschützt wären, weil das Publikum eben nur vor der Vierten Wand sitzt. Das Gegenteil ist der Fall: der Blick der Zuschauerinnen und Zuschauer auf die Schauspielerinnen und Schauspieler wird, so Lehmann, »totalisiert«[1682].

Das wiederum hat mit dem neuartigen Konzept der Bühne als Raum zu tun. »Die Bühne, so wie Diderot es« will,

> als Raum zu nutzen, zielt nicht auf einen zentralperspektivischen, optisch-geometrischen Raum, nicht auf eine Repräsentation der Welt, die von einem idealen Augpunkt abhängt, sondern auf den *empirischen* Raum der Figuren. In ihm verteilt Diderot Menschen, die zeit-[] und ortgebunden sind. Als ›menschlicher‹ Raum ist er daher gerade nicht, wie in der Comédie Française, virtueller Repräsentationsraum, bzw. bloße Plattform zur Aufstellung der Schauspieler und als solcher auf das Publikum bezogen, sondern als realer Raum in sich abgeschlossen. Die Erfindung der Vierten Wand ist damit zugleich die Bedingung der Möglichkeit ihrer Abschaffung. Denn im Grunde können alle Wände vierte Wände sein, die Bühne mithin, wie es später von der Theateravantgarde des 20. Jahrhunderts gefordert wird, in der Mitte liegen. Genau diese Phantasie äußert Diderot, um die Schauspieler an die Totalität des Blicks zu gewöhnen, die ihm vorschwebt:
>
> [»]doch ich wünschte, Sie hätten für Ihre Proben eine besondere Bühne – so zum Beispiel nur einen großen, runden oder viereckigen Raum ohne Vordergrund, ohne Seiten und ohne Hintergrund, um den herum Ihre Beurteiler amphitheatralisch placiert wären. [...][«]
>
> Zumindest in der Probenpraxis soll die völlige imaginäre Abwesenheit der Zuschauer als ihre allseitige imaginäre Gegenwart realisiert werden.[1683]

Zunächst: hier geht es um die »›[M]odernisier[ung]‹« des »Visuelle[n]«,[1684] und wie bei Jonathan Crary soll sie mit dem »visuellen Verhältnis von Zuschauer und Szene« zusammenhängen, das den noch die Renaissance bestimmenden »zentralperspektivischen, optisch-geometrischen Raum« hinter sich lässt: jene »geometrale Optik«,[1685] gegen die sich ja auch Lacan – allerdings nicht in historischer, sondern, sofern sich das bei ihm so sagen lässt, in systematischer Perspektive – wendet, weil ihr seiner Auffassung zufolge »das Eigentliche des Sehens [...] entgeh[t]«.[1686]

Die Pointe in Hinblick auf Schillers *Geisterseher* ist nun, dass der Roman eben jenen Zusammenhang von Vierter Wand und »Totalisierung des

1682 Lehmann, Der Blick durch die Wand, S. 153.
1683 Ebd., S. 98f.
1684 Ebd., S. 14.
1685 Lacan, Linie und Licht, S. 104.
1686 Ebd., S. 98.

Blicks«[1687], den Lehmann hier im Anschluss an Diderot und Lessing umreißt, auf raffinierte Weise in*szenie*rt, und zwar emblematisch in jener Dielen-*Szene*, also am Beispiel jener Bretter-Bühne, auf die der Sizilianer den Prinzen und sein Gefolge positioniert.

Dort nämlich stehen sie nun – zum einen – als von den Leserinnen und Lesern in ihrer Imagination des Geschehens beobachtete Darsteller des Romans. Weder der fiktionale Erzähler Graf von O** noch der Autor Schiller denken – ganz nach Diderots und Lessings Forderung – hier auch nur daran, den fiktionalen »Vorhang« zu den Leserinnen und Lesern ›aufzuziehen‹, obwohl ein solcher Fiktionsbruch, etwa durch Leser- und Leserinnenansprache, in der Literatur der Zeit immer wieder vorkommt. Das zeigen ja zum Beispiel Laurence Sternes *Tristram Shandy* oder Ludwig Ferdinand Hubers Text der gemeinsam mit Schiller verfassten *Avanturen des neuen Telemachs.* Sind aber der Prinz und seine Leute sozusagen die Schauspieler auf der Bühne des durch die Vierte Wand der Fiktion[1688] vom Leser oder von der Leserin getrennten Romangeschehens, dann darf Diderots Satz vom Dramatiker, der »während dem Schreiben« nicht an die »Zuschauer« seines zu schreibenden Stücks denken soll, auch deshalb für diesen Prosatext Schillers gelten, weil der hier ja nur ausnahmsweise als Romancier, viel häufiger jedoch als Dramatiker schreibende Schiller sein Romanpersonal in dieser – wie soll man anders sagen? – Szene dermaßen ostentativ auf eine Bühne stellt.

Dort aber werden der Prinz und seine Entourage nicht nur vom hinter der Vierten Wand der Fiktion sitzenden Lesepublikum des Romans beobachtet, also von einem Publikum außerhalb der fiktionalen Welt des Romans,[1689] sondern zugleich innerhalb dieser fiktionalen Welt von jener Romanfigur, die dem Prinzen zufolge immer »[a]llwissen[d]« »um« ihn »schwebt« und

1687 »Eisenstein hat 1943 in einem kurzen Aufsatz, ›Diderot a parlé de cinéma‹ […] die Totalisierung des Blicks durch die Vierte Wand mit der beweglichen Kamera in Beziehung gesetzt.« Lehmann, Der Blick durch die Wand, S. 99.

1688 Vgl. das Coleridge-Zitat in Anm. 987.

1689 Auch das passt zum Prinzip der Vierten Wand: »Die Vierte Wand als Produktionsprinzip besteht somit in einer doppelten Schließung. Zum einen schließt der Dichter den Raum seiner Imagination gegen Fremdadressierung ab, indem er sich allein für das interessiert, was er auf seiner inneren Bühne sieht, hört und beobachtet. […] Um diesen Ausschluß des Publikumsbezugs leisten zu können, um selbst ausschließlich für seine Figuren interessant zu sein, bedarf auch der Dichter – wie der Zuschauer – eines Vierte-Wand-Settings. Er muß sich gewissermaßen gegen seine eigene Imagination abschließen und als Zuschauer ›von außen‹ die imaginierten Szenen beobachten. So wiederholt sich im Kopf des Autors die Trennung der Vierten Wand in Zuschauer und Szene.« Lehmann, Der Blick durch die Wand, S. 151.

un»entflieh«bar »alle [s]eine Schritte« »bewacht«:[1690] vom *Armenier* also, *der sich* damit *innerhalb der Diegese als allegorische Verkörperung jener »Totalisierung des Blicks«*[1691] *entpuppt*, die – so Lehmann – aus der Vierten Wand resultiert. So gesehen, geht die den gesamten Roman durchziehende Paranoia des Immer-beobachtet-und-manipuliert-Werdens nicht allein auf den Armenier zurück, der aus schauer- oder kriminalromantisch motivierten, ansonsten jedoch nicht weiter zu klärenden dramaturgischen Gründen eine »Totalität des Blicks« personifiziert, sondern auf ein historisch ganz spezifisches Theater-Dispositiv: eben das der Vierten Wand.

Das wiederum heißt, dass im Dispositiv von Guckkastenbühne und Vierter Wand schon im Keim die Anlage zu jener Paranoia liegt, die der Roman sowohl auf der Handlungsebene wie auch in der Figurenrede ausfabuliert. Auch darin kann man eine Medienkritik des Romans sehen.

Der Geist tritt aus dem Rauch

Sind der Prinz und seine Leute zum einen *Darsteller* auf der vom Sizilianer vorbereiteten Dielen-Bühne wie auch auf der des Romans, stehen sie dort zum anderen zugleich als *Zuschauer* der Phantasmagorie, die der Sizilianer veranstaltet. Es ist also kein Zufall, dass der Sizilianer dem Prinzen und seinen Leuten erstens ihren Platz anweist und zweitens für Dunkelheit sorgt: haben sich doch gerade erst im zeitgenössischen Theater »[P]latz-Zwang und Verdunkelung«[1692] durchgesetzt.

Was die auf die Bretterbühne gestellten Zuschauer dann zu sehen bekommen, ist nicht *eine* Phantasmagorie, sondern sind, ganz offensichtlich, zwei Phantasmagorien in Folge. Das ist kurios. Denn obwohl es heißt, dass mit der zweiten Phantasmagorie »eine andere *körperliche* Gestalt« erscheint – und die Kursivierung scheint zu suggerieren, dass die erste Gestalt nicht ›körperlich‹ war –,[1693] und obwohl diese zweite Gestalt noch »schrecklicher« ist als die erste, stellen sie anscheinend beide dieselbe Person dar. In beiden Fällen handelt es sich anscheinend um den Marquis von Lanoy. Jedenfalls bescheinigt es der Prinz der zweiten Erscheinung ausdrücklich – »›Ja! Ich

1690 Schiller, Der Geisterseher, S. 57; vgl. Zitat 1571.
1691 Vgl. das Zitat in Anm. 1687.
1692 Ebd., S. 43. Zu den Beleuchtungsverhältnissen auch S. 100.
1693 Schiller, Der Geisterseher, S. 64.

erkenne dich[], […] du bist Lanoy […]‹«, ruft der Prinz –[1694], während er gegen die *vraisemblance* der ersten zumindest keine Einwände erhebt.

Wozu aber zwei Phantasmagorien von ein und derselben Person? Die Antwort auf diese Frage liegt in ihrem medialen Unterschied, genauer: in jenem, noch einmal mit Lacans Begriffen, »Schirm/écran«, auf den das phantasmagorische »Bild/tableau« projiziert wird.

Im ersten Fall handelt es sich dabei um die den Zuschauern »entgegenstehende[] Wand über dem Kamine« gegenüber den Zuschauern.[1695] Nicht nur befindet sich diese Wand etwas »über« das Niveau der Zuschauer erhöht, sondern vor allem auf der anderen, nämlich »entgegenstehenden« Seite des Saals: also in der Distanz. »[A]n« – und nicht etwa ›vor‹ – dieser Wand nun »zeigt[] sich«[1696] die Phantasmagorie, und das ist insofern bemerkenswert, als ja die Phantasmagorie eigentlich in das weiche Display von Dampf oder Rauch projiziert wird, um auf diese Weise dreidimensional-bewegt zu erscheinen und Lebendigkeit zu suggerieren. Genau das aber passiert, folgt man dem später sogar noch zweimal wiederholten Wortlaut ihrer Beschreibung,[1697] mit der ersten Phantasmagorie im *Geisterseher* gerade *nicht*. Sie ist »an« eine zweidimensionale Wand projiziert und kann dort folglich nicht bewegt und insofern lebendig erscheinen – und das, obwohl ja der Saal von »dicke[m] Rauch« erfüllt ist, der hier keine Erwähnung findet und offenbar keine Funktion hat. Starr ist das hier projizierte Bild, das die Zuschauer auf Distanz »an […] der Wand« (Schiller) beziehungsweise, mit Diderots und Lessings Worten, an »eine[r] große[n] Mauer« sehen – einer Mauer, die zudem durch die Entfernung von den Zuschauern »abgesondert«[1698] ist: also zwar selbst keine Vierte Wand als »Scheidewand« ist, aber immerhin eine von ihnen geschiedene Wand.

Ganz anders hingegen die zweite Phantasmagorie, die erscheint, indem sie mit einem »Donnerschlag« der ersten Phantasmagorie ins ohnehin nur mit »hohle[r], kaum hörbarer Stimme« vorgetragene Wort fällt und sie damit verdrängt. »In einem Kloster auf der flandrischen Grenze lebt – – –«, hebt Phantasmagorie Nummer 1 gerade an zu reden, da naht Nummer 2:

> Hier erzitterte das Haus von neuem. Die Türe sprang freiwillig unter einem heftigen Donnerschlag auf, ein Blitz erleuchtete das Zimmer, und eine andere *körperliche* Gestalt, blutig und blaß wie die erste, aber schrecklicher, erschien

1694 Ebd.
1695 Ebd., S. 63.
1696 Ebd.
1697 Ebd., S. 67 »auf die Wand«, S. 75 »an der Wand«.
1698 Vgl. Zitat 1677.

an der Schwelle. Der Spiritus fing von selbst an zu brennen, und der Saal wurde helle wie zuvor.

»Wer ist unter uns?« rief der Magier erschrocken und warf einen Blick des Entsetzens durch die Versammlung – »Dich habe ich nicht gewollt.«

Die Gestalt ging mit majestätischem leisem Schritt gerade auf den Altar zu, stellte sich auf den Teppich, uns gegenüber, und faßte das Kruzifix. Die erste Figur sahen wir nicht mehr.

»Wer ruft mich?« sagte diese zweite Erscheinung. Der Magier fing an, heftig zu zittern. Schrecken und Erstaunen hatten uns gefesselt. Ich griff nach einer Pistole, der Magier riß sie mir aus der Hand und drückte sie auf die Gestalt ab. Die Kugel rollte langsam auf dem Altar, und die Gestalt trat unverändert aus dem Rauche. Jetzt sank der Magier ohnmächtig nieder.

»Was wird das?« rief der Engländer voll Erstaunen und wollte einen Streich mit dem Degen nach ihr tun. Die Gestalt berührte seinen Arm, und die Klinge fiel zu Boden. Hier trat der Angstschweiß auf meine Stirn. Baron F** gestand nachher, daß er gebetet habe. Diese ganze Zeit über stand der Prinz furchtlos und ruhig, die Augen starr auf die Erscheinung gerichtet.

»Ja! Ich erkenne dich«, rief er endlich voll Rührung aus, »du bist Lanoy, du bist mein Freund – – Woher kommst du?«

»Die Ewigkeit ist stumm. Frage mich aus dem vergangenen Leben.«

»Wer lebt in dem Kloster, das du mir bezeichnet hast?«

»Meine Tochter.«

»Wie? Du bist Vater gewesen?«

»Weh mir, daß ich es zu wenig war!«

»Bist du nicht glücklich, Lanoy?«

»Gott hat gerichtet.«

»Kann ich dir auf dieser Welt noch einen Dienst erzeigen?«

»Keinen, als an dich selbst zu denken.«

»Wie muß ich das?«

»In Rom wirst du es erfahren.«

Hier erfolgte ein neuer Donnerschlag – eine schwarze Rauchwolke erfüllte das Zimmer; als sie zerflossen war, fanden wir keine Gestalt mehr. Ich stieß einen Fensterladen auf. Es war Morgen.

Jetzt kam auch der Magier aus seiner Betäubung zurück. »Wo sind wir?« rief er aus, als er Tageslicht erblickte. Der russische Offizier stand dicht hinter ihm und sah ihm über die Schulter. »Taschenspieler«, sagte er mit schrecklichem Blick zu ihm, *»du wirst keinen Geist mehr rufen.«*

Der Sizilianer drehte sich um, sah ihm genauer ins Gesicht, tat einen lauten Schrei und stürzte zu seinen Füßen.

Jetzt sahen wir alle auf einmal den vermeintlichen Russen an. Der Prinz erkannte in ihm ohne Mühe die Züge seines Armeniers wieder, und das Wort, das er eben hervorstottern wollte, erstarb auf seinem Munde. Schrecken und Überraschung hatten uns alle wie versteinert. Lautlos und unbeweglich starrten wir dieses geheimnisvolle Wesen an, das uns mit einem Blicke stiller Gewalt und Größe durchschaute.[1699]

1699 Schiller, Der Geisterseher, S. 63f.

Eine Tür springt auf, das heißt der zuvor monadisch abgeschlossene Raum der *camera obscura* öffnet sich jetzt sichtbar. Das zeigt sich nicht nur – wie schon gesagt – in der doppelten Beleuchtung durch Blitz und wiederentzündete Spiritusflamme, sondern auch darin, dass der Geist »an der Schwelle« »ersch[ei]n[t]«. Und nicht nur das. Jetzt bewegt er sich auch, schreitet er doch »mit majestätischem leisem Schritt gerade auf den Altar zu« und damit mitten in sein Publikum hinein: und insofern ist der Ausruf des Sizilianers »Wer ist unter uns?« ganz wörtlich im Sinne von ›in unserer Runde‹ zu verstehen. Dass die Erscheinung »unter« oder in ihr Publikum treten kann, liegt natürlich an jenem »Rauche«, der hier nicht nur, wie im Falle der ersten Erscheinung, »schon längst« vorhanden ist, sondern nun auch wahrnehmbar – »gewahr[bar]« –[1700] wird und Erwähnung findet. So erläutert es später der Sizilianer:

> »Aber die Gestalt schien sich doch zu bewegen. –«
> »So schien es – aber es war nicht die Gestalt, sondern der Rauch, der von ihrem Scheine beleuchtet war.«[1701]

Offenbar ist die Wirkung einer solchen Phantasmagorie suggestiv. Der Erzähler jedenfalls will sogar gesehen haben, dass »die Gestalt [...] aus dem Rauche [trat]«. Das ist zwar bei einer Phantasmagorie technisch nicht möglich, folgt aber konsequent der phantasmagorischen Steigerungs- und Annäherungslogik der Szene. Zeigt sich die erste Phantasmagorie noch starr »an« der Wand, also in der Distanz und *hinter* dem Rauch, ist die zweite, bewegliche Phantasmagorie sozusagen von der Wand hinab »unter« die Zuschauer und *in* den Rauch gestiegen. Kommt sie dem Erzähler dann – das ist technisch möglich – aus der Tiefe von Raum und Rauch noch näher, erscheint es ihm schließlich sogar – das ist, wie gesagt, technisch nicht möglich – , als träte sie »aus dem Rauche«.

Der Roman lässt offen, ob es sich dabei um eine Einbildung des Erzählers handelt. Damit wiederum ist möglicherweise nicht einmal auszuschließen, dass es sich beim zweiten Geist überhaupt nicht – oder nicht nur? – um eine Phantasmagorie handelt, sondern um den Armenier in Verkleidung: taucht er doch gleich nach Ende der Vorführung »auf einmal« aus den Gesichtszügen des jetzt nur noch als »vermeintliche[r] Russe[]« bezeichneten Russen auf, in dem nun plötzlich und sogar »ohne Mühe die Züge« des »Armeniers wieder«zu»erk[e]nn[en]« sind[1702] – ganz so, als hätte er sich wie die Agenten in den *Mission-Impossible*-Filmen eine Gummimaske vom Gesicht gezogen.

1700 Ebd., S. 75.
1701 Ebd., S. 74.
1702 Ebd., S. 65.

Scheint aber, so gesehen, im Rückblick auf einmal der russische Offizier nichts als eine Art phantasmagorischer Überlagerung – Über*blendung* – des Armeniers gewesen zu sein, dann könnte auch der Armenier leibhaftig – eben als »*körperliche* Gestalt« – bei der zweiten Phantasmagorie seine Finger im Spiel gehabt haben: und das würde auch erklären, wie der Engländer am Arm berührt werden kann.

Es liegt auf der Hand, dass diese Fragen nicht zu klären sind. Das in der hier in Rede stehenden Szene detailliert beschriebene technische Dispositiv spricht jedoch dafür, dass es sich wie bei der ersten Erscheinung bei der zweiten ebenfalls um eine Phantasmagorie handelt.

Das Wolkenbild lässt sich nicht unmittelbar umarmen. Die Vierte Wand ist überall

Diese doppelte Phantasmagorie ist so, wie sie im *Geisterseher* beschrieben ist, Allegorie des in der *camera obscura* erscheinenden ›Wissens‹. Als solche steigt sie nicht nur von der Wand herab, wo sie starr und zweidimensional wie ein Bild hing, und belebt sich unten, nun anscheinend dreidimensional, im Rauch »unter« ihren Zuschauern. Indem sie durch die »Türe« und über die »Schwelle« tritt, kommt sie auch von außen in den »Saal« – hier konkret, so lautet jedenfalls das nigromantische Versprechen des Sizilianers, aus jenem Reich hinter der »schwarze[n] undurchdringliche[n] Decke[]« des Todes, die nach des Prinzen Wort »noch kein Lebender aufgezogen hat«.

Wichtig für das hier verfolgte Argument ist nun die gerade schon erwähnte, vom Standpunkt des Erzählers und damit auch der Leserinnen und Leser beobachtete Annäherung der Phantasmagorie. Sie steigt ja von der Wand herab und damit zugleich – so die Suggestion – aus dem hinter ihr liegenden Reich der Toten heraus, tritt in den Rauch und kommt durch den Rauch auf den Erzähler zu, der sich darüber dermaßen erschreckt, dass er zur »Pistole« greift. Am Ende gar tritt »die Gestalt«, so kommt es dem Erzähler vor, »aus dem Rauche«. Das ist insofern eine weitere Annäherung an den Erzähler, als ja Rauch, Dunst oder Nebel grundsätzlich mit zunehmender Entfernung vom Betrachter dichter und damit deutlicher wahrnehmbar, mit größerer Nähe hingegen lichter und transparenter, das heißt weniger wahrnehmbar werden:[1703] und aus diesem Effekt lässt sich der Eindruck des Erzählers erklären, dass die Gestalt aus dem Rauch tritt – jedenfalls dann, wenn sie sich auf ihn zubewegt.

1703 Vgl. Anm. 2344.

Der Weg, den die Phantasmagorie so beschreitet, führt also aus der äußeren Welt – hier: der Toten – hinein in die *camera obscura* des Saals und aus dieser wiederum zielstrebig hinein in den Imaginationsraum – die geistige *camera obscura*, das »Kopftheater«[1704] – der Zuschauer, deren Wahrnehmung der Erzähler hier beschreibt. Das Medium aber, das die Phantasmagorie auf diesem Weg trägt, ist jener Rauch, der *zwischen* – mit Aristoteles' Begriff: *metaxù* – der Wand über dem Kamin und dem Auge des Betrachters liegt. Nicht nur trennt dieser Rauch, ganz im Sinne des von Dieter Mersch im Rückgriff auf Aristoteles' *De anima* so beschriebenen ›*Dazwischenseienden*‹, die phantasmagorische Erscheinung von ihrem im Auge des Betrachters erscheinenden ›Wissen‹, sondern der Rauch verbindet Erscheinung und Betrachter zugleich ›medial‹.

Dabei spricht es gerade für die Medialität der Phantasmagorie, dass ausgerechnet diejenige Bewegung durch den Rauch hindurch, die die Phantasmagorie ihren Betrachtern als ›Wissen‹ buchstäblich nahebringt, am Ende den Rauch und damit das sie tragende Medium hinter sich zu lassen scheint. Zum einen nämlich verweist dieses Hervor- und Hinausgehen der Erscheinung aus dem körperlichen Rauch auf ihren Wechsel in die geistige Sphäre von ›Wissen‹ und – beziehungsweise *als* – Anschauung. Zum anderen aber ist ja, wie ich oben erläutert hatte, die Verwandlung von Medialität in Unmittelbarkeit gerade jenes Phantasma, das die Vorstellung vom ›Medium‹ seit jeher wie ein phantasmagorischer Schatten begleitet. Dass dieser phantasmagorische »Schatten« nun – so nennt ja Schiller in seinem *Schaubühnen*-Essay die Phantasmagorie – buchstäblich aus dem Rauch und damit aus seiner eigenen Medialität herauszutreten scheint, ist also eine weitere, buchstäblich medienreflexive Pointe der Szene.

Ist dabei aber der Rauch ein zugleich den Saal »verfinster[ndes]« wie auch das Licht der Laterna magica »reflektier[endes]«, mit Lacan: ein »opak[es]« und zugleich »[s]chillern[des]« Medium, dann ist der Schritt aus dem Rauch hinaus auch ein Schritt hinein in jene ›Transparenz‹, also Durchsichtigkeit und damit Unsichtbarkeit des Mediums, die wiederum eine *der* zentralen Unmittelbarkeitsmetaphern von Medien- und Zeichentheorie ist.[1705]

Unmittelbarkeitsemphase allerdings stellt sich im *Geisterseher* nicht ein, und mag die phantasmagorische Anmutung der zweiten Erscheinung auch die einer »*körperliche*[*n*] Gestalt« sein, so bleibt sie doch so flüchtig, wie Phantasmagorien nun einmal sind. Kein Wunder, dass der Prinz im Zusammenhang mit der Vorstellung von einem »Freund«, den er »zum letzten Male

1704 S. Anm. 1674.

1705 Vgl. zur zeichentheoretischen ›Transparenz‹ Börnchen, Kryptenhall. Allegorien von Schrift, Stimme und Musik in Thomas Manns »Doktor Faustus«, S. 240–284.

s[ieht]« und »in [s]eine Arme schließ[t]«, ausruft: »›O machen Sie, daß mir das Wolkenbild halte, und ich will meine glühenden Arme darum schlagen‹«:[1706] ist doch ein körperlicher Kontakt mit einer phantasmagorischen »Gestalt«, ihrer angeblich vorhandenen »[*K*]*örperlich*[*keit*]« zum Trotze, nicht möglich. Insofern gilt auch für die Phantasmagorie, mit den Worten des Prinzen, dass es eine »unmittelbare Wirkung« »gar nicht« »gibt«:[1707] und genau das führt ja der Roman mit der Aufdeckung und Erläuterung der phantasmagorieerzeugenden »Maschinen« des Sizilianers vor Augen.

Aus dem Gesagten ergeben sich nun Schlussfolgerungen in Hinblick auf die Vorstellung von der Vierten Wand, wie ich sie im Anschluss an Lehmann umrissen habe. Schreibt Lehmann über das Bühnen-Dispositiv der Vierten Wand, an Diderots Satz »›Man muß nicht nur mit dem Gesicht spielen, sondern auch mit dem ganzen Körper‹« anschließend:

> Das Zuschauen ist allem Anschein nach mehr als ein tastendes und erratendes Umkreisen der Figuren gedacht, entspricht also mehr der Rezeption einer Plastik, wie sie Herder beschreibt, als der visuellen Perzeption mimisch-rhetorischer Zeichen[,][1708]

dann beschreiben diese Formulierungen – und dies im Unterschied zum Guckkastenbühnen-Theater, in dem die Zuschauerinnen und Zuschauer nicht tatsächlich im Kreis oder auch nur Halbkreis um die Schauspieler herum gruppiert sind – tatsächlich die Situation, in der sich der Prinz und seine Leute befinden. Die Phantasmagorie ist ja »unter« sie und buchstäblich *in* ihren Kreis getreten. Jener »ganze[] Körper«, der Diderots neuem Theater-Paradigma zufolge auf der Bühne steht und dort, wie Lehmann im Bewusstsein der Metaphorizität seiner Formulierungen vorsichtig schreibt, ›anscheinend‹ wie eine Plastik im Museum vom ›Zuschauer‹ oder von der ›Zuschauerin‹ *imaginär* oder *virtuell* ›umkreist‹ werden soll, steht im *Geisterseher* als – so kommt es ausdrücklich dem Erzähler vor – »*körperliche* Gestalt« wirklich mitten auf einer Bühne und ist dort tatsächlich von Zuschauern ›umkreist‹: ist die Gestalt doch »unter« ihnen und damit *in* ihrem zweimal so genannten »Kreis« – wo sie sich im Übrigen vielleicht auch betasten ließe, wenn sie nicht selbst nach dem englischen Lord griffe.

So verstanden, gilt *a fortiori* für die phantasmagorische Inszenierung des *Geistersehers*, was Lehmann solcherart kursiviert und gesperrt zugleich schreibt, dass man diesen Satz für die zentrale Aussage der Studie halten kann:

1706 Schiller, Der Geisterseher, S. 125.
1707 Ebd., S. 170.
1708 Lehmann, Der Blick durch die Wand, S. 100.

> *Die Vierte Wand erzeugt, trennt und koppelt zwei ›Räume‹.* Auf Seiten der Zuschauer entsteht ein Raum innerer imaginärer Beteiligung, ein []Innen-Raum, der […] den imaginierten [Außen-]Raum des oder der beobachteten Anderen mitbedingt und miterzeugt.[1709]

Anders gesagt: Im geistigen »Innen-Raum« erscheint »imaginär[]« als ›Wissen‹ oder ›Anschauung‹, was sich im äußeren Raum der Bühne körperlich befindet. Das wiederum bedeutet, dass im *Geisterseher* der Rauch, wie ich ihn gerade beschrieben habe, als ›Medium‹ im Sinne einer Vierten Wand fungiert. Denn es ist ja der Rauch, der zwei Räume – Außen- und Innen-Raum – zugleich »trennt und koppelt«: jene äußere *camera obscura* des verdunkelten Saals, aus der die im Rauch – durch ihn und mit ihm und in ihm –[1710] *»erzeugt[e]«* Phantasmagorie in die innere geistige *camera obscura* der Zuschauer hineinmarschiert, um dort als ›Wissen‹ zu erscheinen.

Indem hier aber der Rauch als *sichtbares* Medium zwischen zwei *black boxes* vermittelt, ähnelt er jenen *unsichtbaren*, gleichwohl nach den zeitgenössischen Theorien fluidal und ätherisch – also rauchähnlich – gedachten magnetischen Kräften, deren Wirken die Betrachter von von Kempelens Schachtürken zwischen dem großen Kasten des Automaten und dem kleinen, nicht weit von diesem auf einem Tisch stehenden Kästchen annahmen. So gesehen, verwundert es also nicht, dass ausgerechnet die Vierte Wand keine Ab- oder Eingrenzung des Blicks, sondern vielmehr eine ›Allgegenwart des Blicks‹ mit sich bringen soll: füllt und durchdringt doch nun, um es in Diderots Sinne, aber mit den Worten des Prinzen zu sagen, der ›allwissende‹ und ›um die‹ Darsteller ›seiende‹ Blick der Zuschauer, ganz nach Art des magnetischen Fluidums und Olibanum-Rauches, den gesamten Bühnen-Raum und alle, die sich darin befinden. Lehmann schreibt:

> Durch den Bau einer fiktiven, undurchsichtigen Mauer als Paravent gegen die Blicke des Zuschauers wird dessen Blick im Grunde totalisiert. Der ignorierte Blick wird zum […] allgegenwärtigen Blick [–][1711]

eben so, als handele es sich um einen fluidalen, alles umfließenden und alles durchdringenden Blick: also keinen, um noch einmal die im siebten Kapitel erläuterten Begriffe Lacans aufzunehmen, »geometralen« Blick »in der

---

1709 Ebd., S. 146.

1710 Vgl. zu dieser Formel des Hochgebets die Anm. 139 und 1429 zur Wandlungsformel *hoc est enim corpus meum*.

1711 Lehmann, Der Blick durch die Wand, S. 153.

Geraden«, sondern vielmehr einen mit dem Licht »diffundier[enden]«, raum-»füll[enden]« Blick.[1712]

Lavater: Als Lichtleib sieht man alles. Und noch eine methodologische Bemerkung

Dass Lacan einen solchen Blick beschreibt, wie ihn Lehmann im Rückgriff auf Diderot als Folge von Guckkastenbühne und Vierter Wand interpretiert, darf nicht zu voreiligen Schlüssen führen. Denn es ist, auch wenn die psychoanalytische Apparatus-Theorie des Kinos gelegentlich in dieser Richtung argumentiert hat, *nicht* so, dass sich im 18. Jahrhundert ein technisches Dispositiv etabliert hätte, dessen Kenntnis nachträglich von einem ›metasprachlichen‹ Blickpunkt aus die Interpretation von ›objektsprachlichen‹ Theater- oder ›Lichttheater‹-Texten ermöglichte. Tatsächlich ist es ja vielmehr so, dass Theoretiker wie Lacan, auch wenn sie anscheinend einen systematischen Anspruch erheben, dieselben Begriffe und Metaphern verwenden, die sich in vielen der in der vorliegenden Studie betrachteten literarischen Texte finden, ja möglicherweise sogar von ihnen bezogen worden sind. Ein historischer Index aber, wie ihn etwa die Vorstellung vom korpuskularen Licht trägt, lässt sich – jedenfalls vom metaphorologischen Standpunkt – nicht einfach durch eine Behauptung wie die Lacans ausstreichen, dass nur diese Vorstellung des Lichtes »das Eigentliche des Sehens« zu erfassen erlaube.[1713]

Anders formuliert, sind – ›metasprachliche‹ – Theorie wie Philosophie grundsätzlich nicht gegen die Wiederverwendung und damit das *re-entry* von Begriffen und Metaphern jener – ›objektsprachlichen‹ – Texte gefeit, die sie gerade zu erklären und interpretieren versuchen. Das zeigt sich auch in Lehmanns Interpretation der Vierten Wand, ist doch sein Verständnis von »der Konstruktion der Vierten Wand als Totalisierung eines [...] von überall her kommenden Blicks«[1714] offenbar eine Vorstellung, die schon im *Geisterseher* als jene »höhere Gewalt«, die den Prinzen »verfolgt« und als »Allwissenheit [...] um« ihn »schwebt«, nicht nur angesprochen, sondern sogar thematisch ist.

Und nicht nur hier ist die »Allwissenheit« thematisch, sondern zum Beispiel auch, ausführlich, bei Johann Heinrich Lavater, nämlich in seinen um 1770 in einer Reihe von Briefen entstandenen *Aussichten in die Ewigkeit.* Sie gipfeln in der Erwartung, dass eines Tages der die Auferstehung erwartende Mensch – so

1712 Lacan, Linie und Licht, S. 100.
1713 Ebd., S. 98.
1714 Lehmann, Der Blick durch die Wand, S. 101.

Karl Pestalozzi – »jeder ganz Auge und Lichtleib sein w[e]rde«:[1715] und dies mit der Konsequenz, dass man, Lavater zufolge einmal wie »Christus […] ein bloßer Lichtleib worden«,[1716] alles *»zugleich«* von und »auf *alle*[*n*] Seiten, obsich, niedsich, vorwärts, zurück, zur Rechten und zur Linken« »siehet«.[1717] Auf diese Weise ›allwissend‹ geworden, wird den Menschen nun auch »alle« ihre »erlernte Sprach entbehrlich«, da sie sich jetzt in einer »unmittelbare[n] Sprache« mitteilen:[1718] und diese Assoziation von ausdrücklich buchstäblich zu verstehender ›Allwissenheit‹ und ausdrücklich so genannter ›Unmittelbarkeit‹ verwundert nach den bisherigen Ausführungen genauso wenig wie der Umstand, dass Lavater im »Lichtleib« die Lösung jener anthropologischen Grundfrage sieht, wie denn »der Cörper u. die Seele des Menschen« »Eine Person ausmachen« können, »wenn sie gleich von ganz ungleicher metaphysischer Natur zu seyn scheinen«:[1719] löst doch offenbar Lavater mit seinem »Lichtleib« das Dualismus-Problem ganz ähnlich, wie Descartes mit den *spiritus animales* die Sphären von *res extensa* und *res cogitans* überbrückt, indem er sie ›unmittelbar‹ kurzschließt.

So gesehen, ist jener »totalisiert[e]« »Blick[] des Zuschauers«, wie ihn Lehmann im Anschluss an Diderot und Lessing als charakteristisches Blick-Dispositiv der Vierten Wand beschreibt, eine Vorstellung, die nicht nur rund zwei Jahrzehnte später in Schillers *Geisterseher* zur Zutat einer Verschwörungsgeschichte und zudem als »Allwissenheit« ausdrücklich benannt wird, sondern die zudem schon, zeitgleich mit Lessings Diderot-Rezeption, in Lavaters spekulativer Theologie mit dem Anspruch der Buchstäblichkeit ausphantasiert worden war: und das bei Lavater wie Schiller ausdrücklich vor dem Hintergrund jenes Dualismus- beziehungsweise *commercium*-Problems, aus dem nicht nur das ›Medium‹, sondern auch die ›Unmittelbarkeit‹ hervorgehen.

Ist also der *Geistersehr* eine philosophische Farce, in der die genannten konzeptuellen Zutaten zusammenkommen, ohne dass dabei ganz klare Strukturen oder Zusammenhänge zu erkennen wären, so ist er doch auch nicht der einzige

---

1715 Karl Pestalozzi: Goethes *Iphigenie*, als Antwort an Lavater betrachtet, in: Goethe-Jahrbuch 98 (1981), S. 113–130, S. 116.

1716 Johann Caspar Lavater: Ausgewählte Werke in historisch-kritischer Ausgabe, Band II: Aussichten in die Ewigkeit. 1768–1773/78, hg. von Ursula Caflisch-Schnetzler, Zürich 2001, S. 660.

1717 Ebd., S. 286.

1718 »Mich dünkt, es lasse sich eine Sprache gedenken, die alle gedenkbaren Vollkommenheiten hätte, und die alle auch nur im mindesten willkürliche, das ist, bloß uneigentliche nachahmende Töne, durchaus entbehrlich machte; Oder: Es läßt sich eine *Mittheilungsart* unserer Gedanken, Empfindungen, Bilder u. s. f. gedenken, die alle erlernte Sprache entbehrlich macht, die lauter unmittelbare Sprache ist. –« Ebd., S. 451f.

1719 Ebd., S. XXXIX.

Text, der sie auf diese Weise zusammenbringt. Auch Lavaters *Aussichten in die Ewigkeit* folgen seinem metaphorologischen Rezept. Dass aber in einer Farce, um im Bild zu bleiben, manches durcheinandergebracht wird, versteht sich von selbst. So kommt es wohl, dass die »Allwissenheit«, wie sie Lavater dem »Lichtleib« zuschreibt, im *Geisterseher* nicht Prädikat der Phantasmagorie ist, bei der es sich ja ganz im eigentlichen Sinne um einen »Lichtleib« handelt, sondern vielmehr Eigenschaft des entweder düster wirkenden oder gar unsichtbaren Armeniers. Dann wiederum liegt auch darin eine Logik, ist doch die Phantasmagorie, wie es in der *Schaubühnen*-Vorlesung heißt, ein »Schatten« und der Armenier derjenige, von dem der Prinz »Licht [...] verlang[t]«.[1720]

Die Dinge liegen hier kompliziert, und immer wieder sind sie chiastisch oder dialektisch verschränkt. Auch Lehmann weist darauf hin, etwa mit seiner – selbst rhetorischen – Frage, ob »nicht die Vierte Wand im Grunde ein anti-rhetorischer Trick zur Rettung des Rhetorischen«[1721] sei. Sie ist es, so wie Lehmann argumentiert, und auch insofern handelt es sich, wie ich schon Lehmann zitiert habe, bei der »Erfindung der Vierten Wand [...] zugleich« um »die Bedingung der Möglichkeit ihrer Abschaffung«:[1722] scheint doch im *Geisterseher* die Phantasmagorie genau so aus dem Olibanum-Rauch und damit aus ihrer eigenen Medialität in die Unmittelbarkeit hinauszutreten, wie ja das Medium grundsätzlich die Tendenz beziehungsweise, mit Lehmann, »die Bedingung der Möglichkeit« seiner eigenen »Abschaffung« durch Umschlagen in die ›Unmittelbarkeit‹ in sich trägt.

Ist aber, wo diese Art von ›Unmittelbarkeit‹ gegeben sein soll, das *commercium*-Problem nicht weit, dann ist es auch kein Zufall, wenn im *Geisterseher* die oben zuerst im *commercium*-Kontext zitierte »Scheidewand« über die Metapher vom »Kreis« zu jener kreisrunden Bretter-Bühne geführt hat, auf die der Sizilianer den Prinzen und sein Gefolge postiert und damit zu Zuschauern seiner theatralen Inszenierung macht: rückt doch der Prinz, als er im *Philosophischen Gespräch* ein zweites Mal auf das *commercium* und die zu seiner Erläuterung bemühte »Scheidewand« zu sprechen kommt, diesen Begriff selbst der Vorstellung einer Theaterbühne nahe. Der Prinz sagt:

> Erinnern Sie sich nun, [...] daß wir diese ganze Untersuchung im geschlossenen Bezirk der menschlichen Seele angestellt haben, daß wir sie von der äußern Reihe der Dinge durch eine Scheidewand getrennt, und innerhalb dieses nie überschrittenen Kreises den ganzen Bau der Moralität aufgeführt haben.[1723]

1720 Schiller, Der Geisterseher, S. 76.

1721 Lehmann, Der Blick durch die Wand, S. 121.

1722 S. Zitat 1683.

1723 Schiller, Der Geisterseher, S. 176f.

Ausdrücklich analogisiert der Prinz hier den *black-box*haft oder auch monadisch »geschlossenen«, »durch« die »Scheidewand« von den »äußern [...] Dinge[n]« »getrennt[en]« »Bezirk der menschlichen Seele« mit einem »nie überschrittenen Kreise[]«, wie ihn der Sizilianer für die Geisterbeschwörung nicht nur als »Kohle«-»Kreis« »beschrieben«, sondern auch durch den Dielen-Trick tatsächlich unüberschreitbar gemacht hat. Der »Bau« aber, um den es dem Prinzen hier gerade philosophisch geht, mag ein »Bau der Moralität« sein oder nicht. Für das hier in Rede stehende theatrale *commercium* ist ausschlaggebend, dass es ein makrokosmisch »ganze[r] [!] Bau« ist, der sich »innerhalb dieses nie überschrittenen«, also mikrokosmisch-engen »Kreises [...] auf[] führ[en]« lässt: und worum sollte es sich bei diesen Formulierungen handeln, wenn nicht um jene Theater- und Bühnenmetaphorik, wie sie sich auch in den oben schon zitierten *Faust*-Versen »So schreitet in dem engen Bretterhaus / Den ganzen Kreis der Schöpfung aus« artikuliert?

Auch die Guckkastenbühne ist eine geschlossene Bude. Metatheater, phantasmagorisch

Berühren sich hier in der »Scheidewand« tatsächlich Bühne und *commercium* nicht nur wörtlich in einer von beiden geteilten Metapher, sondern darüber hinaus auch in der metaphorologischen Logik des technischen Dispositivs der Bühne auf der einen Seite und der dem *commercium* zugrundeliegenden Begriffe auf der anderen, dann ist die phantasmagorische Aufführung, wie sie Schillers Roman *als* Dispositiv von Bühne, *camera obscura* und Vierter Wand vor Augen stellt, eine Art metaphorologisches wie metatheatrales Lehrstück über das *commercium* selbst. Ja, was das in den *Geisterseher* eingelassene phantasmagorische Schauspiel auf die Bühne bringt, *ist* das *commercium*, oder genauer: eine Allegorie des *commercium* in seiner nach Unmittelbarkeit und Transparenz strebenden, dabei tatsächlich jedoch ziemlich undurchsichtigen Medialität – eine Allegorie, die nachträglich in den geradezu didaktisch anmutenden Dialogen im Verhör des Sizilianers zum Lehrstück wird.

So verstanden, ist der Geist, der im *Geisterseher* auftritt, nicht nur der des Marquis von Lanoy, sondern zugleich Personifikation jenes ungelösten philosophischen Problems von *hýlē* und *eîdos*, Körper und Geist, das seit Aristoteles' Tagen durch die Philosophie spukt und nicht nur Denker wie Descartes, Mesmer oder Platner, sondern eben auch den über dem akademischen Abschluss seines Medizin-Studiums brütenden Schiller heimgesucht hatte.

Damit wiederum trifft Schillers 1795 Goethe gegenüber verwendete Formulierung vom »[S]chließe[n]« der »philosophische[n] Bude« nachträglich auch die ein Jahrzehnt zuvor entstandene phantasmagorische Szene des *Geistersehers*: greift doch Schillers Roman nicht nur, wenn auch als Farce, das wiederum ein halbes Jahrzehnt zuvor in zwei Dissertationen philosophisch erörterte *commercium*-Problem noch einmal auf, sondern tut das gerade in der Weise, dass er das *commercium* in der monadisch ›geschlossenen Bude‹ einer *camera obscura* auf die Bühne beziehungsweise *in* die Guckkastenbühne bringt. Nicht nur hat Schiller also die »philosophische Bude« geschlossen, sondern auch ihr zentrales philosophisches Problem *als* ›geschlossene Bude‹, das heißt das *commercium* als *black box* dargestellt. Schiller, könnte man sagen, begreift jetzt als Theater-Praktiker jenes Problem, an dem er als Philosoph gescheitert war, nurmehr als – mit einem Ausdruck des Grafen von O** – »theatralische[s] Gaukelspiel«[1724] und »künstlichen Betrug[]«[1725], wie man ihn eben mit »gehörig gerichtet[en]« »Maschinen« auf dem Theater inszeniert.

Zugleich ist die Bühnen-Show des Sizilianers, in der er das *commercium* als medial, gar teilelektrifiziert inszenierte Phantasmagorie vorführt, eine Mise en abîme all jener Machinationen, durch die der – darin dem von Diderot proklamierten Theater-Zuschauer vergleichbare – ›allwissende‹ und allgegenwärtige, dabei jedoch selbst zumeist unsichtbare Armenier ganz ähnlich von *occasio* zu *occasio* die Geschicke des Prinzen lenkt, wie Leibniz zufolge ein »Deus ex machina« »Hand« an das *commercium »zwischen Seele und Körper«* »anlegt«. Ist der Armenier dabei ein funktional vollumfänglicher Revenant von Leibniz' okkasionalistischem Deus ex machina, der alles beobachtet und gelegentlich eingreift, erbt Diderots Zuschauer von ihm lediglich Allwissenheit und Unsichtbarkeit, mischt sich aber nicht mehr ein ins Geschehen auf den Brettern, die die Welt bedeuten.

Künstlich und mit Gloriole. Die schöne Griechin erscheint in einer *ecclesia obscura*, ...

Der Prinz kann aus all diesem Theater keine Schlüsse ziehen. Denn aufgrund der allgemein herrschenden Paranoia ist ja grundsätzlich unklar, ob die theatrale Mise en abîme der mit dem philosophischen *commercium* verbundenen Machinationen und Manipulationen als Aufklärung über das Tun des Armeniers zu deuten ist – oder nicht vielmehr als »vermeintliche[r] Triumph über Betrug und Taschenspielerei« die Aufklärer in falscher »[*S*]*icher*[*heit*]« wiegen und auf diese Weise nur desto schlimmer täuschen

1724 Schiller, Der Geisterseher, S. 100.
1725 Ebd., S. 99.

soll.[1726] So deutet es sich schon im ersten Satz des erzählenden Grafen von O** an, demzufolge die zu erzählende »Begebenheit« »unglaublich scheinen wird«, obwohl er »selbst Augenzeuge war«.[1727] Sehen ist ›Wissen‹ – dieses ›Wissen‹ ist allerdings von epistemisch unsicherem Status, eben nicht von notwendig »glaub«hafter Art: ist ›Wissen‹ doch, indem es erscheint, grundsätzlich »Verblendung«[1728] – sei's durch Licht, sei's durch Dunkelheit.

Das wird noch einmal gegen Ende des Romans anschaulich, als sich der Prinz, wie es der Armenier höchstwahrscheinlich geplant und arrangiert hat, in die schöne Griechin verliebt. Eigentlich schon kurz vor dem »Abschied von Venedig«, will die Gesellschaft noch allerlei »Sehenswürdige[s] an Gemälden und Gebäuden [...] nachholen«, darunter auch die »Hochzeit zu Kana des Paul Veronese«.[1729] Man setzt zu einem »Benediktinerkloster« »auf der Insel St. Georg« über. Dort beobachtet der mittlerweile die Geschehnisse brieflich dem schon abgereisten Grafen von O** berichtende Baron von F***,[1730] wie der Prinz mit glühendem Gesicht »hastig aus einer Seitentüre« einer »Kirche« tritt; »eine große Bewegung schien in seinem Innern vorzugehen«.[1731] Nachts erzählt er dann dem Baron von F***, was passiert war:

> »Es ist mir heute etwas vorgekommen«, fing er an, »davon der Eindruck aus meinem Gemüte nie mehr verlöschen wird. Ich ging von Ihnen, wie Sie wissen, in die ***Kirche [...]. Die Kirche war ganz leer – eine schaurigkühle Dunkelheit umfing mich, als ich aus dem schwülen, blendenden Tageslicht hineintrat. Ich sah mich einsam in dem weiten Gewölbe, worin eine feierliche Grabstille herrschte. Ich stellte mich in die Mitte des Doms und überließ mich der ganzen Fülle dieses Eindrucks; allmählich traten die großen Verhältnisse dieses majestätischen Baues meinen Augen bemerkbarer hervor, ich verlor mich in ernster ergetzender Betrachtung. Die Abendglocke tönte über mir, ihr Ton verhallte sanft in diesem Gewölbe wie in meiner Seele. Einige Altarstücke hatten von weitem meine Aufmerksamkeit erweckt; ich trat näher, sie zu betrachten; unvermerkt hatte ich diese ganze Seite der Kirche bis zum entgegenstehenden Ende durchwandert. Hier lenkt man um einen Pfeiler einige Treppen hinauf in eine Nebenkapelle, worin mehrere kleinere Altäre und Statuen von Heiligen in Nischen angebracht stehen. Wie ich in die Kapelle zur Rechten hineintrete – höre ich nahe an mir ein zartes Wispern, wie wenn jemand leise spricht – ich wende mich nach dem Tone, und – zwei Schritte von mir fällt mir eine weibliche Gestalt in die Augen – – Nein! ich kann sie nicht nachschildern, diese

---

1726 Ebd.
1727 Ebd., S. 48.
1728 Ebd., S. 147.
1729 Ebd., S. 127f.
1730 Ebd., S. 127.
1731 Ebd., S. 130.

> Gestalt! – Schrecken war meine erste Empfindung, die aber bald dem süßesten Hinstaunen Platz machte.«[1732]

Dunkelheit umfängt den Prinzen: auch die Kirche ist eine *camera obscura*. Insofern handelt es sich hier nicht allein aufgrund der – vermutlich – auf die Konversion des Prinzen zum Katholizismus zielenden Verschwörung des Armeniers, sondern auch ganz buchstäblich um eine *ecclesia obscura*. Das Auge des Prinzen gewöhnt sich an die Dunkelheit, und so verschwindet anscheinend – oder auch nur scheinbar – die ›Blendung‹ durch das »Tageslicht« draußen, indem es innerhalb der *camera obscura* heller wird: so ähnlich wie im Falle der zweiten Phantasmagorie des Sizilianers, als der Spiritus wieder brennt »und der Saal [...] helle« wird.

Der Prinz tritt aus dem großen Kirchenraum »hinein« in eine kleinere »Nebenkapelle«, und hier erblickt er zum ersten Mal die schöne Griechin. Offenbar ist seine Schilderung so »unglaublich«, dass der Baron von F*** gleich nachfragt, ob es sich nicht um ein Gemälde oder vielleicht auch eine Phantasmagorie gehandelt haben könnte – und es ist mittlerweile klar geworden, dass es das tautologisch »gewiß[e]« »[W]issen«, nach dem hier der Baron fragt, im *Geisterseher* von seinem ersten Satz an eben *nicht* gibt:

> Und diese Gestalt, gnädigster Herr – wissen Sie auch gewiß [!], daß sie etwas Lebendiges war, etwas Wirkliches, kein bloßes Gemälde, kein Gesicht Ihrer Phantasie?[1733]

*Un*gewiss fällt also auch die Antwort des Prinzen aus. Zum einen verneint er die Frage, beschreibt aber zum anderen im selben Atemzug die Szene ganz ähnlich, wie den Erläuterungen des Sizilianers zufolge eine Phantasmagorie erzeugt wird: nämlich indem man, jetzt noch einmal mit Goethes Worten über die Camera obscura, in den »recht dunklen Raum« eines »Gemeindchause[s]« »so viel Licht, als zum hocus pocus nötig ist, herein[lässt]«.[1734]

Der Prinz antwortet:

> Hören Sie weiter – Es war eine Dame – Nein! Ich hatte bis auf diesen Augenblick dies Geschlecht nie gesehen! – Alles war düster ringsherum, nur durch ein einziges Fenster fiel der untergehende Tag in die Kapelle, die Sonne war nirgends mehr als auf dieser Gestalt. Mit unaussprechlicher Anmut – halb knieend, halb liegend – war sie vor einem Altar hingegossen – der gewagteste,

1732 Ebd., S. 131f.

1733 Ebd., S. 132.

1734 22.6.1809 an Carl Friedrich von Reinhard; zitiert nach Schöne, Goethes Farbentheologie, S. 147.

lieblichste, gelungenste Umriß, einzig und unnachahmlich, die schönste Linie in der Natur.[1735]

Nicht nur evoziert diese Beschreibung Dispositiv und Technik der Camera obscura samt Laterna magica, mit denen sich – so impliziert es wohl auch die Frage des Baron von F*** – ein »bloßes Gemälde« in ein »Gesicht« der »Phantasie« verwandeln lässt. »Umriß« und »schönste Linie« verweisen zudem auf jene »Gestalt«-gebenden und »schön«heitsspendenden Elemente eines »Gemäldes«, von denen schon im Rückgriff auf William Hogarths *Analysis of Beauty* im siebten Kapitel die Rede war. Gestalt oder Form aber braucht die schöne Griechin in der Tat, ist sie doch so vor den Altar *›hingegossen‹*, wie das hier ein weiteres Mal fluidal-korpuskular, *hýlē*haft imaginierte Licht vom untergehenden Tag durch das einzige Fenster – Goethe: das »foramen minimum« – in die »[D]üster[nis] ringsherum«, die »all-pervasive blackness« der Kapelle (Ranulph Glanville), *hineingegossen* wird.

Dabei erscheint das »lichtblonde [] Haar« der schönen Griechin in eben jener Funktion, die in Vermeers *Dienstmagd mit Milchkrug* (Abb. 33) die Milch hat, indem es das Licht materiell verkörpert und ihm die »Schwere«[1736] zu »fl[ie]ß[en]«[1737] verleiht. Erscheint aber das Haar der schönen Griechin als Effekt eines fluidal imaginierten Lichts, dann fragt sich, ob nicht auch ihre ganze »vor« den »Altar hingegossen[e]« und nachdrücklich mit dem Sonnenlicht assoziierte Gestalt – »die Sonne war nirgends mehr als auf dieser Gestalt« – buchstäblich nichts anderes ist als eine Licht-Gestalt: eben eine Phantasmagorie.

Dafür spricht im Rückblick auf die phantasmagorische Inszenierung des Sizilianers die Positionierung der schönen Griechin vor dem Altar, war doch auch die zweite Erscheinung des Sizilianers vor einem Altar erschienen und hatte dort ganz ähnlich an ein »Kruzifix« »[ge]faßt[]«, wie nun die schöne Griechin ebenfalls ihre Hand an ein Kruzifix legt. Mit den Worten des Prinzen:

> Schwarz war ihr Gewand, das sich spannend um den reizendsten Leib […] um sie breitete; ihr langes, lichtblondes Haar, in zwei breite Flechten geschlungen, die durch ihre Schwere losgegangen und unter dem Schleier hervorgedrungen waren, floß in reizender Unordnung weit über den Rücken hinab – eine Hand lag an dem Kruzifixe,[1738]

1735 Schiller, Der Geisterseher, S. 132.
1736 Vgl. Anm. 498 und 832.
1737 Schiller, Der Geisterseher, S. 132.
1738 Ebd.

und hier könnte sich der Prinz daran erinnern, dass das einzige Kruzifix, von dem bisher die Rede war, elektrisch verkabelt und Bestandteil derjenigen Bühnen-Maschinerie war, die mit allerneuester Medientechnik jene suggestiven Transzendenz- und Evidenz-Effekte produziert, die der Altar selbst den von Hause aus eigentlich zum Agnostizismus neigenden Prinzen erwarten lässt.

Doch diese Gedanken kommen dem Prinzen nicht. Vielmehr lässt er sich religiös beeindrucken – und das, obwohl er selbst von ›Schein‹ und ›Künstlichkeit‹ der Szene spricht:

> Aber wo finde ich Worte, Ihnen das himmlisch schöne Angesicht zu beschreiben, wo eine Engelseele, wie auf ihrem Thronensitz, die ganze Fülle ihrer Reize ausbreitete? Die Abendsonne spielte darauf, und ihr luftiges Gold schien es mit einer künstlichen Glorie zu umgeben. Können Sie sich die Madonna unsers Florentiners zurückrufen? – Hier war sie ganz, ganz bis auf die unregelmäßigen Eigenheiten, die ich an jenem Bilde so anziehend, so unwiderstehlich fand.[1739]

Ausdrücklich vergleicht der Prinz die Dame einem Madonnen-»Gemälde«, ausdrücklich spricht er von »[K]ünstlich[keit]«. Und obschon es sich bei der »künstlichen Glorie«, die die Dame umgibt, um einen durch das hier zwar nicht fluidal, aber als »luftiges Gold« ätherisch oder atmosphärisch gedachte Licht erzeugten Medien-Effekt handelt, klingt in der Beschreibung des Prinzen einmal mehr eine Vorstellung von Unmittelbarkeit mit: und zwar die schon im siebten Kapitel erörterte Schiller'sche Vorstellung von Unmittelbarkeit als jener Schönheit, die in der Überwindung der Dichotomie von Form und Stoff, *eîdós* und *hýlē*, liegt. Der Prinz bezieht sich nämlich, so erläutert der Baron von F***, auf ein Madonnen-Bild, bei welchem »er den Künstler und seine Kunst [vergaß], um ganz im Anschauen seines Werks zu leben«.[1740] Das wiederum heißt Schillers ästhetischer Theorie zufolge, um noch einmal seine oben schon zitierte Formulierung aus den Briefen *Über die ästhetische Erziehung des Menschen* zu verwenden, dass in diesem Bild offenbar der »Stoff durch die Form vertilgt« ist[1741] und damit, so der *Kallias-Brief* vom 28. Februar 1793, »die

1739 Ebd.

1740 Ebd., S. 133.

1741 »[D]enn durch die Form allein wird auf das Ganze des Menschen, durch den Inhalt hingegen nur auf einzelne Kräfte gewirkt. Der Inhalt, wie erhaben und weitumfassend er auch sei, wirkt also jederzeit einschränkend auf den Geist, und nur von der Form ist wahre ästhetische Freiheit zu erwarten. Darin besteht also das eigentliche Kunstgeheimnis des Meisters, daß er den Stoff durch die Form vertilgt; und je imposanter, anmaßender, verführerischer der Stoff an sich selbst ist, je eigenmächtiger derselbe mit seiner Wirkung sich vordrängt, oder je mehr der Betrachter geneigt ist, sich unmittelbar mit dem Stoff

Darstellung« nicht mehr »durch die Natur des Mediums« – eben den »Stoff« – »bestimmt« wird:[1742] also ›unmittelbare‹ Darstellung ist, indem sie so aus ihrem ›stoff‹lichen ›Medium‹ heraustritt wie die zweite phantasmagorische Erscheinung des Sizilianers aus dem Olibanum-Rauch.

… ist schreckfest wie ein Gemälde, schwebt über der Erde und hinterlässt einen Dukaten

Doch so viel der Prinz vom Phantasmagorisch-Künstlichen der Szene redet, so wenig scheint er es zu begreifen – darin E.T.A. Hoffmanns Nathanael ähnlich, der sich allen äußeren Zeichen zum Trotz in die Puppe Olimpia verliebt. Anscheinend wiederholt sich hier also zum dritten Mal eine »[T]äusch[ung]« des Prinzen, wie sie dem Sizilianer das erste Mal mit dem Spiegel gelungen war, der gar »kein Spiegel«, sondern ein »Pastellgemälde hinter […] Glas« ist, und zum zweiten Mal mit der Phantasmagorie nach der Imago des emaillierten Miniaturbilds auf der Tabatiere. Ja, tatsächlich suggeriert der Baron von F*** sogar, dass hier das erwähnte Madonnen-Gemälde als phantasmagorische Projektionsvorlage im Spiel sein könnte. In seinem Brief erläutert er dem Grafen von O**:

> Mit der Madonna, von der der Prinz hier spricht, verhält es sich so. Kurz nachdem Sie abgereiset waren, lernte er einen florentinischen Maler hier kennen, der nach Venedig berufen worden war, um für eine Kirche, deren ich mich nicht mehr entsinne, ein Altarblatt zu malen. Er hatte drei andere Gemälde mitgebracht, die er für die Galerie im Cornarischen Palaste bestimmt hatte. Die Gemälde waren eine Madonna, eine Heloise und eine fast ganz unbekleidete Venus – alle drei von ausnehmender Schönheit und am Werte einander so gleich, daß es beinahe unmöglich war, sich für eines von den dreien ausschließend zu entscheiden. Nur der Prinz blieb nicht einen Augenblick unschlüssig; man hatte sie kaum vor ihm ausgestellt, als das Madonnastück seine ganze Aufmerksamkeit an sich zog; in den beiden übrigen wurde das Genie des Künstlers bewundert, bei diesem vergaß er den Künstler und seine Kunst, um ganz im Anschauen seines Werks zu leben. Er war ganz wunderbar davon gerührt; er konnte sich von dem Stücke kaum losreißen. Der Künstler, dem man wohl ansah, daß er das Urteil des Prinzen im Herzen bekräftigte, hatte den Eigensinn, die drei Stücke nicht trennen zu wollen, und forderte 1500 Zechinen für alle. Die Hälfte bot ihm der Prinz für dieses einzige an – der Künstler bestand auf seiner Bedingung, und wer weiß, was noch geschehen wäre, wenn sich nicht ein entschlossener Käufer

---

einzulassen, desto triumphierender ist die Kunst, welche jenen zurückzwingt und über diesen die Herrschaft behauptet.« Schiller, Über die ästhetische Erziehung des Menschen in einer Reihe von Briefen, S. 639f.

1742 Schiller, Kallias oder über die Schönheit, S. 430.

> gefunden hätte. Zwei Stunden darauf waren alle drei Stücke weg; wir haben sie nicht mehr gesehen. Dieses Gemälde kam dem Prinzen jetzt in Erinnerung[,][1743]

und das ist, so lässt sich vermuten, kein Zufall, sondern okkasionalistische Fügung durch den Armenier. Der Prinz jedenfalls verfällt, vermutlich wie vom Armenier geplant, einer buchstäblich idolatrischen Leidenschaft für die schöne Griechin – und das gegen alle warnenden Anzeichen:

> »Ich stand«, fuhr er fort, »ich stand in ihrem Anblick verloren. Sie bemerkte mich nicht, sie ließ sich durch meine Dazwischenkunft nicht stören, so ganz war sie in ihrer Andacht vertieft.[«][1744]

Oder, möchte man ergänzen, sie bemerkt ihn nicht, weil sie eine Phantasmagorie ist. Und weiter:

> Sie betete zu ihrer Gottheit, und ich betete zu ihr – Ja, ich betete sie an – Alle diese Bilder der Heiligen, diese Altäre, diese brennenden Kerzen hatten mich nicht daran erinnert; jetzt zum erstenmal ergriff michs, als ob ich in einem Heiligtum wäre. Soll ich es Ihnen gestehen? Ich glaubte in diesem Augenblick felsenfest an den, den ihre schöne Hand umfaßt hielt. Ich las ja seine Antwort in ihren Augen. Dank ihrer reizenden Andacht! Sie machte mir ihn wirklich – ich folgte ihr nach durch alle seine Himmel.[1745]

Sollte, wie gesagt, der Prinz nicht gewarnt sein vor einer hier wie auch immer genau zu denkenden, aber so oder so verdächtigen »Kommunikation« mit dem »Kruzifixe«, die sich ja schon einmal als elektrische Manipulation herausgestellt hatte? Und sollte der Prinz nicht auch dadurch gewarnt sein, dass die Erscheinung eine allzu ruhige, um nicht zu sagen: starre Miene zeigt, wie sie wohl Gemälde bewahren, nicht aber Menschen, die »unvermutet[]« und mit »Dreistigkeit« »überrasch[t]« werden?[1746] Und sollte der Prinz nicht vor allem deshalb gewarnt sein, weil die von ihm beobachtete himmlische Erscheinung in der Luft schwebt, das heißt ›überirdischer‹weise[1747] »die Erde [...] nicht berührt«?

1743 Schiller, Der Geisterseher, S. 132f.

1744 Ebd., S. 133.

1745 Ebd.

1746 Ebd.

1747 Ein »überirdisches Wesen« ist auch die Schöne, von der Civitella redet. Schon das macht das ›Überirdische‹ verdächtig, heißt es doch wenig später aus seinem Munde, das »Mädchen« sei »reizend wie eine Houri«. Ebd., S. 144 und 147.

All diese Fragen ergeben sich aus den Worten des Prinzen:

> Sie stand auf, und jetzt erst kam ich wieder zu mir selbst. Mit schüchterner Verwirrung wich ich auf die Seite, das Geräusch, das ich machte, entdeckte mich ihr. Die unvermutete Nähe eines Mannes mußte sie überraschen, meine Dreistigkeit konnte sie beleidigen; keines von beiden war in dem Blicke, womit sie mich ansah. Ruhe, unaussprechliche Ruhe war darin, und ein gütiges Lächeln spielte um ihre Wangen. Sie kam aus ihrem Himmel – und ich war das erste glückliche Geschöpf, das sich ihrem Wohlwollen anbot. Sie schwebte noch auf der letzten Sprosse des Gebets – sie hatte die Erde noch nicht berührt.[1748]

Was soll die schöne Griechin sein, wenn nicht eine Phantasmagorie? Auch ihr Abgang spricht dafür. Denn eine Phantasmagorie kann nicht die *camera obscura* verlassen, in der sie erscheint: und so ist die »Gestalt«, der der Prinz nun aus der *camera obscura* der Kirche nach draußen folgt und die er dabei nur noch von hinten sieht, plötzlich ausdrücklich eine andere, »ganz neue Erscheinung«:

> In einer andern Ecke der Kapelle regte es sich nun auch. Eine ältliche Dame war es, die dicht hinter mir von einem Kirchstuhle aufstand. Ich hatte sie bis jetzt nicht wahrgenommen. Sie war nur wenige Schritte von mir, sie hatte alle meine Bewegungen gesehen. Dies bestürzte mich – ich schlug die Augen zu Boden, und man rauschte an mir vorüber.
>
> Ich sahe sie den langen Kirchgang hinuntergehen. Die schöne Gestalt ist aufgerichtet – Welche liebliche Majestät! Welcher Adel im Gange! Das vorige Wesen ist es nicht mehr – neue Grazien – eine ganz neue Erscheinung [!]. Langsam gehen sie hinab. Ich folge von weitem […].[1749]

Von dem »Bild« der Schönen, das auf die hier umrissene Weise »in« den Prinzen gelangt, oder genauer: projiziert worden ist und nun in ihm »wohnet«,[1750] kommt er nicht mehr los. Da hilft es auch nicht, dass der Baron von F*** in der Nachbesprechung noch einmal die phantasmagorischen Züge dieser Erscheinung unterstreicht:

> Denken Sie nach, gnädigster Herr, in welcher reizbaren Stimmung Sie waren, als diese Erscheinung Sie überraschte, und wie vieles zusammenkam, Ihre Einbildungskraft zu spannen. Aus dem hellen blendenden Tageslicht, aus dem Gewühle der Straße plötzlich in diese stille Dunkelheit versetzt – ganz den Empfindungen hingegeben, die, wie Sie selbst gestehen, die Stille, die Majestät

---

1748 Ebd., S. 133. Vgl. zu diesem ›überirdischen‹ Schweben das »überirdische[] Wesen« in Zitat 1759.

1749 Ebd., S. 134.

1750 Ebd., S. 135.

> dieses Orts in Ihnen rege machte – durch Betrachtung schöner Kunstwerke für Schönheit überhaupt empfänglicher gemacht – zugleich allein und einsam Ihrer Meinung nach – und nun auf einmal – in der Nähe – von einer Mädchengestalt überrascht, wo Sie sich keines Zeugen versahen – von einer Schönheit, wie ich Ihnen gerne zugebe, die durch eine vorteilhafte Beleuchtung, eine glückliche Stellung, einen Ausdruck begeisterter Andacht noch mehr erhoben ward – was war natürlicher, als daß Ihre entzündete Phantasie sich etwas Idealisches, etwas überirdisch Vollkommenes daraus zusammensetzte?[1751]

Doch alles Zureden nützt nichts. Der Prinz hat ja schon ein »Pastellgemälde hinter [...] Glas, das einen Mann in armenischer Kleidung [!] vorstellt[]«, mit dem »Gesicht [!] des Armeniers« in einem »Spiegel« verwechselt[1752] und außerdem die phantasmagorische Projektion seines Tabatierendeckels für den Geist des verstorbenen Freundes gehalten. Mit anderen Worten: Offenbar ist ihm immer noch nicht durch Medien-Aufklärung zu helfen.

Zwar sagt der Prinz selbst, dass er »nichts als dieses Bild« habe.[1753] Dennoch ist er anscheinend überzeugt, dass diesem Bild »etwas Lebendiges, etwas Wirkliches« entspricht.[1754] Die Indizien dafür sind rar: ein Bericht des ohnehin der okkasionalistischen Nachhilfe verdächtigen Biondello[1755] und ein angeblich von der Hand der schönen Griechin den Armen geschenkter »Dukaten«, den Biondello »eingewechselt« haben will und seinem Herrn »überbracht« hat, um ihm so zwar kein »Halstuch von ihrer Brust« oder gar »[e]in Strumpfband [s]einer Liebeslust« zu schaffen, aber doch Fetisch-tauglichen Ersatz.[1756] Auch dass es sich überhaupt um »eine Griechin« und »eine geborne Königin« handelt,[1757] sind Biondellos Informationen.

Civitella wiederum, ein sich dem Prinzen als »der dienstfertigste Mensch von der Welt« andienender Marchese,[1758] ermuntert den Prinzen in einer Binnenerzählung dazu, die Annäherung an die – so erzählt Civitella von sich selbst, und das wiederum in phantasmagorischer Lichttheater-Metaphorik – zunächst in »blendende[m] Licht« erblickte und deshalb als »himmlisch[]« und »überirdisch[]«[1759] empfundenen »Schönheit« zu suchen: »verschwinde[]«

1751 Ebd.

1752 Ebd., S. 71; s. Zitat 1620.

1753 Ebd., S. 135.

1754 Ebd., S. 132.

1755 Vgl. ebd., S. 114f.; Zitat 1563.

1756 »Schaff' mir ein Halstuch von ihrer Brust, / Ein Strumpfband meiner Liebeslust!« Goethe, Faust. Eine Tragödie, S. 114 (V. 2661f.).

1757 Schiller, Der Geisterseher, S. 136.

1758 Ebd., S. 138.

1759 Ebd., S. 144; vgl. Zitat. 1748.

doch am Ende die phantasmagorische »Glorie um sie«,[1760] sodass man »in ihr nichts mehr als das schönste aller Weiber« sieht, das die »Sinne in Glut setzt«.[1761]

So hält es dann offenbar auch der Prinz. Bald »hat« er »seine Griechin wieder«,[1762] was auch immer das heißen mag. Ein paar Seiten darauf ist sie tot und der Roman zu Ende.

Oder gibt es sie doch? Lichtmaterie und Fluidalität als Unmittelbarkeit

So wenig der Roman von der schönen Griechin als handelnder Figur erzählt, so ausführlich berichtet er von ihrem wie eine Phantasmagorie geschilderten Erscheinen. Darin ähnelt die schöne Griechin dem Marquis von Lanoy, bei dem es sich ganz ausdrücklich um eine Phantasmagorie handelt, eine doppelte sogar. Offenbar geht es hier also nicht so sehr darum, *was* erscheint, sondern in erster Linie darum, *dass* etwas phantasmagorisch erscheint. Darin wiederum ähneln die schöne Griechin und der Marquis von Lanoy dem *commercium*-Problem, wie es der *Geisterseher* verhandelt. Denn auch hier geht es ja nicht um die philosophische Sache – das philosophische Was –, sondern darum, das *commercium*-Problem aus der sowieso geschlossenen philosophischen Bude in die Theater-Bude zu holen und dort, ›künstlich‹ und ›blendend‹ neu beleuchtet, als Phantasmagorie – in seinem theatralen Wie – auf die Bühne zu bringen.

Das ist, hatte ich gesagt, eine Art allgemeiner Medien-Kritik. Denn nicht nur führt der *Geisterseher* vor Augen, dass in der dem Dispositiv der *camera obscura* verpflichteten Guckkastenbühne »Szenen […] beleuchtet sein [müssen], um wahrgenommen werden zu können.«[1763] Der Roman zeigt vor allem, dass ›medial‹ erzeugtes ›Wissen‹ grundsätzlich, mit Biondellos Worten, von der »Magie der Beleuchtung«[1764] abhängt, das heißt Phantasmagorie und »Verblendung«[1765] ist: und deshalb wenn nicht – wie es im ersten Satz des Romans heißt – epistemisch »unglaublich« ist, so doch immer unter dem

1760 Ebd., S. 147.
1761 Ebd., S. 147.
1762 Ebd., S. 151.
1763 Lehmann, Der Blick durch die Wand, S. 104.
1764 Schiller, Der Geisterseher, S. 144.
1765 Ebd., S. 147.

Vorbehalt jener – wie es dann im dritten Satz heißt – »*Mittel*« steht, die es erzeugt haben.[1766]

So verstanden, plädiert der Roman gegen jede Vorstellung von ›Unmittelbarkeit‹: ganz so, wie es im *Philosophischen Gespräch* auch der Prinz zu tun scheint. Als der Erzähler einmal von einer »unmittelbare[n] Wirkung« spricht, erwidert der Prinz, indem er ein weiteres Mal die *commercium*-konstitutive Unterscheidung von Außen und Innen aufgreift:

> Eine solche unmittelbare [Wirkung] gibt es gar nicht, denn zwischen jede Wirkung, die der Mensch außer sich hervorbringt, und deren innre Ursache oder den Willen, wird sich eine Reihe gleichgültiger einschieben, wenn es auch nichts als Muskularbewegung wäre. […][1767]

Philosophisch gesehen überzeugt diese Behauptung sicherlich nicht – ersetzt sie doch, was Schiller in seiner ersten Dissertation noch »Mittelkraft« genannt hatte, mit der »Muskularbewegung« bloß durch einen anderen Lückenfüller. Vor allem aber steht das Gesagte in Widerspruch zu dem, was der Prinz gerade eine Seite zuvor behauptet hat. Da hat er nämlich in Bezug auf die Vorstellung von »in« einem »Saale« »ausgegossen[em]«, also korpuskular-fluidalem, »Licht« davon gesprochen, dass eine »brennende Kerze« jene »Teile der Lichtmaterie«, die »sie unmittelbar berührt[], […] in Schwung« setze[1768]: eben so, wie Descartes' *spiritus animales* qua Impulsübertragung in ›unmittelbarer Berührung‹ zwischen Körper und Geist vermitteln.

Novalis: In der Sehnsucht nach dem Zerfließen offenbart sich die Weltseele

Diese Worte des Prinzen sind bezeichnend. Nicht bloß ist es so, dass die ›Unmittelbarkeit‹ – als Begriff und Wort – die Vorstellung vom ›Medium‹ wie ein abstrakter Schatten verfolgt. Vielmehr kommt hier, wie so häufig, wenn es um ›Unmittelbarkeit‹ geht, der Metaphernkomplex des Fluidalen ins Spiel. Es ist, als ließen sich die Dichotomien von Stoff und Form sowie Körper und Geist, die ja gerade das ›Medium‹ metaphorisch konstituieren, am Ende sozusagen doch noch verflüssigen. Dass sie damit jedoch nicht ›analytisch‹ – ἀνάλυσις [análysis] heißt ›Auflösung‹ –[1769] aufgelöst, sondern allenfalls in ein

1766 Ebd., S. 48.
1767 Ebd., S. 170.
1768 Ebd., S. 169.
1769 Vgl. »Analysis«, in: Kluge, Etymologisches Wörterbuch der deutschen Sprache, S. 36.

gemeinsames Flüssig-›Medium‹ zusammengeschüttet werden, folgt, genau genommen, schon aus Aristoteles' Ausführungen zum »Ort« beziehungsweise »*Ort des Ortes* [toû tópou tópos]«[1770]: fasst Aristoteles ihn doch metaphorisch als *»ein Gefäß«*, in dem wiederum *eîdos* (Form) beziehungsweise *morphḗ* (Gestalt) sowie *hýlē* (Stoff) im ›medialen‹ *periéchon* zusammenfließen.[1771]

Das wiederum ist nichts anderes als eine (ou)topologische Reformulierung dessen, was ausgerechnet Novalis, der ja den der vorliegenden Studie zugrundeliegenden ›Medien‹begriff als zwischen Körper und Geist vermittelnde Instanz mitgeprägt hat, als romantische »Sehnsucht nach dem Zerfließen« beschrieben hat – und das zudem, ganz im ›romantischen‹ Sinne des zu Beginn dieser Studie zitierten Goethe'schen *Eins und Alles*, als Regression ins nächtliche »mütterliche[] Gewässer« einer »Weltseele«. Dichtet Goethe: »Im Grenzenlosen sich zu finden, / Wird gern der Einzelne verschwinden, / Da löst sich aller Überdruß; / [...] Sich aufzugeben ist Genuß. // Weltseele komm uns zu durchdringen!«,[1772] so heißt es bei Novalis in den *Lehrlingen zu Saïs*:

> Wie wenige haben sich noch in die Geheimnisse des Flüssigen vertieft und manchem ist diese Ahndung des höchsten Genusses und Lebens wohl nie in der trunkenen Seele aufgegangen. Im Durste offenbaret sich diese Weltseele, diese gewaltige Sehnsucht nach dem Zerfließen. Die Berauschten fühlen nur zu gut diese überirdische Wonne des Flüssigen, und am Ende sind alle angenehmen Empfindungen in uns mannichfache Zerfließungen, Regungen jener Urgewässer in uns. Selbst der Schlaf ist nichts als die Flut jenes unsichtbaren Weltmeers, und das Erwachen das Eintreten der Ebbe. Wie viele Menschen stehn an den berauschenden Flüssen und hören nicht das Wiegenlied dieser mütterlichen Gewässer, und genießen nicht das entzückende Spiel [ihrer] unendlichen Wellen![1773]

Schiller: Im phantasmagorischen Fließen offenbart sich, *was eine Schaubühne wirken kann*

Einer der »wenigen«, die sich »in die Geheimnisse des Flüssigen vertieft« und auch daran »[b]erauscht[]« haben, ist Schiller: und das ausdrücklich und an prominentem Ort, nämlich am Ende seiner Vorlesung *Was kann eine gute*

1770 Aristoteles, Physik, S. 152f. (209a); vgl. Zitat 739.
1771 Vgl. Zitat 742.
1772 Goethe, Eins und Alles, S. 744.
1773 Novalis, Die Lehrlinge zu Saïs, S. 228.

stehende Schaubühne eigentlich wirken?, die Schiller im Sommer 1784 in Mannheim hält, also zwei Jahre, bevor er den *Geisterseher* beginnt.[1774]

Schiller greift in seiner Vorlesung, einem Plädoyer für das Theater, auf unterschiedliche Theater-Metaphern zurück. Mal heißt es, dass auf der Bühne »alle Larven fallen, alle Schminke verfliegt« und so »die Wahrheit« sichtbar wird.[1775] Mal vergleicht Schiller, wie schon zitiert, die auf der Bühne dargestellten Charaktere mit »Schatten in einem Hohlspiegel«, mal mit dem »Spiegel« selbst, in dem sich »die Tugend« »liebenswürdig« und »die Laster« »häßlich« »ab[malen]«.[1776] Immer aber steht der Gedanke im Hintergrund, dass etwas auf die Bühne bringen heißt, es zu demonstrieren, demonstrativ vor Augen zu führen, zu Kenntlichkeit und ›Wissen‹ zu erheben. Ganz genau so, hatte ich argumentiert, verhält es sich mit der Bühne im *Geisterseher*, auf (und unter) deren Brettern Machinationen kenntlich, zur Ge›wiss‹heit werden, wie sie der Armenier den ganzen Roman hindurch verfolgt: und insofern handelt es sich hier zwar nicht um die klassische Mise en abîme des Theaters im Theater, wohl aber um die Mise en abîme eines erzählten Theaters in einer Erzählung.

Macht man sich diese Zusammenhänge klar, dann lässt sich Schillers Vortrag nicht nur als, so der für die Veröffentlichung in den »Kleinen prosaischen Schriften« von 1802 geänderte Titel der Vorlesung in der *Thalia*-Veröffentlichung von 1785,[1777] Betrachtung der *Schaubühne als moralische Anstalt* verstehen, sondern auch, ganz wie es der *Geisterseher* tut, als eine Betrachtung der *Schaubühne als einer Medien-Anstalt.* Denn wenn Schiller sagt, dass die Schaubühne zwar die »Laster weder tilgt noch vermindert«, wohl aber »uns […] mit denselben bekannt []macht«, also über sie aufklärt, dann lässt sich ja genau dies auch von den Medien, das heißt von der medialen Verblendung und den medialen Machinationen sagen, um die es im *Geisterseher* geht. Schiller schreibt im *Schaubühnen*-Essay:

> [I]ch selbst bin der Meinung, daß vielleicht Molières Harpagon noch keinen Wucherer besserte, daß der Selbstmörder Beverley noch wenige seiner Brüder von der abscheulichen Spielsucht zurückzog, daß Karl Moors unglückliche Räubergeschichte die Landstraßen nicht viel sicherer machen wird   aber wenn wir auch diese große Wirkung der Schaubühne einschränken, wenn wir so ungerecht sein wollen, sie gar aufzuheben – wie unendlich viel bleibt noch von

1774 Den auch hier verwendeten Vortrags-Titel *Was kann eine gute stehende Schaubühne eigentlich wirken?* änderte Schiller 1802 in *Die Schaubühne als moralische Anstalt betrachtot*; vgl. Schiller, Was kann eine gute stehende Schaubühne eigentlich wirken?, Kommentar S. 1266.

1775 Schiller, Was kann eine gute stehende Schaubühne eigentlich wirken?, S. 822f.

1776 Ebd., S. 824.

1777 Vgl. Anm. 1774.

> ihrem Einfluß zurück? Wenn sie die Summe der Laster weder tilgt noch vermindert, hat sie uns nicht mit denselben bekannt gemacht? – Mit diesen Lasterhaften, diesen Toren müssen wir leben[,][1778]

ganz so, wie »wir« ja mit dem Prinzen »leben« »müssen«, der mitsamt »der großen Klasse von Toren« vom Sizilianer, der eine »Rolle [...] []spielt«, »den Spiegel vor[ge]h[a]lt[en]«[1779] bekommt und daraus zwar fatalerweise *nicht* die richtigen Schlüsse zieht, dabei aber von »uns«[1780] Zuschauerinnen und Zuschauern beobachtet wird, sodass »wir« nun wiederum die richtigen Schlüsse ziehen können. Das unterscheidet »uns« vom Prinzen – und dies möglicherweise auch deshalb, weil »bei der Wahl« der »modernste[n] Lektüre« des Prinzen wieder einmal eine okkasionalistische »schlimme Hand«, vermutlich die des Armeniers, »im Spiele«[1781] ist. Schillers *Schaubühnen*-Essay befindet sich jedenfalls, wie es scheint, nicht unter seiner Lektüre – hätte doch seine Kenntnis den Prinzen möglicherweise gewarnt.

»Mit diesen Lasterhaften, diesen Toren müssen wir leben«, hat also Schiller gesagt und fährt fort:

> Wir müssen ihnen ausweichen oder begegnen; wir müssen sie untergraben oder ihnen unterliegen. Jetzt aber überraschen sie uns nicht mehr. Wir sind auf ihre Anschläge vorbereitet. Die Schaubühne hat uns das Geheimnis verraten, sie ausfindig und unschädlich zu machen. *Sie* zog dem Heuchler die künstliche Maske ab und entdeckte das Netz, womit uns List und Kabale umstrickten.[1782]

Genau das gilt auch für »uns« als Leserinnen und Leser des *Geistersehers* – nicht aber für den Prinzen. Er zeigt sich *nicht* gewarnt und *nicht* auf die »Anschläge« des Armeniers »vorbereitet«. Ihm hat »[d]ie Schaubühne« kein »Geheimnis verraten«. Und obwohl er gleich nach dem Verschwinden der Phantasmagorie »auf einmal« im »vermeintlichen Russen« »ohne Mühe die Züge« des »Armeniers wieder[erkennt]«,[1783] als hätte dieser seine »künstliche Maske ab[gezogen]«, und obwohl alle phantasmagorieerzeugenden Machinationen des Sizilianers demaskiert werden, entdeckt der Prinz *nicht* »das Netz, womit« ihn die »List und Kabale« des Armeniers »umstrick[]en«: und das selbst dann nicht, als der Sizilianer ausdrücklich und unter Verwendung der eben aus dem *Schaubühnen*-Essay zitierten Metapher vom ›Umstricktsein‹ erläutert, wie er

1778 Schiller, Was kann eine gute stehende Schaubühne eigentlich wirken?, S. 826.
1779 Ebd., S. 825.
1780 Ebd., S. 823.
1781 Schiller, Der Geisterseher, S. 107.
1782 Schiller, Was kann eine gute stehende Schaubühne eigentlich wirken?, S. 826.
1783 Schiller, Der Geisterseher, S. 65.

seine Betrugsopfer »mit Mystizität [...] umstrickt« und »umw[i]nde[t]«.[1784] All das hat der Prinz zwar vor Augen, und doch sieht er es *nicht*: ganz so, wie der Baron von F*** über den Prinzen sagt, dass »[g]erade die leidenschaftliche Aufmerksamkeit, womit er« den »Anblick« der schönen Griechin »verschl[i]ng[t]«, »ihn« daran »[]hindert, sie zu *sehen*«.[1785]

Wer jedoch – wie gesagt – all das, worum es hier geht, ebenfalls wie auf einer imaginären Schaubühne vor Augen hat und noch dazu den Prinzen, der es nicht begreift, das sind die Leserinnen und Leser des Romans: und sie können – wie gesagt – sehr wohl begreifen, was ihnen hier anschaulich gemacht wird. Das aber bedeutet, dass auf diese Weise nicht nur der Roman selbst zur Schaubühne wird, wie sie Schiller in seiner Vorlesung beschreibt, und damit wiederum die im Roman erzählte Bühne samt der auf ihr erscheinenden Phantasmagorie zur Mise en abîme des Romans. Vor allem wird die im *Geisterseher* erzählte Bühne auf diese Weise auch zur Mise en abîme jener Schaubühne, die Schiller zwei Jahre vor Beginn der Arbeit am Roman in seiner *Schaubühnen*-Vorlesung entworfen hatte:[1786] einer *Schau*bühne wiederum, deren mediale Wirkung Schiller als ähnlich ›flüssig‹ beschreibt wie Lacan das durch Licht- und Farbenfluss bestimmte »Schauen«.

Das ist wichtig. Es ist eben kein Zufall, dass in Schillers *Schaubühnen*-Essay Bild-, Blick- beziehungsweise ›Wissens‹metaphorik, Bühnenmetaphorik und allgemeine Medien- sowie spezifische Fluidalmetaphorik gerade dort zusammenkommen, wo Schiller – ausgerechnet im Bild von einem »auf der Schaubühne aufgestellten Gemälde«, das selbst eine Mise en abîme ist – das, was auf der Bühne erscheint, als Phantasmagorie beschreibt: bündeln sich doch in der Phantasmagorie alle diese Metaphoriken wie – um einen Begriff zu verwenden, der ihnen entstammt – in einem Hohlspiegel.

Nachdem Schiller für die »Schatten«, die auf der Bühne »vor unseren Augen vorbei[wandeln]«, »Medea«, »Lady Macbeth« und »Franz von Moor« angeführt hat, fährt er fort:

> Es ist nicht Übertreibung, wenn man behauptet, daß diese auf der Schaubühne aufgestellten Gemälde mit der Moral des gemeinen Manns endlich in eins zusammenfließen, und in einzelnen Fällen seine Empfindungen bestimmen.[1787]

1784 Ebd., S. 84.

1785 Ebd., S. 139.

1786 Schiller hält die *Schaubühnen*-Vorlesung im Juni 1784, den *Geisterseher* beginnt er vermutlich im Sommer 1786. Vgl. Schiller, Was kann eine gute stehende Schaubühne eigentlich wirken?, Kommentar S. 1266 und Schiller, Der Geisterseher, Kommentar S. 1160.

1787 Schiller, Was kann eine gute stehende Schaubühne eigentlich wirken?, S. 823.

Nicht erst der Prinz macht sich also im *Philosophischen Gespräch aus dem Geisterseher* Gedanken zum »Bau der Moralität«, der im Bühnen-»Kreis[]« des Theaters »aufgeführt« wird. Denn schon in Schillers *Schaubühnen*-Vorlesung geht es um den Zusammenhang von »Schaubühne« und »Moral«. Bemerkenswert ist dabei das Rahmen-im-Rahmen-, das heißt ein weiteres Mal Mise-en-abîme-haft anmutende Bild von den »auf der Schaubühne aufgestellten Gemälde[n]«, die ins »[F]ließen« kommen sollen. Das nämlich tun sie ja ganz buchstäblich dann, wenn es sich bei diesen Gemälden nicht um tatsächlich auf der Bühne aufgestellte Bilder, sondern um qua Laterna magica phantasmagorisch in das weiche, eben ›fließende‹ Display von »beweg[t]e[m]« »Rauch«[1788] (*Der Geisterseher*) oder Bühnen-»Nebel«[1789] (*Schaubühne*) projizierte »Gemälde« handelt.

Nicht nur in dieser medialen Hinsicht ähnelt, was in Schillers Vorlesung auf der Bühne erscheinen soll, der Phantasmagorie, wie sie der Sizilianer im *Geisterseher* inszeniert. Sie ähneln sich auch darin, dass sie beide – um noch einmal den Prinzen zu zitieren – »Gestalten« aus dem Jenseits hinter der »undurchdringliche[n] Decke[]« des Todes auftreten lassen.[1790] In diesem Sinne heißt es schon bei Schiller im *Schaubühnen*-Essay:

> Die Schaubühne führt uns eine mannigfaltige Szene menschlicher Leiden vor. [...] Mit ihr folgen wir der verlassenen Ariadne durch das widerhallende Naxos, steigen mit ihr in den Hungerturm Ugolinos hinunter [...]. – Jetzt, da er sterben soll, entfliegt dem geängstigten *Moor* seine treulose sophistische Weisheit. Die Ewigkeit entläßt einen Toten, Geheimnisse zu offenbaren, die kein Lebendiger wissen kann, und der sichere Bösewicht verliert seinen letzten gräßlichen Hinterhalt, weil auch Gräber noch ausplaudern.[1791]

Ließe sich pointierter als in diesem von Schiller auf das Theater gemünzten letzten Satz sagen, was in der zwei Jahre später beschriebenen Phantasmagorie des *Geistersehers* geschieht? Die Ewigkeit entlässt auf Wunsch des Prinzen den verstorbenen Marquis von Lanoy, um jenes Geheimnis zu offenbaren, das kein Lebendiger ›weiß‹, weil der Marquis gestorben ist, bevor er es hat preisgeben können. Die phantasmagorische Inszenierung wird aufgeklärt, und »der sichere Bösewicht«, nämlich der Sizilianer, »verliert seinen [...] Hinterhalt«, weil zwar nicht die »Gräber« selbst »ausplaudern«, wohl aber der Barfüßer-Mönch, den der englische Lord zufällig aus dem Kamin herausschießt (und

1788 Schiller, Der Geisterseher, S. 74.

1789 Schiller, Was kann eine gute stehende Schaubühne eigentlich wirken?, S. 828. Vgl. zum Kontext Zitat 1798.

1790 Schiller, Der Geisterseher, S. 126.

1791 Schiller, Was kann eine gute stehende Schaubühne eigentlich wirken?, S. 827.

insofern verliert auch der Mönch ganz buchstäblich Halt wie Hinterhalt). In der Tat: »ein Bedienter kann plaudern«,[1792] so sagt es ja der Prinz in der Nachbesprechung der Phantasmagorie, und in diesem Fall ist das der Barfüßer-Mönch – jener Mönch, den »der Engländer« mit seinem Ausruf »›Gehe heim zu deinem Grabe [...]‹«[1793] zudem so eng mit dem Grab assoziiert, als wollte er damit nachträglich Schillers *Schaubühnen*-Satz von den plaudernden Gräbern wahrmachen.

Auch insofern lässt sich der *Geisterseher* als differenzierender Nachtrag zum *Schaubühnen*-Essay lesen, das heißt als Kritik, und zwar insbesondere als ›Medien‹-Kritik.

Alles fließt, alles wird eins. Phantasmagorisches *commercium* als Apotheose des Theaters

»[A]uf der Schaubühne«, so Schiller unter dem Hinweis, dass es sich dabei »nicht« um eine »Übertreibung«,[1794] sondern vielmehr um eine »[O]ffenbar[ung]« handele,[1795] komme es dazu, dass Körperliches und Geistiges »zusammenfließen«. So wie im *Geisterseher* die dem Anschein nach »*körperliche* Gestalt« der Phantasmagorie aus der äußeren *camera obscura* des verdunkelten Saals durch den Rauch hindurch und schließlich anscheinend sogar »aus dem Rauche« heraus in die innere *camera obscura* der Anschauung im Geiste der Betrachter schwebt, soll der *Schaubühnen*-Vorlesung zufolge ein »auf der Schaubühne«, also im äußeren Raum, »aufgestellte[s] Gemälde mit der Moral« des Betrachters, also dem inneren Raum seines Ge*wissens* – und das ist auch eine Art von ›Wissen‹ – »endlich in eins zusammenfließen«.[1796]

Dieses In-eins-Zusammenfließen ist für Schiller zum einen, wie es hier das Wort »endlich« andeutet, das kathartische Telos der Schaubühne, in dem ihr ästhetischer Bildungseffekt liegt. Zum anderen aber *ist* beziehungsweise *benennt* dieses In-eins-Zusammenfließen jenes fluidale ›Medium‹, in dem sich Schillers *Schaubühnen*-Phantasie verwirklicht: technisch als Phantasmagorien-tragender Rauch, metaphorisch als fluidales, *periéchon*haftes ›Medium‹, in dem die Dichotomien von Außen und Innen, Körper und Geist, Stoff und Form nun nicht mehr wie noch in der *Philosophie der Physiologie* durch eine

1792 Schiller, Der Geisterseher, S. 98.
1793 Ebd., S. 68; vgl. zum Kontext Zitat 1515.
1794 Schiller, Was kann eine gute stehende Schaubühne eigentlich wirken?, S. 823.
1795 Ebd., S. 827.
1796 Ebd., S. 823.

Instanz geheilt werden sollen, die wie *metaxù* und »Mittelkraft« ›*dazwischentritt*‹, sondern in dem vielmehr alles »in eins zusammenfließen« und auf diese Weise ›eins‹, ›ganz‹ und ›heil‹ werden soll.

So kommt es, dass Schillers *Schaubühnen*-Vorlesung in einer romantischen Apotheose des Flüssigen, oder mit Novalis: in der »überirdische[n] Wonne des Flüssigen«[1797] endet. In einem ersten Anlauf auf dieses Ende zu schreibt Schiller:

> Die Schaubühne ist der gemeinschaftliche Kanal, in welchen von dem denkenden bessern Teile des Volks das Licht der Weisheit herunterströmt und von da aus in milderen Strahlen durch den ganzen Staat sich verbreitet. Richtigere Begriffe, geläuterte Grundsätze, reinere Gefühle fließen von hier durch alle Adern des Volks; der Nebel der Barbarei, des finstern Aberglaubens verschwindet, die Nacht weicht dem siegenden Licht.[1798]

Was Schiller hier aufgreift, ist eine Nerven- und damit auch *commercium*-Metaphorik, wie sie Ernst Platner in seiner *Anthropologie für Ärzte und Weltweise* etabliert hatte. Dort heißt es, wie ich schon im sechsten Kapitel im Zusammenhang von Georg Simmels Aufsatz *Der Henkel* zitiert habe:

> Die Nerven sind dünne Bündel von markichten Kanälen, die aus dem Gehirn herunter gehen. [...]
>
> Die Nerven wirken nicht als Fäden, sondern als Kanäle d[as] i[st] vermittelst der in ihnen fließenden Lebensgeister[,]

dem »Nervensaft«.

> Die Lebensgeister sind der allerfeinste Theil des Bluts, der aus den Blutgefäßen [...] endlich in die markichte Röhrchen eintrit [sic].[1799]

Was bei Platner das »Gehirn« ist, von dem die Nervenkanäle »herunter gehen«, ist bei Schiller der offenbar ebenfalls wie das Gehirn oben auf dem Volkskörper sitzende ›bessere Teil des Volkes‹, dessen »Licht der Weisheit« zwar nicht wie bei Platner durch mehrere »Kanäle«, wohl aber durch einen »gemeinschaftliche[n] Kanal« ebenfalls ›*herunter*strömt‹. Das ist insofern aristotelisch gedacht, als ja Aristoteles' *Physik* zufolge »›oben‹ [...] nicht eine beliebige Stelle« ist, »sondern dort [liegt], wohin Feuer und das Leichte« sich bewegen –[1800]

1797 Vgl. Zitat 1773.
1798 Schiller, Was kann eine gute stehende Schaubühne eigentlich wirken?, S. 828.
1799 Platner, Anthropologie für Ärzte und Weltweise, S. 40f. (§§ 151, 153, 148 und 149).
1800 Aristoteles, Physik, S. 150f. (208b); vgl. Anm. 498.

und man könnte auch sagen: wohin und wo ›Leben‹ und ›Geist‹ sich bewegen, oder eben mit Platner: die »Lebensgeister«. Und das ist insofern cartesianisch gedacht, als Descartes zufolge die Impulsübertragung auf die *spiritus animales* in der Zirbeldrüse, also auch im Kopf beziehungsweise Gehirn stattfindet.

Sieht Platner im durch die Kanäle zirkulierenden Nervensaft den »allerfeinste[n] Theil des Blutes«, lässt auch Schiller sein einmal mehr fluidal-korpuskular gedachtes »Licht der Weisheit« samt den durch dieses Licht geläuterten »Gefühlen« »durch« die »Adern des Volks« »fließen«. Hier liefert offenbar, wie schon bei Descartes, der von Harvey entdeckte Blutkreislauf das Vorbild. Deutlicher könnte Schiller kaum an die *commercium*-Metaphorik anschließen.

Ebenfalls deutlich ist Schillers Anschluss an jene traditionelle Aufklärungsmetaphorik, derzufolge »der Nebel der Barbarei, des finstern Aberglaubens verschwindet« und »die Nacht [...] dem siegenden Licht« »weicht«. Auch diese Metaphorik von Licht und Klarheit nimmt Schiller im *Geisterseher* wieder auf, jetzt allerdings, indem er sie auf raffinierte Weise hin- und herwendet, differenziert und damit, wie gesagt, Medien- und ›Wissens‹kritik beziehungsweise Medien- *als* ›Wissens‹-Kritik betreibt: das ›Medium‹ also, mit der oben schon zitierten Formulierung Schillers aus einem Brief an Körner, »von sehr vielen Seiten« »und sogar mit Gründlichkeit« »beleuchtet«.[1801] So kommen Licht und Opazität immer wieder in der ›Blendung‹ zusammen oder vielmehr in der ›Blendung‹ nicht voneinander los. Und so scheint zwar die – zu diesem Zeitpunkt noch gar nicht als solche erkannte – Phantasmagorie den Rauch beziehungsweise »Nebel« hinter sich zu lassen, wobei im Nachhinein aber klar wird, dass das – eben weil es sich um eine Phantasmagorie handelt – tatsächlich medientechnisch nicht möglich ist.

In einem zweiten Anlauf schließlich erreicht Schiller das apotheotische Ende seiner Vorlesung. Ist es nämlich so, dass sich der Mensch seinem »himmlischen Ursprung« wieder an»näher[t]«, dann handelt es sich ja ganz im eigentlichen Sinne um eine ›Apotheose‹:

> Die Schaubühne [...] empfängt uns [...] – in dieser künstlichen Welt [...] werden [wir] uns selbst wiedergegeben [...]. Und dann endlich [...] wenn Menschen aus allen Kreisen und Zonen und Ständen, abgeworfen jede Fessel der Künstelei und der Mode, herausgerissen aus jedem Drange des Schicksals, durch *eine* allwebende Sympathie verbrüdert, in *ein* Geschlecht wieder aufgelöst, ihrer selbst und der Welt vergessen und ihrem himmlischen Ursprung sich nähern. Jeder Einzelne genießt die Entzückungen aller, die verstärkt und verschönert

1801 Vgl. Zitat 1535.

aus hundert Augen auf ihn zurückfallen, und seine Brust gibt jetzt nur *einer* Empfindung Raum – es ist diese: ein *Mensch* zu sein.[1802]

Hier ist er wieder, der ganze Mensch der Anthropologie: *»ein* [...] *Mensch«*, wie sich in Zusammenziehung aus der kursiven Betonung ergibt, und diese ›Ein‹igung wird – ausgerechnet – durch ›*Wieder*auflösung‹ erreicht, also durch *Re*gression in jenen, jetzt mit Novalis' Worten, »[f]lüssigen« »Ur«zustand der »Seele«, von dem diese immerhin noch so viel »Ahndung« hat, dass sie eine »gewaltige Sehnsucht nach dem Zerfließen« empfindet.

So ähnlich sieht es auch das sprechende Ich in Goethes Gedicht *Eins und Alles*, wenn es sich von einer ›Auflösung‹ »[i]m Grenzenlosen« – Aristoteles' *ápeiron* – »Genuß« verspricht und deshalb die »Weltseele« auffordert, es selbst und alle anderen vormals »einzelne[n]«, jetzt – mit Schiller – »in *ein* Geschlecht wieder aufgelöst[en]« Nicht-mehr-Individuen »zu durchdringen«, sodass sie – wieder mit Schiller – »durch *eine* allwebende Sympathie verbrüdert«, also von einer Weltseele kollektiv durchdrungen und so in ihr ›eins‹, ›ganz‹ und ›heil‹ geworden sind.

Darin wiederum liegt Schiller zufolge eine An»näher«ung an den ›oben‹ vermuteten »himmlischen Ursprung« des Menschen, wie ich ihn im dritten, fünften und sechsten Kapitel in je unterschiedlicher Ausprägung als ein Nach-oben-Streben auf die innerweltliche Transzendenz hin beschrieben habe – sei's im imaginierten Höhen»flug« »übers Gebürge« (Hoffmann), sei's in der Gipfelbesteigung auf »brennen[den] [...] Sohlen« (ebenfalls Hoffmann). Kommen schließlich bei Georg Simmel Vasen-, Henkel- und Fließmetaphorik mit alpiner Höhenmetaphorik zusammen, die sich am Ende gar noch zur sittlichen Fabel und Gesellschaftsutopie einer allgemeinen menschlichen Verbrüderung entwickelt, dann folgt Simmel mit diesen auf den ersten Blick fernhintreffenden Assoziationen, genau betrachtet, doch bis ins Detail hinein den metaphorologischen Zusammenhängen jener langen (ou)topologischen Tradition, die ganz ähnlich schon Schiller aufgegriffen und weitergeschrieben hatte.

Früher oder später, könnte man also sagen, ›verflüssigt‹ das ›Medium‹ die Welt und schafft mit allen ihren Dichotomien oder sonstigen Unterschieden am Ende auch sich selbst ab. So gesehen, ist das Fluidum die Lösung des ›Medien‹-Problems. Oder anders gesagt: Das *periéchon*, wie Leo Spitzer es beschrieben hat, *ist* beziehungsweise *›webt‹* am Anfang und am Ende aller Dinge – und damit schmuggelt es sich noch in diesen Satz ein – *überall*.

1802 Schiller, Was kann eine gute stehende Schaubühne eigentlich wirken?, S. 831.

Genau diese Vorstellung aber ist es, über die Novalis, darin im dieser Studie zugrundeliegenden Sinne hoch›romantisch‹, das Denken überhaupt als ein regressives Denken definiert, wenn er im *Allgemeinen Brouillon* schreibt: »Die Philosophie ist eigentlich Heimweh – *Trieb überall zu Hause zu seyn.*«[1803] Romantisches Denken verflüssigt alles, was es gibt, zu einem ›ursprünglichen‹, »[h]eim[atlich]«-mütterlichen ›Überall‹ – dem ›Urquell‹ aller Dinge. So verstanden, ist hier nicht das Medium die Botschaft, sondern ist hier vielmehr das Medium die Lösung, die alle Differenzen – samt ihren Botschaften – zu einem einzigen Überall verflüssigt.

Gedankenverflüssigung. Hegels *Phänomenologie des Geistes* endet mit Schiller, …

Dass eine solche Lösung genau genommen nur eine ›Lösung‹ in Anführungszeichen ist, also eine weitere ›Medien‹-Metapher für das immer noch fortbestehende Problem der, mit Goethe, »Dualität der Erscheinung […] als Auseinandergehen der Einheit«, dessen »Getrennte[s] […] sich wieder [sucht] und […] vereinig[t]«,[1804] liegt auf der Hand. Eines der schlagendsten Bilder für diese Einsicht findet sich im Schlusstableau von Georg Friedrich Wilhelm Hegels *Phänomenologie des Geistes*, in dem sich Hegel ausgerechnet eines Schiller-Zitats bedient. Und dieses Zitat ist nicht nur dem »All«-»Sympathie«-[1805] und Verbrüderungsgedicht *Die Freundschaft* Friedrich von Schillers entnommen, sondern präsentiert zudem ausgerechnet wie als Emblem des hier in Rede stehenden Problems einen Kelch: ganz so, als wollte Hegel auf diese Weise seinen Leserinnen und Lesern nicht nur zwei Verse Schillers, sondern auch noch Aristoteles' topisch-outopisches *angeîon* – ›Gefaß‹ – vor Augen halten.

Zunächst: Hegels *Phänomenologie des Geistes* ist ein extrem schwieriger Text. Für ihn gilt *a fortiori*, was Dieter Henrich einmal gesagt hat: »Auch heute noch fällt es schwer zu sagen, was eigentlich vorgeht in Hegels Denken […]. An seiner Bedeutung zweifelt niemand. Seine Diagnose steht aus.«[1806] Hier soll es nur um den erwähnten Schiller-Bezug gehen, das heißt eine einzige von

1803 Novalis, Das allgemeine Brouillon (Materialien zur Enzyklopädistik) 1798/99, Nr. 857, S. 675.

1804 Goethe, Physikalische Vorträge. Schematisiert <1805–1806>, S. 835.

1805 Friedrich Schiller: Die Freundschaft, in: ders.: Gedichte. Dramen 1, hg. von Albert Meier, München, Wien 2004, S. 91–93, S. 92.

1806 Dieter Henrich: Hegel im Kontext, Frankfurt a. M. ⁴1988, S. 7.

vielen metaphorologischen Trajektorien des Textes, die in Hegels Schiller-Zitat kulminieren.

Hegel scheint, so meine These, mit den beiden Schiller-Versen jenes die gesamte *Phänomenologie* beherrschende Problem in emblematischer Weise *lösen* beziehungsweise, insofern es sich eben um ein Zitat handelt, ›*lösen*‹ zu wollen, das bei ihm nicht wie bei Goethe »Dualität der Erscheinung [...] als Auseinandergehen der Einheit« heißt, sondern »Entzweiung«.

In der *Differenzschrift* schreibt Hegel schon 1801, und anscheinend versteht Hegel dabei unter »*Entzweiung*« nichts anderes als das, was Novalis »Heimweh« nennt:

> *Entzweiung* ist der Quell *des Bedürfnisses der Philosophie* [...]. Die Gegensätze, die [...] unter der Form von Geist und Materie, Seele und Leib [...] usw. [...] bedeutend waren [...], sind [...] in die Form der Gegensätze [...] von absoluter Subjektivität und absoluter Objektivität übergegangen.
>
> Solche festgewordene Gegensätze aufzuheben, ist das einzige Interesse der [...] Philosophie.[1807]

Hier sind sie wieder, die Dichotomien oder »Gegensätze« von »Geist und Materie, Seele und Leib«, um die es in der vorliegenden Studie geht. Ihre »Aufhebung« soll nun die »Entzweiung« heilen, von der Hegel hier spricht, und zwar eine »Aufhebung«, die in ihrer deutschen Mehrdeutigkeit die Bedeutungen der lateinischen Begriffe *negare, conservare* und *elevare* in sich vereint und häufig – allerdings nicht von Hegel selbst – als Dialektik beschrieben worden ist, bei der zwei Gegensätze – These und Antithese – in einer Synthese aufgehoben werden.

Auf genau solch eine »Aufhebung« zielt das philosophische Programm der *Phänomenologie des Geistes* – allerdings nicht auf eine beliebige »Aufhebung«, der noch andere folgen, sondern auf die letzte, endgültige, *jegliche* »Entzweiung« für immer beendende »Aufhebung«, jene »Wiederherstellung der Totalität«[1808], unter der Hegel auch das Zusammenfallen der genannten heuristisch getrennten Kategorien versteht. Das liest sich im Schlusskapitel der *Phänomenologie* mit dem Titel »Das absolute Wissen« für die Kategorien »Gegenstand« und »Begriff« sowie »Substanz« – cartesianisch: *res extensa* – und »Subjekt« – cartesianisch: *res cogitans* – so:

1807 Georg Wilhelm Friedrich Hegel: Differenz des Fichteschen und Schellingschen Systems der Philosophie, in: ders.: GW 2 (Jenaer Schriften. 1801–1807), S. 7–138, S. 20–22. – Von diesem Zitat bis einschließlich Zitat 1814 modifiziert zitiert nach Börnchen, Pyramiden im pazifischen Zwielicht. Hegels *Phänomenologie des Geistes* und das »Ende der Begriffsgeschichte«, S. 95f.

1808 Ebd., S. 24.

> [D]as Erkennen ist [...] die Verwandlung [...] der Substanz in das Subjekt, [...] d.h. in ebensosehr aufgehobnen Gegenstand, oder in den Begriff. [...] [D]ie Substanz hat, als Subjekt, die erst innere Notwendigkeit an ihr, sich an ihr selbst als das darzustellen, was sie an sich ist, als Geist.[1809]

Dieser Zustand aber, in dem alle Gegensätze aufgehoben sind, ist Hegel zufolge derjenige, in dem die Philosophie ihren »höchsten Endzweck«[1810] erreicht und der »Weltgeist sich vollendet«[1811] – und dieser Zustand ist für Hegel der einer, um es noch einmal mit Jochen Hörischs an Jacques Derrida anschließendem Begriff zu sagen, *ontosemiologischen* »Versöhnung«, also einer Einswerdung von *Sein* und *Sinn* beziehungsweise, mit Hegel, »Wirklichkeit« und »Vernunft«.

Hegel schreibt in der *Enzyklopädie*, die »*Vorrede* zu [s]einer *Philosophie des Rechts*« zitierend:

> [Der] Endzweck der [...] [Philosophie ist] die Versöhnung der selbstbewußten Vernunft mit der *seienden* Vernunft, mit der Wirklichkeit [...][, denn]:
> Was vernünftig ist, das ist wirklich,
> und was wirklich ist, das ist vernünftig.[1812]

In diesem berühmten Satz Hegels liegt der Kern seines ›Wahrheits‹begriffs: »Wahrheit« ist für Hegel die Aufhebung aller Gegensätze: jener Zustand, den schon der ganz zu Beginn dieser Arbeit zitierte Kajetan von Weiller – nach Veröffentlichung von Hegels *Differenz*-Schrift, aber noch vor Veröffentlichung der *Phänomenologie* – als das »›Alles ist Eins‹ [...] der neuen« philosophischen »Lehre«[1813] bezeichnet hatte.

Dazu passt ein weiterer vielzitierter Satz Hegels, der in der »Vorrede« zur *Phänomenologie* steht:

> Es kömmt nach meiner Einsicht [...] alles darauf an, das Wahre nicht als Substanz, sondern eben so sehr als Subjekt aufzufassen und auszudrücken. [...]
> Das Wahre ist das Ganze.[1814]

1809 Hegel, Phänomenologie des Geistes, S. 525.

1810 Hegel, Enzyklopädie der philosophischen Wissenschaften im Grundrisse 1830. Erster Teil. Die Wissenschaft der Logik, S. 47.

1811 Hegel, Phänomenologie des Geistes, S. 525.

1812 Hegel, Enzyklopädie der philosophischen Wissenschaften im Grundrisse 1830. Erster Teil. Die Wissenschaft der Logik, S. 47.

1813 von Weiller, Der Geist der allerneuesten Philosophie der Herren Schelling, Hegel, und Kompagnie, S. 118f.

1814 Hegel, Phänomenologie des Geistes, S. 13f. und 15.

Daraus ergibt sich allerdings ein Darstellungsproblem. Hegel beschreibt nämlich die gesamte *Phänomenologie* hindurch, einen nach dem anderen, jene rekursiven Prozesse, die er »Aufhebung« nennt. Ihrer Logik nach führen sie zu immer neuen »Gestalten«, die wieder aufgehoben werden müssen. Einmal aber muß Schluss damit sein – zumindest dann, wenn Hegel als Autor den Ehrgeiz hat, auch die letzte und totale Aufhebung zu beschreiben, nach der nichts mehr kommt und nichts mehr kommen kann, weil sie das Ende der Weltgeschichte bedeutet. Dieses Ende aber lässt sich, logisch gesehen, nicht beschreiben. Es lässt sich genauso wenig beschreiben, wie etwa eine Autobiografie vom Tod ihres Erzählers oder ihrer Erzählerin berichten kann, und daher muss schon der Versuch seiner Beschreibung scheitern. Damit aber scheitert auch das philosophische »Versöhnung[s]«-Programm der *Phänomenologie*, und davon zeugt die narrative Gewalt, mit der Hegel sie zu einem Ende bringt, indem er den »absoluten Geist[]« auf eine »Schädelstätte« setzt.

Die letzten Sätze der *Phänomenologie des Geistes* sind diese:

> [D]as absolute Wissen [...] hat zu seinem Wege die Erinnerung der Geister [...]. Ihre Aufbewahrung nach der Seite ihres freien, in der Form der Zufälligkeit erscheinenden Daseins ist die Geschichte, nach der Seite ihrer begriffenen Organisation aber die Wissenschaft des erscheinenden Wissens; beide zusammen, die begriffne Geschichte, bilden die Erinnerung und die Schädelstätte des absoluten Geistes, die Wirklichkeit, Wahrheit und Gewißheit seines Throns, ohne den er das leblose Einsame wäre; nur –
> aus dem Kelche dieses Geisterreiches
> schäumt ihm seine Unendlichkeit.[1815]

»[B]egriffne Geschichte« als »absolute[s] Wissen« vereint, so Hegel, die »Wirklichkeit« der »körperlichen«[1816] Welt mit ihrer »geistigen«[1817] »Wahrheit«, die hier wiederum ausdrücklich an die »Gewißheit« eines »erscheinenden Wissens« gekoppelt ist, das Hegel zufolge »die Wissenschaft« ausmacht. Von einer Skepsis gegenüber einem ›Wissen‹, zumal einem als »Aufeinanderfolge von Geistern«[1818] quasi-phantasmagorisch beschriebenen ›Wissen‹, wie Schiller sie im *Geisterseher* entwickelt, scheint sich hier keine Spur zu finden.

1815 Ebd., S. 530f.
1816 Ebd., S. 218.
1817 Ebd., S. 219.
1818 Ebd., S. 530.

… und im herbeizitierten Kelche schäumt der *topos outopos* des Mediums

Tatsächlich ähnelt der Schluss der *Phänomenologie* vielmehr auf den ersten Blick der Flüssigkeitsapotheose am Ende von Schillers *Schaubühnen*-Vorlesung. So schreibt Hegel in der »Vorrede« zur *Phänomenologie*, die *nach* ihrem gerade zitierten Schluss entstanden ist und diesen insofern fortschreibt:

> Das Analysieren einer Vorstellung, wie es sonst getrieben worden, war schon nichts anderes als das Aufheben der Form ihres Bekanntseins. Eine Vorstellung in ihre ursprünglichen Elemente auseinanderlegen, ist das Zurückgehen zu ihren Momenten […]. Die Tätigkeit des Scheidens ist die Kraft und Arbeit des Verstandes,[1819]

und diese Tätigkeit ist für Hegel, so deutet es sich schon im gesperrt gesetzten »Analysieren« an, ausdrücklich eine ›Verflüssigung‹. Denn obwohl es »weit schwerer« sein soll, »die festen Gedanken in Flüssigkeit zu bringen als das sinnliche Dasein«, dekretiert Hegel am Ende doch: »Die Gedanken werden flüssig«[1820].

So *sagt* es Hegel ausdrücklich etwa auf der Hälfte seiner »Vorrede«, und so hat er es am Ende der *Phänomenologie* schon in den beiden zitierten Schiller-Versen *gezeigt*. Sie stammen aus Schillers 1781 entstandenem Gedicht *Die Freundschaft*. In diesem Gedicht geht es um »Freundschaft« in mindestens zweierlei Sinne. Zum einen wörtlich: »Glücklich! glücklich! *Dich* hab ich gefunden, / Hab aus Millionen *dich* umwunden, / Und aus Millionen *mein* bist *du* «[1821] das ist eine Freundschaft und ein Millionen-Umschlingen, wie Schiller sie ja auch in der Ode *An die Freude* besingt. Zum anderen aber geht es schon in der *Freundschaft* metaphorisch um jene »[V]erbrüder[ung]« »durch *eine* allwebende Sympathie«, von der Schiller später in der *Schaubühnen*-Vorlesung spricht,[1822] und dabei stellt das Gedicht nicht nur ausdrücklich die Verbindung von »All« und »Sympathie«[1823] her, sondern stellt sie zudem noch in den Kontext des *commercium*. Denn es sind, wie es in der ersten Strophe des Gedichtes heißt, »Geisterreich und Körperweltgewühle«, die – darin Descartes' Zirbeldrüse vergleichbar – »*eines* Rades Schwung zum Ziele« wälzen soll: ein »Schwung« also, der offenbar über jene »einesteils geistig[e],

1819 Ebd., S. 25.
1820 Ebd., S. 27.
1821 Schiller, Die Freundschaft, S. 92.
1822 Vgl. Zitat 1802.
1823 Schiller, Die Freundschaft, S. 92.

andernteils materiell[e]« »Kraft«, das heißt »Mittelkraft«, verfügt, die Schillers Dissertation *Philosophie der Physiologie* zufolge »zwischen den Geist und die Materie tritt und beede verbindet«. Anders gesagt: Die »Mittelkraft« heißt jetzt in der *Freundschaft* »All«-»Sympathie«, und dazu passen auch die Verweise auf »Weltenraum[]« und »Himmel«,[1824] artikuliert sich doch in ihnen jene »›skyey‹ quality«[1825] des ›Mediums‹, die ihm – so Leo Spitzer – seit jeher eignet.

Schillers Gedicht beginnt so:

> Die Freundschaft [...]
> Freund! genügsam ist der Wesenlenker –
> Schämen sich kleinmeisterische Denker,
> Die so ängstlich nach Gesetzen spähn –
> Geisterreich und Körperweltgewühle
> Wälzet *eines* Rades Schwung zum Ziele,
> *Hier* sah es mein Newton gehn.[1826]

Isaac Newton ist der »Entdecker des Gravitationsgesetzes«,[1827] denen jetzt die immer noch mit dem antiken Ausdruck so genannten *»Sphären«* unterworfen sind, wenn sie »Um das Herz des großen Weltenraumes / Labyrinthenbahnen ziehn –«[1828]. Auch das antike Prinzip der Sympathie von Mikro- und Makrokosmos gilt hier noch, ergibt sich doch aus ihm die »All«-»Sympathie«:

> Stünd im All der Schöpfung ich alleine, [...]
> Meine Klagen stöhnt' ich in die Lüfte,
> Freute mich, antworteten die Klüfte,
> Tor genug! der süßen Sympathie.[1829]

Schließlich, und hier liegt ein Anknüpfungspunkt für Hegel, imaginiert das Gedicht einen dem Gedanken der *Great Chain of Being* verpflichteten Aufstieg von »[t]ote[n]« hin zu göttlich-belebten Gestalten:

> Tote Gruppen sind wir – wenn wir hassen,
> Götter – wenn wir liebend uns umfassen!
> Lechzen nach dem süßen Fesselzwang –
> Aufwärts durch die tausendfache Stufen
> Zahlenloser Geister, die nicht schufen,

1824 Ebd., S. 91 und 92.
1825 Spitzer, Milieu and Ambiance: An Essay in Historical Semantics, S. 14.
1826 Schiller, Die Freundschaft, S. 91.
1827 Ebd., Kommentar S. 877.
1828 Schiller, Die Freundschaft, S. 91.
1829 Ebd., S. 92.

Waltet göttlich dieser Drang.
Arm in Arme, höher stets und höher,
Vom Mongolen bis zum griechschen Seher,
Der sich an den letzten Seraph reiht,
Wallen wir, einmütgen Ringeltanzes,
Bis sich dort im Meer des ewgen Glanzes
Sterbend untertauchen Maß und Zeit. –[1830]

Nicht nur sind also am Ende die »Geister« oder, wie es dann bei Hegel in der *Phänomenologie* heißt, die »Gestalten« »unter[ge]tauch[t]« in einem »Meer des ewgen Glanzes«, das in seiner fluidalen, *periéchon*haften Art einmal mehr an Franz Anton Mesmers Formulierung vom »Mensch[en]« erinnert, der »in den Ozean der Allflut« »[e]ingetaucht« ist, »welche den Raum erfüllt«.[1831] Nein, in diesem *ápeiron*haften »Meer« »[]tauchen« selbst »Maß und Zeit« »unter[]«: ganz so, wie sich Goethes *Eins und Alles* zufolge »[i]m Grenzenlosen« »lästige[s] Fordern« und »strenge[s] Sollen« »lös[en]« und »verschwinden« – und das wiederum ganz so, als ginge am Ende doch noch die in Schillers Gedicht *Der Tanz* beschworene »[z]ügel[nde]« und »zähm[ende]« »Nemesis«[1832] unter.

Damit aber ist das Gedicht noch nicht beendet. Es folgt noch eine Strophe, deren letzten beiden Verse wiederum Hegel unter Abwandlung zitiert und damit zu den Schlussversen seiner *Phänomenologie* macht.

Die letzte Strophe der *Freundschaft* lautet:

Freundlos war der große Weltenmeister,
Fühlte *Mangel* – darum schuf er Geister,
Selge Spiegel *seiner* Seligkeit! –
Fand das höchste Wesen schon kein Gleiches,
Aus dem Kelch des ganzen Seelenreiches
Schäumt *ihm* – die Unendlichkeit.[1833]

Selbst geschaffene Geister, in denen sich ihr Meister spiegelt: das ist diejenige Metaphorik, die Schiller später mit Schaubühne und Phantasmagorie verbindet. Die fluidale Auflösungsmetaphorik, auf die er dabei in beiden Fällen zurückgreift, findet sich hier ebenfalls schon. Auch darin, und nicht allein in der von der letzten Strophe der *Freundschaft* beschriebenen »Aufwärts«-Bewegung »durch die tausendfache[n] Stufen / Zahlenloser Geister« oder

1830 Ebd., S. 92f.
1831 Mesmer, Mesmerismus. Oder System der Wechselwirkungen, S. 4.
1832 Vgl. Anm. 1254.
1833 Schiller, Die Freundschaft, S. 93.

Gestalten bis hin zum »Götter«-Reigen beziehungsweise -»Ringeltanz«, mag ein Anknüpfungspunkt für Hegel in Hinblick auf das Ende seiner *Phänomenologie* gelegen haben.

Geht es nämlich, wie ich in diesem Kapitel argumentiert habe, bei Schiller sowohl in der *Schaubühnen*-Vorlesung als auch im *Geisterseher* – auch – um die Frage, wie etwas medial als ›Wissen‹ »in Erscheinung tritt« (Goethe), und löst sozusagen Schiller diese ›Medien‹-Frage in beiden Fällen qua ›Verflüssigung‹ – also, genau genommen, indem er die eine Metapher (›Medium‹) durch eine andere (›[I]n-eins-[Z]usammenfließen von allem‹) ersetzt –, dann mag Hegel schon mit Blick auf das Ende von Schillers *Freundschaft* in dieser Lösung die bloß metaphorische ›Lösung‹ gesehen haben: und eben diese Einsicht erstens als durch Vers-Einrückung markiertes *Zitat*, zweitens aber unter Rückgriff auf ein für das Problem *emblematisches Bild*, nämlich den Kelch, demonstrativ ausgestellt haben.

Hegel zitiert also Schiller, ihn dabei modifizierend. Heißt es bei Schiller mit Bezug auf den »große[n] Weltenmeister«:

> Aus dem Kelch des ganzen Seelenreiches
> Schäumt *ihm* – die Unendlichkeit[,]

schreibt Hegel mit Bezug auf den »absoluten Geist[]«:

> aus dem Kelche dieses Geisterreiches
> schäumt ihm seine Unendlichkeit.[1834]

Hegel ersetzt das Wort »Seelenreich[]« durch »Geisterreich[]« und rückt dadurch, wie auch durch die zweifache Ersetzung des bestimmten Artikels durch ein Possessivpronomen, das in diesen beiden Versen Beschriebene näher an den »absoluten Geist[]« heran, um den es hier geht. In diesen soll die »Wissenschaft des erscheinenden Wissens« eingegangen sein: also, anders gesagt, die systematische Reflexion jener Medien-Frage, um die sich auch Schillers *Schaubühnen*-Vorlesung und sein *Geisterseher* drehen und die schon in seinem Gedicht *Die Freundschaft*, und das wiederum im Rückgriff auf die *Philosophie der Physiologie* und ihr *commercium*-Problem, angelegt ist.

In allen diesen Texten Schillers, ganz so wie bei Mesmer, Goethe, Novalis und Hoffmann, führt diese Reflexion metaphorologisch immer wieder zurück in die Fluidalität. Und auch am Ende von Hegels *Phänomenologie* verhält es sich so. Denn ihre, mit Hegels berühmter Formulierung, »Anstrengung des

1834 Hegel, Phänomenologie des Geistes, S. 531.

Begriffs«[1835] geht als ein »Analysieren« eben *nicht* nur der »Tätigkeit des Scheidens«[1836] von Begriffen in Dichotomien oder »Dualität[en]« (Goethe) nach, sondern führt vielmehr, Hegels eigener Aussage zufolge, am Ende dazu, dass »[d]ie Gedanken [...] flüssig [werden]«[1837].

Darin also gleicht das Ende der *Phänomenologie* der ›Auflösungs‹-Phantasie am Ende von Schillers *Schaubühnen*-Vorlesung, den immer wieder ins Fluidale geratenden Ausführungen des Prinzen im *Geisterseher* – Stichworte sind zum Beispiel die ›Herzensergießungen‹ und die ›ausgegossene Lichtmaterie‹ –, den im Roman erzählten – »hingegossen[en]« –[1838] Phantasmagorien sowie dem Gedicht *Die Freundschaft* mit seinem »Meer«, in dem »[s]chäum[end]« alles »untertauch[t]«[1839].

Im Unterschied jedoch zu diesen Texten Schillers *verwendet* Hegel am Schluss der *Phänomenologie* nicht nur Fluidalmetaphern, sondern *zeigt* sie auch *als solche*, also *als Metaphern*. Denn obgleich er keine Quelle nennt, sind doch die beiden letzten Zeilen der *Phänomenologie* durch Einrückung und Umbruch als Verse eines Gedichts, und das heißt hier auch: als literarisches Zitat zu erkennen.

Man muss sich klarmachen, was das bedeutet. Am Schluss, gerade wenn man sich im »Ziel« der langen und anstrengenden, von der *Phänomenologie* als »Aufeinanderfolge von Geistern« und quasi-phantasmagorischen »Gestalt[en]« vorgeführten »Bildung«[1840] »des absoluten Wissens«[1841] glaubt, ja: im Moment seiner »Offenbarung«[1842] auf der »Schädelstätte des absoluten Geistes«[1843] bricht die *Phänomenologie* buchstäblich mitten im Satz ihre eigene »Anstrengung des Begriffs«[1844] ab, um dann nach der Atempause eines Gedankenstrichs den Satz mit einem literarischen Zitat zu beenden. Berücksichtigt man nun die Entwicklung von Schillers *Freundschaft* auf ein fluidales Finale hin und die Stellung des *Freundschafts*zitates in Hegels Text, dann hat Schillers Doppelvers in der *Phänomenologie* offenbar buchstäblich das letzte Wort zu jenem Problem der ›analytischen‹ »Gedanken«ver»flüssig«ung, das Hegel in der Vorrede thematisiert – und zwar einer Vorrede, die so kurz nach

1835 Ebd., S. 43.
1836 Vgl. Zitat 1819.
1837 Hegel, Phänomenologie des Geistes, S. 27.
1838 Schiller, Der Geisterseher, S. 132. Vgl. Zitat 1735.
1839 Schiller, Die Freundschaft, S. 93.
1840 Hegel, Phänomenologie des Geistes, S. 530.
1841 Ebd., S. 68.
1842 Ebd., S. 530.
1843 Ebd., S. 531.
1844 Ebd., S. 43.

dem Schlusskapitel der *Phänomenologie* entstand, dass man in der Wendung von den »Gedanken«, die »flüssig« »werden«[1845], einen proleptischen Verweis auf das Schiller-Zitat und seinen fluidalen Kontext am Ende des Textes sehen kann, wenn nicht muss.

Handelt es sich aber um einen solchen Verweis, dann liegt darin auch ein metaphorologischer Fingerzeig. Denn spätestens bei der Relektüre der *Phänomenologie* ist ja von Anfang an klar, dass alle methodischen Ausführungen zu ihrer Begrifflichkeit samt der an die Leserinnen und Leser ergehenden Aufforderung zur »Anstrengung des Begriffs«[1846] nichts sind als ein Pfeifen im philosophischen Walde, von dessen rechtem begrifflichem Wege Hegel im letzten Satz doch noch abkommen wird, um im Zitat »Blumen des Ausdrucks«[1847] – so bezeichnet ja Hegel die Metapher – eines Dichters zu pflücken, der selbst die philosophische Bude geschlossen hatte.

Greift Hegel gerade in dem Moment, in dem sich der »absolute Geist« vollenden soll, zu jener ›Auflösungs‹-Metapher, in der auch das ›Medien‹-Problem beziehungsweise, in der Diktion der *Phänomenologie*, »die Wissenschaft des erscheinenden Wissens« immer wieder von Neuem einer Schein-›Lösung‹ zugeführt wird, dann fragt sich nun vielleicht doch noch einmal, ob es sich hier nicht, mit Hans Blumenberg, um eine »absolute Metapher« handeln könnte – ganz so, als gälte die Maxime: wenn schon absoluter Geist, dann auch absolute Metapher.

Tatsächlich jedoch ist es so, dass die von Hegel herangezogene Metapher als Schiller-Zitat gerade *nicht* ›absolut‹ ist. Im Gegenteil: sie ist ja gerade tief verwurzelt in jener metaphorologischen Tradition, um die es der vorliegenden Studie geht. Insofern handelt es sich nicht um eine absolute, wohl aber um eine ›radikale‹ Metapher.

Denn nicht nur führt Hegels *Phänomenologie*, darin nach Blumenbergs Descartes-Verständnis radikal anti-cartesianisch, 500 Seiten »Anstrengung«, ja Zumutung des Begriffs am Ende doch wieder in die Metapher. Zudem handelt es sich bei der Metapher des »Kelche[s]«, in dem die »Unendlichkeit« »schäumt«, um ein, wenn nicht sogar um *das* Emblem des ›Mediums‹: kehrt doch in diesem ›Kelch‹ jenes »Gefäß [angeîon] « als »Ort, der fortbewegt werden kann [tópos metaphorētós]«, also als im Zitat fortbewegbarer, übertragbarer Topos, das heißt als Metapher jenes alles – *hýlē* und *eîdós*, »Körperwelt« und »Geisterreich« – »*unmittelbar Umfassende*[*n*]« wieder, als welches schon Aristoteles in seiner *Physik* – zumindest in der hier herangezogenen

1845 Ebd., S. 27.

1846 Ebd., S. 43.

1847 Hegel, Vorlesungen über die Ästhetik I, S. 523.

deutschen Übersetzung – das *periéchon* bestimmt hatte. So tief wurzelt Hegels emblematisches Schiller-Zitat am Ende der *Phänomenologie* in der metaphorologischen Tradition – und insofern ist es, wie gesagt, ›radikal‹.

So gesehen ist, was am Schluss der *Phänomenologie* im von Schiller herbeizitierten Kelch »schäumt«, das *periéchon* als *topos outopos* des Mediums. Bemüht sich Hegel die gesamte *Phänomenologie* hindurch, philosophische Begriffe zu ›verflüssigen‹, verstummt sein philosophischer Diskurs am Ende plötzlich mitten im Satz, um den Kelch als literarischen Topos, zitiertes Emblem, Metapher der Verflüssigung selbst samt allen aporetischen, topisch-outopischen, nicht aufzu›lösenden‹, sondern unendlich in diesem Gefäße fortschäumenden Widersprüchen hochzuhalten.

Hegel demonstriert mit dem Schiller-Schluss seiner *Phänomenologie*, dass eine analytische Verflüssigung philosophischer Begriffe auch keine Lösung für die Frage nach dem Medium ist, sondern nur eine weitere metaphorische ›Lösung‹ für die Metapher ›Medium‹. Nimmt Schiller also die in der Schaubühnen-Apotheose, in der alles zusammenfließt, kulminierende Medien- wie Metaphern-Emphase seiner *Schaubühnen*-Vorlesung schon im *Geisterseher* in die Kritik an der ›Verblendung‹ medial erzeugten ›Wissens‹ zurück, so wird diese Medien-Kritik Schillers in Hegels *Phänomenologie* zur Metaphern-Kritik, und das heißt: zur Medien-Metaphorologie *avant la lettre*.

Die Medien-Analyse mag ihre Begriffe verflüssigen, bis sie schäumen. Am Ende jedoch kann sie genauso wenig aus ihren Metaphern heraustreten wie eine phantasmagorische »Gestalt [...] aus dem Rauche.«

KAPITEL 10

Hinaus auf den Balkon, hinauf auf den Baum, hinein ins Ganze. Eichendorffs *Ahnung und Gegenwart*

Nachts haben sie immer ihre schönsten. Eichendorffs Helden

»Die Sonne war eben prächtig aufgegangen«, so beginnt das erste Kapitel von Eichendorffs *Ahnung und Gegenwart*, »da fuhr ein Schiff zwischen den grünen Bergen und Wäldern auf der Donau herunter.« Auf dem Schiff befindet sich »ein lustiges Häufchen Studenten«, die »den jungen Grafen Friedrich« begleiten, der »eben die Universität verlassen« hat. Die Stimmung ist übermütig, und gerade fahren »die Studenten in ihren bunten, phantastischen Trachten wie das Schiff der Argonauten« dahin, da schließt der erste Absatz mit einem Erzählerkommentar:

> Und so fahre denn, frische Jugend! Glaube es nicht, daß es einmal anders wird auf Erden. Unsere freudigen Gedanken werden niemals alt und die Jugend ist ewig.[1848]

1848 Joseph von Eichendorff: Ahnung und Gegenwart. Ein Roman, in: ders.: Ahnung und Gegenwart. Sämtliche Erzählungen I, hg. von Wolfgang Frühwald und Brigitte Schillbach, Frankfurt a. M. 2007 (1985), S. 53–382, S. 57. – Zu Eichendorff: Paul Stöcklein (Hg.): Eichendorff heute. Stimmen der Forschung mit einer Bibliographie, Darmstadt ^{2}1966, darin zur Landschaft bei Eichendorff: Richard Alewyn: Ein Wort über Eichendorff (S. 7–18); ders.: Eine Landschaft Eichendorffs (S. 19–43); Oskar Seidlin: Eichendorffs symbolische Landschaft (S. 218–241). Daniel Müller-Niebala (Hg.): »du kritische Seele«. Eichendorff: Epistemologien des Dichtens, Würzburg 2009, darin insbesondere: Jochen Hörisch: »Was will dieses Grau'n bedeuten?« bzw. »Ich weiß nicht, was soll es bedeuten?«. Eichendorffs und Heines poetische Reflexionen über Bedeutsamkeit (S. 147–171). Zu *Ahnung und Gegenwart*: Egon Schwarz: Joseph von Eichendorff: *Ahnung und Gegenwart* (1815), in: Paul Michael Lützeler (Hg.): Romane und Erzählungen der deutschen Romantik. Neue Interpretationen, Stuttgart 1981, S. 302–324. Zu Eichendorffs Frauengestalten: Waltraud Wiethölter: Die Schule der Venus. Ein diskursanalytischer Versuch zu Eichendorffs *Marmorbild*, in: Michael Kessler, Helmut Koopmann (Hg.): Eichendorffs Modernität, Tübingen 1989, S. 171–201. Theoretisch grundlegend zu Eichendorff Theodor W. Adorno: Zum Gedächtnis Eichendorffs. Coda: Schumann, in: ders.: Gesammelte Schriften, hg. von Rolf Tiedemann, Bd. 11: Noten zur Literatur, Frankfurt a. M. ^{3}1990, S. 69–94. Zum Eichendorff-Schumann-Komplex: Reinhold Brinkmann. Schumann und Eichendorff. Studien zum Liederkreis Opus 39, München 1997 (= Musik-Konzepte 95); Slavoj Zizek (sic): Das Trauma der verfehlten Melodie bei Robert Schumann, in: Elisabeth Bronfen,

 DOI:10.30965/9783846763698_011

Diese Aussage ist nicht glaubwürdig. Der Roman selbst widerlegt sie. Am Ende sind einige seiner anfangs so jugendlichen und fröhlichen Helden tot, gar gestorben von eigener Hand – mit dem »Gewehr […] grade ins Herz geschossen.«[1849]

Tatsächlich lässt schon der zweite Abschnitt am Gesagten zweifeln:[1850]

> Wer von Regensburg her auf der Donau hinabgefahren ist, der kennt die herrliche Stelle, welche der Wirbel genannt wird. Hohe Bergschluften umgeben den wunderbaren Ort. In der Mitte des Stromes steht ein seltsam geformter Fels, von dem ein hohes Kreuz Trost- und Friedenreich in den Sturz und Streit der empörten Wogen hinabschaut. Kein Mensch ist hier zu sehen, kein Vogel singt, nur der Wald von den Bergen und der furchtbare Kreis, der alles Leben in seinen unergründlichen Schlund hinabzieht, rauschen hier seit Jahrhunderten gleichförmig fort. Der Mund des Wirbels öffnet sich von Zeit zu Zeit dunkelblickend, wie das Auge des Todes. Der Mensch fühlt sich auf einmal verlassen in der Gewalt des feindseligen, unbekannten Elements, und das Kreuz auf dem Felsen tritt hier in seiner heiligsten und größten Bedeutung hervor. Alle wurden bei diesem Anblicke still und atmeten tief über dem Wellenrauschen.[1851]

Im Donaudurchbruch muss man sich also vorsehen, will man hier als Argonaut nicht der Donau-Charybdis zum Opfer fallen – einem romantisch »up to date«[1852] gebrachten Ungeheuer, in dessen »furchtbare[m] Kreis« »kein Vogel singt«, sodass hier ganz wie in *Wandrers Nachtlied* »Über allen Gipfeln« wie »Wipfeln […] Ruh« herrscht.[1853] Ja, »Die Vögelein schweigen im Walde«, und das »Auge des Todes« wird kenntlich wie in Goethes Gedicht der Gedanke des »Warte nur, balde / Ruhest du auch.«

Birgit R. Erdle, Sigrid Weigel (Hg.): Trauma. Zwischen Psychoanalyse und kulturellem Deutungsmuster, Köln, Weimar, Wien 1999, S. 119–147.

1849 So die Gräfin Romana, Eichendorff, Ahnung und Gegenwart, S. 295.

1850 »Allegorisch exponiert die erste Landschaft das ganze Inventar des Romans […]. Das *Auge* des Todes im *Mund* des Flußwirbels im B*lick* der Frau? Solche Deckbilder ließen wohl bei Bataille sich finden – und in der Tat: weit ist Eichendorffs von der Landschaft der Surrealisten nicht entfernt.« Raimar Stefan Zons: »Schweifen«. Eichendorffs »Ahnung und Gegenwart«, in: Hans-Georg Pott (Hg.): Eichendorff und die Spätromantik, Paderborn u. a. 1985, S. 39–68, S. 42.

1851 Eichendorff, Ahnung und Gegenwart, S. 58.

1852 Vgl. den Ausdruck des Hofrat Behrens in Thomas Manns *Zauberberg*: »Die deutsche Seele up to date«, in: Thomas Mann: Der Zauberberg. Roman, in: ders.: Gesammelte Werke in 13 Bänden, Frankfurt a. M. ^{2}1974, Bd. 3, S. 885. – Ein »Zauberberg«, in den »die Jugend […] hinein verlockt« wird, findet sich in Eichendorffs *Marmorbild*. Joseph von Eichendorff: Das Marmorbild. Eine Novelle, in: ders.: Ahnung und Gegenwart. Sämtliche Erzählungen, hg. von Wolfgang Frühwald und Brigitte Schillbach, Frankfurt a. M. 2007, S. 383–428, S. 386.

1853 Goethe, Wandrers Nachtlied, S. 53.

Gerade hat sich in ein paar Zeilen jäh die Stimmung von angeblich ewig freudiger Jugend zu romantischer Todesnähe gewandelt, da kommt schon die nächste Wendung:

> Hier bog plötzlich ein anderes fremdes Schiff, das sie lange in weiter Entfernung verfolgt hatte, hinter ihnen um die Felsenecke. Eine hohe, junge, weibliche Gestalt stand ganz vorn auf dem Verdecke und sah unverwandt in den Wirbel hinab. Die Studenten waren von der plötzlichen Erscheinung in dieser dunkelgrünen Öde überrascht und brachen einmütig in ein freudiges Hurra aus, daß es weit an den Bergen hinunterschallte. Da sah das Mädchen auf einmal auf, und ihre Augen begegneten Friedrichs Blicken. Er fuhr innerlichst zusammen. Denn es war, als deckten ihre Blicke plötzlich eine neue Welt von blühender Wunderpracht, uralten Erinnerungen und niegekannten Wünschen in seinem Herzen auf. Er stand lange in ihrem Anblick versunken, und bemerkte kaum, wie indes der Strom nun wieder ruhiger geworden war und zu beiden Seiten schöne Schlösser, Dörfer und Wiesen vorüberflogen, aus denen der Wind das Geläute weidender Herden herüberwehte.[1854]

Die neue Welt, die sich hier Friedrich entdeckt, ist die des Triebes: eines »dunkle[n], wilde[n], halbunwillkürliche[n] Trieb[es]«, wie er später im Roman ausdrücklich benannt wird[1855] und zu allerlei erotischen Erlebnissen führt.

Das erste ergibt sich schon am Abend. Da trifft Friedrich die »schöne Unbekannte«[1856] wieder. Die Studenten haben sich in einem »Wirtshaus [...] ausgebreitet«, und »die wilden Gäste« haben sich derart »halbentkleidet« und mit »blanke[n] Schwerter[n]« auf den »Betten« »gelagert« – auch sie haben schon den Trieb entdeckt –, dass »die Aufwärterin« nur »mit heimlicher Furcht« eintritt. Da sondert sich Friedrich von der Gruppe ab:

> Es wurde bald Wein angeschafft, man setzte sich in die Runde, sang und trank des Grafen Gesundheit. Friedrich'n war heute dabei sonderbar zumute. Er war seit mehreren Jahren diese Lebensweise gewohnt, und das Herz war ihm jedesmal aufgegangen, wie diese freie Jugend ihm so keck und mutig in's Gesicht sah. Nun, da er von dem allem auf immer Abschied nehmen sollte

und da »die Jugend« dem eingangs zitierten Kommentar des anscheinend unzuverlässigen Erzählers zum Trotze durchaus nicht »ewig« ist,

> war ihm wie einem, der von einem lustigen Maskenballe auf die Gasse hinaustritt, wo sich alles nüchtern fortbewegt wie vorher. Er schlich sich unbemerkt

1854 Eichendorff, Ahnung und Gegenwart, S. 58.
1855 Ebd., S. 359.
1856 Ebd., S. 59; auf S. 60 heißt sie »die unbekannte Schöne«.

> aus dem Zimmer und trat hinaus auf den Balkon, der von dem Mittelgange des Hauses über die Donau hinausging. Der Gesang der Studenten, zuweilen von dem Geklirre der Hieber unterbrochen, schallte aus den Fenstern, die einen langen Schein in das Tal hinaus warfen. Die Nacht war sehr finster. Als er sich über das Geländer hinauslehnte, glaubte er neben sich atmen zu hören. Er langte nach der Seite hin und ergriff eine kleine, zarte Hand. Er zog den weichen Arm näher an sich, da funkelten ihn zwei Augen durch die Nacht an. Er erkannte an der hohen Gestalt sogleich das schöne Mädchen von dem andern Schiffe. Er stand so dicht vor ihr, daß ihn ihr Atem berührte. Sie litt es gern, daß er sie noch näher an sich zog, und ihre Lippen kamen zusammen. Wie heißen Sie? fragte Friedrich endlich. Rosa, sagte sie leise und bedeckte ihr Gesicht mit beiden Händen. In diesem Augenblicke ging die Stubentür auf, ein verworrener Schwall von Licht, Tabaksdampf und verschiedenen tosenden Stimmen quoll heraus, und das Mädchen war verschwunden, ohne daß Friedrich sie halten konnte.[1857]

Das ist eine ausgesprochen merkwürdige Szene – nicht nur erotisch, wenn auch die erotische Ebene die offensichtlichste ist. Drinnen ist die Atmosphäre sexuell geladen, davon zeugen der Zustand der Studenten und die Furcht der Aufwärterin, und in der Dunkelheit draußen verhält es sich offenbar nicht anders. Die Nacht ist »sehr finster«, und gleich im nächsten Satz – als sollte das ein *post hoc ergo propter hoc, danach und daher deswegen,*[1858] suggerieren – »[]lehnt[]« sich Friedrich so über das Geländer hinaus und »langt[]« und »gr[e]if[t]« schließlich so in die finstere Nacht hinein, als erwarte oder er*ahne* er dort etwas, was irgendwie da, aber noch nicht *gegenwärtig* ist: ganz so wie der Atem, den er zu hören glaubt.[1859]

1857 Ebd., S. 60f.

1858 Dazu Sigmund Freud: »In einer Psychoanalyse lernt man die zeitliche Annäherung auf sachlichen Zusammenhang umdeuten […]; zwei Gedanken, die, anscheinend zusammenhanglos, unmittelbar aufeinander folgen, gehören zu einer Einheit, die zu erraten ist […].« Freud, Die Traumdeutung, S. 252f.

1859 Friedrich streckt sozusagen seine Fühlhörner aus in die Nacht. In Eichendorffs später Novelle *Die Glücksritter* »reck[]en und dehn[]en sich […] Baumfiguren aus ihrer langen Verzauberung phantastisch mit seltsamen Fühlhörnern, Kamelhälsen und Drachenflügeln in die […] Freiheit hinaus« – ganz ähnlich, wie Goethe zufolge »in besonderen Zuständen die Fühlfäden unserer Seele über ihre körperlichen Grenzen hinausreichen können«. Eichendorff, Die Glücksritter, S. 534. Goethe, Sämtliche Werke, Bd. II.12: Johann Peter Eckermann: Gespräche mit Goethe, S. 633. Die Stelle lautet: »Wir wandeln Alle in Geheimnissen. Wir sind von einer Atmosphäre umgeben, von der wir noch gar nicht wissen, was sich Alles in ihr regt und wie es mit unserm Geiste in Verbindung steht. So viel ist wohl gewiß, daß in besondern Zuständen die Fühlfäden unserer Seele über ihre körperlichen Grenzen hinausreichen können, und ihr ein Vorgefühl, ja auch ein wirklicher Blick in die nächste Zukunft gestattet ist.«

Novalis' Ahndung und Gegenwart

Ahnung und *Gegenwart*: sollte die Balkon-Szene also einen ersten Ausblick auf die Bedeutung des Romantitels geben, der – aller Wahrscheinlichkeit nach mit Bezug auf Novalis' 109. *Blütenstaub*-Fragment – auf eine Anregung Dorothea Schlegels zurückgeht[1860] und sich aus der recht unspezifischen Verwendung der Worte »Ahnung« (sechsmal)[1861] und »Gegenwart« (viermal, jeweils ohne den Titel)[1862] im Roman jedenfalls nicht zwingend herleitend lässt? In Novalis' genanntem Fragment geht es, auf den ersten Blick, um zeitliche Verhältnisse:

> Nichts ist poetischer, als Erinnerung und Ahndung oder Vorstellung der Zukunft. […] Daher ist alle Erinnerung wehmüthig, alle Ahndung freudig. […] Es giebt aber eine geistige Gegenwart, die beyde durch Auflösung identifizirt, und diese Mischung ist das Element, die Atmosphäre des Dichters.[1863]

Dass diese freudige Ahnung nun *auch* erotisch-triebhafter Natur sein kann, legt die Balkon-Szene mit ihrer erotischen ›Atmosphäre‹ nahe, in der Rosas »Atem« Friedrich »berührt[]« – und nicht nur diese Szene: ist doch die Nacht in Eichendorffs Œuvre nicht bloß im allgemeinen traditionellen Sinne mit der Aussicht auf körperliche Minne verbunden, sondern personifiziert gelegentlich sogar die daran beteiligte Frau –[1864] und das wiederum, nicht zufällig ganz nach der psychoanalytischen Logik Sigmund Freuds, in motivischer

---

1860 »Eichendorffs Jugendroman *Ahnung und Gegenwart* wurde zwischen 1810 und 1812 konzipiert und niedergeschrieben […]. […] [A]nzunehmen [ist], daß Eichendorff das Manuskript Ende September/Anfang Oktober 1812 […] Dorothea und Friedrich Schlegel übergeben hat. […] Nach Hermann von Eichendorffs Mitteilung soll Dorothea Schlegel […] den Titel des Romans vorgeschlagen haben […]. Auf das 109. [*Blütenstaub*-]Fragment geht vermutlich die Titelwahl durch Dorothea Schlegel zurück«; Eichendorff, Ahnung und Gegenwart, Kommentar S. 613, 615 und 655. – Zur »vielmännrigen Zauberin, der einzigen deutschen gebildet-großen Hetäre« Dorothea Schlegel, »treue[n] reproduktive[n] Dienerin eines frei erwählten Männergeistes«, Friedrich Gundolf: Friedrich Schlegel, in: ders.: Romantiker, Berlin 1930, S. 9–140, S. 17. Ein anderes Bild ergibt sich aus Caroline Schlegel-Schelling: Ein Lebensbild in Briefen, hg. von Sigrid Damm, Leipzig 2009, und Carola Stern: »Ich möchte mir Flügel wünschen«. Das Leben der Dorothea Schlegel, Reinbek 1993.

1861 Ebd., S. 104, 130, 156, 287, 295 und 318.

1862 Ebd., S. 105, 188, 191 und 376.

1863 Novalis: Vermischte Bemerkungen / Blüthenstaub 1797/98, in: ders.: Werke, Tagebücher und Briefe Friedrich von Hardenbergs, Bd. 2: Das philosophisch-theoretische Werk, hg. von Hans-Joachim Mähl, München 1978, S. 225–285, S. 283.

1864 Vgl. auch die metaphorische Identifikation von Nachthimmel beziehungsweise Gewitterwolken und Frauenhaar in Eichendorffs Novelle *Die Glücksritter*: »und vom Fenster droben hoben mich plötzlich zwei alabasterne Schwanenarme aus dem Brunnen der Nacht, und

Personalunion mit Wald und Berg.[1865] So erläutert in Eichendorffs Novelle *Die Glücksritter* der eine Protagonist, Suppius, dem anderen, Klarinet:

> Wälder und Berge stehen Nachts in Gedanken […]. Alle weltliche Lust, Hoheit und Pracht, die Nacht hat Alles umgeworfen, die wunderbare Königin der Einsamkeit, denn ihr Reich ist nicht von dieser Welt.[1866]

Das ist zwar ein Anklang an Joh 18,36, »Mein Reich ist nicht von dieser Welt«. Dennoch handelt es sich bei der hier in Rede stehenden romantischen Transzendenz der Nacht *nicht* um eine gänzlich jenseitige Welt wie den christlichen Himmel, sondern vielmehr um die Welt-immanente Transzendenz der Höhe, wie ich sie im fünften Kapitel in Hinblick auf E.T.A. Hoffmann beschrieben habe. Die von Suppius beschriebene Nacht ist überirdisch, aber innerweltlich.[1867] Dafür sprechen die Erwähnung der »Berge« sowie der Fortgang von Suppius' Ausführungen, wenn er über »die Nacht« sagt: »Sie steigt auf alle Berge und stellt sich auf die Zinnen der Schlösser«.[1868] Zum einen nämlich ist sie damit personifiziert.[1869] Zum anderen legt ihr In-die-Höhe-Streben[1870] einen Vergleich mit jenen Frauen nahe, die es in *Ahnung und Gegenwart*

über mir ein prächtiges Gewitter von schwarzen Locken, da blitzen Augen und Juwelen daraus«; Eichendorff, Die Glücksritter, S. 545; im Kontext zitiert in Anm. 2182.

1865 Sigmund Freud schreibt in den *Vorlesungen zur Einführung in die Psychoanalyse* über den wie ein Berg aus dem Ozean ragenden Wald der Insel Madeira: »Zu Holz noch anderes. Wir werden nicht verstehen, wie dieser Stoff zur Vertretung des Mütterlichen, Weiblichen gelangt ist. Da mag uns die Sprachvergleichung an die Hand gehen. Unser deutsches Wort Holz soll gleichen Stammes sein wie das griechische [*ὕ*]*λη* [*hylē*], was Stoff, Rohstoff bedeutet. […] Nun gibt es eine Insel im Ozean, die den Namen *Madeira* führt. Diesen Namen haben ihr die Portugiesen bei der Entdeckung gegeben, weil sie damals über und über bewaldet war. *Madeira* heißt nämlich in der Sprache der Portugiesen: Holz. Sie erkennen aber, daß *madeira* nichts anderes ist als das wenig veränderte lateinische Wort *materia*, das wiederum Stoff im allgemeinen bedeutet. Materia ist nun von mater, Mutter, abgeleitet. Der Stoff, aus dem etwas besteht, ist gleichsam sein mütterlicher Anteil. In dem symbolischen Gebrauch von Holz für Weib, Mutter, lebt also diese alte Auffassung fort.« Freud, Vorlesungen zur Einführung in die Psychoanalyse, S. 168f. – »[A]uch Stoffe sind Symbole des Weibes […], das *Holz*, das *Papier*, und Gegenstände, die aus diesen Stoffen bestehen […].« Freud, Vorlesungen zur Einführung in die Psychoanalyse, S. 168f. Vgl. zum ›Stoff‹ als »Amme« im *Timaios* Anm. 737.

1866 Eichendorff, Die Glücksritter, S. 528.

1867 Mit Leo Spitzer: »*this*-worldly, though supraterrestrial«; Spitzer, Milieu and Ambiance, S. 28.

1868 Eichendorff, Die Glücksritter, S. 528.

1869 Ähnlich verkörpert Rosa ganz buchstäblich die Nacht, wenn es über sie heißt: »Sie atmete noch warm von der Nacht«; Eichendorff, Ahnung und Gegenwart, S. 78.

1870 Wiederum ähnlich Rosa: »Sie war in einem leichten Nachtkleide und dehnte sich eben mit aufgehobenen Armen in den frischen morgen hinaus.« Ebd.

geradezu leitmotivisch in die Höhe zieht: sei's wie Rosa und Romana an einen »Ort«, der »sehr hoch und wie von aller Welt geschieden« liegt,[1871] sei's wie das »Mädchen [...] voller Verlangen«, das »Hoch über den stillen Höhen« am Spinnrad sitzt,[1872] sei's wie Romana auf die Dachterrasse ihres Schlosses, die »so schwindlig hoch« liegt, dass sie »die ganze Welt mit Füßen tr[itt]«.[1873]

Ja, Nacht, Wald, Bergeshöhe und Frau beziehungsweise der weibliche Körper sind bei Eichendorff motivisch eng aufeinander bezogen. Und so könnte es in den *Glücksrittern* entgegen Suppius' Wort tatsächlich weniger so sein, dass die Nacht die »Lust [...] umgeworfen«, also zum Erliegen gebracht hat, sondern dass die Nacht vielmehr Suppius »umgeworfen« und gerade damit zur Lust gebracht hat: ganz so, als ›stünden‹ nicht nur »Wälder und Berge [...] Nachts in Gedanken«, sondern auch Suppius' »Lust, Hoheit und Pracht«. Denn nicht nur sagt der Erzähler ausdrücklich über ihn: »Jetzt aber hatte die Nacht ihn selber umgeworfen.«[1874] Das geschieht auch noch mitten in jenem Satz, in dem Suppius in eindeutig-zweideutiger Weise, samt quasi-Kleist'schem Gedankenstrich, von dem »[S]chönsten« spricht, was ihm »heimlich« im Traum geschieht:

> Der Schlaf probiert heimlich den Tod und der Traum die Ewigkeit. Da hab' ich immer meine schönsten –.[1875]

Die Pan-Erotik der Nacht

Man kann das leicht im sexuellen Sinne der Aposiopese in der *Marquise von O....* ergänzen, und es liegt auf der Hand, dass hier die Topik von Nacht und Minne – die Novelle heißt ja auch *Die Glücksritter* – mit der von Höhe, Berg und Tal, und das bedeutet am Ende auch mit der Topik des weiblichen Körpers zusammenkommt: überbietet doch der Satz von der Nacht, die »auf alle Berge« »steigt« und »sich auf die Zinnen der Schlösser« »stellt«, in seiner Dreifach-Mise en abîme von Freud'schen Symbolen des Weiblichen – Frau auf Zinne auf Schloss auf Berg über der Landschaft –[1876] auf geradezu ostentative Weise die

1871 Ebd., S. 275.
1872 Ebd., S. 304.
1873 Ebd., S. 221. – Vgl. auch Gabriele im *Schloß Dürande* in Zitat 2335.
1874 Eichendorff, Die Glücksritter, S. 528.
1875 Ebd.
1876 Über den »menschliche[n] Leib [...] als *Haus*« schreibt Freud: »die [...] mit Vorsprüngen und Balkonen versehen sind, an welchen man sich anhalten kann, das sind Frauen«. Freud, Vorlesungen zur Einführung in die Psychoanalyse, S. 162.

Freud'sche Traumsymbolik des Weiblichen. Und das zumal, nachdem gerade vom »schönsten« »[H]eimlich«-Unsagbaren des – männlichen – »Traum[s]« die Rede war.

Diese Zusammenhänge finden sich nicht nur in den *Glücksrittern*, sondern generell bei Eichendorff und in der Romantik – und hier hat sie Freud ja auch her.[1877] So oder so ist, unabhängig von Freud, »die prächtigste Aussicht auf« »Tal« und »Gebirge«,[1878] die sich Eichendorffs Helden immer wieder bietet, gelegentlich die auf einen leicht oder gar nicht bekleideten Frauenkörper. Denn es ist nicht bloß so, wie Leo Spitzer festgestellt hat, dass Eichendorffs »Helden« immer wieder »selbst Landschaft« »werden«:[1879] insbesondere seine Heldinnen *sind* je schon Landschaft[1880].

Das aber ist eine uralte, ja der gesamten abendländischen Kultur vorgängige Vorstellung. Sie findet sich schon, wenn sie dort nicht herstammt, in Hesiods *Theogonie*. Dort heißt es:

> Gaia brachte zuerst, ihr gleich, den sternenreichen Uranos hervor, damit er sie ganz bedecke [Γαῖα δέ τοι πρῶτον μὲν ἐγείνατο ἶσον ἑωυτῇ / Οὐρανὸν ἀστερόενθ', ἵνα μιν περὶ πάντα καλύπτοι,]

eben wie ein Himmels- oder Sternenmantel.

> Weiter gebar sie hohe Berge, liebliche Göttersitze für Nymphen, die zerklüftete Höhen bewohnen [γείνατο δ' οὔρεα μακρά, θεᾶν χαρίεντας ἐναύλους / Νυμφέων, αἳ ναίουσιν ἀν' οὔρεα βησσήεντα].[1881]

1877 Henry Ellenberger weist auf die Rolle hin, die »[d]ie deutschen Romantiker« für die Psychoanalyse gespielt haben, insbesondere durch ihr – im Gegensatz zu Frankreich auch akademisches – Interesse an »Mesmerismus« und »tierische[m] Magnetismus«. Daraus ergeben sich metaphorologische Einflüsse. Henry F. Ellenberger: Die Entdeckung des Unbewußten. Geschichte und Entwicklung der dynamischen Psychiatrie von den Anfängen bis zu Janet, Freud, Adler und Jung. Aus dem Amerikanischen von Gudrun Theusner-Stampa, Zürich 1985, S. 124f.

1878 Eichendorff, Ahnung und Gegenwart, S. 220.

1879 Leo Spitzer: Zu einer Landschaft Eichendorffs, in: Euphorion 52 (1958), S. 142–152, S. 143.

1880 Vgl. zur Frage »Was ist Landschaft?« Hansjörg Küster: Schöne Aussichten. Kleine Geschichte der Landschaft, München 2009, S. 7–16; ders.: Geschichte der Landschaft in Mitteleuropa. Von der Eiszeit bis zur Gegenwart, München 1995.

1881 Hesiod: ΘΕΟΓΟΝΙΑ. Theogonie. Vom Ursprung der Götter. Griechisch/Deutsch. Übersetzt und hg. von Otto Schönberger, Stuttgart 1999, S. 13 (126–130). Hesiod zitiert auch, ausgerechnet, Aristoteles im Rahmen der *tópos*-Diskussion der *Physik*: »Daß also [...] jeder wahrnehmbare Körper an einem Ort ist, das möchte man [...] annehmen. Dann scheint wohl auch *Hesiod* richtig zu sprechen, wenn er als Erstes den ›leeren Abgrund‹ ansetzt; er sagt doch: ›Als allererstes war da der Abgrund, aber sodann die Erde, breitbrüstige ...‹

Für Eichendorffs Friedrich nun ergibt sich die Aussicht auf eine unbekleidete Frau im gerade erwähnten Schloss mit der Dachterrasse, wo er »[m]itten in der Nacht [...] plötzlich auf[wacht]«, weil er »neben sich atmen« hört, und »Romana, unangekleidet wie sie war, an dem Fuße seines Bettes«, »mit dem einen Arme und dem halben Leibe auf das Bett gelehnt«, »[d]ie langen schwarzen Haare [...] aufgelöst über den weißen Nacken und Busen herab[hängend]«, »erblickt[]«, woraufhin Friedrich sie »lange« zweideutig-»halbaufgerichtet« »betrachtet[]«.[1882]

So kann es einem bei Eichendorff, zumindest als jungem Mann, gehen, wenn man irgendwo in der Höhe – hoch in den Bergen oder auch nur in der relativen Höhe eines »Balkon[s]«, der »über die Donau hinausg[eht]« – nachts jemanden neben sich atmen hört. Friedrich jedenfalls erlebt einmal mit Rosa auf dem Balkon über der Donau und ein anderes Mal mit Romana im Schloss hoch über der Welt, wie sich »uralte[] Erinnerungen«,[1883] erotische – und zwar regressive – »Wünsche« und »ungläubliche[] Träume[]«[1884], anders gesagt: eine vom schwachen Geräusch des Atmens genährte *»Ahnung«* verwirklichen, indem aus Finsternis und Nacht eine Frau zu voller körperlicher und am Ende erotischer *»Gegenwart«* auftaucht,[1885] sich sozusagen aus Nacht und Wald heraus *mater*ialisiert.

Das ist *eine* Lesart der Bedeutung von *»Ahnung und Gegenwart«* – eben die Lesart mit Blick auf die Topik des Weiblichen, die so sehr psychoanalytisch wirkt, weil Freud die romantische Topik des Weiblichen so gut wie *en bloc* als »symbolische Sexualgeographie«[1886] in seine *Traumdeutung* übernommen hat. In *dieser* Lesart von *»Ahnung und Gegenwart«* geht es um eine erotische Sehnsucht von Eichendorffs Helden, die sich auch, aber nicht nur auf den eigentlichen weiblichen Körper richtet, sondern zudem auf die – schon die Charybdis-Anspielung ist ja sexualtopografisch – »dunkelblickend[e]«

[λέγει γοῦν ›πάντων μὲν πρώτιστα χάος γένετ᾿, αὐτὰρ ἔπειτα γαῖ᾿ εὐρύστερνος‹]«; Aristoteles, Physik, S. 150f. (209a). – Vgl. Anm. 1891.

1882 Eichendorff, Ahnung und Gegenwart, S. 223f.

1883 Ebd., S. 58; vgl. Zitat 1851.

1884 Ebd., S. 221.

1885 In Richard Wagners *Götterdämmerung* singt Brünnhilde: »Der Götter heiligem Himmels-Nebel / bin ich Thörin enttaucht«; Richard Wagner: Götterdämmerung. Dritter Tag aus der Trilogie: Der Ring des Nibelungen, in: ders.: Der Ring des Nibelungen. Vollständiger Text mit Notentafeln der Leitmotive, hg. von Julius Burghold, Mainz [9]2004 (Reprint der Originalausgabe 1913), S. 263–348, S. 293. Vgl. »Alles weiß ich: alles ward mir nun frei!« Natur-Stimmung und Welten-Erlösung in Richard Wagners *Götterdämmerung*, S. 41–62.

1886 Sigmund Freud: Bruchstücke einer Hysterie-Analyse, in: ders.: Studienausgabe, hg. von Alexander Mitscherlich, Angela Richards und James Strachey, Bd. VI, Frankfurt a. M. 1971, S. 83–186, S. 166.

»Landschaft«[1887], die Nacht und den nächtlichen Himmel, aus dem Rosas Augen wie Sterne hervorfunkeln:[1888] eine erotische Sehnsucht also, die sich – irgendwie – auf die ganze Welt richtet.

Ist das so, dann haben Eichendorffs Helden, mit einer Formulierung Thomas Manns, ein »Verlangen aus sich heraus ins Ganze« und eine »Welt-Sehnsucht«, die, »auf ihre kürzeste Formel gebracht, als *Pan-Erotik* anzusprechen wäre«.[1889] Denn *›pan-erotisch‹* in diesem Sinne ist die Ahnung Friedrichs, die ihn auf dem Balkon über der Donau in die Nacht hineingreifen und -küssen lässt: eine ›Ahnung‹, die zwar zu Beginn des Romans noch diffus erscheinen mag, aber in seinem Fortgang mehr und mehr ›Gegenwart‹ in jener sich entfaltenden topischen und metaphorischen Logik gewinnt, die ich oben im dritten und fünften Kapitel beschrieben habe. Landschaft und gestirnter Himmel – habe ich dort gezeigt –, Himmelszelt[1890] und Sternenmantel,[1891] Frauenkörper und – beziehungsweise *als* – Mutterkörper und Grab, Wiegenlied und kosmischer Gesang, embryonal-regressive Geborgenheit[1892] und Durchdrungenwerden von der ›Weltseele‹ sind allesamt literarische Facetten jener romantischen

1887 Das Wort »Landschaft« kommt in *Ahnung und Gegenwart* fünf Mal vor; Eichendorff, Ahnung und Gegenwart, S. 65, 102, 124, 129 und 156.

1888 Vgl. Zitat 1857.

1889 Thomas Mann: [»Einführung in ein Kapitel der ›Bekenntnisse des Hochstaplers Felix Krull‹«], in: ders.: GW 11, S. 704–706, S. 705. – Vgl. die Worte des Nymphen-Chors im *FAUST II*: »NYMPHEN *im Chor / sie umschließen den großen Pan* / Auch kommt er an! – / Das All der Welt / Wird vorgestellt / Im großen Pan.« Johann Wolfgang Goethe: Faust. Der Tragödie zweiter Teil, hg. und kommentiert von Albrecht Schöne, Frankfurt a. M., Leipzig 2003, Bd. 1: Texte, S. 243 (V. 5872–5875).

1890 S. Zitat 141.

1891 Vgl. neben dem Hesiod-Zitat 1881 eine Stelle aus Eichendorffs sehr spätem Märchen *Libertas und ihre Freier*, wo es um »eine sehr schöne Dame« geht, »von ihren Locken, wie von einem goldnen Mantel, durch den die Sterne schienen, rings umwallt und einen Kranz ums Haupt, der in grüngoldenem Feuer funkelte.« Joseph von Eichendorff: Libertas und ihre Freier. Ein Märchen, in: ders.: Dichter und ihre Gesellen. Sämtliche Erzählungen II, hg. von Brigitte Schillbach und Hartwig Schulz, Frankfurt a. M. 2007 (1993), S. 559–595, S. 586. Wörtlich findet sich der »Sternenmantel« in der Novelle *Das Schloß Dürande*: »Als« »Gabriele« »aufwachte, sah sie eine hohe Frau in faltigen Gewändern über sich gebeugt, der Morgenstern schimmerte durch ihren langen Schleier, es war ihr, als hätt' im Schlaf die Mutter Gottes ihren Sternenmantel um sie geschlagen. Da schüttelte sie erschrocken die Blütenflocken aus dem Haar und erkannte die geistliche Muhme […]«. Joseph von Eichendorff: Das Schloß Dürande. Novelle, in: ders.: Dichter und ihre Gesellen. Sämtliche Erzählungen II, hg. von Brigitte Schillbach und Hartwig Schulz, Frankfurt a. M. 2007 (1993), S. 421–465, S. 428; noch ein »Sternenmantel« ebd., S. 451.

1892 Vgl. auch Zitat 2282. Als »grüne[s] Haus« (Eichendorff, Libertas und ihre Freier, S. 565) ähnelt Eichendorffs Wald auch der wie eine »Hülle« bergenden »Kammer« von Claudius' Abendlied.

Auflösungsphantasie, deren poetischer – wenn man so sagen kann – Quellcode jenes alles umschließende und bergende, ›alles eins‹ machende *periéchon* ist, von dem wiederum Leo Spitzer das ›Medium‹ herleitet.

Richtet sich nun aber zu Beginn von *Ahnung und Gegenwart* Friedrichs pan-erotischer Griff in die Nacht hinein tatsächlich als ein »Verlangen aus sich heraus ins Ganze« und als »Sehnsucht« auf die ganze »Welt« (Thomas Mann), dann handelt es sich dabei um nichts anderes als eine jetzt auch ins Körperliche gewendete, nun auch mit Hand und Mund erfahrene *theoría toû kósmou*, also um eine jetzt zum geistigen *und* körperlichen ›Begreifen‹ und ›Erkennen‹ gewordene Betrachtung der Welt als ganzer, wie ich sie im dritten Kapitel im Anschluss an Joachim Ritters *Landschafts*essay als jene bei Ritter – bloß – im geistigen Sinne ›theoretische‹ »Betrachtung (θεωρία) der Natur« beschrieben habe, in der sich – bloß – »der Geist einem alles umgreifenden ›Ganzen‹ und ›Göttlichen‹ zuwendet«:[1893] *›wendet‹* sich doch jetzt Friedrich nicht nur geistig und körperlich der ihn umgebenden[1894] Nacht *›zu‹*, sondern *›langt‹* und *›lehnt‹* sich sogar buchstäblich übers Geländer *in sie ›hinaus‹*. Anders gesagt: Eine *theoría toû kósmou*, die *nicht*, wie Ritter das tut, die nach dem geistigen *und* körperlichen Begreifen der Welt verlangende Person ihres Körpers beraubt und somit auf den bloßen Geist reduziert,[1895] ist nichts anderes als jene *»Pan-Erotik«*, verstanden als geistiges *und* körperliches »Verlangen [...] ins Ganze«, und das heißt auch: Verlangen nach ›Erkenntnis‹ im umfassenden Sinne des Wortes, wie es Eichendorffs Helden zeigen.

Ihr ›Erkenntnis‹trieb ist nämlich in demjenigen doppelten Sinne gleichermaßen geistig-epistemisch wie körperlich-sexuell, den das ›Erkennen‹ im Lateinischen wie im Deutschen nicht nur dem Begriff, sondern auch dem Wort nach hat. Man kann einen Sachverhalt geistig ›erkennen‹, und man – jedenfalls *der* Mann – kann, so übersetzt Martin Luther *›cognoscere feminam‹*, ›ein Weib erkennen‹: »und Adam erkante sein weib Heva (*vulg.* cognovit uxorem suam).« Im »ERKENNEN« *»flieszen«* also, so heißt es im *Grimmschen Wörterbuch, »sinnliche und geistige vorstellungen* [...] *vielfach ineinander«*,[1896] und genau so zeigt es sich in der nachtlichen Balkonszene über der Donau.

1893 Ritter, Landschaft, S. 144. – Vgl. zur Landschaft um 1800 Helmut J. Schneider: Wahllandschaften: Mobilisierung der Natur und das Darstellungsproblem der Moderne in Goethes *Wahlverwandtschaften*, in: Martha B. Helfer (Hg.): Rereading Romanticism, Amsterdam, Atlanta 2000, S. 285–300.

1894 Vgl. Anm. 1892.

1895 Ritter spricht vom »Aufstieg der Seele vom Körperlichen zum Unkörperlichen«; Ritter, Landschaft, S. 144.

1896 »ERKENNEN«, in: Jacob und Wilhelm Grimm: Deutsches Wörterbuch, Band III: E–Forsche, Leipzig 1862, Sp. 866–869, Sp. 866.

Eben hat Friedrich »das schöne Mädchen von dem andern Schiff«, in deren »Augen« »Blicken« er ja erst am Morgen dieses Tages – buchstäblich *augenblicklich* – die Welt des Triebes entdeckt hatte, der »Gestalt« nach – das heißt ideell, geistig –[1897] »erkannt[]«, da »[m]isch[en]« sich schon, indem Rosas Atem Friedrich berührt, ihre pneumatischen – also halb geistigen, halb körperlichen – »Atmosphäre[n]« (Novalis). Gleich darauf kommen die beiden, sozusagen als vorläufig letzte Stufe dieses ›Erkenntnis‹aktes, mit »ihre[n] Lippen« – das heißt körperlich – »zusammen«.

Ist also, noch einmal anders formuliert, in der Doppeldeutigkeit des Wortes »ERKENNEN« die Dichotomie von Körper und Geist angelegt und – insofern es sich ja um ein einziges Wort handelt – zugleich überwunden, dann erweist sich der hier in Rede stehende ›Erkenntnis‹akt auf dem Balkon, in dem Rosa aus der Nacht auftaucht und für Friedrich gegenwärtig wird, insofern auch als ein ›medialer‹ Akt, als die Atem-Berührung, also das atmosphärische *›Zusammenflieszen‹* (Grimm) der pneumatischen Sphären Rosas und Friedrichs, nicht nur zwischen diesen beiden Personen vermittelt, sondern auch zwischen der zunächst nur *»geistige*[*n*]*«* Ahnung, die Friedrich von Rosa haben mag, und ihrer sich dann, wie schon gesagt, *materia*lisierenden, also am Ende *»sinnliche*[*n*]*«* beziehungsweise körperlichen Gegenwart. Dafür, dass es sich hierbei um einen ›medialen‹ Akt handelt, spricht jedenfalls, dass sich auch Novalis' für Eichendorffs Roman titelgebendes und insofern emblematisches 109. *Blütenstaub*-Fragment in diesem Sinne lesen lässt (und vielleicht auch von Eichendorff tatsächlich so gelesen worden ist[1898]): definiert es doch die »Gegenwart« solcherart als eine Dichotomie-›auflösende‹ und zugleich -›identifizierende‹ »Atmosphäre«, dass diese »Gegenwart« nicht nur Vergangenheit und Zukunft eins werden lässt, sondern darüber hinaus als eine allgemeine Definition des ›Mediums‹ kenntlich wird, wie sie der vorliegenden Studie zugrundeliegt. ›Mediale‹ »Gegenwart« in diesem Sinne ist also jener *topos outopos*, in dem Körper und Geist *›zusammenflieszen‹*, auf diese Weise eins werden und, anders gesagt, sich somit ›Gegenwart‹ als jene »Präsenz« einstellt, in der der von Hans Ulrich Gumbrecht beklagte »›Weltverlust‹« überwunden ist, weil die »Dinge[] dieser Welt« »für Menschenhände« wieder so

1897 Eichendorff, Ahnung und Gegenwart, S. 60f.; vgl. Zitat 1857.

1898 Dafür spricht eine Wendung in Eichendorffs Novelle *Dichter und ihre Gesellen*, in der Zukunft und Atmosphäre miteinander assoziiert werden. Über einen »junge[n] Reiter« heißt es: »*So* [...] hatte [...] [er] in die duftige Tal-Ferne gleich wie in sein künftiges noch ungewisses Leben hinausgeschaut. –« Joseph von Eichendorff: Dichter und ihre Gesellen. Novelle, in: ders.: Dichter und ihre Gesellen. Sämtliche Erzählungen II, hg. von Brigitte Schillbach und Hartwig Schulz, Frankfurt a. M. 2007 (1993), 105–353, S. 107.

»greifbar« sind (Gumbrecht),[1899] wie auf Eichendorffs Balkon über der Donau die Nacht greifbar wird – geistig als kosmische »Weltordnung« (Ritter),[1900] körperlich in Gestalt von Rosas Hand, Arm und Lippen.

Balkon-Ekstase und transzendentales Hinausstehen in den Raum. Heidegger

Gegenwart, so ergibt es sich aus dem Gesagten, ist eine räumliche Kategorie. Das gilt sogar dann, wenn sie, wie in Novalis' 109. *Blütenstaub*-Fragment, von der Zeit her gedacht ist: und das, obwohl Raum und Zeit – spätestens seit dem ausgehenden 18. Jahrhundert –[1901] ja meist als Dichotomie von Neben- und Nacheinander gedacht werden. Dennoch ist der Versuch, Raum und Zeit nicht als Dichotomie zu denken, sondern den einen Begriff aus dem anderen abzuleiten oder gar irgendwie beide Begriffe miteinander zu identifizieren, kein so seltenes Gedankenexperiment. »[Z]um Raum wird hier die Zeit« heißt zum Beispiel ein vielzitierter Satz aus Richard Wagners *Parsifal*,[1902] und Thomas Mann hat in ganz ähnlichem Sinn einmal davon gesprochen, dass sein *Zauberberg* »durch den Versuch, der [...] Gesamtwelt, die e[r] umfaßt, in jedem Augenblick volle Präsenz zu verleihen und ein magisches ›nunc stans‹ herzustellen«, »die Aufhebung der Zeit an[strebe]«.[1903]

Martin Heidegger wiederum, Autor von *Sein und Zeit* und zudem von der ›Zeit‹-Diskussion des Mann'schen Romans etwas enttäuschter

1899 Gumbrecht, Diesseits der Hermeneutik, S. 69 und 11.

1900 »›Kosmos‹ ist ›Weltordnung‹.« Ritter, Landschaft, S. 144.

1901 Johann Georg Hamann formuliert es so: »Die älteste Sprache war Musik und nebst dem fühlbaren Rhythmus des Pulsschlages und des Othems in der Nase, das leibhafte Urbild alles Zeitmaaßes und seiner Zahlverhältnisse. Die älteste Schrift war Malerey und Zeichnung, beschäftigte sich also eben so frühe mit der Oekonomie des Raums, seiner Einschränkung und Bestimmung durch Figuren.« Johann Georg Hamann: Sämtliche Werke. III. Band. Schriften über Sprache / Mysterien / Vernunft 1772–1788. Historisch-kritische Ausgabe von Josef Nadler, Wien 1951, S. 286.

1902 Richard Wagner: Parsifal. Ein Bühnenweihfestspiel. Textbuch mit Varianten der Partitur, hg. von Egon Voss, Stuttgart 2005, S. 28 (Erster Aufzug).

1903 »Das Buch [...] strebt [...] selbst durch seine künstlerischen Mittel die Aufhebung der Zeit an durch den Versuch, der [...] Gesamtwelt, die es umfaßt, in jedem Augenblick volle Präsenz zu verleihen und ein magisches ›nunc stans‹ herzustellen.« Thomas Mann: Einführung in den ›Zauberberg‹. Für Studenten der Universität Princeton, in: ders.: GW 11, S. 602–617, S. 612.

Zauberberg-Leser,[1904] polemisiert zwar gegen einen solchen »traditionelle[n] Begriff [...] des ›stehenden Jetzt‹ (nunc stans)«, weil er – so schreibt Heidegger in § 81 von *Sein und Zeit* – »aus dem vulgären Zeitverständnis geschöpft« sei.[1905] Dennoch, oder vielleicht gerade deswegen, versucht er sich selbst an einer Art Identifikation von Zeit und Raum: das jedoch, wie er im Nachhinein selbst eingeräumt hat, vergeblich. 1962 schreibt er: »Der Versuch in ›Sein und Zeit‹ § 70, die Räumlichkeit auf die Zeitlichkeit zurückzuführen, läßt sich nicht halten«.[1906]

Was hier nun in Hinblick auf Eichendorffs *Ahnung und Gegenwart* interessiert, ist Heideggers dem »vulgäre[n] Zeitverständnis« mit seinem angeblich angenommenen »puren Jetzt, das man ›Gegenwart‹ nennt«, entgegengesetzter Begriff einer »ekstatisch-horizontale[n] Zeitlichkeit«.[1907] Denn nicht nur »zeitigt [sie] sich« Heidegger zufolge *»primär* aus der *Zukunft«*,[1908] hält also gewissermaßen – jetzt wieder mit Novalis' von Eichendorff zum Romantitel erhobenen Begriffen – die »Gegenwart« für die »Ahndung oder Vorstellung der Zukunft« offen. Sondern vor allem denkt Heidegger hier, erstens, eben *nicht* den Raum aus der Zeit, sondern gerade umgekehrt die »Zeitlichkeit« als »ekstatisch-horizontale« offenbar räumlich. Und vor allem, zweitens, bedient sich Heidegger im genannten *»§ 70«* mit dem Titel *»Die Zeitlichkeit der daseinsmäßigen Räumlichkeit«* einer Topik, wie sie sich schon bei Eichendorff

1904 Am 9. Juli 1925 schreibt Martin Heidegger an Hannah Arendt: »Ich habe den *Zauberberg* angelesen – er ist für mich aufregend, weil ich alles aus Briefen meines einzigen Jugendfreundes kenne und diese Welt in meiner Studentenzeit aus der Ferne miterlebte. Freilich die Größe der Darstellung – ist unerhört; was ich bislang von der ›Zeit‹ zu lesen bekam, ist nicht überwältigend – aber es wäre lächerlich, wollte ich daraufhin das Werk absuchen. Aber daß das Phänomen wie das Dasein von seiner Umwelt gelebt wird und nur vermeintlich selbst lebt, das ist mit einer Meisterschaft angesetzt, daß ich vorläufig einzig darauf konzentriert bleibe. Ich bin ein sehr schwerfälliger Leser [...].« Hannah Arendt, Martin Heidegger: Briefe 1925 bis 1975 und andere Zeugnisse. Aus den Nachlässen hg. von Ursula Ludz, Frankfurt a. M. 1998, S. 38–41, S. 40f.

1905 Martin Heidegger: Sein und Zeit, Tübingen ^{17}1993, S. 427.

1906 Martin Heidegger: Zeit und Sein, in: ders.: Zur Sache des Denkens, Tübingen 1969, S. 1–25, S. 24. Zitiert bei Dieter Thomä: *Sein und Zeit* im Rückblick. Heideggers Selbstkritik, in: Thomas Rentsch (Hg.): Martin Heidegger. Sein und Zeit, Berlin ^{2}2007, S. 263–278, S. 266. – Vgl. zur Engführung von Räumlichkeit und Zeitlichkeit auch die Parallelisierung von »jeden Orts« und »jederzeit« im Zitat zu Anm. 1991.

1907 Heidegger, Sein und Zeit, S. 427 und 426.

1908 Ebd., S. 426. Vgl. auch ebd., S. 326 (§ 65) »Die Gewesenheit entspringt der Zukunft, so zwar, daß die gewesene (besser gewesende) Zukunft die Gegenwart aus sich entläßt. Dies dergestalt als gewesend-gegenwärtigende Zukunft einheitliche Phänomen nennen wir die *Zeitlichkeit*. Nur sofern das Dasein als Zeitlichkeit bestimmt ist, ermöglicht es ihm selbst das gekennzeichnete eigentliche Ganzseinkönnen der vorlaufenden Entschlossenheit. *Zeitlichkeit enthüllt sich als der Sinn der eigentlichen Sorge.*«

findet: und das, obwohl Heidegger sehr wohl den in beiderlei Sinne des Wortes ›topischen‹ Einfluss der sprachlichen Tradition auf sein Denken sieht und diesem Einfluss – jedenfalls sofern es post-vorsokratisch ist –[1909] so weit wie möglich auszuweichen versucht. So schreibt Heidegger, und das ausgerechnet im hier in Rede stehenden § 70, vom »bekannten Phänomen […], daß […] der Bedeutungsbestand der Sprache überhaupt weitgehend von ›räumlichen Vorstellungen‹ durchherrscht ist«,[1910] also sozusagen die Sprache selbst schon die Rückführung der »Räumlichkeit auf die Zeitlichkeit« topisch unterminiert,[1911] erklärt das dann jedoch als nicht durch die sprachliche Tradition, sondern als der Sache nach durch die »›Abhängigkeit‹ des Daseins vom Raum«[1912] verursacht.

Gerade dieses Verhältnis aber, das das »Dasein[]« beziehungsweise der Mensch in *Sein und Zeit* zum »Raum« eingeht, erinnert in schlagender Weise an Eichendorffs Balkon-Szene. Denn metaphorologisch betrachtet sind Friedrichs »Verlangen aus sich heraus ins Ganze« und seine *theoría-toû-kósmou*hafte wie zugleich körperlich-sexuelle »Sehnsucht« nach der ganzen »Welt« (Thomas Mann) etwas ganz ähnliches wie das, was Heidegger als »Ekstase«, »Heraustreten aus sich«[1913] – ein ›pan-erotisches‹ »Verlangen aus sich heraus«

1909 »[M]eine Arbeit galt einer umfangreicheren Auslegung des vorsokratischen Denkens«, sagt Heidegger in dem *Spiegel*-Interview, um das es später noch geht. Martin Heidegger: »Nur noch ein Gott kann uns retten«. SPIEGEL-Gespräch mit Martin Heidegger am 23. September 1966, in: Der Spiegel 23/1976 (31.5.1976), S. 193–219, S. 193.

1910 Heidegger, Sein und Zeit, S. 369.

1911 Vgl. aber auch das Heidegger-Zitat zu Anm. 1970.

1912 Heidegger, Sein und Zeit, S. 369.

1913 Martin Heidegger: Metaphysische Anfangsgründe der Logik im Ausgang von Leibniz. Marburger Vorlesung Sommersemester 1928, hg. von Klaus Held, Frankfurt a. M. ²1990 (= Gesamtausgabe, Bd. 26), S. 265: »das Gewärtigen […] [ist] ekstatisch. Die hier genannte Ekstase, das Heraustreten aus sich (ἔκστασις) ist gewissermaßen ein raptus«. Dass dieses ›Heraustreten‹ *auch* buchstäblich und räumlich zu verstehen ist, ergibt sich aus Heideggers Aufsatz *Vom Wesen des Grundes*: »Die Transzendenz in der zu klärenden […] terminologischen Bedeutung meint solches, was dem *menschlichen Dasein* eignet […] als *vor aller Verhaltung geschehende Grundverfassung dieses Seienden*. Allerdings hat das menschliche Dasein als ›räumlich‹ existierendes unter anderen Möglichkeiten auch die zu einem räumlichen ›Übersteigen‹ einer räumlichen Schranke oder Kluft. Die Transzendenz jedoch ist der Überstieg, der so etwas wie Existenz überhaupt und mithin auch ein ›Sich‹-bewegen-im-Raume ermöglicht.« Martin Heidegger: Vom Wesen des Grundes, in: ders.: Wegmarken. Unveränderter Text mit Randbemerkungen des Autors. Hg. von Friedrich-Wilhelm von Herrmann, Frankfurt a. M. 1976 (Gesamtausgabe, Bd. 9), S. 123–175, S. 137. Diese zwei Stellen und die in den folgenden beiden Fußnoten zitiert Thomä, Sein und Zeit im Rückblick. Heideggers Selbstkritik, S. 271. – Etymologisch kommt ›Ekstase‹ vom »kirchen-l. *ecstasis*, dieses aus ntl.-gr. *ékstasis*, aus gr. *existánai*

(Thomas Mann) – beziehungsweise als ein »[H]inaussteh[en]«[1914] beschreibt: und das Heidegger am Ende sogar, »so seltsam es klingen mag« (!), ins Paradox der »Stasis des Ekstatischen«[1915] zuspitzt.

Emblematisch formuliert ist diese »Stasis des Ekstatischen« in Heideggers Ausdruck vom »›Hinausstehen‹«[1916], das halb statisch, halb dynamisch anmutet und sich damit von einer gänzlich dynamischen Wendung wie dem »Heraustreten aus sich« (Thomas Mann) oder dem »Hinausgehen« als »transcensus« nach »›draußen‹« unterscheidet, von dem Joachim Ritter in seinem *Landschafts*essay spricht: einem »transcensus«, der Ritter zufolge am Ende wie in einer Art *flow* das »›Ganze[]‹« »gegenwärtig« werden lässt.[1917] Ritter schreibt, wie im dritten Kapitel schon zitiert – und in eben diesem Sinne wird auch Friedrich auf dem Balkon die »dunkelblickend[e]« »Natur«[1918] beziehungsweise Nacht zur (weiblichen) Landschaft:[1919]

›heraustreten, sich entfernen‹, zu gr. *histánai* ›stellen, legen‹.« Artikel »Ekstase«, in: Kluge, Etymologisches Wörterbuch der deutschen Sprache, S. 214f., S. 214.

1914 »Ex-sistenz nennt im Umkreis des Fragens von ›Sein und Zeit‹ eben dieses: daß das Dasein ekstatisch entrückt hinaussteht (ex-sistiert) in die ekstatische Offenheit der Zeit. Ex-sistenz ist das Wort für das Innestehen in der ekstatischen Ausgesetztheit in das Offene.« Martin Heidegger: Die Metaphysik des deutschen Idealismus. Zur erneuten Auslegung von Schelling: Philosophische Untersuchungen über das Wesen der menschlichen Freiheit und die damit zusammenhängenden Gegenstände (1809). Freiburger Vorlesungen I. Trimester 1941, hg. von Günter Seubold, Frankfurt a. M. 1991 (= Gesamtausgabe, Bd. 49), S. 53. Ebd., S. 54, weist Heidegger darauf hin, dass er »seit dem öffentlichen Bekanntwerden der ›Existenzphilosophie‹« Karl Jaspers' »das Wort ›Existenz‹ aus dem Wörterbuch des Denkens im Umkreis der Frage von ›Sein und Zeit‹ gestrichen« habe.

1915 »Was bedeutet ›Existenz‹ in S. u. Z.? Das Wort nennt eine Weise [...] desjenigen Seienden, das offen steht für die Offenheit des Seins, in der es steht, indem es sie aussteht. [...] Das so erfahrene Ausstehen ist das Wesen der hier zu denkenden Ekstasis. Das ekstatische Wesen der Existenz wird [...] unzureichend verstanden, wenn man es nur als ›Hinausstehen‹ vorstellt und das ›Hinaus‹ als das ›Weg von‹ dem Innern einer Immanenz des Bewußtseins und des Geistes auffaßt; denn so verstanden wäre die Existenz immer noch von der ›Subjektivität‹ und der ›Substanz‹ her vorgestellt, während doch das ›Aus‹ als das Auseinander der Offenheit des Seins selbst zu denken bleibt. Die Stasis des Ekstatischen beruht, so seltsam es klingen mag, auf dem Innestehen im ›Aus‹ und ›Da‹ der Unverborgenheit, als welche das Sein selbst west.« Martin Heidegger: Einleitung zu »Was ist Metaphysik?«, in: ders.: Wegmarken. Unveränderter Text mit Randbemerkungen des Autors. Hg. von Friedrich-Wilhelm von Herrmann, Frankfurt a. M. 1976 (Gesamtausgabe, Bd. 9), S. 365–383, S. 374.

1916 Vgl. das Zitat in der vorangehenden Fußnote.

1917 Ritter, Landschaft, S. 147.

1918 »Aber genießen wir doch die schöne Natur! An ihrem Busen werd ich so warm!«, sagt der junge Mann des sentimentalischen Paars (vgl. Zitat 2108), um das es später noch geht; Eichendorff, Ahnung und Gegenwart, S. 120.

1919 Eichendorffs Landschaft ist sexualtopografisch grundsätzlich weiblich. Bezeichnend ist die Szene in *Ahnung und Gegenwart*, als Friedrich und Leontin in einen »Garten« gehen, in dem gerade ein »schönes [...] Mädchen« verschwunden ist, und von der

> Landschaft wird [...] Natur erst für den, der in sie »hinausgeht« (transcensus), um »draußen« an der Natur selbst als an dem »Ganzen«, das in ihr und als sie gegenwärtig ist, in freier genießender Betrachtung teilzuhaben[1920]

und am Ende – so kann man mit Blick auf Eichendorffs Balkon-Szene ergänzen – dieses zu ›erkennende‹ ›Natur‹-›Ganze‹ mit den Händen zu greifen, an sich zu ziehen und in »genießender Betrachtung« zu küssen. In der Landschaft, so könnte man sagen, ›erkennt‹ also Friedrich ›die Frau‹ und ›die Natur‹ als ›eines‹, das heißt als ein ›Ganzes‹ – und man muss ergänzen: erkennt er sie *wieder*, ist dieser ›Erkenntnis‹trieb doch, wie gesagt, regressiver Art.

Dabei ist Friedrichs Ekstase eine vergleichsweise sanfte, eben ›statische‹. Sie ist nicht so ›erkenntnis‹triebhaft stürmisch wie zum Beispiel die, nach der Goethes Faust drängt, wenn er – exakt mit Ritters Worten! – nach dem »Ganzen« der »Natur rings um mich her« fragt, sie »enthüll[t]« sehen will und schließlich in den Ausruf »Wo fass ich dich, unendliche Natur? / Euch Brüste, wo?« ausbricht. In der Nacht-Szene spricht Faust:

> War es ein Gott, der diese Zeichen schrieb,
> Die mir [...]
> [...] mit geheimnisvollem Trieb
> Die Kräfte der Natur rings um mich her enthüllen? [...]
> Wie alles sich zum Ganzen webt [...]! [...]
> Wo fass' ich dich, unendliche Natur?
> Euch Brüste, wo? [...][1921]

Ja, der ›Erkenntnis‹trieb der Helden Eichendorffs ist schwächer als der Fausts. Dennoch wäre eine Eichendorff'sche Antwort auf Fausts Frage: auf dem Balkon über der Donau, auf dem Friedrich Rosa zu ›fassen‹ bekommt – oder auch in jenem Schloss hoch oben in den Bergen, in dem Friedrich später Romanas »unangekleidet[en]« »Nacken« und – dabei klingt »Nacken« nicht zufällig so ähnlich wie ›nackten‹ – »Busen« »betrachtet[]«.[1922]

»eigentümliche[n] Schönheit« sprechen, die »jede Gegend«, und man könnte ergänzen: auch jedes Mädchen und jede Frau, »von Natur« aus habe. Dann heißt es: »Leontin war indes mehrere Male verwundert stehen geblieben. Höchst seltsam! sagte er endlich, als sie den Gipfel eines Hügels erreicht hatten, diese Baumgruppen, Wäldchen, Hügel und Aussichten erinnern mich ganz deutlich an gewisse Gegenden, die ich in Italien gesehen, und an manchen glücklich durchschwärmten Abend. Es ist wahrhaftig mehr als eine zufällige Täuschung«: nämlich metaphorische Identität. Eichendorff, Ahnung und Gegenwart, S. 154.

1920 Ritter, Landschaft, S. 147.

1921 Goethe, Faust. Eine Tragödie, S. 35f. (V. 434–456). – Vgl. auch Mephistos anzügliche Worte zum »überirdische[n]« (!) »Vergnügen« des Auf-den-Gebirgen-Liegens in Fn. 2437.

1922 Eichendorff, Ahnung und Gegenwart, S. 224. Vgl. Zitat 1882.

So viel Erotik, könnte man nun meinen, findet sich bei Heidegger nicht, wenn es um die Erkenntnis geht. Dann wiederum lässt sich sehr wohl argumentieren, dass Heideggers Begriff von ›Wahrheit‹, mit ihm verstanden als *ἀλήθεια* (*alḗtheia*) im Sinne von ›Unverborgenheit‹, der Vorstellung von der ›nackten Wahrheit‹ verwandt ist – und das samt den ziemlich stripteasehaften Konnotationen, die diese Wahrheitsvorstellung mit sich bringt.[1923] Doch nicht um diese Aspekte der *alḗtheia* geht es hier mit Blick auf Eichendorff, sondern um Heideggers Vorstellung von einer *»horizontalen«*[1924] *»Ekstase«*,[1925] die wiederum ein ganz ähnliches Verhältnis zum Raum eingeht wie Friedrich auf dem ja ebenfalls horizontal »über die Donau hinausgeh[enden]« Balkon. Dass Heidegger dabei erstens in philosophischer Absicht und zweitens sehr abstrakt formuliert, liegt auf der Hand. Worauf es hier ankommt, ist zu zeigen, inwiefern – noch einmal mit Heideggers eigenem Ausdruck – sein eigener »Bedeutungsbestand der Sprache« nicht nur im Allgemeinen von »›räumlichen‹ Vorstellungen«, sondern im Besonderen von romantischen Raum-Topoi und -Metaphern »durchherrscht ist«, wie sie etwa Eichendorffs Balkon-Szene ausbuchstabiert.[1926]

Im Zweiten Kapitel von *Sein und Zeit*, im *»§ 7«* mit dem Titel *»Die phänomenologische Methode der Untersuchung«*, definiert Heidegger eine Reihe von metaphysischen Grundannahmen. »Dasein«, so Heidegger, ist das »ontologisch-ontisch ausgezeichnete Seiende«, das über den »λόγος« (*lógos*) verfügt und die Welt qua *»Hermeneutik«* »[*a*]*usleg*[*en*]« kann.[1927] Mit einem Wort: »Dieses Seiende« sind »wir selbst«,[1928] also der philosophisch fragende Mensch. Worum es ihm geht, ist »das Sein«.[1929] Dazu schreibt Heidegger im genannten § 7:

> Das Sein als Grundthema der Philosophie ist keine Gattung eines Seienden, und doch betrifft es jedes Seiende. Seine »Universalität« ist höher zu suchen. Sein und Seinsstruktur liegen über jedes Seiende und jede mögliche seiende Bestimmtheit eines Seienden hinaus. *Sein ist das transcendens schlechthin.* Die Transzendenz

---

1923 Vgl. den Abschnitt »ἀλήθεια als Striptease. Exkurs« in Börnchen, Kryptenhall. Allegorien von Schrift, Stimme und Musik in Thomas Manns »Doktor Faustus«, S. 270–284.

1924 Heidegger, Sein und Zeit, S. 369; das Wort kommt hier in der Nennung der *»ekstatisch-horizontalen Einheit der Zeitlichkeit«* vor.

1925 Ebd., S. 350. Den Ausdruck ›horizontale Ekstase‹ verwendet Heidegger nicht. Ich leite ihn aus dem von ihm, grundsätzlich mit Bezug auf die ›Zeitlichkeit‹, häufig verwendeten Ausdruck ›ekstatisch-horizontal‹ her; vgl. ebd., S. 366, 388, 393, 396, 414, 419, 423 und 426.

1926 Ebd., S. 369. Vgl. auch Heideggers Lichtenberg-Zitat zu Anm. 2138.

1927 Heidegger, Sein und Zeit, S. 37.

1928 Ebd., S. 7.

1929 Ebd., S. 6.

> des Seins des Daseins ist eine ausgezeichnete, sofern in ihr die Möglichkeit und Notwendigkeit der radikalsten *Individuation* liegt. Jede Erschließung von Sein als des transcendens ist *transzendentale* Erkenntnis. *Phänomenologische Wahrheit* (*Erschlossenheit von Sein*) *ist veritas transcendentalis.*[1930]

Es ist bemerkenswert, wie sehr Heideggers hier skizziertes *»transcendens«*, seine *»veritas transcendentalis«*, in deren Kofferwort *›v(er)i(t)a(s)‹* zudem noch die *via transcendentalis* verborgen ist, Ritters gerade noch einmal im Zitat zu Anmerkung 1920 wiederholtem »transcensus« als ›Hinausgehen‹ in die »Betrachtung« des »›Ganzen‹« – in *Sein und Zeit* ist auch die Rede vom »Ganzseinkönnen des Daseins« –[1931] bis in die einzelnen Formulierungen hinein ähnelt: und damit wiederum Friedrichs »[H]inaus[treten] auf den Balkon [...] über die Donau hinaus«. Denn – auch wenn es metaphorisch gemeint sein mag – Heidegger spricht wörtlich davon, dass das »Sein« – und das ist bei ihm *auch* so etwas wie ein Inbegriff des ›Ganzen‹ –[1932] ›*über* jedes Seiende *hinaus*‹ liege.[1933]

»Sein ist das transcendens schlechthin«, schreibt Heidegger, und es soll sich *»transzendental*[]*«* »[e]rschließ[en]«, was hier (!) so viel heißt wie: durch Transzendierung, Hinausgehen über das Seiende in Richtung Sein. Heidegger sagt also vom *»Sein«* nichts anderes als Ritter vom »›Ganzen‹«, das er in der »Landschaft« verkörpert sieht. Wer Ritter zufolge am »›Ganzen‹« »teil[]haben«, mit Heidegger: es sich »[e]rschließ[en]« will, muss »›hinausgeh[en]‹« in die Transzendenz. ›Ekstatisches‹ ›Hinausgehen‹, sei's horizontal auf einen Balkon über der Donau, sei's vertikal in die Höhe der Berge – ist also sozusagen die ›holistische‹ ›Methode‹ dieser *via transcendentalis*: der ›Weg‹ (*hodós*) auf das Ziel ›hin‹ (*metá*), ein Teil des ›Ganzen‹ (*hólos*) zu werden.

So gesehen, könnte man sagen, dass in Heideggers wie Eichendorffs *›über‹* und *›hinaus‹* das *ek* der *Ek*stase und das *metá* der *Meta*physik mit dem *metá* der *Met*hode als dem Weg zum ›Einen‹, ›Ganzen‹, ›Heilen‹ zusammenfallen: und das in der Weise, dass das *Ex*-statische als *›Hinaus‹* eher horizontal, das *Metá*physische – seiner in der Bedeutung für diesen Begriff umstrittenen

1930 Ebd., S. 38.

1931 Ebd., S. 301. ›Heil‹ kommt allerdings nicht vor.

1932 »Zur Seinsverfassung des Daseins gehört wesenhaft *Erschlossenheit überhaupt.* Sie umgreift das Ganze der Seinsstruktur, die durch das Phänomen der Sorge explizit geworden ist. Zu dieser gehört nicht nur In-der-Welt-sein, sondern Sein bei innerweltlichem Seienden. Mit dem Sein des Daseins und seiner Erschlossenheit ist gleichursprünglich Entdecktheit des innerweltlichen Seienden.« Heidegger, Sein und Zeit, S. 221 (§ 44).

1933 Vgl. auch Anm. 1913.

Etymologie zum Trotz –[1934] als ›Hinauf‹ eher vertikal, jedenfalls mit Tendenz »nach oben« (Heidegger)[1935] gedacht ist.

1934 Im Historischen *Wörterbuch der Philosophie* heißt es: »II. *Aristoteles.* – Die philosophische Grunddisziplin erhielt den Namen ›M[etaphysik]‹ nicht schon, als sie neben anderen philosophischen Disziplinen etabliert wurde. [...] Lange Zeit glaubte man, er verdanke sich lediglich einem bibliothekarischen Zufall: ANDRONIKOS VON RHODOS (1. Jh. v. Chr.) soll nämlich die aristotelischen Schriften geordnet und dabei das, was wir heute als die aristotelische ›M[etaphysik]‹ verstehen, hinter der ›Physik‹ eingereiht haben. So sei es zu der Bibliotheksbezeichnung τὰ μετὰ τὰ φυσικά gekommen. Aber schon KANT glaubte nicht, daß er so ›von ohngefähr entstanden, weil er so genau mit der Wissenschaft selbst paßt‹ [...]. Tatsächlich ist davon auszugehen, daß diese Namensgebung tiefere, sachliche Gründe hatte. Demnach ist durch den Titel ›M[etaphysik]‹, der so schon in unmittelbarer Nähe des Aristoteles geprägt worden sein mag und erstmals bei NIKOLAUS VON DAMASKUS, einem Peripatetiker aus der zweiten Hälfte des 1. Jh. v. Chr., zu belegen ist, die Folge der Schriften angezeigt, die ihrerseits in dem aristotelischen Erkenntnisweg von den ›physischen‹, also sinnfälligen Gegenständen zu den übersinnlichen begründet liegt [...].« Artikel »Metaphysik«, in: Ritter, Gründer (Hg.), Historisches Wörterbuch der Philosophie, Bd. 5 (L–Mn), Sp. 1186–1279, Sp. 1188. Schon hier ist also die Vorstellung vom ›Erkenntnis*weg*‹ vom ›Sinnlichen‹ hin zum ›Übersinnlichen‹ oder ›Geistigen‹ angelegt.

1935 »Die griechisch zu verstehende ›Zeit‹, der χρόνος, entspricht im Wesen dem τόπος, was wir fälschlicherweise mit ›Raum‹ übersetzen. Τόπος aber ist der Ort, und zwar derjenige, an den etwas gehört, z.B. Feuer und Flamme und Luft nach oben, Wasser und Erde nach unten.« Martin Heidegger: Parmenides. Freiburger Vorlesung Wintersemester 1942/43, hg. von Manfred S. Frings, Frankfurt a. M. 1982, S. 209. – »Nach oben« strebt Leo Spitzer zufolge auch die gothische Kirche, genauer: »the Gothic spire, stabbing and piercing the sky (this [...] manifestation of a Germanic *Unendlichkeitsdrang*)«; Leo Spitzer: Milieu and Ambiance: An Essay in Historical Semantics, in: Philosophy and Phenomenological Research 3,1 (September 1942), S. 1–42, S. 28. In diesem Sinne sagt schon der Ich-Erzähler in E.T.A. Hoffmanns *Jesuiterkirche in G.*: »›Sollte aber [...] nicht [...] jene hohe zum Himmel strebende Majestät des gotischen Baues recht von dem wahren Geist des Christentums erzeugt sein, der, übersinnlich, dem sinnlichen, nur in dem Kreis des Irdischen bleibenden Geiste der antiken Welt geradezu widerstrebt?‹« Der Professer antwortet: »›[...] Unsere Heimat ist wohl dort droben; aber so lange wir hier hausen, ist unser Reich auch von dieser Welt.‹« E.T.A. Hoffmann: Die Jesuiterkirche in G., in: ders.: Nachtstücke. Klein Zaches. Prinzessin Brambilla. Werke 1816–1820, hg. von Hartmut Steinecke unter Mitarbeit von Gerhard Allroggen, Frankfurt a. M. 2009, S. 110–140, S. 111f. – Bei Proust heißt es: »Ich glaube [...], daß meine Großmutter i[]m Glockenturm von Combray undeutlich das verspürte, was für sie der höchste Wert auf Erden war: Natürlichkeit mit Distinktion gepaart. [...] [W]enn sie ihn anschaute und ihr Blick der sanften Spannung und dem leidenschaftlichen Schwung dieser steinernen Schrägen folgte, die oben schmal ineinanderliefen wie zwei betende Hände, so wurde sie so sehr eins mit dem Aufwärtsstreben der Spitze, daß ihr Blick mit ihr sich in die Höhe zu schwingen schien; gleichzeitig lächelte sie freundlich den alten abgenutzten Steinen zu, deren obersten Teil noch die Abendsonne erhellte und die von der Stelle an, wo sie noch in diese besonnte Zone hineinreichten, vom Licht besänftigt mit einem Male viel höher, viel entrückter schienen, so wie eine Gesangspartie, die mit ›Kopfstimme‹ eine Oktave höher wieder aufgenommen wird. [...] [S]o hatten wir den Glockenturm vor uns, der [...], dem Aussehen nach [...]

Für Ritter und seinen Begriff von ›Landschaft‹ hatte ich das oben schon im dritten Kapitel beschrieben und dabei auf die Vorstellung von der Himmelsleiter verwiesen. Eine Pointe war dabei, dass Ritters Landschaft keine ist, in der man eine Himmelsleiter findet, wie es etwa bei E.T.A. Hoffmann mit der »Leiter von 26 Sprossen« am Zackenfall geschieht.[1936] Denn bei Ritter *ist* die Landschaft selbst die Himmelsleiter, die himmelwärts hinaus- und hinaufführt zu Metaphysik, Transzendenz und Heil. Das ist auch der Grund, warum Ritter seine Landschaftstheorie im Anschluss an Petrarcas *Besteigung des Mont Ventoux* entwickelt und warum es in der vorliegenden Studie so ausführlich um die Berge mit ihren Höhen geht. ›Nach oben‹ orientiert ist die Landschaftshimmelsleiter also in jedem Fall – und sei es auch so, das war ja eine andere Pointe am Zackenfall, dass sie ausnahmsweise nicht auf-, sondern abwärts, hinein in eine ›mediale‹ ›tiefe Höhe‹ führt.

Bei Eichendorffs Balkon und Heideggers horizontaler Ekstase liegen die Dinge nun anders – eben horizontal. Eichendorffs Balkon ist eine horizontale Himmelsleiter, und als solche führt dieser Balkon zum einen zwar nicht in den Himmel ›hinauf‹, aber doch *ex*-statisch in jene »sehr finster[e]« »Nacht« »hinaus«, aus der Friedrich schließlich Rosas »Augen« wie himmlische Sterne entgegen»funkel[n]«. Zum anderen macht Eichendorffs Balkon dabei anschaulich, was man sich unter Heideggers Begriff der »Stasis des Ekstatischen« vorstellen kann. Denn der Balkon ist ja selbst zugleich statisch und ekstatisch. Einerseits befindet er sich in sozusagen statischer Lage in der relativen Höhe über der Donau. Der Balkon »lieg[t]« also, mit Heideggers ebenfalls statisch-ekstatischer Beschreibung des Seins über dem Seienden, »über« die Donau »hinaus«.[1937] Andererseits wird eben diese statische Höhenlage des Balkons im Text nicht genannt, und damit entspricht die Beschreibung dieses Balkons einer Tendenz Eichendorffs zum Horizontalen, wie sie schon Richard Alewyn beschrieben hat. »[G]eht« nämlich der Balkon, sogar grammatisch Subjekt

eine überdimensionale geweihte Brioche, seine scharfe Spitze in den blauen Himmel schob. […] [D]ie Schreie der Vögel, die ihn umkreisten, schienen sein Schweigen noch zu vermehren, seine Spitze noch schlanker emporzutreiben und ihm etwas ganz und gar Unsägliches zu verleihen.« Proust, In Swanns Welt, S. 89–91. – Noch in der Malerei und Grafik hat das ›Oben‹ eine spezifische Semantik. Wassily Kandinsky schreibt: »Das *›Oben‹* erweckt die Vorstellung eines größeren Lockerseins, ein Gefühl der Leichtigkeit, eine Befreiung, und schießlich der Freiheit.« Wassily Kandinsky. Punkt und Linie zu Fläche. Beitrag zu einer Analyse der malerischen Elemente. Mit einer Einführung von Max Bill, Bern ¹⁰1955, S. 131.

1936 E.T.A. Hoffmann: Brief an Theodor Gottlieb von Hippel, 15.10.1798, in: E.T.A. Hoffmann: Frühe Prosa. Briefe. Tagebücher. Libretti. Juristische Schrift. Werke 1794–1813, hg. von Gerhard Allroggen u. a., Frankfurt a. M. 2003, S. 115–119, S. 118.

1937 Vgl. Zitat 1930.

dieser Bewegung, dynamisch-ekstatisch »über die Donau hinaus[]«, dann ist mit »dem Präfix ›hin-‹« hier nicht nur, mit Alewyns Worten, einem »Verbum« und damit auch seinem Subjekt, dem Balkon, »eine Bewegung mitgeteilt, sondern auch« dieser »Bewegung eine Richtung«,[1938] und zwar eine primär horizontale. Wohl handelt es sich hier also, noch einmal mit Alewyn, um einen »Blick von der« – relativen – »Höhe«, dies aber unter einem so »flachen Winkel«,[1939] dass der Eindruck der Horizontale vorherrscht.

Hinauslehnen in die Gegend, Sichüberlassen an die Welt. Horizontale Ekstase

Ich rekapituliere kurz. Die horizontale Ekstase, die Eichendorffs Friedrich auf dem Balkon aus einer diffusen Ahnung beziehungsweise einem diffusen ›Erkenntnis‹trieb heraus sucht, richtet sich auf eine ›Erkenntnis‹ des ›Ganzen‹, wie sie Heidegger auch als »Erschließung des Seins«[1940] bezeichnet. Heidegger zufolge ist, wie er wieder und wieder sagt, die *»transzendentale«*, oder wie man hier (!) auch sagen könnte, um eine Verwechslung mit Kants Begriff des Transzendentalen zu vermeiden: transzendierende »Erkenntnis«-Bewegung aufs Ganze »des Seins« hin – Ritters »transcensus« – eine »horizontale«. Darin wiederum liegt eine Affinität zu Eichendorff, dem ja schon Alewyn eine Vorliebe für die »flache[]«, eben horizontale Bewegung bescheinigt hat. Beide, Eichendorff wie Heidegger, scheinen dabei räumliche Kategorien wie ›Gegenwart‹ oder ›Horizontalität‹ zunächst einmal von der Zeit her denken zu wollen: Eichendorff, indem er über den Titel seines Romans an Novalis' 109. *Blütenstaub*-Fragment anschließt, Heidegger, indem er ausdrücklich von dem Versuch spricht, »Räumlichkeit auf die Zeitlichkeit zurückzuführen«.[1941]

Dennoch ist wie bei Eichendorff auch bei Heidegger, in *Sein und Zeit* anscheinend seiner Absicht zum Trotz, die Topik des Raums präsent. Dass darin ein Widerspruch zu seinem erklärten Vorhaben liegt, hat Heidegger selbst gesehen. Darauf deuten die Anmerkungen in seinem Handexemplar von *Sein und Zeit* hin. So annotiert er den oben zitierten Satz *»Sein ist das transzendens schlechthin«* mit dem Kommentar:

1938 Alewyn, Eine Landschaft Eichendorffs, S. 36.
1939 Ebd., S. 41. Die Stelle ist in Fn. 2486 zitiert.
1940 Heidegger, Sein und Zeit, S. 7.
1941 Vgl. Anm. 1906.

> transcendens freilich nicht – trotz alles metaphysischen Anklangs – scholastisch und griechisch-platonisch […], sondern Transzendenz als das Ekstatische – Zeitlichkeit – Temporalität; aber ›Horizont‹![,][1942]

und dabei macht das adversative »aber« klar, dass sich der »›Horizont‹« anscheinend nicht recht mit der »Zeitlichkeit« verträgt. So – und wie von Heidegger selbst –[1943] gesehen, gelingt es in *Sein und Zeit* Heidegger also *nicht*, was er gleich auf der folgenden Seite 39 neben den Ausdruck »Zeit und Sein« an den Rand schreibt: nämlich »[d]ie Überwindung des Horizonts als solchen.«[1944]

Hat man das im Sinn, dann lassen sich zum Beispiel Heideggers Ausführungen zum *»zeitliche[n] Problem der Transzendenz der Welt«*[1945] im § 69 *auch* – um nicht zu sagen: genauso gut – als Ausführungen zum Raum-Problem von Transzendenz lesen. Und räumlich ist auch die Zeitlichkeit im § 70 zur *»Zeitlichkeit der daseinsmäßigen Räumlichkeit«* gedacht:

> Zur Einräumung des Daseins gehört das sichausrichtende Entdecken von so etwas wie *Gegend.* […] Das sichausrichtende Entdecken von Gegend gründet in einem ekstatisch behaltenden Gewärtigen des möglichen Dorthin und Hierher. Das Sicheinräumen ist als ausgerichtetes Gewärtigen von Gegend gleichursprünglich ein Nähern (Ent-fernen) von Zuhandenem und Vorhandenem. […]
>
> Nur auf dem Grunde der ekstatisch-horizontalen Zeitlichkeit ist der Einbruch des Daseins in den Raum möglich.[1946]

Das alles ist, wie gesagt, sehr abstrakt, zudem wörtlicher genommen, als es Heidegger wohl verstanden wissen wollte, und hier zudem noch aus dem Kontext gerissen. So oder so lässt sich auch hier eine topologische Nähe zu Eichendorffs Balkon-Szene wie zu Ritters Theorie von der Landschaft als Transzendieren zum Ganzen hin ausmachen. Wenn nämlich Friedrich auf den Balkon hinaustritt, dann ist das eben auch ein »sichausrichtende[s] Entdecken von Gegend« und »Sicheinräumen« über *der* beziehungsweise über *die* Donau. Wenn Friedrich »neben sich atmen zu hören« glaubt, dann ist diese ›Ahnung‹ auch ein »ekstatisch behaltende[s] Gewärtigen«: »ekstatisch« in der Orientierung von »über« (zweimal) und »hinaus« (viermal) in die

1942 Heidegger, Sein und Zeit, Anhang mit den Randbemerkungen aus dem Handexemplar des Autors, S. 439–445, S. 440.

1943 Vgl. das Zitat zu Anm. 1906.

1944 Heidegger, Sein und Zeit, Anhang mit den Randbemerkungen aus dem Handexemplar des Autors, S. 440.

1945 Heidegger, Sein und Zeit, S. 364.

1946 Ebd., S. 368f.

»Gegend« – oder wie es andernorts in *Ahnung und Gegenwart* heißt: »in die Gegend hinaus[]«[1947] und »in die Nacht hinein«[1948] –, »behaltend[]« im oben erläuterten Sinne der »Stasis des Ekstatischen«. Wenn Friedrich Rosas »kleine zarte Hand [ergreift]«, ist das auch ›ein Nähern (Ent-fernen) von Zu*hand*enem und Vor*hand*enem‹. Und schließlich ist, wenn plötzlich Rosas »Augen« Friedrich »durch die« bis dahin noch »sehr finster[e]« »Nacht« »[an]funkel[n]«, das auch ein *»Einbruch«* des menschlichen *»Daseins in den Raum«* der Nacht, wie man ihn mit einem anderen Begriff Heideggers als »*Lichtung* des Daseins«[1949] bezeichnen könnte.

Neugier und Lichtung des Seins. Rosas Augen funkeln in der Nacht, Friedrich erkennt sie

Dass es wiederum auch in Eichendorffs Roman, und das immer wieder von Neuem, um eine »*Lichtung* des Daseins« geht, lässt sich wohl schon mit Blick auf seinen Beginn mit den Worten »Die Sonne war eben aufgegangen« kaum bezweifeln, und tatsächlich geht auch im weiteren Verlauf des Romans die Sonne so häufig auf wie, vermutlich, in keinem anderen Roman. Heidegger wiederum definiert die »*Lichtung* des Daseins« in *Sein und Zeit*, und zwar im *»§ 36. Die Neugier«*, so:

> Bei der Analyse des Verstehens und der Erschlossenheit [...] wurde auf das lumen naturale hingewiesen und [...] die *Lichtung* des Daseins genannt, in der erst so etwas wie Sicht möglich wird [...] im Sinne der genuinen Zueignung von Seiendem [...]. Wir bezeichnen sie mit dem Terminus *Neugier*, der [...] die Tendenz zu einem eigentümlichen vernehmenden Begegnenlassen der Welt ausdrückt[,] [...] zu [...] Möglichkeiten des Sichüberlassens an die Welt.[1950]

Auch das lässt sich im Ausgang von Eichendorffs Balkon-Szene lesen. Denn es ist in dieser Szene gerade nicht, wie etwa im gleich folgenden Eichendorff-Zitat, jenes konkrete Staunen, das Platon und Aristoteles als »Anfang des

1947 Eichendorff, Ahnung und Gegenwart, S. 219.

1948 Ebd., S. 84. Die Bedeutung ist *hier* zeitlich, andernorts bei Eichendorff jedoch häufig räumlich, so zum Beispiel mehrfach in der Novelle *Aus dem Leben eines Taugenichts.* Joseph von Eichendorff: Aus dem Leben eines Taugenichts/Der neue Troubadour, in: ders.: Ahnung und Gegenwart. Sämtliche Erzählungen, hg. von Wolfgang Frühwald und Brigitte Schillbach, Frankfurt a. M. 2007, S. 445–561, S. 497, 521 – hier auch »in das Tal und die Nacht hinaus« –, S. 533 wieder zeitlich.

1949 Heidegger, Sein und Zeit, S. 170.

1950 Ebd., S. 170 und 172.

Philosophierens« beschrieben haben,[1951] sondern nur eine diffuse ›Ahnung‹, die Friedrich hinaus auf den Balkon treten lässt, also mit Heideggers Worten: eine ›*Tendenz* zu einem eigentümlichen vernehmenden Begegnenlassen der Welt‹, zu einem »Sichüberlassen[] an die Welt«, wie sie nicht nur bei Heidegger *»Neugier«* heißt, sondern auch bei Eichendorff. So heißt es etwa in seiner Novelle *Das Marmorbild* – und hier ist auch ausdrücklich vom ›Staunen‹ die Rede:

> Die Morgenröte erhob sich indes immer höher und kühler über der wunderschönen Landschaft vor ihnen. Da sagte der heitre Pietro zu Fortunato: Seht nur, wie seltsam das Zwielicht über dem Gestein der alten Ruine auf dem Berge dort spielt! Wie oft bin ich, schon als Knabe, mit Erstaunen, Neugier und heimlicher Scheu dort herumgeklettert! […] – Florio warf einen Blick nach dem Berge.[1952]

Hier wird also, im Unterschied zur Balkon-Szene aus *Ahnung und Gegenwart*, neben der »Neugier« auch das aristotelische ›Staunen‹ (*τὸ θαυμάζειν*) ausdrücklich genannt. Zugleich aber geht es dabei ein weiteres Mal, und darin wiederum folgt diese Szene der Balkon-Szene aus *Ahnung und Gegenwart*, um Daseins-*»Lichtung«* qua »Sichüberlassen[] an die Welt« beziehungsweise, ganz im Sinne Ritters, an die »wunderschöne[] Landschaft«, und man muss sich doch wohl fragen, warum Pietro nicht nur mit »Neugier«, sondern auch mit »heimlicher Scheu« über die Landschaft mit ihrem »Berge« »herum[]kletter[n]« sollte, wenn nicht deshalb, weil es sich hier wieder einmal um die ›Erkenntnis‹ einer *auch* sexualtopografischen (weiblichen) Landschaft handelt.[1953]

Liest man also Heideggers *»Lichtung* des Daseins« im Sinne eines *»[n]eugier[igen]«* »Sichüberlassens an die Welt« als – *avant la lettre* – in Eichendorffs Balkon-Szene veranschaulicht beziehungsweise als – nachträglich – topologisch von romantischen Szenen wie dieser her formuliert, dann erscheint Friedrichs »[H]inauslehn[en]« über das »Geländer« und die Donau in der Tat als emblematische Inszenierung dessen, was Heidegger als horizontal-ekstatische »Erschließung des Seins«[1954] bezeichnet hat. Dazu passt ja auch, dass es sich in Eichendorffs Balkon-Szene zwar nicht dem Begriff, wohl aber der Sache nach um eine *»Lichtung«* handelt (andernorts findet

1951 Vgl. Zitat 380.

1952 Joseph von Eichendorff: Das Marmorbild. Eine Novelle, in: ders.: Ahnung und Gegenwart. Sämtliche Erzählungen I, hg. von Wolfgang Frühwald und Brigitte Schillbach, Frankfurt a. M. 2007 (1985), S. 383–428, S. 422f.

1953 Vgl. Anm. 1919.

1954 Heidegger, Sein und Zeit, S. 7.

sich das bei Eichendorff auch nach Begriff *und* Sache[1955]): ist es doch so, dass Rosas »Augen« wie die »am Himmel« »funkel[nden]« »Sterne« in Eichendorffs *Taugenichts*[1956] und, jetzt noch einmal mit Heidegger, offenbar über eine Art »lumen naturale«[1957] verfügend »durch die Nacht« »funkel[]n«, wie es in Hinblick auf die sonstige Verwendung des Wortes ›funkeln‹ in *Ahnung und Gegenwart* vor allem die Himmelslichter besitzen, zum Beispiel die »Morgensonne«[1958]. So gesehen, sind Rosas ›funkelnde‹ »Augen« hier also zum einen ganz im Goethe'schen Sinne »sonnenhaft«.[1959] Zum anderen aber und vor allem haben Rosas »Augen« mit ihren »Blicken« Friedrich ja erst am Morgen jene »neue Welt« des Triebes, genauer: des auf das ›Ganze‹ gerichteten ›Erkenntnis‹triebes aufge»deckt«, und gerade in dieser Entdeckung liegt eine – zumindest eine erste – ›Lichtung‹: war doch kurz zuvor noch der über seine mythologische Charybdis-Referenz geradezu ostentativ sexuelle »Mund« des Donau-»Wirbels« bloß »dunkelblickend«, ohne dass sich dabei in Friedrich irgendein Trieb oder Erkenntnistrieb geregt hätte. Tatsächlich »deckt[]« sich ein solcher Friedrich erst, ›ahnung‹sweise, in Rosas – ihr Name lässt ohnehin an Eos denken –[1960] wie die Morgensonne funkelnden »Blicken« »auf«, um dann, solcherart ge*lichtet*, im »ekstatisch behaltenden Gewärtigen« des Kusses auf dem Balkon erstmals, wenn auch nur vorläufig und augenblickshaft,[1961] ›Gegenwart‹ zu gewinnen.

Ein solcher Augenblick ist allerdings flüchtig, und auch insofern handelt es sich bei ihm um ein »Ereignis« ganz in dem Sinne, wie es Heidegger auch zwar

---

1955 »Er [Leontin] durchstrich daher an dem frischen Morgen allein die einsame Heide, wo ihn oft plötzlich durch eine Lichtung des Waldes die herrlichsten Aussichten überraschten und stundenlang festbannten.« Eichendorff, Ahnung und Gegenwart, S. 136.

1956 »Die Sterne funkelten am Himmel, auf dem Platze war alles leer und still, ich hörte voll Vergnügen dem Gesange der schönen Frau zu, der zwischen dem Rauschen des Brunnens aus dem Garten herüberklang.« Eichendorff, Aus dem Leben eines Taugenichts, S. 538.

1957 Vgl. zur Unterscheidung von ›lux‹ und ›lumen‹ Fabio Barry: Lux and Lumen. The Symbolism of Real and Represented Light in the Baroque Dome, in: kritische berichte 30/4 (4/2002). Zeitschrift für Kunst- und Kulturwissenschaften [...], S. 22–37.

1958 »Die Morgensonne funkelte ihnen fröhlich entgegen.« Eichendorff, Ahnung und Gegenwart, S. 91.

1959 »Wär' nicht das Auge sonnenhaft, / Die Sonne könnt' es nie erblicken«. Johann Wolfgang Goethe: Weimarer Klassik. 1798–1806, hg. von Victor Lange, München 1986 (= Sämtliche Werke nach Epochen seines Schaffens. Münchner Ausgabe, Bd. 6.1), S. 93.

1960 Vgl. Anm. 2267.

1961 »Die in der eigentlichen Zeitlichkeit gehaltene, mithin *eigentliche Gegenwart* nennen wir den *Augenblick*. Dieser Terminus muß im aktiven Sinne als Ekstase verstanden werden.« Heidegger, Sein und Zeit, S. 338.

nicht wie noch Kant als »Eräugnis«[1962] bezeichnet, wohl aber aufs »[E]r-äugen« zurückführt:[1963] ist Heidegger zufolge doch ein »eräugen[des]« – das heißt »in die Augen«, den »Blick« »fallen[des]«, den Menschen »in die Lichtung einbeziehen[des]« – »Er-eignen« etwas, das sich niemals »fest[]stellen« oder, wie Friedrich das gerne würde, »halten«[1964] »läßt«.[1965] So kommt es, dass gerade in dem *»lichtend[en]« »Er-eignen«* von »Augen, Blick, Anblick« (Heidegger),[1966] in jenem »Augenblicke« also (Eichendorff), in dem Friedrich und Rosa sich küssen, die Tür aufgeht und die gerade erst begonnene, ›transzendental‹-zärtliche »*Lichtung* des Daseins«[1967] von der vulgären »puren« Wirtshaus-»›Gegenwart‹« und ihrem mit »Tabaksdampf« und Lärm vermischten »Licht« vertrieben wird: »und das Mädchen war verschwunden, ohne daß Friedrich sie halten konnte.«[1968]

1962 Immanuel Kant: Kritik der reinen Vernunft. Nach der 1. und 2. Original-Ausgabe hg. von Jens Timmermann. Mit einer Bibliografie von Heiner Klemme, Hamburg 1998, S. 296 (B 244), 552 (A 450/B 478) und 629 (A 443/B 571). – Zum ›Ereignis‹ bei Kant schreibt Stefan Gerlach: Wie ist Freiheit möglich? Eine Untersuchung über das Lösungspotential zum Determinismusproblem in Kants *Kritik der reinen Vernunft*, Tübingen 2010, S. 84: »Kant gebraucht diesen Ausdruck wenig und noch in der alten Form: ›die Eräugnis‹ (So z.B. in der Timmermann-Ausgabe B 244). Volker Gerhardt weist in seinem Aufsatz *Handlung als das Verhältnis von Ursache und Wirkung* auf den Bezug zur äußeren Sinnlichkeit hin, zu dem, das vor Augen liegt, der in diesem Ausdruck noch wach ist.« Vgl. Volker Gerhardt: Handlung als das Verhältnis von Ursache und Wirkung, in: Gerold Prauss (Hg.): Handlungstheorie und Transzendentalphilosophie, Frankfurt a. M. 1986, S. 98–131, S. 109: »›Begebenheit‹ ist synonym mit ›Ereignis‹ – ›Eräugnis‹, wie es in der Sprache des 18. Jahrhunderts noch heißt – ein Ausdruck, der den sinnlichen Bezug des von Kant gemeinten Geschehens offenkundig macht.«

1963 Martin Heidegger: Der Satz der Identität, in: ders.: Identität und Differenz. Text der durchgesehenen Einzelausgaben mit Randbemerkungen des Autors aus seinen Handexemplaren. Hg. von Friedrich-Wilhelm von Herrmann, Frankfurt a. M. 2006 (= Gesamtausgabe, I. Abteilung: Veröffentlichte Schriften 1910–1976, Bd. 11), S. 31–50, S. 45: »Das Wort Ereignis ist der gewachsenen Sprache entnommen. Er-eignen heißt ursprünglich: er-äugen, d.h. erblicken, im Blicken zu sich rufen, an-eignen.«

1964 Eichendorff, Ahnung und Gegenwart, S. 61; vgl. Zitat 1857.

1965 Martin Heidegger: Das Ereignis, hg. von Friedrich-Wilhelm v. Herrmann, Frankfurt a. M. 2009 (= Gesamtausgabe, III. Abteilung: Unveröffentlichte Abhandlungen. Vorträge – Gedachtes, Bd. 71), S. 184. Heidegger spricht hier vom »Er-eignen« als *»Er-eigen«* und »eräugen«, nicht aber wörtlich wie Kant vom ›Eräugnis‹.

1966 Heidegger, Das Ereignis, S. 184.

1967 Heidegger, Sein und Zeit, S. 170.

1968 Eichendorff, Ahnung und Gegenwart, S. 61; vgl. Zitat 1857.

Alles, alles gut – alles, alles Weh. Philosophie als Heimweh (Novalis), Überall als Heimat

Zugegeben: die hier unternommene topologische Engführung von Begriffen Eichendorffs und Heideggers hat Stichprobencharakter. Und doch zeigt sie etwas. Sie zeigt, vielleicht nur andeutungsweise, dass Heideggers Begrifflichkeit samt ihrer narrativen Logik – und Not – in *Sein und Zeit* jener romantischen Tradition verpflichtet ist, wie sie sich in Eichendorffs Texten verkörpert. Das aber verwundert insofern nicht, als sich Heidegger selbst in theoretischer Hinsicht zwar nicht ausdrücklich auf Eichendorff, wohl aber auf Novalis bezieht, dem ja wiederum Eichendorff bis hinein in den Titel seines ersten Romans folgt – und natürlich nicht nur hier.

Dass wiederum das Gesagte nicht nur für *Sein und Zeit* und die mit der ›horizontalen Ekstase‹ zusammenhängenden Begriffe gilt, sondern zum Beispiel auch für den Komplex der ›Stimmung‹ bei Heidegger, hatte ich schon oben im sechsten Kapitel gezeigt. Dort hatte ich auch Heideggers Definition von den »Stimmungen« als dem »›Medium‹ des Denkens und Handelns« zitiert, in denen »wir erst uns selbst – als Da-sein« treffen sollen.[1969] Wie es aussieht, dekliniert Heidegger also die ihn umtreibenden abstrakten metaphysischen Begriffe wie ›Sein‹, ›Dasein‹ oder ›Wahrheit‹ immer wieder von Neuem in unterschiedlichen begrifflichen, und das heißt auch topologischen beziehungsweise metaphorologischen Registern durch – zum Beispiel mal als ›Stimmung‹, mal als ›Ekstase‹, aber auch als ›Ereignis‹ oder ›Eräugnis‹. Dass es dabei zu Überlagerungen dieser Register sowie zu mehr oder minder katachrestischen Interferenzen zwischen ihnen kommt, versteht sich: und auch darin liegt, ob freiwillig oder nicht, ein romantischer Zug Heideggers.

Vor allem aber ist Heidegger, wie gesagt, romantisch in seinem Anschluss an romantische Motive und ihre narrative Handhabung. Und das ist auch dann der Fall, wenn man es häufig aufgrund von Heideggers hoher Abstraktion nicht auf den ersten Blick sieht. So lässt sich zum Beispiel, wie ich hier zu zeigen versucht habe, Heideggers abstrakt klingendes ekstatisches »sichausrichtende[s] Entdecken von Gegend« beziehungsweise »Sicheinräumen [...] als ausgerichtetes Gewärtigen von Gegend« als ›Hinausgehen‹ in die von der »dunkelblickend«-ungelichteten Natur zu Unverborgenheit und ›Erkennbarkeit‹ gelichtete – weibliche – Landschaft begreifen, wie Ritter sie theoretisch analysiert und Eichendorff sie literarisch ausfabuliert haben.

1969 Martin Heidegger: Die Grundbegriffe der Metaphysik: Welt – Endlichkeit – Einsamkeit (Freiburger Vorlesung Wintersemester 1929/30), hg. von Friedrich-Wilhelm von Herrmann, Frankfurt a. M. 2004, S. 102.

Heidegger wiederum bringt selbst ausdrücklich seine Ausführungen zu ›Stimmung‹ und ›Raum‹ sowie ›Gegend‹ zusammen, und das unter ausdrücklicher Bezugnahme auf die Romantik. In seinem Aufsatz *Die Kunst und der Raum*, einem relativ späten Text, schreibt er:

> Einmal zugestanden, [...] Wahrheit bedeute die Unverborgenheit des Seins, muß dann nicht [...] der wahre Raum, das, was sein Eigenstes entbirgt, maßgebend werden?
>
> Doch wie können wir das Eigentümliche des Raumes finden? Es gibt einen Notsteg, einen schmalen freilich und schwankenden. Wir versuchen auf die Sprache zu hören[1970]

und damit offenbar eben das zu tun, was Heidegger in *Sein und Zeit* noch nicht wollte, gerade weil er sich dort noch nicht von den »›räumlichen‹ Vorstellungen«, die die »Sprache« »durchherr[schen]«, mitbeherrschen lassen wollte. Jetzt also fährt er fort:

> Wovon spricht sie im Wort Raum? Darin spricht das Räumen. Dies meint: roden, die Wildnis freimachen[,][1971]

und genau das, ›der Neuland rodet‹, bedeutet jener Name ›Novalis‹, unter dessen Pseudonym Friedrich von Hardenberg 1798 seine ersten *Blütenstaub*-Fragmente im *Athenäum* publiziert hat.[1972] Kann das Zufall sein? Heidegger weiter:

> Das Räumen erbringt das Freie, das Offene für ein Siedeln und Wohnen des Menschen[,][1973]

und um dieses »Offene im Sinne des ἀληθές« und seinen Bezug zur »Unverborgenheit [ἀλήθεια]«[1974] ging es ja schon im sechsten Kapitel. Der nächste Satz lautet:

1970 Martin Heidegger: Die Kunst und der Raum. L'art et l'espace, Frankfurt a. M. 2007, S. 8. Auf diesen Text bezieht sich Jean-Luc Nancy; vgl. Zitat 753.

1971 Heidegger, Die Kunst und der Raum, S. 8.

1972 »Das Pseudonym ist der alte Name der Hardenbergs, deren älteste bekannte Glieder Hermann und Bernhard (ca. 1190)[] sich nach der lateinischen Bezeichnung ihrer Besitzung Großenrode (magna Novalis) ›de Novali‹ nannten (Vgl. HKA IV 834). Es betont mit dem Hinweis auf das Roden von Neuland auch den *revolutionairen* Inhalt des Textes.« Jürgen Balmes: Kommentar zu: Novalis: Werke, Tagebücher und Briefe Friedrich von Hardenbergs, hg. von Hans-Joachim Mähl und Richard Samuel, München 1978, Bd. 3: Kommentar, S. 342.

1973 Heidegger, Die Kunst und der Raum, S. 9.

1974 Heidegger, Parmenides, S. 231.

> Räumen ist, in sein Eigenes gedacht, Freigabe von Orten, an denen die Schicksale des wohnenden Menschen sich ins Heile einer Heimat oder ins Unheile der Heimatlosigkeit oder gar in die Gleichgültigkeit gegenüber beiden kehren.[1975]

›Heil‹ und ›Heimat‹ sind Worte, die nicht in *Sein und Zeit* vorkommen, und das ist insofern besonders bemerkenswert, als es in *Sein und Zeit* ja ausführlich um »ursprüngliche[] Ganzheit«[1976] und neuerliches »Ganzseinkönnen«[1977] geht. Das aber legt den Gedanken nahe, dass auch das ›Heil der Heimat‹ beziehungsweise das ›Unheile der Heimatlosigkeit‹ – mit einem anderen Wort: das Heimweh – der »Sprache« abge»hör«t sind, oder genauer: dass sie der romantischen »Sprache« des Novalis abgehorcht sind.[1978]

Dafür spricht, was Heidegger in seiner im Wintersemester 1929/30 – also nach Veröffentlichung von *Sein und Zeit* – gehaltenen Vorlesung[1979] über *Die Grundbegriffe der Metaphysik: Welt – Endlichkeit – Einsamkeit*, um die es im fünften Kapitel schon einmal ging, sagt:

> Philosophie [...] – was wissen wir denn von ihr, was und wie ist sie denn? [...] Philosophie – so wissen wir wohl obenhin – ist keine beliebige Beschäftigung, mit der wir uns nach Laune die Zeit vertreiben, kein bloßes Sammeln von Kenntnissen, die wir uns jederzeit leicht aus Büchern beschaffen, sondern – wir wissen es nur dunkel – etwas im Ganzen und Äußersten, worin eine letzte Aussprache und Zwiesprache des Menschen geschieht.[1980]

Den Gedanken, dass es um ein »Ganze[s]« geht, führt Heidegger nun im folgenden Abschnitt mit dem Titel »Das Heimweh als die Grundstimmung des Philosophierens und die Fragen nach Welt, Endlichkeit und Vereinzelung« aus:

1975 Heidegger, Die Kunst und der Raum, S. 9.

1976 So im »§ 39. Die Frage nach der ursprünglichen Ganzheit des Strukturganzen des Daseins«; Heidegger, Sein und Zeit, S. 180.

1977 Ebd., S. 326. Vgl. Zitat 1908.

1978 Zum Heimweh als *morbus helveticus* Fritz Ernst: Vom Heimweh, Zürich 1949; zum ›romantischen‹ Heimweh und Johann Heinrich Jung-Stillings Roman *Das Heimweh* Ulrich Stadler: Die theuren Dinge. Studien zu Bunyan, Jung-Stilling und Novalis, Bern 1980, S. 33–115. – Stadler verortet Jung-Stillings *Heimweh*, das Novalis' *Heinrich von Ofterdingen* literaturhistorisch wie in Stadlers Darstellung vorausgeht (vgl. zum *Heinrich von Ofterdingen* ebd., S. 116–216), im Kontext von Schillers »Entfremdung[s]«-Diagnose aus den Briefen *Über die ästhetische Erziehung des Menschen*; ebd., S. 5.

1979 Vgl. Friedrich-Wilhelm von Herrmann: Nachwort des Herausgebers, in: Heidegger, Die Grundbegriffe der Metaphysik, S. 537–542, S. 537.

1980 Ebd., S. 6.

> Philosophie – eine letzte Aussprache und Zwiesprache des Menschen, die ihn ganz und ständig durchgreift. Aber was ist der Mensch [...]? Wohin wollen wir? Sind wir zufällig einmal in das Weltall hineingestolpert? *Novalis* sagt einmal in einem Fragment: »Die Philosophie ist eigentlich Heimweh, ein Trieb überall zu Hause zu sein«[].[1981] Eine merkwürdige Definition, romantisch natürlich. Heimweh – [...] gar als die Bestimmung der Philosophie! Vor allem aber, welchen Zeugen führen wir da über die Philosophie an? *Novalis* – doch nur ein Dichter und gar kein wissenschaftlicher Philosoph. Sagt aber nicht *Aristoteles* in seiner »Metaphysik«: πολλὰ ψεύδονται ἀοιδοί[]: Vieles lügen die Dichter zusammen?[1982]

Mit dem Problem, einen Denker heranzuziehen, der »nur« ein Dichter ist, hält sich Heidegger nicht lange auf. Es handelt sich offenbar um eine rhetorische Frage, eine Art philosophischen Disclaimer, den er mit dem Hinweis beschließt, »daß die Kunst – dazu gehört auch die Dichtung – die Schwester der Philosophie« ist:[1983] weswegen im Übrigen, jedenfalls von Heideggers Seite, nichts dagegen spricht, hier auch Eichendorff ins Feld zu führen.

Was nun Novalis' von Heidegger angeführten Satz betrifft, stellt sich natürlich die Frage, wie hier der Begriff »Heimweh« zu verstehen ist. Einen Hinweis darauf gibt eine – von Heidegger allerdings nicht zitierte – Parallelstelle zum Überall-zu-Hause-Sein, die sich in Novalis' Fragmenten aus dem Jahr 1799 findet. Sie lautet:

> Es ist doch keine größere Freude, als alles *zu verstehen* – überall zu Hause zu seyn – von allem Bescheid zu wissen – überall sich helfen zu können.[1984]

1981 Bei Novalis heißt es: »Die Philosophie ist eigentlich Heimweh – *Trieb überall zu Hause zu seyn.*« Novalis: Das allgemeine Brouillon (Materialien zur Enzyklopädistik) 1798/99, Nr. 857, in: ders.: Werke, Tagebücher und Briefe Friedrich von Hardenbergs, Bd. 2: Das philosophisch-theoretische Werk, hg. von Hans-Joachim Mähl, München 1978, S. 473–720, S. 675. – Der Begriff *»das Heim-weh«* wird erstmals von Johannes Hofer in seiner medizinischen Dissertation mit dem Titel *ΝΟΣΤΑΛΓΙΑ, Oder Heimwehe*, Basel 1688, erwähnt. »Johannes Hofers Namengebung des Heimwehs im § 2 seiner Dissertatio medica von 1688«, in: Fritz Ernst: Vom Heimweh, Zürich 1949, S. 61f., S. 61. Vgl. zum Heimweh auch Simon Bunke: Heimweh. Studien zur Kultur- und Literaturgeschichte einer tödlichen Krankheit, Freiburg i. Br., Berlin, Wien 2009. Bunke widmet sich ausführlich Johannes Hofer und auch Johann Heinrich Jung-Stillings Roman *Das Heimweh* (1794–1796), erwähnt aber mit keinem Wort Novalis oder Heidegger.

1982 Heidegger, Die Grundbegriffe der Metaphysik, S. 7.

1983 Ebd.

1984 Novalis: Aus den Fragmenten und Studien 1799/1800, Nr. 1, in: ders.: Werke, Tagebücher und Briefe Friedrich von Hardenbergs, Bd. 2: Das philosophisch-theoretische Werk, hg. von Hans-Joachim Mähl, München 1978, S. 751–848, S. 752. – Vgl. auch das Nietzsche-Zitat in Anm. 1992.

›Bescheidwissen‹ und ›Verstehen‹ sind also Facetten des Überall-zu-Hause-Seins: der philosophische »Trieb überall zu Hause zu sein« ist eben auch, das versteht sich eigentlich von selbst, ein ›Erkenntnis‹trieb (und nicht etwa der nach ›Zerstreuung‹)[1985]. Nicht so selbstverständlich ist allerdings die insistierende Wiederholung des Wortes ›all‹. Zweimal sagt hier Novalis ›alles‹, zweimal ›überall‹, und das in einem so kurzen Satz von nur 25 Wörtern.

Ist es Zufall, dass diese ›all‹-Ballung von Ferne an den berühmten Schlusssatz von Eichendorffs *Taugenichts* »und es war alles, alles gut!«[1986] erinnert – wie außerdem die Duplicatio »alles, alles« mehrmals in Eichendorffs Lyrik vorkommt, darunter auch in der Wendung »alles, alles Weh«?[1987] Und ist es Zufall, dass am Ende des *Taugenichts* das verliebte Paar »vom Schloß« in die »Nacht« und über die »Donau« hinausschaut?[1988] So oder so ist, darauf hat schon Spitzer hingewiesen, die »Mengenbezeichnung *alle*« charakteristisch für Eichendorff, und dabei »gehört« *»[a]lle«* Spitzer zufolge »zweifellos [...] zur Tiefe und Ferne des Alls, das Eichendorff sieht.«[1989]

Eben in diesem Sinne aber liest offenbar auch schon Heidegger Novalis' Diktum von der Philosophie als »Heimweh« und »Trieb überall zu Hause zu sein«, wenn er fragt, ob »wir zufällig« ins »Weltall hineingestolpert« wären. Damit bereitet Heidegger seine Interpretation von Novalis' Begriff ›überall‹ vor:

> Überall zu Hause zu sein – was heißt das? Nicht nur da und dort, auch nicht nur jeden Orts, an allen nacheinander zusammen, sondern überall zu Hause sein heißt: jederzeit und zumal im Ganzen sein. [...]
>
> Dahin, zum Sein im Ganzen sind wir in unserem Heimweh getrieben.[1990] Unser Sein ist diese Getriebenheit. Wir sind immer schon irgendwie zu diesem

1985 Denn ›Zerstreuung‹ verhindert das ›Verstehen‹: »Rings Menschen sich drehen / Und reden gescheut, / Ich kann nichts verstehen, / So fröhlich zerstreut. –« Joseph von Eichendorff: Liedchen, in: ders.: Sämtliche Gedichte. Versepen, hg. von Hartwig Schultz, Frankfurt a. M. 2006, S. 213.

1986 Eichendorff, Aus dem Leben eines Taugenichts, S. 561; ähnlich endet der vorletzte Absatz der *Glücksritter*: »es war ja Alles, Alles wieder sein!« Eichendorff, Die Glücksritter, S. 557.

1987 »Und ich öffne still im Herzen / Alles, alles diesem Blick« heißt es in dem allerdings nicht von Joseph, sondern von Wilhelm von Eichendorff stammenden Gedicht *Der Blick*; Wilhelm von Eichendorff: Der Blick, in: Joseph von Eichendorff: Sämtliche Gedichte. Versepen, hg. von Hartwig Schultz, Frankfurt a. M. 2006, S. 574f. (vgl. zur Autorschaft ebd., S. 1259 und 1263); »'S geht Alles, Alles unter: / Wir aber in die Höh'!«; Joseph von Eichendorff: In die Höh', in: ebd., S. 258f., S. 259; »Bald kommt der Winter und fällt der Schnee, / Bedeckt den Garten und mich und alles, alles Weh.« Ders.: Herbstweh, in: ebd., S. 419.

1988 Eichendorff, Aus dem Leben eines Taugenichts, S. 561.

1989 Spitzer, Zu einer Landschaft Eichendorffs, S. 147; vgl. zum »alles, alles« auch ebd., S. 151f.

1990 Vgl. zur »Metaphysik des Ganzen« Uwe Japp: Beziehungssinn. Ein Konzept der Literaturgeschichte, Frankfurt a. M. 1980, S. 48–54.

> Ganzen fortgegangen oder besser unterwegs dazu. Aber wir sind angetrieben, d.h. wir sind zugleich irgendwie von etwas zurückgerissen, in einer abziehenden Schwere ruhend. Wir sind unterwegs zu diesem ›im Ganzen‹.[1991]

Zunächst: es könnte sich hier um eine Nietzsche-Anspielung handeln. In *Ecce homo* schreibt dieser:

> Es ist meine Klugheit, vieles und vielerorts gewesen zu sein, um *eins* werden zu können – um zu *einem* kommen zu können.[1992]

Dieses ›Vielerorts-gewesen-Sein‹, »um *eins* [zu] werden«, überblendet Heidegger also anscheinend ganz nach der Logik des ›Alles ist eins‹ mit Novalis' »Heimweh« als philosophischem »Trieb überall zu Hause zu sein«. Dabei verschmilzt er sogar ein weiteres Mal, wie es in Nietzsches Zitat nicht angelegt ist, Räumlichkeit und Zeitlichkeit, indem er »überall« und »jederzeit« identifiziert.

Und weiter: »Sein im Ganzen«, im »Heile[n]« – *τὸ ὅλον* – »einer Heimat« ist es, worauf sich der »Heimweh« genannte philosophische »Trieb überall zu Hause zu sein« richtet – ein Zustand der »Fülle« (Spitzer)[1993] oder auch des »at-one-ment« (Dan Brown)[1994] also, in dem jetzt »alles, alles gut« ist, weil alles wieder ›eins‹, ›ganz‹ und ›heil‹ ist wie in jenem primordialen Urzustand des Alles-ist-eins, den der ihn erstrebende regressive Trieb – nachträglich, wohlgemerkt! – präsupponiert.

Der Klang des *περιέχον*. Rauschen

Erzählt aber, wie Spitzer in diesem Sinne im Anschluss an Alewyn sagt, Eichendorff von einem »vollen Universum[]« und einem »vollen erlebten Raum[]«,[1995] dann erkennen Alewyn wie Spitzer damit, wenn auch nicht ausdrücklich, die zentrale Argumentationsfigur des Mesmerismus wieder: hatte doch Mesmer gesagt, »der Mensch« sei »[e]ingetaucht in den Ozean der Allflut welche den Raum erfüllt«.[1996] Dass diese »Allflut« also erstens

1991 Heidegger, Die Grundbegriffe der Metaphysik, S. 7f.

1992 Friedrich Nietzsche: Ecce homo, in: ders.: Kritische Studienausgabe in 15 Bänden, hg. von Giorgio Colli und Mazzino Montinari, Bd. 6, München ²1988, S. 255–374, S. 320.

1993 Spitzer, Zu einer Landschaft Eichendorffs, S. 152.

1994 Brown, The Lost Symbol, S. 58.

1995 Spitzer, Zu einer Landschaft Eichendorffs, S. 147.

1996 Mesmer, Mesmerismus. Oder System der Wechselwirkungen, S. 4. Mesmer zieht den Begriff »All-Flut« »dem Wort Fluidum« vor; ebd., S. XXXIf.

ideengeschichtlich ein Vorgänger von Novalis' und damit auch Heideggers »Überall« ist und zweitens bei Mesmer als animalmagnetisches Fluidum gedacht ist, liegt auf der Hand. Wie aber bei Eichendorff? In welchem ›Medium‹ konkretisiert sich diese »Allflut« beziehungsweise dieses »Überall« bei ihm, oder anders gefragt: was »erfüllt« bei ihm »den Raum«?

Eine Antwort darauf ergibt sich schon aus dem bis hierhin Gesagten. Es ist die Nacht: eine – wie schon für E.T.A. Hoffmann im fünften Kapitel beschrieben –›duftig‹-atmosphärische Nacht,[1997] aus der Rosa auf- oder emportaucht, wie Spitzer zufolge bei Eichendorff der »erfüllte[] Augenblick[]« – man könnte auch mit Novalis sagen: die ›Gegenwart‹ – »aus dem Fluß der Zeit emportaucht.«[1998] Noch in Saša Stanišić' 2014 erschienenem Roman *Vor dem Fest* findet sich diese Metaphorik, wenn es heißt: »Die Nacht hieß Flut, jetzt ebbt sie ab, schaut her, was sie angespült« und eine Protagonistin des Romans »Wimpern« hat, die beim Blinzeln »die Finsternis Wellen« schlagen lässt.[1999] Was jedenfalls Eichendorff betrifft, gibt es eine meteorologische Spielart einer solchen Nacht auch am Tage. Das sind, wie ich gleich noch argumentieren werde, dunkle Gewitterwolken.

Was außerdem bei Eichendorff den Raum erfüllt, und das wäre eine andere Antwort auf die gestellte Frage, ist das ›Rauschen‹. ›Rauschen‹ ist die bei Eichendorff[2000] besonders häufig zu findende mediale Spielart jener Sphärenmusik, die die Romantiker aus der Antike übernehmen. Schon bei Hoffmann, das hatte ich im fünften Kapitel zitiert, hieß es ja:[2001]

> Mir war es, als vernähme ich in dem wunderbaren Rauschen, das die Luft durchzog, die geheimnisvolle Stimme des Weltgeistes selbst, die tröstend zu den Menschen spricht und die Erfüllung alles in der Seele geahnten verheißt[,][2002]

und dabei wiederum handelt es sich um jenen ausdrücklich musizierenden »Weltgeist«, der auch die »unsichtbaren Saiten [rührt], die durch das Universum sich spannen«.[2003]

1997 Vgl. das Zitat zu Anm. 2033.

1998 Spitzer, Zu einer Landschaft Eichendorffs, S. 152.

1999 Saša Stanišić: Vor dem Fest. Roman, München 2014, S. 241.

2000 Vgl. zum Rauschen bei Eichendorff Ralf Simon: Eichendorff. Der Baum der Sprache (Lorelay), in: ders.: Die Bildlichkeit des lyrischen Textes. Studien zu Hölderlin, Brentano, Eichendorff, Heine, Mörike, George und Rilke, München 2011, S. 155–169. Simon spricht vom »doppelte[n] Rauschen (Quellgrund und Blätterrauschen)«; ebd., S. 155.

2001 Um Missverständnisse zu vermeiden: Hoffmanns Text, um den es oben schon ging, entstand später als Eichendorffs *Ahnung und Gegenwart*.

2002 Hoffmann, Briefe aus den Bergen, S. 694.

2003 Ebd., S. 691.

Bei Eichendorff nun sind es vor allem Wälder und Flüsse, die rauschen. Rauschen ist bei Eichendorff das Geräusch von Materie, *hylē, materia* – ein Geräusch, das zum einen mit bergender Weiblichkeit, ja embryonaler Geborgenheit im Weiblichen assoziiert ist, zum anderen aber auch mit der – allerdings wiederum verlockenden – Gefahr, im ozeanisch rauschenden Wald unterzugehen, also mit Goethe: »Im Grenzenlosen sich zu finden« und darin »gern« zu »verschwinden«. Ganz ähnlich drückt es bei Eichendorff die ambivalente Formel »in den Wäldern selig verschollen« aus, mit der seine Novelle *Die Glücksritter* schließt.[2004] Ebenfalls ganz ähnlich ist schon zu Beginn von *Ahnung und Gegenwart* ein »Wellenrauschen«[2005] zu hören, als Friedrich mit seinen Argonauten in den charybdishaften »Mund« des Donau-»Wirbels« blickt: und dabei kommt ihm das hier rauschende weibliche »unbekannte[] Element« nur deshalb »feindselig« vor, weil er hier noch nicht, wie erläutert, jene »neue Welt« des Triebes entdeckt hat, die sich ihm ja erst wenig später in Rosas Blicken erschließt, dann aber schon am Abend weiter konkretisiert, als er ihre »Lippen« küsst – und sich ihm damit der »Mund« des »unbekannten Elements« weiblicher Sexualität zum Mund einer nun schon besser bekannten und im Verlauf des Romans noch weiter zu ›erkennenden‹ Weiblichkeit verwandelt.

Um das Gesagte noch einmal anders zu formulieren: Das ›Rauschen‹, das bei Eichendorff den Raum erfüllt, ist der Klang des *periéchons*, wie es sich innerhalb der Diegese seiner Texte in Materialitätsallegorien wie nächtlicher Dunkelheit, Wald und Wasser konkretisiert. Als Allegorien von Materie, *hylē, materia* sind sie, auch hier wirkt Eichendorff schlagend freudianisch, weiblich konnotiert: ist doch das *periéchon* nichts anderes als die ›mediale‹ Grundvorstellung jenes, noch einmal mit einem Ausdruck aus demselben Register, »Schoße[s] der Welt«,[2006] wie er sich in der Romantik wieder und wieder als weibliche Landschaft konkretisiert.[2007]

2004 Eichendorff, Die Glücksritter, S. 558. Vgl. Erhard Schütz: »... In den Wäldern selig verschollen«. Waldgänger in der deutschen Literatur seit der Romantik, Bremen 2013.

2005 Vgl. Zitat 1851.

2006 Der Ausdruck stammt hier von Ernst Meinck: Die sagenwissenschaftlichen Grundlagen der Nibelungendichtung Richard Wagners, Berlin 1892, S. 145. Meinck schreibt zu den Worten der Nornen »›Zu End' ewiges Wissen! / Der Welt melden / Weise nichts mehr: – / hinab zur Mutter, hinab!‹«: »Denn ihre Wohnstätte ist da, wo auch die ›Mütter‹ im ›Faust‹ in Einsamkeit thronen, im Schoße der Welt, im Reiche des Unendlichen, wo es keinen Raum giebt und keine Zeit.« Mit Heidegger könnte man also auch sagen: in einem »Ganzen«, in dem »überall« und »jederzeit« zusammenfallen.

2007 Vgl. zur Analogie von Landschafts»[a]ue« und »Fraue[n]«-»Schoß«, die hier sogar noch über den Reim bekräftigt wird, Eichendorffs Gedicht *Der Gefangene*: »Wie prächtig glänzt

Vorschein des Alles-ist-eins: der erfüllte Augenblick

Damit keine Missverständnisse aufkommen: ein irgendwie ganzheitlich-*flow*hafter Ur- oder auch Endzustand des Alles-ist-eins ist, wie oben schon erläutert, nicht ohne Widersprüche vorstellbar. So hatte es ja schon Goethe in seiner Wendung »Was in Erscheinung tritt, muß sich trennen um nur zu erscheinen« gesagt,[2008] und so gilt es. Was aber vorstellbar ist, das ist ein – mit Spitzer – »erfüllte[r] Augenblick« als – mit Heidegger – »Ereignis« und »Eräugnis«: also eine Art Vorschein[2009] des ersehnten, aber unerreichbaren Zustandes, in dem ›alles eins‹ ist. Allerdings ist ein solches Ereignis, wie gesagt, flüchtig, eben augenblickshaft. Es lässt sich so wenig festhalten, wie Friedrich Rosa auf dem Balkon halten kann.

Alle bis hierhin in diesem Kapitel umrissenen Zusammenhänge finden sich in einer Szene im fünften Kapitel des Ersten Buchs von *Ahnung und Gegenwart* wieder. Die Gesellschaft ist aufgebrochen, Friedrich und Rosa bleiben allein zurück.

> Beide setzten sich, als alles fort war, auf die Bank an der Haustüre vor den weiten Kreis der Wälder. Friedrich hatte die Guitarre bei sich und griff einige volle Akkorde, welche sich in der heiteren, stillen Nacht herrlich ausnahmen.[2010]

Wald, Nacht, Musik in »volle[n]«, sozusagen kosmischen »Akkorden«, und schließlich zwar nicht der Himmels-»Kreis«, aber doch einer »der Wälder«: all das ist hier versammelt. Friedrich soll nun, so Rosas Wunsch, seine »Jugendgeschichte« erzählen. Dazu »[]lehnt[]« sie den »einen Arm[] auf seine Achsel« und »rückt[]« zudem »so nahe als möglich an ihn« heran, und diese Nähe erinnert an ihre erste Begegnung auf dem Balkon über der Donau. Friedrich beginnt

> folgendermaßen zu erzählen:
>
> Meine frühesten Erinnerungen verlieren sich in einem großen, schönen Garten. Lange, hohe Gänge von gradbeschnittenen Baumwänden laufen nach allen Richtungen zwischen großen Blumenfeldern hin, Wasserkünste rauschen

die Aue! / Wie Gold der Quell nun floß, / Und einer süßen Fraue / Lag er im weichen Schoß.« Joseph von Eichendorff: Der Gefangene, in: ders.: Gedichte, S. 163–166, S. 164f.

2008 Johann Wolfgang Goethe: Physikalische Vorträge. Schematisiert <1805–1806>, in: ders.: Sämtliche Werke nach Epochen seines Schaffens. Münchner Ausgabe, hg. von Karl Richter u. a., Band 6.2: Weimarer Klassik 1798–1806, München 1988, S. 834–879, S. 835.

2009 Vgl. Anm. 506.

2010 Eichendorff, Ahnung und Gegenwart, S. 99.

> einsam dazwischen, die Wolken ziehen hoch über die dunkeln Gänge weg […], während ich […] sehe, wie draußen der Sonnenschein wechselnd über Wälder und Wiesen fliegt, und Wagen, Reuter und Fußgänger am Tore vorüber in die glänzende Ferne hinausziehen.[2011]

Die »frühesten Erinnerungen« sind also, vor allem anderen, die an eine Landschaft, und in dieser Landschaft »rausch[t]« es auch. Was Friedrich mit dieser Landschaft beschreibt, ist eine regressive Phantasie, deren »ganze« (!) Zeit »weit hinter« seinem Leben liegt. Das ist doppeldeutig, kann doch die Präposition ›hinter‹ zeitlich sowohl ›vor‹ als auch ›nach‹ heißen. Und das passt ja auch zu einer regressiven Phantasie, bei der es um *Wieder*herstellung eines als vormals existierend, aber verlorengegangen gedachten Urzustandes geht.

Friedrich fährt fort:

> Diese ganze stille Zeit liegt weit hinter all dem Schwalle der seitdem durchgelebten Tage, wie ein uraltes, wehmütig süßes Lied, und wenn mich oft nur ein einzelner Ton davon wieder berührt, faßt mich ein unbeschreibliches Heimweh, nicht nur nach jenen Gärten und Bergen, sondern nach einer viel ferneren und tieferen Heimat, von welcher jene nur ein lieblicher Widerschein zu sein scheint. Ach, warum müssen wir jene unschuldige Betrachtung der Welt, jene wundervolle Sehnsucht, jenen geheimnisvollen, unbeschreiblichen Schimmer der Natur verlieren, in dem wir nur manchmal noch im Traume unbekannte, seltsame Gegenden wiedersehen![2012]

»[N]icht nur« auf »Gärten und Berge[]« richtet sich Friedrichs »Heimweh«, also auf die Landschaft im buchstäblichen – und zugleich wieder weiblichen – Sinne, sondern auf eine »fernere[] und tiefere[] Heimat«, von welcher die als mit Licht und Dunkelheit, Wald und Wasser ›gänzlich‹ ›erfüllte‹ – ›geheimnis*volle*‹ – rauschende Landschaft ›nur ein lieblicher *Wider*schein‹ ist, und das wiederum heißt mit Blick auf die Zukunft, in der sich Friedrich diese »Heimat« mit »Sehnsucht« wünscht ›*wieder*zusehen‹, auch: ein *Vor*schein.

Ist es aber eine »ferne[] und tiefe[] Heimat«, auf die sich Friedrichs »Heimweh« seinen eigenen Worten zufolge richtet, dann besitzt diese »Heimat« wörtlich genau jene Attribute von Tiefe und Ferne, die Spitzer zufolge bei Eichendorff als »Tiefe und Ferne des Alls«[2013] auf eben dieses All verweisen, und das wiederum heißt, mit Heideggers Anschluss an Novalis: auf das »Überall« – jenes ›Überall‹, durch das Novalis »Philosophie« als »Heimweh« definiert, und das bedeutet ihm zufolge: als »Trieb überall zu Hause zu sein«.

2011 Ebd., S. 99f.

2012 Ebd., S. 100.

2013 Spitzer, Zu einer Landschaft Eichendorffs, S. 147 (vgl. das Zitat zu Anm. 1989).

Überall und Fülle sind flüssig. Ein- und Auftauchen aus Stimmung und Medium

So gesehen, verwundert es nicht, wenn gegen Ende, im 23. Kapitel des dritten Buches, von *Ahnung und Gegenwart* Friedrichs Bruder Rudolph »die Philosophie« ausdrücklich als eine ihn ›lockende‹ ›tiefe‹ Landschaft beschreibt, in der »volle[] Ströme« ›geheimnis*voll*‹ »rausch[]en«, dies »aber« – das ist adversativ – »vernehmlich«: also offenbar so, dass sie mit Novalis *»zu verstehen«* sind. Rudolph sagt:

> Dagegen lockte mich nun bald die Philosophie unwiderstehlich in ihre wunderbaren Tiefen. Die Welt lag wie ein großes Rätsel vor mir[2014]

und zugleich unter ihm, sodass sich hier »die Philosophie« einmal mehr als jene *theoría toû kósmou* erweist, zu der die Landschaft den durch »transcensus« in ihre Höhe gelangten Menschen gewissermaßen einlädt. »Die Welt«, so also Rudolf,

> lag wie ein großes Rätsel vor mir, die vollen Ströme des Lebens rauschten geheimnisvoll, aber vernehmlich, an mir vorüber, mich dürstete unendlich nach ihren heiligen, unbekannten Quellen[,][2015]

und so konkretisiert sich in Rudolphs Worten das abstrakte philosophische Heimweh nach dem Überall materiell im ›Durst‹ nach den als ›Rauschen‹ »vernehmlich[en]« »Quellen« seiner »Ströme«.

Aber wo ist hier das ›Medium‹? Die Antwort gibt, einmal mehr, Heidegger, und er tut das unter Bezug auf einen Begriff, dem schon die ältere Forschung hohe Bedeutung für Eichendorff und andere Romantiker zugeschrieben hat: die ›Stimmung‹.[2016]

Um, so Heidegger in seiner Vorlesung *Die Grundbegriffe der Metaphysik*, auf dem Weg »zum Sein im Ganzen« voranzukommen, auf den »uns« das »Heimweh« treibt, braucht es nicht irgendwelche Begriffe, sondern *»metaphysische*[] *Begriffe« »ureigener* Art«. Das wiederum sind Begriffe, die nicht mit dem von Heidegger verachteten »wissenschaftlichen Scharfsinn« an die Welt herangetragen werden, sondern vielmehr ereignishaft sich selbst geben sollen, und zwar in der ›Stimmung‹.

2014 Eichendorff, Ahnung und Gegenwart, S. 350.

2015 Ebd.

2016 Vgl. den Abschnitt »Das Moment der Stimmung in Tiecks Lyrik« in Kremer, Romantik. Lehrbuch Germanistik, S. 288–293.

Heidegger schreibt:

> Philosophie, Metaphysik ist ein Heimweh, ein Trieb, überall zu Hause zu sein [...]. Hierzu [...] bedarf es [...] derjenigen Begriffe, die eine solche Bahn brechen können. Es [...] sind Begriffe *ureigener* Art. Die *metaphysischen Begriffe* [...] sind nichts, was wir da lernen könnten [...], wenn wir nicht zuvor *ergriffen* sind von dem, was sie begreifen sollen.[2017] [...]
>
> So erg[ibt] sich, daß d[as] begreifende Fragen am Ende in einer *Ergriffenheit* gegründet ist, die uns bestimmen muß und aufgrund deren wir erst begreifen können und das zu greifen vermögen, wonach wir fragen. Alle Ergriffenheit wurzelt in einer Stimmung. Am Ende ist das, was Novalis das *Heimweh* nennt, die *Grundstimmung des Philosophieren.*[2018]

Heidegger macht klar, dass seine »metaphysischen Begriffe« nicht in einem quasi-göttlichen Akt des Benennens der Welt und ihren Gegenständen zugesprochen werden, sondern sich vielmehr ereignishaft[2019] selbst geben, indem sie den – eher passiv-abwartenden –[2020] Menschen »wesenhaft durchstimmen«:[2021] also nicht vom begreifenden Menschen willkürlich festgelegt und dann von ihm der Welt angetragen werden, sondern gewissermaßen von

2017 Heidegger, Die Grundbegriffe der Metaphysik, S. 8f. Der Anschluss lautet, ebd., S. 9f., so: »Dieser Ergriffenheit, ihrer Weckung und Pflanzung, gilt das Grundbemühen des Philosophierens. Alle Ergriffenheit aber kommt aus einer und bleibt in einer *Stimmung.* Sofern das Begreifen und Philosophieren [...] im *Grunde* [...] des menschlichen Daseins geschieht, sind die Stimmungen, aus denen die philosphische Ergriffenheit und Begrifflichkeit sich erhebt, notwendig und immer *Grundstimmungen* des Daseins, solche, die den Menschen ständig und wesenhaft durchstimmen, ohne daß er sie auch immer schon notwendig als solche zu erkennen braucht. *Philosophie geschieht je in einer Grundstimmung.* Philosophisches Begreifen gründet in einer Ergriffenheit und diese in einer Grundstimmung. Meint nicht *Novalis* am Ende so etwas, wenn er die Philosophie ein Heimweh nennt?«

2018 Ebd., S. 12.

2019 Vermittelt über das *tertium comparationis* des Ereignishaften erscheint ›Stimmung‹ bei Heidegger manchmal als ein Wechselbegriff für ›Wahrheit‹ oder ›Lichtung‹ im Sinne der ἀλήθεια. »Das Da-sein ist [...] wesenhaft aus dem Ereignis gedacht«, heißt es etwa; oder: »Da-sein ist Wesung der Lichtung, die Ereignung der anfänglichen Wahrheit, in die der Mensch übereignet wird.« Heidegger, S. 5 und S. 181.

2020 Lukács attestiert den Romantikern und ihrer »Lebensphilosophie« ein »Vorherrschen der passiven Erlebnisfähigkeit«; Georg Lukács: Zur romantischen Lebensphilosophie: Novalis, in: ders.: Die Seele und die Formen. Essays, Neuwied und Berlin 1971, S. 64–81, S. 73. In der »Theorie des Romans« charakterisiert Lukács die Grundhaltung des »Weltzeitalter[s] des Epos« beziehungsweise »der Grieche[n]« als »das passiv-visionäre Hinnehmen eines fertig daseienden Sinnes«. Georg Lukács: Die Theorie des Romans. Ein geschichtsphilosophischer Versuch über die Formen der großen Epik, München 1994 (1920), S. 22 und 24.

2021 Heidegger, Die Grundbegriffe der Metaphysik, S. 10.

ihr ausgehen und »auf den Menschen zu«[2022] kommen, der ›inständig‹[2023] auf sie ›horcht‹ beziehungsweise sich von ihnen, nun wieder mit einem Ausdruck Eichendorffs, ›beherrschen‹ lässt.[2024]

Tatsächlich knüpft Heidegger mit seinem Ergriffenheitstheorem an einen romantischen Gedanken an, wie er sich bei Eichendorff findet. So heißt es in *Ahnung und Gegenwart* über Friedrichs Freund Leontin, den zweiten Protagonisten des Romans, dass er seine Lieder nicht aufschreibe, sondern nur singe, weil dann nicht *er* die Poesie und ihre Worte *beherrsche*, sondern vielmehr *er* von der Poesie *beherrscht*, also gewissermaßen enthusiastisch von ihr ergriffen *werde*:

> Und wie unter ihm die Wälder rauchten [![2025]], hin und wieder Schüsse fielen und zwischen dem Gebell der Hunde die Hörner von Zeit zu Zeit ertönten, da dichtete seine frische Seele unaufhörlich seltsame Lieder, die er sogleich sang, ohne jemals ein einziges aufzuzeichnen. Denn was er aufschrieb, daran verlor er sogleich die freie, unbestimmte Lust. Es war, als bräche das Wort unter seiner Hand die luftigen Schwingen. Er beherrschte nicht, wie der besonnene Dichter, das gewaltige Element der Poesie, der Glückliche wurde von ihr beherrscht.[2026]

Ähnlich Heideggers Vorstellung einer stimmungshaften »Ergriffenheit«, die er mit dem ›Hören‹ als ›Horchen‹ und ›Gehorchen‹ assoziiert:

> Stimmung ist innestehendes Hören auf […] die Stimme […] des Seyns […].[2027] […]
>
> Stimmung ist der Name für das Stimmende der Stimme des Seyns, welche Stimme so heißt, weil sie das Hörbare ist für das Hören als Horchen des Gehorchens […].[2028]

2022 Heidegger, Das Ereignis, S. 5.

2023 Vgl. auch die Formulierung: »Wissen – ein inständliches Sinnen«; Heidegger, Das Ereignis, S. 183. Der Begriff »Inständigkeit« auch ebd., S. 184.

2024 Vgl. Zitat 2026.

2025 Diese metaphorisch kühne Wendung verweist einmal mehr auf die mit dem ›Rauschen‹ einhergehende Vorstellung einer *periéchon*haften Fülle, wie sie im atmosphärischen Phänomen des ›Rauchs‹ sichtbar wird.

2026 Eichendorff, Ahnung und Gegenwart, S. 136. Vgl. auch ebd., S. 65, wo es über Friedrich heißt: »Das Liedchen gefiel ihm so wohl, daß er seine Schreibtafel herauszog um es aufzuschreiben. Da er aber die flüchtigen Worte anfing bedächtig aufzuzeichnen und nicht mehr sang, mußte er über sich selber lachen und löschte alles wieder aus.«

2027 Heidegger, Das Ereignis, S. 219.

2028 Ebd., S. 222. – Komplement des ›Gehorchens‹ ist das ›Entsprechen‹: »Das Hören entnimmt dem Geheiß des Unter-Schiedes, was es ins lautende Wort bringt. Das hörend-entnehmende Sprechen ist Ent-sprechen.« Martin Heidegger: Die Sprache, in: ders.: Unterwegs zur Sprache, Pfullingen [12]2001, S. 9–33, S. 32.

Was aber ist diese »Stimmes des Seyns« anderes als ein neo-romantischer Revenant von jener »Stimme des Weltgeistes selbst«,[2029] über die E.T.A. Hoffmann in seinem *Brief aus den Bergen* schreibt, was ich schon in Kapitel 5 zitiert habe? Dort hieß es:

> [D]ie Töne, welche zu mir herüberschwammen, hallten nicht mehr aus dem Fortepiano, nein, der Weltgeist selbst rührte die unsichtbaren Saiten, die durch das Universum sich spannen, in jedes Brust mächtig hineintönend und die innere Stimme weckend, damit sie hinaushalle in die Akkorde der Natur! –[2030]

Auch die Saiten-Berührung findet sich, ganz in diesem Sinne, bei Heidegger, und sie ist als »Ereignis« ausdrücklich der »Stimmung« verwandt. In seinen Aufzeichnungen über *Das Ereignis* schreibt er:

> [...] Er-eignis und Rührung
> Rührung – das scheue, nicht zugreifende Anrühren,
> das kaum be-rührt; (nicht psychologisch als weiche,
> nur rührt. wehmütige Seelenbewegung)
> Rührung als anfängliches Stimmen. [...]
> *Die Saiten* rühren.
> Rühren – *sich erstrecken bis – hinreichen zu.* [...]
> Das *Sichrühren* (Er-eignis).[2031] [...]
> *»Die Stimmung«* als Wesung des Ereignisses –[2032]

Heißt es aber bei Hoffmann, dass »[H]all[]« und »Töne« der vom »Weltgeist« »[ge]rührte[n]« kosmischen »Saiten« zu Hoffmann »herüberschw[i]mmen« – also, mit Heidegger: »sich erstrecken bis« zu ihm, »hinreichen zu« ihm –, ja heißt es bei Hoffmann sogar: »ich schwimme im duftigen Äther«,[2033] so fehlt es auch bei Heidegger der »Stimmung« nicht an Fluidal- und Atmosphärenmetaphorik. Im Gegenteil: Heidegger schreibt – und dabei wiederum wird seine ›Stimmung‹ kenntlich als eine Art ›medialer‹ Überblendung von Spitzers an Eichendorff beobachtetem »vollen erlebten Raum[]« einerseits und dem »erfüllten Augenblick, der aus dem Fluß der Zeit emportaucht«:

2029 Hoffmann, Briefe aus den Bergen, S. 694.

2030 Ebd., S. 691.

2031 Heidegger, Das Ereignis, S. 182.

2032 Ebd., S. 217.

2033 So Johannes Kreisler: »Unsichtbare Fittige wehen auf und nieder – ich schwimme im duftigen Äther. –« in: E.T.A. Hoffmann: Fantasiestücke in Callot's Manier. IX. Kreisleriana. Kreislers musikalisch-poetischer Club, in: ders.: Werke 1814, hg. von Hartmut Steinecke [...], Frankfurt a. M. 2006 (= Bd. 2/1 der Sämtlichen Werke in sieben Bänden), S. 370–375, S. 372.

> Es scheint so, als sei gleichsam je eine Stimmung schon da, wie eine Atmosphäre, in die wir je erst eintauchten und von der wir dann durchstimmt würden. Es [...] gilt, angesichts dieses Tatbestandes die Psychologie der Gefühle und Erlebnisse des Bewußtseins zu verabschieden.[2034] [...]
>
> Die Stimmungen sind [...] das ›Medium‹ des Denkens und Handelns.[2035]

Hier ist es also, das ›Medium‹, ausdrücklich von Heidegger genannt, und man muss sich klarmachen, was das bedeutet. Was Heidegger hier ausspricht, ist einer *der* Quellcodes seiner Philosophie, und gerade dabei handelt es sich, wörtlich und von Heidegger in Anführung gesetzt, um das »›Medium‹«: ganz so, als würde hier nun endlich einmal dasjenige ›Medium‹ benannt, dessen gelegentlich etwas rätselhafte und geheimnisvolle metaphorische Strömungen bei Heidegger ein topologisches Rauschen vernehmen lassen, in dessen wunderbaren Tiefen wiederum jenes *periéchon* liegt, wie Spitzer es beschrieben und die Romantiker Heidegger vorfabuliert haben.

Anders gesagt: Das, was Heidegger als »[E]intauch[]en« in eine offenbar fluidale »Stimmung«, »Atmosphäre« beziehungsweise ins »Sein im Ganzen« beschreibt, ist genau das, wonach sich Rudolph philosophisch sehnt: befindet er sich doch zum einen außerhalb der Welt, die ja so »vor« ihm liegt, dass er sich offenbar nicht *in* ihr oder *als Teil von ihrem Ganzen* fühlt, wie ja zum anderen auch »die vollen Ströme des Lebens« – mit Heidegger: ›Stimmung‹, ›Stimme des Seyns‹, ›Sein im Ganzen‹ – an ihm ›*vorüber*rauschen‹ und damit die Ver›lockungen‹ der Philosophie zum tantalusqualenhaften ›unendlichen Durst‹ steigern.

So gesehen, hat es den Anschein, als deutete Heidegger das von ihm – wie schon von Novalis und Eichendorff – detektierte »Unheile der Heimatlosigkeit« über die als allgegenwärtig behauptete »Stimmung« im Hauruckverfahren um ins »Heile einer Heimat«. Dazu passt ja auch die etwas vage Erwähnung der »Gleichgültigkeit« in Bezug auf die beiden Antonyme ›unheile Heimatlosigkeit‹ und ›heile Heimat‹ – ganz so, als fielen sie im »Räumen« wie auch im

2034 Heidegger, Die Grundbegriffe der Metaphysik, S. 100. – In Novalis' *Fichte-Studien* heißt es: »Stimme – Stimmung – stimmen – bestimmen – einstimmen. Stimme drückt ein sich selbst Constituirendes aus. Stimmung entsteht aus zwey Thätigen und zwey Leidenden.« Novalis, Philosophische Studien der Jahre 1795/96 (Fichte-Studien), S. 195. Vgl. Jacobs, Stimmungskunst von Novalis bis Hofmannsthal, S. 133–143. Zur ›Stimmung‹ bei Heidegger ebd., S. 38–45. Die von Jacobs für Heidegger angenommene »Verlagerung des Stimmungskonzepts ins Historische« (ebd., S. 44) lässt sich mit der in der vorliegenden Studie verfolgten metaphorologischen Argumentation und Interpretation nicht vereinbaren.

2035 Heidegger, Die Grundbegriffe der Metaphysik, S. 102. Vgl. zu diesem Satz Jacobs, Stimmungskunst von Novalis bis Hofmannsthal, S. 51.

Raum-Phänomen »Stimmung« ineins beziehungsweise als wären sie darin »je [...] schon« eins.

Dass hier, auch argumentationsimmanent, eine bis an den Selbstwiderspruch reichende *»Gewaltsamkeit«* der »Auslegung« (Heidegger)[2036] am Werke ist, deutet sich, zumindest von ferne, bei Heidegger selbst an. Ist es nämlich so, dass die von ihm propagierten *»metaphysischen Begriffe« »ureigener* Art« »nichts« sind, »was wir« aktiv »lernen könnten«, sondern vielmehr etwas, »von dem« »wir« wenn nicht passiv, so doch per- oder rezeptiv (so etwa im ›inständigen‹ ›Horchen‹ und ›Gehorchen‹) *»ergriffen«* werden müssen, dann fragt sich doch wohl, auf welche Weise sich denn der Mensch – und so fordert es Heidegger – um diese »Ergriffenheit« »[]bemühen« soll –[2037] es sei denn, geduldiges Warten und Ohrenaufsperren wären genug ›Bemühen‹. Heidegger, nur so viel sei hier zu dieser Frage gesagt, handelt sich die gleichen Probleme ein, die schon Schiller mit dem Begriff der »Rührung« hatte, den ja wiederum auch Heidegger ausdrücklich verwendet. Hier allerdings kommt es weniger auf diese Probleme in der Sache an als auf ihre Topologie. Und diese Topologie ist bei Heidegger, wie gesagt, ausdrücklich romantisch.

So verhält es sich auch dort, wo Heidegger suggeriert, dass Novalis ›am Ende‹ gerade ›so etwas gemeint‹ habe, worauf Heidegger hinauswill. In seiner Vorlesung *Die Grundbegriffe der Metaphysik* schreibt er, damit an die oben schon als Zitat zu Anmerkung 2017 zitierte Passage anschließend:

> Dieser Ergriffenheit, ihrer Weckung und Pflanzung, gilt das Grundbemühen des Philosophierens. Alle Ergriffenheit aber kommt aus einer und bleibt in einer *Stimmung*. Sofern das Begreifen und Philosophieren [...] im *Grunde* [...] des menschlichen Daseins geschieht, sind die Stimmungen, aus denen die philosophische Ergriffenheit und Begrifflichkeit sich erhebt, notwendig und immer *Grundstimmungen* des Daseins, solche, die den Menschen ständig und wesenhaft durchstimmen, ohne daß er sie auch immer schon notwendig als solche zu erkennen braucht. *Philosophie geschieht je in einer Grundstimmung.* Philosophisches Begreifen gründet in einer Ergriffenheit und diese in einer Grundstimmung. Meint nicht *Novalis* am Ende so etwas, wenn er die Philosophie ein Heimweh nennt?[2038]

Die Antwort – ein Ja – ergibt sich aus dem bis hierhin in diesem Kapitel Gesagten – und so vielleicht auch die Antwort auf die Frage, ob nicht Heidegger am Ende mit seiner »ekstatisch-horizontalen« »Erschließung des Seins«[2039]

2036 Heidegger, Sein und Zeit, S. 311.
2037 Vgl. Zitat 2038.
2038 Heidegger, Die Grundbegriffe der Metaphysik, S. 9f.
2039 Heidegger, Sein und Zeit, S. 365 und 7.

so etwas meint, wie sich in Eichendorffs *Ahnung und Gegenwart* in der nächtlichen Szene auf dem Balkon über der Donau ereignet.

Weltverlust. In der transzendentalen Obdachlosigkeit ...

Wie Rosa auf dem Balkon, so lässt sich ein solcher ereignishafter Augenblick der Ergriffenheit nicht halten. Schon um einen solchen Augenblick wieder herbeizuführen, stellt sich also die Frage, was man dafür tun kann beziehungsweise wie man sich denn, mit Heidegger, um diese Art von »Ergriffenheit« »[] bemühen« kann. Oder sollte es etwa so sein, dass man ganz einfach in eine solche Situation hineinstolpert? Heidegger jedenfalls scheint zwar, wie oben schon zitiert, unentschieden zu sein, ob »wir zufällig einmal in das Weltall hineingestolpert« sind.[2040] Mit den »Stimmungen« aber scheint es sich Heidegger zufolge grundsätzlich so zu verhalten – man kann sie »nicht erzwingen«, sie vielleicht nicht einmal suchen, sondern man kann sie bloß finden, in sie hinein»geraten«, gewissermaßen in sie hinein»stolper«n.

In den *Grundbegriffen der Metaphysik* schreibt Heidegger:

> Stimmungen – ist das nicht gerade das, was sich am wenigsten erfinden läßt, sondern was über einen kommt, was wir nicht aufreden können, sondern was sich von selbst bildet, was sich nicht erzwingen läßt, sondern wohin wir geraten?[2041]

»Stimmungen« und damit auch die hier in Rede stehende »Ergriffenheit« lassen sich Heidegger zufolge nicht erzwingen. Sie müssen einen überkommen. Muss man aber, um in eine Stimmung zu geraten, *hineinstolpern* oder hineinfallen, dann kann man umgekehrt auch daraus *hinausfallen*. Genau das ist ja, wie schon gesehen, Eichendorffs Rudolph widerfahren, und gerade dadurch wird er zur »Philosophie« ver›lockt‹: liegt doch die Welt als ›großes Rätsel *vor*‹ ihm, während, wenn nicht gar *weil* – *cum hoc ergo propter hoc* – ihre »vollen Ströme des Lebens« – mit Heidegger: ihre ›Stimmungen‹ – *›an ihm vorüberrauschen‹*.[2042]

Es ist diese Situation, die die charakteristisch romantischen Formeln »Welt ging verloren« (Johannes Falk: *O du fröhliche, o du selige*) oder »Ich bin der Welt abhanden gekommen« (Friedrich Rückert) benennen – eine Situation der Heimatlosigkeit in Form des *Vor*-der-Welt-Sitzens beziehungsweise

2040 Heidegger, Die Grundbegriffe der Metaphysik, S. 7. Vgl. Zitat 1982.

2041 Heidegger, Die Grundbegriffe der Metaphysik, S. 89f.

2042 Vgl. Zitat 2015.

Über-der-Welt-Sitzens, die wiederum Hans Ulrich Gumbrecht, wie oben im sechsten Kapitel beschrieben, als »›Weltverlust‹« beklagt hat.[2043]

Nicht nur in Hinblick auf Eichendorffs Rudolph, den gerade dieser ›Weltverlust‹ zur Philosophie ver›lockt‹, stellt sich allerdings die Frage, ob überhaupt Anlass zur Klage besteht. Denn, wie gesagt, es ist ja gerade die Verlusterfahrung jener primordialen ›heilen‹ ›Fülle‹, die die Philosophie samt ihrem auf ›Erkenntnis‹ in zweierlei Sinne – also auf geistige wie körperliche ›Erkenntnis‹ des somit ›Ganzen‹ – gerichteten Trieb freisetzt, für den Sigmund Freuds Wort von der »Elastizität des Lebenden« als (regressivem) »Drang nach Wiederherstellen einer Situation« gilt, »die einmal bestanden hatte und durch eine äußere Störung aufgehoben worden war.«[2044] Denn, keine Frage: auch Novalis' philosophisches Heimweh ist ein »Trieb« in diesem Sinne – angetrieben von jener erotischen Triebfeder, von der Novalis spricht, wenn er sagt: »Amor ist es, der uns zusammendrückt«.[2045]

Der von Gumbrecht beklagte ›Weltverlust‹ samt der darüber angestimmten Klage, ergibt sich aus dem Gesagten, ist also ein Topos, und zwar der Topos vom Beginn der Philosophie beziehungsweise Theorie. Eine seiner prominentesten Formulierungen findet sich, geschichtsphilosophisch gewendet, in den ersten Sätzen von Georg Lukács' *Theorie des Romans*, um die es im dritten Kapitel schon einmal kurz ging. Diese Sätze sind hier deshalb ein weiteres Mal von Interesse, weil sich Lukács in ihnen auf dasselbe Novalis-Zitat von der Philosophie als Heimweh bezieht wie Heidegger.

Lukács schreibt, und dabei klingt im ersten Wort, mit dem der hier noch nicht marxistisch argumentierende Lukács beginnt, wohl kaum zufällig die »selige, / gnadenbringende« Zeit an, als die *O du fröhliche, o du selige* die »Weihnachtszeit« besingt:

> Selig sind die Zeiten, für die der Sternenhimmel die Landkarte der gangbaren und zu gehenden Wege ist [...]. Die Welt ist weit und doch wie das eigene Haus,[2046]

mit anderen Worten: Makro- und Mikrokosmos stehen hier in Harmonie zueinander, ganz wie in Matthias Claudius' *Abendlied* die »Welt so stille« samt ihrer »Dämmrung Hülle« und die »Kammer« des Hauses, in der der Mensch

2043 Vgl. Zitat 975.

2044 Freud, Selbstdarstellung, S. 85.

2045 Vgl. Anm. 214.

2046 Georg Lukács: Die Theorie des Romans. Ein geschichtsphilosophischer Versuch über die Formen der großen Epik. Mit dem Vorwort von 1962, München 1994, S. 21.

»des Tages Jammer / Verschlafen und vergessen soll[]«.[2047] Rätselhaft ist dabei die Metapher vom »Sternenhimmel« als »Landkarte der gangbaren und zu gehenden Wege«. Heißt das, dass dieser Sternenhimmel in der Tat betreten, ›begangen‹, werden kann, wie Heinrich von Kleist sich vorstellt, in einem »kugelrunde[n]« »Panorama« tatsächlich »auf dem Gemälde selbst« zu »stehen«?[2048] Oder handelt es sich nur um die vage Andeutung eines romantischen Ausflugs den Gestirnen entgegen, wie sie zum Beispiel auch in Eichendorffs Formulierung »ich zieh' heut mit den Sternen auf die Wacht«[2049] zum Ausdruck kommt?

Lukács fährt fort:

> Die Welt ist weit und doch wie das eigene Haus, denn das Feuer, das in der Seele brennt, ist von derselben Wesensart wie die Sterne;[2050]

auch in Hinblick auf das ätherische, ›allbelebende‹ Lebens-»Feuer« herrscht also Makrokosmos-Mikrokosmos-Harmonie. Und so ebenfalls zwischen »Welt« und »Ich«:

> sie scheiden sich scharf, die Welt und das Ich [...], und werden doch niemals einander für immer fremd [...]. So wird alles Tun der Seele sinnvoll und rund in dieser Zweiheit: vollendet in dem Sinn und vollendet für die Sinne [...].[2051]

»[A]lles« »wird« – und das heißt genaugenommen auch: *›ist‹ noch nicht*, sondern *›wird‹ wieder* – »rund«, wie es – zumindest nach der genannten regressiven romantischen Geborgenheitsphantasie – in der »Zweiheit« der Mutter-Kind-Dyade schon einmal war: einer »Zweiheit«, die wiederum in ihrer Zweigeteiltheit dem in Claudius' *Abendlied* besungenen Mond ähnelt, der in zwei Hälften geteilt und deshalb zwar »nur halb zu sehen, / Und doch rund und schön« – also ›eins‹, ›ganz‹ und ›heil‹ ist.

Die Assoziation von »Seele«, Lebens-»Feuer« und ›Vollendung‹ in ›Rundheit‹ wiederum ist uralt und topisch. Schon Aristoteles zitiert sie in *De anima* unter Verweis auf Demokrit. Klingt dabei zudem noch die Vorstellung eines

---

2047 Matthias Claudius: Abendlied, in: ders.: Der Wandsbecker Bote. Mit einem Vorwort von Peter Suhrkamp und einem Nachwort von Hermann Hesse, Frankfurt a. M. 1975, S. 291f.

2048 Heinrich von Kleist: Brief an Wilhelmine von Zenge, 16.8.1800, in: ders.: Sämtliche Werke und Briefe. Münchner Ausgabe. Auf der Grundlage der Brandenburger Ausgabe hg. von Roland Reuß und Peter Staengle, München, Frankfurt a. M. 2010, Bd. II: Erzählungen, Kleine Prosa, Gedichte, Briefe, S. 586–593, S. 589.

2049 Eichendorff, Die Entführung, S. 506.

2050 Lukács, Die Theorie des Romans, S. 21.

2051 Ebd.

korpuskularen, »panspermatischen« Lichts an,[2052] ist einmal mehr die Vorstellung vom *periéchon* nicht fern. »[E]inige«, so Aristoteles in *De anima*, hielten »die Seele […] in allererster Linie« für »das Bewegende«, andere hingegen »für etwas Bewegtes«. Er fährt fort:

> ὅθεν Δημόκριτος μὲν πῦρ τι καὶ θερμόν φησιν αὐτὴν εἶναι· [404a] ἀπείρων γὰρ ὄντων σχημάτων καὶ ἀτόμων τὰ σφαιροειδῆ πῦρ καὶ ψυχὴν λέγει (οἷον ἐν τῷ ἀέρι τὰ καλούμενα ξύσματα, ἃ φαίνεται ἐν ταῖς διὰ τῶν θυρίδων ἀκτῖσιν), ὧν τὴν μὲν πανσπερμίαν στοιχεῖα λέγει τῆς ὅλης φύσεως (ὁμοίως δὲ καὶ Λεύκιππος), τούτων δὲ τὰ σφαιροειδῆ ψυχήν […].
>
> Daher erklärt Demokrit, die Seele sei eine Art Feuer und etwas Warmes [πῦρ τι καὶ θερμόν]. [404a] Denn unter den unendlich vielen Gestalten und Atomen nennt er die kugelförmigen Feuer und Seele [τὰ σφαιροειδῆ πῦρ καὶ ψυχὴν λέγει], wie z.B. in der Luft [ἐν τῷ ἀέρι] die sogenannten Sonnenstäubchen, die sich in den durch die Fenster eindringenden Sonnenstrahlen zeigen, deren gesamte Samenmasse [πανσπερμίαν στοιχεῖα] er Elemente der ganzen Natur [τῆς ὅλης φύσεως] nennt (wie übrigens auch Leukipp); die kugelförmigen unter diesen nennt er Seele […].[2053]

Auch hierher mag Lukács' Vorstellung vom Vollen und Runden der Seele kommen. Sein »Ich« jedenfalls weiß sich, so oder so, aufgehoben *im* beziehungsweise *als* Zentrum eines Ganzen. Ausdrücklich spricht Lukács davon, dass der Mensch »einen eigenen Mittelpunkt findet und einen geschlossenen Umkreis um sich zieht.«[2054] Genau so hatte Spitzer im Kontext des *periéchon* den »harmonischen und ausgeglichenen Menschen« beschrieben:

> [A] harmonious and poised man is apt, by nature, to see everywhere himself, and the things connected with himself, as being »embraced« and caressed: to feel that he is the center of a whole – the embryo in the egg, the tree within its bark, the earth wrapped round by ether.[2055]

Sagt Lukács nun, dass in den von ihm beschworenen »[s]elig[en] […] Zeiten« das Tun des Menschen »sinnvoll« gewesen sei, und das heißt: »vollendet in dem Sinn und vollendet für die Sinne«, dann bezieht er sich hier ganz offenbar auf jene doppelte Bedeutung des »wunderbare[n] Wort« ›Sinn‹, von dem – wie oben im dritten Kapitel zitiert – schon Hegel in seiner *Ästhetik* gesprochen hatte:

2052 Vgl. das folgende Zitat.

2053 Aristoteles, Περὶ Ψυχῆς. Über die Seele, S. 14f. (403b–404a).

2054 Lukács, Die Theorie des Romans, S. 21.

2055 Spitzer, Milieu and Ambiance: An Essay in Historical Semantics, S. 11.

> »Sinn« nämlich ist dies wunderbare Wort, welches selber in zwei entgegengesetzten Bedeutungen gebraucht wird. Einmal bezeichnet es die Organe der unmittelbaren Auffassung, das andere Mal aber heißen wir Sinn: die Bedeutung, den Gedanken, das Allgemeine der Sache. Und so bezieht sich der Sinn einerseits auf das unmittelbar Äußerliche der Existenz, andererseits auf das innere Wesen derselben. Eine sinnvolle Betrachtung nun *scheidet* die beiden Seiten nicht etwa, sondern [...] faßt [...] zugleich das Wesen und den Begriff auf[:][2056]

ganz ähnlich also, wie bei Lukács »Welt« und »Ich« »sich« zwar einerseits »scheiden«, andererseits »[je]doch niemals einander [...] fremd«, sondern vielmehr eine »rund[e] [...] Zweiheit« sind.

... liegt ein weiter Weg vor dem Menschen. Georg Lukács' *Theorie des Romans*

Gerade hat Lukács vom »Mittelpunkt« und »geschlossene[m] Umkreis« darum gesprochen – und es ist wiederum kein Zufall, dass der *circum punctum* eine wichtige Rolle in Dan Browns oben schon erwähntem Roman *The Lost Symbol* spielt –[2057], da zitiert er das auch von Heidegger bemühte Novalis-Zitat. Lukács schreibt:

> »Philosophie ist eigentlich Heimweh«, sagt Novalis, »der Trieb, überall zu Hause zu sein«. Deshalb ist Philosophie als Lebensform sowohl wie als das Formbestimmende und das Inhaltgebende der Dichtung immer ein Symptom des Risses zwischen Innen und Außen, ein Zeichen der Wesensverschiedenheit von Ich und Welt,[2058]

eines »Risses« also, wie ihn schon Schiller in seiner *Philosophie der Physiologie* als dualistischen »Riß zwischen Welt und Geist« – ›Außen‹ und ›Innen‹ – diagnostiziert und mit der von ihm postulierten »Mittelkraft« überbrückt hatte.

Die Schlussfolgerung, die Lukács aus dem Gesagten zieht, macht klar, dass für ihn »die seligen Zeiten« ein Zustand sind, in dem, jetzt noch einmal mit Heidegger, jenes »Heile einer Heimat« und damit also das Gegenteil des »Unheile[n] der Heimatlosigkeit« gegeben ist, aus dem wiederum Heimweh und damit der Trieb zur Philosophie entspringen. In Lukács' Worten:

2056 Hegel, Vorlesungen über die Ästhetik I, S. 173.

2057 Vgl. zum »circumpunct« Brown, The Lost Symbol, S. 316–323 (Kap. 84 und 85), 466–472 (Kap. 126) und 506–509 (Epilogue).

2058 Lukács, Die Theorie des Romans, S. 21.

> Deshalb haben die seligen Zeiten keine Philosophie […]. Dann gibt es noch keine Innerlichkeit, denn es gibt noch kein Außen, kein Anderes für die Seele.[2059]

Diese Welt, deren Bewohner möglicherweise tatsächlich in der Weise »überall zu Hause« sein sollen, dass ihnen, mit Eichendorff, »die Sterne […] am […] Firmament«[2060] beziehungsweise, mit Lukác, »der Sternenhimmel die Landkarte der gangbaren […] Wege ist«, nennt Lukács das »Weltzeitalter des Epos«. Diese Welt ist die geschichtsphilosophische Variante jener Welt von »Präsenz«, nach der sich Gumbrecht sehnt. Denn hier ist, so sagt es ja Lukács, »die Gegenwart des Sinnes« »fühlbar«,[2061] und hier ist »die Welt des Sinnes greifbar«, sofern man nur den »Einem zubestimmten Ort« findet.[2062]

Physisch »greifbar« ist der »Sinn[]« »des Seins« anscheinend deshalb, weil er als eine Art *periéchon*hafter, vielleicht auch »panspermatischer«[2063] »Substanz«[2064] gedacht ist. Jedenfalls ist die Welt »homogen«, und das ermögtlicht ihr die ›Ganzheit‹ beziehungsweise, wie Lukács meist sagt, die »Totalität«:

> Totalität des Seins ist nur möglich, wo alles schon homogen ist, bevor es von den Formen umfaßt wird[.][2065]

›Umfasstsein‹: auch das ist eine von Spitzers Definitionen des »*periéchon*, an expression meaning literally ›that which surrounds, encompasses‹«,[2066] und insofern könnte es mit Blick auf Lukács' Formulierung auch denkbar sein, dass das ›Sein‹ in der ›Totalität‹ sogar schon *vor* dem Aufkommen »de[r] Formen«, wenn auch nicht durch sie, »umfaßt« ist. So oder so macht Lukács klar, dass die »Totalität des Seins« eine proto-formale Vorstellung sein soll, und vermutlich tut er das, um der schon bei Aristoteles problematisierten Vorstellung von der ›Form‹ als einem den ›Stoff‹ ›umfassenden‹ ›Gefäß‹ auszuweichen.[2067] Dass es Lukács hier um die Veranschaulichung eines proto-dichotomen Zustandes – eben ›Totalität‹ – geht, zeigt sich jedenfalls auch in seinem Rückgriff auf Goethes oben schon zitiertes Oberflächen-Theorem, demzufolge

2059 Ebd., S. 21 und 22.
2060 Eichendorff, Aus dem Leben eines Taugenichts, S. 535f.
2061 Lukács, Die Theorie des Romans, S. 25.
2062 Ebd., S. 22 und 24.
2063 Vgl. das Zitat 2053 und den Kommentar zur »Metapher vom *logos spermatikos*« in Anm. 759.
2064 Vgl. Zitat 2077.
2065 Lukács, Die Theorie des Romans, S. 26.
2066 Spitzer, Milieu and Ambiance, S. 2.
2067 Vgl. Zitat 742.

»[m]an […] nur nichts hinter den Phänomenen« suche, weil »sie selbst […] die Lehre [sind]«.[2068] Denn, das liegt auf der Hand, wenn es kein ›innen‹ und ›außen‹ gibt, dann auch kein ›davor‹ und ›dahinter‹ – obgleich paradoxerweise eben diese Begriffe verwendet werden müssen, um diesen Gedanken zu formulieren.

Lukács also schreibt:

> Totalität des Seins ist nur möglich, wo alles schon homogen ist, bevor es von den Formen umfaßt wird; wo die Formen kein Zwang sind, sondern nur das Bewußtwerden, nur das Auf-die-Oberfläche-Treten von allem, was im Inneren des zu Formenden als unklare Sehnsucht geschlummert hat […].[2069]

In dieser Welt gibt es Formen und Gestalten, die durch »scharfe und sichere Linien« »unterschieden« sind – und zugleich, irgendwie, auch insofern *nicht*, als alles »nur relativ« getrennt sein soll.[2070] Was auch immer das linientheoretisch genau heißen mag: der Gedanke ist ›romantisch‹ – nicht nur, aber auch in Lukács' Augen. Denn er selbst hat ja in seinem Novalis-Aufsatz den Romantikern das charakteristische Problem bescheinigt, »nirgends zu einer klaren Scheidung [zu] kommen«[2071] und in ihrer »Sehnsucht« nach »Harmonie« und ihrem »Willen« zur »Einheit« »alle Gegensätze« »in einer höheren Harmonie« »auf[ge]h[o]ben«[2072] sehen zu wollen – was ihn selbst wiederum nicht davon abgehalten hat, »ächt romantisch[]« (Friedrich

---

2068 Goethe, Maximen und Reflexionen, S. 824. – Vgl. die Ausführungen zu Eckermann vom 18. Februar 1829: »›Das Höchste, wozu der Mensch gelangen kann […], ist das Erstaunen; und wenn ihn das Urphänomen in Staunen setzt, so sei er zufrieden; ein Höheres kann es ihm nicht gewähren, und ein Weiteres soll er nicht dahinter suchen; hier ist die Grenze. Aber den Menschen ist der Anblick eines Urphänomens gewöhnlich noch nicht genug, sie denken es müsse noch weiter gehen, und sie sind den Kindern ähnlich, die, wenn sie in einen Spiegel geguckt, ihn sogleich umwenden, um zu sehen was auf der anderen Seite ist.‹« Johann Wolfgang Goethe: Sämtliche Werke nach Epochen seines Schaffens. Münchner Ausgabe, Bd. 19: Johann Peter Eckermann: Gespräche mit Goethe in den letzten Jahren seines Lebens, hg. von Heinz Schlaffer, München, Wien 1986, S. 288f.

2069 Lukács, Die Theorie des Romans, S. 26.

2070 Ebd., S. 24f.

2071 Lukács, Zur romantischen Lebensphilosophie: Novalis, S. 76. – Justinus Kerner, gewissermaßen hin- und hergerissen zwischen dem ›Romantiker‹ und dem ›aufgeklärten‹ Arzt in ihm, hat dieses Problem genau gesehen: »Bei allem vorherrschenden Gemüts- und Phantasieleben blieb doch in mir Besonnenheit und Verstand, ein Trieb zur klaren Forschung, die mich das Wahre vom Unwahren, sagte auch letzteres meiner Phantasie noch so sehr zu, unterscheiden ließen.« Justinus Kerner: Bilderbuch aus meiner Knabenzeit. Mit vielen zeitgenössischen Illustrationen hg. und erläutert von Günter Häntzschel, Frankfurt a. M. 1978, S. 133.

2072 Lukács, Zur romantischen Lebensphilosophie: Novalis, S. 69.

Schlegel)[2073] zu dekretieren: »Wo alles richtig begriffen und tief erlebt wird, da gibt es keine echten Widersprüche.«[2074]

In der *Theorie des Romans* fährt Lukács fort:

> Es ist eine homogene Welt, und auch die Trennung von Mensch und Welt, von Ich und Du vermag ihre Einstoffigkeit nicht zu stören. Wie jedes andere Glied dieser Rhythmik, steht die Seele inmitten der Welt; die Grenze, die ihre Umrisse erschafft, ist im Wesen von den Konturen der Dinge nicht unterschieden: sie zieht scharfe und sichere Linien, trennt aber doch nur relativ [...]. [...] [N]icht einsam steht der Mensch [...] inmitten reflexiver Formungen:[2075]

denn die wohl ›umfassenden‹, aber damit zugleich einengenden und abtrennenden, das heißt die »Substanz« aus dem ›Überall‹ der totalen Substanzfülle ins bloße Hier oder Dort verdrängenden »Formen« kommen ja erst später, nach den ›homogenen‹, vor-philosophisch »seligen Zeiten«. Auch bei Lukács sind die »seligen Zeiten« also die einer All-›Fülle‹ oder All-›Erfülltheit‹ – und das ganz im Sinne jener von Spitzer bei Eichendorff beobachteten »Einheit« von – um nicht zu sagen: »Auf-die-Oberfläche-Treten von« (Lukács) – »Tiefe und Ferne des Alls«, wie sie Eichendorffs Helden im glücklichen »erfüllten

2073 »In der ächt romantisch[en] Prosa müsssen [!] alle Bestandtheile bis zur Wechselsättig[un]g verschmolzen sein.« Friedrich Schlegel: Fragmente zur Litteratur und Poesie. Nr. 589, in: Kritische Friedrich-Schlegel-Ausgabe, hg. von Ernst Behler, Bd. 16, Paderborn, München, Wien 1981, S. 134.

2074 Lukács, Zur romantischen Lebensphilosophie. Novalis, S. 74. Ähnlich Nietzsches Logik des Dionysischen: »Unter dem Zauber des Dionysischen schließt sich nicht nur der Bund zwischen Mensch und Mensch wieder zusammen: auch die entfremdete, feindliche oder unterjochte Natur feiert wieder ihr Versöhnungsfest mit ihrem verlorenen Sohne, dem Menschen. [...] Jetzt, bei dem Evangelium der Weltenharmonie, fühlt sich Jeder mit seinem Nächsten nicht nur vereinigt, versöhnt, verschmolzen, sondern eins, als ob der Schleier der Maja zerrissen wäre und nur noch in Fetzen vor dem geheimnissvollen Ur-Einen herumflattere. Singend und tanzend äussert sich der Mensch als Mitglied einer höheren Gemeinsamkeit: er hat das Gehen und das Sprechen verlernt und ist auf dem Wege, tanzend in die Lüfte emporzufliegen. Aus seinen Gebärden spricht die Verzauberung. Wie jetzt die Thiere reden, und die Erde Milch und Honig giebt, so tönt auch aus ihm etwas Uebernatürliches: als Gott fühlt er sich, er selbst wandelt jetzt so verzückt und erhoben, wie er die Götter im Traume wandeln sah. Der Mensch ist nicht mehr Künstler, er ist Kunstwerk geworden: die Kunstgewalt der ganzen Natur, zur höchsten Wonnebefriedigung des Ur-Einen, offenbart sich hier unter den Schauern des Rausches.« Friedrich Nietzsche: Die Geburt der Tragödie. in: ders.: Die Geburt der Tragödie. Unzeitgemäße Betrachtungen I–IV. Nachgelassene Schriften 1870–1873. Kritische Studienausgabe, hg. von Giorgio Colli und Mazzino Montinari, München 1988, Bd. 1, S. 9–156, S. 29f.

2075 Lukács, Die Theorie des Romans, S. 24f.

Augenblick« erfahren:[2076] nur bei Lukács eben nicht bloß als flüchtigen »Augenblick«, sondern für die epochale Dauer der »seligen Zeiten«.

»[N]icht einsam steht der Mensch [...] inmitten reflexiver Formungen«, hatte Lukács also gesagt, und er fährt fort:

> seine Beziehungen zu den anderen und die Gebilde, die daraus entstehen, sind geradezu substanzvoll, wie er selbst[] [...] wahrhaft[] von Substanz erfüllt [...]. [...] [I]m Menschen [...] ist kein Zwang zum Sprung: in der Substanznähe des stofflosen Emporschwebens [...] liegt ein weiter Weg vor ihm, aber kein Abgrund in ihm[,][2077]

und worum sollte es sich bei diesem »[E]rfüllt[sein]« mit Substanz und bei diesem »stoff«- beziehungsweise schwere»losen Emporschweben[]« in der Substanz handeln, wenn nicht um die Vorstellung eines, noch einmal mit Mesmer, »Eingetaucht«-Seins »in den« beziehungsweise eines Auftauchens aus dem »Ozean der Allflut welche den Raum erfüllt«?[2078] Das »Emporschweben[]« aus der homogenen Welt der Substanzfülle ist jedenfalls zugleich das Auftauchen aus der vor-philosophischen Welt ›totaler‹ embryonaler Geborgenheit in die Welt von Form und Stoff, philosophischer Reflexion und Dichotomie, geistiger Leichtigkeit oben und körperlicher Schwere unten – mit anderen Worten: der erste Schritt auf dem »weite[n] Weg« des philosophischen *transcensus* hin zu jenem mit den seligen Zeiten verlorengegangen kosmisch-›Ganzen‹, nach dessen Wiedergewinnung in der Erkenntnis – im besten Falle für Sinn *und* Sinne – von nun an die *theoría toû kósmou* strebt.

Tatsächlich sprechen mit Blick auf die *Theorie des Romans* einige Stellen dafür, die Formulierungen vom ›Schweben‹ in der ›Fülle‹ als ein *Schwimmen* oder *Floaten* und das ›Emporschweben‹ aus dieser Fülle heraus als ein *Auftauchen* zu interpretieren. So redet Lukács etwa von einer epischen »Einheit«, die in einem »Auftreten und Untertauchen der Gestalten [...] verwirklicht« sei (›Einheit‹ ist ›Untergetauchtsein‹),[2079] oder von der »Atmosphäre« eines »Getragenseins« der Gestalten »vom einmaligen und einzigen Lebensstrom« jenes »Lebensganze[n], das alle Menschen trägt.«[2080] Nimmt man nun in diesem Sinne auch Lukács' Wendung von der »absoluten Lebensimmanenz« als einem nicht nur »fühlbar[en]« und »greifbar[en]«, sondern den Menschen sogar »tragenden [...] Sinn [d]es Lebens« beim Wort, dann

2076 Spitzer, Zu einer Landschaft Eichendorffs, S. 152.
2077 Lukács, Die Theorie des Romans, S. 25.
2078 Mesmer, Mesmerismus. Oder System der Wechselwirkungen, S. 4. Vgl. Zitat 545.
2079 Lukács, Die Theorie des Romans, S. 95.
2080 Ebd., S. 111f.

ist diese »absolute[] Lebensimmanenz« tatsächlich nichts anderes als ein Floaten – ein »Emporschweben[]« – in jener »Innen und Außen« durchwaltenden »Substanz« (Lukács), die bei Mesmer »Allflut« heißt, bei Spitzer *periéchon* – und deren ozeanisch-»[g]eschlossene[]« »Totalität des Seins«[2081] bei Lukács den Menschen vielleicht sogar tatsächlich bis hinauf zu den Sternen trägt. Denn auch diese »Totalität« ist eine Himmelsleiter.

Das wiederum heißt umgekeht, dass Lukács' »transzendentale[] Obdachlosigkeit«[2082] als »Noch-nicht-heimgekehrt-sein« (Lukács)[2083] beziehungsweise, mit Novalis, Nicht-mehr-überall-zu-Hause-Sein nichts anderes ist als ein Name für den Zustand des Menschen, der aus dem *periéchon* gefallen, aus dem »Ozean der Allflut welche den Raum erfüllt« (Mesmer) aufgetaucht ist – und sich nun also *per pedes*, ganz so wie im fünften Kapitel E.T.A. Hoffmann auf »brennen[den]« »Sohlen«,[2084] auf den »weite[n] Weg« macht, der »vor ihm« liegt.

Die moderne Welt liegt hinter Glas, und nur für den Augenblick öffnet sich ein Fenster

Eichendorffs Helden allerdings sind gewitzt, und sie finden eine Abkürzung, um diesen weiten Weg zu umgehen – oder, genauer, ihn zu *über*gehen. Jedenfalls leiden auch sie unter ›Weltverlust‹ und ›transzendentaler Obdachlosigkeit‹ – der »Fülle romantischer Stimmungen« zum Trotz, die Viktor Žmegač Eichendorffs *Ahnung und Gegenwart* attestiert hat.[2085] Allerdings kommt das Wort »Stimmung« nur ein einziges Mal im Roman vor, und das auch noch in einer anderen Bedeutung als der, um die es hier geht.[2086]

In der Tat scheinen sich die handelnden Figuren in *Ahnung und Gegenwart* sogar darüber bewusst zu sein, dass »Stimmung« wie von Heidegger beschrieben und »Fülle« beziehungsweise »Totalität« als »greifbare[r]« »Sinn« wie von Lukács umrissen in, wie es im Roman heißt, der »durchaus

2081 Ebd., S. 26.

2082 Ebd., S. 32.

2083 Ebd., S. 25.

2084 Hoffmann, Brief an Theodor Gottlieb von Hippel, 1.4.1798, S. 109.

2085 Viktor Žmegač (Hg.): Kleine Geschichte der deutschen Literatur. Von den Anfängen bis zur Gegenwart, Weinheim ⁶1997, S. 166. Außerdem zu Eichendorffs »Stimmungsgehalte[n]«: Alewyn, Eine Landschaft Eichendorffs, S. 42.

2086 »Leontin, den seine heutige Stimmung besonders aufgelegt machte zu ausschweifenden Reden, stimmte nach seiner Art in denselben Ton mit ein […].« Eichendorff, Ahnung und Gegenwart, S. 163.

modern[en]«, ja »modern[-f]ade[n]«[2087] Zeit, in der *Ahnung und Gegenwart* spielt, gerade *nicht mehr* existieren, oder genauer: allenfalls noch Gegenstand der als sentimental und philoströs erkannten romantischen Sehnsüchte des Romanpersonals sind.

Im sechsten Kapitel des ersten Buches besteigen Friedrich und sein Freund Leontin einen Baum, aus dessen »Krone« »sie die ganze Gesellschaft« eines Festes »übersehen« können:

> Es wurde eben ein Walzer getanzt, und ein Paar nach dem anderen flog an dem Fenster vorüber. Junge, flüchtige Ökonomen, wie es schien, in knappen und engzugespitzten Fracken fegten tapfer mit tüchtigen Mädchen, die vor Gesundheit und Freude über und über rot waren. Hin und wieder zogen fröhliche, dicke Gesichter, wie Vollmonde, durch diesen Sternenhimmel. Mitten im Gewimmel tanzte eine hagere Figur, wie ein Satyr, in den abenteuerlichsten, übertriebensten Wendungen und Kapriolen, als wollte er alles Affektierte, Lächerliche und Eckle jedes Einzelnen der Gesellschaft in eine einzige Karikatur zusammendrängen. Bald darauf sah man ihn auch unter den Musikanten eben so mit Leib und Seele die Geige streichen. Das ist ein höchst seltsamer Gesell, sagte Leontin, und verwendete kein Auge von ihm. Es ist doch ein sonderbares Gefühl, erwiderte Friedrich nach einer Weile, so draußen aus der weiten, stillen Einsamkeit auf einmal in die bunte Lust der Menschen hineinzusehen, ohne ihren inneren Zusammenhang zu kennen; wie sie sich, gleich Marionetten, voreinander verneigen und beugen, lachen und die Lippen bewegen, ohne daß wir hören, was sie sprechen. – O, ich könnte mir, sagte Leontin, kein schauerlicheres und lächerlicheres Schauspiel zugleich wünschen, als eine Bande von Musikanten, die recht eifrig [...] spielten, und einen Saal voll Tanzender dazu, ohne daß ich einen Laut von der Musik vernähme. – Und hast du dieses Schauspiel nicht im Grunde täglich? entgegnete Friedrich.[2088]

Die von einem Aussichtspunkt in der Höhe, wie ihn auch Leontins Bruder Rudolph beschreibt, aus der Ferne, zugleich von oben und »draußen«, »übersehen[e]« Welt: das ist eine Szene, die auf emblematische Weise den romantischen ›Weltverlust‹ veranschaulicht, um den es hier geht. Das gilt umso mehr, als die geschilderte Welt auch noch hinter »Fensterscheibe[n]«[2089] liegt: also ausschnittsweise »[]einzusehen«, aber dabei nicht zu »hören« ist – und somit, da die beiden Beobachter im Baum ja den »inneren Zusammenhang« des Geschehens nicht »kennen«, genauso »wie ein großes Rätsel vor« Friedrich und Leontin liegt wie jene »Welt«, deren »Ströme des Lebens [...] geheimnisvoll« an Rudolph »vorüber[rauschen]«.

2087 Ebd., S. 302 und 327.
2088 Ebd., S. 117f.
2089 Ebd., S. 118.

Wie emblematisch diese Szene ist, zeigt der Umstand, dass sie oder eine ähnliche noch von Gustav Mahler bemüht wird, als dieser 1896 gegenüber Natalie Bauer-Lechner das Scherzo seiner *Zweiten Symphonie* charakterisiert – und das ausdrücklich unter Verweis wenn nicht auf einen Welt-, so doch auf einen Selbstverlust.

Mahler sagt:

> Das im Scherzo Ausgedrückte kann ich nur so veranschaulichen: Wenn du aus der Ferne durch ein Fenster einem Tanze zusiehst, ohne daß du die Musik dazu hörst, so erscheint dir Drehung und Bewegung der Paare wirr und sinnlos, da dir der Rhythmus als Schlüssel fehlt. So mußt du dir denken, daß einem, der sich und sein Glück verloren hat, *die Welt* [...] verkehrt und wahnsinnig erscheint. – Mit einem furchtbaren Aufschrei der so gemarterten Seele endet das Scherzo.[2090]

Der ›Weltverlust‹ als Welt hinter Fensterglas: das ist auch in *Ahnung und Gegenwart* kein Einzelfall. So heißt es gegen Ende des Romans, und zwar in den letzten Worten des »Knabe[n]« Erwin, der stirbt und sich erst im Tode als Mädchen entpuppt:

> Die Leute sagten, ich sei verrückt, ich hörte es wohl und auch draußen die Uhren schlagen und die Welt ordentlich gehen und schallen wie durch Glas, aber ich konnte nicht mit hinein. Damals war mir wohl, jetzt bin ich wieder krank. –[2091]

Was nun mit diesem ›Weltverlust‹ verlorengegangen ist, führt die Szene, in der Friedrich und Leontin auf dem Baum sitzen, ausdrücklich als »Karikatur« des Tanzes vor Augen. Beschwört Friedrich Schiller noch in seinem Gedicht *Der Tanz*, wie oben zitiert, im »Tanz« sich »[d]rehen[de]« »Paare«, »vom Zephir gewiegt« und »befreit von der Schwere des Leibes«, und »hebt« bei Schiller »Säuselndes Saitengetön« der Tänzer »ätherischen Leib« »auf des Takts melodischer Woge«,[2092] so ist von all dieser Harmonie im Tanze bei Eichendorff nicht mehr viel übrig. Ausgerechnet »Ökonomen [...] in knappen und engzugespitzten«, wenn nicht gar obszön *zu eng gespitzten* »Fracken« sind es, die hier »tapfer« mit »Mädchen« »feg[ ]en«, denen es in ihrer ›Tüchtigkeit‹ und »Gesundheit«, »über und über rot«, wie sie sind, ebenfalls an Eleganz fehlt. »[R]auschen« in Schillers Tanz noch »die Harmonieen des Weltalls«, wenn die Tänzer sich mikrokosmisch auf jenen »kühn gewundenen Bahnen« »durch den ewigen Raum« »schwing[en]« wie makrokosmisch die »[l]euchtende[n]

2090 Gustav Mahler in den Erinnerungen von Natalie Bauer-Lechner. Nach den Tagebuchaufzeichnungen hg. von Herbert Killian, Hamburg 1984, S. 40 (Januar 1896). Vgl. Anm. 2114.

2091 Eichendorff, Ahnung und Gegenwart, S. 314.

2092 Schiller, Der Tanz, S. 237.

Sonnen« der Sterne,[2093] sind es bei Eichendorff die »fröhliche[n], dicke[n] Gesichter«, die »wie Vollmonde« über den »Sternenhimmel« des Tanzbodens ziehen. Als wäre das nicht schon deutlich genug, gibt es dann auch noch die »wie ein Satyr, in den abenteuerlichsten, übertriebensten Wendungen und Kapriolen« tanzende »hagere Figur«, die, gewissermaßen repräsentativ für alle, »alles Affektierte, Lächerliche und Eckle jedes Einzelnen der Gesellschaft in eine einzige Karikatur zusammen[zu]drängen« scheint: und zudem den Begriff der ›Harmonie‹ als solchen karikiert, indem er ausdrücklich »mit Leib und Seele die Geige streich[t]«.

Keine Frage: jene musikalischen »Harmonien des Weltalls«, die Schiller im Tanz verwirklicht sieht, sind in *Ahnung und Gegenwart* dahin. Ausdrücklich »verloren« sind die »[M]elodie« der »Seele« wie die »Musik« des »Leibe[s]«, und mit ihnen die Harmonie der »Musik selbst«, ja sogar die »Bedeutung des Lebens«.[2094] So gesehen, lässt sich wohl allenfalls dann mit Žmegač von einer »Fülle romantischer Stimmungen«[2095] des Romans reden, wenn man auch die Stimmungskarikaturen dazuzählt.

Friedrich sagt:

> Gestikulieren, quälen und mühen sich nicht überhaupt alle Menschen ab, die eigentümliche Grundmelodie äußerlich zu gestalten, die jedem in tiefster Seele mitgegeben ist, und die der eine mehr, der andere weniger und keiner ganz auszudrücken vermag [...]? Wie weniges verstehen wir von den [...] Menschen! – Ja, wenn sie erst Musik im Leibe hätten, fiel ihm Leontin lachend in's Wort. Aber die meisten fingern wirklich ganz ernsthaft auf Hölzchen ohne Saiten,[[2096]] weil es einmal so hergebracht ist und das vorliegende Blatt heruntergespielt werden muss; aber das, was das ganze Handtieren eigentlich vorstellen soll, die Musik selbst und Bedeutung des Lebens, haben die närrischgewordenen Musikanten darüber vergessen und verloren.[2097]

Da aber, plötzlich und ausgerechnet auf das Wort »verloren«, öffnet sich doch für einen »Augenblick[]« ein Fenster zu all dem, was eigentlich »verloren«

2093 Ebd., S. 238.

2094 Vgl. Zitat 2097. Vgl. auch das Novalis-Zitat in Anm. 2122.

2095 Vgl. Zitat 2085.

2096 Wenn nicht gar Windeln über dem Instrument hängen: »In einem Winkel entdeckte Leonhardt endlich auch eine Guitarre, an welcher er noch jeden Bug und Strich, aus voriger Zeit sogleich wiedererkannte, denn Ludwig hatte sie in ihren frei herumschweifenden Tagen zauberisch gespielt. Jetzt hatte sie nur noch drei Saiten, die anderen waren gesprungen und hingen halb vermodert herab; auf dem schlangen Halse des Instruments waren nasse Kinderwindeln zum Trocknen aufgehängt.« Joseph von Eichendorff: Das Wiedersehen, in: ders.: Ahnung und Gegenwart. Sämtliche Erzählungen, hg. von Wolfgang Frühwald und Brigitte Schillbach, Frankfurt a. M. 2007, S. 429–443, S. 439.

2097 Eichendorff, Ahnung und Gegenwart, S. 118.

ist: Harmonie von Mikrokosmos und Makrokosmos, kosmische ›Musik‹, auch Schönheit und Eleganz:

> In diesem Augenblicke kam ein neues Paar bei dem Fenster angeflogen, alles machte ehrerbietig Platz und sie erblickten ein wunderschönes Mädchen, das sich durch seinen Anstand vor allen den anderen auszeichnete. Sie lehnte lächelnd die zarte, glühende Wange an die Fensterscheibe, um sie abzukühlen.[2098]

Damit stellt das Mädchen, jedenfalls ideengeschichtlich, jene Eukrasie, das heißt ›Wohltemperiertheit‹, wieder her, die von der traditionellen Körpersäfte- und Temperamenten-Lehre in die Lehre der musikalischen ›Stimmung‹ übernommen worden ist.[2099] In diesem Sinne handelt es sich also, wenn das Mädchen seine Wange an die Fensterscheibe legt, um eine ›harmonisierende‹, ›musikalische‹ Geste.

Und nun ereignet sich »gar«[2100], also unwahrscheinlicherweise, etwas Wunderbares:

> Darauf öffnete sie gar das Fenster, teilte zierlich ihre Haare, durch die ein Rosenkranz geflochten war, nach beiden Seite über die Stirne, und schaute, so, wie in Gedanken versunken, lange in die Nacht hinaus. – Leontin und Friedrich waren ihr so nahe, daß sie ihren Atem hören konnten; ihre großen, stillen Augen, in deren feuchtem Spiegel der Mond widerglänzte, standen grade vor ihnen. Wo ist das Fräulein? rief auf einmal eine Stimme von innen, und das Mädchen wendete sich um und verlor sich unter den Menschen. –[2101]

Kein Zweifel: die Szene ähnelt der auf den Balkon über der Donau im ersten Kapitel des Romans. Dabei wird zugleich klar, dass es sich hier um eine quasi epiphanische[2102] Überwindung jenes ›Weltverlustes‹ handelt, den Friedrich und Leontin gerade beklagt hatten. Das Fenster öffnet sich, und auf einmal liegt die eben noch aus der Ferne und Höhe beobachtete Welt nicht mehr hinter Glas, sondern ist vielmehr so nahe gerückt, dass Friedrich und Leontin im Dunkel auf ihrem Baum den »Atem« des Mädchens »hören« können und »ihre« »Augen« »grade vor ihnen« stehen.

Wie die Balkon-Szene über der Donau, so hat auch diese Szene etwas Statisches und zugleich Ekstatisches: schaut doch das Mädchen in die Nacht »hinaus« und ist dabei zugleich »in Gedanken«, ja vielleicht in das *periéchon*

2098 Ebd.

2099 Vgl. Koschorke, Körperströme und Schriftverkehr, S. 57, und Jacobs, Stimmungskunst von Novalis bis Hofmannsthal, S. 76–78.

2100 Eichendorff, Ahnung und Gegenwart, S. 118.

2101 Ebd., S. 118f.

2102 Gumbrecht, Diesseits der Hermeneutik. Die Produktion von Präsenz, S. 114f. und 131–134.

der Nacht selbst, »versunken«. Der am Himmel stehende »Mond« spiegelt sich in den »feuchte[n]« Augen des Mädchens – auch diese Feuchtigkeit spricht humoralpathologisch für ihre Eukrasie –, und in diesem »[W]iderglänz[en]« werden makrokosmisches Gestirn und mikrokosmisches Auge eins.

Sollte nicht eine Szene wie diese Gumbrechts oben im sechsten Kapitel schon zitierter Beschreibung jener *»Momente der Intensität«* zugrundeliegen beziehungsweise jener »Ahnung« (!) »von dem [...] lieblichen Wonnegefühl, das« ihn »manchmal überkommt [!], wenn eine Mozartarie in polyphone Komplexität übergeht und« er »tatsächlich glaub[t], die Oboe mit [s]einer Haut zu hören«, oder auch Gumbrechts Schilderung jenes »Moment[s] der Bewunderung«, der ihn »ergreift, wenn« er »den schönen Körper einer jungen Frau s[i]eh[t], die neben« ihm vor einem »Computer steht«?[2103] Jedenfalls finden sich allerlei Zutaten der Eichendorff'schen Szene in den *»Momente[n] der Intensität«* wieder, in denen Gumbrecht seinen ›Weltverlust‹ aufgehoben sieht – wie auch Heideggers ereignishaftes Überkommenwerden samt seiner Vorstellung von »Stimmung« als »innestehende[m] Hören auf [...] die Stimme [...] des Seyns«:[2104] heißt doch das lateinische Verb *»intendere«*, von dem sich die ›Intensität‹ herleitet, nichts anderes als »›seine Aufmerksamkeit auf etwas richten‹«.[2105]

Wem die Flügel fehlen, muss ins offene Fenster springen. Eine Phantasie wird gestört

So oder so ist die Szene mit dem Mädchen ein flüchtiger Augenblick, der sich so wenig halten lässt wie Rosa auf dem Balkon über der Donau. Das Mädchen wendet sich um und geht Friedrich und Leontin »verlor[en]«: und mit ihr die ganze Welt, herrscht doch jetzt wieder der schon beklagte, eben nur »[i]n diesem Augenblicke« aufgehobene ›Weltverlust‹. Das ergibt sich aus dem weiteren Gang der Geschichte.

Lässt sich der Augenblick nicht halten, dann bleibt allenfalls der Wunsch, ihm hinterherzuspringen oder gar zu -fliegen. Um diese Sprung- und Flugphantasie geht es gleich noch. In Eichendorffs Roman ist allerdings, als das Mädchen »verlor[en]« gegangen ist, zunächst nicht einmal mehr Raum für die emphatische Formulierung dieses Gedankens. Im Anschluss an das obige Zitat zu Anmerkung 2101 heißt es:

2103 Ebd., S. 118.

2104 Heidegger, Das Ereignis, S. 219.

2105 Artikel »intensiv«, in: Kluge, Etymologisches Wörterbuch der deutschen Sprache, S. 403.

> Leontin sagte: Ich möchte [...] hier in's offene Fenster hineinspringen und tanzen, bis die Sonne aufginge, ich möchte wie ein Vogel von dem Baume fliegen über Berge und Wälder! – Zwei ältliche Herren unterbrachen diese Ausrufungen, indem sie sich zum Fenster hinauslehnten.[2106]

Nicht nur die romantische Fensterszene wird also gestört, indem das Mädchen zurückgerufen wird und zwei »ältliche Herren« ihren Fensterplatz einnehmen, sondern sogar die durch diese Szene ausgelöste Phantasie oder die, mit Žmegač, »romantische[] Stimmung[]«, in der Leontin gerade noch dem Augenblick mit dem Mädchen am Fenster nachhängt.

Zudem wird die Fensterszene sofort karikiert, als sie gerade erst »verlor[en]« gegangen ist. »[E]in junges Paar« nähert sich den Fenstern, und es sind, wie Leontin feststellt,

> gewiß Sentimentalische, denn sie wandeln so schwebend[2107] auf den Zehen, wie einer, der gern fliegen möchte und nicht kann.[2108]

Dieses Problem hatte Leontin zwar gerade eben im Absatz zuvor als sein eigenes Problem erkannt – ›ich *möchte* wie ein Vogel fliegen‹ –, das allerdings hindert ihn oder den Erzähler jetzt nicht daran, mit scharfzüngiger Häme zu beobachten, wie die beiden Sentimentalischen sich »in einer ziemlich bäuerischen Mundart« über »Tränen«, »die schöne Seele«, »süße[] Melankolie«, »überfließende[] Herz[en]« und nicht auf Anhieb fehlerfrei ausgesprochene »Sentimentre – Sentiments« unterhalten. Schließlich hebt »Er«, das heißt der sentimentalische »junge Mann«,

> von neuem an: O heilige Melankolie! du sympathetische Harmonie gleichgestimmter Seelen! So rein, wie der Mond dort oben, ist unsere Liebe! Während des fing er an, heftig an dem Busenbande des Mädchens zu arbeiten, die sich nur wenig sträubte.[2109]

Das ist, einmal abgesehen von dem zu einer Zeit, die schon Walzer tanzt, nicht mehr ganz aktuellen Melancholie-Diskurs, nicht nur eine Anrufung der All-Harmonie, sondern ihre gleich dreifache, wenn man so will: mehrfach

2106 Eichendorff, Ahnung und Gegenwart, S. 119. Vgl. das Hoffmann-Zitat 598.

2107 Vgl. zum ›Schweben‹ Walter Schulz: Metaphysik des Schwebens. Untersuchungen zur Geschichte der Ästhetik, Pfullingen 1985, zu Eichendorff S. 341f. und 413. Schulz' Begriff des ›Schwebens‹ erinnert von ferne an die frühromantische Ironie und permanente Parekbase; vgl. den Abschnitt »Romantische Transzendentalpoesie und ihr Bezug zur Ironie« ebd., S. 270–275.

2108 Eichendorff, Ahnung und Gegenwart, S. 119.

2109 Ebd., S. 119f.

pleonastische Anrufung, sind doch ›Sympathie‹, ›Harmonie‹ und ›Gleichstimmung‹ nichts als Wechselbegriffe füreinander, während das ›Überfließen‹ das von Spitzer so genannte »[Ü]berströmen aus dem Makrokosmos in den Mikrokosmos«[2110] evoziert – jene Vorstellung also, die in der vorausgehenden Szene mit dem »wunderschöne[n] Mädchen« in der Formulierung ihrer »großen, stillen Augen« mitklang, »in deren feuchtem Spiegel der Mond«, gewissermaßen wie ausgegossen, »widerglänzte«.

Man muss sich klarmachen, was hier geschieht. Nicht nur *erzählt*, erstens, Eichendorffs *Ahnung und Gegenwart* von ›Harmonie‹, ›Stimmung‹ und ›Weltverlust‹ in dem in diesem Kapitel geschilderten Sinne. Zweitens *benennt* der Roman hier auch, wie anderswo, ausdrücklich zentrale Stichworte dieses Diskurses – ganz ähnlich, wie Heidegger einmal das ›Medium‹ dem Wort nach benennt. Drittens *reflektiert* der Roman auch, mit seinen eigenen Worten, den »inneren Zusammenhang« dieser topischen Begriffe. So zeigt es sich ja etwa in Rudolphs Ausführungen zu den Verlockungen der Philosophie, in denen er den sonst meist latent oder implizit bleibenden Philosophiebegriff des Romans explizit artikuliert und so in geradezu metaphorologisch anmutender Weise topologische Zusammenhänge kenntlich werden lässt, denen noch Denker wie Heidegger und Lukács verpflichtet sind.

Erschließt sich also, anders gesagt, nicht nur über Lukács' *Theorie des Romans* Eichendorffs Theorie des Romans, sondern umgekehrt zugleich Lukács' *Theorie* aus Eichendorffs Roman, dann verwundert es ebenfalls nicht, dass auch Gumbrecht bei der Formulierung seiner Theorien tief in den romantischen Thesaurus greift. Denn er selbst erklärt ja den von ihm empfundenen ›Weltverlust‹ als Symptom jener ›Krise der Repräsentation‹,[2111] die wiederum Michel Foucault mit Blick auf Miguel de Cervantes' *Don Quichotte* analysiert und beschrieben hat – denjenigen Roman also, der wiederum im Zentrum von Lukács' *Theorie des Romans* steht.[2112]

Bezwingung des losen Elements. Für die Abkürzung nach Hause tät's ein Luftschiff

Nicht nur die Sentimentalischen, die Friedrich und Leontin beobachten, sondern auch sie selbst haben also – ganz so wie ein Jahrzehnt später E.T.A. Hoffmann – das Problem, »einer« zu sein, »der gern fliegen möchte und

2110 Spitzer, Milieu and Ambiance, S. 5.
2111 Vgl. Anm. 966 und 959.
2112 Vgl. Lukács, Die Theorie des Romans, S. 83–93.

nicht kann«. Ja, man kann sagen, dass es sich hier um eine Formel für eines *der* Grundprobleme der Romantik überhaupt handelt.

In Eichendorffs Œuvre nun ist diese Vorstellung von Flugunfähigkeit mehrfach mit der Heimatlosigkeit und dem Heimweh assoziiert, so nicht nur in der schon im dritten Kapitel zitierten letzten Strophe von Eichendorffs Gedicht *Mondnacht*: »Und meine Seele spannte / Weit ihre Flügel aus, / Flog durch die stillen Lande, / Als flöge sie nach Haus.«[2113] Auch in *Ahnung und Gegenwart* findet sich dieser Zusammenhang, einmal sogar gepaart mit dem romantischen Topos von der Welt hinter Glas.[2114]

Im zehnten Kapitel des ersten Buches geht es um »den einsamen Viktor«, den Friedrich und Leonard eine Zeit lang »fast alle Nachmittage« besuchen. Der »seltsame[] Mensch[]« »arbeitet[] und künstelt[]« in seiner eigenen kleinen Welt, »ohne um die andere Welt draußen zu fragen«, der er offenbar verloren gegangen ist. Obwohl er »[f]ür Poesie [...] keinen Sinn« hat und »[n]ur Abraham von St. Clara« liest, also wohl auch nicht Jean Paul und *Des Luftschiffers Giannozzo Seebuch* gelesen hat, heißt es über Viktor:

> Seine Lieblingsidee war, ein Luftschiff zu erfinden, mit dem man dieses lose Element eben so bezwingen könnte wie das Wasser, und er wäre beinahe ein Gelehrter geworden, so hartnäckig und unermüdlich verfolgte er diesen Gedanken.[2115]

Sicher, die Luftfahrt- und Ballon-Begeisterung ist aus durch die Brüder Montgolfier gegebenem Anlass groß gegen Ende des 18. Jahrhunderts,[2116] und so wohl auch zu der Zeit, in der *Ahnung und Gegenwart* spielt. Unabhängig von diesem technikgeschichtlichen Datum klingen hier aber auch spezifisch ›mediale‹ Aspekte mit, wenn von dem »losen Element« »Luft[]« »wie« (!) dem »Wasser« die Rede ist: und führt die Vorstellung vom »[B]ezwingen« eines »losen« – also auf*gelöst*en oder auf*lösend*en – »Element[s]« qua

2113 Joseph von Eichendorff: Mondnacht, in: ders.: Sämtliche Gedichte. Versepen, hg. von Hartwig Schultz, Frankfurt a. M. 2006, S. 322f., S. 323.

2114 Vgl. Gert Theile: Hinter Glas: Romantische Facetten eines modernen Topos bei Hoffmann, Arnim und Tieck, in: Antje Arnold, Walter Pape (Hg.): Emotionen in der Romantik. Repräsentation, Ästhetik, Inszenierung, Berlin, Boston 2012, S. 155–168.

2115 Eichendorff, Ahnung und Gegenwart, S. 157f.

2116 Vgl. Jürgen Link: »Einfluß des Fliegens! Auf den Stil selbst!« Diskursanalyse des Ballonsymbols, in: Jürgen Link, Wulf Wülfing: (Hg.): Bewegung und Stillstand als Metaphern und Mythen. Fallstudien zum Verhältnis von elementarem Wissen und Literatur im 19. Jahrhundert, Stuttgart 1984, S. 149–164; ders.: Literaturanalyse als Interdiskursanalyse. Am Beispiel des Ursprungs literarischer Symbolik in der Kollektivsymbolik, in: Jürgen Fohrmann, Harro Müller (Hg.): Diskurstheorien und Literaturwissenschaft, Frankfurt a. M. 1988, S. 284–307.

Auftriebskörper nicht hinaus auf die Vorstellung des Schwimmens oder Floatens? Wenn es jedenfalls, so viel hat sich bis hierhin gezeigt, eine Abkürzung in »Heile der Heimat« eines Überall-zu-Hause geben sollte, dann führt sie im »Emporschweben[]« (Lukács) durchs *periéchon* in die Höhe.

Heimweh befällt auch dich, aber dir fehlen nicht nur die Flügel, sondern auch die Segel

Viktor ist eine Art »zweifache[r] Mensch[]« in dem Sinne, dass »[s]eine Gemütsart« zur »eine[n] Hälfte« »dunkel«, »melankolisch« und »betrübt« ist, zur »anderen Hälfte« »lustig« und »witzig«.[2117] Seine melancholische Seite kommentiert der Erzähler wie folgt:

> Dein Leben ist mir immer vorgekommen, wie ein […] dunkel verbautes Gemach […], das unbeschreiblich einsam und hoch steht über den gewöhnlichen Handtierungen der Menschen. Eine alte verstimmte Laute, die niemand mehr zu spielen versteht, liegt verstaubt auf dem Boden.[2118]

Das ist er wieder, der ›Weltverlust‹, zu erkennen am philosophischen Beobachterstandpunkt in der Höhe fernab – »einsam […] über« – der Welt. Am Boden eine Laute, wie sie allegorisch die Melancholiker begleitet.[2119] Hier ist sie zudem »alt[]«, »verstimmt[]« und »verstaubt«: die musikalische wie die kosmische Harmonie sind verloren. Dazu passt, dass die Welt hinter Glas

2117 Eichendorff, Ahnung und Gegenwart, S. 158.

2118 Ebd., S. 159.

2119 Ein Beispiel ist Giovanni Benedetto Castogliones Radierung *Melancholie*; s. Raymond Klibansky, Erwin Panofsky und Fritz Saxl: Saturn und Melancholie. Studien zur Geschichte der Naturphilosophie und Medizin, der Religion und der Kunst. Übersetzt von Christa Buschendorf, Frankfurt a. M. 1990, Tafel 140 und S. 543f. Dazu schreibt Günter Bandmann: Melancholie und Musik. Ikonographische Studien, Wiesbaden 1960, S. 124: »Die Noten scheinen wie die am Boden liegende Laute zu verraten, daß Musik das Letzte war, was diesen zur Schwermut […] sich bewegenden Geist beschäftigte.« Vgl. zur Zeichnung *Vision des Sängers* von Caspar David Friedrich, auf der ein Mann eine »am Boden liegende Laute« hält, ebd., S. 132f.; hier auch der Verweis auf das Lied eines Jünglings in Novalis' *Heinrich von Ofterdingen*, in dem es heißt: »Der Sänger geht auf rauhen Pfaden, / Zerreißt in Dornen sein Gewand; […] / Er kann die Laute kaum noch tragen, / Ihn übermannt ein tiefer Schmerz.« Novalis: Heinrich von Ofterdingen. Ein nachgelassener Roman von Novalis. Zwei Theile, in: ders.: Werke, Tagebücher und Briefe Friedrich von Hardenbergs, Bd. 1: Das dichterische Werk, Tagebücher und Briefe, hg. von Richard Samuel, München 1978, S. 237–383, S. 272.

liegt – das allerdings auf etwas andere Weise als in den bisher geschilderten Fällen:

> Aus dem finsteren Erker siehst Du durch bunt und phantastisch gemalte Scheiben, über das niedere, emsig wimmelnde Land unten weg in ein anderes, ruhiges, wunderbares, ewig freies Land. Alle die wenigen, die dich kennen und lieben, siehst du dort im Sonnenscheine wandeln und das Heimweh befällt auch dich. Aber dir fehlen Flügel und Segel und du reißest in verzweifelter Lustigkeit an den Saiten der alten Laute, daß es mir oft das Herz zerreißen wollte. Die Leute gehen unten vorüber und verlachen dein wildes Geklimper, aber ich sage dir, es ist mehr göttlicher Klang darin, als in ihrem ordentlichen, allgepriesenen Geleire.[2120]

Nicht *eine* Welt hinter Glas ist hier zu sehen, sondern *zwei* – und das ganz nach Hoffmanns serapiontischer Logik. Zum einen ist da »das niedere [...] Land unten«, in dem es »emsig wimmel[t]« und »[d]ie Leute« verständnislos »vorüber[gehen]« an jener Musik, die zwar – ähnlich der Johannes Kreislers – von »verzweifelter Lustigkeit« ist, aber doch »göttliche[n] Klang« in sich trägt: einen Klang allerdings, der den Leuten nicht – mit Rudolphs Wort – »vernehmlich« ist.

Zum anderen tut sich »über« dieser schlechten, eben »niedere[n]« Welt »unten«, vielleicht durch die quasi-serapiontische beziehungsweise romantische[2121] »bunt[e] und phantastisch[e]« Bemalung der Scheiben, »im Sonnenscheine« »ein anderes, ruhiges, wunderbares, ewig freies Land« auf. Auf dieses Land richtet sich »das Heimweh«. »Aber«, das ist adversativ, »dir fehlen Flügel und Segel«, und das heißt: um das Heimweh zu stillen, bräuchte man entweder »Flügel«, um mit ihnen »nach Haus« zu fliegen wie die Seele in der letzten *Mondnacht*-Strophe, oder aber man bräuchte »Segel«: und das doch wohl, um nach Hause zu segeln, indem man mit einem »Luftschiff«, wie es sich Viktor erträumt, das »lose Element« »über« dem »Land unten« »bezwing[t]«, also die ausdrücklich »wie das Wasser« fluidal oder zumindest wolkig gedachte Luft der atmosphärischen Höhe.

2120 Eichendorff, Ahnung und Gegenwart, S. 159.

2121 Vgl. die Definition des ›Romantischen‹ in Clemens Brentanos *Godwi*. »Unsere Aeußerungen [...] führten uns zu einem allgemeinen Gespräche über das Romantische, und ich sagte: Alles, was zwischen unserm Auge und einem entfernten zu Sehenden als Mittler steht, uns den entfernten Gegenstand nähert, ihm aber zugleich etwas von dem seinigen mitgiebt, ist romantisch. [...] Godwi setzte hinzu, das Romantische ist also ein Perspectiv oder vielmehr die Farbe des Glases und die Bestimmung des Gegenstandes durch die Form des Glases.« Brentano, Godwi oder Das steinerne Bild der Mutter, S. 289 (Zweyter Theil, Achtes Kapitel).

Nicht nur ›*im* Sonnen*scheine*‹ *liegt* also diese höhere Welt, sondern sie *ist* selbst ein sich innerweltlich gebender Vor*schein* dessen, worauf sich das Heimweh richtet: Vorschein einer ›Harmonie‹, ›Totalität‹ oder ›Fülle‹, wie sich bloß denen erschließt, die sie im »wilde[n] Geklimper« auf der – so das »Resultat der modernen Denkungsart« (Novalis) –[2122] nurmehr disharmonisch-»verstimmte[n] Laute« als Widerhall des ehemals harmonisch-»göttliche[n] Klang[s]« herauszuhören vermögen – die also nur jenen »vernehmlich« ist, die sich, mit Heidegger, von dieser ›Stimmung berühren‹ lassen.

Hinter Glas, auf Glas. Das geschriebene Wort bricht der Poesie die Schwingen

Das Fensterglas, so zeigt sich hier schon, spielt in *Ahnung und Gegenwart* eine ambivalente Rolle. Bezeichnend dafür ist die paradoxe Formulierung von der »Glastüre« und der »Morgensonne, die durch« diese »Glastüre sch[eint]« und so »das schöne Zimmer mit einem geheimnisvollen Helldunkel [erfüllt]« –[2123] einem Zugleich zweier Gegensätze, die hier durch das Glas zusammengebracht werden, wie die »niedere« Welt und die »andere[]« in der Höhe darüber im Blick durch die eben zitierten »bunt und phantastisch gemalte[n] Scheiben« zusammenkommen.

Grundsätzlich ist es bei Eichendorff anscheinend so, dass geschlossene Fenster dem vor ihnen stehenden Betrachter den Eindruck vermitteln, von der Welt abgetrennt, ihr eben verlorengegangen zu sein oder sie verloren zu haben. Daraus erklärt sich die typische Geste der Helden Eichendorffs, wo immer sie hinkommen die Fenster und damit den Raum für Luft und Landschaft zu öffnen.

2122 »Das Resultat der modernen Denkungsart nannte man Philosophie und rechnete alles dazu was dem Alten entgegen war, vorzüglich also jeden Einfall gegen die Religion. Der anfängliche Personalhaß gegen den katholischen Glauben ging allmählig in Haß gegen die Bibel, gegen den christlichen Glauben und endlich gar gegen die Religion über. Noch mehr – der Religions-Haß, dehnte sich sehr natürlich und folgerecht auf alle Gegenstände des Enthusiasmus aus, verketzerte Fantasie und Gefühl, Sittlichkeit und Kunstliebe, Zukunft und Vorzeit, setzte den Menschen in der Reihe der Naturwesen mit Noth oben an, und machte die unendliche schöpferische Musik des Weltalls zum einförmigen Klappern einer ungeheuren Mühle, die vom Strom des Zufalls getrieben und auf ihm schwimmend, eine Mühle an sich, ohne Baumeister und Müller und eigentlich ein ächtes Perpetuum mobile, eine sich selbst mahlende Mühle sey.« Novalis, Die Christenheit oder Europa. Ein Fragment (Geschrieben im Jahr 1799.), S. 740f.

2123 Eichendorff, Ahnung und Gegenwart, S. 77.

So geschieht es auch im zweiten Kapitel des ersten Buches in jenem »Sommerhäuschen […] am Abhange« eines »Berges«, in dem

> Friedrich […] alle Fenster weit auf[machte], so daß die Luft überall durchstrich, und er von allen Seiten die Landschaft und den blauen Himmel sah. […] Dann stellte er sich an's Fenster. Man sah von dort weit in das Gebirge. Ein Strom ging in die Tiefe, an welchem eine hellglänzende Landstraße hinablief. Die heißen Sonnenstrahlen schillerten über dem Tale, die ganze Gegend lag unten in schwüler Ruhe. Draußen vor der offenen Tür spielte und sang der Harfenist immerfort. Friedrich sah den Wolken nach, die nach jenen Gegenden hinaussegelten, die er selber auch bald begrüßen sollte.[2124]

Es handelt sich hier um eine Weltbeobachtungsszene, deren Gefühl von ›Weltverlust‹ durch jenes »weit[e]« Öffnen der Fenster abgemildert ist, das gegen alle Wahrscheinlichkeit – das Haus liegt ja »am Abhange« – gleich nach »allen Seiten« den Blick auf »die Landschaft« und den »Himmel« eröffnet. Zwar liegt das Gebirge in »weit[er]« Ferne, zugleich aber ist es qua »überall [!] durchstr[eichender]« »Luft« mit Friedrich verbunden: ganz ähnlich, wie auch der »Strom […] in der Tiefe« und die daran entlanglaufende »hellglänzende Landstraße« den Vorder- mit dem Hintergrund dieser Szene verbinden. Genau so verhält es sich mit den »Wolken«, die einem Luftschiff gleich »nach jenen Gegenden hinaussegel[]n«, die »auch« Friedrich so »bald begrüßen soll[]«, als ob er mit oder auf – so heißt es andernorts – »Wolkenflügel[n]«[2125] unterwegs wäre. Ja, »Luft« und »Wolken« sind in der Tat – in Novalis', Heideggers und Lukács' Sinne – auch bei Eichendorff »überall« zu Hause.

Weil aber, wie ich im sechsten Kapitel schon unter Bezug auf Georg Simmel, Joachim Ritter und Jean-Luc Nancy im Zusammenhang mit der auch hier bei Eichendorff wörtlich in Rede stehenden »Landschaft« angedeutet hatte, *Offenheit für alles* beziehungsweise, bei Eichendorff, »[O]ffen[heit]« nach »allen Seiten« hin ein Wechselbegriff für das von Heidegger mit Novalis als Heimat definierte Überall-zu-Hause-Sein ist, verwundert es nicht, dass hier nun »vor der offenen Tür« ein »Harfenist« »spielt[] und s[i]ng[t]« – und zwar, darf man wohl vermuten, auf ähnlich »tröstend[e]« und »Erfüllung alles […] [G]eahnten verheiß[ende]« Weise wie Hoffmanns »Weltgeist«, wenn er die »unsichtbaren Saiten [rührt], die« *›überall‹* »durch das Universum sich spannen«.[2126]

Aber, wie gesagt, das Fensteröffnen bringt nur den augenblicklichen Vorschein von ›Totalität‹, ›Fülle‹ oder »Heil[] einer Heimat« (Heidegger)[2127], in der

2124 Ebd., S. 65.
2125 Ebd., S. 147.
2126 Hoffmann, Briefe aus den Bergen, S. 691.
2127 Heidegger, Die Kunst und der Raum, S. 9. Vgl. Zitat 1975.

»alles, alles gut« ist (Eichendorff)[2128]. ›Rührung‹, ›Ergriffenheit‹ oder ›Intensität‹ eines solchen Augenblicks lassen sich nicht zwingen und nicht halten: und zwar, wie die hier vor Augen stehende Szene zeigt, weder im Medium des »Krystall«-Glases, wie es in Hoffmanns *Goldnem Topf* den Studenten Anselmus einschließt und festhält,[2129] noch auch nur im Medium der Schrift. Die Szene geht so weiter:

> O Leben und Reisen, wie bist du schön! rief er [Friedrich] freudig, zog dann seinen Diamant vom Finger und zeichnete den Namen Rosa in die Fensterscheibe.[2130]

Das scheint, zunächst einmal, eine Art poetischer Akt zu sein – zumindest im Sinne einer *self-fulfilling prophecy*. Denn

> [b]ald darauf wurde er unten mehrere Reuter gewahr, die auf der Landstraße schnell dem Gebirge zu vorüberflogen. Er verwandte keinen Blick davon. Ein Mädchen hoch und schlank, ritt den andern voraus und sah flüchtig mit den frischen Augen den Berg hinan, gerade auf den Fleck, wo Friedrich stand. Der Berg war hoch, die Entfernung groß; doch glaubte sie Friedrich mit Einem Blicke zu erkennen, es war Rosa.[2131]

Ob das stimmt oder nicht, bleibt offen. Zwar schwingt sich Friedrich »eiligst« aufs Pferd und »stolpert[] so schnell als möglich den sich ewig windenden Bergpfad hinab«, während »seine Blicke und Gedanken [...] wie Adler von der Höhe voraus[fliegen]«. Doch als er die »Straße« erreicht, ist »die Reuterin schon nicht mehr zu sehen«. Es ist, als bestätigte schon diese Erfahrung, die Friedrich hier macht, Leontins erst sechs Kapitel später artikuliertes poetologisches Prinzip, demzufolge das ›Aufzeichnen‹ beziehungsweise ›Aufschreiben‹ zum ›Verlust‹ des Besungenen und der »Lust« daran führe, weil die Schrift dem »Wort« – ausgerechnet – »die luftigen Schwingen« breche.[2132]

So oder so bringt Rosas mit dem Diamant in die Fensterscheibe gezeichneter Name Friedrich zunächst außer einer »Ungeduld«, die ihn »zugleich« »[f]luchen[] und lachen[]« lässt, nichts (und dies ist das einzige Mal, dass im Roman geflucht wird). Gegen Ende des Romans jedoch, im 20. Kapitel des Dritten Buches, »sucht[]« Friedrich wieder das »Sommerhaus auf«:

2128 Eichendorff, Aus dem Leben eines Taugenichts, S. 561.
2129 Hoffmann, Der goldene Topf. Ein Märchen aus der neuen Zeit, S. 229 und 302.
2130 Eichendorff, Ahnung und Gegenwart, S. 65.
2131 Ebd., S. 66.
2132 Ebd., S. 136. Vgl. Zitat 2026.

> Dort fand er den Namen Rosa wieder, den er an jenem schwülen Nachmittage mit seinem Ringe in die Fensterscheibe gezeichnet. –[2133]

Hier nun ergreift es Friedrich noch einmal für einen kurzen Moment:

> Er hielt beide Hände vor die Augen, so tief überfiel ihn die Gewalt dieser Erinnerung. Die treuen Züge blitzten noch frisch in der Sonne, aber die Züge jenes wunderschönen Bildes, das er damals in der Seele hatte, waren unterdes im Leben verworren und verloren für immer. –[2134]

Und so bleibt es bei den gebrochenen Schwingen. Denn Friedrichs romantischer Sehnsucht und seinem philosophischen Heimweh hat mittlerweile die Religion den Rang abgelaufen. Vorbei ist es mit den romantischen Luftschlössern und -schiffen:

> Wie anders war seitdem alles in ihm geworden! Damals segelten seine Gedanken und Wünsche mit den Wolken ins Blaue über das Gebirge fort, hinter dem ihm das Leben mit seinen Reise-Wundern wie ein schönes, überschwenglichreiches Geheimnis lag. Jetzt stand er an demselben Orte, wo er begonnen, wie nach einem mühsam beschriebenen Zirkel, frühzeitig an dem anderen, ernsteren und stilleren Ende seiner Reise und hatte keine Sehnsucht mehr nach dem Plunder hinter den Bergen und weiter. Die Poesie, seine damalige, süße Reisegefährtin, genügte ihm nicht mehr, alle seine ernstesten, herzlichsten Pläne waren an dem Neide seiner Zeit gescheitert, seine Mädchenliebe mußte, ohne daß er es selbst bemerkte, einer höheren Liebe weichen, und jenes große, reiche Geheimnis des Lebens hatte sich ihm endlich in Gott gelöst.[2135]

Das ist das Ende der Romantik. Denn wer keine »Sehnsucht« mehr hat und keine Flugphantasien, wer nicht mehr »mit den Wolken ins Blaue« segeln will, wer auf oder »hinter den Bergen« nur noch »Plunder« wähnt und nicht mehr das Überall, der hat nicht die Heimat verloren – sondern das Heimweh: jenen philosophischen Trieb also, der Heidegger zufolge »natürlich« »romantisch« ist.

2133 Ebd., S. 296. Dass die Schrift mortifiziert, zeigt auch diese Parallelstelle in Eichendorff, Dichter und ihre Gesellen, S. 123: »Das war sonst Victors Lieblingsplatz, sagte der Fremde nach einem Weilchen, hier hat er den Namen seines ersten Liebchens in die Bäume geschnitten. Das Mädchen ist tot [...].«

2134 Eichendorff, Ahnung und Gegenwart, S. 296.

2135 Ebd., S. 296f.

Kein Zwang zum Sprung bei der Annäherung ans Ganze, sondern permanente Parekbase

So kommt es am Ende mit den Helden von *Ahnung und Gegenwart.* Die »Fülle romantischer Stimmungen« (Žmegač)[2136] aber, gleichwohl von Beginn des Romans an ironisiert und gelegentlich sogar hämisch karikiert, überlebt den Roman wie seine Helden: so in Heideggers Philosophie, so in Lukács' *Theorie des Romans.* Tatsächlich lässt sich kaum überschätzen, wie tief Lukács und Heidegger topologisch und metaphorologisch in der Romantik verwurzelt sind. Das gilt nicht nur in Hinblick auf den von ihnen selbst zitierten und wie sie selbst in erster Linie philosophisch veranlagten Novalis, sondern auch für Romantiker wie Eichendorff, die ihnen insofern weniger nahe stehen, als Eichendorff ja mehr noch als Novalis »nur ein Dichter und gar kein wissenschaftlicher Philosoph« (Heidegger)[2137] ist.

Dann wiederum gilt für Lukács und Heidegger genau so wie für die anderen Philosophen, Theoretiker und Literaten, die die vorliegende Studie metaphorologisch in die Tradition romantischen Denkens einreiht, was Heidegger in seiner Schrift *Die Kunst und der Raum* durch ein ihr vorangestelltes Lichtenberg-Zitat sagt:

> Wenn man viel selbst denkt, so findet man viele Weisheit in die Sprache eingetragen. Es ist wohl nicht wahrscheinlich, daß man alles selbst hineinträgt, sondern es liegt wirklich viel Weisheit darin, so wie in den Sprichwörtern.
> G. Chr. Lichtenberg[2138]

Eben um die ›in die Sprache schon eingetragene Weisheit‹ beziehungsweise Bedeutung geht es ja der Topologie. Und genau so scheint es Heidegger gesehen zu haben, wie das zweite der *Kunst und dem Raum* vorangestellte Zitat vermuten lässt:

> Δοκεῖ δὲ μέγα τι εἶναι καὶ χαλεπὸν ληφθῆναι ὁ τόπος
>
> »Es scheint aber etwas Großmächtiges zu sein und schwer zu fassen, der Topos« – das heißt der Ort-Raum.
> ARISTOTELES, Physik, IV. Buch[2139]

2136 Vgl. Anm. 2085.

2137 Heidegger, Die Grundbegriffe der Metaphysik, S. 7. Vgl. Zitat 1982.

2138 Heidegger, Die Kunst und der Raum, S. 5. Heidegger zitiert die *Sudelbücher*; Georg Christoph Lichtenberg: Schriften und Briefe. Erster Band: Sudelbücher I, hg. von Wolfgang Promies, München 1968, S. 718 (J 443).

2139 Heidegger, Die Kunst und der Raum, S. 5. Bei Aristoteles heißt es: »δοκεῖ δὲ μέγα τι εἶναι καὶ χαλεπὸν ληφθῆναι ὁ τόπος διά τε τὸ παρεμφαίνεσθαι τὴν ὕλην καὶ τὴν μορφήν, καὶ διὰ τὸ ἐν ἠρεμοῦντι τῷ περιέχοντι γίνεσθαι τὴν μετάστασιν τοῦ φερομένου· Nun scheint eine große

Anders gesagt: Gerade aus dem ›schon Eingetragenen‹ der Tradition ergibt sich für die, die »viel selbst denk[en]«, »viel Weisheit« – daher ja auch die Rede vom ›Thesaurus‹ der Sprache, die so gesehen »das Haus« als ›Schatzhaus‹ (*θησαυρός*) »des Seins« ist.[2140]

Lukács jedenfalls greift tief hinein in den Thesaurus romantischer Sprache und Weisheit, wenn er in der *Theorie des Romans* schreibt:

> [I]m Menschen [...] ist kein Zwang zum Sprung: in der Substanznähe des stofflosen Emporschwebens [...] liegt ein weiter Weg vor ihm, aber kein Abgrund in ihm.
>
> Solche Grenzen schließen notwendigerweise eine abgerundete Welt ein. [...] Der Kreis, in dem die Griechen metaphysisch leben, ist kleiner als der unsrige: darum können wir uns niemals in ihn lebendig hineinversetzen; besser gesagt: der Kreis, dessen Geschlossenheit die transzendentale Wesensart ihres Lebens ausmacht, ist für uns gesprengt; wir können in einer geschlossenen Welt nicht mehr atmen[,][2141]

ganz so, wie der Embryo[2142] in der »geschlossenen Welt« des Mutterleibes in eine Flüssigkeit, mit Mesmer: »in den Ozean der Allflut[,] welche den Raum erfüllt«, »eingetaucht«[2143] ist und doch zugleich atmen kann, der Mensch hingegen, der aus dem »kleine[n]« Kreis des Mutterleibs in den größeren der Welt getreten ist, dies nicht mehr vermag.

Die vorgeburtliche »Totalität«, wie man sie sich in regressiven Phantasien vorstellt, ist also dahin, und Lukács fährt fort:

> Wir haben die Produktivität des Geistes erfunden: darum haben die Urbilder für uns ihre gegenständliche Selbstverständlichkeit unwiederbringlich verloren und unser Denken geht einen unendlichen Weg der niemals voll geleisteten Annäherung.[2144]

Dieser Satz ist bemerkenswert. Denn er zitiert das frühromantische Theorem der »unendlichen Annäherung« an das Absolute, wie es über das berühmte 116. Athenäums-Fragment Friedrich Schlegels mit der »romantische[n] Poesie«

---

und schwer zu fassende Aufgabe der Ortsbegriff zu sein wegen der Tatsache, daß dabei Stoff und Form (immer) miterscheinen, und deswegen, weil das Umsetzen des Sich-Fort-Bewegenden in einem Umfassenden erfolgt, das (selbst) ruht«. Aristoteles' Physik. Vorlesung über die Natur. Erster Halbband. Bücher I(Α) IV(Δ), S. 168–171 (212a).

2140 »Die Sprache ist der Bezirk (templum), d.h. das Haus des Seins.« Martin Heidegger: Wozu Dichter?, in: ders.: Holzwege, hg. von Friedrich-Wilhelm von Herrmann, Frankfurt a. M. [8]2003 (= Gesamtausgabe, Bd. 5), S. 269–320, S. 310.

2141 Lukács, Die Theorie des Romans, S. 25.

2142 Spitzer, Milieu and Ambiance, S. 11. Vgl. Zitat 2055.

2143 Mesmer, Mesmerismus. Oder System der Wechselwirkungen, S. 4.

2144 Lukács, Die Theorie des Romans, S. 25.

als einer »progressive[n] Universalpoesie« verbunden ist.[2145] Diese wiederum ist den Frühromantikern zufolge wesentlich ironischer Art, und deshalb gilt für sie der ebenfalls berühmte Satz Friedrich Schlegels: »Die Ironie ist eine permanente Parekbase. –«[2146]

›Parekbase‹ ist ein von Schlegel gebildetes Kunstwort.[2147] ›Parabase‹ (*παράβασις*) bedeutet das *Neben*-die-Handlung-Treten des Chors im griechischen Drama,[2148] ›Ekbase‹ (*ἔκβασις*) ein *Heraus*treten – ganz so, wie ›Ekstase‹ ein Heraus- oder Hinausstehen ist. ›Parekbase‹ ist also, wörtlich verstanden, ein Daneben-und-zugleich-hinaus-Treten.

Sollte nun, so gesehen, auch die ›Parekbase‹ Schlegels etwas von der »Stasis des Ekstatischen« (Heidegger) haben, wie sie sich schon bei Eichendorff in der Balkonszene über der Donau mit Friedrichs ekstatischem horizontalem Hinausstehen in die Nacht gezeigt hat? Eine Antwort auf diese Frage ergibt sich aus einem Umweg über Lukács. Denn in der Tat könnte es so sein, dass Lukács' Formulierung von der »unendlichen […] Annäherung« auf Schlegels »permanent[]« – also ebenfalls »unendlich[]« – »progre[dierende]« »Parekbase« und damit auf die Ironie zurückgeht. Dafür könnte Lukács kurz zuvor aufgestellte Behauptung sprechen, dass »im Menschen […] kein Zwang zum Sprung« sei, weil zwar »ein weiter Weg vor ihm, aber kein Abgrund in ihm« liege. Denn angenommen, dieser »Sprung« wäre hier *nicht* ein Kierkegaard'scher Sprung in den Glauben, wie ihn Eichendorffs Friedrich am Ende von *Ahnung und Gegenwart* und, gegen Ende seines Lebens, Friedrich Schlegel selbst hinter sich gebracht haben: könnte sich dann nicht der »Sprung« auf die Ironie selbst beziehen, die ja wie die Metapher eine sogenannte *Sprung*trope ist?

2145 Schlegel, Progressive Universalpoesie. Athenaeum-Fragment 116, S. 69: »Die romantische Poesie ist eine progressive Universalpoesie.«

2146 Friedrich Schlegel: Philosophisches Fragment 668, in: ders.: Kritische Friedrich-Schlegel-Ausgabe, hg. von Ernst Behler, Bd. XVIII, München 1967, S. 85. – Vgl. Ernst Behler: Klassische Ironie. Romantische Ironie. Tragische Ironie. Zum Ursprung dieser Begriffe, Darmstadt 1972; Uwe Japp: Theorie der Ironie, Frankfurt a. M. 1983.

2147 Vgl. zu Parabase und Parekbase und ihrer reflexiven Funktion Behler, Klassische Ironie. Romantische Ironie. Tragische Ironie. Zum Ursprung dieser Begriffe, S. 79f.; Menninghaus, Unendliche Verdoppelung, S. 196–207; zu Novalis' »sich *selbst auf die Schulern springen* der Reflexirenden Kraft« (Novalis, Das allgemeine Brouillon, Nr. 993, S. 698) ebd., S. 145; Ralf Simon: Romantische Verdoppelungen – komische Verwechselungen. Von der romantischen Reflexionsphilosophie über die Verwechslungskomödie zur Posse und zurück, in: Uwe Japp, Stefan Scherer, Claudia Stockinger (Hg.): Das romantische Drama. Produktive Synthese zwischen Tradition und Innovation, Tübingen 2000, S. 259–287, S. 259–280.

2148 Vgl. zur »Ironische[n] Parabase« Marika Müller: Die Ironie. Kulturgeschichte und Textgestalt, Würzburg 1995, S. 32–36 und 213–241.

Wäre das so, dann deutete sich hier bei Lukács eine charakteristisch romantische Modifikation der vormals als Trope eines einmaligen Sprungs, jetzt hingegen als permanente, sozusagen hin- und herschwingende oder -schwebende[2149] Bewegung[2150] begriffenen Ironie an: und, das wäre hier sozusagen der springende Punkt, eben eine solche Bewegung verbindet *Ahnung und Gegenwart* mit der oben beschriebenen *horizontalen* Ekstase, um diese am Ende doch noch in die *vertikale* Dimension hinein zu über*höhen*.

Geschlechtliche Unruhe auf der Jakobsleiter. Das Bäumebesteigen nimmt kein Ende

Das alles klingt, von Lukács' nur andeutungsweise die frühromantische Theorie zitierenden Ausführungen hergeleitet, abstrakter, als es bei Eichendorff ist. Denn, so meine These, Eichendorffs Helden praktizieren eine Art permanenter Parekbase, mit der sie – abgesehen von einer wichtigen Ausnahme, um die es später geht – noch *ohne* »Sprung« dem ›Absoluten‹ oder ›Ganzen‹ nahekommen: und das heißt hier gleichermaßen der Tiefe als dem »Abgrund«, der nicht »in« ihnen, wohl aber *unter* ihnen liegt wie die Höhe des Himmels über ihnen.

Einfach gesagt, besteht die permanente Parekbase der Eichendorff'schen Helden in erster Linie darin, dass sie dauernd auf Bäume klettern. Das wiederum ist Symptom eines beinahe zwanghaft anmutenden Strebens nach

2149 Vgl. den Abschnitt »Reflexion als Leben, Schweben und Weben« im Kapitel »Das ekstatische ›Spiel‹ reflexiven ›Brechens‹ als Konvergenz- und Fluchtpunkt frühromantischer Transzendentalphilosophie, Mystik, Geometrie, Rhetorik, Texttheorie und Literaturkritik« in Menninghaus, Unendliche Verdoppelung, S. 132–142.

2150 Vgl. zum »Hin- und Herschwingen« bei Heidegger ders., Die Grundbegriffe der Metaphysik, S. 8; Zitat 2187 unten. Ähnlich eine Formulierung in Heideggers *Feldweg*: »Doch in einen einzigen Einklang, dessen Echo der Feldweg [...] mit sich hin- und her trägt, ist alles verheitert.« Martin Heidegger: Der Feldweg. Bebilderte Sonderausgabe, Frankfurt a. M. 1989, S. 23. – Vgl. zur von Eichendorff häufig verwendeten Formel »hin und her« Anm. 2372 und 2351. Zur »Formel ›her und hin‹« wiederum, insbesondere in »Eichendorffs genialem Vers ›Im Walde her und hin‹«, Simon, Eichendorff. Der Baum der Sprache (Lorelay), S. 162; hier auch der Nachweis von fünf Stellen mit dieser Formel. – Zur Formelhaftigkeit Eichendorffs Kohlschmidt, Die symbolische Formelhaftigkeit von Eichendorffs Prosastil. Zum Problem der Formel in der Romantik; Alexander von Bormann: Natura loquitur. Naturpoesie und emblematische Formel bei Joseph von Eichendorff, Tübingen 1968, S. 1–17 (»Einleitung: Naturpoesie und romantische Hieroglyphe [emblematische Formelhaftigkeit])«. In seiner späten Novelle *Die Glücksritter* ironisiert Eichendorff selbst schon seine »Formelhaftigkeit«, wenn es heißt: »auf der Marmortreppe schlug der Pfau täglich dasselbe Rad, die Vögel sangen immer dieselben Lieder in denselben Bäumen.« Eichendorff, Die Glücksritter, S. 543.

oben in die Höhe, mit dem der Roman vielleicht sogar noch obsessiver befasst ist als mit seiner von Richard Alewyn diagnostizierten »Fenster-Manie«.[2151] Dutzendfach kommen die Helden des Romans irgendwo auf einen »Gipfel«, so dass »auf einmal ein [...] weites Tal [...] unter ihnen« liegt.[2152] Ist gerade kein Gipfel in der Nähe, klettern sie eben schnell in einen Baum-»Wipfel«.[2153] Schon Eichendorffs Freund Otto Heinrich Graf von Loeben, einer der ersten Leser des Romanmanuskripts, hatte das als *»Manier«* kritisiert. Am 20. Oktober 1814 schreibt er an Eichendorff: »Das Bäumebesteigen nimmt [...] kein Ende«,[2154] und Eichendorff kommentiert diese Stelle in einer Marginalie mit den Worten »Sehr wahr!«.[2155]

Warum also das ständige Bäumebesteigen, das mit empirischen Bäumen kaum etwas zu tun hat,[2156] warum diese »Unruhe«,[2157] ja Getriebenheit?[2158] Eine

2151 Richard Alewyn: Ein Wort über Eichendorff, in: Paul Stöcklein (Hg.): Eichendorff heute. Stimmen der Forschung mit einer Bibliographie, München 1960, S. 7–18, S. 17.

2152 Eichendorff, Ahnung und Gegenwart, S. 91.

2153 »Am liebsten wählte ich [...] meinen Sitz in dem Wipfel eines hohen Birnbaumes«; ebd., S. 106; s. Zitat 2192. – »Nur weiter in die Höhe führte« der »Weg« der Romantiker. »Jeder Höhepunkt ragte in den luftleeren Raum hinein«, so Georg Lukács über die Frühromantiker. Lukács, Zur romantischen Lebensphilosophie: Novalis, S. 66.

2154 Eichendorff, Ahnung und Gegenwart, S. 622 (Kommentar). – Raimar Zons hat den Bezug zwischen diesem Klettern und Joachim Ritters *Landschafts*essay hergestellt: »[D]er Blickpunkt, von dem Ritters Abhandlung ausgeht, Petrarcas Berggipfel des Mont Ventoux, eignet auch den Eichendorffschen Helden. Ständig klettern sie auf Felsen, Bäume, Türme oder beugen sich aus Schloßfenstern [...].« Zons, »Schweifen«. Eichendorffs »Ahnung und Gegenwart«, S. 51.

2155 Ebd., S. 635 (Kommentar).

2156 Wie »idealisiert« und wie wenig empirisch das romantische Bäumebesteigen zu denken ist, zeigt sich in Tiecks *Gestiefeltem Kater*, wenn ausnahmsweise einmal ein Baum »voller Raupen« ist und daraufhin gleich die Besteigung aufgegeben wird: »König. Ein schönes Land. – Ich habe aber immer gedacht, daß das Land ganz anders aussehn müßte, wenn ich über die Grenze käme, so wie es auf der Landkarte ist. – Helft mir doch einmal. (*Er klettert schnell einen Baum hinauf.*) Prinzessin. Was machen Sie, mein königlicher Vater? König. Ich liebe in der schönen Natur die freien Aussichten. Prinzessin. Sieht man weit? König. O ja, und wenn die fatalen Berge nicht wären, würde man noch weiter sehn. – O weh, der Baum ist voller Raupen. (*Er steigt wieder hinunter.*) Prinzessin. Das macht, es ist eine Natur, die noch nicht idealisiert ist; die Phantasie muß sie erst veredeln. König. Ich wollte, du könntest mir mit der Phantasie die Raupen abnehmen. – Aber steig ein, wir wollen weiterfahren.« Tieck, Der gestiefelte Kater, S. 52 (Dritter Akt).

2157 »Eine Unruhe bemächtigte sich seiner [Friedrichs], er stand vom Fenster auf, untersuchte seine geladenen Taschenpistolen und legte seinen Reisesäbel auf den Tisch.« Eichendorff, Ahnung und Gegenwart, S. 70.

2158 Das tierische Element dieser Getriebenheit des Menschen verkörpert auch E.T.A. Hoffmanns Affe Milo. Im *»Schreiben Milo's, eines gebildeten Affen, an seine Freundin, Pipi, in Nord-Amerika«* heißt es: »Neulich gehe ich, elegant gekleidet, mit mehreren Freunden in dem Park spazieren: plötzlich stehen wir an einem herrlichen, himmelhohen [!],

Antwort könnte sich, wieder einmal, aus dem »Geschlechtstrieb«[2159] ergeben, und dafür muss man in diesem Fall nicht einmal psychoanalytische oder sprichwörtliche Weisheit bemühen. Dann tatsächlich ist im Geschlechtlichkeits- und Onanie-Diskurs um 1800 das Bäumebesteigen ausdrücklich alles andere als unverdächtig. So heißt es etwa in Karl Heinrich Heydenreichs Traktat *Mann und Weib – ein Beytrag zur Philosophie der Geschlechter* von 1798, »[d]ie Gründe, welche« die »Menschen bestimmen, sich d[ ]em Laster« der »Wollust« »zu ergeben«, seien »mannichfaltig«. »[B]ey Knaben« jedenfalls hätte, wie »[m]an weiß«, »nicht selten [...] das Klettern auf Bäume [...] Gelegenheit zur Verführung gegeben«.[2160] Ist es dann schon einmal so weit gekommen, kann es geschehen, dass die »erwachsenen Knaben«[2161] ihren »Trieb« nicht »durch eine edle Verbindung mit einer [...] gleichgesinnten Person [...] in einem wohleingerichteten häuslichen Leben«, also in der Ehe, »zu befriedigen« suchen, sondern durch »wilde umherschweifende Wollust«.[2162] Wer dächte da nicht an Eichendorffs Helden? In *Ahnung und Gegenwart* jedenfalls ist das »Schweifen« ihre Hauptbeschäftigung, und Eichendorff selbst hat es, zumindest dem Begriff nach, gefallen: handelt es sich dabei doch, so Raimar Zons, um »Eichendorffs Lieblingsterm«.[2163]

Heydenreich ist mit seiner Sorge um die »umherschweifende Wollust« an der Epochenschwelle um 1800 kein Einzelfall. Das hat Albrecht Koschorke im »Onanie«-Kapitel seiner Studie *Körperströme und Schriftverkehr* gezeigt.[2164] Es

---

schlanken Nußbaum; eine unwiderstehliche Begierde raubt mir alle Besinnung – einige tüchtige Sätze, und – ich wiege mich hoch in den Wipfeln der Äste [!], nach den Nüssen haschend!« E.T.A. Hoffmann: Nachricht von einem gebildeten jungen Mann, in: ders.: Fantasiestücke in Callot's Manier. Werke 1814, hg. von Hartmut Steinecke [...], Frankfurt a. M. 2006 (= Bd. 2/1 der Sämtlichen Werke in sieben Bänden), S. 418–428, S. 427. – Umgekehrt sieht Kafkas Affe Rotpeter ein solches »äffisch[es]« Moment gerade bei den Menschen: »[W]ie die Freiheit zu den erhabensten Gefühlen zählt, so auch die entsprechende Täuschung zu den erhabensten. Oft habe ich in den Varietés vor meinem Auftreten irgendein Künstlerpaar oben an der Decke an Trapezen hantieren sehen. Sie schwangen sich, sie schaukelten, sie sprangen, sie schwebten [...]. ›Auch das ist Menschenfreiheit‹, dachte ich, ›selbstherrliche Bewegung.‹ Du Verspottung der heiligen Natur!« Franz Kafka: Ein Bericht für eine Akademie, in: ders.: Drucke zu Lebzeiten, hg. von Wolf Kittler, Hans-Gerd Koch und Gerhard Neumann, Frankfurt a. M. 1994, S. 299–313, S. 312 und 304f.

2159 Karl Heinrich Heydenreich: Mann und Weib. Ein Beytrag zur Philosophie uber die Geschlechter, Leipzig 1798, S. 1.

2160 Ebd., S. 83f. und 2.

2161 Ebd., S. 83.

2162 Ebd., S. 14.

2163 Zons, »Schweifen«. Eichendorffs »Ahnung und Gegenwart«, S. 45.

2164 Koschorke, Körperströme und Schriftverkehr, S. 76–86; Koschorke zitiert Heydenreich ebd., S. 24.

ist also kein Freud'scher Rückschaufehler, wenn man Friedrichs und Leontins Bäumebesteigen, das ja ein Hauptbestandteil ihres »Schweifens« ist, sexuell interpretiert – und das umso mehr, als Schweifen und Klettern mal als Ursache des Wollust-Problems, mal als seine Lösung gehandelt werden.[2165] Nicht nur psycho-, sondern auch diskursanalytisch kann man also guten Gewissens in sexuellem Sinn verstehen, was Leontin sagt, als das oben schon zitierte »wunderschöne[] Mädchen« mit den »zarte[n], glühende[n] Wangen« den »[o]ben« im »große[n], dichtbelaubte[n] Baum« sitzenden jungen Männern – ihnen eben noch »so nahe, daß sie ihren Atem hören konnten« – wieder »verloren« gegangen ist: »Ich möchte den Baum schütteln, daß er bis in die Wurzeln vor Freude beben sollte«.[2166]

Das gilt erst recht mit Blick auf eine noch deutlichere Szene aus den schon zitierten *Glücksrittern*, in der ein »vergnügt[er]« »junger Bursch« das Interesse eines »neugierig[en]« »junge[n] Mädchen[s]« auf sich zieht – und zwar gleich zu Beginn der Novelle:

> Der Abend funkelte über die Felder, eine Reisekutsche fuhr rasch die glänzende Straße entlang [...]. Indem aber fuhren sie eben an einer Gartenmauer hin, über die der Ast eines Apfelbaumes weit herauslangte; der Bursch hatte ihn schon gefaßt und schwang sich behend auf die Mauer und von der Mauer auf den Baum. Darüber öffnete sich das Glasfenster der Kutsche, ein junges Mädchengesichtchen guckte neugierig hervor. Gott, wie ist die schön! rief der Bursch, und schüttelte aus Leibeskräften den Baum vor Lust, daß der Wagen im Vorbeifliegen ganz von Blüten verschneit war.[2167]

So viel zum Bäumebesteigen und -schütteln. Doch natürlich ist der Trieb der Eichendorff'schen Helden nicht bloß geschlechtlicher Art. Er ist ja, wie erläutert, ein ›Erkenntnis‹trieb im umfassenden Sinne, und als solcher richtet

---

2165 So rät ein Jüngling, dem es gelungen ist, sich von der Onanie zu entwöhnen, gleichaltrigen Lesern in Johann Friedrich Oests *Höchstnöthiger Belehrung und Warnung für Jünglinge und Knaben die schon zu einigem Nachdenken gewöhnt sind*: »Um aber Gedanken, die gefährlich für mich zu werden droheten, sogleich in ihrer Geburt zu ersticken, wandte ich folgende Mittel an: a) ich veränderte alsobald den Ort, und suchte, wenn ich einsam war, Gesellschaft; oder [...] setzte [...] Hände und Füße so in Bewegung, sprang und tobte, in der Nacht so gut wie bei Tage, so rasend umher, daß der Phantasie darüber alle Lust vergehen mußte, ihr Spiel fortzusetzen. [...] Gehe viel; übe dich nach und nach im schnellen Laufen, Berge zu besteigen. Schaue allenthalben um dich, und vermeide alles lange stille Sitzen.« Johann Friedrich Oest: Höchstnöthige Belehrung und Warnung für Jünglinge und Knaben die schon zu einigem Nachdenken gewöhnt sind, hg. von Johann Heinrich Campe, Wolfenbüttel 1787. Reprint München 1979, hg. von Johannes Merkel und Dieter Richter, S. 121 und 124; zitiert bei Koschorke, Körperströme und Schriftverkehr, S. 114.

2166 Eichendorff, Ahnung und Gegenwart, S. 119.

2167 Eichendorff, Die Glücksritter, S. 511f.

er sich aufs ›Ganze‹. Das ›Ganze‹ wiederum findet sich grundsätzlich – es gibt Ausnahmen – oben in der Höhe. Dahin kommt man zum Beispiel über eine Himmelsleiter. Kein Wunder, dass auch der Baum ausdrücklich als eine solche bezeichnet wird. Im sechsten Kapitel des ersten Buches heißt es über Friedrich und Leontin:

> Da es zum Schlafengehen noch zu zeitig und die Nacht sehr schön war, so entschlossen sich auch die beiden Grafen, noch einen Spaziergang zu machen. Sie

›schweifen‹ zwar nicht, aber

> strichen durch's Dorf und kamen bald darauf am andern Ende desselben an einen Garten, hinter welchem sich die Wohnung des Pächters befand, aus deren erleuchteten Fenstern die Tanzmusik zu ihnen herüberschallte. Leontin, den diese ganze, unverhoffte Begebenheit in die lustigste Laune versetzt hatte, schwang sich sogleich über den Gartenzaun und überredete auch Friedrich, ihm zu folgen. Der Garten war ganz still [...]. Die Fenster des Zimmers, wo getanzt wurde, gingen auf den Garten hinaus, aber es war hoch oben im zweiten Stockwerke. Ein großer, dichtbelaubter Baum stand da am Hause und breitete seine Äste grade vor den Fenstern aus. Der Baum ist eine wahre Jakobsleiter, sagte Leontin, und war im Augenblicke droben. [...] Friedrich bestieg [...] ebenfalls eilfertig den luftigen Sitz.
>
> Oben aus der weiten, dichten Krone des Baumes konnten sie die gesamte Gesellschaft übersehen.[2168]

Es folgt die im Zitat zu Anmerkung 2088 zitierte Szene.

Zunächst: die hier genannte »Jakobsleiter« ist eine Himmelsleiter, wie sie andernorts im Roman ausdrücklich erwähnt wird. So heißt es in einer poetologischen Diskussion – übrigens ganz im Sinne der von Hoffmann für sein serapiontisches Prinzip bemühten Himmelsleiter –: »[K]ein Dichter gibt einen fertigen Himmel; er stellt nur die Himmelsleiter auf von der schönen Erde«, deren »goldene[], lose[] Sprossen« man dann selbst »besteigen« muss.[2169]

Wie es bei Himmelsleitern grundsätzlich – aber, das war oben schon und ist hier ein weiteres Mal die Pointe: nicht immer oder zumindest nicht *nur* – der Fall ist, führt der von Friedrich und Leontin bestiegene Baum nach »hoch oben«. Dabei geht es den beiden jedoch, genau besehen, zunächst einmal bloß darum, auf die Höhe des »zweiten Stockwerke[s]« zu kommen, also zu einem ›Übersichts‹punkt – ›*oben* übersehen‹ sie die Gesellschaft – in der horizontalen Verlängerung dieses Stockwerks: wie ja überhaupt in dieser Szene mehrmals die Horizontale betont wird. Tanzmusik schallt »herüber« zu Friedrich und

2168 Eichendorff, Ahnung und Gegenwart, S. 116f.

2169 Ebd., S. 156.

Leontin, dieser schwingt sich »über« den Zaun hinweg, und die erleuchteten Fenster gehen wie der Balkon über die Donau, auf dem Friedrich »nach der Seite [!] hin« langt,[2170] auf den Garten »hinaus«.

Dass Friedrich hier *nach der Seite hin* langt, mag sich daraus erklären, wie er früher am Abend im Wirtshaus Rosa getroffen hatte:

> Als er die Stiege hinauf ging, öffnete sich seitwärts [!] eine Türe, und die unbekannte Schöne, die auch hier eingekehrt war, trat eben aus dem erleuchteten Zimmer. Beide schienen über einander erschrocken. Friedrich grüßte sie, sie schlug die Augen nieder und kehrte schnell wieder in das Zimmer zurück.[2171]

Auch hier also führt der Weg Friedrich erst »hinauf« in die Höhe, während sich das nennenswerte Ereignis dann in der Horizontale von »seitwärts« er»öffnet[]«. Und genau so verhält es sich mit der Tanzszene, die Friedrich und Leontin von »droben« beziehungsweise »hoch oben« in ihrem Jakobsleiter-Baum beobachten. Dort eröffnet sich ihnen eine ›Übersicht‹ wenn nicht über die ›ganze‹ Welt, so doch über »die ganze Gesellschaft«. Zugleich jedoch lenkt der Baum mit seinen Ästen, die sich vor den Fenstern horizontal »[aus]breite[n]«, die vertikale Orientierung der Himmelsleiter in eine horizontale um: geht es doch Friedrich und Leontin hier darum, über den Baum auf horizontale Augenhöhe mit dem zweiten Stock zu kommen. Und diese horizontal orientierte ›Übersicht‹ wiederum ist es, die die beiden dann eine Szene horizontaler Ekstase erleben lässt, wie sie sich erstmals im Roman zwischen Friedrich und Rosa auf dem Balkon über der Donau ereignet.

Oder religiöser Wahn? Christian Heinrich Spieß' Törin auf dem Baum

Wollte man die Frage nach der Unruhe und Getriebenheit, aus der heraus Friedrich und Leontin ständig auf die Bäume steigen, nicht mit dem ›Geschlechtstrieb‹ beantworten, dann böte sich alternativ ein religiöser Trieb an. Denn im ausgehenden 18. Jahrhundert kann der religiöse Wahn den Menschen ganz buchstäblich auf die Bäume treiben.

So findet sich etwa in Christian Heinrich Spieß' 1795/96 erschienenen, außerordentlich wirkmächtigen *Biographien der Wahnsinnigen* auch die der, wie sie im Titel dieser *»Biographie«* heißt, *»Törin auf dem Lindenbaum«*. Der »Zustand« der Protagonistin der Geschichte ist »schrecklich« und »erbarmungswürdig«.

2170 Ebd., S. 61.
2171 Ebd., S. 60.

Sie ist von einem Zuchthäusler schwanger. In auf den ersten Blick etwas merkwürdig anmutender, aber nun ja schon von Novalis und Heidegger bekannter Konflation von Räumlichkeit und Zeitlichkeit heißt es:

> Sophiens Zustand war schrecklich, war erbarmungswürdig. Ihr Blick hatte immer hoffend und fest an der Zukunft gehangen, itzt verfinsterte sich diese glückliche Aussicht, ein Abgrund öffnete sich zu ihren Füßen, sie schauderte zurück und ein noch gräßlicherer lag vor ihr.[2172]

Da macht sich Sophie auf in Richtung Himmel:

> Am Abende fand sie die suchende Mutter in einem Garten der entlegensten Vorstadt, sie saß im Gipfel einer hohen Linde und breitete die Arme hoch zum Himmel empor. [...] Lange blieb's den jammernden Eltern ein Geheimnis, welch ein schreckliches Unglück ihr armes Kind in diesen Abgrund gestürzt habe. [...] Oft entwischte sie der Aufmerksamkeit ihrer Eltern und eilte ins Freie. Die suchende Mutter war dann gewiß, daß sie Sophie auf der hohen Linde wiederfinden würde; immer traf sie sie im Gipfel derselben, wo sie mit hocherhabnen Händen zu beten schien.[2173]

Auch hier: der Baum als Himmelsleiter, auf die Sophie »hinauf kletter[t]«, um zu beten – ähnlich, wie in Schillers *Geisterseher* der Prinz die schöne Griechin »auf der letzten Sprosse des Gebets«[2174] erblickt. Dabei strebt Sophie in die ›Höhe‹ »empor«, tut dies jedoch, indem sie »die Arme hoch zum Himmel empor[breitet]«, also ganz ähnlich eine vertikale Bewegung mit einer horizontalen verbindet, wie der Jakobsleiter-Baum in *Ahnung und Gegenwart* zugleich nach »[o]ben« führt und seine Äste »[aus]breitet[]«. Ist dieses Eichendorff'sche Zugleich von vertikaler und horizontaler Orientierung der Baumbesteigung also schon bei Spieß angelegt, kommt es bei ihm doch in erster Linie auf die Vertikale an – und das am Ende mit tödlichen Folgen. So heißt es weiter:

> Um Unglück zu verhüten, welches in ihrem Zustande nicht so leicht und möglich war, verhinderten sie [die Eltern] es strenge, daß Sophie nicht mehr nach dem Garten gehen, nicht mehr die hohe Linde besteigen konnte [...].
>
> Sophie wollte beten, ihr Unglück, das keine äußern Linderung fähig war,[2175]

2172 Christian Heinrich Spieß: Die Törin auf dem Lindenbaum und der schnöde Grenadier, das ist: Die Geschichte von Sophie G., in: ders.: Biographien der Wahnsinnigen. Ausgewählt, hg. und mit einem Nachwort versehen von Wolfgang Promies, Darmstadt und Neuwied 1976, S. 240–270, S. 264.

2173 Ebd., S. 264–266.

2174 Schiller, Der Geisterseher, S. 133.

2175 Spieß, Die Törin auf dem Lindenbaum, S. 268.

und man mag sich fragen, ob hier ein makabres Wortspiel mit »Linderung« und »Linde« vorliegt,

> forderte diesen innern Trost mit Heftigkeit, ihr Wahnsinn verleitete sie zu den Gedanken, daß sie nur auf einem erhabnen Orte beten könnte. Als ihr alter Vater nötiger Geschäfte wegen abwesend war und ihre Mutter mit einer Nachbarin an der Haustüre sprach, eilte sie auf den Boden des Hauses, erkletterte ein Dachfenster und wollte durch dieses bis an den Fenster des Hauses emporklimmen. Die Nachbarn sahen es. Ehe sie aber zu Hülfe eilen konnten, verlor ihr Körper das Gleichgewicht, sie stürzte von der Höhe herab und lag zerschmettert vor dem starrenden Auge der bebenden Mutter.[2176]

Eichendorffs Helden bleibt dieses Schicksal erspart. Als sie sich – und sie tun es nur ein einziges Mal – aus der Höhe herabstürzen, landen sie wohlbehalten, ja in höchstem Maße wohltuend. Darum geht es gleich noch.

Hierin liegt nicht der einzige Unterschied zu Spieß' *»Törin auf dem Lindenbaum«*. Denn Eichendorffs Helden haben keinen religiösen Wahn wie Spieß' Sophie. Hat diese die fixe Idee, »nur auf einem erhabnen Orte beten« zu können, so glaubt sie nichtsdestotrotz nach christlicher Art an einen strikt dualistisch-jenseitigen »Himmel«. Nicht so Friedrich und Leontin, die in der Höhe zwar auch eine überirdische, zugleich jedoch innerweltliche Transzendenz suchen: nicht die eines Jenseits, sondern die des ›Ganzen‹ oder ›Heils‹, in dem es gar kein Diesseits und Jenseits mehr gibt. Eichendorffs Helden suchen in der Höhe keinen »Ort[]« zu »beten«, sondern einen der ›Erkenntnis‹.

Unterscheidet sich ihr Höhen-Interesse in dieser Hinsicht von der Sophies, so ähneln sich wiederum die von Spieß wie Eichendorff beschriebenen Höhen-Dispositive oder -Gestelle bis in die Einzelheiten hinein. »Aussicht« und »Abgrund«, vertikale und zugleich horizontale Orientierung der Kletterei: diese Elemente finden sich bei Spieß wie bei Eichendorff – und ebenso wie der Wiederholungszwang, der Sophie wie Friedrich und Leontin immer wieder von Neuem in die Höhe treibt.

Hin- und Herschwingen überm Abhang, Hinauswiegen ins Tal. Vertikal-horizontale Ekstase

Angenommen, der Mensch, der in den »Gipfel« eines Baums klettert und diesen auf diese Weise als Himmelsleiter nutzt, kommt damit dem Himmel tatsächlich ein winziges Stückchen näher: ist dann das ganze Leitern-,

2176 Ebd.

Bäume- und Gipfelbesteigen in *Ahnung und Gegenwart* nicht doch bloß ein – mit einem Begriff des Romans – »Surrogat[]«[2177] für das immer wieder beschworene und mit dem Fliegen assoziierte »freie[], unendliche[] Reisen nach dem Himmelreich«?[2178]

Die Antwort auf diese Frage lautet: nein. Denn, wie gesagt, bei Eichendorff ist ja der Himmel, anders als im Fall von Spieß' Sophie, zwar »supraterrestrial«, aber dennoch »*this*-worldly«.[2179] Und deshalb sind der Himmel und damit das ›Ganze‹ für Eichendorffs Helden tatsächlich erreichbar: nämlich in jenen ›*erfüllten* Augenblicken‹ (Spitzer), in denen sie ›*eintauchen*‹ in »Stimmung« wie »Atmosphäre« des »Ganzen« (Heidegger) und ›des *Alls*‹ (Spitzer): also, mit anderen Worten, jenen Zustand wieder herstellen, in dem – mit Mesmers Worten – »der Mensch« ›*eingetaucht*‹ ist ›in den Ozean der *All*flut welche den Raum *erfüllt*‹.[2180]

Zunächst: In der Tat findet sich in *Ahnung und Gegenwart* das »[J]enseits«, paradox gesagt, im Diesseits, nämlich im »Weite[n], Freie[n]« (Eichendorff), »Offenen« (Heidegger) beziehungsweise ›Überall‹ (Novalis, Heidegger). So geht es Leontin durch den Kopf, als er – ausgerechnet – »auf einem Baumsturze« sitzt: und zwar nicht, wie in der *Mondnacht*, einen Seelenflug als ein ›Nach-Hause‹-Kommen, wohl aber das Ins-Jenseits-Gelangen als ein Ins-Weite-und-Freie-Kommen imaginiert:

> Romantische, goldne Zeit des alten, freien Schweifens, wo die ganze schöne Erde unser Lustrevier, der grüne Wald unser Haus und Burg [...] – dachte Leontin [...]. Der Tag fing eben an, sich zum Ende zu neigen, die Waldvögel zwitscherten von allen Wipfeln in der Runde. Von der einen Seite sah man in einer Vertiefung unter der Heide ein Schlößchen mit stillem Hofe und Garten ganz in die Waldeinsamkeit versenkt. Die Wolken flogen so niedrig über das Dach weg, als sollte sich die bedrängte Seele daran hängen, um jenseits ins Weite, Freie zu gelangen.[2181]

Einmal mehr wird die »[r]omantische, goldene Zeit« hier als regressive Phantasie kenntlich: ist doch der »alte[]«, das heißt mittlerweile verlorenene, Zustand vom »[V]ersenkt[sein]« in »Wald« oder »Heide« nichts anderes als eine Reminiszenz an die – nachträglich imaginierte – embryonale Geborgenheit im »Haus« oder auch in der »Hülle« (Claudius) jenes Mutterkörpers, dessen primordialer »Lust[]«-Fülle Eichendorffs Helden nun im »freien Schweifen« durchs »Lustrevier« der Landschaft hinterherjagen: einer

2177 Eichendorff, Ahnung und Gegenwart, S. 322.
2178 Ebd., S. 91.
2179 Spitzer, Milieu and Ambiance, S. 28.
2180 Mesmer, Mesmerismus. Oder System der Wechselwirkungen, S. 4.
2181 Eichendorff, Ahnung und Gegenwart, S. 162f.

Landschaft wiederum, deren Urbild jener pränatale Zustand der Geborgenheit im Mutterleib ist – Richard Wagners Tristan nennt das »Liebesberge« –[2182], in dem kein Unterschied zwischen Mutterleib und »ganze[r]« »Erde« besteht, ja die Mutter sozusagen wie die Göttin Gaia die »ganze« mütterliche »Erde« *ist.*

Ist es aber so, dass nach der pränatal-goldenen Zeit die Landschaft der Erde den Frauenkörper ersetzt (und in der »[r]omantische[n]«, ebenfalls »goldene[n] Zeit« immer wieder als solcher kenntlich wird: so auch, wenn Tristan die »Liebesberge« als »das dunkel / nächt'ge Land [!], / daraus die Mutter / mich entsandt« beschreibt)[2183], dann erklärt sich auch der »Trieb überall« in ihr »zu Hause zu sein« als regressive Reminiszenz an jenen Zustand, in der das ungeborene Kind wenn nicht »überall« im Mutterkörper, so doch *pars pro toto* »überall« in der ›Gebärmutter‹ »zu Hause« war. Ist dieses ›Überall‹ allerdings, jedenfalls von außen betrachtet, mit gedrängter Enge assoziiert, so ist hingegen das ›Überall‹ der Landschaft mit jenem »Weite[n], Freie[n]« und Offenen verbunden, wie es sich in den von Friedrich derart »weit auf[gemachten]« »Fenster[n]« zeigt, »so daß die Luft überall durchstr[eichen]« kann. Dazu passt die Doppeldeutigkeit des Worts ›Berge‹ (offener, weiter

---

2182 »Wohin nun Tristan scheidet / willst du, Isold', ihm folgen? / Dem Land, das Tristan meint, / der Sonne Licht nicht scheint: / es ist das dunkel / nächt'ge Land, / daraus die Mutter / mich entsandt [...]. / Was, da sie mich gebar, / ihr Liebesberge war, / das Wunderreich der Nacht, / aus der ich einst erwacht: / das bietet dir Tristan, / dahin geht er voran: / ob sie ihm folge / treu und hold / das sag ihm nun Isold'!« Richard Wagner: Tristan und Isolde. Textbuch. Einführung und Kommentar von Kurt Pahlen, Mainz [5]2006 (1980), S. 173 (2. Aufzug, 3. Szene). – Dass diese »Liebesberge« in der Romantik gelegentlich im engsten anatomischen und sexuellen Sinne zu verstehen ist, zeigt sich einmal mehr in Eichendorffs *Glücksrittern*: »Nun [...], erwiderte Schreckenberger [...], wie ich hinaufsteige« auf die »Leiter [...] von Sandelholz oder Seide oder Frauenhaaren«, »umhalst und umschlingt mich« »alles« »vor Freuden, das riß sich ordentlich um mich, daß ich die Sporen nicht nachbringen konnte, und vom Fenster droben hoben mich plötzlich zwei alabasterne Schwanenarme aus dem Brunnen der Nacht, und über mir ein prächtiges Gewitter von schwarzen Locken, da blitzen Augen und Juwelen daraus, und in dem Brunnen gehen immerfort goldene Eimer auf und nieder mit Muskateller und Konfekt, und die Gräfin Adelgunde sitzt neben mir auf einem mit Diamanten gesprenkelten Kanapee, und: langen Sie zu, sagte sie, und: oh, ich bitte sehr, sag' ich –. Da hör ich auf einmal unter uns in dem Lustpalaste inwendig ein Gesumse wie in einem Bienenstock. Was war das? rufe ich –. Jetzt brach plötzlich ein Lachen aus.« Eichendorff, Die Glücksritter, S. 545f.; vgl. zum gesprenkelten Kanapee Zitat 2167. – *Diese* Leiter nach oben wäre ein Beleg für Sigmund Freuds Behauptung, im Traum seien »Stiegen, Leitern, Treppen, respektive das Steigen auf ihnen, und zwar sowohl aufwärts als abwärts, [...] symbolische Darstellungen des Geschlechtsaktes[]« und »die Stiege (und was ihr analog ist) ein sicheres Koitussymbol«; Freud, Die Traumdeutung, S. 349.

2183 S. Anm. 2182.

beziehungsweise geschlossener, enger Raum), die es erlaubt, mal von der Enge und mal von der Weite ›der Berge‹ zu reden.

»Dahin, zum Sein im Ganzen« – und man kann mit Eichendorff ergänzen: im »Weite[n], Freie[n]« – »sind wir in unserem Heimweh getrieben«, hatte Heidegger in seiner Vorlesung zu den *Grundbegriffen der Metaphysik* gesagt. Und es ist merkwürdig, wie in den Sätzen, mit denen er fortfährt, nicht nur Eichendorff, sondern vielleicht sogar die permanente Parekbase der Frühromantik nachklingt:

> Überall zu Hause zu sein – was heißt das? Nicht nur da und dort, auch nicht nur jeden Orts, an allen nacheinander zusammen, sondern überall zu Hause sein heißt: jederzeit[2184] und zumal im Ganzen sein. […]
>
> Dahin, zum Sein im Ganzen sind wir in unserem Heimweh getrieben. Unser Sein ist diese Getriebenheit. Wir sind immer schon irgendwie zu diesem Ganzen fortgegangen oder besser unterwegs dazu.[2185]

Bei Heidegger wird also der »Trieb«, der bei Novalis zur Philosophie führt und bei Eichendorff zum Schweifen, zu etwas »irgendwie« Existentialontologischem. Heidegger weiter:

> Aber wir sind angetrieben, d.h. wir sind zugleich irgendwie von etwas zurückgerissen,[2186] in einer abziehenden Schwere ruhend. Wir sind unterwegs zu diesem ›im Ganzen‹. Wir sind selbst dieses Unterwegs, dieser Übergang, dieses ›Weder das eine noch das Andere‹. Was ist dieses Hin- und Herschwingen zwischen dem Weder-Noch? Nicht das Eine und ebenso nicht das Andere, dieses ›Doch und doch nicht und doch‹. Was ist diese Unruhe des Nicht? Wir nennen es die *Endlichkeit*.[2187]

Schon wieder ein »irgendwie« – ganz so, als wollte oder könnte Heidegger hier nicht genau sagen, was er meint. Sollte das vielleicht daran liegen, dass Heideggers »Hin- und Herschwingen«, mit dem »die *Endlichkeit*« – grob

2184 Heideggers »jederzeit« und damit auch sein »je« sind also insofern auch räumlich zu verstehen.

2185 Heidegger, Die Grundbegriffe der Metaphysik, S. 7f.

2186 Vgl. Eichendorff, Die Glücksritter, S. 523f.: »Auf einmal aber öffnete sich oben das Fenster, zwischen den rotseidenen Gardinen erschien eine schöne, schlanke Mädchengestalt und bog sich weit heraus in den Mondschein, als wollte sie zu ihnen sprechen. Da ist sie! rief hier plötzlich Suppius, von dem Rande des steinernen Brunnens aufspringend. In demselben Augenblick aber faßte von hinten ein dunkler Arm das Mädchen schnell um den Leib, zog sie in das Zimmer zurück und warf hastig das Fenster zu; dann sah man noch drinnen an den Wänden lange Schatten wie Windmühlflügel verworren durch einander arbeiten, und gleich darauf war auch das Licht oben ausgelöscht und alles wieder still.«

2187 Heidegger, Die Grundbegriffe der Metaphysik, S. 8.

gesagt: der Mensch – sich gegen die her»abziehende[] Schwer[]«kraft »zum Sein im Ganzen« aufzu*schwingen* versucht, an die permanente Parekbase und ihre immer wieder von Neuem ansetzende, progressive – und *insofern* ›unendliche‹ – Annäherung der *»Endlichkeit«* (Heidegger) ans ›Absolute‹ oder ›Ganze‹ erinnert?

»Hin- und Herschwingen«, und zwar auf einem Baum, ist jedenfalls der Trick, mit dem Eichendorffs Helden, denen ja die »luftigen Schwingen«[2188] beziehungsweise die »Flügel [...] fehlen«, am Ende doch noch in den »Genuß« (Goethe) kommen, ins himmlische ›Ganze‹ des *periéchon* einzutauchen. Für dieses Kunststück, genau genommen ein Eintauchen in Landschaft,[2189] Himmel und Kosmos zugleich, braucht man außer dem Baum idealerweise noch einen Abhang. Dann funktioniert es so, wie es Leontin hier vormacht:

> An einem schwülen Nachmittage saß Leontin im Garten an dem Abhange, der in das Land hinausging. Kein Mensch war draußen, alle Vögel hielten sich im dichtesten Laube versteckt, es war so still und einsam auf den Gängen und in der ganzen Gegend umher, als ob die Natur ihren Atem an sich hielte. Er versuchte einzuschlummern. Aber wie [...] rings am fernen Horizonte schwere Gewitterwolken, gleich phantastischen Gebirgen mit großen, einsamen Seen und himmelhohen Felsenzacken, die ganze Welt enge und immer enger einzuschließen schienen, preßte eine solche Bangigkeit[,]

ähnlich vielleicht Heideggers »abziehende[r] Schwere«,

> sein Herz zusammen, daß er schnell wieder aufsprang. Er bestieg einen hohen, am Abhange stehenden Baum, in dessen schwankendem Wipfel er sich in das schwüle Tal hinauswiegte, um nur die fürchterliche Stille in und um ihn los zu werden.[2190]

Das ist der Trick. Und er lässt sich wiederholen. So lautet eine ebenfalls von Leontin formulierte Parallelstelle,[2191] bei der man allerdings das ›Schwanken‹ des Wipfels und das ›Hinauswiegen‹ ins Tal konjizieren muss:

2188 Eichendorff, Ahnung und Gegenwart, S. 136.

2189 »Die beiden Helden der Erzählung unternehmen sozusagen vor uns eine hochzeitliche Morgenwanderung ins Land der Phantasie, sie werden selbst Bestandteile der vom Autor betrachteten Landschaft, sie, die Vertreter der Natur und der Poesie, werden selbst Landschaft – und zwar bewegte Landschaft [...].« Spitzer, Zu einer Landschaft Eichendorffs, S. 143.

2190 Eichendorff, Ahnung und Gegenwart, S. 159f.

2191 Eine weitere findet sich in Eichendorff, Aus dem Leben eines Taugenichts, S. 515: »In dieser Zeit saß ich einmal an einem schwülen Nachmittage im Wipfel eines hohen Baumes, der am Abhange stand, und wiegte mich auf den Ästen langsam über dem stillen tiefen Tale. Die Bienen summten zwischen den Blättern um mich herum, sonst war alles

> [Ich] wählte […] meinen Sitz in dem Wipfel eines hohen Birnbaumes, der am Abhange des Gartens stand, von wo ich dann über das Blütenmeer der niederen Bäume weit ins Land schauen konnte, oder an schwülen Nachmittagen die dunklen Wetterwolken über den Rand des Waldes langsam auf mich zukommen sah.[2192]

Ein hoher Baum über einem Abhang, das ist gleich doppelte Höhe. Und doch führen diese beiden Himmelsleiter-Bäume nicht nur, ja vielleicht nicht einmal in erster Linie, in die Höhe, sondern vielmehr – wieder einmal – »hinaus[]« »in[]« und zugleich »über« die Landschaft in eine horizontale Ekstase, wie sie zum ersten Mal im Roman das Hinausstehen in die Nacht auf dem Balkon über der Donau gezeigt hatte. Und: auch diese horizontale Ekstase ist nicht faustisch-ungestümer, sondern sanfter, mit Heidegger: statisch-ekstatischer Art. Das zeigt sich nicht nur im ›Hinauswiegen‹, das auf raffinierte Weise die deutlich ekstatische Richtungsangabe ›hinaus‹ mit der Vorstellung der zwar nicht völlig statischen, aber doch an einem festen Orte stattfindenden kleinen Bewegung des Hin-und-her-Wiegens verbindet: ganz so, wie ja auch der Baum fest »steh[t]«, aber zugleich »schwank[t]«.

Warum aber sollte Leontin durch das beschriebene Wiegen »die fürchterliche Stille in und um ihn« – geschichtsphilosophisch: die verlorene Melodie oder Musik des Lebens –[2193] »los […] werden« wollen, wenn nicht deshalb, weil er das Gewiegtwerden mit Musik und Gesang assoziiert: eben dem mütterlichen Wiegenlied? Es ist, als stammte das Motto der Szene aus dem Matthias Claudius zugeschriebenen *Wiegenlied* »Schlafe, schlafe, holder süßer Knabe«. Nicht nur spricht seine erste Strophe davon, wie durch Wiegen und Singen »[s]anfte Ruhe« – im Unterschied zu »fürchterliche[r] Stille« – einkehren soll, sondern auch vom ›Schweben‹: einem Schweben, wie es noch in Lukács' Formulierung vom »Emporschweben[]«[2194] nachklingt, vor allem jedoch bei Eichendorff in der Szene mit den beiden Sentimentalischen als eine Art Übergangsphänomen zwischen dem Auf-den-Zehen-Wandeln und dem Fliegen thematisiert wird.[2195]

Bei Claudius heißt es:

---

wie ausgestorben, kein Mensch war zwischen den Bergen zu sehen, tief unter mir auf den stillen Waldwiesen ruhten die Kühe auf dem hohen Grase. Aber ganz von weiten [sic] kam der Klang eines Posthorns über die waldigen Gipfel herüber, bald kaum vernehmbar, bald wieder heller und deutlicher.«

2192 Eichendorff, Ahnung und Gegenwart, S. 106.

2193 Vgl. Zitat zu Anm. 2097.

2194 Lukács, Die Theorie des Romans, S. 25.

2195 S. Zitat 2108.

Wiegenlied

Schlafe, schlafe, holder süßer Knabe,
Leise wiegt dich deiner Mutter Hand;
Sanfte Ruhe, milde Labe
Bringt dir schwebend dieses Wiegenband.[2196]

Dass Leonards Trick, sich durch den schwankenden Baum wiegen zu lassen, tatsächlich eine Reminiszenz an das In-den-Schlaf-gewiegt-Werden sein mag, legt der Eingang der Szene nahe. Er versucht ja »einzuschlummern« und kann dies aufgrund seiner Beklemmung nicht, so›*daß*‹ er aufspringt und den Baum besteigt – und hier könnte man vielleicht auch in finalem Sinne lesen: *um* den Baum zu besteigen. Das wiederum bringt zwar keinen Schlaf, verbessert aber doch Leontins Situation auf zweierlei bemerkenswerte Weise. Zum einen verschwindet anscheinend das Gefühl, von den »Gewitterwolken«-»Gebirgen« »enge und immer enger ein[ge]schl[ossen]« zu sein, durch die auf dem Baum erfahrene Weitung oder Öffnung zur Landschaft. Zum anderen aber darf man hier vermuten, dass Leontin auch die unterm Baum herrschende, in die Metapher von der »Natur«, die »ihren Atem an sich h[ä]l[t]«, gefasste Luft-, *pneûma*- oder *periéchon*-Leere mit dem Besteigen des Baums unter und zugleich hinter sich lässt.[2197]

Dafür spricht die Szene, in der Leontin den Birnbaum besteigt. Wieder herrscht Schwüle, wieder befinden sich »dunkle[] Wetterwolken« am Himmel: nur dass sie jetzt, vom Baume betrachtet, gerade *nicht* das Gefühl vermitteln, Leontin und »die ganze Welt enge und immer enger einzuschließen«, sondern

2196 Hier zitiert nach der Vertonung: Franz Schubert: Wiegenlied. Von M. Claudius (?), in: Schubert's Werke. Sämtliche einstimmige Lieder und Gesänge, Bd. 4, Leipzig 1895, S. 239. – Beim »Wiegenband« handelt es sich entweder, folgt man Johann Christoph Adelungs *Grammatisch-kritischem Wörterbuch der Hochdeutschen Mundart*, um »ein Band, das Deckbett in einer Kinderwiege damit zu befestigen«: also ein Mittel, um das Kind in der Wiege zu bergen. »Wiegenband«, in: Johann Christoph Adelung: Grammatisch-kritisches Wörterbuch der hochdeutschen Mundart, Bd. 4: Seb–Z, Wien 1811, Sp. 1539. Oder aber es handelt sich um ein Band, um die Wiege in Bewegung zu halten, ohne sie mit der Hand zu berühren. In diesem Sinne heißt es in Clemens Brentanos Gedicht *Da oben im Gärtchen*: »Da oben im Gärtchen, / Da wehet der Wind, / Da sitzet Maria / Und wieget ihr Kind, / Sie wiegt es mit ihrer schneeweißen Hand, / Und brauchet dazu gar kein Wiegenband.« Clemens Brentano: Da oben im Gärtchen, in: ders.: Werke, Bd. 1, hg. von Wolfgang Frühwald, Bernhard Gajek und Friedhelm Kemp, München 1968, S. 609.

2197 Vgl. zum Atemanhalten der Natur als einer Art Stunde des Pan Otto Friedrich Bollnow: Das Wesen der Stimmungen. Dritte, durchgesehene und erweiterte Auflage, Frankfurt a. M. 1956, S. 219–236 (»Nietzsches Lehre vom ›Großen Mittag‹«); vgl. außerdem ders.: Unruhe und Geborgenheit im Weltbild neuerer Dichter. Acht Essais von Otto Friedrich Bollnow. Dritte, durchgesehene Auflage Stuttgart u. a. 1953, S. 134–136.

derart auf ihn »zukommen«, als »[]segelte[]« er selbst ihnen entgegen. Und in Hinblick auf diese Szene darf man wohl auch für Leontins Hinauswiegen ins Tal annehmen, dass nun, auf dem Baum, die »ganze[] Gegend umher« nicht mehr »still«, »einsam« und »Atem«-leer ist wie gerade noch unterm Baum, sondern vielmehr in Mesmers und Spitzers Sinne ›erfüllt‹ mit Allflut, *periéchon* oder eben Atem: legen das doch auch jene horizontal-ekstatischen Szenen nahe, in denen Eichendorffs Helden – wie auf dem Jakobsleiter-Baum – einen Atem hören oder gar – wie auf dem Balkon über der Donau – von ihm berührt werden. Dazu passt zudem die in beiden Szenen herrschende Schwüle, evoziert sie doch die buchstäblich atmosphärische Vorstellung von einer feucht-warmen Luft, die wie kein anderes Wetter das *periéchon*hafte Gefühl vermittelt, in ihr zu schwimmen beziehungsweise in sie »[e]ingetaucht« oder ›eingehüllt‹ (»wrapped in«) zu sein. Und dazu passen ebenfalls die »dunklen Wetterwolken« als atmosphärische Erscheinungen, die man in ihrer Materialität sehen kann: nachtschwarzes *periéchon* am helllichten Tageshimmel.[2198]

So sieht es aus: Näher als im ›Hinaus*wiegen*‹ ›*in* das Tal‹ und ›*in* das Land‹ kann man dem romantisch erträumten ›Hinaus*fliegen*‹ in und über die Landschaft nicht kommen. So führt es *Ahnung und Gegenwart* mit seinem Kunststück des Bäumebesteigens vor Augen, und so gilt es – bis auf die schon erwähnte Ausnahme, um die es gleich noch geht. So gesehen, wachsen Eichendorffs Helden im Bäumebesteigen doch noch jene »luftigen Schwingen«[2199] beziehungsweise jene »Flügel«, die ihnen ihrer eigenen Einsicht nach eigentlich »fehlen«: und das sogar, begreift man das Bäumebesteigen mit Heidegger als ein durch das »Heimweh« nach dem »Sein im Ganzen« »getrieben[es]« ›Hin und Her*schwingen*‹, dem Worte nach. Wenn also dem Menschen nicht *die ›luftigen Schwingen‹* zur Verfügung stehen, dann jedenfalls *das luftige Schwingen*: jenes »Hin- und Herschwingen«[2200] auf dem Baum, das nicht nur Heideggers Vorstellung von einer horizontalen Ekstase metaphorologisch vorzubereiten, sondern zugleich diejenige unendliche Annäherung in Szene zu setzen scheint, die die Frühromantiker mit Friedrich Schlegel als permanente Parekbase begriffen haben.

So verstanden, handelt es sich bei Eichendorffs als Himmelsleiter fungierenden Bäumen weder um das Medium eines – wie bei der klassischen Jakobsleiter – vor allem vertikalen *transcensus* noch eines – wie beim Balkon

2198 Konsequenterweise wirken die Gewitterwolken nicht notwendig bedrohlich, sondern lassen sogar an jene schon erwähnten (s. Zitat 2181) »Wolken« denken, die »so niedrig über das Dach weg[flogen], als sollte sich die bedrängte Seele daran hängen, um jenseits ins Weite, Freie zu gelangen.« Eichendorff, Ahnung und Gegenwart, S. 162.

2199 Ebd., S. 136.

2200 Vgl. Zitat 2187.

über der Donau – vor allem horizontalen *transcensus*, sondern um das Medium eines *vertikalen und zugleich horizontalen transcensus*.

›Stehen‹ und ›gehen‹ aber nicht nur, sondern ›wiegen‹ sich Eichendorffs Helden auf dem Baum ekstatisch ins Ganze von Tal und Landschaft ›hinaus‹ und damit auch in sie ›hinein‹, schwingen sie darin sogar forciert-ekstatisch hin- und her, dann handelt es sich dabei auch *a fortiori* um einen *transcensus* im Sinne Ritters. Denn Ritters Definition vom *transcensus* als Hinausgehen in die Landschaft zum Zweck der Teilhabe am Ganzen könnte ja geradezu auf das Bäumebesteigen der Eichendorff'schen Helden gemünzt sein:

> Landschaft wird [...] Natur [...] für den, der in sie »hinausgeht« (transcensus), um »draußen« an der Natur selbst als an dem »Ganzen«, das in ihr und als sie gegenwärtig ist, in freier genießender Betrachtung teilzuhaben [...].[2201]

Dieses Hinausgehen, so viel ist klar, führt »ins Blaue über das Gebirge fort«[2202] und damit in die Ferne. Ja, vielleicht ergibt sich sogar, mit Heinrich von Kleists schon im dritten Kapitel zitierten Worten, eine »Reise um die« ganze »Welt«. Das Heimweh, das dabei die Reisenden vorantreibt, ist die Hoffnung, dass das verlorene »Paradies [...] von hinten irgendwo wieder [!] offen« und damit der *Re*gression offen steht.[2203] Denn dieses Paradies ist jenes »Lustrevier«[2204] beziehungsweise jene »Liebesberge«[2205] der in der Landschaft fortlebenden, schon in der vorolympischen Göttin Gaia verkörperten Vorstellung von der ›Mutter Erde‹, die sich im regressiv erstrebten – also nachträglich imaginierten – Urzustand eines Schwimmens, Eingetauchtseins, Schwerelos-und-getragen-Seins, Schwebens, Fliegens oder Floatens als eine ›Gelöstheit‹ darstellt, in der ›alles eins‹ ist und in der man deshalb ›überall zu Hause‹ ist. Das ›Medium‹ dieser All-Gelöstheit aber ist, wie Spitzer gezeigt hat, das *periéchon*.

So verstanden, könnte man in Abwandlung von Goethes »Da löst sich aller Überdruß« sagen: Da löst sich einfach *alles*. Oder genauer, noch einmal mit Goethe: Da löst sich alles aus der »Einheit« »Auseinanderge[gangene]« und somit »Getrennte« wieder auf in ein einziges *Eins und Alles*[2206] – wenn

---

2201 Ritter, Landschaft, S. 147.

2202 Eichendorff, Ahnung und Gegenwart, S. 297. S. Zitat 2135.

2203 »Doch das Paradies ist verriegelt und der Cherub hinter uns; wir müssen die Reise um die Welt machen, und sehen, ob es vielleicht von hinten irgendwo wieder offen ist.« Kleist, Über das Marionettentheater, S. 429.

2204 S. Zitat 2181.

2205 S. Anm. 2182.

2206 Die Wendung »Eins und Alles« verwendet Friedrich Schlegel auch im *Athenaeum-Fragment 116*; Schlegel, Progressive Universalpoesie. Athenaeum-Fragment 116, S. 69. Vgl. zum »Eins und Alles« bei unterschiedlichen Autoren Anm. 90.

auch um den Preis, dass diese Vorstellung vom Alles-ist-eins eben nicht »[e]rscheinung[s]«- beziehungsweise darstellungsfähig ist. Das ist ja auch der Grund, warum sie sich in Katachresen und Paradoxa wie dem der »Berge« oder gar »Waldberge[]«[2207] artikuliert: in Begriffen also, die gleichermaßen für die Enge des Mutterleibes – die »Liebes«- oder Leibes»berge« der Mutter – stehen wie für die Weite und Offenheit der »ferne[n] dunkelblaue[n]« Berge am Horizont.

Tiefe und Weitwinkel, Kontemplation und Immersion. Caspar David Friedrich

Abb. 38
Christian Heinrich Spieß' Törin auf dem Lindenbaum, das ist Caspar David Friedrichs *Auf einem Felsen sitzende Frau neben einem dürren, mit Efeu berankten Baum* (1801)

Das Hinausstehen, -gehen oder -wiegen in Landschaft, Himmel und All, wie ich es hier beschrieben habe, ist nicht nur literarisch und philosophisch dargestellt worden, sondern auch in Malerei und Grafik. Spieß' *Törin auf dem Lindenbaum* etwa enthält in der hier herangezogenen, von Wolfgang Promies mit nicht nachgewiesenen »zeitgenössischen Illustrationen«[2208] herausgegebenen Ausgabe eine Druckgrafik, die Sophie zeigt, wie sie auf einem Baum sitzt. (Abb. 38)[2209] Die nicht genannte Vorlage zu dieser Abbildung ist Caspar David Friedrichs *Auf einem Felsen sitzende Frau neben einem dürren, mit Efeu*

2207 Eichendorff, Ahnung und Gegenwart, S. 137. S. das Zitat in Anm. 2451.
2208 Spieß, Die Törin auf dem Lindenbaum, S. 3.
2209 Ebd., S. 265.

Abb. 39 Caspar David Friedrich: *Kreidefelsen auf Rügen*

berankten Baum von 1801.[2210] Allerdings ist die Frau weder, wie es die Sophie der Geschichte doch nahegelegt hätte, in den Baum hinaufgeklettert, noch deutet sich überhaupt eine Orientierung himmelwärts nach oben an.

2210 Caspar David Friedrich: Auf einem Felsen sitzende Frau neben einem dürren, mit Efeu berankten Baum (5.1.1801), in: Caspar David Friedrich. Die Erfindung der Romantik, S. 121.

Eine solche Orientierung findet sich hingegen auf anderen Bildern Caspar David Friedrichs, von denen einige – auch insofern Ikonen der Romantik – das in diesem Kapitel Beschriebene in geradezu emblematischer Weise darstellen.[2211] Ein Hinausgehen und -stehen, ja ein Hinaus*knien* in die Landschaft zeigt zum Beispiel das um 1818 entstandene Bild *Kreidefelsen auf Rügen*. (Abb. 39)[2212] Zwar schauen die Betrachter und die Betrachterin in diesem Bild nach unten aufs Meer. Perspektivisch bedingt befindet sich jedoch der größte Teil des Meeres *im Bild* über ihnen, wo das Meer wie kontinuierlich – die dunstige Horizontlinie ist kaum auszumachen – in den Himmel übergeht, der wiederum großenteils vom Laub der Bäume überschnitten ist. So gesehen, bedeutet für die Figuren im Bild, von außerhalb des Bildes betrachtet, ›oben‹ nicht nur ›himmelwärts‹, sondern auch ›seewärts‹: ›Höhe‹ und ›Tiefe‹, und zwar vertikale wie horizontale, verschwimmen hier und werden eins.

Dass sich die Dame im roten Kleid mit der linken Hand am Stamm eines Busches festhält, der Herr mit dem Barett rechts im Bild sich nach hinten lehnt und der in der Bildmitte sich gar auf allen Vieren kriechend der Kante zum Abgrund nähert, verwundert nicht. Denn zum einen verlockt ja der Blick in die Tiefe mit seinem Kitzel durch den Schwindel, zum anderen aber ist er ohne den Schutz eines Geländers gefährlich. So hatte es auch Goethe erfahren, als er auf dem Turm des Straßburger Münsters ohne den Schutz eines Geländers an die Kante trat.[2213] Und so hatte es, damit vermutlich die literarische

2211 Vgl. Markus Schwering: Eichendorff und C.D. Friedrich. Zur Ikonographie des romantischen Landschaftsbildes, in: Aurora 44 (1984), S. 130–146.

2212 Caspar David Friedrich: Kreidefelsen auf Rügen (um 1818), in: Caspar David Friedrich. Die Erfindung der Romantik, S. 255.

2213 »Besonders aber ängstigte mich ein Schwindel, der mich jedesmal befiel, wenn ich von einer Höhe herunter blickte. Allen diesen Mängeln suchte ich abzuhelfen, und zwar, weil ich keine Zeit verlieren wollte, auf eine etwas heftige Weise. [...] Ich erstieg ganz allein den höchsten Gipfel des Münsterturms, und saß in dem sogenannten Hals, unter dem Knopf oder der Krone, wie man's nennt, wohl eine Viertelstunde lang, bis ich es wagte wieder heraus in die freie Luft zu treten, wo man auf einer Platte, die kaum eine Elle ins Gevierte haben wird, ohne sich sonderlich anhalten zu können, stehend das unendliche Land vor sich sieht, indessen die nächsten Umgebungen und Zieraten die Kirche und alles, worauf und worüber man steht, verbergen. Es ist völlig als wenn man sich auf einer Montgolfiere in die Luft erhoben sähe. Dergleichen Angst und Qual wiederholte ich so oft, bis der Eindruck mir ganz gleichgültig ward, und ich habe nachher bei Bergreisen und geologischen Studien, bei großen Bauten, wo ich mit den Zimmerleuten um die Wette über die freiliegenden Balken und über die Gesimse des Gebäudes herlief, ja in Rom, wo man eben dergleichen Wagstücke ausüben muß, um bedeutende Kunstwerke näher zu sehen, von jenen Vorübungen großen Vorteil gezogen.« Johann Wolfgang Goethe: Aus meinem Leben. Dichtung und Wahrheit, in: ders.: Sämtliche Werke nach Epochen seines Schaffens. Münchner Ausgabe, Bd. 16, hg. von Peter Sprengel, München und Wien 1985, S. 404 (Zweiter Teil, Neuntes Buch). – Vgl. Albrecht Koschorke: Die Geschichte

Tradition des Schwindel-Vergnügens an der erhabenen Tiefe[2214] begründend, Jean-Jacques Rousseau seinen *Bekenntnissen* zufolge in den Savoyer Alpen genossen, als er, »[w]eit über das Geländer gelehnt«, sich am Blick »in die Tiefe« »nach Herzenslust« hatte »schwindelig machen lassen«.[2215]

Abb. 40 Caspar David Friedrich: *Mönch am Meer*

Schwindel oder jedenfalls den Eindruck, der im Bild in Rückenansicht dargestellte Betrachter des Meeres werde wie die Betrachterin oder der Betrachter des Bildes selbst in die Tiefe von Meer und Bild hineingezogen, löst auch Friedrichs *Mönch am Meer* von 1808/10 aus. (Abb. 40)[2216] Tatsächlich scheint hier eine einzige winzige Rückenansicht, allein und verloren, dem dynamisch-erhabenen Abgrund von Meer, Himmel und Wolkengebirgen nicht nur gegenüberzustehen, sondern von diesem – noch einmal mit den auf die Donau-Charybdis gemünzten Worten aus *Ahnung und Gegenwart* – »unergründlichen Schlund hinab[ge]z[ogen]« zu werden. So jedenfalls ist das Bild in seiner zunächst von Achim von Arnim und Clemens Brentano geschriebenen, dann von

des Horizonts. Grenze und Grenzüberschreitung in literarischen Landschaftsbildern, Frankfurt a. M. 1990, S. 138–172, insbesondere S. 145–147.

2214 Vgl. Thomas Rolf: Tiefe, in: Ralf Konersmann (Hg.): Wörterbuch der philosophischen Metaphern, Darmstadt 2007, S. 458–470.

2215 S. Zitat 2274.

2216 Caspar David Friedrich: Der Mönch am Meer, 1808/09, in: Caspar David Friedrich. Die Erfindung der Romantik, S. 47.

Heinrich von Kleist nicht nur redigierten, sondern erheblich umgearbeiteten Besprechung interpretiert worden, die am 13. Oktober 1810 in den von Kleist herausgegebenen *Berliner Abendblättern* erschien. Darin heißt es:

> Empfindungen vor Friedrichs Seelandschaft.
> Herrlich ist es, in einer unendlichen Einsamkeit am Meeresufer, unter trübem Himmel, auf eine unbegränzte Wasserwüste, hinauszuschauen. [...] Dazu gehört ein Anspruch, den das Herz macht, und ein Abbruch, um mich so auszudrücken, den Einem die Natur thut. Dies aber ist vor dem Bilde unmöglich, und das, was ich in dem Bilde selbst finden sollte, fand ich erst zwischen mir und dem Bilde, nehmlich einen Anspruch, den mein Herz an das Bild machte, und einen Abbruch, den mir das Bild that; und so ward ich selbst der Kapuziner [...]. Nichts kann trauriger und unbehaglicher sein, als diese Stellung in der Welt: der einzige Lebensfunke im weiten Reiche des Todes, der einsame Mittelpunct im einsamen Kreis. Das Bild liegt, mit seinen zwei oder drei geheimnißvollen Gegenständen, wie die Apokalypse da, als ob es Joungs Nachtgedanken hätte, und da es, in seiner Einförmigkeit und Uferlosigkeit, nichts, als den Rahm, zum Vordergrund hat, so ist es, wenn man es betrachtet, als ob Einem die Augenlieder [sic] weggeschnitten wären.[2217]

Kleists *Empfindungen vor Friedrichs Seelandschaft* sind schwierig zu verstehen und, selbst für Kleists Verhältnisse, besonders häufig interpretiert worden. Mir kommt es hier mit Blick auf Eichendorff und Friedrich nur auf drei Punkte an. Erstens sieht es ganz so aus, als wäre Kleists berühmte Formulierung von den weggeschnittenen Augenlidern, deren Fehlen ja den Blick so »unbegränzt[]« werden lässt wie die schon erwähnte »Wasserwüste« – hier klingt Aristoteles' *ἄπειρον* [*ápeiron*], das »Unbegrenzte[]«, mit –[2218], ins Positive gewendet in *Ahnung und Gegenwart* eingegangen: heißt es doch mit kühner Metapher über die »Studenten auf ihren Wanderungen«, dass

> sie wohlgemut und ohne Sorgen über die grüne Erde reisen, und die unbegrenzten Augen an blauem Himmel, Wald und Fels sich noch erquicken [...].[2219]

Zweitens bezeichnet Kleists »so ward ich selbst der Kapuziner« einen eigentümlichen Effekt von Friedrichs Rückenfiguren, wie ihn auch die Kunstgeschichte und Kunstwissenschaft beschrieben haben. In ihrem Aufsatz

2217 Heinrich von Kleist: Empfindungen vor Friedrichs Seelandschaft, in: ders.: Sämtliche Werke und Briefe. Münchner Ausgabe. Auf der Grundlage der Brandenburger Ausgabe hg. von Roland Reuß und Peter Staengle, München, Frankfurt a. M. 2010, Bd. II: Erzählungen, Kleine Prosa, Gedichte, Briefe, S. 362f., S. 362. – Vgl. Begemann, Brentano und Kleist vor Friedrichs *Mönch am Meer*.

2218 Aristoteles, Physik, S. 118f. (203b).

2219 Eichendorff, Ahnung und Gegenwart, S. 63.

Landschaft als Immersionsraum und Sakralisierung der Landschaft schreibt Beatrice Nunold:

> Die Rückenfigur im *Mönch am Meer* gilt als Prototyp. Sie ist wie alle anderen Rückenfiguren Friedrichs weniger ein Porträt als ein Abstraktum. Seine Rückenfiguren sind schematisch, zum Teil falsch, fast nachlässig gezeichnet und immer wieder in andere Kontexte hinein kopiert worden. [...] Sie sind [...] Platzhalter des Subjekts, das sich selbst in eins mit der Welt und seinem In[-]der[-]Welt[-][S]ein konstituiert. Der Platzhalter hält die Welt von ihrem Zentrum aus offen und mit ihr ein unendliches Bedeutungs- und Verweisungsgefüge, in das der Betrachter eintritt wie durch ein Portal, um in die Anderwelt einzutauchen.[2220]

Dieses, wohlgemerkt, ›Eintauchen‹ beschreibt Nunold als »Immersion[]«:

> Die Rückenfiguren gewähren die Offenheit des Kunstwerks, sie [...] sind keine Staffagefiguren [...]. [...] [D]ie Rückenfigur [ermöglicht] das psychisch mentale Eintauchen in den Immersionsraum des Bildes [...]. Die Rückenfigur hält [...] einen Raum der Kontemplation, ein con templum,[2221] einen Beobachtungskreis. Dieser war ursprünglich der Ort der Vogelschau [...]. Der Beobachtungskreis ist jetzt kein geografischer Ort mehr, sondern markiert das psychisch mentale In[-]der[-]Welt[-][S]ein. So ist etwa auch für Heidegger oder Merleau Ponty das Da[-]sein primär räumlich bestimmt und stets gestimmt.[2222]

Es ist fraglich, ob man aus philosophischer Perspektive dem im vorletzten hier zitierten Satz gezogenen Schluss zustimmen muss. Aus metaphorologischer Sicht sollte man es jedenfalls nicht, und so zielt ja meine Heidegger-Lektüre im vorliegenden Kapitel, seine Metaphern beim Wort nehmend, gerade auf das Topografisch-Konkrete seiner abstrakten Philosophie. Für Eichendorff wiederum gälte ganz sicher nicht der hier mit Blick auf Friedrich aufgestellte Satz vom »Beobachtungskreis«, der »kein geografischer Ort mehr« sei, sondern lediglich »das psychisch mentale In[-]der[-]Welt[-][S]ein« markiere. Denn zum einen lässt sich, wie schon Goethe sagt, ein rein psychisches, unkörperliches In-der-Welt-Sein gar nicht denken: wie ja auch in Eichendorffs *Mondnacht* die »Seele«, sobald sie fliegen will, zum Körper wird, indem ihr körperliche Flügel wachsen.

Zum anderen aber beschreiben Eichendorffs Texte wieder und wieder jene, mit Nunolds Begriffen, »con[-]templum«haften »Beobachtungskreise«,

2220 Beatrice Nunold: Landschaft als Immersionsraum und Sakralisierung der Landschaft, in: IMAGE – Zeitschrift für interdisziplinäre Bildwissenschaft, Ausgabe 3 vom 1.1.2006, Themenheft: Bild-Stil: Strukturierung der Bildinformation, S. 149–174, S. 159.

2221 Vgl. das Heidegger-Zitat in Anm. 2140.

2222 Nunold, Landschaft als Immersionsraum und Sakralisierung der Landschaft, S. 160.

in denen sich nicht nur das »psychisch[e]« *und* physische »In[-]der[-]Welt[-][S]ein« ihrer Helden manifestiert, sondern in denen sie sich auch, ›kontemplierend‹ und ›nachdenkend‹, der »Versenkung« hingeben – und zwar insbesondere der Versenkung in die Landschaft, um diese Landschaft und alles Dazugehörige, psychisch wie physisch, zu ›erkennen‹.

So heißt es etwa im *Marmorbild*:

> Sie waren indes bis an den Ausgang des Gartens gekommen. Keine Lampe brannte mehr hier, nur manchmal hörte man noch eine Stimme in der Ferne verhallend. Draußen ruhte der weite Kreis der Gegend still und feierlich im prächtigen Mondschein.[2223]

In diesen ›Beobachtungskreis‹ hinein singt nun Fortunato dieses Lied:

> Still in Luft
> Es gebart
> Aus dem Duft
> Hebt's sich zart
> Liebchen ruft
> Liebster schweift
> Durch die Luft,
> Sternwärts greift
> Seufzt und ruft, [...]
> Mondscheinduft [...]![,][2224]

ein Lied also, das wieder einmal eine Flugphantasie, und das wieder als atmosphärische Immersion, beschwört – und zudem eine Greifbarkeit der Sterne, wie sie auch im ersten Satz von Lukács' *Theorie des Romans* anklingt. Dass dies aber ausgerechnet in einem Landschafts»[k]reis«, einem »contemplum« geschieht, ist kein Zufall: hatte doch kurz zuvor »eine schöne Najade« ein mit den Versen

> In der Mondnacht linde Wellen,
> Senk' ich stille Glück und Sorgen[...]

schließendes Lied gesungen, dessen »Gesange« Florio »folgt[]« und so

> auf einen offnen runden Rasenplatz [kam], in dessen Mitte ein Springbrunnen lustig mit den Funken des Mondlichts spielte.[2225]

2223 Eichendorff, Das Marmorbild, S. 411.
2224 Ebd., S. 412. Vgl. das Heidegger-Zitat 2376.
2225 Eichendorff, Das Marmorbild, S. 409.

Nein, an kreisförmigen *con-templa*, die buchstäblich betreten werden, mangelt es bei Eichendorff nicht – wie ebenfalls bei Friedrich nicht: zeigen doch auch die *Kreidefelsen auf Rügen* eine durch die Felsen gebildete nach oben offene, allerdings durch die Bäume quasi zum »Beobachtungskreis« geschlossene Hyperbel, und dieser Kreis ist, entgegen Nunolds Worten, sehr wohl ein konkreter »geografischer Ort«: trägt ihn doch das Bild sogar im Titel.

Dass die Figuren dabei jedoch *nicht* »wie durch ein Portal« in die Tiefe der Szene eintreten, um immersiv »in die Anderwelt« von Meer und Himmel »einzutauchen«, liegt daran, dass sie an der Kante zum Abgrund vor der Tiefe zurückschrecken und deshalb ebenso wenig über sie hinaustreten wie Goethe über die Turmkante des Straßburger Münsters. Die Figuren *können* ja gar *nicht* in die Tiefe des Bildes *eintreten*, weil sich ihnen kein Weg, kein in die Tiefe hinausgehender Balkon wie im ersten Kapitel von *Ahnung und Gegenwart*, ja nicht einmal – wiederum mit Heidegger – ein »Notsteg« in die Tiefe hinaus eröffnet: und in dieser Hinsicht unterscheiden sich die *Kreidefelsen auf Rügen* von anderen Bildern Friedrichs, um die es gleich geht.

Nähe und Ferne, Ferne *ist* Nähe. Hyperbolisches Schema und Aura: Walter Benjamin

Zunächst jedoch noch der dritte Friedrichs Bilder betreffende Punkt, der sich in Kleists Worten von den weggeschnittenen Augenlidern und mehr noch in Eichendorffs Ausdruck von den »unbegrenzten Augen« andeutet. Es handelt sich um den unter Berücksichtigung der Bildkonventionen seiner Zeit häufig ungewöhnlich weiten Blickwinkel der Bilder Friedrichs. Dieses Phänomen ist schon 1924 von Willi Wolfradt in seiner Dissertation *Caspar David Friedrich und die Landschaft der Romantik* als »hyperbolisches Schema«[2226] Friedrichs beschrieben worden, nach dem »Landschaft [...] durch gegenläufige Hyperbelformen konstruiert« wird.[2227] Der dadurch bewirkte Weitwinkel-

2226 Willi Wolfradt: Caspar David Friedrich und die Landschaft der Romantik, Berlin 1924, S. 125. Wolfradt definiert das »hyperbolische[] Schema« so: »Die[] Horizontgerade ist wie die Koordinate zwischen zwei Hyperbelkurven gezogen, zwischen die im Spiegelbildsinne einander entsprechenden Kurven [...].« Nicht überall ist dieses Schema in der gleichen Konsequenz ausgeprägt. »[B]eim ›Mönch am Meer‹« etwa »wird man [...] die hyperbolische Ordnung« Wolfradt zufolge nur »[l]eise [...] spüren«; ebd., S. 125f. – Vgl. Werner Busch: Friedrichs Bildverständnis, in: Caspar David Friedrich. Die Erfindung der Romantik. Ausstellungskatalog Essen, Hamburg, hg. von Hubertus Gaßner, München 2006, S. 32–47.

2227 Nunold, Landschaft als Immersionsraum und Sakralisierung der Landschaft, S. 162.

Effekt ähnelt dem der kissenförmigen Verzeichnung von Fotografien, die mit geringer Brennweite aufgenommen sind. Diese Verzeichnung besteht darin, dass im Motiv eigentlich horizontal verlaufende Linien in der Abbildung zu den Bildrändern rechts und links hin nach oben in die Ecken verzogen erscheinen, sodass zum Beispiel zwei parallele horizontale Geraden als oben nach oben (konvex), unten nach unten (konkav) geöffnete Hyperbel erscheinen. (Abb. 41)[2228]

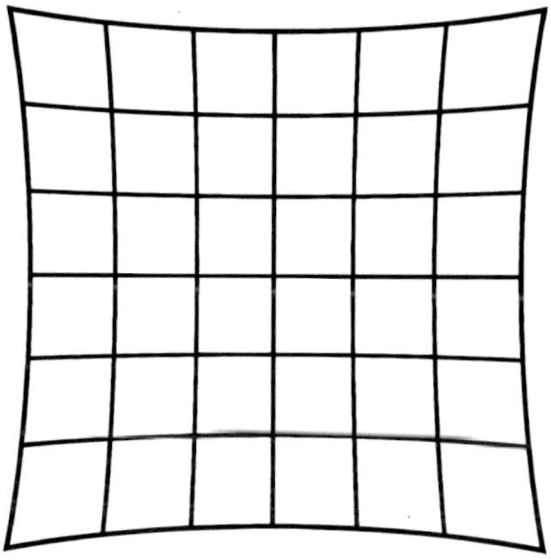

Abb. 41
Schematische Darstellung der kissenförmigen Verzeichnung einer Weitwinkel-Aufnahme

Friedrich selbst schreibt:

> Denn was die neueren Landschaftsmaler in der Natur in einem Kreis von 180 Graden gesehen, pressen sie unbarmherzig in den Sehwinkel von 45 Graden zusammen. Und was also in der Natur durch große Zwischenräume getrennt lag, berührt sich hier im gedrängten Raume, überfüllt und übersättigt das Auge und macht auf den Beschauer einen widrigen, beängstigenden Eindruck. Und das Element des Wassers zieht immer den kürzeren dabei, und das Meer wird zur Pfütze.[2229]

Dass dies bei Friedrichs *Mönch am Meer* gerade *nicht* der Fall ist, hat Kleist bemerkt. Nunold schreibt zu Friedrichs ›hyperbolischem Schema‹, dabei an

2228 Wolfgang Zwanzger: Abbildungsfehler von Objektiven, http://zwei-fotografen.de/abbildungsfehler-von-objektiven-stock-foto-blog/ (21.3.2016).

2229 Caspar David Friedrich: Manuskript im Dresdener Kupferstich-Kabinett Inv.-Nr. c 1937–21/2g, hier zitiert nach: Ewelina Rzucidlo: Caspar David Friedrich und Wahrnehmung [sic]. Von der Rückenfigur zum Landschaftsbild, Münster 1998, S. 110f.; zitiert bei Nunold, Landschaft als Immersionsraum und Sakralisierung der Landschaft, S. 163. – Vgl. zu Friedrichs »180°-Blickwinkel« den Abschnitt in Rzucidlo, Caspar David Friedrich und Wahrnehmung, S. 110–122. Vgl. zur Zitationsgeschichte dieser Aussage Friedrichs ebd., S. 237f. und 248; hier auch in Anm. 278 der Hinweis, dass die Aussage Friedrichs in der Forschung häufig falsch als »mit 100 Graden« zitiert worden ist.

Ewelina Rzucidlos Studie *Caspar David Friedrich und Wahrnehmung. Von der Rückenfigur zum Landschaftsbild* anknüpfend:

> Das »hyperbolische Schema« ist eine Konsequenz aus Friedrichs Raumverständnis. Bei einem Sehwinkel von annähernd 200 Grad erscheint die Landschaft wie von weitem betrachtet »in keilförmigen Teilen ineinander zu fließen und sich zu krümmen« (Rzucidlo 1998: 112). [...] Die Wirkung dieses Stilmittels ist gleich wohl enorm. Es entsteht der Eindruck einer schier unerreichbaren Ferne, die auf den Leib rückt, und alle Vertrautheit und Nähe mit sich fort nimmt. Die Ferne rückt nah und die Nähe fern.
>
> Ähnlich verhält es sich mit der dem 180[-]Grad[-]Sehwinkel geschuldeten Krümmung der Landschaft. Die gegenläufigen Hyperbelformen, die in vielen seiner Bilder zu finden sind, entstehen zwar zwangsläufig durch die von den Seiten in das Bild ziehenden keilförmigen Landschaftsteile. Doch auch sie werden so herausgearbeitet, dass sie zu typischen Stilmerkmalen seiner Landschaften werden. Während der untere und damit vordere Teil des Bildes durch die Krümmung der Landschaft sich nach unten wölbt, wölbt sich der obere Teil nach oben. Im Bild treffen sich also zwei Hyperbeln, eine konvexe und eine konkave.[2230]

Das ist bei Friedrich mehr oder weniger deutlich ausgeprägt. Beim *Mönch am Meer* etwa wölbt sich die obere Kante der Sanddüne konkav nach unten. Eine konvexe Entsprechung oben im Bild fehlt; das – den »einfache[n] Hyperbelbogen in Form eines im Vordergrund aufragenden Hügels oder Felsens« –[2231] gibt es bei Friedrich immer wieder. In idealtypischer Gestaltung findet sich das Schema hingegen in Bildern wie dem *Großen Gehege* von 1832 (Abb. 42)[2232] oder der *Rast bei der Heuernte* von 1834 (Abb. 43)[2233].

Worauf es hier nun mit Blick auf Eichendorff ankommt, ist der von Nunold beschriebene »Eindruck einer schier unerreichbaren Ferne, die auf den Leib rückt, und alle Vertrautheit und Nähe mit sich fort nimmt«, sodass »[d]ie Ferne [...] nah [rückt] und die Nähe fern« – ein durch den weiten Blickwinkel der Bilder und ihr ›hyperbolisches Schema‹ bewirkter Eindruck, aus

2230 Nunold, Landschaft als Immersionsraum und Sakralisierung der Landschaft, S. 163.

2231 Hubertus Gaßner: Komposition. Hyperbeln – Symmetrien und Gitterstrukturen – Rhythmische Folgen – Bildpaare und Serien, in: Caspar David Friedrich. Die Erfindung der Romantik. Ausstellungskatalog Essen, Hamburg, hg. von Hubertus Gaßner, München 2006, S. 271–335, S. 275.

2232 Werner Busch: Caspar David Friedrich. Ästhetik und Religion, München 2003, Tafel XVII vor S. 129. Eine ähnliche Komposition wie *Das große Gehege* zeigt Friedrichs Bild *Dorflandschaft bei Morgenbeleuchtung* (*Einsamer Baum*) von 1822; Caspar David Friedrich. Die Erfindung der Romantik, S. 322.

2233 Caspar David Friedrich: Rast bei der Heuernte (1834–1835), in: Werner Hofmann: Caspar David Friedrich. Naturwirklichkeit und Kunstwahrheit, München 2000, S. 199.

Abb. 42 Caspar David Friedrich: *Das Große Gehege*

Abb. 43
Caspar David Friedrich:
Rast bei der Heuernte

dem wiederum ihre immersive Wirkung resultieren soll. Denn, das ist hier die Pointe, das In-die-Nähe-Rücken der Ferne und die Ent-Fernung der Nähe, oder mit einer Wendung aus Jean Pauls *Titan*: »Ferne und Nähe«, die »sich ineinander« »verschl[i]ngen«,[2234] sind erstens nichts anderes als das, was Heidegger im Kontext seiner Stimmungstheorie mit einer erzromantischen

2234 Jean Paul: Titan, in: ders.: Werke, Dritter Band: Titan, Komischer Anhang zum Titan, Clavis Fichtiana seu Leibgeberiana. Hg. von Norbert Miller. Nachwort von Walter Höllerer, München 1966, S. 7–830, S. 433.

Formulierung als »Einklang der Herzen«, zweitens aber Walter Benjamin in wohl nicht weniger erzromantischer Weise als »Aura« beschrieben hat:

> Die Stimmungen sind [...] das ›Medium‹ des Denkens und Handelns[,][2235]

hatte Heidegger – wie oben zu Anmerkung 2035 zitiert – gesagt, und es ist kein Zufall, dass – im Zitat zu Anmerkung 2222 – Nunold Heideggers ›Stimmungs‹begriff im Kontext von Friedrichs Rückenfiguren und der ›Offenheit‹ und Immersivität seiner Bilder erwähnt. Schon in Heideggers Ausführungen zur ›Stimmung‹, oder genauer: zur ›Medialität‹ der »Stimmungen« findet sich nämlich der Gedanke des In-eins-Fallens von Ferne und Nähe. Auf diesen Gedanken kommt Heidegger über zwei Wechselbegriffe für »[d]ie Stimmungen« als »›Medium‹ des Denkens und Handelns«, und zwar das »Weltall«[2236] und den »›Welt‹-Raum«. Herrscht hier nun ein stimmungsmäßig-harmonischer »Einklang«, dann Heidegger zufolge zugleich auch eine auf den ersten Blick paradox anmutende Identität von »Ferne und Nähe«:

> Ferne und Nähe – wir denken an die räumlichen Abstände und Erstreckungen. Und dennoch ist der Dingraum uns nur zugänglich über den Raum, in dem die Sterne sind. Und der Raum der Sterne[,]

anderes gesagt: der Kosmos,

> öffnet sich erst, wenn das sich ereignet, was wir als den Einklang der Herzen[,]

das heißt als ›Harmonie‹ oder ›Stimmung‹,

> ahnen [!]. Nur so können wir im »Welt«-Raum den Sternen den Ort einräumen, den sie uns [...] darbieten[,][2237]

also sie ›begreifen‹, indem »wir« von ihnen ›ergriffen‹ werden, »uns« von ihnen »[i]nständig[ ]« »stimmen« lassen.[2238] Und jetzt der hier entscheidende Satz:

2235 Heidegger, Die Grundbegriffe der Metaphysik, S. 102.

2236 Zu dem sich das »Seynsall« anscheinend wie eine Art Steigerung verhalten soll: »Nicht nur das Weltall hindurch / sondern durch das Seynsall / im Ereignis / zum Anfang / aber niemals im Anfang / denkend sich fügen / fügend denken [...]« Heidegger, Das Ereignis, S. 4.

2237 Ebd., S. 216f.

2238 Ebd., S. 217. Heidegger schreibt hier: »Inständigkeit und Stimmung / Die *Stimme* – lautlose – des Wortes / des Anspruchs des Anfangs / *Stimmung – ereignet von dieser Stimme /*

> Nähe und Ferne denken wir als Abstände »im« Raum und ahnen nicht, daß »der Raum« doch erst in der anfänglichen Ferne und Nähe seinen Grund hat.[2239]

Diese Beschreibung einer kosmischen harmonischen Stimmung ähnelt wiederum Walter Benjamins berühmter Definition der Aura als »einmalige[r] Erscheinung einer Ferne, so nah sie sein mag.«[2240] Diese Aura ist, wie schon Birgit Recki festgestellt hat,[2241] Alois Riegls und Georg Simmels Stimmungskonzepten verwandt. Und sie alle lassen sich als »›Medi[en]‹«, die diese »Stimmungen« ja Heidegger zufolge sind, auf das von Spitzer beschriebene *periéchon* zurückführen.

Das aber gilt auch für die »Aura«: so etwa, wenn sich Benjamin zufolge die »echte Aura« durch eine »ornamentale Umzirkung« auszeichnen soll, »in der das Ding oder Wesen fest wie in einem Futteral eingesenkt liegt«[2242]: »wrapped round by ether« und »the center of a whole« wie »the embryo in the egg«, in Spitzers Worten.

Für die in der Vorstellung eines Überall beziehungsweise eines Überall-zugleich angelegte Identität von Ferne und Nähe gibt Benjamin nun das Beispiel einer Art Überblendung:

»gestimmt« […] / Stimmung und *Antwort* / *»Die Stimmung«* als Wesung des Ereignisses – *nicht* »Stimmungen« als Zustände / […] stimmen – nicht ›über‹ Stimmung handeln.«

2239 Ebd. Vgl. das Nietzsche-Motto der vorliegenden Studie: »Die Mitte ist überall.« Friedrich Nietzsche: Also sprach Zarathustra. Ein Buch für Alle und Keinen, in: ders.: Werke in drei Bänden, hg. von Karl Schlechta, 2. Band, München ^{2}1960, S. 275–561, S. 463. Vgl. ebenfalls Eichendorff, Ahnung und Gegenwart, S. 130. »Auf Friedrich hatte das stille Leben den wohltätigsten Einfluß. Seine Seele befand sich in einer kräftigen Ruhe, in welcher allein sie, gleich dem unbewegten Spiegel eines Sees, im Stande ist, den Himmel in sich aufzunehmen. Das Rauschen des Waldes, der Vogelsang rings um ihn her, diese seit seiner Kindheit entbehrte grüne Abgeschiedenheit, alles rief in seiner Brust jenes ewige Gefühl wieder hervor, das uns wie in den Mittelpunkt alles Lebens versenkt, wo alle Farbenstrahlen, gleich Radien, ausgeh'n und sich an der wechselnden Oberfläche zu dem schmerzlichschönen Spiele der Erscheinung gestalten.«

2240 Walter Benjamin: Das Kunstwerk im Zeitalter seiner technischen Reproduzierbarkeit, in: ders.: Illuminationen. Ausgewählte Schriften 1, Frankfurt a. M. 1977, S. 136–169, S. 142.

2241 Vgl. zum Zusammenhang von ›Aura‹ und ›Stimmung‹ Birgit Recki: Aura und Autonomie. Zur Subjektivität der Kunst bei Walter Benjamin und Theodor W. Adorno, Würzburg 1998, S. 14–23 (»1.1. Das einmalige Hier der Aura: Der räumliche Charakter der auratischen Erscheinung« – zu Benjamin) S. 56–58 (»3.4.: Alois Riegl, Georg Simmel: Die Stimmung«); Marleen Stoessel: Aura. Das vergessene Menschliche. Zu Sprache und Erfahrung bei Walter Benjamin, München, Wien 1983, S. 57–63 (*»Stimmung«*).

2242 Walter Benjamin: Protokolle zu Drogenversuchen, in: ders.: Gesammelte Schriften VI, hg. von Rolf Tiedemann und Hermann Schweppenhäuser, Frankfurt a. M. 1985, S. 558–618, S. 588.

> An einem Sommernachmittag ruhend einem Gebirgszug am Horizont oder einem Zweig folgen, der seinen Schatten auf den Ruhenden wirft – das heißt die Aura dieser Berge, dieses Zweiges atmen.[2243]

Was aber wäre, mit Blick auf das bisher in diesem Kapitel Gesagte, Eichendorff'scher als diese Formulierung? Oder, umgekehrt, was wäre ›auratischer‹ in diesem Benjamin'schen Sinne als ein Eichendorff'scher Moment wie der, in dem Friedrich »alle Fenster weit auf[macht], so daß die Luft überall durchstr[e]ich[t]«, Friedrichs Blick »weit in das Gebirge« hinausgeht und er schließlich »den Wolken nach[sieht], die nach jenen Gegenden hinaussegel[]en, die er selber auch bald begrüßen«, denen also auch er sich bald nähern »soll[]«?[2244]

Ja sogar die metaphorisch kühnen atembaren Berge Benjamins gibt es bei Eichendorff, nämlich in Form der per Kofferwort die Berges- oder Höhen»luft« einschließenden ›hohen Bergsch*luft*en‹.[2245] Und auch ein Schatten, der wie bei Benjamin zugleich klein wie der Schatten eines Zweiges und – fast so – groß wie der eines Gebirgszugs ist, findet sich bei Eichendorff. Einmal nämlich wächst in *Ahnung und Gegenwart* der Schatten des Knaben Erwin hinein in den riesengroßen Schatten des Waldes – und es spricht für die Konsistenz von Eichendorffs Metaphorik, dass sich Erwin am Ende des Romans als junge Frau mit »de[m] schönste[n] Mädchenbusen« entpuppt, ist doch ›die Landschaft‹ grundsätzlich ein weiblicher Körper.[2246] Gegen Ende des vierten Kapitels heißt es im ersten Buch von *Ahnung und Gegenwart*:

> Als Friedrich eben einschlummerte, hörte er draußen einige volle Akkorde auf der Laute anschlagen. Bald darauf vernahm er Erwins Stimme. Das Lied, das er sang, rührte ihn wunderbar, denn es war eine alte, einfache Melodie, die er in seiner Kindheit sehr oft, und seitdem niemals wieder gehört hatte. Er sprang erstaunt an's Fenster […], der Mond schien außerordentlich hell. Friedrich sah Erwin wieder wie sonst mit der Guitarre auf der Mauer sitzen. […] Zuletzt sah er einen Schatten von dem Knaben fort längst der Mauer hinuntergehen. Der

2243 Benjamin, Das Kunstwerk im Zeitalter seiner technischen Reproduzierbarkeit, S. 142.

2244 Eichendorff, Ahnung und Gegenwart, S. 65. S. Zitat 2124.

2245 Ebd., S. 58; s. Zitat 1851. »Luft« und »Kluft« reimen sich auch aufeinander: »Liebe geht durch die Luft, / Holt fern die Liebste ein; / Fort über Berg und Kluft! / Und Sie wird doch noch mein!« Ebd., S. 64.

2246 »Der Knabe nahm Friedrichs Hand, drückte sie fest an seine Lippen und sagte: Mein lieber Herr! Ein plötzlicher Krampf streckte noch einmal seinen ganzen Leib, und er hörte auf zu atmen. Friedrich, außer sich, stürzte über ihn her und öffnete oben schnell sein Wams, denn es war dieselbe phantastische Kleidung, die der Knabe sonst auf dem Schlosse des Herrn v. A. getragen hatte. Wie sehr erschrak und erstaunte er, als ihm da der schönste Mädchenbusen entgegenschwoll, noch warm, aber nicht mehr schlagend. – Er blieb wie eingewurzelt auf seinen Knien und starrte dem Mädchen in das stille Gesicht, als hätte er es noch nie vorher gesehen.« Ebd., S. 314.

> Schatten wuchs beim Mondenschein mit jedem Schritte immer höher und länger, bis er sich endlich in Riesengröße in den Wald hinein verlor. Friedrich lehnte sich ganz zum Fenster hinaus, aber er konnte nichts unterscheiden[,][2247]

und damit hat sich vor seinen Augen das zunächst »Erwin«, im Nachhinein dann »Erwine« genannte Mädchen nicht nur qua Schatten bis zur Ununterscheidbarkeit in den Wald verwandelt, sondern das zudem auf buchstäblich ›ekstatische‹ Weise, das heißt durch Hinauswachsen und schließlich Hinausstehen des Schattens »in den Wald hinein«.

Rosas Glorien-Futteral. Friedrich stolpert in die Aura

Diese im Benjamin'schen Sinne ›auratische‹ Verwandlung eines Frauenkörpers in die vegetabile Natur ist in *Ahnung und Gegenwart* kein Einzelfall. Auch im zwölften Kapitel des zweiten Buches beobachtet Friedrich dieses Phänomen. Dabei kommt es sogar, um es mit den an ein Hegel Diktum anschließenden Worten Roland Barthes' zu sagen, zu einer Überblendung von »vegetabilische[r]« und »kosmische[r] Ordnung«, wie sie die »alte[n] Grieche[n]« als »Schauer der Bedeutung« wahrgenommen und mit dem Namen des Gottes »Pan« belegt hätten –[2248] und noch in Benjamins ›Aura‹ als ›Erscheinung-von-Ferne-und-Nähe-zugleich‹ klingt ja das griechische Präfix *πάν-* – ›alles‹, ›gesamt‹, ›umfassend‹ – mit: wie ja auch Benjamins »An einem Sommernachmittag ruhend« die Stunde des Pan evoziert.[2249]

2247 Ebd., S. 89f.

2248 »Wie Hegel sagte, staunte der alte Grieche über das *Natürliche* in der Natur; er lieh ihr unablässig sein Ohr, er fragte nach der Bedeutung der Quellen, der Berge, der Wälder, der Gewitter; ohne zu wissen, was alle diese Dinge ihm namentlich sagten, nahm er in der vegetabilischen oder kosmischen Ordnung einen ungeheuren Schauer der Bedeutung wahr, dem er den Namen eines Gottes gab: Pan. Seitdem hat die Natur sich gewandelt, sie ist gesellschaftlich geworden: alles was dem Menschen gegeben ist, ist auch schon menschlich, bis hin zum Wald und zum Fluß, den wir auf unseren Reisen durchqueren.« Roland Barthes: Strukturalismus und Semiotik, in: Texte zur Literaturtheorie der Gegenwart, hg. von Dorothee Kimmich, Rolf Günter Renner und Bernd Stiegler, Stuttgart 1996, S. 215–223, S. 221f. – Vgl. zu Pan auch das *FAUST-II*-Zitat in Anm. 1889. Vgl. zur Überblendung von ›vegetabilischer‹ und ›kosmischer Ordnung‹ Eichendorff, Ahnung und Gegenwart, S. 189–190 (Zitat 2255 und 2262), wo die »Rosen« wie die Gräfin »Rosa« selbst in der »himmlische[n]«, also ›kosmischen‹, »Glorie [...] sich [...] zu verlieren« und somit eins zu werden scheinen.

2249 Vgl. für einen Eichendorff'schen Moment, in dem es ist, »als ob die Natur ihren Atem an sich hielte«, Eichendorff, Ahnung und Gegenwart, S. 160; s. Zitat 2190.

In *Ahnung und Gegenwart* nun erlebt Friedrich Folgendes. Von einem Minister, über dessen ihm »aus Jean Pauls Romanen« bekanntes »brittisierende[s], eingefrorene[s]« und pragmatisches »Wesen« sich Friedrich eigentlich ärgert, erhält er eine »Einladungskarte zu einem sogenannten Tableau«, das abends aufgeführt wird. »Es war schon Abend geworden, als sich Friedrich endlich entschl[ießt]« hinzugehen, und diese offenbar spontan getroffene Entscheidung führt tatsächlich am Ende dazu, dass er – mit Heideggers Worten – wie »zufällig [...] in das Weltall hinein[]stolpert«.

> Er wurde [...] in einen Saal gewiesen, der [...] nur durch einen einzigen Kronleuchter sehr matt beleuchtet wurde. [...] Bald darauf wurde zu seinem Erstaunen auch der einzige Kronleuchter hinaufgezogen. Eine undurchdringliche Finsternis erfüllte nun plötzlich den Raum [...]. Wie sehr aber fühlte er sich überrascht, als auf einmal ein Vorhang im Vordergrunde niedersank und eine unerwartete Erscheinung von der seltsamsten Erfindung sich den Augen darbot.
>
> Man sah nämlich sehr überraschend ins Freie, überschaute statt eines Theaters die große, wunderbare Bühne der Nacht selber, die vom Monde beleuchtet draußen ruhte. Schräge über die Gegend hin streckte sich ein ungeheurer Riesenschatten weit hinaus, auf dessen Rücken eine hohe weibliche Gestalt erhoben stand.[2250]

In ihr erkennt Friedrich wenig später Rosa. Der Saal öffnet sich »ins Freie«, und wiederum ist es ein »[S]chatten«, der sich aus der Nähe »weit hinaus« nicht nur *in*, sondern – wie der ›Balkon *über* die Donau *hinaus*‹ – auch ›*über* die Gegend *hin* streckt‹ und damit – wie schon Erwines »immer höher und länger [...] in den Wald hinein« wachsender Schatten – Nähe und Ferne verbindet. Was also wäre diese »unerwartete Erscheinung« bei Eichendorff, wenn nicht die »einmalige Erscheinung einer Ferne, so nah sie sein mag«,[2251] wie sie Benjamin als »Aura« definiert? In jedem Fall passt die Metapher von Rosas Gestalt auf dem »Rücken« des Schattens, genau genommen, weder so recht zum Schatten noch zur »Bühne der Nacht«, sehr wohl aber auf »eine[n] Gebirgszug« oder »die[] Berge«, wie sie wiederum in Benjamins ›Aura‹-Definition vorkommen.[2252]

2250 Eichendorff, Ahnung und Gegenwart, S. 188f.

2251 Vgl. Anm. 2240.

2252 Vgl. die ähnliche Szene in Caspar David Friedrichs um 1823 entstandenem Bild *Der Morgen im Gebirge*; Caspar David Friedrich. Die Erfindung der Romantik, S. 216. Das Bild zeigt einen aus dem Bildvordergrund sich »[s]chräge über die Gegend hin« in den Mittelgrund streckenden Berg-»Rücken«, »auf dessen Rücken« zwei Gestalten sitzen und von dort in die Tiefe der Gebirgslandschaft und des Bildes schauen.

In *Ahnung und Gegenwart* geht es mit der Beschreibung der »hohe[n] weibliche[n] Gestalt«[2253] weiter:

> Ihr langes weites Gewand war durchaus blendendweiß [...]. Das Gewand schien ganz und gar von Licht durchdrungen und strömte von allen Seiten einen milden Glanz aus, der eine himmlische Glorie um die Gestalt bildete und sich ins Firmament zu verlieren schien, wo oben an seinem Ausgange einzelne wirkliche Sterne hindurchschimmerten. Rings unter dieser Gestalt war ein dunkler Kreis hoher, traumhafter, phantastisch ineinanderverschlungener Pflanzen [...]. Nur hin und her endigten sich die höchsten dieser Pflanzengewinde in einzelne Lilien und Rosen, die von der Glorie, der sie sich zuwandten, berührt und verklärt wurden und in deren Kelchen goldene Kanarienvögel saßen und in dem Glanze mit den Flügeln schlugen. [...] Je länger man das Ganze betrachtete, je mehr und mehr wurde das Zauberbild von allen Seiten lebendig. Die Glorie der [...] Figur spielte in den Pflanzengewinden und den zitternden Blätterspitzen der nächststehenden Bäume. Im Hintergrunde sah man noch einige Streifen des Abendrots am Himmel stehen, fernes dunkelblaues Gebirg und hin und wieder den Strom aus der weiten Tiefe wie Silber aufblickend.[2254] Die ganze Gegend

2253 Vgl. das *Ahnung-und-Gegenwart*-Zitat in Anm. 1870.

2254 Vgl. zum Zusammenhang von ›Aura‹ und ›Aufblicken‹ Walter Benjamins Aufsatz *Über einige Motive bei Baudelaire*: »Was an der Daguerreotypie als das Unmenschliche, man könnte sagen Tödliche mußte empfunden werden, war das (übrigens anhaltende) Hereinblicken in den Apparat, da doch der Apparat das Bild des Menschen aufnimmt, ohne ihm dessen Blick zurückzugeben. Dem Blick wohnt aber die Erwartung inne, von dem erwidert zu werden, dem er sich schenkt. Wo diese Erwartung erwidert wird [...], da fällt ihm die Erfahrung der Aura in ihrer Fülle zu. [...] Die Erfahrung der Aura beruht also auf der Übertragung einer in der menschlichen Gesellschaft geläufigen Reaktionsform auf das Verhältnis des Unbelebten oder der Natur zum Menschen. Der Angesehene oder angesehen sich Glaubende schlägt den Blick auf. Die Aura einer Erscheinung erfahren, heißt, sie mit dem Vermögen belehnen, den Blick aufzuschlagen*.« Das Sternchen bezieht sich auf eine Anmerkung Benjamins zur »Poesie« – und sie könnte auf Eichendorff, wie ihn die vorliegende Studie interpretiert, geprägt sein: »* Diese Belehnung ist ein Quellpunkt der Poesie. Wo der Mensch, das Tier oder ein Unbeseeltes, vom Dichter so belehnt, seinen Blick aufschlägt, zieht es diesen in die Ferne; der Blick der dergestalt erweckten Natur träumt und zieht den Dichtenden seinem Traume nach. Worte können auch ihre Aura haben. Karl Kraus hat sie so beschrieben: ›Je näher man ein Wort an sieht, desto ferner sieht es zurück.‹ (Karl Kraus: Pro domo et mundo. München 1911. [Ausgewählte Schriften. 4.] S. 164.)« Walter Benjamin: Über einige Motive bei Baudelaire, in: ders.: Gesammelte Schriften I.1, hg. von Rolf Tiedemann und Hermann Schweppenhäuser, Frankfurt a. M. 1991, S. 605–653, S. 646f. – Vgl. zum Zusammenhang von Benjamins ›Aura‹, ›Natur‹, Augenaufschlagen und Heideggers ›Gestimmtheit‹ Theodor W. Adornos *Ästhetische Theorie*: »Hegels Gedanke, daß das Kunstschöne in der Negation des Naturschönen, und damit in diesem entspringt, wäre so zu wenden, daß jener Akt, der das Bewußtsein eines Schönen überhaupt erst stiftet, in der unmittelbaren Erfahrung vollzogen werden muß, wenn er nicht bereits das postulieren soll, was er konstituiert. Die

> schien in erwartungsvoller Stille zu feiern, wie vor einem großen Morgen, der das geheimnisvoll gebundene Leben in herrlicher Pracht lösen soll.[2255]

So wie in der Tageshelle das *periéchon* in Form dunkler Wolken sichtbar wird, so ist die nun »ins Freie« geöffnete Nacht »durchdrungen« und durch»strömt[]« vom fluidalen Mondlicht. Wie der Mond sein Licht von der Sonne empfängt und dieses reflektiert, so scheint auch das »blendendweiß[e]« »Gewand« der weiblichen Gestalt sein Licht vom Mond zu empfangen und sich insofern als kleiner

---

Konzeption des Kunstschönen kommuniziert mit dem Naturschönen: beide wollen Natur restituieren durch Lossage von ihrer bloßen Unmittelbarkeit. Zu erinnern ist an Benjamins Begriff der Aura: ›Es empfiehlt sich, den oben für geschichtliche Gegenstände vorgeschlagenen Begriff der Aura an dem Begriff einer Aura von natürlichen Gegenständen zu illustrieren. Diese letztere definieren wir als einmalige Erscheinung einer Ferne, so nah sie sein mag. An einem Sommernachmittag ruhend einem Gebirgszug am Horizont oder einem Zweig folgen, der seinen Schatten auf den Ruhenden wirft – das heißt die Aura dieser Berge, dieses Zweiges atmen.‹[] Was hier Aura heißt, ist der künstlerischen Erfahrung vertraut unter dem Namen der Atmosphäre des Kunstwerks als dessen, wodurch der Zusammenhang seiner Momente über diese hinausweist, und jedes einzelne Moment über sich hinausweisen läßt. Eben dies Konstituens der Kunst, das man mit dem existential-ontologischen Terminus ›Gestimmtheit‹ nur verzerrt getroffen hat, ist am Kunstwerk das seiner Dinghaftigkeit, der Aufnahme des Tatbestands sich Entziehende und, wie ein jeglicher Versuch zur Beschreibung der Atmosphäre des Kunstwerks dartut, ein Enteilendes, Flüchtiges, das – und das konnte zu Hegels Zeit kaum gedacht werden – dennoch zu objektivieren ist, nämlich in Gestalt der künstlerischen Technik. Das auratische Moment verdient deshalb nicht den Hegelschen Bannfluch, weil die insistentere Analyse es als objektive Bestimmung des Kunstwerks erweisen kann. Das über sich Hinausweisen des Kunstwerks gehört nicht nur zu seinem Begriff, sondern läßt an der spezifischen Konfiguration jeden Kunstwerks sich entnehmen. Noch wo Kunstwerke, in einer mit Baudelaire einsetzenden Entwicklung, des atmosphärischen Elements sich entschlagen, ist es als negiertes, vermiedenes in ihnen aufgehoben. Eben dies Element aber hat sein Vorbild an der Natur, und dieser ist das Kunstwerk in ihm tiefer verwandt als in jeder dinglichen Ähnlichkeit. An der Natur so ihre Aura wahrnehmen, wie Benjamin es zur Illustration jenes Begriffs verlangt, heißt an der Natur dessen innewerden, was das Kunstwerk wesentlich zu einem solchen macht. Das ist aber jenes objektive Bedeuten, an das keine subjektive Intention heranreicht. Ein Kunstwerk schlägt dann dem Betrachter die Augen auf, wenn es emphatisch ein Objektives sagt, und diese Möglichkeit einer nicht bloß vom Betrachter projizierten Objektivität hat ihr Modell an jenem Ausdruck der Schwermut, oder des Friedens, den man an der Natur gewinnt, wenn man sie nicht als Aktionsobjekt sieht. Das Ferngerücktsein, auf das Benjamin im Begriff der Aura solchen Wert legt, ist rudimentäres Modell der Distanzierung von den Naturgegenständen als potentiellen Mitteln zu praktischen Zwecken.« Theodor W. Adorno: Ästhetische Theorie, hg. von Gretel Adorno und Rolf Tiedemann, Frankfurt a. M. 1973, S. 408f. – Vgl. auch ebd., S. 104: »Was Natur vergebens möchte, vollbringen die Kunstwerke: sie schlagen die Augen auf.«

2255 Eichendorff, Ahnung und Gegenwart, S. 189f.

mikrokosmischer Mond zum großen makrokosmischen Mond zu verhalten wie dieser wiederum zur Sonne. Bemerkenswert ist dabei die Formulierung, dass das anscheinend wie die »Nacht selber« vom Mondlicht »durchdrungen[e]« Gewand seinen »Glanz« nicht *nach* allen Seiten »aus[strömt]«, sondern ›*von* allen Seiten ausströmt‹. Denn der Satz überblendet durch diese Formulierung die *zentrifugale* Bewegung des ›*Aus*strömens‹ mit der *zentripetalen* Bewegung des ›Von-allen-Seiten-‹, und hier darf man wohl konjizieren: ›Von-allen-Seiten-*Hinein*strömens‹.[2256] Das *lumen-naturale*hafte Strömen, um das es hier geht, ist zugleich ein Hineinströmen ›*von* allen Seiten‹ wie ein Hinausströmen *nach* allen Seiten, man könnte also auch sagen: *nach überall*.

Sollte es Zufall sein, oder ist es eine metaphorologische Wahlverwandtschaft, wenn diese Szene auf dermaßen schlagende Weise an Heideggers »lumen[-]naturale«hafte »*Lichtung* des Daseins« als »[*n*]*eugier*[*iges*]« »vernehmende[s] Begegnenlassen der Welt« erinnert?[2257] So oder so ist die weibliche Gestalt, von der hier die Rede ist, nicht einfach nur »vom Monde beleuchtet«, sondern gleichermaßen so »von Licht durchdrungen«, wie sie es auch nach »allen Seiten« wieder ausströmt: und das ist, wieder einmal, Spitzers »Überströmen« des – hier nun nicht als dunkle Wolken oder schwüle Atmosphäre, sondern als Mondlicht erscheinenden – *periéchon* vom »Makrokosmos in den Mikrokosmos«.

Makro- und Mikrokosmos fließen in der Glorie zusammen, ja werden dort derart eins, dass sich der von Rosa ausgehende Glanz »ins Firmament zu verlieren sch[eint]« und dort, als wäre sie schon in den Himmel aufgefahren und ein Sternbild geworden, »wirkliche Sterne hindurchschimmer[]n«. Ist Rosa aber solcherart makrokosmisch vom Firmament – dem Himmelskreis –[2258] und seinen Sternen bergend umfasst, so zugleich mikrokosmisch durch den »Kreis« von »traumhafte[n], phantastisch ineinanderverschlungene[n]« »Pflanzen«, denen sich der Glanz der Glorie in der spielerischen Berührung als Verklärung mitteilt. Dabei verwandelt sich in der Berührung irgendwie das *lumen naturale* in die Blumen der »Natur«[2259] – eben in jene »Lilien und Rosen«, mit denen die hier offenbar wie eine vegetabile Himmelswendeltreppe in die Höhe strebenden »Pflanzengewinde« am »höchsten« in den »Himmel« hinaufragen. Das wiederum geschieht, wie die »zitternden Blätterspitzen der

2256 Hineinströmend ist bei Eichendorff auch der Wald. »Die Bäume rauschten durch das offene Fenster herein«; ebd., S. 104.

2257 Heidegger, Sein und Zeit, S. 170 und 172; s. Zitat 1950.

2258 Vgl. zum »herrliche[n] Kreis der gestirnten Nacht draußen« Zitat 2262.

2259 Dieser Begriff kommt in *Ahnung und Gegenwart* mehr als zwei Dutzend Mal vor; vgl. die Zitate 1918, 2012 und 2190.

nächststehenden Bäume« nahelegen, nicht ohne erotische Untertöne,[2260] und so ist ja auch die Erwartung ausdrücklich die eines »großen Morgen«, in dem sich »das geheimnisvoll gebundene Leben in herrlicher Pracht lösen soll«.

Diese Szene aus *Ahnung und Gegenwart* stellt also exakt, das heißt bis in den Wortlaut hinein, das vor Augen, was Alois Riegl – später als Eichendorff, aber früher als Heidegger – als »Stimmung« beschrieben hat: nämlich, wie oben im sechsten Kapitel schon zitiert, die »Ahnung« (!) einer »das Ganze überschaue[nden]« und »vereinigende[n]« »Harmonie«, die man beim »Einblick in das unendliche All [...] zu erfassen verm[öge]«, sodass irgendein »Sehnen« in uns ›erfüllt‹ und ein »Drucke« »erleichtert« werden.[2261] Denn, zur Erinnerung und mit Goethe: »Da löst sich aller Überdruß; [...] / Sich aufzugeben ist Genuß.«

Zugleich ist, was Friedrich hier vor Augen steht, nichts anderes als die Anschauung, ja eine Allegorie der Benjamin'schen Aura-Definition als »einmalige[r] Erscheinung einer Ferne, so nah sie sein mag«, bei der zudem in der Tat eine »ornamentale Umzirkung« den Eindruck erweckt, dass das von der ›Aura‹ beziehungsweise »Glorie« umgebene »Ding oder Wesen fest wie in einem Futteral eingesenkt« ist. So heißt es bei Eichendorff:

> Friedrich war freudig zusammengefahren [...], denn er hatte [...] sogleich seine Rosa erkannt. Wie wir einen geliebten köstlichen Stein mit dem Kostbarsten sorgfältig umfassen, so schien auch ihm der herrliche Kreis der gestirnten Nacht draußen nur eine Folie um das schöne Bild der Geliebten [...].[2262]

»[S]orgfältig umfass[t]« vom »loving universe«[2263] des *periéchon*, dem »herrliche[n] Kreis der gestirnten Nacht«, sieht Friedrich Rosa, seine Geliebte. Da hält es ihn nicht mehr:

2260 Vgl. zur erotischen Konnotation des Zitterns ebd., S. 276: »Nun legte der Prinz die Maske ab. Er entschuldigte seine Kühnheit mit der unwiderstehlichen Gewalt seiner lange heimlich genährten Sehnsucht, umschlang und küßte die Weinende und beschwor alle Teufel seiner Liebe herauf. Die Hörner klangen lockend immerfort, und zitternd, halb gezwungen und halb verführt, folgte sie ihm endlich den Berg hinauf.« – Vgl. wiederum zum Zusammenhang von ›Stimmung‹ und ›Zittern‹ Martin Heidegger: Beiträge zur Philosophie (Vom Ereignis), in: ders.: Gesamtausgabe. III. Abteilung: Unveröffentlichte Abhandlungen. Vorträge – Gedachtes. Band 65, hg. von Friedrich-Wilhelm von Herrmann, Frankfurt a. M. 1989, S. 21: »Die Stimmung ist die Versprühung der Erzitterung des Seyns als Ereignis im Da-sein.« – Vgl. Anm. 2342.

2261 Riegl, Die Stimmung als Inhalt der modernen Kunst, S. 28f.

2262 Eichendorff, Ahnung und Gegenwart, S. 190.

2263 Spitzer, Milieu and Ambiance, S. 5.

> An ihren großen, sinnigen Augen entzündete sich in seiner Brust die Macht hoher, freudiger Entschlüsse und Gedanken, das Abendrot draußen war ihm die Aurora eines künftigen, weiten, herrlichen Lebens[2264] und seine ganze Seele flog wie mit großen Flügeln in die wunderbare Aussicht hinein.[2265]

Zunächst: Was sich Friedrich hier herstellt, indem »ihm« »Abendrot« und Morgenrot eins werden, ist exakt das, was Novalis in seinem für Eichendorffs Roman titelgebenden 109. *Blütenstaub*-Fragment als jene »geistige Gegenwart« definiert hatte, in der die »wehmütig[e]« »Erinnerung« des Vergangenen und die »freudig[e]« »Ahndung« »der Zukunft« »poetisch[]« »identifiziert« würden.[2266] Dazu passt wiederum, dass Rosa über ihren Namen gleichermaßen an die eben erwähnten sich himmelwärts »[]winde[nden]« »Rosen« wie an die bei Homer mit dem *epitheton constans* ›rosenfingrig‹ bezeichnete Göttin der Morgenröte Eos erinnert:[2267] enthält doch ihr hier genannter lateinischer Name ›*Aur*ora‹, die ›Morgenröte‹, auch dem Worte nach die ›*Aura*‹, also den ›Morgenwind‹.

Friedrich reagiert auf diesen ›auratischen‹ (Benjamin) *»Einbruch«* (Heidegger) von »Gegenwart« (Novalis), in dem es vielleicht auch zum »Einklang der Herzen« (Heidegger), sicher aber zur »[I]dentifizier[ung]« (Novalis) von Morgen und Abend sowie von (mikrokosmischer) Nähe und (makrokosmischer) Ferne kommt, einmal mehr mit einer Flugphantasie. Diese Phantasie ist merkwürdig. Einerseits wird sie zwar andeutungsweise aus einer subjektiv getönten Perspektive – ›war *ihm*‹ – berichtet: das jedoch im Indikativ. Anders als bei Leontins Worten ›Ich *möchte* hier in's offene Fenster

---

2264 Die Vorstellung vom sozusagen feierlichen Zusammenfallen von Morgen(röte) und Abend(röte) findet sich auch bei Heidegger, und zwar – ausgerechnet – in Verbindung mit Vorstellungen von ›Landschaft‹ und ›Theorie‹. Im *Parmenides* schreibt er: »Das blickende Vernehmen. ἀλήθεια: das Ereignis in der Landschaft des den Morgen verbergenden Abends. Θεᾶν-ὁρᾶν und Theorie [...]. Der Anblick des Seins, der in das Seiende hereinblickt, heißt griechisch θέα. Das erfassende Blicken im Sinne des Sehens heißt griechisch ὁράω. Den begegnenden Blick erblicken, griechisch θεᾶν – ὁρᾶν, heißt θεοράω – θεωρεῖν, θεωρία. Das Wort Theorie meint, einfach bedacht, den vernehmenden Bezug des Menschen zum Sein, welchen Bezug nicht der Mensch herstellt, in welchen Bezug vielmehr das Sein selbst erst das Menschenwesen stellt.« Heidegger, Parmenides, S. 215 und 219.

2265 Eichendorff, Ahnung und Gegenwart, S. 190.

2266 Novalis, Vermischte Bemerkungen / Blüthenstaub 1797/98, S. 283, vgl. Zitat 1863.

2267 »Ἦμος δ' ἠριγένεια φάνη ῥοδοδάκτυλος Ἠώς«: »Als die dämmernde Frühe mit Rosenfingern erwachte«, übersetzt Johann Heinrich Voß. Homer: Odyssee, in: ders.: Ἰλιάς. Ὀδύσσεια. Ilias und Odyssee. Übersetzt von Johann Heinrich Voß, Frankfurt a. M. 2008, S. 809–1427, S. 984f. (Achter Gesang, Vers 1). Dieser Satz wird wörtlich wiederholt im Neunten Gesang, Vers 152; ebd., S. 1020f. Die »rhododáktylos Eṓs« auch ebd., S. 1022f. (Neunter Gesang, Vers 170) und öfter.

hineinspringen, ich *möchte* wie ein Vogel fliegen über Berge und Wälder!‹ scheint es sich hier nicht um einen Wunsch zu handeln, sondern eher um eine Art Wunscherfüllung in der Phantasie. Dann wiederum steht auch sie unter Vorbehalt: zwar nicht, wie der Seelenflug in der *Mondnacht*, unter dem des Konjunktivus irrealis, wohl aber unter dem Vorbehalt des im Wort »wie« implizierten Vergleichs – eines durch das »wie« ins Ausdrückliche gewendeten Vergleichs, der allerdings auch bloß zur Entschärfung der Katachrese von der Seele dienen könnte, der zum Zwecke des Flugs körperliche Flügel wachsen.

Doch wie auch immer es um diese Flugphantasie bestellt ist: in jedem Fall ist sie nur eine Phantasie. Und das unterscheidet sie von jenem Erlebnis, in dem Friedrich und Leontin am Ende, ein einziges Mal, tatsächlich die Erfahrung des Fliegens machen – also weder bloß phantasiert noch auch nur metaphorisch, sondern realiter: nämlich indem sie durch einen Sprung in die Tiefe die Abkürzung ins Ganze nehmen.

Das Geländer am Leiterweg ermöglicht das Hinauslehnen in die Tiefe (Rousseau)

Darin unterscheiden sie sich von den romantischen Figuren, wie Caspar David Friedrich sie gemalt hat – etwa den ängstlich am Abgrund stehenden, gar kauernden Naturbeobachtern und der Naturbeobachterin der *Kreidefelsen auf Rügen*, aber auch der *Frau am Fenster* von 1822 (Abb. 44)[2268], die keinerlei Anstalten macht, es Eichendorffs – männlichen – Helden gleichzutun und, mit Leontins Worten, »in's offene Fenster hinein[zu]springen«. Ja, tatsächlich »lehnt[]« sie sich nicht einmal wie Friedrich »ganz zum Fenster hinaus«. Nicht nur durch den Fensterrahmen wird sie von der Welt draußen getrennt, sondern zudem durch die nach innen in den Raum hinein-, das heißt ihr entgegenragende und sie auf diese Weise sozusagen noch ins Innere des Raums zurückdrängende Fensterbank. Ihr Blickwinkel ist dadurch jedenfalls alles andere als »unbegrenzt[]«, möglicherweise sogar demonstrativ auf jenen »Sehwinkel von 45 Graden« eingeengt, den Friedrich als ›zusammengepresst‹ und mit Blick auf die »Landschaftsmaler[ei]« als ›naturwidrig‹ kritisiert hat.[2269]

Ist es aber so, als hielte nicht nur der Fensterrahmen, sondern zudem noch die wie eine Art Geländer fungierende Fensterbank Friedrichs Frau am Fenster davon ab, sich wie Eichendorffs Friedrich buchstäblich ekstatisch »ganz zum

2268 Caspar David Friedrich. Die Erfindung der Romantik, S. 267.
2269 S. Zitat 2229.

Abb. 44 Caspar David Friedrich: *Frau am Fenster*

Fenster hinaus« zu lehnen, dann erfährt sie hier schon im Inneren des Raumes, in dem sie sich befindet, was man auch draußen in der »Natur« erfahren kann – oder, früher oder später, vielleicht sogar erfahren muss: insbesondere als Frau.[2270] Allerdings ist, so legt es jedenfalls E.T.A. Hoffmanns mokante Darstellung dieses Gedankens nahe, gerade für die Frauen beim *transcensus* hinaus in Landschaft und Tiefe Vorsicht geboten.

Im dritten der *Briefe aus den Bergen*, um deren ersten Brief es oben im fünften Kapitel in Zusammenhang mit der schon 1798 im Brief an Theodor Hippel entworfenen Medien-Szene am Zackenfall ging, berichtet Hoffmann einem *»Fräulein Johanna R.«* von »all' [!] d[en] Naturwunder[n], wie sie sich hier in den Bergen auftun«.[2271] Einmal mehr erzählt er von den schon im ersten *Brief* beschriebenen »Wassefälle[n]« und weist noch einmal auf die große Höhe von »mehrere[n] hundert, ja mehrere[n] tausend Toisen« – eine Toise sind etwa zwei Meter –[2272] hin, in der er »über der Meeresfläche st[eht]«. Dann kommt er auf die zunehmende Zahl von Landschaftspilgern und vor allem -Pilgerinnen zu sprechen:

> [...] Sie, teuerste Johanna, [...] müssen [...] durchaus fort nach den schönen Bergen und Tälern, in denen ich zur Zeit hause. Es gibt jetzt beinah eben so viel Pilgerinnen, als es sonst Pilger gab, welches daher rührt, daß man jetzt überall Vorrichtungen antrifft, um solche Stellen, die sonst selbst Männern mühevoll, ja sogar gefährlich zu erklettern schienen, Frauenzimmern [...] ganz zugänglich zu machen. –[2273]

Was aber sollten diese »Vorrichtungen« sein, wenn nicht zum Beispiel Leitern ähnlich der, über die Hoffmann im Herbst 1798 auf Landschaftspilgerschaft im Riesengebirge »in d[ie] Mitte des Zackens« gelangt ist, oder Geländer ähnlich dem, von dem Rousseau spricht? Rousseau stellt sogar ausdrücklich einen

2270 Anschaulich auch Carl Gustav Carus: Frau auf dem Balkon (1824). Diese Frau ist als vergrößerter Bildausschnitt das Titelmotiv von Sigrid Damm: Caroline Schlegel-Schelling. Ein Lebensbild, Frankfurt a. M., Leipzig 2009. Was hier im Bilde dargestellt ist, sagt Carola Stern: »Ich möchte mir Flügel wünschen«. Das Leben der Dorothea Schlegel, Reinbek bei Hamburg 1999, im Zitat; ebd., S. 246f. Das Zitat stammt aus einem Brief Caroline Schlegels: »[W]enn ich mir [...] das Leben in der freien Natur und die stille zweckvolle Thätigkeit des Landmanns denke, so kommt mir dieser Wirrwarr [der Stadt Wien] gräulich vor, und eine unendliche Sehnsucht befällt mich, ich möchte mir Flügel wünschen, um mich weit, weit davon zu entfernen ...« Caroline Schlegel an Jonas und Philipp Veit, 25.11.1808, in: Caroline und Dorothea Schlegel in Briefen, hg. von Ernst Wieneke, Weimar 1914, S. 404f., S. 405.

2271 Hoffmann, Briefe aus den Bergen, S. 703f.

2272 Ebd., Kommentar, S. 1120.

2273 Ebd., S. 704 und 705.

Zusammenhang zwischen Leiter und Geländer her. Bei ihm ist es nämlich ausdrücklich ein »Weg« mit dem »Namen *Pas de l'Echelle*«, ›Leiterweg‹, der, »um Unglücksfälle zu verhüten, mit einem Geländer eingefaßt« ist und eben dadurch einen sicheren Blick »auf das blaue Wasser« »in d[er] Tiefe« unter ihm – ermöglicht. Ausführlich lautet die oben schon kurz zitierte Stelle in den *Bekenntnissen*:

> Unweit einer Felsenwand, die den Namen *Pas de l'Echelle* führt, tief unter der in den Felsen gehauenen Landstraße, bei dem Flecken Chailles, strömt und schäumt in schrecklichen Strudeln ein kleiner Fluß, der Tausende von Jahrhunderten gebraucht zu haben scheint, um sich Bahn zu brechen. Man hat den Weg, um Unglücksfälle zu verhüten, mit einem Geländer eingefaßt; deshalb konnte ich in die Tiefe hinabblicken und mich nach Herzenslust schwindelig machen lassen; denn trotz meiner Vorliebe für schroffe Felsen werde ich wunderlicher Weise auf ihnen schwindelig, und gerade an diesem Gefühle des Schwindels habe ich große Freude, sobald ich mich dabei in Sicherheit befinde. Weit über das Geländer gelehnt, schaute ich in die Tiefe und blieb da ganze Stunden lang, indem ich von Zeit zu Zeit bald auf diesen Schaum, bald auf das blaue Wasser blickte, dessen Brausen ich durch das Geschrei der Raben und der Raubvögel vernahm, welche hundert Klafter unter mir von Fels zu Fels und von Gesträuch zu Gesträuch flogen.[2274]

Bei Rousseau *ermöglicht* also noch das Geländer das Erhabenheitserlebnis der Tiefe, während bei Hoffmann schon anklingt, dass gerade diejenigen »Vorrichtungen«, die den Natur-Tourismus fördern sollen, das Natur- und Landschaftserlebnis verstellen. Rousseau hingegen kann sich, genau so hat es später Immanuel Kant in der *Kritik der Urteilskraft* beschrieben, vom »Dynamisch-Erhabenen der Natur«, wie es sich zum Beispiel in »ein[em] hohe[n] Wasserfall eines mächtigen Flusses« darstellt, »anziehen[]« lassen, *eben weil* er sich selbst hinter dem Geländer »in Sicherheit befinde[t]«.[2275] Das Geländer erlaubt ihm das Hinauslehnen in die Tiefe, indem es ihn zugleich von ihr abhält.

2274 Jean Jacques Rousseau: Rousseau's Bekenntnisse. Übersetzt von Hermann Denhardt, Erster Theil, Leipzig 1890, S. 219. Vgl. Christian Begemann: Furcht und Angst im Prozeß der Aufklärung. Zu Literatur und Bewußtseinsgeschichte des 18. Jahrhunderts, Frankfurt a. M. 1987, S. 126–136 (»Das Postulat der Sicherheit und die Rolle der Naturbeherrschung«); Rousseaus Bemerkungen über das Geländer ebd., S. 126.

2275 »Erhaben nennen wir das, was [...] über alle Vergleichung groß ist«, schreibt Immanuel Kant in der *Kritik der Urteilskraft* (§ 25). »Die Natur im ästhetischen Urteile als Macht, die über uns keine Gewalt hat, betrachtet, ist dynamisch-erhaben.« (§ 28) Beispiele für das »Dynamisch-Erhabene[] der Natur« und seinen angenehme »Furcht erregend[en]« Anblick sind »drohende Felsen, am Himmel sich auftürmende Donnerwolken, mit Blitzen und Krachen einherziehend, Vulkane in ihrer ganzen zerstörenden Gewalt, Orkane«, »der grenzenlose Ozean« oder »ein hoher Wasserfall eines mächtigen

Aber der Lehnsessel-Stau am Berg stört (Hoffmann), und der Park ist nur ein Wald-Surrogat

Die von Kant beschriebene Perspektive auf das Erhabene hat, wie schon Nunold bemerkt, etwas von einer »Lehnstuhlästhetik«.[2276] Und eben daraus ergibt sich offenbar der Einwand, den schon Hoffmann in seinem dritten *Brief aus den Bergen* im Spott über die »Lehnsessel« erhebt, mit denen sich die »Frauenzimmer[]« in die Landschaft hinein tragen lassen. Im Anschluss an die oben zu Anmerkung 2273 zitierte Passage fährt Hoffmann fort:

> Wird der Weg nur einigermaßen unbequem oder fühlen Sie sich müde, so setzen Sie sich in einen bequemen, zwischen zwei Stangen, wie eine Sänfte, befestigten Lehnsessel, und die Träger hüpfen sicher und leicht, Berg ab, Berg an, über die Felsen hinweg. Öfters finden sich große Gesellschaften, die die Gebirgswanderungen zusammen machen, und da sieht es beinahe abenteuerlich aus, wenn eine lange Reihe Tragesessel mit Frauenzimmern, die die bunten Sonnenschirme über den Köpfen ausgespannt haben, in der Ferne durch ein Tal zieht oder einen Berg hinansteigt. –[2277]

Was Hoffmann hier beschreibt, ist zwar noch kein Autostau am Berg, um zähfließenden Lehn- und »Tragesessel«-Verkehr am Berg aber handelt es sich doch. Das ist auch der Grund, warum diese Massen-»Gebirgswanderung« kein Abenteuer ist, sondern allenfalls »beinahe abenteuerlich aus[sieht]«. Keine Frage: wo die Moderne – und mit ihr der Tourismus – kommt, da verschwindet die ›romantische Natur‹,[2278] und von diesem Bewusstsein sind nicht nur die Texte Hoffmanns durchdrungen, der ja ohnehin spöttisch veranlagt ist, sondern ebenfalls die Texte Eichendorffs – und zwar schon die frühen.

Bereits zu Beginn von *Ahnung und Gegenwart* ist »der einförmige Schlag von Eisenhämmern« zu hören,[2279] der auf die Industrialisierung und das mit

---

Flusses«. Ihr Anblick, so Kant, »wird nur um desto anziehender, je furchtbarer er ist, wenn wir uns nur in Sicherheit befinden«; Kant, Kritik der Urteilskraft, S. 91 und 105–107.

2276 Nunold, Landschaft als Immersionsraum und Sakralisierung der Landschaft, S. 156.

2277 Hoffmann, Briefe aus den Bergen, S. 705.

2278 Und so lässt sich schon »rein sprachgeschichtlich ein wachsendes Gewicht von ›Kultur‹ innerhalb der Natur/Kultur-Dichotomie verzeichnen«; Albrecht Koschorke: Zur Epistemologie der Natur/Kultur-Grenze und ihren disziplinären Folgen, in: Deutsche Vierteljahrsschrift für Literaturwissenschaft und Geistesgeschichte 83,1 (2009), S. 9–25.

2279 Eichendorff, Ahnung und Gegenwart, S. 67. Vgl. zum »Hammerschlag« bei Eichendorff Alewyn, Eine Landschaft Eichendorffs, S. 21: »Maschinenlärm aus einer Fabrik […] – etwas weniger ›Romantisches‹ ist schwer zu denken. Kein Motiv würde man Eichendorff weniger zutrauen, und doch hat er es […] viele Male in seine Landschaft verwoben, ohne daß bisher irgend jemand daran auch nur Anstoß genommen hätte.«

ihr einhergehende Abholzen der Wälder verweist. Später im Roman heißt es ausdrücklich über die Gegenwart, in der er spielt: »Die Burgen sind geschleift, die Wälder ausgehauen, alle Wunder haben Abschied genommen«.[2280] Das wiederum bedeutet, dass die allenfalls scheinbar intakten Burgen und Wälder des Romans Fiktionen sind: sei's des Erzählers, sei's des Romanpersonals. Tatsächlich besitzt das Romanpersonal sogar dieses Fiktionsbewusstsein. So macht sich etwa die »junge Gräfin Romana«, »eine Verwandte von« Rosa (und die Romana, die sich später mit dem »Gewehr [...] grade ins Herz« schießt[2281]), ausdrücklich gerade über diejenigen romantischen Phantasien oder Fiktionen lustig, die doch über weite Strecken das Geschehen des Romans ausmachen. Romana erzählt:

> Ich weiß noch, unser Schloß lag sehr hoch zwischen einsamen Wäldern, ein schöner Garten war daneben, unten ging ein Strom vorüber. Alle Morgen, wenn ich in den Garten kam, hörte ich draußen in den Bergen ein Waldhorn blasen, bald nahe, bald weit, dazwischen sah ich oft einen Reiter plötzlich fern zwischen den Bäumen erscheinen und schnell wieder verschwinden. Gott! mit welchen Augen schaute ich da in die Wälder und den blauen, weiten Himmel hinaus! [...] [A]n einem prächtigen Abende, da der Jäger draußen wieder blies, [...] schlich [ich] unbemerkt in den Wald hinaus. Ich ging nun zum erstenmale allein durch die dunkelgrünen Gänge, zwischen Felsen und über eingeschlossene Wiesen voll bunter Blumen, alte, seltsame Geschichten, die mir die Amme oft erzählte, fielen mir dabei ein; viele Vögel sangen ringsumher, das Waldhorn rief immerfort, noch niemals hatte ich so große Lust empfunden. [...] – Ist das nicht recht romantisch? unterbrach sich hier die Gräfin selbst, laut auflachend[,][2282]

und mit dieser Romantik-Kritik, oder mehr noch: mit dieser Denunziation der Romantik als bloßer sentimentalischer Rhetorik nach Art der hämisch karikierten »Sentimentalische[n]«, die »gern fliegen möchte[n] und nicht k[ö]nn[en]«, fährt Rosa auch dem Erzähler, ja dem Roman selbst in die Parade.

So oder so handelt es sich bei der »schöne[n] Natur«[2283] in ähnlicher Weise um ein bloßes »Surrogat[]«, das heißt eine ›Vorstellung‹ von Natur, wie der von Friedrich und Leontin mitten im Wald gefundene »griechische[] Tempel« mit dem »viereckige[n] Turm[] wie [!] bei den alten Burgen« lediglich eine »Ruine

2280 Ebd., S. 327.
2281 Ebd., S. 295.
2282 Ebd., S. 182f.
2283 Ebd., S. 120; s. das Zitat in Anm. 1918. – Auch diese Wendung könnte also dem Eichendorff'schen Romanpersonal »aus Jean Pauls Romanen« bekannt geworden sein (s. das Zitat zu Anm. 2250), findet es sich doch wörtlich bei Jean Paul in den *Flegeljahren*, s. Zitat 2305.

vorstellen [!] soll[]«.[2284] Denn, wie gesagt, in der »modern fade[n]« Gegenwart von *Ahnung und Gegenwart* sind »[d]ie Burgen [...] geschleift, die Wälder ausgehauen«, und »alle Wunder haben Abschied genommen«.[2285]

Allegorie und zugleich emblematische Karikatur der auf sentimentalische Weise vorgestellten ›Natur‹ sind in *Ahnung und Gegenwart* die mit »Aushängetafeln« versehenen Bäume eines »Parks«, der nun eben nicht mehr ›natürlicher‹ Wald, sondern – noch einmal mit Barthes – »gewandelt[e], [...] gesellschaftlich geworden[e]« »Natur« ist.[2286] In diesem Sinne nicht zufällig, findet sich bei Eichendorff inmitten des Parks ein »Gemache [...], welches mit großen goldenen Buchstaben: ›Gesellschafts-Saal‹ überschrieben« ist.[2287] Doch nicht nur dieses Gemach ist beschriftet, sondern auch die Bäume selbst sind es:

> Sie durchstrichen darauf noch den andern Teil des Parks, der auf die alltäglichste Art mit Trauerweiden, Baumgruppchen, Brückchen u. s. w. angefüllt war[,][2288]

und das »u. s. w.« erinnert hier, ebenfalls nicht zufällig, an das Topische, »auf die alltäglichste Art« Gemeinplatzhafte oder »Übliche«, wie es auch bei Hoffmann – häufiger noch als bei Eichendorff – das »u. s. w. «[2289] anzeigt. Und weiter:

> Auch die üblichen Aushängetafeln mit Inschriften waren im Überfluß vorhanden, nur mit dem Unterschiede, daß hier alle von einer ungeheueren Länge und Breite waren, so daß sie die jungen Bäume, an denen sie befestiget, fast bis auf die Erde herunterzogen.[2290]

Könnte das deutlicher sein? Die Aushängetafeln mitsamt ihren Beschriftungen, und sei es auch ein »›Freut euch des Lebens!‹«,[2291] *ziehen die jungen Bäume herunter*: und damit dürfte das Wesen der ›Natur‹ in diesem Park auf ähnliche Weise hinter den Tafeln verborgen bleiben, wie Hegels Vorrede zur *Phänomenologie des Geistes* zufolge »das lebendige Wesen der Sache« in den »verschloßne[n] Büchsen mit ihren aufgehefteten Etiketten« der

2284 Eichendorff, Ahnung und Gegenwart, S. 321f.
2285 Ebd., S. 327.
2286 Vgl. Anm. 2248.
2287 Eichendorff, Ahnung und Gegenwart, S. 322.
2288 Ebd.
2289 Hoffmann, Briefe aus den Bergen, S. 696.
2290 Eichendorff, Ahnung und Gegenwart, S. 322.
2291 Ebd., S. 323.

»Gewürzkrämer[]« »verborgen« bleibt.[2292] Dazu passt auch das wenig natürliche, mit einem Ausdruck des von dem Luftschiff träumenden Viktor, »›Gemisch-Gemasch‹«[2293] auf den Tafeln:

> Unsere Reisenden verweilten verwundert hin und wieder, und lasen unter andern: »Wachsen, Blühen, Staubwerden.« – Gleich daneben auf einer anderen Tafel die erste Strophe von: »Freut euch des Lebens!« u. s. w., nebst einigen Zotten.[2294]

Keine Frage, dieser Park ist kein Wald, sondern vielmehr gerade von einem solchen »geschieden«:

> So von groben Bäumen verfolgt, waren sie endlich am anderen Ende des sonderbaren Parks angekommen, wo derselbe wieder durch ein niedliches Zäunchen von dem Walde geschieden war.[2295]

Will man dennoch den Park als Teil von ›Wald‹ und ›Natur‹ sehen, dann – das »niedliche[] Zäunchen« weist schon darauf hin – handelt es sich allenfalls um verzwergte ›Natur‹, »besonders kleinlich«[2296] und anscheinend auch besonders klein: ist doch hier sogar ein Wasserfall, bei Kant Inbegriff des Dynamisch-Erhabenen und Großen,[2297] »kaum bemerkbar[]«.[2298] Gerade das aber ist, so der hermeneutische Wink mit dem Zaunpfahl, »[n]icht ohne Bedeutung«: zeigt sich doch hier vielmehr sehr deutlich, dass die Folie dieser zu Park und Garten verzwergten Surrogat-Natur immer noch jene »große« und – wie man ergänzen kann – ›hohe‹ wie ›tiefe‹ »Pracht« der Landschaft ist, in die sich Friedrich und Leontin am Ende auch hier wieder ›hinaussehnen‹:

> Nicht ohne Bedeutung, wie es schien, stieß diese letzte Partie des Gartens, welche besonders kleinlich aus allerlei Zwergbäumen nebst einem kaum bemerkbaren Wasserfalle bestand, auf einmal an den dunkelgrünen Saum des Hochwaldes. Zwischen Felsen stürzte dort ein einsamer Strom gerade hinab, als wollte er den ganzen Garten vernichten, wandte sich dann am Fuße der Höhe plötzlich, wie aus Verachtung, wieder seitwärts in den Wald zurück, dessen ernstes, ewig gleiches Rauschen gegen die unruhig phantastische Spielerei der Gartenanlage fast schmerzlich abstach, so daß die beiden Freunde überrascht stillstanden. Sie

2292 Hegel, Phänomenologie des Geistes, S. 39. Auch das Wort ›tot‹ verwendet Hegel hier, wenn er vom »tote[n] Verstand« spricht; ebd.

2293 Eichendorff, Ahnung und Gegenwart, S. 158.

2294 Ebd., S. 322f.

2295 Ebd., S. 323.

2296 Ebd.

2297 Vgl. Anm. 2275.

2298 Eichendorff, Ahnung und Gegenwart, S. 323.

sehnten sich recht in die große, ruhige, kühle Pracht hinaus und atmeten erst frei, als sie wirklich endlich wieder zu Pferde saßen.[2299]

Brücken, Geländer, Leitern, Schilder, sogar Teer! Jean Paul und Stephen Greenblatt

Mit dieser Desillusioniertheit bei gleichzeitig hinaus in die Pracht der Natur zielender Sehnsucht stehen Eichendorffs Helden genauso wenig alleine da wie Hoffmann mit seiner mokanten Beschreibung der »Vorrichtungen« zum Zweck der Bergbesteigung und Landschaftserschließung. Ganz ähnlich sieht es zum Beispiel Stephen Greenblatt – und das, ausgerechnet, beim Besuch des Yosemite National Park, der einige der spektakulärsten Naturszenarien Nordamerikas bietet.

In seinem wirkmächtigen Aufsatz *Towards a Poetics of Culture* schreibt Greenblatt 1987:

> Let us consider [...] a trip to Yosemite National Park. One of the most popular walks at Yosemite is the Nevada Falls Trail. So popular, indeed, is this walk that the Park Service has had to pave the first miles of the trail in order to keep them from being dug into trenches by the heavy traffic.[2300]

Das Schicksal, ausgerechnet zur Sicherung seiner Begehbarkeit »nun auch geteert« zu sein, teilt dieser Weg mit einem berühmten Leidensgenossen, auf den ich später noch einmal zu sprechen komme: nämlich mit dem Weg, von dem Martin Heideggers kurze Schrift *Der Feldweg* handelt. In einer Nachbemerkung schreibt Heideggers Sohn Hermann Heidegger dazu:

> In der Jugendzeit Martin Heideggers lief der Feldweg unmittelbar hinter dem Hofgartentor in sanften Windungen, die dem Gelände angepaßt waren, durch Wiesen und Felder [...]. Heute ist [...] der Feldweg [...] eine mit Gehwegen versehene geteerte [...] [S]traße [...], an deren Ende zwei neue Schulen, darunter das Martin-Heidegger-Gymnasium, stehen. Erst dann läuft, nun auch geteert, der Feldweg am alten Feldkreuz vorbei zur Bank unter der alten Eiche am Waldrand.[2301]

2299 Ebd.

2300 Stephen Greenblatt: Towards a Poetics of Culture, in: Harold Veeser (Hg.): The New Historicism, New York 1989, S. 1–14, S. 8f. Zuvor schon veröffentlicht in: Southern Review 20,1 (März 1987), S. 3–15.

2301 Hermann Heidegger: Zu dieser Ausgabe, in: Martin Heidegger: Der Feldweg. Bebilderte Sonderausgabe, Frankfurt a. M. 1989, S. 27.

Geteert jedenfalls ist auch der Weg, über den Greenblatt in den Yosemite National Park gelangt. So sagt es Greenblatt unter gleich dreimaliger Verwendung des Wortes »asphalt« innerhalb weniger Sätze – und schon dieses Wort springt dem Naturliebhaber schreiend ins Gesicht. Doch nicht nur vom Asphalt ist hier die Rede, sondern mehr noch – nämlich sechs Mal – von Schildern und Zeichen:

> At a certain point the asphalt stops, and you encounter a sign that tells you that you are entering the wilderness. You have passed then from the National Forests [...] to the park itself, marked by the payment of admission to the uniformed ranger at the entrance kiosk, and finally to a third and privileged zone of publicly demarcated Nature. This zone, called the wilderness, is marked by the abrupt termination of the asphalt and by a sign that lists the rules of behavior that you must now observe: no dogs, no littering, no fires, no camping without a permit, and so forth. The wilderness then is signaled by an intensification of the rules, an intensification that serves as the condition of an escape from the asphalt.[2302]

In der Tat: »Auch« im Yosemite National Park sind, noch einmal mit dem eben zitierten Satz aus *Ahnung und Gegengwart*, »die üblichen Aushängetafeln mit Inschriften [...] im Überfluß vorhanden«, und gerade dieser Überfluss wird schnell zum Überdruss – nicht nur bei Greenblatt.

Auch Reinhold Messner ging es so, als im Jahr 2013 die Idee diskutiert wurde, am Mount Everest in 8760 Metern Höhe eine Aluminiumleiter anzubringen, um so den sogenannten »Hillary Step, eine der Schlüsselstellen beim Aufstieg zum Gipfel«, zu entschärfen: »›Wenn für die Bergsteiger jetzt Leitern gebaut werden, dann stehen auf dem Everest vielleicht auch bald Schilder wie im Straßenverkehr‹«, so Messner –[2303] und seine Aversion gegen Schilder in der Landschaft ist topisch.

2302 Greenblatt, Towards a Poetics of Culture, S. 9.

2303 »Der Hillary Step, eine der Schlüsselstellen beim Aufstieg zum Gipfel des Mount Everest, soll entschärft werden. Die Vereinigung der Expeditionsveranstalter aus Nepal (EAO) prüft gerade, ob an der steilen Felspassage in 8760 Meter Höhe eine Aluminiumleiter angebracht werden kann. Nach den Vorstellungen der EAO soll sie fest im Gestein verschraubt werden. Die Leiter soll Bergsteigern neben dem Normalweg, der entlang eines Fixseils führt, eine zweite Kletterspur bieten. Bislang konnte am Hillary Step, benannt nach dem Everest-Erstbesteiger Sir Edmund Hillary, immer nur jeweils ein Kletterer auf- oder absteigen. Es kam regelmäßig zu Staus. So mussten am 19. Mai 2012 über 200 Alpinisten teilweise stundenlang warten, ehe sie das Nadelöhr in der Todeszone durchklettern konnten. Ein Deutscher kollabierte und starb wenig später. ›Im Optimalfall nutzen die Bergsteiger in Zukunft beim Aufstieg das Fixseil und auf dem Rückweg vom Gipfel die Leiter. So können wir den gefährlichsten Ort am Everest entschärfen‹, sagt Dawa Steven Sherpa, Chef von Asian Trekking, einem der größten Expeditionsagenturen in Nepal. Reinhold Messner, der als Erster ohne Flaschensauerstoff auf den höchsten

Schon das Romanpersonal in Jean Pauls *Flegeljahren* empfindet so. Im *Zweiten Bändchen, Nr. 24*, geht es um einen »Park« beziehungsweise einen – darin Eichendorffs durch ein »Zäunchen« vom »Walde geschieden[en]« »Garten« vergleichbar – »Garten« mit »künstliche[r] Eingrenzung«.[2304] Und so wie Friedrich und Leontin in *Ahnung und Gegenwart* die »Aushängetafeln« betrachten und ihre »Inschriften [...] l[e]sen«, heißt es in den *Flegeljahren*:

> Darauf fragte der Kaufmann den Grafen, warum er nicht aufgucke, z.B. an die Bäume, wo manches hänge. Dieser sah auf; weiße Zolltafeln der Empfindungen waren [...] darangeschlagen zum Überlesen. [...] Der Graf stand vor den nächsten Gefühls-Brettern und *Herz*-Blättern poetischer Blumen fest; auch der Notar las den an die Welt wie an Arznei-Gläschen gebundnen Gebrauchszettel herab, welcher verordnete, wie man schöne Natur einzunehmen habe, in welchen Löffeln und Stunden. Walten gefiel die Gefühls-Anstalt, es waren doch Antritts- und Oster-Programmen der Frühlings-Natur, Frachtbriefe der Jahrszeiten, zweite, heimlich abgedruckte Titelblätter der Natur-Bilderbibel.[2305]

Aus Walts Perspektive erscheinen die hier in die Bäume gehängten Tafeln als eine Art spöttische Reminiszenz an die in der erzählten Zeit der *Flegeljahre* lange schon überholte Signaturenlehre, wie sie etwa Paracelsus vertreten hat.[2306] Zugleich stört man sich am Apothekenhaft-Präskriptiven der Schilder.

Berg der Welt stieg, hält die Idee mit der Leiter für den ›letzten Schritt in Richtung Banalisierung‹ des Everest. ›Alpinismus und Abenteuer gibt es dort schon lange nicht mehr‹, sagt Messner. ›Wenn für die Bergsteiger jetzt Leitern gebaut werden, dann stehen auf dem Everest vielleicht auch bald Schilder wie im Straßenverkehr.‹« Der Spiegel 14/2013 (30.3.2013), S. 93. – Vgl. zu den Topoi ›Himmelsleiter‹ und ›Schilder in der Natur oder am Berg‹ Ralf Gantzhorn, Moritz Attenberger: Himmelsleitern. 50 Fels- und Eisgrate in den Alpen, München ^{2}2012. Auf S. 21 heißt es zu einem Bild mit fünf Schildern an einem einzigen Mast: »›Schildersprache, schwere Sprache‹. Auf dem Weg zur Baltschiederklause«. Der »Teufelsgrat am Mont Blanc du Tacul« erhält den Kommentar »Was für eine Linie!«; ebd., S. 11. Die Linien der Grate wiederum verdoppeln die über die Grate laufenden Fußspuren oder Bergseile; vgl. ebd., S. 35 und 30.

2304 Jean Paul: Flegeljahre. Eine Biographie, in: ders.: Werke. Zweiter Band: Siebenkäs. Flegeljahre, hg. von Gustav Lohmann, München 1959, S. 537–1065, S. 737.

2305 Ebd., S. 737f.

2306 »Im sechzehnten Jahrhundert« »gehört« »[d]ie Sprache [...] zur großen Distribution der Ähnlichkeiten und Signaturen.« Michel Foucault: Die Ordnung der Dinge. Eine Archäologie der Humanwissenschaften. Aus dem Französischen von Ulrich Köppen, Frankfurt a. M. 1974, S. 66. In Eichendorffs Novelle *Dichter und ihre Gesellen* findet sich eine Anspielung auf die Signaturenlehre: »Es war, als hätte ein wunderlicher Zauberer über Nacht seine bunten Signaturen über das Grün gezogen, und säße nun selber eingeschlummert in dem Labyrinth beim Rauschen der Wasserkünste und träumte von der alten Zeit, die er in seine stillen Kreise gebannt.« Eichendorff, Dichter und ihre Gesellen, S. 120f. Ähnlich äußert sich auch der sprechende Baum (vgl. Anm. 2349): »Drum schau ich über den Wipfel hier hinaus; [...] / So lad' ich Dich wieder in mein grünes Haus! / Da gehn, wie damals,

So fordert »Neupeter der Sohn« – Sohn des durch seinen sprechenden Namen auf christlichere Zeiten verweisenden, nun verstorbenen »Christhelf Neupeter« – die Besucher des Gartens auf, »nur heraus« zu »[s]agen«, »wie [i]hnen der ganze Park und Quark vorkommt?«,[2307] und das ist deutlich kritisch.

Nature in Anführungszeichen und mit Majuskel. Weltverlust als Referenzverlust

Greenblatt wiederum macht sich in Yosemite einen ganz ähnlichen Reim auf all die Schilder, die ihm vor Augen stehen, darunter »a sign that tells you« beziehungsweise »a sign that lists the rules of behavior that you must now observe«, bei denen es sich also ganz im Sinne Jean Pauls um »wie« einer »Arznei« beigepackte »Gebrauchszettel« handelt, »welche[] verordne[]n, wie man« die »Natur einzunehmen habe«. Dass dies Greenblatts Natur- und Landschaftserlebnis nicht zuträglich ist, liegt nahe. Er fährt fort:

> You can continue on this trail until you reach a steep cliff on to which the guardians of the wilderness have thoughtfully bolted a cast-iron stairway. The stairway leads to a bridge that spans a rushing torrent, and from the middle of the bridge you are rewarded with a splendid view of Nevada Falls. On the railing that keeps you from falling to your death as you enjoy your vision of the wilderness, there are signs – information about the dimensions of the falls, warnings against attempting to climb the treacherous, mist-slickened rocks, trail markers for those who wish to walk further – and an anodyzed aluminium plaque on which

noch mit Gefunkel / Die Quellen verworren durch's kühle Dunkel, / Waldhornsklänge und Vögelschall, / Von fern dazwischen der Wasserfall, / Und über uns rauschend die Buchen und Fichten, / Erzählen dir wieder die alten Geschichten. – / Doch hast du über Pandekten und Latein / Seitdem vergessen die Sprache mein, / So magst Du über Deinem Buche hocken und lesen! / Das meine ich doch gescheuter gewesen!« Eichendorff, Dichter und ihre Gesellen, S. 127. – Zu Paracelsus: Giorgio Agamben: Signatura rerum. Zur Methode. Aus dem Italienischen von Anton Schütz, Frankfurt a. M. 2009, S. 41–99; Hartmut Böhme: Denn nichts ist ohne Zeichen. Die Sprache der Natur: Unwiederbringlich?, in: ders.: Natur und Subjekt. Frankfurt a. M. 1988, S. 38–66. – Noch Wittgenstein schreibt in den *Philosophischen Untersuchungen* (§ 15): »Etwas benennen, das ist etwas Ähnliches, wie einem Ding ein Namentäfelchen anheften.« Wittgenstein, Philosophische Untersuchungen, S. 752. Vgl. Stefan Börnchen: Einleitung, in: ders., Georg Mein, Martin Roussel (Hg.): Name, Ding. Referenzen, München 2012, S. IX–XV, S. XIf., sowie Heiko Christians: Theologie oder Theorie der Namen? Anmerkungen zu Eugen Rosenstock, Johann Georg Hamann und Vilém Flusser, in: ebd., S. 59–75, S. 59f.; S. 59 der Hinweis auf die »immer noch unentbehrlich[e]« »Darstellung« von Wolfgang Kayser: Böhmes Natursprachenlehre und ihre Grundlagen, in: Euphorion 31 (1930), S. 521–562.

2307 Jean Paul, Flegeljahre, S. 738.

> are inscribed inspirational, vaguely Wordsworthian sentiments by the California environmentalist John Muir. The passage, as best I can recall, assures you that in years to come you will treasure the image you have before you. And next to these words, also etched into the aluminium, is precisely an image: a photograph of Nevada Falls taken from the very spot on which you stand.[2308]

Schon wieder enthalten die Inschriften in erster Linie Vorschriften, und diese zielen nicht allein auf die Sicherheits»[v]orrichtungen« zur Entschärfung »gefährlich[er]« »Stellen« (Hoffmann), sondern auch auf die »Empfindungen« (Jean Paul) beim Betrachten der Nevada Falls. Ja, beinahe scheint es, als wären die ›inspirational Wordsworthian sentiments‹ nicht bloß ›*in*scribed‹, sondern ›*pre*scribed‹: folgt doch auf das zunächst ›Vage‹ dieser ›Inspiration‹ sogleich, als sollte die Suggestivität der Formulierung diesen Satz zur *self-fulfilling prophecy* machen, die ›Versicherung‹ – »assures you« –, wie man, und das angeblich sogar jahrelang, den sich bietenden Anblick empfinden werde.

Man muss sich klarmachen, wie viele der erläuterten topischen Elemente einer romantischen Landschaftsbetrachtung, Wasserfall und Blick aus der Höhe inklusive, Greenblatt hier in den wenigen zitierten Sätzen versammelt. Rousseaus »Geländer« – »the railing that keeps you from falling to your death« –, Eichendorffs »Brückchen« – »a bridge that spans a rushing torrent« –, Hoffmanns »Leiter« – »[t]he stairway [...] for those who wish to walk further« –, Jean Pauls »[T]afeln der Empfindungen« – »an anodyzed aluminium plaque on which are inscribed [...] sentiments« –: sie alle finden sich in dieser Naturbeschreibung.

Ihren Gegenstand zeigt die in Aluminium »geätzte«, und dieses Wort ist im Naturkontext fast so hässlich wie »Teer« und »Asphalt«, Fotografie der Nevada Falls buchstäblich in Mise en abîme, das heißt ›in den Abgrund gesetzt‹. Damit aber wird klar, dass es hier gerade *nicht* um ›Natur‹ beziehungsweise englisch ›nature‹ geht, sondern um das, was Greenblatt in der Formulierung »the ›natural‹ image« in Anführungszeichen setzt oder aber »publicly demarcated Nature« nennt, also in Abweichung von der englischen Orthografie mit Majuskel schreibt – ganz so, als handelte es sich um einen Markennamen. Und in der Tat »genießt man« ja hier »die Aussicht« – ›you *enjoy* your vision‹ – ausgerechnet mit demjenigen Verb, das seit 1923 Coca Cola für den Werbeslogan »Enjoy Life« dient.[2309]

Greenblatts Ausführungen zielen am Ende auf eine Einsicht, die in doppeltem Sinne romantisch genannt werden kann. Es handelt sich um die,

2308 Greenblatt, Towards a Poetics of Culture, S. 9f.

2309 http://www.coca-colacompany.com/press-center/press-releases/the-great-happyfication-animated-short-reveals-the-secrets-to-happiness/ (5.3.2016).

wie man so sagt, ›konstruktivistische‹ Einsicht, dass ›Natur‹ ein ›kulturelles Konstrukt‹ ist: und wenn das einmal klar ist, kann der Begriff ›nature‹ offenbar auch ohne Anführung und ohne Majuskel verwendet werden. Greenblatt schreibt, seine bisherigen Ausführungen pointierend:

> The wilderness is at once secured and obliterated by the official gestures that establish its boundaries;[2310]

und diese »Grenzen der Wildnis« materialisieren sich insofern in den Schildern und im Asphalt, als man paradoxerweise gerade über den Asphalt zu den Schildern kommt, die einerseits nur seine Verlängerung sind – »the asphalt stops, and you encounter a sign« –, zugleich jedoch »Voraussetzung« beziehungsweise »Bedingung« – »the condition« –, um dem Asphalt zu entkommen: »the condition of an escape from the asphalt«. Ganz ähnlich wiederum bewirkt ja schon Rousseaus Geländer, dass »[t]he wilderness [...] at once secured and obliterated«, in Rousseaus Worten: die Tiefe derart »mit einem Geländer eingefaßt« ist, dass er unter dieser ›Kondition‹ »nach Herzenslust« »in die Tiefe hinabblicken« kann. Rousseaus ›Natur‹erlebnis ist erst durch einen ›künstlichen‹ Eingriff in die Landschaft möglich geworden, und insofern ist die von ihm erlebte ›Natur‹ ein ›Kunst‹-Effekt, wenn nicht gar – mit einer Formulierung von Raimar Zons – »künstliche Natur«.[2311]

Bei Greenblatt nun heißt es, ganz in diesem Sinne:

> [T]he natural is set over against the artificial through means that render such an opposition meaningless. The eye passes from the »natural« image of the waterfall to the aluminium image, as if to secure a difference [...], even as that difference is effaced. [...] [T]he Park Service's plaque on the Nevada Falls bridge conveniently calls attention to the interpenetration of nature and artifice that makes the distinction possible.[2312]

›Natur‹ ist sozusagen je schon ›Kunst‹ oder ›Kultur‹: das ist eine Lesart von Greenblatts Ausführungen. Eine andere wäre die, auch bei ihm einen ›Weltverlust‹ wie den zu diagnostizieren, von dem hier schon die Rede war. Denn so

2310 Greenblatt, Towards a Poetics of Culture, S. 9.

2311 Zons, »Schweifen«. Eichendorffs »Ahnung und Gegenwart«, S. 51. Der Ausdruck bezieht sich auf Novalis, demzufolge das »Kunstwerck« »aus künstl[icher] Natur« »entsteht«; Novalis: Schriften. Die Werke Friedrich von Hardenbergs in 4 Bänden und 1 Begleitband, Bd. 3, hg. von Paul Kluckhohn und Richard Samuel, Stuttgart ^{3}1983, S. 365. Vgl. Uwe Wirth: Der Autor als Herausgeber und Schreiber. Perspektiven auf die Paratexte von Brentanos ›Godwi‹, in: Jahrbuch des freien deutschen Hochstifts 2006, S. 245–277, S. 245.

2312 Greenblatt, Towards a Poetics of Culture, S. 9.

ausführlich Greenblatt von Schildern und Asphalt berichtet, so wenig spricht er von den Sehenswürdigkeiten des Yosemite-Parks. Dreimal bloß erwähnt er sie in den hier zitierten Sätzen, und das in Wendungen, die blass und stereotyp sind: als »steep cliff«, »rushing torrent« und »splendid view«. In Stimmung ist Greenblatt bei dieser Aussicht also nicht gekommen, und dazu hat er mit seiner eigenen Wortwahl beigetragen. Denn, so hatte schon Alois Riegl in seinem Aufsatz *Die Stimmung als Inhalt der modernen Kunst* geschrieben, »[e]in so subtiles Ding ist diese Stimmung«, dass sie schnell »hinweg, verscheucht, verschwunden« ist: »Ein einziger Vogelschrei in der Luft« oder ein »scharfer Windhauch, der mich frösteln macht«, könnten diese Wirkung haben:[2313] und so wohl erst recht, wie bei Greenblatt, ein schreiend scharfes Wort wie der »Asphalt«.

Was nun die von Greenblatt so genannte »vision of the wilderness« angeht, so ist gerade sie keine ›natürliche‹ Sehenswürdigkeit, sondern vielmehr ein ironisches Selbstzitat: ist doch zuvor die Rede von einer ›zone, *called* the wilderness‹ und einer ›wilderness *signaled* by rules‹ – abgesehen einmal davon, dass ›vision‹ nicht nur ›Anblick‹, sondern auch ›Einbildung‹ heißen kann. Ja, die ›Wildnis‹ und die ›Natur‹, die Greenblatt hier vor Augen hat, stehen in Anführungszeichen: sei's durch die ausdrückliche Benennung ihrer Bezeichnung als Sprechakt, sei's durch die demonstrativ arbiträre Schreibweise mit Majuskel, sei's durch das Zitat – ob mit oder ohne typografische Anführungszeichen. Nicht um einen Wasserfall in der Natur geht es, sondern um das »›natural‹ image of the waterfall«, und dieses wiederum ist gleich doppelt kein Wasserfall. Denn nicht nur handelt sich nicht um einen Wasserfall, sondern lediglich sein Bild: dieses Bild ist zudem noch nicht einmal ein natürliches Bild, sondern bloß ein »natürliches« Bild in Anführung.

Ist es nicht so: Stephen Greenblatt sieht insofern den Wald vor lauter Bäumen nicht, als er keinen natürlichen Wald, ja überhaupt keine Natur sieht – und zwar vor lauter Schildern. Was er sieht, ist jener Schilder- und Zeichenwald, der sich buchstäblich gleichermaßen vor die Natur stellt und so den Blick auf sie verstellt, wie er auf sie verweist und sie damit überhaupt erst erzeugt. Das ist jedenfalls Greenblatts eigene Erklärung: ist doch die Natur durch die »official gestures« – die Zeichen, die sie einhegen und durchziehen – »at once secured and obliterated«, also als Natur zugleich *erschaffen* wie – sie ist ja gar keine Natur, sondern bloß eine Zeichen-Konstruktion, die sich ›Natur‹ nennt – *abgeschafft*.

Was Greenblatt hier entwirft, ist eine lehrbuchhafte Illustration derjenigen Theorie, die häufig ›Konstruktivismus‹ genannt und auf jenen *linguistic turn*

2313 Riegl, Die Stimmung als Inhalt der modernen Kunst, S. 30.

zurückgeführt wird, der betont hat, welche Rolle die Sprache und ihre Sprechakte für die Betrachtung der Welt und ihr Verständnis spielen. Wer auf diese Weise dem ›Konstruktivismus‹ verbunden ist, sieht am Ende wie Greenblatt nicht mehr den Referenten ›Wald‹ hinter den Schildern und Zeichenbäumen der Sprache, hat also die Referenten ›Natur‹ und ›Wald‹ im Zeichenwald buchstäblich aus den Augen verloren. Natur ist für Greenblatt ohne oder jenseits der Sprache ebensowenig zu haben, wie der Yosemite National Park ohne asphaltierte Wege und Schilder zu erreichen ist. Sprache ist der Asphalt, der ›Natur‹ zugleich zugänglich macht und unter sich begräbt. Sprache sind die Schilder, die den Blick auf die ›Natur‹ ziehen und zugleich verstellen.

Da reist Greenblatt nach Yosemite, und keine Natur ist da, sondern nur Asphalt und Schilder. Kein Naturerlebnis, keine Naturstimmung, keinerlei irgendwie beflügelndes Gefühl von Intensität, nichts dergleichen. Für den Nervenkitzel des Erhabenen beim Blick in den Abgrund ist Greenblatt nicht empfänglich. Die von ihm beschriebene Landschaft hat keine Größe, keine Weite und keine Tiefe. Von Schönheit oder Harmonie ist ohnehin keine Rede. Was also, noch einmal mit Gumbrechts Worten, wäre ein Ausdruck von jenem »›Weltverlust‹«, der in dem »Gefühl« liegen soll, »zu den Dingen dieser Welt keinen Kontakt mehr zu haben«,[2314] wenn nicht Greenblatts Bericht aus dem Yosemite National Park? Abgesehen einmal vom Vergnügen an der – allerdings auch hier möglicherweise nichtssagenden –[2315] Bergluft ist jedenfalls die einzige Empfindung, die Greenblatt in Yosemite hat, die Freude darüber, dass die beschriebene Szene seine eigene, eben dem genannten ›Konstruktivismus‹ verpflichtete Theorie kultureller »Zirkulation« bestätigt:

> The pleasure of this moment – beyond the pleasure of the mountain air [...] – arises from the unusually candid glimpse of the process of circulation that shapes the whole experience of the park.[2316]

Gerade aber die Metapher von der – hier ironischerweise noch mit dem »Ganzen« assoziierten! – »Zirkulation« verweist nicht auf einen offenen Raum mit Tiefe, sondern auf ein in sich geschlossenes, genauer: nach außen abgeschlossenes System. Insofern ist die Metapher von der »Zirkulation«

2314 Gumbrecht, Diesseits der Hermeneutik, S. 69.

2315 »Und Hans Castorp nahm neugierig einen tiefen, probenden Atemzug von der fremden Luft« in »[s]echzehnhundert Meter[n]« Höhe. »Sie war frisch – und nichts weiter. Sie entbehrte des Duftes, des Inhaltes, der Feuchtigkeit, sie ging leicht ein und sagte der Seele nichts.« Thomas Mann: Der Zauberberg. Roman, in: ders.: GW 3, S. 18.

2316 Greenblatt, Towards a Poetics of Culture, S. 9.

bezeichnend für die Vorstellung einer Art Gefangenheit in der Sprache, wie sie sich im sogenannten Poststrukturalismus häufig findet – meist im Anschluss an Jacques Lacan. Diese Vorstellung ist es ja, die Gumbrecht wiederholt als »Trauma« des »Verlusts der konkreten Welt« bezeichnet hat.[2317] Der Grund liegt Gumbrecht zufolge in einer Auffassung vom Verhältnis von Sprache und Welt, die sich historisch aus der »Metaphysik«, der Hermeneutik, dem »Zeitalter der Repräsentation« sowie ihrer »Krise«, der Sprachkritik, den Geisteswissenschaften und schließlich dem *linguistic turn*[2318] herausgebildet und verfestigt habe:[2319] nämlich in der am Ende desillusionierten Überzeugung, dass die Sprache durchaus nicht wie eine adamitische Namensprache funktioniere, in der Wort und Ding, Zeichen und Bezeichnetes, irgendwie ›eins‹ sind, sondern dass vielmehr die »Begriffe« der Sprache überhaupt nicht eine »nicht-semantische Wirklichkeit erreichen« könnten.[2320] Verlorengegangen ist also dieser Auffassung zufolge das Vertrauen in die Sprache, »Weltreferenz« im Sinne einer Wort-Ding-Einheit herzustellen.[2321] Stattdessen bildet sie eine eigene Welt, in der es – so etwa die Diagnose von Jean Baudrillard – nur ›Selbstreferenz‹, ›Zirkulation‹ und ›Simulation‹ gibt.[2322] Wer nach dieser Vorstellung

---

2317 Hans Ulrich Gumbrecht: Pyramiden des Geistes. Über den schnellen Aufstieg, die unsichtbaren Dimensionen und das plötzliche Abebben der begriffsgeschichtlichen Bewegung, in: ders.: Dimensionen und Grenzen der Begriffsgeschichte. München 2006, S. 7–36, S. 27. Vgl. auch Gumbrecht, Diesseits der Hermeneutik, S. 112, wo Gumbrecht vom durch einen »– hermeneutisch induzierten – ›Weltverlust‹ ausgelöste[n] Trauma« spricht. – Vgl. zum Begriff ›Weltverlust‹ Johannes Weiß: Weltverlust und Subjektivität. Zur Kritik der Institutionenlehre Arnold Gehlens, Freiburg 1971; zum »anthropologischen« Anschluss an Heidegger ebd., S. 11; zur »Natur-Nähe« der »Gehlensche[n] Anthropologie«, »des In-der-Welt-seins« und zur »›Transzendenz ins Diesseits‹« ebd., S. 133–137, S. 133f.

2318 Auch die Dekonstruktion lässt sich noch anführen; vgl. Hans Ulrich Gumbrecht: Stimmungen lesen. Wie man die Wirklichkeit der Literatur heute denken kann, in: ders.: Stimmungen lesen. Über eine verdeckte Wirklichkeit der Literatur, München 2011, S. 7–34, S. 9.

2319 Vgl. Gumbrecht, Pyramiden des Geistes, S. 27.

2320 Ebd., S. 35.

2321 Ebd.

2322 Baudrillard schreibt: »Simulation is no longer that of [...] a referential being [...]. It is the generation by models of a real without origin or reality: a hyperreal. [...] [P]resent-day simulators try to make the real, all the real, coincide with their simulation models. [...] [The] representational imaginary [...] disappears with simulation [...]. [T]he age of simulation thus begins with a liquidation of all referentials [...]. It is [...] a question of substituting signs of the real for the real itself, that is, an operation to deter every real process by its operational double, a [...] perfect descriptive machine which provides all the signs of the real [...].

The transition from signs which dissimulate something to signs which dissimulate that there is nothing, marks the decisive turning point. The first implies a theology of

in der Sprache gefangen ist, sieht selbst im Yosemite-Park nicht Wildnis und Natur, sondern bloß Schilder, die – buchstäblich als blecherne Anführungszeichen – das Wort »Natur« tragen.

Zirkulieren und Begehren. Freies Schweifen als Suche nach dem *objet petit a.* Jacques Lacan

Dass die Kulturtheorie diese Auffassung in erster Linie Jacques Lacan und Ferdinand de Saussure verdankt, hat Terry Eagleton festgestellt.[2323] Klammert nämlich, so sein Argument, schon Saussure, »um die Sprache erfolgreich untersuchen zu können, [...] die Referenten der Zeichen, also die Sachen, auf die sie sich jeweils beziehen, aus[]«,[2324] so folgt ihm Jacques Lacan nicht nur darin, sondern geht noch weiter. Lacan nämlich löst die bei Saussure noch stabile Verbindung von Signifikant und Signifikat, sodass es zum vielzitierten »[G]leite[n]« des »Signifizierte[n] [...] unter dem Signifikanten« kommt.[2325]

Von Bedeutung ist dabei im hier gegebenen Kontext das Verhältnis von Sprache und Begehren, wie Lacan es beschreibt. Hier kehrt nämlich nicht zufällig jene Metapher der ›Fülle‹ wieder, die Spitzer zufolge zum einen das *periéchon*, zum anderen die Texte Eichendorffs kennzeichnet. Das hat, einmal mehr, mit dem durch Geburt und Abnabelung[2326] verlorenen Körper der Mutter zu tun. Denn, so die Kurzversion dieser Geschichte, das Kind begehrt ja ödipal den ihm anfangs in der Mutter-Kind-Dyade präsenten Körper der Mutter. Der Vater tritt mit seinem phallischen Gesetz, dem »nom/non

---

truth and secrecy [...]. The second inaugurates an age of simulacra and simulation, in which there is no longer any God to recognize his own, nor any last judgement to separate true from false, the real from its artificial resurrection, since everything is already dead and risen in advance.« Jean Baudrillard: Simulacra and Simulation, Ann Arbour 1995, S. 1–13.

2323 Die folgenden Ausführungen bis einschließlich Zitat 2329 sind ein modifiziertes Selbstzitat aus Bornchen, Tristans Gleitakkord: Wagners *Objet petit a*-Moll, S. 221–223.

2324 Terry Eagleton: Einführung in die Literaturtheorie, Stuttgart, Weimar ⁴1997, S. 75; vgl. auch ebd., S. 89.

2325 Jacques Lacan: Das Drängen des Buchstabens im Unbewußten oder die Vernunft seit Freud, in: ders.: Schriften II. Ausgewählt und hg. von Norbert Haas. Übersetzt von Chantal Creusot, Wolfgang Fietkau, Norbert Haas, Hans-Jörg Rheinberger und Samuel M. Weber, Weinheim, Berlin ³1991, S. 15–59, S. 27 (»un glissement du signifié sous le signifiant« Jacques Lacan: L'instance de la lettre dans l'inconscient ou la raison depuis Freud, in: ders.: Écrits, Bd. 1, Paris 1966, S. 493–528, S. 502).

2326 Vgl. die Goethe-Verse »Ich saug an meiner Nabelschnur / Nun Nahrung aus der Welt. / Und herrlich rings ist die Natur / Die mich am Busen hält.« Goethe, [Den 15 Junius 1775 Donnerstags morgen aufm Zürchersee], S. 543; oben zu Anm. 166 zitiert.

du père«[2327] dazwischen. Indem sich das Kind der symbolischen Ordnung des Gesetzes unterwirft, rückt der nun verbotene mütterliche Körper in die Abwesenheit. Aus seinem »›vollen‹, imaginären Besitz« ist das Kind in die »›leere‹ Welt der Sprache vertrieben worden«.[2328] Der Versuch, in ihr die verlorene primordiale Fülle wiederherzustellen, muss erfolglos bleiben und wird doch – eine Sisyphos-Arbeit – ständig verfolgt.

Die hier skizzierten Zusammenhänge umreißt Terry Eagleton so:

> Sprache ist ›leer‹, weil sie einfach ein endloser Prozeß von Differenz und Absenz ist: anstatt etwas zur Gänze besitzen zu können, bewegt sich das Kind nun einfach von Signifikant zu Signifikant an einer sprachlichen Kette entlang, die potentiell unendlich ist. Ein Signifikant impliziert den nächsten, und der wieder den nächsten, und so weiter *ad infinitum*: die ›metaphorische‹ Spiegelwelt ist der ›metonymischen‹ Welt der Sprache gewichen. […]
>
> Diese potentiell unendliche Bewegung von einem Signifikanten zum nächsten ist es, die Lacan mit Begehren meint. Alles Begehren entspringt einem Mangel, den es kontinuierlich zu stillen sucht. Die menschliche Sprache funktioniert auf Grund eines solchen Mangels: der Abwesenheit der realen Objekte […]. Der Eintritt in die Sprache bedeutet die Trennung von dem, was Lacan das ›Reale‹ nennt, jenes unzugängliche Reich, das sich stets jenseits der Reichweite der Bedeutung befindet, immer außerhalb der symbolischen Ordnung. Insbesondere sind wir vom Körper der Mutter getrennt […]. Wir müssen uns statt dessen mit Ersatzobjekten zufriedengeben, dem, was Lacan das ›Objekt klein a‹ nennt […]. Wir bewegen uns von Substitut zu Substitut […].[2329]

Sprache ist also dieser Theorie zufolge die ›Leere‹, in die der Mensch gelangt, wenn er aus der *periéchon*haften ›Fülle‹ der Geborgenheit im Mutterkörper fällt. ›Metaphorisch‹ war diese Geborgenheit, weil Kind und Mutterkörper *metaphorisch* ja tatsächlich *eins sein*, jedenfalls *eins genannt* werden können – nicht jedoch metonymisch. Metonymisch gibt es kein Eins-mit-einem-anderen-Sein – und schon gar kein Mit-allem-eins-Sein. Denn während die Metapher die rhetorische Figur der Identifikation ist, konstituiert sich die Metonymie über ein Verhältnis der Nähe. Und so nahe man einander auch kommen mag: es bleibt immer ein Abstand – eben jener Abstand, den Wagners Tristan und Isolde im »Wörtlein: und« erkennen[2330] und metaphorisch im (Wieder-)Eins-Werden mit dem Partner (beziehungsweise der Mutter),[2331] und das

2327 Vgl. das Lemma »Name-des-Vaters« in Dylan Evans: Wörterbuch der Lacanschen Psychoanalyse. Aus dem Englischen von Gabriella Burkhart, Wien 2002, S. 197.

2328 Eagleton, Einführung in die Literaturtheorie, S. 156.

2329 Ebd., S. 156f.

2330 Wagner, Tristan und Isolde, S. 149 und 151 (2. Aufzug, 2. Szene).

2331 Vgl. das Zitat in Anm. 2182.

heißt: in einem Zustand »Ohne Nennen, / ohne Trennen«, im Zustand des »[U]ngetrennt«-Seins,[2332] überwinden wollen.

Solange jedoch Nennen und Trennen, anders gesagt: die Sprache herrscht, muss man dem Verlorenen von einem »Ersatzobjekt[]« – mit Eichendorff: »Surrogat[]« – zum anderen hinterherjagen. Diese »Ersatzobjekte[]« nennt Lacan »›Objekt klein a‹«, und ihnen jagt der Mensch – das heißt, bei Lacan wie bei Eichendorff, der Mann – in der »potentiell unendliche[n] Bewegung« seines aus dem »Mangel« der ›Fülle‹, also des ›Ganzen‹, entsprungenen »Begehren[s]« hinterher. Metaphorologisch gesehen ist also das von Lacan ausdrücklich im poetischen Medium der Sprache verortete »Begehren« nichts anderes als ein Revenant jener ›progressiven Universalpoesie‹ und ›permanenten Parekbase‹, wie sie sich bei Eichendorff in der so verstanden lacanianisch zu nennenden »potentiell unendliche[n] Bewegung« (Lacan) des »Schweifens« (Eichendorff) manifestiert.

Bäume wie Heideggers Feldweg. Friedrichs Eichen führen hinein in Himmel und Einklang

Noch Greenblatts Begriff der ›Zirkulation‹, so ergibt sich aus dem Gesagten, ist insofern diesem ›schweifenden‹ ›Begehren‹ verwandt, als es sich auch hier um eine ›Bewegung‹ handelt, die zwar – eingestanden oder uneingestanden – auf die ›Progression ins Universale‹ zielt, aufs ›Ganze‹, ›Überall‹, auf die ›Fülle‹ oder mit Greenblatt: auf »the whole experience of the park«, deren Bewegung allerdings genauso die zu einem solchen Höhenflug benötigten Flügel fehlen wie Eichendorffs »Sentimentalischen«, die »gern fliegen möchte[n]«, es jedoch »nicht k[ö]n[en]« und daher bloß »auf den Zehen« »wandeln«.

Dann wiederum kann, wer sich auf die Zehen zu stellen und somit in die Höhe zu recken vermag, auch auf einen Baum steigen und auf diese Weise noch höher hinaus gelangen. So hatten es ja schon Spieß' Törin auf dem Lindenbaum und Eichendorffs Helden probiert, und unter ihnen befindet sich ausnahmsweise auch einmal eine Frau: nämlich die Heldin der Novelle *Das Schloß Dürande*, Gabriele. Über sie heißt es:

> Einzelne verspätete Wandervögel zogen […] über den Berg und schwatzten vom Glanz der Ferne, was die glücklichen [Ordens-]Schwestern nicht verstanden.[2333]

2332 Wagner, Tristan und Isolde, S. 157 und 151 (2. Aufzug, 2. Szene).

2333 Eichendorff, Das Schloß Dürande, S. 435.

Denn sie sind ja keine Romantikerinnen, sondern gottesgläubig: haben also, so wie Friedrich nach seiner Hinwendung zur Religion, »keine Sehnsucht [...] nach dem Plunder hinter den Bergen«.[2334] Ganz anders hingegen die Romantikerin Gabriele, die – sozusagen als Vogelflug-Surrogat – ausgerechnet auf eine Linde klettert:

> Gabriele aber wußte wohl, was sie sangen, und ehe die Priorin sich's versah, war sie auf die höchste Linde geklettert; da erschrak sie, wie so groß und weit die Welt war. – Die Priorin schalt sie aus und nannte sie ihr wildes Waldvögelein. Ja, dachte Gabriele, wenn ich ein Vöglein wäre![2335]

So betrachtet, kann man sich nun aber auch mit Blick auf Friedrich, Leontin und Greenblatt fragen, ob es nicht doch noch in diesem Sinne einen Ausweg – sei's in die Höhe, sei's in die Tiefe – ins ›Ganze‹ gibt: und zwar selbst dann, wenn ein solcher Weg auf den ersten Blick durch ein Geländer wie im Yosemite National Park oder durch einen ungesicherten Abgrund wie auf den *Kreidefelsen auf Rügen* abgeschnitten erscheint.

Dass in Friedrichs Bildern häufig *kein* Weg »nach hinten« führt, hat die Forschung festgestellt. So betont etwa Werner Busch in seinem Aufsatz *Friedrichs Bildverständnis* – und hier klingt einmal mehr das ›auratische‹ Zusammentreffen von Ferne und Nähe an –

> Friedrichs regelmäßiges Verfahren in der Landschaftsdarstellung, den Mittelgrund auszusparen, den Vordergrund direkt auf den Hintergrund treffen zu lassen, der [...] als ferne unerreichbare Vision erscheint [...]. Es führt für das Bildpersonal, wie für den Betrachter, kein nachvollziehbarer Weg von vorne nach hinten.[2336]

In der Tat: nicht nur bei Friedrichs *Eismeer* (1823/24) wäre, wie Busch andernorts schreibt, »[e]in Schritt auf das Dargestellte zu [...] ein Schritt ins Leere«,[2337]

2334 Eichendorff, Ahnung und Gegenwart, S. 297.

2335 Eichendorff, Das Schloß Dürande, S. 435. – Vgl. auch die Zitate 1871, 1872 und 1873 sowie Eichendorff, <Unstern>, S. 358: »Nun erblickte ich tiefer im Garten auch unser schönes Nachbarskind mit den langen, langen blonden Locken, sie saß am Bergeshang im laublosen Wipfel der Linde, von mir abgewendet, und sang und sang, ich kannte das Lied recht gut [...], ich sah den Fluß im Grund, die ferne Stadt, die blauen Berge dahinter.«

2336 Busch, Friedrichs Bildverständnis, S. 45.

2337 Werner Busch: Caspar David Friedrich. Ästhetik und Religion, München 2003, S. 117; zit. bei Hans von Trotha: Verschiedene Empfindungen vor verschiedenen Landschaften, in: Caspar David Friedrich. Die Erfindung der Romantik. Ausstellungskatalog Essen, Hamburg, hg. von Hubertus Gaßner, München 2006, S. 48–57, S. 57.

sondern mehr und buchstäblicher noch im Fall der *Kreidefelsen auf Rügen*, bei denen es mit einem Schritt nach vorn ja buchstäblich zu einem Fall in die Tiefe käme.

Aber ist das nicht paradox? Zum einen sollen die Bilder Friedrichs die Betrachterinnen und Betrachter – das heißt die *im* Bild wie die ihnen über die Schulter und so mit ihnen ins Bild hinein schauenden Betrachterinnen und Betrachter *vor* dem Bild – zur Immersion in die Tiefe einladen, zum anderen sollen die Bilder den Betrachtern keinen Weg von vorne nach hinten anbieten.

Das ist aber nicht immer so. Denn tatsächlich, so meine These, gibt es Bilder Friedrichs, die sehr wohl einen solchen Weg anbieten – und das auf eine Weise, die schlagende Parallelen zu Eichendorff zeigt. Auch bei Friedrich gibt es nämlich Himmelsleitern, hier nun nicht verstanden in der christlichen, von der Forschung ausführlich erörterten Lesart Friedrichs,[2338] sondern vielmehr so, wie ihn Eichendorffs Helden – »Der Baum ist eine wahre Jakobsleiter« – beim Besteigen der Bäume im Sinn haben: also buchstäblich als Weg hinauf und hinaus in die Höhe und zugleich Tiefe des in Landschaft und Himmel zu ›erkennenden‹ ›Ganzen‹. So zeigt es sich etwa in den Bildern *Zwei Männer in Betrachtung des Mondes* aus der Zeit um 1819 (Abb. 45)[2339] oder in der Variante *Mann und Frau den Mond betrachtend* aus den Jahren 1830 bis 1835 (Abb. 46)[2340].

Zwar haben Friedrichs Figuren die dargestellten Eichen nicht bestiegen. Aber die Bäume laden sie doch dazu ein. In jedem Fall führen sie himmelwärts – und das wiederum nicht steil nach oben, sondern allmählich ansteigend: also, ganz im oben mit Heidegger ausführlich erläuterten Sinne, vertikal-horizontal beziehungsweise, einfach formuliert, schräg nach oben – eben wie eine Treppe oder Leiter. Dabei ›stehen‹ oder ›gehen‹ die Eichen zugleich ›hinaus‹ *in* und *über* die Landschaft sowie den von fluidalem Mondlicht erhellten nächtlichen Himmel. Deutlicher noch als im früheren Bild (Abb. 45) ragt die Eiche im späteren (Abb. 46) nicht nur in den Himmel und über den Abhang, sondern auch über die Bäume des Waldes im Hintergrund hinaus. Wer in diesem Bild den Baum bestiege, der befände sich in der Tat – mit Goethe – »über allen Wipfeln« des Waldes im entfernten Mittel- oder Hintergrund.

2338 Vgl. Busch: Caspar David Friedrich. Ästhetik und Religion, insbesondere das Kapitel *»II. Der ›Tetschener Altar‹«*, S. 34–45, und Johannes Grave: Caspar David Friedrich. Glaubensbild und Bildkritik, Zurich 2011.

2339 Caspar David Friedrich. Die Erfindung der Romantik, S. 269.

2340 Ebd., S. 268.

Abb. 45 Caspar David Friedrich: Zwei Männer in Betrachtung des Mondes

Abb. 46 Caspar David Friedrich: Mann und Frau den Mond betrachtend

Abb. 47 Caspar David Friedrich: Studie einer Eiche und Studie einer Wurzel

Dass aber diese Eiche tatsächlich, ganz nach Art einer Treppe, zum Be- beziehungsweise Hineinsteigen einlädt, legen Baumstudien Friedrichs wie eine Skizze von zwei Eichen aus dem Jahr 1809 nahe. (Abb. 47)[2341] Die obere Eiche

2341 Caspar David Friedrich: Studie einer Eiche und Studie einer Wurzel, 25./26. April 1809, in: Caspar David Friedrich. Die Erfindung der Romantik, S. 153. – Friedrich hat beide Bäume

steht, in mittlerer Entfernung leicht untersichtig betrachtet, steil und frontal, den Betrachter und die Betrachterin geradezu abweisend. Das suggeriert zum einen der strikt zur linken Seite hin ragende Ast, der ihnen weder nach vorne entgegenkommt noch ihren Blick, wie es bei der zweiten Eiche geschieht, nach rechts hinten in die Tiefe des Bildes hinein mitnimmt. Abweisend, was Kletterabsichten angeht, ist dieser Baum zudem, weil er im unteren Bereich seines Stammes astlos und glatt geschlossen ist.

Die untere Eiche hingegen wirkt geradezu wie eine Korrektur der Merkmale des ersten Baums. Denn nicht nur ist, um nicht in romantischer Manier zu sagen: kommt diese zweite Eiche der Betrachterin und dem Betrachter näher.[2342] Sie steht auch im unteren Teil ihres Stammes buchstäblich offen und lädt schon dadurch, im oberen Teil des Stammes dann durch ihre sanfte Neigung zum Betreten ein. Zugleich führt diese Eiche, ganz wie es das betrachtende Auge in der westlichen Kultur gewohnt ist, von links vorn nach rechts hinten in den

---

dieser Studie 1811 für seine *Winterlandschaft* verwendet; vgl. ebd., S. 37. Eine Deutung dieses Bildes findet sich bei Helmut Börsch-Supan, Karl Wilhelm Jähnig: Caspar David Friedrich. Gemälde, Druckgraphik und bildmäßige Zeichnungen, München 1973, S. 316 (Nr. 193): »Die absterbenden und ausgehöhlten Eichen bedeuten die Endgültigkeit des Todes im Heidentum. Die Baumstümpfe symbolisieren Verstorbene. Die so eindrucksvoll dargestellten bloßgelegten Wurzeln veranschaulichen das sich Festklammern des Sterbenden an die irdische Welt. In dieser von Todessymbolen beherrschten Landschaft schaut der schwache, sich mühsam an Krücken fortschleppende Mensch in die leere Schneewüste als Sinnbild des absoluten Nichts, als das sich ihm die Zukunft darstellt.« Man kann sich im Sinne der in der vorliegenden Studie entworfenen Deutung der Friedrich'schen Eiche als Steg oder Weg in die Transzdendenz fragen, ob nicht Börsch-Supans und Jähnigs Deutung zum Trotz auch hier die schräg- und offenstehende Eiche als ein Weg gesehen werden kann, den der Wanderer im Begriff zu betreten ist. Denn zwar steht er perspektivisch verstanden hinter der Eiche, in der zweidimensionalen Bildkomposition jedoch gerade über, ja: fast auf ihrem Fuß – was natürlich nicht buchstäblich bedeuten soll, dass der Wanderer an Krücken auf den Baum klettern wird.

2342 Vgl. den Abschnitt *»Die Stimmung der Subjektauflösung und der Subjektbedrohung«* in: Karl Heinz Bohrer: Denn Gedanken stehn zu fern? Moderne aus dem Geist der Musik, in: ders.: Die Grenzen des Ästhetischen, München, Wien 1998, S. 37–57, S. 49–57. Bohrer zufolge, ebd., S. 50, »bleibt« in romantischen Texten wie denen Brentanos oder Eichendorffs das menschliche »Subjekt ganz undeutlich« und ist so ein »empfangendes Ich«; ebd., S. 50. Umgekehrt tritt Nicht-Menschliches wie die ›Natur‹, ja Abstraktes, bei Eichendorff in die Subjektposition und wird damit aktiv; vgl. das Alewyn-Zitat in Anm. 2346. Die von Bohrer als »transsubjektives Phänomen« bezeichnete »romantische[] Stimmung« setzt er in Beziehung zu Heideggers Stimmungstheorie; ebd., S. 51, 53 und 55f. Hier, S. 56, auch die Heidegger-»Sentenz: ›Die Stimmung ist die Versprühung der Erzitterung des Seyns als Ereignis im Da-sein«, die wiederum Gumbrecht zitiert. Hans Ulrich Gumbrecht: Scirocco. Über Stimmung und Modernität von Thomas Manns »Der Tod in Venedig«, in: ders.: Stimmungen lesen. Über eine verdeckte Wirklichkeit der Literatur, München 2011, S. 99–111, S. 111. – Vgl. Anm. 2260.

Bildhintergrund, in die Tiefe des Bildes, hinein.[2343] Das suggeriert nicht nur die von dieser Eiche überschnittene Gras- und Horizontlinie, sondern auch die nach oben beziehungsweise nach hinten hin gröber werdende Schraffur, in der sich der Effekt einer mit Entfernung vom Betrachter und von der Betrachterin zunehmenden atmosphärischen Unschärfe andeutet.[2344]

Im Unterschied zur ersten Eiche ist die zweite zudem nicht schmal und untersichtig, sondern in schräger Aufsicht von oben und von beinahe feldweghafter Breite dargestellt: es handelt sich also nicht um einen Baum, *an* dem man hochklettern müsste, sondern *auf* dem man, allenfalls balancierend, hinaufläuft. So stellt sich der Eindruck ein, dass die zweite Eiche – sozusagen vom Wege ihres Schattens im Vordergrund nach rechts ab*zweig*end – wie eine Brücke zwar nicht über die hinter der Horizontlinie liegende Tiefe hinweg-, wohl aber in sie hineinführt. Dass wiederum bei Friedrich tatsächlich ein Baum wie eine Brücke über einen Abgrund führen kann, zeigt sein Bild *Felsenschlucht* von 1822/23. (Abb. 48)[2345]

So gesehen, ähneln die zweite 1809 von Friedrich skizzierte Eiche sowie, mit ihr betrachtet, die Eichen der beiden Mondbetrachtungsbilder von 1819/20 und 1835 durchaus einem Feldweg, wie ihn Heidegger in seiner schon erwähnten kurzen, 1953 veröffentlichten Schrift *Der Feldweg* beschrieben hat. Und das liegt nicht allein daran, dass Heideggers *Feldweg* ein Paradebeispiel für den schon von Richard Alewyn mit Blick auf Eichendorff beschriebenen romantischen Kunstgriff ist, die Natur zum handelnden Subjekt zu erheben, den Menschen jedoch passiv darzustellen.[2346]

So beginnt *Der Feldweg*:

> Er läuft aus dem Hofgartentor zum Ehnried. Die alten Linden des Schloßgartens schauen ihm über die Mauer nach,[2347]

2343 Vgl. den Abschnitt »Bewegungsbahn und Leserichtung« in: Martin Schüwer: Wie Comics erzählen. Grundriss einer intermedialen Erzähltheorie der grafischen Literatur, Trier 2008, S. 69f.

2344 Vgl. den Abschnitt »Alternativen zur Linearperspektive: Nichtlineare Tiefenkriterien« in: ebd., S. 129–138, insbesondere S. 132f. zur »Verschleierungsperspektive«.

2345 Caspar David Friedrich. Die Erfindung der Romantik, S. 254. Dieselbe Felsansicht, allerdings von einem etwas anderen Sichtpunkt, viel weniger dramatisch und vor allem ohne Himmelsleiter-Baum zeigt *Das Tor auf dem Neurathen*, um 1837–40; ebd., S. 256.

2346 »Eichendorff sagt nicht ›Draußen *war* der herrlichste Sommermorgen‹, sondern: er *ging vorüber*, das heißt also, er schreibt dieser so dehnbaren Vorstellung ein Verhalten zu, das wir nur wirklichen Körpern zuzugestehen gewohnt sind, eine Bewegung. In solchen Fällen sprechen Stillehren von ›Personifikation‹ [...]«; Alewyn, Eine Landschaft Eichendorffs, S. 23.

2347 Heidegger, Der Feldweg. Bebilderte Sonderausgabe, S. 7.

Abb. 48 Caspar David Friedrich: *Felsenschlucht*

und damit verhalten sie sich auf ähnliche Weise, nicht nur grammatisch, als Subjekte wie zum Beispiel jene »Bäume« in *Ahnung und Gegenwart*, die »durch das offene Fenster herein[rauschen]«.[2348] Kein Wunder also – denn auch das gibt es bei Eichendorff –[2349], dass sich bei Heidegger Feldweg und Eiche guten Tag sagen:

> Vom Feldkreuz her biegt er auf den Wald zu. An dessen Saum vorbei grüßt er eine hohe Eiche, unter der eine roh gezimmerte Bank steht[,][2350]

und noch die Richtungsangabe ›am Saum *vorbei*‹ wirkt eichendorffisch.[2351] Weiter:

> Darauf lag bisweilen die eine oder die andere Schrift der großen Denker, die eine junge Unbeholfenheit zu entziffern versuchte. Wenn die Rätsel einander drängten und kein Ausweg sich bot, half der Feldweg.[2352]

Man muss sich klarmachen, was Heidegger hier sagt: Der Feldweg bietet dem Erkenntnissuchenden Hilfestellung und, ganz buchstäblich, Anleitung beziehungsweise ›Geleit‹:

> Denn er geleitet den Fuß auf wendigem Pfad[,][2353]

2348 Eichendorff, Ahnung und Gegenwart, S. 104.

2349 Vgl. Eichendorff, Dichter und ihre Gesellen, S. 126f.: »[A]m Eingang zur ersten Allee wurde« »[d]er Reiter« »plötzlich durch eine seltsame Erscheinung aufgehalten. Ein schöner Tannenbaum stand dort am Abhang von alters her, wie ein dunkler Ritter auf der Wacht, und ragte mit dem Wipfel bis über die Anhöhe hinauf. Auf einmal rauschte er mit den grünen Kronen und zeigte sein Riesenhaupt mit rotbraunem Gesicht und langem Schilfbart, das Haar phantastisch von wilden Blumen und Eichenlaub umkränzt. Salve! redete das Haupt, die Augen sichtbar bewegend, den erstaunten Studenten an: [›]Salve! Herr Doktor oder Magister! / Bin ein alter Bursch und haß die Philister, / Bin der Waldmann aus dem Gebirge hier, / Darf nicht näher treten zu dir, / Kann nicht zu dir kommen in Haus und Zimmer, / Trät dort alle den Plunder in Trümmer, / Drum schau ich über den Wipfel hier hinaus; / Und bist du der alte noch immer, / So lad ich dich wieder in mein grünes Haus!‹«

2350 Heidegger, Der Feldweg. Bebilderte Sonderausgabe, S. 9 und 11.

2351 Vgl. zur »bei Eichendorff häufigen Präfixkombination […] ›vorüber‹ (oder ›vorbei‹)« Alewyn, Eine Landschaft Eichendorffs, S. 36f.: »Das *vorüber* […] ist nichts als die Kombination einer ›her‹- und einer ›hin‹-Bewegung, wo […] Ausgangs bzw. Endpunkt ungewiß bleiben […], aber stets ein Punkt bestimmt ist: das Hier, der Ort des Betrachters […].« Ebd., S. 34, heißt es: »Eichendorff kennt auch die Bewegung ›am Ort‹. Sie ist dem Formelkreis des ›Auf und Ab‹ oder des ›Hin und Her‹ oder der ›Schillerns‹ vorbehalten.«

2352 Heidegger, Der Feldweg. Bebilderte Sonderausgabe, S. 11.

2353 Ebd., S. 13.

einem Pfad also wie demjenigen, nach dem gleichermaßen die rhetorischen ›Tropen‹ wie der ›Vers‹ – von griechisch *τρέπεσθαι* [*trépesthai*] und lateinisch *vertere* ›wenden‹ – der Dichtung benannt sind,[2354]

> still durch die Weite des kargen Landes.[2355]

Schon wieder drängt sich eine Eichendorff-Assoziation auf. Muss man hier nicht an Eichendorffs ›Flog durch die *still*en *Lande*‹ denken und daran, dass gleich der nächste *Mondnacht*-Vers von einer Heimkehr »nach Haus« spricht, wie sie nicht nur im Zentrum von Heideggers Philosophieverständnis steht, sondern auch im *Feldweg* thematisiert wird: »kehrt« doch der Feldweg am Ende ausdrücklich dorthin »zurück«, wo er losge»l[a]uf[en]« war?[2356]

So oder so führt nun nicht nur der Feldweg in »die Weite«, sondern auch die Eiche – und zwar, nicht zufällig, durch eine ›Öffnung‹ himmelwärts. Heidegger fährt fort:

> Öfter mit den Jahren entführt die Eiche am Weg zum Andenken an frühes Spiel und erstes Wählen. […]
>
> Aus der Eichenrinde […] schnitten die Buben ihre Schiffe, die mit Ruderbank und Steuer ausgerüstet im Mettenbach oder im Schulbrunnen schwammen. Die Weltfahrten der Spiele kamen noch leicht an ihr Ziel und fanden wieder an die Ufer zurück.[2357]

Heißt das nicht, dass die Buben mit ihren Eichenrinde-Schiffchen beim Argonauten-»Spiel« »noch« *überall zu Hause* waren – oder zumindest *von überall*, also von all den »Ziel[en]« ihrer »Weltfahrten«, wieder *zurück nach Hause* an die heimischen »Ufer« fanden? Auratisch im Benjamin'schen beziehungsweise Eichendorff'schen Sinne waren diese vergangenen Kindheitszeiten in jedem Fall:

2354 »›Trope‹, lateinisch tropus, griechisch τρόπος, leitet sich ab vom Verb τρέπεσθαι, das ›sich drehen‹, ›wenden‹, ›sich ab- oder zuwenden‹, ›umkehren‹ oder sogar ›fliehen‹ bedeuten kann. Eine glückliche deutsche Übersetzung hat sich im Wort ›Wendung‹ gefunden. Vom selben griechischen Wort τρέπεσθαι leitet sich aber auch die Bezeichnung ›Tropen‹ ab«; Groddeck, Reden über Rhetorik, S. 205. »Daß die[] Kehre für den Vers wesentlich ist, besagt der Name selbst; denn das lateinische Wort *versus* bedeutet Umkehr, Kehre. Es ist das Bild des pflügenden Bauern, das da vor uns aufsteigt, wie er seine Furche zieht und umdreht: *versus* ist das Furchenpaar.« Wolfgang Kayser: Kleine deutsche Versschule, Tübingen, Basel [26]1999 ([1]1946), S. 13.

2355 Heidegger, Der Feldweg. Bebilderte Sonderausgabe, S. 13.

2356 »Er läuft aus dem Hofgartentor zum Ehnried. […] Vom Ehnried her kehrt der Weg zurück zum Hofgartentor.« Ebd., S. 7 und 24.

2357 Ebd., S. 13 und 15.

> Das Träumerische solcher Fahrten blieb in einem ehemals noch kaum sichtbaren Glanz[2358] geborgen, der auf allen Dingen lag.[2359]

Das wiederum ist, ganz nach Eichendorff'scher Logik, eine regressive Phantasie:

> Ihr Reich umgrenzten Auge und Hand der Mutter.[2360]

Doch – Heidegger: »[i]ndessen« – die Geborgenheit im (mikrokosmischen) ›Ganzen‹ des Mutterleibs ist verloren, und deshalb muss man sich aufmachen hin zum (makrokosmischen) ›Ganzen‹ des Himmels:

> Indessen begannen Härte und Geruch des Eichenholzes vernehmlicher von der Langsamkeit und Stete zu sprechen, mit denen der Baum wächst. Die Eiche selbst sprach, daß in solchem Wachstum allein gegründet wird, was dauert und fruchtet: daß wachsen heißt: der Weite des Himmels sich öffnen und zugleich in das Dunkel der Erde wurzeln; daß alles Gediegene nur gedeiht, wenn der Mensch gleich recht beides ist: bereit dem Anspruch des höchsten Himmels und aufgehoben im Schutz der tragenden Erde.[2361]

Das ist, einmal mehr, eine Geborgenheitsphantasie, und zwar genau genommen eine doppelte: nämlich auf der einen Seite die Phantasie einer chthonischen, in »Dunkel«, Tiefe und Schwere »der Erde wurzeln[den]« Geborgenheit, das heißt die Phantasie des »Schutz[es] der tragenden Erde«, auf der anderen Seite hingegen die Phantasie eines Sich-Öffnens zum Himmel, auf die Transzendenz oder gar »das rettend Heilige« hin[2362] und damit, zumindest andeutungsweise, eine Flugphantasie: sind es doch bei Eichendorff die »Lerchen«, die »hoch in dem blauen Himmel singen«,[2363] wie sich bei Heidegger »die Lerche« »der Sonne zu jublierend [...] sich erheb[t]«[2364] oder »in den Sommermorgen steigt«[2365].

2358 Vgl. zum ›Glanz‹ das Eichendorff-Zitat 2255 und das oben dazu Gesagte.

2359 Ebd., S. 15.

2360 Heidegger, Der Feldweg. Bebilderte Sonderausgabe, S. 15.

2361 Ebd.

2362 Vgl. diese Parallelstelle in Heideggers *Sprache*: »Der Baum wurzelt gediegen in der Erde. So gedeiht er in das Blühen, das sich dem Segen des Himmels öffnet. [...] Verhaltenes Wachstum der Erde und die Spende des Himmels gehören zueinander. [...] Sein gediegenes Blühen birgt die unverdient zufallende Frucht: da[s] rettend Heilige, das den Sterblichen hold ist. Im golden blühenden Baum walten Erde und Himmel [...].« Heidegger, Die Sprache, S. 23.

2363 Eichendorff, Ahnung und Gegenwart, S. 235.

2364 Heidegger, Parmenides, S. 238.

2365 Heidegger, Der Feldweg. Bebilderte Sonderausgabe, S. 17.

Heideggers Eiche verbindet also Himmel und Erde – personifiziert: Uranos und Gaia – ganz ähnlich, wie es in Eichendorffs *Mondnacht* der unter Konjunktivvorbehalt genannte Kuss und Flug tun. Dazu passen ja auch im *Feldweg* die aus der Rinde der Eiche geschnittenen Schiffchen der Buben, die anscheinend ähnlich leicht auf ihren »Weltfahrten« ans »Ziel« gelangen, wie die in *Ahnung und Gegenwart* von Friedrich beobachteten »Wolken« »weit in das Gebirge«, »den blauen Himmel« und »in die Tiefe«, »hinaussegel[]n.« Könnte man sich da nicht auch das ausdrücklich von Heidegger so genannte »Träumerische« der »Weltfahrten« seiner Eichenrinde-Schiffchen als einen Traum im Sinne von Eichendorffs Viktor vorstellen, der ja »ein Luftschiff [...] erfinden« will, »mit dem man dieses lose Element eben so bezwingen könnte wie das Wasser«?[2366]

Bei Eichendorff jedenfalls gibt es ausdrücklich einen luftschiffenden Knaben. So singt Leontin einmal, und das ausgerechnet, »während der [...] unruhige Viktor [...] tollkühn mit dem Kahne schaukelte«:

Schlingend sich an Bäum' und Zweigen,
In Dein stilles Kämmerlein,
Wie auf goldnen Leitern, steigen
Diese Töne aus und ein.

Und ein wunderschöner Knabe
Schifft hoch über Tal und Kluft,
Rührt mit seinem goldnen Stabe
Säuselnd in der lauen Luft. [...]

Und Ufer, Wolkenflügel,
Die Liebe hoch und mild –
Es wird in diesem Spiegel
Die ganze Welt zum Bild.[2367]

Sollte ein Auf- oder Mit-»Wolkenflügel[n]«-durch-den-Himmel-Schiffen wie dieses, das irgendwie »[d]ie ganze Welt« umspannt und offenbar doch zugleich an ein »Ufer« kommt, vielleicht noch in Heideggers »Weltfahrten« nachklingen, die »leicht an ihr Ziel« kommen und zugleich »wieder an die Ufer zurück« finden? So oder so finden sich in Leontins Lied der »B[a]um[]« beziehungsweise die – später noch an Rosas himmlischer Glorie beteiligten – »Schlingen[]« als »Leiter[]«, hier auch Tonleiter,[2368] über die man himmelwärts in die zu beschiffende oder befliegende Höhe gelangt: und so gesehen

2366 Eichendorff, Ahnung und Gegenwart, S. 157.
2367 Ebd., S. 146f.
2368 Vgl. Buschs Lerche auf der Tonleiter (Abb. 8) in Anm. 915.

erscheint Heideggers Eiche topologisch als Wechselbegriff, ja sogar als eine Art harte und hölzerne Alternative zu Kuss, Flug und Gesang bei Eichendorff.

Entstehen nun bei Heidegger aus der Rinde der Eiche keine Schiffe mehr, die mit träumerischem Blick auf Eichendorff wie Luftschiffchen wirken, so »wächst« doch bei Heidegger die Eiche und führt damit auf die »Weite des Himmels« und seine ›Öffnung‹ zu – und dies, kurioserweise, indem sie »selber« davon »spr[i]ch[t]« und »es« selbst »dem Feldweg« »sagt«: ganz ähnlich, wie ja auch bei Eichendorff immer wieder die Natur selbst spricht.[2369]

Abgesehen von diesem *natura loquitur*[2370] ähneln wiederum Heideggers im *Feldweg* beschriebene Eiche wie auch der Feldweg selbst den hier in Rede stehenden Eichen Friedrichs. Wie der Feldweg bieten Friedrichs Eichen einen »Ausweg«, »geleite[n] den Fuß« ›*durch* die‹ und *in* die »Weite« des »Landes« beziehungsweise der Landschaft. Wie Heideggers Eiche er»öffnen« sie einen Weg in die »Weite des Himmels«, und das ist insofern nicht erstaunlich, als Heideggers *Feldweg* am Ende offenbar auf den Zustand eines *Alles ist wieder-eins(-geworden)* zielt, wie ich es in der vorliegenden Studie als romantisches Programm beschreibe. Denn Heideggers »Feldweg« »sammelt« – ›liest‹ –[2371] das »[Z]erstreut[e]« wieder »ein« und »trägt« es dem »zerstreut[en] und weg[losen]« »Mensch[en]« »zu«, und damit zielt er ausdrücklich auf die Wiedergewinnung jenes »Einfache[n]« oder »einzigen Einklang[s], dessen Echo der Feldweg« bei Heidegger in einmal mehr schlagend Eichendorff'scher Wendung »mit sich hin und her trägt«,[2372] bis am Ende

2369 »Der Wald ernst wie in Träumen spricht«, heißt es etwa in Joseph von Eichendorff: Frühlingsklänge, in: ders.: Sämtliche Gedichte. Versepen, hg. von Hartwig Schultz, Frankfurt a. M. 2006, S. 295.

2370 Vgl. von Bormann, Natura loquitur. Naturpoesie und emblematische Formel bei Joseph von Eichendorff; Apel, Deutscher Geist und deutsche Landschaft. Eine Topographie, S. 29–37 (»Die Sprache der Natur. Jacob Böhme«).

2371 »Was um den Weg sein Wesen hat, sammelt er ein und trägt jedem, der auf ihm geht, das Seine zu.« Heidegger, Der Feldweg. Bebilderte Sonderausgabe, S. 17. Der Feldweg ›*liest*‹ also: »Was λόγος ist, entnehmen wir dem λέγειν. Was heißt λέγειν? […] λέγειν heißt: sagen und reden […]. Allein, es bedeutet gleich früh und noch ursprünglicher und deshalb immer schon und darum auch in der vorgenannten Bedeutung das, was unser gleichlautendes ›legen‹ meint: nieder- und vorlegen. Darin waltet das Zusammenbringende, das lateinische legere als lesen im Sinne von einholen und zusammenbringen.« Martin Heidegger: Logos (Heraklit, Fragment 50), in: ders.: Vorträge und Aufsätze, hg. von Friedrich-Wilhelm von Herrmann, Frankfurt a. M. 2000 (= Gesamtausgabe, Bd. 7), S. 211–234, S. 214.

2372 Heidegger, Der Feldweg. Bebilderte Sonderausgabe, S. 23. – In Eichendorffs *Ahnung und Gegenwart* kommt die Wendung »hin und her« mehr als zwei Dutzend Mal vor, so etwa im zweiten Kapitel des ersten Buchs in dem Satz »Die Sonne neigte sich schon und funkelte schräge durch die dunkeln Wipfeln [sic], die sich leiserauschend hin und her

»die wissende Heiterkeit« »[d]as Einfache [...] noch einfacher« hat werden lassen (!)[2373] und der Feldweg »im Sternenschein« »leuchtet«,[2374] als führte nicht nur die Eiche, sondern auch er selbst hinauf in den Himmel.

Es kann also in diesem Sinne verstanden werden, wenn Martin Heidegger zu Beginn seiner Gedankensplitter-Sammlung *Aus der Erfahrung des Denkens* schreibt:

> Weg und Waage,
> Steg und Sage
> finden sich einen Gang.
>
> Geh und trage
> Fehl und Frage
> deinen einen Pfad entlang[][2375]

und es dann gleich darauf heißt:

> Auf einen Stern zugehen, nur dieses.[2376]

Einladung, über Wolken zu wandeln: Der *Wanderer über dem Nebelmeer*

Man sieht: Heideggers philosophische Rhetorik – um nicht zu sagen: Poetik – ist romantischer Art. Das zeigen die topologischen Parallelen zu Eichendorff, dessen romantische Metaphorik wiederum Friedrich in emblematischer Weise ins Bild gebracht hat. Insofern verdankt sich die Suggestivität der Heidegger'schen Metaphorik auch der Suggestivität romantischer Literatur, Malerei und Grafik.

---

bewegten.« Eichendorff, Ahnung und Gegenwart, S. 66. – Vgl. die Anm. 2351 und, in Hinblick auf Heidegger wie auf Eichendorffs Formel »her und hin«, 2150.

2373 Das darf nicht ohne Paradox gedacht werden. Ist nämlich, so Heidegger, seine »Aufgabe« des Denkens »mit den Jahren immer einfacher« geworden, dann »hei[ß]t« das wiederum »im Felde des Denkens: immer schwerer geworden.« Spiegel-Hausmitteilung zum Gespräch mit Martin Heidegger, Spiegel 23/1976 (31.5.1976), S. 3.

2374 Heidegger, Der Feldweg. Bebilderte Sonderausgabe, S. 23f.

2375 Martin Heidegger: Aus der Erfahrung des Denkens, Stuttgart ^{8}2005 (1954), S. 5.

2376 Ebd., S. 7.

Abb. 49 Caspar David Friedrich: Landstraße in der Ebene mit Bergen

Abb. 50 Heideggers Feldweg, von rechts vorn nach links hinten

Abb. 51
Auch hier: Rückenansichten. Heideggers *Feldweg* in der illustrierten Sonderausgabe …

Abb. 52 … und in der *Spiegel*-Illustration vom Mai 1976: Augstein und Heidegger

Das zeigt sich bis hinein in die Inszenierung der Person Martin Heideggers – so etwa in der hier schon zitierten mit »Liebhaber-Aufnahmen« bebilderten Ausgabe des *Feldwegs*, die Hermann Heidegger zufolge »dem Leser eine kleine Hilfe sein« möge, »sich vorstellen zu können, wie der Feldweg früher ausgesehen hat.« Nicht nur zeigen mehrere Fotografien dieser *Feldweg*-Ausgabe eine Wegansicht, wie sie etwa an Caspar David Friedrichs *Landstraße in der*

Ebene mit Bergen von 1824 (Abb. 49)[2377] denken lassen – vielleicht auch deswegen, weil die *Feldweg*-Fotografien wie Friedrichs *Landweg* mehrheitlich nicht von links vorn nach rechts hinten (drei Mal)[2378], sondern von rechts vorn nach links hinten (sieben Mal)[2379] verlaufen (Abb. 50)[2380]. Vor allem zeigt eine Fotografie zwei Männer in Rückenansicht (Abb. 51)[2381], dabei wohl rechts Heidegger. Ist es da Zufall, dass auch das berühmte, kurz nach Heideggers Tod im Mai 1976 erschienene *Spiegel*-Interview Heidegger in Rückenansicht zeigt (Abb. 52)[2382], wie er mit dem *Spiegel*-Herausgeber Rudolf Augstein einen – wiederum nach links hinten führenden – Feldweg entlangwandert? Und ist es Zufall, dass das Bild mit dem Heidegger-Zitat »Schmale Wege eines Übergangs bauen«[2383] unterschrieben ist?

Die Antwort lautet natürlich: nein. Denn wie die Rückenfiguren Friedrichs, laden auch diese Rückenfiguren zu einer ›Immersion‹, hier also zum Betreten des Feldwegs ein, der so selbst ein »Weg eines Übergangs« wird, auf dem der Betrachter des Bildes mit Heidegger und Augstein imaginär in die Tiefe der Landschaft und des Denkens wandern mag. Das aber hieße wiederum, mit Heideggers Formulierung, von diesem »wendige[n] Pfad«, auf dem Heidegger ja selbst unterwegs ist, »den Fuß« »geleit[en]« und sich ereignishaft ergreifen, »das Seine zu[tragen]« zu lassen: und zwar jedem dasjenige ›*Seine*‹, das sich schließlich wenn nicht als *das Eine*, so doch zumindest als das »noch einfacher geworden[e]« »Einfache« entpuppen wird.

Führt der Feldweg am Ende außerdem zu einem »Hinausstehen« ins »Einfache«, kosmisch ›Ganze‹, wie es sich in »Einklang« und »Sternenschein« andeutet, dann wird auch dieser Gedanke in einer der Illustrationen des *Spiegel*-Interviews reflektiert. Es handelt sich um jenen Holzstich von Camille Flammarion (Abb. 53)[2384], der zum einen immer wieder da auftaucht, wo es um das sogenannte kopernikanische Weltbild beziehungsweise die kopernikanische Wende geht, der zum anderen aber in emblematischer Weise ein ›ekstatisches‹ Hinausstehen ins ›All‹ zeigt: und das, bis hin zum linkerhand

2377 Caspar David Friedrich: Landstraße in der Ebene mit Bergen (Oktober 1824), in: Caspar David Friedrich: Das gesamte graphische Werk. Nachwort von Hans H. Hofstätter, München 1974, S. 718.

2378 Heidegger, Der Feldweg. Bebilderte Sonderausgabe, S. 3, 14 und 22. – Ganz ähnlich das Titelbild von Gumbrecht, Stimmungen lesen, bei dem es sich um Ansel Adams: Road After Rain, Northern California (1959) handelt; ebd., S. 4.

2379 Ebd., S. 6, 8, 12, 16, 18f., 20 und 25.

2380 Ebd., S. 12.

2381 Ebd., S. 25.

2382 Heidegger: »Nur noch ein Gott kann uns retten«. SPIEGEL-Gespräch mit Martin Heidegger, S. 219.

2383 Ebd.

2384 Ebd., S. 206; die Bildunterschrift lautet »Kopernikanischer Astronom«.

fallengelassenen Stab und der nach vorn greifenden rechten Hand, in ebenjener Pose auf Knien, in der der Herr in der Mitte der *Kreidefelsen auf Rügen* dem Abgrund entgegenkriecht.[2385] (Abb. 54 a und b: Ausschnitte aus Abb. 39 und 53)

Abb. 53
Camille Flammarion:
»Kopernikanischer Astronom«

Abb. 54 a und b
Ausschnitte aus Abb. 39
(Friedrich: *Kreidefelsen auf Rügen*) und 53
(Flammarions Astronom)

2385 Es handelt sich also bei Friedrich wie bei Flammarion um einen Spaziergänger, der von »einer offenen – das heißt geöffneten, nachkopernikanischen – Welt« »[ü]berrasch[t]« ist, wie Schneider, Wahllandschaften: Mobilisierung der Natur und das Darstellungsproblem der Moderne in Goethes *Wahlverwandtschaften*, S. 286, formuliert – allerdings in einem anderen Kontext, nämlich dem des englischen Landschaftsgartens.

Dieses ängstliche Kriechen auf die Tiefe zu aber ist nur dann erforderlich, wenn sich – so die Bildunterschrift der Heidegger-Augstein-Rückenansicht auf dem Feld-, hier wohl auf dem *Todtnaubergweg* – *kein* »Schmale[r] Steg[] eines Übergangs« in die Tiefe hinein »bau[t]«. Was, fragt sich also, wäre denn einer – und wär's auch bloß ein »Feldweg[]«, in dessen »Fuhren« man mit einem »Erntewagen« »heimwärtsschwankt«[2386] oder irgend ein anderer »schmale[r] [...] und schwankende[r]« »Notsteg« wie der, von dem schon einmal im Zitat aus Heideggers *Kunst und Raum* zu Anmerkung 1970 die Rede war? Heidegger bleibt, jedenfalls in diesem Aufsatz, die Antwort schuldig. Es ist, als läge sie – jetzt wieder mit Formulierungen des *Feldwegs* – in jenem »Nebel« verborgen, der sich dort mitunter »tagelang« mit »seine[r] Düsternis und Last über die Fluren« und den »Feldweg« »schiebt«.[2387]

Bei Eichendorff hingegen, so habe ich in diesem Kapitel argumentiert, dienen sowohl die Brücke über die Donau hinaus als auch die als Himmelsleitern genutzten Bäume als »Stege eines Übergangs« ins ›Ganze‹. Friedrich wiederum hat solche Bäume gezeichnet und gemalt. Aber auch ein weiterer ›Steg des Übergangs‹ findet sich bei Friedrich, und zwar ein ›Steg‹, in dem sich gewissermaßen das Ende des Heidegger'schen Feldwegs mit den Wolken- und Flugphantasien Eichendorffs berühren – ein schwankender Steg, der nicht im Nebel verborgen, sondern vielmehr *der Nebel* selbst *ist*.[2388] Es geht, wie könnte es anders sein, um den schon dem Bildtitel nach im hier diskutierten Sinne suggestiven *Wanderer über dem Nebelmeer*, der um 1818 entstanden ist. (Abb. 5)[2389]

Der Wanderer ist offenbar über einen Feld- und Wanderweg auf diesen Fels im Gebirge gekommen. Hier steht er nun in der Höhe, den Wanderstab in der Hand, den die Männer auf Friedrichs *Kreidefelsen* (Abb. 39/54 a) wie auf Flammarions Holzschnitt (Abb. 53/54 b) schon haben fallen lassen – wobei man hier allerdings sagen muss: *noch* in der Hand, ist doch der Stab äußerst instabil derart in Hangrichtung abwärts auf einen glatten Stein gestützt, dass er bei Belastung abrutschen wird. Im Unterschied zu Rousseau und Greenblatt steht Friedrichs Wanderer also nicht nur ohne Geländer am Abgrund und insofern ungesichert, sondern auch unsicher – eben kurz vorm Abgleiten

2386 Heidegger, Der Feldweg. Bebilderte Sonderausgabe, S. 17

2387 Ebd.

2388 Vgl. zu Friedrichs Nebel Mario-Andreas von Lüttichau: Motive. Nebel – Durchblicke – Schluchten und Höhlen – Der Wanderer – Rückenfigur, in: Caspar David Friedrich. Die Erfindung der Romantik. Ausstellungskatalog Essen, Hamburg, hg. von Hubertus Gaßner, München 2006, S. 223–270, S. 224f.

2389 Caspar David Friedrich: Wanderer über dem Nebelmeer, um 1818, in: Caspar David Friedrich. Die Erfindung der Romantik, S. 266.

oder -stürzen. Schon das unterscheidet ihn von Greenblatt in Yosemite. Zudem hat er keinen Asphalt hinter sich und keine Schilder vor sich, vielmehr liegen – abgesehen von der Landschaft und sofern nicht die Wolken selbst Teil der Landschaft sind – bloß Wolken vor ihm. Statt »the asphalt stops, and you encounter a sign« könnte man über diesen Wanderer allenfalls sagen: the dirt track stops, and he encounters the clouds.

Dass es auf diesem Bild einmal mehr um die »Weite des Himmels« geht, zu der sich der vom Wanderer beschrittene Weg am Ende »öffne[t]« (Heidegger), legt hier, wie so häufig bei Friedrich, die doppelte Hyperbel nahe. Ihren konkaven Part bildet die vordere Felsstruktur, ihren konvexen Part die von der Figur des Wanderers überschnittene Gebirgslinie auf seiner Schulterhöhe. Wie unverzichtbar diese wenigen hier genannten Merkmale für den Eindruck des Bildes sind, zeigt der Vergleich mit der geradezu brutalen Entstellung, die es – ausgerechnet – auf dem Titel des von Helmut Schanze herausgegebenen *Romantik-Handbuchs* erfährt. (Abb. 6)[2390] Nicht nur entfällt durch den Bildbeschnitt die untere, konkave Hyperbel. Zudem wird noch die obere, konvexe Hyperbel zu einer Linie begradigt, wie sie sich so nirgends bei Friedrich findet. Ja, um vom hier unsichtbar gewordenen abrutschgefährdeten Stand des Stocks nicht weiter zu sprechen, in der Silhouette des Bildes ist nicht einmal mehr zu erkennen, dass es sich um eine Rückenansicht handelt.

Als Vorderansicht allerdings ist Friedrichs Bild gar nicht denkbar. Das zeigt eine andere Adaption, nämlich das Plattencover eines *Sehnsucht* genannten Albums des Tenors Jonas Kaufmann. (Abb. 7)[2391] Ebenfalls in der Höhe beschnitten und um die untere Hyperbel beraubt, fehlt dieser Abbildung – abgesehen vom Stock – immerhin die obere Hyperbel nicht ganz, auch wenn sie mit dem ganzen Bild in der Breite beschnitten ist und damit der durch sie bewirkte Weitwinkel-Eindruck konterkariert wird. Der wichtigste Unterschied zum Original ist jedoch, dass es sich hier um eine Vorderansicht handelt. Gerade die Vorderansicht aber nimmt dem Bild jenen Immersionseffekt, den Friedrichs Rückenfiguren bewirken, mit anderen Worten also den in der Romantik »Sehnsucht« genannten Wunsch, anderswo zu sein, als wo man ist: etwa in der »[F]erne[]«, wie es in *Ahnung und Gegenwart* heißt, jenes »dunkelblaue[n] Gebirg[s]«, in dessen »Hintergrunde« – man denkt hier geradezu an eine Bildbeschreibung von Friedrichs *Wanderer* – »man noch einige Streifen des Abendrots am Himmel stehen« »s[ie]h[t]«. Und diese Sehnsucht nach der Ferne ist es ja, die bei Eichendorff zur Phantasie vom Flug »in die wunderbare Aussicht hinein« führt.

2390 Schanze (Hg.), Romantik-Handbuch, S. U 1.

2391 Kaufmann, Sehnsucht. Mozart, Schubert, Beethoven, Wagner.

Nichts davon auf dem Plattencover. Bei ihm verhindern vielmehr gerade die Eingriffe in den Bildaufbau Friedrichs jenen ›romantischen‹ Effekt, wie man ihn mit Eichendorff als »Sehnsucht« oder »Heimweh [...] nach [...] einer [...] ferne[]n und tiefe[]n Heimat« beschreiben kann und wie ihn Friedrich als Immersion seiner Rückenfiguren *durch* beziehungsweise *in* Ferne und Tiefe malt. »Sehnsucht« findet sich auf diesem Plattencover nur noch dem Wort nach in der *inscriptio*, und dieses Wort ist insofern leer, als ihm keinerlei Anschauung in der *pictura* entspricht.

Das wiederum liegt auch an den implizierten Geschlechterpositionen. Denn das romantische Sehnsuchtsobjekt, um das es auf Friedrichs Bild, in *Ahnung und Gegenwart* und vielen anderen romantischen Texten geht, ist ja die Landschaft, und das heißt: eine grundsätzlich weibliche Landschaft, auf die sich die regressive Sehnsucht, der ›Erkenntnis‹trieb des männlich gedachten Betrachters richtet. Für diese Art von romantischer ›Sehnsucht‹ jedoch ist Jonas Kaufmann in Frontalansicht ein denkbar ungeeignetes Objekt, *gerade weil* er gleich werbewirksam vom Podest zu steigen und dem Betrachter, der Betrachterin entgegenzukommen scheint: ihnen damit aber eben jenen Tiefe *suchenden*, ja nach Tiefe *süchtigen* Blick in die (weiblich konnotierte) Landschaft verstellen würde, über den sich romantische Sehn*sucht* konstituiert.

Anders Friedrichs Wanderer in Rückenansicht. Er lädt dazu ein, mit ihm ins Bild hinein in die Tiefe zu gehen. Ihn möchte man mit den Worten aus Wilhelm Müllers von Franz Schubert vertontem *Leiermann* fragen »Soll ich mit dir gehen?«. Es sind ja, so suggeriert das Bild, nur ein paar Schritte hinaus in die Wolken und dann, auf und über ihnen, ein paar Schritte mehr zu den Felsspitzen im hier nun doch vorhandenen Mittelgrund, von wo man vielleicht nicht nur mit dem Blick, sondern auch mit den Füßen über die Wolken laufend – oder sogar, wie Rosa, »von Klippe zu Klippe« springend –[2392] in den nahen und fernen Hintergrund gelangt. Sei's also, dass die aus dem Nebelmeer ragenden Felsen wie die Stufen einer in den Hintergrund führenden Himmelsleiter aussehen,[2393] sei's, dass der Nebel und die Wolken selbst den Eindruck

2392 »Rosa [...] wandte [...] sich schnell und sprang wie ein aufgescheuchtes Reh, ohne der Gefahr zu achten, von Klippe zu Klippe die Höhe hinab, bis sie sich unten im Walde verlor.« Eichendorff, Ahnung und Gegenwart, S. 271.

2393 Eine Himmelsleiter, die eine aus Spinnenfäden hergestellte »Strickleiter« ist und schließlich zum Medium eines Himmelsfluges wird, findet sich in Eichendorffs Novelle *Libertas und ihre Freier*: »Schon am vorigen Abend war es den Landleuten, die vor Schlafengehen noch ihre Saaten in Augenschein nahmen, sehr aufgefallen, wie da über der Au im Tale, wo die glänzenden Sommerfäden an den Gräsern hingen, so viele Schwalben emsig hin und her schweiften und mit ihren Schnäblein die Fäden aufrafften, soviel eine jede im Fluge erhaschen konnte, daß sie, als sie damit durch die Luft flogen, wie in langen silbernen Schleiern dahinzogen.« Sei's ihr ›Glanz‹, sei's der in der Wendung von

vermitteln, man könnte sie betreten, auf und mit ihnen in den Hintergrund wandern, wandeln, schwimmen oder fliegen: in den Hintergrund, und zwar von links vorne – unten – nach rechts hinten – oben –, zieht das Bild, wer in seine Tiefe eintritt oder eintaucht, in jedem Fall. Man muss sich dazu bloß von den in eben dieser Richtung orientierten Wolken im Bildmittelgrund ergreifen, mitnehmen lassen – oder, anders gesagt: mit ihnen mitsegeln.

Wäre es aber so, dass die in die Tiefe des Bildes hineinziehenden Mittelgrund-Wolken mit dieser Bewegung auf eine Art ins Bild hineinwehenden Wind verwiesen – der unbewegt herabhängende Gehrock des Wanderers spricht allerdings dagegen –, dann fände dieser Wind in den merkwürdigerweise nach links abstehenden, also wie von rechts über den Kopf gewehten Haaren des Wanderers eine Angriffsfläche. Und, so unwahrscheinlich das auch sein mag,

---

der »Au im Tale« vielleicht mitklingende ›Tau‹, seien's die »durch die Luft« gezogenen »langen silbernen Schleier[]«: die Sommerfäden haben etwas Atmosphärisches an sich. So oder so sind sie mit dem Mondschein verwoben: »Dieses feine Gespinst aber breiteten die Schwalben sodann auf einer einsamen Waldwiese im Mondschein aus; da kamen hurtig unzählige kleine Spinnen, die schon darauf gewartet, rote, braune und grüne, und drehten die Fäden fleißig zusammen und woben, damit es besser aussähe, auch etwas Mondschein darein, während die Johannisfünkchen ihnen dabei leuchteten und die Heimchen dazu sangen. Kaum aber hatten sie die letzten Maschen geknüpft, so säuselte es leicht durch die Stille, von allen Seiten kamen Bienen, die heute Schlaf und Honig vergaßen, dicke Päckchen an ihren Füßen, die streckten und streiften mit dem Wachse das ganze Gespinst gar kunstreich zu einer langen Strickleiter. [...] Aber Libertas, die an dem heimlichen Treiben draußen längst alles gemerkt, hatte schon ihr Bündel geschnürt und betrat, die treuen Vögel freundlich grüßend, die Strickleiter, und wie sie so in die Nacht hinabstieg, boten ihr die kleinen Birken, die aus den Mauerritzen des alten Turmes wuchsen, überall helfend die grünen Hände, und von unten wehte ihr der Duft der Wälder und Wiesen erfrischend entgegen.« Dieses ›Hinabsteigen‹ führt in die Tiefe, aber nicht unbedingt nach unten. Vielmehr folgen ein Gleiten auf Segeln, die eigentlich Vogelflügel sind, ein Schweben und schließlich ein Schwung »hinauf«: »Als sie aber an den breiten Wallgraben kam, war schon der Schwan am Ufer und schwellte stolz seine Flügel wie zwei schneeweiße Segel. Da setzte sich Libertas dazwischen, und er glitt mit ihr hinüber und betrachtete voll Entzücken ihr schönes Bild, das auf dem Spiegel des Weihers neben ihm dahinschwebte. [...] Da schwang sie sich rasch hinauf, und fort ging es durch Nacht und Wald, und der Storch mit den andern Vögeln, um ihr das Geleit zu geben, stürzte sich hintendrein vom Turme in die Luft, in stillen Kreisen über den mondbeglänzten Gärten, Wäldern und Seen schwebend. Die im Schlosse merkten es erst bei Tagesanbruch, wo sie, wie wir gesehen, zu ihrem Unglück auf ihre Verfolgung ausrückten. Nur die Hirten, die an den Bergeshängen bei ihren Herden wachten, hörten erstaunt den Gesang in den Lüften und die geheimnisvolle Flucht im Waldesgrund an den einsamen Weilern vorüberziehen.« Eichendorff, Libertas und ihre Freier, S. 591–594.

Friedrichs Wanderer wäre nicht der erste, den es an den Haaren hinaufzöge in Himmel und All: denn davon erzählt schon Cyrano von Bergerac.[2394]

Das Ganze im Glanze. Ein-Fall des Seins, Hinein-Fall in Wald, Wasser, Sonne: *Skydiving*

Die Alternative dazu wäre, vielleicht etwas weniger unwahrscheinlich, der von Friedrichs Bild ausgesprochenen Einladung zur Immersion in die Tiefe der Landschaft zu folgen und über die Wolken in sie hineinzuwandeln oder, anders gesagt, sich auf dem kürzesten Weg ins ›Ganze‹ der ›fernen und tiefen Heimat‹ hineinfallen zu lassen, ja in ihr Offenes hineinzuspringen.

Genau so tun es, ein einziges Mal, Friedrich und Leontin, und einmal mehr möchte man denken, dass ihr Tun topologisch Eingang in Heideggers Philosophieren gefunden hat. In seiner im Wintersemester 1942/43 gehaltenen *Parmenides*-Vorlesung schreibt er:

> Um das Sein zu denken, bedarf es [...], daß das Seiende »ist«. [...] Das »es ist« des Seienden, das Sein, zeigt sich, wenn es sich zeigt, jedesmal nur »plötzlich«, griechisch ἐξαίφνης, d.h. ἐξαφανής, in der Weise, daß etwas [...] mitten in das Erscheinende hereinfällt. Diesem wesenhaft unvermittelten und unmittelbaren Ein-fall des Seins in das [...] Seiende entspricht vom Menschen her ein Verhalten, das plötzlich [...] das Sein denkt. Das Sein zu denken, verlangt [...] einen *Sprung*, durch den wir von dem gewohnten Boden des Seienden, auf dem uns zunächst das jeweils Seiende ist, *abspringen in das Boden-lose*, als welches sich das Freie lichtet [...].
>
> Dieses eigentliche Denken ist »sprunghaft«, denn es kennt nicht die Brücken und Geländer und Leitern des Erklärens, das je nur Seiendes aus Seiendem ableitet, weil es auf dem »Boden« der »Tatsachen« bleibt.[2395]

Bei Heidegger ist »das Sein«, so hatte ich oben argumentiert, ein Wechselbegriff für das ›Ganze‹. »[W]enn es sich zeigt«, dann »nur ›plötzlich‹«, und das heißt hier (!) auch: »unmittelbar[]« – schon insofern geht es (hier) also (auch) um das ›Medium‹, wie es Heidegger einmal im Stimmungskontext ausdrücklich

2394 »Cyrano. Ja, Sie wollen wissen [...], wann und wie / Ich selbst hinaufkam [auf den Mond]? / Nun denn, ich erfand / Ein Mittel. [...] Ich nahm zur Stunde, wo der Mond die Wogen / Anzieht, ein Seebad, und als ich am Strand geruht, / Ward ich, das Haupt voraus, emporgezogen, / Weil ja das meiste Wasser in den Locken / Zu haften pflegt. So schwebt' ich sanft hinan / Gleich einem Engel.« Edmond Rostand: Cyrano von Bergerac. Romantische Komödie in fünf Aufzügen. Übersetzt von Ludwig Fulda. Nachwort von Ralf Steyer, Stuttgart 1977, S. 97–99 (3. Aufzug, 11. Auftritt).

2395 Heidegger, Parmenides, S. 222f.

benannt hat. So klingt es ja auch im Hinweis an, dass »etwas« nicht irgendwo, sondern »mitten in das Erscheinende hereinfällt«, also in sein – mit Spitzers Wechselbegriffen für das ›Medium‹ – ›Milieu‹ oder ›Ambiente‹.

Ging es Heidegger bei der ›Stimmung‹ um das Eintauchen-in- beziehungsweise das Je-schon-eingetaucht-Sein-in-die-Stimmung, so hier beim Plötzlich-in-die-Mitte-des-Erscheinenden-Hereinfallen um das, was dem Eintauchen in welches Fluidum auch immer vorausgeht: nämlich um den *»Sprung«* und »[F]all«.[2396]

Zwar mag, nach wie vor, Lukács' Wort aus der *Theorie des Romans* gelten, dass ›im Menschen kein *Zwang* zum Sprung‹ ist. Wohl aber *kann* er Heidegger zufolge springen, wenn er nur will, und dazu scheint den Menschen insbesondere die Hoffnung zu motivieren, im Sprung jenen »weite[n] Weg« ins wiederzugewinnende ›Ganze‹ abzukürzen, der Lukács zufolge »vor ihm« »liegt«. So deutet es sich jedenfalls in Heideggers Satz über »die Brücken und Geländer und Leitern des Erklärens« an, mit deren Hilfe man »je nur Seiendes aus Seiendem ableitet«, oder mit Lacan und Greenblatt: Signifikanten beziehungsweise Zeichen umeinander »zirkulieren«, einander »interpenetrieren« lässt,[2397] nicht aber unterwegs ist auf dem *transcensus* zum »Sein im Ganzen« (Heidegger) und auf diesem Weg auch vorankommt. Denn ›Zirkulation‹ bedeutet zwar permanente Bewegung, *nicht* aber ›Progression‹.[2398]

Auch insofern ist ›Zirkulation‹ Greenblatts Problem, als er im Yosemite National Park vor den Nevada Falls steht und dabei *nicht* das ›Ganze‹ und die

2396 Bollnow zitiert im Zusammenhang eines – auch – als »Weg zurück in die Heimat« begriffenen, existentialistisch gewendeten *»Sich-fallen-lassen[s]«* Hermann Hesse mit dem »Tiefsten, was Hesse je geschrieben hat […]: ›Die ganze Kunst war: sich fallen lassen! […]‹ Hiermit ist der Grundgedanke in der verdichtetsten Form ausgesprochen: Die Lösung der Lebensaufgabe ist die Überwindung der Angst […], indem man, bewußt auf alle Sicherung verzichtend, sich ganz der Unsicherheit ausliefert, um im Unendlichen dann den Halt zu finden, der im Endlichen grundsätzlich nicht zu finden ist, indem man ohne alle Versteifungen im Eigenwesen ganz in einem Größeren aufgeht. So läßt sich die ganze Aufgabe auf die einfache Formel zusammenfassen: ›sich fallen lassen‹. Das ist das Geheimnis«: und zugleich, einmal mehr, eine regressive Auflösungsphantasie. Bollnow, Unruhe und Geborgenheit, S. 38, 41 und 43. – Bollnow ist ein ideologisch problematischer Fall. Wenn Thomas Mann von Oswald Spengler als dem »klugen Affen Nietzsche's« gesprochen hat (Thomas Mann: [Deutschland], in: ders.: GW 12, S. 902–910, S. 907), dann muss man sich fragen, ob nicht Bollnow derjenige Heideggers ist. In jedem Fall müssen die Fragen nach den politischen Voraussetzungen und Folgen seines Denkens nicht nur an Heidegger, sondern auch an Bollnow gerichtet werden.

2397 Vgl. Zitat 2312.

2398 Vgl. auch Baudrillard in Anm. 2322, demzufolge »Simulation« bedeutet, dass »everything is already dead and risen in advance«, also Fortschritt ausgeschlossen ist. Baudrillard: Simulacra and Simulation, S. 13.

›Tiefe‹ von ›Natur‹ und ›Wildnis‹ sieht, ja sich nicht einmal wie Friedrich auf dem Balkon über der Donau »über das Geländer hinauslehnt[]«. Vielmehr besteht ja für Greenblatt das ironischerweise von ihm selbst als »the whole [!] experience of the park« bezeichnete Erlebnis an diesem Landschaftsbeobachtungspunkt – mit Heideggers Worten – gerade darin, »Brücken und Geländer und Leitern des Erklärens« zu beobachten – in Greenblatts eigenen Worten: »bridge«, »railing«, »stairway« und »sign[s]« »tell[ing] you« »your« »sentiments«. Weder zeigt Greenblatt, mit Thomas Mann, ein »Verlangen aus sich heraus ins Ganze«, noch zielt sein Erkenntnistrieb, mit Gerhard Ritter, auf eine *theoría toû kósmou.*

Heidegger nun hat einem solchen Denken wie dem Greenblatts abgesprochen, ein »eigentliche[s] Denken« zu sein.[2399] Denn, so Heidegger, das »eigentliche Denken ist ›sprunghaft‹«, und das heißt: bereit zum »plötzlich[en]« *»[A]bspringen in das Boden-lose«* – und diese Bereitschaft zeigt Greenblatt nicht.

Wie man sich nun ein solches abspringendes Denken vorstellen kann, wie man also, anders als Greenblatt in Yosemite, den entscheidenden Schritt nach vorn hinein ins Bodenlose tut, führen Friedrich und Leontin im 15. Kapitel des zweiten Buches von *Ahnung und Gegenwart* vor Augen.

> Friedrich und Leontin [...] gingen [...] ins Gebirge.[2400] Als sie aus dem Walde auf einen hervorragenden Felsen heraustraten,[2401]

als sie dort also stehen wie Friedrichs *Wanderer* auf seinem Felsen *über dem Nebelmeer,*

> sahen sie auf einmal aus wunderreicher Ferne [...] kommend[,]

ihnen so ›auratisch‹ die Ferne nahebringend,

> [...] den königlichen Rhein. Leontin sah lange still in Gedanken in die grüne Kühle hinunter,

und insofern diese »Kühle« »grün[]« ist, lässt sie sich gleichermaßen auf das Wasser des Rheins wie auf den kurz zuvor erwähnten »Wald[]« beziehen, den Friedrich und Leontin beim Heraustreten auf den Felsen unter sich gelassen haben;

2399 Heidegger, Parmenides, S. 222f.; s. Zitat 2395.
2400 »Den 20. Jänner ging Lenz durchs Gebirg«, beginnt Georg Büchners *Lenz*; s. Zitat 2432.
2401 Eichendorff, Ahnung und Gegenwart, S. 245.

> dann fing er sich schnell an auszukleiden. Einige Fischer fuhren auf dem Rheine vorüber und sangen ihr Morgenlied, die Sonne ging eben prächtig auf, da [–]

die Zeitadverbien »eben [...], da« sprechen genauso wie das »schnell[e]« Auskleiden für einen spontanen und »plötzlich[en]« Entschluss –

> sprang er mit ausgebreiteten Armen in die kühlen Flammen hinab.[2402]

»[K]ühl[]« sind die »Flammen«, in die Leontin hier »hinab[springt]«, und das ist zum einen insofern metaphorisch kühn, als hier über dieses Prädikat die ja eigentlich heißen »Flammen« der »eben« erwähnten, fast wörtlich wie zu Beginn des Romans »prächtig« aufgehenden »Sonne« nicht nur mit dem Wasser des Rheins, sondern über die »grüne Kühle« auch mit dem Wald identifiziert werden.[2403] Zum anderen ist die Wendung kühn und bemerkenswert, weil Leontin zwar *›in‹* die »Flammen«-Strahlen der himmlischen Sonne *›springt‹*, ihr also sozusagen entgegenspringt, dies jedoch gerade *nicht* himmelwärts *nach oben*, sondern »hinab« *nach unten*. Oder muss man gar in dieser Formulierung eine paradoxe Metapher sehen und daraus schließen, dass Leontin *zugleich nach oben und nach unten*, wenn man so will: *nach überall* springt?

So oder so breitet Leontin im Sprung die Arme aus, als wollte er die ganze Welt umarmen.[2404] Diese Geste erinnert einerseits, topologisch nicht zufällig, an Spieß' Sophie,[2405] die »im Gipfel einer hohen Linde [sitzt] und [...] die Arme hoch zum Himmel empor[breitet]«: dies schon deswegen, weil Leontin – wie gesagt – zugleich nach unten in die Tiefe wie nach oben in die Höhe, »zum Himmel empor« springt. Andererseits erinnert das Ausbreiten der Arme an jenen von Leontin selbst als »Jakobsleiter« bezeichneten »Baum«, der »seine Äste grade« so »vor den Fenstern« des Hauses mit dem Tanzfest »aus[breitet]«, dass er Leontin und Friedrich die oben beschriebene horizontale Ekstase als Hinausstehen ins Ganze ermöglicht. Nicht nur fallen also, so gesehen, in Leontins Sprung ›hoch‹ und ›tief‹ metaphorisch kühn und logisch paradox in eine einzige vertikale Dimension zusammen. Diese vertikale Dimension

2402 Ebd., S. 245f.

2403 Vgl. die Parallelstelle in Eichendorff, Die Entführung, S. 502: »das Feuer, mit dem die Luft spielte, spiegelte sich flackernd an den feuchten Felswänden und die Nachtigallen schlugen tief unten in den stillen Gärten, wo die Menschen wohnten, und die Wälder rauschten darüber hin, bis allmählich Wald und Strom und Flammen sich seltsam durcheinanderwirrten [...].« Ebd., S. 486, ist die Rede davon, »in's Grüne« des Waldes zu »tauchen«.

2404 Vgl. auch Mephistos Worte aus dem *FAUST I* in Anm. 2437.

2405 Vgl. das Zitat in Anm. 2335.

überlagert sich zudem, wieder einmal, mit der horizontalen: ein weiterer Hinweis darauf, dass dieser Sprung ins ›Überall‹ zielt.

Dieses ›Überall‹ aber ist, einmal mehr, das *periéchon* – jene »Allflut welche« Mesmer zufolge *je schon* »den Raum erfüllt«, bei Eichendorff jedoch von Leontin und Friedrich durch ihren Sprung und das neuerliche »Ein[]tauch[en]«[2406] in den ihnen dazu »aus wunderreicher Ferne« entgegen»kommend[en]« Rhein *erst* regressiv *wiedergewonnen* werden muss.

Der Erfolg ihres Sprunges jedenfalls gibt nicht nur ihnen selbst, sondern in historisch weiter Prolepse auch Heidegger recht. Das ist ein Grund zum Jubeln:

> Friedrich folgte seinem Beispiel und, beide rüstige Schwimmer, rangen sich lange jubelnd mit den vom Morgenglanze trunkenen, eisigen Wogen. Unbeschreiblich leicht und heiter kehrten sie nach dem Morgenbade wieder in das Städtchen zurück […].[2407]

»[E]isig[]« kalt – wie die eisigen Höhen der Berge – sind die »Wogen« in der Tiefe des »Ozeans« (Mesmer) Rhein, in die Leontin und Friedrich eintauchen, um beim Verlassen dieses »[B]ades« zwar nicht gleich »[e]mpor[zu]schweben« (Lukács), aber doch »[u]nbeschreiblich« er»leicht«ert zu sein.[2408] Die »Wogen« sind »vom Morgenglanze trunken«, und so fließen, einmal mehr wie in Novalis' 109. *Blütenstaub*-Fragment, Räumliches und Zeitliches zusammen.[2409]

Vor allem aber klingt hier im ›Glanze‹, von Heidegger her gelesen, eine *periéchon*hafte Ganzheit an, wie sie bei Eichendorff auch – wohl grundsätzlich – im Prädikat ›golden‹ mitschwingt: so etwa in Leontins oben zitierter regressiver Phantasie von der

> [r]omantische[n], goldene[n] Zeit des alten, freien Schweifens, wo die ganze schöne Erde unser Lustrevier, der grüne Wald unser Haus und Burg[2410]

waren. Sollte nicht das ›Goldene‹ dieser »alten, freien« »Zeit« bei Eichendorff topologisch jenem »[t]räumerische[n]« »kaum sichtbaren Glanz« Heideggers ähneln, der »ehemals« »[]b[e]rgen[d]« »auf allen Dingen lag«?

Heidegger selbst legt diese Vermutung nahe, wenn er in seinem 1950 entstandenen Aufsatz *Die Sprache* – eben jenem, dem sein berühmtes »Die

2406 Mesmer, Mesmerismus. Oder System der Wechselwirkungen, S. 4.

2407 Eichendorff, Ahnung und Gegenwart, S. 246.

2408 Vgl. das Heidegger-Zitat in Anm. 1935.

2409 Vgl. Zitat 1863.

2410 Eichendorff, Ahnung und Gegenwart, S. 162; s. Zitat 2181.

Sprache spricht« entstammt –[2411] von der »Auf-Heiterung von Welt in ihren goldenen Glanz«[2412] spricht: und auch im eben zitierten Rhein-Sprung bei Eichendorff hingen ja »Glanz[]« und Er»heiter«ung zusammen.

So oder so reicht, wie Heidegger zeigt, der Zusammenhang der Begriffe ›Glanz‹ und ›ganz‹ topologisch weit in die Tradition, und das heißt bei Heidegger natürlich: in die vorsokratisch-griechische Tradition[2413] zurück. Mit Bezug auf den Doppelvers

> Golden blüht der Baum der Gnaden
> Aus der Erde kühlem Saft[][2414]

aus Georg Trakls Gedicht *Ein Winterabend* schreibt Heidegger:

> Die Verse heben mit dem Wort »Golden« an. Damit wir dieses Wort und sein Gerufenes deutlicher hören, sei an ein Gedicht Pindars erinnert (Isthm. V). Der Dichter nennt am Beginn dieser Ode das Gold [χρυσός] περιώσιον πάντων, das was alles, πάντα, jegliches Anwesende ringsum, vor allem durchglänzt. Der Glanz des Goldes birgt alles Anwesende in das Unverborgene seines Erscheinens.[2415]

›Gold‹ als, so Heideggers idiosynkratische Pindar-Übersetzung,[2416] *›das, was alles ringsum durchglänzt‹*: das ist nichts anderes als die Sonnenversion, die *Aureole*, zu jener *Gloriole* beziehungsweise »Glorie«, in der Rosa Friedrich erscheint. Über sie heißt es, wie oben schon[2417] zitiert:

> Das Gewand schien ganz und gar von Licht durchdrungen und strömte von allen Seiten einen milden Glanz aus, der eine himmlische Glorie um die Gestalt

2411 Heidegger, Die Sprache, S. 28.

2412 Ebd.

2413 »[M]eine Arbeit galt einer umfangreicheren Auslegung des vorsokratischen Denkens.« Heidegger: »Nur noch ein Gott kann uns retten«. SPIEGEL-Gespräch mit Martin Heidegger, S. 195f.

2414 Heidegger, Die Sprache, S. 23.

2415 Ebd., S. 24.

2416 Der von Heidegger zitierte Text weicht von der Ausgabe »*Pindari carmina cum fragmentis*, Tl. 1: *Epinicia*, hg. von B. Snell und H. Maehler, Leipzig: Teubner, ^{5}1971« ab, der die Ausgabe Pindar: Oden. Griechisch/Deutsch. Übersetzt und hg. von Eugen Dönt, Stuttgart 1986 folgt; ebd., S. 282. Hier, S. 258f., lauten die ersten drei Verse der *V. Isthmischen Ode*: »Μᾶτερ Ἀλίου πολυώνυμε Θεία, / σέο ἕκατι καὶ μεγασθενῆ νόμισαν / χρυσὸν ἄνθρωποι περιώσιον ἄλλων· Mutter der Sonne, vielnamige Theia, / deinetwegen halten die Menschen auch das Gold für besonders / mächtig vor den anderen Dingen.«

2417 Vgl. Zitat 2255.

bildete und sich ins Firmament zu verlieren schien, wo oben an seinem Ausgange einzelne wirkliche Sterne hindurchschimmerten.[2418]

Diese »Glorie« nun, in der Rosa »[w]ie […] ein[] geliebte[r] köstliche[r] Stein mit dem Kostbarsten sorgfältig umfass[t]« wirkt, hatte ich oben im Anschluss an Benjamins Definition der »Aura« als »Ding oder Wesen fest wie in einem Futteral eingesenkt« interpretiert. Genau dieser Gedanke eines ›Bergens im Glanze‹ findet sich bei Heidegger:

[D]as Sagen, das die Welt nennt, […] birgt […] die Dinge in den Glanz von Welt.[2419]

So gesehen, ist »Glanz« bei Heidegger also – auch – ein dem *periéchon*-Paradigma zugehöriger Wechselbegriff für »Stimmung«: und damit auch für das »›Medium‹«. Tatsächlich argumentiert Heidegger gleich darauf ganz in diesem Sinne, wenn er zwar nicht jenes aristotelische »μεταξύ« [metaxu][2420] oder *»[Da]zwischen[s]eiend[e]«*[2421] anführt, von dem ich im Anschluss an Dieter Mersch zu Beginn dieser Studie den ihr zugrundeliegenden Medienbegriff hergeleitet habe, aber seine lateinische Entsprechung »inter«. Und hier spricht Heidegger in aller Klarheit mit seinen eigenen Worten aus – soweit man das so sagen kann –, dass es auch bei ihm um ein *mediales Alles-wird-eins* eines irgendwie Auseinandergetretenen geht.

Heidegger schreibt:

Die Dinge gebärden Welt. Welt gönnt die Dinge.[2422]

›Welt‹ und ›Ding‹ sind also, indem sie einander sozusagen gegenseitig *›be-dingen‹*,[2423] (auch) so etwas wie, mit Goethe, eine »Dualität der Erscheinung«[2424]. Heidegger weiter:

[…] Welt und Dinge bestehen nicht nebeneinander. Sie durchgehen einander. Hierbei durchmessen die Zwei eine Mitte. In dieser sind sie einig. Als so Einige

2418 Eichendorff, Ahnung und Gegenwart, S. 189.

2419 Heidegger, Die Sprache, S. 24.

2420 Aristoteles: Über die Seele. Griechisch/Deutsch. Übersetzt und hg. von Gernot Krampinger, Stuttgart 2011, S. 118 (423b).

2421 Dieter Mersch: Medientheorien zur Einführung, Hamburg 2006, S. 19.

2422 Heidegger, Die Sprache, S. 24.

2423 Ebd., S. 23: »von den Dingen be-dingt«.

2424 Goethe, Physikalische Vorträge. Schematisiert, S. 834.

> sind sie innig. Die Mitte der zwei ist die Innigkeit. Die Mitte von Zweien nennt unsere Sprache das Zwischen. Die lateinische Sprache sagt: inter[,][2425]

und, so darf man ergänzen, die griechische Sprache sagt: *μεταξύ*. Heidegger spart sich hier diesen Verweis aufs Griechische – vermutlich, weil er auf den etymologischen Anschluss an das »inter« hinauswill:

> Dem entspricht das deutsche »unter«. [...] Innigkeit[,]

also die mediale »Mitte der zwei« Seiten der Dualität der Erscheinung,

> waltet [...], wo das Innige, Welt und Ding, rein sich scheidet und geschieden bleibt.[[2426]] In der Mitte der Zwei, im Zwischen[[2427]] von Welt und Ding, in ihrem inter[ ][2428]

und, so möchte man hier unter Verweis auf das andernorts ausdrücklich von Heidegger erwähnte »›Medium‹« ergänzen: in ihrem *μεταξύ*,

> in diesem Unter- waltet der Schied.[2429]
> Die Innigkeit von Welt und Ding[,]

anders gesagt: das Alles-ist-eins der Dualität der Erscheinung

> west im Schied des Zwischen,

das heißt des »inter«, *μεταξύ*, ›Milieus‹, ›Mediums‹,

> im Unter-Schied.[2430]

2425 Heidegger, Die Sprache, S. 24.

2426 Vgl. die rhetorisch ähnliche Formulierung bei Lukács, Die Theorie des Romans, S. 21: »sie scheiden sich scharf, die Welt und das Ich [...], und werden doch niemals einander für immer fremd; denn Feuer ist die Seele eines jeden Lichts und in Licht kleidet sich ein jedes Feuer.«

2427 Auch insofern lässt sich von einem »Poetik-Entwurf [Heideggers] im Zeichen des Zwischen« sprechen, wie es Anja Lemke im Hinblick auf »[d]as Zwischen [...] als [...] Leitmotiv für Heideggers Beschäftigung mit Hölderlins Gedichten« tut. Anja Lemke: Konstellation ohne Sterne. Zur poetischen und geschichtlichen Zäsur bei Martin Heidegger und Paul Celan, München 2002, S. 193–253 (Kapitel »IV. ›Dichter des Dichters‹: Heideggers Transzendentalpoetik in der Moderne«), S. 193.

2428 Heidegger, Die Sprache, S. 24.

2429 Ebd.

2430 Ebd., S. 25.

Denn der »Unter-Schied« ist nichts anderes als Heideggers Bezeichnung für das ›Medium‹ als jene mediale Differenz, in der doch »Zwei eine Mitte« finden und so das ›Ganze‹ im ›Glanze‹ erscheint: also diejenige mediale Differenz, die als »Unter-Schied«, das heißt als *Inter-Differenz* zugleich *In-Differenz* ist, weil in ihr alles ›innig‹ oder ›einig‹,[2431] das heißt *alles eins ist.*

Gelingt diese Vermittlung zum *Alles-ist eins*, dann handelt es sich um ein mediales Ereignis von Glanz und Glorie. So zeigt es sich ja bei Friedrichs und Leontins Sprung in die Wogen des Rheins. Denn in ihrem *Cliff diving*, das zum *Skydiving* wird, finden sie nicht nur den *›Morgenglanze‹*, sondern auch das *Medienganze*: und das ist, bedenkt man Heideggers immensen konzeptuellen und metaphorischen Aufwand auf der Suche nach diesem Medienganzen, in der Tat ein Grund zu jubeln.

Zugleich muss man sich klarmachen, dass Eichendorffs als mediales Präsenzereignis bejubelter Rheinsprung auch eine Art pessimistische Kehrseite hat. Sie findet sich in Georg Büchners Novelle *Lenz* beschrieben. Es ist Lenz, der sie erfährt, und es ist bezeichnend, dass auch seine Erfahrung mit einem Gang ins Gebirge beginnt. Was dann folgt, liest sich wie ein schreckenerregender Gegenentwurf von Friedrichs und Leontins Sprung in den Rhein:

> Den 20. Jänner ging Lenz durchs Gebirg. Die Gipfel und hohen Bergflächen im Schnee, die Täler hinunter graues Gestein, grüne Flächen, Felsen und Tannen.
>
> Es war naßkalt; das Wasser rieselte die Felsen hinunter und sprang über den Weg. Die Äste der Tannen hingen schwer herab in die feuchte Luft. Am Himmel zogen graue Wolken, aber alles so dicht – und dann dampfte der Nebel herauf und strich schwer und feucht durch das Gesträuch, so träg, so plump.[2432]

Das sind, obwohl sich Lenz hoch im Gebirge befindet, keine günstigen Bedingungen für einen *transcensus* in die Himmelshöhe des Ganzen. Wasser rieselt »hinunter«, die Äste der Bäume hängen »schwer herab«, und dieses ›Herabhängen‹ scheint sogar für den Nebel zu gelten, der zwar dem Wortlaut nach »herauf[dampft]«, aber doch zugleich »schwer«, »träg« und »plump« ist, also Tendenz nach unten hat. Ein drastischerer Gegenentwurf zu Wetter und Wolken bei Eichendorff lässt sich wohl kaum denken.

Dann wiederum ist es durchaus Sehnsucht im romantischen Sinne Eichendorffs, die Lenz ins Gebirge hinaustreibt:

2431 »Als so Einige sind sie«, das heißt »Welt und Dinge«, nicht nur »einig«, sondern auch »innig«; ebd., S. 24.

2432 Georg Büchner: Lenz, in: ders.: Werke und Briefe. Mit einem Nachwort von Fritz Bergemann, München 1965, S. 65–84, S. 65.

> [E]s drängte in ihm, er suchte nach etwas, wie nach verlornen Träumen,[2433] aber er fand nichts. Es war ihm alles so klein, so nahe, so naß; er hätte die Erde hinter den Ofen setzen mögen. Er begriff nicht, daß er so viel Zeit brauchte, um einen Abhang hinunter zu klimmen, einen fernen Punkt zu erreichen; er meinte, er müsse alles mit ein Paar Schritten ausmessen können.[2434]

Auch dies eine Kontrafaktur: nämlich die der ›Aura‹, in der »nah[]« und »fern[]« zusammenfallen sollen, es hier jedoch gerade *nicht* tun.

Oben dann, mit Fernblick auf »alle Berggipfel«,

> riß es ihm in der Brust, er stand, keuchend, den Leib vorwärts gebogen, Augen und Mund weit offen, er meinte, er müsse den Sturm in sich ziehen, alles in sich fassen, er dehnte sich aus und lag über der Erde, er wühlte sich in das All hinein, es war eine Lust, die ihm wehe tat;[2435]

und deutlicher sowie buchstäblicher als mit diesem ›Ausdehnen‹ von der Bergeshöhe aus und mit diesem ›Über-die-Erde-Legen‹ ließe sich eine horizontale Ekstase ins ›Ganze‹ des »All[s] hinein«, das am Ende ein Einswerden-mit-dem-All ist, wohl kaum beschreiben: reichen doch die Formulierungen hier schon an Mephistos im Goethe'schen *Faust* geäußerten Zoten über das »überirdische[]« – mit Spitzer: »*this*-worldly, though supraterrestrial« –[2436] »Vergnügen« des ›Auf-den-Gebirgen-Liegens‹ heran.[2437] Nur eben ist Büchners *Lenz* die sozusagen verzweifelte Version, die Gewaltversion jener »harmonische[n] Welle«, in der sich an anderer Stelle von Büchners Novelle dann doch noch tröstlich »alles […] auf[löst].«[2438] Die Topologie dieser Stellen aber ist, so oder so, dieselbe, der auch Eichendorff und Heidegger folgen.

2433 Vgl. auch die regressive Phantasie aus *Ahnung und Gegenwart* zu Anm. 2012.

2434 Büchner, Lenz, S. 65.

2435 Ebd.

2436 Spitzer, Milieu and Ambiance, S. 28.

2437 »MEPHISTOPHELES Ein überirdisches Vergnügen! / In Nacht und Tau auf den Gebirgen liegen, / Und Erd und Himmel wonniglich umfassen, / Zu einer Gottheit sich aufschwellen lassen, / Der Erde Mark mit Ahnungsdrang durchwühlen, / Alle sechs Tagewerk' im Busen fühlen, / In stolzer Kraft ich weiß nicht was genießen, / Bald liebewonniglich in alles überfließen, / Verschwunden ganz der Erdensohn, / Und dann die hohe Intuition –« Goethe, Faust. Eine Tragödie, S. 142 (V. 3282–3291).

2438 Büchner, Lenz, S. 69.

Fähnchenschwenkend durch die leere Luft gehen. Übers Balkongeländer aufs Himmelsseil

Friedrichs und Leontins bejubelter Sprung, hatte ich gesagt, ist ein einmaliger Fall. Tatsächlich kann ja ein Sprung aus der Höhe in die Landschaft hinein gefährlich sein. So erfährt es zum Beispiel im zwölften Kapitel des zweiten Buchs von *Ahnung und Gegenwart* – wohl auch, weil sie eine Frau ist – die Gräfin Romana, als sie einmal, »ohne« sich »zu besinnen, mit einem Schrei vom Abhange aus dem Garten hinunter[springt]«, danach »ohnmächtig« liegen bleibt und von ihrer Mutter ermahnt wird: »Springe nicht aus dem Garten!«[2439]

Zunächst: Die Gräfin springt nicht ›*im* Garten‹ oder ›*in* den Garten‹, sondern ›*aus* dem Garten hinunter‹ und damit auch *heraus*. Anscheinend hat auch sie jenes von Thomas Mann als *»Pan-Erotik«* bezeichnete »Verlangen aus sich heraus ins Ganze« von Landschaft und All, das jedoch traditionell den Männern vorbehalten ist, weil die Frauen ja selbst schon ›Landschaft‹ und ›All‹ sind beziehungsweise repräsentieren. Das erklärt auch das mütterliche Sprungverbot.

Dann wiederum spricht es die Mutter der Gräfin am »letzten Tag vor ihrem Tode« aus, »da sie schon zuweilen irre sprach«. Als sie das Verbot wiederholt, wird es nur noch rätselhafter:

> Und eben, weil du oft fröhlich und kühn sein wirst und Flügel haben, so bitte ich dich: Springe niemals aus dem stillen Garten! –[2440]

Was bedeutet das? Eichendorffs Figuren wissen es selbst nicht. »Was wollte sie denn aber damit sagen?«,[2441] fragt Rosa die Gräfin und erhält darauf keine klare Antwort. Was hier jedoch, so oder so, einmal mehr deutlich wird, ist erstens der Sehnsuchtstraum vom Fliegen, den – obwohl das die topologische Tradition grundsätzlich nicht vorsieht –[2442] offenbar auch die Frauen haben,

---

2439 Eichendorff, Ahnung und Gegenwart, S. 184.

2440 Ebd.

2441 Ebd.

2442 Es gibt Ausnahmen. Ein Beispiel, das dieses Geschlechterproblem reflektiert und benennt, ist Annette von Droste-Hülshoffs Gedicht *Am Turme*. Seine erste Strophe lautet: »Ich steh' auf hohem Balkone am Turm, / Umstrichen vom schreienden Stare, / Und laß' gleich einer Mänade den Sturm / Mir wühlen im flatternden Haare; O wilder Geselle, o toller Fant, / Ich möchte dich kräftig umschlingen, / Und, Sehne an Sehne, zwei Schritte vom Rand / Auf Tod und Leben dann ringen!« In der letzten Strophe wird klar, dass eine solche Phantasie Frauen nicht zusteht: »Wär ich ein Jäger auf freier Flur, / Ein Stück nur von einem Soldaten, / Wär ich ein Mann doch mindestens nur, / So würde der Himmel mir raten; / Nun muß ich sitzen so fein und klar, / Gleich einem artigen Kinde, /

und zweitens der Sprung in die Tiefe, das heißt hier ›*aus* dem Garten *hinunter*‹ in Landschaft und All hinein, in dem man diesen Traum möglicherweise verwirklichen kann.

Und noch ein Drittes deutet sich in den Worten der Gräfin an: nämlich eine Art atmosphärischer »Ausweg« aus der Sehnsucht beziehungsweise eine Art atmosphärischer »Übergangs«-»Weg[]« (Heidegger) ins Ersehnte hinein. Zum einen nämlich antwortet die Gräfin auf Rosas Frage »verstehst du's?«: »Manchmal [...], an nebligen Herbsttagen«, zum anderen singt sie gleich darauf ein Lied aus dem »offene[n] Fenster« hinaus, das das mit dem ›Nebel‹ gerade eingeführte atmosphärische Element in bezeichnender Weise aufnimmt und fluidalmetaphorisch fortführt:

Und darf nur heimlich lösen mein Haar, / Und lassen es flattern im Winde!« Annette von Droste-Hülshoff: Am Turme, in: dies.: Sämtliche Werke in zwei Bänden, Bd. 1: Gedichte, hg. von Bodo Plachta und Winfried Woesler, Frankfurt a. M. 1994, S. 74f. – Ist es so, wie Heinz Schlaffer gesagt hat, dass »die Möglichkeiten der deutschen Literatur, die Apotheose der großen Leidenschaft zu inszenieren, bescheiden« sind, und hier ist zu ergänzen: insbesondere für Frauen, dann handelt es sich bei Drostes Gedicht vielleicht in der Tat um die »Phantasie einer ungehemmten Leidenschaftlichkeit«. Schlaffer, Die kurze Geschichte der deutschen Literatur, S. 129. Vgl. zur Geschlechterfrage in Drostes *Am Turme* Peter von Matt: Verkommene Söhne, mißratene Töchter. Familiendesaster in der Literatur, München [4]2004, S. 206–211, und Claudia Liebrand, Kreative Refakturen. Annette von Droste-Hülshoffs Texte, Freiburg i. Br., Berlin, Wien 2008, S. 9–14. – Hat man einmal eine Ausnahme von der topologischen Genderregel gesehen, wie Drostes Gedicht sie bietet, dann finden sich weitere – auch bei Eichendorff. So heißt es in *Ahnung und Gegenwart* in »eine[r] alte[n] Romanze«, die ein Mädchen namens Julie singt und in der dann auch ein »Mädchen« spricht: »Hoch über stillen Höhen / Stand in dem Wald ein Haus, / Dort war's so einsam zu sehen / Weit über'n Wald hinaus. [...] Und als ein Jahr war vergangen, / Und wieder blühte das Land, / Da stand ich voller Verlangen, / Hoch an des Waldes Rand.« Eichendorff, Ahnung und Gegenwart, S. 304. In der Novelle *Die Entführung* denkt eine »Diana«: »Ich wollt', ich wäre im Gebirg, ich stieg' am liebsten auf die höchsten Gipfel, wo ihnen Allen schwindelte nachzukommen – ich tu's auch noch, wer weiß wie bald!« Kurz darauf heißt es: »Da gewahrte sie erst dicht am Abhang den alten Lindenbaum wieder, auf dem sie als Kind so oft gesessen und vom Wipfel die fernen weißen Schlösser weit in der Runde gezählt. Er war wieder in voller Blüte, auch die Bank stand noch darunter, deren künstlich verflochtene Lehne fast bis an die ersten Äste reichte. Sie stieg rasch hinauf in die grüne Dämmerung, der Wind bog die Zweige auseinander. Da rollte sich plötzlich rings unter ihr das verdunkelte Land auf, der Strom, wie gejagt von den Blitzen, schoß pfeilschnell daher, manchmal klangen von fern die Glocken aus den Dörfern, alle Vögel schwiegen, nur die weißen Möwen über ihr stürzten sich jauchzend in die unermeßliche Freiheit – sie ließ vor Lust ihr Tuch im Sturme mit hinausflattern.« Dass Diana hier etwas Verbotenes tut, legt der Beginn des folgenden Abschnitts nahe: »Auf einmal aber zog sie es erschrocken ein. Sie hatte einen fremden Jäger im Garten erblickt.« Eichendorff, Die Entführung, S. 486 und 488f. – Vgl. Romanas ›schnelles Abbrechen‹ ihres Liedes in Anm. 2447 sowie das in Anmerkung 1860 zu Dorothea Schlegel Gesagte.

Laue Luft kommt blau geflossen,
Frühling, Frühling soll es sein! [...]
Und das Wirren bunt und bunter
Wird ein magisch wilder Fluß,
In die schöne Welt hinunter
Lockt dich dieses Stromes Gruß.[2443]

Wie Friedrich und Leontin der »grüne« »Rhein«-»Strom« »aus« der »Ferne« entgegen»komm[t]«, so der Gräfin die »blau[e]« »Luft«, aus der schließlich »Fluß« und »Strom« werden: »wild[]« zwar, aber dennoch – oder gerade deswegen – einladend und ver»[l]ock«end. Tatsächlich folgt eine Flug-, vielleicht auch Sprung-, in jedem Fall eine Auflösungsphantasie:

Und ich mag mich nicht bewahren!
Weit von Euch treibt mich der Wind,
Auf dem Strome will ich fahren,
Von dem Glanze selig blind![2444]

Nun ist es also doch einmal eine Frau, die so etwas wie Goethes »Weltseele[2445] komm uns zu durchdringen!« ruft, sich »nicht bewahren!«, sondern vielmehr »Im Grenzenlosen sich [...] finden«, als »einzelne« darin »verschwinden« will, indem sie sich vom »Wind« nicht nur in den »Glanze«, sondern eben auch in das ›Ganze‹ hinein»treib[en]« lässt: und das zudem, auch darin auf Friedrichs und Leonards Rheinsprung vorausverweisend, indem sie sich von »Aurora[s] [F]lammen[] [hoch]weh[en]« lässt:

Hoch Aurora flammend weht, [...]
Wo die Fahrt zu Ende geht![2446]

Keine Frage: auch die Gräfin hat »Heimweh« im Sinne Heideggers, und ihre Phantasie vom *Sein im Ganzen* ist eine vom *Sein im Glanze*.

Am Ende aber bleibt es, einmal mehr, bei einer bloßen Phantasie, einer ›schnellabgebrochenen‹[2447] sogar. Vertan ist für die Gräfin die Chance, doch

2443 Eichendorff, Ahnung und Gegenwart, S. 184f.

2444 Ebd., S. 185.

2445 Der Begriff fällt, allerdings spöttisch, auch in *Ahnung und Gegenwart*. So sagt Leontin im dritten Kapitel des Ersten Buchs zum Dichter Faber: »Ihr verwechselt mit Euren Wortwechseleien alles so, daß man am Ende seiner selbst nicht sicher bleibt. Glaubte ich doch einmal in allem Ernste, ich sei die Weltseele, und wußte vor lauter Welt nicht, ob ich eine Seele hatte, oder umgekehrt.« Ebd., S. 80f.

2446 Ebd., S. 185.

2447 »Was macht dein Bruder Leontin? fragte« Romana »schnellabbrechend und legte die Guitarre [...] hin.« Ebd.; vgl. das letzte Zitat in Anm. 2442.

noch einmal zu springen – oder auch nur den Verlockungen von »Fluß« und »Gruß«, wie es dieser Reim vielleicht sogar suggeriert,[2448] mit dem *Fuß* zu folgen und ihn hinauszusetzen ins Offene, dem sie sich ja immerhin schon durch Herantreten »an das offene Fenster« genähert hat. Sie tut es nicht und bleibt stehen – sei's, insofern sie sich in einem geschlossenen Raum befindet, wie Friedrichs Frau am beziehungsweise hinterm Fenster (Abb. 44), sei's, indem sie sich wie Friedrichs Wanderer von der atmosphärischen Ferne, dem Glanze beziehungsweise dem Ganzen locken lässt und dennoch nicht losläuft (Abb. 5).

Ist es also, so muss man sich jetzt fragen, übertrieben und der Sache nach unangemessen, den hier in Rede stehenden Figuren wie Eichendorffs Gräfin und Friedrichs Wanderer zu unterstellen, sie wollten ins atmosphärisch Offene vor ihnen hinaus- beziehungsweise hineinwandeln, ja -schweben? Sie tun es ja doch nicht.

Die Antwort lautet: nein, und sie muss sich nicht auf Friedrichs und Leontins Rheinsprung stützen, bei dem es sich ja zugegebenermaßen um einen Sturz, wenn man so will: die Sturzflug-Variante des Hineinfliegens-ins-Offene handelt, nicht aber um ein Hinauf- oder »Emporschweben[]« (Lukács)[2449]. Denn es gibt einen gewissermaßen lehrbuchartigen Fall des schwebend Ins-Offene-Hineinwandelns.

Wie man sich ein solches In-die-Luft-Treten, ja ein Durch-die-Luft-Gehen mit Eichendorff vorzustellen hat, führt eine Szene aus seiner Novelle *Die Glücksritter* vor Augen. Ein Jäger erzählt:

> So kamen wir am folgenden Abend – es war gerade ein Sonntag – in ein kleines Städtchen; da war großes Gewirr auf dem Platz [...]. An des Bürgermeisters Hause aber war vom Balkon ein Seil gespannt über die Stadt und die Gärten weg bis zum Waldberg jenseits überm Fluß.[2450]

2448 Ähnlich argumentiert mit Blick auf Eichendorffs *Waldesgespräch*-Verse »›Du kennst mich wohl – vom hohen Stein / Schaut still mein Schloß in tiefen Rhein [...]‹« Ralf Simon: »In der letzten Strophe wird man durch die Worte ›wohl‹ und ›hohen‹ auf ein langes ›o‹ eingestellt, welches durch das kurze ›o‹ des Wortes ›Schloss‹ in dem Moment ein Verschließen erfährt, in dem wir dem phonetischen Pfad folgen und ›Schoß‹ lesen wollen.« Simon, Eichendorff. Der Baum der Sprache (Lorelay) S. 156 und 157. – Vgl. zu »phonematisch[en]« Aspekten einer ›transfigurativen‹ »posthermeneutischen Lesekonzeption«, die die »›Dekonstruktion‹« »[k]ritisch[] [w]eiterdenk[t]«, Daniel Müller Nielaba: »Im Lied das tiefe Leid«. Eichendorffs Transfigurationen, in: ders. (Hg.): »du kritische Seele«. Eichendorff: Epistemologien des Dichtens, Würzburg 2009, S. 35–50, S. 46f.

2449 S. Zitate 2077 und 2141.

2450 Eichendorff, Die Glücksritter, S. 547.

Das ist anschaulich. Das »Seil« verlängert den »Balkon« »über« – dieses Wort fällt gleich zwei Mal – sein im nächsten Satz erwähntes »Geländer«, den »Fluß«, die »Stadt und die Gärten« in der Nähe hinaus in die »jenseit[ige]« Ferne mit »Wald[]« und »Berg«, die hier zu dem ein Ganzes beziehungsweise *das Ganze* bezeichnenden Wort »Waldberg« (das Wort fällt auch in *Ahnung und Gegenwart*)[2451] zusammengezogen sind. Dabei führt das Seil *horizontal* nach »jenseits«, das heißt *in der Höhe* »überm Fluß« – ›über‹ steht hier mit dem Dativ des Ortes –, *hinaus*, aber anscheinend zugleich auch »über die Stadt [...] weg« – hier steht ›über‹ mit dem Akkusativ und zeigt so die Richtung an – weiter *in die Höhe*, nämlich die Höhe des Bergs, *hinauf*: muss es doch, wenn das Seil »bis zum Waldberg« führt, noch oberhalb von diesem befestigt sein.

So gesehen zugleich horizontal wie vertikal orientiert, erinnert das Seil an die Himmelsleiter-Bäume, die ich in diesem Kapitel beschrieben habe: jene, wie es einmal in Eichendorffs Novelle *Dichter und ihre Gesellen* heißt, »Bäume«, »Wipfel und Zweige«, die »in den Himmeln wachsen« – also *hinauf*wachsen – beziehungsweise in ihn *hinaus*stehen.[2452] Das ist auch der Grund, warum die Baumwipfel bei Eichendorff manchmal wie die natürliche Verlängerung des Balkons erscheinen. So heißt es in den *Glücksrittern*:

> [A]m Schloß [...] bemerkten [...] [die Wanderer] einen Balkon zwischen [!] den Wipfeln, der nach dem Walde herausging. Dort sahen sie einige Herren an dem steinernen Geländer stehen, die Dame aus dem Garten schien auch bei ihnen zu sein; aber sie konnten nichts deutlich erkennen, denn die Linde, die in voller Blüte stand, reichte bis an den Balkon, und die Abendsonne funkelte blendend dazwischen [!].[2453]

Befinden sich diese Herren also noch *›an‹*, und das heißt hier wohl auch *hinter* »dem steinernen Geländer« auf dem »Balkon«, so müssen sie doch von den Wanderern, wie der Balkon selbst, schon »zwischen« – *μεταξύ* oder *inter*[2454] – »den Wipfeln« wahrgenommen werden. Denn die Herren lehnen sich zwar nicht, wie Friedrich zu Beginn von *Ahnung und Gegenwart*, »über das

2451 Eichendorff, Ahnung und Gegenwart, S. 137: »Die Jäger durchstrichen das Revier und riefen mit ihren Hüfthörnern die zerstreuten Schützen von allen Seiten zusammen. So hatte sich nach und nach die Gesellschaft [...] zusammengefunden und auf einer großen, schönen Wiese gelagert, die kühl und luftig zwischen den Waldbergen sich hinstreckte.«

2452 Vgl. den »Tannenbaum« in Eichendorffs *Dichtern und ihren Gesellen*, der »am Abhang« steht und »mit dem Wipfel bis über die Anhöhe hinauf[ragt]«; Eichendorff, Dichter und ihre Gesellen, S. 126; ausführlich zitiert in Anm. 2349.

2453 Eichendorff, Die Glücksritter, S. 535.

2454 Vgl. Heidegger, Die Sprache, S. 24; oben Zitat 2428.

Geländer« des Balkons »hinaus«. Aber der Balkon selbst ragt ja in den Wald hinein, so wie umgekehrt »die Linde [...] bis an den Balkon« heran»reicht[]«.

Was hier suggeriert wird, ist ein kontinuierlicher Übergang vom Balkon in die – noch einzelnen – Baumwipfel hinein und von dort »nach dem« – nun generischen, ›ganzen‹ – »Walde heraus[]«, der hier auch über das Funkeln der Abendsonne die Konnotation von Himmel und Höhe sowie Ganzheit im Sinne des ›Glanzes‹ trägt. Ganz ähnlich wiederum, nur über eine viel weitere Distanz, verbindet das am Balkongeländer des Bürgermeisterhauses angebrachte Seil den Balkon mit dem »Waldberg«, der sich zugleich in der Ferne und in der Höhe befindet.

Dabei ist klar, dass das Seil einem *transcensus* dienen soll. Denn die Person, die es gleich betreten wird, steht ausdrücklich schon auf dem Balkongeländer:

> Ein schlanker Bursch stand auf dem Geländer des Balkons in flimmernder spanischer Tracht mit wallenden Locken. Der alte Bürgermeister schien wie vernarrt in das blanke Püppchen,

was daran liegt, dass auch dieser hübsche »Bursch« sich gleich als Mädchen entpuppen wird,

> plauderte und nickte ihm freundlich zu, daß die Sonne in den Edelsteinen seines kostbaren Hutes spielte, der Bursch reckte ihm lachend den Fuß hin, er mußte ihm mit einem großen Stück Kreide die Sohlen einreiben.[2455]

Wer sich hier aufmacht, um zu Fuß nicht nur *ins*, sondern tatsächlich – mit E.T.A. Hoffmanns Worten – ›*übers* Gebürge‹ zu gehen, der tut dies nicht – wie Hoffmann – auf »brennen[den] [...] Sohlen«,[2456] sondern vielmehr auf mit Kreide präparierten »Sohlen«.

Der Jäger fährt fort: »Auf einmal wendet er«, also der »schlanke[] Bursch«, »sich herum:«

> – das ist Sinka![,]

ein Mädchen also,

> rufe ich erstaunt meinen Kameraden zu. – Aber sie hatte uns auch schon bemerkt, und eh wir uns durchdrängen können, nimmt sie rasch dem Bürgermeister den kostbaren Hut von der Glatze, drückt sich ihn auf die Locken, und zierlich mit zwei bunten Fähnchen schwenkend,

2455 Eichendorff, Die Glücksritter, S. 547.

2456 Hoffmann, Brief an Theodor Gottlieb von Hippel, 1.4.1798, S. 109.

als handelte es sich dabei um die von so vielen romantischen Figuren vermissten Flügel,

> und grüßend schreitet sie unter großem Jubelgeschrei[,]

wie es vielleicht an die beim Aufstieg in den Himmel jubilierende Lerche oder Friedrichs und Leontins »[J]ubeln[]« beim Schwimmen im »Morgenglanze« denken lässt,

> über Köpfe, Dächer und Gärten fort. Der Abend dunkelte schon, das Seil wurde unkenntlich aus der Ferne[]

und nicht ›in‹ der Ferne: ganz so also, als käme auch das Seil, wie der blaue Luft- oder der grüne Rheinstrom, »[l]ock[end]« »aus der Ferne«, und

> es war, als ginge sie durch die leere Luft, die untergehende Sonne blitzte noch einmal in den Steinen am Hut, so verschwand sie wie eine Sternschnuppe jenseits überm Walde; niemand hat sie wiedergesehen.[2457]

So schaut es aus: hinausbalancierend »über Köpfe, Dächer und Gärten fort« in Richtung »Waldberg« scheint dieses zweimal »Bursch« genannte Mädchen doch tatsächlich wie »durch die leere Luft« ins »[J]enseits überm Walde«, also in den Himmel, hinaufzugehen. Hier fährt nicht wie in Goethes *Wahlverwandtschaften* »[d]ie Hoffnung [...] wie ein Stern, der vom Himmel fällt, über« die »Häupter« der Anwesenden »weg« und am Ende auch hinab,[2458] sondern *hier balanciert* umgekehrt *die* – wie Mignon in Goethes *Wilhelm Meister* – geschlechterambivalent *personifizierte romantische Sehnsucht* »wie eine Sternschnuppe« »über« die »Köpfe« der Anwesenden hinweg *in Landschaft und Himmel hinein* beziehungsweise *hinauf*.

Man muss sich klarmachen, was für ein sagenhaftes Bild Eichendorff mit dieser Szene evoziert – bis hin zur Metapher von der Sternschnuppe, die hier offenbar in ähnlich kontraintuitiver Weise gesetzt ist wie der »Stern« bei Goethe. Eigentlich ist es ja der Stern, der als ›Fixstern‹ fest steht und *nicht* vom Himmel fällt wie eine Sternschnuppe. Und dennoch ist es in den *Wahlverwandtschaften* gerade der »Stern«, der »vom Himmel fällt«, wie sich umgekehrt in Eichendorffs *Glücksrittern* die Sternschnuppe »überm Walde« befindet; und

2457 Eichendorff, Die Glücksritter, S. 547f.

2458 Goethe, Die Wahlverwandtschaften, S. 496.

dieser Dativ des Ortes deutet, eben weil hier *nicht* der bei Eichendorff sonst so häufig gesetzte Akkusativ der Richtung[2459] steht, auf eine Fixposition.

Dass die ganze Szene unter dem Vorbehalt des »es war, als« samt Konjunktivus irrealis steht, liegt auf der Hand. Schon über dieses Incipit verweist sie formal auf Eichendorffs *Mondnacht* – und wie viel mehr in der Sache. Denn dieser Gang über das »Seil« ist ja nicht nur einer übers *Hochseil*, sondern vor allem der Gang über ein *Himmelsseil*. Wie die mit Eichendorffs Helden als Himmelsleiter zu begreifende Eiche in Friedrichs Bild *Mann und Frau den Mond betrachtend* (Abb. 46) führt dieses Seil nach »jenseits überm Walde«. Wie die untere Eiche auf der Baumskizze Friedrichs von 1809 (Abb. 47) in die Tiefe des Bildes hinein mit der Feinheit der Schraffur auch ihre Kenntlichkeit verliert, wird das Seil »aus« beziehungsweise in »der Ferne« »unkenntlich«. Und wie bei dem von den romantischen Autoren und Figuren erträumten und phantasierten Himmelsflug ist es, »als ginge« man auf diesem Himmelsseil »durch die leere Luft«: als böte also dieses Seil endlich auch – mit Hoffmanns Worten – dem, dessen »Flügel [...] beschnitten« sind, die Gelegenheit, »übers Gebürge«,[2460] in den Himmel hinauf und ins Ganze ›emporzuschweben‹ – zwar zu Fuß auf den mit Kreide präparierten »Sohlen«, aber dennoch »wirklich« und nicht nur im Traum.

So gesehen, handelt es sich bei diesem Hochseil um eine buchstäblich betretbare und dem Himmel entgegenführende Variante jener bei Hoffmann dem »Weltgeist« zum Musizieren dienenden »unsichtbaren Saiten, die durch das Universum sich spannen«. Dazu passt ja auch, dass das Seil »vom Balkon«, also aus dem Diesseits mikrokosmischer Größenordnung, »gespannt« hinaus in ein »[J]enseits« führt, das insofern makrokosmisch ist, als das Seil ja nicht nur »überm Fluß«, sondern auch irgendwo überm »Waldberg«, ja vielleicht sogar hinterm Horizont befestigt ist: und somit hinausführt ins makrokosmische All.

Bemerkenswert ist, dass die »Luft«, »durch« die das knabenhafte Mädchen anscheinend balanciert, »leer[]« sein soll. Das kann entweder bedeuten, dass man das Seil nicht sieht und insofern die Illusion des Durch-die-Luft-Laufens oder -Schwebens umso stärker ist. Oder aber die Luft-Leere weist darauf hin, dass es sich hier gerade – noch – *nicht* um einen erfüllten Augenblick handelt, wie ihn Spitzer mit Blick auf Eichendorff beschrieben hat, ja nicht einmal um den Vorschein eines solchen Augenblicks. Denn das Mädchen, das hier

2459 Vgl. Alewyn, Eine Landschaft Eichendorffs, S. 35: »Die Präpositionen ›in‹, ›an‹, ›auf‹, ›über‹, ›vor‹ und ›zwischen‹, die, je nachdem, ob sie die Lage an einem Ort oder die Richtung einer Bewegung bezeichnen, mit dem Dativ oder dem Akkusativ konstruiert werden, werden bei Eichendorff überwiegend in der letzteren Form verwendet [...].«

2460 Hoffmann, Brief an Theodor Gottlieb von Hippel, 1.4.1798, S. 109.

balanciert, taucht dabei – noch – *nicht* in eine *periéchon*hafte ›Fülle‹ ein, es schwankt und schaukelt auch nicht auf dem Seil wie die Männer auf den Bäumen, sondern es ist eben *noch auf dem Weg* hinein in die Tiefe von Landschaft, Wald und Bergen. Dazu lehnt sich das Mädchen nicht nur, wie Friedrich, »über das Geländer« des Balkons »hinaus[]«, sondern es ist buchstäblich darüber hinweggeklettert, um nun in Verlängerung des hier nicht »über die Donau«, wohl aber in die Landschaft »hinausg[ehenden]« Balkons wie »durch die leere Luft« weiterzulaufen. Auf diese Weise aber ist das Mädchen nicht nur ›ekstatisch‹ (›hinausstehend‹), sondern im Wortsinne ›ekbasisch‹ (›hinaustretend‹), ja vielleicht sogar ›parekbasisch‹ auf dem Weg – *hodós* – hin – *metá* – zur Transzendenz, das heißt im Wortsinne *methodisch* auf dem *transcensus* in jene Tiefe-und-zugleich-Höhe, die am Ende die ›Erfüllung‹ im ›Ganzen‹ verspricht.

Auch eine Methode, hinaus ins Ganze zu gelangen. Eichendorffs Baumwipfelpfad

Ist das schwierig zu denken? Zugegeben: Hier braucht es, noch einmal mit Hegels Ausdruck, eine gewisse »Anstrengung des Begriffs«.[2461] Denn in der Tat klingt das Gesagte in den hier verwendeten Begriffen, die zu einem großen Teil von Heidegger bezogen sind, kompliziert. Doch die Anschauung ist es nicht. Das zeigt die von Eichendorff beschriebene Szene. Und das zeigt sich ebenfalls in einer romantischen Konstruktion wie jenem Baumwipfelpfad im bayerischen Neuschönau, den ich oben im dritten Kapitel ausführlich beschrieben habe.

Zur Erinnerung: In Neuschönau im Bayerischen Wald kann man über einen 1300 Meter langen, am höchsten Punkt 44 Meter hohen und mit 2,50 Metern Breite kinderwagen- und rollstuhlgeeigneten Baumwipfelpfad laufen. (Abb. 1–3)[2462] Er endet in einer »riesige[n] Kuppel aus Holz«, die aus dem »Wald ragt«, »luftig und durchlässig«.[2463] »Wenn man den gewundenen Steg hochläuft«, so die *Frankfurter Allgemeine Sonntagszeitung*, »vorbei an den drei mächtigen Tannen und Buchen im Inneren des Gewölbes, ist man in schönster Architektur und doch mitten im Wald«, und zu ergänzen ist, mit Eichendorffs

2461 Hegel, Phänomenologie des Geistes, S. 43.

2462 www.baumwipfelpfad.bayern/bayerischer-wald/bilder/ (10.3.2016).

2463 Verena Mayer: Im Waldwunderland. Hier lässt man die Schneekirche im Dorf: Eine Winterreise mit Familie in den Bayerischen Wald, in: Frankfurter Allgemeine Sonntagszeitung, 26.2.2012, S. V2.

Worten: Man »geht« »[d]urch [!] die Wipfel«[2464] und schwebt so laufend, sich am Ende spiralförmig in der Kuppel in die Höhe schraubend,[2465] durch ihn hindurch, bis man sich über den Baumwipfeln befindet – mit Goethe: »über allen Wipfeln« –, von wo man »einen schönen Blick hat über die Höhenzüge des Bayerischen Waldes, das Donautal und die Ebenen des Gäubodens«[2466]: also einen Blick übers Donautal, wie er sich auch den Helden von *Ahnung und Gegenwart* immer wieder eröffnet. »25 Meter über dem Waldboden in unberührter Natur spazierengehen und einzigartige Perspektiven erleben«, die diese »behutsam in den herrlichen Bergmischwald integriert[e] Konstruktion« »vermittelt«, und am Ende schließlich ein »fantastische[r] und nahezu grenzenlose[r] Ausblick« auf »Wald und Wildnis pur«, wie es auf www.ostbayern-tourismus.de[2467] heißt: kein Zweifel, es handelt sich hier um eine bequem zu begehende und sogar zu befahrende Jakobsleiter hinauf zu einer Eichendorff'schen Aussicht.

Dass es sich bei diesem Baumwipfelpfad um eine gleichermaßen, wenn man hier so sagen kann, zutiefst und höchst romantische Konstruktion handelt, verwundert mit Blick auf Eichendorff nicht: ist doch der Baumwipfelpfad bei ihm schon vorgedacht. Beschrieben wird er in einer Szene der Novelle *Dichter und ihre Gesellen.* Darin zeigt ein Unbekannter dem Protagonisten Fortunat einen Garten, den ein sogenannter »Dichter-Graf[]« angelegt hat. Man ist sich einig, dass »ein Garten [...] ein Gedicht von ganz bestimmtem Klange« sein soll,[2468] und wenn nicht im selben Atemzuge von ›Sehnsucht‹ die Rede ist, so doch von »Wehmut«. Dann heißt es:

> Jetzt standen sie an dem Abhang des Berges, dessen obere Fläche das Schloß und der eigentliche Ziergarten einnahmen. Von der, mit Efeu umrankten Felswand sah man hier plötzlich in tiefe Schluchten und Wiesenplätze hinab, wo im kühlen Schatten uralter Bäume Rehe und Damhirsche weideten, die scheu die Köpfe nach ihnen emporhoben und dann pfeilschnell im tieferen Dunkel verschwanden. –[2469]

2464 »Das Mädchen sang [...]: Denn über ihn weg im Wind / Durch die Wipfel der wilde Jäger geht, [...] Und aus allen Toren rauschet der Wald. // Der Wald, der Wald, der schöne grüne Wald!« Das Gedicht endet mit dem Vers: »Und wir ziehen heim, schöner Wald, gute Nacht!« Eichendorff, Die Glücksritter, S. 532f.

2465 Vgl. zum Höhenstreben von Kirchtürmen die Zitate von Spitzer, Hoffmann und Proust in Anm. 1935.

2466 »Wipfel der Gefühle«, in: Panorama. Magazin des Deutschen Alpenvereins, Juni 2012, S. 116.

2467 http://www.ostbayern-tourismus.de/Aktuelles/Der-Baumwipfelpfad (8.3.2016).

2468 Eichendorff, Dichter und ihre Gesellen, S. 121.

2469 Ebd., S. 121f.

Das ist eine Variation dessen, was E.T.A. Hoffmann »auf der Höhe« »zwischen Löwenberg und Hirschberg« »[t]ief unter« sich erblickt.[2470] Und weiter:

> Sehen Sie da, rief Fortunats Begleiter aus, das Großartige und Kühne dieser Komposition[,]

bei der es sich also ausdrücklich um etwas poetisch Gemachtes handelt: auch insofern ist der »Garten [...] ein Gedicht«. Der Redner fährt fort:

> Ich betrete diesen Ort nie ohne Ehrfurcht vor dem seltenen Genius dieses Dichter-Grafen [...]! besonders muß ich Sie hier auf jene leichtgeschwungenen Brücken aufmerksam machen. Sie führen, wie Sie sehen, über die Wipfel der Bäume hinweg[,]

darin dem »[a]n des Bürgermeisters Hause [...] Balkon« an»gespannt«en »Seil« ähnlich, aber auch dem Neuschönauer Baumwipfelpfad,

> nach einzeln stehenden hohen, abgerissenen Felsen hinüber, die, mit ihren bunten Gärtchen auf den Gipfeln, wie funkelnde Blumenzinnen über die Waldeseinsamkeit emporragen [...]; das waren die Blocksberge seiner Phantasie.[2471]

›Einzelnstehende, hohe, abgerissene Felsen‹, zu denen ein Weg »hinüber« führt: beschreiben nicht eben diese Worte die Aussicht von Friedrichs *Wanderer über dem Nebelmeer* – nur dass es in seinem Fall der Nebel und die Wolken sind, die zu den Felsen hinüberführen? Tatsächlich gibt es bei ihm wenn auch keine »Gärtchen«, so doch Bäume auf den »Gipfeln«, die auf diese Weise nicht wie »Blumen-«, aber immerhin wie Baum»zinnen über die Waldeseinsamkeit emporragen«. Und noch die Rede von den »Blocksberge[n]« der »Phantasie« passt insofern auf den *Wanderer*, als der Blocksberg ja jener Berg ist, den die ihn heimsuchende Klientel im Fluge erreicht: und auch Friedrichs Wanderer, hatte ich argumentiert, scheint wie schwebend zu den Felsen vor ihm hinüberwandeln zu wollen.

Eichendorffs Baumwipfelpfad führt, so oder so, ausdrücklich zu einem Aussichtspunkt, wie ihn auch die Helden von *Ahnung und Gegenwart* immer wieder aufsuchen. »Hier«, fährt der Erzähler fort, also auf den »über die Wipfel der Bäume hinweg[führenden]«, schließlich »über die Waldeseinsamkeit emporragen[den]« »Gipfeln«,

2470 Hoffmann, Briefe aus den Bergen, S. 694.
2471 Eichendorff, Dichter und ihre Gesellen, S. 122.

> pflegte [d]er [Dichter-Graf] als Knabe, wenn ein Gewitter heraufzog, und im Schlosse alles ängstlich durcheinander lief, vor der unermeßlichen[,]

also im Kant'schen Sinne erhabenen All-

> Aussicht zu sitzen, mit den Beinen über dem Abgrunde baumelnd, bis ihm die ersten dicken Regentropfen an die seidenen Strümpfe klatschten. –[2472]

Das aber heißt, so hatte ich oben argumentiert, dass mit dem Gewitter und seinen Wolken auch das *periéchon* aus der Ferne heran- und heraufzieht: jene hier wieder meteorologisch materialisierte Mesmer'sche »Allflut«, deren erste Tropfen bereits zu hören und zu spüren sind. In wenigen Augenblicken also könnte sich der Dichter-Graf aus der Höhe in »Aussicht« und »Abgrund« fallen lassen, um wieder in die vom Gewitter zurückgebrachte »Allflut« einzutauchen.

Luginsland und Himmelsschaukel. Höhenkunst ...

Der Baum als Himmelsleiter, der Baumwipfelpfad als in die Baumwipfel hineingebaute und noch ›über die Wipfel der Bäume hinwegführende Brücke‹, die auf diese Weise landschaftsarchitektonisch einen – mit Heideggers Ausdruck – »schmale[n] Weg[]« des »Übergangs« in die Tiefe des Alls »bau[t]«, der jedoch immerhin breiter als ein in den Himmel führendes Seil ist: all das findet sich schon bei Eichendorff gedacht und beschrieben. Darin erscheint, etwa mit Blick auf den Neuschönauer Baumwipfelpfad, Eichendorff erstaunlich gegenwärtig – oder aber, umgekehrt, die Gegenwart erstaunlich romantisch.

So zeigen es etwa die in Fotos und Videos dokumentierten Performances des Künstlerduos Matthias Wermke und Mischa Leinkauf, die im Katalog zu der 2013 im Kunstverein Heilbronn veranstalteten Ausstellung mit dem Titel »Grenzgänger« ganz im Sinne der im vorliegenden Kapitel entwickelten Begriffe als »Romantische [...] Prozesse des Dazwischen-Seins« beschrieben worden sind.[2473] Bei Wermke und Leinkauf finden sich, um nur einige

2472 Ebd.

2473 Xander Karskens: Romantische Subversion: Prozesse des Dazwischen-Seins, in: Wermke Leinkauf. Katalog im Rahmen des »Columbus-Förderpreis für aktuelle Kunst in Kooperation mit der ADKV« und anlässlich der Ausstellung *Grenzgänger* im Kunstverein Heilbronn 20.7.–15.9.2013, hg. von Jörg van den Berg und Matthia Löbke, Köln 2013, S. 70f., S. 70.

Beispiele zu nennen, die Himmelsleiter (Abb. 55)[2474] und das schon religiös anmutende Über-die-Himmelsleiter-in-die-Höhe-Streben (Abb. 56)[2475], aber auch der auf komische Weise allzu buchstäblich anmutenden Versuch, wie Hoffmanns »Dichter [...] die Himmelsleiter auf«zustellen auf »der schönen Erde«, um dann ihre »losen Sprossen« zu »besteigen«[2476] (Abb. 57)[2477].

Abb. 55
Wermke und Leinkauf:
Himmelsleiter ...

Abb. 56
... und Über-die-Leiter-in-die-Höhe-Streben

2474 »One more step to the top of the city«, 2011; ebd., S. 92.
2475 Unbetitelt; ebd., S. 16.
2476 Eichendorff, Ahnung und Gegenwart, S. 156.
2477 Unbetitelt; Wermke Leinkauf. Katalog, S. 29.

Abb. 57 Aufgestellt auf der schönen Erde, aber lose

Abb. 58 Auratisches Zusammenrücken von Ferne und Nähe

Abb. 59 Nicht Baum, sondern Laterne

Abb. 60 Auch ein hyperbolisches Schema

Abb. 61 Caspar David Friedrich: *Der Abendstern*

In einem Video sieht man einen der Künstler auf einer wie frei im Himmel hängenden Schaukel etwas oberhalb der Kugel des Berliner Fernsehturms sachte hin- und herschwingen. Dabei rücken aufgrund der extremen Tele-Perspektive Vorder- und Hintergrund auf ›auratische‹ Weise zusammen (Abb. 58)[2478] – und (nur) in dieser Hinsicht bewirkt die extreme Tele-Perspektive einen ähnlichen Effekt wie Friedrichs malerisches Verfahren, durch Auslassen des Mittelgrundes Vorder- und Hintergrund eines Bildes aneinanderzurücken. Wiederholt zeigen Wermke und Leinkauf das In-die-Tiefe-fallen-Lassen.[2479] Der wie eine Jakobsleiter bestiegene Baum ist, urban *up to date* gebracht, eine Straßenlaterne (Abb. 59)[2480]. Ein überwanderter Brückenbogen (Abb. 60)[2481] erinnert an den bildweitenden Effekt von Friedrichs konkaver Hyperbel, die manchmal auch in Gestalt eines ebenfalls überwanderten Hügels vorkommt, so etwa im Bild *Der Abendstern* aus der Zeit um 1830. (Abb. 61)[2482]

… und -architektur heute. Skywalks

Das ähnelt der Wirkung zeitgenössischer Landschaftsarchitektur, wie sie der Katalog *Luginsland. Architektur mit Aussicht* des Schweizerischen Architekturmuseums Basel darstellt.[2483] In dem Katalog findet sich eine Reihe von in den 2000er Jahren gebauten Skywalks. Ein Skywalk ist eine Art Landschaftsbalkon, der von einem steilen Abhang aus in die Tiefe hineinragt und der Landschaftsbeobachtung, ja buchstäblich dem Hinausstehen in die Landschaft hinein dient.

2478 »Die neonorangene Kuh«, 2005; ebd., S. 46f.; s. auch www.wermke-leinkauf.com/de und https://vimeo.com/102327740 ab Minute 1:08 (10.3.2016). In welcher großen Höhe die »transportable Schaukel«, die für dieses Projekt »an verschiedenen Orten in Berlin temporär installiert« wurde, »um dort zu schaukeln«, manchmal installiert war (Wermke Leinkauf. Katalog, S. 43), zeigt die Abbildung ebd. S. 42, auf der die Schaukel am umlaufenden Rahmen der Zeltüberdachung des Sony Center aufgehängt ist.

2479 Wermke Leinkauf. Katalog, S. 106f.

2480 Ebd., S. 116.

2481 Ebd., S. 112f.

2482 Caspar David Friedrich: Der Abendstern, um 1830, in: Caspar David Friedrich. Die Erfindung der Romantik, S. 281. Vgl. zum »bei aller Einfachheit« doch »raffiniert[en]« »Aufbau« dieses Bildes Busch, Caspar David Friedrich. Ästhetik und Religion, S. 126–128.

2483 Luginsland. Architektur mit Aussicht / Lookout. Architecture With a View, hg. von Hubertus Adam, Basel 2013 (= S AM N° 11 / 11. Ausgabe der ausstellungsbezogenen Publikationsreihe des Schweizerischen Architekturmuseums Basel). Joachim Kleinmanns: Sehkrank? Über die Lust am Schauen und Bauen, ebd., S. 16f., S. 17, verweist auf Goethe auf dem Straßburger Münster; vgl. das Zitat in Anm. 2213.

Wie schon der Titel des Katalogs andeutet, geht es hier *nicht* um den Schwindeleffekt, der sich beim Blick aus der Höhe in die Landschaft hinein immer *auch* einstellt. Das ist insofern ganz im Sinne Eichendorffs, als seine Texte das Schwindelpotential der Höhenposition nicht in Abrede stellen, ja gelegentlich sogar erwähnen – etwa, als Friedrich davon erzählt, wie sein Bruder Rudolph »auf dem steinernen Geländer der Galerie« eines Schlosses »[herum]-lief oder [-]ritt«, so »daß« Friedrich »vor Schwindel alle Sinne vergingen.«

Das ist jedoch eine Ausnahme. Grundsätzlich geht es bei Eichendorff *nicht* um den schwindelerzeugenden Blick steil nach unten, sondern um den flachen Blick in die Tiefe. Denn, mit Friedrichs Worten aus *Ahnung und Gegenwart* gesagt, das romantische »Heimweh« richtet sich in der Landschaft eben nicht in die Tiefe nach unten, sondern auf jene »fernere[] und tiefere[] Heimat«, die sich dem *horizontalen* Blick bieten, weil sie *hinter* den »Gärten und Bergen« liegt.[2484] Dazu passt, dass der »sehnsuchtsvolle[] Schauer, mit dem« Friedrich von der »Galerie« eines Schlosses »hinuntersah«, offenbar *nicht* dem an dieser Stelle einmal erwähnten »Schwindel« geschuldet ist, sondern dem Blick in die horizontale Ferne, in der »der Abend blutrot hinter [!] den schwarzen Wäldern versank«.[2485]

Der Blick geht in die Tiefe der Ferne, nicht in die schwindelerregende Tiefe nach unten. So erlebt es auch Erwine, als sie noch Erwin heißt – und dabei kommt ihr sogar, nimmt man die Beschreibung beim Wort, der Wald selbst ›ekstatisch‹, nämlich »hervorragend[]«, entgegen:

> Erwin hatte sich in ein ausgebrochenes Bogenfenster der Burg gesetzt, das unmittelbar über dem Abgrunde stand. Ohne allen Schwindel saß er dort oben, seine ganze Seele schien aus den sinnigen Augen in die wunderbare Aussicht hinauszusehen. Er sagte voller Freuden, er erblicke ganz im Hintergrunde einen Berg und einen hervorragenden Wald, den er gar wohl kenne.[2486]

Während also ein *Skydeck* wie zum Beispiel das im Hancock Tower in Chicago den Blick von der *glass-bottomed viewing platform* senkrecht durch den Glasboden nach unten fallen lässt, zielt der Skywalk landschaftsarchitektonisch in erster Linie auf den Effekt, den ich in diesem Kapitel als jene ›horizontale Ekstase‹ beschrieben habe, die zugleich in die (horizontale, nicht vertikale)

2484 Eichendorff, Ahnung und Gegenwart, S. 100.

2485 Ebd.

2486 Ebd., S. 246. Diese Szene liefert einen Einwand gegen Alewyns Behauptung »Eichendorff liebt zwar den Blick von der Höhe, aber nur, wenn dieser in einem flachen Winkel erfolgt. Das Extrem, der nahezu senkrechte Blick in den Abgrund am Rand einer Klippe, gehört zu den Vorstellungen, die bei ihm stets mit entschiedenen Unlust- und Unwert-Gefühlen verknüpft sind.« Alewyn, Eine Landschaft Eichendorffs, S. 41.

Tiefe der Landschaft und in die Höhe des Alls führt. Dieser Effekt stellt sich auf einem Skywalk dann ein, wenn man nicht zu steil in die Tiefe, sondern vielmehr unter »einem« so »flachen Winkel« in die Landschaft schaut, wie er schon Alewyn zufolge charakteristisch für Eichendorff ist.

Abb. 62 a, b
Skywalk ›Il spir‹, deutsch ›Mauersegler‹ oder ›Spierschwalbe‹

Eben diesen Effekt illustrieren die Fotografien von Skywalks im *Luginsland*-Katalog, und darin, aber auch in ihrer Beschreibung, zeigt sich das ›Romantische‹ dieser Konstruktionen. Eine davon (Abb. 62 a, b)[2487] ist eine

> dreieckige Plattform aus Lärchenholz, zu der man über eine Treppe gelang, [und] kragt über dem Abgrund aus [...]. In der geschützten Landschaft war eine minimale bauliche Intervention das Ziel [...]. Gleichwohl ist es [...] gelungen, der ingenieurtechnischen Konstruktion eine einprägsame Gestalt zu verleihen, wovon auch ihr Name zeugt: ›Il spir‹, rätoromanisch für Mauersegler.[2488]

Es ist, als flöge, wer diesen Skywalk betritt, wie ein Mauersegler[2489] auf jenen Thermik- und Aufwind-*Spira*len über die Landschaft in den Himmel, von

2487 Luginsland. Architektur mit Aussicht, S. 28f.

2488 Ebd., S. 28.

2489 Caspar David Friedrichs Zeichnung *Engel in Anbetung* zeigt zwei über den Wolken schwebende Engel, deren Schwingen deutlich als Mauersegler-Schwingen zu erkennen sind; Caspar David Friedrich. Die Erfindung der Romantik, S. 331.

deren lateinischem Ursprungswort ›*spira*‹ sich nicht nur das englische Wort ›*spire*‹ ›Turmspitze‹ herleitet und so auch, mit Spitzers Worten, »the Gothic spire, stabbing and piercing the sky (this later manifestation of a Germanic *Unendlichkeitsdrang*)«,[2490] sondern auch das deutsche Synonym für ›Mauersegler‹: *Spierschwalbe.*[2491] Ganz in diesem Sinne verspricht also der Skywalk ›*Il spir*‹ nicht nur architektonisch durch das Über-den-Abgrund-Auskragen, sondern auch durch seinen Namen seinen Besucherinnen und Besuchern ein Flug- und Höhenerlebnis, wie es sich schon die Romantiker erträumt haben.

Abb. 63 Auch eine Spirale. Die Baumwipfelpfad-Kuppel in Neuschönau

Der Baumwipfelpfad in Neuschönau (Abb. 1–3, Abb. 63[2492]) wiederum ragt zwar nicht vergleichbar spektakulär in einen Abgrund hinein. Dafür jedoch

2490 Spitzer, Milieu and Ambiance, S. 28.

2491 Artikel »Spierschwalbe«, in: Kluge, Etymologisches Wörterbuch der deutschen Sprache, S. 779. Kluge zieht merkwürdigerweise den thermisch bedingten spiralförmigen Vogelflug nicht als Benennungsmotiv in Betracht: »Vermutlich zu *Spier* ›Spitze‹ […], doch ist das Benennungsmotiv nicht recht klar (wegen der spitzen Flügel?).« Auch im Artikel »Spierling« »›Vogelbeerbaum‹« heißt es: »Herkunft unklar.« Ebd.

2492 http://www.nationalpark-bayerischer-wald.de/zu_gast/einrichtungen/npz_lusen/baumwipfelpfad/index.htm (11.3.2014).

entspricht er der mit dem Namen »Il spir« evozierten Vorstellung vom Höhenflug insofern ganz buchstäblich, als er ja seine ihn begehenden Besucherinnen und Besucher tatsächlich in *spiral*förmiger Bewegung in die Höhe trägt. Zudem ähnelt seine hölzerne Kuppel derjenigen einer Kathedrale – damit wieder die romantische Analogie von Wald und Kathedrale aufgreifend, wie sie sich bei Friedrich wie bei Eichendorff findet.[2493]

Abb. 64 Balkon über die Mur hinaus

2493 Vgl. zur Analogie von Kirche und Wald beziehungsweise Baumgruppe bei Friedrich seine *Winterlandschaft mit Kirche* von 1811 und das *Kreuz im Gebirge* aus der Zeit um 1812; Caspar David Friedrich. Die Erfindung der Romantik, S. 298 und 299; ähnlich die Analogie von Kirchen- und Baumruine im *Winter* aus dem *Jahreszeiten- und Lebensalterzyklus* aus der Zeit um 1826; ebd., S. 330. – Vgl. Grave, Caspar David Friedrich. Glaubensbild und Bildkritik, S. 91–97. – Bei Eichendorff geht das »grüne[] Haus« des Waldes, in dem »die

Eichendorffisch in der Anmutung ist auch der im *Luginsland*-Katalog gezeigte Murturm in der Steiermark, der wie ein Balkon über das Flüsschen hinausgeht und den Betrachter oder die Betrachterin in eine Position rückt, wie sie Friedrich in *Ahnung und Gegenwart* auf dem Balkon über der Donau innehat. (Abb. 64)[2494]

Abb. 65 Trollstigen, Westnorwegen

Zu Friedrich'scher Dramatik gesteigert ist wiederum das Bild der Trollstigen in Westnorwegen (Abb. 65)[2495], einer Himmelsleiter, die – wie die von Hoffmann am Zackenfall benutzte – abwärts, und zwar wie beim *Wanderer über dem Nebelmeer* in den Nebel und in die Wolken hinaus- und damit zugleich der fernen Aurora entgegenführt.

Vögel […] bis in die allerhöchsten Wipfel hinaus[klettern]«, über in den »unermeßlichen Himmelsdom«, in dem die »Lerchen[]« wie die »Schwalben« fliegen. Eichendorff, Libertas und ihre Freier, S. 565; ders., Das Marmorbild, S. 385; ders.: Zur Hochzeit, in: ders.: Sämtliche Gedichte. Versepen, hg. von Hartwig Schultz, Frankfurt a. M. 2006, S. 315f., S. 315.

2494 Luginsland. Architektur mit Aussicht, S. 37.

2495 Ebd., S. 97.

Abb. 66 Der Aussichtspavillon als sich in die Luft streckende Wippe. Alejandro Aravena: Las Cruces

Ja sogar eine Himmelsschaukel beziehungsweise Himmelswippe ist landschaftsarchitektonisch möglich. Über den Aussichtspavillon *Las Cruces*, den der 2016 mit dem Pritzker-Preis ausgezeichnete Architekt Alejandro Aravena in Mexiko gebaut hat, heißt es: (Abb. 66)[2496]

> Der Aussichtspunkt [...] befindet sich an einem der höchsten Punkte der Ruta del Peregrino. Das breit gelagerte Objekt erinnert an eine Wippe, der obere Teil schmiegt sich an den Hang an, der untere löst sich von diesem und streckt sich in die Luft.[2497]

Hier ist, was Eichendorffs Helden auf den Bäumen tun, zur Architektur geworden.

2496 Ebd., S. 106.
2497 Ebd., S. 107.

Moonwalk auf der Highline, Himmelsleiter über grünblauer Landschaft

Skywalks wie die hier genannten dienen der Inszenierung von Landschaft. Sie sind der Architektur gewordene *transcensus* ins ›Ganze‹ (*hólos*), die aus Holz, Stahl und Beton gebaute *Methode* (*metá-hodós*) der in die Höhe und die horizontale Tiefe – ins ›Überall‹ – zugleich führenden *via transcendentalis* hin zu einer *theoría toû kósmou*, verstanden als ›holistische‹ ›Erkenntnis‹. Skywalks dienen also, wenn man so will, der Rückgewinnung eines – und hier ist dieses Modewort einmal am Platz – *ganzheitlichen* Landschaftserlebnisses, wie es sich Stephen Greenblatt ausgerechnet im Yosemite National Park gerade *nicht* bietet. Die Skywalks tun das, indem sie selbst – architektonisch ähnlich aktiv, wie es in Heideggers Rhetorik der von ihm beschriebene Feldweg ist und wie bei Eichendorff ein »Wald« aus dem »Hintergrunde« »hervorragen[]« kann[2498] – in die Landschaft hinein*ragen* und so ihre Besucherinnen und Besucher in die Landschaft hinein*tragen*, sie also in die Landschaft hinaushalten: eben ›ekstatisch‹ hinausstehen lassen.

Darin wiederum ähneln die Skywalks dem zu Beginn von *Ahnung und Gegenwart* beschriebenen Balkon, aber auch dem mehrfach bei Eichendorff thematisierten Geländer, *auf dem* beziehungsweise *über das hinaus* man den ohnehin schon ekstatischen Balkon hinter sich lässt, um über der und über die Landschaft zu schweben. Das Geländer ist also, wenn man so will, die Mise en abîme – buchstäblich! – des selbst schon *en abîme* gebauten Balkons. Greenblatt verkennt das, indem er im Geländer nur eine Sicherheitsmaßnahme – »the railing [...] keeps you from falling to your death« – sieht, die ihn von der Tiefe und damit vom Landschaftserlebnis selbst abhält, indem sie – wie die Schilder – *zwischen* (*μεταξύ, inter*)[2499] ihm und der Landschaft stehen. Greenblatt erkennt also das Geländer nicht als *Medium*: als ein Medium, bei dem es im Auge – und, vor allem, im Fuß – des Betrachters oder der Betrachterin liegt, ob man sich von ihm die Landschaft verstellen lässt oder ob man es vielmehr als erste Sprosse derjenigen Himmelsleiter sieht – und betritt –, mit der man in die Landschaft hineingelangt.

Rousseau hatte die Medienfunktion des Geländers erkannt. Er hatte im Geländer sowohl die Absicherung gegen den Sturz in die Tiefe als auch, eben in dieser Funktion, die mediale Ermöglichung eines immersiven

2498 Vgl. das Zitat zu Anm. 2486.

2499 Vgl. das Heidegger-Zitat 2428, Merschs ›Medium‹ als ›*Dazwischenseiendes*‹ (Anm. 230) und Xander Karskens' Formulierung vom »Dazwischen-Sein[]« bei Wermke und Leinkauf in Anm. 2473.

Landschaftserlebnisses gesehen. In dieser Funktion ähnelt das Geländer sogar dem Hoch- beziehungsweise Himmelsseil, wie es in Eichendorffs *Glücksrittern* beschrieben ist. Zwar mag das Geländer, wie bei Eichendorff jenen »an dem steinernen Geländer« auf dem »Balkon zwischen den Wipfeln« stehenden Herren, in erster Linie als Abgrenzung des Balkons von der Tiefe dahinter dienen. Dennoch lässt sich – wie gesagt – ein Geländer, auch wenn es auf den ersten Blick quer zur angestrebten Bewegung über den Balkon hinaus steht, sehr wohl als eben dorthinaus und außerdem in die Höhe führende Stufe oder Sprosse begreifen. Der ›schlanke Bursch‹ mit den eingekreideten Sohlen zeigt das. »[A]uf dem Geländer des Balkons« stehend, führt dann sein Weg hinein in die *scheinbar* »leere Luft« – vorausgesetzt, es ist *tatsächlich* »ein Seil« für den *transcensus* in die Höhe und zugleich in die Tiefe des Raums »gespannt«: ein Seil, in dem sich so gesehen nicht nur Hoffmanns vom »Weltgeist [...] [ge]-rührte [...] unsichtbare[] Saite[], die durch das Universum sich spann[t]«,[2500] sondern auch Heideggers »schmale[r]« und »schwankende[r]« »Notsteg« hinaus in die »Unverborgenheit des Seins« konkretisieren.

Vielleicht die neueste Spielart dieses Himmelsseils sind jene *Highlines*, auf denen schwindelfreie Romantikerinnen und Romantiker heute zwischen Wipfeln und Gipfeln durch die Höhen laufen.[2501] Dabei wirken diese Himmelsstürmer und -stürmerinnen auf der *Highline* manchmal tatsächlich weniger so, als wandelten sie auf der denkbar schmalsten Hängebrücke in der Höhe, sondern vielmehr – noch einmal mit Eichendorff – so, als »ginge[n] sie« tatsächlich »durch die leere Luft«. Dafür sprechen jedenfalls die Inszenierungen der, wiederum mit Eichendorff, »Dichter« unter den *Highline*-Gängerinnen und -gängern.

»Dichter« aber sind nicht alle, und so unterscheiden sich auch die *Highline*-Gängerinnen und -Gänger in der Poetizität ihrer Inszenierungen. Manche betonen den technischen Aspekt. Sie zeigen etwa eine fast in feldweghafter Breite aus dem Vordergrund über den Abgrund hinweg in den Hintergrund führende *Highline* (Abb. 67)[2502]. Andere wiederum zeigen eine mit allerlei technischem Gerät zwischen jenen Felstürmen in der Sächsischen Schweiz gespannte *Highline* (Abb. 68)[2503], die auf Friedrichs Bild *Wanderer über dem Nebelmeer* noch nicht durch ein hochfestes Gurtband, wohl aber durch Wolken und Nebel verbunden sind.

2500 Hoffmann, Briefe aus den Bergen, S. 691.
2501 Vgl. Heinz Zak: Slackline am Limit, München 2011.
2502 http://thatslacklinegirl.com/?attachment_id=38 (10.3.2016).
2503 Zak, Slackline am Limit, S. 53.

Abb. 67 *Highline* von fast weghafter Breite ...

Abb. 68 ... und in der Sächsischen Schweiz, wo Friedrichs *Wanderer über dem Nebelmeer* stand

Anders die *Highline*- Poetinnen und -Poeten wie zum Beispiel Dean Potter, der – keine romantische Ironie, sondern eine romantische Tragik in Hinblick auf die in diesem Kapitel entwickelte Argumentation – 2015 bei einem *Wingsuit*-Flug in Yosemite ums Leben kam: also genau genommen bei einem Flug ohne Flügel.

In einem *Moonwalk* genannten Video sieht man (Abb. 69 a–f)[2504], wie Potter am 12. Juli 2011 ungesichert über eine zwischen zwei Felstürmen am Cathedral Peak – ausgerechnet! – in Yosemite gespannte *Highline* läuft, während hinter ihm der Mond aufgeht und nach rechts durchs Bild zieht. Die Szene ist mit einem extremen Teleobjektiv aufgenommen, sodass der Mond nicht nur extrem groß und mit deutlich erkennbaren Oberflächendetails – als wäre er zu betreten – erscheint, sondern zudem auf wiederum ›auratische‹ Weise extrem nah an Potter heranrückt. Als Potter auf die *Highline* tritt, hat der Mond einen Vorsprung. Dann lässt Potter den Fels zur Linken los und läuft – so der Eindruck, auch wenn die *Highline* deutlich zu erkennen ist – »wie durch die leere Luft« in den Himmel hinein und dem Mond hinterher. Etwa auf der Hälfte des Weges erreicht er den Mond, überschneidet seine Kontur und tritt auf diese Weise, ja taucht sozusagen in sein Inneres ein: Himmel und Mond, mit Lukács' auf die ›selige Zeit‹ der »Totalität« geprägtem Ausdruck, sind ihm nun nicht nur »gangbare[r] und zu gehende[r]«, sondern tatsächlich begangener »Weg[]«. Wenn es einen extremen, und das heißt: einen extrem romantischen Gegenentwurf zu Stephen Greenblatts als »the whole experience« von Yosemite bezeichnetem Verhalten in diesem Nationalpark gibt, dann ist es Dean Potters *Moonwalk*.[2505]

Aber vielleicht, so könnte man einwenden, geht Potter mit seinem Spaziergang auf der *Highline* in den Mond hinein für einen Romantiker doch zu weit. Möglicherweise zeichnet sich das wahrhaft romantische »Hinausstehen« ins ›Ganze‹ von Landschaft und All eben doch durch das aus, was Heidegger die »Stasis des Ekstatischen« nennt.

Ist das so, dann liefert nicht Dean Potter, sondern der norwegische Balancekünstler Eskil Rønningsbakken das emblematische Bild für das, worum es in diesem Kapitel in Hinblick auf Eichendorff ging. Auf diesem Bild (Abb. 70)[2506] ist Rønningsbakken zu sehen, wie er auf einer Leiter über dem Felsplateau von Trolltunga balanciert. Schwebend über der blaugrünen Landschaft, in sie hinaus- und zugleich hineinstehend, seinen »Körper« – mit seinen eigenen Worten – der »Landschaft [ein]zeichnen[d]« und auf diese Weise mit ihr verschmelzend, dem Himmel so nah, verkörpert Rønningsbakken die romantische Sehnsucht als Heimweh nach dem Ganzen, wie ich sie in diesem Kapitel beschrieben habe – und wie man sie, ähnlich wie auf dem norwegischen

2504 http://www.redbull.com/en/adventure/stories/1331580426078/moonwalk-dean-potter-does-slackline-in-yosemite (10.3.2016).

2505 Dean Potter: That's what life is – there's the phantasy, and then there's the actuality, http://video.nationalgeographic.com/video/short-film-showcase/dog-base-jump (10.3.2016).

2506 The Red Bulletin. Das Magazin abseits des Alltäglichen, August 2012, S. 8f.

Abb. 69 a–f Dean Potters *Moonwalk*

Abb. 70 Und obendrauf noch ein Himmelsleiterchen. Horizontal-vertikale Ekstase von Eskil Rønningsbakken auf dem Felsplateau von Trolltunga

Skywalk von Trolltunga (Abb. 71)[2507], auch anderswo erleben kann: etwa über den *Nebelwolken in der Sächsischen Schweiz*, wie sie 1828 Carl Gustav Carus gemalt hat (Abb. 72)[2508].

Abb. 71 Trolltunga ...

Abb. 72 ... und Carl Gustav Carus' *Nebelwolken in der Sächsischen Schweiz*

2507 http://nordicadvent.blogspot.de/2012/09/hiking-trip-part-2.html, Bild 8 (10.3.2016).

2508 Carl Gustav Carus: Nebelwolken in der Sächsischen Schweiz, 1828, in: Frank Richter: Carl Gustav Carus. Der Malerfreund Caspar David Friedrichs und seine Landschaften,

Abb. 72

Was Rønningsbakken über Trolltunga angeht: Kein Wunder, dass dieses Bild einem Getränkehersteller zur Werbung dient, dessen Produkt angeblich »Flügel« »verleiht«. Schon E.T.A. Hoffmann hatte sich ja »ins Tiefste hinein« (!) berührt gefühlt, wenn »flüssige[s] Feuer in den Gläsern perlte«, und davon geträumt, nicht nur in der Phantasie, sondern »wirklich einmal übers Gebürge« zu fliegen.[2509] Hoffmanns »Flügel« jedoch sind, wie gesagt, »beschnitten«, und so bleibt er wie die von Leontin kommentierten »Sentimentalische[n] [...] einer, der gern fliegen möchte und nicht kann«.[2510]

Und genau so geht es, im Unterschied zu Dean Potter, auch Rønningsbakken. Gerade deshalb steigt er ja auf die Leiter. Sie dient ihm als Himmelsleiter, und er nutzt sie ganz so, wie Eichendorffs Friedrich den Balkon oder Leontin den Jakobsleiter-Baum nutzt: nämlich zum horizontalen Hinausstehen ins Ganze

Dresden 2009, S. 84. Es handelt sich um den Lilienstein in der Sächsischen Schweiz, s. das »Vergleichsfoto« ebd., S. 85.

2509 Hoffmann, Brief an Theodor Gottlieb von Hippel, 1.4.1798, S. 109.

2510 Eichendorff, Ahnung und Gegenwart, S. 119 (Zitat 2108).

der Landschaft. Während die Leiter selbst steil steht, richtet Rønningsbakken seinen Körper in einem Winkel von etwa 45 Grad aus, also gerade *zwischen* Vertikale und Horizontale; seine Füße und Hände befinden sich dabei auf einer horizontalen Linie. Einmal mehr verschmelzen in dieser zur Pose eingefrorenen Bewegung Vertikale und Horizontale. Gerade dadurch wird Rønningsbakkens statisch-ekstatische Pose zum Emblem des sehnsüchtigen, dynamischen, ›schweifenden‹ – eben romantischen Strebens nach dem Ganzen hinterm Horizont, dem Überall.

Auf dem romantischen Holzweg

Wem das zu riskant erscheint, dem bietet sich als Alternative der Baumwipfelpfad in Neuschönau. Auch dieser Baumwipfelpfad führt über die Wipfel und Gipfel von Wald und Landschaft hinaus ins Ganze, und wer auf ihm unterwegs ist, wandelt nicht bloß in der Phantasie auf einem romantischen Weg, sondern in der Wirklichkeit. Denn der Baumwipfelpfad ist ja eine aus dem Material der Landschaft selbst – dem Holz der Bäume – in sie selbst hineingebaute Landschaftsphantasie: also eine in mehrerlei – auch Freud'schem – Sinne des Wortes *material*isierte Landschaftsphantasie. Wer auf diesem Baumwipfelpfad wandelt und am Ende durch die Spirale seiner Kuppel nach oben gelangt, befindet sich – topologisch, metaphorologisch und buchstäblich – auf dem romantischen Holzweg.

Abbildungsverzeichnis

Abb. 1: Kuppel …
http://www.baumwipfelpfad.by (11.3.2014)

Abb. 2: … des Baumwipfelpfads in Neuschönau …
Ebd.

Abb. 3: … und Ausblick über das Meer des Waldes
Ebd.

Abb. 4: Robert Schumanns *Mondnacht* (Opus 39, Nr. 5, Fassung von 1841)
Robert Schumann: Mondnacht (Frühfassung von 1841), in: ders.: Liederkreis Opus 39 nach Eichendorff. Fassungen 1842 und 1850, hg. von Kazuko Ozawa, München 2009, S. 65–67, S. 65

Abb. 5: Der Wanderer über dem Nebelmeer
Caspar David Friedrich: Wanderer über dem Nebelmeer, um 1818, in: Caspar David Friedrich. Die Erfindung der Romantik. Ausstellungskatalog Essen, Hamburg, hg. von Hubertus Gaßner, München 2006, S. 266

Abb. 6: Von vorne: Sehnsucht 2009
Jonas Kaufmann: Sehnsucht. Mozart, Schubert, Beethoven, Wagner. Mahler Chamber Orchestra, Claudio Abbado, Decca: London 2009

Abb. 7: Romantik-Handbuch (2003). Wo ist das Nebelmeer, wohin blickt der Wanderer?
Helmut Schanze (Hg.): Romantik-Handbuch, Stuttgart ^{2}2003

Abb. 8: »Die Lerche in den Himmel steigt«. Wilhelm Busch, *Naturgeschichtliches Alphabet* (Ausschnitt)
Wilhelm Busch: Naturgeschichtliches Alphabet, in: ders.: Die Bildergeschichten. Historisch-kritische Gesamtausgabe. Bearbeitet von Hans Ries. Unter Mitwirkung von Ingrid Haberland. Zweite, überarbeitete Auflage, Band I: Frühwerk, Hannover 2007, Sp. 36–47, Sp. 41

Abb. 9 a–m: »Oral B. Die Welt steht Dir offen, wenn Du Dich ihr öffnest.«
http://adsolute.com/index.php/lightbox.html?tvmaster_id=G4C15BTG (25.5.2016)

Abb. 10: Minna Körner, mit Sprechblase beziehungsweise Spruchband
Friedrich Schiller: Avanturen des neuen Telemachs. Eine Geschichte in Bildern. Mit einem Nachwort herausgegeben von Karl Riha, Frankfurt a. M. 1987, S. 17

Abb. 11: »Die Mittel«
Ebd., S. 9

Abb. 12: Apparat zur Einrichtung der Perspektive aus Albrecht Dürers *Vnderweysung der messung / mit dem zirckel vnd richt scheyt*
Albrecht Dürer: Vnderweysung der messung / mit dem zirckel vnd richt scheyt / in Linien ebnen vnnd gantzen corporen / durch Albrecht Duerer zuosamen getzogen / vnd zuo nutz allen kunstlieb habenden mit zuo gehoerigen figuren, Nürnberg 1525, S. Q iii

Abb. 13: Cartesisches Schema: Auge als *camera obscura* und Betrachter
Illustration zu Descartes' *La Dioptrique*, hier nach Geert Keil: Über den Homunkulus-Fehlschluß, in: Zeitschrift für philosophische Forschung 57 (2003), S. 1–26, S. 8

Abb. 14 a, b: Lacans Dreieckschema des Sehens
Jaques Lacan: Linie und Licht, in: ders.: Das Seminar von Jacques Lacan. Buch XI (1964): Die vier Grundbegriffe der Psychoanalyse. Übersetzt von Norbert Haas, Olten und Freiburg i.Br. ^{2}1980, S. 97–111, S. 97. Französisch: Jacques Lacan: La ligne et la lumière, in: ders.: Le Séminaire de Jacques Lacan. Texte établi par Jacques-Alain Miller. Livre XI: Les quatre concepts fondamentaux de la psychanalyse (1964), Paris 1973, S. 105–119, S. 106

Abb. 15: Freud-Zeichnung »Das Über-Ich taucht in das Es ein«, *Neue Folge der Vorlesungen zur Einführung in die Psychoanalyse*
Sigmund Freud: Neue Folge der Vorlesungen zur Einführung in die Psychoanalyse, in: ders.: Studienausgabe, hg. von Alexander Mitscherlich, Angela Richards und James Strachey, Bd. I: Vorlesungen zur Einführung in die Psychoanalyse. Und Neue Folge, Frankfurt a. M. 1969, S. 447–608, S. 515

Abb. 16 a, b: Kerners aus dem Tintenfass gekrochener Teufel
a: Justinus Kerner: Klecksographien. Mit Illustrationen nach Vorlagen des Verfassers, Stuttgart u. a. 1890, S. 75
b: Friedrich Weltzien: Fleck. Das Bild der Selbsttätigkeit. Justinus Kerner und die Klecksografie als experimentelle Bildpraxis zwischen Ästhetik und Naturwissenschaft, Göttingen 2011, Tafelteil S. 385

Abb. 17: »Krazy Kat«, 7.3.1919
Patrick McDonnell, Karen O'Connell, Georgia Riley de Havenon: Krazy Kat. The Comic Art of George Herriman, New York o. J. (1986), S. 89

Abb. 18: Kerners Dämonischer Magnetiseur
Ebd., Tafelteil S. 384

Abb. 19 a, b: Schillers Schönheitslinie, mehr und weniger schön beziehungsweise korrigiert
a: Friedrich Schiller: An Körner, 23.2.1793, in: Schillers Werke. Nationalausgabe. 26. Band: Briefwechsel. Schillers Briefe. 1.3.1790–17.5.1794, hg. von Edith Nahler und Horst Nahler, Weimar 1992, S. 199–217, S. 215

b: Friedrich Schiller: [Kallias oder über die Schönheit.] Briefe an Gottfried Körner, in: ders.: Sämtliche Werke, Bd. V: Erzählungen. Theoretische Schriften, hg. von Wolfgang Riedel, München 2004, S. 394–433, S. 424.

Abb. 20 a, b (Detail aus a): Figur des Menuetganges und Schlangentanz
William Hogarth: The Analysis of Beauty. Written with a view of fixing the fluctuating IDEAS of TASTE, London 1753, Tafelteil

Abb. 21 a, b: Präsident Berlepsch
a: Schiller: Avanturen (Riha), S. 33 (Erstnachweis Abb. 10)
b: http://brbl-dl.library.yale.edu/vufind/Record/3436664 (26.4.2016)

Abb. 22 a, b: Schiller, kopfstehend
a, b: Ebd.

Abb. 23 a: Körner (Detail aus Abb. 11), 22 b (= Abb. 24 recto)
a: Schiller: Avanturen (Riha), S. 9
b: http://brbl-dl.library.yale.edu/vufind/Record/3436664 (26.4.2016)

Abb. 24: Körner von hinten (= Abb. 23 b verso)
Ebd.

Abb. 25 und 26: Der Schachtürke nach Windisch 1783, hinten rechts auf Abb. 25 das Kästchen
Karl G. von Windisch: Briefe über den Schachspieler des Herrn von Kempelen, nebst drey Kupferstichen die diese berühmte Maschine vorstellen, Basel 1783, Anhang

Abb. 27: Aus Hans Blumenbergs Zettelkasten
Patrick Bahners: Fragmente des Münsterschen Ungenannten: Ein Generationenstreit in Marbach: Wie soll Hans Blumenberg ediert werden?, in: Frankfurter Allgemeine Zeitung vom 12.12.2007, S. N 3

Abb. 28: Leonardo, *Codex Atlanticus* (Ende 15., Anfang 16. Jahrhundert): Das Auge als *camera obscura*
Ulrike Hick, Geschichte der optischen Medien, München 1999, S. 27

Abb. 29: Athanasius Kircher: Camera obscura aus der *Ars magna lucis et umbrae* (1646)
Ebd., S. 52

Abb. 30: Vergleich von Auge und Camera obscura, frühes 18. Jahrhundert
Jonathan Crary: Techniken des Betrachters. Sehen und Moderne im 19. Jahrhundert, Dresden 1996, S. 59

Abb. 31: Johannes Vermeer: *Der Geograph* (1668/69)
Karl Schütz: Vermeer. Das vollständige Werk, Köln 2015, S. 177

Abb. 32: Johannes Vermeer: *Der Astronom* (1668/69)
Ebd., S. 176

Abb. 33: Johannes Vermeer: *Dienstmagd mit Milchkrug* (1658/60)
Ebd., S. 101

Abb. 34: Jean Siméon Chardin: *Junge mit Seifenblasen* (1739)
Marianne Roland Michel: Chardin, London 1996, S. 124

Abb. 35: Jakob Scheid: »Kempelen-Box« der Berliner Ausstellung »Speaking without lips, thinking without brain«
Brigitte Felderer und Ernst Strouhal: Kempelen – zwei Maschinen, Wien 2004, S. 28

Abb. 36: Magnetnadel-Mechanismus des Schachtürken. Nachbau von Jakob Scheid
Ebd., S. 11

Abb. 37: Stabmagnet im Rössel: Freiherr Joseph Friedrich zu Racknitz, *Ueber den Schachspieler des Herrn von Kempelen und dessen Nachbildung* (1789)
Freiherr Joseph Friedrich zu Racknitz: Ueber den Schachspieler des Herrn von Kempelen und dessen Nachbildung. Mit sieben Kupfertafeln, Leipzig, Dresden 1789; Faksimile in: Der Schachautomat des Baron von Kempelen. Mit einem Nachwort von Marion Faber, Dortmund 1983, S. 7–63, S. 63

Abb. 38: Christian Heinrich Spieß' Törin auf dem Lindenbaum, das ist Caspar David Friedrichs *Auf einem Felsen sitzende Frau neben einem dürren, mit Efeu berankten Baum* (1801)
Christian Heinrich Spieß: Die Törin auf dem Lindenbaum und der schnöde Grenadier, das ist: Die Geschichte von Sophie G., in: ders.: Biographien der Wahnsinnigen. Ausgewählt, hg. und mit einem Nachwort versehen von Wolfgang Promies, Darmstadt und Neuwied 1976, S. 240–270, S. 265

Abb. 39: Caspar David Friedrich: *Kreidefelsen auf Rügen* (1818)
Friedrich. Die Erfindung der Romantik, S. 255

Abb. 40: Caspar David Friedrich: *Mönch am Meer* (1808/10)
Ebd., S. 47

Abb. 41: Schematische Darstellung der kissenförmigen Verzeichnung einer Weitwinkel-Aufnahme
Wolfgang Zwanzger: Abbildungsfehler von Objektiven; http://zwei-fotografen.de/abbildungsfehler-von-objektiven-stock-foto-blog/ (21.3.2016)

Abb. 42: Caspar David Friedrich: *Das Große Gehege* (1832)
Werner Busch: Caspar David Friedrich. Ästhetik und Religion, München 2003, Tafel XVII vor S. 129

Abb. 43: Caspar David Friedrich: *Rast bei der Heuernte* (1834–1835)
Werner Hofmann: Caspar David Friedrich. Naturwirklichkeit und Kunstwahrheit, München 2000, S. 199

Abb. 44: Caspar David Friedrich: *Frau am Fenster* (1822)
Friedrich. Die Erfindung der Romantik, S. 267

Abb. 45: Caspar David Friedrich: *Zwei Männer in Betrachtung des Mondes* (1819)
Ebd., S. 269

Abb. 46: Caspar David Friedrich: *Mann und Frau den Mond betrachtend* (1830–1835)
Ebd., S. 268

Abb. 47: Caspar David Friedrich: *Studie einer Eiche und Studie einer Wurzel* (1809)
Ebd., S. 153

Abb. 48: Caspar David Friedrich: *Felsenschlucht* (1822/23)
Ebd., S. 254

Abb. 49: Caspar David Friedrich: *Landstraße in der Ebene mit Bergen* (1824)
Caspar David Friedrich: Das gesamte graphische Werk. Nachwort von Hans H. Hofstätter, München 1974, S. 718

Abb. 50: Heideggers Feldweg, von rechts vorn nach links hinten
Martin Heidegger: Der Feldweg. Bebilderte Sonderausgabe, Frankfurt a. M. 1989, S. 12

Abb. 51: Auch hier: Rückenansichten. Heideggers *Feldweg* in der illustrierten Sonderausgabe ...
Ebd., S. 25

Abb. 52: ... und der *Spiegel*-Illustration vom Mai 1976: Augstein und Heidegger
Heidegger: »Nur noch ein Gott kann uns retten«. SPIEGEL-Gespräch mit Martin Heidegger am 23. September 1966, in: Der Spiegel 23/1976 (31.5.1976), S. 193–219, S. 219

Abb. 53: Camille Flammarion: »Kopernikanischer Astronom«
Ebd.

Abb. 54a, b: Ausschnitte aus Abb. 38 (Friedrich: *Kreidefelsen auf Rügen*) und 52 (Flammarions Astronom)

Abb. 55: Wermke und Leinkauf: Himmelsleiter ...
»One more step to the top of the city«, 2011, in: Wermke Leinkauf. Katalog im Rahmen des »Columbus-Förderpreis für aktuelle Kunst in Kooperation mit der ADKV« und anlässlich der Ausstellung *Grenzgänger* im Kunstverein Heilbronn 20.7.–15.9.2013, hg. von Jörg van den Berg und Matthia Löbke, Köln 2013, S. 92

Abb. 56: ... und Über-die-Leiter-in-die-Höhe-Streben
Unbetitelt, ebd., S. 16

Abb. 57: Aufgestellt auf der schönen Erde, aber lose
Unbetitelt, ebd., S. 29

Abb. 58: Auratisches Zusammenrücken von Ferne und Nähe
»Die neonorangene Kuh«, 2005, ebd., S. 46f., auch http://www.wermke-leinkauf.com/de (10.3.2016) und https://vimeo.com/102327740 ab Minute 1:08 (10.3.2016)

Abb. 59: Nicht Baum, sondern Laterne
»Drifter«, Wermke Leinkauf. Katalog, S. 116

Abb. 60: Auch ein hyperbolisches Schema
Unbetitelt, ebd., S. 112f.

Abb. 61: Caspar David Friedrich: *Der Abendstern* (1830)
Friedrich. Die Erfindung der Romantik, S. 281

Abb. 62, a, b: Skywalk ›Il spir‹, deutsch ›Mauersegler‹ oder ›Spierschwalbe‹
Hubertus Adam (Hg.): Luginsland. Architektur mit Aussicht / Lookout. Architecture With a View, Basel 2013 (= S AM N° 11 / 11. Ausgabe der ausstellungsbezogenen Publikationsreihe des Schweizerischen Architekturmuseums Basel), S. 28f.

Abb. 63: Auch eine Spirale. Die Baumwipfelpfad-Kuppel in Neuschönau
Baumwipfelpfad in Neuschönau, http://www.nationalpark-bayerischer-wald.de/zu_gast/einrichtungen/npz_lusen/baumwipfelpfad/index.htm (11.3.2014)

Abb. 64: Balkon über die Mur hinaus
Hubertus Adam (Hg.), Luginsland, S. 37

Abb. 65: Trollstigen, Westnorwegen
Ebd., S. 97

Abb. 66: Der Aussichtspavillon als sich in die Luft streckende Wippe. Alejandro Aravena: Las Cruces
Ebd., S. 106

Abb. 67: *Highline* von fast weghafter Breite …
http://thatslacklinegirl.com/?attachment_id=38 (10.3.2016)

Abb. 68: … und in der Sächsischen Schweiz, wo Friedrichs *Wanderer über dem Nebelmeer* stand
Heinz Zak: Slackline am Limit, München 2011, S. 53

Abb. 69 a–f: Dean Potters *Moonwalk*
http://www.redbull.com/en/adventure/stories/1331580426078/moonwalk-dean-potter-does-slackline-in-yosemite (10.3.2016)

Abb. 70: Und obendrauf noch ein Himmelsleiterchen. Horizontal-vertikale Ekstase von Eskil Rønningsbakken auf dem Felsplateau von Trolltunga
The Red Bulletin. Das Magazin abseits des Alltäglichen, August 2012, S. 8f.

Abb. 71: Trolltunga …

http://nordicadvent.blogspot.de/2012/09/hiking-trip-part-2.html, Bild 8 (10.3.2016)

Abb. 72: … und Carl Gustav Carus' *Nebelwolken in der Sächsischen Schweiz* (1828)
Frank Richter: Carl Gustav Carus. Der Malerfreund Caspar David Friedrichs und seine Landschaften, Dresden 2009, S. 84

Literaturverzeichnis

Adam, Hubertus (Hg.): Luginsland. Architektur mit Aussicht / Lookout. Architecture With a View, Basel 2013 (= S AM N° 11 / 11. Ausgabe der ausstellungsbezogenen Publikationsreihe des Schweizerischen Architekturmuseums Basel)

Adelung, Johann Christoph: Grammatisch-kritisches Wörterbuch der hochdeutschen Mundart, B. 1: A–E, Wien 1811

–: Grammatisch-kritisches Wörterbuch der hochdeutschen Mundart, Bd. 2: F–L, Wien 1811

–: Grammatisch-kritisches Wörterbuch der hochdeutschen Mundart, Bd. 4: Seb–Z, Wien 1811

Adorno, Theodor W.: Ästhetische Theorie, hg. von Gretel Adorno und Rolf Tiedemann, Frankfurt a. M. 1973

–: Jargon der Eigentlichkeit. Zur deutschen Ideologie, Frankfurt a. M. [4]1969

–: Minima Moralia. Reflexionen aus dem beschädigten Leben, hg. von Rolf Tiedemann [...], Frankfurt a. M. 2003

–: Philosophie der neuen Musik, Frankfurt a. M. 1978

–: Zum Gedächtnis Eichendorffs. Coda: Schumann, in: ders.: Gesammelte Schriften, hg. von Rolf Tiedemann, Bd. 11: Noten zur Literatur, Frankfurt a. M. [3]1990, S. 69–94

Adorno, Theodor W. und Siegfried Kracauer: »Der Riß geht auch durch mich«. Briefwechsel 1923–1966, hg. von Wolfgang Schopf, Frankfurt a. M. 2008

Agamben, Giorgio: Das Offene. Der Mensch und das Tier. Aus dem Italienischen von Davide Giuriato, Frankfurt a. M. 2003

–: Signatura rerum. Zur Methode. Aus dem Italienischen von Anton Schütz, Frankfurt a. M. 2009

–: Stanzen. Das Wort und das Phantasma in der abendländischen Kultur. Aus dem Italienischen von Eva Zwischenbrugger, Zürich, Berlin 2005 (Turin 1977)

–: Was ist ein Dispositiv? Aus dem Italienischen von Andrea Hiepko, Zürich, Berlin 2008

Alewyn, Richard: Ein Wort über Eichendorff, in: Paul Stöcklein (Hg.): Eichendorff heute. Stimmen der Forschung mit einer Bibliographie, München 1960, S. 7–18

–: Eine Landschaft Eichendorffs, in: ebd., S. 19–43

Alighieri, Dante: Die Göttliche Komödie. Übersetzt von Philalethes [Johann von Sachsen] [...], München 1952

Allert, Tilman: »Der Riss der Welt geht auch durch mich«. Was sich an den Jeans mit freigelegten Knien alles über das Selbst eines Jugendlichen ablesen lässt. Der Schlitz ist nur noch der Schein einer Wunde und besonderen Verletzlichkeit, in: Frankfurter Allgemeine Zeitung, 24.3.2016, S. 7

Allgemeine deutsche Real-Encyklopädie für die gebildeten Stände. Conversations-Lexikon. In zwölf Bänden, 7. Band: M–N, Leipzig 1830

Alt, Peter-André: Schiller. Leben – Werk – Zeit, Band 1 und 2, München ²2004

Amelunxen, Hubertus von: Skiagraphia – Silberchlorid und schwarze Galle. Zur allegorischen Bestimmung des photographischen Bildes, in: Willelm van Reijen (Hg.): Allegorie und Melancholie, Frankfurt a. M. 1992

Apuleius: Das Märchen von Amor und Psyche. Lateinisch/Deutsch. Übersetzt und hg. von Kurt Steinmann, Stuttgart 1978

Arburg, Hans-Georg von: Der Physiognomiker als Detektiv und Schauspieldirektor: Johann Ludwig Christian Hakens »Blicke aus meines Onkels Dachfenster in's Menschenherz« (1802), in: E.T.A. Hoffmann-Jahrbuch 4 (1996), S. 54–68

–: Stimmung und Methode? Überlegungen zur Staiger-Heidegger-Spitzer-Debatte (1950/51), in: ders., Sergej Rickenbacher (Hg.): Concordia discors. Ästhetiken der Stimmung zwischen Literaturen, Künsten und Wissenschaften, Würzburg 2012

Arendt, Hannah und Martin Heidegger: Briefe 1925 bis 1975 und andere Zeugnisse. Aus den Nachlässen hg. von Ursula Ludz, Frankfurt a. M. 1998

Aristoteles: Aristoteles' Metaphysik. Bücher I(A)–VI(E). Griechisch/Deutsch. Übersetzt von Hermann Bonitz und Horst Seidl, Hamburg 1995

–: Aristoteles' Physik. Vorlesung über die Natur. Griechisch/Deutsch. Erster Halbband: Bücher I(A)–IV(Δ). Übersetzt, mit einer Einleitung und mit Anmerkungen hg. von Hans Günter Zekl, Hamburg 1987

–: Poetik. Griechisch/Deutsch. Übersetzt und hg. von Manfred Fuhrmann, Stuttgart 1996

–: Rhetorik, übersetzt und hg. von Gernot Krapinger, Stuttgart 1999

–: Περὶ Ψυχῆς. Über die Seele. Griechisch/Deutsch. Übersetzt und hg. von Gernot Krapinger, Stuttgart 2011

Assmann, Jan: Der Tod als Thema der Kulturtheorie. Todesbilder und Totenriten im Alten Ägypten. Mit einem Beitrag von Thomas Macho[:] Tod und Trauer im kulturwissenschaftlichen Vergleich, Frankfurt a. M. 2000

Auhuber, Friedhelm: Hoffmanns Briefe und Tagebücher, in: Detlef Kremer (Hg.): E.T.A. Hoffmann. Leben – Werk – Wirkung. 2., erweiterte Auflage, Berlin, New York 2010, S. 449–466

Bachtin, Michail: Der Karneval und die Karnevalisierung der Literatur, in: ders.: Literatur und Karneval. Zur Romantheorie und Lachkultur, München 1969, S. 47–60

Baeumer, Max L.: Hölderlin und das Hen kai pan, in: Monatshefte 59,2 (Sommer 1967), S. 131–147

Baker, Gordon und Katherine J. Morris: Descartes' Dualism, London 1996

Bal, Mieke: Quoting Caravaggio. Contemporary Art, Preposterous History, London 1999

Balmes, Jürgen: Kommentar zu: Novalis: Werke, Tagebücher und Briefe Friedrich von Hardenbergs, hg. von Hans-Joachim Mähl und Richard Samuel, München 1978, Bd. 3: Kommentar

Bandmann, Günter: Melancholie und Musik. Ikonographische Studien, Wiesbaden 1960

Barck, Karlheinz [u. a.]: Ästhetische Grundbegriffe. Historisches Wörterbuch in sieben Bänden, Band 1: Absenz–Darstellung, Stuttgart, Weimar 2000, S. 246–271

Barkhoff, Jürgen: Magnetische Fiktionen. Literarisierung des Mesmerismus in der Romantik, Stuttgart, Weimar 1995

Barry, Fabio: Lux and Lumen. The Symbolism of Real and Represented Light in the Baroque Dome, in: kritische berichte 30/4 (4/2002). Zeitschrift für Kunst- und Kulturwissenschaften […], S. 22–37

Barthes, Roland: Der Tod des Autors, in: Fotis Jannidis u. a. (Hg.): Texte zur Theorie der Autorschaft, Stuttgart 2000, S. 185–193

–: Der Wirklichkeitseffekt, in: ders.: Das Rauschen der Sprache. Kritische Essays IV, Frankfurt a. M. 2006, S. 164–173

–: Die helle Kammer. Bemerkung zur Photographie. Übersetzt von Dietrich Leube, Frankfurt a. M. 1989

–: Strukturalismus und Semiotik, in: Texte zur Literaturtheorie der Gegenwart, hg. von Dorothee Kimmich, Rolf Günter Renner und Bernd Stiegler, Stuttgart 1996, S. 215–223

»Baumwipfelpfad im Nationalparkzentrum Lusen«, http://www.nationalpark-bayerischer-wald.de/zu_gast/einrichtungen/npz_lusen/baumwipfelpfad/index.htm (30.3.2016)

Baudrillard, Jean: Der symbolische Tausch und der Tod, Berlin 2005 (Paris 1976)

–: Simulacra and Simulation, Ann Arbour 1995

Begemann, Christian: Brentano und Kleist vor Friedrichs *Mönch am Meer*. Aspekte eines Umbruchs in der Geschichte der Wahrnehmung, in: Deutsche Vierteljahrsschrift für Literaturwissenschaft und Geistesgeschichte 64 (1990), S. 89–145

–: Furcht und Angst im Prozeß der Aufklärung. Zu Literatur und Bewußtseinsgeschichte des 18. Jahrhunderts, Frankfurt a. M. 1987

Behler, Ernst: Klassische Ironie. Romantische Ironie. Tragische Ironie. Zum Ursprung dieser Begriffe, Darmstadt 1972

Behnke, Kerstin: Krise der Repräsentation, in: Historisches Wörterbuch der Philosophie, Bd. 8: R–Sc, hg. von Joachim Ritter und Karlfried Gründer, Darmstadt 1992, Sp. 846–853

Bell, Janis C.: *Sfumato*, Linie und Natur, in: Frank Fehrenbach (Hg.): Leonardo da Vinci. Natur im Übergang, München 2002, S. 229–256

Belting, Hans: Bild und Tod. Verkörperung in frühen Kulturen (Mit einem Epilog zur Photographie), in: ders.: Bild-Anthropologie. Entwürfe einer Bildwissenschaft, Paderborn [4]2011, S. 143–188

Benjamin, Walter: Das Kunstwerk im Zeitalter seiner technischen Reproduzierbarkeit, in: ders.: Illuminationen. Ausgewählte Schriften 1, Frankfurt a. M. 1977, S. 136–169

–: Das Passagen-Werk. Aufzeichnungen und Materialien (1928–1940), in: ders.: Gesammelte Schriften V.1, hg. von Rolf Tiedemann, Frankfurt a. M. 1991

–: Die Aufgabe des Übersetzers, in: ders.: Gesammelte Schriften IV.1, hg. von Tillman Rexroth, Frankfurt a. M. 1991, S. 9–21

–: Die Mummerehlen, in: ders.: Berliner Kindheit um neunzehnhundert. Fassung letzter Hand und Fragmente aus früheren Fassungen. Mit einem Nachwort von Theodor W. Adorno, Frankfurt a. M. 1987, S. 59f.

–: Protokolle zu Drogenversuchen, in: ders.: Gesammelte Schriften VI, hg. von Rolf Tiedemann und Hermann Schweppenhäuser, Frankfurt a. M. 1985, S. 558–618

–: Über einige Motive bei Baudelaire, in: ders.: Gesammelte Schriften I., hg. von Rolf Tiedemann und Hermann Schweppenhäuser, Frankfurt a. M. 1991, S. 605–653

–: Über den Begriff der Geschichte, in: ders.: Gesammelte Schriften I.1, hg. von Rolf Tiedemann und Hermann Schweppenhäuser, Frankfurt a. M. 1974, S. 691–704

Benn, Gottfried: Regressiv, in: ders.: Sämtliche Werke. In Verbindung mit Ilse Benn hg. von Gerhard Schuster (Stuttgarter Ausgabe), Bd. I: Gedichte 1, Stuttgart 1986

Berendt, Joachim-Ernst: Nada Brahma. Die Welt ist Klang, Reinbek bei Hamburg [18]2002

–: The World Is Sound: Nada Brahma. Music and the Landscape of Consciousness, Rochester, VT, 1987

Bexte, Peter: Blinde Seher. Wahrnehmung von Wahrnehmung in der Kunst des 17. Jahrhunderts. Mit einem Anhang zur Entdeckung des blinden Flecks im Jahre 1668, Amsterdam, Dresden 1999

Biester, Johann Erich: Schreiben über die Kempelischen Schachspiel- und Redemaschinen. An Herrn ** in Berlin, in: Berlinische Monatschrift 1784, S. 495–514

–: Schreiben über die Kempelische Schachspiel- und Redemaschine. An Herrn N**. In B**, in: Hessische Beiträge zur Gelehrsamkeit und Kunst. Erstes Stück, Frankfurt a. M. 1784, S. 475–487

»BLENDE«, in: Jacob und Wilhelm Grimm: Deutsches Wörterbuch, Bd. II: Biermörder–D, Leipzig 1800 [1860], Sp. 104–106

»BLENDEN«, in: ebd., Sp. 104–106

Blumenberg, Hans: Arbeit am Mythos, Frankfurt a. M. [3]1984

–: Ausblick auf eine Theorie der Unbegrifflichkeit, in: Anselm Haverkamp (Hg.): Theorie der Metapher, Darmstadt [2]1996, S. 438–454

–: Bruchstücke des »Ausblicks auf eine Theorie der Unbegrifflichkeit«, in: ders.: Theorie der Unbegrifflichkeit. Aus dem Nachlaß hg. von Anselm Haverkamp, Frankfurt a. M. 2007, S. 95–110

–: Die Lesbarkeit der Welt, Frankfurt a. M. ²1983
–: Paradigmen zu einer Metaphorologie, Frankfurt a. M. 1998
–: Paradigmen zu einer Metaphorologie. Kommentar von Anselm Haverkamp unter Mitarbeit von Dirke Mende und Mariele Nientied, Frankfurt a. M. 2013
Bohlmann, Carolin, Thomas Fink und Philipp Weiss: Lichtgefüge. Eine Einführung, in: kritische berichte 30/4 (4/2002). Zeitschrift für Kunst- und Kulturwissenschaften […], S. 5–13
Böhme, Gernot und Hartmut: Feuer, Wasser, Erde, Luft. Eine Kulturgeschichte der Elemente, München 2004
Böhme, Hartmut: Denn nichts ist ohne Zeichen. Die Sprache der Natur: Unwiederbringlich?, in: ders.: Natur und Subjekt. Frankfurt a. M. 1988, S. 38–66
Bohrer, Karl Heinz: Denn Gedanken stehn zu fern? Moderne aus dem Geist der Musik, in: ders.: Die Grenzen des Ästhetischen, München, Wien 1998, S. 37–57
Bollnow, Otto Friedrich: Das Wesen der Stimmungen. Dritte, durchgesehene und erweiterte Auflage, Frankfurt a. M. 1956, S. 219–236
–: Unruhe und Geborgenheit im Weltbild neuerer Dichter. Acht Essais von Otto Friedrich Bollnow. Dritte, durchgesehene Auflage, Stuttgart u. a. 1953
Bormann, Alexander von: Mondnacht, Zwielicht, in: Gert Sautermeister (Hg.): Gedichte von Joseph von Eichendorff. Interpretationen, Stuttgart 2005, S. 17–32
–: Natura loquitur. Naturpoesie und emblematische Formel bei Joseph von Eichendorff, Tübingen 1968
Bormann, Karl: Platon. 2., durchgesehene Auflage mit aktualisierter Bibliographie, Freiburg i.Br., München 1987
Börnchen, Stefan: »Alles weiß ich: alles ward mir nun frei!« Natur-Stimmung und Welten Erlösung in Richard Wagners *Götterdämmerung*, in: Stefan Börnchen, Georg Mein, Elisabeth Strowick (Hg.): Jenseits von Bayreuth. Richard Wagner heute: Neue kulturwissenschaftliche Lektüren, München 2014, S. 41–62
–: »Attunement« – »at-one-ment«. »Stimmung« bei Thomas Mann (*Mario und der Zauberer*) und Dan Brown (*The Lost Symbol*), in: Stefan Börnchen, Georg Mein, Gary Schmidt (Hg.): Thomas Mann: Neue kulturwissenschaftliche Lektüren, München 2012, S. 149–166
–: Auf den Affen gekommen. Anthropologie, Spiegelneuronen, »Neurogermanistik« 1772/2007, in: Stefan Börnchen, Georg Mein (Hg.): Weltliche Wallfahrten. Auf der Spur des Realen, München 2010, S. 151–176
–: Das Theater um den Geisterseher. Paranoia, Schaubühne und Vierte Wand in Schillers Romanfragment, in: Peter-André Alt, Marcel Lepper und Ulrich Raulff (Hg.): Schillers Theaterpraxis, Göttingen 2019, S. 197–213
–: Der Zauberer raucht. Zu einer Medientheorie des Rauchens (Thomas Mann: *Mario und der Zauberer*), in: Jahrbuch für Literatur und Psychoanalyse. Freiburger literaturpsychologische Gespräche 31 (2012), S. 183–212

–: »Dumme Semantik« oder: Wie klug muss eine Metasprache sein? Ein Stimmungs-Bild, in: Rainer Kaus, Claudia Liebrand (Hg.): Interpretieren nach den Turns, Bielefeld 2014, S. 195–216

–: Einleitung, in: ders., Georg Mein, Martin Roussel (Hg.): Name, Ding. Referenzen, München 2012, S. IX–XV

–: »Freunde, flieht die dunkle Kammer!« Zur epistemologischen Metapher der *black box*: Goethe, Luhmann, THE MATRIX, in: Jahrbuch für Literatur und Psychoanalyse. Freiburger literaturpsychologische Gespräche 29 (2010), S. 289–313

–: »König über Alle, der Magnet«. Liebe und Magnetismus in Annette von Droste-Hülshoffs Gedicht »An ***«, in: Claudia Liebrand, Irmtraud Hnilica, Thomas Wortmann (Hg.): Redigierte Tradition. Literaturhistorische Positionierungen Annette von Droste-Hülshoffs, Paderborn 2010, S. 197–221

–: Kryptenhall. Allegorien von Schrift, Stimme und Musik in Thomas Manns »Doktor Faustus«, München 2006

–: Poetik der Linie. Wilhelm Busch, *Max und Moritz* und die Tradition, Hannover 2015

–: Psyche im Farbenfluss. Friedrich Schillers Körner-Aquarell in den *Avanturen des neuen Telemachs*, in: Jahrbuch für Literatur und Psychoanalyse. Freiburger literaturpsychologische Gespräche 34 (2015), S. 291–312

–: Pyramiden im pazifischen Zwielicht. Hegels *Phänomenologie des Geistes* und das »Ende der Begriffsgeschichte«, in: Scientia Poetica 11 (2007), S. 83–104

–: Tristans Gleitakkord: Wagners *Objet petit a*-Moll, in: Georg Mein (Hg.): Transmission: Übertragung – Übersetzung – Vermittlung. Festschrift zu André Michels 60. Geburtstag, Wien 2010, S. 205–229

Börsch-Supan, Helmut und Karl Wilhelm Jähnig: Caspar David Friedrich. Gemälde, Druckgraphik und bildmäßige Zeichnungen, München 1973

Braak, Ivo: Poetik in Stichworten. Literaturwissenschaftliche Grundbegriffe. Eine Einführung von Ivo Braak, 8., überarbeitete und erweiterte Auflage von Martin Neubauer, Stuttgart 2001

Brady, Frank: Tristram Shandy: Sexuality, Morality, and Sensibility, in: Eighteenth century studies 4 (1970), S. 41–56

Brentano, Clemens: Da oben im Gärtchen, in: ders.: Werke, Bd. 1, hg. von Wolfgang Frühwald, Bernhard Gajek und Friedhelm Kemp, München 1968, S. 609

–: Gockel, Hinkel und Gackeleia ein Mährchen, Frankfurt a. M. 1838 (http://www.deutschestextarchiv.de/book/show/brentano_gockel_1838, 14.6.2020)

–: Godwi oder Das steinerne Bild der Mutter. Ein verwilderter Roman, hg. von Ernst Behler, Stuttgart 1995

Brinkmann, Reinhold: Eichendorff, Schumann und der Conjunctivus irrealis. Gedanken zur »Mondnacht«, in: ders.: Schumann und Eichendorff. Studien zum Liederkreis Opus 39, München 1997 (Musik-Konzepte Heft 95), S. 12–48

–: Schumann und Eichendorff. Studien zum Liederkreis Opus 39, München 1997 (= Musik-Konzepte 95)

Bronfen, Elisabeth: Tiefer als der Tag gedacht. Eine Kulturgeschichte der Nacht, München 2008

Brown, Dan: The Lost Symbol. A Novel, New York u. a. 2009

Brusatin, Manlio: Geschichte der Linien. Aus dem Italienischen von Sabine Schulz, Berlin 2003 (Turin 1993)

Buber, Martin: Alte und neue Gemeinschaft, zitiert nach: Paul R. Flohr, Bernard Susser: »Alte und neue Gemeinschaft«: An Unpublished Buber Manuscript, in: Association For Jewish Studies Review 1 (1976), S. 41–56

Büchner, Georg: Lenz, in: ders.: Werke und Briefe. Mit einem Nachwort von Fritz Bergemann, München 1965, S. 65–84

Buchwald, Dagmar: Gestalt, in: Ästhetische Grundbegriffe, hg. von Karlheinz Barck u. a., Stuttgart 2010, Bd. 2: Dekadent bis Grotesk, S. 820–862

Bunke, Simon: Heimweh. Studien zur Kultur- und Literaturgeschichte einer tödlichen Krankheit, Freiburg i.Br., Berlin, Wien 2009

Burkert, W.: Mythos, Mythologie, in: Joachim Ritter, Karlfried Gründer (Hg.): Historisches Wörterbuch der Philosophie, Bd. 6 (Mo–O), Basel 1984, Sp. 281–283

Busch, Bernd: Belichtete Welt. Eine Wahrnehmungsgeschichte der Fotografie, München 1989

Busch, Werner: Caspar David Friedrich. Ästhetik und Religion, München 2003

–: Die Neudefinition der Umrißzeichnung in Rom am Ende des 18. Jahrhunderts, in: Margret Stuffmann, Werner Busch (Hg.): Zeichnen in Rom 1790–1830, Köln 2001, S. 10–44

–: Friedrichs Bildverständnis, in: Caspar David Friedrich. Die Erfindung der Romantik. Ausstellungskatalog Essen, Hamburg, hg. von Hubertus Gaßner, München 2006, S. 32–47

–: Klassizismus, Klassik. C. I. Bildende Kunst, in: Historisches Wörterbuch der Rhetorik, hg. von Gert Ueding, Bd. 4: Hu–K, Darmstadt 1998, Sp. 1070–1081

Carus, Carl Gustav: Psyche. Zur Entwicklungsgeschichte der Seele, Pforzheim 1857

Cassirer, Ernst: Das Individuum und der Kosmos in der Philosophie der Renaissance, Darmstadt ^{2}1963

Celan, Paul: Der Meridian. Rede anläßlich der Verleihung des Georg-Büchner-Preises. Darmstadt, am 22. Oktober 1960, in: ders.: Gesammelte Werke, Bd. 3: Gedichte III. Prosa. Reden, hg. von Beda Allemann u. a., Frankfurt a. M. 1983, S. 187–202

Christians, Heiko: Theologie oder Theorie der Namen? Anmerkungen zu Eugen Rosenstock, Johann Georg Hamann und Vilém Flusser, in: Stefan Börnchen, Georg Mein, Martin Roussel (Hg.): Name, Ding. Referenzen, München 2012, S. 59–75

Cicero, Marcus Tullius: De oratore. Über den Redner. Lateinisch/Deutsch. Übersetzt und hg. von Harald Merklin, Stuttgart 2006

Claudius, Matthias: Abendlied, in: ders.: Der Wandsbecker Bote. Mit einem Vorwort von Peter Suhrkamp und einem Nachwort von Hermann Hesse, Frankfurt a. M. 1975

Clausberg, Karl: Sichtbar gerollte Stimmen – Organprojektionen als Sekundärwerkzeuge für bildliche Sprechakte, in: Otto Brunken, Felix Giesa (Hg.): Erzählen im Comic. Beiträge zur Comicforschung, Essen 2013

–: Tabakrauch im Atemhauch, in: Annette Stahmer (Hg.): Parole #1: the body of the voice, Stimmkörper, Köln 2009, S. 24–31

Coenen, Hans Georg: Analogie und Metapher. Grundlegung einer Theorie der bildlichen Rede, Berlin, New York 2002

Coleridge, Samuel Taylor: Biographia Literaria, Auckland, N. Z. 2009 (London 1817)

»Comics«, in: James Watson, Anne Hill: Dictionary of Media and Communication Studies, New York, London ^{9}2015, S. 45f.

Conversations-Lexicon oder encyclopädisches Handwörterbuch für gebildete Stände, 6. Band, Leipzig und Altenburg: F. A. Brockhaus 1815

Crary, Jonathan: Techniken des Betrachters. Sehen und Moderne im 19. Jahrhundert, Dresden 1996

–: Techniques of the Observer. On Vision and Modernity in the 19th Century, Cambridge, MA, London 1990

Curtius, Ernst Robert: Europäische Literatur und lateinisches Mittelalter, Tübingen, Basel ^{11}1993 (1947)

Damm, Sigrid: Caroline Schlegel-Schelling. Ein Lebensbild, Frankfurt a. M., Leipzig 2009

»Dan Brown Vs. The Word Detective« (4.8.2010), unter: http://www.beehappy.ca/beelog/ (23.9.2010)

Deleuze, Gilles: Die Falte. Leibniz und der Barock. Aus dem Französischen von Ulrich Johannes Schneider, Frankfurt a. M. 2000

Demandt, Alexander: Metaphern für Geschichte. Sprachbilder und Gleichnisse im historisch-politischen Denken, München 1978

»Der Baumwipfelpfad im Nationalpark Bayerischer Wald«, http://www.baumwipfelpfad.by (11.3.2014); http://www.baumwipfelpfad.bayern/bayerischer-wald/infos/flyer-download/ (30.302016)

»Der Hillary Step, eine der Schlüsselstellen beim Aufstieg zum Gipfel des Mount Everest, soll entschärft werden«, in: Der Spiegel 14/2013 (30.3.2013), S. 93

Derrida, Jacques: Berühren, Jean-Luc Nancy, Berlin 2007 (französisch: Le Toucher, Jean-Luc Nancy, Paris 2000)

–: Ce qui reste à force de musique, in: Psyché. Inventions de l'autre, Paris 1987, S. 95–103

–: Die weiße Mythologie. Die Metapher im philosophischen Text, in: ders., Randgänge der Philosophie, hg. von Peter Engelmann, Wien 1988, S. 205–258

–: Dissemination, hg. von Peter Engelmann, übersetzt von Hans-Dieter Gondek, Wien 1995

Descartes, René: Dioptrik, in: Gertrud Leisegang: Descartes' Dioptrik, Meisenheim am Glan 1954, S. 69–146

–: Discours de la Méthode. Bericht über die Methode, übersetzt und herausgegeben von Holger Oswald, Stuttgart 2001

–: Meditationes de Prima Philosophia. Meditationen über die Erste Philosophie. Lateinisch/Deutsch. Übersetzt und hg. von Gerhart Schmidt, Stuttgart 1986

»Diaphanum, Medium«, in Johann Heinrich Zedler [Verleger]: Grosses vollständiges Universal-Lexicon Aller Wissenschafften und Künste [...], Halle und Leipzig 1732–1754, Bd. 7, Sp. 768f.

Didi-Huberman, Georges: Ähnlichkeit und Berührung. Archäologie, Anachronismus und Modernität des Abdrucks, Köln 1999

Dilthey, Wilhelm: Das Wesen der Philosophie (1907), in: ders.: Die Geistige Welt. Einleitung in die Philosophie des Lebens. Erste Hälfte: Abhandlung zur Grundlegung der Geisteswissenschaften, Stuttgart, Göttingen ^{8}1990, S. 339–416

»Diogenes, ein Philosophus Cynicus«, in: Johann Heinrich Zedler [Verleger]: Grosses vollständiges Universal-Lexicon Aller Wissenschafften und Künste [...], Bd. 7, Sp. 979

Dionysios oder Longinus: Vom Erhabenen. Übersetzt und hg. von Otto Schönberger, Stuttgart 1988

Dippel, Vanessa: Karneval der Diskurse. Schillers ›Avanturen des neuen Telemach‹, in: Michael Klees (Hg.): Mir ekelt vor dem tintenklecksenden Sekulum ... Beiträge des Studentenkolloquiums im Rahmen der Weimarer Schiller-Tage 1995, Fernwald 1996, S. 67–86

Droste-Hülshoff, Annette von: Am Turme, in: dies.: Sämtliche Werke in zwei Bänden, Bd. 1: Gedichte, hg. von Bodo Plachta und Winfried Woesler, Frankfurt a. M. 1994, S. 74f.

Drux, Rudolf: Wolfgang von Kempelens »Sprechmaschine« nebst seinem Schachautomaten. Musterstücke für einen interdisziplinären Zugang zur Spätaufklärung, in: Lichtenberg-Jahrbuch 2011, S. 33–47

Eagleton, Terry: Einführung in die Literaturtheorie, Stuttgart, Weimar ^{4}1997

Eco, Umberto: Fiktive Protokolle, in: ders.: Im Wald der Fiktionen. Sechs Streifzüge durch die Literatur, München, Wien 1994, S. 155–184

Ehrenfels, Christian von: Über »Gestaltqualitäten«, In: Ferdinand Weinhandl (Hg.): Gestalthaftes Sehen. Ergebnisse und Aufgaben der Morphologie. Zum hundertjährigen Geburtstag von Christian von Ehrenfels, Darmstadt 1960, S. 11–43

Eichendorff, Joseph von: Ahnung und Gegenwart. Ein Roman, in: ders.: Ahnung und Gegenwart. Sämtliche Erzählungen I, hg. von Wolfgang Frühwald und Brigitte Schillbach, Frankfurt a. M. 2007 (1985), S. 53–382

–: Aus dem Leben eines Taugenichts/Der neue Troubadour, in: ebd., S. 445–561

–: Das Marmorbild. Eine Novelle, in: ebd., S. 383–428

–: Das Schloß Dürande. Novelle, in: ders.: Dichter und ihre Gesellen. Sämtliche Erzählungen II, hg. von Brigitte Schillbach und Hartwig Schulz, Frankfurt a. M. 2007 (1993), S. 421–465

–: Das Wiedersehen, in: ders.: Ahnung und Gegenwart. Sämtliche Erzählungen I, hg. von Wolfgang Frühwald und Brigitte Schillbach, Frankfurt a. M. 2007 (1985), S. 429–443

–: Der Gefangene, in: ders.: Sämtliche Gedichte. Versepen, hg. von Hartwig Schultz, Frankfurt a. M. 2006, S. 163–166

–: Der verliebte Reisende, in: ebd., S. 125–129

–: Dichter und ihre Gesellen. Novelle, in: ders.: Dichter und ihre Gesellen. Sämtliche Erzählungen II, hg. von Brigitte Schillbach und Hartwig Schulz, Frankfurt a. M. 2007 (1993), 105–353

–: Die Entführung. Eine Novelle, in: ebd., S. 467–507

–: Die Glücksritter. Novelle, in: ebd., S. 509–558

–: Frühlingsklänge, in: ders.: Sämtliche Gedichte. Versepen, hg. von Hartwig Schultz, Frankfurt a. M. 2006, S. 295

–: Herbstweh, in: ebd., S. 419

–: Herrmanns Enkel, in: ebd., S. 244–246

–: In die Höh', in: ebd., S. 258f.

–: Libertas und ihre Freier. Ein Märchen, in: ders.: Dichter und ihre Gesellen. Sämtliche Erzählungen II, hg. von Brigitte Schillbach und Hartwig Schulz, Frankfurt a. M. 2007 (1993), S. 559–595

–: Liedchen, in: ders.: Sämtliche Gedichte. Versepen, hg. von Hartwig Schultz, Frankfurt a. M. 2006, S. 213

–: Mondnacht, in: ebd., S. 322f.

–: <Unstern>, in: ders.: Tagebücher, Autobiographische Dichtungen, Historische und Politische Schriften, hg. von Hartwig Schultz. Mit einem Essay von Wolfgang Frühwald, Frankfurt a. M. 1993, S. 357–370

–: Wünschelrute, in: ders.: Gedichte. Versepen, hg. von Hartwig Schultz, Frankfurt a. M. 2006, S. 328

–: Zur Hochzeit, in: ebd., S. 315f.

–: Zwielicht, in: ebd., S. 146

Eichendorff, Wilhelm von: Der Blick, in: ebd., S. 574f.

»Einleitung des Herausgebers«, in: Ludwig Tieck: Tiecks Werke. 1. Band: Gedichte, Dramen, hg. von Gotthold Ludwig Klee, Leipzig und Wien 1892, S. 3–8

Eisner, Will: Comics and Sequential Art. Principles and Practices from the Legendary Cartoonist, New York 2008

Eliot, Thomas Stearns: Tradition and the Individual Talent, in: ders.: The Sacred Wood. Essays on Poetry and Criticism, London [7]1950, S. 47–59

Ellenberger, Henry F.: Die Entdeckung des Unbewußten. Geschichte und Entwicklung der dynamischen Psychiatrie von den Anfängen bis zu Janet, Freud, Adler und Jung. Aus dem Amerikanischen von Gudrun Theusner-Stampa, Zürich 1985

»ERKENNEN«, in: Jacob und Wilhelm Grimm: Deutsches Wörterbuch, Band III: E–Forsche, Leipzig 1862, Sp. 866–869

Ernst, Fritz: Vom Heimweh, Zürich 1949

Ernst, Wolfgang: Barocke Kombinatorik als Theorie-Maschine. Lulls Kombinatorik, Descartes' Maschinen und Leibniz' Apokatastasis panton, unter: https://www.medienwissenschaft.hu-berlin.de/de/medienwissenschaft/medientheorien/downloads/skripte/medientheorie4.pdf (31.8.2015)

»Erscheinung«, in: Zedler, Grosses vollständiges Universal-Lexicon Aller Wissenschafften und Künste, Bd. 8, Sp. 1757–1759

Evans, Dylan: Wörterbuch der Lacanschen Psychoanalyse. Aus dem Englischen von Gabriella Burkhart, Wien 2002

Eversberg, Gerd: »Ombres chinoises«. Zur Geschichte eines Medienspektakels seit dem siebzehnten Jahrhundert, in: Harro Segeberg (Hg.): Die Mobilisierung des Sehens. Zur Vor- und Frühgeschichte des Films in Literatur und Kunst, München 1996, S. 45–67

Faber, Marion: Der Schachautomat des Baron von Kempelen, in: Der Schachautomat des Baron von Kempelen. Mit einem Nachwort von Marion Faber, Dortmund 1983, S. 65–124

Falk, Johannes: O du fröhliche, o du selige, / gnadenbringende Weihnachtszeit, in: Gotteslob. Katholisches Gebet- und Gesangbuch. Ausgabe für das Erzbistum Köln, Stuttgart 2013, S. 332 (Nr. 238)

Fauteck, Heinrich: Elastizität als Terminus bei Novalis, in: Junge Geisteswissenschaft. Göttinger Semesterhefte 2, 1939, H. 1, S. 3–9

Fehrenbach, Frank: Der oszillierende Blick. *Sfumato* und die Optik des späten Leonardo, in: Zeitschrift für Kunstgeschichte 65, 4 (2002), S. 522–544

Felderer, Brigitte und Ernst Strouhal: Kempelen – zwei Maschinen, Wien 2004

Ferris, David: Schumann's Eichendorff Liederkreis and the Genre of the Romantic Cycle, Oxford 2000

–: »Was will dieses Grau'n bedeuten?«: Schumann's »Zwielicht« and Daverio's »Incomprehensibility Topos«, in: The Journal of Musicology 22,1 (2005), S. 131–153

Figal, Günter: Martin Heidegger zur Einführung, Hamburg 1992

Fink-Eitel, Hinrich: Die Philosophie der Stimmungen in Heideggers »Sein und Zeit«, in: Allgemeine Zeitschrift für Philosophie 17 (1992), S. 27–44

Fleck, Ludwik: Entstehung und Entwicklung einer wissenschaftlichen Tatsache. Einführung in die Lehre vom Denkstil und Denkkollektiv. Mit einer Einleitung hg. von Lothar Schäfer und Thomas Schnelle, Frankfurt a. M. 1980

Foucault, Michel: Die Ordnung der Dinge. Eine Archäologie der Humanwissenschaften. Aus dem Französischen von Ulrich Köppen, Frankfurt a. M. 1974

Frank, Manfred: Eine fundamental-semiologische Herausforderung der abendländischen Wissenschaft [Rezension von Jacques Derridas *Die Schrift und die Differenz* und *Grammatologie*], in: Philosophische Rundschau 23 (1976), S. 1–16

–: »Unendliche Annäherung«. Die Anfänge der philosophischen Frühromantik, Frankfurt a. M. 1997

Frenzel, Elisabeth: Motive der Weltliteratur. Ein Lexikon dichtungsgeschichtlicher Längsschnitte, Stuttgart [6]2008

Freud, Sigmund: Aus der Geschichte einer infantilen Neurose [»Der Wolfsmann«], in: ders.: Studienausgabe, hg. von Alexander Mitscherlich, Angela Richards und James Strachey, Bd. VIII: Zwei Kinderneurosen, Frankfurt a. M. 1969, S. 125–232

–: Beiträge zur Psychologie des Liebeslebens. I. Über einen besonderen Typus der Objektwahl beim Manne, in: ebd., Bd. V: Sexualleben, Frankfurt a. M. 1972, S. 185–195

–: Bemerkungen zu Theorie und Praxis der Traumdeutung, in: ders.: Gesammelte Werke. Chronologisch geordnet. Unter Mitwirkung von Marie Bonaparte […] hg. von Anna Freud […], 13. Band: Jenseits des Lustprinzips. Massenpsychologie und Ich-Analyse. Das Ich und das Es, London 1940, S. 299–314

–: Bruchstück einer Hysterie-Analyse (1905 [1901]), in: ders.: Studienausgabe, hg. von Alexander Mitscherlich, Angela Richards und James Strachey, Bd. VI: Hysterie und Angst, Frankfurt a. M. 1971, S. 83–186

–: Das Unbehagen in der Kultur, in: ebd., Bd. IX: Fragen der Gesellschaft. Ursprünge der Religion, Frankfurt a. M. 1974, S. 191–270

–: Der Dichter und das Phantasieren, in: ebd., Bd. X: Bildende Kunst und Literatur, Frankfurt a. M. 1969, S. 169–179

–: Der Mann Moses und die monotheistische Religion: Drei Abhandlungen (1939 [1934–1938]), in: ebd., Bd. IX: Fragen der Gesellschaft. Ursprünge der Religion, Frankfurt a. M. 1974, S. 455–581

–: Die Traumdeutung, in: ders.: Studienausgabe, hg. von Alexander Mitscherlich, Angela Richards und James Strachey, Bd. II: Die Traumdeutung, Frankfurt a. M. 1972, S. 252f.

–: Eine Kindheitserinnerung des Leonardo da Vinci, in: ders.: Gesammelte Werke. Chronologisch geordnet. Unter Mitwirkung von Marie Bonaparte […] hg. von Anna Freud […], 8. Band: Werke aus den Jahren 1909–1913, London 1943, S. 127–211

–: Eine Schwierigkeit der Psychoanalyse, in: Imago. Zeitschrift für Anwendung der Psychoanalyse auf die Geisteswissenschaften V (1917), S. 1–7

–: Ergebnisse, Ideen, Probleme (London, Juni 1938), in: ders.: Gesammelte Werke. Chronologisch geordnet. Unter Mitwirkung von Marie Bonaparte [...] hg. von Anna Freud [...], 17. Band: Schriften aus dem Nachlass, London 1941, S. 149–152

–: Hemmung, Symptom und Angst, in: ebd., 14. Band: Werke aus den Jahren 1925–1931, London 1948, S. 111–205

–: Neue Folge der Vorlesungen zur Einführung in die Psychoanalyse (1933 [1932]), in: ders.: Studienausgabe, hg. von Alexander Mitscherlich, Angela Richards und James Strachey, Bd. I: Vorlesungen zur Einführung in die Psychoanalyse. Und Neue Folge, Frankfurt a. M. 1969, S. 447–608

–: Selbstdarstellung, in: ders.: Schriften zur Geschichte der Psychoanalyse, hg. und eingeleitet von Ilse Grubrich-Simitis, Frankfurt a. M. 1973, S. 37–96

–: Totem und Tabu. Einige Übereinstimmungen im Seelenleben der Wilden und der Neurotiker, in: ders.: Studienausgabe, hg. von Alexander Mitscherlich, Angela Richards und James Strachey, Bd. IX: Fragen der Gesellschaft. Ursprünge der Religion, Frankfurt a. M. 1974, S. 287–444

–: Über den Gegensinn der Urworte (1910), in: ebd., Bd. IV: Psychologische Schriften, Frankfurt a. M. 1970, S. 227–234

–: Über einige neurotische Mechanismen bei Eifersucht, Paranoia und Homosexualität (1922 [1921]), in: ebd., Bd. VII: Zwang, Paranoia und Perversion, Frankfurt a. M. 1973, S. 217–228

–: Vorlesungen zur Einführung in die Psychoanalyse. Und Neue Folge, in: ebd., Bd. I, Frankfurt a. M. 1969

–: Zur Psychotherapie der Hysterie, in: ders.: Gesammelte Werke. Chronologisch geordnet. Unter Mitwirkung von Marie Bonaparte [...] hg. von Anna Freud [...], 1. Band: Werke aus den Jahren 1892–1899, London 1952, S. 252–312

Friedrich, Caspar David: Auf einem Felsen sitzende Frau neben einem dürren, mit Efeu berankten Baum (5.1.1801), in: Caspar David Friedrich. Die Erfindung der Romantik. Ausstellungskatalog Essen, Hamburg, hg. von Hubertus Gaßner, München 2006, S. 121

–: Das Tor auf dem Neurathen, um 1837–40, in: ebd., S. 256

–: Engel in Anbetung, in: ebd., S. 331

–: Kreuz im Gebirge, 1812, in: ebd., S. 299

–: Manuskript im Dresdener Kupferstich-Kabinett Inv.-Nr. c 1937–2172g., zitiert nach: Ewelina Rzucidlo: Caspar David Friedrich und Wahrnehmung [sic]. Von der Rückenfigur zum Landschaftsbild, Münster 1998, S. 110f.

–: Winter, Jahreszeiten- und Lebensalterzyklus, um 1826, in: Caspar David Friedrich. Die Erfindung der Romantik. Ausstellungskatalog Essen, Hamburg, hg. von Hubertus Gaßner, München 2006, S. 330

–: Winterlandschaft mit Kirche, 1811, in: ebd., S. 298

Gadamer, Hans-Georg: Rhetorik, Hermeneutik und Ideologiekritik. Metakritische Erörterungen zu Wahrheit und Methode, in: ders.: Gesammelte Werke, Tübingen 1999, Bd. 2, S. 232–250

–: Text und Interpretation, in: Philippe Forget (Hg.): Text und Interpretation, München 1984, S. 24–55

–: Vom Zirkel des Verstehens, in: ders.: Kleine Schriften IV. Variationen, Tübingen 1977, S. 54–61; auch in Bd. 2 der Gesammelten Werke, Tübingen 1986, S. 57–65

–: Wahrheit und Methode. Grundzüge einer philosophischen Hermeneutik, in: ders.: Gesammelte Werke, Bd. 1: Hermeneutik I, Tübingen ^{6}1990

Gamper, Michael: Elektropoetologie. Fiktionen der Elektrizität 1740–1870, Göttingen 2009

Gantner, Gösta: Der Vorschein des Utopischen im Kunstwerk: Wunschlandschaften bei Ernst Bloch, in: Tobias Dangel, Cem Kömürcü, Stephan Zimmermann (Hg.): Dichten und Denken. Perspektiven zur Ästhetik, Heidelberg 2011, S. 9–21

Gantzhorn, Ralf und Moritz Attenberger: Himmelsleitern. 50 Fels- und Eisgrate in den Alpen, München ^{2}2012

Gasché, Rodolphe: Metapher und Quasi-Metaphorizität, in: Anselm Haverkamp (Hg.): Die paradoxe Metapher, Frankfurt a. M. 1998, S. 235–267

Gaßner, Hubertus: Komposition. Hyperbeln – Symmetrien und Gitterstrukturen – Rhythmische Folgen – Bildpaare und Serien, in: Caspar David Friedrich. Die Erfindung der Romantik. Ausstellungskatalog Essen, Hamburg, hg. von Hubertus Gaßner, München 2006, S. 271–335

Genesis 28,10–16, in: Altes und Neues Testament. Einheitsübersetzung der Heiligen Schrift, Aschaffenburg 1980, S. 30

Gerhardt, Volker: Handlung als das Verhältnis von Ursache und Wirkung, in: Gerold Prauss (Hg.): Handlungstheorie und Transzendentalphilosophie, Frankfurt a. M. 1986, S. 98–131

Gerlach, Stefan: Wie ist Freiheit möglich? Eine Untersuchung über das Lösungspotential zum Determinismusproblem in Kants *Kritik der reinen Vernunft*, Tübingen 2010

Geulen, Eva: Das Ende der Kunst: Lesarten eines Gerüchts nach Hegel, Frankfurt a. M. 2002

Gisbertz, Anna-Katharina: Stimmung – Leib – Sprache. Eine Konfiguration in der Wiener Moderne, München 2009

–: (Hg.): Stimmung. Zur Wiederkehr einer ästhetischen Kategorie, München 2011

Glanville, Ranulph: Inside Every White Box There Are Two Black Boxes Trying to Get Out, in: Behavioral Science 27 (1982), S. 1–11

–: The Form of Cybernetics: Whitening the Black Box, in: General Systems Research: A Science, a Methodology, a Technology, Louisville, Kentucky 1979, S. 35–42

Gockel, Heinz: Mythos und Poesie, Frankfurt a. M. 1981

Goethe, Johann Wolfgang von: Aus meinem Leben. Dichtung und Wahrheit, in: ders.: Sämtliche Werke nach Epochen seines Schaffens. Münchner Ausgabe, Bd. 16, hg. von Peter Sprengel, München und Wien 1985

–: [Den 15 Junius 1775 Donnerstags morgen aufm Zürchersee], in: ebd., Bd. 1.2: Der junge Goethe 1757–1775, hg. von Gerhard Sauder, München 1987, S. 543–544

–: Die Leiden des jungen Werthers, in: ebd., S. 196–299

–: Die Wahlverwandtschaften, in: ebd., Bd. 9: Epoche der Wahlverwandtschaften. 1807–1814, hg. von Christoph Siegrist u. a., München 1987, S. 283–529

–: Eins und Alles, in: ebd., Bd. 12: Zur Naturwissenschaft überhaupt, besonders zur Morphologie […], hg. von Hans J. Becker, Gerhard H. Müller, John Neubauer und Peter Schmidt, München 1989, S. 744

–: Entwurf einer Farbenlehre. Des ersten Bandes erster, didaktischer Teil, in: ebd., Bd. 10: Zur Farbenlehre, hg. von Peter Schmidt, München 1989, S. 17–273

–: Faust. Eine Tragödie, hg. und kommentiert von Albrecht Schöne, Frankfurt a. M., Leipzig 2003 (= Bibliothek deutscher Klassiker), Bd. 1: Texte

–: Maximen und Reflexionen, in: ders.: Sämtliche Werke nach Epochen seines Schaffens. Münchner Ausgabe, Bd. 17: Wilhelm Meisters Wanderjahre. Maximen und Reflexionen, hg. von Gonthier-Louis Fink, Gerhart Baumann und Johannes John, München 1991, S. 715–953 und 1218–1318 (Kommentar)

–: Physikalische Vorträge. Schematisiert <1805–1806>, in: ebd., Bd. 6.2: Weimarer Klassik 1798–1806, hg. von Karl Richter u. a., München 1988, S. 834–879

–: Sämtliche Werke. Briefe, Tagebücher und Gespräche. 40 Bde. Hg. von Friedmar Apel u. a., Frankfurt a. M. 1987–1999 (= Bibliothek deutscher Klassiker), Bd. II.12: Johann Peter Eckermann: Gespräche mit Goethe, Frankfurt a. M. 1999

–: Sämtliche Werke nach Epochen seines Schaffens. Münchner Ausgabe, Bd. 8.1: Briefwechsel zwischen Schiller und Goethe in den Jahren 1794 bis 1805, hg. von Manfred Beetz, München 1990

–: Ebd., Bd. 19: Johann Peter Eckermann: Gespräche mit Goethe in den letzten Jahren seines Lebens, hg. von Heinz Schlaffer, München, Wien 1986

–: Tag- und Jahreshefte, in: ebd., Bd. 14: Autobiographische Schriften der frühen Zwanzigerjahre, hg. von Reiner Wild, München 1986, S. 7–322

–: Wandrers Nachtlied, in: ebd., Bd. 2.1: Erstes Weimarer Jahrzehnt 1775–1786, hg. von Hartmut Reinhardt, München 1987

–: Weimarer Klassik 1798–1806, in: ebd., Bd. 6.1, hg. von Victor Lange, München 1986

–: Wilhelm Meisters Lehrjahre. Ein Roman, in: ebd., Bd. 5, hg. von Hans-Jürgen Schings, München 1988

Gordon, W. Terrence (Hg.): Editor's Introduction, in: Marshall McLuhan: Understanding Media. The Extensions of Man. Critical Edition, Berkeley, CA, 2003, S. xi–xxi

»Gott ist kein ›Dio-Spray‹«, in: Frankfurter Allgemeine Zeitung, 19.04.2013, S. 9

Grave, Johannes: Caspar David Friedrich. Glaubensbild und Bildkritik, Zürich 2011

Greenblatt, Stephen: Towards a Poetics of Culture, in: Harold Veeser (Hg.): The New Historicism, New York 1989, S. 1–14

–: Verhandlungen mit Shakespeare. Innenansichten der englischen Renaissance, aus dem Amerikanischen von Robin Cackett, Berlin 1990

Grimm, Jacob und Wilhelm: Deutsches Wörterbuch, 16 Bde. in 32 Teilbänden, Leipzig 1854–1961

Groddeck, Wolfram: Reden über Rhetorik. Zu einer Stilistik des Lesens, Basel, Frankfurt a. M. 1995

Grünewald, Dietrich: Freundesgabe. Friedrich Schillers »Avanturen des neuen Telemachs«, in: Deutsche Comicforschung 12 (2016), S. 19–34

»GUCKKASTEN«, in: Jacob und Wilhelm Grimm: Deutsches Wörterbuch, Bd. IV/I,6: Greander–Gymnastik, Leizpzig 1935, Sp. 1043–1044

Gumbrecht, Hans Ulrich: California Graffiti. Bilder vom westlichen Ende der Welt, München 2010

–: Die Macht der Philologie. Über einen verborgenen Impuls im wissenschaftlichen Umgang mit Texten. Frankfurt a. M. 2003

–: Diesseits der Hermeneutik. Die Produktion von Präsenz, Frankfurt a. M. 2004

–: »How (if at All) Can We Encounter What Remains Latent In Texts?«, in: Partial Answers: Journal of Literature and the History of Ideas 7, 1 (Januar 2009), S. 87–96

–: Nach 1945. Latenz als Ursprung der Gegenwart, Berlin 2012

–: Pyramiden des Geistes. Über den schnellen Aufstieg, die unsichtbaren Dimensionen und das plötzliche Abebben der begriffsgeschichtlichen Bewegung, in: ders.: Dimensionen und Grenzen der Begriffsgeschichte. München 2006, S. 7–36

–: Scirocco. Über Stimmung und Modernität von Thomas Manns »Der Tod in Venedig«, in: ders.: Stimmungen lesen. Über eine verdeckte Wirklichkeit der Literatur, München 2011, S. 99–111

–: Stimmungen lesen. Über eine verdeckte Wirklichkeit in der Literatur, München 2011

–: 1926. Ein Jahr am Rand der Zeit, Frankfurt a. M. 2003

Gumbrecht, Hans Ulrich und K. Ludwig Pfeiffer (Hg.): Materialität der Kommunikation, Frankfurt a. M. 1988

Gundolf, Friedrich: Friedrich Schlegel, in: ders.: Romantiker, Berlin 1930, S. 9–140

Hager, Fritz-Petzer: Dihairesis, in: Joachim Ritter (Hg.): Historisches Wörterbuch der Philosophie, Bd. 2: D–F, Basel 1972, Sp. 242–244

Hall, Stuart George: Typologie, in: Theologische Realenzyklopädie, Bd. 34: Trappisten/Trappistinnen–Vernunft II, hg. von Horst Balz u. a., Berlin, New York 2002, S. 208–224

Halle, Johann Samuel: Magie, oder, die Zauberkräfte der Natur, so auf den Nutzen, und die Belustigung angewandt worden [...]. Mit 9 Kupfertafeln, Berlin 1785

Hamacher, Bernd: Austern und Wein, Kunst und Philosophie: Die Ambivalenz des Alltäglichen in Hegels Ästhetik, in: Walter Pape (Hg.): Die alltägliche Romantik. Gewöhnliches und Phantastisches, Lebenswelt und Kunst. Unter Mitarbeit von Roswitha Burwick, Berlin, Boston 2016, S. 3–12

Hamacher, Werner: Das Beben der Darstellung, in: David E. Wellbery (Hg.): Positionen der Literaturwissenschaft. Acht Modellanalysen am Beispiel von Kleists *Das Erdbeben von Chili*, S. 149–173

–: Unlesbarkeit, in: Paul de Man: Allegorien des Lesens. Aus dem Amerikanischen von Werner Hamacher und Peter Krumme. Mit einer Einleitung von Werner Hamacher, Frankfurt a. M. 1988, S. 7–26

Hamann, Johann Georg: Sämtliche Werke. III. Band. Schriften über Sprache / Mysterien / Vernunft 1772–1788. Historisch-kritische Ausgabe von Josef Nadler, Wien 1951

Han, Byung-Chul: Heideggers Herz. Zum Begriff der Stimmung bei Martin Heidegger, München 1996

Happ, Heinz: Hyle. Studien zum aristotelischen Materie-Begriff, Berlin, New York 1971

Heard, Mervyn: Phantasmagoria. The Secret Life of the Magic Lantern, Hastings 2006

Hederich, Benjamin: »PSYCHE«, in: ders.: Gründliches mythologisches Lexikon. Reprographischer Nachdruck der Ausgabe Leipzig 1770, Darmstadt 1996, Sp. 2114–2119

Hegel, Georg Wilhelm Friedrich: Differenz des Fichteschen und Schellingschen Systems der Philosophie, in: ders.: Jenaer Schriften. 1801–1807. Auf der Grundlage der Werke von 1832–1845 neu ediert von Eva Moldenhauer und Karl Markus Michel, Frankfurt a. M. 1970 (= GW, Frankfurt a. M. 1969ff., Bd. 2), S. 7–138

–: Enzyklopädie der philosophischen Wissenschaften im Grundrisse 1830. Erster Teil. Die Wissenschaft der Logik. Mit den mündlichen Zusätzen, Frankfurt a. M. 1970 (GW 8)

–: Enzyklopädie der philosophischen Wissenschaften im Grundrisse 1830. Zweiter Teil. Die Naturphilosophie. Mit den mündlichen Zusätzen, Frankfurt a. M. 1970 (GW 9)

–: Enzyklopädie der philosophischen Wissenschaften im Grundrisse (1830), hg. von Friedhelm Nicolin und Otto Pöggeler, Hamburg 1991

–: Enzyklopädie der philosophischen Wissenschaften III, Frankfurt a. M. 1970 (GW 10)

–: Grundlinien der Philosophie des Rechts oder Naturrecht und Staatswissenschaft im Grundrisse. Mit Hegels eigenhändigen Notizen und den mündlichen Zusätzen, Frankfurt a. M. 1970 (GW 7)

–: Phänomenologie des Geistes. Neu hg. von Hans-Friedrich Wessels und Heinrich Clairmont. Mit einer Einleitung von Wolfgang Bonsiepen, Hamburg 1988

–: Vorlesungen über die Ästhetik I, Frankfurt a. M. 1970 (GW 13)

–: Vorlesungen über die Ästhetik III, Frankfurt a. M. 1970 (GW 15)

–: Vorlesungen über die Philosophie der Religion II, Frankfurt a. M. 1969 (GW 17)
–: Wissenschaft der Logik I. Erster Teil: Die objektive Logik. Erstes Buch, Frankfurt a. M. 1986 (GW 5)
–: Wissenschaft der Logik II, Frankfurt a. M. 1969 (GW 6)
Heidegger, Martin: Aus der Erfahrung des Denkens, Stuttgart ^{8}2005 (1954)
–: Beiträge zur Philosophie (Vom Ereignis), in: ders.: Gesamtausgabe. III. Abteilung: Unveröffentlichte Abhandlungen. Vorträge – Gedachtes. Bd. 65, hg. von Friedrich-Wilhelm von Herrmann, Frankfurt a. M. 1989
–: Das Ereignis, in: ebd., Bd. 71, Frankfurt a. M. 2009
–: Der Feldweg. Bebilderte Sonderausgabe, Frankfurt a. M. 1989
–: Der Satz der Identität, in: ders.: Gesamtausgabe. I. Abteilung: Veröffentlichte Schriften 1910–1976, Bd. 11: Identität und Differenz. Text der durchgesehenen Einzelausgaben mit Randbemerkungen des Autors aus seinen Handexemplaren, hg. von Friedrich-Wilhelm von Hermann, Frankfurt a. M. 2006, S. 31–50
–: Die Grundbegriffe der Metaphysik: Welt – Endlichkeit – Einsamkeit (Freiburger Vorlesung Wintersemester 1929/30), hg. von Friedrich-Wilhelm von Herrmann, Frankfurt a. M. 2004
–: Die Kunst und der Raum. L'art et l'espace, Frankfurt a. M. 2007
–: Die Metaphysik des deutschen Idealismus. Zur erneuten Auslegung von Schelling: Philosophische Untersuchungen über das Wesen der menschlichen Freiheit und die damit zusammenhängenden Gegenstände (1809). Freiburger Vorlesungen I. Trimester 1941. Gesamtausgabe, Bd. 49, hg. von Günter Seubold, Frankfurt a. M. 1991
–: Die Sprache, in: ders.: Unterwegs zur Sprache, Pfullingen ^{12}2001, S. 9–33
–: Einleitung zu »Was ist Metaphysik?«, in: ders.: Gesamtausgabe, Bd. 9: Wegmarken. Unveränderter Text mit Randbemerkungen des Autors, hg. von Friedrich-Wilhelm von Herrmann, Frankfurt a. M. 1976, S. 365–383
–: Logos (Heraklit, Fragment 50), in: ebd., Bd. 7: Vorträge und Aufsätze, hg. von Friedrich-Wilhelm von Herrmann, Frankfurt a. M. 2000, S. 211–234
–: Metaphysische Anfangsgründe der Logik im Ausgang von Leibniz. Marburger Vorlesung Sommersemester 1928. Gesamtausgabe, Bd. 26, hg. von Klaus Held, Frankfurt a. M. ^{2}1990
–: »Nur noch ein Gott kann uns retten«. SPIEGEL-Gespräch mit Martin Heidegger am 23. September 1966, in: Der Spiegel 23/1976 (31.5.1976), S. 193–219
–: Parmenides. Freiburger Vorlesung Wintersemester 1942/43, hg. von Manfred S. Frings, Frankfurt a. M. 1982
–: Sein und Zeit, Tübingen ^{17}1993
–: Vom Wesen des Grundes, in: ders.: Gesamtausgabe, Bd. 9: Wegmarken. Unveränderter Text mit Randbemerkungen des Autors, hg. von Friedrich-Wilhelm von Herrmann, Frankfurt a. M. 1976, S. 123–175

–: Wegmarken. Unveränderter Text mit Randbemerkungen des Autors. Gesamtausgabe, Bd. 9, hg. von Friedrich-Wilhelm von Herrmann, Frankfurt a. M. 1976

–: Wozu Dichter?, in: ders.: Gesamtausgabe, Bd. 5: Holzwege, hg. von Friedrich-Wilhelm von Herrmann, Frankfurt a. M. ^{8}2003, S. 269–320

–: Zeit und Sein, in: ders.: Zur Sache des Denkens, Tübingen 1969, S. 1–25

Heidegger, Hermann: Zu dieser Ausgabe, in: Martin Heidegger: Der Feldweg. Bebilderte Sonderausgabe, Frankfurt a. M. 1989, S. 27

Heine, Heinrich: Reisebilder. Dritter Teil. II. Die Bäder von Lucca, in: ders.: Sämtliche Schriften, Bd. 2, hg. von Klaus Briegleb, München ^{2}1976, S. 391–470

Heller-Roazen, Daniel: The Inner Touch. Archeology of a Sensation, New York 2009

Henrich, Dieter: Hegel im Kontext, Frankfurt a. M. ^{4}1988

Herrmann, Friedrich-Wilhelm von: Nachwort des Herausgebers, in: Heidegger, Die Grundbegriffe der Metaphysik, S. 537–542

Herzog, Reinhart: Metapher – Exegese – Mythos. Interpretationen zur Entstehung eines biblischen Mythos in der Literatur der Spätantike, in: Manfred Fuhrmann (Hg.), Terror und Spiel. Probleme der Mythenrezeption, München 1971, S. 157–185

Hesiod: Θεογονια. Theogonie. Vom Ursprung der Götter. Griechisch/Deutsch. Übersetzt und hg. von Otto Schönberger, Stuttgart 1999

Hey, Wilhelm: Weißt du, wieviel Sternlein stehen, in: Das große Liederbuch. 204 deutsche Volks- und Kinderlieder, gesammelt von Anne Diekmann, unter Mitwirkung von Willi Gohl […], Zürich 1975

Heydenreich, Karl Heinrich: Mann und Weib. Ein Beytrag zur Philosophie über die Geschlechter, Leipzig 1798

Hick, Ulrike: Geschichte der optischen Medien, München 1999

Hinck, Walter: Das Gedicht als Spiegel der Dichter. Zur Geschichte des deutschen poetologischen Gedichts, Opladen 1985

Hodapp, Christopher: Deciphering the Lost Symbol: Freemasons, Myths and the Mysteries of Washington, D.C., Berkeley, CA 2010

Hoffmann, E.T.A.: Alte und neue Kirchenmusik, in: ders.: Fantasiestücke in Callot's Manier. Werke 1814, hg. von Hartmut Steinecke […], Frankfurt a. M. 2006 (= Bd. 2/1 der Sämtlichen Werke in sieben Bänden), S. 503–531

–: Beethovens Instrumental-Musik, in: ebd., S. 52–61

–: Brief an Theodor Gottlieb von Hippel, 1.4.1798, in: ders.: Frühe Prosa. Briefe. Tagebücher. Libretti. Juristische Schrift. Werke 1794–1813, hg. von Gerhard Allroggen u. a., Frankfurt a. M. 2003, S. 108–110

–: Brief an Theodor Gottlieb von Hippel, 15.10.1798, in: ebd., S. 115–119

–: Brief an Theodor Gottlieb von Hippel, 26.8.1798, in: ebd., S. 114f.

–: Briefe aus den Bergen, in: ders.: Nachtstücke. Klein Zaches. Prinzessin Brambilla. Werke 1816–1820, hg. von Hartmut Steinecke unter Mitarbeit von Gerhard Allroggen, Frankfurt a. M. 1985, S. 688–713

–: Briefe aus den Bergen, in: ders.: Nachlese. Dichtungen, Schriften, Aufzeichnungen und Fragmente, hg. sowie mit einem Nachwort und Anmerkungen versehen von Friedrich Schnapp, München 1981, S. 75–99

–: Der goldene Topf. Ein Märchen aus der neuen Zeit, in: ders.: Fantasiestücke in Callot's Manier. Werke 1814, hg. von Hartmut Steinecke [...], Frankfurt a. M. 2006 (= Bd. 2/1 der Sämtlichen Werke in sieben Bänden), S. 227–321

–: Der Sandmann, in: ders.: Nachtstücke. Klein Zaches. Prinzessin Brambilla. Werke 1816–1820, hg. von Hartmut Steinecke unter Mitarbeit von Gerhard Allroggen, Frankfurt a. M. 2009, S. 11–49

–: Der Zusammenhang der Dinge, in: ders.: Die Serapions-Brüder, hg. von Wulf Segebrecht unter Mitarbeit von Ursula Segebrecht, Frankfurt a. M. 2001, S. 1055–1113

–: Die Bergwerke zu Falun, in: ebd., S. 208–241

–: Die Jesuiterkirche in G., in: ders.: Nachtstücke. Klein Zaches. Prinzessin Brambilla. Werke 1816–1820, hg. von Hartmut Steinecke unter Mitarbeit von Gerhard Allroggen, Frankfurt a. M. 2009, S. 110–140

–: Fantasiestücke in Callot's Manier. III. Kreisleriana. 5. Höchst zerstreute Gedanken, in: ders.: Werke 1814, hg. von Hartmut Steinecke [...], Frankfurt a. M. 2006 (= Bd. 2/1 der Sämtlichen Werke in sieben Bänden), S. 61–72

–: Fantasiestücke in Callot's Manier. III. Kreisleriana. 1. Johannes Kreisler's, des Kapellmeisters musikalische Leiden, in: ebd., S. 34–41

–: Fantasiestücke in Callot's Manier. IX. Kreisleriana. Johannes Kreislers Lehrbrief, in: ebd., S. 447–455

–: Fantasiestücke in Callot's Manier. IX. Kreisleriana. Kreislers musikalisch-poetischer Club, in: ebd., S. 370–418

–: Fantasiestücke in Callot's Manier. IX. Kreisleriana. Über einen Ausspruch Sachini's, und über den sogenannten Effekt in der Musik, in: ebd., S. 438–447

–: Gedanken über den hohen Wert der Musik, in: ebd., S. 45–52

–: Nachricht von einem gebildeten jungen Mann, in: ebd., S. 418–428

–: Ombra adorata!, in: ebd., S. 41–45

–: Prinzessin Brambilla. Ein Capriccio nach Jakob Callot, in: ders.: Nachtstücke. Klein Zaches. Prinzessin Brambilla. Werke 1816–1820, hg. von Hartmut Steinecke unter Mitarbeit von Gerhard Allroggen, Frankfurt a. M. 2009, S. 767–912

–: Spieler-Glück, in: ders.: Die Serapions-Brüder, hg. von Wulf Segebrecht unter Mitarbeit von Ursula Segebrecht, Frankfurt a. M. 2001, S. 856–887

–: Tagebücher 1803–1813, in: ders.: Frühe Prosa. Briefe. Tagebücher. Libretti. Juristische Schrift. Werke 1794–1813, hg. von Gerhard Allroggen u. a., Frankfurt a. M. 2003, S. 325–488

Hoffmann, Stefan: Geschichte des Medienbegriffs, Hamburg 2002 (= Archiv für Begriffsgeschichte: Sonderheft Jahrgang 2002)

Hogarth, William: The Analysis of Beauty. Written with a view of fixing the fluctuating Ideas of Taste, London 1753

–: The Bathos (1764), in: Andrew Graham-Dixon: A History of British Art, Berkeley, Los Angeles 1999, S. 102

–: Zergliederung der Schönheit, die schwankenden Begriffe von dem Geschmack festzusetzen, geschrieben von Wilhelm Hogarth. Aus dem Englischen übersetzt von C. Mylius, Hannover 1754

Hölderlin, Friedrich: Hyperion oder der Eremit in Griechenland, Stuttgart 1961

–: Sokrates und Alcibiades, in: ders.: Gedichte. Hg. und mit Erläuterungen versehen von Jochen Schmidt, Frankfurt a. M. 1984

Homer: ΙΛΙΑΣ. Ilias, in: ders.: ΙΛΙΑΣ. ΟΔΥΣΣΕΙΑ. Ilias und Odyssee. Altgriechisch und Deutsch. Übersetzt von Johann Heinrich Voß, Frankfurt a. M. 2008, S. 7–807

–: ΟΔΥΣΣΕΙΑ. Odyssee, in: ebd., S. 809–1427

Horaz (Quintus Horatius Flaccus): Ars Poetica. Die Dichtkunst. Lateinisch/Deutsch. Übersetzt und mit einem Nachwort hg. von Eckart Schäfer, Stuttgart 1984

Hörisch, Jochen: Brot und Wein. Die Poesie des Abendmahls, Frankfurt a. M. 1992

–: Eine Geschichte der Medien. Von der Oblate zum Internet, Frankfurt a. M. 2004

–: Das Sein der Zeichen und die Zeichen des Seins. Marginalien zu Derridas Ontosemiologie, in: Jacques Derrida: Die Stimme und das Phänomen. Ein Essay über das Problem des Zeichens in der Philosophie Husserls. Aus dem Französischen übersetzt und mit einem Vorwort versehen von Jochen Hörisch, Frankfurt a. M. 1979, S. 7–50

–: Der Romantiker Goethe. Anmerkungen zu Boyles monumentaler Biographie, in: Athenäum. Jahrbuch für Romantik 2000, S. 236–242

–: Kopf oder Zahl. Die Poesie des Geldes, Frankfurt a. M. 1996

–: Vom Element zum Medium – Die Medien der Natur und die Natur der Medien, in: ders.: Ende der Vorstellung. Die Poesie der Medien, Frankfurt a. M. 1999, S. 133–164

–: »Was will dieses Grau'n bedeuten?« bzw. »Ich weiß nicht, was soll es bedeuten?«. Eichendorffs und Heines poetische Reflexionen über Bedeutsamkeit, in: Daniel Müller-Niebala (Hg.): »du kritische Seele«. Eichendorff: Epistemologien des Dichtens, Würzburg 2009, S. 147–171

http://adsolute.com/index.php/lightbox.html?tvmaster_id=G4C15BTG (25.5.2016)

http://brbl-dl.library.yale.edu/vufind/Record/3436664 (26.4.2016)

http://uni-konstanz.de/paech2002/zdm/beitrg/Braun/Braun.htm; die Seite existiert nicht mehr (26.4.2016)

http://www.dietotenhosen.de/song/alles-ist-eins (18.3.2014)

http://www.goethezeitportal.de/wissen/illustrationen/friedrich-schiller/avanturen-des-neuen-telemachs.html (26.4.2016)

http://www.nationalpark-bayerischer-wald.de/zu_gast/einrichtungen/npz_lusen/baumwipfelpfad/index.htm (11.3.2014)

http://www.ostbayern-tourismus.de/Aktuelles/Der-Baumwipfelpfad (8.3.2016)
Huch, Ricarda: Die Romantik. Ausbreitung, Blütezeit und Verfall, Tübingen, Stuttgart 1951
Jacobs, Angelika: Stimmungskunst von Novalis bis Hofmannsthal, Hamburg 2013
Japp, Uwe: Beziehungssinn. Ein Konzept der Literaturgeschichte, Frankfurt a. M. 1980
–: Das serapiontische Prinzip, in: E.T.A. Hoffmann. Sonderband Text + Kritik, München 1992, S. 63–75
–: Theorie der Ironie, Frankfurt a. M. 1983
Jung, Werner: Vor-Schein, in: Beat Dietschy, Doris Zeilinger, Rainer Zimmermann (Hg.): Bloch-Wörterbuch: Leitbegriffe der Philosophie Ernst Blochs, Berlin, Boston 2012, S. 664–672
Kafka, Franz: Ein Bericht für eine Akademie, in: ders.: Drucke zu Lebzeiten, hg. von Wolf Kittler, Hans-Gerd Koch und Gerhard Neumann, Frankfurt a. M. 1994, S. 299–313
Kalkofen, Rupert: Wie nimmt er es eigentlich? – Das Wortspiel als Grundlage des Erzählens im *Ulenspiegel*, in: Werner Wunderlich (Hg.): Eulenspiegel heute. Kulturwissenschaftliche Beiträge zur Geschichtlichkeit und Aktualität einer Schalksfigur, Neumünster 1988, S. 61–73
Kämmerlings, Richard: Wo die wilden Zeichen wohnen. Die Schreibhand macht sich selbständig: Eine Marbacher Ausstellung mit »Randzeichnungen« auf Manuskripten zeigt, wovon Texte träumen, wenn ihr Autor nicht weiterweiß, in: Frankfurter Allgemeine Zeitung Nr. 45 (23.2.2010), S. 33
Kandinsky, Wassily: Punkt und Linie zu Fläche. Beitrag zu einer Analyse der malerischen Elemente. Mit einer Einführung von Max Bill, Bern ^{10}1955
Kant, Immanuel: Anthropologie in pragmatischer Hinsicht, in: ders.: Werke in zehn Bänden, hg. von Wilhelm Weischedel, Bd. 10: Schriften zur Anthropologie. Geschichtsphilosophie. Politik und Pädagogik. Zweiter Teil, Darmstadt ^{2}1964, S. 395–690
–: Brief an Marcus Herz, in: Immanuel Kant: Kant's gesammelte Schriften, hg. von der Königlichen Preußischen Akademie der Wissenschaften, Band X, Zweite Abteilung: Briefwechsel. Erster Band: 1747–1788, Berlin und Leipzig 1922, S. 143–146
–: Kritik der praktischen Vernunft, hg. von Horst D. Brandt und Heiner F. Klemme, Hamburg 2003
–: Kritik der praktischen Vernunft, hg. von Karl Vorländer, Hamburg ^{9}1929
–: Kritik der reinen Vernunft. Nach der 1. und 2. Original-Ausgabe hg. von Jens Timmermann. Mit einer Bibliografie von Heiner Klemme, Hamburg 1998
–: Kritik der reinen Vernunft, nach der 1. und 2. Original-Ausgabe hg. von Raymund Schmidt, Hamburg ^{3}1990
–: Kritik der Urteilskraft, hg. von Karl Vorländer, Hamburg ^{7}1990
Karskens, Xander: Romantische Subversion: Prozesse des Dazwischen-Seins, in: Wermke Leinkauf. Katalog im Rahmen des »Columbus-Förderpreis für aktuelle

Kunst in Kooperation mit der ADKV« und anlässlich der Ausstellung *Grenzgänger* im Kunstverein Heilbronn 20.7.–15.9.2013, hg. von Jörg van den Berg und Matthia Löbke, Köln 2013, S. 70f.

Kayser, Wolfgang: Böhmes Natursprachenlehre und ihre Grundlagen, in: Euphorion 31 (1930), S. 521–562

Kayser, Wolfgang: Kleine deutsche Versschule, Tübingen, Basel ^{26}1999 (^{1}1946)

Keil, Geert: Eine fulminante Lehnstuhlkritik der Neurowissenschaften, in: Deutsche Zeitschrift für Philosophie 53 (2005), S. 951–955

–: Ich und mein Gehirn: Wer steuert wen? Das Geist-Körper-Problem und die Hirnforschung, in: Herbert Schnädelbach, Heiner Hastedt, Geert Keil (Hg.): Was können wir wissen, was sollen wir tun? Zwölf philosophische Antworten, Reinbek bei Hamburg 2009, S. 126–146

–: Über den Homunkulus-Fehlschluß, in: Zeitschrift für philosophische Forschung 57 (2003), S. 1–26

Kenny, Anthony: Foreword [zu Max R. Bennet, Peter M. S. Hacker: History of Cognitive Neuroscience], in: Max R. Bennet, Peter M. S. Hacker: History of Cognitive Neuroscience, Chichester 2008, S. xvii–xix

Kerner, Justinus: Bilderbuch aus meiner Knabenzeit. Mit vielen zeitgenössischen Illustrationen, hg. und erläutert von Günter Häntzschel, Frankfurt a. M. 1978

–: Blätter aus Prevorst. Originalien und Lesefrüchte für Freunde des innern Lebens. Mitgetheilt vom Herausgeber der Seherin aus Prevorst. Neunte Sammlung, Stuttgart 1837

–: Die Seherin von Prevorst. Vorwort von Joachim Bodamer, Stuttgart, Kiel ^{9}2007

–: Klecksographien, in: ders.: Ausgewählte Werke, hg. von Gunter Grimm, Stuttgart 1981, S. 365–433 und 526–529 (Anmerkungen)

–: Justinus Kerner: Klecksographien. Mit Illustrationen nach Vorlagen des Verfassers, Stuttgart u. a. 1890

Kiefer, Klaus H.: »Die famose Hexen-Epoche«. Sichtbares und Unsichtbares in der Aufklärung. Kant – Schiller – Goethe – Swedenborg – Mesmer – Cagliostro, München 2004

Kilcher, Andreas B.: *mathesis* und *poiesis*. Die Enzyklopädik der Literatur 1600 bis 2000, München 2003

Kilcher, Andreas B. und Myriam Burkhard: Der Elementargeist (1821), in: Detlef Kremer (Hg.): E.T.A. Hoffmann. Leben – Werk – Wirkung. 2., erweiterte Auflage, Berlin, New York 2010, S. 371–377

Killy, Walther: Wandlungen des lyrischen Bildes, Göttingen ^{2}1958

Kittler, Friedrich: Aufschreibesysteme 1800/1900, München ^{3}1995

–: Die Laterna magica der Literatur: Schillers und Hoffmanns Medienstrategien, in: Athenäum. Jahrbuch für Romantik 4 (1994), S. 219–237

–: Grammophon Film Typewriter, Berlin 1986

Klein, Thomas F.: Kulturraum aus Pfälzer Wald und Vogesen, in: Frankfurter Allgemeine Zeitung, 20.7.2012, S. 54

Kleinmanns, Joachim: Sehkrank? Über die Lust am Schauen und Bauen, in: Hubertus Adam (Hg.): Luginsland. Architektur mit Aussicht / Lookout. Architecture With a View, Basel 2013 (= S AM N° 11 / 11. Ausgabe der ausstellungsbezogenen Publikationsreihe des Schweizerischen Architekturmuseums Basel), S. 16f.

Kleist, Heinrich von: Brief an Wilhelmine von Zenge, 16.8.1800, in: ders.: Sämtliche Werke und Briefe. Münchner Ausgabe. Auf der Grundlage der Brandenburger Ausgabe hg. von Roland Reuß und Peter Staengle, München, Frankfurt a. M. 2010, Bd. II: Erzählungen, Kleine Prosa, Gedichte, Briefe, S. 586–593

–: Empfindungen vor Friedrichs Seelandschaft, in: ebd., S. 362f.

–: Das Käthchen von Heilbronn oder die Feuerprobe, ein großes historisches Ritterschauspiel, in: ebd., Bd. I: Dramen, S. 501–627

–: Über das Marionettentheater, in: ebd., Bd. II: Erzählungen, Kleine Prosa, Gedichte, Briefe, S. 425–433

Klibansky, Raymond, Erwin Panofsky und Fritz Saxl: Saturn und Melancholie. Studien zur Geschichte der Naturphilosophie und Medizin, der Religion und der Kunst. Übersetzt von Christa Buschendorf, Frankfurt a. M. 1990

Kluge, Friedrich: Etymologisches Wörterbuch der deutschen Sprache, Berlin und New York ^{23}1999

Knubben, Thomas: Mesmer oder Die Erkundung der dunklen Seite des Mondes, Tübingen 2015

Köhler, Erich: »Je ne sais quoi«. Ein Kapitel aus der Begriffsgeschichte des Unbegreiflichen, in: ders.: Esprit und arkadische Freiheit. Aufsätze aus der Welt der Romania, Frankfurt a. M., Bonn 1966, S. 230–286

Kohlschmidt, Werner: Der Wortschatz der Innerlichkeit bei Novalis, in: ders.: Form und Innerlichkeit. Beiträge zur Geschichte und Wirkung der deutschen Klassik und Romantik, Bern 1955, S. 120–156

–: Die symbolische Formelhaftigkeit von Eichendorffs Prosastil. Zum Problem der Formel in der Romantik, in: Orbis Litterarum 8,1 (September 1950), S. 322–354

–: Form und Innerlichkeit. Beiträge zur Geschichte und Wirkung der deutschen Klassik und Romantik, Bern 1955

Kondylis, Panajotis: Die Aufklärung im Rahmen des neuzeitlichen Rationalismus, Stuttgart 1981

König, Stefan: Alpingeschichte(n). Von den Anfängen bis auf den Mount Everest, Zürich 2015

Koopmann, Helmut: *Doktor Faustus* – eine Geschichte der deutschen Innerlichkeit?, in: Thomas-Mann-Jahrbuch 2 (1989), S. 5–19

Körner, Christian Gottfried: Über Charakterdarstellung in der Musik, in: Wolfgang Seifert: Christian Gottfried Körner. Ein Musikästhetiker der deutschen Klassik, Regensburg 1960, S. 147–158

Korte, Hermann: Bildlichkeit, in: Heinz L. Arnold, Heinrich Detering (Hg.): Grundzüge der Literaturwissenschaft, München 1999, S. 257–271

Koschorke, Albrecht: Die Geschichte des Horizonts. Grenze und Grenzüberschreitung in literarischen Landschaftsbildern, Frankfurt a. M. 1990, S. 138–172

–: Körperströme und Schriftverkehr. Mediologie des 18. Jahrhunderts, München ^{2}2003

–: Zur Epistemologie der Natur/Kultur-Grenze und ihren disziplinären Folgen, in: Deutsche Vierteljahrsschrift für Literaturwissenschaft und Geistesgeschichte 83,1 (2009), S. 9–25

Košenina, Alexander: Ernst Platners Anthropologie und Philosophie. Der philosophische Arzt und seine Wirkung auf Johann Karl Wezel und Jean Paul, Würzburg 1989

–: Gläserne Brust, lesbares Herz: ein psychopathographischer Topos im Zeichen physiognomischer Tyrannei bei C. H. Spiess und anderen, in: German Life and Letters 52,2 (April 1999), S. 151–165

–: Literarische Anthropologie. Die Neuentdeckung des Menschen, Berlin 2008

Kracht, Christian: Imperium. Roman, Köln 2012

Kracht, Christian und Ingo Niermann: Metan. 1. Teil, Frankfurt a. M. 2011

Kraus, Karl: Pro domo et mundo, München 1911

Kremer, Detlef: Alchemie und Kabbala. Hermetische Referenzen im *Goldenen Topf*, in: E.T.A. Hoffmann-Jahrbuch 2 (1994), S. 36–56

–: Romantik. Lehrbuch Germanistik. 3., aktualisierte Auflage, Stuttgart, Weimar ^{3}2007

–: Romantik oder Kunstperiode? Überlegungen zu Begriff und Epoche der Romantik, in: Germanisch-Romanische Monatsschrift. Neue Folge 55 (2005), S. 13–24

Kuester, Martin: Pastiche, in: Ansgar Nünning (Hg.): Metzler-Lexikon Literatur- und Kulturtheorie. Ansätze – Personen – Grundbegriffe, Stuttgart, Weimar 1998

Küster, Hansjörg: Geschichte der Landschaft in Mitteleuropa. Von der Eiszeit bis zur Gegenwart, München 1995

–: Schöne Aussichten. Kleine Geschichte der Landschaft, München 2009

Lacan, Jacques: Das Drängen des Buchstabens im Unbewußten oder die Vernunft seit Freud, in: ders.: Schriften II. Ausgewählt und hg. von Norbert Haas. Übersetzt von Chantal Creusot, Wolfgang Fietkau, Norbert Haas, Hans-Jörg Rheinberger und Samuel M. Weber, Weinheim, Berlin ^{3}1991, S. 15–59

–: Die Anamorphose, in: ders.: Das Seminar von Jacques Lacan. Buch XI (1964): Die vier Grundbegriffe der Psychoanalyse. Übersetzt von Norbert Haas, Olten und Freiburg i.Br. ^{2}1980, S. 85–96

–: Die Spaltung von Auge und Blick, in: ebd., S. 73–84

–: D'un syllabaire après coup, in: ders., Écrits, Paris 1966, S. 717–724
–: Fadenringe, in: ders.: Das Seminar von Jacques Lacan. Buch XX (1972–1973): Encore. Textherstellung durch Jacques-Alain Miller. Übersetzt von Norbert Haas, Vreni Haas und Hans-Joachim Metzger, Weinheim, Berlin ^{2}1991, S. 127–147
–: In dir mehr als dich, in: ebd. Buch XI (1964): Die vier Grundbegriffe der Psychoanalyse. Übersetzt von Norbert Haas, Olten und Freiburg i.Br. ^{2}1980, S. 277–292
–: La ligne et la lumière, in: ders.: Le Séminaire de Jacques Lacan. Texte établi par Jacques-Alain Miller. Livre XI: Les quatre concepts fondamentaux de la psychanalyse (1964), Paris 1973, S. 105–119
–: Linie und Licht, in: ders.: Das Seminar von Jacques Lacan. Buch XI (1964): Die vier Grundbegriffe der Psychoanalyse. Übersetzt von Norbert Haas, Olten und Freiburg i.Br. ^{2}1980, 97–111
–: L'instance de la lettre dans l'inconscient ou la raison depuis Freud, in: ders.: Écrits, Bd. 1, Paris 1966, S. 493–528
–: Qu'est-ce qu'un tableau?, in: ders.: Le Séminaire de Jacques Lacan. Texte établi par Jacques-Alain Miller. Livre XI: Les quatre concepts fondamentaux de la psychanalyse (1964), Paris 1973, S. 120–135
–: Tyche und Automaton, in: ders.: Die vier Grundbegriffe der Psychoanalyse. Nach dem von Jacques-Alain Miller hergestellten französischen Text in deutscher Sprache herausgegeben von Norbert Haas, Olten und Freiburg i.Br. ^{2}1989, S. 59–70
–: Über die paranoische Psychose in ihren Beziehungen zur Persönlichkeit, in: ders.: Über die paranoische Psychose in ihren Beziehungen zur Persönlichkeit und Frühe Schriften über die Paranoia, übersetzt von Hans-Dieter Gondek, Wien 2002, S. 13–358
–: Vom Netz der Signifikanten, in: ders.: Das Seminar von Jacques Lacan. Buch XI (1964): Die vier Grundbegriffe der Psychoanalyse. Übersetzt von Norbert Haas, Olten und Freiburg i.Br. ^{2}1980, S. 48–58
–: Vom Subjekt der Gewißheit, in: ebd., S. 35–47
–: Was ist ein Bild/Tableau?, in: ebd., S. 112–126
Lakoff, George und Mark Johnson: Metaphors We Live By, Chicago und London 1980
Laplanche, Jean und Jean-Bertrand Pontalis: Das Vokabular der Psychoanalyse, Frankfurt a. M. ^{15}1999
Laqueur, Thomas: Auf den Leib geschrieben. Die Inszenierung der Geschlechter von der Antike bis Freud, Frankfurt, New York 1992
Lausberg, Heinrich: Die Elemente der literarischen Rhetorik. Eine Einführung für Studierende der klassischen, romanischen, englischen und deutschen Philologie, Ismaning ^{10}1990
Lauth, Bernhard: Descartes im Rückspiegel. Der Leib-Seele-Dualismus und das naturwissenschaftliche Weltbild, Paderborn 2006

Lavater, Johann Caspar: Ausgewählte Werke in historisch-kritischer Ausgabe, Band II: Aussichten in die Ewigkeit. 1768–1773/78, hg. von Ursula Caflisch-Schnetzler, Zürich 2001

Lehmann, Johannes Friedrich: Der Blick durch die Wand. Zur Geschichte des Theaterzuschauers und des Visuellen bei Diderot und Lessing, Freiburg i.Br. 2000

Leibniz, Gottfried Wilhelm: Kleinere philosophische Schriften. Mit Einleitung und Erläuterungen deutsch von Norbert Habs, Leipzig 1883

Lemke, Anja: Konstellation ohne Sterne. Zur poetischen und geschichtlichen Zäsur bei Martin Heidegger und Paul Celan, München 2002

Lemke, Harald: Die Kunst des Essens. Eine Ästhetik des kulinarischen Geschmacks, Bielefeld 2007

Lessing, Gotthold Ephraim: Laokoon: oder über die Grenzen der Malerei und Poesie, in: ders.: Werke und Briefe in zwölf Bänden, hg. von Wilfried Barner, Bd. 5/2, Frankfurt a. M. 1990, S. 11–206

–: Emilia Galotti. Ein Trauerspiel in fünf Aufzügen, Stuttgart 1993

Levitt, Gerald M.: The Turk, Chess Automaton, Jefferson, NC, London 2000

Lewis, Charlton T. und Charles Short: A Latin Dictionary, Oxford 1879

Lichtenberg, Georg Christoph: Schriften und Briefe. Erster Band: Sudelbücher I, hg. von Wolfgang Promies, München 1968

Lieb, Claudia: Der gestellte Türke. Wolfgang von Kempelens Maschinen und E.T.A. Hoffmanns Erzählung *Die Automate*, in: E.T.A. Hoffmann-Jahrbuch 16 (2008), S. 82–97

Liebrand, Claudia: Aporie des Kunstmythos. Die Texte E.T.A. Hoffmanns, Freiburg i.Br. 1996

–: Kreative Refakturen. Annette von Droste-Hülshoffs Texte, Freiburg i.Br., Berlin, Wien 2008

Link, Jürgen: »Einfluß des Fliegens! Auf den Stil selbst!« Diskursanalyse des Ballonsymbols, in: Jürgen Link, Wulf Wülfing (Hg.): Bewegung und Stillstand als Metaphern und Mythen. Fallstudien zum Verhältnis von elementarem Wissen und Literatur im 19. Jahrhundert, Stuttgart 1984, S. 149–164

–: Literaturanalyse als Interdiskursanalyse. Am Beispiel des Ursprungs literarischer Symbolik in der Kollektivsymbolik, in: Jürgen Fohrmann, Harro Müller (Hg.): Diskurstheorien und Literaturwissenschaft, Frankfurt a. M. 1988, S. 284–307

Locke, John: Versuch über den menschlichen Verstand. Erster Band (Buch I und II). Übersetzt von Carl Winckler, Leipzig 1911

Lodge, David: Small World. An Academic Romance, London 1985

Löhr, Robert: Der Schachautomat. Roman um den brillantesten Betrug des 18. Jahrhunderts, München 2005

Luhmann, Niklas: Die Gesellschaft der Gesellschaft. Erster Teilband, Frankfurt a. M. 1997

–: Komplexität, in: Joachim Ritter, Karlfried Gründer (Hg.): Historisches Wörterbuch der Philosophie, Bd. 4 (I-K), Basel 1976, Sp. 939–941
–: Soziale Systeme. Grundriß einer allgemeinen Theorie, Frankfurt a. M. 1987
Lukács, Georg: Die Theorie des Romans. Ein geschichtsphilosophischer Versuch über die Formen der großen Epik. Mit dem Vorwort von 1962, München 1994
–: Zur romantischen Lebensphilosophie: Novalis, in: ders.: Die Seele und die Formen. Essays, Neuwied und Berlin 1971, S. 64–81
Lüttichau, Mario-Andreas von: Motive. Nebel – Durchblicke – Schluchten und Höhlen – Der Wanderer – Rückenfigur, in: Caspar David Friedrich. Die Erfindung der Romantik. Ausstellungskatalog Essen, Hamburg, hg. von Hubertus Gaßner, München 2006, S. 223–270
LSJ. The Online Liddell-Scott-Jones Greek-English Lexicon; http://stephanus.tlg.uci.edu/lsj (25.5.2020)
Macho, Thomas: Die Träume sind älter als die Erfindungen. Am Beispiel der Hofkammermaschinisten Johann Nepomuk Mälzel und Leonhard Mälzel, in: Brigitte Felderer (Hg.): Wunschmachine – Welterfindung. Eine Geschichte der Technikvisionen seit dem 18. Jahrhundert, Wien, New York 1996, S. 45–55
»Magnetismus, thierischer«, in: Conversations-Lexicon oder encyclopädisches Handwörterbuch für gebildete Stände, 6. Band, Leipzig und Altenburg: F. A. Brockhaus 1815, S. 33–41
Mahler, Gustav: Gustav Mahler in den Erinnerungen von Natalie Bauer-Lechner. Nach den Tagebuchaufzeichnungen hg. von Herbert Killian, Hamburg 1984
Mann, Thomas: Der Tod in Venedig, in: ders.: Gesammelte Werke in 13 Bänden, Frankfurt a. M. ^{2}1974 (= GW), Bd. 8, S. 444–525
–: Der Zauberberg. Roman, in: ders.: GW 3
–: [Deutschland], in: ders.: GW 12, S. 902–910
–: Die Stellung Freuds in der modernen Geistesgeschichte, in: ders.: GW 10, S. 256–280
–: Einführung in den ›Zauberberg‹. Für Studenten der Universität Princeton, in: ders.: GW 11, S. 602–617
–: [»Einführung in ein Kapitel der ›Bekenntnisse des Hochstaplers Felix Krull‹«], in: ders.: GW 11, Frankfurt a. M. ^{2}1974, S. 704–706
–: Leiden und Größe Richard Wagners, in: ders.: GW 11, S. 363–426
–: Okkulte Erlebnisse, in: ders.: Essays II. 1914–1926, hg. und textkritisch durchgesehen von Hermann Kurzke [...], Frankfurt a. M. 2002 (= GKFA, Bd. 15.1), S. 611–652
–: Tonio Kröger, in: ders.: GW 8, Frankfurt a. M. ^{2}1974, S. 271–338
–: Über Goethe's ›Faust‹, in: ders.: GW 9, S. 581–621
Marquard, Odo: Anthropologie, in: Joachim Ritter (Hg.): Historisches Wörterbuch der Philosophie, Bd. 1, Basel 1971, Sp. 362–374
Martus, Steffen: Romantische Aufmerksamkeit. Sinn und Unsinn der Philologie bei Ludwig Tieck, in: »lasst uns, da es uns vergönnt ist, vernünftig seyn! –« Ludwig Tieck

(1773–1853), unter Mitarbeit von Heidrun Markert hg. vom Institut für deutsche Literatur der Humboldt-Universität zu Berlin, Bern 2004, S. 199–224

Marx, Karl: Brief an Ferdinand Lassalle (19.4.1859), in: Karl Marx, Friedrich Engels: Werke, Bd. 29, Berlin (DDR) 1978, S. 590–593

–: Das Kapital. Kritik der politischen Oekonomie, hg. von Friedrich Engels, Bd. 1, Hamburg 1890

–: Der achtzehnte Brumaire des Louis Bonaparte, in: Karl Marx, Friedrich Engels: Werke, Bd. 8, Berlin/DDR 1972, S. 115–123

–: Geld, in: ebd., Ergänzungsband: Schriften, Manuskripte, Briefe bis 1844, 1. Teil, Berlin (DDR) 1968, S. 462–567

Matt, Peter von: Verkommene Söhne, mißratene Töchter. Familiendesaster in der Literatur, München [4]2004

Mayer, Verena: Im Waldwunderland. Hier lässt man die Schneekirche im Dorf: Eine Winterreise mit Familie in den Bayerischen Wald, in: Frankfurter Allgemeine Sonntagszeitung, 26.2.2012, S. V2

McCloud, Scott: Understanding Comics. The Invisible Art, New York 1993

McDonnell, Patrick, Karen O'Connell und Georgia Riley de Havenon: Krazy Kat. The Comic Art of George Herriman, New York o. J. (1986)

McLuhan, Marshall: Understanding Media. The Extensions of Man. Critical Edition, hg. von W. Terrence Gordon, Berkeley, CA, 2003

Meinck, Ernst: Die sagenwissenschaftlichen Grundlagen der Nibelungendichtung Richard Wagners, Berlin 1892

Menge, Hermann: Langenscheidts Taschenwörterbuch der griechischen und deutschen Sprache, Erster Teil Griechisch-Deutsch, Berlin [18]1950

Menke, Christoph: Kraft. Ein Grundbegriff ästhetischer Anthropologie, Frankfurt a. M. 2008

Menninghaus, Winfried: Unendliche Verdoppelung. Die frühromantische Grundlegung der Kunsttheorie im Begriff absoluter Selbstreflexion, Frankfurt a. M. 1987

Mersch, Dieter: Medientheorien zur Einführung, Hamburg 2006

–: Meta/Dia. Zwei unterschiedliche Zugänge zum Medialen, in: Zeitschrift für Medien- und Kulturforschung 2/2010, S. 185–208

–: Was sich zeigt. Materialität, Präsenz, Ereignis, München 2002

Mesmer, Friedrich Anton: Mesmerismus. Oder System der Wechselwirkungen, Theorie und Anwendung des thierischen Magnetismus als die allgemeine Heilkunde zur Erhaltung des Menschen, hg. von Karl Christian Wolfart, Berlin 1814. Reprografischer Nachdruck Amsterdam 1966

Messmer, Otto: Felix (15.7.1928), in: Karl Clausberg: Metamorphosen am laufenden Band. Ein kurzgefasster Problemumriß der Sprechblase, in: Michael Hein, Michael Hüners und Torsten Michaelsen (Hg.): Ästhetik des Comics, Berlin 2002, S. 17–36

»METAPHORA NON RECIPROCA«, in: Zedler: Grosses vollständiges Universal-Lexicon Aller Wissenschafften und Künste, Bd. 20, Sp. 1258

»Metaphysik«, in: Ritter, Gründer (Hg.), Historisches Wörterbuch der Philosophie, Bd. 5 (L–Mn), Sp. 1186–1279

Meyer-Sickendiek, Burkhard und Friederike Reents (Hg.): Stimmung und Methode, Tübingen 2013

Mitchell, William John Thomas: Was ist ein Bild?, in: Volker Bohn (Hg.): Bildlichkeit. Internationale Beiträge zur Poetik, Frankfurt a. M. 1990, S. 17–68

Motschmann, Cornelius: Gelehrsamkeit in der römischen Verssatire, in: Andreas Goltz, Andreas Luther und Heinrich Schlange-Schöningen (Hg.): Gelehrte in der Antike. Alexander Demandt zum 65. Geburtstag, Köln, Weimar, Wien 2002, S. 105–119

Mozart, Wolfgang Amadeus und Emanuel Schikaneder: Die Zauberflöte. Oper in zwei Aufzügen. Text von Emanuel Schikaneder. Musik von W. A. Mozart. Klavierauszug, hg. von Kurt Soldan, Leipzig o. J.

Müller, Götz: Magnetismus und Erotik. Bemerkungen zu Kleist, E.T.A. Hoffmann, Thomas Mann und Alfred Kubin, in: Freiburger Universitätsblätter 93 (Oktober 1986), S. 75–85

Müller, Jan: Drei Arten der »Grenze des Propositionalen«, in: Philip Hogh, Stefan Deines (Hg.): Sprache und Kritische Theorie, Frankfurt, New York 2016, S. 165–186

Müller, Marika: Die Ironie. Kulturgeschichte und Textgestalt, Würzburg 1994

Müller-Niebala, Daniel (Hg.): »du kritische Seele«. Eichendorff: Epistemologien des Dichtens, Würzburg 2009

–: »Im Lied das tiefe Leid«. Eichendorffs Transfigurationen, in: ebd., S. 35–50

Musil, Robert: Der Mann ohne Eigenschaften. Roman. II. Aus dem Nachlaß hg. von Adolf Frisé, Reinbek bei Hamburg 1987

Nancy, Jean-Luc: À l'écoute, Paris 2002

–: Corpus. Aus dem Französischen von Nils Hodays und Timo Obergöker, Zürich, Berlin ²2007 (Paris 2000)

–: Ego sum, Paris 1979

–: Extension de l'âme, in: ders.: Corpus. Édition revue et complétée, Paris 2006, S. 130–144

–: Psyche, in: Première Livraison Nr. 16 (1978), keine Paginierung. Wiederabdruck in englischer Sprache in: Jean-Luc Nancy: The Birth to Presence, Stanford 1993

–: Unum quid, in: ders.: Ego sum, Paris 1979, S. 129–164

–: Zum Gehör, Zürich, Berlin 2010

»Nemesis«, in: Allgemeine deutsche Real-Encyklopädie für die gebildeten Stände. Conversations-Lexikon. In zwölf Bänden, 7. Band: M–N, Leipzig 1830, S. 780f.

Nietzsche, Friedrich: Also sprach Zarathustra. Ein Buch für Alle und Keinen, in: ders.: Werke in drei Bänden, hg. von Karl Schlechta, 2. Band, München ²1960, S. 275–561

–: Der Fall Wagner. Ein Musikanten-Problem, in: ders.: Kritische Studienausgabe in 15 Bänden, hg. von Giorgio Colli und Mazzino Montinari, Bd. 6: Der Fall Wagner. Götzen-Dämmerung. Der Antichrist. Ecce Homo. Dionysos-Dithyramben. Nietzsche contra Wagner, hg. von Giorgio Colli und Mazzino Montinari, München ²1988, S. 9–53

–: Die Geburt der Tragödie. in: ders.: Kritische Studienausgabe in 15 Bänden, hg. von Giorgio Colli und Mazzino Montinari, Bd. 1: Die Geburt der Tragödie. Unzeitgemäße Betrachtungen I–IV. Nachgelassene Schriften 1870–1873, München 1988, S. 9–156

–: Ecce homo, in: ebd., Bd. 6, S. 255–374

–: Zur Genealogie der Moral. Eine Streitschrift, in: ders.: Werke in drei Bänden, hg. von Karl Schlechta, München ²1960, Bd. 2, S. 761–900

Novalis: Aus dem ›Allgemeinen Brouillon‹ 1798–1799, in: ders.: Werke, hg. und kommentiert von Gerhard Schulz, München ³1987, S. 445–488

–: Aus den Fragmenten und Studien 1799/1800, in: ders.: Werke, Tagebücher und Briefe Friedrich von Hardenbergs, Bd. 2: Das philosophisch-theoretische Werk, hg. von Hans-Joachim Mähl, München 1978, S. 751–848

–: Das allgemeine Brouillon (Materialien zur Enzyklopädistik) 1798/99, in: ebd., S. 473–720

–: Die Christenheit oder Europa. Ein Fragment (Geschrieben im Jahr 1799), in: ebd., S. 731–750

–: Die Lehrlinge zu Saïs, in: ebd., Bd. 1: Das dichterische Werk, Tagebücher und Briefe, hg. von Richard Samuel, München 1978, S. 199–236

–: Heinrich von Ofterdingen. Ein nachgelassener Roman von Novalis. Zwei Theile, in: ebd., S. 237–383

–: Hymnen an die Nacht, in: ebd., S. 147–177

–: Philosophische Studien der Jahre 1795/96 (Fichte-Studien), in: ebd., Bd. 2: Das philosophisch-theoretische Werk, hg. von Hans-Joachim Mähl, München 1978, S. 7–209

–: Schriften. Die Werke Friedrich von Hardenbergs in 4 Bänden und 1 Begleitband, Bd. 3, hg. von Paul Kluckhohn und Richard Samuel, Stuttgart ³1983

–: Vermischte Bemerkungen / Blüthenstaub 1797/98, in: ders.: Werke, Tagebücher und Briefe Friedrich von Hardenbergs, Bd. 2: Das philosophisch-theoretische Werk, hg. von Hans-Joachim Mähl, München 1978, S. 225–285

–: Werke, Tagebücher und Briefe Friedrich von Hardenbergs, hg. von Hans-Joachim Mähl und Richard Samuel, Darmstadt 1999, Bd. 2

Nunold, Beatrice: Landschaft als Immersionsraum und Sakralisierung der Landschaft, in: IMAGE – Zeitschrift für interdisziplinäre Bildwissenschaft, Ausgabe 3 vom 1.1.2006, Themenheft: Bild-Stil: Strukturierung der Bildinformation, S. 149–174

Oest, Johann Friedrich: Höchstnöthige Belehrung und Warnung für Jünglinge und Knaben die schon zu einigem Nachdenken gewöhnt sind, hg. von Johann Heinrich

Campe, Wolfenbüttel 1787. Reprint München 1979, hg. von Johannes Merkel und Dieter Richter

Ostertag, Johann Philipp: Etwas über den Kempelischen Schachspieler; eine Gruppe philosophischer Grillen, Frankfurt, Regensburg 1783

Packard, Stephan: Erzählen Comics?, in: Otto Brunken, Felix Giesa (Hg.): Erzählen im Comic. Beiträge zur Comicforschung, Essen 2013, S. 17–31

Paul, Jean: Ästhetische Untersuchungen Sept. 1794 I. q, in: ders.: Sämtliche Werke. Historisch-Kritische Ausgabe, 2. Abteilung, 7. Band: Philosophische, ästhetische und politische Untersuchungen, hg. von Götz Müller, Weimar 1999, S. 237–372

–: Die unsichtbare Loge. Eine Lebensbeschreibung, in: ders.: Werke. Erster Band: Die unsichtbare Loge. Hesperus, hg. von Norbert Miller. Nachwort von Walter Höllerer, München 1960, S. 7–469

–: Flegeljahre. Eine Biographie, in: ders.: Werke. Zweiter Band: Siebenkäs. Flegeljahre, hg. von Gustav Lohmann, München 1959, S. 537–1065

–: Merkblatt 1820, in: ebd., 6. Band: Dichtungen, Merkblätter, Studienhefte. Schriften zur Biographie. Libri legendi, Teil I: Text, hg. von Götz Müller, Weimar 1996, S. 225–346

–: Philosophische Untersuchungen III 1801, in: ders.: Sämtliche Werke. Historisch-Kritische Ausgabe, 2. Abteilung, 7. Band: Philosophische, ästhetische und politische Untersuchungen, hg. von Götz Müller, Weimar 1999, S. 84–212

–: Titan, in: ders.: Werke, Dritter Band: Titan, Komischer Anhang zum Titan, Clavis Fichtiana seu Leibgeberiana, hg. von Norbert Miller. Nachwort von Walter Höllerer, München 1966, S. 7–830

–: Vorschule der Ästhetik. Nach der Ausgabe von Norbert Miller hg., textkritisch durchgesehen und eingeleitet von Wolfhart Henckmann, Hamburg 1990

Pestalozzi, Karl: Goethes *Iphigenie*, als Antwort an Lavater betrachtet, in: Goethe-Jahrbuch 98 (1981), S. 113–130

Petrarca, Francesco: Die Besteigung des Mont Ventoux. Lateinisch/Deutsch. Übersetzt und hg. von Kurt Steinmann, Stuttgart 1995

»Phantasie, *Phantasia*«, in: Zedler, Grosses vollständiges Universal-Lexicon Aller Wissenschafften und Künste, Bd. 27, Sp. 1741f.

»PHANTASMA«, in: ebd., Sp. 1743

»Philosophie«, in: Joachim Ritter, Karlfried Gründer (Hg.): Historisches Wörterbuch der Philosophie, Bd. 7: P–Q, Basel 1989, Sp. 572–879

Pindar: Oden. Griechisch/Deutsch. Übersetzt und hg. von Eugen Dönt, Stuttgart 1986

Platner, Ernst: Anthropologie für Ärzte und Weltweise. Erster Teil. Mit einem Nachwort von Alexander Košenina. 2. Nachdruck der Ausgabe Leipzig 1772, Hildesheim 2000

Platon: Kratylos, in: ders.: Sämtliche Werke. In der Übersetzung von Friedrich Schleiermacher [...] hg. von Walter F. Otto, Ernesto Grassi und Gert Plamböck, Bd. 2:

Menon, Hippias I, Euthydemos, Menexenos, Kratylos, Lysis, Symposion, Reinbek bei Hamburg 1962, S. 123–181

–: Κρατύλος. Kratylos, in: ders.: Werke in acht Bänden. Griechisch und deutsch, 3. Band: Phaidon. Das Gastmahl. Kratylos. Bearbeitet von Dietrich Kurz. [...] Deutsche Übersetzung von Friedrich Schleiermacher, Darmstadt 1974, S. 395–575

–: Κρατύλος. Kratylos, in: ders., Sämtliche Werke in zehn Bänden. Griechisch und Deutsch. Nach der Übersetzung Friedrich Schleiermachers [...] hg. von Karlheinz Hülser, Bd. III, Frankfurt a. M. 1991, S. 103–267

–: Νόμων ζ'–ιβ'. Gesetze (Buch VII–XII). Bearbeitet von Klaus Schöpsdau. [...] Deutsche Übersetzung von Klaus Schöpsdau und Hieronymus Müller, Darmstadt 1977

–: Phaidros, in: ders.: Phaidros, Parmenides, Theaitetos, Sophistes. Nach der Übersetzung von Friedrich Schleiermacher [...] hg. von Walter F. Otto, Ernesto Grassi und Gert Plamböck, Reinbek bei Hamburg 1961, S. 7–60

–: Φαῖδρος. Phaidros, in: ders.: Werke in acht Bänden. Griechisch und deutsch, 5. Band: Phaidros. Parmenides. Briefe. Bearbeitet von Dietrich Kurz. [...] Deutsche Übersetzung von Friedrich Schleiermacher, Darmstadt 1981, S. 1–193

–: Philebos, in: ders.: Sämtliche Werke, Bd. 5: Politikos, Philebos, Timaios, Kritias. Nach der Übersetzung von Friedrich Schleiermacher und Hieronymus Müller [...] hg. von Walter F. Otto, Ernesto Grassi und Gert Plamböck, Reinbek bei Hamburg 1961, S. 73–139

–: Φίληβος. Philebos, in: ders.: Werke in acht Bänden. Griechisch und deutsch, 7. Band: Timaios. Kritias. Philebos. Bearbeitet von Klaus Widdra. [...] Deutsche Übersetzung von Friedrich Schleiermacher, Darmstadt 1972, S. 255–443

–: Πολιτεία. Der Staat, in: ders.: Werke in acht Bänden. Griechisch und deutsch, 4. Band. Bearbeitet von Dietrich Kurz. [...] Deutsche Übersetzung von Friedrich Schleiermacher, Darmstadt 1971

–: Sophistes, in: ders.: Sämtliche Werke, Bd. 4: Phaidros, Parmenides, Theaitetos, Sophistes. Nach der Übersetzung von Friedrich Schleiermacher [...] hg. von Walter F. Otto, Ernesto Grassi und Gert Plamböck, Reinbek bei Hamburg 1961, S. 183–244

–: Σοφιστής. Der Sophist, in: ders.: Werke in acht Bänden. Griechisch und deutsch, 6. Band: Theaitetos. Der Sophist. Der Staatsmann. Bearbeitet von Peter Staudacher. [...] Deutsche Übersetzung von Friedrich Schleiermacher, Darmstadt 1970, S. 219–401

–: Symposion, in: ders.: Sämtliche Werke, Bd. 2: Menon, Hippias I, Euthydemos, Menexenos, Kratylos, Lysis, Symposion. In der Übersetzung von Friedrich Schleiermacher [...] hg. von Walter F. Otto, Ernesto Grassi und Gert Plamböck, Reinbek bei Hamburg 1962, S. 203–250

–: Συμπόσιον. Das Gastmahl, in: ders.: Werke in acht Bänden. Griechisch und deutsch, 3. Band: Phaidon. Das Gastmahl. Kratylos. Bearbeitet von Dietrich Kurz. […] Deutsche Übersetzung von Friedrich Schleiermacher, Darmstadt 1974, S. 209–393

–: Theaitetos, in: ders.: Sämtliche Werke, Bd. 4: Phaidros, Parmenides, Theaitetos, Sophistes. Nach der Übersetzung von Friedrich Schleiermacher […] hg. von Walter F. Otto, Ernesto Grassi und Gert Plamböck, Reinbek bei Hamburg 1961, S. 103–181

–: Θεαίτητος. Theaitetos, in: ders.: Werke in acht Bänden. Griechisch und deutsch, 6. Band: Theaitetos. Der Sophist. Der Staatsmann. Bearbeitet von Peter Staudacher. […] Deutsche Übersetzung von Friedrich Schleiermacher, Darmstadt 1970, S. 1–217

–: Τίμαιος. Timaios, in: ebd., 7. Band: Timaios. Kritias. Philebos. Bearbeitet von Klaus Widdra. […] Deutsche Übersetzung von Hieronymus Müller, Darmstadt 1972, S. 1–209

Platthaus, Andreas: Im Comic vereint – Eine Geschichte der Bildergeschichte, Frankfurt a. M. 2000

Pöhlmann, Matthias, Heiko Ehrhardt und Christian Ruch: Der Dan-Brown-Code. Von Illuminaten, Freimaurern und inszenierten Verschwörungen, Berlin 2010 (EZW[Evangelische Zentralstelle für Weltanschauungsfragen]-Texte Nr. 207/2010)

Potter, Dean: That's what life is – there's the phantasy, and then there's the actuality, http://video.nationalgeographic.com/video/short-film-showcase/dog-base-jump (10.3.2016)

Proust, Marcel: In Swanns Welt. Auf der Suche nach der verlorenen Zeit. Erster Teil. Deutsch von Eva Rechtel-Mertens, Frankfurt a. M. 1981

Quine, Willard Van Orman: Quiddities: an intermittently philosophical dictionary, Cambridge, MA 1987

Quintilian: Institutionis oratoriae libri XII. Ausbildung des Redners. Zwölf Bücher, hg. und übersetzt von Helmut Rahn. Darmstadt 1975. Erster Teil, Buch I–VI

Racknitz, Freiherr Joseph Friedrich zu: Ueber den Schachspieler des Herrn von Kempelen und dessen Nachbildung. Mit sieben Kupfertafeln, Leipzig, Dresden 1789; Faksimile in: Der Schachautomat des Baron von Kempelen. Mit einem Nachwort von Marion Faber, Dortmund 1983, S. 7–63

Recki, Birgit: Aura und Autonomie. Zur Subjektivität der Kunst bei Walter Benjamin und Theodor W. Adorno, Würzburg 1998

Riegl, Alois: Die Stimmung als Inhalt der modernen Kunst, in: ders.: Gesammelte Aufsätze, hg. von Karl M. Swoboda, Augsburg, Wien 1929, S. 28–39

Riemer, Friedrich Wilhelm: Tagebucheintrag vom 28.8.1808, in: Johann Wolfgang Goethe: Sämtliche Werke, Briefe, Tagebücher und Gespräche Abt. 2: Briefe, Tagebücher und Gespräche, Bd. 6: Napoleonische Zeit: Briefe, Tagebücher und Gespräche vom 10. Mai 1805 bis 6. Juni 1816, Teil 1: Von Schillers Tod bis 1811, hg. von Rose Unterberger, Frankfurt a. M. 1993, S. 361–363

Riha, Karl: Die Blase im Kopf. Comic Strips, in: Gerhard Schmidt-Henkel u. a. (Hg.): Trivialliteratur. Aufsätze, Berlin 1964, S. 176–191

–: Nachwort. Zu Schillers ›Avanturen des neuen Telemachs‹ – eine Geschichte in Bildern, in: Friedrich Schiller: Avanturen des neuen Telemachs. Eine Geschichte in Bildern, hg. von Karl Riha, Frankfurt a. M. 1987, S. 37–60

Rilke, Rainer Maria: Erlebnis, in: ders.: Werke in drei Bänden, 3. Band: Prosa, Frankfurt a. M. 1966, S. 522–525

Ritter, Joachim: Landschaft. Zur Funktion des Ästhetischen in der modernen Gesellschaft, in: ders.: Subjektivität. Sechs Aufsätze. Frankfurt a. M. 1974, S. 141–163 und 172–190 (Anmerkungen)

Ritter, Joachim und Karlfried Gründer (Hg.): Historisches Wörterbuch der Philosophie, Bd. 1–13, Basel 1971–2007

Rolf, Thomas: Tiefe, in: Ralf Konersmann (Hg.): Wörterbuch der philosophischen Metaphern, Darmstadt 2007, S. 458–470

Rorschach, Hermann: Psychodiagnostik. Methodik und Ergebnisse eines wahrnehmungsdiagnostischen Experiments (Deutenlassen von Zufallsformen). Mit den dazugehörigen Tests bestehend aus zehn teils mehrfarbigen Tafeln. Sechste revidierte Auflage […], Bern 1948

Rosa, Hartmut: Resonanz. Eine Soziologie der Weltbeziehung, Frankfurt a. M. 2016

Rosenau, Hartmut: Allversöhnung. Ein transzendentaltheologischer Grundlegungsversuch, Berlin, New York 1993

Rostand, Edmond: Cyrano von Bergerac. Romantische Komödie in fünf Aufzügen. Übersetzt von Ludwig Fulda. Nachwort von Ralf Steyer, Stuttgart 1977

Rousseau, Jean Jacques: Rousseau's Bekenntnisse. Übersetzt von Hermann Denhardt, Erster Theil, Leipzig 1890

Rückert, Friedrich: Rückerts Werke. Zweiter Teil: Liebesfrühling, hg. von Elsa Hertzer […], Berlin u. a. o. J.

Rusterholz, Peter: Till Eulenspiegel als Sprachkritiker, in: Wirkendes Wort 27 (1977), S. 18–26

Rzucidlo, Ewelina: Caspar David Friedrich und Wahrnehmung [sic]. Von der Rückenfigur zum Landschaftsbild, Münster 1998

Safranski, Rüdiger: Romantik. Eine deutsche Affäre, München 2007

Saße, Günter: Die Karnevalisierung der Wirklichkeit. Vom »chronischen Dualismus« zur »Duplizität des irdischen Seins« in Hoffmanns *Prinzessin Brambilla*, in: E.T.A. Hoffmann-Jahrbuch 9 (2001), S. 55–69

Schaffer, Simon: Babbage's Dancer and the Impresarios of Mechanism, in: Francis Spufford, Jenny Uglow (Hg.): Cultural Babbage. Technology, Time and Invention, London 1996, S. 53–80

Schanze, Helmut: Vorwort zur Zweiten Auflage, in: ders. (Hg.): Romantik-Handbuch, Stuttgart ^{2}2003, S. XV–XIX

Schavernoch, Hans: Die Harmonie der Sphären. Die Geschichte der Idee des Welteinklangs und der Seeleneinstimmung, Freiburg, München 1981

Schelling, Friedrich Wilhelm Joseph: Von der Weltseele, eine Hypothese der höheren Physik zur Erklärung des allgemeinen Organismus. Zweyte verbesserte Auflage [...], Hamburg 1806

Scher, Steven Paul: *Kater Murr* und *Tristram Shandy*. Erzähltechnische Affinitäten bei Hoffmann und Sterne, in: Zeitschrift für deutsche Philologie 95 (1976) [Sonderheft E.T.A. Hoffmann], S. 24–42

Schiller, Friedrich: Avanturen des neuen Telemachs. Eine Geschichte in Bildern. Mit einem Nachwort herausgegeben von Karl Riha, Frankfurt a. M. 1987; online unter: http://www.goethezeitportal.de/wissen/illustrationen/friedrich-schiller/avanturen-des-neuen-telemachs.html (26.4.2016)

–: Avanturen des neuen Telemachs. Adventures of a New Telemachus. Zweisprachig Deutsch und Englisch, mit zahlreichen Abbildungen. Hg. und mit einer Einführung versehen von Dietrich Grünewald. Ins Englische übertragen von Stephan Packard und Elizabeth Nijdam, Berlin 2018

–: Brief an Körner, 23.2.1793, in: Schillers Werke. Nationalausgabe. 26. Band: Briefwechsel. Schillers Briefe. 1.3.1790–17.5.1794, hg. von Edith Nahler und Horst Nahler, Weimar 1992, S. 199–217

–: <Das philosophische Gespräch aus dem Geisterseher>, in: ders.: Sämtliche Werke, Band V: Erzählungen, Theoretische Schriften, hg. von Wolfgang Riedel, München 2004, S. 160–182

–: Der Geisterseher. Aus den Memoires des Grafen von O**, in: ebd., S. 48–160

–: Der Tanz, in: ebd., Bd. I: Gedichte. Dramen 1, hg. von Albert Meier, München, Wien 2004, S. 237f.

–: Die Freundschaft, in: ebd., S. 91–93

–: Die Räuber. Ein Schauspiel, in: ebd., S. 491–618

–: Die Verschwörung des Fiesko zu Genua. Ein republikanisches Trauerspiel, in: ebd., S. 639–654

–: Kabale und Liebe. Ein bürgerliches Trauerspiel in fünf Aufzügen, in: ebd., S. 755–858

–: [Kallias oder über die Schönheit.] Briefe an Gottfried Körner, in: ebd., Bd. V: Erzählungen. Theoretische Schriften, hg. von Wolfgang Riedel, München 2004, S. 394–433

–: Licht und Farbe, in: ebd., Bd. I: Gedichte. Dramen 1, hg. von Albert Meier, München, Wien 2004, S. 309

–: Philosophie der Physiologie, in: ebd., Band V: Erzählungen, Theoretische Schriften, hg. von Wolfgang Riedel, München 2004, S. 250–268

–: Schillers Werke. Nationalausgabe. 21. Band: Philosophische Schriften. Zweiter Teil, unter Mitwirkung von Helmut Koopmann hg. von Benno von Wiese, Weimar 1963

–: Schillers Werke. Nationalausgabe. 26. Band, Teil 1: Briefwechsel. Briefe an Schiller. 1.11.1795–31.3.1797, hg. von Norbert Oellers, Weimar 1972

–: Über Anmut und Würde, in: ders.: Sämtliche Werke, Bd. V: Erzählungen. Theoretische Schriften, hg. von Wolfgang Riedel, München 2004, S. 433–488

–: Über Bürgers Gedichte, in: ders.: Schillers Werke. Nationalausgabe. 26. Band: Briefwechsel. Schillers Briefe. 1.3.1790–17.5.1794, hg. von Edith Nahler und Horst Nahler, Weimar 1992, S. 245–264

–: Über das Pathetische, in: Sämtliche Werke, Bd. I: Gedichte. Dramen 1, hg. von Albert Meier, München, Wien 2004, S. 512–537

–: Über die ästhetische Erziehung des Menschen in einer Reihe von Briefen, in: ebd., Band V: Erzählungen, Theoretische Schriften, hg. von Wolfgang Riedel, München 2004, S. 570–669

–: Über naive und sentimentalische Dichtung, in: ebd., S. 694–780

–: Was kann eine gute stehende Schaubühne eigentlich wirken?, in: ebd., S. 818–831

–: Zu Gottfried Körners Aufsatz über Charakterdarstellung in der Musik, in: ders.: Schillers Werke. Nationalausgabe. 22. Band: Vermischte Schriften, hg. von Herbert Meyer, Weimar 1958, S. 293–295

Schings, Hans-Jürgen: Der anthropologische Roman. Seine Entstehung und Krise im Zeitalter der Spätaufklärung, in: Bernhard Fabian, Wilhelm Schmidt-Biggemann und Rudolf Vierhaus (Hg.): Deutschlands kulturelle Entfaltung. Die Neubestimmung des Menschen, München 1980, S. 247–275

–: (Hg.): Der ganze Mensch. Anthropologie und Literatur im 18. Jahrhundert. DFG-Symposion 1992, Stuttgart, Weimar 1994

Schlaffer, Heinz: Die kurze Geschichte der deutschen Literatur, München 2002

Schlegel, Friedrich: Fragmente zur Litteratur und Poesie, Nr. 589, in: Kritische Friedrich-Schlegel-Ausgabe, hg. von Ernst Behler, Bd. 16, Paderborn, München, Wien 1981, S. 134

–: Gespräch über die Poesie, in: ders.: »Athenäums«-Fragmente und andere Schriften. Auswahl und Nachwort von Andreas Huyssen, Stuttgart 2005, S. 165–224

–: Philosophisches Fragment 668, in: ders.: Kritische Friedrich-Schlegel-Ausgabe, hg. von Ernst Behler, Bd. XVIII, München 1967

–: Progressive Universalpoesie. Athenaeum-Fragment 116, in: ders.: Schriften zur Kritischen Philosophie 1795–1805. Mit einer Einleitung und Anmerkungen hg. von Andreas Arndt und Jure Zovko, Hamburg 2007, S. 69f.

–: Rede über die Mythologie, in: ebd., S. 96–103

–: Ueber die Unverständlichkeit, in: ebd., S. 104–116

Schlegel-Schelling, Caroline: Ein Lebensbild in Briefen, hg. von Sigrid Damm, Leipzig 2009

–: Caroline Schlegel an Jonas und Philipp Veit, 25.11.1808, in: Caroline und Dorothea Schlegel in Briefen, hg. von Ernst Wieneke, Weimar 1914, S. 404f.

Schleiermacher, Friedrich Daniel Ernst: Über die Religion. Reden an die Gebildeten unter ihren Verächtern. Mit einer Einleitung hg. von Andreas Arndt, Hamburg 2004

Schmidt, Gunnar: Weiche Displays. Projektionen auf Rauch, Wolken und Nebel, Berlin 2011

Schmidt-Biggemann, Wilhelm: Das Geheimnis des göttlichen Namens. Robert Fludds kabbalistisches Weltschema, in: Günther Bien, Eckart Holzboog, Tina Koch (Hg.): Wissenschaftsgeschichte zum Anfassen. Von Frommann bis Holzboog, Stuttgart-Bad Cannstatt 2002, S. 245–250

–: Robert Fludds kabbalistischer Kosmos, in: »Scientia poetica«. Literatur und Naturwissenschaft. Im Auftrag der Akademie der Wissenschaften zu Göttingen hg. von Norbert Elsner und Werner Frick, Göttingen 2004, S. 76–97

Schmitt-Dorotić, Carl: Politische Romantik, München, Leipzig 1919

Schneider, Helmut J.: Wahllandschaften: Mobilisierung der Natur und das Darstellungsproblem der Moderne in Goethes *Wahlverwandtschaften*, in: Martha B. Helfer (Hg.): Rereading Romanticism, Amsterdam, Atlanta 2000, S. 285–300

Schober, Franz von: An die Musik, in: Franz Schubert's Werke. Sämtliche Lieder und Gesänge, hg. von Eusebius Mandyczewski, Leipzig 1894, S. 87

Schöne, Albrecht: Goethes Farbentheologie, München 1987

Schrenck-Notzing, Albert von: Materialisations-Phaenomene. Ein Beitrag zur Erforschung der mediumistischen Teleplastie. Zweite, stark vermehrte Auflage, München 1923

Schubert, Franz: Wiegenlied. Von M. Claudius (?), in: Schubert's Werke. Sämtliche einstimmige Lieder und Gesänge, Bd. 4, Leipzig 1895, S. 239

Schulz, Walter: Metaphysik des Schwebens. Untersuchungen zur Geschichte der Ästhetik, Pfullingen 1985

Schumann, Robert: Mondnacht (Frühfassung von 1841), in: ders.: Liederkreis Opus 39 nach Eichendorff. Fassungen 1842 und 1850, hg. von Kazuko Ozawa, München 2009, S. 65–67

Schütz, Erhard: »... in den Wäldern selig verschollen«. Waldgänger in der deutschen Literatur seit der Romantik, Bremen 2013

Schüwer, Martin: Wie Comics erzählen. Grundriss einer intermedialen Erzähltheorie der grafischen Literatur, Trier 2008

Schwarz, Alexander: Ulenspiegel und Reynke – ein Vergleich ihres sprachlichen Handelns, in: Detlev Schöttker, Werner Wunderlich (Hg.): Hermen Bote. Braunschweiger Autor zwischen Mittelalter und Neuzeit, Wiesbaden 1987, S. 219–228

Schwarz, Egon: Joseph von Eichendorff: *Ahnung und Gegenwart* (1815), in: Paul Michael Lützeler (Hg.): Romane und Erzählungen der deutschen Romantik. Neue Interpretationen, Stuttgart 1981, S. 302–324

Schwering, Markus: Eichendorff und C. D. Friedrich. Zur Ikonographie des romantischen Landschaftsbildes, in: Aurora 44 (1984), S. 130–146

Seel, Martin: Ästhetik des Erscheinens, Frankfurt a. M. 2003
Seidlin, Oskar: Eichendorffs symbolische Landschaft, in: Paul Stöcklein (Hg.): Eichendorff heute. Stimmen der Forschung mit einer Bibliographie, Darmstadt ²1966, S. 218–241
Shakespeare, William: Macbeth. Übersetzt von August Wilhelm von Schlegel, in: William Shakespeare: Shakespeare's dramatische Werke übersetzt von August Wilhelm von Schlegel und Ludwig Tieck, Bd. 12: Othello. Cymbeline. Macbeth, Berlin ³1844, S. 299–400
–: Wie es euch gefällt. Übersetzt von August Wilhelm von Schlegel, in: ebd., Bd. 6: Hamlet. Der Kaufmann von Venedig. Wie es euch gefällt, Berlin 1841, S. 239–33
Siebenpfeiffer, Hania: Romantische Psychologie, in: Detlef Kremer (Hg.): E.T.A. Hoffmann. Leben – Werk – Wirkung, 2., erweiterte Auflage, Berlin, New York 2010, S. 58–64
Simmel, Georg: Der Henkel, in: ders.: Philosophische Kultur. Gesammelte Essais von Georg Simmel. Zweite um einige Zusätze vermehrte Auflage, Leipzig 1919, S. 116–124
–: Philosophie der Landschaft, in: ders.: Aufsätze und Abhandlungen 1909–1918, Bd. 1, hg. von Rüdiger Kramme und Angela Rammstedt, Frankfurt a. M. 2001, S. 471–482
–: Zur Ästhetik der Alpen, in: ebd., S. 162–169
Simon, Ralf: Commercium und Verschwörungstheorie. Schillers *Geisterseher* und Jean Pauls *Titan*, in: Jahrbuch der Jean-Paul-Gesellschaft 41 (2006), S. 221–245
–: Eichendorff. Der Baum der Sprache (Lorelay), in: ders.: Die Bildlichkeit des lyrischen Textes. Studien zu Hölderlin, Brentano, Eichendorff, Heine, Mörike, George und Rilke, München 2011, S. 155–169
–: Romantische Verdoppelungen – komische Verwechselungen. Von der romantischen Reflexionsphilosophie über die Verwechslungskomödie zur Posse und zurück, in: Uwe Japp, Stefan Scherer, Claudia Stockinger (Hg.): Das romantische Drama. Produktive Synthese zwischen Tradition und Innovation, Tübingen 2000, S. 259–287
»SINNIG«, in: Jacob und Wilhelm Grimm: Deutsches Wörterbuch, Bd. X/I: Seeleben–Sprechen, Leipzig 1905, Sp. 1179–1183
Sloterdijk, Peter: Der Zauberbaum. Die Entstehung der Psychoanalyse im Jahr 1785. Ein epischer Versuch zur Philosophie der Psychologie, Frankfurt a. M. 1985
Smolderen, Thierry: The Origins of Comics: From William Hogarth to Winsor McCay. Übersetzt von Bart Beaty und Nick Nguyen, Jackson, MS, 2014
Sobchack, Vivian: What My Fingers Knew: The Cinesthetic Subject, or Vision in the Flesh, in: dies.: Carnal Thoughts. Embodiment and Moving Image Culture, Berkeley 2004, S. 53–84
Sokal, Alan D. und Jean Bricmont: Eleganter Unsinn. Wie die Denker der Postmoderne die Wissenschaften missbrauchen, München 1999
–: Fashionable Nonsense: Postmodern Intellectuals' Abuse of Science, New York 1998

Soldt, Rüdiger: Nicht nur die Freunde tun es. Russisches Agentenpaar zu Haftstrafen verurteilt, in: Frankfurter Allgemeine Zeitung, 3.7.2013, S. 3

Sommer, Manfred: Evidenz im Augenblick. Eine Phänomenologie der reinen Empfindung, Frankfurt a. M. 1987

»Speaking without lips, thinking without brain …«, 2.7.2005–30.07.2005, Berlin, in: H-Soz-Kult, 21.06.2005, <http://www.hsozkult.de/event/id/termine-4165> (2.5.2016)

Spencer-Brown, George: Laws of Form, London 1969

Spiegel-Hausmitteilung zum Gespräch mit Martin Heidegger, Spiegel 23/1976 (31.5.1976), S. 3

Spieß, Christian Heinrich: Die Törin auf dem Lindenbaum und der schnöde Grenadier, das ist: Die Geschichte von Sophie G., in: ders.: Biographien der Wahnsinnigen. Ausgewählt, hg. und mit einem Nachwort versehen von Wolfgang Promies, Darmstadt und Neuwied 1976, S. 240–270

Spitzer, Leo: Classical and Christian Ideas of World Harmony. Prolegomena to an Interpretation of the Word »Stimmung«, hg. von Anna Granville Hatcher. Mit einem Vorwort von René Wellek, Baltimore 1963

–: Milieu and Ambiance: An Essay in Historical Semantics, in: Philosophy and Phenomenological Research 3,1 (September 1942), S. 1–42

–: Zu einer Landschaft Eichendorffs, in: Euphorion 52 (1958), S. 142–152

»Sprachkritik«, in: Joachim Ritter, Karlfried Gründer (Hg.): Historisches Wörterbuch der Philosophie, Bd. 9: Se–Sp, Basel 1995, Sp. 1508–1514

Stadelmaier, Gerhard: Ein Angriff. Bericht von einer Attacke auf mich im Schauspiel Frankfurt, in: Frankfurter Allgemeine Zeitung, 18.2.2006, S. 35

Stadler, Ulrich: Die theuren Dinge. Studien zu Bunyan, Jung-Stilling und Novalis, Bern 1980, S. 33–115

Standage, Tom: Der Türke. Die Geschichte des ersten Schachautomaten und seine abenteuerliche Reise um die Welt. Aus dem Englischen von Thomas Merk und Thomas Wollermann, Frankfurt, New York 2002

Stanišić, Saša: Vor dem Fest. Roman, München 2014

Steadman, Philip: Vermeer's Camera. Uncovering the truth behind the masterpieces, Oxford 2001

Steinecke, Hartmut: Die Kunst der Fantasie. E.T.A. Hoffmanns Leben und Werk, Frankfurt a. M., Leipzig 2004

–: E.T.A. Hoffmanns Singspiel »Die Maske«: ein frühes »Universalkunstwerk«?, in: Elisabeth Buxbaum, Wynfried Kriegleder (Hg.): Prima le parole e poi la musica. Festschrift für Herbert Zeman zum 60. Geburtstag, Wien 2000, S. 151–160

Stern, Carola: »Ich möchte mir Flügel wünschen«. Das Leben der Dorothea Schlegel, Reinbek 1993

Sterne, Laurence: Tristram Schandis Leben und Meynungen, übertragen von Johann Joachim Bode, 9 Teile in 3 Bänden, München: Georg Müller 1920 (Hamburg 1776)

Stoessel, Marleen: Aura. Das vergessene Menschliche. Zu Sprache und Erfahrung bei Walter Benjamin, München, Wien 1983

Stöcklein, Paul (Hg.): Eichendorff heute. Stimmen der Forschung mit einer Bibliographie, Darmstadt ^{2}1966

Stowasser, Josef M. u. a.: Der kleine Stowasser. Lateinisch-deutsches Schulwörterbuch, München 1979

Szondi, Peter: Über philologische Erkenntnis, in: Methodenfragen der deutschen Literaturwissenschaft, hg. von Reinhold Grimm und Jost Hermand, Darmstadt 1973, S. 232–254

Theile, Gert: Hinter Glas: Romantische Facetten eines modernen Topos bei Hoffmann, Arnim und Tieck, in: Antje Arnold, Walter Pape (Hg.): Emotionen in der Romantik. Repräsentation, Ästhetik, Inszenierung, Berlin, Boston 2012, S. 155–168

Tieck, Ludwig: Der Gestiefelte Kater. Kindermärchen in drei Akten mit Zwischenspielen, einem Prologe und Epiloge, hg. von Helmut Kreuzer, Stuttgart 1964

Till, Dietmar: Inspiration, in: Reallexikon der deutschen Literaturwissenschaft, hg. von Georg Braungart, Harald Fricke, Klaus Grubmüller, Jan-Dirk Müller, Friedrich Vollhardt und Klaus Weimar, Bd. 2, Berlin, New York 2007, S. 149–152

Thomä, Dieter: *Sein und Zeit* im Rückblick. Heideggers Selbstkritik, in: Thomas Rentsch (Hg.): Martin Heidegger. Sein und Zeit, Berlin ^{2}2007, S. 263–278

Thomae, Walter: Plastisch und Malerisch, in: Zeitschrift für Ästhetik und allgemeine Kunstwissenschaft, hg. von Max Dessoir, 20. Band, Stuttgart 1926, S. 257–274

»Topik, topisch« in: Jean Laplanche, Jean-Bertrand Pontalis: Das Vokabular der Psychoanalyse, Frankfurt a. M. ^{15}1999, S. 503–509

»Topik; Topos«, in: Joachim Ritter, Karlfried Gründer (Hg.): Historisches Wörterbuch der Philosophie, Bd. 10: St–T, Basel 1998, Sp. 1263–1288

Trabant, Jürgen: Mithridates im Paradies. Kleine Geschichte des Sprachdenkens, München 2003, S. 25–29

Trotha, Hans von: Verschiedene Empfindungen vor verschiedenen Landschaften, in: Caspar David Friedrich. Die Erfindung der Romantik. Ausstellungskatalog Essen, Hamburg, hg. von Hubertus Gaßner, München 2006, S. 48–57

»TÜRKE«, in: Jacob und Wilhelm Grimm: Deutsches Wörterbuch, Bd. XI/I,2: Treib–Tz, Leipzig 1952, Sp. 1848–1851

»Ueber Herrn von Kempelens Schach-Spieler und Sprach-Maschine«, in: Der Teutsche Merkur 1784,4, S. 91–96

»UNBEQUEM«, in: Jacob und Wilhelm Grimm: Deutsches Wörterbuch, Bd. XI/III: Un–Uzvogel, Leipzig 1936, Sp. 319–322

Vitali, Christoph (Hg.): Ernste Spiele. Der Geist der Romantik in der deutschen Kunst 1790–1990, Stuttgart 1995

Vogl, Joseph: Einleitung, in: ders. (Hg.): Poetologien des Wissens um 1800, München 1999, S. 7–16

Wagner, Richard: Götterdämmerung. Dritter Tag aus der Trilogie: Der Ring des Nibelungen, in: ders.: Der Ring des Nibelungen. Vollständiger Text mit Notentafeln der Leitmotive, hg. von Julius Burghold, Mainz [9]2004 (Reprint der Originalausgabe 1913), S. 263–348

–: Oper und Drama, hg. und kommentiert von Klaus Kropfinger, Stuttgart [2]1994

–: Parsifal. Ein Bühnenweihfestspiel. Textbuch mit Varianten der Partitur, hg. von Egon Voss, Stuttgart 2005

–: Tristan und Isolde. Textbuch. Einführung und Kommentar von Kurt Pahlen, Mainz [5]2006 (1980)

Walde, Alois: Lateinisches etymologisches Wörterbuch, Heidelberg [2]1910

Watson, James und Anne Hill: Dictionary of Media and Communication Studies, New York, London [9]2015

Weber, Gregor J. M.: Die Empirie des Lichts. Anmerkungen zur Lichtbehandlung bei Johannes Vermeer, in: kritische berichte 30/4 (4/2002). Zeitschrift für Kunst- und Kulturwissenschaften […], S. 38–57

Weder, Katharine: Kleists magnetische Poesie. Experimente des Mesmerismus, Göttingen 2008

Weekley, Ernest: Etymological Dictionary of Modern English, London 1921

Weidermann, Volker: Literatur, in: Frankfurter Allgemeine Sonntagszeitung, 4.3.2007, S. 30

Weiller, Kajetan von: Der Geist der allerneuesten Philosophie der Herren Schelling, Hegel, und Kompagnie. Eine Uebersetzung aus der Schulsprache in die Sprache der Welt. Mit einigen leitenden Winken zur Prüfung begleitet. Zum Gebrauche für das gebildetere Publikum überhaupt. Erste Hälfte, München 1803

Weinrich, Harald: Metapher, in: Joachim Ritter, Karlfried Gründer (Hg.): Historisches Wörterbuch der Philosophie, Bd. 5 (L–Mn), Basel 1980, Sp. 1179–1186

–: Semantik der kühnen Metapher, in: Deutsche Vierteljahrsschrift für Literaturwissenschaft und Geistesgeschichte 37 (1963), S. 325–344

Weiß, Johannes: Weltverlust und Subjektivität. Zur Kritik der Institutionenlehre Arnold Gehlens, Freiburg 1971

Wellbery, David E.: Latenz und Stimmung. Skizze einer historischen Ontologie, in: Latenz. Blinde Passagiere in den Geisteswissenschaften, hg. von Hans Ulrich Gumbrecht und Florian Klinger, Göttingen 2011, S. 265–276

–: Stimmung, in: Ästhetische Grundbegriffe (ÄGB). Historisches Wörterbuch in sieben Bänden, hg. von Karlheinz Barck u. a., Bd. 5: Postmoderne-Synästhesie, Stuttgart, Weimar 2003, S. 703–733

Weltzien, Friedrich: Fleck. Das Bild der Selbsttätigkeit. Justinus Kerner und die Klecksografie als experimentelle Bildpraxis zwischen Ästhetik und Naturwissenschaft, Göttingen 2011

Whitehead, Alfred North: Process and Reality, hg. von David Ray Griffin und Donald W. Sherburne, New York 1978

Wiesing, Lambert: Die Sichtbarkeit des Bildes. Geschichte und Perspektiven der formalen Ästhetik, Reinbek bei Hamburg 1997

Wiethölter, Waltraud: Die Schule der Venus. Ein diskursanalytischer Versuch zu Eichendorffs *Marmorbild*, in: Michael Kessler, Helmut Koopmann (Hg.): Eichendorffs Modernität, Tübingen 1989, S. 171–201

Willer, Stefan: Doppelgänger, in: Kremer (Hg.), E.T.A. Hoffmann. Leben – Werk – Wirkung, S. 487–489

Windisch, Karl G. von: Briefe über den Schachspieler des Herrn von Kempelen, nebst drey Kupferstichen die diese berühmte Maschine vorstellen, Basel 1783

Winter, Ilse: Untersuchungen zum serapiontischen Prinzip E.T.A. Hoffmanns, Den Haag, Paris 1976

»Wipfel der Gefühle«, in: Panorama. Magazin des Deutschen Alpenvereins, Juni 2012, S. 116

Wirth, Uwe: Der Autor als Herausgeber und Schreiber. Perspektiven auf die Paratexte von Brentanos ›Godwi‹, in: Jahrbuch des freien deutschen Hochstifts 2006, S. 245–277

»WISSEN«, in: Jacob und Wilhelm Grimm: Deutsches Wörterbuch, Bd. XIV/II: Wilb–Y, Leipzig 1960, Sp. 743–770

Wittgenstein, Ludwig: Logisch-philosophische Abhandlung. Tractatus logico-philosophicus, Frankfurt a. M. 2003

–: Philosophische Untersuchungen, Frankfurt a. M. ^{6}2003

–: Philosophische Untersuchungen. Kritisch-genetische Edition, hg. von Joachim Schulte [...], Frankfurt a. M. 2001

»WITZ«, in: Jacob und Wilhelm Grimm: Deutsches Wörterbuch, Bd. XIV/II: Wilb–Y, Leipzig 1960, Sp. 861–888

Wolfradt, Willi: Caspar David Friedrich und die Landschaft der Romantik, Berlin 1924

Wood, Gaby: Living Dolls. A Magical History of the Quest for Mechanical Life, London 2002

Yates, Frances A.: Gedächtniskunst und Erinnern. Mnemotechnik von Aristoteles bis Shakespeare, Berlin ^{6}2001

Zak, Heinz: Slackline am Limit, München 2011

Zedler, Johann Heinrich [Verleger]: Grosses vollständiges Universal-Lexicon Aller Wissenschafften und Künste, Halle und Leipzig 1732ff.

Zimmermann, Rolf Christian: Das Weltbild des jungen Goethe. Studien zur hermetischen Tradition des deutschen 18. Jahrhunderts. Erster Band: Elemente und Fundamente, München ^{2}2002

Ziolkowski, Theodore: Das Amt der Poeten. Die deutsche Romantik und ihre Institutionen. Aus dem Amerikanischen von Lothar Müller, Stuttgart 1992

Žižek, Slavoj: Das Trauma der verfehlten Melodie bei Robert Schumann, in: Elisabeth Bronfen, Birgit R. Erdle, Sigrid Weigel (Hg.): Trauma. Zwischen Psychoanalyse und kulturellem Deutungsmuster, Köln, Weimar, Wien 1999, S. 119–147

–: The Sublime Object of Ideology, London, New York 1989

Žmegač, Viktor (Hg.): Kleine Geschichte der deutschen Literatur. Von den Anfängen bis zur Gegenwart, Weinheim ^{6}1997

Zons, Raimar Stefan: »Schweifen«. Eichendorffs »Ahnung und Gegenwart«, in: Hans-Georg Pott (Hg.): Eichendorff und die Spätromantik, Paderborn u. a. 1985, S. 39–68

Dank

Ich danke allen, die mir bei der Arbeit an diesem Buch geholfen haben: durch Arbeitsverträge, anregende Diskussionen, Einladungen, Finanzierung von Konferenzen, Publikationen und Reisen, Kritik, Spaß und Zuspruch – insbesondere Barbara Adams, Wilhelm Amann, Isabell Baumann, Hanjo Berressem, Hanna Beuel, Renate und Martin Börnchen, Andrea Brinkforth, Jürgen Brokoff, Susanne Couturier, Eckart Goebel, Bernd Hamacher, Irmtraud Hnilica, Philipp Hübl, David Keller, Christophe Koné, Charlotte Lehmann, Marcel Lepper, Claudia Liebrand, Mike Lützeler, Georg Mein, René Michaelsen, Marie Müller, Bryan Norton, Rolf Parr, Nico Pethes, Gary Schmidt, Franziska Schößler, Steffen Siegel, Ralf Simon, Hans-Georg von Arburg, Christina Wald und Liliane Weissberg. Ich danke auch der Meyer-Struckmann-Stiftung, dem Fonds National de la Recherche Luxembourg und den Studentinnen und Studenten, die mit mir Fragen diskutiert haben, um die es in diesem Buch geht.